Camilo Zufelato e
Flávio Luiz Yarshell
(Organizadores)

40 ANOS DA TEORIA GERAL DO PROCESSO NO BRASIL

Passado, presente e futuro

40 ANOS DA TEORIA GERAL DO PROCESSO NO BRASIL
Passado, presente e futuro
© Camilo Zufelato e Flávio Luiz Yarshell

ISBN 978-85-392-0207-2

Direitos reservados desta edição por
MALHEIROS EDITORES LTDA.
Rua Paes de Araújo, 29, conjunto 171
CEP 04531-940 – São Paulo – SP
Tel.: (11) 3078-7205 Fax: (11) 3168-5495
URL: www.malheiroseditores.com.br
e-mail: malheiroseditores@terra.com.br

Composição
PC Editorial Ltda.

Capa:
Criação: Vânia Lúcia Amato
Arte: PC Editorial Ltda.

Impresso no Brasil
Printed in Brazil
11.2013

*Ao Professor CÁSSIO SCARPINELLA BUENO FILHO,
com o reconhecimento e a gratidão dos Coordenadores,
pelo engajamento na empreitada que resultou na presente obra.*

SUMÁRIO

Apresentação 9

Muitos e muitos anos de teoria geral do processo 15

ALGUMAS CONSIDERAÇÕES SOBRE A CRISE DA JUSTIÇA 21
Antonio Carlos Marcato

DESPOLARIZAÇÃO DO PROCESSO, LEGITIMIDADE AD ACTUM E ZONAS DE INTERESSE: SOBRE A MIGRAÇÃO ENTRE POLOS DA DEMANDA 43
Antonio do Passo Cabral

AS MEDIDAS CAUTELARES PESSOAIS NO CÓDIGO DE PROCESSO PENAL 96
Antonio Scarance Fernandes

FUNÇÃO SOCIAL DA JURISDIÇÃO E DO PROCESSO 124
Arlete Inês Aurelli

A AÇÃO E AS CONDIÇÕES DA AÇÃO NO PROCESSO CIVIL CONTEMPORÂNEO 147
Arruda Alvim

REFLEXÕES ACERCA DA SINDICABILIDADE DE CERTAS DECISÕES ADMINISTRATIVAS E A NOÇÃO DE INAFASTABILIDADE DA TUTELA JURISDICIONAL NO CONTEXTO ATUAL DAS COMPETÊNCIAS ESTATAIS 166
Camilo Zufelato

PROCESSO: PROCEDIMENTO DOTADO DE NORMATIVIDADE – UMA PROPOSTA DE UNIFICAÇÃO CONCEITUAL 201
Carlos Alberto de Salles

UMA BREVE PROVOCAÇÃO AOS PROCESSUALISTAS: O PROCESSUALISMO CONSTITUCIONAL DEMOCRÁTICO 218
Dierle Nunes

CONVENÇÃO ARBITRAL: IMPEDIMENTO PROCESSUAL (E NÃO PRESSUPOSTO NEGATIVO DE VALIDADE) 238
EDUARDO TALAMINI

TUTELA EXECUTIVA E PRESCRIÇÃO 251
FÁBIO GUIDI TABOSA PESSOA

OS PRINCÍPIOS DA ADEQUAÇÃO E DA ADAPTABILIDADE (FLEXIBILIDADE) PROCEDIMENTAL NA TEORIA GERAL DO PROCESSO 305
FERNANDO DA FONSECA GAJARDONI

INVESTIGAÇÃO E AUTONOMIA DO DIREITO À PROVA: UM AVANÇO NECESSÁRIO PARA A TEORIA GERAL DO PROCESSO 326
FLÁVIO LUIZ YARSHELL

TEORIA GERAL DO DIREITO, TEORIA GERAL DO PROCESSO, CIÊNCIA DO DIREITO PROCESSUAL E DIREITO PROCESSUAL: APROXIMAÇÕES E DISTINÇÕES NECESSÁRIAS 334
FREDIE DIDIER JR.

LIVRE CONVENCIMENTO E STANDARDS DE PROVA 356
GUILHERME RECENA COSTA

CONSIDERAÇÕES A RESPEITO DAS ASSOCIAÇÕES FEITAS ENTRE IMPUGNAÇÃO DE ATOS JURÍDICOS PRIVADOS E TUTELAS MERAMENTE DECLARATÓRIA E CONSTITUTIVA 381
GUILHERME SETOGUTI J. PEREIRA

AS CONDIÇÕES DA AÇÃO PENAL 397
GUSTAVO HENRIQUE BADARÓ

VELHOS E NOVOS INSTITUTOS FUNDAMENTAIS DO DIREITO PROCESSUAL CIVIL 430
HEITOR VITOR MENDONÇA SICA

PROCESSO JUSTO E BOA-FÉ OBJETIVA: REPULSA AOS ATOS CONTRADITÓRIOS E DESLEAIS – VENIRE CONTRA FACTUM PROPRIUM, SUPPRESSIO, SURRECTIO E TU QUOQUE 467
HUMBERTO THEODORO JR.

SUMÁRIO

NATUREZA JURÍDICA DO PROCESSO E CONCEITO DE TUTELA JURISDICIONAL 505
João Batista Lopes

O DEVIDO PROCESSO LEGAL E A ORALIDADE, EM SENTIDO AMPLO, COMO UM DE SEUS COROLÁRIOS NO PROCESSO CIVIL 514
José Carlos Baptista Puoli

BREVES NOTAS SOBRE JURISDIÇÃO E AÇÃO 537
José Roberto dos Santos Bedaque

POLÍTICA JUDICIÁRIA NACIONAL DE TRATAMENTO ADEQUADO DOS CONFLITOS DE INTERESSES – UTILIZAÇÃO DOS MEIOS ALTERNATIVOS DE RESOLUÇÃO DE CONTROVÉRSIAS 556
Kazuo Watanabe

A TEORIA GERAL DO PROCESSO E A PROVA 562
Leonardo Greco

PRESSUPOSTOS PROCESSUAIS 573
Luciano Vianna Araújo

BREVES CONSIDERAÇÕES SOBRE A LEGITIMIDADE PARA PLEITEAR INDENIZAÇÃO POR DANOS MORAIS 613
Marcelo José Magalhães Bonicio

O RESPEITO À FORMA, COMO COADJUVANTE DA DOUTRINA DOS PRECEDENTES, NA OBTENÇÃO DE SEGURANÇA JURÍDICA 625
Olavo de Oliveira Neto

IMPARCIALIDADE DO ÁRBITRO E DO JUIZ NA TEORIA GERAL DO PROCESSO 647
Paulo Henrique dos Santos Lucon

CONSIDERAÇÕES SOBRE A COGNIÇÃO DE MATÉRIA DE ORDEM PÚBLICA PELOS TRIBUNAIS SUPERIORES 677
Rodolfo de Camargo Mancuso e Mariana Aravechia Palmitesta

NULIDADES PROCESSUAIS: ALGUNS APONTAMENTOS 691
Ronaldo Cramer

***UNIDADE DE JURISDIÇÃO E FILTROS DE TEMAS NACIONAIS
NOS TRIBUNAIS SUPERIORES*** 706
SIDNEI BENETI

***A INFLUÊNCIA DO CONTRADITÓRIO NA VALORAÇÃO DOS
ELEMENTOS DE PROVA PRODUZIDOS EM INQUÉRITO*** 715
SUSANA HENRIQUES DA COSTA

***PREOCUPAÇÕES COM UMA EFICIENTE ADMINISTRAÇÃO DA
JUSTIÇA E NOVAS TENDÊNCIAS PROCESSUAIS PARA UMA
RAZOÁVEL DURAÇÃO DO PROCESSO*** 741
VIVIANE SIQUEIRA RODRIGUES

*ATAS DO DEPARTAMENTO DE DIREITO PROCESSUAL DA FACULDADE DE DIREITO
DA UNIVERSIDADE DE SÃO PAULO REFERENTES À CRIAÇÃO DA CADEIRA DE
TEORIA GERAL DO PROCESSO* 759

APRESENTAÇÃO

Na literatura jurídica brasileira a *Teoria Geral do Processo* de ADA, DINAMARCO e ARAÚJO CINTRA tem merecido lugar de destaque. São pouquíssimas as obras que foram lidas – e com frequência essa é relida mais de uma vez – por praticamente todos os estudantes do segundo ano dos cursos de direito, e que guardam para sempre lembranças afetuosas da obra, a qual cumpre rigorosamente a função de descortinar de maneira clara, didática, e ao mesmo tempo densa e complexa, o universo intrincado do direito processual. Quarenta anos e trinta edições são números que falam por si só; não se chega a isso gratuitamente.

O sucesso é tamanho que a estrutura e a abordagem da obra se incorporaram, parece que definitivamente, na forma de conceber e aplicar o direito processual no Brasil: partindo da ideia de sociedade e tutela jurídica dos direitos, passando pelas noções conceituais e sistêmicas da ciência processual, com especial relevo ao tema dos princípios, marca do nosso tempo, para então tratar dos institutos fundamentais e basilares da Jurisdição, Ação, Defesa e Processo. Eis as primeiras lições tomadas por todos os iniciantes ao direito processual no País pelas mãos desse magistral livro didático. E mais do que isso: é notável que praticamente todos os manuais de disciplinas processuais se valem desse esquema clássico forjado pelos três autores há quarenta anos.

A propósito, a originalidade da obra relaciona-se com dois fatos marcantes: servir de material didático a uma disciplina recém-criada na Faculdade de Direito do Largo São Francisco, para a qual não havia equivalente à época, e defender a concepção generalista e agregadora, em torno de uma teoria geral, de áreas até então muito distantes entre si, como o processo civil e o processo penal, por exemplo.

Reconstruir os passos de cada área do direito processual, visando a encontrar aspectos comuns entre todas elas que justifiquem a construção de uma *teoria geral* foi uma iniciativa de grande genialidade e que certamente aportou avanços, não só científicos, mas sobretudo práticos, ao desenvolvimento da ciência jurídica no país. Um exemplo concreto disso é a exigência constitucional de vigência do princípio do contraditório e da ampla defesa no processo – e não mais mero procedimento – administrativo, nos termos do art. 5º, LX, da Constituição Federal. Sem dúvida a processualidade administrativa só reforça a plena vigência e aplicabilidade de uma teoria geral do processo entre nós.

O enfoque dado pela obra, e a valorização dos pontos comuns a uma teoria geral, fazem com que certas discussões, como a existência ou não de lide no processo penal, ou a disponibilidade ou indisponibilidade dos interesses em jogo, se tornem absolutamente ultrapassadas, pois é claro que há distinções processuais tendo em vista peculiaridades do direito material tutelado, mas sem que isso fira de morte a existência de uma teoria geral que trate dos aspectos convergentes, e que sirva de ponto de partida para o estudo de cada ramo do direito processual.

Por tudo isso que no quadragésimo aniversário da TGP é preciso festejar!

Um dos escopos de se reunir estudos de consagrados processualistas brasileiros em torno da temática da obra é prestigiá-la e render homenagem aos seus autores, que, de maneira original, deflagraram, há exatos quarenta anos, em concepção inédita, os estudos em torno de uma teoria geral do processo.

Contudo, a evolução da ciência processual no Brasil, os novos desafios que se apresentam ao processo e à jurisdição na busca de maior efetividade e justiça, fazem com que o tema da teoria geral do processo seja revisitado com maior frequência e utilidade do que antes, na medida em que boa parte das mudanças a serem empreendidas no direito processual pátrio diz respeito a alterações estruturais e de base, de modo que se torna indispensável sempre voltar à clássica obra como ponto de partida.

Esse, portanto, o outro escopo da presente coletânea: no ensejo de comemorar o quadragésimo aniversário, por em relevo o tema da *Teoria Geral do Processo* à luz dos aspectos atuais que, de maneira premente, demandam revisitação e reestruturação, com vistas a efetivar a teoria geral de um processo *justo e efetivo*, seja qual for a seara do direito, devidamente adaptada e fiel aos desafios contemporâneos da ciência processual.

A propósito, a própria obra foi sendo paulatinamente atualizada no decurso das suas edições, na medida em que ocorriam alterações constitucionais e legislativas que tocassem a TGP. Isso revela como a atualidade da obra se deve, em boa medida, ao incansável labor dos autores na sua criteriosa atualização. E, para alegria de todos os leitores, já é sabido que está em curso – e nunca é tarde para isso – um processo mais radical de atualização/revisitação da obra por seus autores, inclusive do ponto de vista estrutural e sistemático.

Enfim, para continuar eterno, é preciso renovar-se. Se a própria obra já recebeu, e continuará a receber, diversas intervenções no intuito de se aperfeiçoar, esse é também um importante escopo dos trabalhos científicos aqui reunidos: confirmar a importância máxima do clássico livro homenageado, visando a manter viva e ativa as exigências científicas de constante atualização.

Não poderia ter momento mais oportuno para se repensar a teoria geral do processo, no ensejo dos quarenta anos da obra, do que com as discussões acerca dos Projetos de Novo Código de Processo, que visam a substituir o também quadragenário CPC/1973. Essas efemérides não são coincidências inúteis; devem ser recebidas como um grande estímulo acadêmico e científico para, à luz de um *novo* CPC, repensar criticamente acerca de uma *nova* TGP. Para ser mais preciso, pois a ordem dos fatores altera o resultado: só a partir de uma *nova* TGP é que se poderá fazer um *novo* CPC, não somente na construção das regras procedimentais, mas, sobretudo, na forma de aplicação e efetivação das normas processuais.

Vida longa à Teoria Geral do Processo! E que permaneça, ainda que na idade madura, com espírito jovem e inovador, como continua sendo o dos seus autores, desde a sua gênese.

Ribeirão Preto, novembro de 2013

CAMILO ZUFELATO
Professor de Processo Civil
da Faculdade de Direito de Ribeirão Preto,
da Universidade de São Paulo

Antonio Carlos de Araújo Cintra, Ada Pellegrini Grinover e Cândido Rangel Dinamarco

MUITOS E MUITOS ANOS
DE TEORIA GERAL DO PROCESSO

Primeiro nasceu a ideia da homenagem; não apenas *mais uma* a juristas de primeira grandeza, mas também ao resultado de seu trabalho, corporificado em uma de suas mais relevantes obras. Quarenta anos da disciplina *Teoria geral do processo* na Faculdade de Direito da Universidade de São Paulo e trinta edições do livro que – com o mesmo título e conteúdo – nos ofertaram Antonio Carlos de Araújo Cintra, Ada Pellegrini Grinover e Cândido Rangel Dinamarco. Esses são motivos mais do que suficientes para uma justa e devida celebração. E que feliz inspiração teve o Professor Camilo Zufelato ao idealizá-la!

Depois, surgiu a ideia de reunir os homenageados para falar sobre a gênese da disciplina e da obra que a ela se seguiu. Foi num sábado do outono paulistano. Na hora marcada, além de nós coordenadores, estavam lá Antonio Carlos e Ada; Cândido chegou um pouco mais tarde. Na verdade, nossa intenção era a de gravar depoimentos em vídeo. Pensávamos que essa era a melhor forma de registrar aquele momento histórico. Apesar de termos parcial apoio para tanto, houve um veto às vésperas do encontro e isso bastou para descartarmos a ideia. Queríamos que todos pudessem se sentir a vontade para falar do assunto e isso não combinava com qualquer coisa que pudesse ser interpretada como constrangimento. Ficou o limitado e restrito registro do áudio; feito com o intuito de sermos fiéis ao reproduzirmos para o público um pouco do que ali se passou.

Depois de um pouco de conversa, veio a primeira pergunta: *de quem partira a iniciativa de criar a disciplina*?

– Surgiu do programa, o programa da faculdade, disse Cintra, referindo-se à decisão tomada pela Congregação.

– Aí você começou a lecionar, completou Ada, que ainda acresceu:

– Nem nós sabíamos muito bem o que era... Em 73 foi criada a disciplina. E o livro veio em 74. De repente, nós nos vimos encarregados de reger uma disciplina, e eu confesso, posso confessar piamente, que eu só pensei que era alguma coisa mesclando disciplinas processuais. Mas não tinha ideia de uma disciplina de síntese. Você tinha essa ideia? Perguntou para CINTRA, que assentiu enfaticamente.

O diálogo nos transportou para um passado que não vivemos, mas que nos pareceu tão familiar...

– Era do segundo ano diurno e noturno. A ADA foi indicada para o segundo diurno e eu fui indicado pro segundo noturno, disse CINTRA.

– Mas você começou a fazer algumas anotações.

– Eu fiz uma apostila. Eu fiz apostila porque eu comecei a dar as aulas e eu senti falta de um texto mais genérico. Poderia citar um monte de livros, mas não; queria alguma coisa mais fácil para os alunos.

– É, e começou com as apostilas; à mão... com a letrinha... com a sua letrinha pequenininha.

Risos gerais...

– E a gente tinha um entusiasmo danado, né? Completou o CINTRA.

E continuaram lembrando e contando. ADA falou de como tomaram aquela apostila como um roteiro inicial das aulas e como ponto de partida para a cooperação que, depois, redundaria no livro. CINTRA havia concluído a livre-docência antes dos demais, ainda doutores. Logo chegou a vez do mesmo concurso para ADA, que se inspirou no material e propôs: por que não aproveitamos isso e escrevemos um livro? E CINTRA completou:

– Foi ela quem sugeriu: o CÂNDIDO pode vir trabalhar com a gente... Falei: ótimo! Foi assim...

Mas, insistimos: *quem tinha levado a ideia da disciplina à Congregação?*

– Não sei. Não sabemos, disse ADA.

Alguém cogitou da possível iniciativa do Mestre dos três, LUIS EULÁLIO DE BUENO VIDIGAL. Mas, logo descartaram, pelo relativo ceticismo que VIDIGAL mostrara em relação à teoria geral do processo. E isso sem embargo das palavras que escreveu em Prefácio à 1ª edição: um elogio rasgado ao "alto nível científico" do "novo compêndio" e à capacidade dos então "jovens mestres de direito"; mas não muito convicto do acerto metodológico, diante das perplexidades geradas, por exemplo, pela busca de uma lide penal...

E quem era o Chefe do Departamento na ocasião? Nova cogitação sobre LUIS EULÁLIO. Mas, meses depois descobrimos que não era ele.

A partir do acesso à Ata da quadragésima segunda (42ª) "sessão" do Departamento de Direito Processual, que conseguimos recuperar com a ajuda da ELOÍDE (Assistente Acadêmica), desfez-se o mistério: ocupava a função de Chefe o Professor CANUTO MENDES DE ALMEIDA; justamente aquele referido por LUIS EULÁLIO, no prefácio à primeira edição, ao lado de CARNELUTTI, como "um dos mais profundos e originais pensadores da matéria". Nada mais justo.

Então, foi no dia oito (8) de novembro de 1972 que o Chefe do Departamento deu conhecimento, ao Conselho, da deliberação da Congregação – ocorrida em sessão de 12 de outubro de 1972, conforme também viemos a descobrir. Discutia-se o novo currículo a ser adotado (discussão, pelo visto, eterna!...), de acordo com a Resolução 3/72 do Conselho Federal de Educação, que fixava "o mínimo de conteúdo e de duração" obrigatórios a partir de 1973; donde ser necessária nova programação. Para tanto, submeteu-se àquele primeiro Colegiado um anteprojeto elaborado por ninguém menos que o Professor CELSO NEVES. Foi então nomeada Comissão formada pelo Chefe do Departamento e pelos Professores MOACIR LOBO DA COSTA e JOSÉ IGNÁCIO BOTELHO DE MESQUITA. Deliberou-se que o projeto seria votado na reunião seguinte.

Isso ocorreu já no dia 14 do mesmo mês: o projeto foi aprovado por unanimidade. Lá estava a disciplina *Teoria Geral do Processo*, prevista para os dois semestres do segundo ano (atualmente ela está concentrada em um só), com conteúdo exposto em trinta e três tópicos (vinte para o primeiro e treze para o segundo semestre). E, no dia 28 de novembro do mesmo ano de 1972, foram feitas as designações de docentes para o ano seguinte: ADA para o período diurno e CINTRA para o noturno, figurando como assistente o Doutor LUIS CARLOS DE AZEVEDO, de saudosa memória.

Teria sido um nome ambicioso demais?

ADA chegou a cogitar disso. Ponderou que talvez a disciplina pudesse ter sido chamada de "Instituições" (judiciárias ou algo assim). O assunto não foi adiante, mas pessoalmente estou convencido do rigoroso acerto do título dado à matéria; que, para além de seu conteúdo relevante, é também um método. Ela é um "sistema de conceitos e princípios elevados ao grau máximo de generalização útil e condensados indutivamente a partir do confronto dos diversos ramos do direito processual", como bem definiu CÂNDIDO, em sua consagrada tese sobre a instrumentalidade do processo. Nenhum nome teria ficado melhor.

E a receptividade dos alunos diante da nova disciplina?

Resposta unânime: houve boa aceitação, tanto pelos alunos quanto pelos professores. Todos se interessaram. Alunos sempre são tão curiosos, disse alguém...

— A teoria geral do processo entrou em todas as faculdades. E praticamente todas adotam nosso livro, lembrou a ADA, com toda razão.

Foi então que comentei sobre minha própria dificuldade em ministrar a disciplina: é um desafio falar o tempo todo sobre autêntica teoria *geral*, sem acabar enveredando — no meu caso — para a teoria geral do processo *civil*... Isso sem falar no elevado grau de abstração de uma disciplina "altamente teórica", como falou LIEBMAN; ou na relativa imaturidade dos alunos do segundo ano da Faculdade — mal iniciados nas coisas do Direito e, menos ainda, no Direito Processual. Foi quando ADA lembrou que, em dado momento, foi designado para a matéria um "especialista em processo penal", referindo-se ao GUSTAVO BADARÓ; que, muito provavelmente, não foi o único.

E assim caminhou a conversa, até que veio o assunto — misto de delicado e necessário — do *futuro da obra*. A esta altura CÂNDIDO já havia chegado. Modificações constitucionais e legislativas (havidas e por vir), avanços da doutrina e da jurisprudência: todos os presentes — os autores e os palpiteiros de plantão — concordaram que é preciso continuar a rever e a alterar a obra. Mas, de que forma? Estratégicos acréscimos e enxugamentos? Alterações estruturais? ADA expôs algumas ideias. Ela falou em dar ênfase para o exame dos conflitos e tutelas adequadas correspondentes. CÂNDIDO falou da necessidade de modernizar o exame de tema, "produto da nossa cultura naquele tempo"; mencionou a importância de novos temas como arbitragem, processo coletivo, meios alternativos de solução de controvérsias; além de falar de um glossário que estava preparando — que confidenciou já ter mais de trezentos verbetes... Ele e ADA falaram do tratamento a ser dado ao tema (fundamental) dos *princípios*; o quê, no contexto de uma obra que é essencialmente principiológica, gerou concordâncias e alguma controvérsia.

— A diferença entre princípio e regra. Nas últimas edições eu escrevi alguma coisa sobre princípios, disse ADA.

— Os verdadeiros princípios estão fora da ciência. Eles são um suporte da ciência e raízes dessa ciência; mas a ciência é maior, observou CÂNDIDO. — Então você fala princípio do livre convencimento só pelo uso de dizer princípio, porque não está fora do sistema, ele tá dentro do sistema (...). O princípio serve de guia para o legislador para não legislar contra os princípios e serve de guia ao intérprete, para não interpretar contra os princípios...

E assim a conversa prosseguiu por mais algum tempo; não muito, infelizmente. CÂNDIDO, que acabou chegando mais tarde, teve que sair mais cedo para resolver relevantes questões pessoais. Uma pena para nós; e, acho, que para ele também. Seguiu-se um almoço simples, mas penso que muito agradável para todos. Os assuntos processuais deram lugar a outros e assim foi até que nos despedíssemos.

Nosso encontro foi breve; ou, pelo menos, assim me pareceu. Foi breve como quase tudo que é bom na vida; mas, inesquecível.

Há Mestres que, ao longo de anos, ensinam-nos mesmo quando nada dizem. Basta contemplar sua atitude ou até seu silêncio. Há obras perenes, como é o livro *Teoria Geral do Processo*. Ele continuará a ser o nosso Livro; o Livro de nossos alunos; dos alunos dos nossos alunos e quem sabe quanto mais...

Novembro de 2013

FLÁVIO LUIZ YARSHELL

Professor Titular de Processo Civil
da Faculdade de Direito da Universidade de São Paulo

ALGUMAS CONSIDERAÇÕES SOBRE A CRISE DA JUSTIÇA

Antonio Carlos Marcato

Professor Associado da Faculdade de Direito da Universidade de São Paulo
– Desembargador aposentado do Tribunal de Justiça de São Paulo
– Foi Promotor Público e Procurador de Justiça do Ministério Público
do Estado de São Paulo

I – O binômio custo/duração *do processo e a prestação jurisdicional: 1. A dimensão temporal do processo – 2. O custo do processo. II – O caráter internacional da crise da Justiça e reformas: 3. Introdução – 4. O sistema da* common law *– 5. O sistema da* civil law.

I – O binômio custo/duração *do processo* e a prestação jurisdicional

Discorrendo sobre os prejuízos que o custo e a demora injustificada do processo podem acarretar às partes, em trabalho anterior afirmamos que a evolução doutrinária das ideias de acesso *formal* ao acesso *efetivo* à Justiça interessa, direta e exclusivamente, ao círculo restrito dos cultores e dos operadores do Direito, embora influam decisivamente na vida do destinatário final da atividade jurisdicional. Ele não está preocupado com as causas da crise da Justiça, nem com as soluções engendradas em sedes legal, doutrinária ou jurisprudencial para solucioná-la; nutre, apenas, a pragmática expectativa, natural a qualquer consumidor, de solução rápida, econômica e eficiente para a crise jurídica que o afeta, cabendo ao aparelho estatal, por sua vez, reconhecer e proteger, dentro do possível, o direito de quem o tenha. E, por certo, na esfera de interesses do consumidor do *produto justiça* não ocupam espaço as questões teóricas que afligem os processualistas, nem as causas que as determinam; interessam-no, sim, quando se vê na contingência de buscar o socorro judiciário, o custo e demora do processo e, fundamentalmente, a eficiência do resultado prático por meio dele obtido.[1]

---

1. Antônio Carlos Marcato, *O Processo Monitório Brasileiro*, 2ª ed., São Paulo, Malheiros Editores, 2001, pp. 19 e ss.

Vedada a realização da justiça pelo particular, ao Estado incumbe o poder-dever de prestá-la por meio de seu aparato judicial e com a observância do devido processo legal, embora sem perder de vista sua finalidade instrumental: se a todos é assegurado, incondicionalmente, o direito de reclamar a tutela estatal, somente têm direito à tutela jurisdicional efetiva aqueles que estejam amparados no plano do direito material. Mas essa efetividade não resulta exclusivamente da declaração da vontade concreta do Direito – que é, afinal, apenas um dos fins do processo: analisado à luz de sua utilidade plena, processo efetivo é o capacitado ao cabal cumprimento de todos "os escopos do sistema, vistos em conjunto e compensadas certas deficiências por outras vantagens", tendo como ideia nuclear sua capacidade de exaurir os objetivos que o legitimam nos contextos jurídico, social e político – daí o "empenho em operacionalizar o sistema, buscando extrair dele todo o proveito que ele seja potencialmente apto a proporcionar, sem deixar resíduos de insatisfações por eliminar e sem se satisfazer com soluções que não sejam jurídica e socialmente legítimas".[2]

Afinal, não se pode perder de vista que a razão de ser de um sistema jurídico, criação da inteligência humana, repousa na necessidade também humana de busca de convivência pacífica em sociedade, mediante o reconhecimento dos direitos de cada um de seus integrantes – ou seja, da cidadania.

Direito básico a ser assegurado a qualquer sujeito parcial do processo, a justa e correta distribuição da justiça pressupõe, da parte do Estado, a utilização de instrumento (*rectius*: processo) idôneo e eficiente para a consecução desse objetivo (devido processo legal), mediante o reconhecimento e a satisfação dos legítimos interesses das partes.

1. A dimensão temporal do processo

É antiga a preocupação com a excessiva dilação do processo. A *Lei das Sete Partidas*, do século XIII, estabelecia entre as obrigações dos juízes a de julgar bem e lealmente "todos los pleitos con la brevedad posible" e "dar justamente a los pleitos el fin más breve que pueda".[3] Também preocupado com o acendrado formalismo do processo comum, a implicar sua excessiva duração, no início do século XIV o Papa Cle-

---

2. Cf. Cândido Rangel Dinamarco, *A Instrumentalidade do Processo*, 15ª ed., São Paulo, Malheiros Editores, 2013, n. 36.2, p. 338, e n. 34, p. 315.

3. *Partida III*, Leys 6 e 12.

mente V editou a *Clementina "saepe"*, Constituição que tornou o processo mais simplificado, sumário.[4]

Essa demora indevida não se confunde com a *duração razoável* do processo; ou seja: não é a que resulta do *tempo programado* para que ele produza resultados, com a observância de prazos prefixados, necessários ao controle judicial do curso e da maturação do processo. É – isto, sim – a demora perniciosa, o *tempo inútil*, a paralisação indevida e injustificada do trâmite processual, resultante de fatores e circunstâncias no mais das vezes exógenos, como deficiências na estrutura dos órgãos auxiliares do juiz e na capacitação de seus servidores, comportamento abusivo da parte ou de seu patrono – em suma, as mazelas por todos conhecidas, e cuja análise imporia estudo que foge aos escopos deste tópico. A preocupação vem centrada, portanto, na observância do tempo programado para a obtenção do resultado prático esperado do processo, em atenção à promessa do direito material.

Por força da Emenda 45/2004, constitucionalizou-se no Brasil a garantia da razoável duração do processo, no âmbito judicial e administrativo, além dos meios garantidores da celeridade de sua tramitação (art. 5º, LXXVIII, da CF). Todavia, embora não garantido explicitamente até o advento dessa Emenda, o direito do jurisdicionado à duração razoável do processo – ou *direito ao processo sem dilações indevidas* – já estava contemplado no sistema processual brasileiro, como corolário lógico da garantia do devido processo legal, merecendo destaque, entre outras, enquanto técnicas de aceleração do processo, as do julgamento antecipado do pedido, da antecipação da tutela e da tutela monitória.

Interessante observar, a esta altura, que de trabalhos elaborados por juristas de diversas nacionalidades sobre a crise da Justiça de seus Países extrai-se que nos Países da *common law*, notadamente a Inglaterra e os Estados Unidos, o elevado custo do processo, mais que sua duração, é a principal fonte de preocupação, a ensejar reformas pontuais. Já, nos Países de *civil law* o custo do processo é uma das causas da crise, superada, contudo, pela excessiva demora de seu trâmite – embora sobressaiam, como altamente funcionais, entre os Países europeus, o holandês, o suíço e o alemão.

---

4. Cf. Chiovenda, *Istituzioni di Diritto Processuale Civile*, vol. I, trad. de J. Guimarães Menegale: *Instituições de Direito Processual Civil*, São Paulo, Saraiva, 1969, § 5º, n. 31, pp. 104 a 107; "Sulla influenza delle idee romane nella formazione dei processi civili moderni", *Saggi di Diritto Processuale Civile*, vol. 3º, Milão, Giuffrè, 1993, pp. 95-121.

Na Holanda, além de o volume de processos ser relativamente pequeno e, por consequência, o Poder Judiciário não apresentar grandes problemas de congestionamento, há diversas alternativas para a solução extrajurisdicional dos conflitos, reservado o processo judicial para aquelas causas efetivamente importantes. Como o custo do processo pode ser elevado e até exceder o valor de demandas de pequena expressão pecuniária, as partes ficam motivadas a buscar meios alternativos para a resolução de suas disputas – o que ocorre em 96% das controvérsias.[5]

Também a Justiça Civil suíça, exercida em primeira instância, majoritariamente, por juízes leigos, apresenta ótimos indicadores, com duração média de poucos meses para a finalização dos processos.[6]

Reformas encetadas nas últimas décadas influíram na qualidade do sistema processual civil alemão, perceptível pelo elevado grau de confiança do povo e pela satisfação com a administração da Justiça Civil.[7] Em contrapartida, as Justiças espanhola,[8] francesa,[9] portuguesa[10] e italiana ainda padecem de diversos males, a demonstrar que esses movimentos reformistas não surtiram todos os resultados desejados.

2. O custo do processo

Examinando o elemento *custo* do processo, os doutrinadores costumam fixar sua atenção na garantia do acesso à Justiça aos carentes econômicos, abstraindo os custos indiretos do processo; ou seja: analisam

---

5. Cf. Erhard Blankenburg, "Civil Justice: access, cost and expedition. The Netherlands", in Adrian A. S. Zuckerman (coord.), *Civil Justice in Crisis*, Nova York, Oxford University Press, 1999, pp. 442-463.
6. Cf. Isaak Meier, "Swiss Civil Justice: with an emphasis on the laws of the Canton of Zurich", in Adrian A. S. Zuckerman (coord.), *Civil Justice in Crisis*, Nova York, Oxford University Press, 1999, pp. 474 e ss.
7. V., a respeito, Peter Gottwald, "Civil Justice reform: acess, cost, and expedition. The german perspective", in Adrian A. S. Zuckerman (coord.), *Civil Justice in Crisis*, Nova York, Oxford University Press, 1999, pp. 207 e ss.
8. Cf., por todos, Ignacio Díes-Picazo Giménes, "Civil Justice in Spain: present and future. Acess, cost, and duration", in Adrian A. S. Zuckerman (coord.), *Civil Justice in Crisis*, Nova York, Oxford University Press, 1999, pp. 385 e ss.
9. V., a respeito, Loïc Cadiet, "Civil Justice reform: acess, cost, and delay. The french perspective", in Adrian A. S. Zuckerman (coord.), *Civil Justice in Crisis*, Nova York, Oxford University Press, 1999, pp. 291-346.
10. V., a respeito, Maria Manuel Leitão Marques, Gomes e Pedroso, "The portuguese system of civil procedure", in Adrian A. S. Zuckerman (coord.), *Civil Justice in Crisis*, Nova York, Oxford University Press, 1999, pp. 413 e ss.

os "danos marginais" resultantes da duração e encargos processuais sem atentarem para consequências de outras ordens – como, por exemplo, os *custos variáveis* do processo, entre eles, por exemplo, os relativos à assistência técnica a ser dispensada às partes.

Por outro lado, é notória a maior preocupação dos protagonistas do processo com sua duração mais que com seu custo, estabelecendo o Estado, nesse particular, a garantia da prestação de assistência jurídica integral e gratuita, por meio das Defensorias Públicas, aos que comprovarem insuficiência de recursos (CF, arts. 5º, LXXIV, e 134). Mas, apesar de essa garantia constitucional ser bem mais ampla e generosa que os benefícios previstos pela Lei 1.060/1950, é lícito questionar se ela se traduz no plano efetivo, ou se se reduz ao formal.[11]

2.1 Diante desse dilema, alguns Países buscaram soluções pontuais para a redução do ônus financeiro imposto às partes pelo processo.

Assim a Espanha, que em 1986 aboliu as custas judiciais (embora como providência destinada, precipuamente, a combater a corrupção de funcionários da Justiça[12]); em Portugal as custas judiciais são fixadas proporcionalmente ao valor da causa e ao estágio processual, e o juiz pode deferir os benefícios de assistência judiciária aos necessitados.[13]

Determinadas legislações autorizam ou, mesmo, incentivam o seguro de custos do processo judicial, como ocorre na França – que, por sinal, confere abrangente assistência judiciária àqueles de poucos recursos[14] – e na Holanda, onde 15% das famílias mantêm essas apólices, circunstância que induz as seguradoras a evitarem demandas judiciais e a buscarem soluções amigáveis, ou, sendo inevitável o ingresso em juízo, a assessorarem os segurados em suas disputas.[15] Mesmo na Alemanha,

---

11. V., a respeito, José Renato Nalini, *O Juiz e o Acesso à Justiça*, São Paulo, Ed. RT, 1994, pp. 33-34.

12. V., a respeito, Ignacio Díes-Picazo Giménez, antes das reformas de 2000, "Civil Justice in Spain: present and future. Acess, cost, and duration", cit., in Adrian A. S. Zuckerman (coord.), *Civil Justice in Crisis*, pp. 397-400.

13. Cf. Maria Manuel Leitão Marques, Gomes e Pedroso, "The portuguese system of civil procedure", in Adrian A. S. Zuckerman (coord.), *Civil Justice in Crisis*, Nova York, Oxford University Press, 1999, pp. 430-433.

14. V., a respeito, Loïc Cadiet, "Civil Justice reform: acess, cost, and delay. The french perspective", cit., in Adrian A. S. Zuckerman (coord.), *Civil Justice in Crisis*, pp. 310-314.

15. Cf. Erhard Blankenburg, "Civil Justice: access, cost and expedition. The Netherlands", cit., in Adrian A. S. Zuckerman (coord.), *Civil Justice in Crisis.*, pp. 453-456.

cujos custos são modestos, quase um quinto dos processos são financiados por seguro.[16]

2.2 Atenção particular merecem, nesse aspecto, os Países da *common law*.

2.2.1 Diferentemente da grande maioria dos Países europeus continentais, nos quais a crise da Justiça vem centrada, principalmente, na excessiva dilação processual, na Inglaterra seu custo sempre representou o fator preponderante.

Primeiro porque tradicionalmente as partes envolvidas em litígio tinham ampla liberdade, antes da edição das *Civil Procedure Rules*, para determinar a intensidade e a duração da atividade forense, especialmente durante a fase preparatória para o julgamento – liberdade a propiciar oportunidades para a procrastinação do processo, principalmente da parte dos advogados, pois geralmente remunerados por hora de trabalho.

Além disso, como a parte sucumbente arca com os custos da vencedora, aquela que acreditasse que o aumento das despesas com o processo aumentaria suas chances de sucesso teria óbvia razão para nele continuar investindo – comportamento gerador de um círculo vicioso: quanto mais uma parte investia, mais a parte adversa se sentia compelida a acompanhar o "jogo", temerosa de que um advogado menos famoso ou um perito menos qualificado pudesse comprometer suas chances de sucesso e trazer o risco de arcar com o ônus da sucumbência, além de perder a causa. Chegava-se ao ponto, em determinados casos, em que o motivo de as partes persistirem investindo no processo nem mais era o intuito de conseguir uma sentença favorável no julgamento do mérito, mas, sim, recuperar o dinheiro já gasto na contenda, que poderia até exceder a quantia em disputa.

Por fim, influía decisivamente no custo processual o método de pagamento pela prestação de serviços jurídicos. Como os advogados são geralmente pagos por hora, independentemente do resultado da causa e sem limite de valor máximo, esses profissionais preferem patrocinar as causas complexas e longas. Consequentemente, litígios sérios seriam acessíveis apenas às pessoas ricas, às muito pobres restando buscar a assistência judiciária pública.[17]

16. Adrian A. S. Zuckerman, "Justice in crisis: comparative dimensions of civil procedure", In Adrian A. S. Zuckerman (coord.), *Civil Justice in Crisis*, Nova York, Oxford University Press, 1999, p. 32.

17. Idem, pp. 14 e ss.

Em seu influente *Relatório* de 1996 – que motivou a edição das *Civil Procedure Rules*, em vigor desde abril/1999 –, Lord Woolf asseverou que os defeitos do sistema processual civil inglês eram, basicamente: o custo do processo, a superar até mesmo o valor da pretensão; a deficiência na igualdade entre poderosos, litigantes ricos e litigantes sem recursos; a imprevisibilidade do custo e do tempo de duração do processo; a fragmentária organização do sistema, sem a definição da responsabilidade global pela administração da Justiça Civil.[18]

Não obstante esse custo do processo representar a causa principal da crise da Justiça inglesa, sua considerável duração também agia no sentido de agravá-la (ao menos pelos padrões locais), tanto que o tempo médio desde o início dos trâmites processuais até a sentença na Alta Corte era, segundo pesquisas relativamente recentes, de 161 semanas em Londres e 195 semanas nas demais localidades; para os juízos de Condados, de 70 e 90 semanas, respectivamente.

Em razão desses problemas – e tendo em vista, ademais, a necessidade de sua adaptação ao sistema jurídico comunitário –, a Inglaterra vem realizando séria tentativa no sentido de reformar seu sistema processual, notadamente por meio das já aludidas *Civil Procedure Rules*.

2.2.2 A duração do processo civil norte-americano, que varia bastante de Estado para Estado e até mesmo entre diferentes juízos e tribunais dentro da mesma unidade da Federação, pode influir decisivamente no seu custo.

Em 1984 a Ordem dos Advogados dos Estados Unidos adotou metas para a redução da morosidade nas ações cíveis, com a recomendação de que 90% das causas terminassem no período de um ano e todas fossem elucidadas em dois anos. Entretanto, tais metas não foram atingidas. Estudo realizado em 1991 em tribunais estaduais de 39 cidades, por exemplo, encontrou diferenças bastante consideráveis no concernente ao grau de cumprimento dos critérios de demora prescritos pela Ordem dos Advogados. Nenhum atingiu as normas recomendadas, mas alguns chegaram perto. Em 12 dos tribunais no mínimo 90% das causas foram concluídas no prazo de 2 anos a partir da distribuição, e em 1 deles apenas 1% fazia 2 anos. Por outro lado, em 3 tribunais mais de 50% das

---

18. Lord Woolf, *Access to Justice – Final Report (Final Report to the Lord Chancellor on the Civil Justice System in England and Wales), Section I, Overview, The Principles* (disponível em *www.dca.gov.uk/civil/final/intro*.htm).

causas duraram mais de 2 anos, e em 1 desses 96% delas duraram mais de 1 ano.[19]

Por isso mesmo, está-se procedendo a uma reavaliação da filosofia do litígio e da função do Judiciário na esfera civil, atuando como principal ingrediente para a reforma a transferência do controle de litígios das partes para o juiz (como já ocorre, por sinal, na Inglaterra). Todavia, pelo que se evidenciou até o momento, é difícil avaliar com confiança o sucesso da nova estratégia de administração das ações judiciais pelo Poder Judiciário: há indicações de que a precoce administração diminui a duração do processo mas não reduz necessariamente os custos totais; há motivos para se crer que os juízes possam trazer aperfeiçoamentos, com uma atitude de interesse mais ativo em suas ações cíveis, desde que persistam em sua tentativa de controle sobre os litígios.[20]

Embora o custo do processo judicial norte-americano seja elevado, suas consequências sociais são abrandadas pelo sistema de pagamento de honorários advocatícios condicionado ao ganho da causa. Ainda assim esse sistema levou a sérios problemas. O interesse dos advogados em patrocinar ações em que recebem seus honorários condicionados ao ganho da causa é estimulado pela perspectiva da concessão de elevados valores impostos como condenação em *punitive damages* no sistema americano (independentes da indenização, acrescentados por circunstâncias agravantes). Contudo, o nível e a frequência de tais compensações causaram tanto alarme, que vários Poderes Legislativos estaduais elaboraram leis com o intento de reduzir a facilidade de condenação em danos punitivos ou fixar-lhes um limite.

II – O caráter internacional da crise da Justiça e reformas

3. Introdução

Os dados até aqui expostos demonstram que não se deve identificar a crise da Justiça brasileira como fenômeno isolado, pois decididamente não é. Embora a tão decantada globalização interfira cada vez mais no cotidiano das pessoas, "democratizando" a troca de informações, alterando o sistema de valores humanos e criando novas demandas, permanece a realidade de que cada País enfrenta sua crise interna, resul-

---

19. Cf. Adrian A. S. Zuckerman, "Justice in crisis: comparative dimensions of civil procedure", cit., in Adrian A. S. Zuckerman (coord.), *Civil Justice in Crisis*, pp. 20-21.

20. Idem, pp. 19-21.

tante de causas diversas, e deve buscar as soluções mais adequadas para debelá-la.

Não se perca de vista, ainda, que, se a todos é garantida a *efetividade da tutela jurisdicional*, ela não pode ser obtida com o sacrifício do direito também fundamental à *segurança jurídica* (CF, art. 5º, LIV e LV), sob pena de vir a ocorrer – na advertência de Canotilho – "uma colisão de direitos fundamentais quando o exercício de um direito fundamental por parte do seu titular colide com o exercício do direito fundamental por parte do outro titular. Aqui não estamos perante um 'cruzamento' ou 'acumulação' de direitos (como na concorrência de direitos), mas perante um 'choque', um autêntico 'conflito' de direitos".[21]

A inserção do Poder Judiciário nesse contexto exige, portanto, em primeiro lugar, a compreensão de sua estrutura e sua organização e das relações de interdependência político-econômica com os demais Poderes do Estado, notadamente o Executivo; depois, o sistema jurídico vigente em cada País; e, finalmente, a "expectativa de justiça" de cada povo – assim entendida não apenas a visão que se tenha da atividade jurisdicional e de seus fins (visão que pode ser fortemente influenciada por valores culturais e pelo grau de desenvolvimento social), mas, sobretudo, o respeito e a confiança depositada em seus agentes e no resultado de seu trabalho.

4. O sistema da common law

Importante diferencial entre os sistemas da *common law* e da *civil law* reside no fato de que nos primórdios da formação da *família romano-germânica* deu-se a compilação e codificação do Direito Romano, cristalizando, em textos harmônicos, normas costumeiras, normas escritas esparsas, decisões jurisprudenciais e doutrinárias, os quais, com posterior trabalho dos glosadores, "deram uma feição racional às soluções casuísticas e assistemáticas dos jurisconsultos romanos" – daí, por sinal, a característica marcante do sistema da *civil law*: "a preocupação com a lei escrita, em que deveria haver uma sistematização de princípios gerais, em detrimento dos particularismos".[22] Já, o Direito Inglês "não conheceu nem a renovação pelo Direito Romano, nem a renovação pela codificação, que são características do Direito Francês e dos outros Direitos da família romano-germânica. Desenvolveu-se de forma autô-

21. J. J. Gomes Canotilho, *Direito Constitucional*, 5ª ed., Coimbra, Livraria Almedina, 1991, p. 657.
22. Guido Fernando Silva Soares, **Common Law** – *Introdução ao Direitos dos EUA*, São Paulo, Ed. RT, 1999, p. 27.

noma, sofrendo apenas de forma limitada a influência de contatos com o Continente Europeu".[23]

Não obstante, mesmo na família anglo-saxônica distinguem-se os sistemas do *common law* (Direito criado pelo juiz) e do *statute law*, pois neste o Direito é criado pelo legislador. É resultante dos *enactments of legislature*, como tratados internacionais, Constituições federal e estaduais, leis ordinárias federais e estaduais, regulamentos administrativos federais, estaduais e locais etc.[24] Assim, há diferença entre o *cause law* (precedente judiciário – *judge-made law*) e o *statute law* (decisões dadas com base na lei – *statutory relief* –, remédios previstos na lei escrita). E, embora o *case law* represente a principal fonte de Direito, pode ser modificado pela lei escrita, que lhe é hierarquicamente superior, circunstância que caracteriza a conversão de um *case* em *statute* (*reversed by statute*).

Ademais, no sistema da *civil law* a jurisdição voluntária representa importante atividade judicial, talvez como reflexo do controle mais direto do Estado na resolução de conflitos (que, no entanto, mesmo entre nós vem sendo atenuado, a ponto de se permitir, agora, divórcio, separação e inventário administrativos), mas é desconhecida no sistema da *common law*,[25] provavelmente pela liberdade conferida aos cidadãos para a resolução, por seus próprios meios, de questões dependentes apenas de sua vontade, sem necessidade de atividade ou participação estatais.

Finalmente, toda sentença inglesa é ato de um juiz singular, ao passo que nos tribunais de segunda instância os juízes podem colaborar tão decisivamente em sua elaboração, que ela vem pronunciada como sentença do tribunal. Mas é comum nos tribunais de apelo que um juiz elabore sozinho a sentença, e os demais juízes se limitem a confirmá-la. É equivocado supor, porém, que o concurso dos demais juízes represente mera formalidade, pois sua concordância representa endosso ao julgamento monocrático.

4.1 Sabido que o principal defeito do processo civil inglês era o excesso de atividade forense, dominada pelas partes e seus advogados,

---

23. René David, *Os Grandes Sistemas do Direito Contemporâneo*, trad. de Hermínio A. Carvalho: *Os Grandes Sistemas do Direito Contemporâneo*, São Paulo, Martins Fontes, 1993, p. 283.

24. V., a respeito, K. Lipstein, "Common law Courts in the age of statutes", in *La Sentenza in Europa* (obra coletiva), Pádua, CEDAM, 1988, pp. 42-61.

25. Elisabetta Silvestri, "Il profilo storico", in Vittorio Denti (coord.), *La Giustizia Civile*, Bolonha, il Mulino, 2004, p. 51.

buscou-se reduzi-la, mediante o controle da ação judicial pelos tribunais. Agora estes decidem todas as questões incidentais do processo, com a observância de cronogramas rigorosos e de procedimentos econômicos para disputas simples; em relação às mais complexas, determinam as fases processuais que as partes deverão ou poderão executar e o tempo a ser despendido para tanto.

O controle sobre os feitos e seu andamento resulta da adoção de nova filosofia processual, com o abandono da anterior, segundo a qual a principal função dos juízos e tribunais era a de "fazer justiça com exame do mérito", ou seja, decidir as causas com base na verdade dos fatos e na legislação aplicável, e não a de solucionar as questões formais do processo. Como consequência dessa filosofia de trabalho, os órgãos judiciais preocupavam-se apenas com a "justiça de mérito", desconsiderando o não cumprimento de normas processuais pelas partes, do que resultavam a protelação e a complicação do trâmite processual por elas e seus patronos. Ou, por outras palavras: como a "filosofia da justiça de mérito" priorizava a obtenção de uma decisão justa em detrimento de considerações sobre justiça tempestiva e custos razoáveis, tornou-se necessário reformulá-la, estabelecendo novo equilíbrio entre as dimensões da justiça, do custo e da duração do processo; ou seja: a atenção à "filosofia da justiça distributiva".[26]

Essa nova filosofia parte das premissas de que os recursos da administração da justiça civil são finitos e devem ser distribuídos de forma justa entre aqueles que buscam ou necessitam de justiça, de que na distribuição justa desses recursos devem ser considerados as características das causas individuais, a merecerem alocação sensata de tempo e atenção dos juízos e tribunais, e, finalmente, de que a responsabilidade do Poder Judiciário vai além de fazer justiça em causas individuais, sendo responsável – isto, sim – pela administração da justiça civil como um todo, pelos recursos do sistema e por sua distribuição imparcial e justa.[27]

Por conta disso, nas *Civil Procedure Rules* foram adotados, com lastro nas sugestões apresentadas no *Relatório* de Lord Woolf, os seguintes princípios, que devem estar presentes em um sistema civil garantidor do acesso à Justiça: (a) ser justo nos resultados que proporciona; (b) ser imparcial na forma de tratar os litigantes; (c) oferecer procedimentos

---

26. V., a respeito, Carla Crifò, "La riforma del processo civile in Inghilterra", *Rivista Trimestrale di Diritto e Procedura Civile* 2/512, Milão, Giuffrè, 2000.

27. Cf. Paul Michalik, "Justice in crisis: England and Wales", in Adrian A. S. Zuckerman (coord.), *Civil Justice in Crisis*, Nova York, Oxford University Press, 1999, pp. 139 e ss.

apropriados a custos razoáveis; (d) lidar com os casos em velocidade razoável; (e) ser compreensível àqueles que o utilizam; (f) ser responsável com as necessidades daqueles que o utilizam; (g) fornecer tanta certeza quanto a natureza particular do caso possibilitar; e (h) ser efetivo: com recursos adequados e organizados.[28]

Assim, as Cortes passam a ter a responsabilidade final pela determinação do procedimento adequado para cada caso,[29] estabelecendo programações realistas e garantindo que os procedimentos e as programações sejam compatíveis entre si; os *defendant cases* ("casos de defesa") devem ser alocados para uma jurisdição de pequenas causas expandida, com limite financeiro de 3.000 Libras, adotado o procedimento de *fast track* para casos acima de 10.000 Libras, com procedimentos estritamente limitados, programação fixa de 20 a 30 semanas para o julgamento e custos fixos; finalmente, a adoção de uma nova via para casos acima das 10.000 Libras, com o fornecimento de ajuda individual, por meio de equipes judiciais, para os casos mais complexos e ajuda-padrão para os casos em que ela seja apropriada, mais financiamento público para as partes que gozem dos benefícios da assistência judiciária.

Ademais, as demandas judiciais deverão ser evitadas sempre que possível, com o encorajamento das pessoas a se valerem das vias judiciais apenas em situações extremas, mediante a utilização de outros meios mais apropriados para a resolução dos conflitos (*Alternative Dispute Resolution* – ADR), de sorte que, antes de dar início ao litígio, ambas as partes deverão fazer ofertas de acordo relacionadas à íntegra ou a parte da pretensão; havendo necessidade de decisão judicial, será levada em consideração eventual recusa imotivada de qualquer das partes à tentativa de utilização desses meios alternativos, ou o comportamento desarrazoado no curso das ADRs.[30]

Certamente, uma das alterações mais significativas foi a introdução de regramentos/protocolos de *pre-action*, representativos de uma fase prévia, anterior ao processo litigioso, tendente a disciplinar as formas de autocomposição. Por outras palavras: trata-se de método de trabalho destinado a constituir e a aumentar os benefícios da realização de acordos em fase precoce e com boa base de informação para ambas as partes, de modo a satisfazê-las genuinamente em uma disputa. Os pro-

28. *Civil Procedure Rules/CPRs*, Part 1, Rules 1.1-1.4.

29. As *CPRs* preveem três tipos de procedimentos: o *small claims track* (Part 27, Rules 27.1-27.5), o *fast track* (Part 28, Rules 28.1-28.7) e o *multi-track* (Part 29, Rules 29.1-29.3).

30. *CPRs*, Part 3, Rules 3.1-3.10.

pósitos da *pre-action* são, portanto: (a) chamar a atenção dos litigantes para as vantagens da resolução de uma disputa sem a instauração de um processo judicial; (b) permitir-lhes a obtenção de informações sobre a razoabilidade das exigências para a aceitação de um acordo apropriado; ou, ainda, (c) apresentar uma oferta apropriada de acordo, de tal forma que haja consequências pecuniárias no caso de, diante da recusa da outra parte, o processo ser instaurado ou prosseguir; e, finalmente, (d) estabelecer as bases para acelerar os procedimentos judiciais, se e quando não houver acordo nessa fase prévia.

4.2 Após essas reformas do regime processual civil e da administração da Justiça inglesas, é lícito afirmar que o modelo processual civil norte-americano é, atualmente, muito mais representativo do sistema da *common law*. Mas merece reflexão, nessa medida, o vaticínio de Ross: "(...) a pressão do número esmagador de precedentes que ameaçam detonar as bibliotecas, os norte-americanos têm produzido uma série de *restatements*, ou seja, codificações no padrão europeu, porém desprovidas de autoridade oficial. Estes *restatements* são o produto de extensos trabalhos coletivos realizados por estudiosos do Direito. Na Inglaterra, igualmente, os trabalhos doutrinários de sistematização desempenham um papel crescente. A próxima etapa no desenvolvimento será, talvez, uma codificação detentora de autoridade, via legislação. Então desaparecerá a diferença real entre o Direito da Europa Continental e o Anglo-Americano, embora a doutrina do *stare decisis* permaneça inalterada".[31]

Realmente, além de influenciado pelo direito comunitário, o modelo inglês prevalece em Estado Unitário (nessa medida, mais próximo dos Países europeus continentais), enquanto nos Estados Unidos da América, Federação composta por membros semiautônomos com instituições jurídicas, processuais e judiciais próprias, foram preservados os elementos processuais fundamentais derivados da base inglesa:[32] a separação entre *common law* e *equity*; no âmbito da *common law*, o *adversary system* como método de dedução de pedido e de defesa pelas partes e o sistema processual dos *writs*.

Outra visível distinção entre os modelos processuais civis inglês e norte-americano reside no emprego do *Jury* por este para decidir as questões de fato, instituto já abandonado naquele.

31. Alf Ross, *Direito e Justiça*, Bauru/SP, Edipro, 2000, p. 117.
32. Cf. Geoffrey Hazard e Michele Taruffo, *La Giustizia Civile negli Stati Uniti*, Bolonha, Il Mulino, 1993, p. 17.

Diversamente do que ocorre em outros Países de *common law*, nos quais o Júri atua apenas em casos particulares, a participação desse colegiado nos processos penais e civis, constitucionalmente assegurada, representa a mais notável característica do processo norte-americano em primeiro grau de jurisdição.

Todos os Estados, com a exceção da Louisiana,[33] têm normas constitucionais assegurando o processo com Júri; no sistema federal essa garantia vem assegurada pela Emenda VII.[34] Em linhas gerais, a garantia do Júri aplica-se a todos os processos em que se reclama condenação pecuniária por ressarcimento de dano; e somente se ambas as partes renunciarem à garantia do Júri é que a causa será decidida por juiz singular.

Instituição notabilizada pela adoção de valores culturais dos norte-americanos, igualitária, populista e antiestatista, o Júri Civil atingiu enorme importância nos julgamentos, sem paralelo em qualquer outra parte do mundo.

O apego ao Júri coloca em segundo plano a figura judicial na condução do processo, pois as normas que regulam sua atividade apresentam variações que vão desde a total passividade ao quase predominante ativismo, pois o princípio fundamental em jogo é o da *razoável discricionariedade* do juiz ao definir os limites de sua participação, de forma a exercer, de um lado, as funções mínimas que dele se espera e, de outro, não assumir o papel de defensor. O juiz muito ativo encontra restrições à sua atuação quando comparado ao juiz da *civil law*: normalmente ele não apresenta sua convicção sobre aspectos jurídicos da causa, restringindo-se a responder aos argumentos apresentados pelas partes; não indica os meios de prova, mas se limita a controlar a produção das mesmas pelas partes; não conduz interrogatórios ou coleta de prova testemunhal. Se, ao final, entende que as provas produzidas pela parte são insuficientes, decide desfavoravelmente àquela que tinha o ônus probatório; se as provas são suficientes mas débeis, remete a questão ao Júri; se este não existe, decide diretamente a causa.[35]

---

33. Estado que, por força da influência da colonização francesa, adota o sistema da *civil law*. V., a respeito, Laurence M. Friedman, *A History of American Law*, 3ª ed., Nova York, Touchstone, 2005, pp. 105 e ss.

34. "Nos processos de direito consuetudinário, quando o valor da causa exceder vinte dólares, será garantido o direito de julgamento por júri, cuja decisão não poderá ser revista por qualquer tribunal dos Estados Unidos senão de acordo com as regras do direito costumeiro".

35. Cf. Geoffrey C. Hazard e Michele Taruffo, *La Giustizia Civile negli Stati Uniti*, cit., pp. 105-106.

Em contrapartida, é muito intensa a atividade das partes na condução do processo. A *discovery*, na fase do *pre-trial*, é conduzida por elas, que, por meio de seus advogados, tentam descobrir provas fora do tribunal, contando para tanto, não obstante, com a possibilidade de apoio judiciário em tal tarefa, quando reclamam a cooperação de adversários e testemunhas. Assim, a cada parte é reconhecido o poder de exigir do adversário, ou de testemunhas potenciais, que se submetam a interrogatório oral, sob juramento e sem a presença do juiz (*deposition*), que respondam sob juramento a perguntas escritas (*interrogatories*), permitam a inspeção de seus arquivos etc. Essas práticas, consideradas indevidas por outros sistemas jurídicos, mormente os da *civil law* – na medida em que representam indevida invasão privada na esfera de interesses do adversário e de terceiros –, encontram sua razão de ser na necessidade de concentração das provas a serem submetidas ao Júri Civil, ante a inviabilidade de designação de sucessivas audiências para a apresentação e debate das provas colhidas.[36]

Há, pois, muitas razões pelas quais os custos das ações judiciais americanas são tão elevados: a produção de provas, os interrogatórios e a solicitação de documentos adicionais podem exigir enormes despesas, talvez até mais que na Inglaterra, onde o custo do processo influiu decisivamente para a crise da Justiça.

Finalmente, tendo em vista que o sistema judiciário federal norte-americano é constituído pela Suprema Corte, Cortes de Apelo federais (*Appellate Courts*) e Cortes Federais Distritais – estas representadas por juízes de primeiro grau, com competência sobre todas as matérias que caibam para as Cortes Federais –, todas as causas, com raras exceções, são examinadas e julgadas por um juiz singular; a única exceção nas Cortes Federais é a existência de um Colégio integrado por três juízes, com competência atualmente limitada, exclusivamente, ao exame da constitucionalidade de leis relativas às circunscrições eleitorais.[37]

Observa-se, por derradeiro, que o direito processual civil disciplina não apenas a resolução de controvérsias jurídicas entre partes privadas, mas também a solução de importantes controvérsias de direito público – ressalvadas as questões criminais. Assim, causas envolvendo direito público podem ser desde logo submetidas ao Poder Judiciário, seja pela via direta, seja pela via da impugnação de decisões de cunho administrativo.

---

36. Cf. Oscar G. Chase, "A 'excepcionalidade' americana e o direito processual comparado", *RePro* 110/131, São Paulo, Ed. RT, 2003.
37. Geoffrey C. Hazard e Michele Taruffo, *La Giustizia Civile negli Stati Uniti*, cit., pp. 52-53.

Essa peculiaridade da função da Justiça Civil resulta, de um lado, do fato de a organização estatal norte-americana vir fundada na separação de poderes na União e nos Estados e, de outro, da estrutura federalista, na qual todos os Estados são subordinados ao Estado Federal (União) mas têm ampla autonomia de governo nas suas respectivas esferas de poder; os limites da subordinação e o âmbito dos poderes autônomos são estabelecidos tanto pela Constituição quanto pela legislação ordinária. No âmbito de seus poderes, o Estado Federal é juridicamente superior aos Estados Singulares, condição que resulta da *Supremacy Clause*[38] da Constituição, segundo a qual o direito federal é a lei suprema do País.

Consequentemente, todos os juízes, federais ou dos Estados, estão obrigados a tornar efetiva a posição de supremacia do direito federal. Ademais, a Constituição impõe outras limitações à autonomia dos Estados, na medida em que as respectivas Cortes Judiciais devem reconhecer a eficácia de pretensões jurídicas previstas no direito federal, ainda que eventualmente em confronto com orientação do ordenamento jurídico do Estado. Tal subordinação resulta da *Contract Clause* do texto original da Constituição, que considera inválida qualquer lei estadual que prejudique as obrigações derivadas de contrato e, principalmente, da XIV Emenda, adotada após a Guerra Civil, que impede aos Estados privarem os cidadãos do justo processo legal e da igualdade de tratamento perante a lei.

5. *O sistema da* civil law

As ideias até aqui expostas autorizam a afirmação de que os sistemas da *common law* e da *civil law* diferem, basicamente, apenas no que se refere à construção das normas de Direito, não quanto à sua aplicação. No sistema da *civil law* o precedente jurisprudencial atua não como fonte de produção de Direito, mas, sim, como instrumento de auxílio na busca da determinação do cânone legal a ser aplicado ao caso concreto; ou seja: ele se esgota em sua condição de elemento de persuasão tendente à concessão de uma solução justa e adequada ao caso concreto.

A diferença entre os sistemas jurídicos europeu-continental (vale dizer, sistema da *civil law* considerado amplamente) e anglo-americano não reside, portanto, no conteúdo substancial dos respectivos Direitos,

---

38. "Art. VI – Clause 2: This Constitution, and the Laws of the United States which shall be made in Pursuance thereof; and all Treaties made, or which shall be made, under the Authority of the United States, shall be the supreme Law of the Land; and the Judges in every State shall be bound thereby, any Thing in the Constitution or Laws of any State to the Contrary notwithstanding".

mas, antes, no modo como eles são aplicados: o Direito Europeu-Continental é descoberto, declarado pela via dedutiva; o Anglo-Americano, pela indutiva. Enquanto no primeiro sistema o juiz encontra no Direito codificado o seu ponto de apoio, no segundo o juiz busca amparo nos precedentes; naquele, estes não têm qualquer valor vinculante, ao passo que neste vigora o princípio do *stare decisis*, e somente em casos excepcionais é admitido o *overruling*, ou seja, a substituição, por Corte Superior, de determinado precedente ultrapassado ou equivocado.

O juiz da *civil law* deve interpretar e aplicar a lei sem apego aos precedentes jurisprudenciais (ressalvadas, entre nós, as situações que serão objeto de exame oportunamente), pois ao legislador compete, com exclusividade, a criação do Direito; já, no sistema da *common law* mesmo o direito regulado por lei será aquele estabelecido por precedentes, na medida em que sua interpretação adquire, no plano dos precedentes, caráter vinculante. Sob o ponto de vista da Teoria do Direito, a sentença judicial é, no sistema continental, um ato de aplicação do Direito, ao passo que no anglo-americano é ato de criação: no primeiro caso, o legislador tem o monopólio de estabelecer o Direito; no segundo, legislador e juiz colaboram na descoberta dos princípios de Direito para a resolução, em abstrato e concretamente, do litígio. Aqui, o Direito será posto; lá, será encontrado.[39]

Por isso mesmo, no sistema da *civil law* a codificação contém a disciplina ampla e conclusiva de um setor jurídico, ao passo que na *common law* o Direito se desenvolve incessantemente em um processo experimental de *trial and error*. No primeiro o Direito está enquadrado em um sistema jurídico fechado; no segundo ele se encontra em aberto aos problemas e inacessível a uma sistematização científica.

Vale lembrar, contudo, que também no âmbito do Direito Anglo-Americano a legislação parlamentar vem superando em importância a *judge-made law*, embora ainda prevaleça, em linhas gerais, o princípio do *stare decisis*.[40]

De fato, um "novo elemento muito importante (...) foi acrescentado ao conjunto de fontes a ser considerado pelo juiz em sua decisão. No

---

39. V., a respeito, Cândido Rangel Dinamarco, *Fundamentos do Processo Civil Moderno*, 6ª ed., t. I, São Paulo, Malheiros Editores, 2010, ns. 18 e ss., pp. 65 e ss., especialmente n. 28, pp. 79-83.

40. Martin Kriele, "Das Präjudiz im kontinental-europäischen und anglo-amerikanischen Rechtskreis", versão italiana de G. Zaccaria: "Il precedente nell'ambito giuridico europeo-continentale e angloamericano", in *La Sentenza in Europa* (obra coletiva), Pádua, CEDAM, 1988, pp. 515-516.

passado, particularmente no campo do direito privado, os juízes consultavam essencialmente os precedentes jurisprudenciais. Raramente os atos legislativos tinham influência sobre as decisões. O sistema da *common law* no mundo moderno, no entanto, precisa tomar em consideração a política legislativa expressa ou implícita numa multidão de dispositivos legais pertinentes". E isto porque a "legislação pode direta e abruptamente alterar ou repelir uma definição legal, princípio ou regra. Atualmente a legislação cobre tão extensamente quase todos os ramos Direito, tanto público como privado, que não se pode mais pressupor que o ponto de partida seja um precedente judicial. Comumente o ponto de partida deve ser a política legislativa expressa num texto legal significativo. Os tribunais, naturalmente, devem interpretar e aplicar a legislação. O sistema, no entanto, exige que os tribunais examinem os precedentes judiciais que a interpretaram e aplicaram anteriormente. Neste ponto, no entanto, uma questão mais séria é introduzida no processo. Os juízes podem tender a atribuir maior significado aos precedentes que à legislação que aqueles precedentes pretenderam interpretar e aplicar".[41]

Em suma: os modelos tradicionais encontram-se em crise, pois as transformações operadas nos últimos decênios fragmentaram os velhos esquemas e geraram "múltiplos fenômenos de 'recomposição' do direito processual, na base de interferências entre sistemas diversos, circulações de modelos e transplantes de institutos da mais variada natureza"[42] – como se busca demonstrar com o ligeiro exame das modificações introduzidas no processo civil alemão.

5.1 Com a destruição do regime nazista (que em 1933 modificara substancialmente o sistema jurídico então vigente), na Alemanha pós--guerra sobrevieram inúmeras reformas, merecendo menção a de 1974 (que estabeleceu a figura do juiz unipessoal), a do recurso de cassação, do ano seguinte, e a denominada *Lei de Simplificação*, de 1.7.1977, que teve entre seus objetivos o de reduzir a carga de trabalho dos tribunais e agilizar o processamento das causas.[43]

41. Edward D. Re, "*Stare decisis*" (trad. de Ellen Gracie Northfleet), *RePro* 73/51-52, São Paulo, Ed. RT, 1994.

42. Cf. Michele Taruffo, "Observações sobre os modelos processuais de *civil law* e *common law*", *RePro* 110/155, São Paulo, Ed. RT, 2003.

43. A respeito da evolução das reformas processuais na Alemanha, consulte--se, por todos, Peter Gottwald, "Civil Justice reform: acess, cost, and expedition. The german perspective", cit., in Adrian A. S. Zuckerman (coord.), *Civil Justice in Crisis*, pp. 226 e ss.

Promulgada em 17.12.1990, em 1º de abril do ano seguinte entra em vigor a nova Lei de Reforma, para a simplificação da administração da Justiça, sem, contudo, gerar os resultados esperados. Segue-se a Lei de 11.1.1993, com alterações no sistema recursal, igualmente não satisfatórias para a redução da carga processual, principalmente em razão da elevação do número de processos ocasionada com a reunificação das Alemanhas Ocidental e Oriental; mas essa reunificação já não mais explicava a sobrecarga constatada no final da década de 1990 e início da seguinte, o que ocasionou a elevação do custo do processo e de sua duração e, por consequência, o reclamo de novas providências.

A linha reformista alemã teve três grandes vertentes: a ênfase à solução conciliatória, a modificação do sistema recursal e a reforma orgânico-funcional dos tribunais de primeira instância.

Em parte atingiu-se o objetivo de redução da carga judiciária, com a imposição de meios extrajudiciais, prévios e obrigatórios, de resolução de controvérsias; e, com essas medidas, já em 1996 o tempo de duração média de processos em primeiro grau fora reduzido para quatro meses e meio, e nos tribunais colegiados para seis meses e meio.

Mesmo diante desses resultados, procedeu-se à Reforma de 2000/ 2002, complementada em 2005. Deu-se, assim, a denominada "Grande Reforma da Justiça Civil"; em 1.1.2002 entra em vigor a *ZPO* reformada.

O sistema colegiado converte-se em sistema de juiz monocrático, unipessoal, com a possibilidade de instituição de tríplice instância, na medida em que a Lei Orgânica permite aos Estados Federais autorizarem, por lei local, seus tribunais superiores a julgar apelações e demais recursos interpostos de decisões de primeira instância. Explicitando: a instância inferior estaria representada pelos juízos, a instância recursal ordinária pelos tribunais superiores e a recursal extraordinária pelo Supremo Tribunal Federal.[44]

Seguiram-se outras reformas, em complementação: a de 2004, que alterou o § 321 da *ZPO* (reclamação por violação do direito de audiência), a primeira Lei de Modernização da Justiça, de 2003/2004, e a Lei de Aplicação de Tecnologia para a Comunicação dos Atos Judiciais, em vigor desde 2005.

Novamente não atingiram plenamente o escopo almejado pelo legislador (maior agilização do trâmite processual e descongestionamento dos tribunais colegiados), havendo resistência, ademais, à implantação

---

44. V., a respeito, Serge Guinchard e outros, *Droit Processuel – Droit Commun et Droit Comparé du Procès*, 2ª ed., Paris, Dalloz, 2003, pp. 6-9.

de sistema de juiz único para todos os casos, pautada nos argumentos de que somente soluções colegiadas permitem pleno controle da qualidade do resultado final da atividade judicial. No entanto, com a Reforma de 2002 já se previram os casos em que os juízes membros dos tribunais colegiados deveriam assumir a plena direção do processo e decisão final da causa, na condição de juiz único: de acordo com o § 348, 1, primeira oração, da *ZPO*, a câmara do tribunal transfere a decisão da causa a um de seus juízes, que julga em nome dela, sempre que a decisão não couber na esfera de competência exclusiva daquele órgão colegiado.

Essa atribuição de competências originária e obrigatória ao juiz único centrou-se no pressuposto de que, sendo possível a resolução do conflito por meio de conciliação ou transação (§ 278), ou, impositivamente, em primeiro grau de jurisdição, essas duas possibilidades atuam como filtros para o acesso ao segundo.[45]

Ademais, no sistema alemão o cabimento de recurso de sentença é definido de ofício pelo órgão *a quo* no momento em que a profere; no silêncio, entende-se que a decisão é irrecorrível. Reformas recentes converteram a apelação em instrumento de controle, pela instância superior, apenas de falhas da inferior; ou seja: a segunda instância deixou de reexaminar matéria de fato, transformando-se prioritariamente em controladora de matéria de direito.

Derradeira observação: relatório do Ministério Federal de Justiça publicado em 17.5.2006 demonstra que, apesar de o resultado geral da Reforma ter sido positivo, com o fortalecimento da atividade conciliatória, o melhoramento da eficiência com a elevação do número de juízes singulares e a transformação da alçada em instância de controle exclusivo de invalidades processuais, inadmitida nova discussão sobre matéria fática, entre outras modificações, de outra parte, aumentou a duração média dos processos, em virtude, principalmente, de não ter sido exitosa a exigência prévia e obrigatória da tentativa de conciliação extrajudicial das partes.

São estas as considerações que submetemos à reflexão do leitor.

Obras Consultadas

BLANKENBURG, Erhard. "Civil Justice: access, cost and expedition. The Netherlands". In: ZUCKERMAN, Adrian A. S. (coord.). *Civil Justice in Crisis*. Nova York, Oxford University Press, 1999.

45. Cf. Sandra De Falco, *Código Procesal Civil Alemán (ZPO): Traducción con un Estudio Introductorio al Proceso Civil Alemán Contemporáneo*, Berlim, Konrad-Adenauer-Stiftung E.V., 2006.

CADIET, Loïc. "Civil Justice reform: acess, cost, and delay. The french perspective". In: ZUCKERMAN, Adrian A. S. (coord.). *Civil Justice in Crisis*. Nova York, Oxford University Press, 1999.

CANOTILHO, José Joaquim Gomes. *Direito Constitucional*. 5ª ed. Coimbra, Livraria Almedina, 1991.

CHASE, Oscar G. "A 'excepcionalidade' americana e o direito processual comparado". *RePro* 110. São Paulo, Ed. RT, 2003.

CHIOVENDA, Giuseppe. *Istituzioni di Diritto Processuale Civile*. vol. I, trad. de J. Guimarães Menegale: *Instituições de Direito Processual Civil*. São Paulo, Saraiva, 1969.

_____. "Sulla influenza delle idee romane nella formazione dei processi civili moderni". In: *Saggi di Diritto Processuale Civile*. vol. 3º. Milão, Giuffrè, 1993.

CRIFÒ, Carla. "La riforma del processo civile in Inghilterra". *Rivista Trimestrale di Diritto e Procedura Civile* 2. Milão, Giuffrè, 2000.

DAVID, René. *Les Grands Systèmes du Droit Contemporains*. Trad. de Hermínio A. Carvalho: *Os Grandes Sistemas do Direito Contemporâneo*. São Paulo, Martins Fontes, 1993.

DE FALCO, Sandra. *Código Procesal Civil Alemán (ZPO): Traducción con un Estudio Introductorio al Proceso Civil Alemán Contemporáneo*. Berlim, Konrad-Adenauer-Stiftung E.V., 2006 (disponível em *www.kas.de/proj/home/pub/13/4/year-2006/dokument_id-9523/index.html*).

DENTI, Vittorio (coord.). *La Giustizia Civile*. Bolonha, Il Mulino, 2004.

DÍES-PICAZO GIMÉNEZ, Ignacio. "Civil Justice in Spain: present and future. Acess, cost, and duration". In: ZUCKERMAN, Adrian A. S. (coord.). *Civil Justice in Crisis*. Nova York, Oxford University Press, 1999.

DINAMARCO, Cândido Rangel. *A Instrumentalidade do Processo*. 15ª ed. São Paulo, Malheiros Editores, 2013.

_____. *Fundamentos do Processo Civil Moderno*. 6ª ed., ts. I e II. São Paulo, Malheiros Editores, 2010.

FRIEDMAN, Lawrence M. *A History of American Law*. 3ª ed. Nova York, Touchstone, 2005.

GOTTWALD, Peter. "Civil Justice reform: acess, cost, and expedition. The german perspective". In: ZUCKERMAN, Adrian A. S. (coord.). *Civil Justice in Crisis*. Nova York, Oxford University Press, 1999.

GUINCHARD, Serge, e outros. *Droit Processuel – Droit Commun et Droit Comparé du Procès*. 2ª ed. Paris, Dalloz, 2003.

HAZARD, Geoffrey C., e TARUFFO, Michele. *La Giustizia Civile negli Stati Uniti*. Bolonha, Il Mulino, 1993.

KRIELE, Martin. "*Das Präjudiz im kontinental-europäischen und angloamerikanischen Rechtskreis*". Versão italiana de G. Zaccaria: "Il precedente nell'ambito giuridico europeo-continentale e angloamericano". In: *La Sentenza in Europa* (obra coletiva). Pádua, CEDAM, 1988.

LEITÃO MARQUES, Maria Manuel, e outros. "The portuguese system of civil procedure". In: ZUCKERMAN, Adrian A. S. (coord.). *Civil Justice in Crisis*. Nova York, Oxford University Press, 1999.

LIPSTEIN, K. "Common law Courts in the age of statutes". In: *La Sentenza in Europa* (obra coletiva). Pádua, CEDAM, 1988.

LORD WOOLF. *Access to Justice – Final Report* (Final Report to the Lord Chancellor on the Civil Justice System in England and Wales). Disponível em *www.dca.gov.uk/civil/final/intro*.htm.

MARCATO, Antonio Carlos. *O Processo Monitório Brasileiro*. 2ª ed. São Paulo, Malheiros Editores, 2001.

MEIER, Isaak. "Swiss Civil Justice: with an emphasis on the laws of the Canton of Zurich". In: ZUCKERMAN, Adrian A. S. (coord.). *Civil Justice in Crisis*. Nova York, Oxford University Press, 1999.

MICHALIK, Paul. "Justice in crisis: England and Wales". In: ZUCKERMAN, Adrian A. S. (coord.). *Civil Justice in Crisis*. Nova York, Oxford University Press, 1999.

NALINI, José Renato. *O Juiz e o Acesso à Justiça*. São Paulo, Ed. RT, 1994.

RE, Edward D. *"Stare decisis"* (trad. de Ellen Gracie Northfleet). *RePro* 73. São Paulo, Ed. RT, 1994.

ROSS, Alf. *Direito e Justiça*. Bauru/SP, Edipro, 2000.

SILVA SOARES, Guido Fernando. **Common Law** – *Introdução ao Direito nos EUA*. São Paulo, Ed. RT, 1999.

SILVESTRI, Elisabetta. "Il profilo storico". In: DENTI, Vittorio (coord.). *La Giustizia Civile*. Bolonha, Il Mulino, 2004.

TARUFFO, Michele. "Observações sobre os modelos processuais de *civil law* e *common law*". *RePro* 110. São Paulo, Ed. RT, 2003.

_____, e HAZARD, Geoffrey C. *La Giustizia Civile negli Stati Uniti*. Bolonha, Il Mulino, 1993.

WATANABE, Kazuo. "Filosofia e características básicas do Juizado Especial de Pequenas Causas". In: WATANABE, Kazuo (coord.). *Juizado Especial de Pequenas Causas*. São Paulo, Ed. RT, 1985.

ZUCKERMAN, Adrian A. S. *"Costs of litigation"*. In: DIAS, João Álvaro (org.). *Os Custos da Justiça*. Reimpr. Da edição de julho/2003. Coimbra, Livraria Almedina, 2005.

_____. "Justice in crisis: comparative dimensions of civil procedure". In: ZUCKERMAN, Adrian A. S. (coord.). *Civil Justice in Crisis*. Nova York, Oxford University Press, 1999.

_____ (coord.). *Civil Justice in Crisis*. Nova York, Oxford University Press, 1999.

DESPOLARIZAÇÃO DO PROCESSO, LEGITIMIDADE AD ACTUM E ZONAS DE INTERESSE: SOBRE A MIGRAÇÃO ENTRE POLOS DA DEMANDA*

ANTONIO DO PASSO CABRAL

Professor-Adjunto de Direito Processual Civil da Universidade do Estado do Rio de Janeiro/UERJ – Doutor em Direito Processual pela UERJ e pela Universidade de Munique/Alemanha (*Ludwig-Maximilians-Universität*) – Mestre em Direito Público pela UERJ – Pós-Doutorando pela Universidade de Paris I (*Panthéon-Sorbonne*) – Membro da *International Association of Procedural Law*, do Instituto Iberoamericano de Direito Processual, do Instituto Brasileiro de Direito Processual, da Associação Teuto-Brasileira de Juristas (*Deutsch-Brasilianische Juristenvereinigung*) e da *Wissenschaftliche Vereinigung für Internationales Verfahrensrecht* – Procurador da República no Rio de Janeiro

1. O problema: é possível migrar de um polo para outro da demanda? O art. 6º, § 3º, da Lei da Ação Popular. 2. A legitimidade ontem e hoje: da legitimidade ad causam *à legitimidade* ad actum. *3. Despolarização da demanda. 4. Interesse de agir ontem e hoje: do interesse-necessidade às zonas de interesse: 4.1 Interesse: necessidade, adequação ou utilidade? – 4.2 De adversários a cojogadores: soluções cooperativas, requerimentos conjuntos, interesses simultaneamente contrapostos e comuns, sujeitos imparciais: 4.2.1 Interesses dinamicamente cambiantes: soluções cooperativas e requerimentos conjuntos – 4.2.2 Interesses simultaneamente contrapostos e comuns no mesmo polo: 4.2.2.1 Hipóteses de litisconsórcio e intervenção de terceiros. Litisconsórcio necessário no polo ativo – 4.2.2.2 Ações coletivas e as dissidências internas – 4.2.2.3 Procedimentos concursais – 4.2.3 O "interesse jurídico" dos intervenientes e os sujeitos "desinteressados". A atuação imparcial com base no interesse público – 4.3 Os problemas da teoria tradicional sobre o interesse de agir – 4.4 Zonas de interesse. 5. Sugestões para o desenvolvimento do tema: 5.1 Pressupostos para a migração entre polos e a atuação despolarizada. Migrações sucessivas e migrações pendulares. Revogabilidade de atos processuais e admissibilidade – 5.2 Encargos de sucumbência. Remessa necessária. Impossibilidade de migração. 6. Breve conclusão e tendência do projeto de novo Código de Processo Civil.*

* Texto originalmente publicado na *RF* 404/3-42, Rio de Janeiro, Forense, 2009.

1. O problema: é possível migrar de um polo para outro da demanda? O art. 6º, § 3º, da Lei da Ação Popular

O tema que nos ocupa neste pequeno trabalho é o da possibilidade de atuação dos sujeitos processuais independentemente do polo da demanda em que originariamente posicionados – ou seja: verificar se é dado aos atores do processo migrar de um polo para outro ou atuar, em conjunto ou solitariamente, em posições jurídicas típicas do outro polo.

No ordenamento positivo brasileiro as únicas hipóteses previstas para este tipo de migração interpolar são aquelas do art. 6º, § 3º, da Lei da Ação Popular (Lei 4.717/1965), estendido pelo art. 17, § 3º, da Lei 8.429/1992 às ações de improbidade administrativa.[1] Com efeito, a Lei da Ação Popular inicialmente prevê uma hipótese de litisconsórcio necessário no polo passivo, determinando que devem ser citados, na condição de réus, o agente público que praticou o ato, o ente público ao qual vinculado este agente e, ainda, os beneficiários do ato que se aponta ilegal ou lesivo. Em seguida prevê a possibilidade de o ente público, concordando com o autor popular, migrar para o polo ativo e passar a atuar em conjunto com o demandante.

A aplicabilidade de tal instituto ao processo civil em geral teria indiscutíveis repercussões práticas, já que algumas faculdades processuais somente são autorizadas àqueles sujeitos que figuram em determinadas posições, como a exceção de incompetência,[2] os embargos de terceiro, a reconvenção – dentre muitos outros. Além disso, a interpretação e a aplicação de outros muitos institutos seriam diversas se confirmada a hipótese ora estudada: desde a fixação do interesse em recorrer, passando pela alteração da verba de sucumbência, até a incidência, ou não, da remessa necessária.

---

1. José Antônio Lisbôa Neiva, *Improbidade Administrativa. Estudo sobre a Demanda na Ação de Conhecimento e Cautelar*, 2ª ed., Niterói, Impetus, 2006, pp. 58-60; Geisa de Assis Rodrigues, "Da ação popular", in Cristiano Chaves de Farias e Fredie Didier Jr. (coords.), *Procedimentos Especiais Cíveis: Legislação Extravagante*, São Paulo, Saraiva, 2003, p. 262.

2. Assim, por exemplo, a doutrina afirma que só o réu pode excepcionar a incompetência relativa, sendo que tal faculdade não existe para o Ministério Público, porque reside na esfera de disponibilidade das partes, não sendo matéria de ordem pública; e também não pode ser manejada pelo autor, porque para este a faculdade precluiu na indicação do órgão jurisdicional realizada na petição inicial. Entende-se que o assistente da parte poderia excepcionar (cf. Nelson Nery Jr., "Legitimidade para arguir a incompetência relativa", *RePro* 52/216-218, Ano 13, São Paulo, Ed. RT, outubro-dezembro/1988).

O tema é relevante também para a atuação processual do *amicus curiae* e das agências reguladoras, que possuem faculdades imparciais no interesse público da fiscalização e regulação; bem como para a atuação processual de litisconsortes quando, no âmbito daquela pluralidade de sujeitos, haja interesses contrapostos ou divergências estratégicas.

Inexistem estudos de fôlego, de que tenhamos notícia, sobre a questão proposta. Encontramos apenas referências esparsas aqui e ali, sempre no bojo de estudos circunscritos à análise de outros temas, como a ação popular, a improbidade administrativa e o *amicus curiae*.[3] Em doutrina, até onde nos consta, foi Rodrigo Mazzei aquele que procurou tratar desse instituto específico da migração entre polos da demanda, tendendo para uma aplicação ampliativa dos dispositivos da ação popular e da improbidade administrativa para outras ações coletivas.[4] Não obstante, ao indagarmos sobre as premissas básicas da possibilidade da migração entre polos da demanda, tanto a experiência da atuação habitual da Administração Pública como um exame rápido de jurisprudência fazem aflorar posições mais restritivas.

Sem embargo, na praxe forense vemos que o Estado (especialmente através de seus diversos entes fiscalizatórios, como as agências reguladoras), quando posicionado no polo passivo, recusa-se a atuar em conjunto com o autor ou, mesmo, reconhecer o acerto de seus argumentos. Tais órgãos sentem-se "obrigados" a defender o ato impugnado pelo tão só fato de figurarem como réus. De outro lado, parte da jurisprudência afirma, em hipóteses diversas, que um determinado sujeito, quando fi-

---

3. Fredie Didier Jr. e Hermes Zaneti Jr., *Curso de Direito Processual Civil*, 2ª ed., vol. 4, Salvador: Podivm, 2007, pp. 247 e ss.; Rodolfo de Camargo Mancuso, *Ação Popular*, 5ª ed., São Paulo, Ed. RT, 2003; Luiz Manoel Gomes Jr., "Ação popular – Alteração do polo jurídico da relação processual – Considerações", *Revista Dialética de Direito Processual* 10/120 e ss., São Paulo, Dialética, janeiro/2004; Cássio Scarpinella Bueno, *Amicus Curiae no Processo Civil Brasileiro*, 2ª ed., São Paulo, Saraiva, 2008, pp. 260 e ss.; José Antônio Lisboa Neiva, "Questões processuais envolvendo propriedade industrial", *Revista Jurídica Consulex* 128/22 e ss., Ano VI, Brasília, Consulex, maio/2002.

4. Ainda que não o tenha feito para o processo civil em geral, restringindo sua proposta às ações coletivas (cf. Rodrigo Mazzei, "A 'intervenção móvel' da pessoa jurídica de direito público na ação popular e ação de improbidade administrativa (art. 6º, § 3º, da LAP e art. 17, § 3º, da LIA)", in Fredie Didier Jr. e Teresa Arruda Alvim Wambier (coords.), *Aspectos Polêmicos e Atuais sobre Terceiros no Processo Civil e Assuntos Afins*, São Paulo, Ed. RT, 2007, e "Ação popular e o microssistema da tutela coletiva", in Fredie Didier Jr. e José Henrique Mouta (coords.), *Tutela Jurisdicional Coletiva*, Salvador, Juspodivm, 2008, pp. 385-388).

gura em tal tipo de ação, "somente pode ser réu" ou "sempre atua como assistente litisconsorcial do autor" – e por aí em diante.

Tal conclusão pelo entendimento restritivo pode ser identificada em função de variadas razões: (a) uma concepção estática da relação jurídica processual; (b) a legitimidade *ad causam* e o interesse de agir relacionados com o direito material, petrificados e "fotografados" no momento da propositura da demanda; (c) o conceito de interesse-necessidade, fulcrado na lide e numa lesão praticada pelo réu; (d) a estabilização subjetiva da demanda; (e) o litisconsórcio necessário ligado à relação material; (f) o conceito de citação como um chamado a "defender-se" – dentre outras.

Imaginemos, por hipótese, que estes argumentos estejam corretos: se a atuação despolarizada não se aplica ao processo em geral, qual, então, a justificativa para que o ordenamento permita a migração entre os polos na ação popular e na de improbidade administrativa? Geralmente se aponta a migração como uma medida salutar às mudanças políticas, facultando, na sucessão de governos, ao Poder Público a liberdade de atuar em qualquer polo, não ficando obrigado a defender um ato praticado na Administração anterior quando concordante com o autor.[5]

Ora, então devemos aceitar que se trata de instituto processual "partidário"? Assim não pensamos.

Enfrentaremos à luz da Teoria Geral do Processo, buscando salientar alguns pontos principais, especialmente no que tange: (i) ao dinamismo da relação processual, que nos permite tratar a legitimidade e o interesse em aspectos cambiáveis no tempo e sem uma rigidez absoluta; (ii) a reconhecer que esse dinamismo nos faz identificar situações processuais em que determinados sujeitos, por exemplo, tenham, simultaneamente, interesses comuns e contrapostos, ainda que figurem no mesmo polo da demanda – o que demonstra que somente cabe, no processo moderno, uma compreensão dinâmica do interesse e da legitimidade; para tanto, trabalharemos o tema da legitimidade *ad actum* e o conceito, que ora propomos, de *zonas de interesse*.[6]

5. Cf.: Ada Pellegrini Grinover, "Ação civil pública e ação popular: aproximações e diferenças", in Carlos Alberto de Salles (org.), *Processo Civil e Interesse Público*, São Paulo, Ed. RT, 2003, p. 140; José Antônio Lisbôa Neiva, *Improbidade Administrativa. Estudo sobre a Demanda na Ação de Conhecimento e Cautelar*, cit., 2ª ed., pp. 58-60.

6. Sobre o tema, cf. Antonio do Passo Cabral, "Interesse ad agire e zone di interesse", *Civil Procedure Review* 1/154-181, 2010 (disponível em www.civilprocedurereview.com, acesso em 18.4.2012, também publicado em Fredie Didier Jr. (org.), *Teoria do Processo – Panorama Doutrinário Mundial – 2ª Série*, Salvador, Juspodivm, 2010, pp. 95-116).

Em seguida formularemos algumas sugestões para o início do estudo do tema, rascunhando parâmetros que possam guiar a aplicação das ideias anteriormente desenvolvidas, indicando, ainda, como a questão vem sendo tratada no Projeto de novo Código de Processo Civil.

2. A legitimidade ontem e hoje: da legitimidade ad causam à legitimidade ad actum

A razão moderna para que continuemos a trabalhar com "condições da ação" vem sendo relacionada a questões éticas e de economia processual, para evitar a instauração de processos sem qualquer probabilidade de êxito e para inibir ações temerárias que pudessem molestar outros indivíduos sem qualquer limite.

Com a abstração do direito de ação e a consagração da teoria da asserção, o preenchimento das condições da ação passou a ser aferido pelas alegações do próprio litigante. Neste contexto, os abstratistas buscaram o desenvolvimento das condições da ação como um limite mais objetivo, um filtro para o exercício dos direitos processuais, baseado no direito material e verificado à luz do ordenamento, e não das alegações do sujeito.[7]

Partia-se da ideia de que a norma jurídica é atributiva, conferindo a determinado sujeito uma posição de vantagem e o autorizando a agir, em seu próprio nome, para atingir os efeitos que o ordenamento lhe assegura.[8] Assim, o poder de praticar um ato seria decorrente da norma material, e nela deveriam ser buscadas as condições que limitam a prática do ato e o poder jurídico que o justifica. E a legitimidade é a condição da ação que reflete o filtro subjetivo para a atuação judicial.

Com efeito, existe um modelo subjetivo abstrato que o ordenamento estabelece como padrão para cada tipo de processo e que deve ser observado para a instalação do contraditório. Esse esquema é definido pelas chamadas situações legitimantes, que correspondem algumas ao autor, outras ao réu, outras aos intervenientes.[9] O exame de legitimidade

---

7. Crisanto Mandrioli, *Corso di Diritto Processuale Civile*, 30ª ed., Turim, G. Giappichelli, 2000, pp. 53-54; Leonardo Greco, *A Teoria da Ação no Processo Civil*, São Paulo, Dialética, 2003, pp. 21-28.

8. Rodolfo de Camargo Mancuso, "Titularidade do direito, legitimação para agir e representação processual", *RT* 771/93-94, Ano 89, São Paulo, Ed. RT, janeiro/2000.

9. José Carlos Barbosa Moreira, "Apontamentos para um estudo sistemático da legitimação extraordinária", *Revista de Direito do Ministério Público do Estado da Guanabara* 9/41-42, Ano III, setembro-dezembro/1969; Elio Fazzalari, *Istituzioni di*

é, portanto, uma comparação entre a situação de fato de cada sujeito do processo e a situação legitimante a ele correspondente. Se coincidirem, dir-se-á legitimado o sujeito.

De regra as situações legitimantes são identificadas com a própria relação jurídica material que se submete ao Judiciário como objeto do processo. Este é o formato da legitimidade ordinária, aferida a partir de um juízo comparativo entre o padrão subjetivo do direito material e a situação de fato descrita no processo por cada sujeito.[10]

A ultrapassada apreensão civilista do fenômeno processual identificava as partes com os titulares da relação jurídica de direito material alegada e discutida no processo. Naquele modelo privatista, o autor era o credor e o devedor era réu.[11] Perquirir a quem caberia agir em relação a determinado direito era buscar saber quem era o titular do próprio direito,[12] sobretudo no parâmetro de então, no qual o direito de ação refletia um aspecto ou elemento do próprio direito material: a ação era o direito material reagindo a lesões, "armado para a guerra".

Com a constatação de que a relação jurídica processual era diversa daquela oriunda do direito material, bem como a teorização sobre as sentenças de improcedência e as ações declaratórias negativas, tal concepção foi abandonada. Hoje, por influência da concepção abstrata da ação, sabemos que não necessariamente coincidem a legitimidade ativa e a passiva com as figuras do credor e do devedor.[13] Claro que o titular

Diritto Processuale, 8ª ed., Pádua, CEDAM, 1996, p. 299; Luigi Monaciani, *Azione e Legittimazione*, Milão, Giuffré, 1951, especialmente pp. 310 e ss.; Cândido Rangel Dinamarco, *Litisconsórcio*, 8ª ed., São Paulo, Malheiros Editores, 2009, pp. 27, nota 22, e 34.

10. Donaldo Armelin, *Legitimidade para Agir no Direito Processual Civil Brasileiro*, São Paulo, Ed. RT, 1979, pp. 5-12; José Carlos Barbosa Moreira, "Apontamentos para um estudo sistemático da legitimação extraordinária", *RT* 404/9-10, Ano 58, São Paulo, Ed. RT, junho/1969; Antônio Carlos de Araújo Cintra, Ada Pellegrini Grinover e Cândido Rangel Dinamarco, *Teoria Geral do Processo*, 29ª ed., São Paulo, Malheiros Editores, 2013, p. 290; Michele Taruffo, "Some remarks on group litigation in comparative perspective", *Duke Journal of Comparative and International Law*, 11/415, 2001; José Rogério Cruz e Tucci, *A Causa Petendi no Processo Civil*, 2ª ed., São Paulo, Ed. RT, 2000, pp. 130-131.

11. Kazuo Watanabe, "Tutela jurisdicional dos interesses difusos: a legitimação para agir", *RePro* 34/197, Ano IX, São Paulo, Ed. RT, abril-junho/1984.

12. Rodolfo de Camargo Mancuso, "Titularidade do direito, legitimação para agir e representação processual", cit., *RT* 771/93.

13. Tradicionalmente, na execução as figuras do credor e devedor, que seriam os legitimados, deveriam coincidir com aqueles referidos no título, o que atualmente vê-se não ocorrer em todos os casos (cf. Edilton Meireles, "Função do título execu-

do direito, ou ao menos quem exerce a pretensão, é aquele que tem as melhores condições para reclamá-lo,[14] mas é igualmente certo que nem sempre aquele que busca o Judiciário, para a proteção de um suposto direito, tem razão.

Outra prova inegável da superação deste paradigma, já em tempos mais recentes, foram as ações coletivas para a proteção de interesses transindividuais. Em sua disciplina consagra o legislador a legitimidade extraordinária (através do mecanismo da substituição processual) de associações civis, órgãos públicos e do Ministério Público.[15] Através da substituição processual o ordenamento autoriza que certos sujeitos, mesmo não posicionados em situações com eficácia legitimante, possam postular em favor de direitos dos quais sequer afirmam ser titulares.[16] Nesses processos não há coincidência, nem mesmo em tese, entre direito material e situação legitimante.

Por esses e muitos outros exemplos, o Direito moderno apresenta situações que não conseguem ser transpostas ao modelo tradicional da legitimidade, um modelo tipicamente privatista do autor-credor contra o réu-devedor, com base num direito subjetivo e em interesses materiais privados contrapostos.[17]

A partir dessas constatações, tiveram os estudiosos que buscar outros critérios para aferir a "pertinência subjetiva" do exercício das faculdades processuais. Nesta tarefa vêm seguindo caminhos diversos.

Alguns autores têm tentado desvincular as condições da ação do direito material, analisando a legitimidade e o interesse, por exemplo, como requisitos pura ou preponderantemente processuais,[18] geralmente

tivo e a legitimidade na execução", *LTr* 64, n. 5, São Paulo, LTr, maio/2000, *passim*; Elio Fazzalari, *Istituzioni di Diritto Processuale*, cit., 8ª ed., pp. 332-333.

14. É o "adequado portador" da pretensão (cf. Hermes Zaneti Jr., "A legitimação conglobante nas ações coletivas: a substituição processual decorrente do ordenamento jurídico", in Araken de Assis e outros (coords.), *Direito Civil e Processo. Estudos em Homenagem ao Professor Arruda Alvim*, São Paulo, Ed. RT, 2008, p. 863.

15. José Roberto dos Santos Bedaque, "Legitimidade processual e legitimidade política", in Carlos Alberto de Salles (org.), *Processo Civil e Interesse Público*, São Paulo, Ed. RT, 2003, pp. 104-106.

16. José Carlos Barbosa Moreira, "Apontamentos para um estudo sistemático da legitimação extraordinária", cit., *Revista de Direito do Ministério Público do Estado da Guanabara* 9/42-43.

17. Rodolfo de Camargo Mancuso, "Titularidade do direito, legitimação para agir e representação processual", cit., *RT* 771/91.

18. Roberto P. Campos Gouveia Filho, "Existem legitimações puramente processuais?", *Revista Dialética de Direito Processual* 65/113, São Paulo, Dialé-

a partir da visão geral do processo como participação de sujeitos em contraditório.[19] Semelhante opção acadêmica tem sido seguida pela doutrina alemã, tratando o interesse dentro dos pressupostos processuais e a legitimidade extraordinária como um direito autônomo de condução do processo.[20]

Abrir mão totalmente das situações extraprocessuais, em especial dos interesses materiais existentes fora do processo, não nos parece a solução mais adequada.[21] É que o processo não se constrói em torno de si mesmo, nem seus institutos são vazios de significado substancial, mas, antes, deve haver uma relação de funcionalidade intrínseca entre processo e norma material.

tica, agosto/2008; Elio Fazzalari, *Istituzioni di Diritto Processuale*, cit., 8ª ed., p. 316; Fredie Didier Jr., "Um réquiem às condições da ação. Estudo analítico sobre a existência do instituto", *RF* 351/75-75, Ano 96, Rio de Janeiro, Forense, julho-setembro/2000.

19. Elio Fazzalari, *Istituzioni di Diritto Processuale*, cit., 8ª ed., pp. 306-307.

20. Os alemães simplesmente desconsideram, no exame do que conhecemos como legitimidade extraordinária, o cotejo com a situação legitimante, bastando o direito ou capacidade autônomos de condução do processo (*Prozessführungsrecht*), que a lei pode atribuir a quem não tem ligação com o direito material (cf. Dieter Leipold, "Die Verbandsklage zum Schutz allgemeiner und breitgestreuter Interessen in der Bundesrepublik Deutschland", in Peter Gilles (org.), *Effektivität des Rechtsschutzes und verfassungsmäßige Ordnung*, Berlim, Carl Heymanns, 1983, p. 66 – que afirma que a postulação em nome da coletividade não se coaduna com conceitos clássicos, sendo mais próxima da legitimação do autor popular: "Der Verband nimmt Interessen der Allgemeinheit wahr, wenn er – außerprozessual oder prozessual – gegen den Verwender oder Empfehler vorgeht. Da jeder Bürger auch Verbraucher ist, leuchtet es übrigens auch nicht ein, von einem 'Gruppeninteresse' zu sprechen. Die Wahrnehmung von Interessen der Allgemeinheit ist nicht gut mit der Figur der Prozeßstandschaft zu erfassen; denn dann müßte es sich um ein fremdes, einem anderen zustehendes materielles Recht handeln. Eher ließe sich von einer selbständigen Prozeßführungsberechtigung oder einer (personell) 'eingeschränkten Popularklage' sprechen (...)"; Reinhard Greger, "Verbandsklage und Prozeßrechtsdogmatik – Neue Entwicklungen in einer schwierigen Beziehung", in *Zeitschrift für Zivilprozeß* 113/400, nota 5, e 402, Heft 4, 2000 – onde diz que o *BGH*, tribunal alemão similar ao STJ brasileiro, prefere falar numa dupla natureza da substituição processual (*Doppelnatur*), ao mesmo tempo ligada à pretensão (ao direito material) e ao *Prozeßführungsbefugnis*. Na doutrina brasileira, cf.: Hermes Zaneti Jr., "A legitimação conglobante nas ações coletivas: a substituição processual decorrente do ordenamento jurídico", cit., in Araken de Assis e outros (coords.), *Direito Civil e Processo. Estudos em Homenagem ao Professor Arruda Alvim*, pp. 860-862; Donaldo Armelin, "Ação civil pública: legitimidade processual e legitimidade política", in Carlos Alberto de Salles (org.), *Processo Civil e Interesse Público*, São Paulo, Ed. RT, 2003, p. 120.

21. Ao menos no modelo abstrato de ação, que é dominante na doutrina brasileira.

No que tange à legitimidade, nossa proposta é manter o filtro subjetivo, porém reduzindo o espectro de análise para a prática de cada ato processual isoladamente.

Como é pertinente ao exercício de um poder jurídico, o ordenamento remete a legitimidade à específica situação concreta onde tal poder será exercido.[22] Se a legitimidade é um atributo transitivo,[23] verificado em relação a determinado estado de fato, pensamos que, a partir do conceito de situação legitimante, enquadrado no pano de fundo da relação processual dinâmica, é possível reduzir a análise da legitimidade a certos momentos processuais específicos, vale dizer, não mais um juízo de pertinência subjetiva da demanda (a *legitimatio ad causam*), mas referente ao ato processual específico (a *legitimatio ad actum*).[24]

Em razão do dinamismo da relação processual, é só na sua verificação casuística que a legitimidade encontra sua completa e mais pura finalidade. Se a função desse limite subjetivo ao exercício de funções processuais é analisar a correspondência entre o modelo legal e a situação de fato, a legitimidade só pode ser precisada em cada caso concreto e para cada ato processual.

Como afirma Fazzalari, a par das discussões sobre a abstração ou concretude da ação, devemos reputar que a situação material pretérita deve ser abstraída quando da análise dos atos processuais, e estes não pressupõem necessariamente a relação material.[25] A situação substancial é relevante como pressuposto de alguns atos processuais, mas não de todos, e a ela se juntam outros requisitos processuais definidores de situações legitimantes não necessariamente vinculadas a um direito subjetivo ou a uma relação jurídica material.

Na verdade, a colocação dos atos em sequência faz com que, com exclusão do primeiro ato da série, cada ato processual dependa, para ser praticado, de requisitos e pressupostos que somente poderão ser corretamente compreendidos a partir da análise da cadeia formativa dos atos anteriores e da múltipla e difusa implicação entre eles.[26] Além disso, as

---

22. Cf. Maurício Zanoide de Moraes, *Interesse e Legitimação para Recorrer no Processo Penal Brasileiro*, São Paulo, Ed. RT, 2000, pp. 202-203.
23. Nelson Luiz Pinto, "A legitimidade ativa e passiva nas ações de usucapião", *RePro* 64/24, Ano 16, São Paulo, Ed. RT, outubro-dezembro/1991; Roberto P. Campos Gouveia Filho, "Existem legitimações puramente processuais?", cit., *Revista Dialética de Direito Processual* 65/110.
24. Cândido Rangel Dinamarco, *Litisconsórcio*, cit., 8ª ed., p. 148.
25. Elio Fazzalari, *Istituzioni di Diritto Processuale*, cit., 8ª ed., p. 275.
26. Idem, pp. 271, 276 e 422.

situações legitimantes são todas cambiantes ao longo do processo, e o controle da legitimidade não pode se dar senão na dinâmica do contraditório.[27]

3. Despolarização da demanda

Não obstante, inúmeros ordenamentos e muitos autores sempre estiveram apegados a uma polarização da demanda, vinculando estaticamente a atuação dos sujeitos do processo à correlata posição que aquele sujeito ocupa na relação jurídica material. Na doutrina de origem germânica consagrou-se um princípio ou sistema de dualidade de partes (*Zweiparteienprinzip*), pois, se ninguém pode litigar consigo mesmo, o processo só seria possível no âmbito de uma plurissubjetividade direcionada àqueles indivíduos que conflitam em torno de uma relação jurídica material.[28]

Ainda que a pluralidade de sujeitos seja nota característica do processo, parece-nos ser necessária uma análise da relação processual mais dinâmica, desprendida da rigidez bipolar.[29]

A situação legitimante, nesse dinamismo, poderia ser analisada sob o prisma das funções e das específicas posições processuais em que praticados atos no processo (ônus, direito, poder, faculdade etc.), ou do complexo de alternativas que estejam abertas para o sujeito numa determinada fase processual.[30] Tradicionalmente, o complexo desses poderes era descrito como "ação", o que dificulta a correta compreensão de um fenômeno dinâmico como a relação processual. Fazzalari sugere, portanto, renunciar ao "velho conceito" de ação para uma acertada abordagem do tema.

É que o poder de ação é o mesmo poder de praticar um ato jurídico processual,[31] apenas considerado a partir de momentos distintos e atos

---

27. Idem, pp. 277 e 308.
28. Arwed Blomeyer, *Zivilprozessrecht. Erkenntnisverfahren*, 2ª ed., Berlim, Duncker & Humblot, 1985, p. 65; Walther J. Habscheid, *Schweizerisches Zivilprozess – und Gerichtsorganisationsrecht*, 2ª ed., Basel e Frankfurt am Main, Helbing und Lichtenhahn, 1990, p. 7.
29. Leonardo Greco, *A Teoria da Ação no Processo Civil*, cit., p. 52.
30. Elio Fazzalari, *Istituzioni di Diritto Processuale*, cit., 8ª ed., pp. 422-423; Cândido Rangel Dinamarco, *Litisconsórcio*, cit., 8ª ed., p. 148.
31. Já fazia observação semelhante Oskar von Bülow, "Die neue Prozessrechtswissenschaft und das System des Civilprozessrechts", *Zeitschrift für deutschen*

diversos. Portanto, existem "ações" de vários sujeitos, intrincadas e descontinuamente exercidas, umas reagindo às posições das demais, sem contar aquelas "ações" que são exercidas em formato reduzido, como ocorre com os intervenientes ulteriores, muitos dos quais detentores de menos poderes que as partes.[32]

Nesse contexto, falar em legitimidade ativa e passiva é retomar institutos pandectísticos ou, ainda, recordar a superada visão da ação como direito potestativo do autor contra o réu.[33] Se a legitimidade está ligada à prática de atos processuais e aos poderes que os sujeitos possuem para praticá-los, só pode ser considerada "ativa",[34] e nos parece de todo incorreto polarizar o conceito.

Note-se que é variável a força legitimante de uma situação subjetiva para habilitar o sujeito a assumir posição ativa ou passiva. Por vezes uma mesma situação pode ser considerada legitimante para ajuizar uma ação mas não para figurar como réu. É a hipótese mais comum na legitimidade extraordinária.[35]

Ademais, por vezes a norma não permite ao sujeito deflagrar o processo, iniciando-o, mas lhe faculta prosseguir ou suceder o sujeito que formulou a demanda inicial ou, ainda, intervir ulteriormente no curso do mesmo procedimento. Sobre o tema, veja-se a Súmula 365 do STF, que afirma, baseada na ideia de que se trata de direito inerente à cidadania, que pessoa jurídica não pode propor ação popular. Mas a lei admite que a pessoa jurídica de direito público, inicialmente citada como ré, possa mudar de polo e atuar como autora.[36] O mesmo ocorre com o Ministério

Cvilprozeß XXVII/242, 1900. Na literatura moderna; Elio Fazzalari, "La dottrina processualistica italiana: dall''azione' al 'processo' (1864-1994)", *Rivista di Diritto Processuale* 4/912 e ss., 1994. E, no Brasil, a sempre esclarecedora pena de Cândido Rangel Dinamarco, *Litisconsórcio*, cit., 8ª ed., pp. 148-151.

32. Leonardo Greco, "Ações na execução reformada", in Ernani Fidelis dos Santos e outros (coords.), *Execução Civil: Estudos em Homenagem ao Professor Humberto Theodoro Jr.*, São Paulo, Ed. RT, 2007, pp. 850-885; Elio Fazzalari, *Istituzioni di Diritto Processuale*, cit., 8ª ed., pp. 425-426.

33. É a opinião também de Elio Fazzalari, *Istituzioni di Diritto Processuale*, cit., 8ª ed., pp. 428-429.

34. Com razão Alexandre Freitas Câmara, *Lições de Direito Processual Civil*, 2ª ed., vol. I, Rio de Janeiro, Lumen Juris, 1999, p. 105.

35. José Carlos Barbosa Moreira, "Apontamentos para um estudo sistemático da legitimação extraordinária", cit., *Revista de Direito do Ministério Público do Estado da Guanabara* 9/50-51.

36. Rodolfo de Camargo Mancuso, "Titularidade do direito, legitimação para agir e representação processual", *RT* 771/92.

Público, que não é legitimado para deflagrar a ação popular mas pode prosseguir na sua condução caso haja desistência da ação pelo autor.[37]

Impende, então, haver uma evolução da relação processual para além da polarização autor-réu, credor-devedor, Caio-Tício, ativo-passivo, analisando-se o filtro das condições da ação para cada ato processual por praticar.

É evidente que, esquecendo a Dogmática, veremos que a polarização tem algumas vantagens do ponto de vista prático. Em primeiro lugar, ressalta o formato dialético do processo, cujo caráter argumentativo pressiona à contraposição de teses e alegações. Ademais, facilita a aplicação e o controle a respeito do correto e isonômico exercício do contraditório, permitindo que se dê vista a todos sucessivamente, verificando mais facilmente a contagem de prazos; etc.

A par destas vantagens, que são – friso – eminentemente práticas, e não teóricas, penso que uma pequena mudança cultural e da praxe judiciária resolveria, sem maiores problemas, qualquer empecilho que a despolarização da demanda trouxesse ao cotidiano forense.

Resta ainda a discussão sobre a estabilidade da demanda, que poderia, a depender do momento da migração, ser rompida ou excepcionada pela migração.[38] Além disso, discute-se se haveria liberdade para o sujeito "escolher" de que lado ou em que polo atuará.

A estabilização da demanda, objetiva ou subjetiva, tem a finalidade de assegurar o adequado exercício do contraditório e da ampla defesa, evitando surpresas às partes e possibilitando um planejamento estratégico de cada um.[39] Porém, penso que, respeitadas as avaliações já feitas e as expectativas criadas aos sujeitos do processo, pode haver uma flexibilização dessa estabilidade, para viabilizar a migração de polo. O juiz procederá à análise sobre a conveniência e a admissibilidade da alteração subjetiva da demanda, valorando os potenciais prejuízos às partes e ao andamento do processo.

Neste sentido foi a evolução legal alemã no que tange ao juízo de admissibilidade de alteração da demanda pelo autor, mesmo depois da

---

37. Geisa de Assis Rodrigues, "Da ação popular", cit., in Fredie Didier Jr. e Cristiano Chaves de Farias (coords.), *Procedimentos Especiais Cíveis: Legislação Extravagante*, pp. 256-257.

38. Como defendem Fredie Didier Jr. e Hermes Zaneti Jr., *Curso de Direito Processual Civil*, cit., 2ª ed., vol. 4, p. 248.

39. José Rogério Cruz e Tucci, *A **Causa Petendi** no Processo Civil*, cit., 2ª ed., pp. 191 e ss.

citação do réu. Primeiramente, a *ZPO* vinculava ao consentimento do réu a possibilidade de alteração, à semelhança do atual sistema brasileiro (arts. 42, 264 e 294 do CPC); posterior alteração legal dava ao juiz o poder de autorizar a mudança mesmo sem o consentimento do demandado, mas desde que não houvesse prejuízo à sua defesa; hoje há ainda mais poderes de direção ao juiz para realizar verdadeiro juízo de "conveniência", vedando a *mutatio libelli* se o magistrado verificar, com base na economia processual, que pode resultar em morosidade do processo, por exemplo.[40]

Mais adiante veremos como a combinação da despolarização da demanda com uma abordagem modernizada do interesse processual pode auxiliar na análise de admissibilidade, conveniência e oportunidade da migração.

4. Interesse de agir ontem e hoje: do interesse-necessidade às zonas de interesse

Numa demanda despolarizada, e num processo em que seja possível a migração entre polos, como fica o interesse de agir? Cabe, aqui, fazermos alguma referência ao interesse de agir na acepção clássica, às dificuldades de enquadrar esta perspectiva tradicional no processo da atualidade e, finalmente, verificar se o interesse de agir é um obstáculo à migração interpolar.

Antes de iniciar o tópico, cabe destacar que é patentemente diferente o conceito de interesse material (a relação entre uma necessidade humana e os bens aptos a satisfazê-la,[41] que reside nas normas do direito substantivo e cuja proteção ou reparação é a finalidade da demanda) e outro conceito, o interesse processual ou interesse de agir, que é mais ligado ao provimento que se pede ao juiz para a satisfação dos interesses materiais. O interesse processual ou interesse de agir, neste sentido, é frequentemente descrito como um "interesse de segundo grau", um "interesse instrumentalizado" em função do interesse primário de proteção da situação jurídica de direito material.[42]

40. Sobre o tema, v., em língua italiana, o preciso relato de Luigi Paolo Comoglio, "Premesse ad uno studio sul principio di economia processuale". *Rivista Trimestrale di Diritto e Procedura Civile* 2/614 e 616-617, Ano XXXII, junho/1978.
41. É célebre a abordagem de Francesco Carnelutti, *Lezioni di Diritto Processuale Civile*, vol. I, reimpr., Pádua, CEDAM, 1930, pp. 3 e ss.
42. Em sentido semelhante: Enrico Tullio Liebman, *Manual de Direito Processual Civil*, 3ª ed., trad. de Cândido Rangel Dinamarco, São Paulo, Malheiros Edi-

4.1 Interesse: necessidade, adequação ou utilidade?

Embora lembre o adágio romano *de minimis non curat praetor*, a origem do interesse de agir é francesa, onde a figura surgiu historicamente nos brocardos *pas d'intérêt pas d'action* e *l'intérêt est la mesure des actions*,[43] uma máxima que pretendia impedir que questões ociosas ou que poderiam ser resolvidas no corpo social fossem trazidas ao Judiciário, degradando a função judicial ao papel de um mero consultor das partes privadas.[44]

No âmbito da doutrina processual do último meio século o debate sobre o interesse de agir girou entre duas concepções e orientações diversas. Aquela do interesse de agir como "estado de lesão" do direito alegado, que produziu o conceito de interesse-necessidade (*Rechtsschutzbedürfnis*, *bisogno di tutela*); e aquela que entende o interesse como utilidade do processo para o autor, seja como meio, seja como resultado (interesse-adequação e interesse-utilidade).[45]

A concepção do interesse-necessidade nasceu de uma visão do processo como *ultima* ou *extrema ratio* para o autor:[46] a demanda só deveria ser admissível se o autor não tivesse outros meios próprios para

---

tores, 2005, pp. 205 e ss.; Crisanto Mandrioli, *Corso di Diritto Processuale Civile*, cit., 30ª ed., p. 51; Ernesto Fabiani, "Interesse ad agire, mero accertamento e limiti oggettivi del giudicato", *Rivista di Diritto Processuale* 1998, p. 548.

43. René Morel, *Traité Élémentaire de Procédure Civile*, 10ª ed., Paris, Sirey, 1949, p. 31; E. Garsonnet e Ch. Cézar-Bru, *Précis de Procédure Civile*, 9ª ed., Paris: Sirey, 1923, pp. 92-93; M. Berriat Saint-Prix, *Cours de Procédure Civile e Criminelle*, 5ª ed., t. I, Bruxelas, Stapleau, 1823, pp. 172 e ss.; Lucio Lanfranchi, "Note sull'interesse ad agire", *Rivista Trimestrale di Diritto e Procedura Civile* 3/1.119, Ano XXVI, 1972; Marino Marinelli, *La Claosola Generale dell'Art. 100 CPC. Origini, Metamorfosi e Nuovi Ruoli*, Trento, Alcione, 2005, p. 22; F. C. Pontes de Miranda, *Comentários ao Código de Processo Civil*, 2ª ed., t. I, Rio de Janeiro, Forense, 1979, pp. 169-170.

44. Salvatore Satta, "A proposito dell'accertamento preventivo", *Rivista Trimestrale di Diritto e Procedura Civile* 1960, Ano XIV, pp. 1.400-1.401; Fredie Didier Jr., *Pressupostos Processuais e Condições da Ação*, São Paulo, Saraiva, 2005, p. 283; Marino Marinelli, *La Claosola Generale dell'Art. 100 CPC. Origini, Metamorfosi e Nuovi Ruoli*, cit., p. 25.

45. Marino Marinelli, *La Claosola Generale dell'Art. 100 CPC. Origini, Metamorfosi e Nuovi Ruoli*, cit., p. 5.

46. Wolfgang Grunsky, *Grundlagen des Verfahrensrechts*, 2ª ed., Bielefeld, Gieseking, 1974, p. 390; Ernesto Fabiani, "Interesse ad agire, mero accertamento e limiti oggettivi del giudicato", cit., *Rivista di Diritto Processuale* 1998, pp. 553-554 – especialmente interessante no que tange à jurisprudência da *Cassazione* italiana.

satisfazer seu direito material sem a intervenção estatal pelo processo.⁴⁷ Exigia-se uma efetiva lesão ao direito do autor para que a causa fosse levada ao juiz. Vê-se, portanto, que o interesse era classicamente ligado ao inadimplemento ou incumprimento.⁴⁸

Aos poucos o conceito foi evoluindo, e hoje prevalece a noção, de influência tedesca,⁴⁹ do interesse de agir como um filtro de eficiência através do qual o legislador deseja evitar o dispêndio de atividade jurisdicional inútil.⁵⁰ Trata-se de uma perspectiva utilitária do interesse de agir, fulcrada nos binômios "interesse-utilidade" e "interesse-adequação", que residem na relação entre o provimento requerido e a situação de fato alegada.⁵¹

No Brasil, coube a Dinamarco a popularização da ideia de interesse-adequação,⁵² largamente abraçada pela doutrina,⁵³ e que corresponderia à análise da pertinência da utilização daquele meio procedimental se

47. Adolf Wach, "Der Rechtsschutzanspruch", Zeitschrift für deutschen Civilprozeß XXXII/30, 1904; Eduardo Grasso, "Note per un rinnovato discorso sull'interesse ad agire", in Studi in Onore di Gioacchino Scaduto, Diritto Pubblico IV, Pádua, CEDAM, 1970, pp. 335-336; Arwed Blomeyer, Zivilprozessrecht. Erkenntnisverfahren, cit., 2ª ed., p. 201; F. C. Pontes de Miranda, Comentários ao Código de Processo Civil, cit., 2ª ed., t. I, p. 169.
48. Inicialmente ligava-se a um dano, geralmente pecuniário. Posteriormente, até o século XX, a ênfase foi sendo dada à necessidade jurídica da tutela (cf.: E. Garsonnet e Ch. Cézar-Bru, Précis de Procédure Civile, cit., 9ª ed., p. 92; Othmar Jauernig, Zivilprozessrecht, 28ª ed., Munique, C. H. Beck Verlag, 2003, p. 144; Crisanto Mandrioli, Corso di Diritto Processuale Civile, cit., 30ª ed., p. 52; Enrico Tullio Liebman, Manual de Direito Processual Civil, 3ª ed., cit., p. 205.
49. É também a visão prevalecente na doutrina italiana na interpretação do art. 100 do Codice (cf. Marino Marinelli, La Claosola Generale dell'Art. 100 CPC. Origini, Metamorfosi e Nuovi Ruoli, cit., p. 115).
50. Rudolph Pohle,"Zur Lehre vom Rechtsschutzbedürfnis", in Festschrift für Friedrich Lent zum 75. Geburtstag, Munique, C. H. Beck, 1957, pp. 197 e ss.; Othmar Jauernig, Zivilprozessrecht, cit., 28ª ed., p. 143.
51. Antônio Carlos de Araújo Cintra, Ada Pellegrini Grinover e Cândido Rangel Dinamarco, Teoria Geral do Processo, cit., 29ª ed., pp. 289-290; Aldo Attardi, "Interesse ad agire", in Digesto delle Discipline Privatistiche, Sezione Civile, IX, Turim, 1993, pp. 517-518; Edoardo F. Ricci, "Sull'accertamento della nullità e della simulazione dei contratti come situazioni preliminari", Rivista di Diritto Processuale 1994, p. 661.
52. Cândido Rangel Dinamarco, Instituições de Direito Processual Civil, 6ª ed., vol. II, São Paulo, Malheiros Editores, 2009, pp. 311-312.
53. Cf.: Donaldo Armelin, Legitimidade para Agir no Direito Processual Civil Brasileiro, cit., p. 59; Rodrigo da Cunha Lima Freire, Condições da Ação. Enfoque sobre o Interesse de Agir, 3ª ed., São Paulo, Ed. RT, 2005, pp. 154-155.

comparado com outros mais econômicos ou eficazes. Neste sentido, é comum a utilização do interesse-adequação na hipótese de o autor formular pedido declaratório se já houve inadimplemento ou quando se requer condenação se já existente título executivo.[54]

Vê-se que existe um grande divisor de águas entre as concepções do interesse como necessidade ou como utilidade. Trata-se de interpretações diversas, consideradas por muitos até mesmo "desomogêneas":[55] uma perspectiva focada na inevitabilidade do processo, um extremo remédio acessível apenas quando o sujeito não tenha um meio extrajudicial para a satisfação do direito;[56] e a opinião que põe relevo nos efeitos que o processo poderia produzir para o requerente.[57]

O interesse-necessidade retratava uma visão individualista, inspirada sobre o ideal liberal que ressalta a relação de direito material deduzida em juízo, ao se afirmar uma lesão a direito de titularidade do sujeito, num contexto conflituoso próprio da "lide" no sentido carneluttiano.[58] Nesta perspectiva, o processo era visto como unicamente direcionado à proteção do direito material dos litigantes, e a ação só poderia ser abstrata, desvinculada dos direitos afirmados no processo, os direitos subjetivos preexistentes à sentença.[59]

Posteriormente passou-se a teorizar o interesse a partir da visão do juízo, como um meio de gestão processual para economizar tempo e energia dos serviços judiciários.[60] O interesse-utilidade passou a regrar a

54. Ainda que não com a denominação de "interesse-adequação", cf.: Aldo Attardi, *L'Interesse ad Agire*, Pádua, CEDAM, 1958, pp. 24-25; Adolf Schönke, *Lehrbuch des Zivilprozeßrechts*, 7ª ed., Karlsruhe, C. F. Müller, 1951, p. 167; Egas Dirceu Moniz de Aragão, *Comentários ao Código de Processo Civil*, 10ª ed., Rio de Janeiro, Forense, 2005, p. 446; Arthur Nikisch, *Zivilprozeßrecht*, Tübingen, Mohr, 1950, p. 142.

55. Marino Marinelli, *La Claosola Generale dell'Art. 100 CPC. Origini, Metamorfosi e Nuovi Ruoli*, cit., p. 9.

56. Egas Dirceu Moniz de Aragão, *Comentários ao Código de Processo Civil*, cit., 10ª ed., p. 446; Fredie Didier Jr., *Pressupostos Processuais e Condições da Ação: o Juízo de Admissibilidade do Processo*, cit., p. 284.

57. Moniz de Aragão diz que quaisquer das concepções do interesse são defensáveis à luz do CPC brasileiro, sobretudo pela redação do art. 4º. Não obstante, alinha-se pela teoria que adota a concepção utilitária do interesse (*Comentários ao Código de Processo Civil*, cit., 10ª ed., pp. 446-448).

58. Francesco Carnelutti, *Istituzioni del Nuovo Processo Civile Italiano*, 2ª ed., Roma, Foro Italiano, 1941, p. 8.

59. Lucio Lanfranchi, "Note sull'interesse ad agire", cit., *Rivista Trimestrale di Diritto e Procedura Civile* 3/1.127.

60. Adolf Schönke, *Lehrbuch des Zivilprozessrechts*, cit., 7ª ed., p. 167.

atividade estatal, evitando povoar as prateleiras dos juízos com processos "sem sentido" e que poderiam ser solucionados, se não espontaneamente, pelo menos com menor empenho de energia e custos financeiros.[61]

Esse caminho foi trilhado como um consectário do princípio de economia processual, reputando inadmissíveis requerimentos inúteis ou antieconômicos.[62] O requerente não poderia pretender uma providência que, mesmo se acolhida, o colocasse na mesma posição processual em que se encontrava *ante litem*. Nem se poderia acionar o Judiciário para a apreciação de uma questão se houvesse um meio judicial ou extrajudicial mais barato, simples ou rápido para resolver a questão.[63]

No mesmo diapasão, o desenvolvimento do conceito de interesse--adequação permitiria uma verificação pelo juízo da efetividade do mecanismo manejado sempre que existisse uma pluralidade de meios à disposição do sujeito.[64]

4.2 De adversários a cojogadores: soluções cooperativas, requerimentos conjuntos, interesses simultaneamente contrapostos e comuns, sujeitos imparciais

Antes de apontarmos os desacertos teóricos que a clássica compreensão do interesse apresenta para o direito processual, queremos

---

61. Elena Merlin, "Mero accertamento di una questione preliminare?", *Rivista di Diritto Processuale* 1995, p. 207; René Morel, *Traité Élémentaire de Procédure Civile*, cit., 10ª ed., p. 31; José Maria Rosa Tesheiner, *Eficácia da Sentença e Coisa Julgada no Processo Civil*, São Paulo, Ed. RT, 2001, p. 25; Leonardo Greco, *A Teoria da Ação no Processo Civil*, cit., pp. 39-40.

62. Luigi Paolo Comoglio, "Premesse ad uno studio sul principio di economia processuale", cit., *Rivista Trimestrale di Diritto e Procedura Civile* 2/608 e ss.; F. C. Pontes de Miranda, *Comentários ao Código de Processo Civil*, 2ª ed., t. I, pp. 168-169.

63. Wolfgang Lüke, *Zivilprozessrecht*, 9ª ed., Munique, C. H. Beck, 2006, pp. 154-155; Adolf Baumbach, *Elementarbuch des Zivilprozesses*, 2ª ed., Munique, C. H. Beck, 1941, p. 26; Othmar Jauernig, *Zivilprozessrecht*, cit., 28ª ed., p. 144; Arwed Blomeyer, *Zivilprozessrecht. Erkenntnisverfahren*, cit., 2ª ed., p. 201; Wolfgang Grunsky, *Grundlagen des Verfahrensrechts*, cit., 2ª ed., p. 394.

64. Deve-se ter cuidado, não obstante, em não ferir a estratégia processual do litigante: em muitos casos, sobretudo no processo civil, onde estamos frequentemente diante de interesses disponíveis, o sujeito pode escolher livremente sua linha defensiva sem que o Estado-Juiz possa nela se intrometer. Assim, há um espaço de liberdade na escolha, por exemplo, entre ação monitória e ação de cobrança, sem que se possa autoritariamente tolher a alternativa do sujeito requerente (cf. Marino Marinelli, *La Claosola Generale dell'Art. 100 CPC. Origini, Metamorfosi e Nuovi Ruoli*, cit., p. 126).

destacar algumas situações práticas em que não conseguimos aplicar, com total precisão, o conceito de interesse de agir. Trata-se de situações processuais em que a atuação do sujeito é permitida sem que estejamos presos à lide, à lesão ou à utilidade do processo necessariamente ligada ao direito material do litigante.

4.2.1 Interesses dinamicamente cambiantes: soluções cooperativas e requerimentos conjuntos

Com o desenvolvimento de postulados de cooperação e boa-fé, genericamente aplicáveis aos sujeitos do processo,[65] repercutiu a ideia colaborativa do contraditório que norteia a moderna compreensão do princípio, impondo a coparticipação dos sujeitos processuais.[66] Assim, hoje o processo não é mais teorizado em torno do conflito ou da lide, mas a partir da agregação, da boa-fé, da conjugação entre interesses privados e interesses públicos.[67]

Paralelamente, começou a ser fomentada, no Brasil e no Estrangeiro, a adoção de soluções processuais cooperativas, como a arbitragem, as convenções sobre a prova, acordos sobre as suspensões do processo e de prazos etc.

Nesse sentido, a jurisprudência francesa desenvolveu o *contrat de procédure*, um acordo entre os sujeitos processuais em que todos deliberam sobre as regras que disciplinarão aquele processo específico, fixando prazos para alegações e julgamento, dispensa de recursos, meios de prova que serão utilizados etc.[68]

65. Gottfried Baumgärtel, "Treu und Glauben im Zivilprozeß", in *Zeitschrift für Zivilprozeß* 86, Heft 3, 1973; Friedrich Lent, "Zur Unterscheidung von Lasten und Pflichten der Parteien im Zivilprozeß", *Zeitschrift für Zivilprozeß* 67/344-345, Heft 5, 1954; Gerhard Lüke, "Betrachtungen zum Prozeßrechtsverhältnis", *Zeitschrift für Zivilprozeß* 108/443, Heft 4, 1995; Thomas M. Müller, *Gesetzliche und prozessuale Parteipflichten*, Zurique, Schultess, 2001, pp. 35 e ss.; Antonio do Passo Cabral, "O contraditório como dever e a boa-fé processual objetiva", *RePro* 126, Ano 30, São Paulo, Ed. RT, agosto/2005; Fredie Didier Jr., "O princípio da cooperação: uma apresentação", *RePro* 127, Ano 30, São Paulo, Ed. RT, setembro/2005; Daniel Mitidiero, *Processo Civil e Colaboração*, São Paulo, Ed. RT, 2007.

66. Dierle José Coelho Nunes, *Processo Jurisdicional Democrático: uma Análise Crítica das Reformas Processuais*, Curitiba, Juruá, 2008, pp. 212 e ss. – onde fala em "comparticipação".

67. Cássio Scarpinella Bueno, **Amicus Curiae** *no Processo Civil Brasileiro*, cit., 2ª ed., pp. 55-58.

68. Cf. Frédérique Ferrand, "The respective role of the judge and the parties in the preparation of the case in France", in Nicolò Trocker e Vicenzo Varano (eds.),

Trata-se de instituto através do qual os sujeitos do processo, a despeito dos interesses materiais que os movem, atuam em conjunto para específicas finalidades processuais que a todos aproveitem.

Na mesma senda, os ordenamentos francês e belga, já de algum tempo, e o regime processual experimental português admitem, por exemplo, a formulação de requerimentos conjuntos pelas partes.[69] Hipótese similar ocorre com a disposição do art. 114, § 2º, da Constituição da República de 1988, na redação da Emenda Constitucional 45/2004, no que se refere a requerimento conjunto de instalação de dissídios coletivos de natureza econômica na Justiça do Trabalho.

Ora, em todas estas hipóteses estamos diante de casos em que, ainda que possuam interesses materiais contrapostos, para aqueles fins específicos e naquele momento processual, a atuação conjunta pareceu a alternativa estratégica mais adequada para os sujeitos do processo. É visível que uma apreensão estática do interesse-necessidade não é possível aqui.

Devemos lembrar, com Brüggemann, que há casos no processo, como estes, em que não se observa uma efetiva contraposição de interesses, mas apenas uma "rivalidade formal", casos em que os sujeitos do processo não são oponentes (*Gegenspieler*), mas cojogadores (*Mitspieler*).[70]

4.2.2 *Interesses simultaneamente contrapostos e comuns no mesmo polo*

O segundo grupo de situações que pensamos ser interessante para demonstrar a insuficiência do conceito de interesse de agir no processo moderno é aquele que põe em evidência a existência simultânea, em um mesmo polo da demanda, de interesses materiais comuns e contrapostos entre certos sujeitos.

The Reforms of Civil Procedure in Comparative Perspective, Turim, G. Giappichelli, 2005, p. 21; Loïc Cadiet, "Conventions relatives au procès en Droit Français", *RePro* 160/74, Ano 33, São Paulo, Ed. RT, junho/2008; Remo Caponi, "Autonomia privata e processo civile: gli accordi processuali", *Rivista Trimestrale di Diritto e Procedura Civile* 3/99 e ss., Ano LXII, Suplemento, 2008.

69. Cf.: Paulo Costa e Silva, "A ordem do juízo de D. João III e o regime processual experimental", *RePro* 156/246, São Paulo, Ed. RT, fevereiro/2008; Loïc Cadiet, "Conventions relatives au procès en droit français", cit., *RePro* 160/72.

70. Dieter Brüggemann, "Unausgebildete Gegnerschaftsverhältnisse", in *Zeitschrift für Zivilprozeß* 81/458-459, 466 e 471-473, 1969.

Vale dizer: mesmo quando componham o polo ativo ou passivo (por conta da polarização inicial), diversos sujeitos podem ter simultâneas pretensões e áreas de interesses materiais comuns bem como outras esferas de discordância, o que, como se verá, justificará, para a prática de determinado ato, a migração de polo ou atuação processual despolarizada como se no polo oposto figurassem.

Isso ocorre em várias hipóteses: em litisconsórcio e intervenção de terceiros; quando há atuação de sujeitos formais que representam uma comunidade de indivíduos, como cooperativas, condomínios,[71] sociedades empresariais por ações; nas ações coletivas e nas ações de grupo; ou, ainda, nos procedimentos concursais, como a falência, a insolvência civil etc.

Vejamos, sem pretensão exaustiva, alguns destes aspectos.

4.2.2.1 Hipóteses de litisconsórcio e intervenção de terceiros.
Litisconsórcio necessário no polo ativo

Muitas hipóteses de intervenção de terceiros posicionam os sujeitos em situações processuais inusitadas em que, simultaneamente, possuem interesses contrapostos e comuns.

Pense-se na oposição, cujo direcionamento "bifronte"[72] forma uma segunda demanda, *in simultaneus processus*, do opoente contra autor e réu (os opostos), os quais têm interesses comuns na oposição, embora na demanda principal sejam adversários.[73]

Veja-se a denunciação da lide, que tem dupla finalidade ao integrar o terceiro ao processo: com ela, o denunciante exerce um direito de regresso contra o terceiro, instaurando um segundo litígio; mas, ao mesmo tempo, o denunciante traz o terceiro ao processo para colaborar, contra um adversário comum, para a defesa de seu direito na ação principal.[74] Denunciante e denunciado terão, ao mesmo tempo, áreas de interesse

---

71. Com efeito, nas relações condominiais é frequente a existência de pretensões comuns e dissidências entre condomínio (a comunidade) e algum condômino ou terceiro. Sobre o tema, cf. José Carlos Barbosa Moreira, "Condomínio de edifício de apartamentos: capacidade para ser parte e legitimação para agir. Caução", in *Temas de Direito Processual*, São Paulo, Saraiva, 1977, p. 185.

72. Cf. Cândido Rangel Dinamarco, *Intervenção de Terceiros*, 5ª ed., São Paulo, Malheiros Editores, 2009, p. 60.

73. Idem, p. 101

74. Athos Gusmão Carneiro, *Intervenção de Terceiros*, 17ª ed., São Paulo, Saraiva, 2008, p. 102.

comuns, nas quais estarão processualmente aliados (inclusive em termos argumentativos), e outras esferas conflituosas.

Pense-se, ainda, na hipótese de denunciação da lide simultânea, por autor e réu, a um mesmo sujeito, na condição de litisdenunciado. Por exemplo, numa demanda acerca de acidente automobilístico, a denunciação feita por ambas as partes a uma mesma seguradora. Este sujeito (no caso, a seguradora) estará posicionado na estranha situação de ser confrontado por dois interesses materiais incompatíveis; e tem, ao menos em tese, interesse jurídico para atuar como assistente de ambas as partes na ação principal.

Mas essas situações não ocorrem apenas nas intervenções de terceiros. Vários casos de litisconsórcio denotam a simultânea existência de interesses comuns e contrapostos dentro do grupo, frisando-se que tais situações são mutáveis no tempo ao longo de todo o processo.

Cândido Dinamarco foi pioneiro, no Direito nacional, em identificar casos de grande litigiosidade interna entre os próprios litisconsortes.[75] Ocorre nas consignações em pagamento, quando há dúvida sobre quem é o credor e os vários supostos credores, citados como réus vêm, ao mesmo tempo, contestar o valor do crédito e a qualidade de credor que os demais réus ostentam. No mesmo polo, interesses comuns e contrapostos. Mas a situação é alterável: aparecendo mais de um suposto credor, e se nenhum deles impugnar o *quantum*, mas apenas a condição de credor, declara-se extinta a obrigação, e o processo segue entre os supostos credores, agora adversários únicos.[76]

Outro caso curioso é o do litisconsórcio ativo necessário. Imaginemos uma ação de rescisão de contrato entre três pessoas, com a iniciativa de apenas um dos contratantes, que posiciona os outros dois como litisconsortes, ainda que um deles, por hipótese, concordasse com o autor, mas não desejasse litigar. Pense-se, ainda, no caso de herdeiros de um imóvel terem que ajuizar ação possessória ou a hipótese de atuação processual de um cônjuge sem a presença do outro.[77]

75. Cândido Rangel Dinamarco, *Litisconsórcio*, cit., 8ª ed., pp. 39 e 466-467.
76. José Henrique Mouta Araújo, *Coisa Julgada Progressiva e Resolução Parcial do Mérito. Instrumentos de Brevidade da Prestação Jurisdicional*, Curitiba, Juruá, 2008, pp. 406-407.
77. Nelson Luiz Pinto, "A legitimidade ativa e passiva nas ações de usucapião", cit., *RePro* 64/26. Em verdade, como notou Greco, são múltiplas as posições processuais do cônjuge, sem que o ordenamento regule claramente e com precisão cada uma delas (Leonardo Greco, *Processo de Execução*, vol. I, Rio de Janeiro, Renovar, 1999, pp. 339-340; Dênis Donoso, "Alienação de bens do cônjuge alheio à execução:

Como o exercício da ação é uma posição de vantagem (descrita como um direito ou um poder), geralmente entende a doutrina ser impossível a imposição de um litisconsórcio necessário no polo ativo: a ação só pode ser movida por quem espontaneamente deseja exercê-la. Mas como solucionar a divergência caso um dos litisconsortes necessários, cuja ausência pode nulificar o processo, recuse-se a propor a demanda junto aos demais? Tem-se aventado a solução de citar o litisconsorte relutante no polo passivo.[78]

Neste caso, o litisconsorte figura no polo passivo apenas formalmente, pois seus interesses materiais estão alinhados com o polo oposto. Observe-se que não há nem mesmo pedido formulado contra o litisconsorte renitente, mas apenas sua integração na relação processual, para que a participação (forçada) evite a invalidação ou ineficácia da sentença.

Parece-nos que a faculdade de migrar para o polo ativo deve ser-lhe aberta. Leonardo Greco expressamente admite a possibilidade de mudança de polo. No exemplo da rescisão contratual, afirma que "um deles, citado, pode aderir ao pedido do autor e atuar de fato como seu litisconsorte contra o terceiro contratante causador da rescisão, não sendo justo submetê-lo aos direitos, deveres e ônus de réu (sucumbência, interesse em recorrer, por exemplo). O fato de não ter subscrito a inicial juntamente com o autor não pode forçá-lo a receber o tratamento de réu, se não deu causa à rescisão e não podia sozinho satisfazer a pretensão rescindente do autor".[79]

Estes casos evidenciam a incorreção do conceito legal de citação (art. 213 do CPC). O réu, aqui, não é citado para se defender, mas para participar, pouco importando a posição processual em que o fará.[80]

4.2.2.2 Ações coletivas e as dissidências internas

Rodolfo de Camargo Mancuso já salientou a peculiaridade dos direitos coletivos de serem foco de grande litigiosidade interna, em razão

---

análise crítica ao novo art. 655-B do CPC, sua (in)constitucionalidade e instrumentos de defesa", *Revista Dialética de Direito Processual* 68/30-31, São Paulo, Dialética, novembro/2008).

78. Cândido Rangel Dinamarco, *Litisconsórcio*, cit., 8ª ed., pp. 259 e ss., com críticas ao uso da *adcitatio* para estes fins.

79. Leonardo Greco, *A Teoria da Ação no Processo Civil*, cit., p. 52.

80. Sobre este tema, especialmente na citação na ação popular, cf. Geisa de Assis Rodrigues, "Da ação popular", cit., in Fredie Didier Jr. e Cristiano Chaves de Farias (coords.), *Procedimentos Especiais Cíveis: Legislação Extravagante*, p. 286.

da pluralidade de indivíduos a que tocam e pelas diferenças no impacto que a violação aos direitos de cada qual pode gerar.[81]

Nas ações coletivas, as dissidências internas, diante do mecanismo de substituição processual, tornam-se problema ainda mais sensível. Isso porque a diferença de formato da legitimidade ordinária para a extraordinária distancia enormemente a estratégia processual da vontade da coletividade substituída. A análise da legitimidade extraordinária é aferida na lei, sem uma necessária ligação do litigante com o direito material ou afinidade de seus interesses próprios com aqueles da parte substituída.[82]

Nosso modelo é frontalmente oposto ao modelo do *Common Law*, em que a legitimidade é verificada pelo juiz no caso concreto.[83] Lá, um dos requisitos apreciados pelo julgador ao verificar a *adequacy of representation* é a proximidade entre o autor e a coletividade substituída. Na fase inicial do processo, denominada de *certification*, se as alegações e atos do autor não refletirem os interesses de toda a classe, o juízo, verificando o dissenso, pode dividir a coletividade em subclasses, que atuarão com independência para vindicar seus específicos interesses.[84]

No Brasil, e em qualquer sistema onde a legitimidade extraordinária é dada pela lei, sem requisitos rígidos de afinidade de interesses dentro da classe e desta com o condutor do processo, sempre haverá possibilidade de dissenso e conflitos internos na coletividade.

Trata-se de situação tão normal, que muitos procedimentos coletivos modernos vêm tentando solucionar o problema das divergências

---

81. Rodolfo de Camargo Mancuso, *Interesses Difusos: Conceito e Legitimação para Agir*, 6ª ed., São Paulo, Ed. RT, 2004, p. 100.
82. Não desconsideramos que certa proximidade deva existir entre o substituto processual e a coletividade. Os requisitos do ordenamento nacional em certa medida levam este dado em consideração, como no caso das associações. Não obstante, outras considerações, em função da eficiência da tutela, da hipossuficiência dos substituídos e da relevância dos direitos a serem protegidos, fazem com que a legitimidade extraordinária, que no Brasil é dada pela lei, seja frequentemente atribuída a órgãos sem necessária relação de proximidade com a coletividade substituída, como o Ministério Público e a Defensoria Pública. Claro que, *de lege ferenda*, somos favoráveis a um exame casuístico e judicial da legitimidade, nos moldes do modelo norte-americano das *class actions*; mas não enxergamos espaço para restrições de legitimação à luz de nosso direito positivo.
83. Sobre o papel do juiz no sistema norte-americano, cf. Ada Pellegrini Grinover, "Ações coletivas ibero-americanas: novas questões sobre legitimação e coisa julgada", *RF* 361, Ano 98, Rio de Janeiro, Forense, maio-junho/2002.
84. Aluísio Gonçalves de Castro Mendes, *Ações Coletivas no Direito Comparado e Nacional*, São Paulo, Ed. RT, 2002, p. 82.

internas, como ocorre nas chamadas "ações de grupo" de formato não representativo.[85] Nestes procedimentos existe a nomeação de líderes do grupo, que conduzirão o processo como uma espécie de porta-voz da classe. Não obstante, ao mesmo tempo, o procedimento admite que os indivíduos que compõem a classe acrescentem argumentos à atuação do líder, franqueando uma participação que é tanto mais necessária quanto maior a existência de conflito interno.[86]

4.2.2.3 Procedimentos concursais

Certamente é nos procedimentos concursais que vemos a maior quantidade de interesses que simultaneamente podem se mostrar contrapostos e comuns.

É que, de um lado, o grupo tem o objetivo comum de obter a satisfação de seus interesses pelo adversário. Porém, ao mesmo tempo, como a consecução de seus interesses se dá pela comunhão de uma massa única de bens, à qual só podem acessar na ordem dos créditos e de acordo com as preferências legais, existem evidentes interesses contrapostos.[87]

Assim, ao impugnar o crédito de outro cocredor, o que pretende o impugnante é diminuir o valor que o outro tem a receber, assegurando ativos maiores para suportar o pagamento a si mesmo. É uma situação, já denominada de "plúrima impugnação",[88] que ocorre comumente nos procedimentos de falência e insolvência civil.[89]

Todas essas situações mostram que merece haver nova reflexão sobre o interesse de agir nesses procedimentos. Isso sem contar a curiosa hipótese de "autofalência" e "autoinsolvência", que são procedimentos contenciosos em que o próprio devedor requer e deflagra o procedimento

---

85. Como a *Group Litigation* inglesa e o *Musterverfahren* alemão. Sobre o tema, cf. nosso "O novo procedimento-modelo (*Musterverfahren*) alemão: uma alternativa às ações coletivas", *RePro* 147, São Paulo, Ed. RT, maio/2007. Na literatura posterior: Peter Gottwald, "About the extension of collective legal protection in Germany", *RePro* 154/89-93, Ano 32, São Paulo, Ed. RT, dezembro/2007.

86. Antonio do Passo Cabral, "O novo procedimento-modelo (*Musterverfahren*) alemão: uma alternativa às ações coletivas", cit., *RePro* 147/135 e ss.

87. Araken de Assis, *Manual da Execução*, 11ª ed., São Paulo, Ed. RT, 2007, p. 829.

88. Luiz Fux, *O Novo Processo de Execução: o Cumprimento de Sentença e a Execução Extrajudicial*, Rio de Janeiro, Forense, 2008, p. 461.

89. Leonardo Greco, *Processo de Execução*, cit., vol. I, pp. 574-575; José Alberto dos Reis, *Processo de Execução*, reimpr., Coimbra, Coimbra Editora, 1985.

concursal para satisfação de créditos alheios (art. 753 do CPC e arts. 97 e 105 da Lei 11.101/2005), onde o formato clássico da necessidade--utilidade é insuficiente.[90]

4.2.3 O "interesse jurídico" dos intervenientes e os sujeitos "desinteressados". A atuação imparcial com base no interesse público

Tradicionalmente, como visto, a atuação dos sujeitos do processo sempre foi vinculada ao direito material. Assim, historicamente houve uma ligação necessária entre o exercício de posições processuais e o comprometimento do sujeito com a vitória de um dos interesses materiais em disputa.

Nesse sentido, foi consagrada a compreensão do requisito do interesse de agir para a intervenção de um terceiro no processo. O interveniente deveria demonstrar seu *interesse jurídico* na demanda, ou seja, comprovar a repercussão que a discussão do processo poderá ter sobre uma relação jurídica titularizada por ele.

Assim, o interesse jurídico sempre foi concebido como um "interesse fundado em uma relação jurídica" de direito material (*Rechtsbeziehung begründetes Interesse*).[91] Não caberia um mero interesse econômico ou altruístico, tampouco a intenção de esclarecer matéria de fato ou de direito.[92]

Modernamente, contudo, a atuação de muitos entes, seja na condição de parte ou de terceiro interveniente, vem desmistificando a conceituação tradicional do interesse jurídico. De fato a atuação do *amicus curiae* pode ser indicada, atualmente, como um exemplo interessante de sujeito desinteressado, pois sua participação não é vinculada a uma

---

90. Leonardo Greco, *Processo de Execução*, cit., vol. I, p. 562.

91. Othmar Jauernig, *Zivilprozessrecht*, cit., 28ª ed., pp. 344-345. V. o art. 50 do CPC.

92. Athos Gusmão Carneiro, "Mandado de segurança – Assistência e *amicus curiae*", *Revista Síntese de Direito Civil e Processual Civil* 24/36, Porto alegre, Síntese, julho-agosto/2003; Fritz Baur e Wolfgang Grunsky, *Zivilprozeßrecht*, 10ª ed., Kriftel, Luchterhand, 2000, p. 102 ("Ein nur wirtschaftliches oder ideelles Interesse genügt nicht. Ein rechtliches Interesse ist vor allem anzunehmen in den Fällen der Rechtskrafterstreckung einer Regreßforderung oder Regreßverbindlichkeit"); Heribert Hirte, "Der *amicus-curiae-brief – das amerikanische Modell und die deutschen Parallelen*", in *Zeitschrift für Zivilprozeß* 104/43, Heft 1, 1991; Donaldo Armelin, *Legitimidade para Agir no Direito Processual Civil Brasileiro*, cit., p. 59.

relação material.[93] Trata-se, como já percebeu Athos Gusmão Carneiro, de intervenção com base no interesse público.[94]

É similar a posição da Administração Pública nas ações populares e de improbidade administrativa, que motivou a previsão legal expressa de possibilidade de mudança de polo na demanda.[95] Nestas ações, o interesse geral na boa gestão pública, na legalidade, na moralidade administrativa, exige uma postura processual que possa ser convencida imparcialmente, com neutralidade, sem comprometimento necessário com um interesse material que não a mais eficiente realização do interesse público.[96]

O mesmo pode ser sustentado para a atuação judicial das agências reguladoras. Por serem órgãos fiscalizadores, que devem compor interesses variados em prol do bem comum, não podemos imaginar que atuem vinculadas ou presas a determinado interesse material polarizado. Qualquer que seja a posição processual em que se encontrem no processo, as agências atuam inspiradas no interesse público da regulação e fiscalização e exercem suas faculdades processuais com imparcialidade.

Por esse motivo, alguns autores chegam a aproximar a atuação das agências àquela do *amicus curiae*, como faz Kazuo Watanabe a respeito

---

93. Contra a qualidade de assistente ao *amicus curiae*: Athos Gusmão Carneiro, "Da intervenção da União Federal como *amicus curiae*. Ilegitimidade para, nesta qualidade, requerer a suspensão dos efeitos da decisão jurisdicional. Leis n. 8.437/1992, art. 4º, e n. 9.469/1997, art. 5º", *RF* 363/183, Rio de Janeiro, Forense, setembro-outubro/2002.

94. Athos Gusmão Carneiro, "Mandado de segurança – Assistência e *amicus curiae*", cit., *Revista Síntese de Direito Civil e Processual Civil* 24/41; Antonio do Passo Cabral, "Pelas asas de Hermes: a intervenção do *amicus curiae*, um terceiro especial", *RDA* 234, Rio de Janeiro, Renovar, dezembro/2003, também publicado na *RePro* 117/25, São Paulo, Ed. RT, setembro-outubro/2004.

95. No mesmo sentido: Fredie Didier Jr. e Hermes Zaneti Jr., *Curso de Direito Processual Civil*, cit., 2ª ed., vol. 4, p. 248. Percebeu Cássio Scarpinella Bueno, com propriedade, a similitude, no ponto, da atuação da Administração Pública com a do *amicus curiae* (***Amicus Curiae** no Processo Civil Brasileiro*, cit., 2ª ed., p. 268). Sobre os imperativos éticos na Administração Pública moderna, cf. Fábio Medina Osório, *Teoria da Improbidade Administrativa: Má Gestão Pública, Corrupção, Eficiência*, São Paulo, Ed. RT, 2007, pp. 43 e ss.

96. Já tivemos oportunidade de ligar a imparcialidade à neutralidade do sujeito, ou seja, seu distanciamento ou alheação dos interesses em jogo, sem considerações sobre se tal sujeito efetivamente pratica um ato processual na condição de parte. Sobre o tema, cf. Antonio do Passo Cabral, "Imparcialidade e impartialidade. Por uma teoria sobre a repartição e incompatibilidade de funções no processo civil e penal", *RePro* 149/341 e ss., São Paulo, Ed. RT, julho/2007.

da Comissão de Valores Mobiliários/CVM. Segundo o autor, por proteger interesses de toda a coletividade no campo do mercado de capitais, sua atuação é sempre desvinculada de um específico interesse material.[97] Cássio Scarpinella Bueno e Osvaldo Hamilton Tavares sustentam, com propriedade, tratar-se de intervenção na qualidade de *amicus curiae*, orientada à interpretação dos fatos em causa e esclarecimento ao juiz, pelo órgão técnico que é a CVM, das repercussões jurídicas no mercado de capitais.[98]

Fredie Didier Jr., a nosso entender com razão, afirma que, assim como a CVM, a intervenção judicial do Conselho Administrativo de Defesa Econômica/CADE também se dá na condição de *amicus curiae*.[99] Assim também já nos manifestamos, apesar da redação do art. 89 da Lei 8.884/1994, que menciona ser caso de assistência.[100] Parece-nos evidente que a autarquia intervém sem estar vinculada a determinado interesse material de qualquer das partes, mas, sim, no interesse público, social, geral,[101] devendo atuar imparcialmente.[102]

O mesmo pode ser dito de outras agências e órgãos fiscalizatórios, como o Instituto Nacional de Propriedade Industrial/INPI nas ações de nulidade de marcas e patentes. Aqui a situação é ainda mais curiosa, porque a lei, ao mesmo tempo, permite o ajuizamento da ação pelo INPI (arts. 56 e 173 da Lei 9.279/1996) mas também afirma que, quando não

---

97. Kazuo Watanabe, "Tutela jurisdicional dos interesses difusos: a legitimação para agir", cit., *RePro* 34/202-203.

98. Cássio Scarpinella Bueno, *Amicus Curiae no Processo Civil Brasileiro*, cit., 2ª ed., pp. 272 e ss.; Osvaldo Hamilton Tavares, "A CVM como *amicus curiae*", *RT* 690/287 e ss., São Paulo, Ed. RT, abril/1993.

99. Fredie Didier Jr., "A intervenção judicial do Conselho Administrativo de Defesa Econômica (art. 89 da Lei federal 8.884/1994) e da Comissão de Valores Mobiliários (art. 31 da Lei federal 6.385/1976)", *RePro* 115/151 e 156-158, São Paulo, Ed. RT, maio-junho/2004. É verdade que o autor admite que em algumas hipóteses de litígios coletivos as agências e autarquias, por serem colegitimadas para o ajuizamento das ações, interviriam na qualidade de assistentes litisconsorciais. Discordamos, apenas nesta parte, do ilustre Autor. Em nosso sentir, quando a atuação do sujeito processual for imparcial, pouco importa a natureza dos interesses materiais discutidos no processo, pois sua intervenção será sempre a título de *amicus curiae*.

100. Antonio do Passo Cabral, "Pelas asas de Hermes: a intervenção do *amicus curiae*, um terceiro especial", cit., *RDA* 234 e *RePro* 117.

101. Sobre as diferenças de conceitos de interesse público, geral, social etc., cf. Rodolfo de Camargo Mancuso, *Interesses Difusos: Conceito e Legitimação para Agir*, cit., 6ª ed., pp. 35 e ss.

102. Cássio Scarpinella Bueno, *Amicus Curiae no Processo Civil Brasileiro*, cit., 2ª ed., pp. 327-329.

for autor, o INPI "intervirá no processo" (arts. 57 e 175), divergindo a doutrina[103] e a jurisprudência sobre se essa intervenção se dá na qualidade de litisconsorte,[104] assistente[105] ou *amicus curiae*.[106]

Não podemos concordar com parcela da doutrina que afirma que o INPI "só poderia ser réu" (litisconsorte passivo) nas ações de nulidade, ao argumento de que a disponibilidade ou escolha a respeito da qualidade em que participará do processo não é facultada ao ente, sob pena de gerar "indesejada subjetividade".[107]

Discordamos, com todas as vênias, destas opiniões. À Administração Pública, direta ou indireta, é dado rever seus atos, desde que o faça fundamentadamente e respeitando interesses de terceiros. Não se trata de escolha arbitrária, mas opção discricionária, que, como qualquer ato administrativo, deve ser motivada. Ademais, se atuam com base no interesse público, alheias e distantes dos interesses materiais em disputa, não faz sentido afirmar que "só podem ser réus" ou "só podem ser assistentes" em qualquer processo, até porque, seja autor ou réu, o INPI não defende um interesse material próprio.[108] Se o conceito legal de citação

103. José Antônio Lisboa Neiva, "Questões processuais envolvendo propriedade industrial", cit., *Revista Jurídica Consulex* 128/23.

104. Cf. a jurisprudência em Lélio Denicoli Schmidt, "O INPI nas ações de nulidade de marca ou patente: assistente ou litisconsorte?", *RePro* 94/202, Ano 24, São Paulo, Ed. RT, abril-junho/1999.

105. TRF-2ª Região: 3ª Turma, AC 89.02.01119-4, rel. Des. federal Castro Aguiar, *DJU* 13.7.1995; 4ª Turma, AC 2001.02.01.040801-0, rel. Des. federal Benedito Gonçalves, *DJU* 25.9.2003; 1ª Turma, AI 89.02.03047-4, rel. Des. federal Célio Erthal, *DJU* 18.04.1991; 1ª Turma, AC 93.02.06442-5, rel. Des. federal Júlio Martins, *DJU* 7.10.1993.

106. Cf. Cássio Scarpinella Bueno, *Amicus Curiae no Processo Civil Brasileiro*, cit., 2ª ed., pp. 294 e ss.

107. Guilherme de Mattos Abrantes, "A legitimidade ativa e passiva nas ações de nulidade de marcas e patentes", *RT* 842/68-69, Ano 94, São Paulo, Ed. RT, dezembro/2005.

108. Não podemos concordar com Lélio Denicoli Schmidt ("O INPI nas ações de nulidade de marca ou patente: assistente ou litisconsorte?", cit., *RePro* 94/212-213). Pensamos, com André Muniz de Souza e Cássio Scarpinella Bueno, que o INPI, como ente fiscalizatório que é, deve atuar impessoalmente, ou seja, com neutralidade. O fato de se impugnar ato administrativo oriundo do INPI não faz com que possamos identificar qualquer interesse material da autarquia. Com razão Cássio Scarpinella Bueno (*Amicus Curiae no Processo Civil Brasileiro*, cit., 2ª ed., pp. 296 e ss.) e André Muniz de Souza, ("O INPI como interveniente especial nas ações de nulidade: nova interpretação conforme a Lei de Propriedade Industrial", *RePro* 119/142-143, São Paulo, Ed. RT, 2005). Concordamos apenas parcialmente, no

não impõe a defesa, mas apenas infunde participação, a atuação despolarizada aqui também se impõe.

Portanto, é plenamente cabível para as agências e os órgãos públicos fiscalizatórios a troca de polo ou o exercício provisório de posições processuais do polo oposto ao em que posicionadas as agências, sem que haja qualquer óbice processual para tanto. Aliás, foi essa a *ratio* dos dispositivos das Leis da Ação Popular e da Improbidade Administrativa.[109]

E deve haver nova concepção do interesse de agir para os terceiros intervenientes, não mais presa à relação jurídica material como no formato do "interesse jurídico".

4.3 Os problemas da teoria tradicional sobre o interesse de agir

Os problemas apresentados pela teorização tradicional do interesse de agir são muitos. E não é nossa intenção, em estudo de pequenas proporções como este, apontá-los todos. Alguns, entretanto, são dignos de nota, sobretudo porque as situações apresentadas no item 4.2 são ilustrativas em demonstrar a insuficiência da caracterização do interesse de agir na atualidade.

Inicialmente, vê-se que o conceito de lesão ou estado de lesão como critério para o interesse-necessidade retratava uma visão civilista do direito de ação, que só surgiria como reação à violação ao direito material (*actio nata*).[110]

Era um conceito forjado na teoria do processo de conhecimento e voltado unicamente para a ação condenatória. A lesão era, evidentemente, um dado que não cabia bem na teorização da ação declaratória, por exemplo.[111] Além disso, desconsideraram-se outros tipos de processo, como os processos cautelar e de execução.

ponto, com Cássio Scarpinella Bueno, que defende, em alguns casos, a participação do INPI a título de parte.

109. Embora prevendo *de lege ferenda* a aplicabilidade da migração, nos moldes da Lei da Ação Popular e da Lei de Improbidade Administrativa, afirma José Antônio Lisboa Neiva, para o INPI, que a migração não seria possível porque a Lei 9.279/1996 usou a expressão "intervirá", o que excluiria a atuação como parte ("Questões processuais envolvendo propriedade industrial", cit., *Revista Jurídica Consulex* 128/27). Discordamos do argumento *de lege lata*, que consideramos apegado em demasia à literalidade da lei.

110. Cf. Rodrigo da Cunha Lima Freire, *Condições da Ação. Enfoque sobre o Interesse de Agir*, cit., 3ª ed., p. 147.

111. Por isso, Chiovenda prefere, ao invés de falar em "lesão", mencionar que o interesse na ação declaratória decorre de um "estado de fato contrário ao Direito",

De outro lado, a relação do interesse-necessidade com a lesão tem o grande defeito de permitir a confusão entre o mérito e as condições da ação. Embora comumente, em respeito à abstração do direito de ação, muitos autores se esforcem em diferenciar a existência da lesão (que toca ao mérito) e a afirmação da ocorrência da lesão (que seria suficiente para preencher o interesse),[112] ainda se veem constantes contradições doutrinárias.[113] Afinal, podemos realmente diferenciar a "lesão ocorrida" da "lesão afirmada"? Será que a lesão existe *in rerum natura*, ou reside apenas no plano das qualificações jurídicas?[114]

Outrossim, o interesse-necessidade prende-se ao conceito de lide, a um conflito de interesses preexistente e que confrontaria as partes; e se sabe que a lide não é essencial à jurisdição e que, ainda que se verifique, não precisa subsistir em todos os momentos do processo.[115] Ora, se por vezes os litigantes têm simultaneamente interesses materiais comuns e

imputável ao réu por uma relação de causalidade e que, caso não seja definido por sentença, poderá gerar um prejuízo ao autor ("L'azione nel sistema dei diritti", in *Saggi di Diritto Processuale*, reed. De 1993, vol. I, Milão, Giuffré, nota 68, pp. 81-82). Sobre o tema, cf. Christoph Trzaskalik, "Die Rechtsschutzzone der Feststellungsklage im Zivil – und Verwaltungsprozeß", in *Studien zur Fortentwicklung des Rechtsschutzverständnisses*, Berlim, Duncker & Humblot, 1978, pp. 21, 100 e ss. e 128; F. C. Pontes de Miranda, *Comentários ao Código de Processo Civil*, cit., 2ª ed., t. I, p. 228. O problema já foi percebido na doutrina brasileira, como se vê na excelente obra de Leonardo José Carneiro da Cunha, *Interesse de Agir na Ação Declaratória*, Curitiba, Juruá, 2002.

112. Adolf Schönke, *Lehrbuch des Zivilprozessrechts*, cit., 7ª ed., p. 168; Enrico Tullio Liebman, *Manual de Direito Processual Civil*, 3ª ed., cit., pp. 205-206; Criasanto Mandrioli, *Corso di Diritto Processuale Civile*, cit., 30ª ed., p. 52.

113. Dificuldade que começou com o próprio Bülow, quando estudou os requisitos formais da ação como condições de sua existência ("Die neue Prozessrechtswissenschaft und das System des Civilprozessrechts", cit., *Zeitschrift für deutschen Cvilprozeß* XXVII/236 e ss. Cf. a dificuldade em diferenciar a afirmação das condições da efetiva existência delas em: Othmar Jauernig, *Zivilprozessrecht*, cit., 28ª ed., pp. 143-144; José Alberto dos Reis, "Legitimidade das partes", *Boletim da Faculdade de Direito da Universidade de Coimbra* 1925-1926, Ano IX, pp. 109, 112-113 e 125; Roberto P. Campos Gouveia Filho, "Existem legitimações puramente processuais?", cit., *Revista Dialética de Direito Processual* 65/114. Sobre o tema, cf.: Leonardo Greco, *A Teoria da Ação no Processo Civil*, cit., pp. 18-19; Donaldo Armelin, *Legitimidade para Agir no Direito Processual Civil Brasileiro*, cit., pp. 57-58.

114. Como Satta já chamara atenção ("A proposito dell'accertamento preventivo", *Rivista Trimestrale di Diritto e Procedura Civile* 1960, p. 1.397).

115. Já há muito tempo se verificou que existem processos sem lide (cf. Giuseppe Chiovenda, "L'azione nel sistema dei diritti", cit., in *Saggi di Diritto Processuale*, vol. I, Milão, Giuffré., reed. de 1993, p. 34, nota 6).

contrapostos; se os litigantes podem ter interesses contrapostos em um momento e posteriormente ter interesses comuns, se existem sujeitos do processo, como as agências reguladoras e o *amicus curiae*, que atuam imparcialmente, sem qualquer comprometimento com o direito material em disputa, por todas essas razões se vê que a existência de um conflito de interesses com outro sujeito não pode ser requisito para a atuação processual.

O apego à contraposição de direitos, própria do conceito de interesse-necessidade, dificulta, por exemplo, a compreensão de faculdades processuais das agências e órgãos públicos quando atuam em juízo. É realmente difícil na compreensão privatista do interesse de agir (e, com ela, do interesse em recorrer) admitir que a intervenção da CVM como *amicus curiae* permita à agência recorrer das decisões judiciais (art. 31, § 3º, da Lei 6.385/1976).[116] E é esse apego que opõe resistência à ampliação das possibilidades de migração de polo na demanda. Sigamos em frente.

A "necessidade de tutela" não se ajusta também aos estudos sobre a legitimidade passiva, ligada ao interesse-necessidade pelo conceito de lesão.[117] Diz-se, a esse respeito, que o "interesse em contestar", previsto no art. 3º do CPC brasileiro e na segunda parte do art. 100 do *Codice* peninsular, não possui significado próprio, porque o réu teria interesse pelo tão só fato de ter sido colocado na posição de réu, e com isso se acaba resumindo o interesse na legitimidade.[118]

116. Note-se a perplexidade de Fredie Didier Jr., "A intervenção judicial do Conselho Administrativo de Defesa Econômica (art. 89 da Lei federal 8.884/1994) e da Comissão de Valores Mobiliários (art. 31 da Lei federal 6.385/1976)", cit., *RePro* 115/159-160, que chega a se indagar "para quê" e "para quem" recorreria a CVM.

117. José Alberto dos Reis, "Legitimidade das partes", cit., *Boletim da Faculdade de Direito da Universidade de Coimbra* 1925-1926, p. 113. Chiovenda tenta abordar a legitimidade passiva a partir dos efeitos próprios da coisa julgada que o autor, pela ação declaratória, deseja obter ("L'azione nel sistema dei diritti", cit., in *Saggi di Diritto Processuale*, cit., vol. I, nota 68, p. 83).

118. Como fazem, por exemplo, Salvatore Satta e Carmine Punzi (*Diritto Processuale Civile*, 30ª ed., Pádua, CEDAM, 2000, pp. 99-100). Sobre o tema, cf.: Marino Marinelli, *La Claosola Generale dell'Art. 100 CPC. Origini, Metamorfosi e Nuovi Ruoli*, cit., pp. 165-166; Eduardo Grasso, "Note per un rinnovato discorso sull'interesse ad agire", cit., in *Studi in Onore di Gioacchino Scaduto. Diritto Pubblico IV*, pp. 345-346. Note-se que a preocupação de não legitimar o réu pelo tão só fato de ser réu não passou despercebida a Fredie Didier Jr. Mas o autor também não apresentou critérios claros para definirmos a legitimidade passiva (cf. Fredie Didier Jr., *Pressupostos Processuais e Condições da Ação: o Juízo de Admissibilidade do Processo*, cit., pp. 288-289). De fato, por vezes ocorre o contrário, e alguns autores

No que se refere ao interesse-adequação, parece-nos evidente que a adequação do procedimento não pode ser indicativa de interesse. O equívoco já foi apontado pela doutrina: se um sujeito usou o meio inadequado, isso não significa que não tenha interesse; pode até ter atuado com excesso, mas pelo tão só fato de ter manejado um instrumento mais custoso, demorado ou incisivo não podemos afirmar que atuou sem interesse processual.[119]

Aliás, o conceito de interesse-adequação parece estar na "contramão da História" quanto à instrumentalidade das formas. Sem embargo, quando o sistema permite e estimula a aplicação da fungibilidade de meios e conversão de procedimentos, perde em importância qualquer filtro ou restrição à prática de atos processuais pela inadequação formal.[120]

O problema dessa visão publicista do interesse de agir é acabar justificando qualquer decisão, ainda que arbitrária, fundamentada na economia de atividade processual. Lembremos que deve haver respeito às estratégias legítimas e aos espaços de liberdade válidos para que o sujeito faça escolhas procedimentais sem que o Estado lhe possa retirar as opções. Como afirma Fredie Didier Jr., "o pior dessa concepção é o incentivo (ou, posto de modo politicamente mais correto, a válvula de escape) que se dá ao magistrado para não admitir o processamento de demandas sob o fundamento de equívoco na escolha do procedimento".[121]

resumem a legitimidade no interesse (Cândido Rangel Dinamarco, *Instituições de Direito Processual Civil*, cit., 6ª ed., vol. II, pp. 313 e ss., e *Litisconsórcio*, cit., 8ª ed., p. 151; Fredie Didier Jr., *Pressupostos Processuais e Condições da Ação: o Juízo de Admissibilidade do Processo*, cit., p. 278; Enrico Tullio Liebman, *Manual de Direito Processual Civil*, 3ª ed., cit., p. 207; René Morel, *Traité Élémentaire de Procédure Civile*, cit., 10ª ed., pp. 30-31) ou, ainda, fazem decorrer um do outro, por vezes até por meio de presunções (cf. Eduardo Grasso, "Note per un rinnovato discorso sull'interesse ad agire", cit., in *Studi in Onore di Gioacchino Scaduto. Diritto Pubblico IV*, pp. 341-342).

119. Com razão: Fredie Didier Jr., *Pressupostos Processuais e Condições da Ação: o Juízo de Admissibilidade do Processo*, cit., p. 286; Leonardo Greco, *A Teoria da Ação no Processo Civil*, cit., p. 36.

120. Teresa Arruda Alvim Wambier, "Fungibilidade de meios: uma outra dimensão do princípio da fungibilidade", in Nelson Nery Jr. e Teresa Arruda Alvim Wambier, *Aspectos Polêmicos e Atuais dos Recursos Cíveis e de Outras Formas de Impugnação às Decisões Judiciais*, São Paulo, Ed. RT, 2001, pp. 1.090-1.094; Teresa Arruda Alvim Wambier, "O óbvio que não se vê: a nova forma do princípio da fungibilidade", *RePro* 136/135, Ano 31, são Paulo, Ed. RT, julho/2006; Othmar Jauernig, *Zivilprozessrecht*, cit., 28ª ed., p. 126; Eduardo Avelar de Lamy, *Princípio da Fungibilidade no Processo Civil*, São Paulo, Dialética, 2007.

121. Fredie Didier Jr., *Pressupostos Processuais e Condições da Ação: o Juízo de Admissibilidade do Processo*, cit., p. 287.

Isso ocorre frequentemente com a extinção por inadequação de mandados de segurança, processos cautelares, ações monitórias e outros, quando entende o tribunal, a seu próprio juízo, que outro seria o mecanismo mais adequado.

Além disso, temos que também o interesse-utilidade não responde às características do moderno direito processual. Hoje é até comum a referência que une ou reconduz a necessidade à utilidade ou vice-versa,[122] confundindo, até certo ponto, a causa do interesse (seu elemento genético) e o escopo ou resultado que pretende o interessado.[123] Enfim, parece não haver clareza a respeito de qual a diferença do interesse-necessidade para o interesse-utilidade.

No mais, a fronteira entre o útil e o inútil não é um *quid* preexistente ao qual o juiz se possa agarrar,[124] mas é dado desenvolvido no curso do procedimento, dinamicamente delineado no contraditório. Se as dinâmicas interações da relação processual fazem de cada contexto situacional um específico ponto de interesses materiais diversos e cambiantes, devemos também, no estudo do interesse de agir, reduzir a esfera de análise para cada ato ou para "módulos" e momentos processuais precisos, desvinculando a abordagem do interesse-utilidade de uma imutável relação jurídica material, retratando uma realidade pré-processual que pode ter sido, em outro momento e no curso do processo, completamente alterada.

As condições da ação foram historicamente ligadas à relação de direito material do momento da propositura, porque a situação material deve ser afirmada no primeiro ato do processo como causa de pedir (as "alegações de fato e de direito").[125] Não obstante, a vinculação aos "direitos subjetivos" ou a "relações jurídicas" limita inadequadamente o que entendemos ser, hoje, a correta apreensão das condições da ação, sobretudo legitimidade e interesse.[126]

122. Cf.: Ernesto Fabiani, "Interesse ad agire, mero accertamento e limiti oggettivi del giudicato", cit., *Rivista di Diritto Processuale* 1998, p. 563; Leonardo Greco, *A Teoria da Ação no Processo Civil*, cit., p. 40.
123. Com razão, no ponto, Eduardo Grasso, "Note per un rinnovato discorso sull'interesse ad agire", cit., in *Studi in Onore di Gioacchino Scaduto. Diritto Pubblico IV*, pp. 325-326.
124. Elrena Merlin, "Mero accertamento di una questione preliminare?", cit., *Rivista di Diritto Processuale* 1995, p. 208.
125. Fredie Didier Jr., *Pressupostos Processuais e Condições da Ação. O Juízo de Admissibilidade do Processo*, cit., p. 278; Elio Fazzalari, *Istituzioni di Diritto Processuale*, cit., 8ª ed., p. 273.
126. É o que transparece na mais inovadora contribuição em tema de interesse de agir na ação declaratória, proposta por Christoph Trzaskalik, "Die Rechtsschutz-

Não é possível prender a realidade da vida, rica e em constante alteração, ao "marco zero" do momento em que a ação foi ajuizada. Deve-se atentar, paulatinamente, para as mutações que pode sofrer a relação jurídica material, bem como as múltiplas pretensões e situações jurídicas correlatas que surgem no curso do processo.

O raciocínio utilitário da verificação do interesse de agir, portanto, deve atentar para cada módulo ou zona de interesse pertinente ao ato ou conjunto de atos que o sujeito deseja praticar. Impõe-se que o julgador se desprenda da narrativa inicial, porque a ação é individuada num momento, mas o interesse se verifica como um *posterius*, caracterizado pelo resultado útil do efetivo exercício da ação e da defesa em outra posição temporal.[127]

Por fim, a teoria sobre o interesse de agir no que tange aos terceiros é inadequada ao processo moderno, limitando o contraditório e a participação à exigência privatista de um prejuízo que o sujeito possa sofrer em relações jurídicas materiais próprias.

Ao expurgar o interesse econômico, ou qualquer outra utilidade jurídica que não remeta ao conceito de "relação jurídica material", o conceito de interesse jurídico segrega do acesso à Justiça um sem-número de situações em que interesses materiais colaterais surgem em decorrência do processo e aos indivíduos envolvidos não é aberta a porta do Judiciário.

Na execução, por exemplo, existem múltiplos interesses de vários sujeitos, como os remidores, credores-adjudicadores, arrematantes, licitantes, todos titulares de interesses materiais decididos no processo.[128] Muitas vezes estes indivíduos possuem interesses materiais e/ou econômicos na execução, e que pretendem ver protegidos, sem que o ordenamento, nos moldes da teoria tradicional, permita sua atuação processual.

Araken de Assis identifica a existência de interesses materiais a serem tutelados em execução sem que pudessem ser encaixados na disciplina tradicional das intervenções de terceiros. Isso fica evidente na leitura das regras sobre a responsabilidade patrimonial, que submete interesses materiais de terceiros à atividade executiva, sem necessariamente lhes assegurar legitimidade e interesse de agir.[129]

---

zone der Feststellungsklage im Zivil – und Verwaltungsprozeß", cit., in *Studien zur Fortentwicklung des Rechtsschutzverständnisses*, pp. 12-15.

127. Assim também Lucio Lanfranchi, "Note sull'interesse ad agire", cit., *Rivista Trimestrale di Diritto e Procedura Civile* 3/1.134.

128. Leonardo Greco, *Processo de Execução*, cit., vol. I, p. 341.

129. Araken de Assis, *Manual da Execução*, cit., 11ª ed., pp. 398-399.

Ora, urge haver também uma nova concepção do interesse processual para os terceiros intervenientes quando se vê na jurisprudência de outros Países uma tendência de abrandamento do conceito de interesse jurídico, para reputar suficiente o interesse econômico.[130]

4.4 Zonas de interesse

Por todo o exposto, é manifestamente insatisfatória a consideração clássica do interesse de agir, seja aquela fulcrada na premissa egoísta do interesse jurídico para os terceiros, na premissa privatista e polarizada do interesse-necessidade, no autoritarismo contrário à instrumentalidade do interesse-adequação.

Devemos ampliar a compreensão do interesse processual, conciliando com a abordagem proposta da *legitimatio ad actum*, autorizando uma apreensão dos filtros das condições da ação a partir de visão mais dinâmica da relação processual e voltada para cada um dos atos processuais.[131]

Por isso, não podemos concordar com a ideia de que o interesse processual é "único e imutável", somente podendo assumir um formato no curso do processo.[132] Em nosso modesto entender, o interesse processual reflete a utilidade cambiante da tutela jurisdicional na vida dos litigantes, uma realidade constantemente sujeita a alterações, às quais o processo deve estar apto a responder, facultando a atuação que o litigante repute como a mais adequada para a satisfação de suas situações de vantagem.

É fato que o interesse está sempre ligado a um resultado, porque o raciocínio empreendido é utilitário. Como observou Maurício Zanoide

---

130. Assim a referência de Blomeyer para o interesse na ação declaratória (Zivilprozessrecht. Erkenntnisverfahren, cit., 2ª ed., p. 214). Cf. a crítica à teoria tradicional do interesse de agir em Christoph Trzaskalik, "Die Rechtsschutzzone der Feststellungsklage im Zivil – und Verwaltungsprozeß", cit., in Studien zur Fortentwicklung des Rechtsschutzverständnisses, pp. 17-19.

131. Dinamarco já percebera que o interesse de agir deve ser aferido para cada ato do processo (*Litisconsórcio*, cit., 8ª ed., p. 149 e nota 24). Como afirma Maurício Zanoide de Moraes, em lição para o processo penal mas aplicável também ao processo civil, "hodiernamente, no processo penal, o estudo das várias espécies de interesse está crescendo como forma de verificação da utilidade e pertinência não só do processo como um todo, mas também de cada ato do *iter* procedimental" (*Interesse e Legitimação para Recorrer no Processo Penal Brasileiro*, cit., p. 73).

132. Como afirma Rodrigo da Cunha Lima Freire (*Condições da Ação. Enfoque sobre o Interesse de Agir*, cit., 3ª ed. pp. 199-200), junto com Rocco, ainda que considere que o interesse processual possa desaparecer até o fim da litigância.

de Moraes, o ato interessado é sempre teleologicamente orientado, até porque a causa do ato e o resultado projetado surgem logicamente no mesmo momento,[133] ainda que o resultado não venha a ser produzido. Não obstante, a utilidade do interesse processual não é aquela definida e propagada tradicionalmente, ligada à relação jurídica, ao direito subjetivo, ou qualquer outro formato privatista. A utilidade que deve nortear o estudo do interesse de agir é uma utilidade processualmente relevante na óptica do litigante, não do Estado, para atingir um resultado que entende favorável ao seu complexo de situações jurídicas, processuais ou substanciais.

Devemos estudar o interesse de agir, tanto para as partes quanto para os terceiros, num contexto mais amplo do que aquele em que atualmente vem considerado, compreendendo todo o complexo de atividades que são permitidas aos sujeitos ao longo de todo o curso do procedimento, franqueando sua atuação desde que o ato específico tenha atual e concreta utilidade para o requerente.[134] Se dinamicamente analisado, e verificado para cada ato ou posição processual, o conceito de "zona de interesse" pode ser fecundamente aplicado em diversas hipóteses.

Essa aplicação dinâmica do interesse de agir parece ser adotada pela jurisprudência norte-americana no que tange ao requisito de *standing to sue*, similar ao nosso interesse processual. Algumas decisões têm verificado o *standing* para diversos aspectos de um mesmo caso. Assim, uma parte pode ter interesse em contestar alguns aspectos de um ato administrativo, mas não outros.[135]

O mesmo tem sido observado na admissibilidade de litigância conjunta (*joinder*) com base em juízos de eficiência e conveniência da atuação em multiplicidade subjetiva.[136] Eis aqui a necessidade que temos de reestudar ou aprimorar a teoria do litisconsórcio, cujas linhas tradicionais não se conseguem aplicar com justeza à migração entre os polos da demanda, por exemplo.[137] Ao pensarmos nas finalidades específicas de cada ato e nos múltiplos interesses e zonas de interesses existentes para

133. Maurício Zanoide de Moraes, *Interesse e Legitimação para Recorrer no Processo Penal Brasileiro*, cit., pp. 64-67.

134. Marino Marinelli, *La Claosola Generale dell'Art. 100 CPC. Origini, Metamorfosi e Nuovi Ruoli*, cit., pp. 167-168.

135. Cf. Jack H. Friedenthal, Mary Kay Kane, e Arthur R. Miller, *Civil Procedure*, 3ª ed., St. Paul, West, 1999, p. 336.

136. Idem, pp. 339 e ss.

137. Como notaram Fredie Didier Jr. e Hermes Zaneti Jr., *Curso de Direito Processual Civil*, cit., 2ª ed., vol. 4, p. 248.

as partes e para os terceiros, podemos consentir numa maior flexibilização da estabilização subjetiva da demanda, ampliando, em algumas hipóteses, os poderes do litisconsorte em migrar para outro polo.[138]

É claro que o princípio dispositivo e a liberdade do autor de formular a demanda devem ser principiologicamente preservados, mas abrir o conceito de interesse processual para admitir a migração de polo nem sempre interfere substancialmente na demanda, e talvez tenha muito menos efeitos processuais que as alterações objetivas da demanda.

De outro lado, as zonas de interesse, ao analisarem um ou alguns atos processuais, permitem a segmentação da participação processual, permitindo a atuação e a intervenção para finalidades específicas no processo, desde que úteis ao postulante. A abordagem pode servir para a solução dos chamados "temas de decisão", parcelas de uma situação jurídica substancial[139] ou pré-questões (*Vorfragen*), ou seja, situações jurídicas prévias, premissas para a questão principal,[140] e que são diversas daquela ligação quase sagrada que a doutrina tradicional faz entre o direito subjetivo (ou a relação jurídica) e as condições da ação.[141]

A partir desta "desrelacionalização" do interesse de agir, podemos enxergar inúmeras situações em que haveria zona de interesse a permitir a atuação de um sujeito desvinculada da lide, da lesão a um direito subjetivo e da polarização da demanda.

Isso é especialmente defendido na literatura italiana e na alemã para a tutela declaratória, onde há realmente maior dificuldade para identifi-

---

138. Sobre o litisconsórcio nas ações populares e nas ações de improbidade administrativa e a discussão sobre se o litisconsorte pode, ou não, "escolher" de que lado vai participar, cf.: Rodolfo de Camargo Mancuso, *Ação Popular*, cit., 5ª ed., p. 174; Luiz Manoel Gomes Jr., "Ação popular – Alteração do polo jurídico da relação processual – Considerações", cit., *Revista Dialética de Direito Processual* 10/122-126; Cássio Scarpinella Bueno, ***Amicus Curiae* no Processo Civil Brasileiro**, cit., 2ª ed., pp. 261-262.

139. Edoardo Ricci fornece o exemplo da nulidade de cláusula contratual, que pode ser premissa para outros direitos, como por exemplo, ao ressarcimento ("Sull'accertamento della nullità e della simulazione dei contratti come situazioni preliminari", cit., *Rivista di Diritto Processuale* 1994, p. 655 e nota 8 – onde aborda a controvérsia sobre a natureza declaratória ou constitutiva da ação de nulidade contratual).

140. Christoph Trzaskalik, "Die Rechtsschutzzone der Feststellungsklage im Zivil – und Verwaltungsprozeß", cit., in *Studien zur Fortentwicklung des Rechtsschutzverständnisses*, pp. 130-132.

141. Giuseppe Chiovenda, "Azioni e sentenze di mero accertamento", in *Saggi di Diritto Processuale*, vol. III, Milão, Giuffré, reed. de 1993, pp. 26-27.

car a "zona de tutela" que permite o ordenamento.¹⁴² Especialmente na ação declaratória, o interesse de agir não pode ficar ligado ao direito subjetivo, e deve ter seus pressupostos estudados em outra perspectiva que não aquelas criadas historicamente para a ação condenatória.¹⁴³ Com a ampliação do interesse processual pelas zonas de interesse, a tutela declaratória ganha novos contornos e grande utilidade, que a tutela condenatória não tem, perdendo-se a pecha de ser uma tutela "suplente" à condenatória.¹⁴⁴

Pensamos que o desenvolvimento dessas ideias pode ser útil, na tutela declaratória, também para os direitos submetidos a condição ou termo, que existem e podem ser declarados judicialmente mesmo na inexistência de qualquer lesão.¹⁴⁵ Também pode servir para nortear o interesse processual no modelo de fracionamento da resolução do mérito, admitindo-se a cognição e decisão, com força de coisa julgada, para um singular aspecto ou uma específica pré-questão de uma relação jurídica material. Porém, deve-se observar que a utilidade do provimento deve ser atual e concreta, proibindo a solução de uma questão abstrata, imaginariamente projetada como um problema distante. Para autorizar a legítima atuação judicial deve haver um interesse "concreto, efetivo e atual" na tutela jurídica,¹⁴⁶ ou seja, se o requerente tiver alguma utilida-

142. Wolfgang Lüke, *Zivilprozessrecht*, cit., 9ª ed., p. 155; Elena Merlin, "Mero accertamento di una questione preliminare?", cit., *Rivista di Diritto Processuale* 1995, pp. 209-210. A discussão se trava, por exemplo, em matéria de direito laboral e previdenciário, como em pedidos de declaração de um estado de fato (uma doença, por exemplo), que se entende que só pode ser certificado se em face de um requerimento final de concessão de licença ou adicional de insalubridade etc. (cf. Marino Marinelli, *La Claosola Generale dell'Art. 100 CPC. Origini, Metamorfosi e Nuovi Ruoli*, cit., p. 145). A jurisprudência desses dois Países já admitiu o fracionamento de questões de mérito em julgamentos, o que pode ser observado em certos arestos do *Bundesarbeitsgericht* e da *Cassazione*.

143. Christoph Trzaskalik, "Die Rechtsschutzzone der Feststellungsklage im Zivil – und Verwaltungsprozeß", cit., in *Studien zur Fortentwicklung des Rechtsschutzverständnisses*, pp. 12-13.

144. Elena Merlin, "Mero accertamento di una questione preliminare?", cit., *Rivista di Diritto Processuale* 1995, p.210.

145. Adolf Wach, "Der Rechtsschutzanspruch", cit., *Zeitschrift für deutschen Cvilprozeß* XXXII/15.

146. Adolf Wach, *Der Feststellungsanspruch. Ein Beitrag zur Lehre vom Rechtsschutzanspruch*, reimpr. do original, 1888, pp. 15 e 52-54; Oskar von Bülow, "Die neue Prozessrechtswissenschaft und das System des Civilprozessrechts", cit., *Zeitschrift für deutschen Cvilprozeß* XXVII/216: "Das wird denn auch sowohl durch das, was Wach (Handbuch, s.21) über die Abhängigkeit des Rechtsschutzanspruchs von der 'Rechtsposition' der Partei und (s.19 u.22) über das zum Rechtsschutz-

de prática no requerimento, ainda que toque apenas parcela da relação material.[147]

O conceito mais amplo de zona de interesse pode ser útil também, para além da tutela declaratória, para ampliar a esfera de aplicação do interesse de agir para os procedimentos de certificação fática,[148] ou ainda nos casos em que a *fattispecie* constitutiva do direito material é de formação progressiva, e que não poderia, como óbvio, ser analisada estaticamente.[149] Nesta hipótese pode haver interesse em resolver uma controvérsia em torno de determinada parcela da situação material, que somente surgirá em sua integralidade no futuro, justamente porque ainda em desenvolvimento.

As zonas de interesse podem servir, ainda, para os casos em que não seja tão simples identificar com precisão todas as posições subjetivas correlatas que estejam em jogo ou que possam sofrer interferências da discussão no processo.

Nestes casos, como não há uma referência subjetiva clara que permita um juízo de comparação direto com algum sujeito determinado (o que ocorre no direito subjetivo ou na relação jurídica), não se pode trabalhar a legitimidade e o interesse de agir nos mesmos moldes clássicos.[150]

anspruch erforderliche, den Anspruch auf prozessualischen Rechtsschutz begründende 'wirkliche, nicht eingebildete Rechsschutzinteresse' bemerkt, bestätigt, wie durch seine Erklärung (Feststellungsanspruch,s.15), der Rechtsschutzanspruch sei 'geknüpft an konkrete ausserprozessualische Thatbestände'". Cf. Giovanni Verde, "Sulla 'minima unità strutturale' azionabile nel processo (a proposito di giudicato e di emergenti dottrine)", *Rivista di Diritto Processuale* 1989, p. 577.

147. Wolfgang Grunsky, *Grundlagen des Verfahrensrechts*, cit., 2ª ed., pp. 371-372; Marino Marinelli, *La Claosola Generale dell'Art. 100 CPC. Origini, Metamorfosi e Nuovi Ruoli*, cit., pp. 142 e 147.

148. No Brasil a referência é a tese de Flávio Luiz Yarshell, *A Antecipação de Prova sem o Requisito da Urgência e Direito Autônomo à Prova*, São Paulo, Malheiros Editores, 2009, *passim*. No Direito estrangeiro, cf.: Luigi Montesano, "Questioni preliminari e sentenze parziali di merito", *Rivista di Diritto Processuale* XXIV-II/597-600, 1969; Christoph Trzaskalik, "Die Rechtsschutzzone der Feststellungsklage im Zivil – und Verwaltungsprozeß", cit., in *Studien zur Fortentwicklung des Rechtsschutzverständnisses*, p. 13.

149. Elena Merlin, "Mero accertamento di una questione preliminare?", cit., *Rivista di Diritto Processuale* 1995, p. 203.

150. Edoardo F. Ricci, "Sull'accertamento della nullità e della simulazione dei contratti come situazioni preliminari", *Rivista di Diritto Processuale* 1994, pp. 657-658: "Come è noto, si contendono qui il campo due tesi: quella che identifica il legittimato attivo e il legittimato passivo negli effettivi titolari (attivo e passivo) del *thema decidendum*; e quella che preferisce valorizzare la prospettazione contenuta

Assim, como afirma Merlin, devemos recorrer à dinâmica jurídica para solucionar a possibilidade de formulação de pretensões multilaterais.[151]

Para casos como estes, os ordenamentos do *Common Law* acenam com um procedimento próprio de litigância plurissubjetiva, denominado *interpleader*, que pode ser utilizado quando os "contrainteressados" são indefinidos,[152] e que permite atuações dinâmicas, ingressando no processo ou se retirando da litigância, de acordo com as circunstâncias e a estratégia do momento.[153]

Dinamarco, no Brasil, chamou a atenção para o raro tratamento dado para a figura do litisconsórcio alternativo ou eventual, que poderia servir a estes casos.[154] Em sentido semelhante, Luiz Fux menciona a relevância do estudo da participação de terceiros no processo de execução quando as obrigações têm "titulares ocultos", quando entram em cena a teoria da aparência e a desconsideração da personalidade jurídica.[155]

Por fim, o conceito de zonas de interesse pode servir para uma maior compreensão do interesse processual nas ações populares, nas ações de improbidade e em todas as atuações processuais desvinculadas

nella domanda, considerando legittimato attivo chi si afferma titolare attivo della situazione controversa (anche se non lo è), e titolare passivo chi è presentato nell'atto introduttivo del processo come titolare passivo della stessa situazione (anche se non lo è). Ma si può parlare di titolarità attiva o passiva (effettiva o semplicemente affermata) della situazione giuridica dedotta nel processo, solo a patto che tale situazione giuridica possa essere riferita a soggetti determinati; e quando si discute della nullità e della inefficacia per simulazione come situazioni giuridiche meramente preliminari, la constatata non riferibilità ad alcun soggetto rende improponibile l'intera costruzione".

151. Kazuo Watanabe, "Tutela jurisdicional dos interesses difusos: a legitimação para agir", cit., *RePro* 34/202; Elena Merlin, "Mero accertamento di una questione preliminare?", cit., *Rivista di Diritto Processuale* 1995, pp. 213-215. Isso ocorre também nos interesses coletivos *lato sensu* (cf. Leonardo Greco, *A Teoria da Ação no Processo Civil*, cit., p. 52). A jurisprudência brasileira já afirmou que, nestes casos, a ação pode ser dirigida contra qualquer indivíduo, seja proprietário, possuidor, promissário comprador, qualquer um que tenha "relação jurídica próxima" ao imóvel, que depois poderá regredir, se for o caso, contra quem deve suportar em caráter final a condenação (cf. STJ, REsp 194.481-SP, rel. Min. Ruy Rosado de Aguiar).

152. Jack H. Friedenthal, Mary Kay Kane e Arthur R. Miller, *Civil Procedure*, cit., 3ª ed., pp. 779 e ss.

153. Cf. maiores detalhes e exemplos em Jack H. Friedenthal, Mary Kay Kane e Arthur R. Miller, *Civil Procedure*, cit., 3ª ed., pp. 782-785.

154. Cândido Rangel Dinamarco, *Litisconsórcio*, cit., 8ª ed., pp. 457 e ss.

155. Luiz Fux, *O Novo Processo de Execução: o Cumprimento de Sentença e a Execução Extrajudicial*, cit., pp. 110-111.

de um interesse material específico. Nestas, o interesse de agir deve continuar ligado a premissas de utilidade, embora voltado para o interesse público ou cívico.[156] A "utilidade para o interesse público", prevista no art. 6º, § 3º, da Lei da Ação Popular é a positivação desta concepção ampliativa de interesse processual.

E é a zona de interesse, ao lado da legitimidade para o ato, que permite a aplicação ampliativa da migração interpolar.

5. Sugestões para o desenvolvimento do tema

Não pretendemos, neste momento em que nos encaminhamos ao fim da exposição, ampliar o tratamento das possibilidades de migração entre polos ou atuação despolarizada. Não obstante, algumas consequências e hipóteses podem e devem ser colocadas, como ponto de partida para ulterior análise.

Como dissemos anteriormente, ainda que a polarização tenha uma função dialética de formalizar o debate e facilitar a aplicação cotidiana do contraditório, não podem os sujeitos do processo, em determinadas situações, ficar presos à polaridade inicial. Entendemos que as migrações serão permitidas se alguns requisitos se demonstrarem presentes.

5.1 Pressupostos para a migração entre polos
e a atuação despolarizada.
Migrações sucessivas e migrações pendulares.
Revogabilidade de atos processuais e admissibilidade

Os primeiros pressupostos que devem ser preenchidos para que seja autorizada a alteração de polo são, como vimos anteriormente, a *legitimatio ad actum* e a zona de interesse do requerente.

A estes requisitos, somam-se outros. O tema mereceria reflexão mais aprofundada, mas já podemos adiantar alguns pontos que pensamos poderem nortear a aplicação prática das ideias expostas.

156. Assim, Rosmar Antonni Rodrigues Cavalcanti de Alencar, "O conteúdo eficacial da sentença da ação popular: sobrevive uma ação de direito material coletiva?", in Fredie Didier Jr. e José Henrique Mouta (coords.), *Tutela Jurisdicional Coletiva*, Salvador, Juspodivm, 2008, p. 402. Em sentido diverso: Ada Pellegrini Grinover, "Ação civil pública e ação popular: aproximações e diferenças", cit., in Carlos Alberto de Salles (org.), *Processo Civil e Interesse Público*, p. 142 – considerando que os objetivos da ação popular são similares aos da ação civil pública ajuizada pelo Ministério Público, onde, evidentemente, este aspecto cívico não se observa.

A depender da condição do sujeito, a migração entre polos pode ser sucessiva, ou seja, se e quando o sujeito processual se convencer do acerto das razões de outros sujeitos e decidir pela atuação conjunta consigo. Essa é a situação dos sujeitos desinteressados, como o *amicus curiae* e os órgãos da Administração Pública. Tais entes não ficam presos a um polo, podendo migrar novamente, se assim se convencerem, em prol do interesse público. Por essa razão, Mazzei denomina a hipótese da Lei da Ação Popular como sendo de uma intervenção "móvel", em que a alteração de polo é permitida mais de uma vez e em qualquer sentido.[157]

Quando estivermos diante de soluções cooperativas na condução do processo, como os acordos de procedimento e requerimentos conjuntos, os sujeitos do processo poderão unir-se temporariamente para a prática de atos processuais, devendo ser-lhes reconhecida zona de interesse para tanto. Esta migração pode ser chamada de "pendular", já que, após a prática do(s) ato(s) em conjunto, os sujeitos retornam à polaridade inicial, retomando o formato clássico de contraposição de posições.

Por outro lado, a atuação despolarizada, independentemente de qualquer referência à lide, ao direito subjetivo ou à pretensão, é o caminho a ser seguido nos casos de fracionamento do mérito, já que todas as partes e terceiros podem ter interesse e legitimidade para impugnar um elemento da relação jurídica *sub judice*, desde que respeitada a utilidade atual e concreta para a esfera jurídica do interessado.

Em todas estas categorias ou espécies de migração muitas outras questões seriam dignas de análise. A moldura apresentada é apenas uma referência genérica.

Não obstante, haverá muitos casos em que, apesar da possibilidade geral de migração, diante de específicas situações processuais, a mudança de polo não será autorizada. A vedação geralmente se observará para a proteção de direitos de terceiros ou para a preservação da confiança legítima das partes na manutenção de comportamentos anteriores. Entram em jogo as preclusões, não só as temporais como também as lógicas e consumativas. Assim, pensamos que a troca de governos não permite uma desmedida, sucessiva e incompatível troca de polos pelo ente pú-

---

[157]. Rodrigo Mazzei, "A 'intervenção móvel' da pessoa jurídica de direito público na ação popular e ação de improbidade administrativa (art. 6º, § 3º, da LAP e art. 17, § 3º, da LIA)", cit., in Fredie Didier Jr. e Teresa Arruda Alvim Wambier (coords.), *Aspectos Polêmicos e Atuais sobre Terceiros no Processo Civil e Assuntos Afins*, 2007.

blico, se tiver sido criada expectativa legítima, aos demais sujeitos, de manutenção de condutas processuais já tomadas.[158]

Teríamos que analisar também a revogabilidade dos atos processuais e se, ao mudar de polo, as condutas processuais tomadas pelo sujeito a partir de então seriam compatíveis com atos anteriormente praticados. Lembremos que o exercício da defesa, por exemplo, torna litigiosa a coisa, impõe ônus probatórios, exige programação e avaliações que passam desde a coleta de documentos até a formulação de alegações para a linha argumentativa do litigante. Deve haver não só preservação do contraditório e da ampla defesa, dos direitos de terceiros, como também se impõe um juízo de eficiência, evitando que o processo, por conta da migração, tenha que retornar a etapas anteriores.

5.2 Encargos de sucumbência. Remessa necessária. Impossibilidade de migração

No que se refere às consequências da aplicação deste formato despolarizado, algumas linhas introdutórias também podem ser desenvolvidas aqui.

Em nosso entender, a transferência de polo faz escapar dos encargos de sucumbência em sua totalidade. A atuação conjunta pela satisfação de um mesmo interesse material corrói a ideia vetora da causalidade para a condenação nas despesas processuais e permite se não a exclusão total do migrante do pagamento das despesas, ao menos sua redução.

É claro que, se a migração ocorrer em momento muito precoce do processo, pode-se sustentar a redução substancial da condenação nas despesas (art. 21, parágrafo único, do CPC); se ocorrer num marco temporal adiantado, próximo da decisão definitiva, a migração deve ser desconsiderada para estes fins, caso contrário poderia ser usada como

---

158. Luiz Manoel Gomes Jr. afirma que o ente pode passar do polo passivo para o polo ativo, mas não o inverso. Mancuso e Bueno entendem ser possível a migração para que o amadurecimento da questão, ao longo do processo, possibilite uma melhor tomada de posição da Administração Pública em torno da melhor realização do interesse público (Rodolfo de Camargo Mancuso, *Ação Popular*, cit., 5ª ed., pp. 174-176; Cássio Scarpinella Bueno, *Amicus Curiae no Processo Civil Brasileiro*, cit., 2ª ed., pp. 263-264). Concordamos com os ilustres Professores. Desde que a questão não seja mera divergência político-partidária, o dinamismo da relação processual impõe que a migração seja possível durante o processo. Porém, como afirmamos no texto, deve haver respeito aos direitos de terceiro, como também pode ser que, à luz das preclusões e da irrevogabilidade de atos processuais, não seja mais possível a troca de polo em dado momento do procedimento.

subterfúgio para se eximir do pagamento, diante da iminente derrota. Aplicável aqui é a disciplina de condenação proporcional nos encargos da sucumbência prevista em lei para partes e terceiros, a depender da intensidade de sua atuação em favor do interesse material derrotado (arts. 19, § 1º, 20, § 1º, 21, 23 e 32, todos do CPC).

Impõe-se diferenciar, ainda, se estamos diante da migração num quadro de litisconsórcio. Isso porque quando não há pluralidade de partes existe necessidade de impor a um dos litigantes os custos do processo, e vemos com dificuldade a redução, mesmo proporcional, destes custos. No entanto, quando houver litisconsórcio a migração pode reduzir proporcionalmente a condenação do migrante, sem deixar de impor aos demais litisconsortes o custo econômico da litigância, aplicável a estes o princípio da causalidade.

No que tange à remessa necessária, também este instituto pode sofrer repercussões da migração entre polos. Isso porque, ao migrar da posição de réu para se juntar ao autor, a atuação conjunta da Administração Pública com o autor faz entender que a função protetiva[159] que o duplo grau obrigatório possui em relação à sucumbência estatal não se observa mais.

Por fim, cabe destacar que, na exata medida em que houver pedidos formulados contra o sujeito do processo, não pode este pretender migrar para outro polo para escapar da responsabilidade ou de uma sentença de procedência favorável ao requerente. Seria inimaginável que estivesse no âmbito da vontade do requerido a disposição sobre o pedido de outrem. Se sua migração pode reduzir-lhe os encargos de sucumbência, não apaga o pedido formulado, a não ser que dele disponha o próprio requerente.

6. Breve conclusão
e tendência do Projeto de novo Código de Processo Civil

Nosso objetivo no presente estudo foi identificar se existe a possibilidade de migração interpolar na demanda ou, ainda, se seria defensável uma atuação dos sujeitos do processo que poderia ser definida como "despolarizada". Parece-nos, como já antecipado, que a resposta é afirmativa.

Ao indagarmos quais seriam as dificuldades para imaginar a prática de atos processuais sem uma referência polar ou bipolar, identificamos

---

159. Antônio Carlos de Araújo Cintra, *Comentários ao Código de Processo Civil*, 3ª ed., vol. IV, Rio de Janeiro, Forense, 2008, p. 332.

uma situação doutrinária de desenvolvimento insuficiente da legitimidade *ad causam* e do interesse de agir, conceitos jurídico-processuais construídos sob premissas antigas e que não conseguem responder aos contornos modernos do processo civil. Estas condições da ação não se ajustam a procedimentos executivos e de certificação fática, bem como aos acordos procedimentais e soluções cooperativas. Além disso, são institutos que limitam por demais a intervenção de terceiros e que não se coadunam com as técnicas declaratória e de fracionamento da resolução do mérito.

Aqui pretendemos defender uma tese que parece refletir-se como forte tendência no Projeto de novo Código de Processo Civil, no texto aprovado na Comissão da Câmara dos Deputados (relatório do deputado Paulo Teixeira), quando afirma, no art. 17, que "para postular em juízo" é preciso ter interesse e legitimidade. Foi com felicidade que vimos, durante os debates parlamentares, que nossas ideias acerca das condições para o ato processual inspiraram o legislador brasileiro. A fórmula agora adotada, diversa daquela do art. 3º do CPC atual, fomenta que os filtros procedimentais considerem posições específicas para cada conduta e momento processual.

Na impossibilidade de estendermos, nesta sede, todos os temas correlatos, as objeções à tese e suas infindáveis aplicações práticas, deixaremos para outra oportunidade um tratamento mais abrangente. Esperamos, contudo, que, de todo o exposto, possamos ter despertado a atenção dos leitores não só para este tema quase inexplorado das migrações entre polos da demanda, mas também para a constatação de que os estudos da Teoria Geral do Processo, especialmente das condições da ação, ainda não estão superados. Muito ainda há para desenvolver.

As novas e futuras gerações são e serão chamadas a estudar a ação à luz da multiplicidade de mecanismos de tutela hoje existentes, e diante das realidades processuais cambiantes, que refletem, no processo, o dinamismo da vida moderna.

Bibliografia

ABRANTES, Guilherme de Mattos. "A legitimidade ativa e passiva nas ações de nulidade de marcas e patentes". *RT* 842. Ano 94. São Paulo, Ed. RT, dezembro/2005.

ALENCAR, Rosmar Antonni Rodrigues Cavalcanti de. "O conteúdo eficacial da sentença da ação popular: sobrevive uma ação de direito material coletiva?". In: DIDIER JR., Fredie, e MOUTA, José Henrique (coords.). *Tutela Jurisdicional Coletiva*. Salvador, Juspodivm, 2008.

ARAÚJO, José Henrique Mouta. *Coisa Julgada Progressiva e Resolução Parcial do Mérito. Instrumentos de Brevidade da Prestação Jurisdicional.* Curitiba, Juruá, 2008.

ARMELIN, Donaldo. "Ação civil pública: legitimidade processual e legitimidade política". In: SALLES, Carlos Alberto de (org.). *Processo Civil e Interesse Público.* São Paulo, Ed. RT, 2003.

_____. *Legitimidade para Agir no Direito Processual Civil Brasileiro.* São Paulo, Ed. RT, 1979.

ASSIS, Araken de. *Manual da Execução.* 11ª ed. São Paulo, Ed. RT, 2007.

ATTARDI, Aldo. "Interesse ad agire". In: *Digesto delle Discipline Privatistiche. Sezione Civile, IX.* Turim, 1993.

_____. *L'Interesse ad Agire.* Pádua, CEDAM, 1958.

BARBOSA MOREIRA, José Carlos. "Apontamentos para um estudo sistemático da legitimação extraordinária". *Revista de Direito do Ministério Público do Estado da Guanabara* 9. Ano III. Setembro-dezembro/1969; e *RT* 404. Ano 58. São Paulo, Ed. RT, junho/1969.

_____. "Condomínio de edifício de apartamentos: capacidade para ser parte e legitimação para agir. Caução". In: *Temas de Direito Processual.* São Paulo, Saraiva, 1977.

BAUMBACH, Adolf. *Elementarbuch des Zivilprozesses.* 2ª ed. Munique, C. H. Beck, 1941.

BAUMGÄRTEL, Gottfried. "Treu und Glauben im Zivilprozeß". *Zeitschrift für Zivilprozeß* 86. Heft 3. 1973.

BAUR, Fritz, e GRUNSKY, Wolfgang. *Zivilprozeßrecht.* 10ª ed. Kriftel, Luchterhand, 2000.

BEDAQUE, José Roberto dos Santos. "Legitimidade processual e legitimidade política". In: SALLES, Carlos Alberto de (org.). *Processo Civil e Interesse Público.* São Paulo, Ed. RT, 2003.

BERRIAT SAINT-PRIX, M. *Cours de Procédure Civile e Criminelle.* 5ª ed., t. I. Bruxelas, Stapleau, 1823.

BLOMEYER, Arwed. *Zivilprozessrecht. Erkenntnisverfahren.* 2ª ed. Berlim, Duncker & Humblot, 1985.

BRÜGGEMANN, Dieter. "Unausgebildete Gegnerschaftsverhältnisse". *Zeitschrift für Zivilprozeß* 81. 1969.

BUENO, Cássio Scarpinella. *Amicus Curiae no Processo Civil Brasileiro.* 2ª ed. São Paulo, Saraiva, 2008.

BÜLOW, Oskar von. "Die neue Prozessrechtswissenschaft und das System des Civilprozessrechts". *Zeitschrift für deutschen Cvilprozeß* XXVII. 1900.

CABRAL, Antonio do Passo. "Imparcialidade e impartialidade. Por uma teoria sobre a repartição e incompatibilidade de funções no processo civil e penal". *RePro* 149. São Paulo, Ed. RT, julho/2007.

_____. "Interesse ad agire e zone di interesse". *Civil Procedure Review* 1/154-181. 2010 (disponível em *www.civilprocedurereview.com*, acesso em 18.4.2012); e também in DIDIER JR., Fredie (org.). *Teoria do Processo* –

Panorama Doutrinário Mundial – 2ª Série. Salvador, Juspodivm, 2010 (pp. 95-116).

_____. "O contraditório como dever e a boa-fé processual objetiva". *RePro* 126. Ano 30. São Paulo, Ed. RT, agosto/2005.

_____. "O novo procedimento-modelo (*Musterverfahren*) alemão: uma alternativa às ações coletivas". *RePro* 147. São Paulo, Ed. RT, maio/2007.

_____. "Pelas asas de Hermes: a intervenção do *amicus curiae*, um terceiro especial". *RDA* 234. Rio de Janeiro, Renovar, dezembro/2003; e *RePro* 117. São Paulo, Ed. RT, setembro-outubro/2004.

CADIET, Loïc. "Conventions relatives au procès en Droit Français". *RePro* 160. Ano 33. São Paulo, Ed. RT, junho/2008.

CÂMARA, Alexandre Freitas. *Lições de Direito Processual Civil*. 2ª ed., vol. I. Rio de Janeiro, Lumen Juris, 1999.

CAPONI, Remo. "Autonomia privata e processo civile: gli accordi processuali". *Rivista Trimestrale di Diritto e Procedura Civile* 3. Ano LXII. Suplemento, 2008.

CARNEIRO, Athos Gusmão. "Da intervenção da União Federal como *amicus curiae*. Ilegitimidade para, nesta qualidade, requerer a suspensão dos efeitos da decisão jurisdicional. Leis n. 8.437/1992, art. 4º, e n. 9.469/1997, art. 5º". *RF* 363. Rio de Janeiro, Forense, setembro-outubro/2002.

_____. *Intervenção de Terceiros*. 17ª ed. São Paulo, Saraiva, 2008.

_____. "Mandado de segurança – Assistência e *amicus curiae*". *Revista Síntese de Direito Civil e Processual Civil* 24. Porto Alegre, Síntese, julho-agosto/2003.

CARNELUTTI, Francesco. *Istituzioni del Nuovo Processo Civile Italiano*. 2ª ed. Roma, Foro Italiano, 1941.

_____. *Lezioni di Diritto Processuale Civile*. vol. I, reimpr. Pádua, CEDAM, 1930.

CHIOVENDA, Giuseppe. "Azioni e sentenze di mero accertamento". In: *Saggi di Diritto Processuale*. vol. III. Milão, Giuffré, reed. de 1993.

_____. "L'azione nel sistema dei diritti". In: *Saggi di Diritto Processuale*. vol. I. Milão, Giuffrè, reed. de 1993.

CINTRA, Antônio Carlos de Araújo. *Comentários ao Código de Processo Civil*. 3ª ed., vol. IV. Rio de Janeiro, Forense, 2008.

_____, DINAMARCO, Cândido Rangel, e GRINOVER, Ada Pellegrini. *Teoria Geral do Processo*. 29ª ed. São Paulo, Malheiros Editores, 2013.

COMOGLIO, Luigi Paolo. "Premesse ad uno studio sul principio di economia processuale". *Rivista Trimestrale di Diritto e Procedura Civile* 2. Ano XXXII. Junho/1978.

CRUZ E TUCCI, José Rogério. *A **Causa Petendi** no Processo Civil*. 2ª ed. São Paulo, Ed. RT, 2000.

CUNHA, Leonardo José Carneiro da. *Interesse de Agir na Ação Declaratória*. Curitiba, Juruá, 2002.

DIDIER JR., Fredie. "A intervenção judicial do Conselho Administrativo de Defesa Econômica (art. 89 da Lei federal 8.884/1994) e da Comissão de Valores Mobiliários (art. 31 da Lei federal 6.385/1976)". *RePro* 115. São Paulo, Ed. RT, maio-junho/2004.

_____. "O princípio da cooperação: uma apresentação". *RePro* 127. Ano 30. São Paulo, Ed. RT, setembro/2005.

_____. *Pressupostos Processuais e Condições da Ação: o Juízo de Admissibilidade do Processo*. São Paulo, Saraiva, 2005.

_____. "Um réquiem às condições da ação. Estudo analítico sobre a existência do instituto". *RF* 351. Ano 96. Rio de Janeiro, Forense, julho-setembro/2000.

_____ (org.). *Teoria do Processo – Panorama Doutrinário Mundial – 2ª Série*. Salvador, Juspodivm, 2010,

_____, e FARIAS, Cristiano Chaves de (coords.). *Procedimentos Especiais Cíveis: Legislação Extravagante*. São Paulo, Saraiva, 2003.

_____, e MOUTA, José Henrique (coords.). *Tutela Jurisdicional Coletiva*. Salvador, Juspodivm, 2008.

_____, e WAMBIER, Teresa Arruda Alvim (coords.). *Aspectos Polêmicos e Atuais sobre Terceiros no Processo Civil e Assuntos Afins*. São Paulo, Ed. RT, 2007.

_____, e ZANETI JR., Hermes. *Curso de Direito Processual Civil*. 2ª ed., vol. 4. Salvador, Podivm, 2007.

DINAMARCO, Cândido Rangel. *Instituições de Direito Processual Civil*. 6ª ed., vol. II. São Paulo, Malheiros Editores, 2009.

_____. *Intervenção de Terceiros*. 5ª ed. São Paulo, Malheiros Editores, 2009.

_____. *Litisconsórcio*. 8ª ed. São Paulo, Malheiros Editores, 2009.

_____, CINTRA, Antônio Carlos de Araújo, e GRINOVER, Ada Pellegrini. *Teoria Geral do Processo*. 29ª ed. São Paulo, Malheiros Editores, 2013.

DONOSO, Dênis. "Alienação de bens do cônjuge alheio à execução: análise crítica ao novo art. 655-B do CPC, sua (in)constitucionalidade e instrumentos de defesa". *Revista Dialética de Direito Processual* 68. São Paulo, Dialética, novembro/2008.

FABIANI, Ernesto. "Interesse ad agire, mero accertamento e limiti oggettivi del giudicato". *Rivista di Diritto Processuale* 1998.

FARIAS, Cristiano Chaves de, e DIDIER JR., Fredie (coords.). *Procedimentos Especiais Cíveis: Legislação Extravagante*. São Paulo, Saraiva, 2003.

FAZZALARI, Elio. *Istituzioni di Diritto Processuale*. 8ª ed. Pádua, CEDAM, 1996.

_____. "La dottrina processualistica italiana: dall''azione' al 'processo' (1864-1994)". *Rivista di Diritto Processuale* 4. 1994.

FERRAND, Frédérique. "The respective role of the judge and the parties in the preparation of the case in France". In: TROCKER, Nicolò, e VARANO, Vicenzo (eds.). *The Reforms of Civil Procedure in Comparative Perspective*. Turim, G. Giappichelli, 2005.

FREIRE, Rodrigo da Cunha Lima. *Condições da Ação. Enfoque sobre o Interesse de Agir*. 3ª ed. São Paulo, Ed. RT, 2005.

FRIEDENTHAL, Jack H., KANE, Mary Kay, e MILLER, Arthur R. *Civil Procedure*. 3ª ed. St. Paul, West, 1999.

FUX, Luiz. *O Novo Processo de Execução: o Cumprimento de Sentença e a Execução Extrajudicial*. Rio de Janeiro, Forense, 2008.

GARSONNET, E., e CÉZAR-BRU, Ch. *Précis de Procédure Civile*. 9ª ed. Paris, Sirey, 1923.

GILLES, Peter (org.). *Effektivität des Rechtsschutzes und verfassungsmäßige Ordnung*. Berlim, Carl Heymanns, 1983.

GOMES JR., Luiz Manoel. "Ação popular – Alteração do polo jurídico da relação processual – Considerações". *Revista Dialética de Direito Processual* 10. São Paulo, Dialética, janeiro/2004.

GOTTWALD, Peter. "About the extension of collective legal protection in Germany". *RePro* 154. Ano 32. São Paulo, Ed. RT, dezembro/2007.

GOUVEIA FILHO, Roberto P. Campos. "Existem legitimações puramente processuais?". *Revista Dialética de Direito Processual* 65. São Paulo, Dialética, agosto/2008.

GRASSO, Eduardo. "Note per un rinnovato discorso sull'interesse ad agire". In: *Studi in Onore di Gioacchino Scaduto. Diritto Pubblico IV*. Pádua, CEDAM, 1970.

GRECO, Leonardo. *A Teoria da Ação no Processo Civil*. São Paulo, Dialética, 2003.

_____. "Ações na execução reformada". In: SANTOS, Ernani Fidelis dos, e outros (coords.). *Execução Civil: Estudos em Homenagem ao Professor Humberto Theodoro Jr*. São Paulo, Ed. RT, 2007.

_____. *Processo de Execução*. vol. I. Rio de Janeiro, Renovar, 1999.

GREGER, Reinhard. "Verbandsklage und Prozeßrechtsdogmatik – Neue Entwicklungen in einer schwierigen Beziehung". *Zeitschrift für Zivilprozeß* 113. Heft 4. 2000.

GRINOVER, Ada Pellegrini. "Ação civil pública e ação popular: aproximações e diferenças". In: SALLES, Carlos Alberto de (org.). *Processo Civil e Interesse Público*. São Paulo, Ed. RT, 2003.

_____. "Ações coletivas ibero-americanas: novas questões sobre legitimação e coisa julgada". *RF* 361. Ano 98. Rio de Janeiro, Forense, maio-junho/2002.

_____, CINTRA, Antônio Carlos de Araújo, e DINAMARCO, Cândido Rangel. *Teoria Geral do Processo*. 29ª ed. São Paulo, Malheiros Editores, 2013.

GRUNSKY, Wolfgang. *Grundlagen des Verfahrensrechts*. 2ª ed. Bielefeld, Gieseking, 1974.

_____, e BAUR, Fritz. *Zivilprozeßrecht*. 10ª ed. Kriftel, Luchterhand, 2000.

HABSCHEID, Walther J. *Schweizerisches Zivilprozess – und Gerichtsorganisationsrecht.* 2ª ed. Basel e Frankfurt am Main, Helbing und Lichtenhahn, 1990.

HIRTE, Heribert. "Der *amicus-curiae-brief* – das amerikanische Modell und die deutschen Parallelen". *Zeitschrift für Zivilprozeß* 104. Heft 1. 1991.

JAUERNIG, Othmar. *Zivilprozessrecht.* 28ª ed. Munique, C. H. Beck, 2003.

KANE, Mary Kay, FRIEDENTHAL, Jack H., e MILLER, Arthur R. *Civil Procedure.* 3ª ed. St. Paul, West, 1999.

LAMY, Eduardo Avelar de. *Princípio da Fungibilidade no Processo Civil.* São Paulo, Dialética, 2007.

LANFRANCHI, Lucio. "Note sull'interesse ad agire". *Rivista Trimestrale di Diritto e Procedura Civile* 3. Ano XXVI. 1972.

LEIPOLD, Dieter. "Die Verbandsklage zum Schutz allgemeiner und breitgestreuter Interessen in der Bundesrepublik Deutschland". In: GILLES, Peter (org.). *Effektivität des Rechtsschutzes und verfassungsmäßige Ordnung.* Berlim, Carl Heymanns, 1983.

LENT, Friedrich. "Zur Unterscheidung von Lasten und Pflichten der Parteien im Zivilprozeß". *Zeitschrift für Zivilprozeß* 67. Heft 5. 1954.

LIEBMAN, Enrico Tullio. *Manual de Direito Processual Civil.* 3ª ed. Trad. de Cândido Rangel Dinamarco. São Paulo, Malheiros Editores, 2005.

LÜKE, Gerhard. "Betrachtungen zum Prozeßrechtsverhältnis". *Zeitschrift für Zivilprozeß* 108. Heft 4. 1995.

LÜKE, Wolfgang. *Zivilprozessrecht.* 9ª ed. Munique, C. H. Beck, 2006.

MANCUSO, Rodolfo de Camargo. *Ação Popular.* 5ª ed. São Paulo, Ed. RT, 2003.

_____. *Interesses Difusos: Conceito e Legitimação para Agir.* 6ª ed. São Paulo, Ed. RT, 2004.

_____. "Titularidade do direito, legitimação para agir e representação processual". *RT* 771. Ano 89. São Paulo, Ed. RT, janeiro/2000.

MANDRIOLI, Crisanto. *Corso di Diritto Processuale Civile.* 30ª ed. Turim, G. Giappichelli, 2000.

MARINELLI, Marino. *La Claosola Generale dell'Art. 100 CPC. Origini, Metamorfosi e Nuovi Ruoli.* Trento, Alcione, 2005.

MAZZEI, Rodrigo. "A 'intervenção móvel' da pessoa jurídica de direito público na ação popular e ação de improbidade administrativa (art. 6º, § 3º, da LAP e art. 17, § 3º, da LIA)". In: DIDIER JR., Fredie, e WAMBIER, Teresa Arruda Alvim (coords.). *Aspectos Polêmicos e Atuais sobre Terceiros no Processo Civil e Assuntos Afins.* São Paulo, Ed. RT, 2007.

_____. "Ação popular e o microssistema da tutela coletiva". In: DIDIER JR., Fredie, e MOUTA, José Henrique (coords.). *Tutela Jurisdicional Coletiva.* Salvador, Juspodivm, 2008.

MEIRELES, Edilton. "Função do título executivo e a legitimidade na execução". *LTr* 64. N. 5. São Paulo, LTr, maio/2000.

MENDES, Aluísio Gonçalves de Castro. *Ações Coletivas no Direito Comparado e Nacional.* São Paulo, Ed. RT, 2002.

MERLIN, Elena. "Mero accertamento di una questione preliminare?". *Rivista di Diritto Processuale* 1995.

MILLER, Arthur R., FRIEDENTHAL, Jack H., e KANE, Mary Kay. *Civil Procedure*. 3ª ed. St. Paul, West, 1999.

MITIDIERO, Daniel. *Processo Civil e Colaboração*. São Paulo, Ed. RT, 2007.

MONACIANI, Luigi. *Azione e Legittimazione*. Milão, Giuffré, 1951.

MONIZ DE ARAGÃO, Egas Dirceu. *Comentários ao Código de Processo Civil*. 10ª ed. Rio de Janeiro, Forense, 2005.

MONTESANO, Luigi. "Questioni preliminari e sentenze parziali di merito". *Rivista di Diritto Processuale* XXIV-II. 1969.

MORAES, Maurício Zanoide de. *Interesse e Legitimação para Recorrer no Processo Penal Brasileiro*. São Paulo, Ed. RT, 2000.

MOREL, René. *Traité Élémentaire de Procédure Civile*. 10ª ed. Paris, Sirey, 1949.

MOUTA, José Henrique, e DIDIER JR, Fredie (coords.). *Tutela Jurisdicional Coletiva*. Salvador, Juspodivm, 2008.

MÜLLER, Thomas M. *Gesetzliche und prozessuale Parteipflichten*. Zürich: Schultess, 2001.

NEIVA, José Antônio Lisboa. *Improbidade Administrativa. Estudo sobre a Demanda na Ação de Conhecimento e Cautelar*. 2ª ed. Niterói, Impetus, 2006.

_____. "Questões processuais envolvendo propriedade industrial". *Revista Jurídica Consulex* 128. Ano VI. Brasília, Consulex, maio/2002.

NERY JR. Nelson. "Legitimidade para arguir a incompetência relativa". *RePro* 52. Ano 13. São Paulo, Ed. RT, outubro-dezembro/1988.

_____, e WAMBIER, Teresa Arruda Alvim. *Aspectos Polêmicos e Atuais dos Recursos Cíveis e de Outras Formas de Impugnação às Decisões Judiciais*. São Paulo, Ed. RT, 2001.

NIKISCH, Arthur. *Zivilprozeßrecht*. Tübingen, Mohr, 1950.

NUNES, Dierle José Coelho. *Processo Jurisdicional Democrático: uma Análise Crítica das Reformas Processuais*. Curitiba, Juruá, 2008.

OSÓRIO, Fábio Medina. *Teoria da Improbidade Administrativa: Má Gestão Pública, Corrupção, Eficiência*. São Paulo, Ed. RT, 2007.

PINTO, Nelson Luiz. "A legitimidade ativa e passiva nas ações de usucapião". *RePro* 64. Ano 16. São Paulo, Ed. RT, outubro-dezembro/1991.

POHLE, Rudolf. "Zur Lehre vom Rechtsschutzbedürfnis". In: *Festschrift für Friedrich Lent zum 75. Geburtstag*. Munique, C. H. Beck, 1957.

PONTES DE MIRANDA, Francisco Cavalcanti. *Comentários ao Código de Processo Civil*. 2ª ed., t. I. Rio de Janeiro, Forense, 1979.

PUNZI, Carmine, e SATTA, Salvatore. *Diritto Processuale Civile*. 30ª ed. Pádua, CEDAM, 2000.

REIS, José Alberto dos. "Legitimidade das partes". *Boletim da Faculdade de Direito da Universidade de Coimbra* 1925-1926. Ano IX.

_____. *Processo de Execução*. reimpr. Coimbra, Coimbra Editora, 1985.

RICCI, Edoardo F. "Sull'accertamento della nullità e della simulazione dei contratti come situazioni preliminari". *Rivista di Diritto Processuale* 1994.

RODRIGUES, Geisa de Assis. "Da ação popular". In: DIDIER JR., Fredie, e FARIAS, Cristiano Chaves de (coords.). *Procedimentos Especiais Cíveis: Legislação Extravagante*. São Paulo, Saraiva, 2003.

SALLES, Carlos Alberto de (org.). *Processo Civil e Interesse Público*. São Paulo, Ed. RT, 2003.

SANTOS, Ernani Fidelis dos, e outros (coords.). *Execução Civil: Estudos em Homenagem ao Professor Humberto Theodoro Jr*. São Paulo, Ed. RT, 2007.

SATTA, Salvatore. "A proposito dell'accertamento preventivo". *Rivista Trimestrale di Diritto e Procedura Civile* 1960. Ano XIV.

_____, e PUNZI, Carmine. *Diritto Processuale Civile*. 30ª ed. Pádua, CEDAM, 2000.

SCHMIDT, Lélio Denicoli. "O INPI nas ações de nulidade de marca ou patente: assistente ou litisconsorte?". *RePro* 94. Ano 24. São Paulo, Ed. RT, abril-junho/1999.

SCHÖNKE, Adolf. *Lehrbuch des Zivilprozessrechts*. 7ª ed. Karlsruhe, C. F. Müller, 1951.

SILVA, Paula Costa e. "A ordem do juízo de D. João III e o regime processual experimental". *RePro* 156. São Paulo, Ed. RT, fevereiro/2008.

SOUZA, André Muniz de. "O INPI como interveniente especial nas ações de nulidade: nova interpretação conforme a Lei de Propriedade Industrial". *RePro* 119. São Paulo, Ed. RT, 2005.

TARUFFO, Michele. "Some remarks on group litigation in comparative perspective". *Duke Journal of Comparative and International Law* 11. 2001.

TAVARES, Osvaldo Hamilton. "A CVM como *amicus curiae*". *RT* 690. São Paulo, Ed. RT, abril/1993.

TESHEINER, José Maria Rosa. *Eficácia da Sentença e Coisa Julgada no Processo Civil*. São Paulo, Ed. RT, 2001.

TROCKER, Nicolò, e VARANO, Vicenzo (eds.). *The Reforms of Civil Procedure in Comparative Perspective*. Turim, G. Giappichelli, 2005.

TRZASKALIK, Christoph. "Die Rechtsschutzzone der Feststellungsklage im Zivil – und Verwaltungsprozeß". In: *Studien zur Fortentwicklung des Rechtsschutzverständnisses*. Berlim, Duncker & Humblot, 1978.

VARANO, Vicenzo, e TROCKER, Nicolò (eds.). *The Reforms of Civil Procedure in Comparative Perspective*. Turim, G. Giappichelli, 2005.

VERDE, Giovanni. "Sulla 'minima unità strutturale' azionabile nel processo (a proposito di giudicato e di emergenti dottrine)". *Rivista di Diritto Processuale* 1989.

WACH, Adolf. *Der Feststellungsanspruch. Ein Beitrag zur Lehre vom Rechtsschutzanspruch*. Reimpr. do original. 1888.

_____. "Der Rechtsschutzanspruch". *Zeitschrift für deutschen Cvilprozeß* XXXII. 1904.

WAMBIER, Teresa Arruda Alvim. "Fungibilidade de meios: uma outra dimensão do princípio da fungibilidade". In: NERY JR., Nelson, e WAMBIER, Teresa Arruda Alvim. *Aspectos Polêmicos e Atuais dos Recursos Cíveis e de Outras Formas de Impugnação às Decisões Judiciais*. São Paulo, Ed. RT, 2001.

_____. "O óbvio que não se vê: a nova forma do princípio da fungibilidade". *RePro* 136. Ano 31. São Paulo, Ed. RT, julho/2006.

_____, e DIDIER JR., Fredie (coords.). *Aspectos Polêmicos e Atuais sobre Terceiros no Processo Civil e Assuntos Afins*. São Paulo, Ed. RT, 2007.

_____, e NERY JR., Nelson. *Aspectos Polêmicos e Atuais dos Recursos Cíveis e de Outras Formas de Impugnação às Decisões Judiciais*. São Paulo, Ed. RT, 2001.

WATANABE, Kazuo. "Tutela jurisdicional dos interesses difusos: a legitimação para agir". *RePro* 34. Ano IX. São Paulo, Ed. RT, abril-junho/1984.

YARSHELL, Flávio Luiz. *A Antecipação de Prova sem o Requisito da Urgência e Direito Autônomo à Prova*. São Paulo, Malheiros Editores, 2009.

ZANETI JR., Hermes. "A legitimação conglobante nas ações coletivas: a substituição processual decorrente do ordenamento jurídico". In: ASSIS, Araken de, e outros (coords.). *Direito Civil e Processo. Estudos em Homenagem ao Professor Arruda Alvim*. São Paulo, Ed. RT, 2008.

_____, e DIDIER JR., Fredie. *Curso de Direito Processual Civil*. 2ª ed., vol. 4. Salvador, Podivm, 2007.

AS MEDIDAS CAUTELARES PESSOAIS NO CÓDIGO DE PROCESSO PENAL

ANTONIO SCARANCE FERNANDES

Professor Titular de Direito Processual Penal da Faculdade de Direito da USP
– Procurador de Justiça aposentado – Advogado em São Paulo

1. Introdução. 2. Cautelaridade no processo penal. 3. Evolução legislativa. 4. As regras gerais de regência das medidas cautelares pessoais. 5. As espécies de medidas cautelares pessoais. 6. A prisão preventiva. 7. A liberdade provisória e as medidas cautelares pessoais diversas da prisão. 8. A cautelaridade pessoal em face do princípio constitucional da presunção de inocência e da Lei 12.403/2011. 9. As medidas cautelares diversas da prisão.

1. Introdução

Recente reforma do Código de Processo Penal, operada pela Lei 12.403/2011, alterou o tratamento dispensado às medidas cautelares pessoais. Cuida-se de mudança muito relevante no ordenamento brasileiro. Consolidou modificações anteriores, de modo a deixar claro que somente são cautelares as prisões temporária e preventiva. Evidenciou que a prisão em flagrante tem natureza pré-cautelar. Acabou com a previsão única de duas situações extremas – prisão preventiva ou liberdade provisória apenas com o ônus de comparecimento aos atos do processo –, para criar um leque de medidas cautelares. Sistematizou as exigências para a aplicação das medidas cautelares.

Obviamente, uma transformação dessa envergadura suscitou dúvidas, debates, alimentou receios. Agora, decorridos dois anos da reforma, vão se definindo posições e tendências.

Seja pela importância da reforma, seja pelos reflexos dela advindos, interessa, após dois anos de sua vigência, novamente analisá-la, aproveitando-se do caminho a essa altura já percorrido.

Importa, também, situar a reforma no contexto histórico. Ela representa, na realidade, a afirmação de uma antiga proposta de dotar o ordenamento brasileiro de regramento mais satisfatório das medidas cautelares pessoais, que pudesse equilibrar os interesses da persecução criminal e a necessidade de proteger a liberdade. Por isso, importa muito deixar, nesse artigo, o registro, ainda que sucinto, dessa evolução legislativa.

2. Cautelaridade no processo penal

Encontram-se nos Códigos recentes de Portugal e da Itália interessantes sistematizações das medidas cautelares processuais penais.

O Código de Processo Penal português prevê em seu Livro IV as medidas cautelares, separando-as em dois grandes grupos: medidas pessoais de coação e medidas de garantia patrimonial. Relaciona, nas disposições gerais, os princípios fundamentais que regem a aplicação de tais medidas: da legalidade (art. 191º), da adequação e da proporcionalidade (art. 193º). O Título II cuida das medidas pessoais de coação: termo de identidade e residência (art. 196º); caução (art. 197º); obrigação de apresentação periódica (art. 198º); suspensão do exercício de funções, de profissão e de direitos (art. 199º); proibição de permanência, de ausência e de contatos (art. 200º); obrigação de permanência na habitação (art. 201º); e prisão preventiva (art. 202º). No Título III o Código trata das medidas de garantia patrimonial: caução econômica (art. 227º) e arresto preventivo (art. 228º). No Livro VI, Título I, Capítulo II, relaciona as medidas cautelares e de polícia, referindo-se o art. 249º às "providências cautelares quanto aos meios de prova", nomeadamente: o exame de vestígios do crime, as apreensões, as revistas e a busca. No Capítulo III dos mesmos livro e título cuida o Código da detenção antes do processo (arts. 254º-261º).

Como o Código português, o Código de Processo Penal italiano, em seu Livro IV, divide as "medidas cautelares" em pessoais e reais. As medidas cautelares pessoais são de dois tipos, coercitivas e interditivas ou restritivas de direitos. As medidas coercitivas são: proibição de saída do País (art. 281); obrigação de apresentação à Polícia Judiciária (art. 282); afastamento da casa familiar (art. 282-*bis*); proibição de moradia em determinados lugares (art. 283); arresto domiciliar (art. 284); custódia cautelar em cárcere (art. 285); e custódia cautelar em hospitais (art. 286). Constituem medidas restritivas de direitos as seguintes: suspensão do exercício do pátrio poder dos pais (art. 288); suspensão do exercício de uma função ou serviço público (art. 289); proibição temporária de exercer determinadas atividades profissionais ou empresariais (art. 290). Estão previstas, como reais, as medidas consistentes nos sequestros conservativo (arts. 316-320) e preventivo (arts. 321-323).

Para delimitação do âmbito das medidas cautelares, pode-se tomar como base inicial a separação nesses Países das medidas em pessoais – incidentes sobre o suspeito, o acusado ou o indiciado; reais – direcionadas à garantia da reparação do dano ou à perda do produto do crime; probatórias – destinadas a assegurar a instrução do processo.

Aqui, como salientado, o enfoque será dirigido ao estudo da cautelaridade pessoal, em virtude da decorrência de dois anos da reforma operada no Código de Processo Penal pela Lei 12.403/2011.

3. Evolução legislativa

O Código de Processo Penal (Decreto-lei 3.689, de 3.10.1941), em sua origem, dispensava tratamento muito rigoroso ao tema da prisão processual e da liberdade provisória, prestigiando o encarceramento do acusado em prejuízo de sua liberdade. Sua matriz foi a legislação processual penal italiana da década de 1930, construída durante o regime fascista, adequada para inspirar uma legislação moldada na época em que, entre nós, o sistema vigente era o do Estado Novo.

A regra geral sobre prisão processual era a do art. 282, assim redigido: "À exceção do flagrante delito, a prisão não poderá efetuar-se senão em virtude de pronúncia ou nos casos determinados em lei, e mediante ordem escrita da autoridade competente". As espécies de prisão, além da derivada de flagrante, eram as decorrentes de prisão preventiva (arts. 312 e 313), de pronúncia (art. 408, § 1º) e de sentença condenatória recorrível (art. 594). Se a pessoa não fosse pega em flagrante, seria necessariamente presa, por força de preventiva obrigatória, nos crimes a que fosse cominada pena de reclusão por tempo, no máximo, igual ou superior a 10 anos (art. 312), e nos outros crimes para garantia da ordem pública, para conveniência da instrução criminal ou para assegurar a aplicação da lei penal (art. 313). Havendo decisão de pronúncia ou sentença condenatória, o acusado era preso, exceto quando o crime comportasse fiança ou configurasse infração de que ele se livrava solto (arts. 408, § 1º, e 594). Se o acusado fosse absolvido, conforme previsão do art. 596, permanecia preso se ao crime fosse cominada pena de reclusão, no máximo, igual ou superior a oito anos.

A liberdade provisória era restrita. O acusado podia livrar-se solto em casos de infrações de pequena gravidade, aquelas não punidas por pena privativa de liberdade ou punidas por penas não superiores a três meses (art. 321). Podia ser liberado ou não ser preso se viável a fiança, cujos parâmetros estavam definidos nos arts. 323 e 324, somente sendo cabível em crimes com pena máxima não superior a dois anos. Ainda, conforme o art. 310, o investigado ou o acusado ficaria em liberdade se os elementos apurados indicassem provável ocorrência de excludente de ilicitude.

Em suma, a pessoa presa em flagrante seria solta em poucas hipóteses: infração de que se livrava solto, infração que comportava fiança e conduta acobertada por uma excludente de ilicitude. Se solto, seria preso preventivamente quando a infração fosse punida no máximo por pena igual ou superior a 12 anos. Pronunciado, aguardava solto o julgamento do Júri, exceto se fosse permitida fiança. Julgado e condenado, não podia apelar em liberdade, exceto se admitida fiança ou se tratasse de infração de que se livrava solto. Ainda que absolvido, permaneceria preso se o crime fosse punido com pena privativa igual ou superior a oito anos.

Como se vê, a liberdade provisória estava, no Código, centrada na fiança, antigo instituto, presente em todos os textos constitucionais anteriores ao Código, exceto na Carta de 1937.[1] O Código, desde então, até hoje, especifica as hipóteses de inadmissibilidade de fiança e, assim, garante ao réu o direito à liberdade provisória mediante pagamento da fiança, se sua situação pessoal não se enquadrar em qualquer das vedações legais.[2]

O caminho desenvolvido até hoje foi, com retrocessos, diminuir o rigor do Código, restringindo o âmbito da prisão processual e ampliando o espaço da liberdade provisória.

Importante mudança ocorreu com a Lei 5.349, de 3.11.1967, que eliminou a obrigatoriedade da prisão preventiva prevista no art. 312. Tal alteração foi ressaltada por Romeu Pires de Campos Barros ao salientar

1. V., sobre a fiança na Grécia, em Roma, nas Ordenações, na Constituição Imperial, no Código de Processo Criminal de 1832, na Lei 2.033, de 20.9.1871, no Decreto 4.824, de 22.11.1971, na Lei 628, de 28.10.1869, no Decreto 3.475, de 4.11.1899, e nas Constituições da República e Constituições Estaduais mais antigas: Romeu Pires de Campos Barros, *Processo Penal Cautelar*, Rio de Janeiro, Forense, 1982, pp. 447-457 e 89-296; e Octaviano Vieira, *Fiança Criminal*, 3ª ed., São Paulo, Livraria Acadêmica, 1924, pp. 11-28.

2. Romeu Pires de Campos Barros (*Processo Penal Cautelar*, cit., n. 459, p. 20) acentuava que, na evolução histórica, surgiram vários sistemas legais a respeito da fiança, passíveis de serem englobados nos seguintes: (1) os que possibilitavam a liberdade provisória com fiança em qualquer delito; (2) os que submetiam, em todos os casos, a concessão de fiança a um juízo discricionário; (3) os que possibilitavam a fiança em alguns casos e a negavam em outros. Ainda, havia os que preferiam especificar quando ela era cabível e os que optavam por arrolar as hipóteses de não cabimento.

que somente após 26 anos "essa draconiana forma de medida cautelar desapareceu".[3]

Outra relevante modificação sobreveio com a Lei 5.941, de 23.11.1973. O réu pronunciado ou condenado por sentença recorrível, primário e de bons antecedentes, poderia aguardar solto o julgamento pelo Júri ou a apreciação do seu recurso de apelação (arts. 408, § 1º, e 594 do CPP). Ainda, com a alteração do art. 596, em caso de absolvição, a apelação interposta pela acusação não impedia mais a imediata liberação do sentenciado.

Essa evolução sofreu retroação com a Lei 6.368, de 21.10.1976, que dispunha sobre tráfico ilícito de substâncias entorpecentes. Estabelecia em seu art. 35 que os réus condenados pelos delitos dos art. 12 e 13 nela previstos – ou seja, delitos que indicavam prática de tráfico de entorpecentes – não poderiam apelar em liberdade.

No ano seguinte, todavia, surge lei mais protetiva. A Lei 6.416, de 24.5.1977, acrescentou parágrafo único ao art. 310 autorizando a concessão de liberdade provisória sem fiança ao réu preso em flagrante se não estivessem presentes os requisitos da prisão preventiva, com a obrigação de comparecer aos atos do processo. Em suma, eram, em regra, duas as situações possíveis para os casos de flagrante: prisão preventiva ou liberdade provisória sem fiança. A partir daí a fiança perdeu importância, pois mesmo para infrações inafiançáveis seria possível liberdade provisória sem fiança.[4]

Enfim, criara-se a estranha situação de em crimes mais graves o réu preso em flagrante poder ser colocado em liberdade sem pagamento de fiança, somente com o dever de comparecer aos atos do processo, com base no art. 310, parágrafo único, do CPP, enquanto sua liberação em delitos menos graves ficava condicionada ao pagamento de fiança e com os ônus de não mudar ou se ausentar de sua residência e com a obrigação de comparecer aos atos do processo. Não havia observância dos princípios da adequação e da gradualidade, que deviam nortear as providências cautelares substitutivas da prisão em flagrante.

Em suma, apesar de a liberdade provisória com fiança estar exaustivamente regulada, perdera sua relevância, e o tratamento da liberdade

3. Romeu Pires de Campos Barros, *Processo Penal Cautelar*, cit., n. 303, p. 178.
4. Romeu Pires de Campos Barros (*Processo Penal Cautelar*, cit., p. 312) acentua bem esse aspecto da perda de importância da fiança. Weber Martins Batista (*Liberdade Provisória (Modificações da Lei 6.416, de 24 de Maio de 1977)*. Rio de Janeiro, Forense, 1981, pp. 60-61) ressalta que com o parágrafo único do art. 310 do CPP "o instituto da fiança perdeu toda a importância que tinha".

provisória estava centralizado essencialmente no art. 310, parágrafo único, do CPP, do qual decorria o seguinte: o juiz, em casos de prisão em flagrante, mantinha a pessoa presa porque preenchidos os requisitos da preventiva ou a liberava apenas com o ônus de comparecer aos atos do processo.

A Constituição de 1988, no geral, foi mais protetiva dos direitos e garantias dos indiciados e dos acusados, mas considerou inafiançáveis, no seu art. 5º, os crimes de racismo (inciso XLII), de tortura, de tráfico ilícito de entorpecentes e drogas afins, de terrorismo, hediondos (inciso XLIII) e os crimes decorrentes de ações de grupos armados, civis ou militares, contra a ordem constitucional e o Estado Democrático (inciso XLIV).

Após a Constituição vieram leis mais rigorosas.

Em 1989, a Lei 7.780, de 22 de junho, atualizou os valores das fianças do Código de Processo Penal; e a Lei da Prisão Temporária, de 21 de dezembro, acrescentou nova espécie de prisão cautelar.

No ano seguinte, a Lei 8.035, de 27 de abril, impediu a liberdade provisória sem fiança nos "casos de prisão em flagrante pela prática de crime contra a economia popular ou de crime de sonegação fiscal", só sendo admitida a liberdade com pagamento de fiança e por decisão judicial (art. 325, § 2º). A Lei 8.072, de 25.7.1990, em face do previsto no art. 5º, XLIII, da CF, dispôs sobre os crimes hediondos, a prática de tortura, o tráfico ilícito de entorpecentes e drogas afins e o terrorismo, manifestando exagero na enunciação dos crimes hediondos, excesso na restrição total da liberdade provisória com ou sem fiança, na exigência de cumprimento integral da pena em regime fechado e, ainda, no permitir prisão temporária por 30 dias, prorrogáveis por mais 30.[5]

Posteriormente, com a ampliação do rol dos crimes hediondos pela Lei 8.930/1994 (incluiu o homicídio doloso qualificado) e pela Lei 9.695/1998 (acrescentou o crime de falsificação de remédios), foi aumentado o quadro das infrações que não possibilitavam liberdade provisória com ou sem fiança. A Lei 9.034/1995, Lei do Crime Organizado, também restringia a liberdade provisória com ou sem fiança, só a admitindo para aquele que tivesse participação de menor importância na organização (art. 7º). A Lei de Lavagem de Dinheiro (Lei 9.613, de

---

5. V., sobre essas alterações, de nossa autoria, os seguintes artigos: "Fiança na Constituição Federal", *Justitia* 155/28-39, São Paulo, julho-setembro/1991; "Prisão temporária e *ferro*: estudo comparativo", *Fascículos de Ciências Penais* 5/78-79, n. 3, julho-setembro/1992, e *Justitia* 157/22-32, Ano 54, São Paulo, janeiro-março/1992; e "Aspectos da Lei dos Crimes Hediondos", in Jaques de Camargo Penteado (coord.), *Justiça Penal*, São Paulo, Ed. RT, 1993, pp. 70-84.

3.3.1998, agora profundamente alterada pela Lei 12.683/2012) vedou totalmente a liberdade provisória com ou sem fiança (art. 3º). A mesma vedação se encontrava no art. 21 do Estatuto do Desarmamento (Lei 10.826/2003) em relação aos crimes de posse ou porte ilegal de arma de fogo de uso restrito (art. 16), comércio ilegal de arma de fogo (art. 17) e tráfico internacional de arma de fogo (art. 18).[6] Ainda, no Estatuto foram considerados inafiançáveis os crimes de porte ilegal de arma de fogo de uso permitido (art. 14 e parágrafo único) e disparo de arma de fogo (art. 15 e parágrafo único).[7] Também houve restrição à fiança na atual Lei de Drogas (Lei 11.343/2006, art. 44) para os crimes dos arts. 33, *caput* e § 1º, e 34 a 37, de tráfico de entorpecentes.[8]

A exceção nessa linha evolutiva ficou com a Lei de Tortura, pois só declarou a inafiançabilidade dos crimes nela definidos, não vedando a liberdade provisória sem fiança. Ainda, fixou o regime fechado apenas para o início do cumprimento da pena privativa de liberdade, abrindo-se oportunidade para que ocorresse progressão de regime durante a execução da pena.

Parte da doutrina se posicionou contra o texto da Lei 8.072/1990, entendendo que feria a Constituição Federal com a total vedação de liberdade provisória com ou sem fiança. Argumentou-se, em síntese, que o art. 5º, XLIII, da CF só afirmou a inafiançabilidade dos crimes hediondos, não possibilitando ao legislador ordinário que impedisse, de maneira integral, a liberação provisória da pessoa presa em flagrante, como sucedeu com a versão original do art. 2º, II, da Lei 8.072/1990.[9]

6. Conforme o *Informativo* 465, entendeu o STF haver afronta aos princípios constitucionais da presunção de inocência e do devido processo legal (CF, art. 5º, LVII e LXI) e ressaltou que, não obstante a interdição à liberdade provisória tenha sido estabelecida para crimes de suma gravidade, liberando-se a franquia para os demais delitos, a Constituição não permite a prisão *ex lege*, sem motivação, a qual viola, ainda, os princípios da ampla defesa e do contraditório (CF, art. 5º, LV).

7. Considerou o STF (ADI 3.112-1), conforme o *Informativo* 465, desarrazoada a vedação, ao fundamento de que tais delitos não poderiam ser equiparados a terrorismo, prática de tortura, tráfico ilícito de entorpecentes ou crimes hediondos (CF, art. 5º, XLIII). Asseverou-se, ademais, cuidar-se, na verdade, de crimes de mera conduta, que, embora impliquem redução no nível de segurança coletiva, não podem ser igualados aos crimes que acarretam lesão ou ameaça de lesão à vida ou à propriedade.

8. O Pleno do STF, no julgamento do HC 104.339, em 10.5.2012, reconheceu a inconstitucionalidade do art. 44, *caput*, da Lei 11.343/2006 na parte referente à vedação de liberdade provisória.

9. V.: Rogério Lauria Tucci, *Direitos e Garantias Individuais no Processo Penal Brasileiro*, 2ª ed., São Paulo, Ed. RT, 2004, pp. 354-358; Vicente Greco Filho,

Não vingou, contudo, na jurisprudência essa posição, afirmando-se a constitucionalidade da vedação.[10] Mas em *habeas corpus* era admitida no STJ a liberdade provisória em acusações pelos crimes da Lei 8.072/1990 quando houvesse excesso da acusação na capitulação do fato como crime hediondo ou assemelhando.[11]

Depois o STJ passou a exigir a necessidade de estar a negativa de liberdade provisória, em caso de prisão em flagrante, amparada em necessidade cautelar, não podendo ser embasada em gravidade abstrata do crime.[12] Por fim, a Lei 11.464/2007 alterou o art. 2º, II, da Lei 8.072/1990, vedando apenas a fiança nos crimes hediondos.

Com a Lei 11.719/2008, em virtude do que dispôs o art. 387, parágrafo único, a apelação não ficava mais condicionada à prisão. O recurso em liberdade não era, assim, apanágio somente dos primários e de bons antecedentes. Encerrava-se, com ela, um longo ciclo em que se impôs ao acusado grave restrição – recolhimento à prisão – para poder exercer seu direito ao recurso.

É nesse quadro que surge a Lei 12.403/2011. Como se viu, quando da introdução do Código no Direito Brasileiro as medidas cautelares pessoais estavam centradas na prisão e na fiança. Quem fosse preso em flagrante seria solto se pagasse fiança. O acusado pronunciado devia, em regra, aguardar preso o julgamento pelo Júri, e o condenado esperar a apreciação de sua apelação, exceto se pagasse fiança. A prisão preventiva era obrigatória em determinadas hipóteses. Esse rigor foi se atenuando ante os reclamos da doutrina, afinada com os postulados

---

Tutela Constitucional das Liberdades. São Paulo, Saraiva, 1989, pp. 135-136; Odone Sanguiné, "Inconstitucionalidade da proibição de liberdade provisória do inciso II do art. 2º da Lei 8.072, de 25.7.1990", *RT* 667/253-258, São Paulo, Ed. RT, 1991; Paulo Cláudio Tovo e João B. Tovo, *Primeiras Linhas sobre o Processo Penal em Face da Nova Constituição*, Porto Alegre, Sérgio Antônio Fabris Editor, 1989, p. 19; Alberto Silva Franco, *Crimes Hediondos – Notas sobre a Lei 8.072/1990*, 3ª ed., São Paulo, Ed. RT, 1994, pp. 91-95.

10. A constitucionalidade do art. 2º, II, da Lei 8.072/1990 foi examinada no STF no julgamento do HC 82.959-SP.

11. V., a respeito desta tendência, comentário de João Carlos Castellar, "Jurisprudência comentada – STF: desclassificação da imputação em sede de *habeas corpus*", *Boletim do IBCCrim* 65/243, abril/1998. Cita acórdão do STJ em que o Min. Félix Fischer afirmou: "Se, inequivocamente, sem qualquer discussão, a *imputatio facti* não apresenta situação típica própria de homicídio qualificado, os efeitos processuais da Lei n. 8.072/1990 devem ser, ainda que provisoriamente, afastados".

12. STJ, HC 42.450-SP, HC 43.164-SP, HC 44.674-PR, HC 46.385-PR, REsp 704.903, REsp 660.135.

garantistas constitucionais, o que ocasionou uma série de alterações nas disposições sobre prisão e liberdade provisória. O eixo da liberdade provisória deixou de ser a fiança, passando a ser a liberdade sem fiança do art. 310, parágrafo único. Embora necessárias, tais mudanças tornaram confuso e assistemático o tratamento dispensado às medidas cautelares pessoais. Por outro lado, as medidas cautelares pessoais continuavam se resumindo, praticamente, a duas: prisão cautelar e liberdade provisória sem fiança. Em suma, duas medidas extremas, o encarceramento preventivo ou a liberdade sujeita à tênue restrição imposta ao acusado de comparecer aos atos do processo. De há muito se sentia a necessidade de aumento do rol das medidas cautelares, como fizeram os acima citados Códigos português e italiano.

As prisões processuais do Código de Processo Penal foram, por longo tempo, quatro: prisão em flagrante, prisão preventiva, prisão decorrente de decisão de pronúncia e prisão decorrente de sentença condenatória recorrível. Apesar das tentativas de reforma no longo tempo de vida do Código, das reclamações da doutrina e das afirmações da jurisprudência, essas prisões permaneceram no ordenamento nacional até a Lei 11.719/2008, quando deixaram de existir duas delas: a prisão decorrente de pronúncia e a prisão derivada de sentença condenatória. Antes, contudo, por meio da Lei 7.960/1989, fora o rol acrescido da prisão temporária.

Tudo se alterou com a Lei 12.403/2011. Seguindo o tratamento dado às medidas cautelares pessoais nos Códigos português e italiano, ela ordenou de forma sistemática o tratamento das medidas cautelares pessoais; limitou essencialmente a duas as cautelares prisionais, a prisão temporária e a prisão preventiva; deu à prisão em flagrante natureza pré--cautelar.

4. As regras gerais de regência das medidas cautelares pessoais

A Lei 12.403/2011, com a nova redação do art. 282, traçou as diretrizes de regência de todas as medidas cautelares pessoais, prisionais ou não.

Como a lei permite a aplicação de diversas medidas cautelares (art. 319, I-IX, do CPP), deve o juiz verificar, em cada caso, se a cautela é necessária, e qual é a medida mais adequada. A necessidade será aferida com base em exigências de aplicação da lei penal, de investigação ou de instrução criminal e, nos casos expressamente previstos, para evitar a prática de infrações penais (art. 282, I). Os parâmetros para análise da adequação são a gravidade do crime, as circunstâncias do fato e as condições pessoais do indiciado ou do acusado (art. 282, II).

É mister ler essas regras em conjunto com o que dispõem o § 6º do art. 282 e o art. 310, II. O primeiro explicita que a prisão é a última medida a ser aplicada, somente sendo adotada se não houver outra mais adequada entre as que constam do rol do ar. 319. O segundo afirma que o juiz converterá a prisão em flagrante em preventiva quando se revelarem inadequadas ou insuficientes as medidas cautelares diversas da prisão.

Assim, o juiz, em cada caso, com base nos parâmetros do art. 282, deve, inicialmente, verificar a necessidade da cautela e, em seguida, aplicar a medida adequada, somente decretando a preventiva quando outra não se mostrar mais ajustada.

Esses artigos representam relevante passo na mudança dos paradigmas de regência das medidas pessoais durante o processo. Embora, continuem denominadas de cautelares, passam, de forma geral, a ser regidas pelos parâmetros da necessidade e da adequação, ambos considerados requisitos essenciais do princípio da proporcionalidade.

Atento a essa mudança, o STJ aponta o princípio da proporcionalidade como matriz de regência da prisão provisória. Assim, acentuou que a prisão provisória, por ser "providência excepcional no Estado Democrático de Direito", só "justificável quando atendidos os critérios da adequação, necessidade e proporcionalidade"; e, em virtude do "princípio da homogeneidade, corolário do princípio da proporcionalidade", não é "razoável manter o acusado preso em regime mais rigoroso que aquele que lhe será imposto quando da condenação".[13]

Exatamente em virtude de, agora, dever o juiz trabalhar com os requisitos da proporcionalidade, a lei o dota de poderes imprescindíveis para que busque a medida necessária e adequada ao caso. Assim, pode aplicar isoladamente a medida mais ajustada em um leque de alternativas (arts. 282, § 1º, e 319, I-IX, do CPP) e, se houver necessidade, aplicar medidas cumulativas (art. 282, § 1º, do CPP). Pode, ainda, revogar a medida cautelar, substituí-la, voltar a decretá-la (art. 282, § 5º, do CPP).

Todavia, o juiz só poderá decretar qualquer medida de ofício na fase processual (art. 282, § 2º, do CPP) – limitação que representou pequeno avanço no sentido da afirmação do princípio acusatório, inscrito no art. 129, I, da CF.

13. STJ, HC 182.750-SP, *Informativo* 523.

Também se caminhou para melhor resguardo do princípio do contraditório. Quando requerida a medida cautelar por uma das partes, o juiz deverá determinar a intimação da parte contrária, só não o fazendo em casos de urgência ou de perigo de ineficácia da medida (art. 282, § 3º).

5. As espécies de medidas cautelares pessoais

As medidas cautelares pessoais são divididas em duas grandes espécies: as prisionais e as não prisionais. São da primeira natureza as medidas decorrentes das prisões em flagrante, preventiva e temporária. As medidas diversas da prisão estão arroladas no art. 319.

Aqui não será tratada a prisão temporária, objeto de lei especial.

A medida derivada do flagrante tem natureza pré-cautelar. A autoridade policial determina o encarceramento da pessoa pega em situação de flagrância se, após a inquirição das testemunhas, concluir pela existência de fundada suspeita contra o conduzido (art. 304, § 1º). Não examina a necessidade e a adequação da prisão ou de outra medida cautelar; pode apenas arbitrar fiança nos casos de infração cuja pena privativa de liberdade não for superior a quatro anos (art. 322, *caput*). A verificação da necessidade e da adequação da medida cautelar é feita pelo juiz ao receber o auto de prisão em flagrante (art. 310).

O juiz, ao receber o auto de prisão em flagrante, pelo que dispõe o art. 310, *caput*, pode relaxá-lo, conceder liberdade provisória, com ou sem imposição de medida cautelar diversa da prisão, ou decretar a prisão preventiva.

Não se aplica nesse momento a restrição do art. 282, § 2º. Pode o juiz, de ofício, decretar qualquer medida cautelar, inclusive mediante conversão da prisão em flagrante em preventiva. Teve o legislador em conta a urgência da decisão do juiz, a fim de evitar a permanência de alguém no cárcere quando a medida mais adequada for não privativa da liberdade. Poderia haver demora em, antes, ouvir o representante do Ministério Público e o defensor. Além do mais, ambos, por estarem cientes da prisão, de vez que recebem cópia do auto de prisão em flagrante, podem requerer o que julguem ser conveniente.

É essa a orientação que se afirmou no STJ, como se percebe do RHC 38.055-MG, do qual consta ter o Tribunal fixado posição no sentido de ser desnecessária a oitiva do Ministério Público para o juiz converter a prisão em flagrante em preventiva.

Interessa, neste estudo, voltado aos reflexos da Lei 12.403/2011, o exame da preventiva e das medidas diversas da prisão.

6. A prisão preventiva

A hipótese clássica de prisão cautelar no ordenamento brasileiro é a prisão preventiva, cujo tratamento foi bastante alterado pela Lei 12.403/2011. Ela previu diversas modalidades de prisão preventiva, as quais, para fins didáticos, podem ser separadas em cinco: a prisão preventiva originária, imposta a pessoa solta (arts. 312 e 313 do CPP); a prisão preventiva derivada, resultante de conversão de prisão em flagrante (art. 310, II, do CPP); a prisão preventiva sancionatória, decretada em caso de descumprimento de outra medida cautelar (art. 312, parágrafo único, do CPP); a prisão preventiva protetiva, aplicada para garantir a atuação de medida protetiva em caso de violência doméstica (art. 313, III, do CPP); e a prisão preventiva esclarecedora, determinada para que se esclareça a identidade de pessoa suspeita (art. 313, parágrafo único, do CPP).

As duas primeiras modalidades diferem-se apenas em relação à situação anterior da pessoa cuja prisão preventiva foi decretada, solta ou presa em flagrante, pois é necessária, nas duas hipóteses, a presença dos mesmos requisitos cautelares do *fumus comissi delicti* e do *periculum libertatis*, conforme os arts. 310, II, e 312, *caput*, do CPP. A aparência de cometimento de delito é exigência da segunda parte do art. 312, *caput*, do CPP quando prevê, para a decretação da prisão preventiva, a existência do crime e indício suficiente de autoria. O *periculum* encontra-se previsto nas quatro hipóteses autorizadoras da prisão constantes da parte inicial do mencionado artigo, ou seja: prisão para garantia da ordem pública, garantia da ordem econômica, por conveniência da instrução criminal ou para a segurança da aplicação da lei penal.

A prisão por garantia da ordem pública é, geralmente, invocada para casos em que o acusado vem reiterando a prática de infrações penais. Difícil justificar a prisão escorada nesse fundamento como cautelar, sendo apontada como medida de segurança, imposta porque o acusado seria indivíduo perigoso, propenso a cometer novos delitos, e como hipótese de antecipação da pena, pois não é aplicada por necessidade do processo em que é decretada, mas para impedir a perpetração de outros crimes.[14] Apesar disso, é prevista nos mais diversos ordenamentos do mundo para

---

14. V., sobre essa posição doutrinária, Antônio Magalhães Gomes Filho, *Presunção de Inocência e Prisão Cautelar*, São Paulo, Saraiva, 1991, pp. 66-69.

impedir o acusado de continuar a praticar delitos, revelando-se como uma necessidade do processo penal. O que se tem feito, como sucedeu em Portugal, é restringi-la a crimes de maior gravidade.

Agora, o art. 282, I, do CPP, fundado no princípio da proporcionalidade, prevê, para qualquer medida cautelar pessoal, entre os parâmetros indicadores da necessidade da restrição imposta ao acusado ou investigado, o de se impedir a prática de novas infrações penais, o qual deve ser o fundamento principal para a prisão preventiva fundada na garantia da ordem pública, repelindo-se fundamentos como o da gravidade do crime[15] e o da necessidade de ser preservada a credibilidade da Justiça.[16]

A custódia preventiva para assegurar a aplicação da lei penal normalmente é utilizada para evitar a fuga, o desaparecimento, do acusado.

A prisão por conveniência da instrução criminal serve para garantir a produção da prova, como sucede nos casos em que há ameaça a testemunhas ou há risco de o acusado fazer desaparecer importantes fontes de prova.

Com o crescimento da criminalidade econômica e financeira, foi acrescentada pela Lei 8.844/1994 uma quarta hipótese ao art. 312 do CPP: a prisão preventiva para garantia da ordem econômica, ou seja, a prisão para evitar que o agente continue a praticar delitos ofensivos à ordem econômica.

Aqui também serve como fundamento para a prisão o inciso I do art. 282 do CPP, devendo ser imposta apenas quando necessária para evitar a prática novos crimes contra a ordem econômica e financeira. Não caberia, por exemplo, se o acusado não exercesse mais atividade dessa ordem, porque dela suspenso, com base no art. 319, VI, do CPP.

Em suma, a prisão preventiva, tanto em caso de a pessoa estar solta ou presa em flagrante, deve assentar-se nos fundamentos autorizadores do art. 312, *caput*, do CPP. Deve, ainda, observar as condições do art. 313, I e II, do CPP, inexistindo razão para não exigi-las na prisão derivada de flagrante, com base no frágil argumento de que o art. 310, II, do CPP, ao se referir à conversão da prisão em flagrante em preventiva, apenas faz remissão ao art. 312. O tratamento desigual à pessoa presa em flagrante é injustificável, porque não é sustentado por especiais exigên-

---

15. No sentido do texto, concluindo-se pelo não cabimento de prisão preventiva assentada exclusivamente na gravidade do crime, ainda que se trate de crime hediondo: STF, HC 85.020-RJ, j. 14.12.2004, *DJU* 25.2.2005, p. 29; e STJ, RHC 16.400, j. 2.12.2004, *DJU* 14.3.2005, e HC 39.278-AL, j. 7.12.2004, *DJU* 28.2.2005.

16. STF, HC 85.020-RJ, j. 14.12.2004, *DJU* 25.2.2005, p. 29.

cias cautelares. O simples fato de a pessoa ser surpreendida no momento em que realizava o crime pode representar, em relação a quem não foi pilhado nessa situação, maior probabilidade de cometimento da infração penal mas não serve para justificar diferentes exigências para sua prisão.

As outras prisões preventivas estão previstas nos arts. 312, parágrafo único, 313, III, e 313, parágrafo único.

A prisão preventiva do art. 313, III, com finalidade de proteção à vítima, é aplicável aos casos de violência doméstica e familiar, para garantir a execução das medidas protetivas de urgência. Não se restringe, como sucede com a prisão preventiva da Lei Maria da Penha (art. 20, *caput* e parágrafo único, da Lei 11.340/2006), à violência contra a mulher, abrangendo também a exercida contra criança, adolescente, idoso, enfermo ou pessoa com deficiência. O fundamento especial dessa prisão – garantir a execução de medidas cautelares de urgência – a diferencia das outras modalidades de prisão. Esse fundamento representará, de acordo com o tipo da medida protetiva, forma de impedir a reiteração de crimes, assim como a aplicação da lei penal, exigências cautelares sempre necessárias para a imposição de qualquer medida ou de prisão preventiva (arts. 282, I, e 312, *caput*, do CPP).

Outra modalidade especial de prisão preventiva é a do art. 313, parágrafo único, cabível quando houver dúvida sobre a identidade civil da pessoa ou quando esta não fornecer elementos suficientes para esclarecê-la. Deve estar precedida de suspeita razoável da prática de crime. Perdura somente até a identificação da pessoa suspeita, o que deve suceder em prazo curto. É semelhante à prisão temporária do art. 1º, II, parte final, da Lei 7.960/1989.

A prisão preventiva pode, por fim, decorrer de descumprimento de obrigação imposta por força de outra medida cautelar pessoal (art. 312, parágrafo único, do CPP).

Discute-se se é necessário observar as condições do art. 313, I ou II. A polêmica envolve opiniões nos dois sentidos, ambas com justificáveis razões. Assim, sustenta-se que a não exigência das condições referidas permitiria o excessivo alargamento da prisão preventiva, admitindo-a para infrações de pequena lesividade e até mesmo culposas. Por outro lado, argumenta-se que exigir, sempre, a observância daquelas condições representaria ineficácia do novo sistema, pois estaria autorizado o descumprimento contínuo, reiterado e progressivo de outras medidas cautelares.

A busca de um processo que equilibre os interesses da acusação e da defesa não permite solução apriorística e inflexível. A regra deve ser a exigência da presença das condições do art. 313, I e II, sob pena de imposição de preventiva para infrações menos graves; mas não deve ser aplicada de forma absoluta, admitindo-se que possa ser excepcionada em circunstâncias especiais, quando isso for imprescindível para preservar a própria eficácia do sistema.

Pode a prisão preventiva ser substituída por prisão domiciliar (arts. 317 e 318 do CPP). A regra em caso de requisito objetivo, como idade superior a 80 anos, é a substituição, devendo o juiz, se decidir em outro sentido, indicar os motivos de sua conclusão. Nos casos em que se impõe exame subjetivo do juiz, como ocorre na hipótese do inciso II, ocorrência de doença grave ou situação de extrema debilidade, a substituição depende de prova idônea (art. 318, parágrafo único, do CPP) e do preenchimento inequívoco da situação prevista.

7. A liberdade provisória e as medidas cautelares pessoais diversas da prisão

A expressão "liberdade provisória" não é adequada, apesar de consagrada e de constar na Constituição Federal e no Código de Processo Penal. Traz a ideia de uma liberdade que pode, a qualquer momento, vir a cessar. Mas, nesse sentido, todo aquele submetido a processo criminal tem uma liberdade provisória, eis que poderá vir a ser preso em virtude de preventiva ou de condenação. Não é esse o sentido da liberdade provisória referida pela Constituição e pelo Código. É a liberdade concedida a quem está preso e, agora, em virtude de inexistir mais prisão decorrente de pronúncia ou de sentença condenatória recorrível, é a liberdade concedida a quem está preso em flagrante. Trata-se, em regra, de uma liberdade com sujeição do acusado a deveres, de maior ou menor intensidade, que, se descumpridos, podem fazer cessar o estado de liberdade, vindo a ser determinado o retorno à prisão.[17] Com inspiração em legislações de outros Países,[18] postulava-se um tratamento sistemático da liberdade durante o processo, assentado nos princípios da legalidade, da adequação e da proporcionalidade.

Decorre do primeiro princípio – o da legalidade – que, preenchidos os requisitos da lei, tem o acusado direito subjetivo à liberdade provisória.

17. V., neste sentido: Romeu Pires de Campos Barros, *Processo Penal Cautelar*, cit., n. 144, p. 288; José Frederico Marques, *Elementos de Direito Processual Penal*, vol. II, Campinas, Brookseller, 1997, pp. 114-115; e Tornaghi, *Manual de Processo Penal*, 6ª ed., vol. 1, São Paulo, Saraiva, 1989, pp. 845 e ss.

18. Assim nos Códigos de Processo Penal de Portugal e Itália.

Entre nós o princípio está presente na CF no art. 5º, LXVI: "ninguém será levado à prisão ou nela mantido, quando a lei admitir a liberdade provisória, com ou sem fiança". Garante-se ao suspeito ou ao acusado o direito à liberdade provisória nos casos em que a lei, de forma expressa, a admitir.

Normas semelhantes existiram em Constituições anteriores. A Constituição do Império admitia a liberdade com fiança e estipulava as hipóteses de se livrar o réu solto em seu art. 179, IX: "Ainda com culpa formada, ninguém será conduzido à prisão ou nela conservado estando já preso, se prestar fiança idônea, nos casos em que a lei a admite; e em geral, nos crimes que não tiverem maior pena do que a de 6 (seis) meses de prisão ou desterro para fora da comarca, poderá o réu livrar-se solto". A Constituição da República (1891) vedava a prisão sem culpa formada, exceto em situações especificadas em lei, e previa a liberdade mediante "fiança idônea" nos casos admitidos em lei (art. 72, § 14). O art. 113, 22, da Constituição de 1934 também contemplava a liberdade provisória com fiança: "Ninguém ficará preso, se prestar fiança idônea, nos casos por lei estatuídos". O art. 141, § 21, da Constituição de 1946 dispunha que ninguém seria levado à prisão ou nela detido se prestasse fiança permitida em lei. A Constituição de 1967, por outro lado, apenas estabeleceu que a prestação de fiança seria objeto de lei. A atual, em confronto com os textos constitucionais antecedentes, traz uma novidade: não alude à fiança somente, mas à liberdade provisória com ou sem fiança.

Contudo, desde as Constituições passadas há crítica à forma como o tema é regulado, pois a remissão à lei faz a liberdade provisória depender do que ela estatuir; seria, assim, vazia, ou oca, a norma constitucional.[19]

Todavia, há inegável vantagem no estabelecimento da norma. Com ela fica estampada a regra da legalidade, e, assim, só nas hipóteses expressamente vedadas por lei a liberdade provisória, com ou sem fiança, não será admitida. Como acentuava José Frederico Marques, comentando a Constituição de 1946, o texto "eleva à categoria de direito público

---

19. V., a respeito, as críticas de Pontes de Miranda, *Comentários à Constituição de 1946*, 2ª ed., vol. IV, São Paulo, Max Limonad, 1953, pp. 319-320, e *Comentários à Constituição de 1967 com a Emenda n. 1 de 1969*, 2ª ed., t. IV, São Paulo, Ed. RT, 1971, pp. 218-219; Sampaio Dória, *Direito Constitucional – Comentários à Constituição de 1946*, vol. 4, São Paulo, Max Limonad, 1960, p. 652; e Themístocles Brandão Cavalcanti, *A Constituição Federal Comentada*, 2ª ed., vol. III, Rio de Janeiro, José Konfino Editor, 1952, p. 168.

subjetivo, constitucionalmente garantido, o direito à liberdade provisória mediante caução, nos casos em que a lei admitir a fiança criminal".[20] Bem ressaltava Weber Martins Batista a importância do texto constitucional, pois estabelece "verdadeiro direito subjetivo à fiança, que refoge do âmbito da discricionariedade do juiz".[21]

Também em diplomas estrangeiros o princípio da legalidade está previsto: no art. 5º, I, "c", da Convenção Europeia dos Direitos do Homem; no art. 13 da Constituição italiana; nos arts. 191º do Código português e 272 do italiano.

Outros dois princípios reguladores da prisão e liberdade provisória no processo são os da adequação e gradualidade, referidos no art. 193º do CPP português e no art. 275 do CPP italiano. Pelo princípio da adequação, impõe-se ao juiz que, na aplicação das providências cautelares, procure, entre as previstas, aquela mais ajustada ao caso; ou, na terminologia do Código de Processo Penal italiano, busque a exigência cautelar que, em face de sua natureza e grau, se apresente mais idônea no caso concreto. A regra da gradualidade impõe que as exigências cautelares sejam graduadas de acordo com a gravidade do crime e sanções que poderão vir a ser aplicadas (arts. 193º.2 do CPP português e 275 do CPP italiano), figurando a prisão preventiva como a última medida a ser utilizada, só cabível quando as outras não se mostrarem adequadas (art. 193º.2 do CPP português e art. 215 do CPP italiano). Tanto o Código português quanto o italiano apresentam uma escala de graduação das medidas cautelares, a partir das consideradas de menor gravidade até a prisão preventiva (arts. 196º, 197º, 198º, 200º, 201º e 202º do CPP português e 281, 282, 283, 284 e 285 do CPP italiano).

No Código de Processo Penal brasileiro, mesmo sem haver sistematização e logicidade no tratamento da matéria, existia, mesmo antes da Lei 12.403/2011, uma graduação das medidas cautelares substitutivas da prisão em flagrante. Figurava em primeiro lugar a liberdade provisória sem vínculos, estabelecida no art. 321; vinha depois a liberdade provisória sem fiança, com o vínculo de comparecimento a todos os atos do processo (art. 310 e parágrafo único do CPP); em terceiro lugar estava a liberdade provisória sem fiança, com os vínculos de comparecimento aos atos do inquérito e da instrução criminal (art. 327) e de não mudança

---

20. José Frederico Marques, *Elementos de Direito Processual Penal*, vol. IV, Rio de Janeiro, Forense, 1965, p. 130.

21. Weber Martins Batista, *Liberdade Provisória (Modificações da Lei 6.416, de 24 de Maio de 1977)*, cit., p. 95.

de residência sem prévia permissão da autoridade processante, ou de ausência por mais de oito dias da residência sem comunicação do local em que poderá ser encontrado (art. 328), fixada no art. 350 do CPP; em quarto lugar estava a liberdade provisória com fiança, em que, além de pagamento do valor da fiança, havia os vínculos de comparecimento aos atos do inquérito e da instrução criminal (art. 327) e de não mudança de residência sem prévia permissão da autoridade processante, ou ausência por mais de oito dias de sua residência sem comunicação do local em que poderá ser encontrado (art. 328). Nos últimos degraus estavam os casos em que se mantinha a prisão provisória porque presentes os requisitos da preventiva: o réu podia ficar detido em seu domicílio (art. 1º da Lei 5.256, de 6.4.1967), em quartéis ou locais especiais (art. 295, *caput*, do CPP e Leis 2.860, de 31.8.1956, 5.606, de 9.9.1970, e 7.172, de 14.12.1983), em sala especial do Estado-Maior (art. 7º, V, da Lei 8.906, de 4.7.1994) ou, finalmente, em cadeia pública ou presídio, separado dos presos definitivos, em cela distinta, podendo consistir em alojamento coletivo (art. 295, §§ 1º a 5º, do CPP, acrescentados pela Lei 10.258, de 11.7.2001).[22]

Outra regra, de conteúdo estritamente processual, que regula as medidas cautelares decorre do postulado acusatório. Está presente no Código de Processo Penal português, para o qual qualquer medida restritiva de liberdade, para ser aplicada, depende de prévia oitiva do Ministério Público ou de seu requerimento (art. 194º-I do CPP português). Também assim no Código de Processo Penal italiano (art. 291), pois cabe ao Ministério Público requerer medida cautelar e demonstrar sua necessidade.

No Direito Brasileiro exigia-se prévia manifestação do Ministério Público para a liberdade provisória sem fiança (art. 310 do CPP), e não para a vinculada à fiança. Tanto assim que podia ser concedida até por autoridade policial na fase do inquérito policial.[23-24]

---

22. Falava Weber Martins Batista (*Liberdade Provisória (Modificações da Lei 6.416, de 24 de Maio de 1977)*, cit., p. 9) que a intensidade da restrição estabelecida, "em nosso estatuto processual, vai da simples imposição de deveres de comparecer a todos os atos do processo e de se comportar conforme o Direito, até a restrição mais intensa da clausura".

23. Antes do Código de Processo Penal a fiança, para ser concedida, dependia de prévia manifestação do Ministério Público, como evidencia Octaviano Vieira (*Fiança Criminal*, cit., 3ª ed., p. 46, n. 49).

24. V., a respeito, artigo de Oscar Xavier de Freitas, "A prisão em flagrante e a liberdade na nova lei", in *Teses do V Congresso Nacional do Ministério Público*, Recife, 1977, p. 462.

Agora, com a Lei 12.403/2011, produziu-se profunda alteração no tratamento dado à liberdade provisória e à cautelaridade pessoal no Código de Processo Penal.

8. A cautelaridade pessoal em face do princípio constitucional da presunção de inocência e da Lei 12.403/2011

A regra em nosso ordenamento deve ser a de que o acusado, presumido inocente (art. 5º, LVII), fique em liberdade durante o processo, só se admitindo sua prisão em situações excepcionais.[25]

Se, em outros tempos, a regra era a permanência do acusado em custódia provisória, hoje, em razão da presunção de inocência afirmada constitucionalmente, a regra deve ser sua liberdade, somente cerceada em maior ou menor grau em consonância com critérios expressamente definidos pelo legislador, nas hipóteses taxativamente previstas.

Como foi salientado no julgamento do RHC 38.760 (*DJe* 30.8.2013, p. 418) pelo STJ, tanto ele como o STF têm "proclamado que a prisão cautelar é medida de caráter excepcional, devendo ser imposta, ou mantida, apenas quando atendidas, mediante decisão judicial fundamentada (art. 93, IX, da CF), as exigências do art. 312 do CPP. Isso porque a liberdade, antes da sentença penal condenatória definitiva, é a regra, e o enclausuramento provisório, a exceção (...) por força do princípio da presunção de inocência ou da não culpabilidade".

Tanto o acusado preso em flagrante como o solto devem, igualmente, ser vistos como inocentes. O preso em flagrante, contudo, para ter a situação do solto, precisa ser colocado em liberdade. Isso poderá acontecer com ou sem a imposição de medida cautelar, sempre representativa de alguma restrição ou de sujeição a algum ônus. Em caso de ser imposta medida cautelar, o liberado ficará, em maior ou menor intensidade, vinculado ao processo. O descumprimento dos deveres impostos pela lei poderá fazê-lo retornar à situação anterior ou ter seus compromissos processuais agravados. Quem, todavia, já está livre ou foi liberado sem imposição de medida cautelar só será preso se circunstâncias especiais indicarem a necessidade da segregação provisória ou de outra medida cautelar.

25. Antes da Constituição de 1988 ressaltava já essa posição de que "a liberdade do processado é a regra, sua prisão antes de declarado culpado, a exceção" (Weber Martins Batista, *Liberdade Provisória (Modificações da Lei 6.416, de 24 de Maio de 1977)*, cit., p. 100).

Na hipótese de prisão em flagrante o magistrado realiza um juízo de convalidação dessa prisão. As legislações colocam para o juiz um leque de opções, podendo escolher uma dentro do rol de medidas cautelares substitutivas. A opção extrema é manter a prisão, substituindo a prisão em flagrante pela prisão preventiva – desde que, é óbvio, presentes os requisitos legais que a autorizam. Pode, todavia, substituir a prisão em flagrante por outra medida cautelar, ficando o réu sujeito a determinados compromissos, resultando para ele maiores ou menores restrições. Com pequenas diferenças, é o sistema seguido por legislações recentes da Alemanha,[26] Portugal[27] e Itália e, depois da Lei 12.403/2011, também pelo Brasil.

Há, em regra, nos Países maior rigor em determinados crimes, objetivando-se que a liberdade seja restringida durante o processo. São, contudo, exceções.[28] Estão reservadas normalmente para crimes come-

26. Sobre a Alemanha, diz Maier: "El encarcelamiento preventivo puede ser reemplazado por una serie de medidas o cauciones que integran lo que se llama libertad caucionada o condicionada (§§ 116 y 116 a), lo que permite mudar la detención en un estado de libertad sometido a ciertas condiciones y obligaciones, es decir, por un sistema cautelar o coercitivo que no afecta manifiestamente la libertad corporal. Estas medidas y cauciones integran, junto con las privativas de libertad ya citadas, un complejo de reglas tendientes a someter al imputado a las obligaciones que el procedimiento le impone y a la eventual pena, haciendo posible su desarrollo normal" (*La Ordenanza Procesal Penal Alemana*, Buenos Aires, Depalma, 1982, p. 75).

27. O CPP português, no art. 191º, I, fala em exigências processuais de natureza cautelar, estipulando restrições à liberdade por meio de medidas de coação e garantia patrimonial.

28. As exceções têm existido desde a Antiguidade mesmo em sistemas mais liberais. Octaviano Vieira refere, em Atenas, duas exceções à lei que admitia a liberdade antes da condenação: conspiração contra a liberdade e peculato (*Fiança Criminal*, cit., 3ª ed., p. 16). Em Roma, mostra que a regra geral era a admissibilidade da caução, sendo o réu confiado a responsáveis ou fiadores, "só excetuados os crimes graves" (ob. cit., p. 17). Nos modernos sistemas legais alemão, português e italiano também se notam algumas reservas à liberdade provisória em relação a certos delitos. O Código de Processo Penal italiano privilegia, entre os requisitos da prisão preventiva, os casos em que há concreto perigo de o agente cometer graves delitos com o uso de armas ou de outros meios de violência pessoal ou dirigidos contra a ordem constitucional ou delitos de criminalidade organizada (art. 274-c). Na ordenança processual penal alemã, o art. 112, em seu § 3º, facilita a prisão preventiva em determinados crimes. O Código de Processo Penal português relacionava hipóteses no art. 209 em que o juiz era sempre obrigado a indicar os motivos que o tivessem levado a não aplicar ao arguido a medida da prisão preventiva. Contudo, esse dispositivo, criticado pela doutrina (Germano Marques da Silva, *Curso de Processo Penal*, vol. II, p. 281), foi alterado em reforma de 1998, estando prevista, no art. 202, a possibilidade de prisão preventiva "quando houver fortes indícios de prática de

tidos por organizações criminosas e, mais recentemente, para casos de terrorismo.

A reforma aplicada pela Lei 12.403/2011 aprimorou o tratamento das cautelares entre nós. A regra, agora, em consonância com o princípio constitucional da presunção de inocência, é tratar o investigado, solto ou preso, como inocente, somente sendo admitidas restrições pessoais de natureza cautelar se necessárias, como estipula o art. 282, I, do CPP. Expressamente previstas (princípios da necessidade e da legalidade), adequadas ao caso, segundo os critérios do art. 282, II, do CPP (princípio da adequação) e aplicadas de forma graduada, figurando a prisão como a mais grave (princípio da gradualidade).

A liberdade com fiança também tem natureza cautelar. Figura ela, agora, na escala de possíveis medidas cautelares que substituem a prisão em flagrante por uma liberdade vinculada (art. 319, VIII). Impõem-se, na fiança, ao acusado, para que fique ou permaneça livre, o pagamento de determinada importância em dinheiro e outros deveres processuais.

Como salientado, a expressão "liberdade provisória", apesar de presente na Constituição Federal e no Código de Processo Penal, é inadequada. Entre nós, expressa a ideia de colocação em liberdade de quem estava preso em razão de flagrante.

A Lei 12.403/2011 mudou completamente o foco da cautelaridade, antes centrado na liberdade provisória com ou sem fiança, para as medidas cautelares diversas da prisão. É necessário, para entender a mudança, harmonizar o uso das expressões – "liberdade provisória com ou sem fiança" e "medidas cautelares diversas da prisão".

O ajuste terminológico e conceitual inicia com a análise da liberdade provisória e das medidas cautelares a partir do conteúdo essencial do princípio da presunção de inocência. Como antes referido, a pessoa investigada, presa ou solta, deve ser tratada como inocente; e, assim, restrições que lhe sejam impostas devem ter sempre natureza cautelar. Assim, em caso de prisão em flagrante, a permanência na prisão mediante conversão em preventiva ou a liberação com qualquer tipo de restrição representam, sempre, imposição de medida cautelar. A mesma cautelaridade existe quando há concessão de liberdade provisória em caso de flagrante, conforme o art. 310, II, do CPP, acompanhada de medida consistente em fiança ou em outra espécie do rol do art. 319 do CPP, ou de

crime punível com pena de prisão de máximo superior a 3 (três) anos", e, segundo o art. 191, 1, qualquer limitação à liberdade humana só poderá ocorrer "em função de exigências processuais de natureza cautelar".

liberdade provisória com ônus de comparecimento aos atos do processo, consoante o art. 310, parágrafo único, do CPP. Aplica-se a regra geral do art. 321 para a concessão de liberdade provisória: o juiz impõe, se for o caso, as medidas cautelares previstas no art. 319 e observa os critérios constantes do art. 282 – ou seja: verifica a necessidade da medida e sua adequação ao caso.

A imposição de qualquer medida do art. 319 exige motivação, sendo evidenciada sua necessidade. É o que se afirmou no julgamento do HC 231.817-SP: "É necessária a devida fundamentação – concreta e individualizada – para a imposição de qualquer das medidas alternativas à prisão previstas no art. 319 do CPP. Isso porque essas medidas cautelares, ainda que mais benéficas, representam um constrangimento à liberdade individual. Assim, é necessária a devida fundamentação, em respeito ao art. 93, IX, da CF e ao disposto no art. 282 do CPP, segundo o qual as referidas medidas deverão ser aplicadas observando-se a 'necessidade para aplicação da lei penal, para a investigação ou a instrução criminal e, nos casos expressamente previstos, para evitar a prática de infrações penais', bem como a 'adequação da medida à gravidade do crime, circunstâncias do fato e condições pessoais do indiciado ou acusado'".[29]

Se não houver necessidade de medida cautelar, o juiz pode conceder liberdade provisória sem imposição de qualquer restrição ao acusado.

Para o STJ, "as condições pessoais favoráveis, mesmo não sendo garantidoras de um eventual direito à soltura, merecem ser devidamente valoradas quando demonstrada possibilidade de substituição da prisão por cautelares diversas, proporcionais, adequadas e suficientes ao fim a que se propõem".[30]

Todavia, em caso de prisão em flagrante por crime hediondo ou equiparado outra deve ser a solução. A CF veda, no art. 5º, XLIII, a liberdade provisória com fiança em relação a esses crimes, vedação que, agora, está também afirmada no art. 323 do CPP, com a redação dada pela Lei 12.403/2011. Em síntese, o juiz não pode, em casos de flagrante por tais crimes, realizar juízo amplo de necessidade de cautelar, pois fica impedido de conceder liberdade provisória com fiança. Admitir liberdade provisória com restrição menos grave que a fiança significaria desprezar a vedação constitucional e o art. 323 do CPP. Todavia, não se pode

29. HC 231.817-SP, j. 23.4.2013.
30. STJ, RHC 35.725, *DJe* 27.8.2013, p. 1.743; HC 269.174, *DJe* 27.8.2013, p. 1.830.

excluir liberdade provisória com medida cautelar de maior gravidade, como, por exemplo, as medidas de recolhimento domiciliar, de monitoração eletrônica (art. 319, V, VI e IX) ou, até mesmo, a prisão domiciliar do art. 318. Não há, por isso, necessidade de, nesses casos, ser sempre a prisão em flagrante convertida em preventiva. Isso ocorrerá se não for adequada a concessão de medida cautelar mais grave que a fiança.

Para o STJ não basta afirmar a "impossibilidade de arbitramento de fiança nos crimes hediondos", com omissão "quanto às demais providências passíveis de aplicação, alternativas à prisão".[31]

A fiança era, em regra, referida como contracautela. O acusado, ou suspeito, preso em flagrante, era colocado em liberdade mediante o pagamento da fiança, que faria cessar a cautela consistente na prisão provisória. Era, portanto, contracautela, porque afastava a cautela decorrente da prisão em flagrante.[32] Agora não há razão para considerar a fiança como uma contracautela. Tem caráter cautelar, semelhante, em sua essência, ao das demais medidas cautelares pessoais do art. 319, no qual está prevista no inciso VII. Será aplicada, conforme consta desse inciso, para assegurar o comparecimento aos atos do processo, evitar a obstrução do seu andamento ou em caso de resistência a ordem judicial.

9. As medidas cautelares diversas da prisão

As medidas cautelares diversas da prisão estão relacionadas no art. 319 do CPP. São nove hipóteses. Não observam, de maneira sistemática, o princípio da gradualidade, mas, em linhas gerais, as primeiras são as menos gravosas.

O Código italiano divide as medidas cautelares pessoais em coercitivas e interditivas ou restritivas de direito. As medidas coercitivas são: proibição de saída do País (art. 281); obrigação de apresentação à Polícia Judiciária (art. 282); afastamento da casa familiar (art. 282-*bis*); proibição de moradia em determinados lugares (art. 283); arresto domiciliar (art. 284); custódia cautelar em cárcere (art. 285); e custódia cautelar em hospitais (art. 286). Constituem medidas restritivas de direitos as seguintes: suspensão do exercício do pátrio poder dos pais (art. 288);

---

31. STJ, HC 219.101-RJ, j. 10.4.2012.
32. Sobre a fiança, sua natureza jurídica e sua história, v. Octaviano Vieira, *Fiança Criminal*, cit., 3ª ed., e Romeu Pires de Campos Barros, *Processo Penal Cautelar*, cit.

suspensão do exercício de uma função ou serviço público (art. 289); proibição temporária de exercer determinadas atividades profissionais ou empresariais (art. 290).

Aqui, de forma diferente, sem incluir a fiança, separam-se as medidas do art. 319 nos seguintes grupos: medidas proibitivas de condutas, medidas impositivas de condutas, medidas restritivas de direito em sentido estrito.

São medidas proibitivas de conduta as de proibição de acesso ou frequência a determinados lugares (inciso II); de proibição de manter contato com pessoa determinada (inciso III) e de proibição de se ausentar da comarca (inciso IV).

A proibição de acesso ou frequência do inciso II tem como objetivo expresso evitar o risco de novas infrações; a proibição de manutenção de contato do inciso III busca manter o acusado distante de alguma pessoa em virtude de circunstâncias ligadas ao próprio fato delituoso; mas, sem dúvida, também quer evitar o cometimento de outras infrações. Ambas visam, assim, a impedir o cometimento de outras infrações. A medida do inciso II impede o acesso ou a frequência a determinados lugares, porque propícios a estimular atos delituosos; a do inciso II veda o contato com determinada pessoa porque, em virtude do fato do processo, pode ser ela atingida por outras práticas delituosas. A Lei de Violência Doméstica (Lei 11.340/2006) traz proibições semelhantes de condutas no inciso III do art. 22.

A medida do inciso IV, por conveniência da investigação ou da instrução criminal, quer a permanência do acusado na comarca, e, por isso, o proíbe de dela se ausentar. Trata-se de mecanismo importante para evitar que o acusado desapareça e para, assim, levá-lo a comparecer aos atos do processo.

O descumprimento das medidas dos incisos II, III e IV ocorrerá com a prática de conduta proibida. É mais fácil a constatação desse descumprimento na medida do inciso III, que protege determinada pessoa, porque esta, verificando a ocorrência da conduta proibida, pode noticiar o fato a alguma autoridade ou agente policial. A ausência da comarca, com infringência ao inciso IV, é possivelmente percebida quando, por algum motivo, o acusado precise ser intimado para ato do processo. Mais complicado é saber se a pessoa compareceu a algum local proibido e desrespeitou a proibição do inciso II.

Pena específica para vedar o comparecimento a estádio de torcedor encontra-se nos §§ 2º e 4º do art. 41-B do Estatuto do Torcedor (Lei

10.671/2003). Dispõe o § 2º que, na sentença penal condenatória, o juiz deverá converter a pena de reclusão em pena impeditiva de comparecimento às proximidades do estádio, bem como a qualquer local em que se realize evento esportivo, pelo prazo de três meses a três anos, de acordo com a gravidade da conduta, na hipótese de o agente ser primário, ter bons antecedentes e não ter sido punido anteriormente pela prática de condutas previstas no Estatuto. Ainda, conforme o § 4º, na conversão de pena prevista no § 2º a sentença deverá determinar a obrigatoriedade suplementar de o agente permanecer em estabelecimento indicado pelo juiz, no período compreendido entre as duas horas antecedentes e as duas horas posteriores à realização de partidas de entidade de prática desportiva ou de competição determinada. Pode-se, com base no inciso II do art. 319, impor cautelarmente as proibições constantes do Estatuto do Torcedor, acima referidas.

Impõem condutas as medidas dos incisos I e V. A primeira exige o comparecimento periódico do acusado em juízo, no prazo e nas condições fixadas pelo juiz, para informar e justificar atividade; a segunda impõe ao investigado ou acusado o recolhimento em seu domicílio no período noturno e nos dias de folga.

Denominamos as medidas dos incisos VI, VII e IX de restritivas em sentido estrito. Embora todas as medidas tenham algum conteúdo restritivo, as dos incisos referidos não proíbem ou exigem condutas do investigado ou acusado, mas lhe aplicam restrições específicas. Assim, pela imposição da medida do inciso VI suspende-se o acusado do exercício de função pública ou de atividade de natureza econômica ou financeira quando houver justo receio de sua utilização para a prática de infrações penais; pela do inciso VII há internação provisória do acusado nas hipóteses de crimes praticados com violência ou grave ameaça, quando os peritos concluírem ser inimputável ou semi-imputável; e pela do inciso IX coloca-se no acusado dispositivo para ser monitorado e, com isso, limita-se sua liberdade de locomoção. As duas primeiras visam, essencialmente, a impedir novas condutas criminosas. A última pode ou não ter essa finalidade.

> Ressaltou o STJ ser possível a aplicação da medida cautelar de afastamento do cargo "aos detentores de mandato eletivo", e, assim, "ao contrário do que dispõe o Decreto-lei n. 201/1967, é possível o afastamento do cargo público eletivo antes do recebimento da denúncia".[33]

---

33. STJ, HC 228.023-SC, rel. Min. Adilson Vieira Macabu, j. 19.6.2012.

O monitoramento eletrônico foi regulamentado pelo Decreto 7.627, de 24.11.2011. Apesar de apontar as dificuldades existentes para sua aplicação, José Roberto Rochel de Oliveira posiciona-se favoravelmente à medida.[34] Superados os óbices para sua implantação, pode o monitoramento ser eficaz mecanismo para casos em que se justifica maior restrição à liberdade mas não é imprescindível a prisão preventiva.

A fiança, que, como visto, teve muita importância na história do processo penal brasileiro e perdeu sua relevância, adquire, agora, nova roupagem. Pode ser aplicada a todas as infrações, exceto àquelas que a Constituição declarou inafiançáveis, conforme o art. 323, I, II e III, do CPP. Seus valores foram atualizados, e podem atingir cifras elevadas, consoante o art. 325.

A fiança também figura como uma das medidas cautelares do art. 319, referida no inciso VIII. É de natureza mista, pois impõe e proíbe condutas. Impõe-se ao investigado ou acusado o pagamento de um valor (no art. 325). A ele se impõe, ainda, que aja em conformidade com as exigências do inciso VII do art. 319 – comparecimento aos atos do processo e cumprimento de ordens judiciais. Proíbe-se ao afiançado obstruir o andamento do processo (art. 319, VII), mudar de residência ou se ausentar por mais de oito dias da comarca (art. 328).

Diferentemente das outras medidas, a fiança é exaustivamente regulada (arts. 321-350) e pode, se exigido o pagamento de valores muito elevados e não condizentes com a situação do acusado, ser muito gravosa.

A lei não estipula prazo para cumprimento das medidas cautelares do art. 319. Deve-se, em linhas gerais, trabalhar com o princípio constitucional da duração razoável do processo (art. 5º, LXXVIII), evitando-se imposições por tempo excessivo e desnecessário para a medida aplicada.

O STJ considerou ser excessivo o afastamento de detentor de mandado eletivo por mais de um ano, "visto que ofende o princípio constitucional da duração razoável do processo". Salientou, ainda, ser orientação do Tribunal que "o afastamento do cargo não deve ser superior a 180 dias, pois tal fato caracterizaria uma verdadeira cassação indireta do mandato".[35] (HC 228.023-SC, julgado em 19/06/2012).

São Paulo, 1º de setembro de 2013

---

34. José Roberto Rochel Oliveira, *A Monitoração Eletrônica como Medida Cautelar no Processo Penal*, tese de Doutorado, São Paulo, Faculdade de Direito da USP, 2012.

35. STJ, HC 228.023-SC, j. 19.6.2012.

Bibliografia

BARROS, Romeu Pires de Campos. "A defesa do foragido". *RF* 178/53-58. Rio de Janeiro, Forense, 1958.

_____. *Processo Penal Cautelar*. Rio de Janeiro, Forense, 1982.

_____. *Sistema de Processo Penal Brasileiro*. vol. 1. Rio de Janeiro, Forense, 1987.

BATISTA, Weber Martins. *Liberdade Provisória (Modificações da Lei 6.416, de 24 de Maio de 1977)*. Rio de Janeiro, Forense, 1981.

CASTELLAR, João Carlos. "Jurisprudência comentada. STF: desclassificação da imputação em sede de *habeas corpus*". *Boletim do IBCCrim* 65. Abril/1998.

CAVALCANTI, Themístocles Brandão. *A Constituição Federal Comentada*. 2ª ed., vol. III. Rio de Janeiro, José Konfino Editor, 1952.

FERNANDES, Antonio Scarance. "Aspectos da Lei dos Crimes Hediondos". In: PENTEADO, Jaques de Camargo (coord.). *Justiça Penal*. São Paulo, Ed. RT, 1993 (pp. 70-84).

_____. "Fiança na Constituição Federal". *Justitia* 155/28-39. São Paulo, julho-setembro/1991.

_____. "Prisão temporária e *fermo*: estudo comparativo". *Fascículos de Ciências Penais* 5/78-79. N. 3. Julho-setembro/1992; e *Justitia* 157/22-32. Ano 54. São Paulo, janeiro-março/1992.

_____. *Processo Penal Constitucional*. 7ª ed. São Paulo, Ed. RT, 2012.

_____, GOMES FILHO, Antônio Magalhães, e GRINOVER, Ada Pellegrini. *As Nulidades no Processo Penal*. 12ª ed. São Paulo, Ed. RT, 2011.

FRANCO, Alberto Silva. *Crimes Hediondos – Notas sobre a Lei 8.072/1990*. 3ª ed. São Paulo, Ed. RT, 1994.

FREITAS, Oscar Xavier. "A prisão em flagrante e liberdade na nova lei". *Teses do V Congresso Nacional do Ministério Público*. Recife, 1977 (pp. 461-464).

GOMES FILHO, Antônio Magalhães. *Presunção de Inocência e Prisão Cautelar*. São Paulo, Saraiva, 1991.

_____, FERNANDES, Antonio Scarance, e GRINOVER, Ada Pellegrini. *As Nulidades no Processo Penal*. 12ª ed. São Paulo, Ed. RT, 2011.

GRECO FILHO, Vicente. *Tutela Constitucional das Liberdades*. São Paulo, Saraiva, 1989.

GRINOVER, Ada Pellegrini, FERNANDES, Antonio Scarance, e GOMES FILHO, Antônio Magalhães. *As Nulidades no Processo Penal*. 12ª ed. São Paulo, Ed. RT, 2011.

MAIER, Júlio B. J. *La Ordenanza Procesal Penal Alemana*. Buenos Aires, Depalma, 1982.

MARQUES, José Frederico. *Elementos de Direito Processual Penal*. vol. IV. Rio de Janeiro, Forense, 1965; vol. XLIV. Rio de Janeiro, Forense, 1971; vols. I e II. Campinas, Brookseller, 1997.

OLIVEIRA, José Roberto Rochel. *A Monitoração Eletrônica como Medida Cautelar no Processo Penal*. Tese de Doutorado. São Paulo, Faculdade de Direito da USP, 2012.

PENTEADO, Jaques de Camargo (coord.). *Justiça Penal*. São Paulo, Ed. RT, 1993.

PONTES DE MIRANDA, Francisco Cavalcanti. *Comentários à Constituição de 1946*. 2ª ed., vol. IV. São Paulo, Max Limonad, 1953.

_____. *Comentários à Constituição de 1967 com a Emenda n. 1 de 1969*. 2ª ed., t. IV. São Paulo, Ed. RT, 1971.

_____. *Comentários ao Código de Processo Civil*. 2ª ed., vol. 1. Rio de Janeiro, Forense, 1958.

SAMPAIO DÓRIA, Antônio Roberto. *Direito Constitucional – Comentários à Constituição de 1946*. vol. 4. São Paulo, Max Limonad, 1960.

SANGUINÉ, Odone. "Inconstitucionalidade da proibição de liberdade provisória do inciso II do art. 2º da Lei 8.072, de 25.7.1990". *RT* 667/253-258. São Paulo, Ed. RT, 1991.

SILVA, Germano Marques da. *Curso de Processo Penal*. 1994.

TELES, Ney de Moura. "A Lei 9.455/1997 revogou o art. 2º da Lei dos Crimes Hediondos". *Consulex* 5. Ano I. Brasília, Consulex, maio/1997.

TORNAGHI, Hélio. *Manual de Processo Penal*. 6ª ed., vol. 1. São Paulo, Saraiva, 1989.

TOVO, João Batista, e TOVO, Paulo Cláudio. *Primeiras Linhas sobre o Processo Penal em Face da Nova Constituição*. Porto Alegre, Sérgio Antônio Fabris Editor, 1989.

TUCCI, Rogério Lauria. *Direitos e Garantias Individuais no Processo Penal Brasileiro*. 2ª ed. São Paulo, Ed. RT, 2004.

VIEIRA, Otaviano. *Fiança Criminal*. 3ª ed. São Paulo, Livraria Acadêmica, 1924.

FUNÇÃO SOCIAL DA JURISDIÇÃO E DO PROCESSO

ARLETE INÊS AURELLI

Mestre e Doutora em Direito Processual Civil pela
Pontifícia Universidade Católica de São Paulo
– Professora de Direito Processual Civil dos Cursos de Graduação
e Pós-Graduação da Pontifícia Universidade Católica de São Paulo
– Advogada em São Paulo

1. Considerações introdutórias. 2. Função social da jurisdição e, consequentemente, do processo. 3. Conclusão.

1. Considerações introdutórias

A Constituição Federal de 1988 trouxe o conceito de *função social*, primeiramente ligado ao direito de propriedade. No entanto, o conceito alargou-se, passando a traçar definições sobre a função social da posse, função social da empresa, do capital e do trabalho, culminando com a discussão – como se pretende no presente texto – sobre a função social da jurisdição e do próprio processo.

A função social da propriedade está prevista na Carta Magna no art. 5º, XXII, XXIII e XXIX, bem como art. 170, II e III. Por esses dispositivos a Constituição estabelece a função social da propriedade, com critérios específicos e diferenciados quer a propriedade seja urbana (art. 182), quer se trate de propriedade rural (art. 186).

Desses dispositivos se infere a intenção do legislador de determinar que a propriedade cumpre sua função social se tiver uso útil para a sociedade como um todo.[1]

---

1. Nesse sentido, assevera Benedito Silvério Ribeiro: "A função social da propriedade e a organização urbanística e fundiária constituem o objetivo primacial que se infere dos arts. 1º, parágrafo único, 2º, VII, XIV e XV, 4º, V, 9º, 39, 55, I, (...). Torna-se oportuno e justo que aquele que possui um terreno a título de acúmulo de capital e não lhe dê aproveitamento social por um longo tempo, que sequer tome conhecimento sobre o que se passa nele, perca o seu domínio para alguém que, não

André Osório Godinho assevera: "A função social atinge a própria essência do direito de propriedade, modificando o seu conteúdo e criando as condições propícias para a legitimidade das restrições impostas ao domínio. (...). A função social também não representa um ônus para o proprietário, pois, na realidade, a mesma visa simplesmente a fazer com que a propriedade seja utilizada de maneira normal, cumprindo o fim a que se destina".[2]

Patrícia Fortes Lopes Donzele, no mesmo diapasão, afirma: "Existe um dever fundamental advindo da função social da propriedade, que é o da apropriada utilização dos bens em proveito da coletividade. A importância desse caráter social imprimido à propriedade reflete-se no dever do proprietário de dar à sua propriedade uma função específica. Não se trata, porém, de qualquer função, mas uma função de cunho social, que se destine ao interesse coletivo e não apenas ao interesse individual".[3]

José Afonso da Silva, na mesma linha, entende que "é certo que o princípio da função social não autoriza a suprimir, por via legislativa, a instituição da propriedade privada. Contudo, parece-nos que pode fundamentar até mesmo a socialização de algum tipo de propriedade, onde precisamente isso se torne necessário à realização do princípio, que se põe acima do interesse individual. Por isso é que se conclui que o direito de propriedade (dos meios de produção especialmente) não pode mais ser tido como um direito individual. A inserção do princípio da função social, sem impedir a existência da instituição, modifica sua natureza, pelo quê, como já dissemos, deveria ser prevista apenas como instituição do direito econômico".[4]

---

tendo onde se abrigar, faça ali sua morada" (*Tratado de Usucapião*, 6ª ed., vol. II, São Paulo, Saraiva, 2008).

No mesmo sentido, Eroulths Cortiano Jr. afirma: "Mais importante, talvez que os artigos com referência expressa à função social seja outra ordem de normas, na qual se pode ver evidente intuito de – na linha que vem sendo desenvolvida neste trabalho – ressaltar o uso solidarístico da propriedade e reverberação do direito proprietário sobre os sujeitos e situações concretas da cotidianidade" (*O Discurso Jurídico da Propriedade e suas Rupturas*, Rio de Janeiro, Renovar, 2002).

2. André Osório Godinho, "Função social da propriedade", in Gustavo Tepedino (coord.), *Problemas de Direito Civil-Constitucional*, Rio de Janeiro, Renovar, 2000.

3. Patrícia Fortes Lopes Donzele, *A Função Social da Propriedade e as Ações Possessórias*, disponível em *www.direitonet.com.br/artigos/perfil/exibir/84253* (acesso em 15.11.2010).

4. José Afonso da Silva, *Curso de Direito Constitucional Positivo*, 36ª ed., São Paulo, Malheiros Editores, 2013, p. 286.

Para Teori Albino Zavascki: "Por função social da propriedade deve-se entender o princípio que diz respeito à utilização dos bens e não à sua titularidade jurídica. Sua força normativa independe de quem detenha o título jurídico de proprietário. Os bens, as propriedades é que estão submetidas a uma destinação social, e não o direito de propriedade em si mesmo. Por isso denomina o princípio de função social das propriedades, no plural, porque entende que é princípio ligado ao plano real e realiza-se mediante atos concretos de quem efetivamente tem a disponibilidade física dos bens, ou seja, do possuidor, assim considerado no mais amplo sentido, seja ele titular do direito de propriedade ou não, seja ele detentor ou não de titulo jurídico a justificar sua posse".[5]

Assim, Teori Albino Zavascki entende que a função social, então, é muito mais ligada à posse que à propriedade. A relação de pertinência entre posse e função social permeia-se na Constituição Federal e no Código Civil de 2002. A tutela da posse é instituto autônomo em relação ao direito de propriedade. Posse e propriedade se complementam.[6]

Fábio Konder Comparato defende que "o descumprimento do dever social de proprietário significa uma lesão ao direito fundamental de acesso à propriedade, reconhecido doravante pelo sistema constitucional. Nessa hipótese, as garantias ligadas normalmente à propriedade, notadamente a da exclusão das pretensões possessórias de outrem, devem ser afastadas (...) quem não cumpre a função social da propriedade perde as garantias, judiciais e extrajudiciais, de proteção à posse, inerentes à propriedade (CC, art. 502), e as ações possessórias. A aplicação das normas do Código Civil e do Código de Processo Civil, nunca é demais repetir, há de ser feita à luz dos mandamentos constitucionais, e não de modo cego e mecânico, sem atenção às circunstâncias de cada caso, que podem envolver o descumprimento de deveres fundamentais".[7]

Flávio Tartuce, por sua vez, reconhece que se deve dar ao conceito maior amplitude, ao afirmar: "O atual Código Civil, no art. 1.228, § 1º, reafirma a função social da propriedade acolhida no art. 5º, XXII e XXIII, e no art. 170, III, todos da CF de 1988. Na verdade, o novo Código Civil vai mais além, prevendo ao lado da função social da propriedade a sua função *socioambiental*, com a previsão de proteção da flora, da

---

5. Teori Albino Zavascki, "A tutela da posse na Constituição e no novo Código Civil", *Revista Ibero-Americana de Direito Público* XII/243-254.
6. Idem, ibidem.
7. Fábio Konder Comparato, "Direitos e deveres fundamentais em matéria de direito de propriedade", *Revista do Centro de Estudos Judiciários* 1/97, n. 3.

fauna, da diversidade ecológica, do patrimônio cultural e artístico, das águas e do ar, tudo de acordo com o que prevê o art. 225 da CF de 1988 e a Lei da Política Nacional do Meio Ambiente (Lei 6.938/1981)".[8]

Analisando o conceito com maior amplitude, Calmon de Passos nos traz valiosa lição sobre o conceito de função social: "Parece-me valioso, portanto, para maior precisão do conceito de função, distinguirmos a atividade ou o operar do indivíduo voltada para seus objetivos pessoais daquela que realiza direcionado para alcançar objetivos relacionados com interesses que o ultrapassam, dizendo mais diretamente com os da convivência social. Será impróprio, por exemplo, falar de função quando o agir está direcionado de modo predominante ou exclusivo para o interesse do agente. Incorreto, pois, dizer-se que alguém estuda para cumprir a função de educar-se, mas seria adequado afirmar-se que alguém estuda para desempenhar as funções de médico, porquanto está se habilitando a fim de atender, também e principalmente, a necessidades e objetivos de outros sujeitos. Quando se diz que o fígado é um órgão ao qual se associa a função hepática, estamos afirmando que ele desempenha certa atividade cujos efeitos são direcionados em benefício de outros órgãos ou funções, que, por sua vez, servem ao homem, em termos de totalidade. Eis o que para mim é função – um atuar a serviço de algo que nos ultrapassa. (...). Função social, consequentemente, pode ser entendida como o resultado que se pretende obter com determinada atividade do homem ou de suas organizações, tendo em vista interesses que ultrapassam os do agente. Pouco importa traduza essa atividade exercício de direito, dever, poder ou competência. Relevantes serão, para o conceito de função, as consequências que ela acarreta para a convivência social. O modo de operar, portanto, não define a função, qualifica-a. (...). 3. A palavra função, no campo do Direito, adquiriu relevância com o chamado Estado de Direito Democrático. A igualdade essencial de todos os homens – postulado básico da democracia – implica a resultante, necessária, de que todo poder humano é fruto de outorga, formaliza-se como competência e efetiva-se como serviço. Esse pensamento representou um ganho no esforço civilizador de eliminar da convivência social toda e qualquer forma de arbítrio. O processo civilizatório deu à força bruta o caráter de dominação necessitada de justificação, transmudou a dominação em poder como serviço aos homens, segundo a vontade (lei) divina, fundamento de sua legitimação, até aos nossos dias, em que todo poder

---

8. Flávio Tartuce, *A Função Social da Posse e da Propriedade e o Direito Civil Constitucional*, disponível em *http://jus2.uol.com.br/doutrina/texto.asp?id=7719* (elaborado em novembro/2005, acesso em 20.10.2010).

só se legitima como serviço aos homens – função – exercido nos estritos termos da competência e da legitimação formalmente postas pela vontade geral, expressa nas leis (humanas) O agente público passou a não ter vontade própria, sim a da lei – competência (atribuição) que se faz dever (retribuição) pelo que se fala, hoje, não em poder, sim, mais adequadamente, em função legislativa, executiva e jurisdicional. A própria autonomia privada teve suas fronteiras delimitadas pela lei – o agente privado não pode querer o que a lei lhe proíbe, nem omitir-se de querer o que ela lhe impõe".[9]

No presente texto, com base nesses valiosos ensinamentos, procuraremos ampliar a visão desse conceito, para meditar também sobre a função social da própria jurisdição e, consequentemente, do processo civil.

2. Função social da jurisdição e, consequentemente, do processo

É preciso indagar sobre a importância da atividade jurisdicional para a manutenção da ordem no seio da sociedade. Na verdade, o exercício da jurisdição, respeitando os princípios constitucionais, é que tem por função manter a ordem jurídica justa e a paz social.

Urge que o órgão julgador reconheça a importância do papel de pacificador social e deixe de ser mero aplicador da lei, distante da realidade que o cerca. O juiz deve adotar uma postura crítica, como intérprete, aliando lei e Direito, procurando obter a pacificação social através da redução das desigualdades sociais, por harmonização de direitos antagônicos, justo equilíbrio de relações jurídicas, entre o individual e o social.[10]

9. J. J. Camon de Passos, "Função social do processo", *Jus Navigandi* 58, Ano 7, Teresina, 1.8.2002 (disponível em *http://jus.uol.com.br/revista/texto/3198*, acesso em 30.10.2010)

10. Nessa seara, Canotilho, a despeito de propor uma "suspensão reflexiva" da lógica dirigente da Constituição, tendo em conta as críticas dirigidas ao normativismo constitucional, mantém o entendimento de que o Direito continua a ser "um instrumento fiável e incontornável de comando numa sociedade". À luz desta concepção de Canotilho, em que o exercício da função de direção do Direito, no intuito de realizar a inclusão social, articulando atores sociais em torno da definição política dos núcleos essenciais das prestações sociais e da efetivação dos direitos econômicos, sociais e culturais, é possível compreender a função social da propriedade, o direito à moradia etc. com uma ótica de autoaplicabilidade, e não restringida às reservas limitadoras da ação estatal no mister de solucionar conflitos coletivos, em prol da inclusão e desenvolvimento sociais (J. J. Gomes Canotilho, *Estudos sobre Direitos Fundamentais*, 1ª ed., São Paulo, Ed. RT, 2008).

Para obter a efetividade da jurisdição, o processo deve atuar em perfeita sintonia com o direito material, com a realidade social, através de meios adequados a garantir os direitos do indivíduo.[11] Todo conflito que traga consequências para o seio da sociedade deve ser resolvido pensando no todo, e não somente nas partes envolvidas. Muitas vezes, ao solucionar um conflito entre particulares, a sentença judicial traz reflexos para toda a sociedade, podendo se tornar instrumento de revolta, inclusive. É por essa razão que se diz que a jurisdição é instrumento de pacificação social. Portanto, o órgão julgador deve ter consciência da relevância do papel que exerce.

É imperioso que o juiz tenha ciência de que, ao resolver um conflito de interesses, notadamente os fundiários, envolvendo pessoas carentes, deve se pautar pela função social da própria jurisdição. De fato, como salienta Teori Albino Zavascki, "o Judiciário não poderá se eximir da sua fatia de responsabilidade, que consiste, essencialmente, em prestar jurisdição mediante pronunciamentos que extraiam do sistema normativo soluções as mais adequadas possíveis à produção dos resultados previstos pelo constituinte. (...). A questão que se coloca, portanto, é a de saber que caminhos poderá trilhar o Judiciário para que o exercício de sua missão constitucional resulte em aprimoramento do grau de eficácia social das normas. Essa preocupação implica, por si só, uma tomada de posição: a do abandono das orientações segundo as quais a interpretação e a aplicação do Direito é simples operação mecânica, meramente silogística, calcada unicamente em fórmulas e formas positivamente estabelecidas. Na verdade, os tempos atuais já não comportam juízes de costas para a realidade, pena de dar razão aos que acham que os juristas, 'pelas suas tresnoitadas teorias, conceitos e formulações, sejam olhados, pela generalidade dos demais seres humanos, como espécimes de uma fauna em vias de extinção e, por isso mesmo, cada dia menos decisiva no curso da vida social, enquanto juristas' (...) a busca de decisões judiciais que levem à eficácia social do Direito deve ser empreendida exaurindo-

11. Nesse sentido está o entendimento de Roberto Antônio Darós Malaquias, que assim se expressa: "Está superada a ideia de que o processo pode ser estudado de maneira neutra e distanciado da realidade social e do direito material, tendo em vista que, quando se analisa a tutela jurisdicional efetiva, imediatamente se verifica a importância da relativização do binômio direito/processo. Para que haja uma efetiva tutela das diversas situações concretas, o processo deve atuar e seguir sua marcha em perfeita sintonia com o direito material, através dos instrumentos de tutela adequados que garantam os direitos do indivíduo" (*A Função Social do Processo no Estado Democrático de Direito*, Curitiba, Juruá, 2010, p. 45).

-se os mecanismos oferecidos pelo próprio sistema jurídico do Estado de Direito Constitucional".[12]

E, nesse mister, em primeiro lugar o Estado deve garantir a todos o efetivo acesso à ordem jurídica justa, com o cumprimento dos direitos fundamentais, expressos na Constituição Federal. Ao fazer com que a própria jurisdição cumpra sua função social, não pode o órgão julgador deixar de lado o princípio do devido processo legal e as garantias constitucionais por ele englobadas, como acesso à Justiça, contraditório e ampla defesa, fundamentação das decisões judiciais, apenas para, mecanicamente, dar ao processo maior celeridade. Deve, assim, o órgão julgador ter como parâmetro o modelo constitucional de processo referido por Cássio Scarpinella Bueno, que expõe: "Os princípios constitucionais ocupam-se especificamente com a conformação do próprio processo, assim entendido o método de atuação do Estado-Juiz, e, portanto, método de exercício da função jurisdicional. São eles que fornecem as diretrizes mínimas, mas fundamentais, do próprio comportamento do Estado-Juiz. É esta a razão pela qual, no desenvolvimento deste trabalho, a menção à expressão 'modelo constitucional do processo civil', sem qualquer ressalva, quer se referir mais especificamente a este primeiro grupo de normas, o relativo aos 'princípios constitucionais do direito processual civil' a uma das partes, pois, que integram 'o modelo constitucional do direito processual civil'".[13]

Ora, o princípio que é a base, o sustentáculo, de todos os demais princípios, e está previsto no inciso LIV do art. 5º da CF, dispõe: "ninguém será privado da liberdade ou de seus bens sem o devido processo legal".

Nelson Nery Jr., sobre esse princípio, leciona: "Genericamente, o princípio do *due process of law* caracteriza-se pelo trinômio vida/liberdade/propriedade, vale dizer, tem-se o direito de tutela daqueles bens da vida em seu sentido mais amplo e genérico. Tudo o que disser respeito à tutela da vida, liberdade ou propriedade está sob a proteção da *due process clause*".[14] Prosseguindo, adverte o processualista: "A cláusula *due process of law* não indica somente a tutela processual, como à primeira vista pode parecer ao intérprete menos avisado. Tem sentido genérico,

---

12. Teori Albino Zavascki, "Eficácia social da prestação jurisdicional", *Revista de Informação Legislativa* 31/291-296, n. 122, abril-junho/1994.

13. Cássio Scarpinella Bueno, *Curso Sistematizado de Direito Processual Civil*, 5ª ed., vol. 1, São Paulo, Saraiva, 2011, p. 128.

14. Nelson Nery Jr., *Princípios do Processo Civil na Constituição Federal*, São Paulo, Ed. RT, 1995, pp. 29-30.

como já vimos, e sua caracterização se dá de forma bipartida, pois há o *substantive due process* e o *procedural due process*, para indicar a incidência do princípio em seu aspecto substancial, vale dizer, atuando no que respeita ao direito material, e, de outro lado, a tutela daqueles direitos por meio do processo judicial ou administrativo".[15]

E conclui: "Em nosso parecer, bastaria a norma constitucional haver adotado o princípio do *dues process of law* para que daí decorressem todas as consequências processuais que garantiriam aos litigantes o direito a um processo e sentença justa. É por assim dizer o gênero do qual todos os demais princípios são espécies".[16]

Paulo Henrique dos Santos Lucon, no mesmo sentido, afirma: "A questão que se coloca hoje é saber como os princípios e as garantias constitucionais do processo civil podem garantir uma efetiva tutela jurisdicional aos direitos substanciais deduzidos diariamente. Ou seja, não mais interessa apenas justificar esses princípios e garantias no campo doutrinário. O importante hoje é a realização dos direitos fundamentais, e não o reconhecimento desses ou de outros direitos". E ensina que "o devido processo legal substancial diz respeito à limitação ao exercício do poder e autoriza ao julgador questionar a razoabilidade de determinada lei e a justiça das decisões estatais, estabelecendo o controle material da constitucionalidade e da proporcionalidade".[17]

Como se vê, é perfeitamente possível concluir que o princípio do devido processo legal nos garante o direito a um processo justo, com sentença justa, no sentido de que todos as garantias fundamentais expressas na Carta Magna sejam respeitadas pelo órgão julgador. Para manutenção do Estado Democrático de Direito é fundamental a observação rigorosa da garantia constitucional do devido processo legal.

Ocorre que a Emenda Constitucional 45/2004 trouxe a previsão do princípio da razoável duração do processo, previsto no art. 5º, LXXVIII, que reza: "A todos, no âmbito judicial e administrativo, são assegurados a razoável duração do processo e os meios que garantam a celeridade de sua tramitação". E, a partir de então, a preocupação do Estado passou a ser apenas com a busca da celeridade processual.

Mas urge que se passe a refletir se, em nome desse princípio, devemos deixar de lado os demais princípios processuais insertos na

---

15. Idem, p. 33.
16. Idem, p. 27.
17. Paulo Henrique dos Santos Lucon, *Devido Processo Legal Substancial*, publicado em 16.6.2005, disponível em *http://www.mundojuridico.adv.br/sis_artigos/ artigos.asp?codigo=6* (acesso em 15.11.2010).

Constituição Federal. É mais vantajoso ter um processo rápido ou um processo em que se possa ter segurança jurídica de que um mínimo de garantias constitucionais será respeitado? Essa a indagação que é objeto de nossa preocupação. A celeridade a qualquer preço deve ser o objetivo a ser alcançado pelo Poder Judiciário? Justiça efetiva é justiça rápida? O princípio da celeridade deve prevalecer sobre os demais? E assim que se alcança o cumprimento da função social da jurisdição e do processo?

Penso que não se pode admitir que a tutela jurisdicional seja prestada de qualquer maneira, com desapego total à forma, deixando de lado a garantia de um processo justo apenas para obtê-la de forma célere. Muitas vezes "a pressa é inimiga da perfeição". Justiça efetiva não significa apenas justiça rápida.

Parece-me que buscar a razoável duração do processo é tarefa muito mais árdua e complexa do que simplesmente pretender obter um processo célere apenas com o enxugamento de incidentes e técnicas processuais garantidores do acesso à Justiça e do contraditório e ampla defesa. Buscar a razoável duração do processo significa primar pela eficiência da prestação da tutela jurisdicional, mas em função disso não se pode colocar em risco a segurança jurídica.

Essa também é a conclusão de Cássio Scarpinella Bueno, que, ao discorrer sobre o princípio inserto no art. 5º, LXXVIII, da CF, assevera: "É importante, por fim, destacar que o dispositivo em estudo não deve ser entendido como se a busca por um julgamento mais célere, mais ágil, reconhecendo-se os meios necessários para obtenção desta finalidade, pudesse, de forma generalizada, colocar em risco o ideal de segurança jurídica que o princípio do devido processo legal e do contraditório (v. ns. 4 e 5, *supra*) impõem".[18]

De fato, o princípio da eficiência, consagrado pelo art. 37 da CF, também se aplica ao exercício da função jurisdicional, que deve ser prestada de forma efetiva, no menor espaço de tempo possível, mediante a prática de reduzido número de atos processuais. Mas isso jamais poderá justificar o abandono do modelo constitucional do processo, nem das garantias constitucionais insertas no princípio do devido processo legal.

Roberto Antônio Darós Malaquias entende que "a função social do processo repousa em alcançar a justiça, ou seja, garantir a eficácia dos direitos fundamentais, sob os parâmetros do princípio da dignidade da pessoa humana, que tem suas origens na concepção jurídica dos direitos

---

18. Cássio Scarpinella Bueno, *Curso Sistematizado de Direito Processual Civil*, cit., 5ª ed., vol. 1, p. 184.

humanos, tendo como ponto central a decisão rápida e justa, fazendo da celeridade processual uma aliada na busca pela harmonização social, afastando a ideia de que celeridade seja sinônimo de violação de direitos fundamentais e deponha contra a segurança jurídica. Um processo lento, uma decisão demorada, onde o direito ao gozo do bem da vida é adiado indefinidamente por causa da demora na decisão do processo, possui muito mais chances de se transformar em um processo fatalmente injusto".[19]

No entanto, é preciso ter presente que o órgão julgador, em nome da celeridade processual, não pode deixar de lado as garantias fundamentais consagradas na Constituição Federal, notadamente quanto à dignidade da pessoa humana, à garantia do devido processo legal, assegurando o contraditório e a ampla defesa, à igualdade das partes, imparcialidade. Nem deve ele usar do arbítrio para obter a tão almejada efetividade da tutela.

Nesse sentido, Luiz Guilherme Marinoni ensina que, "quando se pensa na técnica processual capaz de garantir a efetividade da tutela do direito, não é possível esquecer da esfera jurídica do réu. Se é possível escolher a técnica processual capaz de dar proteção ao direito, não há como admitir que essa escolha possa prejudicar o demandado. Isso quer dizer que a utilização da técnica processual, diante da norma processual aberta, tem a sua legitimidade condicionada a um prévio controle, que considera tanto o direito do autor quanto o direito do réu".[20]

Segundo Roberto Antônio Darós Malaquias: "O prazo razoável para a prestação jurisdicional efetiva será aquele estritamente necessário para que a decisão seja executada, respeitando-se o prazo necessário para que o magistrado faça sua adequada cognição e assegure ao adversário o pleno exercício de sua defesa, conforme se exige na efetivação das garantias processuais. Quanto maior o tempo para o julgamento e a decisão final da causa, maior será a instabilidade das partes, gerando insegurança jurídica que depõe contra o Estado Democrático de Direito".[21]

É evidente que, para que a prestação jurisdicional seja eficiente e para que o processo cumpra sua função social, é necessário que a con-

---

19. Roberto Antônio Darós Malaquias, *A Função Social do Processo no Estado Democrático de Direito*, cit., p. 247.

20. Luiz Guilherme Marinoni, "A legitimidade da atuação do juiz a partir do direito fundamental à tutela jurisdicional efetiva", in Luiz Otávio Sequeira de Cerqueira, Luana Pedrosa de Figueiredo Cruz, Luiz Manoel Gomes Jr. e José Miguel Garcia Medina (coords.), *Os Poderes do Juiz e o Controle das Decisões Judiciais*, São Paulo, Ed. RT, 2008, p. 232.

21. Roberto Antônio Darós Malaquias, *A Função Social do Processo no Estado Democrático de Direito*, cit., p. 236.

cessão e a efetivação da tutela sejam realizadas dentro do mais breve tempo possível, mas que permita ao juiz realizar a cognição de forma ampla, assegurando sempre o direito de defesa. Como já asseverado acima, jamais um conflito de interesses pode ser resolvido pelo órgão julgador primando apenas pelo princípio da celeridade processual. De nada adianta justiça rápida que não traga efetividade para a tutela, esforço para dar eficácia ao princípio da celeridade, que despreze as demais garantias constitucionais, notadamente o princípio do devido processo legal. Esse princípio (da celeridade processual) não deve ser visto como desvinculado das demais garantias constitucionais, de igualdade das partes, contraditório e ampla defesa, imparcialidade, fundamentação das decisões judiciais – entre outras. Portanto, não podem ser aceitas, e devem ser consideradas nulas, quaisquer normas processuais que autorizem o órgão julgador a, em nome da celeridade, afastar as demais garantias previstas na Carta Magna.

Dinamarco, nesse sentido, ensina:

"Direito ao processo justo é, em primeiro lugar, o direito ao processo *tout court* – assegurado pelo princípio da *inafastabilidade do controle jurisdicional* que a Constituição impõe mediante a chamada *garantia da ação*. Sem ingresso em juízo não se tem a efetividade de um processo qualquer e muito menos de um processo justo. Garantido o ingresso em juízo e até mesmo a obtenção de um provimento final de mérito, é indispensável que o processo se haja feito com aquelas *garantias mínimas*: (a) *de meios*, pela observância dos princípios e garantias estabelecidas; (b) *de resultados*, mediante a oferta de julgamentos justos, ou seja, portadores de tutela jurisdicional a quem efetivamente tenha razão. Os meios, sendo adequadamente empregados, constituem o melhor caminho para chegar a bons resultados. E, como afinal, o que importa são os resultados justos do processo (*processo civil de resultados*), não basta que o juiz empregue meios adequados se ele vier a decidir mal; nem se admite que se aventure a decidir a causa segundo seus próprios critérios de justiça, sem ter empregado os meios ditados pela Constituição e pela lei. Segundo a experiência multissecular expressa nas garantias constitucionais, é grande o risco de erro quando os meios adequados não são cumpridos.

"Eis o conceito e conteúdo substancial da cláusula *due process of law*, amorfa e enigmática, que mais se colhe pelos sentimentos e intuição do que pelos métodos puramente racionais da inteligência."[22]

---

22. Cândido Rangel Dinamarco, *Instituições de Direito Processual Civil*, 7ª ed., vol. I, São Paulo, Malheiros Editores, 2013, pp. 252-253.

Nesse sentido, Vanessa Aparecida Pelhe Gimenez salienta: "Compete, portanto, ao juiz, estar atento às ideias éticas, ideológicas e políticas que fazem parte do contexto social e, assim, aplicar as leis e conduzir o processo de modo a não se afastar desse ideário".[23]

E, nesse diapasão, é preciso respeitar o princípio da inafastabilidade do controle jurisdicional, previsto no art. 5º, XXXV, da CF, que encerra: "a lei não excluirá da apreciação do Poder Judiciário lesão ou ameaça a direito".

Acesso à Justiça é muito mais que garantir acesso a um tribunal e possibilidade de peticionar. O Estado deve propiciar acesso ao próprio exercício do direito de ação.[24]

Esse princípio garante o acesso à Justiça, nos seus mais variados matizes, significando justiça para todos, que se efetiva não somente através de demandas coletivas, mas também proporcionando a possibilidade de solução por meios alternativos, como mediação e arbitragem, e garantindo àqueles que não têm condições financeiras a possibilidade de defesa de seus direitos não somente através de defesa por órgãos constituídos para tal finalidade, como é o caso da Defensoria Pública, mas também possibilitando o direito à assistência judiciária gratuita.

De outro lado, também significa o dever do Estado de prestar a devida tutela jurisdicional, resolvendo os conflitos de interesses que lhe são afetados. O Poder Judiciário não pode se eximir de sentenciar alegando lacunas na lei ou estado de dúvida sobre a certeza do direito pleiteado. De fato, por força do princípio inserto no art. 5º, XXXV, da CF, que garante o acesso à Justiça, o juiz não se exime de sentenciar alegando lacunas na lei.

Assim, nessas hipóteses, conforme o art. 125 do CPC, é o órgão julgador que deve procurar, não somente baseando-se nas regras de Hermenêutica, mas também no seu próprio grau de valores e senso comum,

23. Vanessa Aparecida Pelhe Gimenez, "Uma reflexão constitucional acerca da revelia e os poderes do juiz na análise de seus efeitos", in Luiz Otávio Sequeira de Cerqueira, Luana Pedrosa de Figueiredo Cruz, Luiz Manoel Gomes Jr. e José Miguel Garcia Medina (coords.), *Os Poderes do Juiz e o Controle das Decisões Judiciais*, São Paulo, Ed. RT, 2008, p. 329.

24. Nesse sentido, Roberto Antônio Darós Malaquias afirma: "A estrutura estatal tem a responsabilidade de proporcionar o acesso à Justiça. Todavia, o acesso à Justiça é muito mais do que se possa entender como acesso a um tribunal e possibilidade de peticionar em busca de um direito legítimo. O acesso à Justiça é um direito fundamental que engloba, preliminarmente, o acesso ao Direito, adquirindo-se consciência de todas as possibilidades jurídicas para a defesa de determinado direito" (*A Função Social do Processo no Estado Democrático de Direito*, cit., p. 187).

criar norma que regule o conflito de interesses submetido à apreciação judicial, resolvendo-o. O que não se pode admitir é a recusa do órgão julgador em resolver o conflito de interesses sob a pecha de inexistência de norma legal que o assegure o direito da parte.

Da mesma forma, nesse mister, o órgão julgador deve sempre se ater à realidade social existente à sua volta, e julgar de acordo com ela. Deve levar em consideração os conflitos sociais existentes a respeito da demanda que lhe foi submetida e resolver a questão como se resolvesse o próprio conflito social, primando sempre pelo acatamento dos mais consagradas direitos que preservam a dignidade da pessoa humana e a paz social, que todos buscam.[25]

Portanto, é preciso que o órgão julgador esteja ciente da importância do seu papel e não fique de costas para a realidade que o cerca. Não pode o juiz deixar de prestar a tutela jurisdicional nem quando está em dúvida quanto à ocorrência dos fatos discutidos na causa ou quanto à existência do direito, e muito menos pode deixar de julgar sob o argumento de que inexiste lei que regule a matéria posta em juízo. Se não há provas suficientes para atestar a veracidade dos fatos alegados, deve o órgão julgador deixar sua atitude passiva e tomar a frente de sua missão, determinando a realização das provas necessárias à elucidação dos fatos, inclusive com a efetivação da inspeção ocular, tão deixada de lado na prática forense. Se não há norma regulando a hipótese constante dos autos, deve o juiz produzir a lei reguladora do caso concreto, baseando-se não somente nas regras de Hermenêutica, mas também, e principalmente, na realidade social.[26]

25. Nesse sentido, Benedito Silvério Ribeiro assevera: "A Constituição Federal fixa como fundamentais ao Estado Democrático de Direito a cidadania e a dignidade da pessoa humana (art. 1º, II e III), tendo por objetivos básicos construir uma sociedade livre, justa e solidária (art. 3º, I), erradicar a pobreza e a marginalização e reduzir as desigualdades sociais e regionais (inciso III) e promover o bem de todos, sem preconceitos de origem, raça, sexo, cor, idade e quaisquer outras formas de discriminação (inciso IV). Sendo todos iguais perante a lei, no direito à vida (CF, art. 5º) insere-se a moradia ou habitação, necessitando a pessoa de um teto para fins civis (ter domicílio), o que reforça a dignidade. A moradia é um direito social (art. 6º) e a propriedade atenderá à sua função social (arts. 5º, XXIII, e 182, § 2º)" (*Tratado de Usucapião*, cit., 6ª ed., vol. II, p. 989).

26. Marcos Afonso Borges, nesse sentido, afirma que o juiz tem por obrigação "atuar o direito objetivo, não por meio de uma interpretação literal e formalista, mas atendendo aos fins sociais da lei, às exigências do bem comum e, em não havendo norma específica, mediante aplicação da analogia, dos costumes e princípios gerais do Direito" ("Os poderes, os deveres e as faculdades do juiz no processo", *RePro* 95/174, São Paulo, Ed. RT, 1999).

Nesse sentido, Luiz Otávio Sequeira de Cerqueira afirma: "(...). De fundamental importância temos ainda o dever de o juiz decidir, inserto no art. 126 do CPC, que se traduz na proibição do *non liquet*, ou seja, ele não pode deixar de julgar invocando a inexistência de disposição legal aplicável ao caso concreto".[27]

O juiz tem, pois, o poder-dever de encontrar a técnica processual adequada ao caso concreto, que possibilite a adequada proteção do direito material. É por essa razão que o legislador tem criado, cada vez mais, normas processuais abertas, que sejam capazes de oferecer aos jurisdicionados uma gama cada vez maior de instrumentos processuais que sejam adequados às necessidades concretas.

Conforme Luiz Guilherme Marinoni, "não basta parar na ideia de que o direito fundamental à tutela jurisdicional incide sobre a estruturação técnica do processo, pois supor que o legislador sempre atende às tutelas prometidas pelo direito material e às necessidades sociais de forma perfeita constitui ingenuidade inescusável. Aliás, se o legislador sempre atuasse de maneira ideal, jamais haveria necessidade de subordinar a compreensão da lei à Constituição, mesmo quando a lei se refere ao direito material. Ou seja, é justamente porque se teme que a lei possa se afastar dos princípios constitucionais e dos direitos fundamentais que se afirma que o direito fundamental à tutela jurisdicional incide sobre a compreensão judicial das normas processuais".[28]

E, se inexistir, no sistema, previsão de técnica processual adequada, é dever do juiz criar a norma reguladora do caso concreto, como assevera Marinoni, ao afirmar: "Como esse direito fundamental incide sobre o Estado e, portanto, sobre o legislador e o juiz, é evidente que a omissão do legislador não justifica a omissão do juiz. Melhor explicando: se tal direito fundamental, para ser realizado, exige que o juiz esteja munido de poder suficiente para a proteção – ou tutela – dos direitos, a ausência de regra processual instituidora de instrumento processual para tanto constitui evidente obstáculo à atuação da jurisdição e ao direito fundamental à tutela jurisdicional. Diante disso, para que a jurisdição possa exercer

---

27. Luiz Otávio Sequeira de Cerqueira, "O princípio da fungibilidade e os poderes do juiz", in Luiz Otávio Sequeira de Cerqueira, Luana Pedrosa de Figueiredo Cruz, Luiz Manoel Gomes Jr. e José Miguel Garcia Medina (coords.), *Os Poderes do Juiz e o Controle das Decisões Judiciais*, São Paulo, Ed. RT, 2008, p. 310.

28. Luiz Guilherme Marinoni, "A legitimidade da atuação do juiz a partir do direito fundamental à tutela jurisdicional efetiva", cit., in Luiz Otávio Sequeira de Cerqueira, Luana Pedrosa de Figueiredo Cruz, Luiz Manoel Gomes Jr. e José Miguel Garcia Medina (coords.), *Os Poderes do Juiz e o Controle das Decisões Judiciais*, p. 229.

sua missão, que é tutelar os direitos, e para que o cidadão realmente possa ter garantido o seu direito fundamental à tutela jurisdicional, não há outra alternativa a não ser admitir ao juiz a supressão da omissão constitucional".[29]

Por outro lado, o órgão julgador não pode deixar ao desamparo, sob pena de ferir também o princípio que garante o acesso à Justiça, inúmeros conflitos de interesses simplesmente porque o jurisdicionado, com evidente impedimento de defesa de direitos, não pode arcar com os altos custos do processo. O inciso LXXIV do art. 5º da Carta Magna garante o direito aos necessitados de obter a integral assistência judiciária gratuita.

Como assevera Vanessa Aparecida Pelhe Gimenez: "Não é com um formal acesso à Justiça que devemos nos conformar, mas com um acesso efetivo e pleno, analisado em conjunto com o princípio da inafastabilidade da jurisdição e do dever do Estado em prestar assistência integral e gratuita aos declaradamente pobres, dentre outras garantias constitucionais".[30]

Compete ao Estado-Judiciário dar efetividade não somente ao art. 5º, XXXV, da CF, mas também ao princípio da isonomia, consagrado no *caput* do mesmo dispositivo constitucional, além de garantir a não discriminação.

E mais: o art. 3º da CF de 1988 preceitua que dentre os objetivos fundamentais da República estão a redução das desigualdades sociais e a não discriminação.

Percebe-se, pois, que esses princípios se completam, garantindo o irrestrito acesso ao Judiciário, propiciando a efetividade dos valores fundamentais do Estado de Direito e a busca da justiça social.

No campo processual, a Lei 1.060/1950 continua a regular a assistência judiciária, nada obstante os termos das Leis 7.115/1983 e 7.510/1986 e a Carta Maior de 1988.[31]

29. Idem, p. 233.
30. Vanessa Aparecida Pelhe Gimenez, "Uma reflexão constitucional acerca da revelia e os poderes do juiz na análise de seus efeitos", cit., in Luiz Otávio Sequeira de Cerqueira, Luana Pedrosa de Figueiredo Cruz, Luiz Manoel Gomes Jr. e José Miguel Garcia Medina (coords.), *Os Poderes do Juiz e o Controle das Decisões Judiciais*, p. 328.
31. De fato, o art. 1º da Lei 7.115/1983 prevê:
"Art. 1º. A declaração destinada a fazer prova de vida, residência, pobreza, dependência econômica, homonímia ou bons antecedentes, quando firmada pelo próprio interessado ou por procurador bastante, e sob as penas da lei, presume-se verdadeira.

O escopo das leis, nessa seara, tem sido cada vez mais desburocratizar o procedimento de aferição desta condição de miserabilidade jurídica, atribuindo ao declarante apenas a responsabilidade pela veracidade de suas declarações.

Por conseguinte, tendo o jurisdicionado declarado, nos termos da lei, sua condição de pobreza, fará jus ao benefício da assistência judiciária gratuita.³²

"Parágrafo único. O disposto neste artigo não se aplica para fins de prova em processo penal."

Já, a lei posterior, qual seja, a Lei 7.510, de 4.7.1986, que alterou os dispositivos da Lei 1.060/1950, regulou diferentemente a matéria pertinente à declaração de pobreza, autorizando que seja firmada na própria petição. Dispõe o art. 4º da citada lei:

"Art. 4º. A parte gozará dos benefícios da assistência judiciária gratuita, mediante simples afirmação na petição inicial de que não está em condições de pagar as custas do processo e os honorários de advogado, sem prejuízo próprio ou de sua família.

"§ 1º. Presume-se pobre, até prova em contrário, quem afirmar essa condição nos termos desta lei, sob pena de pagamento até o décuplo das custas judiciais."

32. Nesse diapasão temos decisões das duas Turmas do colendo STF, figurando como redatores dos acórdãos os Mins. Ilmar Galvão e Carlos Veloso, decidindo que a norma prevista no art. 5º, LXXIV, da CF não derrogou a regra consubstanciada no art. 4º da Lei 1.060/1950, com a redação que lhe deu a Lei 7.510/1986, subsistindo íntegra, em consequência, a possibilidade de a parte necessitada, pela simples afirmação pessoal de sua insuficiente condição financeira, beneficiar-se, desde logo, do direito à assistência judiciária (1ª Turma, RE 204.458-0-PR; 2ª Turma, RE 205.746-1-RS). Acerca deste tema, e resultado dos julgamentos acima mencionados, a ementa está vazada nos seguintes termos:

"Constitucional – Acesso à Justiça – Assistência judiciária – Lei n. 1.060, de 1950 – CF, art. 5º, LXXIV.

"I – A garantia do art. 5º, LXXIV – assistência jurídica integral e gratuita aos que comprovarem insuficiência de recursos – não revogou a de assistência judiciária gratuita da Lei n. 1.060, de 1950, aos necessitados, certo que, para obtenção desta, basta a declaração, feita pelo próprio interessado, de que a sua situação econômica não permite vir a juízo sem prejuízo da sua manutenção ou de sua família. Essa norma infraconstitucional põe-se, ademais, dentro do espírito da Constituição, que deseja que seja facilitado o acesso de todos à Justiça (CF, art. 5º, XXXV)."

O STF tem se pronunciado constantemente sobre a matéria, *verbis*:

"Assistência judiciária gratuita – Lei n. 1.060/1950, art. 4º; CF, art. 5º, LXXIV – Incompatibilidade inocorrente.

"O art. 4º da Lei n. 1.060/1950 não colide com o art. 5º, LXXIV, da CF, bastando à parte, para que obtenha o benefício da assistência judiciária, a simples afirmação da sua pobreza, até prova em contrário – Recurso extraordinário não conhecido" (1ª Turma, RE 204.458, rel. Min. Ilmar Galvão, *DJU* 27.6.1997).

Desse modo, diante da regra do art. 4º da Lei 1.060/1950, com a redação dada pela Lei 7.510/1986, presume-se pobre, para obtenção da assistência judiciária, quem afirmar essa condição.

O sentido das regras jurídicas da Lei federal 1.060/1950, como também da CF, no inciso LXXIV do art. 5º, é o de facilitar o acesso à Justiça à parte carente.

Portanto, não podem vingar as decisões judiciais que excluem o acesso à Justiça daqueles necessitados que deixam de juntar declaração de pobreza ou, se promovem a juntada, são defendidos por advogado particular.

A não concessão do benefício da justiça gratuita importa afronta a três mandamentos constitucionais: (1º) o da isonomia e o da não discriminação, posto que todos são iguais perante a lei, e, no caso, haveria impedimento à pessoa carente de ingressar em juízo; (2º) o exclusão da apreciação pelo Poder Judiciário de lesão ou ameaça a direito; e, por último, (3º) o da prestação da assistência judiciária integral e gratuita.[33]

"Constitucional – Acesso à Justiça – Assistência judiciária – Lei n. 1.060, de 1950 – CF, art. 5º, LXXIV.

"I – A garantia do art. 5º, LXXIV – assistência jurídica integral e gratuita aos que comprovarem insuficiência de recursos – não revogou a de assistência judiciária gratuita da Lei n. 1.060, de 1950, aos necessitados, certo que, para obtenção desta, basta a declaração, feita pelo próprio interessado, de que a sua situação econômica não permite vir a juízo sem prejuízo da sua manutenção ou de sua família. Essa norma infraconstitucional põe-se, ademais, dentro no espírito da Constituição, que deseja que seja facilitado o acesso de todos à Justiça (CF, art. 5º, XXXV).

"II – Recurso extraordinário não conhecido" (2ª Turma, RE 205.746, rel. Min. Carlos Velloso, *DJU* 28.2.1997).

33. Sobre o assunto, confira-se o seguinte julgado:

"Assistência judiciária – Indeferimento liminar, sob o fundamento da existência de elementos que parecem incompatíveis com a presunção de pobreza – Inadmissibilidade – Necessidade da oitiva do interessado, em obediência ao princípio constitucional do contraditório – Conversão do julgamento em diligência para esse fim.

"(...). Em situações como a presente, em que denegado de ofício o benefício, esta Turma Julgadora tem perfilhado o alvitre proposto por Augusto Tavares Rosa Marcacini (*Assistência Jurídica, Assistência Judiciária e Justiça Gratuita*, Ed. Forense, Rio de Janeiro, 1996, p. 103), do seguinte teor: 'Não pode o juiz, porém, negar a gratuidade sem que haja prova clara neste sentido. O benefício só pode ser denegado de ofício *se houver prova inequívoca* de que o postulante não se ajusta ao perfil de beneficiário da gratuidade. Tal prova em contrário pode até mesmo decorrer das próprias afirmações da parte que requer o benefício. Porém, se não se puder extrair dos autos pleno descabimento do pedido de gratuidade, na dúvida, deve o juiz conceder o benefício de plano, pois prevalece a presunção de veracidade da pobreza. Além disso, antes de indeferir de plano, é conveniente que haja esclarecimentos à

Muitos julgados indeferem o pedido de concessão desse benefício pelo fato de o jurisdicionado pleitear direitos em juízo acompanhado de advogado particular. Contudo, esse fato, por si só, não poderia impedir o acesso à Justiça. Ora, o patrono pode muito bem ter concordado em prestar serviços de forma graciosa ou combinar que os honorários seriam pagos somente a final, no caso de procedência do pedido, como é praxe nos famosos "contratos de risco".

Quanto ao tema, oportuno o comentário de Nelson Nery Jr. e Rosa Maria de Andrade Nery: "*Gratuidade do serviço do advogado.* Nada obsta a que o advogado patrono de quem goza do benefício da assistência judiciária perceba honorários".[34]

parte acerca dos fatos que lhe pareceram incompatíveis com a concessão da gratuidade; atendendo, com isso, ao princípio do contraditório' (TJSP, AI n. 934.081-8)" (grifamos).

34. Nelson Nery Jr. e Rosa Maria de Andrade Nery, *Código de Processo Civil Comentado e Legislação Processual Civil Extravagante em Vigor*, 3ª ed., São Paulo, Ed. RT, 1997, p. 1.308. E no mesmo diapasão está o entendimento do TJSP, como demonstra o aresto da lavra do Des. Palma Bisson no julgamento do AI 1001412-0/0, da 36ª Câmara desse egrégio Tribunal, em 10.1.2006, cuja ementa reza: "*Ementa:* Agravo de instrumento – Acidente de veículo – Ação de indenização – Decisão que nega os benefícios de gratuidade ao autor, por não ter provado que menino pobre é e por não ter peticionado por intermédio de advogado integrante do convênio OAB/PGE". Na fundamentação, o ilustre Desembargador-Relator assevera: "(...) a circunstância de estar a parte pobre contando com defensor particular, longe de constituir um sinal de riqueza capaz de abalar os de evidente pobreza, antes revela um gesto de pureza do causídico; ademais, onde está escrito que pobre que se preza deve procurar somente os advogados dos pobres para defendê-lo? Quiçá no livro grosso dos preconceitos... – Recurso provido".

A jurisprudência coaduna-se com tal entendimento, conforme demonstram as ementas a seguir transcritas:

"Assistência judiciária – Defensoria Pública – Advogado particular Interpretação da Lei n. 1.060/1950.

"1. Não é suficiente para afastar a assistência judiciária a existência de advogado contratado. O que a lei especial de regência exige é a presença do estado de pobreza, ou seja, da necessidade da assistência judiciária por impossibilidade de responder pelas custas, que poderá ser enfrentada com prova que a desfaça. Não serve para medir isso a qualidade do defensor, se público ou particular.

"2. Recurso especial conhecido e provido" (STJ, 3ª Turma, REsp 679.198-PR, 2004/0103656-9, rel. Min. Carlos Alberto Menezes Direito, j. 21.11.2006, *DJU* 16.4.2007, p. 184).

"Agravo de instrumento – Execução fundada em título extrajudicial – Assistência judiciária gratuita – Decisão de indeferimento do benefício. Além dos rendimentos mensais, devem ser consideradas as despesas mensais básicas com a manutenção da família, bem como o valor das custas processuais, para concessão do benefício

Portanto, para não violar o princípio do acesso à Justiça, o benefício da assistência judiciária somente deve ser negado se houver prova inequívoca de que o requerente não se ajusta ao perfil de beneficiário. Na dúvida, deve-se sempre conceder o benefício.

Por fim, é importante asseverar que o Estado cumprirá a função social da jurisdição se propiciar tratamento igualitário a todos que venham buscar a tão almejada tutela jurisdicional, não somente no sentido conceder direitos iguais no desenvolvimento do processo, mas também isonomia nas decisões sobre causas idênticas. Conforme ensina Teresa Arruda Alvim Wambier, o direito à igualdade é "princípio umbilicalmente ligado ao Estado de Direito e ao regime democrático, e tem estado presente nas preocupações dos povos ocidentais desde a Revolução Francesa".[35]

Assim, não é mais admissível no processo civil moderno que para casos que versem sobre a mesma causa de pedir e o mesmo pedido um cidadão tenha a tutela concedida, e outro não. Ou que, dentro do mesmo tribunal, uma Câmara ou Turma entenda pela concessão, e outra não. Na verdade, essa diversidade de interpretação e de soluções dadas para casos idênticos acaba por trazer insegurança jurídica, eis que gera a desconfiança, a falta de credibilidade do jurisdicionado para com o Poder Judiciário. De fato, qualquer um fica perplexo ao constatar que para uma mesma questão jurídica possam haver duas soluções distintas.

em questão. A representação em juízo por advogado particular e a propriedade de um veículo de reduzido valor e de um imóvel residencial, bens, estes, que não proporcionam lucro, não obstam à concessão deste benefício – Precedentes da jurisprudência – Benefício concedido – Recurso provido" (TJSP, 24ª Câmara de Direito Privado, AI 990.10.175642-0, rel. Des. Plínio Novaes de Andrade Jr., j. 27.9.2010, data do registro: 1.10.2010).

No mesmo sentido os seguintes julgados do TJSP: 17ª Câmara de Direito Privado, AI 990100726960, rel. Des. Walter Fonseca; 33ª Câmara de Direito Privado, AI 990103048610, rel. Des. Cristiano Ferreira Leite; AI 990103775414. Relator(a): Teixeira Leite; 30ª Câmara de Direito Privado, AI 990103889541, rel. Des. Orlando Pistoresi; 5ª Câmara de Direito Privado, AI 990102823172, rel. Des. Álvaro Passos; Turma Cível, AI 990103156307, rel. Des. Salles Rossi; 10ª Turma Cível, AI 990102194019, rel. Des. Carlos Henrique Trevisan; 29ª Câmara de Direito Privado, ACi 992060550375, rel. Des. Ferraz Felisardo; 8ª Câmara de Direito Público, AI 990103650344, rel. Des. Carvalho Viana; 11ª Câmara de Direito Privado, AI 990102819396, rel. Des. Gil Coelho – dentre centenas de outros.

35. Teresa Arruda Alvim Wambier, "Os princípios constitucionais da legalidade e da isonomia como inspiradores da compreensão de algumas recentes alterações do direito positivo: Constituição Federal e Código de Processo Civil", *Revista do Advogado* 26/188, São Paulo, 2006.

Leonardo José Carneiro da Cunha, sobre o assunto, salienta que "a necessidade de se manter coerência, ordem e unidade no sistema, impondo que casos idênticos sejam solucionados da mesma maneira, privilegia os princípios da isonomia e da legalidade, conferindo maior previsibilidade para casos similares ou idênticos e afastando as arbitrariedades ou decisões tomadas ao exclusivo sabor das contingências ou vicissitudes pessoais do julgador".[36]

Em razão disso, o legislador vem se empenhando em modificar as normas processuais, para possibilitar o máximo de tratamento isonômico, como se nota da previsão dos recursos excepcionais representativos de controvérsia e também do incidente de demandas repetitivas, que consta do Código projetado.

A intenção do legislador, com esse tipo de previsão, é conseguir redução de carga de trabalho repetitivo. Nessa seara, o uso dos chamados precedentes poderá permitir economia de tempo aos juízes – tempo, esse, necessário para o aprofundamento das teses jurídicas, possibilitando, assim, decisões mais elaboradas e, consequentemente, eficiência no desenvolvimento da função jurisdicional.

Nesse sentido, Luiz Henrique Volpe Camargo afirma: "Com a descarga de trabalho, fruto da presumida solução mais rápida de demandas repetitivas, acredita-se – e espera-se – que juízes realmente enfrentem todos os argumentos das partes que, por si sós, possam levar a conclusão jurídica inversa à adotada, cumprindo, pois, com o dever de realmente fundamentar as decisões judiciais, já que as partes não são figurantes do processo ou meras espectadoras da atuação judicial, mas, sim, impulsionadoras e destinatárias da prestação jurisdicional; logo, aquilo que sustentam não pode ser simplesmente ignorado pelo magistrado, a seu exclusivo arbítrio. Assim, por qualquer ângulo que se analise a questão, é possível sustentar que a observância aos precedentes é capaz de proporcionar mais qualidade na prestação jurisdicional".[37]

Desta forma, com o respeito aos precedentes, evitando decisões distintas para questões idênticas, pode-se dizer que o Estado cumprirá a função social do processo e da própria jurisdição, eis que com isso o jurisdicionado terá a necessária confiança no Judiciário – o que, em consequência, trará segurança jurídica quanto à legalidade ou ilegalidade

---

36. Leonardo José Carneiro da Cunha, "O regime processual das causas repetitivas", *RePro* 179/149, São Paulo, Ed. RT, 2010.

37. Luiz Henrique Volpe Camargo, "A força dos precedentes no moderno processo civil brasileiro", in Teresa Arruda Alvim Wambier (coord.), *Direito Jurisprudencial*, São Paulo, Ed. RT, 2012, p. 580.

de seus atos, negócios jurídicos etc., evitando, assim, a instauração de verdadeiro caos social.

3. Conclusão

O Estado cumpre a função social da jurisdição quando proporciona o acesso à ordem jurídica justa, garantindo, de forma ampla, a prestação da tutela jurisdicional a todos os cidadãos, em igualdade de condições, permitindo que os necessitados possam defender seus direitos em juízo, fazendo cumprir os ditames do princípio do devido processo legal, com a aplicação de todos os direitos fundamentais consagrados na Constituição Federal, os quais não podem ser jamais postos de lado sob a pecha de que se deve obter a celeridade processual a qualquer custo.

E mais: no cumprimento do exercício da função social da jurisdição, o Estado não pode se eximir de sentenciar alegando lacunas na lei ou estado de dúvida sobre a existência do direito. Não se pode mais admitir juízes de costas para a realidade social. O juiz não pode mais manter atitude passiva na colheita de provas, e deve buscar, ao máximo, a obtenção da verdade real. Se não há norma regulando o conflito que lhe é submetido, o órgão julgador deve elaborar a norma a ser aplicada ao caso concreto, levando em consideração não somente os direitos fundamentais consagrados na Constituição Federal, mas também os conflitos sociais, os anseios e a obtenção da paz social.

Enfim, como ensina Paulo Henrique dos Santos Lucon: "Respeitar as garantias mínimas de meios e de resultados significa efetivar o devido processo legal substancial e ao mesmo tempo fazer cumprir o objetivo central de todo o processo civil, que é justamente o acesso à ordem jurídica justa. Eis o princípio-síntese a ser atingido mediante o devido processo legal; com ele atinge-se o processo justo, que é aquele portador de tutela jurisdicional a quem efetivamente tem razão – meios justos, resultados justos".[38]

E, em consequência da realização do processo justo, com meios justos, resultados justos, é que o Estado cumprirá a função social da jurisdição e do próprio processo.

Além disso, para cumprir a função social é imperioso que seja dado tratamento isonômico aos jurisdicionados, no sentido de haver unidade

---

38. Paulo Henrique dos Santos Lucon, *Devido Processo legal Substancial*, cit., disponível em *http://www.mundojuridico.adv.br/sis_artigos/artigos.asp?codigo=6* (acesso em 15.11.2010).

na aplicação do Direito – ou seja: para casos idênticos o Judiciário deve aplicar a mesma solução. Para tanto, entendemos que os precedentes exercem importante papel, eis que criam segurança jurídica.

Bibliografia

BORGES, Marcos Afonso. "Os poderes, os deveres e as faculdades do juiz no processo". *RePro* 95. São Paulo, Ed. RT, 1999.

BUENO, Cássio Scarpinella. *Curso Sistematizado de Direito Processual Civil.* 5ª ed., vol. 1. São Paulo, Saraiva, 2011.

CALMON DE PASSOS, J. J. "Função social do processo". *Jus Navigandi* 58. N. 7. Teresina, 1.8.2002 (disponível em *http://jus.uol.com.br/revista/texto/3198*, acesso em 30.10.2010).

CAMARGO, Luiz Henrique Volpe. "A força dos precedentes no moderno processo civil brasileiro". In: WAMBIER, Teresa Arruda Alvim (coord.). *Direito Jurisprudencial.* São Paulo, Ed. RT, 2012 (pp. 553-673).

CANOTILHO, José Joaquim Gomes. *Estudos sobre Direitos Fundamentais.* 1ª ed. São Paulo, Ed. RT, 2008.

CERQUEIRA, Luiz Otávio Sequeira de. "O princípio da fungibilidade e os poderes do juiz". In: CERQUEIRA, Luiz Otávio Sequeira de, CRUZ, Luana Pedrosa de Figueiredo, GOMES JR., Luiz Manoel, e MEDINA, José Miguel Garcia (coords.). *Os Poderes do Juiz e o Controle das Decisões Judiciais.* São Paulo, Ed. RT, 2008.

_____, CRUZ, Luana Pedrosa de Figueiredo, GOMES JR., Luiz Manoel, e MEDINA, José Miguel Garcia (coords.). *Os Poderes do Juiz e o Controle das Decisões Judiciais.* São Paulo, Ed. RT, 2008.

COMPARATO, Fábio Konder. "Direitos e deveres fundamentais em matéria de direito de propriedade". *Revista do Centro de Estudos Judiciários* 1. N. 3.

CORTIANO JR., Eroulths. *O Discurso Jurídico da Propriedade e suas Rupturas.* Rio de Janeiro, Renovar, 2002.

CRUZ, Luana Pedrosa de Figueiredo, CERQUEIRA, Luiz Otávio Sequeira de, GOMES JR., Luiz Manoel, e MEDINA, José Miguel Garcia (coords.). *Os Poderes do Juiz e o Controle das Decisões Judiciais.* São Paulo, Ed. RT, 2008.

CUNHA, Leonardo José Carneiro da. "O regime processual das causas repetitivas". *RePro* 179. São Paulo, Ed. RT, 2010.

DINAMARCO, Cândido Rangel. *Instituições de Direito Processual Civil.* 7ª ed., vol. I. São Paulo, Malheiros Editores, 2013.

DONZELE, Patrícia Fortes Lopes. *A Função Social da Propriedade e as Ações Possessórias.* Disponível em *www.direitonet.com.br/artigos/perfil/exibir/84253* (acesso em 15.11.2010).

GODINHO, André Osório. "Função social da propriedade". In: TEPEDINO, Gustavo (coord.). *Problemas de Direito Civil-Constitucional.* Rio de Janeiro, Renovar, 2000.

GOMES JR., Luiz Manoel, CERQUEIRA, Luiz Otávio Sequeira de, CRUZ, Luana Pedrosa de Figueiredo, e MEDINA, José Miguel Garcia (coords.). *Os Poderes do Juiz e o Controle das Decisões Judiciais*. São Paulo, Ed. RT, 2008.

LUCON, Paulo Henrique dos Santos. *Devido Processo Legal Substancial*. Publicado em 16.6.2005. Disponível em *http://www.mundojuridico.adv.br/sis_artigos/artigos.asp?codigo=6* (acesso em 15.11.2010).

MALAQUIAS, Roberto Antônio Darós. *A Função Social do Processo no Estado Democrático de Direito*. Curitiba, Juruá, 2010.

MARINONI, Luiz Guilherme. "A legitimidade da atuação do juiz a partir do direito fundamental à tutela jurisdicional efetiva". In: CERQUEIRA, Luiz Otávio Sequeira de, CRUZ, Luana Pedrosa de Figueiredo, GOMES JR., Luiz Manoel, e MEDINA, José Miguel Garcia (coords.). *Os Poderes do Juiz e o Controle das Decisões Judiciais*. São Paulo, Ed. RT, 2008.

MEDINA, José Miguel Garcia, CERQUEIRA, Luiz Otávio Sequeira de, CRUZ, Luana Pedrosa de Figueiredo, e GOMES JR., Luiz Manoel (coords.). *Os Poderes do Juiz e o Controle das Decisões Judiciais*. São Paulo, Ed. RT, 2008.

NERY JR., Nelson. *Princípios do Processo Civil na Constituição Federal*. São Paulo, Ed. RT, 1995.

_____, e NERY, Rosa Maria de Andrade. *Código de Processo Civil Comentado e Legislação Processual Civil Extravagante em Vigor*. 3ª ed. São Paulo, Ed. RT, 1997.

PELHE GIMENEZ, Vanessa Aparecida. "Uma reflexão constitucional acerca da revelia e os poderes do juiz na análise de seus efeitos". In: CERQUEIRA, Luiz Otávio Sequeira de, CRUZ, Luana Pedrosa de Figueiredo, GOMES JR., Luiz Manoel, e MEDINA, José Miguel Garcia (coords.). *Os Poderes do Juiz e o Controle das Decisões Judiciais*. São Paulo, Ed. RT, 2008.

RIBEIRO, Benedito Silvério. *Tratado de Usucapião*. 6ª ed., vol. II. São Paulo, Saraiva, 2008.

SILVA, José Afonso da. *Curso de Direito Constitucional Positivo*. 36ª ed. São Paulo, Malheiros Editores, 2013.

TARTUCE, Flávio. *A Função Social da Posse e da Propriedade e o Direito Civil Constitucional*. Elaborado em novembro/2005 (disponível em *http://jus2.uol.com.br/doutrina/texto.asp?id=7719*, acesso em 20.10.2010).

TEPEDINO, Gustavo (coord.). *Problemas de Direito Civil-Constitucional*. Rio de Janeiro, Renovar, 2000.

WAMBIER, Teresa Arruda Alvim. "Os princípios constitucionais da legalidade e da isonomia como inspiradores da compreensão de algumas recentes alterações do direito positivo: Constituição Federal e Código de Processo Civil". *Revista do Advogado* 26. São Paulo, 2006.

_____ (coord.). *Direito Jurisprudencial*. São Paulo, Ed. RT, 2012.

ZAVASCKI, Teori Albino. "A tutela da posse na Constituição e no novo Código Civil". *Revista Ibero-Americana de Direito Público* XII/243-254.

_____. "Eficácia social da prestação jurisdicional". *Revista de Informação Legislativa* 31/291-296. N. 122. Abril-junho/1994.

A AÇÃO E AS CONDIÇÕES DA AÇÃO NO PROCESSO CIVIL CONTEMPORÂNEO*

ARRUDA ALVIM

Professor Titular da Pontifícia Universidade Católica de São Paulo – PUC/SP
– Advogado

1. Sobre a necessidade de reflexão de conceitos estabelecidos. 2. A teoria de Liebman: questionamentos e soluções aventados na doutrina pátria. 3. Condições da ação e mérito: novas facetas de uma velha questão. 4. O Projeto de Lei do Senado 166/2010 e a possibilidade de repropositura das ações extintas por carência: uma questão para reflexão.

1. Sobre a necessidade de reflexão de conceitos estabelecidos

O estágio atual da ciência processual revela uma preocupação extrema com a instrumentalidade,[1] de tal modo que os institutos e conceitos

---

* Escrito por ocasião da comemoração dos 40 anos da obra *Teoria Geral do Processo*, de Antônio Carlos de Araújo Cintra, Ada Pellegrini Grinover e Cândido Rangel Dinamarco.

1. As fases da ciência processual são abordadas por Cândido Rangel Dinamarco em seus *Fundamentos do Processo Civil Moderno*, 6ª ed., vol. vol. I, São Paulo, Malheiros Editores, 2010. Nesse texto o autor recapitula as três fases metodológicas da história do processo civil. Diz: "O processo civil moderno é o resultado de uma evolução desenvolvida, no mundo de cultura romano-germânica, a partir de longo período no qual o sistema processual era encarado como mero capítulo do direito privado, sem autonomia" (fase sincrética); "passou por uma riquíssima fase de descoberta de conceitos e construção de estruturas bem ordenadas, mas ainda sem a consciência de um comprometimento com a necessidade de direcionar o processo a resultados substancialmente justos" (fase autonomista ou conceitual, que tem como marco inicial o ano de 1868, quando publicada a obra paradigmática de Oskar von Bülow, *Teoria das Exceções e dos Pressupostos Processuais*); "e só em tempos muito recentes, a partir de meados do século XX, começou a prevalecer a perspectiva teleológica do processo, superado o tecnicismo reinante por um século" (fase instrumentalista ou teleológica) (ob. cit., p. 124). O texto ressalta também os impactos do novo Constitucionalismo sobre o processo e a importância de se atribuir conotação valorativa às técnicas processuais – movimento que, recentemente, tem conduzido alguns a situarem o momento atual como uma nova fase, a do chamado neoprocessualismo (cf. Eduardo Cambi, "Neoconstitucionalismo e neoprocessualis-

fundamentais estabelecidos pela Teoria Geral do Processo devem ser analisados à luz de sua finalidade bem como de sua utilidade para propiciarem um "processo civil de resultados".

Paralelamente, já se tem consciência de que não é possível, em absoluto, abandonar por completo as formalidades processuais[2] ou ignorar os conceitos básicos e as técnicas que estruturam o processo, sob pena de se negar ao jurisdicionado o direito de obter um processo justo. Para tanto, a técnica e a formalidade dos mecanismos processuais devem ser analisadas no confronto com as grandes matrizes político-constitucionais a que estão filiados os institutos e normas,[3] sob pena de se incorrer num formalismo desprovido de conotação axiológica.

Nessa medida, é relevante a reflexão sobre as adaptações operadas pela jurisprudência e doutrina pátrias a algumas premissas fundamentais do processo, em especial à Teoria Eclética da Ação de Liebman, inicialmente adotada no sistema processual brasileiro.

2. A teoria de Liebman: questionamentos e soluções aventados na doutrina pátria

Remanescem atuais os ensinamentos de Cintra, Grinover e Dinamarco, que relacionam o fenômeno – dinâmico – da ação com o da pessoa que pede o serviço jurisdicional.[4] A ação consiste, portanto, no direito ao exercício da tutela jurisdicional. É direito constante da lei processual civil, cujo nascimento depende de manifestação da vontade

mo", in Fredie Didier Jr. (org.), *Leituras Complementares de Processo Civil*, 6ª ed., Salvador, Juspodivm, 2008) ou do formalismo valorativo (cf. Carlos Alberto Alvaro de Oliveira, *Do Formalismo no Processo Civil*, 2ª ed., São Paulo, Saraiva, 2001).

2. Nessa linha o formalismo valorativo preconizado por Carlos Alberto Alvaro de Oliveira, para quem as formas processuais repercutem diretamente na delimitação dos poderes, faculdades e deveres dos sujeitos processuais, na coordenação de suas atividades, na ordenação do procedimento e na organização do processo. Segundo esse autor: "O fenômeno oferece duas facetas: no plano normativo, impõe uma equilibrada distribuição de poderes entre as partes, sob pena de tornar-se o contraditório uma sombra vã; no plano do fato, ou seja, no desenvolvimento concreto do procedimento, reclama o exercício de poderes pelo sujeito, de modo a que sempre fique garantido o exercício de poderes do outro" (Carlos Alberto Alvaro de Oliveira, *Do Formalismo no Processo Civil*, cit., 2ª ed., pp. 7-8).

3. Cândido Rangel Dinamarco, "O futuro do processo civil brasileiro", in *Fundamentos do Processo Civil Moderno*, cit., 6ª ed., vol. I, p. 127.

4. Antônio Carlos de Araújo Cintra, Ada Pellegrini Grinover e Cândido Rangel Dinamarco, *Teoria Geral do Processo*, 29ª ed., São Paulo, Malheiros Editores, 2013, Capítulo 27, pp. 279 e ss.

do interessado, e tem por escopo a prestação jurisdicional do Estado, visando, diante da hipótese fático-jurídica apresentada, à aplicação do direito material.

A ação existe, pois, mesmo prescindindo da existência do direito material. Pode dizer-se que a ação é, *per se* e também, um direito subjetivo, ao lado do direito subjetivo material. Por isso, predomina desde o Código de Processo Civil de 1939, em doutrina, a teoria do direito abstrato de ação,[5] observadas algumas variantes.

Dos arts. 2º, 267, VI, e 295, I a III, e parágrafo único, todos do CPC, se extrai a adoção quase integral da teoria da ação como compreendida por Enrico Tullio Liebman.[6] De acordo com essa concepção, a existência da ação se submete à verificação de determinadas condições, sem as quais não há função jurisdicional. Liebman parte da premissa de que somente há exercício da função jurisdicional quando o juiz se pronuncia sobre o mérito, isto é, quando profere sentença de procedência ou improcedência do pedido do autor.

A concepção eclética de Liebman é abstrativista, mas encontra sua peculiaridade justamente na exigência de se configurar observância das condições da ação, categorias lógico-jurídicas necessárias à consecução de uma sentença de mérito. Ao se vincular o direito de ação a determinada realidade fático-jurídica, há uma restrição à abstratividade absoluta.[7]

5. Enrico Tullio Liebman, "L'azione nella Teoria del Processo Civile", in *Problemi del Processo Civile*, Nápoles, Morano, 1962, pp. 22 e ss.; Marco Tullio Zanzucchi, *Diritto Processuale Civile*, 4ª ed., vol. 1, Milão, Giuffrè, 1962, n. 51, p. 56; Ugo Rocco, *Trattato di Diritto Processuale Civile*, vol. 1, Turim, UTET, 1957, p. 260; José Alberto dos Reis, *Processo Ordinário e Sumário*, 2ª ed., vol. I, Coimbra, Coimbra Editora, 1928, pp. 130 e ss.; Alfredo Buzaid, *Da Ação Declaratória*, São Paulo, Saraiva, 1943, n. 63, p. 85, e *O Agravo de Petição no Sistema do Código de Processo Civil*, 2ª ed., São Paulo, Saraiva, 1956, n. 37, p. 83; José Frederico Marques, *Instituições de Direito Processual Civil*, vol. 2, Rio de Janeiro, Forense, 1966, n. 260, p. 15; e Moacyr Amaral Santos, *Primeiras Linhas de Direito Processual Civil*, vol. 1, São Paulo, Max Limonad, 1961, p. 112.

6. Acerca do abstratismo defendido por Liebman, cf. *Manual de Direito Processual Civil*, 3ª ed., vol. I, trad. e "Notas" de Cândido Rangel Dinamarco, São Paulo, Malheiros Editores, 2005, pp. 198 e ss. Consultar também, do mesmo autor: "L'azione nella Teoria del Processo Civile", cit., in *Problemi del Processo Civile*, 1962.

7. No intuito de elucidar a natureza abstrata da teoria de Liebman, sem lhe retirar as particularidades, Donaldo Armelin alude a uma abstratividade restrita, que se distingue das teorias da ação como direito completamente abstrato pelo seguinte: "Se aceita a ação como direito completamente abstrato, desvinculado radicalmente da matéria correspondente ao mérito do processo, evidentemente, é de se aceitar que, em qualquer hipótese, desde que provocada através de estímulo da apresentação da

Ainda assim, a submissão do direito de ação à verificação da existência de *interesse de agir, legitimação para a causa* e *possibilidade jurídica do pedido* não desnatura o caráter abstrato da teoria em apreço, porquanto, como registra Dinamarco, "são abstratistas todas as teorias para as quais a ação se considere existente ainda quando inexistente o direito subjetivo material afirmado (ou seja: abstraindo-se da existência deste)"; e esta independência entre o direito de ação e a existência do direito material (procedência do pedido) é uma constante na obra de Liebman.[8]

Uma das dificuldades enfrentadas pelos estudiosos na adoção desta teoria consiste na caracterização do direito exercido quando não se verifica uma dessas condições. Como explicar o ato de impulso praticado pelo autor, ao pedir a tutela jurisdicional, se ação não houve? E, se a ação é direito abstrato, desvinculado de qualquer juízo – ainda que hipotético – sobre o objeto litigioso, como se pode afirmar que ação não houve, ainda que diante da ausência de uma das condições? Ainda: que atividade foi praticada pelo juiz, se não houve sentença de mérito e, seguindo a linha de raciocínio de Liebman, somente com esta sentença teria sido praticada a atividade jurisdicional?

Temos nos posicionado[9] no sentido de que o direito abstrato de ação existe, dado que diversas Constituições são expressas mesmo a respeito deste tipo de acesso ao Judiciário.[10] Entre nós, o art. 5º, XXXV, da CF de 1988 é expresso no sentido de que nenhuma lesão ou ameaça a direito poderá ser subtraída à apreciação do Judiciário. Assim, tal texto, longe de consagrar um direito concreto, em nível constitucional, consagra – isto, sim – autêntico *direito abstrato* de agir.

---

inicial veiculadora de um pedido determinado, a atuação da jurisdição, o direito de ação atuou em sua plenitude, independentemente da apreciação de tal pedido. Por outro lado, se a apreciação do mérito é essencial a um exercício regular do direito de ação, óbvio será que tal direito não se dinamizou, tanto assim que poderá ser reiterado" (*Legitimidade para Agir no Direito Processual Civil Brasileiro*, São Paulo, Ed. RT, 1979, p. 33).

8. "Nota 126" à 3ª ed., vol. I, da obra *Manual de Direito Processual Civil*, de Enrico Tullio Liebman, pp. 202-203, traduzida pelo próprio Dinamarco.

9. É o que temos dito deste o *Código de Processo Civil Comentado*, vol. 1, São Paulo, Ed. RT, 1975, e posteriormente no *Tratado de Direito Processual Civil*, vol. 1, São Paulo, Ed. RT, 1990, pp. 370-376.

10. Cf. nosso *Manual de Direito Processual Civil*, 14ª ed., São Paulo, Ed. RT, 2011, Capítulos X e XI da Primeira Parte. Ainda, sobre a ação como direito constitucional, análogo ao direito de petição, cf. a obra de Eduardo J. Couture, *Fundamentos do Processo Civil Moderno*, trad. de Rubens Gomes de Souza, São Paulo, Saraiva, 1946. Entre nós, cf., entre outros, Donaldo Armelin, *Legitimidade para Agir no Direito Processual Civil Brasileiro*, cit., p. 36.

Seria, o direito de ação, nesse caso, segundo a dicção do próprio Liebman,[11] um direito cívico, incondicionado, por dizer respeito ao próprio direito de peticionar e ter acesso aos órgãos jurisdicionais.

Julgamos que o direito genérico de petição, expressamente consagrado em nossa Constituição Federal (art. 5º, XXXV), é o meio ou veículo revelador do direito de ação, já agora situado no plano processual, à luz do preenchimento dos requisitos por esse sistema exigidos (arts. 3º e 267, VI, do CPC).

Todavia, não é este direito de petição, manifestamente genérico e abstrato, que é objeto específico e precípuo do direito processual civil. O direito de ação verdadeiramente objeto do processo civil é aquele idôneo e apto a provocar o desenvolvimento da atividade jurisdicional até ou tendente para a sentença de mérito.

Ao afirmar que o objetivo da ação é a obtenção da prestação jurisdicional – seja ela favorável ou não –, a tese de Liebman, abraçada pelo ordenamento pátrio, refere-se a esta perspectiva técnico-processual, que não despreza, em momento algum, o direito do autor de simplesmente invocar a tutela jurisdicional e de receber uma resposta do Estado. A resposta do Estado, porém, do ponto de vista do direito *constitucional* de ação, poderá dizer respeito à inviabilidade de se pronunciar quanto ao mérito, por não ter havido direito de ação (no sentido técnico-processual) ou, segundo alguns, *porque irregularmente exercido*. É isso o que, conforme se costuma afirmar, ocorre quando da decretação da carência de ação. Nesse caso, o direito *constitucional* de ação terá sido exercido, porquanto o autor terá invocado a prestação jurisdicional, e o Estado, ainda que não a tenha concedido, terá se manifestado acerca da invocação do autor. No *sentido técnico-processual*, entretanto, não terá havido exercício do direito de ação ou, pelo menos, não terá havido *exercício regular* ou *legítimo*[12] do direito de ação. Com efeito, parte da doutrina, amparada

---

11. Em trabalho já citado, Liebman diz ter a ação um outro sentido. Na realidade, podemos conceber a ação *uti civis*, como o direito de nos dirigirmos incondicionalmente ao Poder Judiciário. Esse direito coloca-se no plano constitucional (cf. Liebman, "L'azione nella Teoria del Processo Civile", cit., in *Problemi del Processo Civile*, n. 5, p. 41 – onde diz tratar-se de um *diritto pubblico* e *astratto*, "non condizionato ad alcun presupposto sostanziale e perciò spettante a chiuque, in qualsiasi circonstanza". Liebman, porém, não considera tal *direito* verdadeiramente uma ação.

12. Nessa expressão está implícita uma das primeiras "adaptações" feitas à Teoria da Ação de Liebman. Para explicar a atividade do autor que, após demandar em juízo um pronunciamento jurisdicional, tem a carência de ação decretada, parcela da doutrina desconstrói a ideia de que, nesse caso, não terá havido ação. Assim, ilustrativamente: José Carlos Barbosa Moreira ("Legitimação para agir. Indeferimento

na teoria do abuso do direito, costuma dizer que em casos de carência de ação o que falta não é propriamente o exercício do direito de ação, mas o exercício regular desse direito. A partir da distinção feita entre o direito *constitucional* de ação e a ação no sentido técnico-processual, julgamos não haver necessidade dessa adaptação à teoria de Liebman.

O juiz poderá não decidir, num caso concreto, o mérito de uma questão, proferindo, então, uma decisão de cunho estritamente processual, e não se poderá dizer que o proferir da decisão processual não consista em exercício de atividade jurisdicional. No caso de o autor não ter preenchido as condições da ação e de ter o processo acabado, pois, sem que o mérito tenha sido julgado, o autor terá legitimamente exercitado seu direito de petição, e não o direito de ação propriamente dito, exatamente por não estarem preenchidas as condições para exercê-lo; condições, estas, concretamente definidas no Código de Processo Civil (arts. 267, VI, e § 3º; 295, II e III; e 295, parágrafo único, III).

Em todo caso, remanesce a dúvida sobre a existência, ou não, de atividade jurisdicional, já que o autor não fazia jus a um provimento de mérito.

A opinião de Liebman é no sentido de que nesses casos não teria havido atividade jurisdicional, porquanto o autor não obteve um provimento definitivo sobre o mérito. Num dado passo, afirma o autor que na hipótese de carência de ação "non c'è vero esercizio della giurisdizione, ma soltanto uso delle sue forme".[13]

Tivemos a oportunidade, em outra sede e há algum tempo,[14] de refutar esse argumento, sem, contudo, pretender retirar a deferência que se deve ter à teoria do Mestre italiano.

de petição inicial", in *Temas de Direito Processual – Primeira Série*, 2ª ed., São Paulo, Saraiva, 1988, p. 199); Donaldo Armelin (*Legitimidade para Agir no Direito Processual Civil Brasileiro*, cit., pp. 33 e ss., *passim*) refere-se ao exercício irregular do direito de ação; e Rodrigo da Cunha Lima Freire (*Condições da Ação: Enfoque sobre o Interesse de Agir*, 3ª ed., São Paulo, Ed. RT, 2005, p. 63).

13. Liebman, "L'azione nella Teoria del Processo Civile", cit., in *Problemi del Processo Civile*, pp. 22-53.

14. José Manoel de Arruda Alvim Netto, *Direito Processual Civil – Teoria Geral do Processo de Conhecimento*, vol. I, São Paulo, Ed. RT, 1972, p. 53 – onde, na nota de rodapé 120, há referência à opinião de Ugo Rocco: "La differenza, se pure di differenza si può parlare, sarà solo di *quantità* e non di *qualità*, per quanto differenti possano essere gli effeti, che dal rendimento dell'una o dell'altra prestazione giurisdizionale possano derivare" (*Tratato di Diritto Processuale Civile*, cit., vol. 1 ("Parte Generale"), p. 245).

Na ocasião – e desde então o assunto atinente à teoria da ação nos interessa profundamente – dissemos que não há sentido em se afirmar que, inexistente uma ou algumas das condições da ação, não teria sido exercida a atividade jurisdicional. O que pode ter ocorrido – e nesse ponto a teoria de Liebman é extremamente coerente – é que o cumprimento da função jurisdicional não tenha se aperfeiçoado com toda a sua potencialidade. Isso porque, uma vez inexistente o provimento de mérito, a *definitividade*, que é característica essencial da jurisdição, pode não vir a ser alcançada (e, conforme a letra do Código de Processo Civil, não é alcançada) pela sentença de carência de ação.

Ainda assim objetamos que o fato de a *definitividade*, inerente ao provimento de mérito, não ter sido alcançada não retira a natureza jurisdicional da atividade exercida pelo órgão judicial no decorrer do processo. Essa atividade pode não ter cumprido *plenamente* sua função, seu objetivo – o que é coisa diversa. Porém, se a proteção jurisdicional (tutela jurisdicional) definitiva acerca do mérito não foi concedida em favor do autor ou do réu, nem por isso se pode dizer que não houve atividade voltada a este fim, é dizer, atividade jurisdicional.

Acaso a atividade da Polícia Judiciária não se considera exercida ou praticada ainda que no inquérito policial não se chegue a indiciar o suspeito ou a alcançar conclusões objetivas sobre o delito? Acaso não terá o delegado exercido atividade tipicamente policial ainda que a investigação não tenha surtido resultado conclusivo?

A situação do órgão judicial que não se pronuncia sobre o mérito para decretar a carência de ação é análoga, pois, mesmo que não se chegue a um provimento final que tutele o direito material do autor ou do réu de forma definitiva, pode-se dizer que o juiz exerceu atividade jurisdicional pelo simples fato de ter apreciado a viabilidade da pretensão do autor. O autor formulou contra o réu um pedido também de tutela de direito material, e a partir dessa formulação instaurou-se o processo ou teve início a instauração do processo, e foram desenvolvidas pelo juiz atividades tendentes à formulação da tutela jurisdicional. Se, constatada a ausência de direito ao exercício da ação pelo autor ou, para alguns, verificado o exercício irregular desse direito, por falta das condições da ação, não se pôde alcançar o resultado final esperado na jurisdição, nem por isso terá deixado de haver atividade jurisdicional. Pode não ter sido concedida *tutela* jurisdicional, porquanto a função da jurisdição não se fez perfeita e acabada. Mas a atividade desenvolvida pelo Estado, até o momento da sentença de carência de ação, é, indubitavelmente, jurisdicional, porquanto voltada para esse fim, só que com um resultado anômalo.

Diversamente do que vimos defendendo, Liebman parte do pressuposto de que é a ação que movimenta a jurisdição, e, definindo a ação como um direito abstrato que, para existir, tem que ter condições (possibilidade jurídica, interesse de agir e *legitimatio ad causam*), desde que faltando uma só condição não haverá ação. Não havendo ação – conclui –, necessariamente não pode haver atividade jurisdicional.[15]

A razão por que, anos atrás, discordamos do insigne Mestre está em que, segundo nosso pensamento, o exercício da atividade jurisdicional não pode ficar limitado à existência de *direito de ação* ou de *exercício regular desse direito*, tal como compreendia o ilustre processualista.

Já foi dito que o direito de ação tem, antes e além da perspectiva técnico-processual, uma perspectiva constitucional, cívica, assumida pelo próprio Liebman.

Não resta a menor dúvida de que tal direito difere do conceito de direito de ação no sentido técnico, construído pelo professor Enrico Tullio Liebman. Isto, porém, não nos autoriza a concluir que, diante de tal direito *uti civis*, não ocorra atividade jurisdicional. Por isso, dissemos o seguinte, em obra publicada no ano de 1972, antes da vigência do atual diploma:

> Não há dúvida de que, inexistentes as condições da ação – e assim não havendo ação –, não pode o juiz decidir sobre o mérito. Proferirá, no entanto, uma decisão, estruturalmente similar à sentença de mérito, onde justificará a inviabilidade de decisão de mérito. Ambas – esta sentença e a de mérito – são decorrência de atividade jurisdicional.[16]

Permanecemos com essa opinião acerca de ter havido exercício da atividade jurisdicional embora não tenham se aperfeiçoado todas as potencialidades da jurisdição em casos de decretação de carência.

Há, ainda, outros pontos em que a teoria de Liebman foi alvo de observações e até acréscimos, ocorridos a partir de constatações doutrinárias e jurisprudenciais da necessidade de adaptação da ciência processual à realidade da prática forense. A distinção entre as condições da ação e o mérito (este que é o próprio objeto litigioso) tem como uma de suas premissas a teoria da asserção. É que a análise das condições da ação é feita de forma hipotética e abstrata, de forma que não se confunde com a efetiva verificação dos fatos subjacentes à causa. Pela teoria da asser-

---

15. Liebman, ob. e loc. ult. cits.
16. V., acima, nota de rodapé 14.

ção, a verificação das condições da ação é procedida mediante análise dos fatos afirmados pelo autor (*in statu assertionis*). Segundo Machado Guimarães, na concepção de Liebman as questões atinentes ao interesse e à legitimação deveriam ser resolvidas admitindo-se, hipoteticamente, que as afirmações do autor fossem verdadeiras.[17]

Porém, esse juízo hipotético de acolhibilidade[18] não é suficiente para cumprir os desígnios de economia processual e prevenção do abuso do direito de demandar, ínsitos à criação das condições da ação. Concordamos, nesse ponto, com Leonardo Greco ao afirmar que a simples asserção não é suficiente para conferir ao autor o direito de ação, sob pena de autolegitimação. Diz, com razão, este autor que "a afirmação da situação fático-jurídica apta hipoteticamente ao acolhimento do pedido formulado deve estar acompanhada de um mínimo de verossimilhança e de provas capazes de evidenciar a possibilidade concreta desse acolhimento e de que a iniciativa do autor não submete o réu a um ônus de plano manifestamente abusivo de defender-se de uma demanda inviável". Logo, o exame a respeito das condições da ação deve ser feito de forma abstrata, consoante as afirmações do autor, e, também com base, ao menos, nos documentos que acompanham a inicial.[19]

3. Condições da ação e mérito: novas facetas de uma velha questão

Questão central atinente à análise da aplicação da teoria da ação formulada por Liebman em nosso ordenamento é a de saber *se e até que ponto* a decretação da carência de ação em decorrência da falta de uma das condições de admissibilidade vincula os órgãos jurisdicionais em caso de repropositura.

As dúvidas acerca da natureza da decisão que decreta a carência de ação – se se trata, ou não, de sentença de mérito – permanecem sondando a ciência do direito processual brasileiro, pois a lei vigente, especificamente o art. 268 do CPC, não oferece solução coerente e razoável a questões como a existência de coisa julgada e a possibilidade de repropositura da ação.

17. Luiz Machado Guimarães, "Carência de ação", in *Estudos de Direito Processual Civil*, Rio de Janeiro, Jurídica Universitária, 1969, p. 102; Leonardo Greco, *A Teoria da Ação no Processo Civil*, São Paulo, Dialética, 2003, p. 25.

18. Crisanto Mandrioli, *Diritto Processuale Civile*, 13ª ed., vol. I, Turim, G. Giappichelli, 2000, p. 43.

19. Kazuo Watanabe, *A Cognição no Processo Civil*, Campinas, Bookseller, 2000, p. 79.

Ao dispor que a extinção do processo sem resolução do mérito (excetuada a hipótese do inciso V do art. 267) "não obsta a que o autor intente de novo a ação", o art. 268 do CPC foi, ao mesmo passo, coerente com uma visão radical da teoria abstrata da ação, segundo a qual não há definitividade (coisa julgada material) num provimento judicial que não seja o de mérito, e incoerente com os princípios da economia e instrumentalidade do processo, em face dos quais não há como ser explicada a possibilidade de repropositura sucessiva e indefinidamente da mesma ação quando for insanável o vício que tenha ensejado a carência decretada anteriormente.

Nesse passo, muitos já haviam atentado para a circunstância de que, relativamente às condições da ação, dificilmente o vício apresentado poderia ser sanado numa "nova ação". Destacam-se, nesse ponto, as considerações de Ovídio A. Baptista da Silva e Fábio Luiz Gomes, feitas na intenção manifesta de afastar a adoção da teoria abstrata da ação:

> Para a maioria dos que seguem a doutrina de Liebman e consideram a ação como direito a um provimento sobre o mérito, uma vez extinto o processo por ausência de uma das condições da ação poderá o autor *intentá-la de novo* – neste sentido é expresso nosso Código em seu art. 268. Aqui, a identidade com a teoria do direito concreto revela-se mais forte. Tomemos como exemplo um caso em que o juiz extinguiu o processo julgando o autor de uma ação de despejo parte ilegítima por não ser o locador do prédio. Estaria o Código autorizando, em seu art. 268, o mesmo autor a propor novamente a mesma ação? Obviamente não! Parece evidente haver o legislador se referido àquela ação de despejo que não foi proposta pelo verdadeiro locador. Com efeito, a ação que ensejou uma sentença de carência por ilegitimidade do autor era uma demanda proposta por quem não era locador, objetivando o despejo de alguém que ocupa um prédio como inquilino. A pergunta que se põe é a seguinte: poderá essa mesma pessoa cuja condição de não locador foi declarada em sentença propor novamente a mesma ação contra o mesmo inquilino? Obviamente não! Então a "ação" de que trata o art. 268 é evidentemente outra, e não a *mesma "ação"*![20]

Tivemos a oportunidade de, noutra sede,[21] ressaltar a dificuldade – quase a impossibilidade – de renovação da ação em casos de decretação

---

20. Ovídio A. Baptista da Silva e Fábio Luiz Gomes, *Teoria Geral do Processo Civil*, 5ª ed., São Paulo, Ed. RT, 2009, Ponto VI, p. 115.

21. José Manoel de Arruda Alvim Netto, "O art. 268 do CPC, a ilegitimidade e a ocorrência de coisa julgada – Critérios de interpretação", in Teresa Arruda Alvim Wambier e outros (orgs.), *O Terceiro no Processo Civil Brasileiro e Assuntos Correlatos. Estudos em Homenagem ao Professor Athos Gusmão Carneiro*, São Paulo, Ed.

de ilegitimidade *ad causam*, o que fizemos com apoio em julgado do STJ, mas sem refutar as bases da teoria abstrata da ação.

A impossibilidade de renovação da causa em idênticos termos após a decretação de carência de ação ou extinção sem resolução de mérito em razão de outro vício é assente na jurisprudência do STJ, o que, sem dúvida, revela um avanço da jurisprudência ao interpretar o art. 268 do CPC.[22]

Dissentem os julgados, porém, quanto aos efeitos produzidos por essa decisão que decreta a carência – e, especificamente, a ilegitimidade –, posicionando-se, de um lado, aqueles que, como Sálvio Figueiredo Teixeira, entendem tratar-se de coisa julgada meramente formal e, de outro, aqueles que justificam a impossibilidade de repropositura, em casos de ilegitimidade, pela existência de coisa julgada material.[23]

RT, 2010. O julgado que analisamos foi proferido no REsp 160.850-SP (4ª Turma, rel. Min. César Asfor Rocha, j. 17.10.2000, *DJU* 5.3.2001, p. 167). Nele, o Relator afirma textualmente haver coisa julgada material quando há decretação de ilegitimidade *ad causam*. Tratou-se de entendimento inédito naquela Corte.

22. Cf., exemplificativamente: "Processo civil – Litigância de má-fé e ato atentatório à dignidade da Justiça – Confusão dos institutos – Repetição de ação já proposta, sem suprimento do vício apontado pelo magistrado que extinguiu a primeira relação processual – Parte manifestamente ilegítima – Coisa julgada formal. 1. Quando em anterior decisão do tribunal de origem afirmou-se que a sociedade de economia mista era parte manifestamente ilegítima para figurar no polo passivo, extinguindo o processo com relação a ela, sem que tenha havido recurso da parte interessada, torna-se impossível reabrir o tema em novo julgamento já decorrente de outra sentença, considerando-se formada a coisa julgada formal que inviabiliza seja reaberto no mesmo processo. 2. O acórdão recorrido acabou por confundir os institutos da multa por litigância de má-fé (art. 18, *caput*, do CPC), com a indenização por litigância (art. 18, § 2º, do CPC) e com a multa por ato atentatório à dignidade da Justiça (art. 601 do CPC.) 3. No caso em tela, nem a sentença nem o acórdão fundamentaram a cumulação da multa por litigância de má-fé com a multa por ato atentatório à dignidade da Justiça e indenização por litigância de má-fé. E mais: também não fundamentaram se o aumento da multa para 20% sobre o valor da causa dar-se-ia em razão de serem vários os condenados (autores), na forma do art. 18, § 1º, do CPC. O próprio voto condutor do acórdão recorrido fala de multa por litigância de má-fé; a ementa, da indenização a que alude o § 2º do art. 18 do CPC, em clara confusão dos institutos. 4. Assim, reconhecida claramente apenas a litigância de má-fé, deve ser decotada da pena a parte que extrapola o comando do art. 18, *caput*, do CPC. Assim, a multa imposta deve ficar adstrita ao patamar de 1% sobre o valor da causa – Agravo regimental parcialmente provido" (STJ, 2ª Turma, REsp/AgR 877.904-RS, rel. Min. Humberto Martins, j. 6.11.2007, *DJU* 19.11.2007, p. 219).

23. É esse o caso do REsp 160.850, assim ementado: "Processual civil – Ilegitimidade passiva – Extinção do processo sem julgamento de mérito – Indeferimento da inicial – Sentença sem recurso – Efeitos – Coisa julgada material. A sentença que

Parece-nos, de fato que, quando se decide que o autor não é parte legítima, no fundo se está decidindo que o direito pleiteado a esse autor não lhe diz respeito; que, ele, autor, não é o titular do direito postulado. E, nessa medida, justamente porque há eficácia fora do processo, isto se enquadra no âmbito da coisa julgada material. Do contrário, mercê de entendimento literal e estribado numa lógica "pobre", seria possível intentar diversas e sucessivas ações, em que juízes reconheceriam a ilegitimidade, até, eventualmente, encontrar o que a pudesse admitir. O único freio a isto seria reconhecer que a partir da segunda ou terceira vez estaria havendo abuso do direito de demandar.

De fato, parece evidente que, partindo-se da premissa de que aquilo que inviabilizou o primeiro processo – ilegitimidade *ad causam* – precisa ser respeitado pelo Judiciário, fora do processo, e esta solução configura coisa julgada material, obviamente circunscrita em relação ao que foi objeto da decisão.

A bem da verdade, independentemente da condição da ação que tenha ensejado a sentença de carência, a interpretação meramente literal do disposto no art. 268 do CPC viabilizaria sempre repropositura da mesma ação, o que se afigura inconcebível.

No caso da ilegitimidade, todavia, onde é clara a impossibilidade de sanar o vício sem modificação do elemento subjetivo da causa, é ainda mais patente a impossibilidade de aplicação do art. 268 do CPC, ainda que com a ressalva preconizada por parte do STJ no sentido de se corrigir o defeito que ocasionou a primeira extinção do processo.

A opinião de José Roberto dos Santos Bedaque converge significativamente com a nossa, pois, segundo esse autor, a decretação de ilegitimidade encerra exame parcial do objeto litigioso, que não está sujeito a discussão posterior. Para Bedaque não se trata propriamente de exame de mérito, porquanto o juiz não decidiu integralmente a lide; porém, entende o autor que a sentença de carência de ação produz, em casos de ilegitimidade, efeito substancial acerca das questões de direito material analisadas para o fim de se reconhecer a ilegitimidade. Convém reproduzir, nesse ponto, as palavras de Bedaque, ao asseverar que, "embora não elimine integralmente a lide, a sentença de carência por ilegitimidade produz eficácia extraprocessual, pois reconhece não ser o autor titular daquele direito afirmado na inicial, muito embora terceiro possa sê-lo.

indefere a petição inicial e julga extinto o processo, sem o julgamento de mérito, pela falta de legitimidade passiva para a causa faz trânsito em julgado material se a parte deixar transcorrer em branco o prazo para a interposição do recurso cabível, sendo impossível novo ajuizamento de ação idêntica – Recurso especial conhecido e provido".

(...)".²⁴ Sendo assim, tal sentença deve tornar-se imutável quanto à decretação de ilegitimidade, "gerando a impossibilidade de o autor voltar a postular a tutela jurisdicional para aquela situação da vida, em relação à qual ele já foi declarado estranho", já que, "afinal de contas, um pequeno aspecto da relação material foi solucionado".²⁵

A nosso ver, porém, a decretação de ilegitimidade encerra juízo de mérito para o autor, porque se terá afirmado que o direito, para ele, não pode existir.

Ora, o mérito corresponde "à pretensão não satisfeita espontaneamente, trazida pelo autor do plano material mediante a demanda e sobre que incide a decisão do juiz. (...)". É, pois, a *res in judicium deducta*, o objeto litigioso, concretamente analisado à luz de cognição exauriente.²⁶

Parece-nos que, relativamente àquela relação jurídica invocada na inicial, a *res in judicium deducta* terá sido analisada, da perspectiva de

---

24. José Roberto dos Santos Bedaque, *Efetividade do Processo e Técnica Processual*, 3ª ed., São Paulo, Malheiros Editores, 2010, p. 299.

25. Idem, pp. 299 e 300. Prossegue o autor com as seguintes considerações: "Não se pode ignorar, todavia, os efeitos substanciais dessa decisão.

"Se há eficácia no plano material, ainda que mínima, ela deve adquirir o mesmo grau de imutabilidade conferido à sentença. A limitação imposta à coisa julgada formal, consistente em circunscrever tal qualidade ao âmbito de determinado processo, decorre da ausência de efeitos materiais da sentença meramente processual. Se, porém, há alguma projeção substancial com a extinção do processo, embora mínima, a coisa julgada deve alcançá-la.

"Nesse linha de raciocínio, a imutabilidade da sentença deve atingir também esse efeito, tornando inadmissível o reexame da questão em outra demanda. Quanto a esse aspecto da relação material, a sentença de carência é apta a transitar materialmente em julgado, embora não se trate de julgamento de mérito.

"Chega-se, então, no ponto fundamental da questão. Mesmo admitindo haver certa identidade entre *ilegitimidade* e *improcedência*, não se pode simplesmente ignorar o direito positivo. Por isso, a relevância em distinguir os dois fenômenos deve ser buscada no regime processual diverso a que cada um deles está sujeito.

"Se a situação for de ilegitimidade, não obstante os efeitos substanciais dessa sentença sejam semelhantes aos produzidos pelo julgamento de mérito, o juiz está autorizado a indeferir a inicial e a conhecer de ofício da matéria a qualquer momento (CPC, arts. 295, II, e 267, VI e § 3º). Aqui reside a relevância em identificar com precisão as situações de ilegitimidade. Se no âmbito do direito material há muita semelhança entre improcedência e ilegitimidade, do ponto de vista processual cada uma dessas situações recebe tratamento diverso. Só por isso já se justifica a distinção" (José Roberto dos Santos Bedaque, *Efetividade do Processo e Técnica Processual*, cit., 3ª ed., p. 301).

26. José Roberto dos Santos Bedaque, *Efetividade do Processo e Técnica Processual*, cit., 3ª ed., p. 254.

negar a titularidade de quem a invoca. De fato, se o autor não demonstra, em abstrato, ser titular da relação jurídica invocada, ou não demonstra a possibilidade de, em tese, o réu vir a ser submetido à sua pretensão, disso decorre que não tem o direito pleiteado naquela relação jurídica. É dizer: ou aquele que figura como autor não tem o direito que invoca, por não ser titular ativo da relação jurídica material, ou o direito invocado não existe contra aquele que figura como réu, por não ser ele o titular passivo da relação jurídica material.[27]

Se tal análise prescindiu da realização de instrução probatória, isso se deve à evidência da falta de situação legitimante, o que não autoriza supor que a mesma ação possa ser proposta novamente.[28] Obviamente, aquele que seria ou que virá a ser o legitimado, justamente por ser terceiro em relação a esse processo, não será afetado por aquilo que nele se haja decidido.

Esse o segundo aspecto que nos causa perplexidade quando tentamos dissociar a ilegitimidade (ordinária) do mérito: a questão da repropositura. Se, de acordo com o art. 268 do CPC, a sentença de carência de ação não obsta a que seja reproposta a demanda, disso decorre a interpretação literal de que o autor poderia, indefinidamente, propor a mesmíssima ação, sem que os juízos posteriores estivessem vinculados à primeira sentença. Não podemos vislumbrar como, nesse ponto, o Código estaria favorecendo a economia processual ou reprimiria o abuso do direito de demandar. Ao lado de constituir essa interpretação literal um caminho a uma solução absurda.

27. No caso de haver cumulação subjetiva de ações, obviamente que a análise do mérito será parcial em relação ao *processo como um todo*, que prosseguirá quanto às demais lides; quanto àquela ação específica, em que houve decretação de ilegitimidade, terá havido resolução total do mérito, pois a lide terá sido totalmente resolvida.

28. Parece-nos que o fato de a sentença de carência ter sido prolatada prematuramente, isto é, em sede liminar, não autoriza o raciocínio de que, devido à superficialidade da cognição, a ação possa ser reproposta. A cognição não é superficial, porque a parte é ilegítima *mesmo que se admitam verdadeiros os fatos alegados*, e se o juiz assim decidiu é porque admitiu os fatos necessários para isso. É dizer: a análise probatória mais aprofundada é dispensável, diante da evidência da inexistência de titularidade do direito-submissão ao direito. Sob outra ótica, a abertura do contraditório à parte ré é também despicienda: numa conjuntura em que se admite o julgamento *prima facie* do mérito em hipóteses como as de decretação de prescrição ou decadência, reconhecimento da impossibilidade jurídica do pedido e julgamento de ações repetitivas (art. 285-A), ao argumento de que tais sentenças são benéficas ao réu, há que se aplicar idêntica lógica à sentença que decreta a ilegitimidade *ad causam*, atribuindo-lhe a produção de coisa julgada material.

De fato, se o Código de Processo Civil alude à inexistência de resolução de mérito (art. 267, VI) e se o art. 268 autoriza a repropositura da ação após o trânsito em julgado da sentença que decreta a ilegitimidade *ad causam*, é certo que a coisa julgada meramente formal não impedirá que o autor, precedentemente considerado ilegítimo pelo Poder Judiciário, venha a propor idêntica ação.

Tamanho é o contrassenso a que conduz esse raciocínio, que a jurisprudência e a doutrina pátrias vêm interpretando o disposto no art. 268 com ressalva de que a repropositura somente está autorizada quando sanado o vício decretado pela sentença anterior.

Não convergem, porém, os posicionamentos que tentam justificar a que título a sentença precedentemente decretada, fundada no art. 267 do CPC, vincularia o juízo em caso de repropositura. Também não nos parece clara a questão de como se poderia repropor a mesma ação e ao mesmo tempo sanar o vício de ilegitimidade ativa ou passiva.

Em casos de ilegitimidade não nos afigura suficiente interpretar o art. 268 com a ressalva de que a repropositura depende da correção do vício que maculou a ação anterior, por duas razões. Em primeiro lugar porque, intuitivamente, sanar o vício da ilegitimidade significaria modificar o polo passivo ou ativo da ação, e em tal hipótese não haveria que se falar em repropositura.

Tenha-se em mente, ainda, que a interpretação literal do art. 485 do CPC não permite ao jurisdicionado que se reveja a decretação de ilegitimidade, porquanto, nos termos do Código, a sentença que decreta a ilegitimidade não é "sentença de mérito", nem produz coisa julgada material.

O que se percebe, portanto, é que a opção legislativa voltada a garantir ampla possibilidade ao jurisdicionado de "rever" a sentença de carência termina, no caso da decretação de ilegitimidade, por lhe fechar a via destinada a esse fim. A sentença de carência, que pretensamente cuidaria de questão meramente processual e não obstaria ao direito do autor de requerer novamente a tutela jurisdicional, se reveste, do ponto de vista prático, de uma definitividade ainda maior que a sentença de mérito, pois esta pode, em hipóteses restritas, ser objeto de ação rescisória.

Todas essas lacunas, provenientes da disciplina legal das sentenças que decretam a ilegitimidade *ad causam*, são perceptíveis no plano doutrinário e jurisprudencial, de onde surgem diversas soluções às questões que acabamos de expor.

E, conforme se perfilhe o entendimento de que a sentença que decreta a ilegitimidade *ad causam* se refira ou não ao mérito, serão diversas as consequências aplicáveis a um dado caso.

A se entender pela inexistência de análise de mérito, a ação poderá ser reproposta indefinidamente, pela interpretação literal do art. 268 do CPC, pois a coisa julgada será meramente formal. E mesmo que se aplique a ressalva imposta por parte da doutrina e da jurisprudência, também constante do art. 473, § 1º, do Projeto de Lei do Senado 166/2010,[29] no sentido de somente se admitir a repropositura mediante correção do vício, deve-se ter presente que em casos de ilegitimidade é inviável a repropositura.

De outro lado, desprezando-se a literalidade do art. 267, *caput* e inciso VI, e do art. 268 do CPC, tem-se, numa perspectiva teleológica e sistemática do ordenamento, a inadmissibilidade da reprodução pura e simples da ação extinta anteriormente, pois se terá operado a coisa julgada material. E, nesse caso, serão diversas as possibilidades de impugnação e desconstituição da sentença.

4. O Projeto de Lei do Senado 166/2010 e a possibilidade de repropositura das ações extintas por carência: uma questão para reflexão

Sem embargo do nosso posicionamento acerca da matéria, é preciso consignar que o Projeto de novo Código de Processo Civil[30] disciplina a matéria de maneira análoga à disposição do art. 268 do CPC vigente, cuidando, ainda, de enfatizar a possibilidade de renovação da ação *especificamente nos casos em que tenha sido anteriormente reconhecida a ilegitimidade ou a falta de interesse processual*, sob a condição de que se corrijam os vícios que ocasionaram a sentença de carência de ação.

Dispõe o referido artigo do Projeto de Lei do Senado 166/2010 (redação aprovada no Senado):

> Art. 473. A sentença sem resolução de mérito não obsta a que a parte proponha de novo a ação.

---

29. Aprovado no Senado Federal e em trâmite na Câmara dos Deputados como Projeto de Lei 8.046/2010.

30. Projeto de Lei do Senado 166/2010, aprovado no Senado Federal e em trâmite na Câmara dos Deputados como Projeto de Lei 8.046/2010.

"§ 1º. No caso de ilegitimidade ou falta de interesse processual, a propositura da nova ação depende da correção do vício.
(...)".

Portanto, a premissa adotada no art. 473, § 1º, do Projeto de novo Código de Processo Civil é a da possibilidade de correção dos vícios de ilegitimidade ou falta de interesse processual (estas foram as condições da ação expressamente adotadas no Projeto), em que pese à extrema dificuldade de dissociar tais sentenças "terminativas" daquelas que julgam efetivamente o mérito.

A opção contida no dispositivo supracitado parece ter decorrido do compreensível apego dos processualistas à teoria de Liebman, bem como da tentativa de se propiciar ao jurisdicionado, tanto quanto possível, possibilidades diversas de exercer o direito constitucional de ação, ainda que, do ponto de vista técnico-processual, tenha cometido algum equívoco.[31]

Ainda assim parece-nos que a interpretação a ser conferida ao art. 473, *caput* e § 1º, do Projeto de Lei 8.046/2010 não pode partir da premissa da existência de uma correlação absoluta entre a sentença de carência de ação e a ausência de definitividade do provimento jurisdicional.

A ressalva constante do Projeto de novo Código de Processo Civil, relativa à renovação da ação, aplica-se somente às *hipóteses em que o vício for sanável* – o que, a nosso ver, dificilmente irá ocorrer –, porquanto na maior parte das vezes a decretação da falta de uma das condições da ação desvenda situações em que não é possível corrigir o vício sem modificar os elementos da ação.

31. Nesse sentido o entendimento prevalente no STJ: "(...). Nas hipóteses de extinção do processo sem resolução do mérito, por carência de ação (CPC, art. 267, VI), não há coisa julgada material, mas apenas coisa julgada formal – a qual, em regra, inviabiliza somente a discussão da controvérsia no mesmo processo, não em outro. Suprido o vício detectado na demanda anterior, é possível o ajuizamento de nova ação, observado o disposto no art. 268 do CPC. (...). No caso dos autos, a nova ação ajuizada pela ora recorrida – ação de investigação de paternidade c/c anulação de registro civil – vem escoimada dos vícios identificados na demanda anterior, na medida em que estão configurados o interesse processual, em seu binômio necessidade-utilidade ou necessidade-adequação, e a possibilidade jurídica do pedido. 3. É possível a cumulação, no âmbito de uma mesma ação, dos pedidos de investigação de paternidade e de anulação ou retificação do registro de nascimento, tendo em vista que a modificação do registro é consequência lógica da eventual procedência do pedido investigatório" (STJ, 4ª Turma, REsp 1.215.189-RJ, rel. Min. Raul Araújo, j. 2.12.2010, *DJe* 1.2.2011).

Somente a partir dessa reflexão será possível compreender a regra proposta e, em caso de aprovação do Projeto de Lei 8.046/2010 – o que, esperamos, deverá ocorrer o mais breve possível –, deverão prosseguir os debates e as reflexões acerca da natureza e da utilidade das condições da ação propostas por Liebman.

Bibliografia

AMARAL SANTOS, Moacyr. *Primeiras Linhas de Direito Processual Civil.* vol. 1. São Paulo, Max Limonad, 1961.

ARMELIN, Donaldo. *Legitimidade para Agir no Direito Processual Civil Brasileiro.* São Paulo, Ed. RT, 1979.

ARRUDA ALVIM NETTO, José Manoel de. *Código de Processo Civil Comentado.* vol. 1. São Paulo, Ed. RT, 1975.

_____. *Direito Processual Civil – Teoria Geral do Processo de Conhecimento.* vol. I. São Paulo, Ed. RT, 1972.

_____. *Manual de Direito Processual Civil.* 14ª ed. São Paulo, Ed. RT, 2011.

_____. "O art. 268 do CPC, a ilegitimidade e a ocorrência de coisa julgada – Critérios de interpretação". In: WAMBIER, Teresa Arruda Alvim, e outros (orgs.). *O Terceiro no Processo Civil Brasileiro e Assuntos Correlatos. Estudos em Homenagem ao Professor Athos Gusmão Carneiro.* São Paulo, Ed. RT, 2010.

_____. *Tratado de Direito Processual Civil.* vol. 1. São Paulo, Ed. RT, 1990.

BARBOSA MOREIRA. José Carlos. "Legitimação para agir. Indeferimento de petição inicial". In: *Temas de Direito Processual – Primeira Série.* 2ª ed. São Paulo, Saraiva, 1988.

BEDAQUE, José Roberto dos Santos. *Efetividade do Processo e Técnica Processual.* 3ª ed. São Paulo, Malheiros Editores, 2010.

BUZAID, Alfredo. *Da Ação Declaratória.* São Paulo, Saraiva, 1943.

_____. *O Agravo de Petição no Sistema do Código de Processo Civil.* 2ª ed. São Paulo, Saraiva, 1956.

CAMBI, Eduardo. "Neoconstitucionalismo e neoprocessualismo". In: DIDIER JR., Fredie (org.). *Leituras Complementares de Processo Civil.* 6ª ed. Salvador, Juspodivm, 2008.

CINTRA, Antônio Carlos de Araújo, DINAMARCO, Cândido Rangel, e GRINOVER, Ada Pellegrini. *Teoria Geral do Processo.* 29ª ed. São Paulo, Malheiros Editores, 2013.

COUTURE, Eduardo J. *Fundamentos do Processo Civil Moderno.* Trad. de Rubens Gomes de Souza. São Paulo, Saraiva, 1946.

DIDIER JR., Fredie (org.). *Leituras Complementares de Processo Civil.* 6ª ed. Salvador, Juspodivm, 2008.

DINAMARCO, Cândido Rangel. *Fundamentos do Processo Civil Moderno*. 6ª ed., vol. II. São Paulo, Malheiros Editores, 2010.

_____, CINTRA, Antônio Carlos de Araújo, e GRINOVER, Ada Pellegrini. *Teoria Geral do Processo*. 29ª ed. São Paulo, Malheiros Editores, 2013.

FREIRE, Rodrigo da Cunha Lima. *Condições da Ação: Enfoque sobre o Interesse de Agir*. 3ª ed. São Paulo, Ed. RT, 2005.

GOMES, Fábio Luiz, e SILVA, Ovídio A. Baptista da. *Teoria Geral do Processo Civil*. 5ª ed. São Paulo, Ed. RT, 2009.

GRECO, Leonardo. *A Teoria da Ação no Processo Civil*. São Paulo, Dialética, 2003.

GRINOVER, Ada Pellegrini, CINTRA, Antônio Carlos de Araújo, e DINAMARCO, Cândido Rangel. *Teoria Geral do Processo*. 29ª ed. São Paulo, Malheiros Editores, 2013.

LIEBMAN, Enrico Tullio. "L'azione nella Teoria del Processo Civile". In: *Problemi del Processo Civile*. Nápoles, Morano, 1962.

_____. *Manual de Direito Processual Civil*. 3ª ed., vol. I, trad. e "Notas" de Cândido Rangel Dinamarco. São Paulo, Malheiros Editores, 2005.

MACHADO GUIMARÃES, Luiz. "Carência de ação". In: *Estudos de Direito Processual Civil*. Rio de Janeiro, Jurídica Universitária, 1969.

MANDRIOLI, Crisanto. *Diritto Processuale Civile*. 13ª ed., vol. I. Turim, G. Giappichelli, 2000.

MARQUES, José Frederico. *Instituições de Direito Processual Civil*. vol. 2. Rio de Janeiro, Forense, 1966.

OLIVEIRA, Carlos Alberto Alvaro de. *Do Formalismo no Processo Civil*. 2ª ed. São Paulo, Saraiva, 2001.

REIS, José Alberto dos. *Processo Ordinário e Sumário*. 2ª ed., vol. I. Coimbra, Coimbra Editora, 1928.

ROCCO, Ugo. *Trattato di Diritto Processuale Civile*. vol. 1. Turim, UTET, 1957.

SILVA, Ovídio A. Baptista da, e GOMES, Fábio Luiz. *Teoria Geral do Processo Civil*. 5ª ed. São Paulo, Ed. RT, 2009.

WAMBIER, Teresa Arruda Alvim, e outros (orgs.). *O Terceiro no Processo Civil Brasileiro e Assuntos Correlatos. Estudos em Homenagem ao Professor Athos Gusmão Carneiro*. São Paulo, Ed. RT, 2010.

WATANABE, Kazuo. *A Cognição no Processo Civil*. Campinas, Bookseller, 2000.

ZANZUCCHI, Marco Tullio. *Diritto Processuale Civile*. 4ª ed., vol. 1. Milão, Giuffrè, 1962.

REFLEXÕES ACERCA DA SINDICABILIDADE DE CERTAS DECISÕES ADMINISTRATIVAS E A NOÇÃO DE INAFASTABILIDADE DA TUTELA JURISDICIONAL NO CONTEXTO ATUAL DAS COMPETÊNCIAS ESTATAIS

CAMILO ZUFELATO

Doutor em Direito Processual pela Universidade de São Paulo (FD/USP) – Professor de Direito Processual Civil da Faculdade de Direito de Ribeirão Preto da Universidade de São Paulo (FDRP/USP)

1. O tema. 2. Estado: poder, funções e jurisdição. 3. O processo como instituição jurídico-política. 4. A inafastabilidade da tutela jurisdicional: contornos atuais. 5. Alguns casos marcantes de processo administrativo e sua correlação com a inafastabilidade da jurisdição: 5.1 CADE – 5.2 Processos perante as agências reguladoras – 5.3 Tribunais de Contas – 5.4 CNJ. 6. Outros casos mais polêmicos: a Administração Pública concomitantemente como parte e órgão julgador. 7. A admissão da jurisdição não estatal nos conflitos envolvendo o Estado. 8. Reflexões conclusivas.

"A preocupação moderna pelos aspectos sociais e políticos do processo e do exercício da jurisdição torna menos importante a tradicional busca da distinção substancial entre a jurisdição e as demais funções do Estado. Pensando nela como poder, vê-se que não passa de uma das possíveis expressões do poder estatal, não sendo um poder distinto ou separado de outros supostos poderes do Estado (o qual é substancialmente uno e não comporta divisões). (...)" (Antônio Carlos de Araújo Cintra, Ada Pellegrini Grinover e Cândido Rangel Dinamarco, *Teoria Geral do Processo*, 29ª ed., São Paulo, Malheiros Editores, 2013, p. 160).

1. O tema

A judicialização dos conflitos no Brasil é admitida praticamente de forma ilimitada. A interpretação corrente dada ao art. 5º, XXXV, da CF, visando a evitar qualquer tentativa de obstaculização do acesso à Justiça, consagra a inafastabilidade da jurisdição como um princípio fundamental do Estado Brasileiro. Tal princípio aplica-se igualmente para particulares e para o próprio Estado – vale dizer: *a priori*, qualquer lesão ou ameaça a direito decorrente de ação ou omissão de particular ou ente estatal poderá ser submetida ao controle jurisdicional a fim de que o Poder Judiciário restabeleça o direito daquele que sofreu ameaça ou violação, segundo as previsões normativas vigentes.

O escopo deste escrito é focar a atenção no controle jurisdicional realizado em decisões estatais decorrentes de certos processos administrativos nos quais se vislumbram especificidades que justificariam uma possível limitação à intervenção do Poder Judiciário quanto ao mérito daquilo que fora decidido na instância administrativa, sem que com isso houvesse desrespeito à inafastabilidade da jurisdição.

Como epicentro dessa ideia está a noção contemporânea de *processo* e sua absoluta aplicação na esfera administrativa, com todas as garantias inerentes ao devido processo constitucional que a ela se aplica.

É preciso enfrentar o tema da prestação jurisdicional estatal de maneira menos segmentada e mais *eficientemente garantista*, e para tanto é indispensável refletir sobre os limites e possibilidades do controle do mérito da decisão administrativa pelo Poder Judiciário com vistas à obtenção de tutela jurisdicional adequada ao caso concreto, e não um simples acesso formal ao Poder Judiciário.

2. Estado: poder, funções e jurisdição

O Estado é entidade abstrata que representa a ideia de *poder*, o qual deve ser exercido em nome e em benefício do seu verdadeiro titular, que é o povo. Para esse fim o Estado se organiza em distintas *funções*, que basicamente são classificadas segundo a atividade de administrar, legislar e julgar.[1] Daí decorre a clássica teoria da tripartição dos Poderes, que, mais que reconhecer claramente, de forma autônoma, cada uma dessas

---

1. "Todas as funções do Estado são exercidas com fundamento no poder (jurisdição, legislação, administração), mas só a jurisdição com o *objetivo* de atuar a vontade do direito material. *Legislando*, o Estado *cria* normas jurídicas, que são imperativas mas não têm destinatário certo nem se endereçam a determinada situação concreta, conhecida e definida (daí o caráter genérico e abstrato da lei, em contraste com a sentença, que é específica e concreta). *Administrando*, o Estado cumpre outras missões no plano social e econômico, tendo a lei como limite mas não agindo com a *finalidade* de dar-lhe atuação: construir uma escola, uma estrada, ou desencadear campanhas educativas para o sexo ou para o respeito ao meio ambiente, é cumprir o que mandam a Constituição e a lei, mas os objetivos dessas atividades estão ligados ao dever de propiciar o bem comum e não ao de dar efetividade à lei. O escopo jurídico de propiciar essa efetividade é insuficiente para legitimar a jurisdição e o sistema processual como um todo, mas concorre para a boa compreensão do conceito daquela" (Cândido Rangel Dinamarco, *Instituições de Direito Processual Civil*, 7ª ed., vol. I, São Paulo, Malheiros Editores, 2013, p. 316).

funções, as separa em organismos estatais independentes, visando a contrabalancear o exercício do próprio poder estatal.

Mesmo na concepção clássica de tripartição dos Poderes (*rectius*, funções) resta inconteste que não há monopólio das funções em cada um dos Poderes. Pelo contrário: o que há é o predomínio, no exercício de cada uma das três funções essenciais, em cada um dos Poderes. *A contrario sensu*, cada Poder pode, de forma excepcional, realizar função que é atribuída de maneira prioritária a outro Poder.

Nesse contexto, a jurisdição é a função estatal responsável pela resolução de conflitos. Via de regra o poder jurisdicional é exercitado pelo Poder Judiciário.[2] Há, excepcionalmente, resolução de conflitos fora do Poder Judiciário, seja no próprio âmbito estatal, seja entre particulares.[3] Definitivamente, não há que se falar em *monopólio da atividade jurisdicional* nas mãos do Poder Judiciário.

No cotejo da atuação do Poder Judiciário com os demais Poderes, a *imutabilidade* da decisão é característica exclusiva da jurisdição, de modo que as demais decisões, ainda que provenientes de órgãos administrativos, não são aptas a formar coisa julgada material, vez que esse atributo só recai sobre as deliberações judiciais.[4] Soma-se a isso o princípio da *inafastabilidade da jurisdição* aplicado a decisões adminis-

2. Interessante observar que o próprio Código de Processo Civil deixa expressa essa característica: "Art. 1º. A *jurisdição civil*, contenciosa e voluntária, é exercida pelos *juízes*, em todo o território nacional, conforme as disposições que este Código estabelece" (grifamos).

3. "Tudo que ficou dito demonstra a inaceitabilidade do *critério orgânico*, isoladamente, para distinguir a jurisdição: esta seria, segundo tal critério, a função cometida ao Poder Judiciário. Tal proposta, além de trazer em si o vício da petição de princípio (o Poder Judiciário é encarregado de exercer a função jurisdicional: a função jurisdicional é aquela que cabe ao Poder Judiciário), mostra-se duplamente falsa: há funções jurisdicionais exercidas por outros órgãos (cf. Constituição, art. 52, I); e há funções absolutamente não jurisdicionais, que os órgãos judiciários exercem (Constituição, art. 96)" (Cintra, Grinover e Dinamarco, *Teoria Geral do Processo*, cit., 29ª ed., p. 161).

4. "Outra característica dos atos jurisdicionais é que *só eles são suscetíveis de se tornar imutáveis*, não podendo ser revistos ou modificados. (...).

"(...).

"No Estado de Direito só os atos jurisdicionais podem chegar a esse ponto de imutabilidade, não sucedendo o mesmo com os administrativos ou legislativos. Em outras palavras, um conflito interindividual só se considera solucionado para sempre, sem que se possa voltar a discuti-lo, depois que tiver sido apreciado e julgado pelos órgãos jurisdicionais: a última palavra cabe ao Poder Judiciário" (Cintra, Grinover e Dinamarco, *Teoria Geral do Processo*, cit., 29ª ed., p. 160).

trativas, que, embora sejam também decisões estatais, podem ser reapreciadas pelo Poder Judiciário – o que, aliás, comprova a inexistência de coisa julgada administrativa.[5]

Esse amplo controle dos atos e decisões administrativas pelo Poder Judiciário tem um sentido histórico-político que merece ser lembrado. Na evolução sofrida pelo Estado Moderno, o controle e a revisão, realizados pelos juízes, dos atos e decisões dos demais Poderes são reflexo da institucionalização da legalidade a que todos devem estar submetidos, inclusive os detentores de poder, em nome do controle dos abusos e autoritarismos que inevitavelmente decorrem do exercício do poder de forma desvirtuada. Como acentuou Arruda Alvim: "É importante sublinhar que a compreensão do controle jurisdicional dos atos administrativos tem uma especial significação dentro do Estado de Direito, em que a Administração fica jugulada à observância do princípio da legalidade".[6]

Não há dúvida de que a amplitude do acesso à Justiça, do qual nasce a inafastabilidade da jurisdição, deve ser considerada como uma *conquista histórica* em prol dos direitos dos cidadãos, de modo que é positivo reconhecer o Poder Judiciário como espaço para a salvaguarda dos direitos dos particulares supostamente violados pelo Estado. Essa conquista não pode admitir retrocessos, sob pena de macular um dos pilares do Estado Democrático de Direito.

Não obstante, é preciso compreender a *essência do princípio da inafastabilidade da jurisdição*, bem como analisar o sentido contemporâneo que a Constituição Federal dá às funções e aos Poderes estatais. Em outros termos: deve-se verificar qual o núcleo fundamental que compõe a ideia de jurisdição e inferir se há novos modelos jurisdicionais-estatais possíveis fora do Poder Judiciário, segundo a ordem constitucional vigente.

A propósito, cumpre repisar lição clássica segundo a qual "a preocupação moderna pelos aspectos sociais e políticos do processo e do exercício da jurisdição torna menos importante a tradicional busca da

---

5. Nesse sentido: "As decisões administrativas, mesmo as pronunciadas por autoridade da mais alta hierarquia, não adquirem a imutabilidade decorrente da coisa julgada, pois a matéria, nos limites em que se alegue lesão a um *direito individual* ou *coletivo*, pode ser objeto de reexame pelo Poder Judiciário, ao qual toca a última palavra" (Athos Gusmão Carneiro, *Jurisdição e Competência*, 16ª ed., São Paulo, Saraiva, 2009, p. 18).

6. José Manoel de Arruda Alvim Netto, "Os limites existentes ao controle jurisdicional dos atos administrativos", *RePro* 99/151, Ano 25, São Paulo, Ed. RT, julho-setembro/2000.

distinção substancial entre a jurisdição e as demais funções do Estado. Pensando nela como poder, vê-se que não passa de uma das possíveis expressões do poder estatal, não sendo um poder distinto ou separado de outros supostos poderes do Estado (o qual é substancialmente uno e não comporta divisões). (...)".[7]

Partindo dessa premissa, parece-nos que há certas relações processuais ocorrentes no âmbito estatal mas fora do âmbito judiciário *stricto sensu* que, não obstante isso, poderiam, à luz dos ideais constitucionais contemporâneos, ser consideradas como *jurisdicionais*.[8]

Na ciência processual brasileira mais recente o tradicional polo metodológico *jurisdição* vem cedendo espaço para a ideia de *tutela jurisdicional*, que valoriza não somente a ideia de atuação do Poder Judiciário na resolução de controvérsias, mas, sobretudo, os vários mecanismos aptos a solucionar conflitos – inclusive com forte destaque para aqueles não estatais –, bem como os vários tipos de técnicas e provimentos jurisdicionais mais eficientes para solucionar tais conflitos *da forma mais adequada possível*. Em suma: é relevante a *eficácia do meio* utilizado na solução da controvérsia, e não a *mera disponibilização* de um meio judicial qualquer.

Kazuo Watanabe notara há tempos que *acesso à Justiça* não tem o mesmo sentido que *acesso à ordem jurídica justa*, exatamente para destacar a preocupação com um processo civil de resultado. Transpondo esse binômio para a realidade da prestação jurisdicional no âmbito estatal, é justificável vislumbrar a possibilidade de existência de mecanismos que permitam alcançar a ordem jurídica justa, no âmbito do poder estatal, ainda que não seja pelo acesso ao Poder Judiciário. Em outros termos: é preciso verificar se há mecanismos de obtenção de tutela jurisdicional mais adequados que o próprio Poder Judiciário.

Com efeito, a chave de leitura para analisar as hipóteses de tutela jurisdicional fora do Poder Judiciário, mas ainda no âmbito do Poder

---

7. Cintra, Grinover e Dinamarco, *Teoria Geral do Processo*, cit., 29ª ed., p. 160.

8. Essa preocupação, aliás, parece ser uma constante nos Países latino-americanos: "Pero el fenómeno más importante, en nuestra época, es la tarea jurisdiccional que suele asignarse a ciertos órganos de la Administración. Sin llegar a la exageración de los Países más evolucionados, como Estados Unidos, donde existen múltiples agencias (*agencies*) de la Administración con tales funciones, en nuestros Países es corriente que, algunas veces, la verdadera función de juzgar se encomiende a órganos del Poder Administrador o Ejecutivo, sin que, en ocasiones, se marque una clara diferencia entre las dos funciones" (Enrique Véscovi, *Teoría General del Proceso*, 2ª ed., Bogotá, Temis, 1999, p. 111).

Público, é compreender a exigência de um *acesso à Justiça qualificado*, vale dizer, um resultado concreto que seja consentâneo com os ditames do Estado Democrático de Direito, com os direitos e garantias fundamentais e com as especificidades da situação de direito material em jogo.

Como é sabido, o Brasil não adotou o sistema de tribunais administrativos, como vários outros Países, de forma que há total centralização no Poder Judiciário da resolução de conflitos envolvendo a Administração Pública. Mesmo Cortes estatais, com competência decisória sobre diversos aspectos, constitucional ou legalmente previstas, a rigor não são consideradas jurisdicionais, exatamente porque não inseridas na estrutura do Poder Judiciário. Aliás, para alguns autores a atuação administrativa em certos casos é denominada de *jurisdição anômala*.[9]

A distribuição de funções entre os Poderes estatais constituídos parece que está sujeita a certas mutações, podendo alterar, de forma dinâmica, o órgão capaz de dar a última palavra sobre certa matéria. Se aqui se está a analisar decisões administrativas que poderiam restar – ainda que parcialmente – imunes à sindicabilidade judicial, o que era impensável no passado, por outro lado, o que se tem é uma maior admissão do controle judicial sobre alguns atos da Administração Pública antes invioláveis e não passíveis de serem revisados judicialmente. A censurabilidade do ato administrativo é o melhor exemplo de ampliação dos limites de atuação do Poder Judiciário na esfera que antes era de exclusiva discricionariedade da Administração Pública.[10]

9. Carneiro, *Jurisdição e Competência*, cit., 16ª ed., p. 22. Dentre as hipóteses de jurisdição anômala indicadas pelo autor encontram-se: o processo de *impeachment*, o Tribunal de Contas, o Tribunal Marítimo ("As decisões do Tribunal Marítimo, julgou a 3ª Turma do STJ, 'podem ser revistas pelo Poder Judiciário; quando fundadas em perícia técnica, todavia, elas só não subsistirão se esta for cabalmente contrariada pela prova pericial' (REsp 38.082, ac. 20.5.1999, rel. Min. Ari Pargendler)".

10. "No Brasil, significativo exemplo é a evolução da extensão da garantia do controle jurisdicional, formalmente inalterada desde regimes constitucionais pretéritos (hoje, art. 5º, XXXV) – particularmente no tocante aos limites da censurabilidade dos atos da Administração pelos juízes. Constitui visível tendência dos tribunais brasileiros o deslocamento da linha divisória entre os aspectos legais do ato – que comportam exame pelo Poder Judiciário (Súmula 473 do STF) – e o *mérito do ato administrativo*, que o sistema constitucional de separação entre os Poderes do Estado imuniza a esse exame. Sem alteração em texto algum e mantendo-se até a fórmula básica (censurabilidade da forma, incensurabilidade do mérito), hoje os tribunais vão além daquilo que ousavam em tempos passados e chegam bem mais próximos ao chamado *mérito do ato administrativo* (por exemplo, revendo a prova feita no processo administrativo, com fundamento na qual o administrador tomara decisões em matéria disciplinar). Essa evolução, consistente em ampliar a órbita do

O tema do controle judicial de políticas públicas[11] amplia sobremaneira a intervenção judicial sobre aspectos da Administração Pública que tradicionalmente eram tidos como intocáveis pelo Poder Judiciário, e atualmente atos ou omissões de agentes públicos, relativos a políticas públicas, são cotidianamente apreciados pelos juízes, inclusive com o aval de diversos precedentes do STF.

Essa mutação ampliativa a favor da jurisdição mostra como é moldável, segundo as características do Estado e da ordem constitucional, a relação de sindicabilidade dos atos da Administração Pública, de maneira a permitir as reflexões aqui empreendidas no sentido oposto ao da ampliação da judicialização da discricionariedade administrativa.

Enfim, a mutação das competências e atribuições de cada Poder (*rectius*, função) estatal assume uma dinâmica cuja pedra de toque são as exigências constitucionais, que podem impor alterações no desenho tradicional da tripartição dos Poderes em nome da *efetiva garantia de direitos constitucionalmente resguardados*.

O fato de haver a inafastabilidade da jurisdição, por si só, pode não ser uma garantia ao jurisdicionado; é preciso fomentar as possibilidades de obtenção de solução adequada de conflitos no sentido do fortalecimento da esfera administrativa não judiciária como instrumento de tutela jurisdicional eficiente e, ao mesmo tempo, garantista.

Especificamente no tocante à definição das competências sobre apreciação de certas matérias, se administrativa ou judicial, parece-nos que é necessário considerar que a *eficiência* é uma imposição constitucional *a todos os Poderes*,[12] pois é princípio da Administração Pública, e deve ser levada em conta na definição das competências dos órgãos públicos para o julgamento das diversas matérias no âmbito estatal, a fim de evitar que haja o dispêndio desnecessário de atividades administrativas que terão pouca ou nenhuma valia, na medida em que poderão ser integralmente desconstituídas por atividades do próprio Poder Público,

---

controle jurisdicional, é efeito do espírito liberal das Constituições modernas e da generalizada tendência à *universalização da tutela jurisdicional* – responsável pela minimização dos resíduos conflituosos não jurisdicionais" (Dinamarco, *Instituições de Direito Processual Civil*, cit., 7ª ed., vol. I, pp. 254-255).

11. Cf., por todos, Ada Pellegrini Grinover e Kazuo Watanabe (coords.), *O Controle Judicial de Políticas Públicas*, Rio de Janeiro, GEN, 2011.

12. CF, art. 37: "A Administração Pública direta e indireta, de qualquer dos Poderes da União, dos Estados, do Distrito Federal e dos Municípios obedecerá aos princípios da legalidade, impessoalidade, moralidade, publicidade e *eficiência* e, também ao seguinte: (...)" (grifamos).

no exercício de outra função. A duplicação do trabalho, dos custos e do tempo – inclusive para o jurisdicionado, frisa-se – contribui fortemente para a ineficiência estatal e para o descrédito das decisões administrativas.

O que não se deve é elevar a eficiência aos *status* de um fim em si da Administração Pública; essa tem como escopo a concretização dos fins do Estado Democrático de Direito, com a implementação de direitos dos administrados de forma eficiente. Isso significa, no tocante ao tema da resolução de conflitos, que a distribuição de funções "jurisdicionais" entre os órgãos estatais deve ter como premissa a *concretização de direitos*, numa visão garantista de processo administrativo e judicial, e primando pela eficiência, para evitar sobreposições desnecessárias entre as diversas funções estatais "jurisdicionais".

Outro ponto destacável é que não se está a tratar de controle jurisdicional de *ato administrativo*, mas, sim, de decisão decorrente de *processo administrativo*.

Quanto a esse ponto, as atividades da Administração Pública são e sempre foram controladas. Há, basicamente, dois modelos de controle: o de jurisdição única, em que o controle da Administração é realizado por órgãos jurisdicionais do Poder Judiciário, e o de jurisdição dúplice, no qual o controle é realizado por tribunais desvinculados do Poder Judiciário, especialmente instituídos para solucionar conflitos envolvendo a Administração Pública.

A premissa fundamental desse controle é a repartição de poderes entre as funções estatais. Na clássica obra de Seabra Fagundes tem-se que: "O sistema de controle por uma jurisdição especial tem a sua explicação doutrinária no que Bonnard chama 'a concepção francesa da separação de Poderes'. Assentou-se na prática do direito público francês que a separação dos Poderes deve ser de modo a vedar a penetração de um no âmbito peculiar de outro, implicando violação a esse princípio o julgamento pelo Poder Judiciário das controvérsias nascidas da atividade do Poder Administrativo. De início, esta orientação decorreu da prevenção contra a jurisdição comum, em constante conflito com os corpos administrativos, no período que precedeu à Revolução Francesa, e hoje assenta na conveniência técnica das especializações e melhor coordenação do serviço público, já desaparecida aquela hostilidade. Assim, as razões históricas, que fizeram nascer a doutrina francesa da separação dos poderes públicos, cessaram de existir, mas subsistiu o sistema de dupla jurisdição dela originário, já agora por motivos de ordem técnica. *O sistema de controle pela jurisdição comum assenta numa concepção da separação de Poderes oposta à francesa, bem como na opinião de que os direitos individuais só ficam suficientemente amparados, em face dos atos administrativos, quando o exame contencioso destes é entregue a um órgão autônomo*"[13] (grifamos).

E continua o autor: "Parece-nos melhor este sistema. Alega-se, com razão, que, confiada a função jurisdicional exclusivamente ao Poder Judiciário, ainda quando se haja de exercer a propósito de ato do Poder Administrativo, atende-se melhor ao princípio da separação de Poderes e especialização de funções, porque àquele se deixa exercer a sua atividade sempre e até quando se trate de sua função peculiar, isto é, *procura-se concentrar num órgão único a jurisdição, dado principalmente o seu feitio de função essencialmente jurídica, em contraste com as demais, em que prevalece o caráter político*"[14] (grifamos).

Na clássica lição de Seabra Fagundes, o sistema de controle judicial de atos administrativos se justificaria por duas razões: (i) a defesa dos direitos do cidadão em face do administrador, que historicamente se mostrara autoritário, de forma que o Poder Judiciário é o refúgio das garantias do indivíduo em face das arbitrariedades dos demais Poderes; (ii) a dimensão eminentemente política das esferas administrativas dificultaria uma análise mais jurídica da questão, o que deveria ser feito pelo Judiciário, órgão dotado de dimensão jurídica, e não política.

Tais conclusões do eminente administrativista não merecem reparo, e quer nos parecer que continuam válidas para o controle judicial dos *atos* administrativos de forma geral. Contudo, as hipóteses aqui indicadas referem-se a verdadeiras *decisões* administrativas, decorrentes de verdadeiros processos, marcados pelas garantias constitucionais da cláusula do devido processo legal, com destaque para a efetiva participação das partes em amplo contraditório, bem como o objeto de tais processos se refere a situações peculiares, que não são tradicionais situações de natureza eminentemente política, mas, sim, situações jurídicas cuja temática não é nem mesmo de fácil entendimento pelo Poder Judiciário.

Isso revela outro dado: o potencial jurídico e menos exclusivamente político das decisões administrativas na atualidade, além da ampliação da esfera de atuação do processo administrativo.

Em suma, a questão aqui analisada não pode ser identificada como controle de ato administrativo, na medida em que as diversas peculia-

---

13. Miguel Seabra Fagundes, *O Controle dos Atos Administrativos pelo Poder Judiciário*, 8ª ed., Rio de Janeiro, Forense, 2010, pp. 152 e ss.
14. Idem, pp. 155-156.

ridades dos processos administrativos os distinguem de atos eminentemente políticos, bem como de direitos individuais *stricto sensu*.

3. O processo *como instituição jurídico-política*

Tradicionalmente a figura do processo sempre foi relacionada com a jurisdição, de forma que, quase que exclusivamente, processo era um instituto jurisdicional. Contudo, essa visão encontra-se superada, pois o processo ganhou sentido muito mais amplo do que sua vinculação exclusiva à forma de atuação do Poder Judiciário, sobretudo com a ideia contemporânea de jurisdição no Estado Democrático de Direito.

No contexto amplo das formas de solução de conflitos, o processo jurisdicional-estatal, aliás, tem perdido prestígio para outros meios de pacificação social, não estatais, dentre os quais destacamos a arbitragem, sobre a qual, mesmo sendo não estatal, tem-se fortalecido o entendimento de que se trata de solução de natureza jurisdicional, e não há dúvida de que o mecanismo de estabelecimento e atuação da arbitragem é o *processo* arbitral. Em suma, há processo jurisdicional mesmo fora do âmbito estatal.

Sob o poder do Estado, *processo* – estatal, portanto – deve ser entendido contemporaneamente como "*técnica* que busca garantir que o equilíbrio entre 'fins' (os 'escopos do processo') e 'meios' (o 'modelo constitucional do processo civil') seja adequadamente alcançado. É ele, como método, como técnica, de manifestação do Estado que garante o indispensável equilíbrio entre 'autoridade' e 'liberdade' e bem realiza, por isto mesmo, o modelo de Estado Democrático de Direito, que, para voltar ao ponto de partida, justifica-o e, mais do que isto, o impõe".[15]

Isso significa que o instituto do processo tem aplicação a todas as formas de exercício das funções estatais, não só a do Poder Judiciário. Nesse sentido: "Se *processo*, vale insistir, é fenômeno correlato à atuação do Estado, independentemente da função concreta por ele exercida (se jurisdicional, se legislativa ou se administrativa); é todo o atuar do Estado como *forma* ou como *meio*, como *técnica* – como *método*, portanto –, de atingir adequada e equilibradamente os fins impostos pelo sistema jurídico ao Estado, é equivocado referir-se a 'procedimento administrativo' ou, até mesmo, a 'procedimento legislativo' para descre-

15. Cássio Scarpinella Bueno, *Curso Sistematizado de Direito Processual Civil*, 7ª ed., vol. 1 ("Teoria Geral do Direito Processual Civil"), São Paulo, Saraiva, 2013, p. 354.

ver o *mesmo fenômeno* quando ocorrente no exercício daquelas outras funções do Estado. *Procedimento* é realidade jurídica diversa, é a forma específica de manifestação, de organização, de estruturação do próprio processo, dos diversos atos e fatos relevantes para o processo (e, por isto, atos e fatos *processuais*) ao longo do tempo. Não tem sentido, consequentemente, referir-se ao *mesmo fenômeno* (que é o processo), ínsito ao modelo de Estado Democrático de Direito, com nomes diversos quando esse se dá no âmbito da Administração Pública ou no próprio Legislativo, como se mero 'procedimento' ele fosse".[16]

No Direito Brasileiro, Odete Medauar foi precursora em identificar a chamada *processualidade* no direito administrativo, apontando exatamente que existe processo na Administração Pública, e não mero procedimento. Segundo a autora, a ideia de processualidade fora do processo judicial é recente: "Tais enfoques, aqui ventilados de modo sucinto, desembocaram na concepção metodológica de uma Teoria Geral do Processo, que vê o 'direito processual como um conjunto de princípios, institutos e normas estruturados para o exercício do poder segundo determinados objetivos'. Por conseguinte, emerge perfeitamente clara a ideia de uma processualidade atinente, também, ao Poder Executivo e ao Poder Legislativo".[17]

E aponta um conjunto de características que identificam esse processo administrativo: "Utilizar a expressão *processo administrativo* significa, portanto, afirmar que o procedimento com participação dos interessados em contraditório, ou seja, o verdadeiro processo, ocorre também no âmbito da Administração Pública. E todos os elementos do núcleo comum da processualidade podem ser detectados no processo administrativo, assim: (a) os elementos *in fieri* e pertinência ao exercício do poder estão presentes, pois o processo administrativo representa a transformação de poderes administrativos em ato; (b) o processo administrativo implica sucessão encadeada e necessária de atos; (c) é figura jurídica diversa do ato; quer dizer, o estudo do processo administrativo não se confunde com o estudo do ato administrativo; (d) o processo administrativo mantém correlação com o ato final em que desemboca; (e) há um resultado unitário a que se direcionam as atuações interligadas dos sujeitos em simetria de poderes, faculdades, deveres e ônus, portanto em esquema de contraditório".[18]

16. Idem, p. 355.
17. Odete Medauar, *A Processualidade no Direito Administrativo*, 2ª ed., São Paulo, Ed. RT, 2008, p. 19.
18. Idem, p. 45.

Fica claro, portanto que a visão processualizada da Administração Pública deve ser garantista, e não meramente formal.

No Direito Italiano, a teoria de Fazzalari, aliás muito prestigiada pelos processualistas brasileiros, concebe o processo como sendo *procedimento em contraditório*: "il 'processo' è un procedimento in cui partecipano (sono abilitati a partecipare) coloro nella cui sfera giuridica l'atto finale è destinato a svolgere effetti: in contraddittorio, e in modo che l'autore dell'atto non possa obliterare le loro attività".[19] Em suma: a participação do interessado, própria do princípio do contraditório, é que enseja o garantismo processual.

Essa concepção generalista de processo de Fazzalari é justificadora da ampliação do instituto para além da dimensão judicial, inclusive porque o autor parte fundamentalmente da ideia de processo na Administração Pública.[20] E um elemento fundamental destacado por Fazzalari é a exigência de contraditório como elemento indispensável a todo e qualquer processo.

A Constituição Federal de 1988 adota, sem dúvida, essa concepção ampla de processo. Ao afastar a expressão "procedimento administrativo", frequentemente empregada para diferenciá-lo do processo judicial, é clara a intenção de atribuir ao instituto todas as garantias que há mais tempo já eram invocadas na esfera judicial, especialmente as cláusulas do contraditório e da ampla defesa e do devido processo legal.

Nesse sentido deve ser compreendido o inciso LV do art. 5º da CF de 1988 ao estabelecer que "aos litigantes, em *processo judicial ou administrativo*, e aos acusados em geral são assegurados o contraditório e ampla defesa, com os meios e recursos a ela inerentes". Com o mesmo intuito de reforçar o sentido de equiparação do instituto da esfera judicial e administrativa é que mais recentemente, por ocasião da Emenda Constitucional 45/2004, o denominado princípio da duração razoável do processo tem aplicabilidade também ao processo administrativo (art. 5º, LXXVIII): "a todos, no âmbito *judicial e administrativo*, são

---

19. Elio Fazzalari, *Istituzioni di Diritto Processuale*, 7ª ed., Pádua, CEDAM, 1997, p. 82.

20. "Da canto loro, gli amministrativisti hanno elaborato la disciplina e il concetto del 'procedimento' proprio partendo dal modello delle attività di Giustizia, come da ovvio archetipo; senza, però, pervenire alla constatazione che tale modello non è esclusivo della Giustizia, sibbene è uno schema i teoria generale, utilizzabile e utilizzato al di là della giurisdizione, in qualsiasi settore dell'ordinamento, e così, appunto, in quello della pubblica amministrazione" (Fazzalari, *Istituzioni di Diritto Processuale*, cit., 7ª ed., pp. 75-76).

assegurados a razoável duração do *processo* e os meios que garantam a celeridade de sua tramitação" (grifamos).

É evidente que não se trata somente de mera questão terminológica entre "procedimento" e "processo": o que está em jogo é a dimensão garantista, para as partes, de que a cláusula do devido processo legal constitucional, com todos os seus consectários, se aplique também na esfera administrativa,[21] posto que essa cláusula compõe a noção atual de processo.

Isso faz com que o processo, tanto o judicial quanto o administrativo, seja instrumento de concretização da tutela jurisdicional, com respeito das garantias mínimas que legitimam a atuação estatal pelo procedimento (Fazzalari). É preciso, portanto, conceber e implementar o processo administrativo também como exercício de direitos e garantias fundamentais, na medida em que lhe devem ser assegurados os atributos do devido processo legal constitucional.

Nesse sentido é lapidar a conclusão de Medauar: "Diferentemente do pensamento que associa justiça, de modo exclusivo, ao Poder Judiciário, coloca-se uma postura que atribui também à Administração uma tarefa de justiça. Tal postura importa em mudança das condutas administrativas inerentes ou negligentes, movidas por má-fé ou não, no atendimento de direitos (muitas vezes cristalinos) de cidadãos ou funcionários (...). *O processo administrativo oferece possibilidade de atuação administrativa com justiça. Encontra-se mesmo a afirmação de que 'o núcleo de todas as teorias clássicas do procedimento é a relação com a verdade ou com a verdadeira justiça como objetivo'"*[22] (grifamos).

Efetivar a proteção às garantias constitucionais do processo na esfera administrativa é o meio de dar legitimidade e respeito à decisão dele decorrente.[23] Considerando-se que a dimensão atual do processo

21. Cf. Medauar, *A Processualidade no Direito Administrativo*, cit., 2ª ed., pp. 83 e ss.
22. Idem, p. 71.
23. "Neste contexto, o processo administrativo apresenta forte caráter de instrumento de legitimação do exercício do poder estatal. Isto ocorre pois o processo (i) serve à legitimação convencional substantiva, por se referir diretamente a direito fundamental, e (ii) é o instrumento que traz legitimidade à atividade de ponderação e sopesamento dos interesses existentes, em razão da participação dos particulares no processo decisório estatal (em legitimação democrática, que se aproxima de uma democracia direta), referendando o exercício da competência legalmente atribuída no caso concreto. Serve, em última instância, para legitimar o uso do poder estatal pelo consenso e não pela força" (Vitor Rhein Schirato, "O processo administrativo como instrumento do Estado de Direito e da Democracia", in Odete Medauar e Vitor

constitucionalmente constituído é mecanismo de garantir participação – participação *no* e *pelo* processo –, a figura, tanto judicial quanto administrativa, é forma de participação jurídico-política do cidadão.

Nesse aspecto, ressalta-se o importante voto do Min. Joaquim Barbosa, Relator da ADI 1.976-7-DF, acerca da extensão da aplicação do princípio do contraditório ao processo administrativo, no qual fica patente um verdadeiro *dever* da Administração Pública de promover um processo garantista e legitimamente pautado na ideia de democracia participativa.[24]

Com efeito, considerando-se o modelo garantista de processo administrativo vigente no Brasil, parece-nos que se deva focar mais na ideia de tutela jurisdicional obtida por meio do processo – seja ele judicial ou administrativo, não importa – do que na distinção clássica, e parcialmente superada, entre espaços de atuação e sobreposição da Jurisdição e da Administração. Superada porque calcada basicamente na ideia de força do processo como instituto exclusivo da Jurisdição, na medida em que a Administração contava com mero procedimento.

Considerando-se que também no processo administrativo é possível obter solução de controvérsia com viés marcadamente garantista, e também que certos temas envolvidos no processo administrativo são relativos a matérias específicas, e na maior parte das vezes estranhas aos temas normalmente apreciados pelo Poder Judiciário, isso impacta em dois aspectos que são basilares segundo a concepção clássica e tradicional da separação entre Jurisdição e Administração: (i) o alcance da inafastabilidade do controle jurisdicional e (ii) a mutabilidade irrestrita das decisões administrativas.

Rhein Schirato (orgs.), *Atuais Rumos do Processo Administrativo*, São Paulo, Ed. RT, 2010, p. 43).
24. Vejamos algumas passagens emblemáticas do voto: "O procedimento administrativo é uma das formas de se realizar o direito administrativo. As relações entre Estado e administrados devem se desenvolver legitimamente não apenas no âmbito judicial, mas também no âmbito da própria Administração. Esta está vinculada ao dever de realização das diversas normas constitucionais, e especialmente das normas constitucionais administrativas. A consecução da democracia, de último modo, depende da ação do Estado na promoção de um procedimento administrativo que seja (a) sujeito ao controle por parte dos órgãos democráticos, (b) transparente e (c) amplamente acessível aos administrados"; "(...) entendo que a ampliação do acesso ao procedimento administrativo reforça, para usar um termo de Jürgen Habermas, um 'patriotismo constitucional' que desobstrui os canais representativos – sendo a Administração um deles – e, assim, fomenta a construção de um republicanismo fundado num civismo político balizador do Estado de Direito".

Se o atual direito processual civil se preocupa com a *prestação jurisdicional adequada*, no sentido de oferecer o melhor tipo de tutela às peculiaridades da situação posta em conflito,[25] e se a prestação jurisdicional é um dever estatal, é indispensável que o Estado busque aperfeiçoar seus mecanismos processuais – mesmo fora do Poder Judiciário – de forma eficiente e garantista.

4. A inafastabilidade da tutela jurisdicional: contornos atuais

É muito cara ao ideal de *amplo acesso à Justiça* a vedação a limitações ao Poder Judiciário como guardião dos direitos e garantias fundamentais, inclusive em demandas em face do Poder Público. Historicamente, é preciso reconhecer que a inserção do inciso XXXV do art. 5º da CF de 1988 tem uma justificativa ligada ao regime ditatorial que o País havia acabado de superar quando da promulgação da Carta Constitucional, de forma que deixar expresso o recurso ao Poder Judiciário como bastião da salvaguarda de direitos era realmente relevante e oportuno.

Numa visão mais atual do inciso XXXV do art. 5º, a essência da inafastabilidade do Poder Judiciário é a possibilidade de apreciação de pretensão que não tem outra *forma adequada de solução*; há diversas hipóteses que têm outras possibilidades mais adequadas e eficientes de solucionar o conflito, de modo que privilegiar esses meios adequados de solução de controvérsias, que não o Judiciário, pode não ser, de per si, uma violação à inafastabilidade da jurisdição.

Isso porque a razão fundamental justificadora da inafastabilidade da jurisdição é a obtenção de *tutela jurisdicional adequada* (acesso à ordem jurídica justa). Normalmente a tutela jurisdicional era identificada exclusivamente no Poder Judiciário; no entanto, atualmente é possível afirmar que *fora* do Poder Judiciário pode haver tutela jurisdicional adequada.

25. Dinamarco fala da escolha da tutela jurisdicional adequada: "Da existência de provimentos jurisdicionais distintos, portadores de tutelas diferentes, bem como processos e procedimentos diferenciados segundo as necessidades da específica tutela a preparar, decorre a imperativa necessidade de fazer *escolhas adequadas* ao ingressar em juízo com pedido de tutela jurisdicional. Não basta verificar a *necessidade da tutela jurisdicional* em si mesma, mas qual constitui consequência do estado de insatisfação de uma pretensão do demandante, sendo-lhe proibida a autotutela. Caso a caso, é também indispensável examinar a própria pretensão e seus fundamentos, à luz do direito material, para saber qual a solução oferecida por este. O pedido, para ser viável, deve ser feito segundo essa escolha adequada" (*Instituições de Direito Processual Civil*, cit., 7ª ed., vol. I, pp. 169-170).

Sobre o tema do enfoque atual da inafastabilidade da jurisdição e das suas legítimas limitações é primoroso o trabalho da lavra de Rodolfo de Camargo Mancuso que aponta o equívoco em se considerar irrestrita a ideia de acesso à Justiça no texto constitucional.

Uma constatação fundamental do autor é que a promessa – na maior parte das vezes não cumprida – de ilimitado acesso à Justiça gerou uma crise quantitativa de demandas que impacta na qualidade da prestação jurisdicional.[26] É claro que essa crise quantitativa resvala numa crise qualitativa, na medida em que o volume imenso de processos necessariamente impactará na qualidade da prestação jurisdicional.

Para o autor, a expectativa exacerbada no Poder Judiciário faz com que haja a subutilização de outras formas de solução de conflitos, dentre as quais destacamos as consensuais e as administrativas.[27]

26. "Não mais se duvida que a era do *monopólio estatal na distribuição da justiça* é hoje de interesse praticamente histórico, pela boa razão de que a cultura demandista que assola o País desde as últimas décadas provocou um *tsunami* de processos muito além da capacidade instalada do Judiciário. O Judiciário, premido por esse angustioso problema, e tentando obsessivamente resolvê-lo pela *óptica quantitativa* (elementos de contenção, filtros e barreiras; sumarizações diversas; julgamentos em bloco), acabou por oferecer uma resposta massiva, de baixa qualidade, que desserve ao ideal de justiça e frustra os jurisdicionados. Ou seja, por esse modelo não se resolve o problema e ainda se criaram outros" (Rodolfo de Camargo Mancuso, "O direito à tutela jurisdicional: o novo enfoque do art. 5º, XXXV, da CF", *RT* 926/149, Ano 101, São Paulo, Ed. RT, dezembro/2012).

27. "Outro aspecto a ser sobrelevado é que, embora o acesso à Justiça, objeto do art. 5º, XXXV, da CF de 1988, não distinga entre pessoas físicas ou jurídicas, e, dentre estas, as de direito público ou privado, não há negar que, por conta de uma certa *divisão de trabalho*, que remonta à separação entre os Poderes, à Administração Pública ficou reservada a gestão do interesse social. (...). A notória complexidade da vida contemporânea, expondo novas e crescentes necessidades, a par da intrincada estrutura da Administração Pública, operando num contexto de recursos escassos, não permite o pronto e eficiente atendimento aos diversos reclamos da população, levando a um preocupante contexto: (a) muitos históricos de danos temidos ou sofridos não são submetidos à instância administrativa, até porque nem todos eles comportam essa via, por peculiaridades da matéria ou qualidade da pessoa; (b) em muitos casos a solução administrativa é recusada ou então ofertada em modo insuficiente, gerando bolsões de insatisfação ao interno da coletividade; (c) o demandismo exacerbado está ainda longe de ser substituído ou ao menos atenuado por uma *cultura da pacificação*, ainda incipiente dentre nós, não tendo atingido o desejável patamar em que os sujeitos concernentes a uma controvérsia se predisponham a resolver entre si suas divergências, ou ainda com a intercessão de um agente facilitador; (d) a (equivocada), ou ao menos exagerada, visualização do acesso à Justiça como *expressão de cidadania*, quando, antes e superiormente, a maior manifestação da civilidade e urbanidade se manifesta na busca pela resolução consensual dos conflitos, ao menos

Em passagem que bem sintetiza seu posicionamento, Mancuso assevera: "Em verdade, e sem exageros hermenêuticos, o que se vislumbra no inciso XXXV do art. 5º da CF de 1988 é uma diretriz ou, se se quiser, uma mensagem dirigida ao legislador, avisando-o para que se exima de positivar situações e ocorrências desde logo e *a priori* excluídas de uma passagem judiciária na qual um órgão judicial competente e imparcial tomará conhecimento do histórico de dano temido ou sofrido. Note-se que esse viés exegético de modo algum significa que o legislador federal fica impedido de estabelecer condições e requisitos para tal acesso; aliás, o próprio constituinte excepcionou os conflitos desportivos da pronta e imediata judicialização, mandando que primeiro seja instado o tribunal desportivo (art. 217, § 1º, da CF de 1988), assim exigindo, nesse campo, um vero pressuposto processual negativo, nos moldes da convenção de arbitragem e da exceção da coisa julgada (...)".[28]

Em suma, é possível impor limitações ou exigências à judicialização dos conflitos sem que haja violação ao princípio da inafastabilidade da jurisdição. Aliás, ninguém sustenta que as tradicionais condições da ação sejam violadoras do inciso XXX do art. 5º da CF de 1988, ainda que visivelmente estabeleçam filtros ao acesso ao Poder Judiciário.

Em trecho do mesmo autor que toca em aspecto relevante para o presente escrito tem-se que "o mesmo ocorreria com o art. 4º da Lei 12.529/2011, dispondo que o CADE é 'entidade judicante com jurisdição em todo o território nacional', certo que os órgãos jurisdicionais estão elencados em *numerus clausus* no art. 92 da CF de 1988; também, sob uma leitura antiga e defasada, restaria inconstitucional o art. 8º e incisos da Lei 9.507/1997 ao condicionar o pedido de *habeas data* à prévia demonstração de esgotamento da via administrativa. A tendência a desjudicializar conflitos, conforme se demonstrará no item IV, *infra*, é

num primeiro momento. Todos esses fatores – que interagem – têm levado a que, de modo geral, o conteúdo do art. 5º, XXXV, da CF de 1988 ('a lei não excluirá da apreciação do Poder Judiciário lesão ou ameaça a direito') acabasse merecendo uma leitura exacerbada (que em outra sede chamamos ufanista e irrealista), chegando à chamada *judicialização do cotidiano*, numa açodada *ligação direta* entre a controvérsia e o fórum, gerando o afluxo de lides ainda em estágio inicial, longe do ponto de maturação, projetando deletérios efeitos: acirramento na contenciosidade social; retardamento dos ritos processuais (sobretudo na fase probatória); crescente crise numérica de processos; desestímulo à solução consensual; protraimento do desfecho da causa a um ponto futuro indefinido" (Mancuso, "O direito à tutela jurisdicional: o novo enfoque do art. 5º, XXXV, da CF", cit., *RT* 926/140-141).

28. Mancuso, "O direito à tutela jurisdicional: o novo enfoque do art. 5º, XXXV, da CF", cit., *RT* 926/146.

irreversível e crescente, justificando o reconhecimento de que já se instalou dentre nós um ambiente de *jurisdição compartilhada*, incompatível, por definição, com a defasada e hoje impraticável ideia de *monopólio estatal de distribuição de justiça*. Dito de outro modo, a *condição legitimante* da jurisdição – antes atrelada às ideias de poder e de autoridade – foi gradualmente se deslocando para outro paradigma, qual seja, o da efetiva aptidão e idoneidade de uma dada instância, órgão ou agência, no setor público ou privado, para prevenir conflitos em modo justo e num tempo razoável".[29]

A ideia de *jurisdição compartilhada*, proposta por Mancuso, aplica-se perfeitamente às hipóteses aqui analisadas, em que, embora não seja o Poder Judiciário o órgão julgador, se trata de processos administrativos sob a égide do devido processo legal constitucional, nos quais se apreciam matérias específicas, que autorizariam a referência à atuação jurisdicional, ainda que fora do Poder Judiciário.

Carlos Alberto de Salles igualmente indica que certos órgãos administrativos também atuam de forma muito semelhante à jurisdição.[30]

Em suma: nos dias atuais, sem desprestígio ao cerne da garantia constitucional do acesso à Justiça, é preciso pautar-se na ideia de *tutela jurisdicional adequada mais que na de jurisdição*. Nas hipóteses referenciadas certamente haverá maior adequação e eficiência nos processos administrativos do que nos jurisdicionais. Isso pode implicar restrição, legítima, à intervenção judicial a certos aspectos da decisão administrativa, sem que haja violação à inafastabilidade da jurisdição.

Em realidade, tendo-se em vista que os Poderes constituídos são simplesmente formas de distribuição das atribuições e competências do Estado, nos pontos em que há intersecção entre dois ou mais Poderes – como ocorre exatamente com a possibilidade de controle e revisão da decisão administrativa pelo Poder Judiciário –, na medida em que são todos órgãos estatais, a solução dada deve ser pautada segundo a aplicação do princípio constitucional da eficiência da Administração Pública

---

29. Idem, p. 148.
30. "Considerando o núcleo conceitual de jurisdição, juízes e árbitros exercem jurisdição, decidindo imperativamente as causas que lhes são colocadas. Também alguns órgãos administrativos, mesmo sem afastar a possibilidade de revisão judicial, decidem de maneira muito próxima a essa, como são exemplos o Conselho Administrativo de Defesa Econômica/CADE, os Tribunais de Impostos e Taxas, Conselhos de Contribuintes etc." (Carlos Alberto de Salles, *A Arbitragem na Solução de Controvérsias Contratuais da Administração Pública*, tese de Livre-Docência apresentada à Faculdade de Direito da USP, São Paulo, 2010, p. 133).

não sob o prisma economicista, mas, sim, garantista, com o atingimento dos fins do Estado – e a prestação jurisdicional efetiva é um deles –, da forma mais eficiente possível.

Não há dúvida de que a estruturação administrativa de controle e revisão das decisões estatais está vinculada ao princípio da eficiência, como bem destaca a melhor doutrina administrativista: "(...) apresenta, na realidade, dois aspectos: pode ser considerado em relação ao modo de atuação do agente público, do qual se espera o melhor desempenho possível de suas atribuições, para lograr os melhores resultados; *e em relação ao modo de organizar, estruturar, disciplinar a Administração Pública, também com mesmo objetivo de alcançar os melhores resultados na prestação do serviço público*"[31] (grifos nossos). E: "(...) o princípio da eficiência tanto se refere ao disciplinamento das condutas dos agentes da Administração Pública como, também, em relação à estruturação e funcionamento dos órgãos e entidades que a integram".[32]

Com efeito, duas questões devem decorrer das ideias até aqui propostas: (i) a inafastabilidade do controle jurisdicional de certas decisões administrativas, como aquelas até então mencionadas, ainda que de forma mais restrita do que comumente se sustenta, aplica-se a tais decisões; (ii) contudo, o reexame pelo Poder Judiciário deve se centrar nos aspectos relacionados com o devido processo legal constitucional, evitando-se a reanálise exclusiva do mérito do que foi julgado no processo administrativo.

No clássico binômio do direito processual recursal, em certos casos a apreciação judicial deverá se ater a um juízo dos *errores in procedendo*, evitando-se verificar, em sede de controle judicial, *errores in judicando* do "tribunal administrativo". Evidente que a amplitude da cognição judicial acerca da expressão *in procedendo* não poderá ser restritiva à apreciação acerca de matérias procedimentais no sentido reducionista do termo, mas, sim, a toda e qualquer matéria relacionada com o devido processo legal na dimensão constitucional do termo; *a contrario sensu*, salvo tais matérias, o Judiciário deverá evitar a revisão do mérito da decisão administrativa, ou seja, da justiça da decisão.

A operacionalidade dessa forma de controle judicial de decisões administrativas aqui proposta é bastante semelhante àquela existente na

31. Maria Sylvia Zanella Di Pietro, *Direito Administrativo*, São Paulo, Atlas, 2006, p. 98.

32. Márcio Pestana, *Direito Administrativo Brasileiro*, 2ª ed., Rio de Janeiro, Elsevier, 2010, p. 237.

judicialização da sentença arbitral, nos termos dos arts. 32 e 33 da Lei Lei 9.307/1996.[33] Conforme se asseverou sobre a amplitude da atuação do Judiciário sobre a sentença arbitral: "O controle judicial sobre a jurisdição arbitral no Brasil, portanto, significa a fiscalização e o exame realizados pelos órgãos do Poder Judiciário sobre o processo arbitral, observando-se a disciplina estabelecida na Lei de Arbitragem (em especial os arts. 32 e 33), as convenções decorrentes da interpretação do instituto e as expectativas originadas do ajuste realizado entre as partes (convenção de arbitragem). Tal exame não pode exceder certos limites, nem autoriza a revisão do ato arbitral quanto ao mérito da decisão, mas se concentra apenas na verificação da observância de certas regras de procedimento, a fim de assegurar que a arbitragem se desenvolva com atenção aos princípios básicos do processo inseridos na Constituição Federal, bem como às regras basilares decorrentes da natureza do instituto, inseridas na própria lei regente (n. 9.307/1996), ou tacitamente apreendidas".[34]

Embora haja diferença quanto à voluntariedade, na constituição da arbitragem, e à imposição, na solução jurídico-administrativa, o pressuposto que está contido nessa limitação à sindicabilidade da sentença arbitral é o mesmo que está presente na justificativa de se evitar reapreciação do mérito das decisões administrativas aqui mencionadas: fazer prevalecer um resultado obtido por meio de um processo – ainda que não judicial – próprio de uma lógica distinta daquela para a qual foi constituído e normalmente está preparado o Poder Judiciário, de modo que o produto final de um processo administrativo pautado no respeito ao devido processo constitucional estará blindado da intervenção judicial quanto à questão de fundo, ou seja, o próprio mérito.

É evidente que não se pode expandir tais conclusões para todo e qualquer processo administrativo. Em diversas espécies de processos ad-

---

33. Lei 9.307/1996:

"Art. 32. É nula a sentença arbitral se: I – for nulo o compromisso; II – emanou de quem não podia ser árbitro; III – não contiver os requisitos do art. 26 desta Lei; IV – for proferida fora dos limites da convenção de arbitragem; V – não decidir todo o litígio submetido à arbitragem; VI – comprovado que foi proferida por prevaricação, concussão ou corrupção passiva; VII – proferida fora do prazo, respeitado o disposto no art. 12, inciso III, desta Lei; e VIII – forem desrespeitados os princípios de que trata o art. 21, § 2º, desta Lei.

"Art. 33. A parte interessada poderá pleitear ao órgão do Poder Judiciário competente a decretação da nulidade da sentença arbitral, nos casos previstos nesta Lei."

34. Caio César Vieira Rocha, *Limites do Controle Judicial sobre a Jurisdição Arbitral no Brasil*, tese de Doutorado, São Paulo, Faculdade de Direito da USP, 2012, p. 30.

ministrativos há um interesse direto do Estado em jogo, o que pode ocasionar sérias consequências em se ter o mesmo ente público como parte e julgador. Um exemplo dessa hipótese é a execução fiscal, que é objeto de recentes discussões acerca da conveniência de se adotar um processo executivo fiscal administrativo, bem como os processos administrativos disciplinares; esses últimos são hipóteses que bem ilustram uma ampla intervenção judicial no que fora decido administrativamente.[35]

5. Alguns casos marcantes de processo administrativo e sua correlação com a inafastabilidade da jurisdição

Há muitas espécies de processo administrativo, todas bastante distintas entre si. Ocorre que em certos casos há uma predominância de aspectos altamente técnicos, ou o objeto é de altíssima relevância social, que fazem de tais processos bastante peculiares, seja no âmbito administrativo, seja no âmbito judicial.

O elenco que segue são as hipóteses mais comumente reconhecidas pela doutrina nacional como casos há meio-passo entre o jurisdicional e o administrativo, havendo, inclusive, quem sustente que se trata, mesmo, de hipóteses de atuação jurisdicional, muito embora fora do Poder Judiciário.

5.1 CADE

Sem dúvida, o exemplo mais marcante que a doutrina – e tudo indica que a própria lei – invoca para defender a existência de "jurisdição administrativa" são as decisões do Conselho Administrativo de Defesa Econômica/CADE. Trata-se de verdadeiro tribunal, mas inserido fora da estrutura do Poder Judiciário – portanto, tribunal administrativo –, razão pela qual, aliás, é denominado de Conselho, e não Tribunal. Sua competência versa sobre matérias relacionadas com o direito da concorrência, que, pela sua própria natureza, demanda formação de seus operadores não somente jurídica, mas também – para alguns, sobretudo – econô-

---

35. "Bacellar Filho frisa que no processo judicial há uma equidistância entre as partes litigantes, enquanto que no administrativo o julgador integra o órgão que administra. Essa situação, naturalmente, já indica a precariedade de se sustentar restrições ao controle jurisdicional das sanções disciplinares. Não há como ignorar o fato de a Administração, nos processos disciplinares, cumprir um papel duplo: 'como polo ativo ou passivo na arguição feita e como julgador da situação processuada' (Bacellar Filho, 2003:241)" (Flávio Henrique Unes Pereira, *Sanções Disciplinares: o Alcance do Controle Jurisdicional*, Belo Horizonte, Fórum, 2007, p. 112).

mica, a fim de se verificar a efetiva violação a regras de mercado que possam caracterizar infração concorrencial.

Como decisão administrativa que é, a deliberação do CADE fica sujeita ao controle jurisdicional, tanto de matérias procedimentais como de mérito. Em outros termos: pela sistemática da ampla e irrestrita sindicabilidade decorrente da inafastabilidade da jurisdição, é possível que uma decisão decorrente do CADE que tenha reconhecido, por exemplo, a existência de cartel seja reformada pelo Poder Judiciário ao julgar sua inexistência.

Há que se levar em conta, também, que os processos que tramitam junto ao CADE são de grande monta, uma vez que o significado financeiro de muitas operações econômicas é enorme – como fusões e aquisições –, o que certamente levará as partes interessadas a buscar a intervenção judicial como *ultima ratio* nas hipóteses de decisão administrativa do órgão responsável pela análise econômica da conduta com impactos concorrenciais.

Em pesquisa sobre a judicialização das decisões do CADE, Flávia Fortes aponta, dentre alguns dados, um crescente aumento dessa judicialização dos processos decorrentes de infração à ordem econômica.[36]

Alguns dados são significativos: em relação às liminares concedidas, "em primeira instância o Judiciário vem concedendo liminar para quase metade dos casos do CADE em juízo (46% dos casos). (...). Nos casos de processo administrativo tal porcentagem se reduz um pouco, chegando a 39% dos casos. Ao analisar os atos de concentração, contudo, verifica-se que tal porcentagem aumenta para 59% nos casos de multa por intempestividade e para 75% nos casos de aprovação com restrições, o que representa 3/4 dos casos apreciados".[37]

Já, quanto às decisões de segunda instância: "Relativamente aos processos administrativos, todas as decisões do CADE obtiveram confirmação em segunda instância. Tendência inversa se observa quanto

---

36. "No Brasil, verifica-se que o número de ações, recursos e incidentes judiciais distribuídos quadruplicou a partir do ano 2000, elevando-se ainda mais nos anos seguintes, enquanto se observou proporcionalmente uma redução no número de condenações pelo CADE. A preocupação com a revisão judicial vai decorrer não apenas da necessidade de estabelecer limites para o seu controle, mas, sobretudo, da efetividade de tais decisões no cenário jurídico-econômico" (Flávia Teixeira Fortes, "A judicialização da defesa da concorrência", *Revista do IBRAC* 15/41, n. 1, São Paulo, IBRAC, 2008).

37. Flávia Teixeira Fortes, "A judicialização da defesa da concorrência", cit., *Revista do IBRAC* 15/49.

aos atos de concentração com multa por intempestividade, em que em 86% dos casos que são julgados pelo Judiciário a decisão do CADE é modificada ou anulada".[38]

Em suma: sem realizar uma análise minuciosa de tais dados, é possível concluir que há forte tendência à judicialização de decisões do CADE.

A questão é: tal intervenção judicial é oportuna? Colhem-se na doutrina diversos posicionamentos em sentido contrário. Os argumentos mais convincentes são: (i) a lógica econômica própria dos processos concorrenciais é mais afeta a um tribunal como o CADE que ao Poder Judiciário; (ii) os tempos de tramitação e duração do processo judicial, via de regra longos, são incompatíveis com os tempos da economia e dos negócios que afetam a concorrência; (iii) a possibilidade de revisão ampla e irrestrita das decisões administrativas do CADE pode gerar a sensação de impunidade e descrédito desse importante tribunal administrativo.

Nesse sentido, aliás, aponta a doutrina: "As decisões que envolvem questões econômicas devem ser proferidas em tempo econômico, reclamando implementação imediata em face da dinamicidade da economia. O controle judicial, reconhecidamente moroso, pode obstaculizar essa exigência de celeridade, principalmente ante o expressivo número de liminares que vêm sendo concedidas pelo Judiciário, na maioria das vezes desprovidas de fundamentação quanto à verossimilhança da alegação. A demora inerente ao processo judicial, somada à concessão de liminares, posterga a efetividade da tutela administrativa dos direitos difusos e coletivos, impedindo-a de atingir seu objetivo reparador de reversão dos benefícios à sociedade".[39]

Pastre é ainda mais incisivo ao apontar uma verdadeira crise da jurisdição nos temas de direito da concorrência, decorrente do abuso no direito de recorrer, que gera insegurança jurídica, sentimento de impunidade, prejuízos econômicos e sociais e ofensa ao próprio Estado Democrático de Direito.[40]

De fato há vozes que apontam para a necessidade de se conferir maior efetividade às decisões emanadas do CADE, no sentido de não se

---

38. Idem, p. 54.
39. Idem, p. 41.
40. Daniel Fernando Pastre, "O controle judicial das decisões do CADE: limites e efetividade institucional", in Luiz Eduardo Gunther e Willians Franklin Lira dos Santos (coords.), *Jurisdição: Crise, Efetividade e Plenitude Institucional*, vol. II, Curitiba, Juruá, 2009, pp. 240 e ss.

permitir reapreciação da matéria de mérito pelo Poder Judiciário, mas tão somente um juízo acerca de matérias procedimentais.[41]

Enfim, parece-nos que, em razão da *complexidade* de tais matérias, a melhor solução seria, mesmo, evitar uma ampla e irrestrita revisão judicial,[42] de modo a justificar uma atuação estatal, na solução de tais conflitos, mais específica e, portanto, mais eficiente, pois "o fato de se conferir ao CADE função judicante é, sem dúvida, uma abertura para a criação de órgãos capazes de exercer a mesma função peculiar ao Poder Judiciário, mas com maior proficuidade, em razão da especialização da matéria".[43]

A lei que estrutura o Sistema Brasileiro de Defesa da Concorrência – Lei 12.529/2011 – em seu art. 4º estabelece: "O CADE é *entidade judicante com jurisdição* em todo o território nacional, que se constitui em autarquia federal, vinculada ao Ministério da Justiça, com sede e foro no Distrito Federal, e competências previstas nesta Lei". E no art. 6º: "O *Tribunal Administrativo, órgão judicante* (...)" (grifamos).

Como se nota, a lei, ao vincular o CADE – Tribunal Administrativo –, como órgão judicante, e expressamente se referir a entidade detentora de jurisdição, está visando a reforçar a dimensão jurisdicional dessa atuação administrativa, ademais da questão conceitual de expandir a jurisdição para além dos limites do Poder Judiciário, quer nos parecer que também para blindar o mérito da decisão administrativa da revisão judicial, mantendo-se, como apontado acima, a possibilidade sempre aberta de sindicabilidade dessa decisão por razões de violação ao devido processo legal constitucional.

---

41. "Observa-se, portanto, que a revisão judicial deve ser efetivada mediante o controle de legalidade das decisões administrativas. Assim é que as decisões devem se limitar a conformidade do processo administrativo aos princípios do contraditório, da ampla defesa e da legalidade. Deve-se verificar a higidez da decisão administrativa no tocante à sua fundamentação interna, mas sempre respeitando a separação entre o mérito do ato administrativo e a segurança, a correição do procedimento e a legitimação da decisão administrativa" (Flávio Teixeira Fortes, "A judicialização da defesa da concorrência", cit., *Revista do IBRAC* 15/49).

42. "(...) é necessário dar-se à decisão administrativa aquilo que os americanos chamam de deferência judicial, ou seja, prestigiar a decisão administrativa por uma série de razões que foram aqui relacionadas. Para mim, a mais marcante é o fato de que as decisões administrativas tomadas pelo CADE decidem questões econômicas que trazem uma complexidade muito grande para administrar a aplicação de normas" (Sérgio Varella Bruna, *apud* Fortes, "A judicialização da defesa da concorrência", cit., *Revista do IBRAC* 15/44).

43. João Bosco Leopoldino da Fonseca, *Lei de Proteção da Concorrência: Comentários à Legislação Antitruste*, 3ª ed., Rio de Janeiro, Forense, 2007, p. 114.

5.2 Processos perante as agências reguladoras

As agências reguladoras têm por escopo o controle e a fiscalização dos serviços públicos quando praticados por particulares. Com o processo recente de privatização de tais serviços, houve, consequentemente, uma ampliação das funções das agências. O dado relevante é que as agências reguladoras atuam com *matérias bastante específicas*, não somente do ponto de vista da legislação aplicável, mas também do conhecimento não jurídico que está subjacente a tais serviços públicos – basta pensar, por exemplo, em temas como petróleo, aviação civil, telecomunicações etc.

Tal como nas matérias de direito concorrencial, que envolvem temas não exclusivamente jurídicos, nos processos relativos às agências reguladoras também há essa mesma característica, de forma que se justificaria certa *limitação na matéria cognoscível pelo Poder Judiciário* quando houver decisão proveniente de processo administrativo perante as agências reguladoras.

Nesse sentido: "Questão problemática se dá no que atina à maioria das decisões nas agências versarem exclusivamente sobre questões técnico-científicas e na atuação de um corpo especializado de agentes no ato decisório. Dessa forma, as lições aprimoradas elencadas nos atos decisórios proferidos pelas agências serão, na maioria das vezes, inacessíveis à amplitude conceitual do Poder Judiciário, restando, portanto, difícil sua revisão e reformulação em sede judicial. Não se está a dizer que será impossível a verificação do conteúdo técnico-científico orientador da decisão das agências pelo Poder Judiciário, mas que deve haver um especial cuidado do órgão do Judiciário na análise dessas questões, para que possa compreender a amplitude do problema a ser enfrentado, mesmo que, logicamente, orientado por especialistas que lhe permitam tal entendimento".[44]

5.3 Tribunais de Contas

Os Tribunais de Contas são tribunais administrativos ligados ao Poder Legislativo incumbidos de fiscalizar as finanças e o orçamento dos recursos da Administração Pública, com previsão constitucional nos

---

44. Rodrigo Pironti Aguirre Castro, *Processo Administrativo e Controle da Atividade Regulatória*, Belo Horizonte, Fórum, 2005, p. 108. No mesmos sentido: Marçal Justen Filho, *O Direito das Agências Reguladoras Independentes*, São Paulo, Dialética, 2002, pp. 591 e ss.

arts. 70 e ss. Esta atividade de controlar a própria Administração Pública é considerada por alguns até mesmo como jurisdição anômala,[45] tendo em vista a característica de um julgamento colegiado que muito se assemelha à atuação jurisdicional.

Em realidade, há divergência doutrinária quanto à natureza jurídica dos Tribunais de Contas, prevalecendo o entendimento de que são órgãos administrativos, por se situarem fora da estrutura do Poder Judiciário.

Embora os Tribunais de Contas se liguem ao Poder Legislativo, são dotados de autonomia garantida pela Constituição. Se assim não fosse haveria, flagrantemente, um vício de parcialidade do órgão julgador, na medida em que poderia sofrer influência dos membros do Poder Legislativo. Na prática, contudo, há fortes críticas acerca do dirigismo imposto pelo Legislativo aos Tribunais de Contas.

Quanto à possibilidade de controle judicial das decisões proferidas por Tribunal de Contas há divergências. "Para a corrente defensora da função jurisdicional, somente caberia o exame extrínseco do ato e a verificação de sua conformidade, ou não, com a lei, pelo Judiciário. Para a segunda, a revisão poderia, inclusive, adentrar o mérito do ato deliberativo da Corte".[46]

Quanto à doutrina favorável à revisão restrita das decisões dos Tribunais de Contas, Júlio Araújo assevera que: "Assim, ao Poder Judiciário é dado descer ao ambiente interno do ato de controle, aquilatando seus motivos, examinando a juridicidade da decisão proferida em sede de controle, mas com uma limitação: a impossibilidade de substituir a decisão do Tribunal de Contas no que se refere ao mérito do julgamento proferido pela Corte de Contas. Ou seja: o Poder Judiciário não pode julgar as contas regulares quando o Tribunal de Contas tenha dado pela irregularidade, nem, muito menos, decidir pela irregularidade quando o Tribunal de Contas tenha decidido pela regularidade".[47]

Aponta o autor que é a Constituição que atribui essa competência ao Tribunal de Contas, denominada de "reserva de jurisdição", sendo vedado ao Judiciário substituir o mérito da decisão administrativa.[48]

45. Athos Gusmão Carneiro, *Jurisdição e Competência*, cit., 16ª ed., p. 22.

46. Paulo Sérgio Ferreira Melo, *A Natureza Jurídica das Decisões dos Tribunais de Contas*, disponível em *http://www.ambito-juridico.com.br/site/index. php?n_link=revista_artigos_leitura&artigo_id=9704*.

47. Júlio César Manhães Araújo, *Controle da Atividade Administrativa pelo Tribunal de Contas na Constituição de 1998*, Curitiba, Juruá, 2010, p. 481.

48. "É que, pela configuração ditada pelo texto constitucional originário, existem hipóteses onde se verificam situações de 'reserva de jurisdição', onde outros

E uma questão interessante: "Se a possibilidade de impugnação e reforma do conteúdo das decisões provenientes do Tribunal de Contas perante o Poder Judiciário fosse ampla e irrestrita, no sentido de que sempre e sempre competisse ao Judiciário a última palavra em temáticas que foram expressamente conferidas pelo texto originário da Constituição ao Tribunal de Contas, o arranjo constitucional da distribuição da competência para julgamento das contas dos responsáveis seria medida de enfeite, mero penduricalho e instituto desprovido de qualquer utilidade prática e jurídica, porquanto ficaria sempre na dependência da apreciação judicial para que viesse a lograr obter foros de definitividade".[49]

José Luiz Quadros Magalhães fala em "nova função de fiscalização" imposta pela Constituição aos Tribunais de Contas – bem como ao Ministério Público e à Defensoria Pública –, a qual, ao lado das tradicionais funções estatais, não se vincularia nem ao Legislativo, nem ao Executivo, nem tampouco ao Judiciário. E bastante relevante: o autor também destaca a necessidade de nova forma de escolha dos membros dos Tribunais de Contas para a efetiva assunção desse novo *status* imposto pela Constituição de 1988.[50]

Também na linha favorável a um controle judicial mais restritivo: "(...) reconhecer a função institucional de controle do Tribunal de Contas, órgão competente para exercer o controle externo da Administração Pública, significa distinguir o fortalecimento das suas atribuições constitucionalmente reconhecidas a partir da leitura dos arts. 71, II, 73, 92 e 96 da Constituição da República, e, entre elas, destacar a função jurisdicional, impondo-se firmar que o Tribunal de Contas, ao julgar as contas, fá-lo em caráter definitivo, subtraindo da apreciação do Poder

órgãos constitucionais julgam questões que lhes foram consagradas diretamente pelo texto originário da Constituição. Assim, reconhecendo visão relacionada ao mérito do julgamento das contas, o Poder Judiciário, se provocado, se limita a proclamar a falta ou a existência de adequação jurídica da decisão proveniente do órgão de controle. Fica-lhe vedado, em hipótese como a deste jaez, emitir pronunciamento que substitua a decisão da Corte de Contas, porquanto somente a esta compete demitir aquele submetido à sua jurisdição da responsabilidade sobre a regularidade das contas da gestão" (Júlio César Manhães Araújo, *Controle da Atividade Administrativa pelo Tribunal de Contas na Constituição de 1998*, cit., pp. 482-483).

49. Júlio César Manhães Araújo, *Controle da Atividade Administrativa pelo Tribunal de Contas na Constituição de 1998*, cit., p. 484.

50. José Luiz Quadros de Magalhães, "A teoria da separação de Poderes e a divisão das funções autônomas no Estado contemporâneo – O Tribunal de Contas como integrante de um poder autônomo de fiscalização", *Revista do Tribunal de Contas do Estado de Minas Gerais* 71/97, n. 2, Ano XXVII, abril-junho/2009.

Judiciário o mérito das suas decisões. Não significa, entretanto, afastar da apreciação do Poder Judiciário as lesões ou ameaças a direito quando for violado o contraditório e a ampla defesa, o dever de fundamentação, enfim, as garantias formais do devido processo legal".[51]

Sobre os Tribunais de Contas, um ponto deve ser realisticamente considerado, com vistas a lhe atribuir caráter jurisdicional: o aperfeiçoamento do modo de indicação e composição dos Tribunais e sua relação com o Poder Legislativo, a fim de lhe atribuir mais autonomia e independência.

5.4 CNJ

O Conselho Nacional de Justiça/CNJ, criação da Emenda Constitucional 45/2004, surge num contexto de busca de controle à atuação do Poder Judiciário. O fato é que se trata de órgão inserido na estrutura do Poder Judiciário mas com atuação administrativa,[52] conforme assentou o STF.[53] Dentre as atribuições do CNJ, as mais acentuadas estão relacio-

---

51. Evandro Martins Guerra e Denise Mariano De Paula, "A função jurisdicional dos Tribunais de Contas", *Revista do Tribunal de Contas do Estado do Ceará* X/94, julho-dezembro/2012. E, ainda: "No plano axiológico, a Corte de Contas está a serviço da verificação e controle da regularidade das contas, da legalidade das receitas e despesas, em diversas searas. É o órgão especializado no julgamento das contas públicas. (...). Sem embargo, *o mérito da decisão, próprio da Corte de Contas, envolvendo sua função precípua, isto é, o controle contábil, orçamentário, financeiro, operacional e patrimonial, dizendo se as contas são regulares ou irregulares, não poderá ser apreciado pelo Judiciário, tendo em vista o caráter de exclusividade disposto ao órgão constitucional sobre a matéria*" (idem, p. 93 – grifamos).

52. "Compete ao Conselho o controle da atuação administrativa e financeira do Poder Judiciário e do cumprimento dos deveres funcionais dos juízes, cabendo-lhe, além de outras atribuições que lhe forem conferidas pelo Estatuto da Magistratura: (...)" (CF, § 4º do art. 103-B).

53. "Ação direta – Emenda Constitucional n. 45/2004 – Poder Judiciário – CNJ – Instituição e disciplina – Natureza meramente administrativa – Órgão interno de controle administrativo, financeiro e disciplinar da Magistratura – Constitucionalidade reconhecida – Separação e independência dos Poderes – História, significado e alcance concreto do princípio – Ofensa a cláusula constitucional imutável (cláusula pétrea) – Inexistência – Subsistência do núcleo político do princípio, mediante preservação da função jurisdicional, típica do Judiciário, e das condições materiais do seu exercício imparcial e independente – Precedente e Súmula n. 649 – Inaplicabilidade ao caso – Interpretação dos arts. 2º e 60, § 4º, III, da CF. (...). São constitucionais as normas que, introduzidas pela Emenda Constitucional n. 45, de 8.12.2004, instituem e disciplinam o CNJ, como órgão administrativo do Poder Judiciário nacional – Poder Judiciário – Caráter nacional – Regime orgânico unitário – Controle administrativo, financeiro e disciplinar – Órgão interno ou externo – Conselho de

nadas com a função correicional e disciplinar (v. incisos do art. 103-B da CF).

O CNJ tem ganhado muita força no cenário jurídico brasileiro, e por essa razão suas deliberações e decisões frequentemente incidem sobre temáticas que dizem respeito aos Poderes Legislativo (v.g., a deliberação sobre união homoafetiva, Resolução 175/2013) e Judiciário. O que aqui nos interessa analisar é a relação entre decisões administrativas do CNJ e seu controle pelo Poder Judiciário.

É evidente que situações de desvio, como a intervenção do STF ao cassar decisão de cunho jurisdicional do CNJ, devem mesmo ser corrigidas.[54] Também não há qualquer problema no controle de constitucionalidade realizado pelo STF dos atos normativos emanados do CNJ.

A questão que interesse a este escrito é analisar os limites do controle jurisdicional realizado sobre as decisões do CNJ no exercício das suas funções correcionais e disciplinares. Em outros termos: como a censura judicial se aplica às decisões administrativas do Conselho.

A priori, é preciso ressaltar que, segundo a visão tradicional, os atos originários de processos administrativos disciplinares são sempre passí-

Justiça – Criação por Estado-membro – Inadmissibilidade – Falta de competência constitucional. Os Estados-membros carecem de competência constitucional para instituir, como órgão interno ou externo do Judiciário, conselho destinado ao controle da atividade administrativa, financeira ou disciplinar da respectiva Justiça – Poder Judiciário – CNJ – Órgão de natureza exclusivamente administrativa – Atribuições de controle da atividade administrativa, financeira e disciplinar da Magistratura – Competência relativa apenas aos órgãos e juízes situados, hierarquicamente, abaixo do STF – Preeminência deste, como órgão máximo do Poder Judiciário, sobre o Conselho, cujos atos e decisões estão sujeitos a seu controle jurisdicional – Inteligência dos arts. 102, *caput*, e inciso I, letra '*r*', e 103-B, § 4º, da CF. O CNJ não tem nenhuma competência sobre o STF e seus ministros, sendo esse o órgão máximo do Poder Judiciário nacional, a que aquele está sujeito" (Plenário, ADI 3.367, rel. Min. Cézar Peluso, j. 13.4.2005, *DJU* 22.9.2006).

54. "Conselho Nacional de Justiça/CNJ – Corregedor Nacional de Justiça – Ato que suspende a eficácia de decisão concessiva de mandado de segurança emanada de Tribunal de Justiça – Inadmissibilidade – Atuação *ultra vires* do Corregedor Nacional de Justiça, porque excedente dos estritos limites das atribuições meramente administrativas outorgadas pela Constituição da República – Incompetência absoluta do Conselho Nacional de Justiça, não obstante órgão de controle interno do Poder Judiciário, para intervir em processos de natureza jurisdicional – Impossibilidade constitucional de o Conselho Nacional de Justiça (que se qualifica como órgão de caráter eminentemente administrativo) fiscalizar, reexaminar e suspender os efeitos decorrentes de ato de conteúdo jurisdicional, como aquele que concede mandado de segurança – Precedentes do STF – Magistério da doutrina – Medida liminar deferida" (MS/MC 28.598, rel. Min. Celso de Mello, j. 8.6.2010).

veis de judicialização, uma vez que a decisão no âmbito administrativo não se reveste da imutabilidade própria da coisa julgada.

No entanto, no caso especificamente da atuação de controle do Poder Judiciário realizada pelo CNJ, é preciso levar em consideração dois aspectos peculiares e relevantes: (i) o processo administrativo disciplinar desenvolve-se perante órgão do Poder Judiciário, ainda que no exercício de função administrativa, mas a formação dos julgadores é jurídica, e a grande maioria da composição do colegiado é inclusive de juízes de carreira, o que é forte indicativo de respeito das garantias constitucionais do devido processo legal; (ii) na concepção originária de criação do CNJ está o anseio de um controle, se não externo, ao menos misto do próprio Poder Judiciário, cuja composição deva espelhar esse anseio; nesse sentido, é fundamental que se mantenha coerência com tal premissa, no sentido de se privilegiar a última palavra em matéria de processos administrativos disciplinares de membros do Poder Judiciário ao CNJ.

6. *Outros casos mais polêmicos: a Administração Pública concomitantemente como parte e órgão julgador*

Há certas hipóteses nas quais há indubitavelmente processo administrativo, marcado pelo contraditório e pela ampla defesa na acepção mais garantista desse princípio, nas quais é preciso tomar mais cuidado ao analisar o grau de judicialização da decisão administrativa desses processos, uma vez que a Administração Pública se concentra em parte interessada ao mesmo tempo em que é órgão decisório.

Casos como o *contencioso administrativo tributário e previdenciário* são bons exemplos de processo marcado pelo devido processo legal mas em que, contudo, seria bastante indesejável que o Judiciário não pudesse apreciar o acerto ou erro do mérito da decisão administrativa. Isso porque – repita-se – o ente público interessado é, ao mesmo tempo, parte e julgador do contencioso.

Dois outros órgãos também são de interessante análise: trata-se do Conselho Administrativo de Recursos Fiscais/CARF e do Tribunal de Impostos e Taxas/TIT, os quais, muito embora tenham composição mista – e, portanto, não são exclusivamente compostos por membros do Fisco –, são Tribunais vinculados ao Poder Executivo, e por essa razão pode haver risco ao contribuinte na impossibilidade de poder revisar, no Judiciário, a decisão que lhe é desfavorável.

O ponto fundamental é a *imparcialidade do órgão julgador*, que é condição indispensável para a legitimidade decisória, que nesses casos poderia estar viciada. De qualquer forma, um aperfeiçoamento no modelo hoje em vigor poderia ser positivo na tentativa de se buscar eficiência com garantia na Administração Pública.

7. A admissão da jurisdição não estatal nos conflitos envolvendo o Estado

A ideia de interesse público subjacente à figura do Estado é o grande óbice – ou escusa – que vem causando reticências a uma aplicação mais generalizada dos meios consensuais de solução de conflitos e da arbitragem nos conflitos envolvendo o Estado. Acreditamos que tais formas ditas *alternativas* de solução de controvérsias sejam jurisdicionais, ainda que fora do âmbito estatal, na medida em que aptas a resolver de forma adequada conflitos de interesses.

No sentido do que sustentamos *supra*, a imposição constitucional ao Estado Brasileiro de oferecer tutela jurisdicional adequada deve servir de orientação para que a arbitragem e a conciliação sejam amplamente admitidas pelo Poder Público nos casos cabíveis. Até porque são formas processuais, ainda que não estatais, que visam à tutela jurisdicional adequada.

No tocante à arbitragem, a doutrina pátria tem destacado que a especialidade do árbitro, a eficiência e a justiça procedimental são as grandes vantagens dessa forma de solução de conflitos aplicada ao Poder Público.[55] É preciso reconhecer, como se faz com mais naturalidade na arbitragem entre privados, que nem sem sempre a solução jurisdicional-estatal é a mais célere, adequada e qualificada; um árbitro, ou conjunto de árbitros, pode oferecer solução mais eficiente para a controvérsia estatal sem qualquer contraste com o interesse público.

Emblemática a passagem de Carlos Alberto de Salles sobre esse aspecto: "Levando-se em conta a natureza dos contratos envolvidos e as políticas estatais a ela inerentes, tendo em vista os resultados que se pretende produzir, a solução das disputas nesse âmbito pode não encontrar no Judiciário sua resposta mais adequada. Vislumbra-se, então, nesse caso, a possibilidade de exclusão da jurisdição estatal, com o estabelecimento convencional de outro mecanismo, cuja legitimidade e justificativa se

---

55. Cf. Carlos Alberto de Salles, *A Arbitragem na Solução de Controvérsias Contratuais da Administração Pública*, cit., pp. 79 e 85. Cf. também Selma Lemes, *Arbitragem na Administração Pública: Fundamentos Jurídicos e Eficiência Econômica*, São Paulo, Quartier Latin, 2007.

buscam em função de sua maior adequação em relação aos mecanismos judiciais e outros possíveis instrumentos de solução de controvérsias".[56]

E também na arbitragem envolvendo a Administração Pública, como nos outros casos aqui analisados, *v.g.*, CADE, agências reguladoras, a razão de ser da maior aceitação a certos contratos administrativos é exatamente a *especificidade da matéria*, especialmente novos tipos de contratos administrativos. Nesse sentido: "Não é por acaso que a arbitragem aplicada a contratos administrativos surge, no Brasil, impulsionada por leis balizadoras de novos modos de atuação estatal, identificadas com o debate designado por Reforma do Estado. Isso é notório, especialmente, em relação à chamada Lei de Parcerias Público-Privadas (Lei 11.079/2004), art. 11, III, bem como em outras leis de igual direcionamento, como a Lei do Petróleo e Gás (Lei 9.478/1997) art. 43, X, a Lei de Transportes Aquaviários e Terrestres (Lei 10.233/2001), arts. 35, XVI, e 39, XI, a Lei de Transporte de Gás Natural (Lei 11.909/2009) e a própria Lei de Concessões (Lei 8.987/1995), art. 23-A, modificado pela Lei 11.196/2005".[57]

Isto revela que a mutação da ideia de jurisdição e administração, a desjudicialização de conflitos, ainda que fora do Estado, até mesmo quando envolve a Administração Pública, pode ser *forma adequada de resolução de conflitos*, portanto espécie de tutela jurisdicional para situações de grande especialidade, sempre, evidentemente, com respeito às garantias do processo e do *due process of law*.

8. Reflexões conclusivas

O presente escrito visa tão somente a analisar, de forma crítica, certas peculiaridades atuais na relação entre os Poderes estatais, com reflexo na ideia de jurisdição e na garantia constitucional da inafastabilidade da tutela jurisdicional, tentando verificar se há pontos sobre os quais poderia haver uma mutação de sentido no controle e revisão, realizados pelo Judiciário, das decisões decorrentes de processos administrativos.

São meras reflexões, e, portanto, não devem ser encaradas como alterações que devam ser impostas a todo custo e imediatamente, frisa-se.

A ideia central desenvolvida é que o processo é instituição jurídico-política que transcende os limites do Poder Judiciário, aplicando-se a

---

56. Carlos Alberto de Salles, *A Arbitragem na Solução de Controvérsias Contratuais da Administração Pública*, cit., p. 73.
57. Idem, pp. 91-92.

todas as esferas administrativas segundo as garantias constitucionais que lhes são próprias.

Esse *pressuposto garantista de processo administrativo* é condição para o desenvolvimento das demais ideias, ou seja, de que certas decisões administrativas estariam imunes ao controle e à revisão judicial no tocante ao mérito, restando sempre possível o controle judicial sobre a legalidade procedimental e os princípios e garantias do devido processo constitucional.

Esta proposta, pautada na aplicação do princípio da eficiência, com garantia, da Administração Pública, ao se desincumbir da distribuição de suas competências e atribuições, resvala, sem dúvida, na ideia tradicional de amplo acesso à Justiça.

De fato, é preciso reconhecer que, historicamente, a busca do Poder Judiciário como último bastião na defesa dos direitos do homem é um fato que não pode ser esquecido, e que contribuiu fortemente para o avanço dos direitos humanos e fundamentais.

Este é um dado que deve estar consolidado na história das instituições políticas e jurídicas dos povos, mas que não pode impedir avanços no sentido de se refletir acerca das soluções qualitativamente melhores que as decorrentes do Poder Judiciário – no caso do presente escrito, oriundas de processos administrativos estatais, mas outros processos privados, como é o caso da arbitragem, também podem ser lembrados –, desde que essas soluções sejam tão ou mais garantistas que o processo judicial.

Para finalizar, é recomendável advertir que a Administração Pública brasileira parece ainda não ter incorporado, ostensivamente, nas suas práticas cotidianas a real dimensão, imposta pela Constituição, de um processo administrativo garantista. Isso deve ocorrer com a maior brevidade possível.

Por essa razão, as reflexões aqui tecidas devem ser vistas com esse cuidado, ou seja, a restrição à inafastabilidade da jurisdição somente poderá ocorrer se de fato houve, no âmbito administrativo, absoluto respeito ao devido processo constitucional e total independência do órgão julgador; caso contrário o mérito da decisão administrativa deverá ser atacado pelo Poder Judiciário, para controlá-lo e revisá-lo.

Bibliografia

ARAÚJO, Júlio César Manhães. *Controle da Atividade Administrativa pelo Tribunal de Contas na Constituição de 1998*. Curitiba, Juruá, 2010.

ARRUDA ALVIM NETTO, José Manoel de. "Os limites existentes ao controle jurisdicional dos atos administrativos". *RePro* 99/151-160. Ano 25. São Paulo, Ed. RT, julho-setembro/2000.

BUENO, Cássio Scarpinella. *Curso Sistematizado de Direito Processual Civil*. 7ª ed., vol. 1 ("Teoria Geral do Direito Processual Civil"). São Paulo, Saraiva, 2013.

CARNEIRO, Athos Gusmão. *Jurisdição e Competência*. 16ª ed. São Paulo, Saraiva, 2009.

CASTRO, Rodrigo Pironti Aguirre. *Processo Administrativo e Controle da Atividade Regulatória*. Belo Horizonte, Fórum, 2005.

CINTRA, Antônio Carlos de Araújo, DINAMARCO, Cândido Rangel, e GRINOVER, Ada Pellegrini. *Teoria Geral do Processo*. 29ª ed. São Paulo, Malheiros Editores, 2013.

DE PAULA, Denise Mariano, e GUERRA Evandro Martins. "A função jurisdicional dos Tribunais de Contas". *Revista do Tribunal de Contas do Estado do Ceará* X/56-97. Julho-dezembro/2012.

DI PIETRO, Maria Sylvia Zanella. *Direito Administrativo*. São Paulo, Atlas, 2006.

DINAMARCO, Cândido Rangel. *Instituições de Direito Processual Civil*. 7ª ed., vol. I. São Paulo, Malheiros Editores, 2013.

_____, CINTRA, Antônio Carlos de Araújo, e GRINOVER, Ada Pellegrini. *Teoria Geral do Processo*. 29ª ed. São Paulo, Malheiros Editores, 2013.

FAZZALARI, Elio. *Istituzioni di Diritto Processuale*. 7ª ed. Pádua, CEDAM, 1997.

FONSECA, João Bosco Leopoldino da. *Lei de Proteção da Concorrência: Comentários à Legislação Antitruste*. 3ª ed. Rio de Janeiro, Forense, 2007.

FORTES, Flávia Teixeira. "A judicialização da defesa da concorrência". *Revista do IBRAC* 15/39-61. N. 1, São Paulo, IBRAC, 2008.

GRINOVER, Ada Pellegrini, CINTRA, Antônio Carlos de Araújo, e DINAMARCO, Cândido Rangel. *Teoria Geral do Processo*. 29ª ed. São Paulo, Malheiros Editores, 2013.

GRINOVER, Ada Pellegrini, e WATANABE, Kazuo (coords.). *O Controle Judicial de Políticas Públicas*. Rio de Janeiro, GEN, 2011.

GUERRA Evandro Martins, e DE PAULA, Denise Mariano. "A função jurisdicional dos Tribunais de Contas". *Revista do Tribunal de Contas do Estado do Ceará* X/56-97. Julho-dezembro/2012.

GUNTHER, Luiz Eduardo, e SANTOS, Willians Franklin Lira dos (coords.). *Jurisdição: Crise, Efetividade e Plenitude Institucional*. vol. II. Curitiba, Juruá, 2009.

JUSTEN FILHO, Marçal. *O Direito das Agências Reguladoras Independentes*. São Paulo, Dialética, 2002.

LEMES, Selma. *Arbitragem na Administração Pública: Fundamentos Jurídicos e Eficiência Econômica*. São Paulo, Quartier Latin, 2007.

MAGALHÃES, José Luiz Quadros de. "A teoria da separação de Poderes e a divisão das funções autônomas no Estado contemporâneo – O Tribunal de Contas como integrante de um poder autônomo de fiscalização". *Revista do Tribunal de Contas do Estado de Minas Gerais* 71/92-101. N. 2, Ano XXVII. Abril-junho/2009.

MANCUSO, Rodolfo de Camargo. "O direito à tutela jurisdicional: o novo enfoque do art. 5º, XXXV, da CF". *RT* 926/135-176. Ano 101. São Paulo, Ed. RT, dezembro/2012.

MEDAUAR, Odete. *A Processualidade no Direito Administrativo*. 2ª ed. São Paulo, Ed. RT, 2008.

_____, e SCHIRATO, Vitor Rhein (orgs.). *Atuais Rumos do Processo Administrativo*. São Paulo, Ed. RT, 2010.

MELO, Paulo Sérgio Ferreira. *A Natureza Jurídica das Decisões dos Tribunais de Contas*. Disponível em *http://www.ambito-juridico.com.br/site/index. php?n_link=revista_artigos_leitura&artigo_id=9704*.

PASTRE, Daniel Fernando. "O controle judicial das decisões do CADE: limites e efetividade institucional". In: GUNTHER, Luiz Eduardo, e SANTOS, Willians Franklin Lira dos (coords.). *Jurisdição: Crise, Efetividade e Plenitude Institucional*. vol. II. Curitiba, Juruá, 2009 (pp. 219-245).

PEREIRA, Flávio Henrique Unes. *Sanções Disciplinares: o Alcance do Controle Jurisdicional*. Belo Horizonte, Fórum, 2007.

PESTANA, Márcio. *Direito Administrativo Brasileiro*. 2ª ed. Rio de Janeiro, Elsevier, 2010.

ROCHA, Caio César Vieira. *Limites do Controle Judicial sobre a Jurisdição Arbitral no Brasil*. Tese de Doutorado. São Paulo, Faculdade de Direito da USP, 2012.

SALLES, Carlos Alberto de. *A Arbitragem na Solução de Controvérsias Contratuais da Administração Pública*. Tese de Livre-Docência apresentada à Faculdade de Direito da USP. São Paulo, 2010.

SANTOS, Willians Franklin Lira dos, e GUNTHER, Luiz Eduardo (coords.). *Jurisdição: Crise, Efetividade e Plenitude Institucional*. vol. II. Curitiba, Juruá, 2009.

SCHIRATO, Vitor Rhein. "O processo administrativo como instrumento do Estado de Direito e da Democracia". In: MEDAUAR, Odete, e SCHIRATO, Vitor Rhein (orgs.). *Atuais Rumos do Processo Administrativo*. São Paulo, Ed. RT, 2010 (pp. 9-52).

_____, e MEDAUAR, Odete (orgs.). *Atuais Rumos do Processo Administrativo*, São Paulo, Ed. RT, 2010.

SEABRA FAGUNDES, Miguel. *O Controle dos Atos Administrativos pelo Poder Judiciário*. 8ª ed. Rio de Janeiro, Forense, 2010.

VÉSCOVI, Enrique. *Teoría General del Proceso*. 2ª ed. Bogotá, Temis, 1999.

WATANABE, Kazuo, e GRINOVER, Ada Pellegrini (coords.). *O Controle Judicial de Políticas Públicas*. Rio de Janeiro, GEN, 2011.

PROCESSO:
PROCEDIMENTO DOTADO DE NORMATIVIDADE
– UMA PROPOSTA DE UNIFICAÇÃO CONCEITUAL

CARLOS ALBERTO DE SALLES

Professor Associado da Faculdade de Direito da Universidade de São Paulo
– Desembargador do Tribunal de Justiça de São Paulo pelo quinto constitucional
do Ministério Público – Mestre, Doutor e Livre-Docente
pela Universidade de São Paulo

1. Os desafios da Teoria Geral do Processo, *40 anos depois. 2. Processo e jurisdição: relação necessária. 3. Processo: procedimento dotado de normatividade. 4. A busca de um processo adequado. 5. Conclusões.*

1. Os desafios da Teoria Geral do Processo, 40 anos depois

Há 40 anos uma ideia começou a ganhar força entre nós com a 1ª edição, em 1974, do pioneiro livro *Teoria Geral do Processo*, dos professores Antônio Carlos de Araújo Cintra, Ada Pellegrini Grinover e Cândido Rangel Dinamarco. Mais que uma nova disciplina na área do direito processual, congregando estudos de princípios e fundamentos de seus vários ramos, essa ideia continha importante asserção epistemológica, qual seja, a afirmação da existência de um núcleo conceitual comum capaz de unificar e servir de base a qualquer estudo de processo, independentemente de sua aplicação nas esferas cível, criminal ou trabalhista.

Todo esse tempo depois, é inegável a consolidação da Teoria Geral como disciplina acadêmica, presente em grande parte dos cursos jurídicos do Brasil. Em termos conceituais, entretanto, é preciso reconhecer pelo menos três dificuldades que as mudanças sofridas pelo direito processual colocam para reconhecimento daquele núcleo teórico comum para seus vários ramos.

Em primeiro lugar, os estudos de direito processual civil e penal voltaram-se para *horizontes metodológicos*[1] muito díspares, um cami-

---

1. Sobre esse conceito e sua importância, v. nosso *Execução Judicial em Matéria Ambiental*, São Paulo, Ed. RT, 1998, pp. 36-44.

nhando no sentido da efetividade da tutela jurisdicional, outro do garantismo voltado à proteção dos direitos do acusado. Não que os objetivos implícitos nesses horizontes não possam – e talvez devam – ser conciliados, mas essa diferença de enfoque acentuou a clivagem entre as duas áreas, dificultando o diálogo entre elas e a realização de estudos comuns. É sintomático, a propósito, que gerações anteriores conheceram grandes processualistas que transitavam entre duas áreas, como é o caso de José Frederico Marques, Hélio Tornaghi e a própria professora Ada Pellegrini Grinover, autora do livro celebrado nesta obra.

Em segundo lugar, o fenômeno da especialização, que tomou conta de todo o Direito, repercutiu fortemente também no direito processual. Não só no tocante às áreas do processo civil e penal, mas, de igual forma, de outros ramos, como o trabalhista, o eleitoral, o administrativo. Em termos das possibilidades de uma Teoria Geral, a verticalização da especialização traz a necessidade da instrumentalização de conceitos para finalidades específicas de cada uma das áreas, dificultando a formação de conceitos mais generalistas.

Por fim, em terceiro lugar, o crescimento do uso e da atenção aos mecanismos de solução de controvérsias diversos da solução judicial impôs ao direito processual ampliar seu objeto tradicional de estudo. Incorpora-se às atividades jurisdicionais, e, por via de consequência, ao processo, o objetivo de produzir soluções baseadas no consenso, fugindo à tradicional vocação processual à produção de decisões vinculantes, adjudicadas pelo juiz para pôr fim à controvérsia estabelecida entre as partes. Também essas transformações desafiam o conceito de processo a incorporar novas perspectivas teóricas e metodológicas.

No texto que segue o autor retoma anterior proposta acerca do conceito de processo.[2] Busca, sobretudo, responder a esse último desafio, ou seja, lançar bases para que os mecanismos não judiciais de solução de controvérsias, em especial a arbitragem, possam ser considerados a partir de uma conceituação ampla desse conceito, integrando-se ao direito processual e criando condições para uma renovada Teoria Geral do Processo.

2. *Processo e jurisdição: relação necessária*

O exercício da jurisdição no Estado Moderno e contemporâneo tem o processo como característica inerente. O processo nasce exatamente

---

2. As ideias abaixo desenvolvidas foram primeiramente publicadas em Carlos Alberto de Salles, *Arbitragem em Contratos Administrativos*, Rio de Janeiro, Forense, 2011, Parte II, Capítulo I.

como disciplina do poder jurisdicional, atendendo à necessidade de garantia do jurisdicionado quanto ao exercício da jurisdição pelo poder soberano.[3]

Em sua concepção moderna e atual, o processo é uma projeção do *modelo legal-racional de Direito*[4] aplicado ao exercício da jurisdição. A esse propósito, a evolução do processo é correspondente à evolução do modo de exercício da própria jurisdição.[5]

O processo em sua concepção moderna é destinado a regular o exercício do poder jurisdicional. Contemporaneamente, a noção de processo deixou de se circunscrever ao âmbito judicial, tornando-se característica também da Administração Pública e outras formas de exercício do poder,[6] mesmo em instituições eminentemente privadas, como na gestão de grandes empresas ou de associações não governamentais.

Considerado o sistema jurídico, o processo coloca-se funcionalmente como um *corpo secundário de normas*.[7] Enquanto o direito material, corpo primário, é voltado à manutenção da regularidade das condutas sociais – por exemplo, não matar, cumprir as obrigações assumidas, respeitar a propriedade alheia, e assim por diante –, o processo volta-se à regularidade do exercício do poder jurisdicional.[8] O processo, dessa

3. Para um apanhado da evolução histórica do processo, v. José Reinaldo de Lima Lopes, "Uma introdução histórica e social-política do processo", in Antônio Carlos Wolkmer (org.), *Fundamentos de História do Direito*, Belo Horizonte, Del Rey, 1996, pp. 247-278.
4. Nos termos da proposição de Max Weber. Sobre suas características, v. Anthony Kroman, *Max Weber*, Rio de Janeiro, Elsevier, 2009, pp. 117-123.
5. Como destaca José Reinaldo de Lima Lopes, até o século XVI a justiça era tarefa por excelência do soberano, tratando-se de verdadeira "concepção jurisdicionalista de poder", em expressão que atribui a António M. Hespanha. Ao longo dos séculos XVII e XVIII cresce a função legislativa, de forma que "a tarefa maior do soberano converteu-se em legislar (...). Julgar, por seu turno, irá cingir-se a aplicar a lei aos casos de disputas bilaterais. Isto valerá tanto para as relações dos particulares entre si quanto dos particulares com o soberano" (José Reinaldo de Lima Lopes, *As Palavras e a Lei: Direito, Ordem e Justiça na História do Pensamento Jurídico Moderno*, São Paulo, Editora 34/EDESP, 2004, p. 230).
6. "A seiva do tronco comum da processualidade é o poder" (Odete Medauar, *A Processualidade no Direito Administrativo*, São Paulo, Ed. RT, 1993, p. 28).
7. Esse entendimento do processo no sistema de direito positivo já foi apontado pelo autor (v. Carlos Alberto de Salles, *Execução Judicial em Matéria Ambiental*, cit., pp. 30-31).
8. Cf. William H. Simon, "The ideology of advocacy", *Wisconsin Law Review* 1978/43-44. Após afirmar que processo é uma preocupação secundária (um *afterthought*) no Positivismo Jurídico, aponta que as discussões processuais se colocam a

maneira, mostra-se formalmente voltado a fazer valer o conteúdo normativo daquelas primeiras normas, mas com papel diverso, voltado à neutralização de conflitos potencialmente disfuncionais para o sistema jurídico e social.[9]

Para o entendimento da base funcional do processo, é preciso compreender que o conceito de processo se forma tendo, de um lado, os princípios da ação ou da demanda e, de outro, o da inércia da jurisdição. Ao mesmo tempo em que o funcionamento da máquina judiciária do Estado depende da iniciativa dos interessados, a falta de atividade própria serve como garantia da imparcialidade do julgador. No contexto dos processos adjudicatórios, que impõem imperativamente uma solução a uma disputa entre as partes,[10] a participação dos sujeitos destinatários das consequências da decisão é elemento essencial, cuja ausência é capaz de conduzir à sua invalidade e minar as bases de sua legitimidade política.[11]

Com isso, o processo não somente regula o poder jurisdicional, mas também a participação das partes perante a jurisdição, definindo as condutas que elas deverão realizar em busca de resultados favoráveis.[12]

partir de uma contradição básica: "No sistema positivista, o soberano é tanto o único garantidor da ordem quanto sua maior ameaça. Como a obediência das normas não vem naturalmente, o soberano deve ser encarregado do poder e do dever de fazê-las valer. Mas essa tarefa põe uma perspectiva aterrorizante. O único meio efetivo de fazê-las valer envolve tortura, supressão da liberdade, invasão de privacidade ou confisco de propriedade" (p. 43). Para ele, o processo colocaria uma segunda ordem de dificuldade: "O segundo corpo de normas não resolveu o problema da desordem. O risco de desordem a partir do soberano foi diminuído somente através da limitação da eficiência dos poderes do soberano de fazer valer as leis e, assim, aumentando a desordem a partir dos cidadãos" (p. 44).

Discutindo as categorias de normas primárias e secundárias, v. Tércio Sampaio Ferraz Jr., *Introdução ao Estudo do Direito: Técnica, Decisão, Dominação*, 2ª ed., São Paulo, Atlas, 1994, pp. 124-125.

9. Niklas Luhmann, *Procedimenti Giuridici e Legittimazione Sociale*, Milão, Giuffrè, 1995, pp. 19-29.

10. Sobre a distinção entre processos adjudicatórios e consensuais, v. Salles, "Mecanismos alternativos de solução de controvérsias e acesso à Justiça: a inafastabilidade da tutela jurisdicional recolocada", in Luiz Fux, Luiz, Nelson Nery Jr. e Teresa Arruda Alvim Wambier (coords.), *Processo e Constituição. Estudos em Homenagem ao Professor José Carlos Barbosa Moreira*, São Paulo, Ed. RT, 2006, pp. 786-787.

11. Cf. José Eduardo Faria, *Justiça e Conflito: os Juízes em Face dos Novos Movimentos Sociais*, São Paulo, Ed. RT, 1991, pp. 25-39 (analisando o papel do Judiciário e do Direito sob a perspectiva da legitimidade política).

12. "Adjudicação é um processo de avaliação do comportamento à luz de um sistema normativo em particular. (...). Adjudicação exige *expertise* acerca das normas

O móvel das partes no processo é a obtenção do resultado melhor possível, ainda que isso, muitas vezes, possa levar a práticas disfuncionais, com a obstrução de seu desenvolvimento, retardamento de seu resultado final e prejuízo à definitividade de suas decisões.

A regulação processual da atividade jurisdicional e da atuação das partes perante ela é pautada em valores que, histórica ou circunstancialmente, são dados como prevalecentes. Assim o contraditório, a celeridade processual, a segurança jurídica, a atenção a determinadas propriedades do direito material etc.

Colocado, portanto, o processo como fator essencial ao exercício da jurisdição, para o presente trabalho interessa seu papel em relação a duas importantes situações: (i) diante da possibilidade de as partes, validamente, excluírem a jurisdição estatal e instituírem mecanismos de solução de controvérsias baseados no consenso; (ii) na introjeção do reconhecimento do valor de soluções consensuais de controvérsias nas práticas processuais, a despeito de afastarem uma solução adjudicada da controvérsia.[13]

A esse propósito, cabe observar, de início, o reconhecimento da arbitragem como mecanismo válido para resolver disputas, não obstante a exclusão da jurisdição estatal por ela representada, constitui o inegável reconhecimento de seu poder – jurisdicional – de decidir imperativamente.

Por outro lado, é necessário ir ainda um pouco mais longe: afirmar a precedência, em algumas circunstâncias, das formas consensuais de solução de controvérsias em relação àquelas adjudicatórias.

As partes, ao resolverem consensualmente uma disputa pendente entre elas, podem chegar a uma solução melhor que aquela que seria adjudicada por um juiz ou árbitro. A esse propósito, cresce a consciência quanto aos predicados das soluções de consenso. Elas são menos disruptivas das relações entre as partes, podem ser alcançadas com maior imediatidade, são menos custosas para os interessados e para o sistema

sociais governantes do comportamento e, frequentemente, acerca de normas secundárias, governando a conduta nas disputas" (Felstiner, ob. cit., p. 73).

13. Nesse sentido o texto precursor de Kazuo Watanabe, "Cultura da sentença e cultura da pacificação", in Flávio Luiz Yarshell e Maurício Zanoide Moraes (coords.), *Estudos em Homenagem à Professora Ada Pellegrini Grinover*, São Paulo, DPJ, 2005, pp. 684/690. V., também, Rodolfo de Camargo Mancuso, *A Resolução dos Conflitos e a Função Judicial no Contemporâneo Estado de Direito*, São Paulo, Ed. RT, 2009, pp. 16-33 (discutindo a relação do Judiciário com outros modos de solução de conflitos).

judicial, além de permitirem abranger a integralidade do conflito, isto é, o conjunto de controvérsias pendentes entre as partes – não apenas aquela levada a juízo.[14] O reconhecimento do valor das soluções consensuais ocorre mesmo diante da constatação de que, em situações determinadas, elas podem produzir resultados indesejáveis.[15]

A efetividade da utilização desses mecanismos depende da eficácia jurídica emprestada ao pacto pelo qual as partes se vinculam a submeter suas divergências a determinado mecanismo voltado para sua solução. Em outras palavras: é preciso reconhecer a esse mecanismo contratual a mesma força da convenção de arbitragem. Muito embora tal conclusão não decorra da literalidade da Lei de Arbitragem (Lei 9.307/1996), pode-se dela extrair os parâmetros para os contratantes pactuarem a exclusão da jurisdição estatal em favor de um mecanismo consensual de solução do litígio, como, por exemplo, a mediação ou a avaliação por terceiro neutro.[16]

3. Processo: procedimento dotado de normatividade

O entendimento da arbitragem a partir de uma perspectiva processual traz o desafio de redefinir a própria concepção de *processo*, de forma a aplicá-la a um campo mais amplo que aquele estritamente judicial. No presente trabalho, ainda mais, o conceito em questão tem relevância, por tratar não somente de arbitragem mas, também, de mecanismos consensuais de solução de controvérsias.

Como aponta Elio Fazzalari, "os processualistas têm sempre custado, por causa da imponência do fenômeno (a trave no próprio olho...), a definir o 'processo' – o próprio esquema da disciplina de sua competência – e têm permanecido fechados, ainda durante algumas décadas

---

14. Significativas de uma tentativa de absorver esse objetivo no processo judicial foram as alterações do Código de Processo Civil permitindo que a sentença homologatória do acordo abrangesse não apenas a matéria deduzida em juízo. Primeiro, no art. 584, III, com a redação da Lei 10.358/2001; depois, mantida na redação do art. 475-N, III, introduzido pela Lei 11.232/2005, ambos do CPC.

15. Quanto às críticas às soluções consensuais, v. Owen Fiss, *Um Novo Processo Civil: Estudos Norte-Americanos sobre Jurisdição, Constituição e Sociedade*, trad. de Carlos Alberto de Salles (coord.), São Paulo, Ed. RT, 2004, pp. 121-145 (destacando a possibilidade de as soluções refletirem posições assimétricas entre as partes e afastarem do Judiciário a função de estabelecer o conteúdo de valores constitucionais que deveriam orientar a solução da controvérsia).

16. Conhecida nos Estados Unidos por *early neutral evaluation*.

deste século, ao velho e imemorial *cliché* pandectista da relação jurídica processual".[17]

Sem dúvida, não obstante a existência de inúmeras concepções a respeito,[18] a prevalência dessa concepção de processo mostra-se de pouca utilidade para responder aos desafios atualmente colocados a essa disciplina.

É do próprio Fazzalari a tentativa de uma concepção de processo mais abrangente, aproximando esse conceito daquele de procedimento, valorizando o contraditório e permitindo sua extensão a outros processos decisórios estatais: "Se, em primeira aproximação, indicamos como 'provimento' os atos com os quais os órgãos do Estado (os órgãos que legislam, aqueles que governam em sentido lato, aqueles que prestam justiça e assim por diante) emanam, cada qual no âmbito de sua própria competência, disposições imperativas, e como 'procedimento' a sequência de atividades que precede o provimento, o prepara, e com ele se conclui, se acolhemos essa primeira sumária noção, estamos no ponto de constatar que, em regra, o provimento de um órgão do Estado constitui, exatamente, a conclusão de um procedimento, o ato final desse mesmo procedimento: no sentido de que a lei não reconhece ao provimento validade e/ou eficácia se esse não é, entre outros, precedido da série de atividades preparatórias estabelecida pela própria lei. Se, pois, ao procedimento de formação do provimento, às atividades preparatórias através das quais se verifica o pressuposto do provimento mesmo, são os 'interessados' ainda chamados a participar em contraditório, em uma ou mais fases, atingimos a essência do 'processo': que é, exatamente, um procedimento do qual, além do autor do ato final, participam, em contraditório entre eles, os 'interessados', isto é, os destinatários dos efeitos de tal ato".[19]

Três aspectos devem ser ressaltados nessa conceituação: (i) ter como ponto de partida a decisão estatal – o provimento; (ii) integrar o procedimento ao conceito de processo; (iii) ressaltar o contraditório como essencial ao modelo judicial de solução de controvérsias.

A ideia de um "provimento", isto é, uma disposição imperativa por parte de um órgão estatal, é, de fato, elemento essencial à caracterização

---

17. Elio Fazzalari, *Istituzioni di Diritto Processuale*, Pádua, CEDAM, 1994, p. 75 (traduzido do original).

18. Cf. Eduardo J. Couture, *Fundamentos del Derecho Procesal Civil*, 3ª ed., Buenos Aires, Depalma, 1997, pp. 121-161.

19. Fazzalari, *Istituzioni di Diritto Processuale*, cit., pp. 7-8.

de qualquer processo, judicial ou não. Não obstante o autor citado, em sua teoria acerca do processo, não lhe dê destaque,[20] a decisão é o objetivo usualmente buscado pelo processo, para a qual convergem todos os atos do procedimento.

Muito embora seja possível, em outros campos, conceber procedimento ou processo sem decisão – como, por exemplo, em relação a um processo industrial de produção de determinado bem. Mas nesse caso, sem dúvida, não haveria interesse jurídico, pois este tem na decisão elemento fundamental.[21]

A integração do procedimento ao conceito de processo também é algo de fundamental importância. Afinal, a referida conceituação pandectista do processo como relação jurídica processual ignora o procedimento como integrante da própria definição de processo. O procedimento, como conjunto ordenado de atos voltados a determinado fim, aparece apenas como a maneira pela qual o processo se exterioriza.[22]

É possível, porém, ter procedimento sem processo, mas não o contrário.

Dependendo do atributo escolhido como definidor do que venha a ser processo – o contraditório, no caso da conceituação examinada –, pode o procedimento deixar de ser caracterizado como tal. Digamos, por exemplo, uma investigação administrativa preliminar, ainda não aberta à participação dos interessados.

Não é possível, no entanto, conceber processo sem procedimento.

Mesmo o conceito de processo como relação jurídica não faria sentido se ela não se desenvolvesse por meio de um procedimento.[23] À falta deste último, esvaziam-se o próprio conceito e o conteúdo de processo.

20. Idem, pp. 73-91. Não lhe dá destaque de forma direta, deve-se dizer. Mas o faz, sem dúvida, na própria conceituação do contraditório, visto como estrutura consistente "na participação dos destinatários dos efeitos do ato final na fase preparatória desse mesmo ato" (p. 83, traduzido do original).

21. Para uma visão do Direito a partir de uma perspectiva decisionista, v. Tércio Sampaio Ferraz Jr., *Introdução ao Estudo do Direito: Técnica, Decisão, Dominação*, cit., 2ª ed., pp. 309-321.

22. Cf. Vicente Greco Filho, *Direito Processual Civil Brasileiro*, 17ª ed., São Paulo, Saraiva, 2006, p. 87 (apresentando o processo como "entidade complexa", composta de um aspecto intrínseco, isto é, a relação jurídica, e outro consistente em sua exteriorização, o procedimento, consistente na "sucessão ordenada de atos").

23. As definições contemporâneas do processo, pautadas na ideia de *relação jurídica processual*, não conseguem dissociar o conceito de processo daquele de procedimento: "(...). A *relação jurídica processual*, como ente puramente jurídico

O problema que se coloca, então, é que igualar, pura e simplesmente, processo a procedimento implica uma conceituação demasiadamente ampla, remetendo a fenômenos destituídos de caráter normativo, estranhos ao universo jurídico.

Por essa razão, a conceituação acima transcrita adiciona ao procedimento o requisito do contraditório, muito embora não o faça expressamente sob esse fundamento. Processo, sob essa perspectiva, não seria qualquer procedimento, mas apenas aquele desenvolvido mediante contraditório, com a participação dos interessados no "provimento", isto é, no ato final cujos efeitos recairão sobre a esfera jurídica dos participantes.

Com isso a conceituação discutida promove uma abertura, permitindo conceituar o fenômeno processual para além dos limites da jurisdição estatal e, muito especificamente, com aplicação ao domínio administrativo, ao qual expressamente remete.[24] De fato, inegável a constatação de o processo não se restringir ao modo judicial de solução de controvérsias. A tomada de decisão, mediante determinadas condições, significativas de um modo específico de decidir, é traço presente também em procedimentos adjudicatórios privados, da Administração Pública e até mesmo do Legislativo.[25]

Diante da evidente equivalência de características definidoras do que venha a ser processo, não há qualquer razão para manter uma clausura epistemológica em torno do processo judicial. Por certo, com a identificação das especificidades de cada área, seus valores, objetivos e modos de atuação, justifica-se o estudo do processo ou da processualidade como fenômeno geral,[26] de maneira a propiciar a comparação de diferenças e a assimilação de qualidades recíprocas, bem no espírito de uma Teoria Geral do Processo.

que é, não tem existência perceptível aos sentidos. As situações jurídicas ativas e passivas que a compõem constituem abstrações, como são abstrações todas as situações instituídas pelo Direito (obrigações, direitos subjetivos etc.). Elas constituem a *alma do processo*, cujo *corpo físico* é o procedimento" (Cândido Rangel Dinamarco, *Instituições de Direito Processual Civil*, 6ª ed., vol. II, São Paulo, Malheiros Editores, 2009, pp. 26-27).

24. Cf. Fazzalari, *Istituzioni di Diritto Processuale*, cit., p. 74.

25. Cf. Medauar, *A Processualidade no Direito Administrativo*, cit., p. 16 (afirmando que "emerge perfeitamente clara a ideia de uma processualidade atinente, também, ao Poder Executivo e ao Poder Legislativo").

26. Na defesa de uma processualidade ampla, v. Medauar, *A Processualidade no Direito Administrativo*, cit., pp. 11-22.

Da conceituação discutida até o momento é possível extrair duas importantes conclusões. A primeira é no sentido da existência de uma relação necessária entre procedimento e processo. A definição de processo é dependente da existência de procedimento, no sentido de o primeiro não existir sem o segundo. Nessa perspectiva, processo é procedimento.

Nesse ponto, é importante ressaltar que a juridicidade de uma decisão é dada, exatamente, por sua submissão a determinados valores, expressos normativamente, na regulação do procedimento dela preparatório. Para Elio Fazzalari, como visto acima, é o contraditório o valor primordial a caracterizar o processo. Em outras palavras, o processo é caracterizado pela presença, na disciplina do procedimento, de elementos normativos guiados pela racionalidade da participação daqueles sujeitos que suportarão os efeitos da decisão.

A segunda conclusão aponta, exatamente, para o fato de o processo não ser qualquer procedimento, mas somente aqueles voltados à produção de uma decisão, ainda que outros objetivos possam se incorporar ao procedimento, como aquele de indução a uma solução consensual da controvérsia pendente entre as partes, como apontado no item anterior.

A esse propósito, também, é necessária uma especificação. Nem todo procedimento decisório obedece a condicionamentos jurídicos no seu desenvolvimento. Tome-se, por exemplo, aquele seguido por particulares para conclusão da compra e venda de um imóvel ou as etapas psicológicas – mesmo do juiz! – para a tomada de uma decisão.

A conceituação analisada, portanto, consagra a ideia de processo como o procedimento decisório qualificado por seu desenvolvimento em contraditório. Na verdade, se pensarmos, por exemplo, em um processo julgado à revelia, a qualificação do procedimento se faz, mais propriamente, pela possibilidade de desenvolvimento em contraditório, sem exigência da efetiva participação das partes.

A definição discutida peca, no entanto, por desconhecer outros valores além do contraditório, que podem estar, e, normalmente, estão, expressos na disciplina normativa do procedimento. O contraditório não é o único valor, como pode não ser o preponderante em determinadas modalidades processuais.

Tomando proveito da força de pressuposições extremas, imagine-se, para ficar no estrito campo dos procedimentos judiciais, um modelo processual no qual a participação dos interessados fosse levada ao máximo, sem qualquer limitação de forma ou de tempo para a intervenção das partes. Nessa hipótese, o contraditório seria pleno, mas o processo, certamente, não terminaria em um prazo que se pudesse considerar razoável, além das possíveis desigualdades por ele permitidas.

O problema é, exatamente, que o processo expressa, em seu desenvolvimento procedimental, uma pluralidade de valores,[27] não apenas um valor único, como o contraditório.

Esses valores processuais, por sinal, no mais das vezes expressam objetivos de difícil conciliação. Considerem-se, a esse propósito, o valor da celeridade e aquele da amplitude das possibilidades probatórias. Se, por um lado, se almeja um processo que seja resolvido no menor lapso de tempo possível, por outro, se deseja uma ampla possibilidade de as partes produzirem prova de suas alegações, verificando-se clara colisão entre os objetivos buscados.

A caracterização do processo, nessa medida, não pode ser feita apenas pela presença do contraditório no procedimento.

Na verdade, o fator definidor do interesse jurídico e processual nesse fenômeno não é o contraditório em si, mas o conjunto de valores que, como ele, se projetam no procedimento. O *elemento normativo* do procedimento, poder-se-ia dizer. A esse propósito, o contraditório e os demais valores que servem de base ao desenvolvimento do processo são representativos de determinada racionalidade normativa, pela qual se orienta o modo de produção de decisões no Estado contemporâneo.

O atributo que dá ao procedimento natureza de processo e determina o interesse jurídico é, portanto, a presença de uma racionalidade normativa à qual a decisão deve estar condicionada.[28] Essa racionalidade

---

27. Em sentido aproximado, v. Carlos Alberto Alvaro de Oliveira e Daniel Mitidiero, *Curso de Processo Civil*, vol. 1 ("Teoria Geral do Processo Civil e Parte Geral do Direito Processual Civil"), São Paulo, Atlas, 2010, pp. 12/19.

28. Note-se que as definições de processo como *relação jurídica processual* buscam, nesse conceito, justificar o fenômeno da *sujeição* das partes às regras processuais e à decisão a ser produzida. Considerando as raízes históricas desse conceito, de base acentuadamente privatista, a ideia de relação processual, a par do que acontece com o contrato como fonte de submissão a obrigações, fazia todo sentido. No entanto, a existência de uma "relação jurídica" é despicienda para demonstrar a vinculação das partes às normas de processo. Como normas de direito público, devem ser naturalmente seguidas, pelo conteúdo normativo que lhes é próprio, não dependendo da pressuposição de uma relação jurídica. Em situação semelhante, por exemplo, para impor ao sujeito a obrigação de não ultrapassar o limite de velocidade estabelecido para determinada via, desnecessário supor que o motorista tenha uma relação jurídica com o Estado. A estrutura participativa, em contraditório, dos processos contemporâneos, também por exemplo, não justifica o recurso conceitual à relação jurídica. A citação não precisa ser vista como constituinte de uma relação

diz respeito à presença de determinadas normas – como a própria participação das partes, a amplitude probatória, a celeridade, a segurança jurídica, a capacidade de induzir soluções consensuais etc. – representativas de valores vazados na regulação procedimental do processo.

Assim, considerando seus aspectos funcionais, o processo pode ser conceituado como o *procedimento decisório dotado de normatividade*, pelo qual se expressa uma racionalidade jurídica determinada, significativa dos valores aos quais a decisão, a ser produzida, deve estar condicionada.

4. A busca de um processo adequado

A conceituação de processo acima discutida tem direta implicação com a possibilidade de construção de um conceito que atenda ao grau de generalidade necessário para formulação de uma teoria verdadeiramente geral do processo.

Muito especialmente, em áreas como a arbitragem e a mediação relacionada a serviços judiciários o conceito proposto permite pensar em montagens procedimentais aptas a responder a uma diversificada gama de valores, dependentes do interesse das partes, como ocorre na arbitragem privada, ou do interesse público presente em determinada situação, como seria o caso de um serviço de mediação anexo ao Judiciário.

O que existe efetivamente é um condicionamento da ação estatal ou de particulares a alguns pressupostos, a serem observados sob pena de invalidade do resultado que venha a ser possivelmente alcançado.

Tais condicionamentos são representativos de determinados valores em torno dos quais a disciplina jurídica do procedimento é construída, devendo projetar na formação da decisão ou da solução consensual aqueles valores preponderantes em nossa ordem constitucional e jurídica. O problema, muitas vezes, não é de falta ou insuficiência de jurisdição, mas de ausência de correta ordenação dos procedimentos relacionados com a solução de determinada controvérsia.

Nesse sentido, a conceituação esboçada acima, de processo como procedimento decisório dotado de normatividade, expressando uma ra-

jurídica, sendo, isto, sim, uma garantia de participação no processo, até porque o procedimento poderá desenvolver-se em revelia. Cf. Cândido Rangel Dinamarco, *Instituições de Direito Processual Civil*, cit., 6ª ed., vol. II, p. 26 (depois de esclarecer que as situações passivas são aquelas que impelem o sujeito a um ato – deveres e ônus – ou lhe impõem a aceitação de um ato alheio, acrescenta que a síntese das situações passivas das partes "é representada pela *sujeição* à autoridade do juiz").

cionalidade de valores, permite discutir tanto o processo administrativo quanto o arbitral ou, mesmo, a ordenação estatal de mecanismos consensuais de solução de controvérsias.

Em qualquer dos casos, a validade da solução está submetida à obediência de condicionantes a serem observados nos respectivos procedimentos. Não se trata de cumprir formalidades,[29] mas de atender a valores próprios da disciplina jurídica do funcionamento de determinado processo.

A conceituação de processo proposta, na verdade, conduz a uma mudança de paradigma no direito processual.

Como observado de início, o processo surge como instrumento de controle do poder jurisdicional do Estado. A admissão do exercício desse poder fora dos limites do Estado, como no caso da arbitragem, traz a necessidade de pensar a regulamentação de procedimentos decisórios privados, suscetíveis a ampla margem liberdade procedimental baseada na vontade das partes.

Antes disso o processo já dera um grande salto para além da atividade do Judiciário, tornando-se traço marcante da própria Administração Pública contemporânea.[30] Com efeito, na medida em que *participação*[31] e *controle* passam a ser valores fundamentais à Administração contemporânea, o processo passa a ter a função de condicionar as decisões administrativas a um procedimento decisório prévio, no qual esses valores estejam normativamente contemplados.

29. Cf. Carlos Alberto Alvaro de Oliveira, *Do Formalismo no Processo Civil*, 3ª ed., São Paulo, Saraiva, 2009, pp. 5-11 (distinguindo *forma, formalidade* e *formalismo*).

30. Cf. Medauar, "Administração Pública: do ato ao processo", in Alexandre Santos de Aragão e Floriano de Azevedo Marques Neto (coords.), *Direito Administrativo e seus Novos Paradigmas*, Belo Horizonte, Fórum, 2008, pp. 418-419. É constatação fundamental aquela de que, "na complexidade da função administrativa da sociedade pluralista, praticamente nenhuma decisão se esgota em um único ato, isto é, mesmo quando a Administração não se vale da atuação unilateral, sua decisão, usualmente, é tomada na sequência de um procedimento" (Onofre Alves Batista Jr., *Transações Administrativas: um Contributo ao Estudo do Contrato Administrativo como Mecanismo de Prevenção e Terminação de Litígios e como Alternativa à Atuação Administrativa Autoritária, no Contexto de uma Administração Pública Mais Democrática*, São Paulo, Quartier Latin, 2007, p. 188).

31. Indicando as causas impulsionadoras das recentes transformações do direito administrativo, em especial a maior centralidade do processo administrativo, v. Odete Medauar, "Administração Pública: do ato ao processo", cit., in Alexandre Santos de Aragão e Floriano de Azevedo Marques Neto (coords.), *Direito Administrativo e seus Novos Paradigmas*, pp. 411-412.

O processo passa a colocar-se, portanto, de maneira mais ampla, como mecanismo de regulação do exercício do poder em geral, não apenas do jurisdicional, mas também daquele existente em outras esferas de poder atuantes ou presentes na sociedade,[32] mesmo que estritamente privadas.

5. Conclusões

A conceituação ampla de processo proposta, de processo como *procedimento decisório dotado de normatividade*, admite uma especificidade da norma processual – em relação àquela de direito material –, obrigando a reconhecer sua presença em outros campos, além do judicial, onde o exercício do poder precise ser submetido a procedimentos significativos de valores determinados.

Nesse sentido, o processo é colocado como instrumento de regulação de qualquer espécie de poder decisório, ainda que a decisão seja produto do consenso formado entre as partes.

Vislumbra-se, com isso, imenso alargamento do campo de investigação do processualista, descolando-se da mera atividade adjudicatória, relacionada à solução de controvérsias, tradicionalmente exercida em sede judiciária, para um âmbito quase ilimitado de aplicações, tanto na esfera estatal quando fora dela.

Sob essa perspectiva, não escapa ao fenômeno processual nem mesmo o procedimento decisório do Legislativo ou de instituições eminentemente privadas, como pode ser o caso de um conselho de administração de uma empresa. Não resta dúvida de que, em processos de tal sorte, a decisão deve ser tomada mediante a observância de alguns valores vazados em normas processuais.

Pode-se supor, por exemplo, dentro das premissas da democracia contemporânea, que a informação completa (técnica, científica, jurídica etc.) e a oportunidade de manifestação de grupos socialmente minoritários sejam predicados essenciais à decisão legislativa. Também a decisão corporativa, de uma grande empresa, deve ser guiada e dirigida por valores procedimentais, como, por hipótese, a correta a avaliação de

---

32. "*Processo* é conceito que transcende ao direito processual. Sendo instrumento para o legítimo exercício do poder, ele está presente em todas as atividades estatais (processo administrativo, legislativo) e mesmo não estatais (processos disciplinares dos partidos políticos ou associações, processos das sociedades mercantis para aumento de capital *etc.*)" (Cintra, Grinover e Dinamarco, *Teoria Geral do Processo*, 29ª ed., São Paulo, Malheiros Editores, 2013, p. 310).

custos e prestação de contas aos sócios. Nos dois casos se pode vislumbrar a necessidade de verdadeiro processo, quer dizer, um procedimento decisório normativamente informado a partir de determinados valores.

Verifica-se a necessidade de o processualista estar capacitado a identificar valores procedimentais e selecionar os instrumentos aptos a atender a eles. A função dessas tarefas é garantir a qualidade da decisão proferida, levando em contas os objetivos que se queira perseguir, como, por exemplo, sua legitimidade política, a manutenção da integridade da relação entre as partes ou a escolha da melhor opção em termos de custo e benefício. Tudo isso impõe a formação de um juízo de adequação em relação ao próprio processo, como destacado acima.

Essa busca de adequação processual pode ser entendida em dois sentidos.[33]

Primeiro, enquanto esforço interpretativo para melhor aplicação de uma norma processual, pertencente a um quadro normativo já estabelecido. Ao intérprete, nesse caso, cabe desvendar ou explicitar a racionalidade valorativa contida em determinada estratégia procedimental. Em segundo lugar, na condição de agente ativo na construção de desenhos processuais adequados para atender a situações específicas. Nessa última hipótese não se trata apenas de prever a atuação do processualista na produção legislativa, em sua acepção convencional, mas, também, na elaboração normativa de procedimentos de uma esfera inteiramente privada ou interna à Administração Pública.

A concepção de processo que aqui se ousa propor permite ampliar os objetivos do direito processual para além da aplicação de normas processuais dadas, desvendando ao processualista a função de construção de processos adequados para situações específicas, o que necessariamente irá depender de uma renovada e consistente Teoria Geral do Processo.

Bibliografia

ARAGÃO, Alexandre Santos de, e MARQUES NETO, Floriano de Azevedo (coords.). *Direito Administrativo e seus Novos Paradigmas*. Belo Horizonte, Fórum, 2008.
BATISTA JR., Onofre Alves. *Transações Administrativas: um Contributo ao Estudo do Contrato Administrativo como Mecanismo de Prevenção e Terminação de Litígios e como Alternativa à Atuação Administrativa Autoritária,*

---

33. Apontando duas vertentes para flexibilização do processo, cf. Marcos André Franco Montoro, *Flexibilidade do Procedimento Arbitral*, tese (Doutorado em Direito), Faculdade de Direito da USP, São Paulo, 2010, pp. 69-77.

no *Contexto de uma Administração Pública Mais Democrática*. São Paulo, Quartier Latin, 2007.

CINTRA, Antônio Carlos de Araújo, DINAMARCO, Cândido Rangel, e GRINOVER, Ada Pellegrini. *Teoria Geral do Processo*. 29ª ed. São Paulo, Malheiros Editores, 2013.

COUTURE, Eduardo J. *Fundamentos del Derecho Procesal Civil*. 3ª ed. Buenos Aires, Depalma, 1997.

DINAMARCO, Cândido Rangel. *Instituições de Direito Processual Civil*. 6ª ed., vol. II. São Paulo, Malheiros Editores, 2009,

_____, CINTRA, Antônio Carlos de Araújo, e GRINOVER, Ada Pellegrini. *Teoria Geral do Processo*. 29ª ed. São Paulo, Malheiros Editores, 2013.

FARIA, José Eduardo. *Justiça e Conflito: os Juízes em Face dos Novos Movimentos Sociais*. São Paulo, Ed. RT, 1991.

FAZZALARI, Elio. *Istituzioni di Diritto Processuale*. Pádua, CEDAM, 1994.

FERRAZ JR., Tércio Sampaio. *Introdução ao Estudo do Direito: Técnica, Decisão, Dominação*. 2ª ed. São Paulo, Atlas, 1994.

FISS, Owen. *Um Novo Processo Civil: Estudos Norte-Americanos sobre Jurisdição, Constituição e Sociedade*. Trad. de Carlos Alberto de Salles (coord.). São Paulo, Ed. RT, 2004.

FUX, Luiz, NERY JR., Nelson, e WAMBIER, Teresa Arruda Alvim (coords.). *Processo e Constituição. Estudos em Homenagem ao Professor José Carlos Barbosa Moreira*. São Paulo, Ed. RT, 2006.

GRECO FILHO, Vicente. *Direito Processual Civil Brasileiro*. 17ª ed. São Paulo, Saraiva, 2006.

GRINOVER, Ada Pellegrini, CINTRA, Antônio Carlos de Araújo, e DINAMARCO, Cândido Rangel. *Teoria Geral do Processo*. 29ª ed. São Paulo, Malheiros Editores, 2013.

KROMAN, Anthony. *Max Weber*. Rio de Janeiro, Elsevier, 2009.

LIMA LOPES, José Reinaldo de. *As Palavras e a Lei: Direito, Ordem e Justiça na História do Pensamento Jurídico Moderno*. São Paulo, Editora 34/ EDESP, 2004.

_____. "Uma introdução histórica e social-política do processo". In: WOLKMER, Antônio Carlos (org.). *Fundamentos de História do Direito*. Belo Horizonte, Del Rey, 1996 (pp. 247-278).

LUHMANN, Niklas. *Procedimenti Giuridici e Legittimazione Sociale*. Milão, Giuffrè, 1995.

MANCUSO, Rodolfo de Camargo. *A Resolução dos Conflitos e a Função Judicial no Contemporâneo Estado de Direito*. São Paulo, Ed. RT, 2009.

MARQUES NETO, Floriano de Azevedo, e ARAGÃO, Alexandre Santos de (coords.). *Direito Administrativo e seus Novos Paradigmas*. Belo Horizonte, Fórum, 2008.

MEDAUAR, Odete. *A Processualidade no Direito Administrativo*. São Paulo, Ed. RT, 1993.

_____. "Administração Pública: do ato ao processo". In: ARAGÃO, Alexandre Santos de, e MARQUES NETO, Floriano de Azevedo (coords.). *Direito Administrativo e seus Novos Paradigmas*. Belo Horizonte, Fórum, 2008.

MITIDIERO, Daniel, e OLIVEIRA, Carlos Alberto Alvaro de. *Curso de Processo Civil*. vol. 1 ("Teoria Geral do Processo Civil e Parte Geral do Direito Processual Civil"). São Paulo, Atlas, 2010.

MONTORO, Marcos André Franco. *Flexibilidade do Procedimento Arbitral*. Tese (Doutorado em Direito). Faculdade de Direito da USP, São Paulo, 2010.

MORAES, Maurício Zanoide, e YARSHELL, Flávio Luiz (coords.). *Estudos em Homenagem à Professora Ada Pellegrini Grinover*. São Paulo, DPJ, 2005.

NERY JR., Nelson, FUX, Luiz, e WAMBIER, Teresa Arruda Alvim (coords.). *Processo e Constituição. Estudos em Homenagem ao Professor José Carlos Barbosa Moreira*. São Paulo, Ed. RT, 2006.

OLIVEIRA, Carlos Alberto Alvaro de. *Do Formalismo no Processo Civil*. 3ª ed. São Paulo, Saraiva, 2009.

_____, e MITIDIERO, Daniel. *Curso de Processo Civil*. vol. 1 ("Teoria Geral do Processo Civil e Parte Geral do Direito Processual Civil"). São Paulo, Atlas, 2010.

SALLES, Carlos Alberto de. *Arbitragem em Contratos Administrativos*. Rio de Janeiro, Forense, 2011.

_____. *Execução Judicial em Matéria Ambiental*. São Paulo, Ed. RT, 1998.

_____. "Mecanismos alternativos de solução de controvérsias e acesso à Justiça: a inafastabilidade da tutela jurisdicional recolocada". In: FUX, Luiz, NERY JR., Nelson, e WAMBIER, Teresa Arruda Alvim (coords.). *Processo e Constituição. Estudos em Homenagem ao Professor José Carlos Barbosa Moreira*. São Paulo, Ed. RT, 2006.

SIMON, William H. "The ideology of advocacy". *Wisconsin Law Review* 1978.

WAMBIER, Teresa Arruda Alvim, FUX, Luiz, e NERY JR., Nelson (coords.). *Processo e Constituição. Estudos em Homenagem ao Professor José Carlos Barbosa Moreira*. São Paulo, Ed. RT, 2006.

WATANABE, Kazuo. "Cultura da sentença e cultura da pacificação". In: YARSHELL, Flávio Luiz, e MORAES, Maurício Zanoide (coords.). *Estudos em Homenagem à Professora Ada Pellegrini Grinover*. São Paulo, DPJ, 2005.

WOLKMER, Antônio Carlos (org.). *Fundamentos de História do Direito*. Belo Horizonte, Del Rey, 1996.

YARSHELL, Flávio Luiz, e MORAES, Maurício Zanoide (coords.). *Estudos em Homenagem à Professora Ada Pellegrini Grinover*. São Paulo, DPJ, 2005.

UMA BREVE PROVOCAÇÃO AOS PROCESSUALISTAS: O PROCESSUALISMO CONSTITUCIONAL DEMOCRÁTICO

DIERLE NUNES

Doutor em Direito Processual pela Pontifícia Universidade Católica de
Minas Gerais/*Università degli Studi di Roma "La Sapienza"*
– Mestre em Direito Processual pela Pontifícia Universidade Católica de
Minas Gerais – Professor Adjunto na Universidade Federal de Minas Gerais,
na Faculdade de Direito do Sul de Minas e na Pontifícia Universidade Católica
de Minas Gerais – Membro do IBDP e do IAMG – Advogado

1. Da ruptura no estudo e implementação do direito processual a partir do século XX.
2. Da necessária ruptura no estudo e implementação do direito processual no século XXI – Por um processualismo constitucional democrático.

1. Da ruptura no estudo e implementação do direito processual a partir do século XX

Em 9.11.1901,[1] Franz Klein, idealizador do grande modelo legislativo social e oral para o processo civil do século XX (a *ZPO* austríaca de 1895), proferiu célebre conferência em Dresden na qual mostrava a necessidade de ruptura com o sistema processual então vigente, de bases individualistas e liberais (governado tecnicamente pelas partes e advogados e que reduzia os conflitos a uma discussão privada).[2]

Na preleção, o Mestre austríaco apontava e defendia o papel instrumental do processo, além de ter sido o primeiro a pontuar o enorme significado (e função) social, político e econômico do mesmo; algo divulgado com ares de novidade no final do século XX, por inúmeros pensadores.

Klein dizia que na segunda metade do século anterior (XIX) o grande surgimento da economia e cultura popular continental, com

---

1. Franz Klein, *Zeit-und Geistesströmungen im Prozesse*, Frankfurt am Main, Vittorio Klostermann, 1958.
2. Dierle Nunes, *Processo Jurisdicional Democrático: uma Análise Crítica das Reformas Processuais*, Curitiba, Juruá, 2008.

suas poderosas repercussões, gerou impacto na propriedade, na posse, no comércio e na estrutura da sociedade. Produção, produtividade e vendas cresceram rapidamente, e o intercâmbio de bens aumentou de forma inesperada. Abarcando milhões, um comércio audacioso estende-se para além das fronteiras nacionais e, com ajuda da estrada de ferro, do telégrafo e de outras ferramenta, fez do globo terrestre inteiro o seu mercado. A magia do crédito é descoberta, e sua organização cria um elo entre milhares de indivíduos que anteriormente nada tinham em comum uns com os outros, mas que agora compartilham do sentimento de prosperidade assim como dos tremores da vida econômica. As necessidades de fruição do indivíduo tornaram-se múltiplas e, juntamente com as finalidades, também se tornam múltiplos os meios, que consistiam, sobretudo, numa rica formação associativa e corporativa. Cresceram os índices populacionais, os homens se movem para mais perto uns dos outros, e, tal como no intercâmbio do crédito, mostra-se na produção a divisão do trabalho entre uns e outros, e seus interesses se acoplam quase que indissoluvelmente.[3]

Essas reviravoltas, que lançam seus reflexos por todos os lados, evidentemente colocavam, segundo ele, em apuros toda a vida jurídica. Neste aspecto, o processo não era poupado. Colocavam-se novas demandas ao seu mecanismo e à sua *performance*.

Não podemos negligenciar que o jurista tecia considerações acerca de uma época na qual havia uma divisão estanque do papel das funções estatais (Judiciário/Legislativo/Executivo); e, nesses termos, na qual o processo civil e a jurisdição se prestavam a dimensionar somente conflitos privados, notadamente envolvendo questões de propriedade, posse, contratos, família e sucessões (litígios bipolares).

Tal horizonte interpretativo reduzia a discussão processual a uma perspectiva técnica e permitia que ao processualista somente fosse necessária a análise de institutos que permeassem sua trilogia estrutural (processo/jurisdição/ação).

Apesar da já clara percepção, à época, do caráter publicístico do sistema processual (que infelizmente reduziu, paulatinamente, a preocupação dos estudiosos com questões meramente formais e com a tendência romântica de se acreditar que os problemas seriam resolvidos com alterações legislativas e com o reforço do papel dos juízes), este era pensado de modo bastante reducionista, buscando somente resolver as

---

3. Franz Klein, *Zeit-und Geistesströmungen im Prozesse*, cit., 1958.

tradicionais questões burocráticas, de custo, de celeridade e de acesso à Justiça. Questões ainda vistas como técnicas.

Viveu-se, nestes termos, durante algumas décadas uma discussão acadêmica, legislativa e pragmática vinculada à busca de transição de um processo liberal (liberalismo processual) para um processo social (socialização processual).[4]

E, neste período, a incipiente constitucionalização jurídica no Direito Estrangeiro (a partir da década de 1920), ao alcançar o campo processual, no entanto, impunha uma reformulação na leitura de seus institutos.[5]

Após o segundo pós-guerra começa a mudar paulatinamente o quadro até aqui descrito, eis que se implementa a rejeição de ações políticas que visavam a uma melhoria social, inclusive em Países de regime democrático-liberal. Além disso, configura-se uma maior abertura da ciência jurídica aos problemas da sociedade.[6]

Nos dizeres de Picardi, uma passagem de um *Gesetzstaat* ("Estado de Leis") para um *Richterstaat* ("Estado de Juízes"),[7] com diminuição da importância do legislador e potencialização do papel da Magistratura.[8] Isto somado à necessidade de se atribuir ao Judiciário um papel de censor (*superego da sociedade*)[9] do papel das outras funções (legislativa

---

4. Dierle Nunes, *Processo Jurisdicional Democrático: uma Análise Crítica das Reformas Processuais*, cit., 2008.
   5. José Alfredo de Oliveira Baracho, "Processo e Constituição: o devido processo legal", *Revista da Faculdade de Direito da UFMG* 23-25/59, Nova Fase, Ano XXX, Belo Horizonte, 1980-1982. Segundo o autor: "os estudos dos institutos do processo não podem ignorar seu íntimo relacionamento com a Constituição, principalmente tendo em vista os instrumentos indispensáveis à garantia e modalidades de defesa dos Direitos Fundamentais do homem".
   6. Vittorio Denti, *Processo Civile e Giustizia Sociale*, Milão, Edizioni di Comunità, 1971, p. 31.
   7. Perceba-se que esta tendência de desmoronamento de um Estado Legislativo Parlamentar já era apontada em 1932 por Carl Schmitt (*Legalidad y Legitimidad*, Madri, Aguilar, 1971, p. 3), que vislumbrava a existência de Estados Jurisdicionais onde a última palavra ao se dirimir um conflito não era dada pelo legislador, mas, sim, pelo juiz (p. 6). Afirmava, ainda, que o *ethos* do Estado Jurisdicional garantia ao juiz julgar imediatamente, em nome do Direito e da Justiça, sem mediações ou imposições de outros Poderes não judiciais. Para tanto, Direito e Justiça deveriam possuir um conteúdo unívoco (Carl Schmitt, ob. cit., p. 12).
   8. Nicola Picardi, "La vocazione di nostro tempo per la iurisdizione", *Rivista Trimestrale di Diritto e Procedura Civile* 1/42, Ano LVIII, Milão, Giuffrè, 2004.
   9. Como informa Ingborg Maus ("Judiciário como superego da sociedade: o papel da atividade jurisprudencial na 'sociedade órfã'", *Novos Estudos CEBRAP*

e executiva), especialmente após os desmandos que o Executivo (dos Estado Totalitários) impôs à sociedade.

Ganham enorme importância, assim, a criação dos tribunais constitucionais e a nova leitura dos princípios constitucionais imposta por estas Cortes.[10]

Os modos de utilização da técnica processual para fins de justiça social são implementados, inicialmente, mediante a busca de simplificação dos procedimentos, a presença de leigos nos colégios judicantes e o aumento dos poderes judiciais, especialmente no campo probatório.[11]

A tudo isto é somado o aumento da complexidade da sociedade e dos litígios, que atribui à jurisdição e ao processo novos contornos.

Tal situação permitiu paulatinamente a quebra de uma visão positivista (ou, mesmo, exegética) e teve o condão de colocar em pauta uma série de "novos" paradoxos para as "novas" funções desempenhadas pela jurisdição estrangeira, desde então (fenômeno que passamos a sofrer recentemente, pós-1988).

Instaura-se a "polêmica" acerca dos poderes e papéis (antigos e novos) do Judiciário, permitindo todo um embate acerca da adoção pe-

58/183-202, novembro/2000): "Quando a Justiça ascende ela própria à condição de mais alta instância moral da sociedade, passa a escapar de qualquer mecanismo de controle social – controle ao qual normalmente se deve subordinar toda instituição do Estado em uma forma de organização política democrática. No domínio de uma Justiça que contrapõe um direito 'superior', dotado de atributos morais, ao simples direito dos outros Poderes do Estado e da sociedade, é *notória a regressão a valores pré-democráticos de parâmetros de integração social* (...). A introdução de pontos de vista morais e de 'valores' na jurisprudência não só lhe confere maior grau de legitimação, *imunizando suas decisões contra qualquer crítica*, como também conduz a uma liberação da Justiça de qualquer vinculação legal que pudesse garantir sintonização com a vontade popular. Toda menção a um dos princípios 'superiores' ao Direito escrito leva – quando a Justiça os invoca – à suspensão das disposições normativas individuais e a se decidir o caso concreto de forma inusitada. Assim enriquecido por pontos de vista morais, o âmbito das 'proibições' legais pode ser arbitrariamente estendido ao campo extrajurídico das esferas de liberdade. (...). *[grifamos]* O TFC submete todas as outras instâncias políticas à Constituição por ele interpretada e aos princípios suprapositivos por ele afirmados, enquanto se libera ele próprio de qualquer vinculação às regras constitucionais. *Legibus solutos*: assim como o monarca absoluto de outrora, o tribunal que disponha de tal entendimento do conceito de Constituição encontra-se livre para tratar de litígios sociais como objetos cujo conteúdo já esta decidido na Constituição corretamente interpretada, podendo assim disfarçar o seu próprio decisionismo sob o manto de uma ordem de valores submetida à Constituição" (ob. cit., pp. 187, 189 e 191-192).

10. Vittorio Denti, *Processo Civile e Giustizia Sociale*, cit., p. 31.
11. Idem, p. 56.

los magistrados de um perfil ativista, para alguns, ou minimalista (*self restraint*), para outros. Ativismo *versus* minimalismo (para exemplificar, entre os autores que discutem este paradoxo podem ser indicados: Habermas,[12] Luhmann,[13] Gunther,[14] Alexy,[15] Dworkin,[16] Waldron,[17] Hart,[18] Posner,[19] Garapon[20] – entre outros).

Porém, desta se extrai a importante constatação de que a concepção ultrapassada da jurisdição como atividade que promove tão somente a resolução de conflitos se viu provocada a assumir um papel garantista de direitos fundamentais e implementador de espaços *contramajoritários* para minorias que não obtinham voz nas arenas políticas institucionalizadas.[21]

12. Jürgen Habermas, *Faktzität und Geltung: beiträge zur Diskurstheorie des Rechts und des Democratischen Rechtsstaats*, Frankfurt, Suhrkamp, 1994; "Reply to symposium participants, Benjamin N. Cardozo School of Law", *Cardozo Law Review* 17/1.477-1.557, 1996; e *Verdad y Justificación*, Madri, Trotta, 2002.

13. Niklas Luhmann, *El Derecho de la Sociedad*, México, Universidad Autónoma de México, 2007; *Sociologia do Direito I*, Rio de Janeiro, Tempo Brasileiro, 1983; e *Sociologia do Direito II*, Rio de Janeiro, Tempo Brasileiro, 1983; Rafael Simioni, "Poder e autopoiese da política em Niklas Luhmann", *Revista da Faculdade de Direito do Sul de Minas* 27/119-129, Pouso Alegre, julho-dezembro/2008; Dalmir Lopes Jr. e André-Jean Arnaud (orgs.), *Niklas Luhmann: Do Sistema Social à Sociologia Jurídica*, Rio de Janeiro, Lumen Juris, 2004.

14. Klaus Günther, *The Sense of Appropriateness: Application Discourses. Morality and Law*, Nova York, State University of New York, 1993; e "Justification et application universalistes de la norme en Droit et en Morale", trad. de Hervé Pourtois, *Archives de Philosophie du Droit* 37, Paris, Sirey, 1992.

15. Robert Alexy, "Balancing, constitutional review, and representation", *International Journal of Constitutional Law* 3, n. 4, Oxford University Press/New York University School of Law, 2005; *Teoria da Argumentação Jurídica: a Teoria do Discurso Racional como Teoria da Justificação Jurídica*, São Paulo, Landy, 2001; e *Derecho y Razón Práctica*, México, Fontamara, 1998.

16. Ronald Dworkin, *Taking Rights Seriously*, Cambridge, Harvard University Press, 1978; e *O Império do Direito*, São Paulo, Martins Fontes, 1999.

17. Jeremy Waldron, *A Dignidade da Legislação*, São Paulo, Martins Fontes, 2003.

18. Herbert L A. Hart, *Conceito de Direito*, Lisboa, Fundação Calouste Gulbenkian, 1994.

19. Richard A. Posner, *Problemas de Filosofia do Direito*, São Paulo, Martins Fontes, 2007.

20. Antoine Garapon, *O Juiz e a Democracia*, Rio de Janeiro, Revan, 2001.

21. "(...) os tribunais são os menos capazes de quaisquer dos ramos do governo para produzir uma mudança social com suas decisões, devido à falta de todas as ferramentas necessárias para fazê-lo (*expertise*), e pela demonstração de que em questões fraturantes as decisões do Poder Judiciário possuem força simbólica, mas

A percepção deste papel contramajoritário inaugura-se nesta época em outros Países e coloca em pauta os *limites consequencialistas*[22] de não modificam comportamentos sociais. O Judiciário trabalha com as consequências do não cumprimento dos direitos, mas dificilmente com as causas, para as quais, em grande medida, haveria a necessidade de políticas públicas mais idôneas promovidas pelo Executivo. Porém é inegável que esta utilização do Poder Judiciário e do sistema processual vem sendo cada vez mais presente no mundo. Em Países como o Brasil, no qual ocorre um grande desrespeito dos direitos fundamentais e não existem as aludidas políticas públicas idôneas para assegurá-los plenamente (pensemos na saúde e educação, para partir de exemplos), ocorre uma indução ao uso da litigância de interesse público, fonte de enorme número de demandas repetitivas e seriais" (Dierle Nunes, "Processualismo constitucional democrático e o dimensionamento de técnicas para a litigiosidade repetitiva. A litigância de interesse público e as tendências 'não compreendidas' de padronização decisória", cit., *RePro* 199/38).

22. Que versa acerca da "tendência dos partidários de determinadas correntes ativistas, no campo da politização do Poder Judiciário e da judicialização da Política, do denominado consequencialismo decisório, que permitiria aos juízes e tribunais anteverem o impacto de sua decisão no campo político, econômico e social, como se a via jurisdicional e a processual permitissem a *expertise* necessária na estruturação de políticas públicas. Obviamente que uma crítica ao consequencialismo não poderá representar a defesa de supressão da via processual para a obtenção de direitos fundamentais. Qualquer discurso de redução do acesso à Justiça (art. 5º, XXXV, da Constituição da República Federativa do Brasil/1988) para vedação da litigância (especialmente de interesse público) pode representar a inviabilização da única via hábil para muitos na proteção de seus direitos fundamentais. Entrementes, tal dilema não pode impedir que tematizemos que a aludida visão consequencialista parte de vários pressupostos não cumpridos: (1) a existência de uma infraestrutura e do aporte técnico e de discussão adequada, na via processual, a permitir subsídios decisórios; (2) a oferta de tempo-espaço processual hábil a viabilizar a análise, em cada caso, desse impacto decisório; e o mais intangível dos pressupostos, (3) uma formação dos magistrados consistente no campo sociológico, econômico, político, administrativo e filosófico, que lhe permita uma visão plástica do caso a ser julgado, com o juízo da consequência decisória. É claro que esses pressupostos são utópicos, e mesmo que fossem cumpridos não blindariam a decisão e o sistema jurídico dos imprevistos presentes numa sociedade plural e de riscos. A reforma técnica do Judiciário, com mudanças, inclusive, da lógica de administração da Justiça (de uma administração patrimonialista para uma visão gerencial), pode certamente contribuir muito mais que a mera alteração (constante) dos códigos, tal qual se encontra na pauta brasileira dos últimos 20 anos. Uma melhor formação dos magistrados é importante, mas nada disso garante, por si, decisões mais adequadas. Ademais, o próprio pluralismo impede que nós defendamos uma visão simplória e estanque no modo da implementação das políticas publicas, eis que este transcende em muito o campo processual jurisdicional – até pelo caráter segmentado e limitado em que tais questões são apresentadas" (Theodoro Jr., Humberto, Nunes, Dierle, e Bahia, Alexandre. "Breves considerações da politização do Judiciário e do panorama de aplicação no Direito Brasileiro – Análise da convergência entre o *civil law* e o *common law* e dos problemas da padronização decisória", *RePro* 189/9, São Paulo, Ed. RT, novembro/2010).

uma decisão judicial na mudança social, especialmente em "questões fraturantes" ou "direitos de desestabilização" (*v.g.*, envolvendo preconceito).

Um dos exemplos mais emblemáticos deste papel no Estrangeiro foi o precedente "Brown *versus* Board of Education of Topeka" de 1954 e 1955, da Suprema Corte dos Estados Unidos da América.[23]

No aludido precedente a Suprema Corte considerou que as leis estaduais que autorizavam segregação baseada em raça em escolas públicas de ensino fundamental e médio violavam a Cláusula de Proteção Igualitária da XIV Emenda da Constituição americana. Derrubando quase 60 anos do entendimento que autorizava a concepção dos "separados mas iguais". Em particular, "Brown" é o paradigma da capacidade da jurisdição em proteger os direitos e trazer voz para as minorias; no caso, os negros.[24]

No entanto, em Estados do Sul dos Estados Unidos da América, mais de uma década depois de "Brown", prevalecia o lema "contanto que possamos legislar, podemos segregar" (*as long we can legislate, we can segregate*),[25] mostrando claramente que em "questões fraturantes" uma decisão proferida, mesmo por uma Corte judicial de sobreposição, não tem o condão de gerar todos os efeitos sociais e jurídicos da mudança almejada (e obtida) em sede judicial, mas tão somente efeito simbólico.[26]

Percebe-se, assim, que os diálogos institucionais entre as três funções irão potencializar o papel do Judiciário, e de seu poder, e, nos mes-

23. Como pondera Gerald N. Rosenberg, com base no historiador Michael Klarman, "constitutional lawyers and historians generally deem Brown *versus* Board of Education to be the most important U.S. Supreme Court decision of the twentieth century, and possibly of all time" (Gerald N. Rosenberg, "The hollow hope: can Courts generate social change?", in Walter F. Murphy, C. Herman Pritchett e Lee Epstein, *Courts, Judges, and Politics: an Introduction to the Judicial Process*, Nova York, McGraw Hill, 2002, p. 714).

24. Gerald N. Rosenberg, "The hollow hope: can Courts generate social change?", cit., in Walter F. Murphy, C. Herman Pritchett e Lee Epstein, *Courts, Judges, and Politics: an Introduction to the Judicial Process*, p. 715.

25. Gerald N. Rosenberg, "Can Courts generate social change?", p. 5. Somente a partir da década de 1970, quando uma política pública do Executivo Americano atribuiu incentivos econômicos e aumento de impostos, houve efetiva diminuição exponencial na segregação das escolas.

26. Esta situação conduz à reflexão sobre se a decisão na ADPF 132 acerca dos pares homoafetivos no Brasil terá o condão de promover uma quebra do preconceito brutal sofrido por estas pessoas.

mos termos, aumentarão a importância do processo, agora constitucionalizado, como garantia constitucional de participação dos interessados na formação do provimento e como viabilizador de direitos fundamentais.

Ganha destaque a denominada "comunidade de trabalho" (*Arbeitsgemeinschaft* – por nós nominada "comparticipação"[27] ou "cooperação") entre juiz e partes (e seus advogados), idealizada pela doutrina tedesca e que, levada a sério, permitiu na Alemanha uma formação unitária dos futuros magistrados e advogados,[28] impediu que a relação entre estes se transformasse em conflito de categorias, além de delinear na doutrina processual a idealização do *policentrismo processual*, que afasta qualquer concepção de protagonismo (das partes e advogados no liberalismo processual e do juiz na socialização).

No entanto, mesmo com as mudanças ocorridas e com a incipiente percepção dos novos papéis da jurisdição e do processo, o monumental Projeto Florença de pesquisa (1978) acerca do acesso à Justiça[29] não se

---

27. Dierle Nunes, *Processo Jurisdicional Democrático: uma Análise Crítica das Reformas Processuais*, cit., 2008.

28. Como informam Boaventura de Sousa Santos, João Pedroso e Patrícia Branco: "Na Alemanha, o recrutamento de novos magistrados faz-se por meio de nomeação e não existe concurso (aliás, o concurso é visto como inconstitucional). Os requisitos exigidos são: nacionalidade alemã, ter personalidade idónea e fiável e capacidade para exercer a função. Os candidatos têm que completar a formação universitária em Direito e fazer o primeiro exame de Estado. Depois, devem efectuar formação obrigatória de dois anos, *comum a todas as profissões jurídicas, [grifamos]* e que compreende estágios em jurisdição civil e penal, no Ministério Público, junto de autoridade administrativa e de advogado. No final, há lugar ao segundo exame de Estado (que compreende provas escritas e orais e tem uma duração de cerca de seis meses). O recrutamento de magistrados é feito por cada um dos *Länder*, sendo a nomeação feita pelo comité de selecção do tribunal onde o magistrado vai exercer funções (que é composto pelo Ministro da Justiça do respectivo *Länd* e por membros da Câmara Federal ou que tenham sido eleitos pelo Parlamento para o efeito), e que tem em conta, sobretudo, a nota do segundo exame de Estado. Após a nomeação, existe um período probatório, que pode variar entre os três e os cinco anos, e, durante os dois primeiros anos, há uma avaliação de seis em seis meses, cujo parecer, efectuado pelo Presidente do Tribunal de Recurso, pode resultar em dispensa que não precisa ser justificada, sendo que, a partir do terceiro ano, apenas pode haver dispensa por inaptidão. Durante esse período, o novo magistrado exerce quase todas as funções e tem o mesmo tratamento de um magistrado nomeado definitivamente, mas ainda não ocupa um posto definitivo numa jurisdição determinada. Após o período probatório, a nomeação é definitiva e vitalícia" (*O Recrutamento e a Formação de Magistrados: Análise Comparada de Sistema em Países da União Europeia*, Coimbra, Observatório Permanente da Justiça Portuguesa/Universidade de Coimbra, 2006, pp. 52-53).

29. Como informamos em estudo elaborado em coautoria com a professora Ludmila Teixeira, ainda não publicado ("Por um acesso à Justiça democrático:

pautou pela percepção de toda a importância que o fenômeno processual representa(va) desde então e dos impactos que a constitucionalização e os rearranjos institucionais imporiam.

2. Da necessária ruptura no estudo e implementação do direito processual no século XXI
– Por um processualismo constitucional democrático

Do mesmo modo que Klein conclamou os processualistas no início do século XX a uma nova postura para a análise do direito processual, faz-se mister a provocação dos juristas atuais, especialmente no Brasil, para novas perspectivas e novas preocupações que transcendam um análise dogmática e legal de nosso sistema processual.

primeiros apontamentos"): "Isto se deu pelo fato de que no curso da década de 1970 crescia a literatura questionando a capacidade de advogados e juízes, assim como dos procedimentos judiciais, para se adaptarem aos novos direitos (sociais e difusos) emergentes, além de polemizarem os já recorrentes problemas de lentidão, custo e enorme formalismo de alguns procedimentos judiciais. Seguindo essa tônica, o movimento pela socialização processual encontra seu ápice na idealização e realização de um enorme projeto de pesquisa patrocinado pela Fundação Ford, conjuntamente com o Conselho Nacional de Pesquisa da Itália. Este projeto de pesquisa patrocinado pela Fundação Ford, conjuntamente com o Conselho Nacional de Pesquisa da Itália, intitulado 'Projeto Florença de Acesso à Justiça', foi levado a cabo a partir de 1973 – cujos resultados foram publicados em 1978, em quatro volumes –, sob a direção de Mauro Cappelletti. Envolveu 23 Países, que, representados por grandes juristas nacionais, responderam a um questionário e prepararam um relatório, que apontou as chagas e possíveis soluções técnicas para os problemas de seus sistemas jurídicos. Esse Projeto, e o decorrente 'Movimento pelo Acesso à Justiça', desenvolveu um enorme compartilhamento de experiências envolvendo aqueles inúmeros Países, passando a servir de base para os movimentos reformistas a partir de então. Além das já constantes defesas de procedimentos orais (fruto, ainda, do modelo de Klein) e do aumento da ingerência do juiz no processo, o movimento idealizava ondas de reforma: (a) a primeira, vocacionada à assistência jurídica integral e gratuita; (b) a segunda, a assegurar uma tutela efetiva dos interesses difusos ou coletivos, para a proteção do consumidor e do meio ambiente; (c) a terceira, à simplificação dos procedimentos e à utilização de formas privadas ou informais de solução de conflitos. O movimento tentava equacionar as relações entre o processo civil e uma justiça social, entre igualdade jurídico-formal e desigualdade socioeconômica, partindo da concepção de Estado Protetivo e de Bem-Estar Social. No entanto, praticamente todos os estudos produzidos desde então acerca do acesso à Justiça ou partem dos mesmos pressupostos e conclusões sintetizados por Cappelletti (em 1978), ou buscam assumir um contorno neoliberal, que se preocupa tão só com a busca desenfreada de produtividade e eficiência, como se o Direito e o processo pudessem quase ser reduzidos a dados estatísticos".

Como comentamos em outra oportunidade, conjuntamente com Theodoro Jr. e Bahia:

> Quando analisamos a utilização corrente da judicialização em nosso País para implementação de direitos fundamentais não podemos desprezar a situação de que tal fenômeno representa uma consequência de um problema mais grave: a crise das instituições de nosso País. Vemos uma democracia representativa em crise e um Parlamento sem agenda.[30] Um Executivo que não promove as políticas públicas necessárias para garantia dos direitos fundamentais; em verdade, as políticas públicas deste último se preocupam apenas com a tentativa de redivisão de renda, mas não com a consecução de todo o projeto constitucional de 1988 e de políticas de consolidação de direitos fundamentais. A Constituição em nosso País muitas vezes se amolda ao detentor do "governo". Temos acompanhado que a cada novo governo a Constituição da República Federativa do Brasil passa por uma série de emendas para permitir a "governabilidade", quando ela que deveria ditar os fundamentos das políticas publicas. A crise da democracia possui múltiplos fatores. Marilena Chauí aponta alguns: encolhimento do espaço público e aumento do privado (em razão do Neoliberalismo); destruição da esfera da opinião pública; destruição da discussão e do debate públicos (pelo *marketing* político, que oferece soluções prontas e inescapáveis a um cidadão-consumidor); a ideologia da competência (pela qual a Política deve ser reservada para *experts* e iniciados) e os meios de comunicação em massa.[31] Ademais, nesse aspecto, não podemos negar o claro déficit histórico que o Brasil possui em relação a vários outros Países, devido a seu atraso na assunção de uma cultura constitucional. Quando tradicionalmente na Europa a constitucionalização efetiva e a inauguração de uma época vocacionada à jurisdição[32] se iniciam no segundo pós-guerra,

---

30. Como vem salientando Bahia no Grupo de Pesquisa da Faculdade de Direito do Sul de Minas, em inúmeros Países, como Portugal, o Parlamento, no início de cada legislatura, oferta uma pauta (agenda), e ao final presta contas do que foi votado. Em nosso País nunca se sabe o objeto de interesses de nosso Parlamento. Devemos, desse modo, repensar a crise de nossas instituições e do espaço público institucional. Nesse sentido, v. Alexandre Bahia e Dierle Nunes, "Crise da democracia representativa – Infidelidade partidária e seu reconhecimento judicial", *Revista Brasileira de Estudos Políticos* 100, Belo Horizonte, julho-dezembro/2009.

31. Marilena Chauí, "O que é Política?", in Adauto Novaes (org.), *O Esquecimento da Política*, Rio de Janeiro, Agir, 2007, pp. 27-28. Ora, se a Política é o lugar da discussão, mas esta não acontece, grupos minoritários, social ou economicamente, serão os mais prejudicados, pois são eles, mais que quaisquer outros, que "sentem a exigência de reivindicar direitos e criar novos direitos" (Marilena Chauí, ob. cit., p. 52). Se não conseguem pelo Parlamento, irão desembocar no Judiciário suas demandas.

32. Nicola Picardi, "La vocazione di nostro tempo per la iurisdizione", cit., *Rivista Trimestrale di Diritto e Procedura Civile* 1/41-71.

com o declínio dos Estados Sociais e a necessidade de um penitenciamento em relação aos desmandos que o Executivo (hipertrofiado e totalitário) implementou, em nosso País os ganhos desse Constitucionalismo e da ciência jurídica como um todo somente se colocam em nossas pautas de discussão a partir da Constituição de 1988, em face do "ilhamento científico" que atravessamos, por inúmeros fatores. E o deslocamento das questões políticas e de efetivação dos direitos sociais no Poder Judiciário não pode olvidar a percepção do último grande legislador processual do século XX, Lord Woolf,[33] que na monumental reforma inglesa de 1998 afirmou que um enorme numerário financeiro era usado pelo sistema judicial para resolução de um contencioso decorrente do não cumprimento de direitos fundamentais sociais, e que seria melhor direcionar esses valores no gasto e asseguramento de políticas públicas de saúde, habitação (na situação inglesa), e aos quais se poderiam agregar, no Brasil, inúmeros outros direitos fundamentais não assegurados minimamente a nossos cidadãos; geradores de milhões de ações em nosso sistema judiciário.[34]

Descortina-se a aparição da jurisdição como uma nova arena pública:

Nestes termos, Werneck Vianna ressalta a criação progressiva de uma *nova arena pública* em torno do Poder Judiciário, "externa ao circuito clássico sociedade civil/partidos/representação/formação da vontade majoritária, consistindo em ângulo perturbador para a teoria clássica da soberania popular".[35] Nesse novo espaço público, "os procedimentos políticos de mediação cedem lugar aos judiciais, expondo o Poder Judiciário a uma interpelação direta de indivíduos, de grupos sociais e até de partidos".[36] Os juízes passam a constituir, nas palavras de Garapon e Allard, "o último estágio de uma mobilização que começa nos movimentos de defesa dos direitos do homem, baseada, de agora em diante, na perspectiva de que é através desta linguagem que deve apresentar as suas reivindicações políticas".[37] Os principais críticos desse intervencionismo alargado ba-

33. Harry Woolf, *Access to Justice – Final Report to the Lord Chancellor on the Civil Justice System in England and Wales*, Londres, julho/1996.

34. Humberto Theodoro Jr., Dierle Nunes e Alexandre Bahia, "Breves considerações da politização do Judiciário e do panorama de aplicação no Direito Brasileiro – Análise da convergência entre o *civil law* e o *common law* e dos problemas da padronização decisória", cit., *RePro* 189/3.

35. Luiz Werneck Vianna, Maria Alice Rezende Carvalho, Manuel Palácios Cunha Melo e Marcelo Baummam Burgos, *A Judicialização da Política e das Relações Sociais no Brasil*, Rio de Janeiro, Revan, 1999, pp. 22-23.

36. Idem, ibidem.

37. Antoine Garapon e Julie Allard, *Os Juízes na Mundialização: a Nova Revolução do Direito*, trad. de Rogério Alves, Lisboa, Instituto Piaget, 2006, p. 39.

seiam suas objeções no caráter supostamente antidemocrático da atuação judicial em face dos outros ramos representativos do povo e do governo. A ilegitimidade do "ativismo judicial"[38] repousa, segundo diferentes posições, na violação do princípio da separação de Poderes[39] e na ameaça de ingovernabilidade[40] que ele representaria. Presumir, no entanto, a legitimidade *tout court* dos ramos Legislativo e Executivo sobre a do Judiciário com base unicamente nos apelos ideológicos do princípio majoritário e do sistema representativo seria uma atitude no mínimo ingênua, como comenta Bergallo sobre o contexto político argentino. Também aqui vivenciamos a fraqueza institucional dos três ramos da democracia, a tradição "hiperpresidencialista", a personalização do poder, as distorções no sistema representativo e a instabilidade política.[41] Esta conjuntura faz inspirar

38. "Tal qual definida por Vallinder, a judicialização corresponde ao processo de infusão de processos decisórios jurídicos e de procedimentos típicos de tribunais nas arenas políticas onde estes processos e procedimentos não se faziam presentes. Assim, a judicialização da Política (...) refere-se a um processo de expansão dos poderes de legislar e executar leis do sistema judiciário, representando uma transferência do poder decisório do Poder Executivo e do Poder Legislativo para os juízes e tribunais – isto é, uma politização do Judiciário" (José Eisenberg, "Pragmatismo, Direito reflexivo e judicialização da Política", in Luiz Werneck Vianna (org.), *A Democracia e os Três Poderes no Brasil*, Belo Horizonte/Rio de Janeiro, UFMG/IUPERJ-FAPERJ, 2002, p. 47).

39. Segundo o texto mais recitado pelos críticos do ativismo: "Não haverá também liberdade se o poder de julgar não é separado do poder de legislar ou do poder executivo. Se ele estiver reunido ao poder de legislar, o poder sobre a vida e a liberdade dos cidadãos será arbitrário, pois o juiz seria legislador. Se reunido ao poder executivo, o juiz poderia ter a força de um opressor" (Montesquieu, *Do Espírito das Leis*, São Paulo, Abril Cultural, 1973, Livro XI, Capítulo VI, p. 157). Entretanto, vale observar, com J. J. Gomes Canotilho: "(...). Embora se defenda a inexistência de uma separação absoluta de funções, dizendo-se simplesmente que a uma função corresponde um titular principal, sempre se coloca o problema de se saber se haverá um núcleo essencial caracterizador do princípio da separação e absolutamente protegido pela Constituição. Em geral, afirma-se que a nenhum órgão podem ser atribuídas funções das quais resulte o esvaziamento das funções materiais especialmente atribuídas a outro" (*Direito Constitucional*, 5ª ed., Coimbra, Livraria Almedina, 1993, p. 559).

40. Ilustre-se com a crítica de Manoel Gonçalves Ferreira Filho, para quem: "Não se pode desconhecer, outrossim, que essa judicialização afeta a governança. De fato, o desempenho pelo Judiciário de funções políticas em princípio atribuídas a outros Poderes pode levar a uma 'confusão de Poderes', daninha para a condução das atividades do Estado, por provocar eventualmente o entrechoque de orientações diversas. Este possível entrechoque de posicionamentos facilmente escorregará para o conflito entre os Poderes, sem que haja um Poder neutro, para moderá-los ou arbitrá-los" ("O papel político do Judiciário e suas implicações", *Systemas: Revista de Ciências Jurídicas e Econômicas* 2, Ano 1).

41. Paola Bergallo, "Justice and experimentalism: judicial remedies in public law litigation in Argentina", *Seminario en Latinoamérica de Teoría Constitucio-

cautela com respeito à legitimidade irrepreensível dos ramos políticos. Se ainda deixarmos de ignorar as condições atuais do sistema político – sob o qual as relações de poder assimétricas se estabilizam e reproduzem sob a lógica dos sistemas econômico e administrativo –, esta presunção de legitimidade absoluta parece ainda mais frágil. De todo modo, a expansão do sistema jurídico acompanha os jovens movimentos de constitucionalização e democratização,[42] em que se atribui aos direitos fundamentais uma função de "integração dos indivíduos no processo político-comunitário e da ampliação do chamado espaço público".[43] No paradigma procedimental do Estado Democrático de Direito, ter acesso aos direitos não significa apenas ser livre contra os abusos do poder,[44] nem recebê-los segundo uma concepção alheia de bem-estar.[45]

Paradoxalmente, a ciência processual manteve-se alheia a esta percepção, e somente recentemente passou a perceber a mudança quali-

---

nal y Política/SELA 2005, Session 4: "The Lawyer's Role" (disponível em http://www.law.yale.edu/documents/pdf/Justice_and_Experimentalism.pdf, acesso em 11.1.2012, tradução livre de Renata Gomes Nascimento, discente de Graduação da Faculdade de Direito do Sul de Minas).

42. Segundo estudo realizado pelo Observatório de Jurisprudência Português, diversas noções estreitamente ligadas – judiciarização, constitucionalização, burocratização– traduzem processos interligados que, em regra, tendem a trazer mais racionalidade e mais cidadania à vida em sociedade, ou seja, mais respeito e defesa dos direitos do cidadão: "(...). A judiciarização refere-se a uma juridificação que se desenvolve através do recurso aos tribunais. A constitucionalização designa a transformação global das pretensões do Direito em pretensões constitucionais. A burocratização significa, no presente contexto, um crescimento da complexidade do pessoal e dos modos operativos acompanhada de uma divisão de trabalho mais ou menos racional" (João Pedroso, Catarina Trincão e João Paulo Dias, *Percursos da Informalização e da Desjudicialização – Por Caminhos da Reforma da Administração da Justiça (Análise Comparada)*, Observatório Permanente da Justiça Portuguesa, Centro de Estudos Sociais/Faculdade de Economia/Universidade de Coimbra, novembro/2001, p. 17).

43. Gisele Cittadino, "Judicialização da política, Constitucionalismo democrático e separação de Poderes", in Luiz Werneck Vianna (org.), *A Democracia e os Três Poderes no Brasil*, Belo Horizonte/Rio de Janeiro, UFMG/IUPERJ-FAPERJ, 2002, p. 29.

44. "Com efeito, recusando a concepção de direitos públicos subjetivos, que constituiriam um conceito técnico-jurídico do Estado Liberal preso à concepção individualista do homem, os constitucionalistas democráticos preferem adotar a expressão "direitos fundamentais do homem", que designa, no âmbito do direito positivo, as prerrogativas e instituições que ele concretiza em garantias de uma convivência digna, livre e igual para todas as pessoas" (Gisele Cittadino, "Judicialização da política, Constitucionalismo democrático e separação de Poderes", cit., in Luiz Werneck Vianna (org.), *A Democracia e os Três Poderes no Brasil*, p. 30).

45. Dierle Nunes e Ludmila Teixeira, "Por um acesso à Justiça democrático: primeiros apontamentos", cit. (pendente de publicação na *RePro*).

tativa das litigiosidades e a importância de uma constitucionalização dos direitos e do processo.

No entanto, a grande maioria dos pensadores ainda está arraigada a uma perspectiva técnica, que se preocupa com os velhos dilemas da celeridade e eficiência, sem perceber a referida mudança qualitativa das discussões. Busca-se quase que exclusivamente o aumento da produtividade, e se olvida que todas as digressões da ciência processual devem ser pensadas tendo o cidadão como centro, eis que a efetivação dos direitos destes seria seu fim maior.

Desde a década de 1990, e do Consenso de Washington, o Brasil tenta a implementação da proposta neoliberal de busca de uma eficiência quantitativa na Justiça, em face dos novos imperativos impostos pelo FMI e pelo Banco Mundial.

No entanto, pós-1988 e a assunção do paradigma do Estado Democrático de Direito, há de se manter em tensão (não em contraposição) as concepções liberais e sociais e o binômio segurança/celeridade. Antes excludentes, agora complementares.

Não seria mais possível nem mesmo reduzir o objeto da ciência processual aos debates dogmáticos acerca da construção e reforma da legislação (código); a legislação representa apenas um capítulo da discussão, ao lado de questões bem mais complexas acerca dos já indicados novos papéis assumidos pelo Judiciário e da decorrente necessidade de repensar seu modo de funcionamento e gerenciamento.

Quando se percebe, na atualidade, que não lidamos somente com processos bipolares (um autor/um réu) acerca de pretensões patrimoniais, mas com processos multifacetados (envolvendo a litigância de interesse público – questões fundiárias, consumidor, saúde, minorias, meio ambiente, entre outras temáticas), com vários atores sociais, percebemos a necessidade de ampliar o enfoque de análise.[46]

Casos envolvendo a interferência judicial na organização e operação dos agentes administrativos públicos encarregados de subsidiar e planejar, por exemplo, o fornecimento de medicamentos já se vêm tornando comuns aqui e em outros Países (como nos Estados Unidos da América), com abordagem não mais centrada no juiz, e sim na interlocução ativa de todos os envolvidos (compartição), inclusive reduzindo-se os riscos. Investe-se em um modelo deliberativo, com contraditório

---

46. Dierle Nunes e outros, *Curso de Direito Processual Civil – Fundamentação e Aplicação*, Belo Horizonte, Fórum, 2011.

concentrado e participação de todos os interessados, de *experts* e membros da Administração Pública, para a negociação da melhor solução possível, sob condições de provisoriedade e transparência. Trabalha-se com uma renovada processualização.

É buscando este olhar mais panorâmico que vimos defendendo há alguns anos o chamado *processualismo constitucional democrático*.

O *processualismo constitucional democrático* seria uma concepção teórica que busca a democratização processual civil mediante a problematização das concepções de liberalismo, socialização e pseudossocialização processual (neoliberalismo processual), vistas em tensão, e da percepção do necessário resgate do papel constitucional do processo como estrutura de formação das decisões, ao partir do necessário aspecto comparticipativo e policêntrico das estruturas formadoras das decisões.

Tal processualismo científico, revigorado pela concepção constitucional procedimental,[47] passa a se preocupar com um viés mais panorâmico da aplicação do Direito, de modo a suplantar a mera análise das legislações processuais, e investindo na compreensão dos fundamentos estatais e paradigmáticos de problemas envolvendo a própria concepção do processo e da jurisdição, mas também do Estado Democrático, das litigiosidades e da leitura dos direitos fundamentais. Não se olvida, ainda, a problemática da ocorrente crise do Estado Brasileiro e as possíveis soluções dos descaminhos.

Do mesmo modo que Klein conclamava os pensadores de sua época a uma ruptura interpretativa, é necessário proceder à análise de nosso sistema jurídico processual dentro de uma visão constitucional democrática, que provoque o rompimento com o paradigma (horizonte interpretativo no silêncio), até então prevalecente, daqueles que ainda acreditam que somente com o Código de Processo Civil projetado (em vias de ser votado na Câmara dos Deputados) se fará.

Precisamos nos abrir para uma visão panorâmica de nosso sistema jurídico, de seus dilemas (e potenciais soluções), no qual o processo constitucional[48] vem se tornando um dos grandes garantes do auferi-

---

47. Jürgen Habermas, *Faktzität und Geltung: beiträge zur Diskurstheorie des Rechts und des Democratischen Rechtsstaats*, Frankfurt, Suhrkamp, 1994; "Reply to symposium participants, Benjamin N. Cardozo School of Law", *Cardozo Law Review* 17/1.477-1.557; e *Verdad y Justificación*, cit., 2002; Dierle Nunes, *Processo Jurisdicional Democrático: uma Análise Crítica das Reformas Processuais*, cit., 2008.

48. Acerca do processo constitucional, cf.: Ronaldo Brêtas de Carvalho Dias, *Processo Constitucional e Estado Democrático de Direito*, Belo Horizonte, Del Rey,

mento de direitos pelos cidadãos e da blindagem contra o exercício decisionista do poder.

Bibliografia

ALEXY, Robert. "Balancing, constitutional review, and representation". *International Journal of Constitutional Law* 3. N. 4. Oxford University Press/ New York University School of Law, 2005.

_____. *Derecho y Razón Práctica*. México, Fontamara, 1998.

_____. *Teoria da Argumentação Jurídica: a Teoria do Discurso Racional como Teoria da Justificação Jurídica*. São Paulo, Landy, 2001.

ALLARD, Julie, e GARAPON, Antoine. *Os Juízes na Mundialização: a Nova Revolução do Direito*. Trad. de Rogério Alves. Lisboa, Instituto Piaget, 2006.

ARNAUD, André-Jean, e LOPES JR., Dalmir (orgs.). *Niklas Luhmann: do Sistema Social à Sociologia Jurídica*. Rio de Janeiro, Lumen Juris, 2004.

BAHIA, Alexandre, e NUNES, Dierle. "Crise da democracia representativa – Infidelidade partidária e seu reconhecimento judicial". *Revista Brasileira de Estudos Políticos* 100. Belo Horizonte, julho-dezembro/2009.

_____. "Processo constitucional: uma abordagem a partir dos desafios do Estado Democrático de Direito". *Revista Eletrônica de Direito Processual* julho-dezembro/2009 (pp. 236-262).

BAHIA, Alexandre, NUNES, Dierle, e THEODORO JR., Humberto. "Breves considerações da politização do Judiciário e do panorama de aplicação no Direito Brasileiro – Análise da convergência entre o *civil law* e o *common law* e dos problemas da padronização decisória". *RePro* 189. São Paulo, Ed. RT, novembro/2010.

BARACHO, José Alfredo de Oliveira. "Processo e Constituição: o devido processo legal". *Revista da Faculdade de Direito da UFMG* 23-25. Nova Fase. Ano XXX. Belo Horizonte, 1980-1982.

BERGALLO, Paola. "Justice and experimentalism: judicial remedies in public law litigation in Argentina". *Seminario en Latinoamérica de Teoría Constitucional y Política/SELA 2005*, Session 4: "The Lawyer's Role" (disponível em *http://www.law.yale.edu/documents/pdf/Justice_and_Experimentalism. pdf*, acesso em 11.1.2012, tradução livre de Renata Gomes Nascimento, discente de Graduação da Faculdade de Direito do Sul de Minas).

BRANCO, Patrícia, PEDROSO, João, e SANTOS, Boaventura de Sousa. *O Recrutamento e a Formação de Magistrados: Análise Comparada de Sistema em Países da União Europeia*. Coimbra, Observatório Permanente da Justiça Portuguesa/Universidade de Coimbra, 2006.

2010; Dierle Nunes e Alexandre Bahia, "Processo constitucional: uma abordagem a partir dos desafios do Estado Democrático de Direito", *Revista Eletrônica de Direito Processual* julho-dezembro/2009, pp. 236-262.

BURGOS, Marcelo Baummam, CARVALHO, Maria Alice Rezende, MELO, Manuel Palácios Cunha, e VIANNA, Luiz Werneck. *A Judicialização da Política e das Relações Sociais no Brasil*. Rio de Janeiro, Revan, 1999.

CANOTILHO, J. J. Gomes. *Direito Constitucional*. 5ª ed. Coimbra, Livraria Almedina, 1993.

CHAUÍ, Marilena. "O que é Política?". In: NOVAES, Adauto (org.). *O Esquecimento da Política*. Rio de Janeiro, Agir, 2007.

CITTADINO, Gisele. "Judicialização da política, Constitucionalismo democrático e separação de Poderes". In: VIANNA, Luiz Werneck (org.). *A Democracia e os Três Poderes no Brasil*. Belo Horizonte/Rio de Janeiro, UFMG/IUPERJ-FAPERJ, 2002 (pp. 17-42).

DENTI, Vittorio. *Processo Civile e Giustizia Sociale*. Milão, Edizioni di Comunità, 1971.

DIAS, João Paulo, PEDROSO, João, e TRINCÃO, Catarina. *Percursos da Informalização e da Desjudicialização – Por Caminhos da Reforma da Administração da Justiça (Análise Comparada)*. Observatório Permanente da Justiça Portuguesa, Centro de Estudos Sociais/Faculdade de Economia/Universidade de Coimbra, novembro/2001.

DIAS, Ronaldo Brêtas de Carvalho. *Processo Constitucional e Estado Democrático de Direito*. Belo Horizonte, Del Rey, 2010.

DWORKIN, Ronald. *O Império do Direito*. São Paulo, Martins Fontes, 1999.

DWORKIN, Ronald. *Taking Rights Seriously*. Cambridge, Harvard University Press, 1978.

EISENBERG, José. "Pragmatismo, Direito reflexivo e judicialização da Política". In: VIANNA, Luiz Werneck (org.). *A Democracia e os Três Poderes no Brasil*. Belo Horizonte/Rio de Janeiro, UFMG/IUPERJ-FAPERJ, 2002 (pp. 43-62).

EPSTEIN, Lee, MURPHY, Walter F., e PRITCHETT, C. Herman (coords.). *Courts, Judges, and Politics: an Introduction to the Judicial Process*. Nova York, McGraw Hill, 2002.

FERREIRA FILHO, Manoel Gonçalves. "O papel político do Judiciário e suas implicações". *Systemas: Revista de Ciências Jurídicas e Econômicas* 2. Ano 1 (disponível em *http://cepejus.libertar.org/index.php/systemas/article/view/21/16*, acesso em 10.8.2011).

GÜNTHER, Klaus. "Justification et application universalistes de la norme en Droit et en Morale". Trad. de Hervé Pourtois. *Archives de Philosophie du Droit* 37. Paris, Sirey, 1992.

_____. *The Sense of Appropriateness: Application Discourses. Morality and Law*. Nova York, State University of New York, 1993.

GARAPON, Antoine. *O Juiz e a Democracia*. Rio de Janeiro, Revan, 2001.

_____, e ALLARD, Julie. *Os Juízes na Mundialização: a Nova Revolução do Direito*. Trad. de Rogério Alves. Lisboa, Instituto Piaget, 2006.

HABERMAS, Jürgen. *Faktzität und Geltung: beiträge zur Diskurstheorie des Rechts und des Democratischen Rechtsstaats*. Frankfurt, Suhrkamp, 1994.

_____. "Reply to symposium participants, Benjamin N. Cardozo School of Law". *Cardozo Law Review* 17/1.477-1.557. 1996.

_____. *Verdad y Justificación*. Madri, Trotta, 2002.

HART, Herbert L A. *Conceito de Direito*. Lisboa, Fundação Calouste Gulbenkian, 1994.

KLEIN, Franz. *Zeit-und Geistesströmungen im Prozesse*. Frankfurt am Main, Vittorio Klostermann, 1958.

LUHMANN, Niklas. *El Derecho de la Sociedad*. México, Universidad Autónoma de México, 2007.

_____. *Sociologia do Direito I*. Rio de Janeiro, Tempo Brasileiro, 1983.

_____. *Sociologia do Direito II*. Rio de Janeiro, Tempo Brasileiro, 1983.

MAUS, Ingeborg. "Judiciário como superego da sociedade: o papel da atividade jurisprudencial na 'sociedade órfã'". *Novos Estudos CEBRAP* 58/183-202. Novembro/2000.

MELO, Manuel Palácios Cunha, BURGOS, Marcelo Baummam, CARVALHO, Maria Alice Rezende, e VIANNA, Luiz Werneck. *A Judicialização da Política e das Relações Sociais no Brasil*. Rio de Janeiro, Revan, 1999.

MONTESQUIEU. *Do Espírito das Leis*. São Paulo, Abril Cultural, 1973.

MURPHY, Walter F., EPSTEIN, Lee, e PRITCHETT, C. Herman (coords.). *Courts, Judges, and Politics: an Introduction to the Judicial Process*. Nova York, McGraw Hill, 2002.

NOVAES, Adauto (org.). *O Esquecimento da Política*. Rio de Janeiro, Agir, 2007.

NUNES, Dierle. *Processo Jurisdicional Democrático: uma Análise Crítica das Reformas Processuais*. Curitiba, Juruá, 2008.

_____. "Processualismo constitucional democrático e o dimensionamento de técnicas para a litigiosidade repetitiva. A litigância de interesse público e as tendências 'não compreendidas' de padronização decisória". *RePro* 199. São Paulo, Ed. RT, setembro/2011.

NUNES, Dierle, BAHIA, Alexandre, e THEODORO JR., Humberto. "Breves considerações da politização do Judiciário e do panorama de aplicação no Direito Brasileiro – Análise da convergência entre o *civil law* e o *common law* e dos problemas da padronização decisória". *RePro* 189/9, São Paulo, Ed. RT, novembro/2010.

NUNES, Dierle, e BAHIA, Alexandre. "Crise da democracia representativa – Infidelidade partidária e seu reconhecimento judicial". *Revista Brasileira de Estudos Políticos* 100. Belo Horizonte, julho-dezembro/2009.

_____. "Processo constitucional: uma abordagem a partir dos desafios do Estado Democrático de Direito". *Revista Eletrônica de Direito Processual* julho-dezembro/2009 (pp. 236-262).

NUNES, Dierle, e outros. *Curso de Direito Processual Civil – Fundamentação e Aplicação*. Belo Horizonte, Fórum, 2011.

NUNES, Dierle, e TEIXEIRA, Ludmila. *Por um Acesso à Justiça Democrático: Primeiros Apontamentos*. Inédito.

PEDROSO, João, BRANCO, Patrícia, e SANTOS, Boaventura de Sousa. *O Recrutamento e a Formação de Magistrados: Análise Comparada de Sistema em Países da União Europeia*. Coimbra, Observatório Permanente da Justiça Portuguesa/Universidade de Coimbra, 2006.

PEDROSO, João, DIAS, João Paulo, e TRINCÃO, Catarina. *Percursos da Informalização e da Desjudicialização – Por Caminhos da Reforma da Administração da Justiça (Análise Comparada)*. Observatório Permanente da Justiça Portuguesa, Centro de Estudos Sociais/Faculdade de Economia/Universidade de Coimbra, novembro/2001.

PICARDI, Nicola. "La vocazione de nostro tempo per la iurisdizione". *Rivista Trimestrale di Diritto e Procedura Civile* 1. Ano LVIII. Milão, Giuffrè, 2004.

POSNER, Richard A. *Problemas de Filosofia do Direito*. São Paulo, Martins Fontes, 2007.

PRITCHETT, C. Herman, EPSTEIN, Lee, e MURPHY, Walter F. (coords.). *Courts, Judges, and Politics: an Introduction to the Judicial Process*. Nova York, McGraw Hill, 2002.

ROSENBERG, Gerald N. "The hollow hope: can Courts generate social change?". In: EPSTEIN, Lee, MURPHY, Walter F., e PRITCHETT, C. Herman (coords.). *Courts, Judges, and Politics: an Introduction to the Judicial Process*. Nova York, McGraw Hill, 2002.

SANTOS, Boaventura de Sousa, BRANCO, Patrícia, e PEDROSO, João. *O Recrutamento e a Formação de Magistrados: Análise Comparada de Sistema em Países da União Europeia*. Coimbra, Observatório Permanente da Justiça Portuguesa/Universidade de Coimbra, 2006.

SCHMITT, Carl. *Legalidad y Legitimidad*. Madri, Aguilar, 1971.

SIMIONI, Rafael. "Poder e autopoiese da política em Niklas Luhmann". *Revista da Faculdade de Direito do Sul de Minas* 27/119-129. Pouso Alegre, julho-dezembro/2008.

TEIXEIRA, Ludmila, e NUNES, Dierle. *Por um Acesso à Justiça Democrático: Primeiros Apontamentos*. Inédito.

THEODORO JR., Humberto, BAHIA, Alexandre, e NUNES, Dierle. "Breves considerações da politização do Judiciário e do panorama de aplicação no Direito Brasileiro – Análise da convergência entre o *civil law* e o *common law* e dos problemas da padronização decisória". *RePro* 189. São Paulo, Ed. RT, novembro/2010.

TRINCÃO, Catarina, DIAS, João Paulo, e PEDROSO, João. *Percursos da Informalização e da Desjudicialização – Por Caminhos da Reforma da Administração da Justiça (Análise Comparada)*. Observatório Permanente da Justiça Portuguesa, Centro de Estudos Sociais/Faculdade de Economia/Universidade de Coimbra, novembro/2001.

VIANNA, Luiz Werneck, BURGOS, Marcelo Baummam, CARVALHO, Maria Alice Rezende, e MELO, Manuel Palácios Cunha. *A Judicialização da Política e das Relações Sociais no Brasil*. Rio de Janeiro, Revan, 1999.

VIANNA, Luiz Werneck (org.). *A Democracia e os Três Poderes no Brasil*. Belo Horizonte/Rio de Janeiro, UFMG/IUPERJ-FAPERJ, 2002.

WALDRON, Jeremy. *A Dignidade da Legislação*. São Paulo, Martins Fontes, 2003.

WOOLF, Harry. *Access to Justice – Final Report to the Lord Chancellor on the Civil Justice System in England and Wales*. Londres, julho/1996.

CONVENÇÃO ARBITRAL: IMPEDIMENTO PROCESSUAL (E NÃO PRESSUPOSTO NEGATIVO DE VALIDADE)

EDUARDO TALAMINI

Livre-Docente em Direito Processual (Universidade de São Paulo)
– Professor de Processo Civil e Arbitragem (Universidade Federal do Paraná)
– Advogado

1. Convenção arbitral: noção, espécies e efeitos. 2. A diretriz tradicionalmente consagrada. 3. A Lei 9.307/1996 e a tese de que a existência de cláusula arbitral seria conhecível de ofício pelo Judiciário. 4. Necessidade de arguição pelo interessado, em qualquer hipótese: 4.1 Ausência de motivo razoável para a diferenciação entre compromisso e cláusula arbitral quanto ao aspecto em exame: interpretação conforme à Constituição – 4.2 A diretriz de equiparação de efeitos da cláusula e do compromisso arbitrais – 4.3 O paradoxo da atribuição de maior eficácia à cláusula do que ao compromisso arbitral – 4.4 A regra do art. 267, VII, c/c o § 3º – 4.5 A Convenção de Nova York – 4.6 O Direito Comparado – 4.7 Resilição tácita, quando não houver arguição. 5. Impedimento e não pressuposto processual; exceção e não objeção: decorrências. 6. O Projeto de novo Código de Processo Civil. 7. Regime diverso, quando já houver arbitragem interna instaurada ou sentenciada.

1. Convenção arbitral: noção, espécies e efeitos

A convenção arbitral é o pacto pelo qual as partes ajustam que pretensões derivadas de conflitos entre elas, atuais ou futuros, serão resolvidas por meio de arbitragem (Lei 9.307/1996, art. 3º; Convenção de Nova York – promulgada pelo Decreto 4.311/2002 –, art. II, 2). Divide-se em duas modalidades: compromisso arbitral e cláusula compromissória (também dita cláusula arbitral).

O *compromisso arbitral* é a convenção pela qual as partes submetem à arbitragem a resolução de um conflito já existente entre elas (Lei 9.307/1996, art. 9º; CC, art. 851) – e, bem por isso, em princípio já contém todos os elementos necessários para a instauração do tribunal arbitral e desenvolvimento da arbitragem.

Cláusula arbitral ou *compromissória* é a convenção, inserida em um contrato com objeto mais amplo, pela qual as partes se comprometem a submeter futuros litígios derivados desse contrato à arbitragem (Lei 9.307/1996, art. 4º; CC, art. 853). A cláusula compromissória pode ser cheia ou vazia. Cheia é aquela que já estabelece regras suficientes para a instauração e desenvolvimento da futura arbitragem – seja pela direta estipulação de tais normas, seja pela remissão a regras de alguma instituição arbitral (Lei 9.307, art. 5º) –, de modo a dispensar futuro compromisso arbitral (Lei 9.307, art. 6º, *a contrario sensu*). Vazia é a cláusula que veicula a intenção das partes de submeter seus futuros conflitos à arbitragem mas não contém ainda todos os elementos necessários para tanto, tais como modo de escolha dos árbitros e o procedimento arbitral (Lei 9.307, art. 6º).

Na hipótese da cláusula vazia não será possível a direta instauração de arbitragem. Qualquer das partes terá o direito de exigir da outra que respeite a obrigação de submeter os conflitos à arbitragem, celebrando-se para tanto um compromisso arbitral. Havendo recusa de uma das partes a tanto, a outra poderá ir ao Judiciário, para que este emita sentença substitutiva do compromisso (Lei 9.307, art. 7º). Pode-se chamar de *efeito positivo brando* essa consequência extraível da cláusula compromissória vazia.

Já, a cláusula cheia e o compromisso arbitral revestem-se de uma *eficácia positiva plena*. Uma vez que tais convenções já contêm todos os elementos necessários para o implemento e a tramitação da arbitragem, o processo arbitral poderá ser diretamente instaurado e desenvolvido de acordo com tais regras, ainda que uma das partes se recuse a iniciá-lo ou dele participar (Lei 9.307, arts. 5º e 6º, *a contrario sensu*).

Mas toda a convenção arbitral – mesmo aquela que não permita diretamente a instauração da arbitragem – possui também uma *eficácia negativa*: obsta ao julgamento de mérito, pelo Poder Judiciário, dos conflitos abrangidos em seu objeto (CPC, arts. 267, VII, e 301, IX, e § 4º).

2. A diretriz tradicionalmente consagrada

Na tradição jurídica luso-brasileira – e em consonância com outros ordenamentos (v. adiante) –, a convenção arbitral precisaria ser invocada pelo interessado (em regra, o réu), perante o juiz estatal, para que produzisse seu efeito negativo.

Em sua redação original o Código de Processo Civil de 1973 previa explicitamente como convenção arbitral apenas a figura do compromisso (arts. 1.072-1.077). O Código Civil de 1916 – a exemplo do atual – também se referia apenas ao compromisso de arbitragem (CC/1916, arts. 1.037 e ss.; CC/2002, arts. 852 e ss.).

O art. 301, VIII (renumerado para IX, ainda em 1973, pela Lei 5.925), indicava o "compromisso arbitral" como uma das matérias processuais que o réu teria o ônus de alegar em sua defesa. E o § 4º do art. 301 estabelecia – como ainda estabelece – que a existência do compromisso arbitral não poderia ser conhecida de ofício pelo juiz. Nesse contexto, tal dispositivo tomava em conta a única modalidade de convenção arbitral então expressamente albergada no ordenamento. Para que operasse seu efeito negativo, a convenção arbitral precisaria sempre ser arguida pela parte interessada.

Era também essa a diretriz consagrada na vigência do Código de Processo Civil anterior, e mesmo antes. A despeito de faltar previsão explícita, a doutrina concluía pela necessidade de arguição. Como escrevia J. M. de Carvalho Santos: "À parte cabe, desde que tenha interesse, provar o compromisso assinado, e uma vez provado o fato deverá o juiz decidir não lhe ser possível sentenciar a controvérsia, sobre a qual as partes já acordaram. Entretanto, se nenhuma das partes alega a existência da transação, não se pode pretender anular a sentença sob o fundamento da falta de competência. Realmente, é preciso não esquecer que o compromisso não resguarda senão os interesses privados dos litigantes e que, por isso mesmo, lhes é lícito renunciá-lo já expressa, já tacitamente".[1]

3. A Lei 9.307/1996 e a tese de que a existência de cláusula arbitral seria conhecível de ofício pelo Judiciário

Como indicado, a Lei 9.307/1996 expressamente previu, ao lado do compromisso de arbitragem, a cláusula arbitral (ou compromissória) como modalidade de convenção de arbitragem.

Por isso, a Lei 9.307 alterou a redação do inciso IX do art. 301 do CPC. O dispositivo passou a se referir a "convenção de arbitragem", em lugar de "compromisso arbitral", como uma das matérias que ao réu compete alegar preliminarmente em sua contestação.

Mas o § 4º do mesmo art. 301 não foi alterado. Continuou prevendo que, "com exceção do compromisso arbitral, o juiz conhecerá de ofício da matéria enumerada neste artigo".

Como "convenção de arbitragem" abrange tanto o compromisso arbitral quanto a cláusula compromissória, a consideração literal e isolada

---

1. J. M. de Carvalho Santos, *Código Civil Brasileiro Interpretado*, 10ª ed., vol. XIV, Rio de Janeiro, Freitas Bastos, 1982 (reimpr.), pp. 29-30. Ainda que em termos menos enfáticos, essa também era a orientação de Pontes de Miranda, que aludia a uma *exceptio ex compromisso* que precisaria ser "oposta" no juízo estatal (*Tratado de Direito Privado*, 3ª ed., t. 26, São Paulo, Ed. RT, 1984 (2ª reimpr.), p. 331).

desse dispositivo conduz à ideia de que a cláusula arbitral é questão de que deva o Judiciário conhecer de ofício – ao passo que o compromisso arbitral depende de oportuna arguição.

Esse é o entendimento do processualista civil brasileiro que mais destacadamente se tem dedicado à arbitragem, Carlos Alberto Carmona. Ele sustenta a cognoscibilidade *ex officio* da cláusula compromissória. Para Carmona a razão do suposto regime diferenciado residiria em que "quis o legislador fortalecer a cláusula compromissória, por reconhecer que essa modalidade de pacto arbitral provavelmente acabará suplantando o compromisso como fórmula introdutória do juízo arbitral".[2]

Essa orientação já encontrou algum eco no Poder Judiciário, ainda que sem remissão expressa a tal fonte doutrinária e em caso revestido de significativas particularidades.[3]

4. Necessidade de arguição pelo interessado, em qualquer hipótese

Em que pese ao brilho de seus defensores, diversos fundamentos desautorizam essa tese.[4]

4.1 Ausência de motivo razoável para a diferenciação entre compromisso e cláusula arbitral quanto ao aspecto em exame: interpretação conforme à Constituição

Não faria sentido nenhuma distinção, na hipótese, entre cláusula compromissória e compromisso arbitral. Ambos retratam uma livre escolha dos jurisdicionados pela arbitragem. Ambos, portanto, são passíveis de resilição.

2. Carlos Alberto Carmona, *Arbitragem e Processo*, 3ª ed., São Paulo, Atlas, 2009, pp. 485-485. No mesmo sentido: Antônio Carlos Marcato (org.), *Código de Processo Civil Interpretado*, São Paulo, Atlas, 2004, p. 937; Eduardo de Albuquerque Parente, comentários a acórdãos em *Revista Brasileira de Arbitragem* 32/76 e 79, Síntese/Comitê Brasileiro de Arbitragem, 2011.
3. TJRJ, 16ª Câmara Cível, AC 25.140/2007, rel. Des. Ronald Valladares, j. 18.9.2007, v.u. Como dito, o caso era peculiar. Tramitava na Suíça arbitragem fundada na mesma convenção arbitral. Em certo sentido, o acórdão reputou que esse fato seria também indicativo da ausência de renúncia tácita à convenção. A tramitação da arbitragem no Exterior não induzia litispendência (CPC, art. 90 – v. adiante).
4. Tratei do tema anteriormente em: *Curso Avançado de Processo Civil* (em cooperação com L. R. Wambier), 13ª ed., vol. 1, São Paulo, Ed. RT, 2013, pp. 224-226 (reiterando o exposto nas edições anteriores); *Direito Processual Concretizado*, Belo Horizonte, Fórum, 2010, pp. 344-348.

A mesma livre vontade que ampara a celebração de qualquer dos dois é senhora do seu posterior exercício ou de sua não utilização – *em qualquer dos dois casos*. A força vinculante da convenção arbitral põe-se apenas enquanto alguma das partes pactuantes deseje ainda fazê-la valer. Se nenhuma das partes mais o quer, a pactuação perde sua eficácia.

É uma decorrência necessária dessa diretriz a regra processual que qualifica a existência de convenção arbitral como impedimento ao processo judiciário a ser alegado pela parte interessada – e não uma questão de ordem pública cognoscível *ex officio*.

Quando a lei condiciona o conhecimento da convenção arbitral – em qualquer de suas duas modalidades – à alegação do interessado, está reconhecendo que, assim como as partes foram livres para eleger a arbitragem, livres são para dela desistir. Afinal, a parte que vai ao Judiciário em vez de fazer valer a convenção arbitral inequivocamente está manifestando sua vontade nesse sentido. Se a parte adversária, ao contestar, não alega haver pactuação arbitral, está também exteriorizando sua intenção de manter a disputa perante o Judiciário.

Se fosse dado ao juiz conhecer da questão de ofício, isso significaria que, mesmo com as partes não desejando mais a arbitragem, seriam forçadas a se submeter a ela pelo tão só fato de que no passado manifestaram a intenção de adotá-la. Vale dizer: nessa hipótese – descartada –, a convenção arbitral seria irrevogável pelo comum acordo entre as partes. Ainda, em outra perspectiva: se fosse assim, ao Judiciário seria dado o poder de recusar a tutela jurisdicional, a despeito de nenhuma das partes mais desejar a via arbitral. Então, a cognoscibilidade de ofício da convenção arbitral, *em qualquer de suas duas modalidades*, implicaria afronta ao direito fundamental de liberdade e à autonomia da vontade (CF, arts. 3º, I, e 5º, II), de um lado, e à inafastabilidade da tutela jurisdicional (CF, art. 5º, XXXV), de outro.

Insista-se: não há o que justifique a distinção entre compromisso arbitral e cláusula compromissória quanto a esse ponto. Os princípios subjacentes à hipótese, ora destacados, são os mesmos em um caso e outro. Impõem, como única solução constitucionalmente legítima, a necessidade de alegação pela parte ré.

4.2 A diretriz de equiparação de efeitos da cláusula e do compromisso arbitrais

Tal conclusão é ainda reforçada pela diretriz declaradamente assumida pela legislação brasileira no sentido de equiparar os efeitos da cláusula compromissória aos do compromisso arbitral (Lei 9.307/1996, art. 6º).[5]

4.3 O paradoxo da atribuição de maior eficácia à cláusula do que ao compromisso arbitral

De resto, a diferenciação nos termos sugeridos pela exegese meramente literal do art. 301 do CPC implicaria uma situação paradoxal.

É indiscutível que o compromisso arbitral representa uma convenção ainda mais sólida e firme que a mera cláusula compromissória. Como visto, enquanto aquele desde logo é suficiente para o início da arbitragem, esta, em dadas circunstâncias, é inapta a, por si só, instaurar o juízo arbitral (cláusula vazia).

Então, por que precisamente a modalidade convencional revestida de menor solidez é que seria cognoscível de ofício? Por que precisamente ela implicaria uma situação irrevogável para as partes – se nem mesmo o próprio compromisso implica tal irrevogabilidade, conforme se extrai da própria letra do 4º do art. 301 do CPC?

Uma interpretação que conduz a resultados despropositados jamais pode ser prestigiada. Assim, também por isso, cabe reconhecer que ambas as modalidades de convenção arbitral se submetem ao mesmo regime no que tange à sua resilição por força da não alegação no processo judiciário.

4.4 A regra do art. 267, VII, c/c o § 3º

Ademais, a conjugação do inciso VII do art. 267 com o § 3º do mesmo artigo fornece mais uma confirmação desse entendimento.

O § 3º do art. 267 indica fundamentos de "extinção do processo sem julgamento de mérito" que devem ser conhecidos de ofício pelo juiz. Alude aos incisos IV, V e VI do art. 267 – os dois primeiros referem-se a pressupostos de constituição e desenvolvimento válido e regular do processo; o inciso VI, às condições da ação. Mas o referido § 3º não inclui a "convenção de arbitragem", hipótese do inciso VII do art. 267, entre os fundamentos cognoscíveis de ofício.

5. Cf. a "Exposição de Motivos" da Lei 9.307/1996, firmada pelo autor do projeto da lei, senador Marco Maciel (publicada na *Revista de Arbitragem e Mediação* 9/219, 2006).

4.5 A Convenção de Nova York

Não bastasse isso, a Convenção de Nova York é explícita na indicação de necessidade de arguição da convenção de arbitragem pela parte interessada, no processo judicial. Nos termos do seu art. II, n. 3: "O tribunal de um Estado signatário, quando de posse de ação sobre matéria com relação à qual as partes tenham estabelecido acordo nos termos do presente artigo, a pedido de uma delas, encaminhará as partes à arbitragem, a menos que constate que tal acordo é nulo e sem efeitos, inoperante ou inexequível".

A Convenção de Nova York foi ratificada pelo Brasil (Decreto 4.311/2002) e integra, portanto, o ordenamento jurídico brasileiro. Ela tem por objeto nuclear o reconhecimento e a execução de sentenças arbitrais estrangeiras. Mas a regra em questão, como outras contidas na Convenção, tem finalidade e alcance que não são limitáveis às arbitragens cuja sentença final precise ser homologada pela jurisdição de outro País. Mesmo porque essa é uma necessidade que muitas vezes não tem como ser aferida senão no momento se dar efeitos à sentença arbitral. Trata-se, portanto, de regra aplicável à generalidade das convenções arbitrais.

4.6 O Direito Comparado

De resto, a necessidade de arguição da convenção arbitral – seja ela compromisso ou cláusula compromissória – é aspecto invariavelmente presente nos ordenamentos estrangeiros (*v.g.*, Portugal, art. 5º da atual Lei de Arbitragem; Espanha, art. 11 da atual Lei de Arbitragem; Alemanha, art. 1.032, n. 1, da *ZPO*, nos termos da Lei de Arbitragem de 1998; França, CPC, art. 1.448; etc.). É também o que prevê, no seu art. 8º, n. 1, a Lei-Modelo da Comissão das Nações Unidas para o Desenvolvimento do Comércio Internacional/UNCITRAL sobre a arbitragem comercial internacional.

Não há por que supor que entre nós seria diferente.

4.7 Resilição tácita, quando não houver arguição

Em suma, a convenção arbitral, seja ela cláusula compromissória ou compromisso, precisa sempre ter sua existência arguida pela parte interessada, para que impeça o prosseguimento do processo judicial.[6]

---

6. Vasta doutrina tem apontado a necessidade de arguição também da cláusula compromissória: Arruda Alvim, *Manual de Direito Processual Civil*, 9ª ed., vol.

Em demanda judiciária de conhecimento que verse sobre objeto abrangido por convenção arbitral a falta de oportuna alegação de existência da convenção arbitral pelo réu implica a extinção da eficácia negativa da cláusula ou compromisso de arbitragem (ainda que dentro de específicos limites objetivos e subjetivos). A convenção, ainda que limitadamente, estará resilida de modo tácito pelas partes – assumindo o juiz estatal a plena jurisdição para conhecer daquele litígio e ficando afastada a caracterização de qualquer defeito no processo judicial.

A hipótese não é propriamente de renúncia, mas *resilição*: extinção (ainda que limitada) da convenção por manifestação de vontade (ainda que tácita) de ambos os polos do negócio jurídico arbitral.[7]

Note-se que a consequência ora destacada incide em sua plenitude apenas em relação às ações cognitivas. As ações de execução e de tutela de urgência submetem-se parcialmente a outros parâmetros, que não cabe, agora, examinar (v., respectivamente, STJ, REsp 944.917, e STJ, REsp 1.297.974).

5. Impedimento e não pressuposto processual; exceção e não objeção: decorrências

Uma vez que depende de alegação da parte para ser conhecida, a existência de convenção arbitral constitui uma *exceção processual*. Exceções são as defesas que não podem ser conhecidas de ofício. Contra-

---

2, São Paulo, Ed. RT, 2005, p. 324; Calmon de Passos, *Comentários ao Código de Processo Civil*, 8ª ed., vol. III, Rio de Janeiro, Forense, 2001, p. 273; Joel Dias Figueira Jr., *Arbitragem, Jurisdição e Execução*, 2ª ed., São Paulo, Ed. RT, 1999, p. 194; Alexandre Freitas Câmara, *Arbitragem: Lei 9.307/1996*, 4ª ed., Rio de Janeiro, Lumen Juris, 2005, p. 41-42; Leonardo Greco, "Os atos de disposição processual: primeiras reflexões", in José Miguel Garcia Medina e outros (coords.), *Os Poderes do Juiz e o Controle das Decisões Judiciais: Estudos em Homenagem a Teresa Arruda Alvim Wambier*, São Paulo, Ed. RT, 2008, p. 298; Cássio Scarpinella Bueno, *Curso Sistematizado de Direito Processual Civil*, vol. 2, t. I, São Paulo, Saraiva, 2007, p. 147; J. A. Fichtner e A. L. Monteiro, *Temas de Arbitragem: Primeira Série*, Rio de Janeiro, Renovar, 2010, pp. 35 e ss.; L. Fernando Guerreiro, *Convenção de Arbitragem e Processo Arbitral*, São Paulo, Atlas, 2009, p. 128; Francisco Cahali, *Curso de Arbitragem*, São Paulo, Ed. RT, 2011, p. 129; Cândido Rangel Dinamarco, *Arbitragem na Teoria Geral do Processo*, São Paulo, Malheiros Editores, 2013, pp. 92-93 – entre outros.

Na jurisprudência: TJRJ, 6ª Câmara Cível, ACi 0000356-96.2010.8.19.0209, rel. Des. Sebastião Bolelli, j. 11.5.2011, v.u.; TJPR, 15ª Câmara Cível, rel. Des. H. L. Swain Filho, j. 30.3.2011, v.u.

7. V., a respeito, Talamini, *Direito Processual Concretizado*, cit., pp. 348-350.

põem-se às objeções, que são defesas cognoscíveis *ex officio*. No tocante à objeção, "o réu tem o ônus relativo de alegá-la"; quanto à exceção, "o ônus é absoluto".[8]

A exceção não apenas precisa ser arguida, como tem momento oportuno para sê-lo. O réu tem o ônus de arguir a existência de convenção de arbitragem na contestação, como defesa preliminar ao mérito (CPC, art. 301). Se não o faz, ocorre no plano do processo a preclusão temporal (CPC, art. 183). A repercussão externa, já se viu, é a resilição tácita da convenção.

Desse modo, não se pode dizer que a convenção arbitral constitua pressuposto processual negativo – tal como o são a coisa julgada e a litispendência. O fato de haver convenção arbitral não é, por si só, fator de invalidade da relação processual judicial. A convenção de arbitragem apenas repercute sobre a validade do processo judicial se e quando for arguida pela parte interessada.

Os pressupostos processuais caracterizam-se precisamente por sua carência constituir de modo autônomo e direto um obstáculo externo à validade da relação processual. Por isso, são cognoscíveis de ofício (CPC, art. 267, § 5º).

A convenção de arbitragem apenas obstará ao prosseguimento válido do processo judicial se e quando for oportunamente suscitada. Portanto, ela funciona como um *impedimento processual*. Tal categoria é identificada pela doutrina alemã, que a diferença da dos pressupostos processuais. Como escreveu Friedrich Lent, "ao lado dos pressupostos processuais, cuja falta deve ser conhecida de ofício, existem outros cuja falta – ainda que conduzindo sempre à extinção do processo – pode ser conhecida apenas por iniciativa do réu. Fala-se, a propósito, de *impedimentos processuais (Prozesshindernisse)*".[9] Mas essa categoria normalmente não é considerada pela doutrina brasileira.[10]

8. Cintra, Grinover e Dinamarco, *Teoria Geral do Processo*, 29ª ed., São Paulo, Malheiros Editores, 2013, p. 305.

9. Friedrich Lent, *Diritto Processuale Civile Tedesco: Parte Prima*, trad. de E. Ricci da 9ª ed. alemã, Nápoles, Morano, 1962, p. 133. Essa noção é repetida por Othmar Jauernig na atualização e ampliação que faz da obra de Lent (*Direito Processual Civil*, trad. de F. Silveira Ramos da 25ª ed., Coimbra, Livraria Almedina, 2002, p. 187). Na mesma linha é a lição de Stefan Leible (*Proceso Civil Alemán*, Medelín, Bibliothèque Juridique Diké/Konrad Adenauer Stiftung, 1999, pp. 161-162).

10. Há notáveis exceções: José Frederico Marques, *Manual de Direito Processual Civil*, 5ª ed., vol. II, São Paulo, Saraiva, 1980, pp. 130-131; Calmon de Passos, *Comentários ao Código de Processo Civil*, cit., 8ª ed., vol. III, pp. 277-278.

Em seguida, Lent observava que, entre os exemplos de impedimento processual, "o único importante do ponto de vista prático é aquele derivado do contrato de compromisso".[11] A menção apenas ao compromisso não significava que ele pretendesse qualificar a cláusula compromissória como pressuposto processual. Decorria meramente do fato de que o Direito Alemão de então, a exemplo do anterior Direito Brasileiro, se valia apenas dessa denominação para indicar genericamente a convenção arbitral, em qualquer de suas modalidades.

A invalidade acarretada pela falta do pressuposto processual constitui defeito que pode ser conhecido a todo tempo no processo. Mais que isso, nem mesmo o trânsito em julgado da sentença de mérito sepulta definitivamente esse vício. Poderá ainda caber ação rescisória, desde que observados os requisitos dessa via impugnativa.

Já, o fato cuja alegação é apta a constituir impedimento processual só assume relevância para o processo (e para afetar sua validade) na medida em que oportunamente alegado. A potencialidade do defeito é dizimada sem a oportuna alegação. Há, assim, uma convalidação propriamente dita.[12]

Desse modo, se a existência da convenção arbitral não foi suscitada, ela jamais poderá constituir, depois, fundamento para a desconstituição do resultado de mérito do processo judicial. Para que a questão possa ser invocada como motivo para a rescisão dessa sentença será imprescindível, além dos pressupostos específicos da ação rescisória, que a parte interessada tenha arguido o defeito e ele, mesmo assim, tenha sido desconsiderado.

6. O Projeto de novo Código de Processo Civil

Na proposta de novo Código de Processo Civil que tramita no Congresso Nacional elimina-se qualquer dúvida a respeito do tema.

O art. 327, § 4º, do Projeto de Lei do Senado 166/2010, na versão do Substitutivo encaminhado à Câmara dos Deputados, de modo preciso, alude à "convenção arbitral" ao indicar as matérias de defesa que não

---

11. Lent, *Diritto Processuale Civile Tedesco: Parte Prima*, cit., p. 133. Jauernig, na atualização, indica ser o único exemplo ora vigente (*Direito Processual Civil*, cit., p. 187). Leible também cita a convenção arbitral como exemplo de impedimento (*Proceso Civil Alemán*, cit., p. 161).
12. Talamini, "Nota sobre a teoria das nulidades no processo civil", *Revista Dialética de Direito Processual* 29/46, São Paulo, Dialética, 2005.

podem ser conhecidas de ofício pelo juiz. Idêntica redação havia sido adotada na versão original do Projeto (art. 338, § 4º).

Na versão preliminar do Projeto – amplamente alterado – que está em discussão na Câmara, a arguição da existência da convenção arbitral passa a ter regramento específico e detalhado (arts. 345-350) e fica clara a inviabilidade de conhecimento *ex officio* de tal defesa pelo juiz. Nos termos do art. 349 do Projeto na Câmara: "A existência de convenção de arbitragem não pode ser conhecida de ofício pelo órgão jurisdicional". O art. 350, por sua vez, veicula a seguinte disposição: "A ausência de alegação da existência de convenção de arbitragem, na forma prevista neste Capítulo, implica aceitação da jurisdição estatal e renúncia ao juízo arbitral".[13]

7. Regime diverso, quando já houver arbitragem interna instaurada ou sentenciada

Mudam os parâmetros da questão se, em vez da simples existência da convenção arbitral, já se houver instituído com base nela a própria arbitragem interna (isto é, com previsão de proferimento de sentença no Brasil).

Nessa hipótese, o obstáculo ao processo judicial versando sobre o mesmo objeto não advirá apenas da convenção de arbitragem, mas da própria pendência de demanda, na via arbitral, entre as mesmas partes e relativa ao mesmo objeto.

Haverá, então, litispendência – defeito conhecível de ofício, verdadeiro pressuposto processual negativo (CPC, art. 267, V, e § 3º, e art. 301, V, e §§ 1º-4º).

O mesmo se diga se a lide já houver sido resolvida por sentença arbitral de mérito proferida no Brasil ou aqui homologada. A partir daí o obstáculo a processo judicial entre as mesmas partes e relativamente ao mesmo objeto litigioso é a coisa julgada arbitral, que também é pressuposto processual negativo, cognoscível de ofício (Lei 9.307/1996, art. 31, c/c CPC, art. 267, V, e § 3º, e art. 301, VI, e §§ 1º-4º).

Mas aqui ainda cabe uma ressalva à ressalva: se a arbitragem em curso tem previsão de prolação de sentença no Exterior não há que se falar em litispendência enquanto não houver homologação da sentença arbitral estrangeira pelo STJ (CPC, art. 90). Nessa hipótese a tramitação

---

13. Substitutivo apresentado pela Comissão Especial destinada a proferir parecer ao Projeto de Lei 6.025/2005, ao Projeto de Lei 8.046/2010.

do processo judicial no Brasil com as mesmas partes e o mesmo objeto apenas poderá ser impedida pela oportuna alegação da existência da convenção arbitral.

Bibliografia

ARRUDA ALVIM NETTO, José Manoel de. *Manual de Direito Processual Civil.* 9ª ed., vol. 2. São Paulo, Ed. RT, 2005.

BUENO, Cássio Scarpinella. *Curso Sistematizado de Direito Processual Civil.* vol. 2, t. I. São Paulo, Saraiva, 2007.

CAHALI, Francisco. *Curso de Arbitragem.* São Paulo, Ed. RT, 2011.

CALMON DE PASSOS, J. J. *Comentários ao Código de Processo Civil.* 8ª ed., vol. III. Rio de Janeiro, Forense, 2001.

CÂMARA, Alexandre Freitas. *Arbitragem: Lei 9.307/1996.* 4ª ed. Rio de Janeiro, Lumen Juris, 2005.

CARMONA, Carlos Alberto. *Arbitragem e Processo.* 3ª ed. São Paulo, Atlas, 2009.

CARVALHO SANTOS, J. M. de. *Código Civil Brasileiro Interpretado.* 10ª ed., vol. XIV. Rio de Janeiro, Freitas Bastos, 1982 (reimpr.).

CINTRA, Antônio Carlos de Araújo, DINAMARCO, Cândido Rangel, e GRINOVER, Ada Pellegrini. *Teoria Geral do Processo.* 29ª ed. São Paulo, Malheiros Editores, 2013.

DINAMARCO, Cândido Rangel. *Arbitragem na Teoria Geral do Processo.* São Paulo, Malheiros Editores, 2013.

_____, CINTRA, Antônio Carlos de Araújo, e GRINOVER, Ada Pellegrini. *Teoria Geral do Processo.* 29ª ed. São Paulo, Malheiros Editores, 2013.

FICHTNER, J. A., e MONTEIRO, A. L. *Temas de Arbitragem: Primeira Série.* Rio de Janeiro, Renovar, 2010.

FIGUEIRA JR., Joel Dias. *Arbitragem, Jurisdição e Execução.* 2ª ed. São Paulo, Ed. RT, 1999.

GRECO, Leonardo. "Os atos de disposição processual: primeiras reflexões". In: MEDINA, José Miguel Garcia, e outros (coords.). *Os Poderes do Juiz e o Controle das Decisões Judiciais: Estudos em Homenagem a Teresa Arruda Alvim Wambier.* São Paulo, Ed. RT, 2008.

GRINOVER, Ada Pellegrini, CINTRA, Antônio Carlos de Araújo, e DINAMARCO, Cândido Rangel. *Teoria Geral do Processo.* 29ª ed. São Paulo, Malheiros Editores, 2013.

GUERREIRO, L. Fernando. *Convenção de Arbitragem e Processo Arbitral.* São Paulo, Atlas, 2009.

JAUERNIG, Othmar. *Direito Processual Civil.* Trad. de F. Silveira Ramos da 25ª ed. Coimbra, Livraria Almedina, 2002.

LEIBLE, Stefan. *Proceso Civil Alemán.* Medelim, Biblioteca Jurídica Diké/ Konrad Adenauer Stiftung, 1999.

LENT, Friedrich. *Diritto Processuale Civile Tedesco: Parte Prima.* Trad. de E. Ricci da 9ª ed. Alemã. Nápoles, Morano, 1962.

MARCATO, Antônio Carlos (org.). *Código de Processo Civil Interpretado.* São Paulo, Atlas, 2004.

MARQUES, José Frederico. *Manual de Direito Processual Civil.* 5ª ed., vol. II. São Paulo, Saraiva, 1980.

MONTEIRO, A. L., e FICHTNER, J. A. *Temas de Arbitragem: Primeira Série.* Rio de Janeiro, Renovar, 2010.

PARENTE, Eduardo de Albuquerque. In: *Revista Brasileira de Arbitragem* 32/76 e 79. Síntese/Comitê Brasileiro de Arbitragem, 2011.

PONTES DE MIRANDA, F. C. *Tratado de Direito Privado.* 3ª ed., t. 26. São Paulo, Ed. RT, 1984 (2ª reimpr.).

TALAMINI, Eduardo. *Direito Processual Concretizado.* Belo Horizonte, Fórum, 2010.

_____. "Nota sobre a teoria das nulidades no processo civil". *Revista Dialética de Direito Processual* 29. São Paulo, Dialética, 2005.

_____, e WAMBIER, Luiz Rodrigues. *Curso Avançado de Processo Civil.* 13ª ed., vol. 1. São Paulo, Ed. RT, 2013.

WAMBIER, Luiz Rodrigues, e TALAMINI, Eduardo. *Curso Avançado de Processo Civil.* 13ª ed., vol. 1. São Paulo, Ed. RT, 2013.

TUTELA EXECUTIVA E PRESCRIÇÃO

FÁBIO GUIDI TABOSA PESSOA

Bacharel e Doutor em Processo Civil
pela Faculdade de Direito da Universidade de São Paulo (FD/USP)
– Juiz de Direito em São Paulo – Professor Universitário
– Membro do Instituto Brasileiro de Direito Processual/IBDP

1. Introdução. 2. Direito material e processual: 2.1 Espécies de tutelas e especialização procedimental – 2.2 Jurisdição e criação de direitos – 2.3 Pretensão material, ação material e ação processual. 3. Tutela executiva: 3.1 A função do título executivo. Os requisitos da certeza, liquidez e exigibilidade – 3.2 Título executivo e causa de pedir em execução – 3.3 Em específico: os títulos cambiais. 4. Prescrição. 5. Tutela executiva e prescrição. Aproximação dos institutos. 6. Argumentos normalmente utilizados para contornar a prescrição: 6.1 Em especial: a chamada ação de enriquecimento ilícito.

1. Introdução

Difundiu-se ao longo do tempo, sem grande resistência tanto na doutrina quanto na jurisprudência, o entendimento de que a consumação da prescrição quanto a créditos objeto de títulos executivos possa ser contornada pela opção por outras formas de tutela (processo de conhecimento e, mais recentemente, monitório), sempre a pretexto de que a prescrição determinaria a perda da *força executiva* do título mas não afetaria o direito em si.

A prática tem tido especial utilização no que diz respeito aos títulos cambiais – por vezes de prazo prescricional reduzido –, seja com remissão a peculiaridades do direito cambial ou a figuras como o enriquecimento sem causa, seja, não raro, com a sugestão de opção pelo processo de conhecimento, de maior amplitude cognitiva, como alternativa automática para a cobrança do próprio direito cambial autônomo.

Há, no tratamento que vem sendo dado à questão, clara distorção, segundo nos parece determinada por uma conjunção de fatores que vão da inadequada distinção entre direito material e direito processual à inexata compreensão do conteúdo e do funcionamento da tutela jurisdicional executiva, passando por uma errônea visão do próprio instituto da prescrição.

E, quando não fosse pela impropriedade em si mesma da solução sob tal forma alcançada no plano jurídico, tem-se como consequência prática um alongamento artificial e indesejável da litigiosidade quanto a essas relações jurídicas, com frustração dos propósitos estabilizadores inerentes à prescrição, permitindo-se, por exemplo, a portadores de cheques a cobrança singela do valor de face por até cinco anos após o prazo para a apresentação, além da possibilidade de protesto cambial – formas de pressão a que, em absoluto, não deveriam estar expostos os obrigados.

Pretende-se por meio do presente estudo examinar as bases desse equívoco e tomar o exemplo fornecido pela praxe como oportunidade para a ênfase à atualidade da dicotomia direito/processo e à relevância da adequada distinção e do adequado tratamento dos institutos segundo sua inserção em cada um dos ramos.

2. Direito material e processual

As limitações do direito material, insuficiente em muitos casos para a produção, por si só, dos resultados pretendidos (pela falta de sua observância espontânea ou, mesmo, por vontade do próprio direito material, que remete a solução de determinadas questões necessariamente à intervenção estatal), aliadas à função instrumental do processo, voltado justamente à atuação concreta das normas substanciais, fazem com que naturalmente se apresentem o direito material e o processual bastante próximos na realidade jurídica, com inegáveis influências recíprocas.

Essa proximidade, de resto, não pode ter ignorada sua contribuição para a demora quanto à percepção da autonomia do processo e do próprio direito processual, conquista científica historicamente recente (que remonta ao século XIX); isso sem embargo de muito antes disso os ordenamentos jurídicos já tratarem em separado das normas relativas ao processo e a doutrina a elas se referir (com olhos, todavia, voltados para o aspecto puramente procedimental).

Mais ainda: no que pode ser visto como um recuo em relação à ideia de autonomia plena, vem sendo causa de constantes advertências da doutrina atual quanto à necessidade de relativização do próprio binômio direito/processo, por exemplo com a sugestão de existência, na fronteira entre as normais materiais e instrumentais, de zonas cinzentas e indefinidas,[1] ou, indo além, da existência de institutos com características bifrontes, situados em zona de estrangulamento entre os dois ramos e com elementos comuns a ambos, a ponto de se falar em um autêntico *direito material-processual*.[2]

Não há lugar neste estudo para o aprofundamento desse tema, mas não se pode deixar de apontar certo excesso na identificação de um *tertium genus* apenas a partir da existência de institutos que apresentem eventualmente pontos de contato com ambos os planos, ou cuja natureza se mostre de apreensão mais complexa, e sem que se identifiquem, quanto a esse suposto novo ramo, autonomia conceitual, objeto ou princípios específicos.

Há, sem dúvida, institutos que, por sua amplitude e natureza, podem eventualmente se inserir ora no direito substancial, ora no direito processual, apresentando, portanto, disciplina híbrida (do que é exemplo claro a *prova*), sem que, entretanto, se perca de vista a possibilidade, conforme a matéria regulada, de inserção a cada momento em um dos dois ramos considerados.

De relativização pode-se, sim, falar se se tem em mira reação legítima aos exageros no tratamento da autonomia, e como cautela sempre necessária para que se evite a tentação de valorização do formalismo processual como fim em si mesmo,[3] tal qual fosse o processo departamento completamente estanque, com esquecimento de seu caráter instrumental e do fato de se voltar, em última análise, a fazer atuar as regras do direito material.[4]

1. Cf. Grinover, Cintra e Dinamarco, *Teoria Geral do Processo*, 29ª ed., São Paulo, Malheiros Editores, 2013, p. 98.
2. Em tal linha Cândido Dinamarco, que inclui em tal categoria a *ação*, a *competência*, as *fontes* e *ônus da prova*, a *coisa julgada* e a *responsabilidade patrimonial* (cf. *Instituições de Direito Processual Civil*, 7ª ed., vol. I, São Paulo, Malheiros Editores, 2013, pp. 45-46).
3. A propósito da função, significado e atuação do formalismo processual, v. o importante estudo de Carlos Alberto Alvaro de Oliveira, *Do Formalismo no Processo Civil*, São Paulo, Saraiva, 1997, em especial pp. 1-11, 123-126 e 201-216.
4. Como diz José Roberto dos Santos Bedaque: "Na concepção do direito processual não se pode prescindir do direito material, sob pena de transformar aquela ciência num desinteressante sistema de formalidades e prazos. Sua razão de ser consiste no objetivo a ser alcançado, que é assegurar a integridade da ordem jurídica, possibilitando às pessoas os meios adequados para a defesa de seus interesses" (*Direito e Processo – Influência do Direito Material sobre o Processo*, 6ª ed., São Paulo, Malheiros Editores, 2011, p. 17).

Nesse sentido, mostra-se inegável que o direito material e o processual se comunicam e alimentam constante e necessariamente, bem como que o direito processual, por se voltar à aplicação do outro, acaba por receber o impacto das vicissitudes, dificuldades e valores que permeiam as relações substanciais litigiosas, deixando-se influenciar pelo direito material. As categorias do direito processual acabam por ser, de forma mais ou menos intensa, moldadas pelo direito material, e por isso advoga-se o estreitamento ao mínimo indispensável da linha divisória de cada um dos campos.[5]

No que diz respeito ao direito processual, a influência acaba por se revelar sob formas variadas na concepção das regras que lhe são próprias, moldadas com vistas à tutela adequada das situações conflitivas trazidas do direito material, como, por exemplo, no tocante às normas de competência (fixadas no mais das vezes a partir de elementos das relações substanciais, como dados pessoais relativos aos sujeitos envolvidos, quando não aspectos relacionados à matéria em discussão, ao bem da vida objeto do litígio, local dos fatos ou atos situados à base do conflito etc.), às regras procedimentais (passíveis de variação também segundo dados das relações materiais litigiosas) e às formas de tutela jurisdicional adequadas a cada caso – dentre outras possibilidades.[6]

É natural, enfim, que, ordinariamente conexos a ação e o processo, no plano concreto, a situações de direito material (se não reais, ao menos afirmadas), venham a ser institutos processuais conceituados levando em conta dados do direito material.[7]

Por seu turno, o direito substancial, dependendo muitas vezes do processo para a atuação de seus comandos e a produção dos efeitos desejados, acaba por se servir daquele em termos tais que muitos institutos acabam por ganhar expressão prática quase exclusivamente no plano processual, como é o caso da responsabilidade patrimonial (que a maior parte da doutrina processualista inclusive resiste a reconhecer como parte do direito material) ou a própria prescrição, objeto do presente

---

5. Cássio Scarpinella Bueno, *Curso Sistematizado de Direito Processual Civil*, vol. 1, São Paulo, Saraiva, 2007, pp. 49-50.

6. Como lembra Bedaque: "A natureza instrumental do direito processual impõe sejam seus institutos concebidos em conformidade com as necessidades do direito substancial. (...)" (*Direito e Processo – Influência do Direito Material sobre o Processo*, cit., 6ª ed., p. 23), exigindo a grande diversidade de situações substanciais diversas formas de tutela (ob. cit., p. 53).

7. Flávio Luiz Yarshell, *Tutela Jurisdicional*, 1ª ed., 2ª tir., São Paulo, Atlas, 1999, p. 30.

trabalho. Em outros momentos trata o legislador de estabelecer regras expressa ou implicitamente dirigidas aos juízes contendo critérios para a solução dos conflitos diversos (e que, não obstante venham a ter aplicação necessária no plano processual, nem por isso deixam de ter natureza substancial).

Insista-se de todo modo que a permanente interação e a complementariedade referidas se dão sem prejuízo, em cada caso, da identidade e natureza jurídica próprias dos institutos considerados, autonomia que não deve, de modo algum, ser vista como óbice à noção de instrumentalidade do processo; antes, pelo contrário.

A confusão entre substância e instrumento pode levar a resultados de todo indesejáveis, o que reforça a necessidade de compreensão dos princípios, disciplina e natureza de cada instituto, além dos efeitos que lhe são inerentes. Uma coisa é flexibilizar regras processuais como condição à afirmação de valores a preservar no plano substancial; outra é tomar regras de direito material como se processuais e, a pretexto da observância da instrumentalidade, interferir em sua essência – caso em que o processo se prestaria não a veículo para a afirmação e atuação do direito material, mas para seu desvirtuamento.

Feitas essas ressalvas, pode-se distinguir ambos os planos, material e processual, a partir da constatação de que o primeiro engloba normas concernentes às "relações jurídicas relativas a bens e utilidades da vida (direito civil, penal, administrativo, comercial, tributário, trabalhista etc.)", o que é feito seja por meio da disciplina imediata da cooperação entre as pessoas e dos respectivos conflitos de interesse, seja por meio do estabelecimento de critérios decisórios para a atividade do juiz *in iudicando*.[8]

Por seu turno, o direito processual é o complexo de normas e princípios que regem o método de trabalho correspondente ao processo, como instrumento da jurisdição, sendo características fundamentais de suas normas, na linha da mesma doutrina, o fato de cuidarem das relações dos sujeitos processuais, "da posição de cada um deles no processo, da forma de se proceder aos atos deste – sem nada dizer quanto ao bem da vida que é objeto do interesse primário das pessoas (o que entra na órbita do direito substancial)". Cuidam, enfim, do modo processual de resolver os conflitos e controvérsias, regulando as atividades das partes litigantes, sujeitas ao poder do juiz.[9]

---

8. Grinover, Cintra e Dinamarco, *Teoria Geral do Processo*, cit., 29ª ed., pp. 49 e 98.

9. Idem, pp. 49 e 99.

2.1 Espécies de tutelas e especialização procedimental

Como dito no item procedente, uma das formas pelas quais se projeta a influência do direito material sobre o processual diz respeito à modelagem desse último no tocante às formas de tutela jurisdicional e de procedimentos postos à disposição dos indivíduos.[10]

As normas processuais – não se discute – possuem caráter marcadamente técnico, mas não se trata de técnica vazia, concebida a esmo, sem qualquer conexão para com a realidade, senão de meios organizados e delineados de modo a possibilitar a atuação das normas de direito material conforme a variedade e a especificidade das situações conflitivas trazidas a juízo. Pode-se, em tal sentido, compreender a técnica processual, na definição de Bedaque, como conjunto de instrumentos predispostos pelo legislador de modo a possibilitar ao processo a consecução de seus escopos.[11]

Segundo o interesse do proponente da demanda resida na mera satisfação de um direito afirmado, na certificação de uma situação jurídica, aliada eventualmente à produção de efeitos outros (certificação que pode não resultar de *interesse* imediato do autor, mas se apresentar inevitável, pela falta de acesso desde logo à via satisfativa), ou, finalmente, na mera prevenção quanto ao resultado útil de outro processo, pode-se lançar mão de uma das espécies de tutela oferecidas pelo ordenamento processual – executiva, cognitiva ou cautelar.

E, quanto a cada uma dessas formas de tutela, conforme peculiaridades das situações litigiosas ou, ainda, em função do provimento concretamente postulado, podem variar também os procedimentos, vale dizer, a forma como se organizarão os atos do processo que se formar, além dos tipos de atos a serem praticados em cada caso. Fala-se, nesse sentido, em procedimentos comum e especiais, no âmbito do processo de conhecimento; em procedimentos distintos para o processo de execução, conforme a natureza da obrigação dada por inadimplida; e, finalmente, no sistema vigente, em um procedimento geral, aliado a diversos outros especiais, conforme a espécie de tutela cautelar que venha a ser requerida, atípica ou típica.

Não é demais reforçar, contudo, o papel desempenhado por esses instrumentos técnicos, representativos da variedade de provimentos,

---

10. V. Cândido Dinamarco, *Instituições de Direito Processual Civil*, cit., 7ª ed., vol. I, p. 141.

11. Bedaque, *Efetividade do Processo e Técnica Processual*, 3ª ed., São Paulo, Malheiros Editores, 2010, pp. 73-75.

procedimentos e processos existentes em dada ordem jurídica. Como destaca Dinamarco, os meios para impô-los são processuais, mas as soluções propriamente ditas adequadas à resolução dos conflitos estão no direito substancial.[12]

Ainda segundo lembra o mesmo autor, ao demandante cabe especificar o bem e indicar a espécie de tutela pretendida, mas "a pretensão ao bem preexiste ao processo e o resultado útil desse consistirá na atribuição desse bem ao demandante ou na privação definitiva (procedência ou improcedência)", sem que passem os meios de tutela de "mera instrumentação técnico-jurídica empregada para a outorga do bem. (...)".[13]

É importante também destacar que os instrumentos técnicos processuais eleitos em cada caso, conforme sua aptidão (do ponto de vista da eficiência material e também da própria admissibilidade pelo ordenamento processual), podem contribuir para a maior possibilidade de tutela efetiva de determinado interesse substancial, mas não interferem, a qualquer título, na respectiva essência, de modo que os direitos, no plano substancial, em nada ficam alterados pelo fato de prever o ordenamento esta ou aquela forma de tutela para a correspondente atuação em juízo.

A lei se preocupa eventualmente em atender de forma mais concreta a determinadas modalidades de relações jurídicas, pela relevância dos valores envolvidos ou, ainda, pela maior probabilidade de existência dos direitos correlatos, e pode quanto a elas estabelecer formas de tutela jurisdicional mais céleres, como a executiva; mas nem por isso se pode falar em aquisição, pelos interesses substanciais considerados, de uma especial qualificação, ou da aquisição de características diferenciadas no próprio plano substancial, em confronto com interesses ou direitos não contemplados por esses instrumentos técnico-processuais.

Tudo se passa, enfim, no plano estritamente processual, se e quando vierem as relações jurídicas em questão a ser objeto de processos judiciais, sem afetação, como dito, do plano pré-processual.

Inversamente, as relações jurídicas substanciais "interferem" no processo apenas na medida em que venham a servir de referência na eleição, pelo legislador, de determinadas técnicas processuais, de certa forma contribuindo, assim, como já examinado, para a conformação do conteúdo dessas regras instrumentais. A definição dos meios processuais

---

12. Dinamarco, *Instituições de Direito Processual Civil*, cit., 7ª ed., vol. I, p. 151.

13. Dinamarco, *Capítulos de Sentença*, 5ª ed., São Paulo, Malheiros Editores, 2013, pp. 58-59.

adequados a cada caso, contudo, é opção da lei processual, à qual cabe a disciplina dos meios técnicos inerentes ao processo, e não fruto do direito material positivo, muito menos efeito decorrente das próprias relações jurídicas substanciais, como se diretamente delas pudesse advir o efeito de fixar de antemão os meios processuais adequados à tutela em juízo dos interesses correspondentes.

Essas noções se fazem relevantes, no que interessa para o presente estudo, para a compreensão das implicações de decisões que reconheçam determinados fatores limitativos quando se tenha em vista o confronto de situações jurídicas substanciais com técnicas processuais a elas porventura associadas. Desde que o cerne da decisão diga respeito a matéria de ordem substancial, em tese a restrição estará presente, qualquer que seja a técnica instrumental utilizada, com abstração, portanto, do aspecto processual; em contrapartida, dizendo o problema respeito exclusivamente à técnica, em si considerada, restará aberta a possibilidade de tutela do interesse ou direito pelo meio adequado.

É justamente essa a questão a resolver em matéria de prescrição e execução, como adiante se tratará.

2.2 Jurisdição e criação de direitos

Outra questão relevante ligada ao plano da Teoria Geral do Processo, e necessária ao estabelecimento de premissas conceituais ao debate aqui proposto, diz respeito ao possível papel criador, ou, quando não, transformador, da atividade jurisdicional.

Trata-se de discussão ampla e complexa, mas que aqui se pretende referir apenas na medida do necessário para que sejam enfrentados argumentos segundo os quais direitos alcançados pela prescrição e encampados por títulos executivos extrajudiciais poderiam, a despeito disso, ser objeto de demandas cognitivas, pela diversidade da atuação jurisdicional aí exercida e, bem assim, pela perspectiva de virem aqueles a ser albergados por títulos executivos desta feita judiciais. Trata-se, em última análise, de questionar se da atividade jurisdicional decorre de ordinário ou pode decorrer algo de novo em relação ao que se tinha no plano extrajudicial anterior ao processo.

Uma abordagem inicial diz respeito ao confronto entre as conhecidas teorias unitária e dualista do ordenamento jurídico quando se trata de entender a formação das normas e o modo de expressão da ordem jurídica por meio do processo.

A primeira delas, atribuída a autores como Carnelutti, Calamandrei e Salvatore Satta,[14] vislumbra no processo papel necessário à formação concreta dos direitos, que somente nasceriam no processo e por meio da sentença, não possuindo relevância jurídica fora daí. Não haveria previamente ao processo direitos subjetivos, ou a produção de efeitos jurídicos imediatos pela mera incidência das normas abstratas quanto aos fatos nelas previstos, senão interesses protegidos – contexto em que a observância espontânea das normas abstratas não adquiriria relevância para o Direito, resumindo-se, outrossim, as condutas dos sujeitos, no plano das relações da vida, a comportamentos sociológicos, ainda não juridicizados (daí, justamente, o viés sociológico que se atribui ao clássico conceito carneluttiano de "lide", que, tomando por base a esfera pré-processual, fala em "conflito de interesses qualificado por uma pretensão resistida").[15]

Sob esse enfoque, a jurisdição efetivamente desempenharia função criadora de direitos, sendo, mais que isso, condição necessária para a existência concreta daqueles; diversamente da teoria dualista, que atribui ao processo a atuação de um direito preexistente, formado independentemente de qualquer intervenção e suficiente para a disciplina das relações intersubjetivas, apenas quando o caso declarado e revelado pela jurisdição. Os direitos subjetivos e obrigações preexistiriam, assim, ao processo, verificando-se a formação da regra concreta a reger cada situação não por obra do processo, mas da ocorrência dos fatos abstratamente previstos pelo ordenamento.[16]

Na verdade, embora seja a teoria dualista dominante na doutrina, admitem os autores que não se pode excluir de todo a hipótese de atuação da jurisdição também na criação de direitos, em situações peculiares, o que se dá, por exemplo, quanto a determinadas sentenças constitutivas,[17] aos juízos de equidade e também à aplicação de normais jurídicas abertas.[18-19]

14. Com direta influência, segundo Cândido Dinamarco, do Positivismo de Hans Kelsen (cf. "Direito e processo", in *Fundamentos do Processo Civil Moderno*, 6ª ed., vol. I, São Paulo, Malheiros Editores, 2010, p. 86).

15. Em torno da teoria unitária do ordenamento e da contraposição à jurisdição declaratória de direitos, v. o aprofundado estudo de Ovídio Baptista da Silva in *Jurisdição, Direito Material e Processo*, 1ª ed., Rio de Janeiro, Forense, 2008, pp. 1-136.

16. Grinover, Cintra e Dinamarco, *Teoria Geral do Processo*, cit., 29ª ed., p. 48.

17. Dinamarco menciona, além delas, pronunciamentos judiciais proferidos em sede de jurisdição voluntária e, ainda, as decisões do Tribunal do Júri (cf. *A Instrumentalidade do Processo*, 15ª ed., São Paulo, Malheiros Editores, 2013, p. 226).

18. A propósito das chamadas *cláusulas gerais* e dos *conceitos jurídicos indeterminados*, v. Rodrigo Mazzei, "Código Civil de 2002 e o Judiciário: apontamentos

Essa concessão, todavia, não afasta a percepção da capacidade do ordenamento jurídico em determinar a formação de vínculos, bem como a produção de efeitos jurídicos, antes e fora do processo, nem tampouco basta para superar claras limitações decorrentes na aplicação da teoria unitária, incapaz, por exemplo, de explicar consequências diversas do inadimplemento de obrigações (como, por exemplo, a fluência de juros da mora antes mesmo de qualquer sentença).

Aliás, como bem percebeu Dinamarco, a própria visão da prescrição como fator limitativo (ou extintivo) de direitos subjetivos, por força da inércia do titular em seu exercício, é, a rigor, incompatível com a teoria unitária, na medida em que se considere a inexistência anterior ao processo dos direitos subjetivos, tal qual por ela sugerido.[20]

Reforça-se, pois, que, fora das exceções referidas, e tomando-se em consideração normas determinantes de situações jurídicas *completas*, a jurisdição não possui qualquer função criadora, nem tampouco inova no tocante ao conteúdo posto em discussão no processo: se diz que alguém é credor, este último era e continuará a sê-lo por força da obrigação em si mesma, anterior ao processo, e não por força desse ou da sentença.[21]

Novamente invoca-se a lição de Cândido Dinamarco, que com precisão define: "O que efetivamente se acrescenta à situação jurídico--material existente entre as partes é a *segurança jurídica*, como efeito do exercício imperativo do poder estatal no processo", sem, contudo, que seja essa segurança algo de novo, do ponto de vista substancial, tratando--se de fator social de eliminação de insatisfações, jamais fator jurídico de acréscimo patrimonial. Completa o eminente Professor: "(...), através dela, nem é criado o direito que o juiz declara ao julgar procedente a

---

na aplicação das cláusulas gerais", in Fredie Didier Jr. e Rodrigo Mazzei (coords.), *Reflexos do Novo Código Civil no Direito Processual*, 2ª ed., Salvador, Juspodivm, 2007, pp. 50-56.

19. Carlos Alberto Alvaro de Oliveira qualifica a integração pelo juiz do tipo legal, em relação a conceitos indeterminados contidos na lei, modalidade de equidade (a qual classifica, dentre as espécies por ele referidas, de equidade *flexibilizadora*) (*Do Formalismo no Processo Civil*, cit., pp. 208-210). É interessante, aqui, recordar a redação do Código de Processo Civil de 1939 a respeito de equidade: "Quando autorizado a decidir por equidade, o juiz aplicará a norma que estabeleceria se fosse legislador" (art. 114).

20. Cf. Dinamarco, *A Instrumentalidade do Processo*, cit., 15ª ed., pp. 226-227.

21. Dinamarco, "Electa una via non datur regressus ad alteram", in *Fundamentos do Processo Civil Moderno*, 6ª ed., vol. I, São Paulo, Malheiros Editores, 2010, p. 498.

demanda condenatória ou declaratória positiva, nem se cria também algum suposto 'não direito' quando a sentença as julga improcedentes ou acolhe demanda de declaração negativa. A atividade declaratória do juiz constitui exercício de típica *função reveladora*, (...)".[22]

Dessa ideia decorre, como desdobramento necessário, outro aspecto, útil aos propósitos do presente estudo: se não há inovação jurídica no fato do reconhecimento em juízo de um direito, tomado em comparação com a realidade externa ao processo, por outro lado, tampouco há diferença, do ponto de vista substancial, entre um direito contemplado por sentença de mérito condenatória ou, eventualmente, objeto de um título executivo extrajudicial.

2.3 Pretensão material, ação material e ação processual

A derradeira questão introdutória prende-se ao critério técnico adotado pelo Código Civil de 2002, que associa o instituto da prescrição à noção de extinção da *pretensão* (de direito material), nos arts. 189 e 206. *Pretensão material* é conceito que encontra resistência em parte da doutrina processualista, convindo examiná-lo brevemente, de par com a ideia a ele associada de *ação material*, de modo a compreender possíveis reflexos sobre a definição da natureza jurídica da prescrição, bem como de modo a verificar até que ponto pode interferir, conforme a posição que se adote quanto a ele, sobre a questão central aqui discutida.

Segundo Pontes de Miranda, *pretensão* seria "a posição subjetiva de poder exigir de outrem alguma pretensão positiva ou negativa" com vistas ao cumprimento de um dever jurídico, poder sem o qual desprovido o direito subjetivo de exigibilidade.[23] Desatendida a pretensão, outrossim, nasceria para seu titular a *ação material*, ou seja, o agir efetivo contra o titular do dever, com vistas à satisfação, e normalmente veiculável – visto que proibida, em regra, a autotutela – por meio da *ação processual*, esta última fruto da pretensão à tutela estatal.[24]

Ovídio Baptista da Silva, adepto dessa visão, destaca o fato de que a pretensão material seria categoria ainda precedente à possível violação do direito subjetivo, violação que somente ocorreria com o desatendi-

---

22. Dinamarco, *A Instrumentalidade do Processo*, cit., 15ª ed., p. 228.
23. Pontes de Miranda, *Tratado de Direito Privado*, 2ª ed., t. V, Rio de Janeiro, Borsói, 1955, § 615, pp. 451-453.
24. Idem, t. V, § 617, pp. 460-461.

mento da exigência formulada e que faria, então, surgir a ação de direito material.[25]

Não se deixa de notar que o Código Civil de 2002, embora adotando o conceito de pretensão, o fez em termos diversos, definindo no art. 189 seu surgimento como *efeito* da violação do direito, e não como seu antecedente, de certo modo tomando a ideia de pretensão como a possibilidade de exigência do direito em juízo.

É, de qualquer forma, justamente na associação entre a invocação da tutela jurisdicional e uma reação do próprio direito subjetivo violado (vista como direito à sua obtenção em juízo) que reside a oposição de parte dos processualistas. Dinamarco, criticando a noção de pretensão no plano substancial, sugere ser uma repristinação da *actio* romana "em vestes aparentemente modernas", atribuindo a ela confusão entre o direito ao bem e o direito à proteção judiciária daquele direito, além de confusão entre os próprios planos substancial e processual do ordenamento.[26]

Era também a crítica que fazia o mesmo autor ao art. 75 do CC de 1916 ("A todo direito corresponde uma ação, que o assegura"), nele vendo "postura metodológica comprometidamente pandectista", além de confusão dos conceitos de ação (processual) e direito subjetivo.[27]

Segundo a teoria abstrata da ação, como sabido, o direito de invocar a atuação jurisdicional do Estado, ainda se exercido em conexão com uma situação extraída do plano substancial, não sofre qualquer influência decorrente da existência, ou não, do direito material invocado.

A tutela jurisdicional, por seu turno, entendida como o "resultado final do exercício da jurisdição estabelecido em favor de quem tem razão (e assim exclusivamente), isto é, de quem está respaldado no plano material do ordenamento",[28] resulta – como refere Flávio Luiz Yarshell – de uma escalada de situações jurídicas que vão da mera possibilidade do ingresso em juízo e do exercício do direito de ação até a obtenção de

---

25. Ovídio Baptista da Silva, "Direito subjetivo, pretensão de direito material e ação", in Guilherme Rizzo Amaral e Fábio Cardoso Machado (coords.), *Polêmica sobre a Ação – A Tutela Jurisdicional na Perspectiva das Relações entre Direito e Processo*, Porto Alegre/RS, Livraria do Advogado, 2006, pp. 15-22.
26. Dinamarco, *Capítulos de Sentença*, cit., 5ª ed., pp. 56-57.
27. Dinamarco, "Electa una via non datur regressus ad alteram", cit., in *Fundamentos do Processo Civil Moderno*, 6ª ed., vol. I, p. 503.
28. Flávio Luiz Yarshell, *Tutela Jurisdicional*, cit., 1ª ed., 2ª tir., p. 28.

um provimento favorável, sem, no entanto, se confundir com o direito a um provimento favorável.[29]

Dessa diversidade de pontos de vista resultam também perspectivas distintas quanto à amplitude da pretensão processual, que à luz da teoria abstrata compreende não apenas a solicitação de um provimento estatal como, juntamente com ele, a formulação, nesse momento, de uma pretensão quanto ao bem da vida em disputa, correspondente ao resultado que se pretende atingir no plano das relações materiais; já, à luz do conceito de pretensão material, preexistindo ela ao processo, a pretensão processual em si fica restrita ao pedido de tutela estatal.

Não deixam de utilizar os abstratistas, é bem de ver, o termo "pretensão" para aludir também a situações substanciais; mas quando o fazem têm em vista sobretudo uma postura subjetiva de aspiração a determinado proveito, não um dado emergente do próprio direito subjetivo.

Sem embargo, há quem, como Humberto Theodoro Jr., pretenda inexistir qualquer incompatibilidade entre os conceitos de ação processual abstrata e de ação de direito material, esta última entendida como a "tutela ou proteção que a lei confere a todos os direitos subjetivos materiais", ou seja, o "direito à proteção jurisdicional".[30]

Em linha assemelhada, encontra-se também na doutrina processualista lição que, com base nos ensinamentos de Goffredo Telles Jr., indica haver na própria norma jurídica violada força de reação apta a autorizar o lesado a exigir seu cumprimento, falando-se quanto a todas as normas (gerais ou já individualizadas) em dois enunciados, o da *endonorma* (ou norma primária), prescrevendo uma conduta, prestação ou dever jurídico, e o da *perinorma* (ou norma secundária), estabelecendo a sanção

---

29. Idem, p. 30.
30. Por isso mesmo, segundo esse autor, o art. 75 do CC de 1916, ao contrário do frequentemente apregoado, não se mostrava incompatível com a concepção processual da ação como direito autônomo e abstrato à prestação jurisdicional (Humberto Theodoro Jr., "Distinção científica entre prescrição e decadência. Um tributo à obra de Agnelo Amorim Filho", in Fredie Didier Jr. e Rodrigo Mazzei (coords.), *Reflexos do Novo Código Civil no Direito Processual*, 2ª ed., Salvador, Juspodivm, 2007, p. 241). Bedaque também observou poder retirar-se do referido art. 75 o estigma de resquício da teoria imanentista, desde que recusado o condicionamento do direito de ação à efetiva existência do direito material violado, interpretando-se o dispositivo como garantia de prestação jurisdicional ante um direito meramente afirmado (*Direito e Processo – Influência do Direito Material sobre o Processo*, cit., 6ª ed., pp. 119-120).

ou consequência jurídica para o caso de descumprimento do preceito endonormativo, dirigida a segunda contra o Estado.[31]

Tal pluralidade de enfoques, passando, inclusive, pela negação pura e simples, quando não pela recusa de qualquer utilidade ao instituto, dificulta – inevitável dizer – o tratamento da figura da pretensão material, sem que se possa, entretanto, como observou José Carlos Barbosa Moreira, ignorá-la a partir do momento em que tomada como referência expressa pelo legislador e integrada ao direito positivo brasileiro. Mas, na esteira da lição do ilustre processualista, não é demais dizer que as divergências por vezes aparentam ser maiores do que na realidade são.[32]

De todo modo, cabe a ressalva metodológica de que, partindo da realidade de sua previsão legislativa, a pretensão será referida neste trabalho tal qual tratada, dentre outros, pelos arts. 189 e 206 do CC de 2002 – vale dizer: como poder atribuído ao titular de um direito pretensamente violado no sentido de exigir uma prestação de outrem.[33]

E – dissonâncias conceituais à parte – o que importa é verificar que, na verdade, o tratamento do tema de fundo não fica influenciado pela disputa, não vinculando as conclusões do trabalho à adoção de qualquer das concepções. Para os que negam sentido jurídico ou, pelo menos, utilidade à ideia de pretensão material não se deixa de reconhecer, em contrapartida, a oponibilidade a outrem como atributo do próprio direito subjetivo, trazendo ínsita a ideia de exigibilidade de uma conduta por parte do obrigado.

Fale-se, portanto, no direito subjetivo em si mesmo, ou na pretensão material como projeção daquele, está-se tratando, em última análise, da mesma ideia de exigibilidade, e – o que é essencial – sempre como fenômeno vinculado ao plano substancial, precedente, pois, ao processo que porventura se instaure para fazer valer o direito.

3. Tutela executiva

Feitas as observações necessárias no âmbito da Teoria Geral do Processo, passa-se ao exame em separado de aspectos conceituais rela-

---

31. Teori Albino Zavascki, *Título Executivo e Liquidação*, 1ª ed., São Paulo, Ed. RT, 1999, pp. 60-61.

32. José Carlos Barbosa Moreira, "Notas sobre pretensão e prescrição no sistema do novo Código Civil brasileiro", *Revista da Academia Brasileira de Letras Jurídicas* 22/149-150, Rio de Janeiro, 2002.

33. Idem, p. 150.

cionados à tutela executiva e ao fenômeno da prescrição, para que depois se verifique a interação entre ambos.

Como se disse nos itens 2 e 2.1 (*supra*), dentre as influências sofridas pelo direito processual da parte do direito substancial está a modelagem dos institutos do primeiro de modo a atender, na medida das especificidades das relações jurídicas litigiosas, às necessidades voltadas à atuação concreta do segundo. Variam, nesse sentido, os ritos processuais, como também as formas de tutela jurisdicional, conforme a natureza das situações jurídicas trazidas ao processo e os efeitos jurídicos que se pretenda produzir na esfera substancial.

Da tutela executiva diz-se, comumente, ter natureza satisfativa, mas não se pode olvidar que satisfação, a rigor, também existe no tocante a provimentos cognitivos capazes de atender plenamente à pretensão do demandante no tocante ao bem da vida (notadamente os constitutivos e declaratórios). Como lembra Araken de Assis, as funções cognitiva e executiva têm um denominador comum, por visarem a providências capazes de, conforme o caso, preservar ou reintegrar a ordem jurídica e o direito ameaçado ou violado: "Em outras palavras, dão lugar a uma tutela satisfativa, pouco importando que tal resultado ocorra em decorrência de pronunciamento obtido através de cognição plena ou sumária".[34]

Sob esse ângulo, as peculiaridades da tutela executiva residem não propriamente na aptidão para satisfazer, isoladamente considerada, mas no fato de, voltada para o plano substancial, prestar-se a servir, em regra, a direitos que tenham por objeto uma prestação bem como, processualmente, na circunstância de vir ela desacompanhada de uma atividade judicial certificadora do direito a ser satisfeito – seja porque já desenvolvida em momento anterior, seja porque, a critério legal, dispensada em determinados casos –, notabilizando-se por atos de agressão imediata à esfera jurídica do demandado.

Quando precedida de um provimento cognitivo desatendido, a execução se mostra praticamente um imperativo de efetividade da jurisdição, já que, exigindo o legislador processual o prévio reconhecimento do direito e vindo o juiz com ele a emitir, em vão, comando voltado à respectiva satisfação, não poderia privar o titular do direito de meios destinados a atingir esse resultado final.[35] Mas – não se pode perder de

---

34. Araken de Assis, *Manual da Execução*, 13ª ed., São Paulo, Ed. RT, 2010, pp. 76-77.

35. Teori Albino Zavascki sugere aplicar-se aí o princípio da proporcionalidade, limitando a discricionariedade da política legislativa quanto à criação de títulos

vista – mesmo nesse caso a outorga da tutela executiva continua sendo um problema de técnica processual, não cabendo falar em um direito substancial de executar.

De outra parte, quanto aos casos de dispensa da prévia cognição plena em torno do direito, com simplificação do *iter* processual satisfativo, novamente o foco repousa na técnica processual.

A esse respeito, como diz a doutrina, exigências de lógica e de justiça em tese impediriam a atividade executiva sem prévia afirmação do direito, mas assim faz o legislador para mais célere tutela de determinadas categorias de crédito, tidos por suficientes para constituir títulos executivos.[36]

Não o faz, todavia, de forma aleatória, mas, sim, quanto a situações em que se revele grande a probabilidade de existência do direito afirmado,[37] elegendo-se essa, na busca do desejado equilíbrio entre segurança e celeridade e na impossibilidade de obtenção de certeza absoluta, como parâmetro para a modelagem de institutos processuais.[38]

Na lição de Barbosa Moreira, a eficácia executiva se confere a certos títulos por considerar a lei "que neles já se acha contida a norma jurídica disciplinadora das relações entre as partes, com suficiente certeza para que o credor se tenha por habilitado a pleitear, desde logo, a realização de atos materiais tendentes a efetivá-la".[39]

Fica claro, de todo modo, que a definição das hipóteses de cabimento da tutela executiva, muito embora para tanto se tomem por referência situações observadas a partir do plano substancial, não é determinada a partir desse último, mas do plano processual. A partir da consulta ao direito material pode-se responder à indagação quanto à existência, ou não, em cada caso, de um crédito, mas a determinação da técnica aplicável para o processo que o tenha por objeto é obra exclusiva do legislador processual.[40]

---

executivos e impedindo seja negada executividade a norma certificada por sentença transitada em julgado (*Título Executivo e Liquidação*, cit., 1ª ed., p. 67).

36. Grinover, Cintra e Dinamarco, *Teoria Geral do Processo*, cit., 29ª ed., pp. 349-350.

37. José Roberto dos Santos Bedaque, *Direito e Processo – Influência do Direito Material sobre o Processo*, cit., p. 145.

38. Cândido Dinamarco, *Instituições de Direito Processual Civil*, cit., 7ª ed., vol., I, p. 147.

39. Barbosa Moreira, *O Novo Processo Civil Brasileiro*, 25ª ed., Rio de Janeiro, Forense, 2007, p. 203.

40. Aspecto, aliás, de crucial relevância no terreno do direito intemporal para possibilitar a adequada compreensão do que se passa com a superveniência de leis

O modo de ser do processo que se faça necessário, enfim, é aspecto estranho ao conteúdo ou aos efeitos das relações substanciais. Por extensão, pode-se dizer que a disponibilização pelas normas processuais da técnica executiva para determinada categoria de direitos, quando postos em juízo, nada altera a essência da relação substancial encampada pelo título executivo (nem mesmo no caso da sentença condenatória, cujo eventual trânsito em julgado produzirá efeitos de outra ordem; aliás, trânsito em julgado nem mesmo é requisito para a execução de títulos judiciais).[41]

Mais ainda: não qualifica de modo especial a relação jurídica no próprio plano substancial, não lhe conferindo qualquer privilégio, nem atributos especiais, como, no que aqui interessa, maior resistência à prescrição. A verossimilhança que nelas se reconhece, outrossim, não é qualidade intrínseca, mas mero critério valorativo para a eleição dos títulos executivos (e de novo, portanto, dado considerado no âmbito da técnica processual).

Não há, essencialmente, qualquer diferença para uma situação jurídica substancial pelo fato de ser objeto de processo de conhecimento ou de execução (contexto em que, ao fim e ao cabo, há diferença na ordem dos atos: em um caso começa-se por tutela executiva, com possibilidade de contraditório amplo e cognição posteriores; em outro, primeiro reconhece-se o direito, em atividade cognitiva, e depois se busca a satisfação em concreto).

3.1 A função do título executivo.
Os requisitos da certeza, liquidez e exigibilidade

Não dependendo a opção pela tutela executiva do titular do crédito afirmado, mas de autorização legislativa, cumprem os títulos executivos o papel de porta de acesso a essa forma processual (*nulla executio sine titulo*), a partir de situações típicas definidas em lei.

---

que excluam a executividade de determinado título. Se ainda não iniciado o processo correspondente, a cobrança do crédito encampado pelo título terá de se dar pela via cognitiva, não importando a data da constituição da relação jurídica, mas o que a respeito dela previsto em matéria de técnica processual no momento do ingresso em juízo.

41. Diferente é a posição de Pontes de Miranda, para quem a sentença faz surgir nova obrigação, e por força dela, inclusive, nova pretensão – orientação com a qual, todavia, não se comunga (cf. *Tratado de Direito Privado*, 2ª ed., t. VI, Rio de Janeiro, Borsói, 1955, § 703, pp. 303-307).

Muito já se discutiu a respeito da natureza dos títulos executivos, não havendo necessidade de aprofundamento, nesta seara, do tema. Superados com o tempo os extremos da divergência entre Carnelutti e Liebman em torno da caracterização do título como documento (prova legal da obrigação) ou ato jurídico autorizador da sanção estatal, tende a doutrina a ver, hoje, uma conjugação dos dois elementos.

Nesse sentido, indica Teori Zavascki, com apoio em Chiovenda, trazer a noção de título executivo um duplo significado, substancial e formal: título em sentido substancial é o *ato jurídico* de que resulta a vontade concreta da lei, e em sentido formal é o *documento* no qual o ato se contém.[42] Sérgio Shimura o define como "documento ou ato documentado, tipificados em lei, que contêm uma obrigação líquida e certa e que viabilizam o uso da ação executiva".[43]

Sobressai, sempre, a circunstância de se tratar de elemento autorizador da prática de atos executivos; autorização, essa, que – vale novamente destacar – provém da lei processual. Embora o conteúdo do título corresponda ao crédito substancial nele descrito (e não necessariamente existente na realidade), cumpre a relação jurídica material, nesse caso, papel formal, que é o de permitir a verificação dos elementos necessários ao reconhecimento do título; dizer a lei que há título executivo quanto a determinado ato jurídico material, portanto, não implica atribuir a ele próprio eficácia executiva, a partir do plano substancial, mas apenas torná-lo núcleo de um tipo legal inserido na lei processual.[44]

Ainda a propósito do conteúdo do título executivo, e como dado essencial à compreensão de sua função como elemento viabilizador da execução, cumpre recordar que a caracterização do título em cada caso se dá pela conjugação de dois elementos: um *estático*, correspondente ao enquadramento do ato jurídico em um dos modelos definidos pela lei processual (a partir de critérios legislativos que consideram a natureza de determinadas relações jurídicas e, ainda, a capacidade de determinados atos documentados de expressar com suficiente verossimilhança a existência de um direito à prestação), e outro *dinâmico*, pautado pela verificação casuística do modo como se expressa no caso concreto a relação jurídica. É quanto a este último aspecto que se examinam certeza, liquidez e exigibilidade.

42. Teori Zavascki, *Título Executivo e Liquidação*, cit., 1ª ed., p. 57.
43. Sérgio Shimura, *Título Executivo*, São Paulo, Saraiva, 1997, p. 112.
44. Em relação a quê se discorda da orientação de Cândido Dinamarco, que vê na adequação da tutela jurisdicional eficácia adicional exterior do negócio jurídico (cf. *Execução Civil*, 8ª ed., São Paulo, Malheiros Editores, 2002 e 2003, p. 431).

Uma sentença condenatória, que abstratamente é título executivo por excelência, não o será, todavia, no caso concreto se o crédito objeto da decisão carecer de liquidação. Um crédito decorrente de locação imobiliária documentada é, segundo o *standard* do art. 585, V, do CPC, título executivo em tese; mas não o será, por exemplo, ainda uma vez por falta de liquidez, em casos como os de *shopping centers*, em que o aluguel pode ser calculado segundo o faturamento do estabelecimento e, optando a administração por esse critério ao invés do valor fixo previsto no contrato, se faça necessária a apuração mediante verificação contábil externa. Do mesmo modo, pode existir contrato garantido por hipoteca, em princípio adequado ao modelo do inciso III do mesmo art. 585; todavia, pode ocorrer de as partes preverem no instrumento contratual-base os termos gerais de uma relação jurídica (desde logo instituindo a garantia), a ser integrada, contudo, por atos comerciais futuros, sem explicitação de crédito contemporâneo ao momento do aperfeiçoamento, caso em que, antes de mais nada, faltará o elemento *certeza*.

Em contrapartida, pode-se ter obrigação líquida e certa sem haver título executivo, pela falta de adequação a um dos tipos legais, hipótese facilmente ilustrável a partir de uma confissão de dívida em documento particular (art. 585, II, do CPC).

Tomando-se a mesmíssima declaração de reconhecimento incondicionado de uma obrigação, será ela ou não título executivo conforme traga ou não a subscrição por duas testemunhas instrumentárias. Essencialmente, a obrigação será a mesma em cada caso, como também sua exteriorização formal, variando apenas um elemento externo a ela, tomado pelo legislador como fator de segurança em torno da higidez da manifestação de vontade.

E não deve surpreender a identificação de obrigação certa fora do âmbito de um título executivo. *Certa*, para os fins do art. 580 do CPC, é a obrigação devidamente individualizada quanto à sua natureza (tendo em vista as diferentes modalidades obrigacionais previstas pela lei material) e ao seu objeto,[45] elementos que podem se apresentar também externamente a um título legalmente definido como executivo.

É de toda relevância notar que a certeza aí considerada, como requisito de executividade, não se confunde com a certeza quanto à existência da obrigação,[46] ao contrário do que sustentam alguns autores.[47] Não é

---

45. Cândido Dinamarco, *Execução Civil*, cit., 8ª ed., pp. 508-510.
46. Idem, ibidem.
47. Nesse sentido: Araken de Assis, *Manual da Execução*, cit., 13ª ed., 2010.

sinônimo de incontestabilidade do direito, e decorre da mera aptidão do documento de representar uma obrigação em tese.[48]

Por conseguinte, verificando-se posteriormente a falta do direito indicado no título, a execução não poderá, certamente, chegar ao seu resultado natural, mas não pela inadequação da forma processual eleita, e sim pela ausência de direito a tutelar no plano substancial; ausência que do mesmo modo inibiria um provimento favorável sob qualquer outra forma processual, e que, portanto, nada tem a ver com o elemento *executividade*.

Equivocada, por isso, a alusão que normalmente se faz à *desconstituição do título executivo* para as decisões que, acolhendo defesas do executado, ponham fim ao processo executivo por questões ligadas ao plano substancial.

Se originariamente não há título algum, e a execução foi indevidamente processada, a decisão que assim proclama não desconstitui o que quer seja; declara que não havia título e que, portanto, não era cabível processo de execução (*v.g.*, carência de ação por falta de interesse de agir, na modalidade *adequação*), sem prejuízo de o direito afirmado, sobre o qual nada se prove nesse momento, ser guindado a objeto de outro processo, sob forma processual adequada. É o que se chama de execução descabida, ou formalmente inadmissível.

Se, por outro lado, se aponta qualquer motivo para a existência de óbice quanto ao crédito – cuja realidade, como se disse, não entra na definição formal de título executivo –, tampouco se está desconstituindo algo. O problema é mais amplo, e vai além do aspecto processual ou da forma de tutela cabível no caso, ferindo a situação substancial e, portanto, atingindo-a como tal, não por estar incorporada em título executivo. É a hipótese de execução injusta, ou, como diz Barbosa Moreira, juridicamente inviável.[49]

Correta, assim, a observação de Paulo Henrique dos Santos Lucon no sentido de que a sentença que acolhe embargos ao mérito é em princípio declaratória, não desconstitutiva, atingindo, outrossim, o direito material, e não o direito de ação ou o título executivo.[50]

Note-se, entretanto, que não só por meio de embargos à execução, que têm natureza de processo de conhecimento, se pode dar o reconhe-

---

48. Teori Albino Zavascki, *Título Executivo e Liquidação*, cit., 1ª ed., p. 144.
49. Barbosa Moreira, *O Novo Processo Civil Brasileiro*, cit., 25ª ed., p. 204.
50. Paulo Henrique dos Santos Lucon, *Embargos à Execução*, São Paulo, Saraiva, 1996, pp. 185-191 e 198-205.

cimento de tais questões substanciais, mas a partir de outras formas de resistência do executado,[51] com possibilidade de formação de coisa julgada material em torno da matéria assim decidida – inclusive, diga-se, de ofício, quando permitido pelo legislador. Neste último sentido a lição de Alberto Camiña Moreira, que cita como exemplo, em linha com o objeto do presente estudo, justamente o caso do indeferimento da petição inicial da execução com fundamento em prescrição ou decadência.[52]

Repise-se: se não há título executivo, por falta de correspondência a qualquer tipo legal ou porque a obrigação não é certa ou líquida, descabe a tutela executiva, mas não se exclui o acesso a outra via processual para a atuação do mesmo direito. Se, por outro lado, já se sabe que o direito substancial não existe ou não é mais passível de cobrança judicial, perde relevância a indagação quanto à forma de tutela processual em tese cabível, pois disso se abstrai o reconhecimento da falta de direito material a tutelar (o que toca o tema central do estudo, quanto à prescrição).

Para esse caso, pouco importa tenha havido prévia tentativa de emprego da via executiva. Se assim se fez e a execução foi trancada por conta do óbice substancial, existe aí, como reforço, a coisa julgada material, a impedir também por esse prisma que venha a matéria a ser resolvida em termos diversos em outro processo. Mas se, buscando contornar o problema, o pretenso credor lança mão desde logo de forma processual distinta (processo de conhecimento tradicional ou monitório), nem por isso deixa de existir o óbice, que é do alegado direito, e não do processo, e, portanto, estará naquela também pronto a ser reconhecido.

Derradeira questão a ser enfrentada no tocante aos requisitos inerentes aos títulos executivos diz com a exigibilidade a que alude o art. 580 do CPC.

Por primeiro, como muito bem anota Dinamarco, trata-se de ideia, a rigor, estranha ao conceito e à configuração do título executivo como requisito de adequação da tutela executiva.[53] A eventual inexigibilidade do crédito, por falta de vencimento, pode, sim, levar ao reconhecimento

---

51. Cf. José Roberto dos Santos Bedaque, "Cognição e decisões do juiz no processo executivo", in Luiz Fux, Nelson Nery Jr. e Teresa Arruda Alvim Wambier (coords.), *Processo e Constituição: Estudos em Homenagem ao Professor José Carlos Barbosa Moreira*, São Paulo, Ed. RT, 2006, pp. 371-373. No mesmo sentido: Olavo de Oliveira Neto, *A Defesa do Executado e dos Terceiros na Execução Forçada*, 1ª ed., 2ª tir., São Paulo, Ed. RT, 2000, pp. 83-86.

52. Alberto Camiña Moreira, *Defesa sem Embargos do Executado – Exceção de Pré-Executividade*, 2ª ed., São Paulo, Saraiva, 2000, pp. 211-212.

53. Dinamarco, *Execução Civil*, cit., 8ª ed., p. 505.

de falta de interesse de agir, mas não propriamente por algo que diga com executividade; idêntica solução advém se se ajuíza antes do vencimento demanda de cobrança por via cognitiva regular. Não se nega de todo modo o direito em si, nem tampouco a possibilidade de cobrança no momento próprio.

De outra parte, pede cautela a utilização comum da mesma expressão para aludir a algo, a rigor, bem diverso.

Fala-se, por exemplo, em *inexigibilidade* para designar a inoponibilidade de título de crédito a determinado integrante da cadeia cambial, seja por vícios inerentes ao título, seja por invocação, quando possível, da relação causal (v. item 3.3, *infra*). Do mesmo modo, o instituto da prescrição acaba por se resolver, *grosso modo*, em matéria de inexigibilidade do direito (item 4, *infra*).

Nesses casos não se fala em direito existente mas que *ainda não pode* ser exigido (ou, se se preferir, ainda não dotado de pretensão). O que há é a afirmação peremptória de um não direito, porque nunca existiu ou porque se extinguiu (por exemplo, pelo pagamento); ou, na pior das hipóteses, de um direito que, apesar de remanescer no mundo jurídico, não mais pode ser exigido (pela prescrição).

Aí se cuida, enfim, de uma limitação incontornável ao crédito que se busca tutelar em juízo, e a decisão que assim reconheça não está, obviamente, tratando de singela falta de interesse de agir, mas de tema substancial.

Faz-se a advertência já para adiantar que a prescrição em matéria de títulos executivos não é questão de carência de ação, e não se confunde com a falta de algum dos requisitos do mencionado art. 580.

3.2 Título executivo e causa de pedir em execução

Tendo em vista a função desempenhada pelo título executivo, bem como, por força disso, a referência comum, na praxe, quanto a ser a execução "fundada" neste ou naquele título, convém afastar para logo qualquer perspectiva de confusão para com a causa de pedir, equívoco com potencial para desvirtuar o tratamento das causas extintivas das execuções.

Dentre os três elementos identificadores das demandas em geral, consagrados pela doutrina e referendados também pelo ordenamento positivo, *partes*, *causa de pedir* e *pedido*, a causa de pedir é o único que não envolve aspectos processuais em seu conteúdo, tomando-o integralmente do plano substancial.

Explica-se. *Partes* de uma demanda, conforme o conceito que se tome (Chiovenda ou Liebman), são aquele que formula uma pretensão em juízo e aquele em face de quem vem posta essa pretensão; ou, mais amplamente, os sujeitos do contraditório posto em juízo. Consideram-se para tanto, em qualquer caso, os sujeitos da demanda concretamente posta, e não a demanda *ideal*, diante do quê se abstrai nesse contexto se são, ou não, partes legítimas, focalizando-se o processo efetivamente existente.

No que diz respeito ao *pedido*, outrossim, vem decomposto, para fins analíticos, em dois subelementos, um de ordem estritamente processual, o objeto *imediato*, correspondente ao provimento jurisdicional invocado pelo autor, e o outro de índole substancial, o objeto *mediato*, equivalente ao bem da vida almejado.

A *causa de pedir*, por seu turno, não ostenta essa característica. Envolve, basicamente, os fundamentos de fato e de direito do pedido; e, embora não haja consenso doutrinário em torno da classificação de seus elementos internos,[54] é convergente a percepção de que seja constituída, em regra, de elementos extraídos do direito material, seja no que diz respeito à formação da relação jurídica básica entre os sujeitos do litígio, seja no que se refere aos efeitos decorrentes dos fatos sobre ela incidentes.[55]

É importante notar, nessa linha, que os aspectos formais porventura viabilizadores do acesso a determinada forma de tutela jurisdicional *não integram* a *causa petendi*, ainda que venham explicitados na petição inicial. Aliás, é natural que se exija do proponente da demanda a devida

---

54. Fala-se, assim, nem sempre com enfoques coincidentes, em causa de pedir remota e próxima, como também ativa e passiva. José Rogério Cruz e Tucci, por exemplo, vislumbra a *causa petendi* remota a partir do fato constitutivo do direito do autor associado ao fato violador desse direito, indicando ser a *causa petendi* próxima formada pelo fundamento jurídico; cita, por outro lado, Zanzuchi, que se refere a causa *ativa* quanto ao fato constitutivo do direito do autor e causa *passiva* quanto ao ato do réu contrário ao Direito (*A **Causa Petendi** no Processo Civil*, 2ª ed., São Paulo, Ed. RT, 2001, p. 154).

55. Há exceções, por certo, correspondentes às ações, impugnativas ou não, que tenham por escopo o questionamento direto de matéria jurídica de ordem processual, como pode ocorrer com embargos à execução, embargos de terceiro, os próprios embargos ao mandado em processo monitório ou, ainda, ações rescisórias. Esses exemplos, contudo, marcados pela peculiaridade da "substancialização" do direito processual, que deixa de ter, nesse momento, feição instrumental, para ser o próprio objeto da tutela jurídica reclamada, não descaracterizam, de toda forma, o que se afirmou em torno das situações ordinárias, como as tratadas no presente trabalho, oriundas de relações jurídicas tipicamente substanciais.

justificativa quanto à opção por modalidades de tutela desbordantes da cognitiva ordinária, ou mesmo quanto à adoção de procedimento diverso do comum; mas o que se disser a respeito não passará de elemento da petição inicial predisposto à demonstração da adequação formal, sem se confundir com a fundamentação fática ou jurídica, propriamente dita, do pedido.[56]

O raciocínio vale, inclusive, para o exemplo extremo da execução, em que muitas vezes se confunde a exigência de título executivo, como requisito de admissibilidade, com a integração da causa de pedir pelo próprio título, ou, ainda pior, com o exaurimento da causa de pedir na referência a ele e no atributo da executividade a ele inerente.

Justamente em tal sentido, adverte Cândido Dinamarco que o título constitui somente elemento sem o qual o Estado se recusa a oferecer a tutela executiva para a satisfação do pretenso direito, residindo a causa de pedir na situação substancial descrita pelo exequente.[57]

Flávio Luiz Yarshell, igualmente, aponta não ser o título causa de pedir da demanda executiva, envolvendo aquela, tanto quanto em ação de conhecimento condenatória, a afirmação da existência de uma obrigação e seu inadimplemento – aspectos situados no plano do direito material, em tal contexto apenas tornando o título adequada a via executiva.[58]

O quadro não se altera no tocante à execução de sentença condenatória, que tampouco é, em si mesma, causa de pedir da execução dela originada, senão a obrigação material reconhecida (a obrigação originária, bem entendido, já que a decisão judicial, como já visto, a ela nada acresce – item 2.2, *supra*).[59]

Não se discute que a exposição da *causa petendi*, na execução, seja mais simplificada, pela possibilidade de remissão aos termos do título para ilustrar o conteúdo da obrigação,[60] o que, todavia, não faz dele a própria causa (nem autoriza o equívoco frequente de dizer o exequente que é credor "por força de título executivo"...).

---

56. Concede-se que a exposição desses fundamentos exerce, na verdade, *função instrumental*, na medida em que se destinem eles a convencer o juiz em torno da concreta ocorrência das hipóteses legais (cf. Dinamarco, *Capítulos de Sentença*, cit., 5ª ed., p. 59), o que, todavia, não interfere no que se disse em torno do *conteúdo* da causa de pedir.

57. Dinamarco, *Execução Civil*, cit., 8ª ed., p. 373.

58. Flávio Luiz Yarshell, *Tutela Jurisdicional*, cit., 1ª ed., 2ª tir., pp. 91-92.

59. Dinamarco, *Execução Civil*, cit., 8ª ed., pp. 31-432.

60. José Rogério Cruz e Tucci, *A **Causa Petendi** no Processo Civil*, cit., 2ª ed., p. 175.

3.3 Em específico: os títulos cambiais

Merecem atenção, dentre os títulos executivos extrajudiciais, os títulos cambiais, tendo em vista atributos como a literalidade, a autonomia e a abstração. Trata-se de características ditadas pelo direito material, vinculadas à natureza cambiária, que não se confundem com a executividade atribuída a esses títulos pelo direito processual,[61] mas cuja compreensão é especialmente relevante no tratamento da prescrição dos direitos de crédito correspondentes, a ser abordada nos itens 5 e 6 (*infra*).

Na definição clássica de Vivante, título de crédito é o documento necessário para o exercício do direito, literal e autônomo, nele mencionado.[62]

Se a literalidade diz com a capacidade do documento que materializa o título de expressar, por seus próprios termos (e nesses estritos limites), a obrigação ou obrigações nele assumidas, bem como o correspondente objeto,[63] a autonomia, por seu turno, remete à distinção da obrigação gerada pela emissão do título no tocante a eventual vínculo obrigacional que lhe esteja na base, além da criação de obrigações distintas entre si, quando vários sejam os obrigados, e, ainda, de novas obrigações, igualmente distintas das anteriores, à medida que o título circule.

Por outro lado, o conceito de abstração está ligado ao exercício do direito cambial, mais especificamente ao grau de dependência que apresente no tocante à causa de emissão ou transmissão do título (em termos tais que levam a falar em títulos *abstratos* quando a cobrança do crédito cambial autônomo prescinda de qualquer remissão à causa, ou em títu-

---

61. Mesmo quando a legislação especial de regência desses títulos alude à cobrança por meio de execução, como, por exemplo, faz o art. 47 da Lei do Cheque, não cabe ver aí a executividade como conteúdo ou efeito da relação obrigacional. Faz assim o legislador por aludir ao que já vem de ordinário previsto na lei processual, ou se o faz em caráter originário insere por tal técnica disposição de cunho processual na disciplina correspondente. O que não se pode aceitar é que a relação cambial traga ínsito o condicionamento da forma de ser de um processo judicial.
62. Cesare Vivante, *Trattato di Diritto Commerciale*, 2ª ed., vol. III, Turim, Fratelli Bocca, 1904, p. 129.
63. A vontade unilateral que é concretizada no título determina a medida de sua obrigatoriedade: se do teor do título resulta que o devedor e os sucessivos possuidores do título querem se obrigar, eles se obrigam (Vivante, *Trattato di Diritto Commerciale*, cit., 2ª ed., vol. III, p. 142).

los *causais* quando, não obstante autônomo, o direito cambial tenha sua exigibilidade atrelada à sorte do negócio-base).[64-65]

Parece claro que a ideia de *abstração* seja dependente da de *autonomia* e a pressuponha. Não se poderia falar em abstração se o título de crédito não passasse de mera representação do próprio direito objeto do negócio subjacente, dele não se distinguindo, ou se não houvesse a aptidão para a criação de novos vínculos obrigacionais derivados da circulação; em contrapartida, pode-se preservar a ideia de autonomia ainda que a abstração não esteja presente. Os chamados títulos *causais*, ainda que sujeitos, para a respectiva cobrança, à remissão aos termos do negócio subjacente, nem por isso deixam de conter obrigação autônoma, visto que diversa da outra.

De toda forma, trata-se de conceitos próximos e de distinção nem sempre simples, mesmo porque tratados pela doutrina a partir de enfoques por vezes não coincidentes.[66]

Referem-se alguns à autonomia, por exemplo, como aspecto vinculado à independência das diversas relações cambiais, de modo a que

64. Segundo Fran Martins, a abstração envolve o fato de não dependerem os direitos decorrentes do título do negócio que lhe deu nascimento; formalizado o título, "se desprende de sua causa, dela ficando inteiramente separado" (*Títulos de Crédito*, 5ª ed., vol. I, Rio de Janeiro, Forense, 1987, pp. 13 e 15). Nas palavras de Rubens Requião, outrossim, a característica está ligada à capacidade dos títulos de crédito de circularem "sem ligação com a causa a que devem sua origem. A causa fica fora da obrigação" (*Curso de Direito Comercial*, 11ª ed., 2º vol., São Paulo, Saraiva, 1982, p. 296).

65. Vivante, a propósito da abstração, anota não poder ser ignorada, mesmo quanto aos títulos abstratos, a existência de uma causa, ao menos ética ou econômica, para a emissão, "porque ninguém quer obrigar-se sem motivo", restando dita causa, de todo modo, fora da obrigação e não penetrando na sua estrutura, protegendo o credor contra exceções potencialmente complexas e desconhecidas que poderiam derivar da causa originária (*Trattato di Diritto Commerciale*, cit., 2ª ed., vol. III, p. 132).

66. É o que se vê, por exemplo, em Fran Martins quando sustenta significar a autonomia dos títulos de crédito o fato de não estar o cumprimento das obrigações assumidas nos títulos vinculado a outra obrigação qualquer, inclusive o negócio que deu nascimento aos títulos; a assertiva, a rigor, corresponde ao conceito de *abstração*. Mas na sequência o enfoque vem corrigido, aludindo o ilustre comercialista ao fato de a obrigação, em princípio, ter sua origem, "nos verdadeiros títulos de crédito, em um ato unilateral de vontade de quem se obriga" (*Títulos de Crédito*, cit., 5ª ed., vol. I, pp. 10-11). Note-se: essa obrigação, decorrente de manifestação de vontade unilateral, é autônoma, pois distinta de eventual obrigação subjacente, mas não necessariamente suportará cobrança sem necessidade de remissão a ela (podendo, pois, não ser abstrata).

os vícios de uma das relações jurídicas documentadas não atinjam as demais abrangidas pelo mesmo título.⁶⁷

A ideia é correta, mas se concentra no cotejo interno entre as obrigações porventura estampadas no título, deixando de lado a realidade externa a ele,⁶⁸ quando é no tocante a essa que se manifesta em primeiro lugar a autonomia do crédito cambiário. A independência das relações jurídicas criadas por manifestações de vontade simultâneas lançadas no título (ou, então, propiciadas por sua circulação) é mera decorrência dessa capacidade primária do título de formar obrigações próprias a partir do teor nele expresso, para além da relação causal ou mesmo sem a necessidade de existência de uma.

Basta, para tanto, pensar que de autonomia se poderá cogitar ainda que uma única pessoa tenha se obrigado e que o título não tenha circulado. E é esse aspecto – sobre o qual não paira qualquer dissenso doutrinário –, o da distinção entre as obrigações cambiais e qualquer obrigação causal que lhes sirva de suporte, que interessa fundamentalmente ao presente estudo, de modo a verificar as implicações no plano processual da prescrição advinda às primeiras.

Tendo o título aptidão para ensejar relação obrigacional em torno de si mesmo, é inevitável considerar, outrossim, que, havendo uma relação subjacente à emissão, coexistirão as duas obrigações, sem que disso decorra qualquer perspectiva de duplicidade prejudicial ao obrigado.

Ainda segundo o Mestre italiano, em regra, o vínculo originário não desaparece pelo fato de o devedor assumir uma obrigação cambiária, a qual não produz novação no tocante ao débito preexistente, porque a novação não se presume;⁶⁹ os dois títulos subsistem contemporaneamente, mas o primeiro toma uma posição subordinada, e retoma

---

67. V., nesse sentido, Fabio Ulhoa Coelho, *Curso de Direito Comercial*, 17ª ed., vol. 1, São Paulo, Saraiva, 2013, p. 449.

68. Justamente nesse sentido, Rubens Requião sustenta que o conceito de autonomia não deva ser visto em relação à causa do título, mas somente quando aquele circula, criando em favor do possuidor de boa-fé um direito próprio – e, portanto, autônomo –, insuscetível de restrição em virtude das relações existentes entre os anteriores possuidores e o devedor (*Curso de Direito Comercial*, cit., 11ª ed., 2º vol., p. 295).

69. A não ser que a cambial seja dada em caráter *pro soluto*, ou seja, a título de pagamento definitivo do crédito. Neste caso, como indica Vivante, os acessórios se esvaem, porque o crédito fundamental se extingue, e o novo resultante da cambial lhe toma o lugar. Diversamente, se a cambial for dada ao credor apenas como meio singularmente eficaz para exigir mais tarde o crédito, subsistem esse e todos os seus acessórios (*Tratatto di Diritto Commerciale*, cit., 2ª ed., vol. III, pp. 268-269).

a atividade somente se não se verifica a condição da satisfação do título cambiário.[70] A despeito da diversidade das relações, entre as partes que diretamente contrataram será natural considerar, por força da destinação da cambial (dada como instrumento facilitador do adimplemento ou como garantia da primeira obrigação), uma vinculação jurídica entre ambas, com recíprocas influências, capaz de propiciar o necessário equilíbrio, a ponto de a liquidação do título de crédito, por exemplo, determinar contemporaneamente a extinção do crédito cambiário e do fundamental (ao menos até o limite da soma cambiária, como bem adverte Vivante).[71]

Justamente nesse contexto é que se compreende, a propósito das relações entre credor e devedor cambial que diretamente negociaram, a possibilidade de utilização de todas as exceções pessoais decorrentes do vínculo-base, já que regulados esses sujeitos, afinal, pela relação jurídica existente, que deu origem à emissão ou negociação do título cambial.[72-73] O direito cambiário, nesse contexto, sem perder a identidade própria, vê a expressão de sua autonomia bastante atenuada.

Colocado o título cambial, por seu turno, a serviço da relação contratual, se a obrigação cambiária vier a ser extinta por motivo outro que não o pagamento, como, por exemplo, por decadência ou por prescrição (como aqui nos interessa em particular), o crédito originário se manterá, porque o impedimento específico em torno do título criado para reforçar a obrigação não será de molde a extingui-la: ficarão prejudicados os efeitos que eram próprios ao título cambial, não a obrigação de pagar o preço, decorrente do vínculo principal.[74]

Repisa-se, de todo modo, que o título, visto nas relações entre os contratantes diretos, não é mero instrumento formal de cobrança da obrigação principal, como se essa a única existente. É, já nesse momento, e mesmo não tendo circulado, fonte de obrigação autônoma, ainda que pela vinculação e destinação existentes sua liquidação e sua exigibili-

---

70. Vivante, *Tratatto di Diritto Commerciale*, cit., 2ª ed., vol. III, p. 269.
71. Idem, p. 272.
72. Idem, p. 141.
73. Se em relação ao credor imediato o devedor se obriga eventualmente de forma vinculada a uma relação contratual, já em relação a terceiros o fundamento da obrigação decorrente do título está na firma do emissor e na vontade unilateral de se obrigar (a propósito da teoria do *duplo sentido da vontade*, atribuída ao autor italiano, v., ainda, Rubens Requião, *Curso de Direito Comercial*, cit., 11ª ed., 2º vol., p. 297).
74. Vivante, *Tratatto di Diritto Commerciale*, cit., 2ª ed., vol. III, p. 141.

dade caminhem lado a lado com a relação subjacente (e sem prejuízo de, sendo título *abstrato*, poder num primeiro momento vir a ser objeto de cobrança judicial sem a necessidade de remissão à causa...).[75-76]

Em matéria de execução que tome por base título cambial, a única peculiaridade – se assim se pode considerar – diz respeito ao fato de, baseando-se a demanda em título abstrato, sem necessidade, portanto, de referência ao negócio causal, a descrição da origem do crédito se mostrar extremamente simples, perfazendo-se pela singela alusão aos termos do próprio título cambial, fonte por si da obrigação autônoma a ser satisfeita.

Mas ainda assim haverá descrição de fundamentos de fato e de direito extraídos do plano substancial. O exequente se afirma credor a partir dos dados do vínculo cambial, e não do fato de o título de crédito constituir título executivo.

75. Não comungamos, neste ponto, com o enfoque dado por Cândido Dinamarco à relação entre o direito decorrente do negócio causal e o direito cambiário, quando vistos como alternativas postas à disposição do credor. Entende o ilustre processualista haver, aí, hipótese de *concurso objetivo de direitos*, caracterizado pelo fato de um mesmo bem da vida ser objeto de direitos diferentes, com variação dos *títulos jurídicos* pelos quais o sujeito pode obtê-lo e dando margem, com isso, a um concurso objetivo de ações (identidade de pedidos mas diversidade de causas de pedir) (Dinamarco, "Electa una via non datur regressus ad alteram", cit., in *Fundamentos do Processo Civil Moderno*, 6ª ed., vol. I, pp. 502-503). Ainda que se trate de direitos de mesma natureza, e ainda que possam coincidir quanto à sua expressão financeira (não necessariamente coincidirão: há encargos do negócio causal que, estranhos à literalidade do título, a ele não passarão), afigurando-se exteriormente idênticos, ambos os créditos, a rigor, não se confundem, e como visto a extinção de um, pelo pagamento quanto ao outro, não se dará por força de identidade essencial, mas pelas repercussões decorrentes da vinculação, no caso, entre as relações causal e cambiária. É diversa a situação, enfim, da retratada no exemplo da responsabilidade civil por transporte ferroviário, em que a indenização pode ser pedida pelo passageiro por culpa aquiliana do preposto da ferrovia ou com base na responsabilidade objetiva dessa; aí, realmente, a indenização é uma só, e variados os motivos para o pleito que a tenha por objeto. Outro exemplo desse concurso objetivo, segundo entendemos, é o do proprietário que, esbulhado em sua posse, pode tentar reavê-la por meio de interdito possessório ou por via petitória, ajuizando ação reivindicatória.

76. Em outro ponto da mesma obra retoma Dinamarco esse entendimento, ao comentar hipótese de duas execuções, uma contra o devedor principal, com base em contrato, e outra contra avalista, com base em nota promissória, considerando razoável postura restritiva por não ser, em seu entendimento, possível a agressão patrimonial quanto a duas pessoas por força de "um só crédito" ("Electa una via non datur regressus ad alteram", cit., in *Fundamentos do Processo Civil Moderno*, 6ª ed., vol. I, p. 515).

4. Prescrição

A definição da natureza jurídica da prescrição bem como, por extensão, a forma pela qual atinge o direito subjetivo não recebem tratamento uniforme na doutrina. Mas, a despeito da diversidade de enfoques, é possível divisar como elemento comum a percepção de ser algo que se passa no plano substancial.

Para citar alguns exemplos no âmbito da doutrina nacional, Caio Mário da Silva Pereira é um dos poucos que sustentam que a prescrição extintiva vai além da afetação da ação disponibilizada ao titular (embora entenda ser esse o primeiro momento do fenômeno), determinando a perda em concreto do direito, já que entende esdrúxulo que o legislador pudesse preservar o direito desprovido de meios para a sua efetivação.[77] Orlando Gomes tem orientação semelhante, apontando para a extinção reflexa do direito mas ressalvando a possibilidade de sua sobrevivência em casos excepcionais.[78]

Há quem, por outro lado, acene tão somente com a perda da ação destinada a proteger o direito, sem o perecimento completo deste. Situam-se nessa corrente Câmara Leal[79] (que ainda assim entende que os títulos cambiais escapam inclusive à prescrição – v. o item subsequente), Agnelo Amorim Filho[80] e Humberto Theodoro Jr.,[81] além de Maria Helena Diniz e Sílvio de Salvo Venosa.

Finalmente, há quem, na esteira da doutrina alemã e da redação do art. 189 do CC vigente, fale em extinção da pretensão material (Ovídio Baptista da Silva[82]) ou no encobrimento da eficácia dessa mesma pre-

---

77. Caio Mário da Silva Pereira, *Instituições de Direito Civil*, 19ª ed., vol. I, Rio de Janeiro, Forense, 2001, pp. 435-436.

78. Orlando Gomes, *Introdução ao Direito Civil*, 10ª ed., Rio de Janeiro, Forense, 1991, pp. 508-511.

79. Antônio Luís da Câmara Leal, *Da Prescrição e da Decadência*, 4ª ed., atualizada por José de Aguiar Dias, Rio de Janeiro, Forense, 1982, pp. 10-11.

80. Agnelo Amorim Filho, "Critério científico para distinguir a prescrição da decadência e para identificar as ações imprescritíveis", *RT* 744, São Paulo, Ed. RT, outubro/1997, *passim*.

81. Humberto Theodoro Jr., "Distinção científica entre prescrição e decadência. Um tributo à obra de Agnelo Amorim Filho", cit., in Fredie Didier Jr. e Rodrigo Mazzei (coords.), *Reflexos do Novo Código Civil no Direito Processual*, 2ª ed., p. 229.

82. Ovídio Baptista da Silva, "Direito subjetivo, pretensão de direito material e ação", cit., in Guilherme Rizzo Amaral e Fábio Cardoso Machado (coords.), *Polêmica sobre a Ação – A Tutela Jurisdicional na Perspectiva das Relações entre Direito e Processo*, pp. 15-22.

tensão (Pontes de Miranda[83], Araken de Assis[84], Fredie Didier Jr.[85]), com afetação, em qualquer caso, do poder de exigir a satisfação do direito.

Não é difícil perceber, todavia, que mesmo a doutrina que fala em perecimento da *ação* não trata, por certo, de ação em sentido processual, ou de qualquer limitação quanto à solicitação junto ao Estado de prestação jurisdicional. Cuida – isto, sim – da chamada *ação material*, influenciada pela redação do art. 75 do CC de 1916, vale dizer, a atuação contra o próprio obrigado, proporcionada pela violação do direito (em suma, a ação específica destinada a proteger um direito ameaçado ou violado e fruto da reação desse, não a ação como direito abstrato de exigir a atuação da jurisdição), que nada mais é que um desdobramento da pretensão material (quando não fosse assim, a clareza do art. 189 do CC de 2002 resolveria o problema).

Sob diferentes abordagens, chegam ao mesmo ponto, enfim, os que falam em extinção da "ação" e em encobrimento ou extinção da pretensão. E tanto estes quanto quem pretenda ver na prescrição a extinção imediata do próprio direito subjetivo acabam por identificar a prescrição como fenômeno verificado no plano das relações substanciais, apto a atingir, quando não o direito, ao menos seus atributos.

De se notar, a propósito, que também para a doutrina processualista que recusa os conceitos de pretensão ou ação material o resultado acaba por ser esse, pois, conforme o caso, se poderá falar em extinção pura e simples do direito ou em inexigibilidade do direito subjetivo em si mesmo.

O que se afigura claro é que a prescrição não é questão de simples técnica processual, ou relacionada às condições da ação, dizendo respeito ao conteúdo substancial do litígio, e, dessa forma, quando reconhecida em juízo, implicando decisão de mérito, impeditiva da outorga de tutela jurisdicional ao direito alegado, por motivos a ele diretamente atinentes.

Silenciou o Código de Processo Civil de 1939 sobre a matéria, mas o Código de Processo Civil de 1973, inclusive para evitar problemas advindos da duvidosa redação do art. 75 do CC de 1916 (e também de

83. Pontes de Miranda, *Tratado de Direito Privado*, cit., 2ª ed., t. VI, § 662, pp. 98-104.
84. Araken de Assis, "Fluência e interrupção do prazo de prescrição da pretensão a executar", in Mirna Cianci (coord.), *Prescrição no Código Civil – Uma Análise Interdisciplinar*, 3ª ed., São Paulo, Saraiva, 2011, pp. 100-101.
85. Fredie Didier Jr., *Regras Processuais no Código Civil*, 3ª ed., São Paulo, Saraiva, 2008, p. 20.

sua atecnia na própria disciplina da prescrição, generalizando sob essa alcunha prazos prescricionais e decadenciais), tratou de explicitar tal aspecto, incluindo as hipóteses de prescrição e decadência dentre os provimentos de mérito (art. 269, IV).

Barbosa Moreira, por fim, baseando-se na redação do art. 189 do CC, esclarece como decorrência do princípio da economia processual a aparente contradição de no processo se apreciar a prescrição, com potencial decisão de extinção da pretensão, antes da verificação sobre a própria existência do direito (pois, não havendo esse, não haveria, por coerência, pretensão a extinguir): de nada adiantaria investigação suplementar, pois mesmo o reconhecimento da existência originária do direito não levaria de toda forma a que o autor pudesse ter ganho de causa.[86]

5. Tutela executiva e prescrição. *Aproximação dos institutos*

Assentadas essas premissas, cabe, então, examinar o que se dá no tocante à consumação do prazo prescricional quanto a direitos albergados por títulos executivos.

Sendo a tutela executiva, de um lado, questão eminentemente de técnica processual, cuja pertinência e cuja adequação são regidas por normas também processuais, e, por outro, a prescrição fenômeno ligado ao plano substancial, respeitante à exigibilidade dos direitos subjetivos, não há interferência entre ambas no plano do processo.

Operada a prescrição, e, portanto, tornado inexigível o direito (ou afetada a pretensão material respectiva), em princípio, não mais comporta ele satisfação em juízo, perante o obrigado que se recuse a cumprir a prestação. Não se trata, na verdade, de impossibilidade de invocação da atuação jurisdicional no que diz respeito ao Estado, não se cogitando, portanto, de comprometimento do direito processual de ação; mas tampouco se trata de questão relativa à forma processual, que possa ser sanada pela adoção de forma alternativa.

A limitação, atingindo o direito em plano precedente ao processo, se manifestará em juízo qualquer que seja a técnica processual considerada, e em qualquer caso poderá o obrigado invocá-la.

Mais especificamente no que diz respeito à tutela executiva, não integram o conceito de título executivo a certeza quanto à existência

---

86. Barbosa Moreira, "Notas sobre pretensão e prescrição no sistema do novo Código Civil brasileiro", cit., *Revista da Academia Brasileira de Letras Jurídicas* 22/154.

do direito nele descrito ou a inexistência de fatores obstativos de seu exercício. Limita-se o título a indicar a adequação da forma processual executiva conforme a correspondência entre o direito nele representado e o modelo legal.

Desse modo, não descaracterizam o título executivo como requisito de adequação processual questões que venham a ser reconhecidas no curso do processo que afastem a possibilidade de tutela jurídica ao direito material invocado; o título diz se a execução é admissível, e sua falta apenas impede a opção por essa via processual, sem atingir o direito substancial. Limitações, outrossim, advindas do plano material transcendem a dicotomia processual execução/conhecimento, importando, se conhecidas, decisão de cunho substancial.

Pode-se dizer, nessa linha, que mesmo quanto a um crédito prescrito não deixa, a rigor, de existir título executivo se correspondente o documento em que incorporado ou o ato jurídico a um dos tipos legalmente descritos, e desde que certa e líquida a obrigação; a exigibilidade que em caso de prescrição faltará ao direito, outrossim, não é a mesma de que trata o art. 580 do CPC, não dizendo respeito ao poder originário de exigência do direito, mas à sua perda, em momento posterior.

Insista-se, título executivo haverá, e plenamente eficaz, mesmo após a prescrição. A execução que com base nele se processe e que atinja o resultado desejado não se poderá dizer descabida, do ponto de vista formal, e nem mesmo injusta, do ponto de vista do direito tutelado, se por acaso não alegada pelo réu e eventualmente não detectada de ofício pelo juiz; vale lembrar que a prescrição é renunciável, nos termos do art. 191 do CC (aliás, por força desse aspecto, diversas foram as críticas da doutrina à inovação do art. 219, § 5º, do CPC ditada pela Lei 10.280/2006, autorizando o juiz a agir *ex officio* nessa seara).

O crédito assim satisfeito terá sido um crédito, afinal, existente.

Pensando, entretanto, na prescrição que efetivamente se proclame, a decisão em tal sentido não indicará o simples descabimento da execução, como forma de tutela, tal qual resolvesse questão processual singela e como se deixasse porventura aberto o caminho para que tomado o mesmo direito como objeto de processo de conhecimento, ao final resultando em sentença condenatória baseada na mesmíssima relação obrigacional e aparelhando subsequente execução.

Diversamente, a decisão será, em tal caso, acerca do direito em si mesmo, produzindo coisa julgada material, e seria a mesma ainda que não houvesse título executivo e se iniciasse primariamente processo de conhecimento ou monitório.

Abstraído o aspecto da coisa julgada, a mesma limitação substancial tornará inútil que o credor, buscando contornar o pretenso descabimento de processo de execução (e imaginado terminar aí o problema), desde logo opte por outra forma processual – um dos comportamentos que se propôs o presente estudo a analisar.

Novamente: não haveria, também para a via cognitiva, qualquer óbice processual, nos moldes de carência de ação, a considerar tão somente pelo fato da prescrição que se quis driblar. O que se quer destacar é apenas que também no processo de conhecimento a mesma prescrição seria passível de reconhecimento, já que objeto desse seria, como já visto, o mesmo direito que se buscaria fazer valer na execução não ajuizada.

Em suma: a prescrição nada tem a ver com títulos executivos, força executiva ou processo de execução, mesmo porque não se opera apenas nesse campo, não sendo um fenômeno restrito a direitos aptos a cobrança por tal via. Se já é inadequado falar em prescrição de "ação", ainda mais o é falar quanto a uma ação processual em particular, considerada a forma de tutela objeto dela.

Tolerar, outrossim, a ideia de que prescreva diretamente a execução como forma processual, e de que cessem aí os efeitos correlatos, "purificando" o direito para outras tentativas de cobrança, traz consequências lógicas absurdas, por si desautorizadoras, quando não fosse o mais, daquele raciocínio. É certo que a confusão conceitual normalmente vem feita, na prática, quanto a títulos cambiais, não quanto a títulos executivos amplamente considerados; mas a justificativa que se procura dar ao falar em prescrição como causa de perda da "força executiva" vem associada à figura dos títulos executivos genericamente considerados, daí a utilidade da verificação dos resultados que acarreta.

Pense-se, por exemplo, na situação, já mencionada no trabalho, das confissões de dívida por instrumento particular, imaginando um documento com duas testemunhas e outro, de mesmo teor, com apenas uma. Admitido que a prescrição apenas apague a "força executiva", a primeira, em tais condições, teria uma segunda oportunidade de cobrança, por processo de conhecimento, enquanto a segunda não (a menos que, por uma questão isonômica, também se resolvesse atribuir uma segunda oportunidade aos direitos prescritos "sem título"...).

Mas, independentemente da comparação, absurdo por si só já seria considerar a possibilidade de renovação da cobrança do mesmo direito já alcançado pela prescrição, como se a mudança de ambiente processual tivesse o dom mágico de apagar o tempo decorrido, ou como se modificáveis as situações substanciais conforme os modelos processuais a que submetidas.

Passa-se, agora, a abordar especificamente o problema da prescrição dos títulos executivos de natureza cambial, em que surge como complicador o detalhe da autonomia do crédito literal nele representado e da eventual existência de relação causal entre os interessados. O terreno é palco de fecunda confusão, pelo embaralhamento caótico que se divisa na prática entre figuras como a obrigação cambial, o enriquecimento sem causa e a relação causal, bem como os prazos extintivos respectivos.

Não há, todavia, dificuldade desde que se afaste o equívoco capital cometido na esmagadora maioria dos casos: o de que a prescrição se limite a prejudicar a cobrança do título por execução. Se prescreve a obrigação (ou a pretensão relativa a ela) cambial, não se torna, a rigor, descabida a execução. Há, certamente, a possibilidade de que nela venha a ser declarado o fato, mas como matéria substancial, passível de visualização rigorosamente nas mesmas condições em outros tipos processuais, daí a absoluta inocuidade, ao contrário do que se apregoa, da fórmula escapista.

Boa parte do problema, ao que se percebe, decorre do fato de a legislação cambial anacrônica ainda falar, por vezes, de forma atécnica, em prescrição da execução, aliado à má interpretação que se confere à ação de enriquecimento indevido e à ação causal.[87]

Na verdade, da ação cambial à causal, passando pela de enriquecimento, há uma escalada de crescente desapego às características cambiariformes do título, importando distinguir que as duas últimas envolvem pretensões distintas da ação cambial, com fundamentação em maior ou menor grau desvinculada da outra, portanto não se prestando a exemplificar suposta admissibilidade de repropositura da ação cambial sob outra roupagem (da ação de enriquecimento se falará mais detidamente no item 6.1).

87. Ressalve-se que expressões como "ação de enriquecimento ilícito", "cambial" ou "causal" virão utilizadas por sua comodidade prática, sem perder de vista a pertinente advertência da doutrina quanto ao equívoco, frente à teoria abstrata da ação, de classificar as "ações" segundo elementos inerentes ao direito subjetivo afirmado pelo autor, portanto extraídos do plano material. Em tal sentido, v. Carlos Alberto Alvaro de Oliveira, "O problema da eficácia da sentença", in Fábio Cardoso Machado e Guilherme Rizzo Amaral (coords.), *Polêmica sobre a Ação – A Tutela Jurisdicional na Perspectiva das Relações entre Direito e Processo,* Porto Alegre/RS, Livraria do Advogado, 2006, p. 42.

Se se trata da ação causal, o que deve ser descrito na causa de pedir é a relação subjacente entre as partes, por conta da qual se emitiu o título, que nesse caso comparecerá como prova de obrigação inerente àquela, não mais como fonte autônoma de obrigação.[88]

6. Argumentos normalmente utilizados para contornar a prescrição

É grande a tenacidade com que na prática se engendram raciocínios voltados a burlar a prescrição extintiva e a manter viva a possibilidade de exercício de direitos por ela atingidos, como que a trair certa dificuldade de lidar com a ideia de finitude, preservando-se além do devido situações de litigiosidade e ignorando-se, outrossim, o papel social estabilizador desempenhado pela prescrição.

Se não parece ser o caso de pura e simplesmente abolir o instituto, acolhido pela generalidade dos ordenamentos, então, que se modifiquem os prazos quando tidos por excessivamente curtos, mas por via legislativa, ao invés de simplesmente fingir, no caso concreto, que a prescrição não existe.

Uma dessas tentativas reside no argumento de que o título de crédito, mesmo após prescrito, siga sendo passível de cobrança (e aqui abstraído o tema da alternância de vias processuais), por conter inequívoca manifestação de vontade, com assunção de obrigação de pagar por parte do emitente, aceitante ou endossante.[89]

Ora, o raciocínio, antes de mais nada, supera a fronteira dos títulos cambiais, alcançando a quase totalidade dos títulos executivos, portadores de manifestações inequívocas de vontade obrigacional; por coerência, pois, e com consequências desastrosas, deveria ser estendido aos outros.

Novamente por coerência, não seria o caso de adotar um segundo prazo pouco mais alongado, como normalmente se propõe. Se a prova de uma manifestação de vontade é capaz de contornar um primeiro prazo prescricional, o será para fazê-lo com qualquer outro, enquanto persistir a manifestação passível de contemplação. A rigor, então, o limite de exigibilidade da obrigação seria o da desintegração física do documento continente.

---

88. Nesse sentido: Fabio Ulhoa Coelho, *Curso de Direito Comercial*, cit., 17ª ed., vol. 1, p. 503.

89. Nesse sentido, segundo parece, a discutível referência de Yussef Said Cahali à tendência de prevalecer "mais recentemente, o princípio da literalidade da obrigação cambial que se contém no título, sem maior significação o fato de sua prescrição" (*Prescrição e Decadência*, São Paulo, Ed. RT, 2008, p. 272).

A falha elementar da resistência situa-se, todavia, no esquecimento de que o mecanismo de atuação da prescrição não diz respeito à existência originária do crédito, ou à respectiva demonstração, em termos tais que possam seus efeitos ser afastados pela existência de prova documental segura ou pela alusão ao caráter inequívoco da declaração de cunho obrigacional do devedor.

Em outras palavras: não atinge o elemento *certeza*, hipoteticamente criando dúvida quanto à realidade do direito ou enfraquecendo a força probante inerente à sua representação material. Diversamente, como já dito, atinge tão somente o fator *exigibilidade*.

Em suma: crédito atingido pela prescrição é crédito tornado inexigível, ou que deixou de existir, não obrigação que nunca tenha existido; daí a irrelevância de qualquer alusão aos elementos formadores originários ou à prova correspondente. A evidência documental que se tenha do crédito ou a manifestação de vontade inequívoca que nele se ache estampada outra coisa não farão senão testemunhar a realidade precedente à prescrição, por ela atingida; em última análise, se provará um crédito prescrito.

Variante dessa linha de resistência é a alegação de que o título de crédito (normalmente, cheque) seja prova documental suficiente a embasar cobrança por via de ação monitória.[90]

Aqui, é preciso, antes de mais nada, distinguir o modo pelo qual se veja o elemento documental no tocante ao processo monitório, se como *fundamento* propriamente dito da cobrança ou se, diversamente, como o *elemento documental* de apoio.

Quanto à primeira possibilidade, se já se abordou (item 3.2, *supra*) que mesmo na execução a causa de pedir não corresponde ao título executivo, mas sim à relação substancial nele reproduzida, com ainda maior razão há de ser no tocante ao processo monitório, em que nem mesmo se cogita de um "título".[91]

A prova inicial exigida pelo legislador brasileiro, fruto de sua opção pelo modelo documental de processo injuntivo, não obedece nem mesmo a forma rígida ou a modelos legalmente definidos,[92] não tendo outra

---

90. Nesse sentido, inclusive, o teor da Súmula 229 do STJ: "Cabe ação monitória fundada em cheque prescrito".

91. Sobre a consistente refutação de Eduardo Talamini à existência de um "título monitório", v. seu *Tutela Monitória*, São Paulo, Ed. RT, 1997, pp. 62-69.

92. Antônio Carlos Marcato, *O Processo Monitório Brasileiro*, 2ª ed., São Paulo, Malheiros Editores, 2001, pp. 64-65.

função que não a de conferir às alegações da petição inicial certo grau de verossimilhança.

Não integra, pois, a causa de pedir, e não constitui, certamente, *fundamento* da cobrança. Existir ou não a prova documental necessária é questão que, no plano formal do processo, determina a viabilidade ou não de outorga dessa modalidade de tutela jurisdicional, nada mais que isso;[93] e, desde que afirmativa a resposta, o elemento documental de que se disponha outra coisa não fará senão dar respaldo à alegação de existência de crédito derivado de determinada relação jurídica, sem com ela se confundir e muito menos a ela se sobrepor como fundamento específico da demanda proposta.

A causa de pedir, também aqui, residirá na relação jurídica e no crédito dela emergente,[94] não permitindo ao autor que se limite a indicar a existência de prova documental como embasamento isolado da pretensão creditícia, nem tampouco, no que diz respeito mais especificamente a cheques, dizer que a cobrança é *fundada em cheque prescrito*.[95]

Acórdão do TAMG imediatamente posterior ao advento da Lei 9.079/1995 observou, com acerto, que a ação monitória não se presta a afastar prescrição cambial, e que se fundada unicamente no título cambial esbarraria na prescrição, somente escapando a esse óbice se escorada a pretensão, não obstante a apresentação como documento probatório do título em si, em negócio feito com o requerido ou obrigação por ele assumida.[96]

93. No entender de José Rogério Cruz e Tucci, trata-se de "condição específica de admissibilidade da ação deduzida por meio daquele tipo especial de procedimento" (*Ação Monitória*, São Paulo, Ed. RT, 1995, pp. 40-41). Antônio Carlos Marcato fala, por seu turno, em "pressuposto de adequação da tutela reclamada" e em prova, por um ou mais documentos, que permita ao juiz, "desde logo, a formação de um convencimento acerca da existência do crédito" – aí incluídas a demonstração da existência da relação jurídica material e ainda a liquidez e exigibilidade da prestação (*O Processo Monitório Brasileiro*, cit., 2ª ed., pp. 63-64).

94. Nesse sentido: Cruz e Tucci, *Ação Monitória*, cit., p. 61.

95. Ensina Eduardo Talamini que a petição inicial deve trazer narrativa capaz, em conjunto com a prova escrita, de abranger a constituição e a exigibilidade do crédito, além da determinação do *quantum* devido. Deve, segundo o autor, "existir a adequada exposição dos fatos constitutivos do crédito pretendido: os documentos escritos trazidos com a inicial, longe de dispensar tal narrativa, apenas servirão de prova dos fatos narrados" (*Tutela Monitória*, cit., pp. 78-80).

96. TAMG, 6ª Câmara Cível, ACi 210.933-1, rel. Juiz Francisco Bueno, j. 29.2.1996 (acórdão transcrito por Talamini em *Tutela Monitória*, cit., pp. 241-242).

São frequentes os julgados que, aliás, ao tratar do assunto, dizem, com tranquilidade, que é dispensável a descrição da causa de pedir na demanda de cobrança em via cognitiva ou monitória fundada em cheque prescrito. Realmente, se embasada a cobrança apenas no cheque prescrito, a indicação da origem será formalmente dispensável, mas em contrapartida o crédito será inexigível...

Tomando-se, por outro lado, o cheque prescrito como elemento documental destinado a suprir o requisito formal em processo monitório, aí se chegará, por outro caminho, ao mesmo resultado.

Afastada a perspectiva de que a própria relação cambial seja a base da cobrança, necessariamente precisará ser descrita a origem do crédito e justificada a cobrança a partir da remissão a elementos externos ao título, extraídos da relação subjacente à sua emissão (ou relacionados à posterior transmissão do título, caso o conflito de interesses envolva os integrantes da cadeia circulatória criada com o endosso).

O cheque, em tais termos, poderá se prestar a, por exemplo, evidenciar a falta de satisfação da obrigação em função da qual foi entregue ou, ainda, a ilustrar a existência da própria relação subjacente, caso negada pelo devedor e não tenha sido devidamente formalizada.

O tema da descrição da causa subjacente não tem, portanto, a conotação ociosa que comumente a ele se atribui, como se se tratasse de descrever algo que a própria literalidade do título já é capaz de fazer. Pelo contrário: justamente por escapar à literalidade e não se confundir com o crédito cambial é que precisará esse outro crédito ser devidamente delineado no tocante à sua origem e ao seu conteúdo.

Formula-se em tal sentido uma ressalva ao raciocínio de Talamini quando diz, embora em termos convergentes quanto à solução, que na ação monitória se faz necessário descrever o negócio subjacente, ao invés de aludir à mera titularidade da cambial (como na execução), visto não funcionar aquela, na monitória, como título, senão como prova dos fatos constitutivos do crédito – o que exige a explicitação destes para possibilitar a cobrança do "crédito que estava representado no título".[97]

Dinamarco, ao mencionar a possibilidade de utilização do título de crédito prescrito como prova em processo monitório, dá a exata dimensão de como isso pode ocorrer: "Um exemplo eloquente de *prova escrita idônea* são os títulos de crédito (nota promissória, cheque) depois de prescrito o direito cambiário que corporificam. A cártula é documento

---

97. Talamini, *Tutela Monitória*, cit., pp. 247-248.

que oferece excelente probabilidade de existência do crédito subjacente não prescrito.(...)".[98]

Vale dizer: emprega-se o título, se o caso, como prova necessária à admissibilidade do processo monitório, mas o objeto da cobrança não é o direito estampado no título, em si, senão o relativo à relação subjacente (em relação à qual poderão existir outros documentos comprobatórios), cujos termos deverão, intuitivamente, ser descritos, como parte integrante da causa de pedir.

Outra justificativa comum para o renascimento do crédito prescrito em outra base processual é a da possibilidade de formação de título executivo judicial, aí, em contraposição ao título extrajudicial antes existente.

A colocação, todavia, não resolve em absolutamente nada o problema.

Já se viu (item 2.2, *supra*) que não existe diferença, do ponto de vista substancial, entre um direito conforme seja visto antes ou depois de ser contemplado por uma sentença de mérito. A decisão, a par do elemento declaratório, por meio do qual afirma a existência do direito, eventualmente acrescerá algo, como um comando dirigido à parte contrária no sentido da satisfação de uma pretensão, ou ainda a produção de determinados efeitos decorrentes da situação jurídica considerada, mas dependentes da decisão judicial para sua manifestação.

A essência do direito assim declarado continuará, todavia, a mesma, sem que a circunstância de ser objeto de uma decisão judicial provoque nele qualquer modificação, eventualmente extinguindo-o e dando margem ao surgimento de um direito novo.[99]

Além do mais, parte-se de um desvio de perspectiva, que é o de imaginar que a sentença crie direitos a partir do nada, descomprometida por completo da realidade judicializada, e que, portanto, tenha o poder inclusive de sanar óbices substanciais como o ora tratado.

Na prática, não se discute, isso pode eventualmente vir a ocorrer, mas sob ótica distorcida, que não pode se prestar a base analítica. Caso

---

98. Dinamarco, *A Reforma do Código de Processo Civil*, 5ª ed., São Paulo, Malheiros Editores, 2001, p. 236.

99. A matéria pode, por certo, adquirir complexidade se aprofundado o questionamento, por exemplo, para abordar o que se passa em relação a um direito inexistente que venha a ser afirmado pela sentença. Para os fins restritos do presente estudo, todavia, importa considerar tão somente, em termos comparativos, a situação de um direito conforme seja objeto de um título executivo extrajudicial ou judicial.

a prescrição, no processo de conhecimento, não venha a ser arguida pelo réu, nem tampouco seja detectada e declarada de ofício pelo juiz, a sentença que a desconsidere realmente terá atingido, por vias transversas, esse efeito sanatório; a partir daí, em sede de execução da própria sentença, não mais se poderia cogitar da prescrição passada, senão de eventual prescrição futura.

Seria, todavia, uma decisão equivocada, cuja potencial verificação não autorizaria de forma alguma o raciocínio de que a prescrição deixe de ter significado apenas por se voltar o processo à formação de um título executivo judicial. Em condições normais, o desfecho também do processo de conhecimento ou monitório fundado nesse direito será a extinção com base na prescrição.

Finalmente, cabe fazer referência ao artifício da utilização de prazos prescricionais sobrepostos, na transição da esfera executiva para a do processo de conhecimento ou monitório, iniciando-se a contagem de novo lapso após vencido o previsto para a execução, como se houvesse "prescrições" específicas para cada uma das formas processuais.

Na verdade, se se pensa no mesmo fundamento que embasaria a execução – vale dizer, a obrigação cambial isoladamente considerada –, não há qualquer soma possível: o prazo prescricional é único e já está consumado.

Por outro lado, se se tem em mira a ação causal, na verdade, não chega a haver um alargamento do prazo originário, pois as pretensões serão, em ambos os casos, distintas; mas, de novo, vale a ressalva: por conta dessa diferença, coerentemente, exige-se descrição de fundamentação autônoma adequada aos termos da nova pretensão.

Note-se que essa soma de prazos por vezes vem associada ao exercício, subsequente, de pretensão fundada no enriquecimento ilícito, admitida, por exemplo, no art. 61 da Lei do Cheque. Do assunto se tratará no item seguinte, com a ressalva, todavia, de que não se trata, sem embargo de assim vir comumente tratada, da mesma demanda voltada à satisfação do direito cambial – o que, na prática, exclui a ocorrência dessa duplicidade supostamente ligada ao mesmo direito; trata-se de pretensão distinta, amparada em motivação própria, e que, portanto, não se confunde com a ação cambial. Seu prazo é associado ao prazo prescricional da ação cambial não para efeito de renovação do mesmo lapso, mas apenas porque o legislador preferiu aguardar o esgotamento do prazo quanto à ação cambial para apenas então determinar o curso do segundo.

Outras vezes, entretanto, nem mesmo se demonstra preocupação com a observância do prazo da ação de enriquecimento ou com o delineamento em tais termos da demanda, simplesmente optando-se pela aplicação, para a renovada possibilidade de cobrança do crédito cambial em via cognitiva, do mesmo prazo prescricional antes previsto, ou, quando não, de outros mais amplos.

Exemplo significativo dessa última hipótese é a Súmula 18 do TJSP, redigida nos seguintes termos: "Exigida ou não a indicação da causa subjacente, prescreve em 5 (cinco) anos o crédito ostentado em cheque de força executiva extinta (Código Civil, art. 206, § 5º, I)".

É curioso observar, a seu respeito, que o enunciado remete a dispositivo legal que trata da prescrição quanto a dívidas líquidas constantes de instrumento público ou particular, de onde se infere, de par com a referência ao crédito ostentado no próprio cheque, que o entendimento consolidado sugere a subsistência de alguma relação obrigacional emanada do título mesmo após a prescrição.

Assim, ou pretende indicar que a prescrição não tenha qualquer repercussão sobre o direito, alterando única e exclusivamente a via processual empregável (hipótese contrária a qualquer das concepções em torno do instituto da prescrição, como já se abordou), ou, do ponto de vista do cheque, parece vislumbrar a possibilidade de que, para além do direito cambial, possa se vislumbrar outro, presente no próprio título, este de natureza comum e passível de tratamento como crédito lançado em documento particular qualquer.

Ocorre que não há em qualquer título cambial mais de uma manifestação de vontade obrigacional, ou mais de um direito de crédito (não se está pensando, aqui, bem entendido, na multiplicidade de vínculos subjetivos eventualmente determinada por circunstâncias outras, como avais ou a circulação da cártula). A dualidade, se existente, põe-se no tocante ao direito cambial e eventual relação subjacente, jamais no tocante à cambial, autonomamente considerada.

Portanto, não há como imaginar que, tolhida em sua exigibilidade (ou em sua própria existência, para os que assim pensam) a obrigação cambial, possa ela ressurgir sob a forma de outra obrigação, decorrente de manifestação de vontade diversa ou transformada.

Supondo, outrossim, a consideração da persistência, com todos os seus atributos, da própria obrigação cambial, como se a prescrição simplesmente não tivesse ocorrido, é difícil compreender a opção pelo prazo de cinco anos. Pensando em termos de demanda de enriquecimento (e não é dela que a Súmula dá a entender que trata), têm-se o prazo de dois anos expresso no art. 61 da Lei do Cheque e, fora daí, o prazo de três anos do próprio Código Civil para pretensões dessa natureza (art. 206, § 3º, IV).

Imaginando, por outro lado, o cheque ainda como título de crédito, o fato é que o prazo quinquenal do art. 206, § 5º, I, do CC diz respeito a obrigações genéricas constantes de instrumento particular, tendo claro caráter residual e cedendo, em termos de especialidade, para a regra do § 3º, VIII, do mesmo artigo, que estabelece prazo prescricional de três anos para a pretensão relativa ao pagamento de título de crédito, com ressalva, todavia, para as disposições de lei especial.

E, como no caso da Lei do Cheque há prazo prescricional expresso, a rigor, também o último dispositivo referido do Código Civil a ele se submete, por critério hermenêutico de especialidade. Dessa forma, se se pudesse, por mero argumento, admitir a hipótese de o cheque vir a ser cobrado em processo de conhecimento ou monitório após a superação de seu prazo prescricional natural, então, o prazo aplicável, por coerência, haveria de ser o mesmo prazo de seis meses inicialmente previsto.

Finalmente, quanto à sugestão de eventual descrição da relação subjacente, não é demais lembrar que, sob pena de irrelevância da descrição, feito isso, a causa de pedir passaria a se concentrar na própria relação causal, não mais no título; e, aí, tampouco se poderia adotar genericamente o prazo quinquenal, pois em matéria de relação causal o prazo extintivo seria aquele adequado à natureza da relação jurídica existente em cada caso.

Em suma, o entendimento sumular mostra-se questionável quanto à sugestão de que a prescrição tenha alguma influência em termos de "força executiva", quanto à sugestão de que se possa depois da prescrição seguir cobrando o crédito ostentado no cheque, quanto à consideração da equivalência entre a existência, ou não, de descrição da causa subjacente, quanto à indicação de que, mesmo descrita essa causa, o fundamento da cobrança siga sendo o próprio cheque e, finalmente, quanto à opção, para essa demanda alternativa, do prazo de cinco anos, ali adotado.

6.1 Em especial: a chamada ação de enriquecimento ilícito

O derradeiro aspecto a enfrentar diz respeito à suposta possibilidade de superação do prazo prescricional, consumado para a ação cambial, pela invocação do enriquecimento indevido que a falta de pagamento do título proporcionaria a algumas pessoas, dentre elas o emitente, o sacador ou o endossante, hipótese em princípio admitida não só pelo ordenamento jurídico brasileiro, como também pelos de outros Países.

De fato, a Lei Uniforme de Genebra trouxe, em seu Anexo II, Reserva (n. 25) subscrita pelo Brasil, redigida nos seguintes termos: "Qualquer das Altas Partes Contratantes tem a liberdade de decidir que, no caso de perda de direitos ou de prescrição, no seu território subsistirá o direito de proceder contra o sacador que não constituir provisão ou contra um sacador ou endossante que tenha feito lucros ilegítimos. A mesma faculdade existe, em caso de prescrição, pelo que respeita ao aceitante que recebeu provisão ou tenha realizado lucros ilegítimos".

Dentre nós, o Decreto 2.044/1908, no tocante a letras de câmbio e notas promissórias, já trazia, por seu turno, previsão em tal linha (art. 48),[100] do mesmo modo vindo posteriormente a Lei 7.357/1985, em matéria de cheques, a abordar o acionamento dos obrigados por enriquecimento sem causa (art. 61).[101]

A referência expressa nos textos normativos locais – como também a ressalva incluída na legislação uniformizada sobre títulos de crédito – não deixa qualquer dúvida quanto a ser admissível *alguma* pretensão escorada no enriquecimento sem causa, eliminando possíveis questionamentos em torno da aplicabilidade do instituto à disciplina dos títulos cambiais, além de ter a virtude de indicar os destinatários da pretensão substancial em tal sentido.

De toda forma, é importante apreender o significado do enriquecimento assim considerado, bem como seus elementos constitutivos, de modo a fixar os limites da pretensão correspondente, bem como a forma pela qual deve vir em concreto exteriorizada. Para os fins do presente estudo, trata-se de saber, sobretudo, se, prescrito o título de crédito, faz-se possível, à guisa de enriquecimento sem causa, optar pela cobrança do próprio título por meio de ação de conhecimento ou monitória.

Na praxe forense a hipótese não apenas é admitida como, no mais das vezes, tratada como se absolutamente natural e até certo ponto óbvia,

---

100. Decreto 2.044/1908: "Art. 48. Sem embargo da desoneração da responsabilidade cambial, o sacador ou aceitante fica obrigado a restituir ao portador, com os juros legais, a soma com a qual se locupletou à custa deste. A ação do portador, para este fim, é a ordinária".

101. Lei 7.357/1985: "Art. 61. A ação de enriquecimento contra o emitente ou outros obrigados, que se locupletaram injustamente com o não pagamento do cheque, prescreve em 2 (dois) anos, contados do dia em que se consumar a prescrição prevista no art. 59 e seu parágrafo desta Lei".

visto que, segundo se entende, amparada por expressa previsão legal – isso quer se esteja diante de demanda expressamente rotulada como de enriquecimento indevido, quer venha a figura tomada apenas implicitamente, com referência, por exemplo, ao fato de se dar o ajuizamento dentro do prazo prescricional de dois anos do art. 61 da Lei 7.357/1985.

Já se viu até aqui que, a partir da perspectiva processual, a singela mudança da espécie de tutela jurisdicional em nada socorre ao portador do título, já que a forma processual não interfere na substância do direito em discussão, fazendo com que, preservada a causa de pedir fundada no título por si mesmo, a possibilidade de reconhecimento da prescrição se mantenha a mesma também em processo de conhecimento ou monitório.

Resta, agora, examinar o problema do ângulo substancial, indagando-se, apresentada a questão sob o enfoque de enriquecimento sem causa e não mais de cobrança do título propriamente dito, se estaria diante de algo novo.

A doutrina majoritária tende a ver feição cambial na chamada ação de enriquecimento; a premissa é a de que o enriquecimento dos obrigados se perfaria com a simples falta de pagamento do título (imaginados aqui, por certo, os de natureza abstrata) e por extensão a causa de pedir dessa demanda guardaria similitude com a da execução do próprio título, restringindo-se à apresentação do documento e à alegação de descumprimento da obrigação correspondente.[102-103]

Dessa perspectiva, como não é difícil perceber, decorre o reconhecimento, pelos defensores da ideia, da convivência de duas pretensões cambiais distintas, submetidas a diferentes formas processuais (*v.g.*, execução e conhecimento), originadas ambas do mesmo fato e com possibilidade de direcionamento contra qualquer devedor cambiário.[104] Apenas depois de prescritas ambas as pretensões é que se passaria a cogitar, então, da ação causal, no caso do cheque referida expressamente pela Lei 7.357/1985, no art. 62, e voltada a discutir as obrigações de-

---

102. Nesse sentido, referindo-se especificamente aos cheques: José Rogério Cruz e Tucci, *A Causa Petendi no Processo Civil*, cit., 2ª ed., pp. 237-238.

103. Há quem hesite em reconhecer a existência de ação propriamente cambial, não obstante derivado o direito material correspondente de um título com essas características, mas a despeito disso também identifique o enriquecimento sem causa na simples falta de pagamento do título (cf. Yussef Said Cahali, *Prescrição e Decadência*, cit., pp. 270-271).

104. Inclusive com aplicação à demanda de conhecimento, segundo se chega a defender, da regra de inoponibilidade das exceções pessoais (cf. Fábio Ulhoa Coelho, *Curso de Direito Comercial*, cit., 17ª ed., vol. 1, pp. 522-523).

correntes da relação extracambial direta porventura existente entre os envolvidos.[105-106]

Contra essa orientação se levanta, todavia, a importante voz de Vivante, que combate em termos veementes a associação automática do enriquecimento à falta de pagamento do título.[107]

Sustenta o tratadista italiano que o escopo legal da ação de enriquecimento seria, sim, o de atenuar o dano sofrido pelo possuidor do título, concedendo-se um remédio extremo para salvá-lo dos rigores cambiários e da perda da ação cambiária, mas não em todo e qualquer caso, senão naqueles em tenham o sacador, aceitante ou emitente experimentado proveito indevido.[108]

Não haveria, nesse sentido, uma ação cambiária, seja por surgir depois do decaimento dessa, seja por não derivar somente do título, em sua literalidade e autonomia. Ao contrário, ficaria subordinada à prova do dano sofrido pelo possuidor e do enriquecimento sem causa experimentado pelo sacador, isto é, condições e limitações que não resultariam do título, e por isso não poderiam se considerar de natureza cambiária.[109]

E completa Vivante, de forma enfática: "No exercício da ação de enriquecimento, a cambial isoladamente não conta nada: essa age como um elemento de fato que, unindo-se a outros dois elementos de fato, o dano do possuidor e o enriquecimento do sacador, dá lugar a uma ação *sui generis*, a ação de enriquecimento cambiário".[110]

Com a devida ressalva no tocante ao momento histórico em que escrita a obra e à própria orientação doutrinária do autor, não afinada com a concepção processual hoje dominante quanto ao direito de ação, e reforçando, ainda, que não se está, aqui, lidando com variedades de *ações*, mas com questões fundamentalmente presas ao plano substancial,

---

105. Fábio Ulhoa Coelho, *Curso de Direito Comercial*, cit., 17ª ed., vol. 1, p. 524.

106. No que diz respeito ao cheque, em particular, aponta-se ter ido o legislador brasileiro, de certo modo, além do que disse a Convenção de Genebra, pois, enquanto esta falou da responsabilidade do emitente ou endossante, o art. 61 da Lei do Cheque menciona o emitente ou outros obrigados, abrindo, dessa forma, ensejo em tese ao direcionamento da pretensão correspondente até mesmo contra os avalistas do título (cf. Egberto Lacerda Teixeira, *A Nova Lei Brasileira do Cheque*, 3ª ed., São Paulo, Saraiva, 1986, pp. 97-98).

107. Vivante, *Trattato di Diritto Commerciale*, cit., 2ª ed., vol. III, p. 584.

108. Idem, pp. 470-471.

109. Idem, p. 472.

110. Idem, ibidem (tradução livre).

não se pode deixar, de todo modo, de concordar, em essência, com a orientação ali exposta.

A rigor, não se pode dizer que a figura do enriquecimento injusto, no tocante aos títulos de crédito, esteja totalmente desvinculada de aspectos cambiários; trata-se, na verdade, de figura híbrida. Na medida em que se cogita da possibilidade de discussão do pretenso ganho indevido entre sujeitos vinculados por relações emanadas tão somente do título, prescindindo-se da existência de relação direta extracambiária entre eles, essa característica assoma de forma clara.

Mas, por outro lado, afigura-se inaceitável, na esteira da crítica de Vivante, pretender vislumbrar o enriquecimento indevido apenas no descumprimento da obrigação cambial, e, portanto, tomar por elemento constitutivo daquele tão somente a literalidade do título, como se procurará demonstrar.

O primeiro argumento é de índole semântica, e toma por base a figura dos devedores. A Lei Uniforme de Genebra refere-se, de forma clara, aos obrigados que tenham realizado "lucros ilegítimos"; seguindo essa linha, a Lei do Cheque brasileira menciona obrigados que se tenham "locupletado injustamente" com o não pagamento do cheque. Os qualificativos não podem passar despercebidos, por seu propósito inequivocamente restritivo e pela ideia compensatória que transmitem.

Fosse a intenção simplesmente considerar como indevidamente beneficiados todos os obrigados cambiários, não haveria necessidade nem muito menos sentido em se mencionar a hipótese de enriquecimento injustificado; todos eles, automaticamente, se enquadrariam nessa categoria, e a noção de lucro indevido por conta da falta de liquidação do título alcançaria a todos, indistintamente, esvaziando a própria figura do enriquecimento sem causa.

Certamente não foi esse o escopo das normas referidas, que se dirigem particularmente àqueles dentre os coobrigados que tenham obtido ganhos indevidos; esse propósito pode ser inferido também da redação do art. 48 do Decreto 2.044, ao mencionar, embora sem o uso de adjetivos como "injusto", "indevido" ou "ilegítimo", a obrigação do sacador *ou* aceitante da letra de câmbio de *restituir* ao portador, com juros legais, a soma com a qual se tenha locupletado à custa daquele (vale dizer: o propósito é ressarcitório, e a obrigação não é de ambos, mas daquele que se tenha concretamente locupletado).

Nota-se, enfim, inegável falta de equivalência entre o universo dos coobrigados cambiais e o conceito de obrigado enriquecido sem causa.

Nessa medida, outrossim, a demanda correspondente não poderá ter por sujeito passivo qualquer dos coobrigados, senão aquele que, a juízo do portador, tiver experimentado em concreto ganho de tal ordem – o que, por seu turno, afasta a perspectiva de que a causa de pedir correspondente possa ser limitada à descrição do título, bem como à indicação de elementos inerentes à sua literalidade, devendo necessariamente abordar elementos externos ao título, de modo a se apontar quem, e por quê, se locupletou de forma indevida com o não pagamento.

Alterando-se, agora, o enfoque, como segunda vertente argumentativa, chega-se a essa mesma dissociação se tomadas por base a pessoa do portador do título, credor cambial, e as pretensões de que se poderia valer.

Considerando a doutrina que sustenta decorrer seu empobrecimento, e o correlato enriquecimento do obrigado, do simples fato da ausência de pagamento do título, dispensando a remissão a outros dados que não a literalidade da cambial e a respectiva falta de liquidação, nota-se que o conteúdo substancial da pretensão por enriquecimento sem causa é exatamente o mesmo daquela relacionada ao recebimento da prestação, não trazendo qualquer elemento diferenciador, ainda que implícito, no tocante a essa última.

Na medida em que se sugere, com efeito, que esse empobrecimento/ enriquecimento decorra direta e exclusivamente do inadimplemento, exaurindo-se nele, indica-se ser ele inerente à falta de cumprimento da prestação, em si mesma, e, portanto, consequência necessária, no plano patrimonial, desse descumprimento.

Em tal perspectiva, é forçoso considerar que a demanda voltada à satisfação do crédito cambial já traga em si, como proveito secundário, a reversão do empobrecimento do credor e do enriquecimento do devedor, sem que, todavia, se possa ver na noção de enriquecimento fundamento dotado de autonomia para a cobrança do valor correspondente.

O conceito, na verdade, é bem mais amplo, como se tratará em seguida, mas – insista-se – sob a perspectiva da doutrina que o associa ao inadimplemento não há como vislumbrar a hipótese de um pretenso concurso impróprio de direitos, em que um mesmo bem da vida (a prestação pecuniária) possa ser reclamado por mais de um título.

Falar, nessa hipótese, em inadimplemento e em enriquecimento indevido é, sob a ótica que agora se critica, dizer rigorosamente a mesma coisa, condições em que simplesmente não se justificaria a duplicação de pretensões, já que não se ofereceria, aí, uma alternativa, mas a repetição do mesmo, em autêntico *bis in idem*.

Admitir, enfim, a pretensão de enriquecimento sob tal enfoque limitativo seria como dizer que o devedor poderia se dirigir ao credor e dizer "quero que me pague, porque se obrigou a tanto", para depois, frustrada a primeira possibilidade, voltar-se contra ele e dizer "agora quero que me compense pelo prejuízo que causou por não ter pago". Mais ainda: em matéria de prescrição, seria tolerar seu esvaziamento por um mero jogo de palavras.

E não resolveria o dilema a sugestão de que a diferença estaria na amplitude da defesa permitida pela demanda de locupletamento sem causa, seja pela via processual a ela reservada, seja pela própria matéria discutida.

Em relação ao primeiro aspecto, repete-se a observação já lançada em mais de uma oportunidade no presente estudo: a possibilidade de defesa no processo de conhecimento adequado à demanda de enriquecimento não é diversa da que se conceda ao executado por título extrajudicial, mudando apenas a técnica processual para sua formulação. Por outro lado, quanto à matéria, repete-se também aqui a observação de que tanto num caso quanto no outro haverá a possibilidade, em iguais condições, de remissão ao negócio causal, sob pena de, reservando-se apenas para a demanda de enriquecimento a possibilidade de discussão de maior amplitude, se incorrer em contradição quanto à premissa de que dito enriquecimento haveria de ser perquirido singelamente à luz da relação cambial.

De qualquer modo, o principal argumento para a refutação da tese reside na confrontação do conceito de enriquecimento indevido com a ideia de autonomia das obrigações cambiais.

A caracterização do enriquecimento indevido, ou sem causa, longe de se esgotar no inadimplemento de uma prestação (e, mais que isso, podendo ocorrer mesmo fora do âmbito obrigacional estrito), pressupõe o locupletamento de alguém, paralelamente ao empobrecimento de outrem, além da existência de nexo entre os dois fatos e, finalmente, a ausência de base jurídica a justificá-los.[111]

Nessa esteira, exige inevitavelmente a perquirição da origem do acréscimo ou da diminuição patrimonial, não podendo se limitar à contemplação desses dados em termos objetivos. É a partir da verificação da causa determinante da repercussão patrimonial assim considerada que se

---

111. Sobre *causa de atribuição patrimonial*, v. Orlando Gomes, *Introdução ao Direito Civil*, cit., 10ª ed., pp. 352-356.

poderá dizer da existência, ou não, de razão jurídica para tanto, ou fixar a proporção em que admissível aquela.

Mais particularmente no tocante às obrigações cambiais, demandará, para além da observação da relação cambial pura (e sob pena de se confundir com ela, esvaziando-se), a análise das circunstâncias tanto de emissão (ou repasse) do título quanto de sua recepção pelo portador. E essa superação se faz ainda mais importante por força da autonomia dos títulos de crédito, caracterizada pelo surgimento de vínculo distinto de eventual relação extracambial, vínculo, todavia, insuficiente para responder tanto à indagação quanto à repercussão para cada um dos sujeitos envolvidos da falta de observância da obrigação ali reproduzida, quanto, outrossim, para a valoração dessa repercussão, para o quê sempre se terão por necessários elementos externos à relação cambial.

Normalmente, não havendo relação causal evidenciada, não haverá tampouco lugar para qualquer discussão em termos de eventual enriquecimento indevido. É o que se dá, por exemplo, quanto aos avalistas, em relação a quem, como mencionado por Vivante tratando especificamente da demanda causal (item 3.3, *supra*), extinto o vínculo cambiário, não restará qualquer outro vínculo; do mesmo modo, uma vez consumada a prescrição, não terá o credor como sustentar o enriquecimento indevido daqueles somente em razão da falta de pagamento da cambial (aliás, da parte dos avalistas, em condições normais, nem mesmo de enriquecimento, objetivamente, se poderá falar).

Outro exemplo é o do título emitido por mera liberalidade. Se alguém dá a um pedinte um cheque, à guisa de esmola, e o título é devolvido pelo banco sem compensação, o portador poderá, durante o lapso prescricional, cobrá-lo em termos abstratos, fundado tão somente na obrigação autônoma constante do cheque; mas, operada a prescrição, não terá como sustentar eficazmente que tenha havido, por parte do emitente, enriquecimento sem causa ou, ainda, empobrecimento dele, portador, já que o *animus donandi* subjacente à emissão do quirógrafo não levaria a tanto.

Sob ângulo diverso, se alguém paga dívida e obtém quitação valendo-se de cheque emitido por terceiro (por liberalidade, para servir a esse fim, ou dado em razão de relações outras entre esses sujeitos), sem que, todavia, o devedor que faz uso desse título chegue a constar nominalmente como respectivo beneficiário, não chegará a se perfazer entre ele e seu credor relação cambial; essa, na prática, existirá entre o credor, que apresentará o título ao estabelecimento sacado, e o emitente. Pois bem, frustrado o pagamento, não teria o portador, embora empobrecido com a extinção do crédito de que era titular, como arguir o enriquecimento injusto do emitente do cheque, com quem não manteve qualquer relação subjacente. Aliás, enriquecimento indevido no caso, com a falta de pagamento do cheque, haveria, a rigor, por parte do devedor que se valeu do título (mas em relação a quem inexistente, como dito, relação cambial...).

Por sinal, a hipótese de recebimento de cheque em caráter *pro soluto* é caso típico a ensejar a alegação de enriquecimento indevido, visto determinar a extinção do crédito originário, não mais possibilitando ao credor invocar a relação causal; assim, resta-lhe arguir o empobrecimento decorrente da falta de liquidação do título motivador da quitação.

Em contrapartida, pode mesmo ocorrer de não se caracterizar qualquer enriquecimento indevido, mesmo existindo relação subjacente entre os próprios sujeitos da relação cambial. Suponha-se negócio bilateral com prestações reciprocamente condicionadas e a entrega, para satisfação da prestação de uma das partes, de cheque que venha a ser devolvido sem compensação; desde que o contratante que recebeu o título retenha sua própria prestação, não haverá enriquecimento algum a discutir em face do outro contratante (não obstante, o cheque poderá, dentro do prazo prescricional da demanda cambial, ser normalmente cobrado).

Esses exemplos, permeados por considerações que, a rigor, dizem respeito ao mérito de demandas que assim se apresentassem (na medida da indicação quanto ao que seria, ou não, enriquecimento indevido em cada caso), se prestam de toda forma, e feita a ressalva, a reforçar o quanto dito em torno da falta de equivalência entre as pretensões cambial pura e de enriquecimento sem causa.

A primeira é de ordem abstrata, e a segunda, por definição, causal, exigindo esta última o exame de circunstâncias, externas ao título, que permitam o reconhecimento do pretenso enriquecimento imotivado; e essas deverão, naturalmente, vir expostas desde a petição inicial, integrando a fundamentação necessária de demanda dessa ordem, de modo a apresentar ao órgão judicial situação ao menos em tese amoldada à figura em questão.

Chega-se, assim, à insustentabilidade da prática recorrente de se admitir no prazo prescricional relativo à pretensão por locupletamento sem causa o ajuizamento de ações de conhecimento ou monitórias apresentadas sob tal roupagem mas limitadas, no tocante à causa de pedir, a mencionar por parte do demandante a titularidade de títulos de crédito (sobretudo cheques) não pagos.

Referências bibliográficas

AMARAL, Guilherme Rizzo, e MACHADO, Fábio Cardoso (coords.). *Polêmica sobre a Ação – A Tutela Jurisdicional na Perspectiva das Relações entre Direito e Processo*. Porto Alegre/RS, Livraria do Advogado, 2006.

AMORIM FILHO, Agnelo. "Critério científico para distinguir a prescrição da decadência e para identificar as ações imprescritíveis". *RT* 744. São Paulo, Ed. RT, outubro/1997.

ASSIS, Araken de. "Fluência e interrupção do prazo de prescrição da pretensão a executar". In: CIANCI, Mirna (coord.). *Prescrição no Código Civil – Uma Análise Interdisciplinar*. 3ª ed. São Paulo, Saraiva, 2011.

_____. *Manual da Execução*. 13ª ed. São Paulo, Ed. RT, 2010.

BARBOSA MOREIRA, José Carlos. "Notas sobre pretensão e prescrição no sistema do novo Código Civil brasileiro". *Revista da Academia Brasileira de Letras Jurídicas* 22. Rio de Janeiro, 2002.

_____. *O Novo Processo Civil Brasileiro*. 25ª ed. Rio de Janeiro, Forense, 2007.

BEDAQUE, José Roberto dos Santos. "Cognição e decisões do juiz no processo executivo". In: FUX, Luiz, NERY JR., Nelson, e WAMBIER, Teresa Arruda Alvim (coords.). *Processo e Constituição: Estudos em Homenagem ao Professor José Carlos Barbosa Moreira*. São Paulo, Ed. RT, 2006.

_____. *Direito e Processo – Influência do Direito Material sobre o Processo*. 6ª ed. São Paulo, Malheiros Editores, 2011.

_____. *Efetividade do Processo e Técnica Processual*. 3ª ed. São Paulo, Malheiros Editores, 2010.

BUENO, Cássio Scarpinella. *Curso Sistematizado de Direito Processual Civil*. vol. 1. São Paulo, Saraiva, 2007.

CAHALI, Yussef Said. *Prescrição e Decadência*. São Paulo, Ed. RT, 2008.

CÂMARA LEAL, Antônio Luís da. *Da Prescrição e da Decadência*. 4ª ed., atualizada por José de Aguiar Dias. Rio de Janeiro, Forense, 1982.

CIANCI, Mirna (coord.). *Prescrição no Código Civil – Uma Análise Interdisciplinar*. 3ª ed. São Paulo, Saraiva, 2011.

CINTRA, Antônio Carlos de Araújo, DINAMARCO, Cândido Rangel, e GRINOVER, Ada Pellegrini. *Teoria Geral do Processo*. 29ª ed. São Paulo, Malheiros Editores, 2013.

COELHO, Fábio Ulhoa. *Curso de Direito Comercial*. 17ª ed., vol. 1. São Paulo, Saraiva, 2013.

CRUZ E TUCCI, José Rogério. *A Causa Petendi no Processo Civil*. 2ª ed. São Paulo, Ed. RT, 2001.

_____. *Ação Monitória*. São Paulo, Ed. RT, 1995.

DIDIER JR., Fredie. *Regras Processuais no Código Civil*. 3ª ed. São Paulo, Saraiva, 2008.

_____, e MAZZEI, Rodrigo (coords.). *Reflexos do Novo Código Civil no Direito Processual*. 2ª ed. Salvador, Juspodivm, 2007.

DINAMARCO, Cândido Rangel. *A Instrumentalidade do Processo*. 15ª ed. São Paulo, Malheiros Editores, 2013.

_____. *A Reforma do Código de Processo Civil*. 5ª ed. São Paulo, Malheiros Editores, 2001. 3ª edição, 1996.

_____. *Capítulos de Sentença*. 5ª ed. São Paulo, Malheiros Editores, 2013.

_____. "Direito e Processo". In: *Fundamentos do Processo Civil Moderno*. 6ª ed., vol. I. São Paulo, Malheiros Editores, 2010 (pp. 65-96).

_____. "Electa una via non datur regressus ad alteram". In: *Fundamentos do Processo Civil Moderno*. 6ª ed., vol. I. São Paulo, Malheiros Editores, 2010 (pp. 495-516).

_____. *Execução Civil*. 8ª ed. São Paulo, Malheiros Editores, 2002 e 2003.

_____. *Fundamentos do Processo Civil Moderno*. 6ª ed., vol. I. São Paulo, Malheiros Editores, 2010.

_____. *Instituições de Direito Processual Civil*. 7ª ed., vol. I. São Paulo, Malheiros Editores, 2013.

_____. "Tutela jurisdicional". In: *Fundamentos do Processo Civil Moderno*. 6ª ed., vol. I. São Paulo, Malheiros Editores, 2010 (pp. 351-392).

_____, CINTRA, Antônio Carlos de Araújo, e GRINOVER, Ada Pellegrini. *Teoria Geral do Processo*. 29ª ed. São Paulo, Malheiros Editores, 2013.

GOMES, Orlando. *Introdução ao Direito Civil*. 10ª ed. Rio de Janeiro, Forense, 1991.

GRINOVER, Ada Pellegrini, CINTRA, Antônio Carlos de Araújo, e DINAMARCO, Cândido Rangel. *Teoria Geral do Processo*. 29ª ed. São Paulo, Malheiros Editores, 2013.

LUCON, Paulo Henrique dos Santos. *Embargos à Execução*. São Paulo, Saraiva, 1996.

MACHADO, Fábio Cardoso, e AMARAL, Guilherme Rizzo (coords.). *Polêmica sobre a Ação – A Tutela Jurisdicional na Perspectiva das Relações entre Direito e Processo*. Porto Alegre/RS, Livraria do Advogado, 2006.

MARCATO, Antônio Carlos. *O Processo Monitório Brasileiro*. 2ª ed. São Paulo, Malheiros Editores, 2001.

MARTINS, Fran. *Títulos de Crédito*. 5ª ed., vol. I. Rio de Janeiro, Forense, 1987.

MAZZEI, Rodrigo. "Código Civil de 2002 e o Judiciário: apontamentos na aplicação das cláusulas gerais". In: DIDIER JR., Fredie, e MAZZEI, Rodrigo (coords.). *Reflexos do Novo Código Civil no Direito Processual*. 2ª ed. Salvador, Juspodivm, 2007.

_____, e DIDIER JR., Fredie (coords.). *Reflexos do Novo Código Civil no Direito Processual*. 2ª ed. Salvador, Juspodivm, 2007.

MOREIRA, Alberto Camiña. *Defesa sem Embargos do Executado – Exceção de Pré-Executividade*. 2ª ed. São Paulo, Saraiva, 2000.

OLIVEIRA, Carlos Alberto Alvaro de. *Do Formalismo no Processo Civil*. São Paulo, Saraiva, 1997.

_____. "O problema da eficácia da sentença". In: MACHADO, Fábio Cardoso, e AMARAL, Guilherme Rizzo (coords.). *Polêmica sobre a Ação – A Tutela Jurisdicional na Perspectiva das Relações entre Direito e Processo*. Porto Alegre/RS, Livraria do Advogado, 2006.

OLIVEIRA NETO, Olavo. *A Defesa do Executado e dos Terceiros na Execução Forçada*. 1ª ed., 2ª tir. São Paulo, Ed. RT, 2000.

PEREIRA, Caio Mário da Silva. *Instituições de Direito Civil*. 19ª ed., vol. I. Rio de Janeiro, Forense, 2001.

PONTES DE MIRANDA, F. C. *Tratado de Direito Privado*. 2ª ed., t. V. Rio de Janeiro, Borsói, 1955; 2ª ed., t. VI. Rio de Janeiro, Borsói, 1955.

REQUIÃO, Rubens. *Curso de Direito Comercial*. 11ª ed., 2º vol. São Paulo, Saraiva, 1982.

RODRIGUES, Sílvio. *Direito Civil*. 34ª ed., vol. 1. São Paulo, Saraiva, 2003.

SHIMURA, Sérgio. *Título Executivo*. São Paulo, Saraiva, 1997.

SILVA, Ovídio A. Baptista da. "Direito subjetivo, pretensão de direito material e ação". In: AMARAL, Guilherme Rizzo, e MACHADO, Fábio Cardoso (coords.). *Polêmica sobre a Ação – A Tutela Jurisdicional na Perspectiva das Relações entre Direito e Processo*. Porto Alegre/RS, Livraria do Advogado, 2006.

_____. *Jurisdição, Direito Material e Processo*. 1ª ed., Rio de Janeiro, Forense, 2008.

TALAMINI, Eduardo. *Tutela Monitória*. São Paulo, Ed. RT, 1997.

TEIXEIRA, Egberto Lacerda. *A Nova Lei Brasileira do Cheque*. 3ª ed. São Paulo, Saraiva, 1986.

THEDORO JR., Humberto. "Distinção científica entre prescrição e decadência. Um tributo à obra de Agnelo Amorim Filho". In: DIDIER JR., Fredie, e MAZZEI, Rodrigo (coords.). *Reflexos do Novo Código Civil no Direito Processual*. 2ª ed. Salvador, Juspodivm, 2007.

VENOSA, Sílvio de Salvo. *Direito Civil*. 10ª ed., vol. 1. São Paulo, Atlas, 2010.

VIVANTE, Cesare. *Tratatto di Diritto Commerciale*. 2ª ed., vol. III. Turim, Fratelli Bocca, 1904.

YARSHELL, Flávio Luiz. *Tutela Jurisdicional*. 1ª ed., 2ª tir. São Paulo, Atlas, 1999.

ZAVASCKI, Teori Albino. *Eficácia das Sentenças na Jurisdição Constitucional*. 2ª ed. São Paulo, Ed. RT, 2012.

_____. *Título Executivo e Liquidação*. 1ª ed. São Paulo, Ed. RT, 1999.

OS PRINCÍPIOS DA ADEQUAÇÃO E DA ADAPTABILIDADE (FLEXIBILIDADE) PROCEDIMENTAL NA TEORIA GERAL DO PROCESSO

Fernando da Fonseca Gajardoni

Doutor e Mestre em Direito Processual pela Faculdade de Direito da Universidade de São Paulo – Professor Doutor de Direito Processual Civil e Arbitragem da Faculdade de Direito da Universidade de São Paulo de Ribeirão Preto e do programa de Mestrado em Direito da Universidade de Ribeirão Preto – Juiz de Direito no Estado de São Paulo

1. Princípios da adequação e da adaptabilidade (flexibilização) do procedimento. 2. Âmbito de aplicação dos princípios da adequação e da adaptabilidade. 3. Inserção dos princípios da adequação e da adaptabilidade na Teoria Geral do Processo. 4. O destinatário do princípio da adequação procedimental. 5. Princípio da adaptabilidade e sistemas de flexibilização do procedimento. 6. Limites à aplicação do princípio da adaptação (flexibilização) procedimental: 6.1 Finalidade – 6.2 Contraditório útil – 6.3 Motivação.

1. Princípios da adequação e da adaptabilidade (flexibilização) do procedimento

As formas processuais correspondem a uma necessidade de ordem, certeza e eficiência. Sua observância representa uma garantia de andamento regular e legal do processo e de respeito aos direitos das partes; sendo, pois, o formalismo indispensável ao processo.

Só que, como bem adverte autorizada doutrina, "é necessário evitar, tanto quanto o possível, que as formas sejam um embaraço e um obstáculo à plena consecução do escopo do processo; é necessário impedir que a cega observância da forma sufoque a substância do direito. (...)".[1]

---

1. Enrico Tullio Liebman, *Manual de Direito Processual Civil*, 3ª ed., vol. I, trad. e notas de Cândido Rangel Dinamarco, São Paulo, Malheiros Editores, 2005, p. 290.

A cientista política Maria Teresa Sadek destaca entre os fenômenos que compõem a nominada crise da Justiça: (a) crise estrutural do sistema de justiça; (b) crise

Por isto, o legislador, ao regular as formas (que em grande parte são o resultado de uma experiência que se acumulou durante séculos[2]), "deve preocupar-se em adaptá-las às necessidades e costumes do seu tempo, eliminando o excessivo e o inútil; (...)".[3]

A adaptação do processo ao seu objeto e sujeitos, assim, dá-se, em princípio, no plano legislativo, mediante elaboração de procedimentos e previsão de formas adequadas às necessidades locais e temporais. Esta é a regra.

Mas é recomendável que ocorra também "no próprio âmbito do processo, com a concessão de poderes ao juiz para, dentro de determinados limites, realizar a adequação de forma concreta".[4]

Com efeito, a moderna ênfase que se dá ao aspecto eficacial do processo (no seu aspecto material e temporal) sugestiona que se deve conferir ao procedimento o ritmo necessário à efetiva atuação jurisdicional.[5] Se não se obtém isto por força de modelos legais aptos à tutela adequada e tempestiva do direito material, há de se conferir ao juiz "condições de acelerar procedimentos, ou de freá-los, de acordo com a necessidade concreta e sempre atendida a garantia dos superiores princípios do processo".[6]

institucional; e (c) crise relativa aos procedimentos ("Poder Judiciário: perspectivas de reforma", *Opinião Pública* 10/1, n. 1, São Paulo, maio/2004). Aponta, ainda, nos termos de pesquisa que conduziu junto aos magistrados brasileiros, que logo após a falta de recursos materiais, indicada pela grande maioria como sendo o principal fator a obstaculizar o bom funcionamento do Judiciário, vem o excesso de formalidades nos procedimentos judiciais (Rogério Bastos Arantes e Maria Teresa Sadek, "A crise do Judiciário e a visão dos juízes", *Revista da USP* 21/42, São Paulo, março-maio/1994).

2. Para análise da evolução histórica da forma através dos tempos, cf., por todos, Michel Foucault, *A Verdade e as Formas Jurídicas*, 3ª ed., Rio de Janeiro, Nau, 1996, pp. 53-78.

3. Enrico Tullio Liebman, *Manual de Direito Processual Civil*, cit., 3ª ed., vol. I, p. 290.

4. Cf. José Roberto dos Santos Bedaque, *Efetividade do Processo e Técnica Processual*, 3ª ed., São Paulo, Malheiros Editores, 2010, p. 65. O professor paulista aponta, ainda, que "deve a legalidade da forma ser abrandada por algumas ideias próprias do princípio da liberdade, no sentido de possibilitar ao juiz adequar a forma às necessidades e especificidades da situação concreta" (ob. cit., p. 438).

5. José Roberto dos Santos Bedaque, *Direito e Processo (Influência do Direito Material sobre o Processo)*, 6ª ed., São Paulo, Malheiros Editores, 2011, pp. 78-83.

6. José Renato Nalini, "Processo e procedimento – Distinção e a celeridade da prestação jurisdicional", *RT* 730/673-688, Ano 85, São Paulo, Ed. RT, agosto/1996, precisamente p. 686. Afinal, os princípios constitucionais do processo incidem

Fala-se em *princípio da adequação* para designar a imposição sistemática dirigida ao legislador para que construa modelos procedimentais aptos à tutela especial de certas partes ou do direito material;[7] e *princípio da adaptabilidade* (da flexibilização ou da *elasticidade processual*[8]) para designar a atividade do juiz de flexibilizar o procedimento inadequado ou de reduzida utilidade, para melhor atendimento das peculiaridades da causa.[9]

sobre sua estrutura técnica, de modo que não só o legislador infraconstitucional deve traçar um processo que corresponda a estes princípios, mas também os processualistas devem extrair do sistema as tutelas que permitam a realização concreta do direito à adequada, efetiva e tempestiva tutela jurisdicional (Luiz Guilherme Marinoni, *Novas Linhas do Processo Civil*, 4ª ed., São Paulo, Malheiros Editores, 2000, p. 48).

7. Fredie Didier Jr., ao se referir ao princípio da adequação, aduz que "a construção do procedimento deve ser feita tendo-se em vista a natureza e as idiossincrasias do objeto do processo a que servirá; o legislador deve atentar para esta circunstância, pois um procedimento inadequado ao direito material pode importar verdadeira negação da tutela jurisdicional" ("Sobre dois importantes, e esquecidos, princípios do processo: adequação e adaptabilidade do procedimento", *Revista Gênesis de Direito Processual Civil* 21/530-541, Curitiba, Gênesis, julho-setembro/2001. Cf., também, Cássio Scarpinella Bueno, *Curso Sistematizado de Direito Processual Civil*, vol. 1, São Paulo, Saraiva, 2007, pp. 484-485.

8. Calamandrei, à luz da revogada legislação processual italiana, apontava que, sem esmorecer o princípio da legalidade das formas, a lei de seu País "temperava a excessiva rigidez, adotando no lugar de um tipo de procedimento único e invariável para todas as causas um procedimento adaptável às circunstâncias, que pode ser, em caso de necessidade, abreviado ou modificado, podendo assumir múltiplas figuras, em correspondência com as exigências concretas da causa". Ressalve-se, entretanto, que o autor apenas admitia o emprego da elasticidade com a eleição de caminhos previamente e genericamente estipulados pela lei, e não que as partes ou o juiz elegessem livremente o melhor ato processual da série (Piero Calamandrei, *Direito Processual Civil: Estudos sobre o Processo Civil*, vol. 1, trad. de Luiz Abezia e Sandra Drina Fernandez Barbery, Campinas, Bookseller, 1999, pp. 299-300).

9. Com efeito, Carlos Alberto Alvaro de Oliveira, embora recuse a submissão do procedimento ao arbítrio judicial, reconhece a necessidade de mais aguda atividade do juiz no bojo do processo, confiando-lhe sua efetiva direção ("Poderes do juiz e visão cooperativa do processo", *Revista da Ajuris* 90/55-84, Ano 30, Porto Alegre, Ajuris, junho/2003, especialmente p. 58), razão pela qual, sendo o juiz agente político do Estado "portador de poder deste e expressão da democracia indireta praticada nos Estados ocidentais contemporâneos", não há "razão para enclausurá-lo em cubículos formais do procedimento, sem liberdade de movimentos e com pouquíssima liberdade criativa" ("A garantia do contraditório", *RF* 346/13, Ano 95, Rio de Janeiro, Forense, abril-junho/1999).

Dinamarco, também ressalvando ainda não ser "digerível" a ideia de submissão total das regras de procedimento aos desígnios do julgador, aceita, no entanto, certa dose de liberdade do juiz, inclusive para amoldar o procedimento às especificidades

A flexibilização do procedimento, assim, é condição inexorável da aplicação do princípio da adaptabilidade.

2. Âmbito de aplicação dos princípios da adequação e da adaptabilidade

Ambos os princípios operam do ponto de vista subjetivo (partes)[10] ou objetivo (direito material).[11]

Subjetivamente, a qualidade das partes justifica a alteração do procedimento, eis que exatamente por isto não se estará quebrantando a garantia constitucional da isonomia (art. 5º, *caput*, da CF), mas, sim, potencializando-a. Assim, o procedimento é legislativamente alterado para que a Fazenda Pública e o Ministério Público contem com prazos mais extensos para a prática dos atos processuais (art. 188 do CPC); para que nos processos em que haja interesse de incapazes intervenha o Ministério Público (art. 82, I, do CPC); para que os incapazes ou a Fazenda Pública não possam litigar pelo procedimento sumariíssimo dos Juizados Especiais Cíveis, cujas garantias processuais são menos acentuadas (art. 8º e § 1º da Lei 9.099/1995); etc. Mas nada impede que o juiz promova a variação ritual à luz das características da parte litigante, seja quando o legislador lhe dá expressamente tal atribuição (ampliação dos prazos por força de circunstâncias excepcionais da parte, nos termos do art. 181 do CPC; inversão do ônus da prova, nos termos do art. 6º, VIII, do CDC), seja quando ele não foi capaz de antever regramento flexibilizador, pese

---

do direito material (*A Instrumentalidade do Processo*, 15ª ed., São Paulo, Malheiros Editores, 2013, pp. 162-163). Cf., também, Luigi Paolo Comoglio, "Direzione del processo e responsabilità del giudice", in *Studi in Onore di Enrico Tulio Liebman*, vol. 1, Milão, Giuffrè, 1979, *passim*.

10. Destaque-se que neste aspecto diferenciamos nossa concepção de flexibilidade procedimental da adotada pela doutrina portuguesa, que só a admite com base em critérios objetivos fundados no direito material, não admitindo que o juízo afira a necessidade de adequação conforme os sujeitos, assegurando igualdade substancial das partes (cf. Pedro Madeira de Brito, "O novo princípio da adequação formal", in Miguel Teixeira Souza (coord.), *Aspectos do Novo Processo Civil*, Lisboa, Lex, 1997, pp. 64-65).

11. Em sentido semelhante, cf. Galeno Velhinho de Lacerda, "O código como sistema legal de adequação do processo", *Revista do Instituto dos Advogados do Rio Grande do Sul* 1976, Porto Alegre, pp. 161-170. O ilustre Autor gaúcho, todavia, anota mais um aspecto na sua classificação, o teleológico, que, a nosso ver, por ter matiz objetiva e relacionada ao direito material, não necessita de autonomia classificatória.

à sua imperiosidade para o restabelecimento do equilíbrio de forças entre os litigantes (utilização de procedimento diverso nos casos em que o réu, estando em local distante, tiver incapacidade ou grande dificuldade de se deslocar até a comarca para a audiência inicial do rito sumário, sumaríssimo ou especial[12]).

Também em vista do direito material (objetivamente) é possível a variação ritual. A lei o faz, exemplificativamente, quando ordena os procedimentos ordinário, sumário, sumaríssimo e especial, à luz, entre outros critérios, da pretensão econômica (valor da causa); quando elege, embora sem o rigor que seria necessário,[13] direito que entende ser digno de proteção mais eficiente ou célere (possessórias, alimentos, busca e apreensão em alienação fiduciária); ou quando, pela forma como se apresenta o direito material, concede tutela de maneira bem mais rápida ao jurisdicionado (mandado de segurança e monitória). Mas é possível que esta variação seja efetuada, da mesma maneira, pelo juiz, que, verificando a inaptidão do procedimento para a tutela adequada ou potencializada do direito material, ordena a flexibilização, ainda que ausente previsão legal específica (invertendo a ordem de produção de provas, garantindo contraditório nos embargos de declaração com efeitos infringentes, elegendo a medida de apoio mais adequada para o cumprimento das obrigações de fazer e dar etc.).

12. Algo que corriqueiramente ocorre em ações de alimentos, cujo procedimento especial dos arts. 5º a 7º da Lei 5.478/1968, aliado à regra especial de competência do art. 100, II, do CPC, impõe o comparecimento do demandado hipossuficiente, muitas vezes domiciliado em outro Estado da Federação, perante o juízo do domicílio do alimentando, sob pena de revelia. Não me parece haver impedimento para que o juiz, à luz da reclamada hipossuficiência, deixe de decretar a revelia e aceite, sem maiores prejuízos ao autor, o processamento da demanda pela via ordinária.

13. Fernando da Fonseca Gajardoni, "Breve introdução aos procedimentos especiais de jurisdição contenciosa", in Fernando da Fonseca Gajardoni e Márcio Henrique Mendes da Silva (coords.), *Manual dos Procedimentos Especiais Cíveis de Legislação Extravagante*, São Paulo, Método, 2006, pp. 15-24, especialmente p. 20. No mesmo sentido Fredie Didier Jr., para quem "as razões que levam à criação de procedimentos mais diferenciados, com técnicas ainda mais avançadas de tutela, não são assim tão claras e objetivas. Algumas espécies de direito material não têm a relevância e as peculiaridades próprias que imponham uma tutela mais rápida. No entanto, nitidamente por fatores ideológicos, a tutela especial é criada" – como ocorre no caso da busca e apreensão da alienação fiduciária e na execução extrajudicial do crédito hipotecário ("Sobre dois importantes, e esquecidos, princípios do processo: adequação e adaptabilidade do procedimento", cit., *Revista Gênesis de Direito Processual Civil* 21/530-541).

3. Inserção dos princípios da adequação e da adaptabilidade na Teoria Geral do Processo

Os princípios da adequação e da adaptabilidade, apesar de não gozarem de previsão legal específica,[14] parecem estar implícitos no sistema processual civil brasileiro, a ponto de festejados autores, pese à omissão de tantos outros, os indicarem como integrantes do que se convencionou chamar Teoria Geral do Processo.[15]

São princípios, portanto, de aplicação também nos outros tipos de processos (penal, tributário, trabalhista etc.), inclusive fora do âmbito judicial (processo administrativo, processo legislativo, processo arbitral).

Por isto, se o legislador não foi capaz de modelar adequadamente os procedimentos para a exata tutela do direito material, ou se ele não atentou para a especial condição da parte litigante (princípio da adequação), nada impede que o juiz, percebendo a necessidade de variação ritual, a faça no caso concreto (princípio da adaptabilidade).

14. Algo que é proposto por Carlos Alberto Alvaro de Oliveira ("Efetividade do processo de conhecimento", *RePro* 96/66, São Paulo, Ed. RT, outubro-dezembro/1999) e consta, expressamente, do art. 265º-A do CPC português ("Quando a tramitação processual prevista na lei não se adequar às especificidades da causa, deve o juiz oficiosamente, ouvidas as partes, determinar a prática de actos que melhor se ajustem ao fim do processo, bem como as necessárias adaptações").

15. Galeno Velhinho de Lacerda, "O código como sistema legal de adequação do processo", cit., *Revista do Instituto dos Advogados do Rio Grande do Sul* 1976, p. 161. Em sentido *expressamente* contrário, indicando que tais princípios são exclusivos do direito do trabalho, cf.: José Martins Catharino, "Princípios do direito processual do trabalho", in Rubens Limongi França (org.), *Enciclopédia Saraiva do Direito*, vol. 61, São Paulo, Saraiva, 1977, pp. 27 e ss.; e Wilson Alves de Souza, "Princípios do direito processual do trabalho: o princípio da adequação e suas variantes", *LTr* 50/171-172, n. 2, São Paulo, LTr, fevereiro/1986. De acordo com este último autor, se o direito material do trabalho tem peculiaridades, sua aplicação só poderia ser concretizada a contento mediante um direito processual adequado àquele. Assim, se prevalece no direito do trabalho o princípio da proteção ao trabalhador e a norma processual comum é igualitária, compete ao direito processual do trabalho prescrever normas processuais respeitantes da desigualdade do direito material. Por isto, necessários instrumentos processuais adequados para combater a acintosa desigualdade real, política e econômica e sociológica de empregadores e empregados, razão pela qual com o princípio da adequação se busca restabelecer no procedimento a situação de igualdade (idem, *LTr* 50/171).

Doutrina e jurisprudência têm indicado, como decorrência prática desta maleabilização das regras procedimentais, que não existe no direito do trabalho inépcia da inicial; que nada impede a juntada, pelo reclamante, de documentos a qualquer tempo; e que pode haver o deferimento de pedidos não expressamente formulados pelo empregado, utilizando-se da teoria do pedido implícito ou necessariamente decorrente.

E isto, preservadas as posições em contrário, não depende de previsão legislativa alguma (embora fosse recomendável), pois decorre da correta aplicação do princípio constitucional do devido processo legal (do qual tanto o princípio da adequação quanto o da adaptabilidade são corolários).

4. O destinatário do princípio da adequação procedimental

Por evidente, o destinatário do princípio da adequação procedimental é o legislador, a quem compete criar e modificar o procedimento conforme as necessidades objetivas e subjetivas da causa.

Mas não apenas o legislador federal.

Apesar da manutenção da competência privativa da União para legislar sobre processo (art. 22, I, da CF), o art. 24, XI, da CF de 1988 estabeleceu que compete concorrentemente à União, Estado e Distrito Federal legislar sobre procedimentos em matéria processual – algo que, sem representar retorno à autonomia estadual para legislar sobre processo (existente na Constituição Federal de 1891), efetivamente foi novidade no âmbito da Carta Constitucional de 1988, *já que a separação entre processo e procedimento sequer foi cogitada nas Cartas Constitucionais anteriores.*

A opção do constituinte de 1988 em permitir aos Estados-membros e ao Distrito Federal que legislem sobre procedimento em matéria processual deve-se ao fato de que, com as dimensões continentais de nosso País e as diferenças regionais gritantes, o regramento genérico emanado pela União haveria de ser compatibilizado às realidades locais pela lei estadual ou distrital, tudo em prol da sua ideal aplicação.[16] A despeito da

---

16. Conforme regra dos §§ do art. 24 da CF, em tema de competência concorrente em matéria de procedimento processual (repartição vertical de competência entre União, Estados e Distrito Federal): (a) a União só pode editar normas gerais em matéria de procedimento, isto é, legislação fundamental, competindo aos Estados e ao Distrito Federal a edição de normas suplementares, exclusivamente com o propósito de atender às particularidades regionais; (b) quedando-se omissa a União na edição destas normas gerais – e não há necessidade de que os outros entes políticos aguardem qualquer prazo para elaboração destas normas ou interpelem a União para isto –, a competência dos Estados Federados e do Distrito Federal no tocante ao procedimento é plena, isto é, podem editar leis gerais e particulares para valerem em seus territórios, sempre condicionadas às peculiaridades locais; e (c) todavia, na superveniência de lei federal geral sobre procedimentos em matéria processual, as normas gerais editadas pelos Estados e Distrito Federal – mas não as específicas, que atendem às particularidades locais – terão sua vigência suspensa no que contrariarem

centralização da edição de normais gerais na União, as entidades parciais foram agraciadas com pequenas parcelas de competência legislativa, que bem desenvolvidas "poderão solucionar problemas regionais, tudo a depender, como óbvio, da capacidade e criatividade do legislador local".[17-18]

Não é possível, pois, que se tente preservar, no que toca aos procedimentos em matéria processual, funesta simetria entre Estados e Distrito Federal, entes díspares sob vários aspectos. Não é sequer "imaginável que a lei, extraviando-se, procure impor ao Distrito Federal e aos Estados, errada e desnecessariamente, uniformidade de procedimentos em matéria processual".[19]

O Estado ou o Distrito Federal, de acordo com sua conveniência, têm competência para, observadas as normas gerais mínimas editadas pela União, adequar, de maneira até diversa da constante da lei federal, o procedimento em matéria processual, desde que o façam para suplementá-la e para atender às particularidades regionais.[20]

É possível, por isto, que haja lei estadual para disciplinar, exemplificativamente:

as regras genéricas impostas pela União, de modo que se pode dizer estarem elas sujeitas a condição resolutiva (até a vigência de lei federal superveniente).

17. André Luiz Borges Netto, *Competências Legislativas dos Estados-Membros*, São Paulo, Ed. RT, 1999, p. 60.

18. Esta foi a mensagem do texto constitucional captada por José Renato Nalini quando aponta que o reconhecer a competência legislativa dos Estados em matéria procedimental "propiciará iniciativas estaduais de desincumbência da atribuição até agora não exercida", com "reflexos na otimização do serviço público judicial decorrente da simplificação procedimental". E que a continuidade dos estudos delineadores da distinção entre processo e procedimento se mostra imprescindível, pois "com ela poderá o Estado-membro implementar a vontade do constituinte e tornar a prestação jurisdicional mais célere, disciplinando o procedimento de acordo com as condições de desenvolvimento de cada unidade federada" ("Processo e procedimento – Distinção e a celeridade da prestação jurisdicional", cit., *RT* 730/673-674).

19. Luiz Carlos Fontes de Alencar, "Procedimentos em matéria processual. A Federação Brasileira e os procedimentos em matéria processual", *Revista do Centro de Estudos Judiciários do Conselho da Justiça Federal* 13/184-186, Ano 5, Brasília, janeiro-abril/2001, precisamente p. 95.

20. Para uma análise mais acurada da temática, cf. Fernando da Fonseca Gajardoni, "A competência constitucional dos Estados em matéria de procedimento (art. 24, XI, da CF): ponto de partida para a releitura de alguns problemas do processo civil brasileiro em tempo de novo Código de Processo Civil", *RePro* 186/199-227, São Paulo, Ed. RT, 2010.

(a) o local ou o horário para a prática dos atos processuais conforme as necessidades do povo local; (b) serviços de protocolo e recepção de petições dirigidas ao primeiro e segundo graus, inclusive quanto à possibilidade de sua extensão em período noturno, fins de semanas, feriados, além da disciplina do recebimento de documentos por meio eletrônico; (c) procedimentos especiais novos, não previstos por lei federal, mas capazes de tutelar de maneira mais adequada (objetiva e subjetivamente) situações comuns no Estado (como a previsão local de uma ação de imissão na posse com possibilidade de concessão de liminar, de uma nova cautelar típica com particularidades procedimentais próprias ou de um novo procedimento para os executivos fiscais estaduais);[21] (d) a forma de cumprimento dos mandados pelos oficiais de justiça; (e) novas modalidades de citação e intimação, desde que observadas as garantias constitucionais mínimas do contraditório e da ampla defesa;[22] (f) a comunicação dos atos processuais em seu território (cartas precatórias e de ordem, intimação por *e-mail*, *fax* etc.); (g) ampliação de prazos, mesmo os rigidamente fixados no Código de Processo Civil ou leis processuais extravagantes, conforme as particularidades locais (por exemplo, em Estado cuja extensão territorial seja muito vasta, ou em que o transporte seja precário); (h) a definição do período em que os prazos processuais estarão suspensos por força de circunstâncias locais,[23] observadas as diretrizes gerais traçadas por norma geral editada pela União;[24] (i) a inserção, no bojo de procedimentos genéricos estabelecidos pelo legislador federal, de atos processuais não constantes do *iter*

21. Neste sentido, Ernane Fidélis dos Santos indica a possibilidade de os Estados criarem procedimentos de jurisdição voluntária que julgarem necessários para a tutela dos direitos (*Manual de Direito Processual Civil*, 10ª ed., vol. 3, São Paulo, Saraiva, 2006, p. 377).

22. Este não é, entretanto, o pensamento de Ada Pellegrini Grinover, para quem "as regras sobre comunicação e intimação dos atos processuais são normas de processo, e não de procedimento (...) não se trata de mera regra de procedimento, considerado como simples relação entre os atos processuais, mas de regra de processo, entendido como relação entre os sujeitos processuais" ("Inconstitucionalidade de leis processuais estaduais", in Adriano Caldeira e Rodrigo da Cunha Lima Freire (coords.), *Terceira Etapa da Reforma do Código de Processo Civil*, Salvador, Juspodivm, 2007, pp. 19-20).

23. Lei estadual, por isto, pode definir a suspensão dos prazos processuais nas festas de fim de ano, a fim de possibilitar certo descanso aos advogados, observada a impossibilidade de determinar a suspensão das demais atividades do Judiciário, por força da vedação constitucional expressa quanto às férias forenses (Emenda Constitucional 45/2004).

24. No regime constitucional de 1967, quando não havia a competência dos entes parciais para legislar sobre procedimento em matéria processual, o STF entendeu que não era lícito ao Estado Federado disciplinar questão referente aos feitos que têm curso nas já extintas férias forenses (RE 87.728-PR, rel. Min. Décio Miranda, j. 5.3.1980). Sobre este julgado, cf. Altamiro J. Santos, "Processo e procedimento à

geral, ou discipliná-los, quanto à organização, de maneira distinta (inserindo, por exemplo, audiência de conciliação logo no início do processo, antes da citação do demandado); (j) a ordem dos processos nos tribunais, criando preferências de julgamentos locais além dos já estabelecidos pela lei federal, ou inserindo audiências de conciliação compulsoriamente nos processos entrados em segunda instância; (k) criação, conforme as possibilidades e necessidades locais, de uma nova modalidade de liquidação de sentença (por institutos oficiais de pesquisa, por exemplo); (l) a avaliação dos bens penhorados por oficial de justiça (art. 475-J e §§ e art. 680, ambos do CPC), ou a alienação particular (art. 685-C do CPC); (m) a colheita de depoimento por via telefônica.[25]

5. Princípio da adaptabilidade e sistemas de flexibilização do procedimento

A aplicação do princípio da adaptabilidade, naturalmente, tem natureza subsidiária. Só incide nos casos em que o legislador não criou especificamente um procedimento individualizado e adequado para a tutela do direito ou da parte (como se pressupõe ter ocorrido com os procedimentos especiais). Se o procedimento é ideal e atende com perfeição às características do caso, não há espaço para a adaptação.

A riqueza da práxis forense, todavia, bem tem demonstrado que o legislador federal e o estadual são incapazes de modelar, com perfeição, procedimentos específicos para todas as situações cotidianas. Sempre há de surgir um caso novo, que, por força do direito debatido ou da qualidade de um dos litigantes, justifique uma calibração do procedimento às circunstâncias da causa, e, portanto, a aplicação do princípio da adaptabilidade.

A partir desta constatação pragmática, o operador jurídico deve buscar, a bem da funcionalidade do sistema, a construção de uma teoria plausível para justificar a adaptação, algo que só é possível, como já anotamos, através da flexibilização das regras do procedimento.

Três são os sistemas de flexibilização (adaptação) procedimental.

O primeiro deles é o da flexibilização por força da lei. De fato, disposição legal pode autorizar o juiz a proceder à adaptação do procedimento à causa.

luz das Constituições Federais de 1967 e 1988 – Competência para legislar", *RePro* 64/217-246, Ano 16, São Paulo, Ed. RT, outubro-dezembro/1991.

25. Aliás, esta medida já é adotada na Inglaterra, cuja regra 3.1 da CPR autoriza o órgão judicial a colher depoimento por telefone ou qualquer outro método de comunicação, inclusive por sistemas de teleconferência ou análogos (R. 32.3).

Esta autorização pode ser incondicionada – como o fez o legislador português no art. 265º-A do CPC luso e se propõe fazer no Anteprojeto do novo Código de Processo Civil brasileiro (art. 117, IV) [26] –, caso em que a norma deixa a critério do julgador a variação procedimental adaptadora, sem indicá-la expressamente (flexibilização legal genérica); ou pode o legislador prever tramitações alternativas para a causa[27] – casos em que o juiz, conforme as opções previamente postas na legislação, elege a que pareça ser mais adequada para a tutela do caso em concreto,[28] não podendo, todavia, escolher outra fora do rol legal (flexibilização legal alternativa).

Um segundo sistema é o da flexibilização procedimental judicial. *Ainda que não haja previsão legal alguma a respeito*, competiria ao juiz, com base nas variantes do caso em concreto (objetivas e subjetivas), modelar o procedimento para a obtenção de adequada tutela, elegendo quais os atos processuais que se praticarão na série, bem como sua forma e o

26. O art. 107, V, do Anteprojeto do novo Código de Processo Civil brasileiro estabelece que o juiz dirigirá o processo conforme as disposições desse Código, incumbindo-lhe "adequar as fases e os atos processuais às especificações do conflito, de modo a conferir maior efetividade à tutela do bem jurídico, respeitando sempre o contraditório e a ampla defesa". No Senado esta regra de flexibilização foi mitigada, na medida em que a autorização para a adaptação do procedimento pelo juiz ficou limitada à dilatação dos prazos processuais e à alteração da ordem de produção dos meios de prova (adequando-os às necessidades do conflito, de modo a conferir maior efetividade à tutela do bem jurídico). Antes do Anteprojeto do novo Código de Processo Civil, o Projeto de Lei do Senado 5.139/2009 (nova Lei da Ação Civil Pública) já propunha a adoção no processo coletivo brasileiro do princípio (regra) da flexibilização procedimental, (adaptabilidade), estabelecendo que, "até o momento da prolação da sentença, o juiz poderá adequar as fases e atos processuais às especificidades do conflito, de modo a conferir maior efetividade à tutela do bem jurídico coletivo" (art. 10, § 1º).

27. Vale relembrar que pesa controvérsia na doutrina portuguesa sobre se estas situações de variantes procedimentais já predispostas pelo legislador são consideradas hipóteses de adequação formal. Pela negativa, cf. Pedro Madeira de Brito, "O novo princípio da adequação formal", cit., in Miguel Teixeira Souza (coord.), *Aspectos do Novo Processo Civil*, pp. 38-40 e 67-68. Pela afirmativa, cf. Carlos Francisco de Oliveira Lopes do Rego, *Comentários ao Código de Processo Civil*, 2ª ed., vol. 1, Coimbra, Livraria Almedina, 2004, p. 263.

28. Em vista do revogado Código de Processo Civil italiano Calamandrei apontava que seu sistema, fugindo do arbítrio judicial na eleição do procedimento, construía o procedimento não como uma peça só, mas, sim, como "mecanismo composto de peças desmontáveis e combináveis entre si de distintas maneiras, que corresponde à sensibilidade das partes e à prudência do juiz ao montar caso a caso do modo mais conforme aos fins da Justiça" (*Direito Processual Civil: Estudos sobre o Processo Civil*, cit., vol. 1, p. 300).

modo.[29] Trata-se de modelo muito próximo ao da liberdade das formas, diferenciando-se dele, todavia, pelo caráter subsidiário de incidência. Neste regime a flexibilização judicial só se daria em caráter excepcional e mediante uma série de condicionamentos, restando, pois, preservado o regime da legalidade das formas como regra. No regime da liberdade das formas a regra é que o juiz, em todos os procedimentos, delibere sobre o *iter*.

O terceiro sistema seria o da flexibilização voluntária das regras de procedimento (como ocorre na primeira parte do art. 21 da Lei de Arbitragem). Competiria às partes eleger alguns procedimentos ou alguns atos processuais da série, ainda que também em caráter excepcional e com condicionamentos.

Por vinculado ao sistema da legalidade das formas, nosso País se filiou, preponderantemente, ao primeiro regime de flexibilização procedimental, com ampla incidência do modelo legal de tramitações procedimentais alternativas em detrimento do modelo legal genérico de flexibilização. A regra de flexibilização do procedimento no Brasil é, portanto, a do estabelecimento legislativo de variantes rituais previamente imaginadas pelo legislador, como nos arts. 330, 331, § 3º, 527, II, 557 e 557-A, todos do CPC.

Mas isso não significa que nosso sistema não tenha admitido, mesmo à míngua de previsão legal expressa, a flexibilização procedimental genérica. Exatamente por ser a regra da adaptação princípio geral do processo (implícito), toda vez que as variantes rituais forem indispensáveis para a construção de um procedimento aderente à qualidade especial das partes ou ao direito material não me parece afastada a possibilidade de ser permitida, de modo excepcional, e obedecidas certas condicionantes, a adaptação procedimental diretamente pelo juiz.

6. Limites à aplicação do princípio da adaptação (flexibilização) procedimental

Obviamente, algum critério, ainda que mínimo, deve haver para que possa ser implementada a variação ritual, sob pena de tornarmos nosso

---

29. Calamandrei, ao investigar o poder criador do juiz, anota que em alguns casos o sistema processual substitui a fórmula de criação legislativa do Direito pela de formulação judicial, casos em que, mesmo não havendo os caracteres de generalidade e abstração próprios da lei, o comando judicial, ainda que limitado e em caso singular, tem eficácia inovativa típica do ato legislativo (*Direito Processual Civil: Estudos sobre o Processo Civil*, cit., vol. 1, p. 165).

sistema imprevisível e inseguro, com as partes e o juiz não sabendo para onde o processo vai e nem quando ele vai acabar.[30]

Este critério consiste na necessidade de existência de um motivo para que se implemente, no caso concreto, uma variação ritual (finalidade) na participação das partes da decisão flexibilizadora (contraditório) e na indispensabilidade de que sejam expostas as razões pela quais a variação será útil para o processo (motivação).

6.1 Finalidade

A primeira condição para a variação ritual é a finalidade. Como regra, os procedimentos seguirão o esquema formal desenhado pelo legislador, o que lhes garante indiscutível segurança e previsibilidade. Só em caráter excepcional é que se permitirá a flexibilidade.

Três situações mais específicas autorizarão a variação.

A primeira delas – a mais comum – ligada ao direito material: toda vez que o instrumento predisposto pelo sistema não for apto à tutela efi-

---

30. No Direito Português, onde a adequação formal é expressamente permitida (art. 265º-A do CPC luso), apontam-se como requisitos condicionantes da flexibilização: (a) prévia oitiva dos interessados; (b) alteração procedimental pautada e fundamentada em critérios objetivos fundados no direito material – não se pode admitir que o juízo afira a necessidade de adequação conforme os sujeitos, já que não se espera que através deste instrumento ele assegure igualdade substancial das partes; (c) a alteração não pode servir para determinar o afastamento da preclusão já verificada – tal regra, além de subverter a lógica do sistema e beneficiar às escâncaras a parte desidiosa, oportunizaria retardamento do curso processual; (d) estabelecimento de uma sequência procedimental em princípio rígida, que oferte um mínimo de certeza aos litigantes – a necessidade de segurança e o próprio acesso à Justiça impõem que se garanta um conhecimento efetivo e prévio de todo o procedimento que se seguirá; e (e) respeito aos demais princípios fundamentais do processo – como os do contraditório, da ampla defesa (não pode haver restrição aos articulados previstos em lei), do dispositivo, da economia processual (a fixação não pode contemplar atos inúteis, sendo ilegal a assim prevista) e da fundamentação (sem o quê a parte não poderá controlar a pertinência da flexibilização) (Pedro Madeira de Brito, "O novo princípio da adequação formal", cit., in Miguel Teixeira Souza (coord.), *Aspectos do Novo Processo Civil*, pp. 64-65).

De acordo com Carlos Ferreira, "o estabelecimento do princípio da indisponibilidade das formas processuais, sem limitações, merece-nos alguma dúvida. Compreende-se que certos princípios base do processo patrocinado pelo Estado, como a igualdade das partes e a imparcialidade e dignidade do tribunal, não possam ser, em nenhum caso, afastados pelas partes. Esta ideia vale também para os poderes de adaptação do juiz" ("Os poderes dos juízes e das partes", *Revista da Ordem dos Advogados* 3/215, Lisboa, 1990).

caz do direito reclamado, possível a variação ritual. É o que ocorre com ampliação de prazos rigidamente fixados em lei para garantir a defesa, com a ampliação da fungibilidade de meios em favor da tutela dos direitos, entre outras situações práticas que oportunamente serão tratadas.

A segunda relacionada com a higidez e utilidade dos procedimentos, isto é, com a possibilidade de dispensa de alguns empecilhos formais irrelevantes para a composição do *iter*, que de todo modo atingirá seu escopo sem prejuízo das partes.

Com efeito, o juiz, no caso concreto, deverá verificar a idoneidade da exigência formal, desprezando-a caso não haja lógica para a imposição legal havida por mero culto à forma.[31] Exemplificativamente, é o que se dá com a inversão da ordem de produção de provas (art. 452 do CPC). A precedência do exame pericial à colheita da prova oral, além de gerar a realização de dispendiosa perícia para aferição do dano em momento anterior à comprovação do próprio dever de indenizar, não se justifica do ponto de vista finalístico, já que não há razão lógica para esta precedência. Ouvir o perito na mesma audiência em que se ouvirão as partes e as testemunhas é tecnocracia incompatível com a possibilidade de ser designado posteriormente novo ato para essa finalidade.

Finalmente, a terceira situação que autoriza a variação ritual tem relação com a condição da parte. Nada impede que o juiz, a bem da proteção do hipossuficiente e equilíbrio dos contendores, altere o procedimento para a composição de uma igualdade processual e material consoante os valores constitucionais.[32] É o que ocorre com a superação de regras rígidas de preclusão em favor do necessitado cuja defesa técnica e gratuita não seja adequada. Ou quando o juiz, à vista do requerimento conjunto e consensual dos litigantes, permita a variação do procedimento.

6.2 Contraditório útil

A segunda limitação à flexibilidade do procedimento é o respeito ao princípio do contraditório.

O contraditório é princípio que pode ser decomposto. Na sua faceta formal diz-se que só é operacionalizado se as partes tiveram oportunidade

---

31. Cf. José Roberto dos Santos Bedaque, *Efetividade do Processo e Técnica Processual*, cit., pp. 435-439.

32. Cf. Leonardo Greco, "O princípio do contraditório", *Revista Dialética de Direito Processual* 24/74-78, São Paulo, Dialética, março/2005.

de *participação*. Na sua faceta material tem-se o contraditório apenas se a participação foi capaz de *influir* na decisão proferida.[33] Uma perspectiva do contraditório não convive sem a outra. Ninguém influi em uma decisão sem participar do processo de elaboração dela. Tampouco vale a participação meramente por participar, sem efetiva e real possibilidade de atuar sobre o convencimento do órgão jurisdicional, sem que o contraditório seja útil.

Mas, para que a parte possa *participar influindo*, é mister que tenha conhecimento e que seja comunicada, pela lei ou pelo juiz, sobre o curso do processo, mais precisamente sobre os atos processuais que se praticarão. O juiz participa em contraditório no processo pelo diálogo com as partes, sendo seu dever convidá-las ao debate quando pretenda inovar no processo, quando pretenda tomar alguma providência fora do padrão legal ou quando vá adotar oficiosamente solução até então não vislumbrada pelos litigantes ou expressada na lei.[34]

Dentro destas coordenadas, o princípio do contraditório não se esgota na ciência bilateral dos atos do processo e na possibilidade de influir nas decisões judiciais, mas faz também depender da participação das partes a própria formação dos procedimentos e dos provimentos judiciais.[35]

33. Cf. Giuseppe Tarzia, "La parità delle armi tra le ter parti e poteri del giudice nel processo civile", *Studi Parmensi*, vol. 18, 1977, pp. 357-359; Nicolò Trocker, *Processo Civile e Costituzione*, Milão, Giuffrè, 1974, p. 370; Luiz Guilherme Marinoni, *Novas Linhas do Processo Civil*, cit., 4ª ed., pp. 258-259; Leonardo Greco, "O princípio do contraditório", cit., *Revista Dialética de Direito Processual* 24/74-78.

34. Cândido Rangel Dinamarco, "O princípio do contraditório e sua dupla destinação", in *Fundamentos do Processo Civil Moderno*, 6ª ed., vol. I, São Paulo, Malheiros Editores, 2010, pp. 517-528, especialmente p. 528. Cf. também Ada Pellegrini Grinover, "O conteúdo da garantia do contraditório", in *Novas Tendências do Direito Processual*, Rio de Janeiro, Forense, 1990, pp. 17-25, 31-32 e 34-37.

35. Carlos Alberto Alvaro de Oliveira, "A garantia do contraditório", cit., *RF* 346/16. De acordo com o autor, para que seja atendido o contraditório, "insta que cada uma das partes conheça as razões e argumentações expendidas pela outra, assim como os motivos e fundamentos que conduziram o órgão judicial a tomar determinada decisão, possibilitando-se sua manifestação a respeito em tempo adequado (seja mediante requerimentos, recursos, contraditas etc.) Também se revela imprescindível abrir-se a cada uma das partes a possibilidade de participar do juízo de fato, tanto na indicação da prova quanto na sua formação, fator este último importante mesmo naquela determinada de ofício pelo órgão judicial. O mesmo se diga no concernente à formação do juízo de direito, nada obstante decorra dos poderes de ofício do órgão judicial ou por imposição da regra *iura novit curia*, pois a parte não pode ser surpreendida por um novo enfoque jurídico de caráter essencial tomado como fundamento da decisão, sem ouvida dos contraditores".

Tem-se, então, um trinômio: *conhecimento/participação/influência*, sem o quê o princípio do contraditório não opera em sua completude.

Não há mais, no processo civil moderno, espaço para a investigação solitária do órgão judicial, em verdadeiro monólogo, pois "o diálogo, recomendado pelo método dialético, amplia o quadro de análise, constrange à comparação, atenua o perigo de opiniões preconcebidas e favorece a formação de um juízo mais aberto e ponderado"[36] – tudo a contribuir para a mais adequada tutela do direito material.

Logo, se não se pode tomar as partes de surpresa, sob pena de ofensa ao princípio do contraditório, eventual alteração procedimental não prevista no *iter* estabelecido legalmente depende da plena participação delas, até para que as etapas do procedimento sejam previsíveis.[37]

E isto só será possível se o julgador, antes da alteração da rígida regra legal, propiciar às partes efetiva oportunidade para se manifestarem sobre a conveniência da inovação, pois, ainda que não estejam de acordo com a flexibilização do procedimento, a participação efetiva dos litigantes na formação desta decisão é o bastante para se precaverem processualmente, inclusive valendo-se de recursos para reparar eventuais iniquidades.[38]

Evidentemente, a necessidade de contraditório para as inovações procedimentais é exigência que só se coaduna com o espírito dialético do processo se a participação da parte para a formação do novo rito for útil, isto é, capaz de lhe assegurar alguma vantagem. Se a variação ri-

---

36. Cf. Carlos Alberto Alvaro de Oliveira, que ainda bem aponta a necessidade de ser afastada a concepção primitiva de que o contraditório só recai sobre as provas ("A garantia do contraditório", cit., *RF* 346/13).

37. Cf. Paulo Eduardo Alves Silva, *Gerenciamento de Processos Judiciais*, São Paulo, Saraiva, 2010, p. 133. Cf., também, Luiz Guilherme Marinoni, *Novas Linhas do Processo Civil*, cit., 4ª ed., p. 254.

38. Neste sentido, aduz Artur Stamfords que, provocada a participação das partes, legitima-se a decisão não tanto pela justificativa, como prevê o direito processual, mas, sim, pela formação de um clima social que institucionaliza o reconhecimento da opção por força da participação na sua adoção ("As audiências judiciais como processo de legitimação e justiça social: à luz da teoria da justiça de Rawls e da legitimação pelo procedimento de Luhman", *Revista da Escola Superior da Magistratura do Estado de Pernambuco* 3/55, n. 7, Olinda, janeiro-junho/1998). Também Niklas Luhmann, ao anotar que a discussão é mecanismo legitimador, pois "a função legitimadora do procedimento não está em se produzir consenso entre as partes, mas em tornar inevitáveis e prováveis decepções em decepções difusas: apesar de descontentes, as partes aceitam a decisão" (*Legitimação pelo Procedimento*, trad. de Maria da Conceição Corte Real, Brasília, UnB, 1980, pp. 4 e 64-68).

tual lhe for ser benéfica, sua participação pode ser excepcionalmente e licitamente tolhida, pois acabaria consistindo em um simples participar por participar, o que, além de retardar a prestação jurisdicional, vai de encontro, como já vimos, à faceta material do contraditório, mais precisamente a capacidade de influir na decisão.[39] Daí por que, já se advirta, haverá, ora ou outra, excepcionalmente, possibilidade de flexibilização procedimental mesmo antes da oitiva das partes.[40]

Portanto, no âmbito da flexibilização dos procedimentos, toda vez que for adequada a inversão da ordem, inserção ou exclusão de atos processuais abstratamente previstos, ampliação dos prazos rigidamente fixados, ou outra medida que escape do padrão legal, indispensável a realização de contraditório preventivo,[41] desde que útil aos fins colimados pela variação ritual.

6.3 Motivação

Derradeiramente, o último requisito para a implementação das variações rituais é a necessidade de fundamentação da decisão que altera o *iter* legal – condição, esta, que não diverge, por força de disposição constitucional (art. 93, IX, da CF), da sistemática adotada para toda e qualquer decisão judicial.

Trata-se de imposição de ordem política, e afeta muito mais o controle dos desvios e excessos cometidos pelos órgãos jurisdicionais inferiores na condução do processo do que propriamente a previsibilidade ou

---

39. O diferimento do contraditório é legítimo e já se dá excepcionalmente em nosso sistema, sem maiores problemas práticos, nos casos de concessão de medidas liminares cautelares (art. 798 do CPC) e antecipatórias (art. 273 do CPC) *inaudita altera parte* e também com o julgamento liminar das ações repetitivas (art. 285-A do CPC, com redação pela Lei n. 11.277/2006).

40. É o que ocorre, por exemplo, quando o magistrado, para possibilitar conciliação antes da apresentação da resposta pelo réu, manda citá-lo para comparecimento à audiência de conciliação, da qual iniciará o lapso, caso infrutífero o acordo, para oferecimento de contestação. Observe-se que a variação ritual ordenada será feita sem oitiva das partes, já que para o autor a providência não lhe causa prejuízo algum, e para o réu menos ainda, já que verá ampliado seu prazo para responder à demanda. Tem-se aqui típico exemplo de contraditório inútil; como tal, passível de ser dispensado.

41. De acordo com Antonio Carrata, a expressão "contraditório preventivo" deve ser entendida como "o princípio geral que obriga o juiz a sobrepor à preventiva discussão entre as partes o exercício de seus poderes de ofício" ("Funzione dimostrativa della prova: verità del fatto nel processo e sistema probatorio", *Rivista de Diritto Processuale* 1/100-101, Ano 56, Pádua, janeiro-março/2001).

a segurança do sistema.[42] É na análise da fundamentação que se aferem em concreto a imparcialidade do juiz, a correção e justiça dos próprios procedimentos e decisões nele proferidas.

Sendo a decisão sobre a variação ritual considerada interlocutória – e não ato meramente ordinatório, como boa parte dos praticados pela Secretaria por força de disposições procedimentais legais (art. 162, § 4º, do CPC) –, indispensável que haja justificação das razões da flexibilização procedimental, até para permitir que as partes possam controlar, através de recursos, os fins justificadores e a proporcionalidade da decisão.[43]

Bibliografia

ALENCAR, Luiz Carlos Fontes de. "Procedimentos em matéria processual. A Federação Brasileira e os procedimentos em matéria processual". *Revista do Centro de Estudos Judiciários do Conselho da Justiça Federal* 13. Ano 5. Brasília, janeiro-abril/2001.

ARANTES, Rogério Bastos, e SADEK, Maria Teresa. "A crise do Judiciário e a visão dos juízes". *Revista da USP* 21. São Paulo, março-maio/1994.

BEDAQUE, José Roberto dos Santos. *Direito e Processo (Influência do Direito Material sobre o Processo).* 6ª ed. São Paulo, Malheiros Editores, 2011.

_____. *Efetividade do Processo e Técnica Processual.* 3ª ed. São Paulo, Malheiros Editores, 2010.

BORGES NETTO, André Luiz. *Competências Legislativas dos Estados-Membros.* São Paulo, Ed. RT, 1999.

BRITO, Pedro Madeira de. "O novo princípio da adequação formal". In: SOUZA, Miguel Teixeira (coord.). *Aspectos do Novo Processo Civil.* Lisboa, Lex, 1997.

42. Na Teoria Geral do Direito vê-se a fundamentação como fator de legitimação do sistema jurídico, da própria atuação do magistrado como agente do poder político, ou como método de domesticação do poder (cf. Pedro Leonardo Summers Caymni, "O papel da fundamentação das decisões judiciais na legitimação do sistema jurídico", *Revista Dialética de Direito Processual* 17/115-133, São Paulo, Dialética, agosto/2004).

A advogada Maria Cristina da Silva Carmignani, após louvar a possibilidade de flexibilização judicial do direito através da adaptação das decisões aos casos concretos, ressalva que sempre o comando adaptador deve ser fundamentado e nunca completamente divorciado dos princípios que regem o sistema, o que afasta o risco de arbitrariedades ("O direito judicial como forma de resolução dos anseios por justiça", *Revista do IASP* 16/262-263, Ano 8, São Paulo, julho-dezembro/2005).

43. E nesse sentido anda absolutamente mal o Anteprojeto do novo Código de Processo Civil ao estabelecer a irrecorribilidade da decisão interlocutória que ordena a adaptação do procedimento às particularidades da causa, o que nos parece essencial para que se mantenha a flexibilização no seu lugar ideal – qual seja: o de medida de exceção.

BUENO, Cássio Scarpinella. *Curso Sistematizado de Direito Processual Civil.* vol. 1. São Paulo, Saraiva, 2007.

CALAMANDREI, Piero. *Direito Processual Civil: Estudos sobre o Processo Civil.* vol. 1, trad. de Luiz Abezia e Sandra Drina Fernandez Barbery. Campinas, Bookseller, 1999.

CALDEIRA, Adriano, e FREIRE, Rodrigo da Cunha Lima (coords.). *Terceira Etapa da Reforma do Código de Processo Civil.* Salvador, Juspodivm, 2007.

CARMINGNANI, Maria Cristina da Silva. "O direito judicial como forma de resolução dos anseios por justiça". *Revista do IASP* 16. Ano 8. São Paulo, julho-dezembro/2005.

CARRATA, Antonio. "Funzione dimostrativa della prova: verità del fatto nel processo e sistema probatorio". *Rivista de Diritto Processuale* 1/73-103. Ano 56. Pádua, janeiro-março/2001.

CATHARINO, José Martins. "Princípios do direito processual do trabalho". In: FRANÇA, Rubens Limongi (org.). *Enciclopédia Saraiva do Direito.* vol. 61. São Paulo, Saraiva, 1977.

CAYMNI, Pedro Leonardo Summers. "O papel da fundamentação das decisões judiciais na legitimação do sistema jurídico". *Revista Dialética de Direito Processual* 17/115-133. São Paulo, Dialética, agosto/2004.

COMOGLIO, Luigi Paolo. "Direzione del processo e responsabilità del giudice". In: *Studi in Onore di Enrico Tulio Liebman.* vol. 1. Milão, Giuffrè, 1979.

DIDIER JR., Fredie. "Sobre dois importantes, e esquecidos, princípios do processo: adequação e adaptabilidade do procedimento". *Revista Gênesis de Direito Processual Civil* 21/530-541. Curitiba, Gênesis, julho-setembro/2001.

DINAMARCO, Cândido Rangel. *A Instrumentalidade do Processo.* 15ª ed. São Paulo, Malheiros Editores, 2013.

_____. "O princípio do contraditório e sua dupla destinação". In: *Fundamentos do Processo Civil Moderno.* 6ª ed., vol. I. São Paulo, Malheiros Editores, 2010 (pp. 517-528).

FERREIRA, Carlos. "Os poderes dos juízes e das partes". *Revista da Ordem dos Advogados* 3. Lisboa, 1990.

FOUCAULT, Michel. *A Verdade e as Formas Jurídicas.* 3ª ed. Rio de Janeiro, Nau, 1996.

FRANÇA, Rubens Limongi (org.). *Enciclopédia Saraiva do Direito.* vol. 61. São Paulo, Saraiva, 1977.

FREIRE, Rodrigo da Cunha Lima, e CALDEIRA, Adriano (coords.). *Terceira Etapa da Reforma do Código de Processo Civil.* Salvador, Juspodivm, 2007.

GAJARDONI, Fernando da Fonseca. "A competência constitucional dos Estados em matéria de procedimento (art. 24, XI, da CF): ponto de partida para a releitura de alguns problemas do processo civil brasileiro em tempo de novo Código de Processo Civil". *RePro* 186/199-227. São Paulo, Ed. RT, 2010.

_____. "Breve introdução aos procedimentos especiais de jurisdição contenciosa". In: GAJARDONI, Fernando da Fonseca, e SILVA, Márcio Henrique Mendes da (coords.). *Manual dos Procedimentos Especiais Cíveis de Legislação Extravagante*. São Paulo, Método, 2006 (pp. 15-24).

_____. *Flexibilização Procedimental: um Novo Enfoque para o Estudo do Procedimento em Matéria Processual*. São Paulo, Atlas, 2008.

_____, e SILVA, Márcio Henrique Mendes da (coords.). *Manual dos Procedimentos Especiais Cíveis de Legislação Extravagante*. São Paulo, Método, 2006 (pp. 15-24).

GRECO, Leonardo. "O princípio do contraditório". *Revista Dialética de Direito Processual* 24/74-78. São Paulo, Dialética, março/2005.

GRINOVER, Ada Pellegrini. "Inconstitucionalidade de leis processuais estaduais". In: CALDEIRA, Adriano, e FREIRE, Rodrigo da Cunha Lima (coords.). *Terceira Etapa da Reforma do Código de Processo Civil*. Salvador, Juspodivm, 2007.

_____. "O conteúdo da garantia do contraditório". In: *Novas Tendências do Direito Processual*. Rio de Janeiro, Forense, 1990.

LACERDA, Galeno Velhinho de. "O código como sistema legal de adequação do processo". *Revista do Instituto dos Advogados do Rio Grande do Sul* 1976. Porto Alegre (pp. 161-170).

LIEBMAN, Enrico Tullio. *Manual de Direito Processual Civil*. 3ª ed., vol. I, trad. e notas de Cândido Rangel Dinamarco. São Paulo, Malheiros Editores, 2005.

LUHMANN, Niklas. *Legitimação pelo Procedimento*. Trad. de Maria da Conceição Corte Real. Brasília, UnB, 1980.

MARINONI, Luiz Guilherme. *Novas Linhas do Processo Civil*. 4ª ed. São Paulo, Malheiros Editores, 2000.

NALINI, José Renato. "Processo e procedimento – Distinção e a celeridade da prestação jurisdicional". *RT* 730/673-688. Ano 85. São Paulo, Ed. RT, agosto/1996.

OLIVEIRA, Carlos Alberto Alvaro de. "A garantia do contraditório". *RF* 346/9-19. Ano 95. Rio de Janeiro, Forense, abril-junho/1999.

_____. "Efetividade do processo de conhecimento". *RePro* 96. São Paulo, Ed. RT, outubro-dezembro/1999.

_____. "Poderes do juiz e visão cooperativa do processo". *Revista da Ajuris* 90/55-84. Ano 30. Porto Alegre, Ajuris, junho/2003.

REGO, Carlos Francisco de Oliveira Lopes do. *Comentários ao Código de Processo Civil*. 2ª ed., vol. 1. Coimbra, Livraria Almedina, 2004.

SADEK, Maria Teresa. "Poder Judiciário: perspectivas de reforma". *Opinião Pública* 10. São Paulo, maio/2004.

_____, e ARANTES, Rogério Bastos. "A crise do Judiciário e a visão dos juízes". *Revista da USP* 21. São Paulo, março-maio/1994.

SANTOS, Altamiro J. "Processo e procedimento à luz das Constituições Federais de 1967 e 1988 – Competência para legislar". *RePro* 64/217-246. Ano 16. São Paulo, Ed. RT, outubro-dezembro/1991.

SANTOS, Ernane Fidélis dos. *Manual de Direito Processual Civil*. 10ª ed., vol. 3. São Paulo, Saraiva, 2006.

SILVA, Márcio Henrique Mendes da, e GAJARDONI, Fernando da Fonseca (coords.). *Manual dos Procedimentos Especiais Cíveis de Legislação Extravagante*. São Paulo, Método, 2006.

SILVA, Paulo Eduardo Alves. *Gerenciamento de Processos Judiciais*. São Paulo, Saraiva, 2010.

SOUZA, Miguel Teixeira (coord.) *Aspectos do Novo Processo Civil*. Lisboa, Lex, 1997.

SOUZA, Wilson Alves de. "Princípios do direito processual do trabalho: o princípio da adequação e suas variantes". *LTr* 50. N. 2. São Paulo, LTr, fevereiro/1986.

STAMFORDS, Artur. "As audiências judiciais como processo de legitimação e justiça social: à luz da teoria da justiça de Rawls e da legitimação pelo procedimento de Luhman". *Revista da Escola Superior da Magistratura do Estado de Pernambuco* 3. N. 7. Olinda, janeiro-junho/1998.

TARZIA, Giuseppe. "La parità delle armi tra le ter parti e poteri del giudice nel processo civile". *Studi Parmensi*. vol. 18. 1977 (pp. 357-359).

TROCKER, Nicolò. *Processo Civile e Costituzione*. Milão, Giuffrè, 1974.

INVESTIGAÇÃO E AUTONOMIA DO DIREITO À PROVA: UM AVANÇO NECESSÁRIO PARA A TEORIA GERAL DO PROCESSO

FLÁVIO LUIZ YARSHELL

Professor Titular de Processo Civil da Faculdade de Direito da USP – Advogado em São Paulo

1. A título de introdução. 2. Direito à obtenção da prova: ótica das partes e não apenas do julgador. 3. Direito à prova e investigação: um tema de teoria geral do processo. 4. A título de conclusão.

1. A título de introdução

O tema da prova não apenas é um dos mais relevantes da teoria geral do processo; ele é eloquente demonstração de que a opção metodológica que aí se encerra continua a ser válida e útil.

Com efeito, ainda que a teoria da prova civil se distinga, em relevantes aspectos, da penal (a começar de peculiaridades situadas no plano substancial), sempre houve – e continua a haver – um fértil campo comum. Isso não apenas recomenda, mas impõe que o estudioso transite pelas diferentes áreas; que recolha elementos próprios de cada qual; que os sistematize e os devolva a cada qual dos campos específicos.

Neste passo do desenvolvimento da ciência processual, não mais convence o discurso segundo o qual a construção de uma teoria geral do processo seria inviável e até indesejável; isso a pretexto de que a tutela da liberdade – valor protegido de forma indisponível no processo penal – jamais poderia se afeiçoar a institutos próprios da atuação estatal em matéria de direitos disponíveis (atuação que estaria, então, reservada ao processo civil).

De um lado, não é de hoje que o dogma da indisponibilidade de direitos no processo penal foi – ao menos como tal – superada. Não é preciso falar da longeva concepção de ação penal privada, nem da divisibilidade da ação penal pública (amplamente reconhecida pela jurisprudência) e do que ela significa quanto à disponibilidade do direito material. Também não será preciso recorrer aos (eticamente discutíveis) institutos da "delação premiada" e do "acordo de leniência", vigentes não apenas em matéria estritamente penal, mas, mais amplamente, em processos de cunho sancionador. Bastará invocar os institutos da transação penal e da suspensão condicional do processo, incorporados ao direito positivo brasileiro (Lei 9.099/1995, arts. 2º, 60 e 89).

De outro lado, também não é de hoje que o processo civil não se limita a tratar de direitos disponíveis de natureza individual. Para além dos (desde sempre) existentes processos (contenciosos) ditos necessários, nos quais determinado efeito jurídico só se produz mediante a intervenção estatal, convém lembrar que o processo civil é hoje, cada vez mais, instrumento a serviço de direitos e interesses de repercussão social. Isso ocorre não apenas nos processos que tratam de interesses difusos e coletivos, mas também em muitos dos que tratam de direitos individuais homogêneos.

Longe de estar confinado a direitos patrimoniais disponíveis, o processo civil – não exatamente de hoje – é palco de inúmeros e relevantes processos de cunho sancionador, de que são exemplos eloquentes os feitos que tratam de improbidade administrativa e também os eleitorais. Não é a toa que os estudiosos do Direito Administrativo passaram a dar ainda maior destaque aos temas de processo administrativo. Não de hoje, o processo civil, ademais, é instrumento a serviço da tutela das liberdades públicas e de direitos fundamentais, de controle de atos administrativos, de tutela do patrimônio público, da constitucionalidade das leis e até da imposição de políticas públicas.

Nesse contexto, os argumentos usualmente empregados para contestar a teoria geral do processo foram se esmaecendo. Para não falar no quase abandono do clássico conceito de lide (quanto tempo empregado para tentar ajustá-lo aos contornos do processo penal!), não é mais possível, por exemplo, pensar que o processo civil e o penal se apartam, respectivamente, pela igualdade e pela desigualdade das partes. Para ilustrar, atente-se para a intensidade da repressão aos atos de improbidade administrativa e no papel aí desempenhado pelo Ministério Público. Nessa seara, as sanções, em muitos casos, são mais intensas e gravosas do que as impostas em processos tipicamente penais.

Mesmo as diferentes perspectivas da ação no âmbito civil e no penal já não são exatamente as mesmas de outrora. É certo que, enquanto a ação civil continua a ser vista na perspectiva de alargamento das vias de acesso à tutela jurisdicional (do que o disposto no art. 83 do Código de Defesa do Consumidor é ótima ilustração), o significado da ação penal segue diverso: ninguém poderá ser apenado se não mediante a instauração do devido processo legal; o que se dá pelo exercício da ação penal. Então, a ação penal, sob esse ângulo, não é garantia do acusador, mas do acusado. Contudo, embora isso continue a ser correto, não há como negar que violações a direitos fundamentais (para dar apenas um exemplo) levaram a repensar o processo penal à luz da posição das vítimas, cuja condição não deve ser aviltada pela eventual inércia estatal na persecução dos acusados. Não de hoje isso está na pauta das Cortes internacionais.

Tudo isso evidentemente não significa que inexistam diferenças entre processo civil e penal; apenas quer dizer que o diálogo entre os dois ramos – que, afinal de contas, gravitam em torno do exercício do poder – é imprescindível. E o método científico para que isso se dê está na teoria geral do processo; em cujo contexto, de volta ao início, o tema da prova ocupa papel de destaque.

Nesse terreno específico, o dogma da oposição entre busca da verdade formal e da verdade real, preservada eventual convicção ainda em contrário, está superado; a começar da equivocada qualificação que se pretendeu fazer da verdade. Em qualquer caso, o juiz decide com base na verdade "processual", que é essencialmente formal – sem que esse qualificativo a deprecie. O mais se resolve substancialmente pela disciplina dos ônus de alegação e de prova; e, portanto, não mais do que em juízos de probabilidade feitos pelo legislador ou pelo juiz no exame do caso concreto. Aliás, a ideia de que, no processo penal, o juiz deveria buscar a "verdade real" sempre encerrou um paradoxo: se ao determinar a prova o juiz não sabe a quem favorecerá o respectivo resultado (argumento empregado por quem preconiza ampla intervenção, inclusive em matéria civil), como aceitar que a iniciativa do juiz em matéria probatória poderia eventualmente redundar em prejuízo à defesa? Na busca da "verdade real" o juiz poderia, então, suprir omissões do acusador? O que ocorre aí é que não há como dar resposta adequada a uma indagação que parte de premissa equivocada, consistente, repita-se, na indevida qualificação da verdade como formal ou real.

Ainda dentro da teoria da prova, é particularmente instigante o tema da respectiva pré-constituição. No processo penal isso nunca foi novidade, porque sempre se concebeu que a litispendência fosse precedida da colheita de elementos de instrução (facultativamente) em sede de inquérito policial. Essa pré-constituição de prova não apenas se presta a formar a convicção do acusador, mas igualmente justifica o ônus que se impõe à pessoa processada; e, mais modernamente, inspira o acusado na decisão de aceitar, ou não, eventual transação penal ou suspensão condicional do processo. Mas, não tão recentemente, a previsão de inquérito – a cargo do Ministério Público, no âmbito da ação civil pública – com igual e talvez até mais abrangente escopo (por exemplo, estimular a celebração de termos de ajustamento de conduta), passou a vigorar em matéria civil.

É disso que limitadamente se ocupa este trabalho: da investigação como elemento integrante do direito à prova e de sua autonomia como temas próprios da teoria geral da prova e, portanto, da teoria geral do processo.[1]

2. Direito à obtenção da prova: ótica das partes e não apenas do julgador

Seja no processo civil, seja no penal, o sistema consagra o *direito à prova*, como desdobramento dos direitos de ação e de defesa. Ele é concebido, de um lado, como prerrogativa de empregar todos os meios disponíveis a fim de se demonstrar a verdade dos fatos em que fundada uma pretensão ou resistência; e, de outro, como o direito de influir sobre a formação do convencimento do juiz relativamente aos fatos, por todos os meios, diretos e contrários, de que se disponha.

Essa concepção está essencialmente ligada à formação do convencimento do juiz, isto é, ao julgamento estatal. Sob essa ótica, mesmo quando se pensa na prova como um direito das partes, a figura do juiz permanece no centro da discussão: prevalece a ênfase dada à solução a ser adjudicada pelo Estado, e não exatamente a função de esclarecimento das partes, para avaliação de suas chances em juízo.

1. Para que não haja qualquer dúvida, o texto que segue a partir daqui, em essência, resume o que foi exposto na obra *Antecipação da prova sem o requisito da urgência e direito autônomo à prova*, São Paulo, Malheiros Editores, 2009 – em diferentes tópicos de seu capítulo V. Em algumas passagens, adiante-se por honestidade intelectual, a reprodução terá sido ocasionalmente literal. Aquele livro é a publicação comercial da tese apresentada em concurso para titularidade do Departamento de Direito Processual da Faculdade de Direito da USP. O que se pretende exista de novo aqui é justamente a proposta, feita de forma mais explícita, de que o tema seja incorporado aos estudos de teoria geral do processo. Dessa forma, as fontes bibliográficas lá citadas e respectivas notas de rodapé não são aqui repetidas. Ao leitor, se houver interesse, ficam remetidas as referências constantes da citada obra.

Entende-se que o assim denominado direito à prova compreende as prerrogativas de buscar a prova e a ela ter acesso; de requerê-la; de tê-la admitida; de participar da respectiva produção e de obter a correspondente valoração. Mas, o primeiro desses aspectos não está, necessária e diretamente, vinculado ao exercício da ação e da defesa, quando se pensa em processo instaurado para se declarar o direito no caso concreto. Assim, se o direito à prova pode abranger as prerrogativas de buscar e de obter a prova, elas não estão necessariamente vinculadas à declaração do direito dirigida a uma dada relação de direito material (isto é, à solução a ser adjudicada pelo Estado).

Isso indica que o direito à prova tem função instrumental; não apenas em relação ao convencimento do juiz, mas também dos interessados, na medida em que propicia elementos que autorizam o ingresso em juízo ou que podem evitá-lo. A partir disso, rompe-se a tradicional e exclusiva ligação que se faz entre prova e julgamento estatal, com a valorização do nexo entre a obtenção da prova e a avaliação das partes quanto as suas chances em juízo. Mais do que isso, é possível identificar a existência de um poder ou direito de pedir ao Estado que intervenha apenas para permitir a pesquisa e o registro de certos fatos, sem a necessária vinculação ao pleito de declaração do direito no caso concreto.

Sob esse prisma, o direito à prova ganha autonomia. Naturalmente, não se trata de desvinculação absoluta: a ligação da prova a uma afirmada situação de direito material civil ou penal – atual ou ao menos potencialmente controvertida – é imprescindível para justificar a intervenção estatal, fazendo-a necessária, adequada e proporcional. Mas, na perspectiva do convencimento das partes, o direito à prova se desvincula da solução estatal a ser adjudicada.

3. Direito à prova e investigação: um tema de teoria geral do processo

Sob a ótica examinada no tópico precedente, o direito à prova abrange o que se pode designar como poder ou *direito à investigação*. Seu exercício não se destina exatamente à obtenção e à preservação das fontes materiais da prova. Quando se investiga e se registra o resultado da investigação, não se está apenas obtendo ou conservando uma fonte de prova. Salvo em casos nos quais rigorosamente se busca apenas preservação física da prova, chegar à fonte é também empregar um meio de prova. Isso quer dizer que buscar a fonte é também produzir a prova; ainda que não se esteja, aí, pensando diretamente na formação do convencimento do juiz que aplicará o direito no caso concreto, mas, sim, nos sujeitos parciais (ainda que potencialmente).

É certo que o emprego da terminologia *investigação* está associado à busca da prova realizada por autoridade, isto é, por pessoa ou órgão investido do poder (que também é um dever) de pesquisar fatos e de promover o respectivo registro. Bem por isso, quando se pensa em investigação privada, não raramente se pensa em atividade clandestina, a resultar possivelmente na obtenção da prova por meios ilícitos. É certo também que o tema está ligado a um possível "dever processual geral de informação", cuja concepção, na Alemanha, ocorreu na primeira metade do século passado, sob a égide de perspectiva totalitária do Estado. Isso explica e justifica os temores em relação ao tema.

Contudo, e paradoxalmente, a ideia de investigação acessível ao ente privado – o que está relacionado com o tratamento do tema pela teoria geral – encontra desenvolvimento em insuspeitos sistemas liberais, como nos casos dos sistemas americano (*discovery*) e inglês (*disclosure*), além da investigação privada prevista no processo penal italiano, para ilustrar.

Portanto, embora com as devidas ressalvas e cautela, não se deve limitar a ideia de investigação à busca e à pré-constituição da prova por agentes públicos e tampouco à esfera penal. Pelo contrário, a investigação deve ser vista genericamente como prerrogativa que, tendo origem no direito à prova, ganha autonomia. Quando o Estado permite que o interessado pesquise fatos e busque a prova, de sorte a constituí-la antecipadamente, assim procede (afora os casos de urgência, em que se quer apenas a conservação da prova) para que as partes possam avaliar suas chances. Isso permite que o interessado possa ingressar em juízo com maior segurança e responsabilidade ou, por outro lado, optar por simplesmente não ingressar (ou não se opor a dada pretensão). Tal fenômeno não é privativo da persecução penal.

Nem mesmo eventual invocação do interesse público, em função dos interesses situados no plano material ou das pessoas envolvidas, justifica que a investigação seja apenas uma prerrogativa estatal ou, menos ainda, reservada à esfera penal. O adequado conhecimento prévio dos fatos e a consideração dos correspondentes meios de prová-los em juízo também estão relacionados a interesse que não é apenas das partes. É a partir daí que os potenciais litigantes podem avaliar suas chances de êxito em futuro e eventual processo declaratório (em sentido lato). Ao mesmo tempo, quando o Estado propicia tal conhecimento prévio, está ética e juridicamente legitimado a exigir maior rigor no dever de veracidade (conceito que mal se ajusta ao processo penal, mas que, paradoxalmente, é invocado no processo civil).

A ratificar que o tema aventado se insere no âmbito da teoria geral do processo, o direito à pré-constituição da prova também é válido para eventual disputa a cargo de árbitro ou árbitros, de acordo com a vontade das partes. Isso poderá ocorrer não apenas nos casos de urgência, mas com a função de esclarecimento das partes; o que, aliás, é em tudo coerente com o espírito que norteia essa forma alternativa de resolução de conflitos. A arbitragem poderá ter por objeto exclusivamente a produção da prova ou a medida de instrução poderá ser dependente de um processo principal (de forma preparatória ou incidental).

Enfim, a concepção do direito à investigação como uma prerrogativa inerente a qualquer cidadão (conquanto de forma ilimitada) pode ter o mérito de contribuir para o combate a eventuais desvios ou abusos cometidos ao ensejo de investigações estatais, a pretexto do poder que aí se exerce. A pesquisa dos fatos e a busca da prova, apesar da presunção de legitimidade dos atos administrativos, não são incensuráveis apenas porque provêm de certa autoridade. Também não se pode presumir ilegítima ou viciada a investigação que o ente privado busque realizar só pela circunstância de provir de alguém que não seja autoridade. Uma e outra devem considerar que a busca da prova, por si só, representa uma forma de invasão da esfera individual, e isso deve ser considerado quer se trate de investigação de fatos presidida por autoridade, quer se trate de investigação cuja iniciativa parta de ente privado; portanto, quer em matéria penal, quer em matéria civil.

E se o ato de investigar acarreta risco de violação a direitos e garantias fundamentais, isso ocorre quer quando a pesquisa dos fatos se dá por iniciativa de autoridade, quer quando ocorre por obra de ente particular; e, em qualquer caso, isso deve ser combatido com igual vigor. Inconstitucionalidades ou ilegalidades de que possam padecer investigações oficiais – mesmo que presididas, por exemplo, pelo Ministério Público – não serão menos relevantes nem menos graves que iguais ou análogas violações perpetradas por iniciativa de ente privado na busca de informações e de provas. Talvez até seja o contrário, porque a investidura do poder – ela, sim – dá margem ao risco totalitário de que se falou acima.

4. A título de conclusão

A utilidade da disciplina tão uniforme quanto possível da prerrogativa de pré-constituir prova, dentre outros, reside na circunstância de que, em última análise, o verdadeiro poder de investigar está em mãos do órgão dotado de poder jurisdicional. Mesmo nos casos nos quais as providências de instrução preliminar – porque a cargo de autoridade – dispensem prévia autorização de juiz ou árbitro, o controle jurisdicional não fica excluído quando se avente a violação ou ameaça de violação a direito, tendo em vista a natureza do referido controle, que não pode ser afastado (CF, art. 5º, XXXV). Assim, se o controle posterior ou prévio da investigação – seja ela pública, privada, penal ou civil – é feito pelo órgão encarregado do poder jurisdicional, não será desproposital dizer que, em termos mais exatos, esse último é o incumbido, mediata ou imediatamente, de investigar.

Portanto, as limitações que possam e que devam ser feitas ao exercício do poder de investigação devem valer quer se trate de iniciativa de órgão público, quer não; quer em matéria penal, quer em matéria civil. Em qualquer uma dessas searas, não se pode pensar na investigação prévia como substancialmente distinta daquela que se realiza no processo declaratório.

TEORIA GERAL DO DIREITO, TEORIA GERAL DO PROCESSO, CIÊNCIA DO DIREITO PROCESSUAL E DIREITO PROCESSUAL: APROXIMAÇÕES E DISTINÇÕES NECESSÁRIAS

FREDIE DIDIER JR.

Professor-Adjunto da Faculdade de Direito da Universidade Federal da Bahia (Graduação, Mestrado e Doutorado) – Professor-Coordenador do Curso de Graduação da Faculdade Baiana de Direito – Membro da Associação Internacional de Direito Processual/IAPL, do Instituto Ibero-Americano de Direito Processual e do Instituto Brasileiro de Direito Processual – Mestre (Universidade Federal da Bahia), Doutor (Pontifícia Universidade Católica de São Paulo), Livre-Docente (Universidade de São Paulo) e Pós-Doutorado (Universidade de Lisboa) – Advogado e Consultor Jurídico (*www.frediedidier.com.br*)

1. Nota introdutória. 2. Teoria Geral do Direito. 3. Teoria Geral do Direito e Parte Geral. 4. Teoria Geral do Processo. 5. Distinções: 5.1 Teoria Geral do Processo e Ciência do Direito Processual – 5.2 Teoria Geral do Processo e teorias individuais do processo – 5.3 Teoria Geral do Processo e teorias particulares do processo – 5.4 Teoria Geral do Processo e direito processual – 5.5 Teoria Geral do Processo e Parte Geral.

1. Nota introdutória

A Teoria Geral do Processo é uma disciplina ensinada em boa parte das Escolas de Direito latino-americanas e na quase totalidade das escolas brasileiras.

Nada obstante, há muitas incompreensões em seu derredor, notadamente relacionadas ao seu conteúdo e às suas funções.

A adequada compreensão da Teoria Geral do Processo pressupõe que sejam feitas algumas aproximações e distinções com outros ramos do conhecimento jurídico.

Este ensaio tem por objetivo demonstrar que a Teoria Geral do Processo é um excerto da Teoria Geral do Direito, que não se confunde com a Ciência do Direito Processual nem, muito menos, com o próprio direito processual. Trata-se este ensaio de um extrato da tese de Livre-Docência que apresentamos ao Departamento de Direito Processual da Faculdade de Direito da USP, em 2012.[1]

2. Teoria Geral do Direito

A Teoria Geral do Direito[2] é uma disciplina jurídica dedicada à elaboração, organização e articulação dos conceitos jurídicos fundamentais – indispensáveis à compreensão do fenômeno jurídico.[3-4] Nesse sentido,

1. Fredie Didier Jr., *Sobre a Teoria Geral Do Processo, Essa Desconhecida*, Salvador, Juspodivm, 2012.
2. Há quem opte pela designação "Teoria do Direito", em vez de "Teoria Geral do Direito", reconhecidamente mais difundida. Sobre a tendência de supressão do adjetivo "geral" e consolidação da designação "Teoria do Direito", v. a resenha de Dimitri Dimoulis, *Positivismo Jurídico*, São Paulo, Método, 2006, pp. 22-27. Sobre a crítica, recentemente, v. Luigi Ferrajoli, *Principia Iuris – Teoria del Diritto e della Democrazia*, vol. 1, Bari, Editori Laterza, 2007, p. 5.

Este ensaio admite a existência de teorias *particulares* ou *individuais*; nem toda teoria é *geral*, pois. Uma teoria pode ser *individual*, quando pretender organizar conhecimento em torno de um objeto singular, investigado exatamente em razão da importância de suas peculiaridades. Os objetos culturais, como o Direito, o Idioma, o Estado, têm importância científica *também* pelo que apresentam como singularidade. Há, então, a Teoria Geral do Estado e a Teoria do Estado Brasileiro; a Teoria Geral do Direito e a Teoria do Direito Estadunidense; a Teoria Geral do Processo e a Teoria do Processo Civil Italiano; etc. Pode-se restringir a generalidade da teoria a um grupo de objetos, selecionados com base em algum elemento comum. Fala-se, então, em uma teoria *particular*. Trata-se de um grau de abstração entre o *geral* e o *individual*. Comparam-se os objetos deste grupo para "sacar, desse confronto, o típico sobre o simplesmente singular, o homogêneo sobre o meramente peculiar" (Lourival Vilanova, *Escritos Jurídicos e Filosóficos*, vol. 1, Brasília, Axis Mvndi/IBET, 2003, p. 91). Assim, por exemplo, uma teoria particular do Direito para Estados cuja tradição jurídica seja o *Common Law*.

Observe-se que o adjetivo "geral" serve para qualificar o objeto da teoria. O adjetivo pode ser utilizado, porém, para designar a função da teoria – "geral" porque se propõe a exaurir o objeto investigado. Este uso do adjetivo parece ser desnecessário, pois, neste sentido, toda teoria é geral, pois se propõe a examinar todo o seu objeto.

3. Gustav Radbruch, *Filosofia do Direito*, 2ª ed., trad. de Marlene Holzhausen, São Paulo, Martins Fontes, 2010, p. 35; Norberto Bobbio, "Filosofia del Diritto e Teoria Generale del Diritto", in *Studi sulla Teoria Generale del Diritto*, Turim, Giappichelli, 1955, pp. 35-37; Arthur Kaufmann, *Filosofia do Direito*, 2ª ed., trad. de António Ulisses Cortês, Lisboa, Fundação Calouste Gulbenkian, 2007, p. 141; Eduardo García Maynez, *Introducción al Estudio del Derecho*, 16ª ed., México, Editorial Porrúa, 1969, p. 119; Antônio Luiz Machado Neto, *Compêndio de Introdução à Ciência do Direito*, 6ª ed., São Paulo, Saraiva, 1988, p. 6; José Souto Maior Borges, *Obrigação Tributária*, 2ª ed., São Paulo, Malheiros Editores, 1999 e 2001,

pode ser denominada, também, de Teoria Fundamental do Direito (*juristische Grundlehre*)[5] ou de Analítica Jurídica.[6]

Trata-se de uma teoria formal do Direito, pois prescinde da análise e da indagação acerca do conteúdo das normas integrantes de determinado ordenamento jurídico.[7]

---

p. 32; Dimitri Dimoulis, *Positivismo Jurídico*, cit., p. 40; Luigi Ferrajoli, **Principia Iuris** – *Teoria del Diritto e della Democrazia*, cit., vol. 1, pp. 3 e 43-44.

4. Esse é o conteúdo da Teoria Geral do Direito para este ensaio. Há muita discussão sobre qual seria o conteúdo dessa disciplina. Não é o caso de examinar todas as concepções em derredor do assunto. Há, por exemplo, quem divida o campo de atuação da Teoria do Direito em quatro partes: "(a) A análise do Direito – conceito de Direito, norma jurídica, conceitos jurídicos, funções jurídicas (juiz, legislador etc.), fontes do Direito. (b) A metodologia jurídica – legislação, aplicação do Direito (interpretação, lacunas, antinomias, argumentação). (c) Teoria da ciência e metodologia da Dogmática Jurídica. (d) Análise do conteúdo ideológico do Direito – valores e ideologias não explicitados que a legislação, a jurisprudência e a Dogmática Jurídica contêm" (Mark van Hoecke e François Ost, "Teoria Geral do Direito", in André-Jean Arnaud (org.), *Dicionário Enciclopédico de Teoria e Sociologia do Direito*, trad. para a Língua Portuguesa sob a direção de Vicente de Paulo Barreto, Rio de Janeiro, Renovar, 1999, pp. 783-784).

5. Felix Somló, *Juristische Grundlehre*, Lípsia, Felix Meiner, 1917, p. 8. Somló, porém, distingue Teoria Geral do Direito e Teoria Fundamental do Direito. Para Somló a Teoria Geral do Direito é uma teoria sobre as normas que abrangem um grupo maior ou menor de outras normas jurídicas de determinado ordenamento jurídico; trata-se de teoria sobre o conteúdo de determinado Direito, e que, por mais ampla que seja, a generalidade das normas examinadas, é inapta à produção de conceitos jurídicos fundamentais, aplicáveis a qualquer ordenamento jurídico (Felix Somló, *Juristische Grundlehre*, cit., pp. 8-10). Como se vê, a divergência é terminológica: o que aqui se entende por Teoria Geral do Direito é denominado por Somló como "Teoria Fundamental do Direito".

6. Sobre esse sentido da Analítica Jurídica, Neil MacCormick, "Analítica (abordagem do Direito)", in André-Jean Arnaud (org.), *Dicionário Enciclopédico de Teoria e Sociologia do Direito*, trad. para a Língua Portuguesa sob a direção de Vicente de Paulo Barreto, Rio de Janeiro, Renovar, 1999, p. 25. V., ainda, Eric Millard, *Teoria Generale del Diritto*, trad. de Agostino Carrino, Turim, G. Giappichelli Editore, 2009, pp. 16-18.

7. Felix Somló, *Juristische Grundlehre*, cit., p. 5; Norberto Bobbio, "Filosofia del Diritto e Teoria Generale del Diritto", cit., in *Studi sulla Teoria Generale del Diritto*, pp. 35-40; José Souto Maior Borges, *Obrigação Tributária*, cit., 2ª ed., p. 31; Angelo Falzea, *Ricerche di Teoria Generale del Diritto e di Dogmatica Giuridica*, vol. 1, Milão, Giuffrè, 1999, pp. 325-326; Luigi Ferrajoli, **Principia Iuris** – *Teoria del Diritto e della Democrazia*, cit., vol. 1, pp. 4 e 19.

É preciso anotar, porém, que para Bobbio os conceitos jurídicos fundamentais, conteúdo da Teoria Geral do Direito, não são *a priori* nem *universais*, pois construídos a partir da experiência ("Filosofia del Diritto e Teoria Generale del Diritto", cit., in *Studi sulla Teoria Generale del Diritto*, p. 48).

É uma teoria sobre a estrutura do fenômeno normativo, e não sobre o seu conteúdo.[8]

Não se deve ignorar, porém, a relação entre os *conceitos jurídicos fundamentais* (*lógico-jurídicos*) e o direito positivo. Os conceitos *lógico- -jurídicos* servem, sobretudo, para auxiliar o aplicador na compressão dos enunciados legislativos (discurso do legislador) e do discurso dos juristas. A Teoria Geral do Direito é, por isso, *metalinguagem*: trata-se de linguagem sobre outras linguagens.[9]

O estudo do conteúdo das normas do direito positivo cabe às Ciências Jurídicas Dogmáticas específicas. À Ciência do Direito Penal, o estudo das normas penais; à Ciência do Direito Processual Civil, a análise das normas processuais civis. À Teoria Geral do Direito cabe fornecer o repertório de conceitos indispensáveis à compreensão da estrutura normativa[10] do Direito, onde quer que ele ocorra. Seu objeto é, como se vê, a formulação dos conceitos *lógico-jurídicos*. À Ciência Jurídica Dogmática particular não cabe a elaboração dos conceitos jurídicos fundamentais: rigorosamente, a Ciência Jurídica particular toma por base esses conceitos,[11] os pressupõe.

A relação entre a Teoria Geral do Direito e as Ciências Jurídicas Dogmáticas particulares é uma relação entre "continente (o ser formal da Teoria Geral do Direito) e conteúdo (o âmbito de validade de certas normas, tal como descrito pela Dogmática Jurídica)".[12]

---

8. Conforme Felix Somló, as Ciências Jurídicas podem dividir-se em ciência do teor jurídico e a ciência da forma jurídica. A segunda precede à primeira: "A exposição de um conteúdo jurídico específico tem por pressuposto um conhecimento do que um teor jurídico enfim significa" (Felix Somló, *Juristische Grundlehre*, cit., p. 1 – trad. de Peter Naumann do original em Alemão *Die Darstellung eines besonderen Rechtsinhaltes hat eine Kenntnis dessen zur Voraussetzung, was ein Rechtsinhalt überhaupt bedeutet*). Assim também José Souto Maior Borges, *Obrigação Tributária*, cit., 2ª ed., p. 29.

9. Eric Millard, *Teoria Generale del Diritto*, cit., pp. 17-18. Convém transcrever excerto do pensamento de Riccardo Guastini: "(...) a teoria jurídica articula-se, a *grosso modo*, em dois setores de investigação distintos: por um lado, a análise lógica da linguagem legislativa (que inclui a análise estrutural do sistema jurídico); por outro, a análise lógica da linguagem dos juristas (mas também dos outros operadores do Direito, especialmente dos juízes)" (*Das Fontes às Normas*, trad. de Edson Bini, São Paulo, Quartier Latin, 2005, p. 382). Sobre o assunto, longamente: Luigi Ferrajoli, **Principia Iuris** – *Teoria del Diritto e della Democrazia*, cit., vol. 1, pp. 43-51.

10. Norberto Bobbio, "Filosofia del Diritto e Teoria Generale del Diritto", cit., in *Studi sulla Teoria Generale del Diritto*, p. 38.

11. Felix Somló, *Juristische Grundlehre*, cit., p. 6. Assim também Luis Recaséns Siches, *Filosofía del Derecho*, 19ª ed., México, Editorial Porrúa, 2008, p. 13.

12. José Souto Maior Borges, *Obrigação Tributária*, cit., 2ª ed., p. 31.

Bem pensadas as coisas, não só a Dogmática Jurídica pressupõe os conceitos jurídicos fundamentais: todas as demais Ciências Jurídicas (Sociologia Jurídica, História do Direito, Antropologia Jurídica etc.) necessitam de tais conceitos para se desenvolver.[13]

Embora se valha de inúmeras considerações lógicas, a Teoria Geral do Direito não é "redutível à Lógica".[14] Considerações lógicas explicam a relação entre hipótese normativa e preceito normativo, e os princípios supremos da Lógica (identidade, não contradição e terceiro excluído) aplicam-se à Ciência Jurídica, que também é expressão do pensamento. Mas a Teoria Geral do Direito se preocupa com os conceitos *jurídicos* fundamentais, que não são conceitos lógico-formais, como o conceito de relação, mas, sim, *lógico-jurídicos*, como o de *relação jurídica*. A formalização da Teoria Geral do Direito é uma formalização conceitual.[15]

A Teoria Geral do Direito é, portanto, uma disciplina filosófica,[16-17] especificamente *epistemológica*:[18] trata-se de um conhecimento (*logos*)

13. Como bem percebeu Ferrajoli, especificamente referindo a Sociologia Jurídica e a Axiologia Jurídica (**Principia Iuris** – *Teoria del Diritto e della Democrazia*, cit., vol. 1, pp. 8-9).

14. José Souto Maior Borges, *Obrigação Tributária*, cit., 2ª ed., p. 32.

15. Idem, ibidem.

16. Luis Recaséns Siches, *Filosofía del Derecho*, cit., 19ª ed., p. 13; Gustav Radbruch, *Filosofia do Direito*, cit., 2ª ed., p. 35; Eduardo García Maynez, *Introducción al Estudio del Derecho*, cit., 16ª ed., p. 119, e *Lógica del Concepto Jurídico*, México, Ediciones Coyoacán, 2011, p. 141; Riccardo Guastini, *Das Fontes às Normas*, cit., p. 377; Eric Millard, *Teoria Generale del Diritto*, cit., pp. 16-18.

Somló, reconhecendo a existência de polêmica sobre o que seja a Filosofia do Direito, entende que a Teoria Fundamental do Direito ou equivale simplesmente à Filosofia do Direito ou é um excerto dela, que também abrangeria a Axiologia Jurídica (*Juristische Grundlehre*, cit., pp. 14-16).

Para este ensaio, a Teoria Geral do Direito é um sub-ramo da Epistemologia Jurídica – e, pois, braço da Filosofia do Direito.

17. Em sentido diverso, entendendo tratar-se de ciência, não de filosofia: Norberto Bobbio, "Filosofia del Diritto e Teoria Generale del Diritto", cit., in *Studi sulla Teoria Generale del Diritto*, pp. 40-48; Luigi Ferrajoli, **Principia Iuris** – *Teoria del Diritto e della Democrazia*, cit., vol. 1, p. 5; Loïc Cadiet, "Prolégomènes à une Théorie Générale du Procès en Droit Français", in Fredie Didier Jr. e Eduardo Jordão (coords.), *Teoria do Processo – Panorama Doutrinário Mundial*, Salvador, Juspodivm, 2008, pp. 483-484.

18. Antônio Luiz Machado Neto, *Compêndio de Introdução à Ciência do Direito*, cit., 6ª ed., pp. 6-7; Angelo Falzea, *Ricerche di Teoria Generale del Diritto e di Dogmatica Giuridica*, cit., vol. 1, p. 324.

Miguel Reale também considera que a tarefa de especificar os conceitos fundamentais é da Epistemologia Jurídica (*Filosofia do Direito*, 20ª ed., São Paulo,

sobre uma ciência (*episteme*). É possível afirmar que se trata de conhecimento científico, desde que se compreenda a Epistemologia como a Ciência da Ciência.[19]

Os *conceitos jurídicos fundamentais* não pertencem especificamente a qualquer ramo do Direito, pois são utilizados, como um dado prévio, por todos aqueles que pretendem fazer ciência do direito positivo. São pressupostos da Ciência Jurídica; "não são resultados, mas instrumentos da Ciência Jurídica".[20] Assim, a incumbência de definir esses conceitos não pode ser da ciência do direito positivo:[21] essa tarefa cabe à Epistemologia Jurídica, à Teoria da Ciência,[22] à Metametodologia.[23] É à Filosofia,[24] portanto, que incumbe "tornar claros e delimitar rigorosamente os pensamentos, que doutro modo são como que turvos e vagos".[25]

Não por acaso, a Teoria Geral do Direito já foi designada como "Filosofia do Direito dos Juristas":[26] *parte* de problemas oriundos da

---

Saraiva, 2011, p. 307). Em sentido diverso, distinguindo Teoria Geral do Direito e Epistemologia Jurídica: Jean-Louis Bergel, *Teoria Geral do Direito*, trad. de Maria Ermantina Galvão, São Paulo, Martins Fontes, 2001, p. XXI. Bergel reconhece que a Teoria Geral do Direito tem como objetivo estudar "grandes questões", como os conceitos e as categorias do Direito, inclusive o próprio conceito de Direito.

19. Lourival Vilanova, *Sobre o Conceito do Direito*, Recife, Imprensa Oficial, 1947, p. 29. Em sentido semelhante: Ricardo Maurício Freire Soares, *Curso de Introdução ao Estudo do Direito*, Salvador, Juspodivm, 2009, p. 16.

20. Gustav Radbruch, *Filosofia do Direito*, cit., 2ª ed., p. 54.

21. Lourival Vilanova, *Sobre o Conceito do Direito*, cit., pp. 22-23.

22. Antônio Luiz Machado Neto, *Compêndio de Introdução à Ciência do Direito*, cit., 6ª ed., p. 7. E arremata o autor, na mesma página: "(...) se definir Matemática, Sociologia ou Ciência Jurídica não é fazer Matemática, Sociologia ou Direito, mas Epistemologia regional de cada uma de tais disciplinas científicas, por que seria direito penal o defini-lo ou técnica o conceituá-lo?". Assim também Lourival Vilanova, *Sobre o Conceito do Direito*, cit., p. 27.

23. Jyrki Uusitalo, "Reflexiones sobre las metametodologías de la ciencia jurídica" (trad. de Eduardo Rivera López), in Aulis Aarnio, Ernesto Garzón Valdés e Jyrki Uusitalo (orgs.), *La Normatividad del Derecho*, Barcelona, Gedisa, 1997, pp. 249-250.

24. Sem "soluções concretas, poderá haver um metadiscurso jurídico ou uma reflexão filosófica", mas não haverá Ciência do Direito (António Menezes Cordeiro, "Teoria Geral do Direito Civil – Relatório", Separata da *Revista da Faculdade de Direito de Lisboa*, Lisboa, Universidade de Lisboa, 1988, p. 21).

25. Ludwig Wittgenstein, *Tratado Lógico-Filosófico*, 2ª ed., trad. de M. S. Lourenço, Lisboa, Fundação Calouste Gulbenkian, 1995, n. 4.112, p. 63.

26. Artyhur Kaufmann, *Filosofia do Direito*, cit., 2ª ed., p. 141.

Ciência Jurídica; é "ancilar ao trabalho dos juristas e, em grande parte, consiste propriamente numa reflexão crítica desse trabalho".[27]

3. Teoria Geral do Direito e Parte Geral

É preciso distinguir "Teoria Geral do Direito" e "Parte Geral".

Para que se proceda a essa distinção, convém lembrar a diferença entre *enunciado doutrinário* e *enunciado normativo* (*proposições jurídicas* e *normas jurídicas*, segundo a divisão de Hans Kelsen[28]).

O enunciado normativo é produto da atividade de quem tenha competência para produzir normas jurídicas. Leis, atos administrativos, contratos e decisões judiciais são enunciados normativos. Desses enunciados extraem-se comandos (comportamento devido), permissões (comportamento permitido) e proibições (comportamento vedado). "O Direito prescreve, permite, confere poder ou competência – não 'ensina' nada."[29]

O enunciado doutrinário é produto da atividade filosófica ou científica. A doutrina trabalha com os enunciados normativos, auxiliando na reconstrução do seu significado (nível semântico),[30] estabelecendo as conexões entre as normas (nível sintático) e, ainda, examinado seus efeitos práticos (nível pragmático),[31] de modo a indicar critérios que permitam uma aplicação coerente, racional e justa do Direito.

Trata-se, sem dúvida, de sobrelinguagem (ou metalinguagem): é linguagem sobre a linguagem normativa.[32] Mas não se reduz a isso. A Ciência do Direito também examina elementos não linguísticos, como

27. Riccardo Guastini, *Das Fontes às Normas*, cit., p. 369.

28. Hans Kelsen, *Teoria Pura do Direito*, 6ª ed., trad. de João Baptista Machado, São Paulo, Martins Fontes, 2000, p. 80.

29. Hans Kelsen, *Teoria Pura do Direito*, cit., 6ª ed., p. 81.

30. "(...) é necessário ultrapassar a crendice de que a função do intérprete é meramente descrever significados, em favor da compreensão de que o intérprete reconstrói significados, quer o cientista, pela construção de conexões sintáticas e semânticas, quer o aplicador, que soma àquelas conexões as circunstâncias do caso a julgar" (Humberto Ávila, *Teoria dos Princípios*, 14ª ed., São Paulo, Malheiros Editores, 2013, p. 37).

31. Humberto Ávila, "A doutrina e o direito tributário", in Humberto Ávila (org.), *Fundamentos do Direito Tributário*, São Paulo, Marcial Pons, 2012.

32. Hans Kelsen, *Teoria Pura do Direito*, cit., 6ª ed., p. 82; Karl Larenz, *Metodologia da Ciência do Direito*, 3ª ed., trad. de José Lamego, Lisboa, Fundação Calouste Gulbenkian, 1997, pp. 350-351; Paulo de Barros Carvalho, *Curso de Direito Tributário*, 11ª ed., São Paulo, Saraiva, 1999, pp. 2-3.

os fatos (a conduta, por exemplo), os valores, os fins a serem alcançados, os bens envolvidos, os sujeitos que aplicarão a norma, os efeitos da aplicação da norma etc.[33] Interpretar o Direito não é descrever o Direito (que não é algo previamente dado), nem se resume a reconstruir os sentidos dos enunciados normativos, pois "alguma medida de realidade deve ser incluída na atividade doutrinária, sob pena de se construir uma doutrina ideal, mas totalmente irreal".[34]

Esse é o mote para distinguir a função do conhecimento jurídico e a função da autoridade jurídica. A distinção, que é elementar, parece ter sido ignorada pelos autores que se debruçaram sobre a Teoria Geral do Processo, como se verá adiante.

Trata-se de particularidade da Ciência Jurídica: o Direito é um produto cultural composto por linguagem. A linguagem do Direito não se confunde, porém, com a linguagem da Ciência do Direito. No objeto da Física, por exemplo, não se encontra linguagem; há linguagem na Ciência Física.[35]

Com base nessas premissas, é possível distinguir "Parte Geral" e "Teoria Geral do Direito".

"Parte Geral" é um conjunto de enunciados normativos. A identificação do gênero de enunciados a que pertença a "Parte Geral" já seria suficiente para distingui-la da Teoria Geral, que pertence ao gênero dos "enunciados doutrinários".

Como "Parte", pressupõe a existência de um continente (também conjunto de enunciados normativos) de que seja um excerto. Normalmente a Parte Geral aparece como subdivisão de códigos ou estatutos.

É "Geral" porque se trata de conjunto de enunciados normativos que servem à compreensão e à aplicação de outras normas, ditas especiais ou específicas. São enunciados normativos que podem ser aplicados em qualquer dos extratos do "continente normativo". Assim, por exemplo, a regra sobre os limites da personalidade jurídica, encontrável na Parte Geral do Código Civil brasileiro (art. 2º),[36] aplica-se a todos os demais livros do Código, como os de "Família" e do "Direito das Coisas".

---

33. Humberto Ávila, "A doutrina e o direito tributário", cit., in Humberto Ávila (org.), *Fundamentos do Direito Tributário*.

34. Idem, ibidem.

35. Lourival Vilanova, *As Estruturas Lógicas e o Sistema do Direito Positivo*, São Paulo, Max Limonad, 1997, p. 65.

36. Art. 2º do CC brasileiro: "A personalidade civil da pessoa começa do nascimento com vida; mas a lei põe a salvo, desde a concepção, os direitos do nascituro".

A Parte Geral pode conter normas que se aplicam além do veículo normativo a que pertençam. As regras da Parte Geral do Código Civil brasileiro, por exemplo, servem a todo o direito privado brasileiro, e não apenas àquilo que pelo mesmo Código foi regulado. É "Geral" também por esse motivo.

A compreensão da linguagem legislativa, mesmo daquela que produz uma "Parte Geral", não prescinde dos conceitos jurídicos fundamentais construídos pela Filosofia Jurídica.

A Teoria Geral do Direito é única. Não há limite para o número de "Partes Gerais". É possível haver uma Parte Geral no Código Civil, outra no Código Penal e mais uma no Estatuto da Criança e do Adolescente etc. A "generalidade" da Teoria do Direito não implica a "unidade" da Parte Geral.

Teoria Geral do Direito, produto da atividade filosófica ou científica, e Parte Geral, produto da atividade legislativa, são, pois, inconfundíveis,[37] embora a confusão entre produto da ciência e produto da autoridade jurídica seja frequente.[38-39]

Exatamente porque são linguagens distintas, não se recomenda ao legislador "normatizar" conceitos jurídicos fundamentais. Não se deve verter à linguagem legislativa os enunciados doutrinários, transformando em "norma" aquilo que é pressuposto teórico para a compreensão dos textos normativos.[40]

37. Riccardo Guastini percebeu o sentido "fraco" do termo Teoria "Geral" do Direito para designar "a análise dos princípios e das noções comuns não a todos os ordenamentos jurídicos, porém, mais modestamente, aos diversos setores de um dado ordenamento jurídico" (*Das Fontes às Normas*, cit., p. 378).

38. Hans Kelsen, *Teoria Pura do Direito*, cit., 6ª ed., p. 82.

39. Menezes Cordeiro, ao discorrer sobre o conteúdo da disciplina "Teoria Geral do Direito Civil", traz considerações úteis, que servem a este ensaio, *mutatis mutandis*. O autor lusitano demonstra o duplo papel dessa disciplina: como Teoria Geral, apresentar os conceitos e categorias gerais do direito civil; como direito civil, cabe apresentar a solução a problemas concretos delimitados pelo âmbito de regulação da Parte Geral do Código Civil. A Teoria Geral é tarefa da doutrina jurídica, que acompanha os progressos da Ciência Jurídica. A Parte Geral do direito civil é produto da atividade legislativa: comporta comandos normativos, mas não teoriza – "não poderia, aliás, fazê-lo, ainda quando o pretendesse" (António Menezes Cordeiro, "Teoria Geral do Direito Civil – Relatório", cit., Separata da *Revista da Faculdade de Direito de Lisboa*, 1988, pp. 28-29).

40. "A codificação há de ser obra de cunho prático, que deve conter, tão somente, disposições com eficácia normativa, sendo-lhes estranhas, por conseguinte, as definições, noções, classificações e teorias" (Orlando Gomes, *Introdução ao Direito Civil*, 11ª ed., Rio de Janeiro, Forense, 1995, p. 32).

4. Teoria Geral do Processo

A Teoria Geral do Processo, Teoria do Processo,[41] Teoria Geral do Direito Processual[42] ou Teoria do Direito Processual é uma disciplina jurídica dedicada à elaboração, à organização e à articulação dos conceitos jurídicos fundamentais (*lógico-jurídicos*) processuais. São conceitos *lógico-jurídicos* processuais todos aqueles indispensáveis à compreensão jurídica do fenômeno processual, onde quer que ele ocorra, tais como: competência,[43] decisão, cognição, admissibilidade, norma processual, processo, demanda, legitimidade, pretensão processual, capacidade de ser parte, capacidade processual, capacidade postulatória, prova, presunção e tutela jurisdicional.

Trata-se de um excerto da Teoria Geral do Direito.[44]

---

41. Como, por exemplo, a denominam: Dante Barrios De Angelis, *Teoría del Proceso*, 2ª ed., Buenos Aires, Editorial BdeF, 2002; Juan F. Monroy Gálvez, *Teoría General del Proceso*, Lima, Palestra, 2007, p. 125 (o autor, nada obstante o título da obra, refere-se, no corpo do livro, à "Teoria do Processo"); Luiz Dorantes Tamayo, *Teoría del Proceso*, 9ª ed., México, Editorial Porrúa, 2004; Miguel Enrique Rojas, *Teoría del Proceso*, 2ª ed., Bogotá, Universidad Externado de Colombia, 2004; Benedito Hespanha, *Tratado de Teoria do Processo*, 2 vols., Rio de Janeiro, Forense, 1986; Dierle Nunes; Alexandre Bahia, Bernardo Ribeiro Câmara e Carlos Henrique Soares, *Curso de Direito Processual Civil – Fundamentação e Aplicação*, Belo Horizonte, Fórum, 2011, p. 69.

42. Como, por exemplo, a denominam Adolf Merkl, *Teoría General del Derecho Administrativo*, sem tradutor identificado, México, Nacional, 1980, p. 279; Niceto Alcalá-Zamora y Castillo, "Trayectoria y contenido de una Teoría General del Proceso", in *Estudios de Teoría General e Historia del Proceso (1945-1972)*, t. 1, México, Universidad Nacional Autónoma de México/Instituto de Investigaciones Jurídicas, 1974, p. 509; José Carlos Barbosa Moreira, "As bases do direito processual civil", in *Temas de Direito Processual*, São Paulo, Saraiva, 1977, p. 8; José Ovalle Favela, *Teoría General del Proceso*, 6ª ed., México, Oxford, 2005, p. 49; María Amparo Renedo Arenal, "Conveniencia del estudio de la Teoría General del Derecho Procesal. Su aplicabilidad a las distintas ramas del mismo", in Fredie Didier Jr. e Eduardo Jordão (coords.), *Teoria do Processo – Panorama Doutrinário Mundial*, Salvador, Juspodivm, 2008.

43. Leonardo José Carneiro da Cunha, "A competência na Teoria Geral do Direito", in Fredie Didier Jr. e Eduardo Jordão (coords.), *Teoria do Processo – Panorama Doutrinário Mundial*, Salvador, Juspodivm, 2008, p. 462.

44. Nesse sentido, também: Augusto M. Morello, *La Eficacia del Proceso*, 2ª ed., Buenos Aires, Hamurabi, 2001, pp. 142-143; María Amparo Renedo Arenal, "Conveniencia del estudio de la Teoría General del Derecho Procesal. Su aplicabilidad a las distintas ramas del mismo", cit., in Fredie Didier Jr. e Eduardo Jordão (coords.), *Teoria do Processo – Panorama Doutrinário Mundial*, p. 624; Ricardo Maurício Freire Soares, "Fundamentos epistemológicos para uma Teoria Geral do

A Teoria Geral do Processo é, em relação à Teoria Geral do Direito, uma teoria parcial, pois se ocupa dos conceitos fundamentais relacionados ao processo, um dos fatos sociais regulados pelo Direito. É uma disciplina filosófica, de viés epistemológico; nesse sentido, como excerto da Epistemologia do Processo, é ramo da Filosofia do Processo.

A Teoria Geral do Processo pode ser compreendida como uma teoria geral, pois os conceitos *lógico-jurídicos* processuais, que compõem seu conteúdo, têm pretensão universal. Convém adjetivá-la como "Geral" exatamente para que possa ser distinguida das *teorias individuais do processo*, que têm pretensão de servir à compreensão de *determinadas realidades normativas*.[45]

A extensão da Teoria Geral do Processo diminui sua intensidade. Por ter objeto muito amplo (qualquer processo, em sentido jurídico: legislativo, administrativo, jurisdicional e privado), a Teoria Geral do Processo possui, em relação a teorias particulares ou individuais do processo, reduzida capacidade de explicação de fenômenos jurídicos próprios de determinada ordem jurídica.

Assim como a Teoria Geral do Direito pode ser vista como um conjunto de teorias parciais (Teoria do Fato Jurídico, Teoria da Norma Jurídica, Teoria do Processo etc.), a Teoria Geral do Processo pode ser examinada como um conjunto de outras teorias parciais (Teoria do Fato Jurídico Processual, Teoria da Decisão, Teoria da Execução, Teoria da Prova, Teoria da Competência etc.).

5. Distinções

5.1 Teoria Geral do Processo e Ciência do Direito Processual

A relação entre a Teoria Geral do Processo[46] e a Ciência do Direito Processual (Ciência Dogmática do Processo ou, simplesmente, Ciência

Processo", in Fredie Didier Jr. e Eduardo Jordão (coords.), *Teoria do Processo – Panorama Doutrinário Mundial*, Salvador, Juspodivm, 2008, pp. 846-850.

45. Não se justifica, assim, a crítica de Benedito Hespanha, que não vê "razão plausível" para qualificar a teoria como Geral, exatamente porque toda teoria seria geral (*Tratado de Teoria do Processo*, cit., vol. 2, p. 1.272)

46. A Teoria Geral do Processo é Epistemologia. A Epistemologia pode ser entendida como Ciência da Ciência. Neste sentido, a Teoria Geral do Processo seria uma das Ciências do Processo, ao lado da Sociologia do Processo, da História do Processo e da Ciência do Direito Processual ou Ciência Dogmática do Processo. O contraponto feito neste item é entre a Teoria Geral do Processo e a Ciência do Direito Processual.

do Processo) é a mesma que se estabelece entre a Teoria Geral do Direito e a Ciência (Dogmática) do Direito.

A Teoria Geral do Processo é linguagem epistemológica sobre a linguagem jurídico-dogmática; é linguagem sobre linguagem. Trata-se de conjuntos de enunciados doutrinários, não normativos, produtos da atividade científica ou filosófica. A Ciência do Processo cuida de examinar, dogmaticamente, o direito processual, formulando diretrizes, apresentando fundamentos e oferecendo subsídios para as adequadas compreensão e aplicação das suas normas.

Neste aspecto, pertencem a um mesmo gênero: ambas revelam-se como doutrina e assumem as funções a ela destinadas. As teorias doutrinárias são "complexos argumentativos": constituem-se em um "corpo de fórmulas *persuasivas* que influem no comportamento dos destinatários, mas sem vinculá-los, salvo pelo apelo à razoabilidade e à justiça, tendo em vista a *decidibilidade* de possíveis conflitos".[47]

A Teoria Geral do Processo não cuida, como foi visto, da análise de qualquer direito positivo. A preocupação é epistemológica: fornecer às Ciências do Processo o repertório conceitual indispensável ao exame do direito positivo, qualquer que seja seu conteúdo.

Faz-se *Ciência (Dogmática) do Processo* quando se discute sobre se o recurso cabível contra determinada decisão é apelação ou agravo; sobre se o prazo para apresentação de defesa na execução de sentença é de 15 ou 30 dias; sobre se é cabível determinada modalidade de intervenção de terceiro em certo tipo de procedimento.

É Epistemologia do Processo, porém, definir o que seja "decisão", "defesa" ou "intervenção de terceiro". Não se trata de problemas da *Ciência do Direito Processual*, que, por ser dogmática, toma determinado arcabouço de conceitos como corretos e, após se valer deles, propõe soluções aos problemas do direito positivo.[48]

A relação entre esses dois níveis de linguagem é permanente e inevitável, mas é preciso que fiquem sempre claras as suas diferenças.[49]

---

47. Tércio Sampaio Ferraz Jr., *Introdução ao Estudo do Direito – Técnica, Decisão, Dominação*, 2ª ed., São Paulo, Atlas, 1994.

48. Com uma visão diferente, entendendo que Teoria Geral do Processo e Direito Processual, entendido como Ciência Jurídica, são expressões sinônimas: Juan F. Monroy Gálvez, *Teoría General del Proceso*, cit., pp. 128-129.

49. Luigi Ferrajoli, **Principia Iuris** – *Teoria del Diritto e della Democrazia*, cit., vol. 1, p. 51.

A separação entre as linguagens da Teoria Geral do Processo e da Ciência do Processo é imprescindível para a boa qualidade da produção doutrinária.

Há problemas de direito positivo que, por vezes, são examinados como se fossem problemas gerais. Essa falha de percepção compromete a qualidade do trabalho doutrinário.

Um exemplo, extraído da análise do direito processual civil brasileiro, talvez seja útil à compreensão do que se afirma neste item.

É frequente a afirmação doutrinária de que a falta de pressupostos processuais pode ser conhecida de ofício pelo órgão jurisdicional. Essa lição é produto da Ciência do Processo Civil brasileiro, que chega a essa conclusão após a análise do § 3º do art. 267 do CPC.[50]

Não se trata, como se vê, de postulado da Teoria Geral do Processo. Saber se a falta de um pressuposto processual pode, ou não, ser conhecida de ofício pelo órgão jurisdicional é um problema de direito positivo. Variará conforme o Direito que se examinar. Nada impede que sobrevenha uma lei que não permita ao órgão jurisdicional reconhecer de ofício a falta de determinado pressuposto. É, por exemplo, o que acontece com a falta de competência relativa (n. 33 da Súmula da Jurisprudência Predominante do STJ) e a falta de autorização do cônjuge para a propositura de ação real imobiliária (art. 1.649 do CC brasileiro).[51]

A Teoria Geral do Processo preocupa-se com a definição do que é "pressuposto processual"; pouco importa o regime jurídico previsto para o controle jurisdicional da admissibilidade do processo.

Essas premissas são indispensáveis para que se compreenda corretamente o texto normativo do parágrafo único do art. 526 do CPC brasileiro, que impõe ao recorrido o ônus de alegar a falta de requisito de admissibilidade do recurso de agravo de instrumento. Trata-se de rara hipótese de falta de requisito de admissibilidade do recurso que não pode ser conhecida de ofício.

Essa legítima opção legislativa foi criticada pela doutrina, que considerou os requisitos de admissibilidade dos recursos como questões de

---

50. CPC, § 3º do art. 267: "§ 3º. O juiz conhecerá de ofício, em qualquer tempo e grau de jurisdição, enquanto não proferida a sentença de mérito, da matéria constante dos ns. IV, V e VI; todavia, o réu que a não alegar, na primeira oportunidade em que lhe caiba falar nos autos responderá pelas custas de retardamento".

51. CC, art. 1.649: "A falta de autorização, não suprida pelo juiz, quando necessária (art. 1.647), tornará anulável o ato praticado, podendo o outro cônjuge pleitear-lhe a anulação, até 2 (dois) anos depois de terminada a sociedade conjugal".

ordem pública e, nessa condição, "não se encontram sujeitos a preclusão, podendo ser conhecidos de ofício".[52] A lição não parece correta.

Ser, ou não, questão de ordem pública, sujeitar-se, ou não, a preclusão, poder, ou não, ser controlado de ofício são atributos que o pressuposto processual terá *conforme o regime jurídico que lhe prescrever o direito processual positivo*. São atributos de direito positivo, não elementos de um conceito *lógico-jurídico* – e, portanto, invariável – de pressuposto processual. O pressuposto processual não é *essencialmente* uma questão de ordem pública, nem é *teoricamente* um requisito cuja falta possa, sempre, pouco importa o direito positivo, ser reconhecida de ofício pelo órgão jurisdicional. Há um equívoco de percepção quanto à natureza do problema examinado: ao examinar um problema de direito positivo não faz o jurista Teoria Geral do Processo.

Teoria Geral do Processo e Ciência do Direito Processual são diversos extratos de linguagem do pensamento jurídico sobre o processo. Embora distintos, ou até mesmo por isso, estão intimamente ligados: não se faz séria Ciência do Processo sem sólido conhecimento de Teoria Geral do Processo. Não devem ser misturados ou confundidos. O cuidado na utilização de uma e outra é etapa indispensável na construção de um pensamento jurídico processual coerente, racional e confiável.

5.2 Teoria Geral do Processo e teorias individuais do processo

A existência de uma Teoria Geral do Processo não impede a construção de *teorias individuais do processo*.

É possível conceber uma *Teoria do Processo Civil Brasileiro*.[53] Será um conjunto de conceitos *jurídico-positivos* importantes para a com-

---

52. Flávio Cheim Jorge, *A Nova Reforma Processual*, 2ª ed., São Paulo, Saraiva, 2003, p. 170.

53. Luiz Guilherme Marinoni afirma que "o 'novo processo civil' – caracterizado pela antecipação da tutela, pela tutela específica, pela tutela inibitória e pela tutela dos direitos transindividuais – *naturalmente reclama uma outra Teoria Geral do Processo*. Não se quer dizer, obviamente, que a necessidade de uma nova Teoria do Processo decorra das alterações que foram realizadas no tecido normativo-processual. *A imprescindibilidade de uma nova Teoria do Processo deriva, antes de tudo, da transformação do Estado, isto é, do surgimento do Estado Constitucional, e da consequente remodelação dos próprios conceitos de direito e de jurisdição*" (*Teoria Geral do Processo*, 4ª ed., São Paulo, Ed. RT, 2010, p. 9). O autor certamente refere-se à necessidade de construção de uma nova *Teoria do Processo Civil Brasileiro* tendo em vista as transformações havidas no direito processual civil brasileiro (citadas por ele) e o surgimento do chamado "Estado Constitucional", que,

preensão do direito processual civil brasileiro. Essa teoria seria composta por outras teorias parciais (Teoria dos Recursos, Teoria da Prova, Teoria da Execução por Quantia Certa, Teoria da Competência etc.). Uma Teoria da Prova para o processo civil brasileiro, por exemplo, organizaria os conceitos dos meios de prova típicos e das técnicas de distribuição do ônus da prova adotados no Direito Brasileiro.

Nessa mesma linha, cogitam-se Teorias do Processo Penal Brasileiro, do Processo Administrativo Disciplinar Brasileiro, do Processo Administrativo Tributário Brasileiro etc. Uma Teoria do Processo Penal Brasileiro, por exemplo, ajudaria na sistematização das espécies de prisão determinada antes do trânsito em julgado da sentença penal (provisória, temporária, cautelar etc.). Uma Teoria do Processo Administrativo Disciplinar Brasileiro apresentaria os conceitos *jurídico-positivos* das sanções disciplinares previstas no ordenamento brasileiro. A Teoria do Processo Administrativo Tributário, por exemplo, forneceria ao tributarista o conceito *jurídico-positivo* de "lançamento tributário". Obviamente, a referência ao Direito Brasileiro é meramente exemplificativa.

Todas seriam teorias construídas a partir do exame de determinado direito positivo, e apenas a ele serviriam. Ao Direito estrangeiro serviriam apenas para fins de comparação.

Derivam todas, porém, da Teoria Geral do Processo. Os conceitos *jurídico-positivos*, construídos para a compreensão de determinado ordenamento jurídico, baseiam-se nos conceitos *lógico-jurídicos*, construção da Teoria Geral do Processo.

5.3 Teoria Geral do Processo e teorias particulares do processo

A existência de uma Teoria Geral do Processo não impede a construção de *teorias particulares do processo*.

Será muito útil a construção de uma Teoria do Processo própria para os Estados Democráticos de Direito, fundados na Constituição e que consagram direitos fundamentais. Será uma teoria particular do direito processual.

segundo o autor, é o modelo do Estado Brasileiro. E, se assim for compreendido, parece ter razão nessa observação. Sucede que *não se trata de construir uma nova Teoria Geral do Processo*. Uma nova "Teoria Geral do Processo", construída em razão de particularidades brasileiras, seria inservível como Teoria Geral; inaplicável à compreensão do fenômeno jurídico em outros Países. A imprecisão terminológica precisa ser apontada e, eventualmente, corrigida. Não custa muito evitar ainda mais incompreensões a respeito do objeto desta tese.

Em uma teoria como essa, "direito fundamental", "devido processo legal", "democracia", "Constituição", "igualdade", são conceitos imprescindíveis. Obviamente, essa teoria também será composta pelos conceitos jurídicos fundamentais processuais, objeto da Teoria Geral do Processo.

5.4 Teoria Geral do Processo e direito processual

A Teoria Geral do Processo não se confunde com o direito processual. Na verdade, diferentemente do que ocorre com a relação entre ela e a Ciência do Processo, sequer é possível confrontar a Teoria Geral do Processo com o direito processual. São enunciados que possuem diversa natureza e, assim, não podem ser distinguidos. Não há como comparar uma lição doutrinária com uma prescrição normativa; enunciado descritivo com enunciado prescritivo.

Tudo o quanto se disse sobre a relação entre Teoria Geral do Direito e a Parte Geral, em item precedente, serve para fundamentar essa conclusão. Assim, não há necessidade de renovar a fundamentação.

Mas a advertência quanto à impropriedade de confundi-los é muito importante.

Há quem trate a Teoria Geral do Processo como o conjunto das normas jurídicas processuais fundamentais, principalmente as constitucionais. Teoria Geral do Processo seria, nesse sentido, um direito processual geral e fundamental.[54]

Boa parte das críticas dirigidas à Teoria Geral do Processo parte da premissa de que ela equivale à criação de um direito processual único, aplicável a todas as modalidades de processo.[55] Essas críticas partem do equívoco metodológico de confundir o produto da Filosofia do Proces-

---

54. Parece ser esse o sentido empregado por Luiz Guilherme Marinoni: "As normas constitucionais traçam as linhas mestras da Teoria do Processo. Trata-se de uma 'tutela constitucional do processo', que tem por fim assegurar a conformação e o funcionamento dos institutos processuais aos princípios que são insculpidos de acordo com os valores constitucionais. (...)" (*Novas Linhas do Processo Civil*, 4ª ed., São Paulo, Malheiros Editores, 2000, p. 21). Assim, também considerando o estudo dos princípios constitucionais do processo como conteúdo da Teoria Geral do Processo: Paulo Henrique dos Santos Lucon, "Novas tendências na estrutura fundamental do processo civil", *Revista do Advogado* 88/146-147, Ano XXVI, São Paulo, AASP, novembro/2006.

55. Como, por exemplo: Luís Eulálio de Bueno Vidigal, "Por que unificar o direito processual?", *RePro* 27/40-48, São Paulo, Ed. RT, 1982; José Manoel de Arruda Alvim Netto, *Tratado de Direito Processual Civil*, 2ª ed., vol. 1, São Paulo, Ed.

so (especificamente, da Teoria Geral do Processo) com o conjunto de normas jurídicas processuais, elas mesmas objeto de investigação pela Ciência Dogmática do Processo.[56]

Enfim, em qualquer dos casos, é mixórdia epistêmica que certamente compromete a qualidade da argumentação.

5.5 Teoria Geral do Processo e Parte Geral

A Teoria Geral do Processo não se confunde com a "Parte Geral" de um código ou de um estatuto processual.[57]

Como já se viu, não devem ser confundidas as duas dimensões da linguagem jurídica: a linguagem do Direito e a linguagem da Ciência do Direito.

A Teoria Geral do Processo é construção da Ciência (ou Filosofia – Epistemologia) do Direito. A Parte Geral é um conjunto de enunciados normativos; é linguagem prescritiva, produto da atividade legislativa (em sentido amplo).

Aplica-se, neste momento, tudo o quanto foi dito a respeito da relação entre Teoria Geral do Direito e Parte Geral.

RT, 1990, pp. 104-105; Ovídio A. Baptista da Silva e Fábio Gomes, *Teoria Geral do Processo Civil*, 3ª ed., São Paulo, Ed. RT, 2002, pp. 37-40.

56. Corretamente, separando os temas (direito processual único e Teoria Geral do Processo): María Amparo Renedo Arenal, "Conveniencia del estudio de la Teoría General del Derecho Procesal. Su aplicabilidad a las distintas ramas del mismo", cit., in Fredie Didier Jr. e Eduardo Jordão (coords.), *Teoria do Processo – Panorama Doutrinário Mundial*, p. 632.

57. A confusão existe na doutrina. Niceto Alcalá-Zamora y Castillo, um dos processualistas que mais se dedicaram ao estudo da Teoria Geral do Processo, chega a dizer que em Países em que haja um código unitário de direito processual (civil e penal) a Parte Geral deste código se identifica com a Teoria Geral do Processo ("La Teoría General del Proceso y la enseñanza del derecho procesal", in *Estudios de Teoría General e Historia del Proceso (1945-1972)*, t. 1, México, Universidad Nacional Autónoma de México, 1974, p. 587). Mesmo Barbosa Moreira, processualista que se notabilizou pelo apuro da linguagem, também parece fazer essa confusão. Na nota do autor à 1ª edição de *O Novo Processo Civil Brasileiro*, editado logo após a promulgação do Código de Processo Civil brasileiro de 1973, ele afirma: "Noutra oportunidade, se for possível, tentar-se-á redigir uma *Teoria Geral do Processo Civil*, para estudar os institutos fundamentais da nossa disciplina, inclusive aqueles que, versados embora no Livro I do novo diploma, sob a rubrica 'Do Processo de Conhecimento', com maior propriedade se inseririam numa Parte Geral, a que o legislador não abriu espaço na estrutura do Código" (*O Novo Processo Civil Brasileiro*, 27ª ed., Rio de Janeiro, Forense, 2008, p. 1).

A confusão entre Teoria Geral do Processo e Parte Geral aparece na "Exposição de Motivos" do Projeto de novo Código de Processo Civil. O Projeto estrutura o Código de Processo Civil com uma Parte Geral. A justificativa da Comissão de Juristas responsável pela elaboração do Projeto consta da parte final da nota 33 da "Exposição de Motivos": "O profundo amadurecimento do tema que hoje se observa na doutrina processualista brasileira justifica, nessa oportunidade, a sistematização da Teoria Geral do Processo, no novo Código de Processo Civil".[58]

Não se retira o mérito da opção pela elaboração de uma Parte Geral para o novo Código de Processo Civil brasileiro. A ideia é boa, e merece elogio.

Mas a "Parte Geral" não é a sistematização da Teoria Geral do Processo, que deve ser feita pela Epistemologia do Processo. Parte Geral é excerto de determinado diploma normativo (Códigos, estatutos etc.), composto por enunciados normativos aplicáveis a todas as demais parcelas do mencionado diploma e, eventualmente, até mesmo a outras regiões do ordenamento jurídico. Eventual sistematização da Teoria Geral do Processo daria lugar a um livro de Filosofia do Processo, tese ou manual, produto da atividade científica, não da legislativa.

Nada impede, obviamente, que o Código de Processo Penal, a Lei de Processo Administrativo, o Código de Processo Coletivo etc. tenham a sua respectiva "Parte Geral". Essas Partes Gerais serão conjuntos de enunciados normativos diferentes, exatamente porque são diferentes os fatos que serão por eles regulados.

As peculiaridades do processo penal, do processo administrativo, do processo coletivo etc. recomendam, aliás, que os conteúdos normativos das suas normas sejam diversos. Pode haver tantas Partes Gerais quantos sejam os "processos" que precisam ser regulados.

Mas a Teoria Geral do Processo é única e, como sobrelinguagem, servirá à compreensão de qualquer dessas linguagens normativas.

Nada impede, e tudo recomenda, que a "Parte Geral" seja escrita em conformidade com a Teoria Geral do Processo. Não se deve esquecer que a Teoria Geral do Processo serve também à elaboração dos textos normativos.

Como se viu, Teoria Geral do Processo e "Parte Geral" de um código de processo são linguagens inconfundíveis.

---

58. Brasil, Senado Federal, *Anteprojeto do Novo Código de Processo Civil*, Brasília, Senado Federal, 2010, p. 35.

Boa parte das críticas dirigidas à Teoria Geral do Processo toma por pressuposto essa confusão; por isso mesmo, são infundadas.

Bibliografia

AARNIO, Aulis, UUSITALO, Jyrki, e VALDÉS, Ernesto Garzón (orgs.). *La Normatividad del Derecho*. Barcelona, Gedisa, 1997.

ALCALÁ-ZAMORA Y CASTILLO, Niceto. "La Teoría General del Proceso y la enseñanza del derecho procesal" e "Trayectoria y contenido de una Teoría General del Proceso". In: *Estudios de Teoría General e Historia del Proceso (1945-1972)*. t. 1. México, Universidad Nacional Autónoma de México, 1974.

ARENAL, María Amparo Renedo. "Conveniencia del estudio de la Teoría General del Derecho Procesal. Su aplicabilidad a las distintas ramas del mismo". In: DIDIER JR., Fredie, e JORDÃO, Eduardo (coords.). *Teoria do Processo – Panorama Doutrinário Mundial*. Salvador, Juspodivm, 2008.

ARNAUD, André-Jean (org.). *Dicionário Enciclopédico de Teoria e Sociologia do Direito*. Trad. para a Língua Portuguesa sob a direção de Vicente de Paulo Barreto. Rio de Janeiro, Renovar, 1999.

ARRUDA ALVIM NETTO, José Manoel de. *Tratado de Direito Processual Civil*. 2ª ed., vol. 1. São Paulo, Ed. RT, 1990.

ÁVILA, Humberto. "A doutrina e o direito tributário". In: ÁVILA, Humberto (org.). *Fundamentos do Direito Tributário*. São Paulo, Marcial Pons, 2012.

_____. *Teoria dos Princípios*. 14ª ed. São Paulo, Malheiros Editores, 2013.

_____ (org.). *Fundamentos do Direito Tributário*. São Paulo, Marcial Pons, 2012.

BAHIA, Alexandre, CÂMARA, Bernardo Ribeiro, NUNES, Dierle, e SOARES, Carlos Henrique. *Curso de Direito Processual Civil – Fundamentação e Aplicação*. Belo Horizonte, Fórum, 2011.

BARBOSA MOREIRA, José Carlos. "As bases do direito processual civil". In: *Temas de Direito Processual*. São Paulo, Saraiva, 1977.

_____. *O Novo Processo Civil Brasileiro*. 27ª ed. Rio de Janeiro, Forense, 2008.

BERGEL, Jean-Louis. *Teoria Geral do Direito*. Trad. de Maria Ermantina Galvão. São Paulo, Martins Fontes, 2001.

BOBBIO, Norberto. "Filosofia del Diritto e Teoria Generale del Diritto". In: *Studi sulla Teoria Generale del Diritto*. Turim, Giappichelli, 1955.

CADIET, Loïc. "Prolégomènes à une Théorie Générale du Procès en Droit Français". In: DIDIER JR., Fredie, e JORDÃO, Eduardo (coords.). *Teoria do Processo – Panorama Doutrinário Mundial*. Salvador, Juspodivm, 2008.

CÂMARA, Bernardo Ribeiro, BAHIA, Alexandre, NUNES, Dierle, e SOARES, Carlos Henrique. *Curso de Direito Processual Civil – Fundamentação e Aplicação*. Belo Horizonte, Fórum, 2011.

CARVALHO, Paulo de Barros. *Curso de Direito Tributário*. 11ª ed. São Paulo, Saraiva, 1999.

CUNHA, Leonardo José Carneiro da. "A competência na Teoria Geral do Direito". In: DIDIER JR., Fredie, e JORDÃO, Eduardo (coords.). *Teoria do Processo – Panorama Doutrinário Mundial*. Salvador, Juspodivm, 2008.

DE ANGELIS, Dante Barrios. *Teoría del Proceso*. 2ª ed. Buenos Aires, Editorial BdeF, 2002.

DIDIER JR., Fredie. *Sobre a Teoria Geral Do Processo, Essa Desconhecida*. Salvador, Juspodivm, 2012.

_____, e JORDÃO, Eduardo (coords.). *Teoria do Processo – Panorama Doutrinário Mundial*. Salvador, Juspodivm, 2008.

DIMOULIS, Dimitri. *Positivismo Jurídico*. São Paulo, Método, 2006.

FALZEA, Angelo. *Ricerche di Teoria Generale del Diritto e di Dogmatica Giuridica*. vol. 1. Milão, Giuffrè, 1999.

FAVELA, José Ovalle. *Teoría General del Proceso*. 6ª ed. México, Oxford, 2005.

FERRAJOLI, Luigi. *Principia Iuris – Teoria del Diritto e della Democrazia*. vol. 1. Bari, Editori Laterza, 2007.

FERRAZ JR., Tércio Sampaio. *Introdução ao Estudo do Direito – Técnica, Decisão, Dominação*. 2ª ed. São Paulo, Atlas, 1994.

GÁLVEZ, Juan F. Monroy. *Teoría General del Proceso*. Lima, Palestra, 2007.

GARCÍA MAYNEZ, Eduardo. *Introducción al Estudio del Derecho*. 16ª ed. México, Editorial Porrúa, 1969.

_____. *Lógica del Concepto Jurídico*. México, Ediciones Coyoacán, 2011.

GOMES, Fábio, e SILVA, Ovídio A. Baptista da. *Teoria Geral do Processo Civil*. 3ª ed. São Paulo, Ed. RT, 2002.

GOMES, Orlando. *Introdução ao Direito Civil*. 11ª ed. Rio de Janeiro, Forense, 1995.

GUASTINI, Riccardo. *Das Fontes às Normas*. São Paulo, Quartier Latin, 2005.

HESPANHA, Benedito. *Tratado de Teoria do Processo*. vol. 2. Rio de Janeiro, Forense, 1986.

HOECKE, Mark van, e OST, François. "Teoria Geral do Direito". In: ARNAUD, André-Jean (org.). *Dicionário Enciclopédico de Teoria e Sociologia do Direito*. Trad. para a Língua Portuguesa sob a direção de Vicente de Paulo Barreto. Rio de Janeiro, Renovar, 1999.

JORDÃO, Eduardo, e DIDIER JR., Fredie (coords.). *Teoria do Processo – Panorama Doutrinário Mundial*. Salvador, Juspodivm, 2008.

JORGE, Flávio Cheim. *A Nova Reforma Processual*. 2ª ed. São Paulo, Saraiva, 2003.

KAUFMANN, Arthur. *Filosofia do Direito*. 2ª ed., trad. de António Ulisses Cortês. Lisboa, Fundação Calouste Gulbenkian, 2007.

KELSEN, Hans. *Teoria Pura do Direito*. 6ª ed., trad. de João Baptista Machado. São Paulo, Martins Fontes, 2000.

LARENZ, Karl. *Metodologia da Ciência do Direito*. 3ª ed., trad. de José Lamego. Lisboa, Fundação Calouste Gulbenkian, 1997.

LUCON, Paulo Henrique dos Santos. "Novas tendências na estrutura fundamental do processo civil". *Revista do Advogado* 88. Ano XXVI. São Paulo, AASP, novembro/2006.

MacCORMICK, Neil. "Analítica (abordagem do Direito)". In: ARNAUD, André-Jean (org.). *Dicionário Enciclopédico de Teoria e Sociologia do Direito*. Trad. para a Língua Portuguesa sob a direção de Vicente de Paulo Barreto. Rio de Janeiro, Renovar, 1999.

MACHADO NETO, Antônio Luiz. *Compêndio de Introdução à Ciência do Direito*. 6ª ed. São Paulo, Saraiva, 1988.

MARINONI, Luiz Guilherme. *Novas Linhas do Processo Civil*. 4ª ed. São Paulo, Malheiros Editores, 2000.

_____. *Teoria Geral do Processo*. 4ª ed. São Paulo, Ed. RT, 2010.

MENEZES CORDEIRO, António. "Teoria Geral do Direito Civil – Relatório". Separata da *Revista da Faculdade de Direito de Lisboa*. Lisboa, Universidade de Lisboa, 1988.

MERKL, Adolf. *Teoría General del Derecho Administrativo*. Sem tradutor identificado. México, Nacional, 1980.

MILLARD, Eric. *Teoria Generale del Diritto*. Trad. de Agostino Carrino. Turim, G. Giappichelli Editore, 2009.

MORELLO, Augusto M. *La Eficacia del Proceso*. 2ª ed. Buenos Aires, Hamurabi, 2001.

NUNES, Dierle, BAHIA, Alexandre, CÂMARA, Bernardo Ribeiro, e SOARES, Carlos Henrique. *Curso de Direito Processual Civil – Fundamentação e Aplicação*. Belo Horizonte, Fórum, 2011.

OST, François, e HOECKE, Mark van. "Teoria Geral do Direito". In: ARNAUD, André-Jean (org.). *Dicionário Enciclopédico de Teoria e Sociologia do Direito*. Trad. para a Língua Portuguesa sob a direção de Vicente de Paulo Barreto. Rio de Janeiro, Renovar, 1999.

RADBRUCH, Gustav. *Filosofia do Direito*. 2ª ed., trad. de Marlene Holzhausen. São Paulo, Martins Fontes, 2010.

REALE, Miguel. *Filosofia do Direito*. 20ª ed. São Paulo, Saraiva, 2011.

RECASÉNS SICHES, Luis. *Filosofia del Derecho*. 19ª ed. México, Editorial Porrúa, 2008.

ROJAS, Miguel Enrique. *Teoría del Proceso*. 2ª ed. Bogotá, Universidad Externado de Colombia, 2004.

SILVA, Ovídio A. Baptista da, e GOMES, Fábio. *Teoria Geral do Processo Civil*. 3ª ed. São Paulo, Ed. RT, 2002.

SOARES, Carlos Henrique, BAHIA, Alexandre, CÂMARA, Bernardo Ribeiro, e NUNES, Dierle. *Curso de Direito Processual Civil – Fundamentação e Aplicação*. Belo Horizonte, Fórum, 2011.

SOARES, Ricardo Maurício Freire. *Curso de Introdução ao Estudo do Direito*. Salvador, Juspodivm, 2009.

_____. "Fundamentos epistemológicos para uma Teoria Geral do Processo". In: DIDIER JR., Fredie, e JORDÃO, Eduardo (coords.). *Teoria do Processo – Panorama Doutrinário Mundial*. Salvador, Juspodivm, 2008.

SOMLÓ, Felix. *Juristische Grundlehre*. Lípsia, Felix Meiner, 1917.

SOUTO MAIOR BORGES, José. *Obrigação Tributária*. 2ª ed. São Paulo, Malheiros Editores, 1999 e 2001.

TAMAYO, Luiz Dorantes. *Teoría del Proceso*. 9ª ed. México, Editorial Porrúa, 2004.

UUSITALO, Jyrki. "Reflexiones sobre las metametodologías de la ciencia jurídica" (trad. de Eduardo Rivera López). In: AARNIO, Aulis, UUSITALO, Jyrki, e VALDÉS, Ernesto Garzón (orgs.). *La Normatividad del Derecho*. Barcelona, Gedisa, 1997.

_____, AARNIO, Aulis, e VALDÉS, Ernesto Garzón (orgs.). *La Normatividad del Derecho*. Barcelona, Gedisa, 1997.

VALDÉS, Ernesto Garzón, AARNIO, Aulis, e UUSITALO, Jyrki (orgs.). *La Normatividad del Derecho*. Barcelona, Gedisa, 1997.

VIDIGAL, Luís Eulálio de Bueno. "Por que unificar o direito processual?". *RePro* 27/40-48. São Paulo, Ed. RT, 1982.

VILANOVA, Lourival. *As Estruturas Lógicas e o Sistema do Direito Positivo*. São Paulo, Max Limonad, 1997.

_____. *Escritos Jurídicos e Filosóficos*. vol. 1. Brasília, Axis Mvndi/IBET, 2003.

_____. *Sobre o Conceito do Direito*. Recife, Imprensa Oficial, 1947.

WITTGENSTEIN, Ludwig. *Tratado Lógico-Filosófico*. 2ª ed., trad. de M. S. Lourenço. Lisboa, Fundação Calouste Gulbenkian, 1995.

LIVRE CONVENCIMENTO E STANDARDS DE PROVA

GUILHERME RECENA COSTA

Mestre e Doutorando em Direito Processual Civil pela Universidade de São Paulo – Advogado em São Paulo

1. Introdução. 2. Delimitação do tema. 3. Prova e verdade – Premissas teóricas. 4. Livre apreciação da prova e racionalidade do juízo fático. 5. Construção racional dos standards de prova no common law. *6. Inadequação do estado da arte do processo de* civil law *no que tange aos* standards *de prova. 7. Notas conclusivas.*

1. Introdução

A elaboração de uma "teoria geral" é o resultado de um exercício intelectual de abstração. Por meio desse esforço metodológico são identificadas categorias gerais, comuns a uma série de elementos concretos, no intuito de oferecer uma visão panorâmica e uma explicação coerente de determinado objeto de estudo.

Para que se possa avaliar uma teoria geral – sobretudo no domínio essencialmente problemático do Direito –, devemos tomar em consideração fundamentalmente a sua *utilidade* enquanto síntese e orientação. Uma teoria geral deve ser capaz de fornecer sistematização clara, didática e consistente da matéria, sem, no entanto, pecar pelo excesso de abstração que a torne estéril e desvinculada da prática. *Praxis sine theoria est velut caecus in via; theoria sine praxi est velut currus sine axi.*

A *Teoria Geral do Processo* visa a condensar o fenômeno processual – expondo suas normas estruturantes (devido processo legal); descrevendo, agrupando e classificando seus institutos fundamentais (ação, jurisdição, defesa, coisa julgada etc.); e apontando semelhanças e diferenças existentes entre os diversos "tipos" de processo (segundo, por exemplo, o direito material que lhes dá substância – civil, penal, trabalhista etc.).

Dentre todos os institutos processuais, poucos se oferecem de maneira tão adequada a uma teorização geral quanto o direito probatório.

A matéria transcende o formalismo especificamente jurídico, inserindo-se dentro do problema maior do conhecimento humano e da verdade e, ao mesmo tempo, tratando daquilo que é individual e singular no caso concreto. Por isso, uma *Teoria Geral da Prova* acaba também transcendendo, em certa medida, as fronteiras entre o processo civil e o processo penal, escapando às objeções por vezes feitas à Teoria Geral do Processo *tout court*. Sintomaticamente, o ensino jurídico nos Países de *common law* – em sintonia com sua vocação para o estudo do plano fático e concreto do Direito – dedica ao direito probatório uma disciplina autônoma: ao lado dos cursos de *Civil Procedure* e *Criminal Procedure*, aos alunos é oferecido um semestre especificamente sobre *Evidence* durante a faculdade de Direito.

O presente ensaio visa a oferecer, em tom de homenagem, uma contribuição para a Teoria Geral do Processo, buscando subsídios justamente na experiência dos sistemas anglo-saxões no campo do direito probatório. Trata-se de preocupação com a racionalidade do juízo fático e com o estabelecimento de critérios para a valoração da prova (*standards* de prova) – tema que pode ser enquadrado, por isso, como um capítulo da Teoria Geral da Prova e, de forma mais ampla, da Teoria Geral do Processo. O ensaio propõe que se adote no processo civil brasileiro um *standard* de simples preponderância da prova, sem exigir uma convicção plena do juiz, tal como usualmente é entendida a máxima de livre convencimento, para que se julgue procedente a demanda. Seu propósito terá sido cumprido se puder fomentar no leitor uma reflexão crítica sobre o estado atual da doutrina e da prática forense brasileiras, à luz da comparação com sistemas estrangeiros.

2. Delimitação do tema

O Direito Norte-Americano costuma referir o problema da *sufficiency of evidence* ou *measure of persuasion*. Este é descrito, de maneira bastante pragmática, como a questão concernente a saber "quanta prova" deve ser produzida para que seja satisfeito o ônus probatório que recai sobre a parte.[1] Nos litígios civis em geral, o juiz (ou o Júri, instruído então pelo magistrado) deve contentar-se com uma "preponderância da prova" (*preponderance of evidence*) em favor de uma das partes.[2] No

---

1. Cf. Fleming James Jr., Geoffrey C. Hazard Jr. e John Leubsdorf, *Civil Procedure*, 5ª ed., Nova York, Foundation Press, 2001, §§ 7.14-7.15, pp. 416-417.

2. V., por exemplo, "Grogan *versus* Garner", 498 *U.S.* 279, 111 S. Ct. 654, 112 L. Ed. 2d 755 (1991), em que a Suprema Corte estadunidense decidiu que o

outro extremo do espectro, as condenações penais dependem de prova além da dúvida razoável (*beyond reasonable doubt*), para expressar a altíssima probabilidade exigida para a procedência da acusação. Para casos específicos, como a discussão de direitos de paternidade,[3] existe o *standard* da "prova clara e convincente" (*clear and convincing*) ou da prova que seja "clara, precisa e inequívoca" (*clear, precise and indubitable*). Embora comumente designado sob ainda outros rótulos (*clear, satisfactory and convincing*; *clear, precise and indubitable*; *clear, cogent and convincing*), gerando certa confusão terminológica, o *standard* coloca-se em patamar intermediário e geralmente é traduzido como "muito mais provável do que não" (*much more likely than not*).[4]

Apesar do destaque conferido ao estudo do direito à prova e dos poderes instrutórios do juiz, sobretudo por uma perspectiva constitucional,[5] pouca atenção recebeu na doutrina processual e na jurisprudência brasileiras o tema específico dos *standards* de prova.[6-7] Uma problematização objetiva em torno do *grau de suficiência da prova* exigido para que se

standard de *preponderance of evidence* (e não *clear and convincing evidence*), por implicar uma distribuição igualitária dos riscos de erro entre as partes, é aplicável, em princípio, a todos os litígios de natureza civil, a menos que direitos ou interesses particularmente relevantes estejam em jogo.

3. "Santosky *versus* Kramer", 455 *U.S.* 745, 102 S. Ct. 1388, 71 L. Ed. 2d 599 (1982).

4. Kevin Clermont, "Procedure's magical number three: psychological bases for standards of decision", 72 *Cornell Law Review* 1.119-1.120, 1987 (destacando o debate continuado em torno do significado prático de *clear and convincing evidence*).

5. Sobre a perspectiva constitucional do direito à prova e o tema dos poderes instrutórios na doutrina brasileira, v. José Roberto dos Santos Bedaque, "Garantia da amplitude de produção probatória", in José Rogério Cruz e Tucci (coord.), *Garantias Constitucionais do Processo Civil*, São Paulo, Ed. RT, 1999, pp. 168 e ss., e *Poderes Instrutórios do Juiz*, 4ª ed., São Paulo, Ed. RT, 2009, n. 1.3, pp. 22 ss.

6. A exceção é a obra, publicada em 2007, de Danilo Knijnik, *A Prova nos Juízos Cível, Penal e Tributário*, Rio de Janeiro, Forense, 2007, ns. 1.5-1.6, pp. 16-24 (destacando a importância dos modelos e sua natureza de *quaestio iuris*); ns. 2.2-2.4, pp. 31-45 (desenvolvendo os três modelos da preponderância da prova, da prova clara e convincente e da prova além da dúvida razoável). O próprio autor salienta justamente a "marginalização doutrinária" do tema da prova, que teria como causas seu "caráter refratário ao discurso jurídico", a "natural tendência ao subjetivismo" no seu estudo e o desprezo da ciência jurídica pelas questões de fato (n. 1.1, pp. 3 e ss.). Antes, ainda do mesmo autor, o ensaio "Os *standards* do convencimento judicial: paradigmas para o seu possível controle", *RF* 353, 2001.

7. Na jurisprudência há uma série de julgados do TRE/SP, todos de relatoria do professor Paulo Henrique dos Santos Lucon, em que os *standards* de prova foram empregados: Recurso 33.286, j. 8.6.2010, *DJe* 22.6.2010; Recurso 32.513, j. 27.5.2010, *DJe* 8.6.2010; Recurso 33.160, j. 27.5.2010, *DJe* 10.6.2010; Recurso

reconheça o pressuposto fático de uma norma jurídica é, em boa medida, estranha ao processo de inspiração continental.[8] Vê-se, por exemplo, que na célebre conferência proferida por Sentís Melendo – em que foram levantados, a título de síntese, os problemas da prova (o que é a prova; o que se prova; quem prova; como se prova; que valor tem a prova; com que se prova; para quem se prova) –, não se tratou, em nenhum momento, da questão *com quanto se considera provada* a alegação sobre os fatos.[9]

Nesse ponto, o desenvolvimento teórico do processo de *civil law* parece engessado pelo apego excessivo à noção vaga de "livre apreciação da prova". "A prova é liberdade", diz-se frequentemente, em tom dogmático.[10] A rebelião contra a prova tarifada, inicialmente representada pela *conviction intime* francesa, torna até hoje "suspeito" o debate em torno de parâmetros objetivos ou, pior ainda, probabilísticos para a avaliação da prova. Em geral, a cultura processual continental acaba por assimilar a valoração da prova a uma operação em boa medida arbitrária e acientífica, embora nossas decisões empreguem expressões como "verdade" ou "certeza" para justificar as conclusões alcançadas.

O presente ensaio procurará demonstrar que é necessária uma revisão de paradigma, e, nessa medida, uma reflexão crítica de nossos pressupostos culturais. Primeiramente, para que se possa intentar discutir a valoração da prova sobre bases intersubjetivas, situando critérios externos à convicção do julgador para o controle da racionalidade do juízo fático. Em segundo lugar, para demonstrar o que parece óbvio: é irracional exigir no processo civil comum (isto é, nos litígios de feição patrimonial, típicos dos conflitos societários) qualquer grau de convicção diverso da mera probabilidade preponderante em favor da confirmação de uma hipótese fática.

33.465, j. 15.4.2010, *DJe* 29.4.2010; Recurso 2.053, j. 29.9.2009, *DOE* 6.10.2009, p. 20.

8. A fim de não cometer generalizações injustas, deve-se referir o estudo profundo do tema desenvolvido por Michele Taruffo, *La Prueba de los Hechos*, (original italiano: *La Prova dei Fatti Giuridici*, trad. de Jordi Ferrer Beltrán), Madri, Trotta, 2002, especialmente pp. 183 e ss., 292 e ss. e 387 e ss. Os *standards* também foram objeto de larga análise pela doutrina escandinava (cujo sistema processual, com alguma imprecisão, pode ser reconduzido ao *civil law*), a que serão feitas algumas referências ao longo do ensaio, e pela doutrina alemã, da qual há uma resenha crítica feita por Gerhard Walter, *Libre Apreciación de la Prueba*, Bogotá, Temis, 1985, pp. 161 ss.

9. Santiago Sentís Melendo, "Naturaleza de la prueba: la prueba es libertad", *RT* 462/11 e ss., Ano 63, São Paulo, Ed. RT, abril/1974.

10. Idem, ibidem.

3. Prova e verdade – Premissas teóricas

As ideias avançadas neste artigo pressupõem a tomada de posição quanto a algumas premissas teóricas básicas. Trata-se de defender – contra os ataques céticos dos "pós-modernistas" e as propostas das teorias consensuais ou discursivas – as noções tradicionais de *verdade por correspondência* e a *função demonstrativa* da prova judiciária. Com isso, continua-se por vislumbrar a aquisição de conhecimentos empíricos como um dos objetivos do processo, ao qual se volta justamente o procedimento probatório, ainda que se tenha consciência da natureza contextual ou relativa da verdade e dos limites de nossos meios cognitivos. Sem que se compartilhem tais noções parece inviável ou, pelo menos, pouco útil discutir parâmetros objetivos para a valoração da prova.

Desde logo, cabe descartar a radical disjunção entre linguagem e realidade proposta por algumas vertentes ditas "pós-modernistas". Como bem ressaltado em doutrina, é óbvio que essas teorias não se prestam sequer a explicar a atividade dos *fact-finders* no processo, que pressupõe sempre um mundo além da linguagem (*world beyond language*).[11]

A falibilidade de nossos métodos de apreensão dos fatos também não deve conduzir à adoção de teorias comunicativas, dialéticas ou consensuais da verdade. Estas devem ser rejeitadas, ao menos no âmbito processual. Ainda que o consenso possa produzir resultados satisfatórios no debate quanto a regras ou valores, ele não se presta como método válido para o juízo fático.[12] O consenso quanto aos fatos, antes de atingir a verdade, pode representar distorcidas soluções de compromisso entre

---

11. Mirjan Damaška, "Truth in Adjudication", *Hastings Law Journal* 49/290, 1997-1998. Qualificando tal modo de pensar como "inimigo da verdade", Michele Taruffo, "Verità e probabilità nella prova dei fatti", *RePro* 154/207 e ss., São Paulo, Ed. RT, 2007 (fazendo referência a críticas que demonstram a substancial inconsistência das teorias ditas pós-modernistas – v., especialmente, nota 6).

12. Não se ignora a artificialidade de uma distinção entre *fato* e *direito*. É sabido que a própria relevância dos fatos no processo depende da norma a aplicar e que a incidência desta, por sua vez, é resultado do preenchimento de seu suporte fático. Além disso, o uso corrente de normas vagas exige uma análise em grande medida ligada aos fatos e particularidades do caso concreto. No entanto, o objetivo da prova, como método para estabelecer os aspectos individuais do caso concreto, geralmente de forma retrospectiva, não se confunde com a formulação de parâmetros e critérios gerais para a tomada de decisões presentes e futuras. Para considerações mais aprofundadas sobre a distinção entre *questões de fato* e *questões de direito*, com amplas referências, v. Guilherme Recena Costa, *Superior Tribunal de Justiça e Recurso Especial: Análise da Função e Reconstrução Dogmática*, dissertação de Mestrado/USP (Orientador: professor Paulo Henrique dos Santos Lucon), 2011, n. 7.3, pp. 172 e ss.

os participantes do discurso.[13] Ademais, a estrutura do processo é, em muitos níveis, incompatível com as teorias consensuais. É revelador, nesse sentido, que o próprio Habermas – talvez o mais influente teórico da "verdade como consenso" – tenha manifestado seu ceticismo quanto à aplicação de sua teoria ao Direito.[14]

É possível e desejável, assim, que a verdade – entendida como a correspondência entre as alegações das partes e os fatos juridicamente relevantes – seja tratada como um dos fins ou escopos do processo. Trata-se de *pressuposto essencial para a resolução de conflitos* por meio de decisões justas (isto é, pela correta aplicação do direito material).[15] Por óbvio, isso não implica afirmar que a prova se reveste de caráter demonstrativo no sentido axiomático-dedutivo, típico das ciências matemáticas. No entanto, não se pode relegar o juízo fático apenas a uma dimensão retórico-persuasiva.[16] Pelo contrário, a decisão quanto aos fatos deve fundar-se, tanto quanto possível, sobre critérios intersubjetivos e racionais quanto à credibilidade e validade de suas conclusões.[17]

13. Mirjan Damaška, "Truth in adjudication", cit., *Hastings Law Journal* 49/294 e ss.

14. Idem, pp. 295-296, especialmente nota 15.

15. Como parece evidente, as posições jurídicas subjetivas são sempre efeitos de *fatos* jurídicos (Pontes de Miranda, *Comentários ao Código de Processo Civil, (de 1973)*, t. IV, Rio de Janeiro, Forense, 1974, p. 209). A incidência de uma norma exige, por isso, a caracterização de seu suporte fático. Admitindo-se, para efeitos didáticos, a redução do raciocínio jurídico a um silogismo, tem-se o suporte fático (hipótese legal, *fattispecie, Tatbestand*) como premissa menor e a norma como premissa maior; quando aquele ocorre, esta incide, concluindo por ordenar, permitir ou conferir poder ou competência a um sujeito (Hans Kelsen, *Teoria Pura do Direito*, 3ª ed., Coimbra, Arménio Armado Editor, 1974, p. 22.). A situação de direito material assim descrita – causa de pedir (fato jurídico) e pedido (efeito jurídico pretendido) – constitui o objeto litigioso (*Streitgegenstand*) do processo. Sobre ela recairão as atividades das partes e do juiz nas diversas fases do procedimento (Elio Fazzalari, *Note in Tema di Diritto e Processo*, Milão, Giuffrè, 1957, p. 138), culminando com o acolhimento ou a rejeição, pelo órgão judicial, da pretensão do demandante (e de eventuais pretensões contrapostas formuladas pelo demandado).

16. Ainda que o aspecto retórico domine a atividade dos advogados e das partes no processo, ao narrarem versões essencialmente *parciais* dos fatos, tudo dentro de uma estratégia processual pré-concebida.

17. Michele Taruffo, "Funzione della prova: la funzione dimostrativa", in *Sui Confini — Scritti sulla Giustizia Civile*, Bolonha, Il Mulino, 2002, pp. 305-328 (concluindo, em síntese, que "a prova judiciária desenvolve uma função demonstrativa enquanto fornece um fundamento cognoscitivo e racional para a escolha que o juiz realiza, individualizando uma versão confiável e verdadeira dos fatos relevantes da causa, e justificando racionalmente tal escolha" – p. 328). Tais critérios e fundamentos de racionalidade apenas reforçam que não há uma correspondência automática

Em síntese, há de se reconhecer a ideia de *contextualidade da verdade*, ou seja, de sua relatividade em razão do contexto.[18] Essa relatividade coloca a "verdade absoluta" com um dos extremos de um espectro, ao qual se coordena funcionalmente o direito probatório.[19] A incerteza inerente ao juízo fático, no processo judicial, deve impulsionar como contrapartida a sua racionalização e a explicitação das escolhas tomadas pelo juiz. O problema, pois, passa ser o de "definir critérios racionais para verdades necessariamente relativas".[20] É o que se procurará fazer, ainda que em pequena medida, neste ensaio.

4. Livre apreciação da prova e racionalidade do juízo fático

A liberdade na apreciação da prova, hoje largamente consagrada nos sistemas de inspiração continental (*intime conviction, freie Beweiswürdigung, prudente apprezzamento*),[21-22] surgiu como reação revolucionária às regras de prova legal tarifada do Antigo Regime. Estas regras, típicas

entre alegações e fatos, ou uma descoberta imediata da verdade, mas, sim, a averiguação de correspondência segundo processos normativos de justificação e inferência (cf. Zenon Bankowski, "The value of truth: fact scepticism revisited", in *Legal Studies – The Journal of The Society of Legal Scholars*, vol. 1, 1981, pp. 257 e ss.).

18. Michele Taruffo, *La prueba de los Hechos*, cit., n. I.4.3, pp. 74 e ss.
19. Idem, n. III.1, p. 179.
20. Idem, ibidem.
21. No Brasil, v. o art. 131 CPC: "Art. 131. O juiz apreciará livremente a prova, atendendo aos fatos e circunstâncias constantes dos autos, ainda que não alegados pelas partes; mas deverá indicar, na sentença, os motivos que lhe formaram o convencimento". Em senso análogo: Alemanha ("§ 286. *Livre valoração da prova*. 1. O Tribunal tem que decidir de acordo com seu livre convencimento levando em consideração o conteúdo do processo e o resultado da realização das provas, para assim considerar uma alegação de fato verdadeira ou falsa. Na sentença devem detalhar-se os motivos sobre a base dos quais se alcançou o convencimento judicial"); Itália (*art. 116 c.p.c.*: "Il giudice deve valutare le prove secondo il suo prudente apprezzamento, salvo che la legge disponga altrimenti"); Japão (*art. 272 do CCP*, "*Principle of free determination*. When making a judgment, the court, in light of the entire import of the oral argument and the result of the examination of evidence, and based on its free determination, shall decide whether or not the allegations on facts are true").
22. No *common law* a ideia de *free proof* é bastante diferente. Com efeito, não se trata de construir um sistema refratário a parâmetros objetivos para o juízo fático, mas, sim, apenas de garantir a intangibilidade, salvo erros grosseiros, das conclusões do *fact-finder* (cf. Mirjan Damaška, "Free proof and its detractors", *American Journal of Comparative Law* 43/346-347, 1995, ressaltando justamente como exemplo dessa diferença, a adoção de *standards* objetivos de suficiência da prova, ao contrário da ênfase colocada sobre a convicção subjetiva pelo *civil law*).

do processo romano-canônico, atribuíam pesos específicos aos meios de prova e determinavam de antemão a prova necessária para a constatação de certos fatos (por exemplo: a prova plena de um fato requeria duas testemunhas; uma testemunha sozinha em nada adiantaria à parte – *testis unus, testis nullus*).

À base da adoção do princípio da livre apreciação, como reação à prova legal, a doutrina costuma apontar duas ordens de motivos.[23] De um lado, a crença de que a análise da prova é essencialmente contextual, impossível de ser aprisionada por regras previamente definidas. Daí a necessidade de conferir liberdade ao julgador. Do ponto de vista epistemológico, no entanto, esta opção é antes uma resignação diante da falta de uma alternativa melhor (*faute de mieux*) do que uma solução que se impõe pelos seus próprios méritos. Acaso se entendesse possível elaborar um método seguro de valoração objetiva da prova, este teria sido certamente preferível, e não poderia ser descartado.

De outro lado, a eliminação da prova tarifada era vista como pressuposto para uma escolha de ordem política: a adoção do Júri no processo penal. Isso possibilitaria a substituição de juízes de carreira – vistos com extrema desconfiança pelos revolucionários – pela participação de pessoas leigas nos julgamentos.

A simples rejeição da tarifação legal e a correlata adoção do princípio da livre apreciação da prova, no entanto, não representam a solução para as dificuldades inerentes ao juízo fático. Deve-se evitar "o maniqueísmo habitual que parte de um imputar a um, *[sistema de apreciação da prova]* o da prova legal, todas as aberrações imagináveis e a outro, o da prova livre, todas as perfeições deste mundo".[24] A livre apreciação da prova, por si só, tem apenas um conteúdo negativo: excluir a prova tarifada, em que a valoração das hipóteses fáticas se dava com base em operações de peso e conta fundadas em generalizações grosseiras. Ela não revela, por outro lado, *como* e *dentro de quais limites* se deve desenvolver o juízo fático, carecendo, portanto, de dimensão positiva.

Essa liberdade não é e não pode ser apreciação arbitrária, mas, sim, valoração dentro de *parâmetros racionais objetivos e controláveis*.[25]

23. Mirjan Damaška, "Free proof and its detractors", cit., *American Journal of Comparative Law* 43/344-345.
24. Juan Montero Aroca, *La Prueba en el Proceso Civil*, 2ª ed., Madri, Civitas, 1998, p. 310.
25. Per Olof Ekelöf, "Free evaluation of evidence", *Scandinavian Studies in Law* 8/48, 1964.

Bem destaca a legislação espanhola, nesse sentido, que a apreciação do material probatório será feita conforme as *reglas de la sana crítica*, ou seja, conforme regras de experiência e inferências válidas, cujo emprego deve ser devidamente justificado na motivação.

Convém lembrar que ainda se mantêm alguns casos – embora pouco numerosos, se comparados com as *exclusionary rules of evidence* típicas do Direito Norte-Americano[26] – de prova legal.[27] Seja como for, esta já não deve ser hoje identificada com um sistema de prova apriorística, tal qual o conjunto de regras sobre provas plenas e semiplenas do processo romano-canônico. Trata-se apenas de, sabendo que o juízo fático deve ser governado por máximas da experiência, objetivar algumas destas últimas em normas legais.[28] Com isso se busca, em certos campos, reduzir a margem de discricionariedade deixada ao juiz, maximizando a segurança jurídica e evitando distorções cognitivas que tendem a afetar indivíduos, ainda que estes sejam juízes profissionais.

Mais importante, no entanto, é perceber que a livre apreciação cede hoje espaço diante do avanço tecnológico e dos novos meios de prova científica.[29] Exames de DNA, por exemplo, tiveram um impacto revolucionário sobre as demandas de investigação de paternidade, cuja importância é reconhecida pelas próprias regras de direito material.[30] Em tais

26. Rudolph Schlesinger, Ugo Mattei, Teemu Ruskola e Antonio Gidi, *Schlesinger's Comparative Law: Cases, Text, Materials*, 7ª ed., Foundation Press, 2009, pp. 758-759 (destacando que as regras de exclusão de determinados meios de prova servem para garantir a racionalidade da decisão do Júri, evitando que leigos tomem em consideração indevida elementos pouco confiáveis de prova).

27. No Direito Brasileiro persistem certas restrições quanto aos meios admissíveis para a prova de determinados fatos, sendo comumente invocado como exemplo didático o art. 401 do CPC ("A prova exclusivamente testemunhal só se admite nos contratos cujo valor não exceda o décuplo do maior salário-mínimo vigente no País, ao tempo em que foram celebrados").

28. Juan Montero Aroca, *La Prueba en el Proceso Civil*, cit., 2ª ed., pp. 312-314 (destacando que "as regras legais de valoração da prova não são mais que máximas de experiência que o legislador objetiva, sem deixar que seja o juiz quem determina a máxima de experiência que há de aplicar-se no caso. É dizer, as regras legais de valoração da prova são máximas de experiência legais").

29. Mirjan Damaška, "Free Proof and its Detractors", p. 352 ss. (destacando a *scientization of inquiry* e alertando que o processo continental, ao contrário do processo de *common law*, não estaria apto a absorver de modo evolutivo e natural as nascentes provas científicas, mas estaria fadado a uma mudança abrupta e revolucionária).

30. V., nesse sentido, o art. 231 do CC: "Aquele que se nega a submeter-se a exame médico necessário não poderá aproveitar-se de sua recusa".

casos seria irracional deixar a liberdade de apreciação do juiz conduzir a desfecho contrário ao resultado altamente confiável da prova técnica. Na prática, a decisão judicial – empregando-se o termo com sabida imprecisão – passa a ser meramente "homologatória" de um elemento externo ao processo.

A conclusão parcial a ser retida, portanto, é a de que a evolução de nossos meios cognitivos gradualmente impõe a necessidade de revisão dos paradigmas da prova – sobretudo do princípio do livre convencimento –, revelando uma tendência irreversível em favor da objetivação do juízo fático.

5. Construção racional dos standards de prova no common law

O processo é orientado para a solução de conflitos, por meio de decisões que se colocam inevitavelmente em um universo de incertezas – seja porque muitas vezes são controversas as próprias normas jurídicas a aplicar, seja porque, no que aqui interessa, não há certeza absoluta quanto aos fatos relevantes.[31] Destacou-se, bem por isso, a natureza contextual da verdade como ponto de partida do estudo (*supra*, n. 3).

Diferentemente de outras atividades, todavia, o resultado do processo não pode ser incerto. Uma pesquisa científica na área da Medicina, por exemplo, pode apresentar resultados inconclusivos; o juiz, ao contrário, tem de necessariamente decidir em favor de uma das partes. A necessidade de resolver o litígio, de maneira definitiva, é apontada como a nota característica do contexto processual com relação a outros contextos cognitivos.[32] Consagrou-se, em atenção ao escopo de pacifica-

31. O modo como lidamos com esses diferentes tipos de incerteza é, evidentemente, diverso. Embora o sistema pressuponha que o juiz conheça o Direito (*iura novit curia*), não se pode desconhecer certa dose constitutiva ou criativa inerente à atividade de interpretação/aplicação dos textos normativos. Por isso, a fim de garantir estabilidade e previsibilidade na aplicação normativa – isto é, valores ligados ao Estado de Direito e à segurança jurídica –, a organização judiciária institui órgãos de cúpula. A tais tribunais é atribuída a função *objetiva* e *prospectiva* de unificação do Direito (*nomofilaquia*), atuando eles em um plano geral (sobre o tema, v. Guilherme Recena Costa, *Superior Tribunal de Justiça e Recurso Especial: Análise da Função e Reconstrução Dogmática*, cit., §§ 4-5, pp. 67-135.) Já, a incerteza quanto aos fatos é problema que corre sobre eixo inteiramente diverso, inclusive por ser o juízo fático – na maior parte das vezes – retrospectivo e vinculado a dados essencialmente individuais dos *cases and controversies*.

32. Michele Taruffo, "Elementi per un'analisi del giudizio di fatto", in *Sui Confini – Scritti sulla Giustizia Civile*, Bolonha, Il Mulino, 2002, n. 5, p. 269 (destacando que, enquanto a sequência de estados epistêmicos na busca pela verdade é

ção e resolução de conflitos, a vedação do *non liquet*. Isso significa que "o tribunal tem de resolver o litígio, muito embora não possa resolver a dúvida".[33]

Confrontado com essa realidade, o sistema "busca facilitar a ótima tomada de decisões diante da incerteza. Uma missão central do processo, então, é especificar o grau de certeza ou probabilidade requerido para apoiar uma decisão particular".[34] Trata-se justamente do problema do *quantum of evidence*; ou, para usar o termo correlato alemão, de *Beweismaße*. Como resposta, ao grau de certeza ou probabilidade requerido para dar apoio a uma decisão atribui-se justamente a denominação de *standard* da prova ou modelo de constatação dos fatos (*standard of proof*; *measure of persuasion*; *degree of belief*; *degree of evidence*).

A parte onerada pela prova deverá, para se desincumbir do encargo, atingir esse patamar mínimo, sob pena de suportar o resultado desfavorável decorrente da falta de confirmação da hipótese fática. As regras sobre o ônus da prova[35] e a medida de suficiência da prova constituem, assim,

tendencialmente infinita no campo do conhecimento científico, o processo impõe que se alcance um desfecho da lide dentro de certo marco temporal, sendo esta "a diferença mais relevante entre conhecimento científico e conhecimento judiciário").

33. Karl Engisch, *Introdução ao Pensamento Jurídico*, 9ª ed., trad. de J. Baptista Machado, Lisboa, Fundação Calouste Gulbenkian, 2004, p. 103.

34. Kevin Clermont, "Procedure's magical number three", cit., 72 *Cornell Law Review* 1.117.

35. O processo civil brasileiro conjuga os critérios da *posição* da parte em juízo e da *natureza do fato* a provar para distribuir o ônus da prova. Segundo o art. 333 e seus incisos do CPC, ao autor caberá fazer a prova dos fatos constitutivos de seu direito; ao réu, quando ofereça defesa de mérito indireta, a prova dos fatos impeditivos, extintivos e modificativos daquele direito. As disposições legais seguem, quanto ao ponto, a exposição doutrinária de Chiovenda (*Instituições de Direito Processual Civil*, 2ª ed., vol. 2, trad. da 2ª ed. italiana, São Paulo, Saraiva, 1965, § 45, pp. 374 e ss.). O autor enuncia como síntese: "O autor deve provar os fatos constitutivos, isto é, os fatos que normalmente produzem determinados efeitos jurídicos; o réu deve provar os fatos impeditivos, isto é, a falta daqueles fatos que normalmente concorrem com os fatos constitutivos, falta que impede a estes produzir o efeito que lhes é natural" (ob. cit., § 45, n. 277, p. 382). Trata-se, em largas linhas, de variante da teoria das normas (*Normentheorie*), decantada por Leo Rosenberg e seguida, em substância, por Micheli: caberá à parte provar os pressupostos fáticos das normas cujos efeitos são por ela invocados (Leo Rosenberg, *La Carga de la Prueba*, trad. de Ernesto Krotoshin, Buenos Aires, EJEA, 1996; Gian Antonio Micheli, *La Carga de la Prueba*, trad. de Santiago Sentís Melendo, Bogotá, Temis, 1985). Essa doutrina destaca a estreita relação do ônus da prova com o direito material. Com efeito, as regras sobre o encargo probatório reagem à situação substancial, o que explica, por exemplo, a influência das presunções legais relativas sobre o objeto da prova no processo.

uma *unidade funcional*,³⁶ que regula a "distribuição de riscos" quanto ao juízo fático.³⁷ Ainda que a relação entre ônus da prova e *standard of persuasion* seja fluida e intimamente relacionada, entende-se geralmente que se deve recorrer diretamente às regras de julgamento apenas quando inexista no processo qualquer hipótese sobre os fatos relevantes dotada de um grau mínimo de aceitabilidade.³⁸

A pergunta que agora se coloca é: como foram construídos tais modelos no *common law* e por qual razão deve haver diferentes *standards* para diferentes tipos de situações litigiosas? Em grosseira síntese, pode-se responder que o *standard* da prova deve ser consentâneo, nos diversos tipos de litígio, com uma valoração dos interesses em jogo, sobretudo do impacto negativo de uma possível decisão injusta ou de uma variante específica de decisão injusta. O estabelecimento de diversos *standards* de prova tem por função *minimizar os custos* decorrentes de erros esperados na tomada de decisões sobre os fatos (seja para evitar um tipo de erro particularmente gravoso, seja para reduzir, de uma maneira geral, erros igualmente custosos).³⁹

A afirmação pode ser aclarada quando se pensa no processo penal. Parece-nos hoje intuitivo e de senso comum que será preferível absolver muitos culpados a condenar um inocente. O correlato princípio da presunção da inocência, a que se vincula a noção de prova *além da dúvida razoável* (*proof beyond reasonable doubt*), é, assim, uma "escolha fundamental de caráter ético".⁴⁰ O processo penal revela-se, nessa medida, *assimétrico* quanto ao valor atribuído ao conteúdo de verdade de suas

---

36. Klami, Hatakke e Sorvettula, "Burden of proof. Truth or law?", *Scandinavian Studies in Law* 34/118, 1990. Não por acaso, Gerhard Walter afirma que a ideia de preponderância da prova "tem seu centro de gravidade na teoria do ônus da prova" (*Libre Apreciación de la Prueba*, cit., § 7, pp. 160-161).

37. José Carlos Barbosa Moreira, "Julgamento e ônus da prova", in *Temas de Direito Processual – Segunda Série*, São Paulo, Saraiva, 1980, p. 75.

38. Michele Taruffo, *La Prueba de los Hechos*, cit., pp. 301-302, nota 157. Isso explica a possibilidade de julgamento improcedente mesmo nos casos de revelia: por óbvio, não havendo versão alguma oferecida pelo réu sobre o ocorrido, a hipótese avançada pelo autor é, do ponto de vista do processo, a mais provável. Contudo, naqueles casos em que a causa de pedir não for dotada de plausibilidade mínima não há que cogitar de uma preponderância; em tais casos o juiz deverá julgar com base em regra do ônus da prova (art. 333, I, do CPC), rejeitando a pretensão formulada pelo demandante.

39. Kevin Clermont, "Standards of proof revisited", *Vermont Law Review* 33/469-488. Vermont Law School, 2009, pp. 482-483.

40. Michele Taruffo, "Verità e probabilità nella prova dei fatti", cit., *RePro* 154, nota 52 e texto que a acompanha.

decisões: não se preocupa em minimizar a quantidade de erros fáticos em geral, mas em evitar, com grande energia, um tipo de erro específico: a condenação injusta (um "falso positivo").[41]

Essa assimetria não pode ser transplantada, no entanto, para o processo civil – sobretudo quando o objeto litigioso diz respeito a pretensões de cunho eminentemente patrimonial, envolvendo partes substancialmente iguais. Nesse caso, como se procurará demonstrar, a preferência por uma mera *probabilidade prevalente* (*preponderance of evidence*) é a única alternativa racional para o julgador. Isso porque a avaliação dos interesses em jogo é neutra (um falso positivo não é pior que um falso negativo) e o objetivo perseguido deve ser o de minimizar erros *tout court*.

Algumas hipóteses específicas de processos de natureza civil mas que versem direitos individuais de particular importância (*v.g.*, relações de parentesco ou a aplicação de sanções por ato de improbidade administrativa) exigem avaliação intermediária. Em tais casos, uma espécie de decisão equivocada será mais custosa que outra, ainda que essa assimetria não seja tão acentuada quanto aquela identificada no processo penal. Surge, então, a noção de "prova clara e convincente" (*clear and convincing evidence*), identificada com um juízo equivalente ao "muito mais provável do que não", superior à mera preponderância mas menos exigente que a prova além da dúvida razoável.

Deixando-se, por ora, de lado o problema relativo ao emprego de noções quantitativas de probabilidade na prova judiciária, o *standard* da prova pode ser analiticamente decomposto. Recorre-se, então, a uma função da valoração negativa atribuída às decisões injustas, ou seja, a decisões fundadas sobre uma equivocada percepção dos fatos relevantes. Por "falsos resultados" devem ser entendidos tanto o *falso positivo* (isto é, a errônea procedência ou condenação) quanto o *falso negativo* (isto é, a errônea improcedência ou absolvição).

Esse equacionamento foi traduzido em termos numéricos por alguns doutrinadores. O grau de convencimento exigido para uma condenação – segundo equação empregada, no contexto judicial, primeiro por Kaplan[42] – corresponderá justamente à correlação entre o custo ou

---

41. Mirjan Damaška, "Free proof and its detractors", cit., *American Journal of Comparative Law* 43/355, e "Truth in adjudication", cit., *Hastings Law Journal* 49/305.

42. J. Kaplan, "Decision-making theory and the factfinding process", *Stanford Law Review* 20/1.072 e ss., 1968; Klami, Hatakke e Sorvettula, "Burden of proof. Truth or law?", *Scandinavian Studies in Law* 34/133 (partindo da mesma fórmula).

desvalor atribuído a um falso negativo e o custo ou desvalor atribuído a um falso positivo. Graficamente, a fórmula pode ser assim representada (onde o *standard* de prova será maior que a probabilidade resultante da operação com a fração em que "DFNeg" representa o desvalor atribuído a um falso negativo e "DFPos" é o desvalor atribuído a um falso positivo):

$$Standard > \frac{1}{1 + \frac{DFNeg}{DFPos}}$$

Retomemos os exemplos dados acima, para colocar em prática a equação. Viu-se que no processo penal, em razão de uma escolha ética, o princípio da presunção de inocência traduz a noção de que um falso positivo (isto é, a condenação de um inocente) é muito pior que um *falso negativo* (isto é, a absolvição de um culpado). Sobrelevam, em outras palavras, os interesses do acusado – liberdade, propriedade, honra – sobre os interesses da sociedade na aplicação da pena e na prevenção (geral e especial) do ilícito. Ilustrativamente, em uma escala de custos ou de desvalor de 0 a 100, poder-se-ia afirmar que a primeira hipótese (errônea absolvição) enseja um custo social de 10, enquanto a segunda (errônea condenação) implica um desvalor de 100. A atribuição numérica é, por óbvio, em alguma medida arbitrária; no entanto, o próprio jargão comum costuma enunciar que condenar 1 inocente será tão ou mais grave que absolver 10 culpados. Da fórmula exposta resultaria, então, valendo-se de tais variáveis, um *standard* mínimo a exigir uma probabilidade representada matematicamente por 90,9%. Este número – ainda que de forma meramente ilustrativa – se pode facilmente associar à ideia de prova *além da dúvida razoável*.

Já, no caso do processo civil comum, isto é, de natureza acima de tudo patrimonial (*e.g.*, os processos societários envolvendo conflitos entre acionistas), não há diferença quanto ao desvalor atribuído a um resultado injusto. Nas demandas buscando indenização em razão de quebra contratual, por exemplo, tanto a improcedência (decorrente da falta de prova do inadimplemento, que, no entanto, efetivamente se verificou) quanto a procedência (apesar do efetivo cumprimento, que, contudo, não foi demonstrado pelos elementos dos autos) errôneas geram desvalor idêntico. Do ponto de vista do custo social, cada 1 Real pago em contraste com o direito material pelo réu equivale a 1 Real de prejuízos não indenizados ao autor – inexiste, aqui, prevalência de interesses. A utilizar uma escala numérica, há de se atribuir, portanto, a mesma intensidade para ambas as hipóteses.[43] O resultado, aplicando-se a fórmula de Kaplan, será, como racionalmente se poderia esperar, 50%. Ou seja: basta uma probabilidade prevalente (acima de 50%) para que o litigante se sagre vitorioso, porquanto essa será a solução ótima do ponto de vista da minimização de erros e custos associados à falibilidade do juízo fático.[44]

Por óbvio, o formalismo da equação simplifica o problema em demasia. Outros fatores podem influenciar a definição dos mecanismos ligados ao controle do juízo fático. Assim, por exemplo, são também variáveis que devem ser devidamente sopesadas a possibilidade de produção da prova pelas partes, a finalidade subjacente às normas de direito material aplicáveis e, ainda, a consequência da decisão sobre a esfera jurídica das partes.[45] No entanto, parece que há outros mecanismos mais adequados, para contornar tais obstáculos, do que a instituição de outra medida de suficiência da prova. Assim, por exemplo, para contornar a *probatio diabolica* lança-se mão da técnica da dinamização do ônus da prova, sem que se tenha de alterar o respectivo *standard*. Esta consiste "na superação, pelo juiz, das regras legais sobre o ônus da prova, de modo a fazer recair o encargo de comprovar determinado fato sobre a parte que tem mais facilidade na produção da prova, embora não estivesse ela inicialmente onerada".[46] Ademais, o próprio direito material prevê

---

43. Por exemplo, 10 e 10, 20 e 20 ou 30 e 30. Aqui, pouco importa o valor nominal, pois se trata de grandezas relativas de uma escala predeterminada (de 0 a 100) e não se exige que a soma dos números tenha um resultado constante. O que é importante é que, não havendo motivo para privilegiar o autor ou o réu, o valor seja idêntico.

44. Conforme, amplamente, David Kaye, "The limits of the preponderance of the evidence standard: justifiably naked statistical evidence and multiple causation", *American Bar Foundation Research Journal* 488/496 e ss. especialmente, 1982 (comparando a preponderância da prova com a *expected value rule* e concluindo por ser aquela a melhor forma de minimizar erros).

45. Klami, Hatakke e Sorvettula, "Burden of proof. Truth or law?", *Scandinavian Studies in Law* 34/138 e ss. (destacando os diversos fatores e propondo um modelo para sua definição hierárquica – *analytic hierarchy process*).

46. Paulo Henrique Lucon e Guilherme Recena Costa, "Formalismo processual e dinamização do ônus da prova", in Daniel Mitidiero e Guilherme R. Amaral (orgs.), *Processo Civil: Estudos em Homenagem ao Professor Dr. Carlos Alberto Alvaro de Oliveira*, São Paulo, Atlas, 2012, especialmente n. 4 (expondo os pressupostos que autorizam a dinamização – isto é, a especificidade da situação e a igualdade das partes – bem como o modo pelo qual esta deve ocorrer – mediante decisão prévia que oportunize à parte por ela onerada a produção da prova).

uma série de presunções que alteram o encargo de provar no processo, promovendo, com isso, finalidades subjacentes às suas normas.

6. Inadequação do estado da arte do processo de civil law no que tange aos standards de prova

Como já dito (*supra*, n. 2), o tema dos *standards* de prova é em larga medida desconhecido no processo civil brasileiro. Intrigantes estudos comparativistas sugerem – sem que, no entanto, com a generalização não se incorra em alguma imprecisão[47] – que o *civil law* como um todo é refratário a esse tipo de indagação. A falta de devida teorização, associada à possível primazia conferida a escopos processuais diversos, conduziria à aplicação irrefletida de um *standard* particularmente alto (assemelhado à prova além da dúvida razoável e referido genericamente sob o rótulo da *intime conviction* francesa) para todos os litígios, inclusive os civis. Segundo tais ensaios, os processualistas continentais "acreditam que eles estão aplicando um *standard* unitário de 'verdade'. Esta crença, mesmo que ilusória, retira a sua atenção de questões de prova e os impede de desenvolver estratégias para administrar a incerteza".[48]

Em boa medida, a crítica formulada por Clermont e Sherwin é fundada. Será certamente correto reconhecer a falta de teorização adequada sobre o tema dos *standards* em alguns sistemas processuais do *civil law*. Já se mencionou, ao propósito, a escassez de seu trato no Brasil. Por sua vez, a "indiferença" dos juristas franceses com relação ao tema da prova foi apontada por ninguém menos que René David, que a atribuiu à importância desmesurada conferida ao princípio da convicção íntima (*principe d'intime conviction*).[49]

47. Michele Taruffo, " Rethinking Standards of Proof", p. 659 ss. (criticando o ensaio de Clermont & Sherwin ao nele identificar três principais inconsistências: uma falácia reducionista, uma falta de informações específicas adequadas e um grupo de inadequações teóricas. Este autor reconhece, contudo, que a tese central do ensaio – de que nos litígios civis os juízes devem aplicar um standard de prova baseado na preponderância de prova ou na probabilidade prevalente – é fundada).

48. Kevin Clermont e Emily Sherwin, "A comparative view of standards of proof", *The American Journal of Comparative Law* 50-2/263, American Society of Comparative Law, 2002 (no original: "Civilians believe they are applying a unitary standard of 'truth'. This belief, even if illusory, deflects their attention from the questions of proof and prevents them from developing strategies for management of uncertainty"). V., ainda, Kevin Clermont, "Standards of proof revisited" cit., *Vermont Law Review* 33, passim.

49. René David, *French Law: its Structure, Sources, and Methodology*, trad. de Michael Kindred, Baton Rouge, Louisiana State University Press, 1972, p. 147 (criti-

Em geral, a ineficácia dos precedentes como fontes de Direito no *civil law* conduziu à preservação da pureza do ideal de liberdade na apreciação da prova, porquanto não se formaram claramente *standards* sobre a adequação do juízo fático.[50] Ou seja: não se desenvolveu, no âmbito recursal, a ideia dos *standards*, mas meramente uma vaga noção de racionalidade que prestigia a convicção íntima do julgador. Uma aproximação com esse viés excessivamente subjetivo ao tema da apreciação da prova – focada na íntima convicção do julgador – conduzirá inevitavelmente a uma espécie de *black box*, impermeável a qualquer sindicância.[51]

Contudo, outros setores da doutrina continental – sobretudo na Alemanha – enfrentaram diretamente nosso tema. Em sua clássica obra sobre a livre apreciação da prova (*freie Beweiswürdigung*), Gerhard Walter distinguiu três modelos diversos de constatação de fatos.[52] O primeiro é o *modelo da convicção da verdade* – a exigir firme convicção pessoal do juiz ou probabilidade próxima da certeza. Trata-se do enfoque tradicional emprestado ao princípio da livre apreciação da prova, adotado, com algumas particularidades, pelos vários sistemas processuais de *civil law*. O segundo é o *modelo de controle por terceiros*, por meio do qual o essencial é que outra pessoa – outro juiz ou qualquer pessoa razoável – possa alcançar o mesmo juízo fático, aprovando, assim, fictamente a conclusão. O terceiro é um modelo de preponderância – segundo o qual basta uma probabilidade prevalente para embasar o juízo fático nos litígios civis. Trata-se justamente do modelo discutido neste ensaio.

Para Gerhard Walter a teoria da probabilidade preponderante não seria aceitável na Alemanha. Após passar em revista os argumentos de seus defensores, conclui pela sua incompatibilidade com o § 286 da *ZPO* e combate veementemente o *standard* da *preponderância da prova* enquanto forma de "redução geral do módulo da prova" no processo civil. Para ele, a teoria teria um ponto de partida inadequado, seria de realização duvidosa e geraria efeitos negativos sobre o ordenamento como um todo.[53]

---

cando que o princípio da íntima convicção, tal como concebido em França, diminui a importância de variadas questões probatórias).

50. Mirjan Damaška, "Free proof and its detractors", cit., *American Journal of Comparative Law* 43/345.

51. Michele Taruffo, "Rethinking the standards of proof", *American Journal of Comparative Law* 51/667, 2003.

52. Gerhard Walter, *Libre Apreciación de la Prueba*, cit., § 6, pp. 166-167.

53. Idem, § 8, pp. 194-211.

Quanto ao ponto de partida da teoria da preponderância da prova, afirma Walter que, se todo juízo não passasse de um balanço de probabilidades, então, não haveria sentido em a lei falar de "verossimilhança", "probabilidade" e "plausibilidade" em diversos contextos específicos, em contraponto à regra geral da plena convicção. Ademais, ao recorrer à probabilidade, renunciar-se-ia à convicção de verdade que deve nortear o juiz. Voltando sua atenção para o plano da efetiva realização do *standard*, aduz que seria impossível constatar objetivamente valores – seja de certos meios de prova (*v.g.*, a credibilidade de uma testemunha), seja da prova como um todo. A empreitada seria, assim, inexequível. Por fim, no que tange aos seus efeitos, a teoria seria de pouco valor, por admitir uma enorme série de exceções e, acima de tudo, por subverter o ordenamento jurídico ao permitir que demandas infundadas sejam julgadas procedentes, afetando a moral jurídica do povo e banalizando as facilitações excepcionais da prova. Para o autor, ao invés de se propugnar por um critério geral de preponderância, deve-se identificar grupos de casos em que se deve "reduzir o módulo da prova" ou inverter o ônus de provar. Nas suas palavras: "Somente enquanto se tenha de estimar justificada a necessidade de reduzir o módulo da prova nestes fenômenos, dever-se-ia admiti-los como exceções ao princípio da convicção da verdade".[54]

Que juízo se deve fazer de tais considerações?

Em primeiro lugar, parece confirmar-se que, no atual estado da arte do processo civil de *civil law*, o juiz haveria de se guiar por mais que uma mera preponderância de provas. Em teoria, a liberdade de convencimento significaria que nenhum modelo vincula o juiz, não sendo possível igualar o modelo de constatação dos fatos no *civil law* com a prova *beyond reasonable doubt* do *common law*.[55] No entanto, na prática, a posição examinada de Walter revela que a noção de uma simples probabilidade prevalente é vista como medida demasiadamente frágil para embasar a convicção do juiz, mesmo nos feitos civis. Segundo a doutrina majoritária, o § 286 da *ZPO* exigiria uma probabilidade elevada (*hohe Wahrscheinlichkeit*), o que acaba por aproximar e confundir os *standards* utilizados no processo civil e no processo penal.

Em reforço dessa constatação, pode-se aduzir a prática francesa da *partie civile*. Esta consiste na intervenção de uma parte privada em um feito penal, buscando obter, ali, compensação pecuniária pelos pre-

---

54. Idem, § 8, p. 206 (realizando, adiante, um estudo de grupos de casos aos quais se deve aplicar a redução do módulo da prova – § 10, pp. 229 e ss.).
55. Michele Taruffo, " Rethinking Standards of Proof", p. 666.

juízos causados pelo mesmo ato que é objeto de persecução criminal.[56] A reunião de demandas e o julgamento conjunto demonstram que o juiz forma uma convicção única sobre o *thema probandum* – sem distinção, portanto, entre os graus de prova utilizados no processo civil e no processo penal.[57]

Como já visto (*supra*, n. 5), no entanto, exigir alta probabilidade – ou qualquer probabilidade acima daquela representada pela preponderância de provas – é uma solução contraproducente. Por óbvio, admitir a simples preponderância de prova como *standard* não implica renunciar à busca pela verdade no processo, mas apenas ter ciência dos limites cognitivos inerentes ao contexto processual (*supra*, n. 3). Deve-se lembrar que a exigência de "convicção" do juiz continental, segundo alguns doutrinadores, pretende meramente conferir legitimidade – ou uma impressão de legitimidade – à atividade judicial.[58] A íntima convicção que modula o livre convencimento não serve, assim, aos propósitos de um juízo verdadeiramente racional e orientado para a verdade, não passando de boa dose de formulação verbal.

A escolha efetuada pela tradição processual de *civil law* será, portanto, se infundadas também as demais críticas de Walter, inadequada para atingir o objetivo de resolução justa dos conflitos. Cumpre, então, passar suas objeções em revista.

56. Sobre a cumulação da demanda civil no processo penal (*partie civile*), v. Rudolph Schlesinger, Ugo Mattei, Teemu Ruskola e Antonio Gidi, *Schlesinger's Comparative Law: Cases, Text, Materials*, cit., 7ª ed., pp. 855 e ss.

57. Kevin Clermont, "Standards of proof revisited", cit., *Vermont Law Review* 33/471; Kevin Clermont e Emily Sherwin, "A comparative view of standards of proof", cit., *The American Journal of Comparative Law* 50-2/263-264 (nota 92).

58. Essa a hipótese avançada por Kevin Clermont, "Standards of proof revisited", cit., *Vermont Law Review* 33/472-473 (afirmando: "O *civil law* busca os benefícios legitimantes do mito de que seus juízes agem apenas sobre a base de fatos verdadeiramente verdadeiros e não sobre meras probabilidades"). Parece ela encontrar confirmação nos argumentos desenvolvidos em favor da manutenção do *standard* da *convicção de verdade* por Gerhard Walter, *Libre Apreciación de la Prueba*, cit., § 8, pp. 194 ss. (afirmando que "um sistema bem ordenado, que exija para o reconhecimento de uma pretensão, em princípio, a prova plena de seus pressupostos e que se contente apenas excepcionalmente – tanto em formulações processuais como em formulações de direito material – com requisitos menores, se veria sacudido em suas fundações se se generalizasse essa aceitação da probabilidade preponderante. Não somente o temor prático de que se estendam as pretensões por responsabilidade, mas também objeções de ordem ético-jurídica se opõem a que uma pretensão seja reconhecida somente por ser preponderantemente provável" – pp. 210-211).

Para Walter, se todo juízo não passasse de um mero balanço de probabilidades, então, não haveria sentido em a lei falar de "verossimilhança", "probabilidade" e "plausibilidade" em diversos contextos específicos. A afirmação é infundada. Não se deve confundir a noção de uma *probabilidade preponderante* como critério racional de julgamento com a noção de *verossimilhança* no campo das tutelas sumárias ou da apreciação de outros fatos acessórios (*e.g.*, a admissibilidade de uma testemunha como fonte relevante de prova).

Como já demonstrou Michele Taruffo, traduzir o ambíguo vocábulo alemão *Wahrscheinlichkeit* sempre por *verossimilhança* constitui equívoco que confunde esta acepção do termo com aquela que lhe é mais importante e frequente – equivalente à noção de *probabilidade*.[59] A verossimilhança diz respeito à plausibilidade das alegações, segundo critérios daquilo que usualmente acontece; a probabilidade, por sua vez, tem a ver com o grau de confirmação de uma hipótese à luz das provas dos autos. Aquela, como se vê, é aplicável aos casos de limitação da cognição e da participação das partes na tomada de uma decisão (tutela sumária); esta, ao juízo fático do processo, entendida a verdade dentro dos limites desse contexto.

A objeção de que o *standard* da preponderância não é aplicável, na prática, porquanto não se poderia medir matematicamente o valor da prova, é mais séria, e merece maior reflexão. No entanto, parte ela de uma concepção demasiadamente restritiva de probabilidade, que não pode ser compartilhada.

Em primeiro lugar, deve-se sublinhar a existência de casos em que o apelo à probabilidade em configuração estatística (*naked statistical evidence*) é a única forma de angariar elementos de convicção no processo. Pode-se invocar, nesse sentido, o paradigmático caso "Sindell *versus* Abbott Laboratories".[60] Nesse litígio a demandante demonstrara que sua mãe havia consumido determinado produto farmacêutico. Soube-se anos

---

59. Michele Taruffo, *La Prueba de los Hechos*, cit., pp. 183 ss. (distinguindo *verossimilhança* e *probabilidade*, nos termos que foram resumidos no texto). Na obra *A Verossimilhança no Processo Civil e sua Aplicação Prática* (São Paulo, Ed. RT, 2009), Daisson Flach, embora refutando uma distinção nítida entre *verossimilhança* e *probabilidade* tal como proposta no texto, ao identificar certa sinonímia "aceitável" entre os termos (pp. 66-73), propõe interessante concepção da verossimilhança como "conceito integral com função decisória" a orientar as tutelas sumárias (pp. 128-140) e como modelo de constatação auxiliar do *standard* da prova de referência (pp. 122-123).

60. 26 *Cal.* 3d 588, 163 *Cal. Rptr.* 132, 607 P.2d 924 (1980).

depois que o produto causara danos aos filhos das mães que o haviam ingerido durante a gravidez – situação na qual se encontrava justamente a demandante, que, por isso, pedia indenização. No entanto, não lhe foi possível confirmar qual laboratório havia fabricado as cartelas específicas adquiridas por sua mãe, até porque em muitos casos o remédio era vendido sob denominação genérica. A demanda foi ajuizada, então, contra as várias indústrias que fabricavam a droga à época do consumo. Em primeira instância a ação foi rejeitada, devido à circunstância de que a demandante não havia identificado qual companhia havia produzido a dosagem específica em questão. Em grau de recurso, no entanto, a Suprema Corte da Califórnia reformou a sentença; utilizou, então, raciocínio essencialmente estatístico para condenar as litisconsortes passivas – cada empresa foi responsabilizada na medida de suas vendas e participação de mercado na região à época do evento.[61] O recurso à *naked stastical evidence*, em tal caso, parece ser justificável, desautorizando a rejeição, pura e simples, de todo e qualquer uso de probabilidade estatística no processo judicial.

Seja como for, deve-se ter em mente que as concepções de probabilidade não se limitam a versões quantitativas ou estatísticas (utilizáveis, como visto, apenas em casos excepcionais). Inegável que, não obstante o grande prestígio de que gozam as construções quantitativas na doutrina de *common law* e da Escandinávia (sobretudo aquelas de índole subjetiva – *v.g.*, o Teorema de Bayes ou o *evidentiary value model*), estas teorias se sujeitam a uma série de críticas. Seria despropositado e até mesmo inviável reproduzir, aqui, considerações desse gênero – como a desvinculação de tais fórmulas dos elementos concretos de prova, diante de seu apego a probabilidades recolhidas no passado (*prior probabilities*), ou a ausência das quantificações de partida do cálculo na maior parte dos casos.[62] O argumento central em favor da adoção de um *standard* de probabilidade preponderante não é este, mas, sim, o de que o grau de confirmação de uma hipótese à luz das provas dos autos pode ser aferido sem o (quiçá inviável) rigor matemático das teorias quantitativas. Foram amplamente desenvolvidos, nesse sentido, outros métodos, fundados

---

61. Há ampla literatura na doutrina norte-americana sobre o caso. Para uma descrição e análise completa, bem como ulteriores referências, cf. David Kaye, "The limits of the preponderance of the evidence standard: justifiably naked statistical evidence and multiple causation", cit., *American Bar Foundation Research Journal* 488/489 ss. e notas.

62. Para uma ampla resenha das críticas, v. Michele Taruffo, *La Prueba de los Hechos*, cit., pp. 190 e ss.

na probabilidade lógica e na *fuzzy logic*, por exemplo.⁶³ Partindo dessa perspectiva, é viável acolher a hipótese fática com base na probabilidade lógica prevalecente.

Afora isso, ainda que se admita que a valoração da prova seja feita sem contornos probabilísticos de qualquer natureza, é possível admitir que, em uma fase subsequente, o julgador possa estimar subjetivamente probabilidades e compará-las com uma escala aproximada de graduações.⁶⁴ Essa segregação não retira os benefícios pretendidos com os *standards*: submeter a valoração da prova a parâmetros objetivos e racionais que visam a minimizar os custos ligados aos desacertos fáticos.

7. Notas conclusivas

As considerações precedentes indicam que devemos, ao menos, iniciar amplo debate sobre a possibilidade de adoção de *standards* de prova ou modelos de constatação no processo civil brasileiro. Propõe-se especificamente um critério em que a mera *preponderância de provas* ou *probabilidade prevalente* conduzirá o juízo fático no processo civil de cunho patrimonial. Na falta de críticas fundadas em contrário, a prática é mais racional – à luz de uma adequada ponderação dos escopos do processo, dos interesses em jogo nos diferentes tipos de litígio e da minimização dos custos do erro judiciário – do que a insistência na noção vaga de uma convicção íntima do juiz, muitas vezes confundida com a ilusão de uma verdade absoluta. Ao mesmo tempo, abrem-se portas para trazer para dentro do juízo fático noções científicas e balizas objetivas.

A instituição de um *standard* de preponderância também auxiliaria o sistema brasileiro diante da falta de mecanismos eficazes para a obtenção de provas antes do ajuizamento da demanda.⁶⁵ Inexistindo amplo

---

63. V., novamente, Michele Taruffo, *La Prueba de los Hechos*, cit., pp. 223 e ss. e 298 e ss.

64. Kevin Clermont, "Standards of proof revisited", cit., *Vermont Law Review* 33/482-483 (refutando, assim, uma aproximação ao tema dos *standards* da prova baseada em noções de confiança, e não em probabilidade).

65. Tem-se destacado, no entanto, uma tendência dos Países de *civil law* rumo a formas (limitadas) de *discovery* (cf. Rudolph Schlesinger, Ugo Mattei, Teemu Ruskola e Antonio Gidi, *Schlesinger's Comparative Law: Cases, Text, Materials*, cit., 7ª ed., pp. 763-764). Essa diferença, como se sabe, é relevantíssima no âmbito dos litígios transnacionais, sendo um dos principais critérios para a *choice of forum*. Muitas vezes as partes iniciam um procedimento nos Estados Unidos da América apenas com o propósito de fazer valer o *discovery* – com todas as vantagens e desvantagens estratégicas decorrentes. Entre nós, defende a ideia de um direito au-

discovery, mas apenas ações "cautelares" de alcance limitado, a parte não tem ao seu alcance todos os meios de prova relacionados com os fatos controversos. Tanto mais importante, pois, que sua demanda possa ser acolhida diante das provas preponderantes de que pôde efetivamente dispor, sem que se gere uma distorção em favor do demandado.

Ademais, os *standards* contribuem para o controle do acerto do juízo fático. Sabendo-se que muitas vezes o juiz chegará à sua decisão intuitivamente, uma análise discursiva do juízo fático pode oferecer eficiente mecanismo de teste,[66] à luz do qual, inclusive, pode ser mais bem realizada sua revisão em grau recursal.

Bibliografia

AMARAL, Guilherme R., e MITIDIERO, Daniel (orgs.). *Processo Civil: Estudos em Homenagem ao Professor Dr. Carlos Alberto Alvaro de Oliveira*. São Paulo, Atlas, 2012.

BANKOWSKI, Zenon. "The value of truth: fact scepticism revisited". In: *Legal Studies – The Journal of The Society of Legal Scholars*. vol. 1. 1981.

BARBOSA MOREIRA, José Carlos. "Julgamento e ônus da prova". In: *Temas de Direito Processual – Segunda Série*. São Paulo, Saraiva, 1980.

BEDAQUE, José Roberto dos Santos. "Garantia da amplitude de produção probatória". In: CRUZ E TUCCI, José Rogério (coord.). *Garantias Constitucionais do Processo Civil*. São Paulo, Ed. RT, 1999.

_____. *Poderes Instrutórios do Juiz*. 4ª ed. São Paulo, Ed. RT, 2009.

CHIOVENDA, Giuseppe. *Instituições de Direito Processual Civil*. 2ª ed. (trad. da 2ª ed. italiana), vol. 2. São Paulo, Saraiva, 1965.

CLERMONT, Kevin. "Standards of proof revisited". *Vermont Law Review* 33/469-488. Vermont Law School, 2009.

_____. "Procedure's magical number three: psychological bases for standards of decision". 72 *Cornell Law Review* 1.115. 1987.

_____, e SHERWIN, Emily. "A comparative view of standards of proof". *The American Journal of Comparative Law* 50-2/243-275. American Society of Comparative Law, Spring/2002.

---

tônomo à prova, já *de lege lata*, Flávio Luiz Yarshell, *Antecipação da Prova sem o Requisito da Urgência e Direito Autônomo à Prova* (São Paulo, Malheiros Editores, 2009). Especificamente sobre a possibilidade de introdução de mecanismos semelhantes ao *discovery* entre nós, v. Flávio Luiz Yarshell, "O projeto de novo Código Comercial e a proposta de permuta de documentos entre as partes: *discovery* brasileira?", in Flávio Luiz Yarshell e Guilherme Setoguti Júlio Pereira (orgs.), *Processo Societário*, vol. 1, São Paulo, Quartir Latin, 2012, pp. 203 ss.

66. Per Olof Ekelöf, "Free evaluation of evidence", cit., *Scandinavian Studies in Law*, vol. 8, pp. 60-61.

DAMAŠKA, Mirjan. "Free proof and its detractors". *American Journal of Comparative Law* 43/343 e ss. 1995.

_____. "Truth in adjudication". *Hastings Law Journal* 49. 1997-1998.

DAVID, René. *French Law: its Structure, Sources, and Methodology*. Trad. de Michael Kindred. Baton Rouge, Louisiana State University Press, 1972.

EKELÖF, Per Olof. "Free evaluation of evidence". *Scandinavian Studies in Law*. vol. 8. 1964.

ENGISCH, Karl. *Introdução ao Pensamento Jurídico*. 9ª ed., trad. de J. Baptista Machado. Lisboa, Fundação Calouste Gulbenkian, 2004.

FAZZALARI, Elio. *Note in Tema di Diritto e Processo*. Milão, Giuffrè, 1957.

FLACH, Daisson. *A Verossimilhança no Processo Civil e sua Aplicação Prática*. São Paulo, Ed. RT, 2009.

GIDI, Antonio, MATTEI, Ugo, RUSKOLA, Teemu, e SCHLESINGER, Rudolph. *Schlesinger's Comparative Law: Cases, Text, Materials*, 7ª ed. Foundation Press, 2009.

HATAKKE, KLAMI, e SORVETTULA. "Burden of proof. Truth or law?". *Scandinavian Studies in Law* 34. 1990.

HAZARD JR., Geoffrey C., e JAMES JR., Fleming, LEUBSDORF, John. *Civil Procedure*. 5ª ed. Nova York, Foundation Press, 2001.

JAMES JR., Fleming, HAZARD JR., Geoffrey C., e LEUBSDORF, John. *Civil Procedure*. 5ª ed. Nova York, Foundation Press, 2001.

KAPLAN, J. "Decision-making theory and the factfinding process". *Stanford Law Review* 20. 1968.

KAYE, David. "The limits of the preponderance of the evidence standard: justifiably naked statistical evidence and multiple causation". *American Bar Foundation Research Journal* 488. 1982.

KELSEN, Hans. *Teoria Pura do Direito*. 3ª ed. Coimbra, Arménio Armado Editor, 1974.

KLAMI, HATAKKE e SORVETTULA. "Burden of proof. Truth or law?". *Scandinavian Studies in Law* 34. 1990.

KNIJNIK, Danilo. *A Prova nos Juízos Cível, Penal e Tributário*. Rio de Janeiro, Forense, 2007.

_____. "Os *standards* do convencimento judicial: paradigmas para seu possível controle". *RF* 353.

LEUBSDORF, John, JAMES JR., Fleming, e HAZARD JR., Geoffrey C. *Civil Procedure*. 5ª ed. Nova York, Foundation Press, 2001.

LUCON, Paulo Henrique dos Santos, e RECENA COSTA, Guilherme. "Formalismo processual e dinamização do ônus da prova". In: MITIDIERO, Daniel, e AMARAL, Guilherme R. (orgs.). *Processo Civil: Estudos em Homenagem ao Professor Dr. Carlos Alberto Alvaro de Oliveira*. São Paulo, Atlas, 2012.

MICHELI, Gian Antonio. *La Carga de la Prueba*. Trad. de Santiago Sentís Melendo. Bogotá, Temis, 1985.

MITIDIERO, Daniel, e AMARAL, Guilherme R. (orgs.). *Processo Civil: Estudos em Homenagem ao Professor Dr. Carlos Alberto Alvaro de Oliveira*. São Paulo, Atlas, 2012.

MONTERO AROCA, Juan. *La Prueba en el Proceso Civil*. 2ª ed. Madri, Civitas, 1998.

PEREIRA, Guilherme Setoguti Júlio, e YARSHELL, Flávio Luiz (orgs.). *Processo Societário*. vol. 1. São Paulo, Quartir Latin, 2012.

PONTES DE MIRANDA, F. C. *Comentários ao Código de Processo Civil (de 1973)*. t. IV. Rio de Janeiro, Forense, 1974.

RECENA COSTA, Guilherme. *Superior Tribunal de Justiça e Recurso Especial: Análise da Função e Reconstrução Dogmática*. Dissertação de Mestrado/USP (Orientador: professor Paulo Henrique dos Santos Lucon). 2011.

_____, e LUCON, Paulo Henrique dos Santos. "Formalismo processual e dinamização do ônus da prova". In: MITIDIERO, Daniel, e AMARAL, Guilherme R. (orgs.). *Processo Civil: Estudos em Homenagem ao Professor Dr. Carlos Alberto Alvaro de Oliveira*. São Paulo, Atlas, 2012.

ROSENBERG, Leo. *La Carga de la Prueba*. Trad. de Ernesto Krotoshin. Buenos Aires, EJEA, 1996.

SENTÍS MELENDO, Santiago. "Naturaleza de la prueba: la prueba es libertad". *RT* 462/11-22. Ano 63. São Paulo, Ed. RT, abril/1974.

SHERWIN, Emily, e CLERMONT, Kevin. "A comparative view of standards of proof". *The American Journal of Comparative Law* 50-2/243-275. American Society of Comparative Law, Spring/2002.

SORVETTULA, HATAKKE e KLAMI. "Burden of proof. Truth or law?". *Scandinavian Studies in Law* 34. 1990.

TARUFFO, Michele. "Elementi per un'analisi del giudizio di fatto". In: *Sui Confini – Scritti sulla Giustizia Civile*. Bolonha, Il Mulino, 2002.

_____. "Funzione della prova: la funzione dimostrativa". In: *Sui Confini – Scritti sulla Giustizia Civile*. Bolonha, Il Mulino, 2002.

_____. *La Prueba de los Hechos* (original italiano: *La Prova dei Fatti Giuridici*, trad. de Jordi Ferrer Beltrán). Madri, Trotta, 2002.

_____. "Rethinking the standards of proof". *American Journal of Comparative Law* 51/667. 2003.

_____. "Verità e probabilità nella prova dei fatti". *RePro* 154. São Paulo, Ed. RT, 2007.

WALTER, Gerhard. *Libre Apreciación de la Prueba*. Bogotá, Temis, 1985.

YARSHELL, Flávio Luiz. *Antecipação da Prova sem o Requisito da Urgência e Direito Autônomo à Prova*. São Paulo, Malheiros Editores, 2009.

_____. "O projeto de novo Código Comercial e a proposta de permuta de documentos entre as partes: *discovery* brasileira?". In: YARSHELL, Flávio Luiz, e PEREIRA, Guilherme Setoguti Júlio (orgs.). *Processo Societário*. vol. 1. São Paulo, Quartir Latin, 2012.

_____, e PEREIRA, Guilherme Setoguti Júlio (orgs.). *Processo Societário*. vol. 1. São Paulo, Quartir Latin, 2012.

CONSIDERAÇÕES A RESPEITO DAS ASSOCIAÇÕES FEITAS ENTRE IMPUGNAÇÃO DE ATOS JURÍDICOS PRIVADOS E TUTELAS MERAMENTE DECLARATÓRIA E CONSTITUTIVA

GUILHERME SETOGUTI J. PEREIRA

Advogado – Bacharel e Mestre pela Faculdade
de Direito da Universidade de São Paulo

1. Introdução e delimitação do objeto deste artigo. 2. Tutela meramente declaratória. 3. Tutela constitutiva. 4. Atos jurídicos nulos e anuláveis. 5. As associações nulidade/ tutela meramente declaratória e anulabilidade/tutela constitutiva. 6. Conclusão: superação das dicotomias apontadas.

1. Introdução e delimitação do objeto deste artigo

São correntes nos livros e nas salas de aula de Direito Processual Civil as associações entre, de um lado, pronúncia da nulidade de ato jurídico privado e decisão meramente declaratória e, de outro, pronúncia da anulabilidade de ato jurídico privado e decisão constitutiva. Tais associações, muito simplificadamente, partem das noções de que o ato nulo é completamente ineficaz, e o anulável precariamente eficaz. Na primeira hipótese – diz a doutrina – basta a declaração de referido estado de ineficácia, enquanto na segunda é preciso um provimento que remova tais efeitos da ordem jurídica. Daí, respectivamente, os conteúdos meramente declaratório e constitutivo negativo das decisões que pronunciam tais vícios.

Apesar de essas associações serem colhidas na doutrina clássica e continuarem a ecoar nos autores contemporâneos, em dissertação de Mestrado intitulada *Conteúdo do Provimento e Limites Objetivos e Subjetivos do Provimento e da Coisa Julgada na Impugnação de Deliberações de Assembleias de Sociedades por Ações*[1] defendemos a ideia de que, especificamente no que diz respeito às *deliberações de assembleias*

---

1. Defendida em 24.4.2013 perante a Faculdade de Direito da Universidade de São Paulo/USP, sob orientação do professor Flávio Luiz Yarshell.

de sociedades por ações, o provimento que reconhece e pronuncia a nulidade ou a anulabilidade desses atos é sempre constitutivo. Expusemos algumas razões para isso, dentre as quais as características especiais do regime de invalidade dos atos societários, marcado por imperativos de estabilidade, segurança e proteção da confiança.

Este breve artigo pretende prosseguir com tais reflexões e aprofundá-las,[2] para que, ao final, possamos dizer se aquela mesma conclusão pode, ou não, ser aplicada, de modo geral, à impugnação de atos jurídicos privados distintos das deliberações societárias.

É o que se passa a fazer.

2. Tutela meramente declaratória

Há várias classificações dos tipos de tutelas jurisdicionais. Uma delas, chamada de *clássica* ou *tradicional*, divide as tutelas em cognitiva, executiva ou cautelar, e aquela primeira em outras três subespécies: meramente declaratória, condenatória e constitutiva.[3]

De acordo com referida taxonomia, a tutela cognitiva – também chamada de tutela de conhecimento – é a que declara a norma jurídica concreta ou, de acordo com a teoria chiovendiana, declara "a vontade concreta da lei".[4] Por ela o julgador diz qual das partes, em um litígio específico – daí a sua concretude –, tem razão; ou seja: qual a disciplina que a lei reserva para aquela disputa específica. Já, a tutela executiva é a que atua a norma jurídica concreta. Ela age pela prática de atos materiais de sub-rogação sobre o patrimônio do devedor (execução direta) ou atos de pressão psicológica e financeira (execução indireta) que buscam

2. Como dito, este trabalho representa a continuação e o aprofundamento de reflexões feitas na referida dissertação de Mestrado. Por isso, boa parte das considerações e das conclusões aqui feitas coincidirá com o que nela foi sustentado, especialmente nos seus ns. 5 e 10, pp. 41-46, 87-129 e 144-162, aos quais desde logo se faz remissão.

3. Cf.: Marco Tullio Zanzucchi, *Diritto Processuale Civile*, 6ª ed., vol. I, Milão, Giuffrè, 1964, pp. 121-122; Adolf Shönke, *Derecho Procesal Civil*, 5ª ed., trad. de Prieto Castro, Barcelona, Bosch, 1950, n. 43, pp. 151-152; Othmar Jauernig, *Direito Processual Civil*, trad. de F. Silveira Ramos, Coimbra, Livraria Almedina, 2002, n. 59, p. 308; Giovanni Verdi, *Profili del Processo Civile*, 4ª ed., vol. 1, Nápoles, Jovene, 1994, Capítulo 5, n. 3, p. 172; e José Lebre de Freitas, *Introdução ao Processo Civil*, 2ª ed., Coimbra, Coimbra Editora, 2009, Capítulo I, n. 3.1, pp. 23-26.

4. Cf. Giuseppe Chiovenda, *Instituições de Direito Processual Civil*, 2ª ed., vol. I, trad. de J. Guimarães Menegale, São Paulo, Saraiva, 1965, ns. 10 e 33, pp. 34 e 157-158.

satisfazer o direito do credor. A tutela cautelar, por sua vez, assegura a eficácia prática do provimento final, ao neutralizar ou minimizar os efeitos destruidores que o tempo de duração do processo pode vir a causar aos direitos disputados, afastando, assim, o chamado *dano marginal*.

Como exposto, a tutela cognitiva – que, para os escopos deste artigo, deve ser analisada mais aprofundadamente – tem por finalidade enunciar a regra jurídica concreta: o magistrado aprecia a pretensão deduzida, declara qual prescrição a lei reserva para aquela situação e, consequentemente, diz qual das partes, à luz do direito material, tem razão no litígio.[5] O juiz não cria uma nova norma: ainda que no processo decisório existam elementos interpretativos que – não se pode negar – apresentam algum grau de *criação jurídica*, a sentença declara qual o regramento que, de antemão, o ordenamento já conferia àquela crise jurídica. É por esse motivo que essa tutela é chamada de declaratória *lato sensu*.[6]

Apesar de haver na doutrina dissenso a respeito de quais são as espécies da tutela cognitiva, um dos aspectos entre os quais existe concordância é o de que dentre elas está uma que tem em vista *unicamente* esse objetivo, qual seja, declarar uma situação jurídica. Trata-se da chamada tutela meramente declaratória ou declaratória *stricto sensu*, através da qual se garante o direito à certificação jurídica.[7] Esse provimento jurisdicional põe fim a uma *crise de certeza* e se exaure na declaração. O que se pretende com decisão desse tipo é, apenas, a certificação da existência ou inexistência de dada situação jurídica. Daí a nomenclatura tutela *meramente* declaratória.

Melhor explicando: fala-se em tutela *meramente* declaratória porque todas as formas de tutela jurisdicional de conhecimento são preliminarmente declaratórias. Todo provimento cognitivo possui, antes de

---

5. Cf.: Eduardo Couture, *Fundamentos del Derecho Procesal Civil*, 4ª ed., Buenos Aires, BDEF, 2010, n. 47, p. 67; Antônio Carlos de Araújo Cintra, Cândido Rangel Dinamarco e Ada Pellegrini Grinover, *Teoria Geral do Processo*, 29ª ed., São Paulo, Malheiros Editores, 2013, p. 345; e Flávio Luiz Yarshell, *Tutela Jurisdicional Específica nas Obrigações de Declaração de Vontade*, São Paulo, Malheiros Editores, 1993, n. 2.3, p. 22.

6. Por esse motivo é que Calamandrei afirmou que na cognição a função do juiz é a de "declarar oficialmente la certeza del derecho incierto o controvertido" (cf. *Instituciones de Derecho Procesal Civil*, vol. I, trad. de Santiago Sentís Melendo, Buenos Aires, El Foro, 1996, n. 19, p. 161).

7. Cf.: Flávio Luiz Yarshell, *Tutela Jurisdicional*, 2ª ed., São Paulo, DPJ, 2006, p. 152; e Celso Agrícola Barbi, *Comentários ao Código de Processo Civil*, vol. 1, t. 1, Rio de Janeiro, Forense, 1975, n. 46, p. 72.

tudo, a declaração sobre a situação jurídica deduzida em juízo, e essa declaração é que serve de base e pressuposto para a alteração de uma situação jurídica (provimento constitutivo) ou a aplicação da sanção (provimento condenatório). A condenação e a constituição partem, sempre, de prévia verificação da existência ou inexistência da relação jurídica afirmada pelas partes.[8] O elemento caracterizador do provimento meramente declaratório, portanto, não é a declaração de existência ou inexistência de situação jurídica, mas, sim, a circunstância de que é estruturado *apenas* por referido momento lógico declarativo.

O provimento meramente declaratório exaure-se com o pronunciamento judicial. Ao contrário do que ocorre com a decisão condenatória, a decisão meramente declaratória independe do cumprimento espontâneo da regra concreta certificada ou da prática de atos de invasão patrimonial para que se efetive. Daí se dizer que se trata de tutela com elevado grau de efetividade, na medida em que, ressalvados atos de *execução imprópria*, prescinde de providências posteriores para que, de fato, se assegure a satisfação da pretensão reconhecida pela decisão. Na premissa de que o objeto da demanda declaratória é apenas a obtenção da certeza jurídica – como reconhecido pela doutrina clássica[9] – e de que seu autor entende que a certeza lhe bastará, é inegável que esse bem jurídico é fornecido apenas pelo provimento. O que caracteriza a decisão meramente declaratória, portanto, é o fato de que ela conta, estruturalmente, apenas com a declaração da regra jurídica concreta. Esse é o seu elemento definidor.

3. Tutela constitutiva

Uma segunda espécie de tutela cognitiva é a constitutiva, que, como o próprio nome indica, se caracteriza por promover a constituição, modificação ou extinção de uma situação jurídica. Assim como os demais tipos de decisões cognitivas, a constitutiva também é estruturalmente marcada pela declaração da regra jurídica concreta. Mas, ao contrário

---

8. Cf.: Giuseppe Chiovenda, "Azioni e sentenze di mero accertamento" e "Azione di mero accertamento", in *Saggi di Diritto Processuale Civile*, vol. III, Milão, Giuffrè, 1993, pp. 19 e 51; Tomás Pará Filho, *Estudo sobre a Sentença Constitutiva*, dissertação de concurso à cadeira de "Direito Judiciário Civil" da FADUSP, São Paulo, 1973, p. 58; e Alfredo Buzaid, *A Ação Declaratória no Direito Brasileiro*, São Paulo, Saraiva, 1943, p. 95. De acordo com Flávio Yarshell, a origem da palavra "jurisdição" confirma que a função declaratória está presente em todas as modalidades de decisões de conhecimento (cf. *Tutela Jurisdicional*, cit., 2ª ed., p. 152).

9. Cf. Celso Agrícola Barbi, *Comentários ao Código de Processo Civil*, cit., vol. 1, t. 1, p. 68.

da decisão meramente declaratória, e de forma similar com a condenatória, a decisão constitutiva conta com um *plus*, pois à declaração ela acrescenta a *alteração de uma situação jurídica preexistente*. Isso explica a afirmação de que é evidente a distinção entre os dois primeiros provimentos: enquanto o meramente declaratório faz com que subsista o estado de direito preexistente, limitando-se a constatar algo que lhe precede, o constitutivo impõe a alteração de um estado jurídico.[10] A decisão meramente declaratória presta-se a sanar uma *crise de certeza*; a constitutiva, uma *crise de situação jurídica*.[11]

Diferentemente da decisão meramente declaratória, a constitutiva é estruturada em dois momentos lógicos bem delimitados: a declaração do direito à modificação jurídica pleiteada e o cumprimento dessa modificação. É com esse espírito, pois, que doutrina de peso afirmou que a decisão que anula determinado ato jurídico ostenta eficácias declaratória e constitutiva.[12]

E, também de modo diverso do que ocorre com a tutela condenatória – que, como visto, demanda a realização de atos materiais/fáticos para que se produzam os efeitos do direito por ela reconhecido –, na tutela constitutiva a modificação acontece no plano jurídico. Como se trata de fenômenos exclusivamente jurídicos, a criação, alteração ou extinção de direitos acontecem por meio do próprio provimento, prescindindo-se da realização de atos que incidam e modifiquem a realidade fática. Como nela não é necessária a execução do direito reconhecido, a tutela constitutiva aproxima-se da meramente declaratória e se afasta da condenatória, na qual a realização do direito objeto da declaração judicial depende da vontade do devedor ou de atos de execução forçada. Por esse motivo é que se afirma que aquelas duas primeiras são autossatisfativas: por si sós atendem à pretensão do demandante e extirpam a crise jurídica que instaurou o litígio.[13] Na tutela constitutiva o objeto litigioso

---

10. Cf. Ilaria Pagni, *Le Azioni di Impugnativa Negoziale – Contributo allo Studio della Tutela Costitutiva*, Milão, Giuffrè, 1998, Capítulo I, n. 1, p. 2.

11. Cf. Cândido Rangel Dinamarco, *Instituições de Direito Processual Civil*, 7ª ed., vol. I, São Paulo, Malheiros Editores, 2013, p. 155.

12. Cf. Emilio Betti, *D. 42.1.63 – Trattato dei Limiti Soggettivi della Cosa Giudicata in Diritto Romano*, Macerata, Bianchini, 1922, Capítulo II, n. 3-D, pp. 285-286.

13. Cf.: Chiovenda, "Azione di mero accertamento", cit., in *Saggi di Diritto Processuale Civile*, vol. III, p. 65; Corrado Ferri, Luigi Paolo Comoglio e Michele Taruffo, *Lezioni sul Processo Civile*, 5ª ed., vol. 1, Bolonha, Il Mulino, 2011, p. 654; Tomás Pará Filho, *Estudo sobre a Sentença Constitutiva*, cit., dissertação de concurso à cadeira de Direito Judiciário Civil da FADUSP, São Paulo, 1973, p. 29.

do processo exaure-se na própria modificação jurídica, que prescinde de conduta ulterior do réu,[14] ressalvados, também aqui, eventuais atos de execução imprópria.

4. Atos jurídicos nulos e anuláveis

Chama-se *invalidade* a sanção imposta ao ato que, apesar de juridicamente existente, se constituiu com desobediência aos seus requisitos legais.[15] A validade de um ato depende de sua sujeição às exigências contidas na lei; e o ato que não as cumpre é taxado de inválido – o que, via de regra, leva à sua ineficácia. Mas o rigor das sanções aplicadas ao ato inválido varia conforme a relevância que a ordem jurídica confere ao requisito descumprido. Daí se falar que os atos inválidos dividem-se em nulos e anuláveis.[16]

A nulidade é a sanção reservada a atos que descumprem requisitos aos quais o ordenamento jurídico confere grande relevância. Trata-se de sanção direcionada ao desrespeito de uma disposição que está a serviço de um interesse público, isto é, que vai além dos interesses dos sujeitos envolvidos. É comum, por isso, que se atrele a nulidade ao desrespeito ao interesse geral, à ordem pública, aos bons costumes e à moral.[17]

E, justamente por conta da importância dada a esses requisitos, diz a doutrina predominante que o regime dos atos nulos se caracteriza pela circunstância de que o ato é *integralmente e de pleno direito ineficaz*. Ou seja: a violação é tão relevante, que o ordenamento impediria, desde o nascedouro do ato, a produção de seus efeitos.

Ainda de acordo com essa posição doutrinária, a anulabilidade, por outro lado, é a sanção destinada ao desrespeito a disposições estabelecidas em defesa de interesses particulares. A violação é menos relevante

---

14. Cf. Dinamarco, "Momento de eficácia da sentença constitutiva", in *Fundamentos do Processo Civil Moderno*, 6ª ed., t. I, São Paulo, Malheiros Editores, 2010, n. 533, p. 959.

15. Cf.: F. C. Pontes de Miranda, *Tratado de Direito Privado*, 4ª ed., t. IV, São Paulo, Ed. RT, 1983, n. 362, p. 28; e José de Oliveira Ascensão, *Direito Civil: Teoria Geral*, 3ª ed., vol. II, São Paulo, Saraiva, 2010, n. 204, p. 314.

16. Cf. Marcos Bernardes de Mello, *Teoria do Fato Jurídico – Plano da Validade*, 10ª ed., São Paulo, Saraiva, 2010, p. 35, nota 4.

17. Cf.: Ludwig Enneccerus, Theodor Kipp e Martin Wolff, *Tratado de Derecho Civil*, 39ª ed., t. I, vol. II, trad. de Blas Pérez Gonzáles e José Alguer, Barcelona, Bosch, 1944, n. 189, pp. 354 e ss.; Andreas von Tuhr, *Derecho Civil*, vol. II, trad. de Tito Ravá, Madri, Marcial Pons, 2006, n. 55, pp. 247 e ss.; e Zeno Veloso, *Invalidade do Negócio Jurídico*, 2ª ed., Belo Horizonte, Del Rey, 2005, n. 16, p. 35.

que na nulidade; e, por tal razão, não se priva o ato da sua eficácia desde sua gênese. A imperfeição apresenta menor gravidade, ao ponto de a lei conferir ao interessado a possibilidade de optar por pedir a decretação da ineficácia ou, de outro lado, abrir mão do direito de pedir tal decretação ou, mesmo, deixar que tais efeitos transcorram normalmente, convalidando-se pelo decurso do tempo.[18] O ato anulável, portanto, é *precariamente eficaz*, cabendo ao interessado optar por transmudar tais efeitos em definitivos ou pedir sua remoção.

Umas das diferenças entre os atos nulos e anuláveis seria, portanto, justamente a circunstância de que os primeiros seriam absolutamente ineficazes, enquanto os segundos precariamente ineficazes.[19] Aqueles, *ab initio* e de pleno direito, não produziriam os efeitos a que se destinam (*quod nullum est, nullum producit effectum*);[20] enquanto os segundos produziriam efeitos provisórios, que, se não atacados dentro do prazo estabelecido pela lei, e transformariam em definitivos.

E é com base nessa distinção que é feita a associação entre, de um lado, atos nulos e tutela meramente declaratória e atos anuláveis e tutela constitutiva.

5. As *associações* nulidade/tutela meramente declaratória e anulabilidade/tutela constitutiva

A doutrina – nacional e estrangeira – costuma atrelar a impugnação do ato jurídico nulo à decisão meramente declaratória, e a impugnação do ato anulável à decisão constitutiva negativa. O motivo disso reside justamente na noção que acaba de ser exposta, qual seja, a de que a nu-

18. Como bem explica Caio Mário da Silva Pereira, por três maneiras convalesce o ato anulável: decurso do tempo, que põe fim ao direito à anulação (decadência); confirmação (CC, arts. 172 e 173); e suprimento da autorização, nos casos em que a ausência desta torna o ato anulável (CC, art. 176) (*Instituições de Direito Processual Civil*, 23ª ed., vol. 1, Rio de Janeiro, Forense, 2009, pp. 546-548).

19. Há muitas outras distinções entre os atos nulos e os anuláveis, que não cabem ser expostas neste artigo. Remete-se à nossa dissertação de Mestrado, onde analisamos a questão e indicamos bibliografia sobre o tema (v. Guilherme Setoguti J. Pereira, *Conteúdo do Provimento e Limites Objetivos e Subjetivos do Provimento e da Coisa Julgada na Impugnação de Deliberações de Assembleias de Sociedades por Ações*, cit., n. 5, pp. 41-46).

20. Nesse sentido, Zeno Veloso afirma que, "normalmente, como regra geral, o negócio nulo não produz quaisquer efeitos jurídicos" (*Invalidade do Negócio Jurídico*, cit., 2ª ed., n. 25, p. 146). V., ainda: Nicolas Coviello, *Doctrina General del Derecho Civil*, 4ª ed., Buenos Aires, El Foro, s/d, n. 106, p. 359; e José de Oliveira Ascensão, *Direito Civil: Teoria Geral*, cit., 3ª ed., vol. II, ns. 205-206, pp. 316-317.

lidade privaria integralmente o ato jurídico de eficácia jurídica, o qual não produziria nenhum efeito jurídico a ser removido. Ele seria ineficaz desde seu nascimento: *quod nullum est, nullum producit effectum*. Diante de um ato nulo não haveria crise de situação jurídica, mas apenas crise de certeza:[21] apenas se declararia o vício, sem necessidade de serem desconstituídos efeitos indevidamente produzidos; o vício é que seria a causa da ineficácia (*ab ovo*),[22] prescindindo-se de decisão judicial que cassasse seus efeitos. Os atos anuláveis, por outro lado, seriam precariamente eficazes, e, por isso, deveriam ser objeto de decisão constitutiva, para que seus efeitos fossem extirpados do mundo jurídico. Nesse raciocínio, a decisão que se pronuncia pela anulabilidade seria constitutiva, pois ela é que atua como causa da modificação jurídica.[23]

A decisão meramente declaratória adquire individualidade pelo fato de que é estruturada apenas pela declaração de uma situação jurídica. Ela se exaure em um enunciado que confere segurança a uma situação, e seu intuito é, unicamente, solucionar uma *crise de certeza*. Na impugnação

21. Cf. Andrea Pisani Massarmormile, "Invalidità delle delibere assembleari: stabilità ed effetti", *Rivista del Diritto Commerciale e del Diritto Generale delle Obbligazioni* 102-1/57, Pádua, 2004, n. 2; e Antigono Donati, *L'Invalidità della Deliberazione di Assemblea delle Società Anonime*, Milão, Giuffrè, 1937, n. 15, p. 58.

Exatamente nessa linha é a afirmativa de Carnelutti de que, "en el proceso de nulidad de un contrato, la declaración de certeza es mera, porque la validez o la nulidad del contrato existe exactamente igual antes o después del juicio" (*Instituciones del Proceso Civil*, vol. I, trad. de Santiago Sentís Melendo, Buenos Aires, El Foro, 1997, n. 34, p. 71).

22. Cf. Chiara Besso, *La Sentenza Civile Inesistente*, Turim, Giappichelli, 1996, Capítulo I, n. 2, p. 22.

23. Cf. Elio Fazzalari, *Istituzioni di Diritto Processuale*, 5ª ed., Pádua, CEDAM, 1989, Capítulo IX, n. 3, p. 417. Tal pensamento é sintetizado no seguinte trecho da obra de Enrico Tullio Liebman: "Toda diferença entre nulidade e anulabilidade está precisamente nisso: a primeira é consequência de um defeito tão radical que o contrato nunca veio a ter existência jurídica, enquanto as causas de anulabilidade permitem a existência do contrato, ainda que viciado, e apenas a sentença do juiz produzirá sua anulação" (*Manual de Direito Processual Civil*, 3ª ed., vol. I, trad. de Cândido Rangel Dinamarco, São Paulo, Malheiros Editores, 2005, n. 86, p. 244). No mesmo sentido: Flávio Luiz Yarshell, "Tutela jurisdicional meramente declaratória", *RePro* 76/49, São Paulo, Ed. RT, 1994; José Carlos Barbosa Moreira, "Reflexões críticas sobre uma teoria de condenação civil", in *Temas de Direito Processual – Primeira Série*, 2ª ed., São Paulo, Saraiva, 1988, pp. 75-76; José Manoel de Arruda Alvim Netto, "Ação declaratória de nulidade de cláusula contratual", *RePro* 76/126, São Paulo, Ed. RT, 1994; e Cintra-Grinover-Dinamarco, *Teoria Geral do Processo*, cit., 29ª ed., ns. 194 e 196, pp. 337-339.

de um ato jurídico nulo é possível dizer que há unicamente uma crise desse tipo? A resposta, nos parece, é negativa.

Ainda que minoritária, parcela relevante da doutrina civilista alude ao *desaparecimento dos efeitos produzidos pelos atos nulos*. Nesse sentido vai Sílvio Venosa, para quem a regra de que o nulo é ineficaz deve ser vista com temperamentos, em decorrência dos chamados *efeitos materiais* que dele podem decorrer. Referido autor cita como exemplo o negócio jurídico celebrado por alienado mental com contratante de boa--fé: o ato é nulo, mas o sistema lhe reconhece certos efeitos.[24]

Noutras situações alude-se à produção de *efeitos indiretos*.[25] É o caso do negócio jurídico translativo de domínio: reconhecida sua nulidade, não vale como causa de transmissão da propriedade, mas serve como título de justificativa da posse. Outros exemplos: nulidade do instrumento – ocorre o aproveitamento do ato como prova da obrigação;[26] cumprimento de relação de trabalho fundada em contrato nulo e nulidade de atos de registro de imóveis, que são eficazes perante terceiros de boa--fé.[27]

Mais um exemplo de situação em que inegavelmente ocorre produção de efeitos pelo ato nulo é o casamento putativo, qualificação que se dá ao casamento celebrado quando ao menos um dos contraentes ignora algum impedimento para o ato. Sem dúvida ele é nulo, mas, premiando a boa-fé, o art. 1.561 do CC lhe atribui efeitos: "Embora anulável ou mesmo nulo, se contraído de boa-fé por ambos os cônjuges, o casamento,

---

24. Sílvio Venosa, *Direito Civil – Parte Geral*, 4ª ed., São Paulo, Atlas, 2004, pp. 592-593.

25. Para Zeno Veloso, "como regra geral, o negócio nulo não produz quaisquer efeitos jurídicos. (...). Excepcionalmente, porém, o nulo produz algum efeito, efeito indireto, efeito reflexo. Isso ocorre muito raramente, poucos são os casos, apontando-se na doutrina: (a) casamento putativo (art. 1.561); (b) citação, mesmo nula por incompetência do juiz, interrompe a prescrição e constitui o devedor em mora (CPC, art. 219); (c) a declaração feita em instrumento nulo serve como começo de prova; (d) o negócio translativo de propriedade nulo funciona, não obstante, como causa justificativa da posse" (*Invalidade do Negócio Jurídico*, cit., 2ª ed., n. 25, p. 146).

26. Cf. Caio Mário da Silva Pereira, *Instituições de Direito Processual Civil*, cit., 23ª ed., vol. 1, p. 550.

27. Cf. Ilaria Pagni, *Le Azioni di Impugnativa Negoziale – Contributo allo Studio della Tutela Costitutiva*, cit., Capítulo VI, n. 5, p. 590. De acordo com Antônio Junqueira de Azevedo, exemplos de atos nulos eficazes são o casamento putativo, a caducidade do legado e o contrato de trabalho viciado. Para o citado civilista trata-se de hipóteses excepcionais, em que nem sempre os efeitos produzidos são próprios ou típicos dos atos (*Negócio Jurídico*, 4ª ed., São Paulo, Saraiva, 2010, Capítulo 2, n. 4, pp. 49-52).

em relação a estes como aos filhos, produz todos os efeitos até o dia da sentença anulatória". O § 1º desse artigo, ainda, estabelece que, "se um dos cônjuges estava de boa-fé ao celebrar o casamento, os seus efeitos civis só a ele e aos filhos aproveitarão"; enquanto seu § 2º determina que, "se ambos os cônjuges estavam de má-fé ao celebrar o casamento, os seus efeitos civis só aos filhos aproveitarão". É incondicional a eficácia do casamento em relação aos filhos do casal, ainda que aquele seja reputado nulo.[28]

De fato, de acordo com Adolfo Di Majo, se há uma disciplina que não reproduz a distinção clássica entre anulabilidade e nulidade é a da invalidade matrimonial, pois, uma vez celebrado entre pessoas de sexos diversos, o casamento é existente e, logo, qualquer demanda de impugnação poderá apenas requerer a eliminação de tal existência. O motivo para tal peculiaridade reside no fato de que, diversamente de outros contratos, o casamento envolve interesses de vários gêneros, que vão além da órbita dos contratantes: interesse público de tutelar a monogamia, interesse dos filhos etc. A demanda que procura ver reconhecida a invalidade de um matrimônio, por isso, tem por escopo eliminar o estado de cônjuge e todos os efeitos daí decorrentes, que só são reputados extirpados do mundo jurídico após o pronunciamento judicial. E mesmo com a desconstituição do vínculo o ordenamento resguarda alguns de seus efeitos, como a condição de filho de quem nasceu na constância do casamento.[29]

É o que ocorre também com as deliberações societárias inválidas. Exigências vindas do direito material impõem que toda e qualquer remoção de efeitos seja produzida por via judicial, mediante provimento de conteúdo constitutivo negativo. O motivo definitivo para que se defenda essa tese consiste nas *peculiaridades do regime de nulidades do direito societário*, no qual tanto a eficácia dos atos como sua eliminação são construídas de modo a se assegurar o prosseguimento da atividade empresarial.[30]

Em nossa dissertação, referida anteriormente, defendemos que a decisão que reconhece a invalidade de uma deliberação, seja ela nula

28. Cf. Marcos Bernardes de Mello, *Teoria do Fato Jurídico – Plano da Validade*, cit., 10ª ed., p. 40.
29. Adolfo Di Majo, *La Tutela Civile dei Diritti*, 2ª ed., vol. 3, Milão, Giuffrè, 1993, Capítulo IV, n. 2.2, pp. 353-354.
30. Cf. Ilaria Pagni, *Le Azioni di Impugnativa Negoziale – Contributo allo Studio della Tutela Costitutiva*, cit., Capítulo VI, n. 5, pp. 590-592.

ou anulável, é constitutiva negativa.³¹ Devido ao corte cognitivo feito naquele trabalho, não fomos adiante e não afirmamos que isso ocorreria com todos os atos jurídicos. Contudo, prosseguindo com nossas reflexões, hoje pensamos que, apesar de, de fato, em certas hipóteses em que o direito material confere e resguarda efeitos do ato jurídico – caso das deliberações e do casamento inválido, por exemplo – não haver dúvida de que a decisão é constitutiva, a decisão que pronuncia a nulidade ou a anulabilidade de qualquer ato jurídico privado também apresenta essa mesma estrutura processual (conteúdo).

Com efeito, parece-nos que não são só alguns atos jurídicos que, apesar de nulos, produzem efeitos. Essa é mais uma regra que uma exceção, o que nos leva a sustentar que deve ser considerada constitutiva a sentença que pronuncia a nulidade de qualquer ato jurídico privado.³² No mais das vezes – se não em todas elas – o ato nulo é, ainda que minimamente, *eficaz*, o que exige uma decisão judicial para que seus efeitos sejam extirpados do plano jurídico. A despeito do secular brocardo *quod nullum est, nullum producit effectum*, a afirmativa de que o nulo é absolutamente ineficaz deve ser vista com grandes ressalvas.³³ Trata-se, na verdade, de uma ficção, que nega as coisas como elas são.

Andrea Proto Pisani negou que "l'azione di nullità" seja meramente declaratória. Para tanto, argumentou que, embora o ato nulo não produza os mesmos efeitos que emanariam do válido, ele gera certa quantidade de efeitos – limitados, mas sempre existentes – que não podem ser simplesmente desconsiderados. Trata-se de efeitos quantitativamente menores e diversos dos que seriam produzidos se válido fosse, mas que não podem ser desprezados. Daí a necessidade de um provimento que os remova.³⁴

Tese similar foi defendida por Pontes de Miranda, segundo quem tanto as demandas de nulidade como as de anulação são constitutivas. Referido autor estava certo ao afirmar que a demanda que pede a "decla-

31. Cf. Guilherme Setoguti J. Pereira, *Conteúdo do Provimento e Limites Objetivos e Subjetivos do Provimento e da Coisa Julgada na Impugnação de Deliberações de Assembleias de Sociedades por Ações*, cit., n. 12, pp. 144-162.

32. Nesse sentido, v. Andrea Proto Pisani, "Appunti sulla tutela di mero accertamento", *Rivista Trimestrale di Diritto e Procedura Civile* 33/666, n. 2, Milão, 1979.

33. Cf. Francesco Terrusi, *L'Invalidità delle Delibere Assembleari della SPA*, Milão, Giuffrè, 2007, n. 5.2, p. 225.

34. Cf. Andrea Proto Pisani, "Appunti sulla tutela di mero accertamento", cit., *Rivista Trimestrale di Diritto e Procedura Civile* 33/666.

ração" de nulidade de dada relação jurídica é uma "constitutiva negativa disfarçada": a relação jurídica constituiu-se e dela emanaram efeitos, com base nos quais muito provavelmente surgiram novas situações jurídicas. Não é possível que, tempos depois, venha a se negar que aquela relação jurídica primitiva existiu e foi juridicamente relevante. Daí a conclusão de que tanto a sentença que pronuncia a nulidade como a que reconhece a anulabilidade são constitutivas negativas.[35]

A mesma ideia foi defendida por Carlos Alberto Alvaro de Oliveira, para quem a decisão meramente declaratória pressupõe existência ou inexistência, não podendo subir ao plano da validade, próprio da anulabilidade e da nulidade.[36] Também em direção similar foi Agnelo Amorim Filho, que afirmou que as demandas que pedem a nulidade de um ato jurídico são constitutivas: o ato adentrou o mundo jurídico (assumiu existência), e, pois, deve ser cassado.[37]

Na doutrina italiana, Adolfo Di Majo escreveu que as associações nulidade/tutela meramente declaratória e anulabilidade/tutela constitutiva são fruto de uma tradição que, apesar de secular e predominante, apresenta "escassa consistência científica" e é fruto de uma "conceituação excessiva". De acordo com o citado autor, o negócio jurídico nulo produz certos efeitos, quando menos no confronto com terceiros. Diversamente do ato inexistente, o nulo existe no mundo jurídico, do qual, igualmente como se dá com o anulável, deverá ser extirpado. Nas duas hipóteses o ato produz "efeitos precários", e o julgador deve extirpar a força jurídica do ato que apresenta o vício.[38]

Contra o que ora se defende, poder-se-ia argumentar que esses efeitos que decorrem do ato nulo são reflexos e irrelevantes, de tal sorte que para eles seria cabível a tutela constitutiva, mas não para os efeitos

---

35. Pontes de Miranda, *Tratado das Ações*, t. I, São Paulo, Ed. RT, 1970, p. 120. Confira-se a seguinte passagem: "A ação declaratória em que se pede a 'declaração' da *nulidade de uma relação jurídica*, em vez da declaração da sua inexistência, é ação *constitutiva negativa* disfarçante" (pp. 203-204). No mesmo sentido, "ambas as sentenças que decretam a nulidade e a anulabilidade são constitutivas negativas" (Pontes de Miranda, *Tratado de Direito Privado*, cit., 4ª ed., t. IV, n. 363, p. 33).

36. Carlos Alberto Alvaro Oliveira, *Alienação da Coisa Litigiosa*, 2ª ed., Rio de Janeiro, Forense, 1986, n. 31, p. 264.

37. Tanto é isso verdade que referido autor utilizou a locução ações "aparentemente declaratórias" para se referir às demandas de nulidade (Agnelo Amorim Filho, "Critério científico para distinguir a prescrição da decadência e para identificar as ações imprescritíveis", *RT* 744/742-743, São Paulo, Ed. RT, outubro/1997).

38. Adolfo Di Majo, *La Tutela Civile dei Diritti*, cit., 2ª ed., vol. 3, Capítulo IV, n. 2.1, pp. 349-352.

principais potenciais do ato, que não foram produzidos em função da nulidade, e para os quais a tutela meramente declaratória seria a adequada. Poder-se-ia invocar, por exemplo, a doutrina do civilista português José de Oliveira Ascensão, de acordo com o qual o negócio jurídico nulo produz certos efeitos, mas não os efeitos negociais a que se propôs: somente efeitos indiretos ou secundários, nascidos de comportamentos fáticos, não do próprio ato.[39]

Quando afirmamos que até mesmo os atos nulos estabelecem relações jurídicas e produzem efeitos, porém, não estamos nos referindo somente a efeitos secundários, mas também a *efeitos principais*, é dizer, aqueles mirados pelo agente do ato.[40] *Anulação do nulo* é justamente o que nos parece ocorrer, pois o ato nulo, via de regra, produzirá, sim, os efeitos a que se propunha. E, mesmo que sejam efeitos diferentes e menos relevantes do que os que seriam produzidos pelo ato válido, é difícil negar que, realmente, *alguns efeitos* são produzidos pelo ato nulo; efeitos, esses, que só podem ser contrabalanceados por um provimento.

6. Conclusão: superação das dicotomias apontadas

Apesar de assentadas em doutrina de peso, as associações entre, de um lado, impugnação de atos nulos e tutela meramente declaratória e, de outro, impugnação de atos anuláveis e tutela constitutiva devem ser revistas, por uma simples razão: no mais das vezes – senão em todas elas –, também os atos jurídicos nulos devem ser objeto de decisão constitutiva, uma vez que *eles também produzem efeitos jurídicos que devem ser cassados*. O ato nulo produz efeitos que serão, a depender das características do direito material, rigorosamente os mesmos efeitos que emanariam do ato válido, ou efeitos menores, reflexos e indiretos. O fato é que efeitos existirão, e estes não podem ser desconsiderados.

A ideia de que o ato nulo é completamente ineficaz e, consequentemente, a tutela adequada para atacar esse vício é a meramente declara-

---

39. José de Oliveira Ascensão, *Direito Civil: Teoria Geral*, cit., 3ª ed., vol. II, n. 208, p. 320. Também na doutrina portuguesa, Heinrich Ewald Hörster, por sua vez, faz referência a "efeitos jurídicos laterais", estabelecidos na lei (*A Parte Geral do Código Civil Português*, Coimbra, Livraria Almedina, 2009, n. 347, p. 212).

40. Tal tese é defendida também por Hamid Charaf Badine Jr. (*Efeitos do Negócio Jurídico Nulo*, São Paulo, Saraiva, 2010, Capítulo 12, pp. 162 e ss.). Por sua vez, Betti afirmou que o negócio jurídico nulo pode produzir alguns de seus efeitos correspondentes ou, mesmo, outros distintos (*Teoría General del Negocio Jurídico*, 2ª ed., trad. de A. Martín Pérez, Madri, Editorial Revista de Derecho Privado, s/d, n. 58, p. 353).

tória deve, portanto, ser superada ou, quando menos, vista com grandes ressalvas. Mesmo diante de um ato jurídico nulo a decisão que reconhece e pronuncia o vício deve ser considerada *constitutiva negativa*: ela pronuncia o vício e remove o ato e seus efeitos do mundo jurídico. Continuarmos a sustentar que essa decisão é meramente declaratória é negarmos as coisas como elas são.

Bibliografia

AMORIM FILHO, Agnelo. "Critério científico para distinguir a prescrição da decadência e para identificar as ações imprescritíveis". *RT* 744. São Paulo, Ed. RT, outubro/1997.

ARRUDA ALVIM NETTO, José Manoel de. "Ação declaratória de nulidade de cláusula contratual". *RePro* 76. São Paulo, Ed. RT, 1994.

ASCENSÃO, José de Oliveira. *Direito Civil: Teoria Geral*. 3ª ed., vol. II. São Paulo, Saraiva, 2010.

AZEVEDO, Antônio Junqueira de. *Negócio Jurídico*. 4ª ed. São Paulo, Saraiva, 2010.

BADINE JR., Hamid Charaf. *Efeitos do Negócio Jurídico Nulo*. São Paulo, Saraiva, 2010.

BARBI, Celso Agrícola. *Comentários ao Código de Processo Civil*. vol. 1, t. 1. Rio de Janeiro, Forense, 1975.

BARBOSA MOREIRA, José Carlos. "Reflexões críticas sobre uma teoria de condenação civil". In: *Temas de Direito Processual – Primeira Série*. 2ª ed. São Paulo, Saraiva, 1988.

BESSO, Chiara. *La Sentenza Civile Inesistente*. Turim, Giappichelli, 1996.

BETTI, Emilio. *D. 42.1.63 – Trattato dei Limiti Soggettivi della Cosa Giudicata in Diritto Romano*. Macerata, Bianchini, 1922.

_____. *Teoría General del Negocio Jurídico*. 2ª ed., trad. de A. Martín Pérez. Madri, Editorial Revista de Derecho Privado, s/d.

BUZAID, Alfredo. *A Ação Declaratória no Direito Brasileiro*. São Paulo, Saraiva, 1943.

CALAMANDREI, Piero. *Instituciones de Derecho Procesal Civil*. vol. I, trad. de Santiago Sentís Melendo. Buenos Aires, El Foro, 1996.

CARNELUTTI, Francesco. *Instituciones del Proceso Civil*. vol. I, trad. de Santiago Sentís Melendo. Buenos Aires, El Foro, 1997.

CHIOVENDA, Giuseppe. "Azioni e sentenze di mero accertamento" e "Azione di mero accertamento". In: *Saggi di Diritto Processuale Civile*. vol. III. Milão, Giuffrè, 1993.

_____. *Instituições de Direito Processual Civil*. 2ª ed., vol. I, trad. de J. Guimarães Menegale. São Paulo, Saraiva, 1965.

CINTRA, Antônio Carlos de Araújo, DINAMARCO, Cândido Rangel, e GRINOVER, Ada Pellegrini. *Teoria Geral do Processo*. 29ª ed. São Paulo, Malheiros Editores, 2013.

COMOGLIO, Luigi Paolo, FERRI, Corrado, e TARUFFO, Michele. *Lezioni sul Processo Civile.* 5ª ed., vol. 1. Bolonha, Il Mulino, 2011.

COUTURE, Eduardo. *Fundamentos del Derecho Procesal Civil.* 4ª ed. Buenos Aires, BDEF, 2010.

COVIELLO, Nicolas. *Doctrina General del Derecho Civil.* 4ª ed. Buenos Aires, El Foro, s/d.

DI MAJO, Adolfo. *La Tutela Civile dei Diritti.* 2ª ed., vol. 3. Milão, Giuffrè, 1993.

DINAMARCO, Cândido Rangel. *Instituições de Direito Processual Civil.* 7ª ed., vol. I. São Paulo, Malheiros Editores, 2013.

_____. "Momento de eficácia da sentença constitutiva". In: *Fundamentos do Processo Civil Moderno.* 6ª ed., t. I. São Paulo, Malheiros Editores, 2010.

_____, CINTRA, Antônio Carlos de Araújo, e GRINOVER, Ada Pellegrini. *Teoria Geral do Processo.* 29ª ed. São Paulo, Malheiros Editores, 2013.

DONATI, Antigono. *L'invalidità della Deliberazione di Assemblea delle Società Anonime.* Milão, Giuffrè, 1937.

ENNECCERUS, Ludwig, KIPP, Theodor, e WOLFF, Martin. *Tratado de Derecho Civil.* 39ª ed., t. I, vol. II, trad. de Blas Pérez Gonzáles e José Alguer. Barcelona, Bosch, 1944.

FAZZALARI, Elio. *Istituzioni di Diritto Processuale.* 5ª ed. Pádua, CEDAM, 1989.

FERRI, Corrado, COMOGLIO, Luigi Paolo, e TARUFFO, Michele. *Lezioni sul Processo Civile.* 5ª ed., vol. 1. Bolonha, Il Mulino, 2011.

FREITAS, José Lebre de. *Introdução ao Processo Civil.* 2ª ed. Coimbra, Coimbra Editora, 2009.

GRINOVER, Ada Pellegrini, CINTRA, Antônio Carlos de Araújo, e DINAMARCO, Cândido Rangel. *Teoria Geral do Processo.* 29ª ed. São Paulo, Malheiros Editores, 2013.

HÖRSTER, Heinrich Ewald. *A Parte Geral do Código Civil Português.* Coimbra, Livraria Almedina, 2009.

JAUERNIG, Othmar. *Direito Processual Civil.* Trad. de F. Silveira Ramos, Coimbra, Livraria Almedina, 2002.

LIEBMAN, Enrico Tullio. *Manual de Direito Processual Civil.* 3ª ed., vol. I, trad. de Cândido Rangel Dinamarco. São Paulo, Malheiros Editores, 2005.

KIPP, Theodor, ENNECCERUS, Ludwig, e WOLFF, Martin. *Tratado de Derecho Civil.* 39ª ed., t. I, vol. II, trad. de Blas Pérez Gonzáles e José Alguer. Barcelona, Bosch, 1944.

MASSARMORMILE, Andrea Pisani. "Invalidità delle delibere assembleari: stabilità ed effetti". *Rivista del Diritto Commerciale e del Diritto Generale delle Obbligazioni* 102-1. Pádua, 2004.

MELLO, Marcos Bernardes de. *Teoria do Fato Jurídico – Plano da Validade.* 10ª ed. São Paulo, Saraiva, 2010.

OLIVEIRA, Carlos Alberto Alvaro de. *Alienação da Coisa Litigiosa.* 2ª ed. Rio de Janeiro, Forense, 1986.

PAGNI, Ilaria. *Le Azioni di Impugnativa Negoziale – Contributo allo Studio della Tutela Costitutiva.* Milão, Giuffrè, 1998.

PARÁ FILHO, Tomás. *Estudo sobre a Sentença Constitutiva.* Dissertação de concurso à cadeira de "Direito Judiciário Civil" da FADUSP. São Paulo, 1973.

PEREIRA, Caio Mário da Silva. *Instituições de Direito Processual Civil.* 23ª ed., vol. 1. Rio de Janeiro, Forense, 2009.

PEREIRA, Guilherme Setoguti J. *Conteúdo do Provimento e Limites Objetivos e Subjetivos do Provimento e da Coisa Julgada na Impugnação de Deliberações de Assembleias de Sociedades por Ações.* Dissertação de Mestrado defendida em 24.4.2013 perante a Faculdade de Direito da Universidade de São Paulo/FADUSP (Orientador: professor Flávio Luiz Yarshell).

PONTES DE MIRANDA, F. C. *Tratado das Ações.* t. I. São Paulo, Ed. RT, 1970.

_____. *Tratado de Direito Privado.* 4ª ed., t. IV. São Paulo, Ed. RT, 1983.

PROTO PISANI, Andrea. "Appunti sulla tutela di mero accertamento". *Rivista Trimestrale di Diritto e Procedura Civile* 33. N. 2. Milão, 1979.

SHÖNKE, Adolf. *Derecho Procesal Civil.* 5ª ed., trad. de Prieto Castro. Barcelona, Bosch, 1950.

TARUFFO, Michele, COMOGLIO, Luigi Paolo, e FERRI, Corrado. *Lezioni sul Processo Civile.* 5ª ed., vol. 1. Bolonha, Il Mulino, 2011.

TERRUSI, Francesco. *L'Invalidità delle Delibere Assembleari della SPA.* Milão, Giuffrè, 2007.

TUHR, Andreas von. *Derecho Civil.* vol. II, trad. de Tito Ravá. Madri, Marcial Pons, 2006.

VELOSO, Zeno. *Invalidade do Negócio Jurídico.* 2ª ed. Belo Horizonte, Del Rey, 2005.

VENOSA, Sílvio. *Direito Civil – Parte Geral.* 4ª ed. São Paulo, Atlas, 2004.

VERDI, Giovanni. *Profili del Processo Civile.* 4ª ed., vol. 1. Nápoles, Jovene, 1994.

WOLFF, Martin, ENNECCERUS, Ludwig, e KIPP, Theodor. *Tratado de Derecho Civil.* 39ª ed., t. I, vol. II, trad. de Blas Pérez Gonzáles e José Alguer. Barcelona, Bosch, 1944.

YARSHELL, Flávio Luiz. *Tutela Jurisdicional,* 2ª ed. São Paulo, DPJ, 2006.

_____. *Tutela Jurisdicional Específica nas Obrigações de Declaração de Vontade.* São Paulo, Malheiros Editores, 1993.

_____. "Tutela jurisdicional meramente declaratória". *RePro* 76. São Paulo, Ed. RT, 1994.

ZANZUCCHI, Marco Tullio. *Diritto Processuale Civile.* 6ª ed., vol. I. Milão, Giuffrè, 1964.

AS CONDIÇÕES DA AÇÃO PENAL

GUSTAVO HENRIQUE BADARÓ

Livre-Docente, Doutor e Mestre em Direito Processual Penal pela Faculdade de Direito da Universidade de São Paulo – Professor Associado do Departamento de Direto Processual da Faculdade de Direito da Universidade de São Paulo – Advogado Criminal e Consultor Jurídico

1. Introdução. 2. Condições da ação penal: 2.1 Da possibilidade jurídica do pedido – 2.2 Do interesse de agir – 2.3 Da legitimidade de partes. 3. Justa causa para a ação penal. 4. Distinção entre condições da ação e mérito. 5. Conclusões.

1. Introdução

Com grande alegria recebemos o convite para escrever um artigo em homenagem aos 40 anos do livro *Teoria Geral do Processo*, dos professores Antônio Carlos de Araújo Cintra, Ada Pellegrini Grinover e Cândido Rangel Dinamarco.

Assim como dezenas de gerações de alunos, estudei no famoso *Teoria Geral do Processo*.

Escolhemos tratar das condições da ação penal. O que se pretende, no âmbito limitado do presente estudo, é verificar a adaptabilidade, ou não, dos conceitos desenvolvidos no âmbito processual civil para a seara processual penal.

O CPC, no art. 267, VI, prevê a extinção do processo, sem julgamento do mérito, "quando não concorrer qualquer das condições da ação, como a possibilidade jurídica, a legitimidade das partes e o interesse processual".

Já, no regime originário do Código de Processo Penal as hipóteses de rejeição[1] em decorrência do que se considerava, com algumas adaptações, carência da ação encontravam-se previstas no revogado art. 43:

"Art. 43. A denúncia ou queixa será rejeitada quando: I – o fato narrado evidentemente não constituir crime; II – já estiver extinta a

---

1. Além destas, haverá rejeição da denúncia ou queixa, por inépcia, quando não observados os requisitos legais do art. 41 do CPP.

punibilidade, pela prescrição ou outra causa; III – for manifesta a ilegitimidade da parte ou faltar condição exigida pela lei para o exercício da ação penal.

"Parágrafo único. Nos casos do n. III, a rejeição da denúncia ou queixa não obstará ao exercício da ação penal, desde que promovida por parte legítima ou satisfeita a condição."

A Lei 11.719/2008, ao reformar o procedimento comum ordinário, revogou o art. 43 do CPP e, no novo *caput* do art. 395, passou a prever hipóteses de rejeição da denúncia ou queixa: "Art. 395. A denúncia ou queixa será rejeitada quando: I – for manifestamente inepta; II – faltar pressuposto processual ou condição para o exercício da ação penal; ou III – faltar justa causa para o exercício da ação penal".

Embora o dispositivo legal se refira às "condições para o exercício da ação penal", o legislador não definiu ou especificou em que consistem tais condições, deixando a árdua tarefa para a doutrina e a jurisprudência.

Obviamente, além do grande interesse acadêmico pelo tema, a definição do que se entende por "condições da ação" possui inegável reflexo prático, seja no que toca à rejeição da denúncia ou queixa, seja no que diz respeito à formação da coisa julgada e ao grau de estabilidade adquirido por tal decisão.

Procurando contribuir para o debate de tema comum aos diversos ramos do direito processual é que se passa a fazer um confronto entre as condições da ação civil e da ação penal.

2. Condições da ação penal

Diante da precedência cronológica dos estudos sobre as chamadas condições da ação, referida análise será feita a partir de um paralelo e de uma comparação com as condições da ação segundo o posicionamento da doutrina processual civil.[2] Obviamente, o estudo comparativo não sig-

---

2. Na transposição dos conceitos civilísticos para o campo penal, de uma maneira geral, a doutrina processual penal procura fazer as devidas adaptações no emprego de tais conceitos quanto às condições da ação. Para José Frederico Marques (*Tratado de Direito Processual Penal*, vol. 2, São Paulo, Saraiva, 1980, p. 69), "para o exercício *hic et nunc* da ação penal também se exigem, como no processo civil, a possibilidade jurídica do pedido e o interesse de agir, no plano objetivo, e a *legitimatio ad causam*, no plano subjetivo". E acrescenta (ob. cit., p. 71): "As condições de procedibilidade são condições especiais exigidas por lei, além das três condições gerais para o exercício da ação penal".

nifica a adoção ou a transposição simplista de tais conceitos processuais civis, ignorando as peculiaridades ou especificidades do processo penal.[3]

2.1 Da possibilidade jurídica do pedido

No campo processual civil a demanda é juridicamente possível sempre que inexista, no ordenamento jurídico, vedação ao provimento jurisdicional, decorrente de um dos elementos da ação (partes, pedido e causa de pedir).[4] Os exemplos clássicos são o pedido de divórcio nos

---

3. Um maior "distanciamento" da doutrina civilista é encontrado, por exemplo, em Jacinto Nelson de Miranda Coutinho (*A Lide e o Conteúdo do Processo Penal*, Curitiba, Juruá, 1989, p. 148), que identificava as condições da ação como: (a) tipicidade objetiva (CPP, art. 43, I), (b) a punibilidade concreta (CPP, art. 43, II), (c) a legitimidade de parte (CPP, art. 43, III, primeira parte) e (d) a justa causa (CPP, art. 43, III, segunda parte, c/c o art. 18). O mesmo esquema foi adotado por Marco Afonso Nunes da Silveira (*A Tipicidade e o Juízo de Admissibilidade da Acusação*, Rio de Janeiro, Lumen Juris, 2005, pp. 56-57), que apenas substitui a expressão "tipicidade objetiva" por "tipicidade aparente". De forma semelhante, também para Aury Lopes Jr. (*Direito Processual Penal*, 10ª ed., São Paulo, Saraiva, 2013, p. 367) as condições da ação são: (a) prática de fato aparentemente criminoso – *fumus commissi delicti*; (b) punibilidade concreta; (c) legitimidade de parte; e (d) justa causa.

As concepções acima expostas foram, declaradamente, inspiradas no posicionamento de Antônio Acir Breda ("Efeitos da declaração de nulidade no processo penal", *Revista do Ministério Público do Paraná* 9/177-178, Curitiba, 1980), para quem "um estudo sistemático do art. 43, em confronto com a norma do art. 18 do CPP, indica a presença das seguintes condições (genéricas) da ação: (a) um fato penalmente relevante, isto é, a ocorrência de um tipo penal objetivo (art. 43, I); (b) a punibilidade concreta desse fato (art. 43, II); (c) a legitimidade de partes (art. 43, III) (...) como há uma outra hipótese de arquivamento (art. 18 do CPP), induvidosamente, faltará condição para o exercício da ação penal nos casos em que o titular do *ius puniendi* pedir o arquivamento 'por falta de base para a denúncia'. Estaríamos diante da chamada justa causa para a acusação, isto é a falta de prova do fato e de indícios de autoria, requisitos indispensáveis ao exercício da ação penal". Curioso observar, ainda, que embora Antônio Acir Breda, em estudo anterior ("Notas sobre o Anteprojeto de Código de Processo Penal", *Revista de Direito Penal* 11-12/57, Rio de Janeiro, julho-dezembro/1973), tenha asseverado que "as condições da ação, no processo penal, não podem ter o mesmo tratamento do direito processual civil", posteriormente, no artigo acima citado ("Efeitos da declaração de nulidade no processo penal", cit., *Revista do Ministério Público do Paraná* 9/178), conclui que, "para fins de compatibilização com a doutrina do processo civil, didaticamente, a tipicidade objetiva e a punibilidade concreta podem ser confundidas com a possibilidade jurídica do pedido, e a idoneidade da pretensão *[justa causa]* com o interesse de agir. O presente trabalho não comporta crítica quanto à validade científica dessa postura".

4. Enrico Tullio Liebman, em palestra proferida em 1949, intitulada "L'azione nella Teoria del Processo Civile" (in *Stcritti Giuridici in Onore di F. Carnelutti*, vol.

Países que não o admitem, ou a cobrança de dívida de jogo, vedada pelo art. 814 do CC.[5] Aliás, normalmente a impossibilidade é da causa de pedir, e não do pedido.[6] Os pedidos de uma tutela constitutiva negativa, no caso do divórcio, e condenatória, na hipótese de dívida de jogo, são perfeitamente admissíveis.

Sendo o pedido juridicamente impossível, haverá desnecessidade de o processo prosseguir, ante a absoluta impossibilidade de o juiz emitir provimento final conforme pedido pelo autor.

II, Pádua, CEDAM 1950, p. 448, depois reproduzida em *Problemi del Processo Civile*, Nápoles, Morano, 1962, p. 46), conceituava a possibilidade jurídica do pedido em termos positivos: "è l'ammissibilità in astratto del provvedimento chiesto, secondo le norme vigenti nell'ordine giuridico nazionale". E em trabalho anterior, publicado em 1945, Liebman ("O despacho saneador e o julgamento do mérito", originalmente publicado na *RF* 104/216 e ss., Rio de Janeiro, Forense, posteriormente reproduzido in *Estudos sobre o Processo Civil Brasileiro*, São Paulo, Bushatsky, 1976, p. 124) asseverou que "por possibilidade jurídica do pedido entendo a possibilidade para o juiz, na ordem jurídica à qual pertence, de pronunciar a espécie de decisão pedida pelo autor. Por exemplo, um pedido de divórcio carece hoje, no Brasil, de possibilidade jurídica, porque as leis brasileiras não permitem decretar a dissolução do casamento". Ressalte-se, porém, que posteriormente, em 1973, a partir da 3ª edição de seu *Manuale di Diritto Processuale Civile* (vol. I, Milão, Giuffrè), Liebman deixa de considerar a possibilidade jurídica do pedido como uma das condições da ação, passando a considerar as hipóteses antes identificáveis com a impossibilidade jurídica do pedido como sendo pertencentes ao interesse de agir.

Ressalte-se que foi Egas Dirceu Moniz de Aragão (*Comentários ao Código de Processo Civil*, vol. II, Rio de Janeiro, Forense, 1974, p. 433) quem passou a conceituar a possibilidade jurídica do pedido de forma negativa: "Parece que o verdadeiro conceito de possibilidade jurídica não se constrói apenas mediante a afirmação de que corresponde à prévia existência de um texto que torne o pronunciamento pedido admissível em abstrato, mas, ao contrário, tem de ser examinado mesmo em face da ausência de uma tal disposição, caso em que, portanto, essa forma de conceituá-la seria insuficiente. Sendo a ação o direito público subjetivo de obter a prestação jurisdicional, o essencial é que o ordenamento jurídico não contenha uma proibição ao seu exercício; aí, sim, faltará a possibilidade jurídica".

5. No processo penal o exemplo sempre lembrado é o oferecimento de denúncia por fato atípico, o que anteriormente encontrava fundamento no revogado, art. 43, I, do CPP.

6. Em sentido contrário, Ada Pellegrini Grinover (*As Condições da Ação Penal*, São Paulo, Bushatsky, 1977, p. 49) nega que a possibilidade jurídica possa se dar "em virtude de peculiaridades da *causa petendi*". Neste caso, a matéria seria "de mérito e não diz respeito ao exercício da ação". Todavia, em estudo posterior ("As condições da ação penal", *Revista Brasileira de Ciências Criminais* 69/186, São Paulo, outubro-dezembro/2007) passou a admitir tal situação, dando exatamente o exemplo da dívida de jogo.

No processo penal a possibilidade jurídica do pedido é definida em termos positivos,[7] isto é, o pedido será juridicamente possível sempre que, em tese, a conduta imputada ao acusado seja típica. Se alguém for denunciado, por exemplo, por furto de uso ou por incesto, a denúncia deve ser rejeitada. Além da atipicidade, o pedido também será juridicamente impossível nos casos em que o fato não constituir crime, como, por exemplo, no ato infracional praticado por menor de 18 anos.[8]

Há, também, posicionamento no sentido de que, se já estiver extinta a punibilidade, o pedido também será juridicamente impossível.[9]

7. Nesse sentido, identificando a possibilidade jurídica do pedido com a imputação de uma conduta definida como crime: José Frederico Marques, *Elementos de Direito Processual Penal*, 2ª ed., vol. I, Rio de Janeiro, Forense, 1965, pp. 318-319; Hélio Tornaghi, *Curso de Processo Penal*, 8ª ed., vol. 1, São Paulo, Saraiva, 1991, p. 42; Jacinto Coutinho, *A Lide e o Conteúdo do Processo Penal*, cit., pp. 146-147; Maria Thereza Rocha de Assis Moura, *Justa Causa na Ação Penal*, São Paulo, Ed. RT, 2001, pp. 182-183.

8. A questão é controvertida, havendo vários autores que, em tal hipótese, enquadram a carência da ação na falta de legitimidade de parte passiva. Nesse sentido, cf.: José Frederico Marques, *Elementos de Direito Processual Penal*, cit., 2ª ed., vol. I, p. 320; Rogério Lauria Tucci, *Teoria do Direito Processual Penal*, São Paulo, Ed. RT, 2002, p. 96.

Diversamente posiciona-se Ada Pellegrini Grinover (*As Condições da Ação Penal*, cit., p. 198), negando que tal hipótese seja caracterizadora da ilegitimidade de parte. E em estudo posterior ("As condições da ação penal", cit., *Revista Brasileira de Ciências Criminais* 69/198) complementa o raciocínio afirmando, sem maiores esclarecimentos, que "aqui se trata de falta de interesse-adequação ou de possibilidade jurídica".

Um terceiro posicionamento é defendido por José Barcelos de Souza (*Direito Processual Civil e Penal*, Rio de Janeiro, Forense, 1995, pp. 18-19): no caso de ação penal contra menor de 18 anos, falta a este a capacidade de ser parte, a configurar a inexistência do processo. Trata-se, pois, a seu ver, de hipótese de falta de pressuposto processual de existência, e não de questão relacionada com as condições da ação.

9. Nesse sentido: José Frederico Marques, *Tratado de Direito Processual Penal*, cit., vol. 2, p. 77; Romeu Pires de Campos Barros, *Direito Processual Penal*, vol. I, Rio de Janeiro, Forense, 1987, p. 276.

Em sentido contrário, considerando que a questão seria de falta de interesse de agir: Fernando N. Bittencourt Fowler, "Anotações em torno da ação penal pública no projeto de reforma", *Revista do Ministério Público do Paraná* 7/92, Ano 6, Curitiba, 1977.

Por outro lado, Grinover (*As Condições da Ação Penal*, cit., p. 76) nega que se trate de condições da ação: "A sentença que reconhece extinta a punibilidade fará coisa julgada material, não se tratando, em absoluto, de carência da ação". No mesmo sentido: Maria Thereza R. A. Moura, *Justa Causa na Ação Penal*, cit., p. 256.

Parte da doutrina processual penal considera, ainda, que o pedido é juridicamente impossível quando se pede a condenação do acusado a uma pena não admitida em nosso ordenamento jurídico, como seria o caso de açoite, desterro, degredo, trabalhos forçados etc.[10] Mesmo neste caso, é de se ver que o pedido imediato, isto é, a tutela jurisdicional pleiteada, é juridicamente possível (pedido de condenação). O que será impossível é o pedido mediato, ou seja, o *bem da vida* que se quer restringir através do processo.

Além disso, no processo penal as chamadas "condições de procedibilidade" se enquadrariam nas condições da ação, como requisitos da possibilidade jurídica do pedido.[11] São elas: (1) representação do ofendido na ação penal pública condicionada (CP, art. 100, § 1º, c/c CPP, art. 24); (2) requisição do Ministro da Justiça (CP, art. 100, § 1º, c/c CPP, art. 24); (3) entrada do agente brasileiro em território nacional, nos crimes cometidos no Estrangeiro (CP, art. 7º, § 2º); (4) a sentença civil de anulação do casamento, no crime do art. 236 do CP (art. 236, parágrafo único); (5) exame pericial homologado pelo juiz, nos crimes contra a propriedade imaterial (CPP, art. 529, *caput*); (6) a autorização do Poder Legislativo para processar o Presidente da República, o Vice-Presidente e os governadores, nos crimes comuns ou de responsabilidade. Consequentemente, o pedido seria juridicamente impossível se não estivesse presente uma das condições de procedibilidade.

2.2 Do interesse de agir

Como explica Liebman, o interesse de agir é a relação de utilidade entre a lesão de um direito afirmado e o provimento da tutela jurisdicio-

---

10. Nesse sentido: Vicente Greco Filho, *Manual de Processo Penal*, 6ª ed., São Paulo, Saraiva, 1999, pp. 98-99; Afrânio Silva Jardim, *Ação Penal Pública: Princípio da Obrigatoriedade*, 2ª ed., Rio de Janeiro, Forense, 1994, p. 39; Rogério Lauria Tucci, *Teoria do Direito Processual Penal*, cit., p. 93.

11. Nesse sentido: José Frederico Marques, *Elementos de Direito Processual Penal*, 2ª ed., vol. II, Rio de Janeiro: Forense, 1961, p. 392. Em sentido contrário, José Barcelos de Souza (*Direito Processual Civil e Penal*, cit., p. 50) entende que as condições de procedibilidade devem ser consideradas "pressuposto processual de validade objetivo, extrínseco à relação processual".

No campo civil, Adroaldo Furtado Fabrício ("Extinção do processo e mérito da ação", *RePro* 58/18, São Paulo, Ed. RT, abril-junho/1990) explica que "nos casos em que a ação processual não é propriamente excluída mas subordinada à satisfação de algum requisito prévio (notificação, exaurimento da via administrativa etc.) parece mais correto identificar-se um pressuposto processual extrínseco negativo que uma condição da ação".

nal pleiteada.[12] O autor tem interesse na demanda quando esta possa lhe trazer alguma utilidade. A utilidade é aferida por meio da necessidade do provimento jurisdicional e de sua adequação.

O interesse de agir decorre, pois, da necessidade mais a adequação. É possível que o provimento seja necessário sem ser adequado, ou seja adequado sem ser necessário. Em ambos os casos não há interesse de agir, sendo desnecessário o prosseguimento do processo, porque o provimento que se pede é inútil, seja por não ser necessário, seja por não ser adequado a eliminar a lesão afirmada.

A prestação jurisdicional é necessária quando não se pode obter a satisfação do direito violado por outro meio que não o Poder Judiciário. Se a parte contrária se negou a satisfazer espontaneamente o direito violado (substitutividade secundária) ou mesmo quando as partes, querendo, não podem atuar espontaneamente a vontade da lei (ações constitutivas necessárias, em que há substitutividade primária), haverá necessidade do processo.

A necessidade da ação penal condenatória é pressuposta. Como o *ius puniendi* não pode se aplicado pela atuação espontânea da vontade da lei, sendo o processo penal um processo necessário, não há outro meio de se aplicar a lei penal senão por meio do processo. Em outras palavras, é irrelevante o dissenso das partes para que o processo penal se faça necessário: *nulla poena sine iudicio*. Assim sendo, a ação penal sempre será necessária para imposição de uma pena em face de um fato que se afigura crime.[13] Consequentemente, o interesse de agir, quanto ao seu aspecto de necessidade, é inerente a toda ação penal, porque o Estado não pode impor a pena senão através da vias jurisdicionais.[14]

Somente no regime do Juizado Especial Criminal, diante da possibilidade de transação penal, com a consequente aceitação de uma pena restritiva de direito ou de multa, sem um prévio processo, é que se poderia cogitar da desnecessidade da ação penal. Assim, por exemplo, se o autor do fato preenche os requisitos da transação penal e, sem prévia tentativa de tal ato compositivo, o Ministério Público oferece a denún-

---

12. Enrico Tullio Liebman, *Manual de Direito Processual Civil*, 3ª ed., vol. I, trad. e "Notas" de Cândido Rangel Dinamarco, São Paulo, Malheiros Editores, 2005, p. 207.

13. Justamente por isso, Grinover (*As Condições da Ação Penal*, cit., p. 100) afirma que no processo penal o interesse-necessidade aparece implícito em toda acusação.

14. Cf. Grinover, *As Condições da Ação Penal*, cit., p. 109.

cia, não haverá necessidade da ação penal, posto que ainda é possível a solução consensual.[15]

Por outro lado, a prestação jurisdicional é adequada quando o provimento pedido for apto a afastar a lesão ou mal invocado pelo autor. É difícil surgir o problema de adequação no que toca à tutela penal condenatória. Sempre que o Ministério Público ou o querelante pleiteiam a aplicação do direito de punir, o fazem por meio de ação penal condenatória. Os exemplos de falta de adequação podem ocorrer em outros campos. Será inadequado ingressar com *habeas corpus* para anular um processo por crime para o qual seja prevista exclusivamente a pena de multa, pois a liberdade de locomoção não estará em jogo. Adequado seria o mandado de segurança. Outro exemplo seria o caso em que o promotor de justiça impetrasse *habeas corpus* para pedir a condenação do acusado quando o adequado seria ação penal condenatória.

2.3 Da legitimidade de partes

Há legitimidade de partes quando o autor afirma ser titular do direito subjetivo material demandado (legitimidade ativa) e pede a tutela em face do titular da obrigação correspondente àquele direito (legitimidade passiva).

Normalmente vigora a regra de *legitimação ordinária*: ninguém pode demandar direito próprio em nome alheio (CPC, art. 6º). Em outras palavras: pede-se em juízo um *direito próprio em nome próprio*. Já, na

---

15. Em sentido contrário, para Grinover (*As Condições da Ação Penal*, cit., p. 196), "mesmo no caso de transação penal, possibilitada pela Constituição de 1988 e detalhada pelas leis dos Juizados Especiais, a aceitação da sanção penal pelo acusado só pode vir mediante o processo". Discorda-se da eminente processualista. Na transação penal não há processo. O ato compositivo se dá antes do oferecimento da denúncia, ainda na audiência preliminar. O que se exige é, apenas, a homologação judicial de um acordo de vontades entre os *interessados* – Ministério Publico e autor do fato – que tem por conteúdo uma pena não privativa de liberdade. Não há *ação* em sentido tradicional. Não há *partes*. Finalmente, não há *substitutividade*, ainda que primária, nem *atuação da vontade concreta da lei pelo juiz*. O que existe é um *negócio* entre as partes, que atuam a vontade concreta da lei, mas para a liberação da eficácia jurídica de tal ato dependem da *integração* da vontade de um órgão estatal – no caso, o juiz –, que verificará a existência dos pressupostos e requisitos de fato e de direito do *negócio*, para, então, possibilitar a produção do efeito desejado pelas partes. Trata-se, pois, de ato de jurisdição voluntária, no processo penal. Para uma distinção entre jurisdição contenciosa necessária e jurisdição voluntária, cf. Gustavo Henrique Righi Ivahy Badaró, *Ônus da Prova no Processo Penal*, São Paulo, Ed. RT, 2003, pp. 201 e ss.

legitimação extraordinária há uma situação de substituição processual (CPC, art. 6º, parte final): pede-se *direito alheio em nome próprio*. Finalmente, na *representação* pede-se *direito alheio em nome alheio*. Por exemplo, o pai que oferece queixa por crime contra a honra praticado contra seu filho menor de 16 anos de idade.

Obviamente, tanto o autor quanto o réu devem ser partes legítimas. É possível o autor ser parte legítima e o réu não, ou o réu ser parte legítima sem o autor o ser. No processo penal haverá ilegitimidade da parte ativa se o Ministério Público oferecer denúncia num crime de ação penal privada ou se a vítima oferecer queixa num crime de ação penal pública (salvo, é claro, tratando-se de ação penal privada subsidiária).

No processo penal a legitimação ativa normalmente é conferida ao Ministério Público, salvo nos casos de ação penal de iniciativa privada, nos quais o legitimado ativo é o ofendido. A legitimidade passiva é sempre de quem praticou o fato criminoso.

No transporte de tais conceitos, entende-se que no caso de ação penal de iniciativa pública o Ministério Público seria o legitimado ordinário, e no caso da ação penal privada haveria uma hipótese de legitimação extraordinária, sendo o querelante um substituto processual, posto que a legitimidade é conferida a quem não é o titular do *ius puniendi*.[16] Discorda-se de tal posicionamento.

No direito processual civil a legitimação para a ação é extraída da situação de direito material.[17] Em regra, o titular do direito material terá legitimidade para, em juízo, buscar tutela jurisdicional ao tal direito lesado ou ameaçado. Em suma: o conceito de legitimação ordinária decorre da análise da titularidade da relação material.[18] A pertinência subjetiva da ação é um reflexo da pertinência subjetiva do direito material.

Tal construção não se aplica ao direito processual penal. O Ministério Público não é o titular do direito de punir, que pertence ao Estado. Ao Ministério Público foi conferida apenas a titularidade ou legitimidade

16. Nesse sentido: Grinover, "As condições da ação penal", cit., *Revista Brasileira de Ciências Criminais* 69/198.

17. Explica José Roberto dos Santos Bedaque (*Direito e Processo – Influência do Direito Material sobre o Processo*, 6ª ed., São Paulo, Malheiros, 2011, p. 117) que "a legitimidade processual nada mais é do que reflexo da própria legitimação de direito material".

18. Com explica Donaldo Armelin (*Legitimidade para Agir no Processo Civil Brasileiro*, São Paulo, Ed. RT, 1979, p. 117), "caracterizam a legitimidade ordinária, no processo, a coincidência entre o titular do direito afirmado em juízo e a figura do autor, bem assim com essa mesma coincidência entre o obrigado e o réu".

para a propositura da ação penal.[19] Tal poder, porém, decorre simplesmente da lei, independentemente da titularidade do "direito material" debatido em juízo – no caso, o "direito de punir". Assim, somente no sentido de ser o titular da pretensão processual posta em juízo é que se pode considerar o Ministério Público um "legitimado ordinário". Mas nesse conceito, na ação penal de iniciativa privada, em que, excepcionalmente, o poder de perseguir em juízo é conferido à vítima, ela também seria um "legitimado ordinário". E, diante de tal quadro, conclui-se que, se ambos são legitimados ordinários, não existiria situação de "legitimado extraordinário" ou substituto processual, pelo quê a distinção entre legitimação ordinária e legitimação extraordinária é destituída de todo e qualquer significado no processo penal.[20]

No máximo se poderia pensar em *legitimação extraordinária* na hipótese de ação penal privada subsidiária, posto que, neste caso, o *legitimado ordinário* seria o Ministério Público mas, devido à sua inércia, abre-se oportunidade para a vítima ou seu representante legal ofertar queixa. Todavia, do ponto de vista terminológico – e também da tradição do processo penal brasileiro –, melhor denominar tal caso de legitimação *subsidiária* ao invés de legitimação *extraordinária*.

Analisando as situações da legitimação no processo civil, José Carlos Barbosa Moreira distingue as situações de legitimação extraordinária

19. Aury Lopes Jr., partindo da premissa de que o Ministério Público não exerce uma pretensão punitiva, mas uma pretensão acusatória, exigindo que o juiz, que personifica o Estado, exerça o poder punitivo (*Direito Processual Penal*, cit., 10ª ed., p. 158), conclui: "O titular da pretensão acusatória será o Ministério Público ou o particular. Ao acusador (público ou privado) corresponde apenas o poder de invocar (acusação), pois o Estado é o titular do soberano poder de punir, que será exercido no processo penal através do juiz".
Ainda partindo da premissa de que o direto de punir não pertence ao Ministério Público, o transporte dos conceitos de legitimação ordinária e legitimação extraordinária também é negado por Marco Aurélio Nunes da Silveira (*O Interesse de Agir* ..., p. 112).
20. Segundo Maria Thereza Rocha de Assis Moura (*Justa Causa na Ação Penal*, cit., p. 192), na ação penal privada subsidiária haveria uma hipótese de legitimação extraordinária no processo penal. Num certo sentido, tal situação realmente difere da ação penal exclusivamente privada. Isso porque o querelante, na ação subsidiária, não seria o legitimado "ordinário", mas, sim, alguém cuja legitimidade decorreria do não exercício da ação penal pelo Ministério Público – legitimado ordinário –, no prazo legal. Todavia, neste caso a distinção entre legitimado ordinário e legitimado extraordinário não se daria nos mesmos moldes em que tais expressões são empregadas no processo civil, em que se levam em conta os reflexos da titularidade da relação jurídica material no campo processual.

autônoma e *exclusiva* (em que a habilitação para agir exclui a posição da parte principal) da legitimação extraordinária autônoma *concorrente* (em que tanto o legitimado para agir quanto a parte principal podem agir por si sós). E, quando a esta última, distingue duas situações: "na primeira, qualquer dos legitimados extraordinários tem qualidades para *desde logo* instaurar autonomamente o processo, sem que se lhes imponha esperar, durante certo tempo, pela iniciativa do legitimado ordinário. Na segunda, ao contrário, enquanto não esgotado *in albis* o prazo da lei não se lhes faculta o acesso à via judicial; a rigor, eles somente se legitimam após o termo *ad quem* se a legitimada ordinária permanecer omissa. (...). Se se quiser assinalar terminologicamente a distinção, poderá dizer-se que, ali, a legitimação extraordinária autônoma é concorrente e *primária*; aqui, é concorrente e *subsidiaria*".[21]

Aplicando tais premissas ao processo penal, é de se concluir que na ação penal em que se postula tutela condenatória, em regra, há uma legitimação concorrente, na qual o Ministério Público é o *legitimado primário* e o ofendido o *legitimado subsidiário*. Por outro lado, nos casos de ação penal de iniciativa privada há apenas a legitimação do ofendido pelo crime.

Tal legitimação, porém, decorre da previsão legal em face de cada um dos tipos penais, e não de uma legitimação subjetiva no plano do direito material. Também aqui, portanto, desnecessário o transporte do conceito processual civil.

3. Justa causa para a ação penal

Depois de analisar as condições da ação penal, resta enquadrar em tal estudo a chamada "justa causa para a ação penal", prevista no inciso III do *caput* do art. 395 do CPP.

Nesse ponto se está diante de uma peculiaridade da ação penal em relação à ação civil. No campo privado não se cogita de justa causa para a ação.

Inicialmente a justa causa foi identificada como a necessidade de que a denúncia ou queixa descrevesse, em tese, um fato típico. Isto é: era necessária a tipicidade abstrata da conduta imputada. Nesse sentido, a falta de justa causa poderia ser enquadrável no revogado art. 43, I, do CPP:

---

21. José Carlos Barbosa Moreira, "Apontamentos para um estudo sistemático da legitimação extraordinária", in *Direito Processual Civil (Ensaios e Pareceres)*, Rio de Janeiro, Borsói, 1971, pp. 61-62.

faltaria justa causa para a ação penal, e a denúncia ou queixa deveria ser rejeitada, quando o fato narrado evidentemente não constituísse crime.[22]

Todavia, tal conceito se mostrou insuficiente. Devido ao caráter infamante do processo penal em si, em que o simples fato de estar sendo processado já significa grave "pena" imposta ao indivíduo, não se podem admitir denúncias absolutamente temerárias e desconectadas com elementos concretos de investigação que tenham sido colhidos na fase pré-processual. Aliás, uma das finalidades do inquérito policial é, justamente, fornecer ao acusador os elementos probatórios necessários para embasar a denúncia.[23]

O conceito de justa causa evoluiu, então, de um conceito abstrato para uma ideia concreta, exigindo a existência de elementos de convicção que demonstrem a viabilidade da ação penal. A justa causa passa a pressupor a existência de um suporte probatório mínimo, tendo por objeto a existência material de um crime e a autoria delitiva. A ausência desse lastro probatório ou da *probable cause* autoriza a rejeição da denúncia, e em caso de seu recebimento faltará justa causa para a ação penal, caracterizando constrangimento ilegal apto a ensejar a propositura de *habeas corpus* para o chamado "trancamento da ação penal".

A finalidade da justa causa é evitar que denúncias ou queixas infundadas ou, mesmo, sem viabilidade aparente possam prosperar. Inegável o caráter infamante do processo penal. É exato que, sob o ponto de vista jurídico, a garantia constitucional da presunção de inocência, enquanto regra de tratamento do acusado, assegura que nenhuma diferenciação

22. Embora não se trate, propriamente, de condição para a *ação penal*, essa mesma ideia pode ser transplantada, inclusive, para o inquérito policial. Se for instaurado inquérito policial por fato atípico, haverá falta de justa causa, com a consequente caracterização de constrangimento ilegal. Nesse sentido, com ampla citação jurisprudencial: Maria Thereza Rocha de Assis Moura, *Justa Causa na Ação Penal*, cit., p. 267.

23. Fernando da Costa Tourinho Filho (*Processo Penal*, 34ª ed., vol. 1, São Paulo, Saraiva, 2012, p. 602) indaga: "Se não fosse assim, para quê serviria o inquérito? Por que a lei somente o dispensa quando o titular da ação penal dispõe de outros elementos de convicção? Do contrário bastaria que o acusador tivesse notícia do fato, ainda que oralmente, e a ação penal poderia ser proposta (...)".

Como advertiu o Min. Gilmar Mendes, em voto lapidar: "Não é difícil perceber os danos que a mera existência de uma ação penal impõe ao indivíduo – Necessidade de rigor e prudência daqueles que têm o poder de iniciativa nas ações penais e daqueles que podem decidir sobre o seu curso – Ordem deferida, por maioria, para trancar a ação penal" (STF, 2ª Turma, HC n. 84.409-SP, rel. Min. Gilmar Mendes, j. 14.12.2004, m.v., *DJU* 19.8.2005).

possa existir entre, de um lado, aquele que é acusado de um delito, sem que haja uma condenação transitada em julgado contra si, e, de outro, qualquer cidadão que nunca foi processado. Mas também é certo que, do ponto de vista moral, social e, mesmo, psicológico, o simples fato de estar sendo processado criminalmente é um pesadíssimo fardo a ser carregado pelo acusado. Ser réu em processo criminal é, portanto, de alguma forma, já estar sendo punido.

Diante do caráter infamante e apenador do simples "estar sendo processado", seria intolerável agressão à dignidade do cidadão admitir que se pudesse processar alguém, imputando-lhe a prática de um delito, sem que houvesse uma mínima base probatória quanto à existência do crime e à autoria delitiva. Isto é: sem que houvesse elementos, normalmente colhidos no inquérito policial, a indicar que a ação penal não é temerária. Ilusório seria o "Estado de Direito" em que qualquer acusação infundada pudesse prosperar.

Inegavelmente, a justa causa se conecta ao fato criminoso e sua autoria, não bastando a mera tipicidade aparente do fato ou a indicação da autoria do crime. Qual seria, porém, o grau probatório exigível em relação à materialidade e à autoria delitiva?

A resposta exige que sejam fixadas algumas premissas.

Lembra-se, com Carnelutti, que o oposto da *certeza* é um gênero em que se podem distinguir um *juízo de possibilidade* ou um *juízo de probabilidade*, cuja diferença é apenas estatística. Há *possibilidade* no lugar da *probabilidade* quando as razões favoráveis e contrárias da hipótese são equivalentes. No *juízo de possibilidade* não há predominância de qualquer das razões positivas sobre as negativas, ou vice-versa.[24] Por outro lado, podemos continuar o raciocínio: no *juízo de probabilidade* há um predomínio das razões positivas sobre as negativas, ou vice-versa.[25] E, mais: na medida em que o predomínio aumenta, maior a probabilidade. Quando o predomínio das razões positivas vai decrescendo, tendendo a se igualar às razões negativas, a probabilidade diminui. Isso até o ponto em que os juízos entre razões positivas e negativas se igualam, pois aí se volta ao campo do juízo de possibilidade.[26]

24. Francesco Carnelutti, *Lecciones sobre el Proceso Penal*, vol. II, trad. de Santiago Sentís Melendo, Buenos Aires, EJEA, 1950, p. 181.
25. Para usarmos um raciocínio matemático, a intensidade de probabilidade varia de 51% a 99%.
26. Ou seja: há situação em que as razões positivas são de 50% e as razões negativas também de 50%.

Para a condenação exige-se, além de qualquer dúvida razoável, prova da existência do crime e de ter sido o acusado o seu autor ou partícipe. Ou seja: *certeza*. Obviamente, não teria sentido exigir no limiar da ação penal o mesmo *quantum* probatório necessário para a sentença final. Isso não significa, porém, que o grau probatório que se exige para os dois elementos caracterizadores da justa causa – a *autoria* e a *materialidade* (ou a existência do crime) – seja o mesmo.

A própria denominação utilizada, ainda que não haja uniformidade de linguagem, indica essa diferença. Quanto à autoria, normalmente se exige a existência de "indícios de autoria" ou "indícios suficientes de autoria".[27] Por outro lado, no que toca ao crime, há referências como "prova da existência do crime" ou "prova da materialidade delitiva".[28]

Quanto à autoria delitiva não se exige a certeza para a caracterização da justa causa, bastando que os elementos de informação colhidos na fase de investigação preliminar permitam um juízo de *probabilidade* de que o acusado seja o autor do delito.[29]

27. Comparando ambas as expressões, embora à luz dos requisitos da prisão preventiva, e não da justa causa para a ação penal, Antônio Magalhães Gomes Filho (*A Motivação das Decisões Penais*, São Paulo, Ed. RT, 2001, pp. 222-223) explica: "Trata-se de um juízo provisório sobre os fatos, feito com base nas eventuais provas já existentes ao tempo da decisão sobre a medida cautelar. Segundo a lei, nessa apreciação deve o juiz chegar à conclusão de estar *provada* (há uma *certeza*, portanto) a existência do fato delituoso, podendo contentar-se, quanto à autoria, com a simples constatação de indício suficiente. A motivação do provimento cautelar deve atender, assim, no que se refere à conduta criminosa, à necessidade de justificar, com base em elementos de convicção induvidosos, não somente a real ocorrência do fato (se deixou vestígios, com o exame de corpo de delito exigido pelo art. 158 do CPP), mas, igualmente, com razões de direito, a tipificação desse mesmo fato na lei penal. Como anotou Basileu Garcia, a demonstração de que existe um fato delituoso, perfeitamente enquadrável na lei penal, é indeclinável. Quanto à autoria, como se disse, a lei não exige que o juiz chegue a um semelhante juízo de certeza, admitindo que a prisão cautelar seja determinada à vista da *probabilidade* de uma futura condenação do sujeito, com base na valoração de pelo menos um *indício suficiente*".
28. Para Afrânio Silva Jardim (*Ação Penal Pública: Princípio da Obrigatoriedade*, cit., 2ª ed., p. 42) a justa causa exige "indícios de autoria" e "existência material de uma conduta típica e alguma prova de sua antijuridicidade e culpabilidade". Maria Thereza Rocha de Assis Moura (*Justa Causa na Ação Penal*, cit., p. 243) refere-se à "existência material de um fato" típico e ilícito e "indícios suficientes de autoria". Hélio Tornaghi (*Curso de Processo Penal*, cit., 8ª ed., vol. 1, p. 42), embora sem se referir à justa causa, entende que somente poderá haver denúncia "havendo prova do fato e suspeita de autoria".
29. Questão muito mais delicada seria tentar definir o grau de probabilidade exigido. A probabilidade, no sentido de ser mais crível ou viável a ocorrência de alguma coisa, sobre a hipótese contrária de sua inocorrência, admite graus. Pode-se

Já, com relação à existência do crime a questão se mostra mais complicada. Para que haja justa causa, e seja recebida a denúncia ou queixa, o juiz deve ter certeza da existência do crime, ou bastaria uma *probabilidade elevada* de que tenha ocorrido um delito? Quando se tem notícia de um fato que se afigura crime, sem ter a certeza de tanto, deve-se investigar. Basta a *notitia criminis*, ou, melhor, a notícia de um possível crime, para que se instaure a investigação. Assim, por exemplo, encontrado um cadáver, havendo elementos a indicar que possa se tratar de um homicídio, deve-se instaurar inquérito policial. Mas, persistindo a dúvida sobre se o fato é crime ou não, mesmo que haja maior probabilidade de se tratar de delito, já se justificaria uma denúncia? Para continuarmos no mesmo exemplo: se os elementos do inquérito indicarem ser mais provável ter se tratado de um homicídio do que simples suicídio, já se poderia denunciar alguém, sem a certeza de que existiu um crime?[30] Não há justa causa para a ação penal se não se

ir de uma probabilidade elevada, que se avizinha da certeza, até uma probabilidade pequena ou tênue, que seja pouco mais que uma mera possibilidade. Tentando traduzir para expressões matemáticas, pode-se imaginar uma probabilidade elevada, de 90 ou 95%, ou uma pequena probabilidade de 55%. Como explica Pascoale Saraceno (*La Decisione sul Fatto Incerto nel Processo Penale*, Pádua, CEDAM, 1940, p. 106), a complexidade do juízo sobre o fato não admite uma "graduazione numerica delle probabilità, ma una grossolana graduazione (più che aritmetica, grammaticale) che si può esprimere o al superlativo (certezza) o al comparativo (probabilità maggiore)". De qualquer forma, a probabilidade é sempre mais que a mera *possibilidade*.

Maria Thereza Rocha de Assis Moura (*Justa Causa na Ação Penal*, cit., p. 222, nota 11) afirma que para a justa causa é necessário que "haja, no mínimo, probabilidade (e não mera possibilidade) de que o sujeito incriminado seja seu autor". E, explica, ainda, que "o juízo do possível conduz à suspeita, e é inaproveitável para uma acusação. Para que uma pessoa seja acusada da prática de infração penal deve despontar não como *possível*, mas como *provável* autor do delito".

Também Antônio Scarance Fernandes (*A Reação Defensiva à Imputação*, São Paulo, Ed. RT, 2002, p. 152) se refere a "elementos sérios que convirjam para determinada pessoa, apontando-a como a *provável* autora de um crime". Em sentido contrário, para Carnelutti (*Lecciones sobre el Proceso Penal*, cit., vol. II, p. 182) "un juicio de *posibilidad* basta para la imputación".

30. Aliás, basta lembrar que em relação à prisão preventiva há expressa previsão legal do requisito caracterizador do *fumus commissi delicti*, no caso, a "prova da existência do crime e indício suficiente de autoria" (CPP, art. 312). Trata-se, portanto, da justa causa para a prisão, à qual se deve agregar alguma situação caracterizadora do *periculum libertatis*. De qualquer forma – e neste ponto o paralelo tem inteira valia –, a "prova da existência do crime" deve ser entendida como *certeza* do crime, e não mera *probabilidade* de que tenha existido um delito. Seria uma agressão abominável à liberdade do cidadão prendê-lo para acautelar o processo por um crime que sequer se tem certeza de ter existido.

tem certeza da ocorrência de um crime.[31] Sem a certeza do crime a ação penal seria injusta e desnecessária.[32]

No sentido de que a prisão preventiva exige a *certeza da existência da infração*: Basileu Garcia, *Comentários ao Código de Processo Penal*, vol. III, Rio de Janeiro, Forense, 1945, p. 152. No mesmo sentido posiciona-se Rogério Lauria Tucci (*Do Corpo de Delito no Direito Processual Penal Brasileiro*, São Paulo, Saraiva, 1978, p. 268), lembrando, ainda, que Farinacius já destacava a "necessidade da prova do *corpus delicti*, precedentemente à inquirição, à prisão e à tortura: "Corpus delicti debet probari ante quam iudex procedat ad inquistionem, capturam, seu torturam".

31. Analisando a justa causa, para a autora identificável com o interesse de agir, Paula Bajer F. M da Costa (*Ação Penal Condenatória*, 2ª ed., São Paulo, Saraiva, 1998, p. 94) explica que "o interesse de agir, outra das condições da ação, existe *diante da materialidade do fato* e de indícios suficientes de autoria. A *verificação da existência do fato* tido como crime é que vai dar a medida do interesse".

Segundo Tourinho Filho (*Processo Penal*, cit., 34ª ed., vol. 1, p. 601): "Para que seja possível o exercício do direito de ação penal, é indispensável que haja, nos autos do inquérito, ou nas peças de informação, ou na representação, elementos sérios, idôneos, a *mostrar que houve uma infração penal*, e indícios, mais ou menos razoáveis, de que o seu autor foi a pessoa apontada no procedimento informativo ou elementos de convicção". E acrescenta (ob. cit., vol. 1, p. 527): "Se não há elemento idôneo de que houve uma infração penal, é como se não existisse o direito material, e, não existindo o direito, não há o que tutelar".

Mais enfática, Maria Thereza Rocha de Assis Moura (*Justa Causa na Ação penal*, cit., p. 241) entende que "*prova induvidosa da ocorrência de um fato delituoso*, na hipótese, e prova ou indícios de autoria, apurados no inquérito policial ou nas peças de informação", são indispensáveis para que exista justa causa. Em outra passagem (ob. cit., p. 245), porém, de forma contraditória, a autora parece atenuar o grau de convencimento apto a caracterizar a justa causa, quando assevera "a prova que se exige para a incoação do processo é aquela em grau necessário para submeter alguém a julgamento. Relaciona-se, pois, a justa causa com o *juízo de probabilidade* mínima de condenação. *Não se exige*, de pronto, a *certeza moral quanto à ocorrência do fato*, da autoria e da culpabilidade".

Aliás, João Mendes de Almeida Jr. (*O Processo Criminal Brasileiro*, 4ª ed., vol. 2, Rio de Janeiro, Freitas Bastos, 1959, p. 170) já pontificava que, "quando o juiz não tenha *pleno conhecimento do delito* ou indícios veementes de quem seja o delinquente, declarará nos autos que não julga procedente a queixa ou denúncia".

32. Há, contudo, respeitável posição em contrário, considerando que também quanto à materialidade delitiva bastaria a *probabilidade* – e não a *certeza* – da existência do crime. Para Antônio Scarance Fernandes (*A Reação Defensiva à Imputação*, cit., p. 33) "não basta a descrição típica, devendo a imputação estar lastreada em *prova razoável* da existência de crime e em suficientes indícios de autoria". No mesmo sentido, José Frederico Marques (*Elementos de Direito Processual Penal*, cit., 2ª ed., vol. I, p. 133) afirma que, enquanto para o início da investigação basta a *noticia criminis*, para que a acusação tenha fundamento é suficiente a *opinio delicti* do representante do Ministério Público, isto é, "possibilidade de existência de

Há, ainda, quem exija mais no que toca ao conteúdo da justa causa. Para Afrânio Silva Jardim a ação só é viável quando a acusação não é temerária, por estar baseada em um mínimo de prova: "Este suporte probatório mínimo se relaciona com os indícios de autoria, existência material de uma conduta típica e *alguma prova* de sua *antijuridicidade* e *culpabilidade*. Somente diante de todo esse conjunto probatório é que, a nosso ver, se coloca o princípio da obrigatoriedade do exercício da ação penal".[33]

De qualquer forma, ainda que não haja consenso sobre o que se entende por justa causa para a ação penal, parece predominar o entendimento de que para o início da ação penal é necessário que haja prova da materialidade delitiva. Isto é: a certeza da ocorrência de um fato da Natureza que se subsuma a determinado tipo penal. Nem poderia ser diferente: se não se tem certeza nem mesmo de que existiu o crime, como imputar a alguém a prática de algo fruto da mera imaginação ou fantasia?

No caso de crimes que deixam vestígios não seria o caso de se exigir que tal prova se desse pelo exame de corpo de delito, nos termos do art. 159 do CPP, pois somente serão imprescindíveis no momento da sentença. Assim, a comprovação da materialidade delitiva, para fins de caracterização da justa causa para a ação penal, poderia ocorrer por crime". Por sua vez, o *corpus delicti* ou *corpus criminis*, com a "adequação típica comprovada", somente seria exigível para a prisão em flagrante delito, para a prisão preventiva e para a pronúncia. Em obra posterior José Frederico Marques (*Tratado de Direito Processual Penal*, cit., vol. 2, p. 74) afirma que a justa causa se identifica com a imputação razoável, que "é auferida em razão da *provável* existência do crime e respectiva autoria". Todavia, em outra passagem (ob. cit., vol. 2, p. 75) entende que para o juízo de recebimento da denúncia "será suficiente uma *convicção provisória* sobre a *existência do crime* e indícios de autoria". As assertivas são contraditórias. Ora, ainda que qualificada como provisória, se há convicção sobre a existência do crime é porque o juiz está convencido que o delito existiu. Não se trata de *probabilidade*, mas de *certeza* de que o crime existiu, ainda que uma certeza provisória, segundo os elementos de informação colhidos no inquérito. Obviamente, depois da instrução a conclusão poderá se alterada, posto que o recebimento da denúncia é uma "decisão segundo o estado do processo".

33. Afrânio Silva Jardim, *Ação Penal Pública: Princípio da Obrigatoriedade*, cit., 2ª ed., p. 42. No mesmo sentido: Maria Thereza Rocha de Assis Moura, *Justa Causa na Ação Penal*, cit., p. 243.

É discutível na jurisprudência a necessidade de elementos mínimos de prova quanto à antijuridicidade. Nesse sentido, admitindo o trancamento da ação por falta de prova da justa causa: STJ, 5ª Turma, RHC 4.146-3-SP, rel. Min. Flaquer Scartezzini, j. 15.3.1995, m.v., *RT* 716/502.

qualquer outro meio de prova válido que desse ao julgador a certeza da ocorrência de um crime.[34] Por exemplo, o depoimento do médico que atendeu à vítima de um crime de lesão corporal grave.[35]

Por fim, é de se ressaltar que não há consenso doutrinário sobre o enquadramento da justa causa entre as condições da ação. Uns a consideram integrante do interesse de agir;[36] outros, da possibilidade jurídica

34. Em determinados casos a própria natureza do delito exige que se tenha uma prova segura da ocorrência do crime, razão pela qual o legislador expressamente determina o meio de prova pelo qual se poderá comprovar a materialidade delitiva já no momento inicial do processo. Nos crimes contra a propriedade imaterial exigem-se a apreensão dos produtos contrafeitos e a elaboração de um laudo pericial, que deverá ser homologado judicialmente, comprovando a violação do direito de propriedade (CPP, art. 525). Nos crimes de drogas, para a caracterização da justa causa, no que diz respeito à prova da materialidade delitiva, haverá o chamado "laudo de constatação" (Lei 11.343/2006, art. 50, § 1º). Finalmente, a Lei de Imprensa – que o STF, na ADPF 130-7-DF, declarou não recepcionada pela Constituição de 1988 – exigia que nos crimes contra a honra a denúncia ou a queixa estivessem instruídas com o exemplar do jornal, caso o crime tivesse ocorrido por meio de jornal, ou com a notificação feita à empresa de rádio ou agência de notícia, para que fossem destruídos os textos ou gravações do programa em que cometida a infração penal (Lei 5.250/1967, art. 43, *caput*). Ora, não haveria nenhuma razão lógica ou jurídica para uma distinção no sentido de que somente para estes crimes – contra propriedade imaterial, drogas e de imprensa – se exigisse a *certeza* da existência do crime, mediante prova cabal da materialidade delitiva, enquanto para os demais delitos bastaria que a denúncia estivesse instruída com elementos de informação que indicassem haver apenas a *probabilidade* da existência de um crime. Não há diferença quantitativa quanto ao grau de convencimento exigido. Em relação a qualquer delito deve haver prova da materialidade delitiva. As regras especiais acima lembradas apenas decorrem do fato de que para certos crimes, devido a peculiaridades em seu cometimento, a demonstração da materialidade delitiva exige um especial meio de prova, para conferir maior segurança de que se está, efetivamente, diante de denúncia ou queixa por um fato que, efetivamente, caracteriza um crime, e não um indiferente penal.

35. Embora não se tratasse especificamente de exame de corpo de delito, o STF decidiu: "A prova pericial deverá servir de base à sentença, o que não se aplica ao recebimento da denúncia" (2ª Turma, HC 84.301-SP, rel. Min. Joaquim Barbosa, j. 9.11.2004, v.u.).

36. Para José Frederico Marques (*Elementos de Direito Processual Penal*, cit., 2ª ed., vol. II, p. 167) a justa causa se identifica com o *fumus boni iuris*, que caracteriza o "legítimo interesse" para a denúncia. Há, pois, identificação da justa causa com o interesse de agir.

No mesmo sentido: Tourinho Filho, *Processo Penal*, cit., 34ª ed., vol. 1, pp. 604-605; Rogério Lauria Tucci, *Teoria do Direito Processual Penal*, cit., p. 95; Paula Bajer F. M. da Costa, *Ação Penal Condenatória*, cit., 2ª ed., p. 97.

Em sentido contrário, Grinover (*As Condições da Ação Penal*, cit., p. 119) nega tal posição, considerando que "identificar o interesse de agir com o *fumus boni iuris*

do pedido.[37] Há também aqueles que a definem como uma condição da ação autônoma.[38] Não faltam também aqueles que negam a utilidade da transposição para o campo penal do conceito processual civilístico de condições da ação.[39]

A redação do art. 395 do CPP dada pela Lei 11.719/2008, ao distinguir, no inciso II, as "condições para o exercício da ação penal" e, no inciso III, a "justa causa para o exercício da ação penal", parece tê-la considerado como elemento distinto das condições da ação penal, que não se enquadraria no interesse de agir nem seria uma "quarta" condição da ação penal.

De qualquer forma, para os fins restritos do presente trabalho, e nos termos do disposto no art. 395, III, do CPP, basta concluir que, se não houver indícios suficientes de autoria e prova da materialidade delitiva, a ação penal não será viável, e a denúncia ou queixa deverá ser rejeitada.

Assim sendo, a denúncia ou queixa deverá ser liminarmente rejeitada se faltar uma das condições para a ação penal (CPP, art. 395, II, segunda parte) ou se esta for destituída de justa causa (CPP, art. 395, III). Procurando definir tais conceitos, a denúncia ou queixa deverá ser rejeitada se: (1) não descrever um fato *aparentemente típico*, (2) ou se já estiver *extinta a punibilidade*, (3) ou se quem a ofertar *não tiver legitimidade* para tanto, ou (4) não houver *prova da existência do crime* imputado e *indícios de autoria* da prática delitiva.

4. Distinção entre condições da ação e mérito

Na doutrina nacional predomina o entendimento de que os temas tratados pelo juiz ao longo do processo podem ser enquadrados em três grandes categorias: pressupostos processuais, condições da ação e mérito.

significa, em última análise, que o juiz deveria avaliar a possibilidade de que exista o direito subjetivo que o autor alegou", o que configuraria matéria atinente ao mérito.

37. Grinover, "As condições da ação penal", cit., *Revista Brasileira de Ciências Criminais* 69/189.

38. Para Afrânio Silva Jardim (*Ação Penal Pública: Princípio da Obrigatoriedade*, cit., 2ª ed., p. 41) a justa causa é uma condição da ação autônoma, isto é, uma quarta condição da ação, distinta da possibilidade jurídica, do interesse de agir e da legitimidade das partes.

39. Nesse sentido, Maria Thereza Rocha de Assis Moura (*Justa Causa na Ação Penal*, cit., p. 215) nega a utilidade de transferir para o processo penal o conceito de condições da ação da doutrina processual civil, preferindo resolver a viabilidade da ação penal por meio do conceito próprio de justa causa.

Todas estas teorias, porém, têm grande dificuldade de distinguir, do ponto de vista abstrato, as *condições da ação* do *mérito*. Isso porque é inegável que há, no mínimo, estreita relação entre ambos.

Numa linha oposta estariam aqueles que defendem a existência de um *binômio processual*: basicamente, haveria os requisitos necessários para o julgamento do mérito e o próprio mérito. Para tal teoria, no que importa ao presente estudo, não haveria distinção nítida entre condições da ação e mérito.

Nessa segunda linha, na tentativa de distinguir as condições da ação do mérito, um caminho seguro é traçado pelos adeptos da teoria da asserção ou teoria da *prospettazione*,[40] pela qual o exame das condições da ação deve ser feito *in statu assertionis*,[41] tendo-se por verdadeiras

40. De se destacar que a teoria da *prospettazione* foi negada por Liebman (*Manual de Direito Processual Civil*, cit., 3ª ed., vol. I, pp. 203-204), para quem "a ausência de apenas uma daquelas *[condições da ação]* já induz *carência da ação*, podendo ser declarada, mesmo de ofício, em qualquer grau do processo. Por outro lado, *é suficiente que as condições da ação, eventualmente inexistentes no momento da propositura desta, sobrevenham no curso do processo e estejam presentes no momento em que a causa é decidida*".

Atualmente, um veemente "repúdio à teoria da asserção" é formulado por Cândido Rangel Dinamarco (*Instituições de Direito Processual Civil*, 6ª ed., vol. II, São Paulo, Malheiros Editores, 2009, p. 323): "Não basta que o demandante descreva formalmente uma situação em que estejam presentes as condições da ação. É preciso que elas existam realmente. Uma condição da ação é sempre uma *condição da ação* e por falta dela o processo deve ser extinto sem julgamento do mérito, quer o autor já descreva uma em que ela falte, quer dissimule a situação e só mais tarde os fatos revelem ao juiz a realidade. Seja ao despachar a petição inicial, ou no julgamento conforme o estado do processo (arts. 329-331) ou em qualquer outro momento intermediário do procedimento – ou mesmo a final, no momento de proferir sentença –, o juiz é proibido de julgar o mérito quando se convence de que a condição falta". Consequência disso é que: "As partes só poderão ter o direito ao julgamento do mérito quando, no momento em que este esteja para ser pronunciado, estiverem presentes as três condições da ação. Se alguma delas não existia no início mas ainda assim o processo não veio a ser extinto, o juiz a terá por satisfeita e julgará a demanda pelo mérito sempre que a condição antes faltante houver sobrevindo no curso do processo. Inversamente, se a condição existia de início e já não existe agora, o autor carece de ação e o mérito não será julgado. Na experiência processual do dia a dia são muito mais frequentes os casos de condições que ficam excluídas (*pedido prejudicado*)" (idem, p. 325).

41. Nesse sentido, na doutrina nacional: Luiz Machado Guimarães, "Carência da ação", in *Estudos de Direito Processual Civil*, Rio de Janeiro, Jurídica e Universitária, 1969, pp. 103 e ss.; José Carlos Barbosa Moreira, "Legitimidade para agir. Indeferimento de petição inicial", in *Temas de Direito Processual – Primeira Série*, 2ª ed., São Paulo, Saraiva, 1980, pp. 200-201; Hélio Bastos Tornaghi, *Comentários ao Código de Processo Civil*, vol. I, São Paulo, Ed. RT, 1976, p. 99; Kazuo Watanabe,

as afirmações feitas na petição inicial. Justamente para distinguir as questões que constituem as condições da ação daquelas relativas ao mérito, defendem que o exame das condições da ação deve ser realizado segundo o afirmado na petição inicial.[42] Isto é: o juiz deve, por hipótese,

Da Cognição no Processo Civil, 3ª ed., São Paulo, DPJ, 2005, pp. 97 e ss.; Donaldo Armelin, *Legitimidade para Agir no Direito Processual Civil Brasileiro*, cit., p. 83; Bedaque, *Direito e Processo – Influência do Direito Material sobre o Processo*, cit., 6ª ed., p. 110. A teoria da asserção também encontra significativa acolhida na doutrina estrangeira: Ary de Almeida Elias da Costa, *A Legitimidade das Partes na Doutrina e na Jurisprudência*, Coimbra, Livraria Almedina, 1965, pp. 32-34; Giovanni Verde, *Profili del Processo Civile – Parte Generale*, Nápoles, Jovene, 1978, p. 130; Crisanto Mandrioli, *Corso di Diritto Processuale Civile*, 2ª ed., vol. I, Turim, Giappichelli, 1978, p. 55; Elio Fazzalari, *Istituzioni di Diritto Processuale Civile*, Pádua, CEDAM, 1975, p. 135, e *Note in Tema di Diritto e Processo*, Milão, Giuffrè, 1957, p. 160; Andrea Proto Pisani, *Lezioni di Diritto Processuale Civile*, 2ª ed., Nápoles, Jovene, 1996, p. 219.

Na doutrina processual penal brasileira a teoria da asserção encontra acolhida em: Tornaghi, *Relação Processual Penal*, 2ª ed., São Paulo, Saraiva, 1987, p. 251; Weber Martins Batista, "O saneamento no processo penal", in *Direito Penal e Direito Processual Penal*, 2ª ed., Rio de Janeiro, Forense, 1996, p. 119. Também Afrânio Silva Jardim (*Ação Penal Pública: Princípio da Obrigatoriedade*, cit., 2ª ed., pp. 37-40) adota expressamente a teoria da asserção, embora acrescentando às três condições clássicas da ação uma quarta condição, a justa causa.

Destaque-se a posição de Ada Pellegrini Grinover, que em um primeiro posicionamento repudiava expressamente tal teoria – "Não acolhemos a teoria da *prospettazione*: as condições da ação não resultam da simples alegação do autor, mas da verdadeira situação trazida a julgamento" (*As Condições da Ação Penal*, cit., p. 126) –, mas recentemente, mudando de ponto de vista, passou a acolhê-la, expressamente: "Hoje, a teoria da apresentação é francamente vitoriosa (...) os discípulos diretos de Liebman abandonaram a lição do Mestre, para aderirem à *prospettazione* (Tarzia, Ricci). E realmente a teoria da apresentação é a que melhor serve para estremar as condições da ação do mérito da causa" ("As condições da ação penal", cit., *Revista Brasileira de Ciências Criminais* 69/182-183).

Por sua vez, Ada Pellegrini Grinover, Antônio Magalhães Gomes Filho e Antônio Scarance Fernandes (*Recursos no Processo Penal*, 7ª ed., São Paulo, Ed. RT, 2011, p. 246) adotam a teoria da asserção pelo menos em relação à revisão criminal. No processo penal a teoria da *prospettazione* é expressamente negada por Maria Thereza Rocha de Assis Moura (*Justa Causa na Ação Penal*, cit., p. 257, nota 79).

42. José Carlos Barbosa Moreira ("Legitimidade para agir. Indeferimento de petição inicial", cit., in *Temas de Direito Processual – Primeira Série*, 2ª ed., p. 200) explica: "O exame da legitimidade, pois – como o de qualquer das 'condições da ação' –, tem de ser feito *com abstração* das possibilidades que, no juízo de mérito, vai deparar-se o julgador: a de proclamar existente ou a de declarar inexistente a relação jurídica que constitui a *res in iudicium deducta*. Significa isso que o órgão julgador, ao apreciar a legitimidade das partes, considera tal relação jurídica *in statu assertionis*, ou seja, *à vista do que se afirmou*. Tem ele de raciocinar como quem admita, por hipótese, e em caráter provisório, a verdade da narrativa, deixando para

tomar como verdadeiros os fatos narrados na denúncia ou queixa, para apreciar a *viabilidade* da ação, e impedir que processos inúteis e inviáveis se desenvolvam.[43] As condições da ação têm, portanto, clara função de *filtro processual*.[44]

Segundo a teoria da asserção, a análise das condições da ação é feita a partir de uma cognição superficial de elementos narrados na petição inicial e que, posteriormente, constituirão o mérito do processo. Iniciada a fase probatória, diante da descoberta de que tais fatos afirmados (que fizeram com que o juiz entendesse que as condições da ação estavam presentes, determinando o prosseguimento do processo) não se verificaram, o juiz deve julgar o mérito, com a improcedência do pedido, pois neste caso já se realizou uma análise profunda do mérito. Esse "método", que permite distinguir as condições da ação e o mérito, pode, com alguma adaptação, ser transposto para o processo penal.

De se observar, desde já, que, no que toca ao interesse de agir, diante da regra geral da obrigatoriedade da ação penal, a necessidade de distinção entre condições da ação e mérito se mostra destituída de maior interesse, sendo raríssimas – para não se dizer inexistentes – as situações de potencial confusão. De forma semelhante, no que toca à legitimidade ativa o problema será resolvido segundo regras expressas que confiram a legitimação ao Ministério Público ou à vítima, sendo improvável ou, quiçá, impossível qualquer confusão.

a ocasião própria (o juízo de mérito) a respectiva apuração, ante os elementos de convicção ministrados pela atividade instrutória". No mesmo sentido posiciona-se José Roberto dos Santos Bedaque ("Pressupostos processuais e condições da ação", *Justitia* 156, outubro-dezembro/1991): "É possível que o juiz examine determinados elementos da relação substancial apresentada pelo autor, sem se aprofundar na cognição. *A análise desses elementos deve ser feita à vista do afirmado na inicial*, pois permitirá ao magistrado, desde logo, impedir o desenvolvimento de um processo inútil. Trata-se, aqui, das condições da ação. Devem as condições da ação ser analisadas em tese, isto é, sem adentrar o exame do mérito, sem que a cognição do juiz se aprofunde na situação de direito substancial. Esse exame, feito no condicional, ocorre normalmente em face da petição inicial, *in statu assertionis*".

43. Analisando as condições da ação, Bedaque (*Efetividade do Processo e Técnica Processual*, 3ª ed., São Paulo, Malheiros Editores, 2010, p. 245) explica que, "para evitar o desenvolvimento de processo inútil, o juiz deve ir à relação jurídica afirmada pelo autor e examiná-la, macroscopicamente – ou seja, em tese. (...)".

44. Bedaque (*Efetividade do Processo e Técnica Processual*, cit., 3ª ed., p. 264) observa que "a compreensão da técnica representada pelas condições da ação possibilita que, verificada a ausência de uma delas, o processo seja extinto o quanto antes – o que atende ao princípio da economia processual. Se a sentença de mérito é inadmissível, melhor impedir o desenvolvimento inútil da atividade jurisdicional".

Em suma: o problema das condições da ação penal se restringe à questão da *tipicidade* e da *legitimidade passiva*. Por outro lado, para ambos os temas há que se acrescer outra diferença específica do processo penal: a exigência de justa causa para a ação penal. Ou seja: a "condição da ação" relativa à tipicidade em abstrato da conduta guarda relação com a exigência de que haja *prova da materialidade delitiva*. Por outro lado, a condição referente à *legitimatio ad causam* passiva diz respeito, diretamente, aos *indícios suficientes de autoria*.

Em outras palavras: ainda que se procure analisar tipicidade e autoria delitiva, na ótica exclusiva das condições da ação, com base apenas no que foi asserido na denúncia ou queixa e, portanto, aplicando a *teoria da asserção* em sua pureza doutrinária, mesmo assim o recebimento da acusação dependerá também da análise da existência de um *suporte probatório mínimo* sobre os fatos afirmados na peça acusatória.

Nesse caso, para aqueles que consideram que a justa causa para a ação penal se distingue das condições da ação penal seria possível, como que numa experiência de laboratório, separar e isolar, *in vitro*, a possibilidade jurídica do pedido (no que toca à tipicidade aparente) e a legitimidade de parte passiva, analisando-as apenas *in statu assertionis*. Porém, para o ato de recebimento da denúncia deveria haver a análise não apenas das condições da ação, tendo por base os fatos tais quais afirmados, mas também dos elementos de informação colhidos no inquérito policial que permitam concluir pela ocorrência da justa causa para a ação penal.

Diante de tais dificuldades, como resolver, então, o problema da tipicidade no que toca ao seu enquadramento como condição da ação ou como mérito? A resposta está, segundo a teoria da asserção, no *grau da cognição* realizada pelo juiz.[45] Segundo a profundidade da cognição, a tipicidade pode dizer respeito às condições da ação (tipicidade aparente, segundo o afirmado na denúncia ou queixa) ou ao mérito (comprova-

---

45. Como explica Bedaque (*Efetividade do Processo e Técnica Processual*, cit., 6ª ed., p. 258) "para não confundir *condições da ação* com o *mérito*, *carência* com *improcedência*, propõe a doutrina critério fundado na profundidade da cognição, que, como veremos, não é suficiente para solucionar todos os problemas relacionados ao tema, mas auxilia sobremaneira o intérprete a evitar confusões entre planos considerados diversos pelo legislador brasileiro".

No processo penal referida teoria também não pode ser considerada critério infalível ou indefectível de distinção entre condições da ação e mérito, tendo em vista a necessidade de, no limiar da ação penal, se fazer uma análise "probatória", em algum grau, diante da exigência de justa causa para a ação penal. Todavia, assim como no processo civil, trata-se de um critério, se não absoluto, ao menos bastante seguro para tais distinções.

ção, após a instrução, dos fatos constitutivos do tipo penal). A distinção torna-se ainda mais clara ao se comparar o revogado art. 43 do CPP, que tratava da rejeição da denúncia, com os casos de absolvição do art. 386 do CPP. O inciso I do art. 43 previa que a denúncia ou queixa deveria ser rejeitada quando "o fato narrado *evidentemente* não constituir crime" (grifamos). Já, o art. 386, III, prevê que o acusado deverá ser absolvido quando "não constituir o fato infração penal". Como se percebe facilmente, a atipicidade *prima facie*, apenas com base no que foi afirmado na denúncia, leva à carência da ação, com a consequente rejeição da denúncia. Já, a análise aprofundada da tipicidade, depois da fase instrutória, é questão de mérito, que acarreta a absolvição.[46]

Ou seja: a mesma matéria – no caso, a tipicidade (ou, melhor, a atipicidade) – poderia levar a juízos e consequências distintas: apreciada em cognição superficial, logo após o oferecimento da denúncia, leva à sua rejeição, por carência da ação (CPP, art. 395, II); se depois da resposta, mediante cognição profunda, provada documentalmente, implicará julgamento do mérito, com a absolvição sumária do acusado (CPP, art. 397, III).[47] A cognição na análise das condições da ação é superficial, com base no que foi afirmado na peça inicial; e no exame do mérito é aprofundada, com base nos elementos probatórios colhidos ao longo da instrução.[48]

46. Em sentido contrário posicionava-se Grinover (*As Condições da Ação penal*, cit., p. 69): "A tipicidade é evidentemente matéria de mérito: representa, para o processo penal, a *causa petendi*" – pelo quê estaria desvinculada da matéria relativa ao processo (condições da ação). Porém, em estudo mais recente ("As condições da ação penal", *Revista Brasileira de Ciências Criminais* 69/188) altera seu posicionamento: "A hipótese do inciso I do art. 43 do CPP – não constituir o fato narrado, evidentemente, crime –, realmente, não dá margem a dúvidas, em face da teoria da apresentação: mas o caso é de impossibilidade jurídica (negativa), pois o ordenamento só permite a acusação se esta se propõe a demonstrar a existência de um fato delituoso. Sem a evidente presença da tipicidade do fato narrado haverá impossibilidade jurídica – mas aqui, mais uma vez, não do pedido, mas da causa de pedir".

Embora não se declare adepto da teoria da asserção, parece que o mesmo fundamento é que leva Jacinto Coutinho (*A Lide e o Conteúdo do Processo Penal*, cit., p. 150) a distinguir a *tipicidade aparente*, como condição da ação, e a *tipicidade* (efetivamente comprovada) como mérito: "Uma coisa, portanto, é o autor demonstrar que os fatos narrados na imputação têm, na aparência, credibilidade suficiente para serem considerados típicos, algo tão somente comprovável no curso do processo; outra é a comprovação efetiva".

47. Por óbvio, se somente após a audiência de instrução ficasse demonstrada a atipicidade, haveria também sentença de mérito absolutória (CPP, art. 386, III).

48. Seja toda a prova produzida, ao longo da instrução, no caso de uma sentença ao final do processo, sejam os elementos de informação produzidos no inquérito policial e as provas juntadas com a resposta escrita, no caso da absolvição sumária.

A questão, contudo, não é tão simples. Mesmo no âmbito processual civil há quem negue que a impossibilidade jurídica do pedido seja distinta do julgamento do mérito de improcedência. Ou seja: o juiz, ainda que no limiar da ação, e mesmo que com base em uma cognição superficial, ao julgar o pedido juridicamente impossível estaria, em verdade, julgando o *mérito* improcedente,[49] ainda que *prima facie* ou de forma "macroscópica".

De se reproduzir, ainda que resumidamente, o pensamento de José Roberto dos Santos Bedaque sobre o tema. O autor parte de premissa de que "há determinadas regras de direito material, mesmo no âmbito civil, que contêm a descrição de certos elementos cuja verificação em concreto é essencial à ocorrência do efeito estabelecido pela norma". Nestes casos está-se diante de "verdadeiros tipos legais" em que "a subsunção do fato à norma depende da verificação concreta de todos os elementos nela descritos abstratamente".

Nessas situações, diz Bedaque, "extrai-se a vedação legal pela ausência de tipicidade do fato. A consequência só é admitida se preenchidos determinados requisitos previstos na norma. Se a própria descrição feita na inicial não se apresenta em conformidade com o modelo, a impossibilidade do efeito pretendido é detectada de plano, sem necessidade de qualquer outra atividade processual".[50]

Não há por que negar a aplicação de tais ideias ao processo penal.[51] No caso em que se constata a atipicidade dos fatos narrados na denúncia

---

49. Antes mesmo do Código de Processo Civil de 1973, Galeno Lacerda (*Despacho Saneador*, Porto Alegre, Sulina, 1953, p. 85) já afirmava que, "se o autor pede divórcio a vínculo, ou pagamento de dívida de jogo, terá o seu *pedido* rejeitado por impossibilidade jurídica. O juiz, inegavelmente, julga o mérito do pedido".

50. Bedaque, *Efetividade do Processo e Técnica Processual*, cit., 3ª ed., p. 267.

51. Interessante notar que há tempo a mesma posição é defendida por Grinover (*As Condições da Ação Penal*, cit., pp. 70-71): "Ainda que declarada por ocasião da denúncia ou queixa, ocasionando a sua rejeição (art. 43, I, do CPP), a falta de tipicidade não deixará de configurar sentença de mérito: aliás, o parágrafo único do art. 43 possibilita novo exercício do direito de ação única e exclusivamente na hipótese do inciso III do mesmo dispositivo. Não se refere, o parágrafo único, ao item I do artigo, demonstrando que a rejeição da denúncia ou queixa, por atipicidade dos fatos narrados, *preclui a via judiciária* e impossibilita novo exercício do direito de ação, porque a lide já foi *solucionada pelo mérito*" (grifos nossos).

No mesmo sentido posiciona-se Marco Aurélio Nunes da Silveira (*O Interesse de Agir* ..., p. 124): "Em verdade, a decisão tomada nos termos do art. 43, I, do CPP, ainda que ocorra por ocasião do juízo de admissibilidade da acusação, pode, ainda que nem sempre, equivaler a uma decisão de mérito. (...). Quando o juiz conclui que o fato narrado evidentemente não é crime – seja pela falta de conduta, tipicidade,

ou queixa, considerando-os, ainda que por hipótese, como verdadeiros, haverá verdadeiro julgamento de mérito, por atipicidade dos fatos imputados.[52] Pouco importa que o juiz o reconheça logo no início, ao rejeitar a denúncia, por "impossibilidade jurídica do pedido" (CPP, art. 395, II, segunda parte), ou o faça depois da resposta do acusado, com as provas documentais por este apresentadas, absolvendo-o sumariamente (CPP, art. 397, III). O mesmo se diga se tal decisão decorre de concessão de *habeas corpus* para "trancar a ação penal". Em todos estes casos o que menos importa é o momento procedimental em que se constatou a atipicidade.[53] Sempre haverá julgamento de mérito, seja *prima facie* (CPP, art. 395), seja antecipadamente (CPP, art. 397), seja ao final do processo

ilicitude ou censurabilidade –, tem-se *uma decisão de mérito*, que versa sobre a própria inexistência do crime".

Com alguma variação, embora tratando do ato de arquivamento do inquérito policial, Jacinto Nelson de Miranda Coutinho ("A natureza cautelar da decisão de arquivamento do inquérito policial", *RePro* 70/56, São Paulo, Ed. RT, abril-junho/1993) defende que, "quando o ato referido reconhecer que, sem dúvida razoável, o fato não é típico, ou que o fato é inexistente (a questão acaba sendo sempre tratada em razão do art. 43, I, do CPP), ou que está extinta a punibilidade, não estaremos diante de uma verdadeira decisão de arquivamento, mas sim de *uma decisão de mérito, que passa em julgado materialmente*, impedindo o desarquivamento, seja como conclusão de processo acautelar (quando o Ministério Público requer o arquivamento), seja como *julgamento antecipado de processo de conhecimento*, se oferecida a denúncia ou queixa" (grifos nossos).

Também há muito Antônio Acir Breda ("Notas sobre o Anteprojeto de Código de Processo Penal", cit., *Revista de Direito Penal* 11-12/57) afirma que "no processo penal, com muito maior razão, a possibilidade jurídica do pedido tem íntima relação com o mérito. Assim, se o juiz rejeita a denúncia, porque o fato narrado não constitui crime, decide o mérito".

Embora negando que se trate de questão ligada à possibilidade jurídica do pedido, substancialmente, o mesmo ponto de vista é defendido por Maria Thereza Rocha de Assis Moura (*Justa Causa na Ação Penal*, cit., p. 257): "O ato decisório que recusa a denúncia ou queixa porque o fato não existiu ou porque, evidentemente, não constitui crime (art. 43, I, CPP) é, em sua essência, de mérito, porquanto, ainda que verdadeira a imputação, o fato será indiferente ao direito penal. Se recebida, patente estará a falta de justa causa, possibilitando o trancamento da ação penal. (...). Há hipótese de verdadeira *antecipação do julgamento do mérito* (...). E, como tal, tem força de *coisa julgada* formal e *material, adquirindo autoridade absoluta*" (grifos nossos).

52. Do ponto de vista da profundidade da cognição, mesmo tratando-se de um exame superficial, o reconhecimento da "atipicidade" no início do processo pode ser considerado verdadeiro julgamento do mérito, por não haver controvérsia fática.

53. Nesse sentido, no processo civil, considerando irrelevante o momento procedimental em que é proferida a sentença, posto que ao reconhecer a "impossibilidade jurídica do pedido" estará julgando o mérito improcedente, cf.: Adroaldo Furtado

(CPP, art. 386). Em todas elas haverá coisa julgada material, impedido a repropositura de ação penal idêntica, posto que o tema restara definitivamente decidido pelo Poder Judiciário.[54]

Com as devidas adaptações, o mesmo raciocínio vale para a *punibilidade*, que pode ser apreciada como "condição da ação" e como "mérito". Antes, porém, é necessário um esclarecimento sobre a consideração da extinção da punibilidade como "mérito". No processo penal, ao lado das sentenças terminativas e das sentenças de mérito, no caso, que condenam ou absolvem o acusado (sentença definitiva em sentido estrito), existem também as sentenças definitivas em *sentido lato*, isto é, sentenças que decidem sobre o direito de punir estatal debatido em juízo, embora sem absolver ou condenar o acusado. A sentença que julga extinta a punibilidade declara a inexistência do direito de punir, sendo uma sentença de mérito, ou seja, definitiva, mas não em sentido estrito, posto que não julga a imputação, absolvendo ou condenando o acusado.[55] Somente neste último sentido se cogita da consideração da "extinção da punibilidade" com "decisão quanto ao mérito".

Se, pela leitura da denúncia ou queixa, se observa, de plano, que já ocorreu a extinção da punibilidade (por exemplo: denúncia oferecida 30 anos após a prática do fato, ou queixa oferecida 1 ano após a vítima saber quem é o autor do delito ou, ainda, tendo por objeto delito em relação

Fabrício, "Extinção do processo e mérito da ação", cit., *RePro* 58/17; Bedaque, *Efetividade do Processo e Técnica Processual*, cit., 3ª ed., p. 270, nota 68.

54. Nesse sentido, para o processo civil, reconhecendo que a sentença que reconhece a impossibilidade jurídica do pedido se sujeita à coisa julgada material, cf.: Adroaldo Furtado Fabrício, "Extinção do processo e mérito da ação", cit., *RePro* 58/26; Bedaque, *Efetividade do Processo e Técnica Processual*, cit., 3ª ed., p. 284.

55. Nesse sentido: Grinover, Gomes Filho e Fernandes, *Recursos no Processo Penal*, cit., 5ª ed., p. 54. Parte da doutrina denomina a sentença que declara a extinção da punibilidade de "sentença terminativa de mérito" (cf.: José Frederico Marques, *Elementos de Direito Processual Penal*, vol. III, Rio de Janeiro, Forense, 1962, p. 42; Tourinho Filho, *Processo Penal*, cit., 34ª ed., vol. 4, São Paulo, Saraiva, 2012, pp. 339-340; Júlio Fabbrini Mirabete, *Processo Penal*, 15ª ed., São Paulo, Atlas, 2003, p. 423).

Tal definição, contudo, representa uma *contradictio in terminis*. As sentenças que julgam o mérito, por definirem a relação de direito material posta em juízo, são denominadas *sentenças definitivas*. Já, as sentenças que, em decorrência da falta de uma das condições da ação ou de algum pressuposto processual, extinguem o processo sem julgamento do mérito são chamadas *sentenças terminativas*. Portanto, uma sentença não pode ser *terminativa de mérito*: ou a sentença julga o mérito – e, portanto, é definitiva –, ou a sentença não julga o mérito – sendo uma sentença apenas *terminativa*.

ao qual ocorreu a *abolitio criminis*), o juiz, de plano, rejeita a denúncia. Por outro lado, pode ocorrer que somente diante da produção de provas juntadas com a resposta se verifique a ocorrência da causa extintiva da punibilidade.[56] Assim, por exemplo, se somente com a defesa o acusado junta aos autos certidão de nascimento comprovando que, à época do fato, era menor de 21 anos e, diante da redução do prazo prescricional pela metade (CP, art. 115), está extinta a punibilidade, o juiz deverá, a teor do art. 397, IV, "absolver sumariamente" o acusado.[57] Finalmente, pode ser que a causa extintiva da punibilidade somente ocorra ao final do processo. Assim, por exemplo, somente ao final da audiência de instrução e julgamento, nos debates orais, o querelante deixa de formular pedido condenatório, operando-se a peremção (CPP, art. 60, III).

Ou seja: a extinção da punibilidade poderá ser constatada de plano, *in statu assertionis*, ou poderá depender de análise probatória.[58] No primeiro caso, leva à rejeição da denúncia; no segundo, a uma decisão de "absolvição sumária" ou de extinção da punibilidade, que caracteriza uma sentença de mérito *lato sensu*.

56. Substancialmente coincidente parece ser o raciocínio de Aury Lopes Jr. (*Direito Processual Penal*, cit., 10ª ed., p. 369), que, a despeito da revogação do art. 43, II, do CPP e da inclusão da extinção da punibilidade como causa de absolvição sumária (CPP, art. 397, IV), reconhece: "Isso não significa que tenha deixado de ser uma condição da ação processual penal ou que somente possa ser reconhecida pela via da absolvição sumária (...) a denúncia ou queixa deverá ser rejeitada ou o réu absolvido sumariamente, conforme o momento em que seja reconhecida".

57. Para uma crítica do enquadramento da "extinção da punibilidade" como causa de absolvição sumária, cf. *supra*.

58. Acredita-se, inclusive, que tal ponto de vista não é incompatível com a posição daqueles que consideram como condição da ação a *punibilidade concreta* da conduta, a teor do revogado inciso II do art. 43 do CPP. Nesse sentido: Breda, "Efeitos da declaração de nulidade no processo penal", cit., *Revista do Ministério Público do Paraná* 9/177; Coutinho, *A Lide e o Conteúdo do Processo Penal*, cit., p. 148; Marco Afonso Nunes da Silveira, *A Tipicidade e o Juízo de Admissibilidade da Acusação*, cit., pp. 56-57; Aury Lopes Jr., *Direito Processual Penal*, cit., 10ª ed., p. 351.

Como explica Marco Aurélio Nunes da Silveira (*O Interesse de Agir* ..., cit., p. 126): "Aqui, o adjetivo 'concreta' marca a distinção em relação à chamada *punibilidade abstrata*, que decorre simplesmente da previsão legal de uma sanção à prática de um fato-tipo previsto como crime, em abstrato. À efetiva realização de tal fato-tipo, nasce ao Estado a possibilidade de punir o agente, isto é, em relação ao fato-tipo concreto apresenta-se a *punibilidade concreta*".

Não se trata, portanto, de uma punibilidade *concretamente acertada* e verificada, após atividade instrutória. A condição da ação exige que não seja possível, de plano, constatar que a punibilidade *concreta* está extinta. Então, neste caso, para fazer um paralelo com a tipicidade, trata-se, sob este outro enfoque, de uma *punibilidade concreta "aparente"*.

De qualquer forma, semelhante ao que ocorre com o reconhecimento da "impossibilidade jurídica do pedido" por atipicidade, em tese, da conduta narrada na denúncia ou queixa, o reconhecimento da extinção da punibilidade, ainda que liminar, no momento de rejeição da denúncia ou queixa implica julgamento do mérito, ainda que em sentido lato, e, mesmo que realizado *prima facie*, se encontra acobertado pela coisa julgada material.[59]

5. Conclusões

Cabe sumariar os pontos do presente estudo:

5.1 A denúncia ou queixa deverá ser liminarmente rejeitada se faltar uma das condições para a ação penal (CPP, art. 395, II, segunda parte) ou se esta for destituída de justa causa, (CPP, art. 395, III).

5.2 Procurando definir tais conceitos, a denúncia ou queixa deverá ser rejeitada se: (1) não descrever um fato *aparentemente típico*, (2) ou se já estiver *extinta a punibilidade*, (3) ou se quem a ofertar *não tiver legitimidade* para tanto, ou (4) não houver *prova da existência do crime* imputado e *indícios de autoria* da prática delitiva.

5.3 A inocorrência de crime, por tipicidade, quando constatada de plano, deve levar à rejeição da denúncia, nos termos do inciso II, parte final, do art. 395 do CPP, por impossibilidade jurídica do pedido.

5.4 Se a denúncia narrar um fato atípico, ainda que tal hipótese costume ser considerada como falta de condição da ação penal, haverá julgamento de mérito, mesmo que *prima facie*, e a decisão fará coisa julgada material, ante a declaração judicial de inexistência do crime.

5.5 Após o oferecimento da resposta escrita pela defesa, se houver prova plena de que o fato imputado é atípico, o acusado deve ser absolvido sumariamente, nos termos do art. 397 do CPP. Trata-se de julgamento antecipado o mérito, que fará coisa julgada material, impedido a repropositura do feito.

Bibliografia

ALMEIDA JR., João Mendes de. *O Processo Criminal Brasileiro*. 4ª ed., vol. 2. Rio de Janeiro, Freitas Bastos, 1959.

---

59. No sentido de que a sentença de extinção da punibilidade faz coisa julgada material, cf.: Greco Filho, *Manual de Processo Penal*, cit., 6ª ed., p. 343; Maria Thereza Rocha de Assis Moura, *Justa Causa na Ação Penal*, cit., p. 256-257.

ARAGÃO, Egas Dirceu Moniz de. *Comentários ao Código de Processo Civil.* vol. II. Rio de Janeiro, Forense, 1974.

ARMELIN, Donaldo. *Legitimidade para Agir no Direito Processual Civil Brasileiro.* São Paulo, Ed. RT, 1979.

BADARÓ, Gustavo Henrique Righi Ivahy. *Ônus da Prova no Processo Penal.* São Paulo, Ed. RT, 2003.

_____. *Processo Penal.* Rio de Janeiro, Elsevier, 2012.

BARBOSA MOREIRA, José Carlos. "Apontamentos para um estudo sistemático da legitimação extraordinária". In: *Direito Processual Civil (Ensaios e Pareceres).* Rio de Janeiro, Borsói, 1971.

_____. "Legitimidade para agir. Indeferimento de petição inicial". In: *Temas de Direito Processual – Primeira Série.* 2ª ed. São Paulo, Saraiva, 1980.

_____. "Sobre pressupostos processuais". In: *Temas de Direito Processual – Quarta Série.* São Paulo, Saraiva, 1989.

BARROS, Romeu Pires de Campos. *Direito Processual Penal.* vol. I. Rio de Janeiro, Forense, 1987.

BATISTA, Weber Martins. "O saneamento no processo penal". In: *Direito Penal e Direito Processual Penal.* 2ª ed. Rio de Janeiro, Forense, 1996.

BEDAQUE, José Roberto dos Santos. *Direito e Processo – Influência do Direito Material sobre o Processo.* 6ª ed. São Paulo, Malheiros Editores, 2001.

_____. *Efetividade do Processo e Técnica Processual.* 3ª ed. São Paulo, Malheiros Editores, 2010.

_____. "Pressupostos processuais e condições da ação". *Justitia* 156. Outubro-dezembro/1991.

BOBBIO, Norberto. *Teoria do Ordenamento Jurídico.* 5ª ed., trad. de Maria Celeste Cordeiro Leite dos Santos. Brasília, EUB, 1994.

BREDA, Antônio Acir. "Efeitos da declaração de nulidade no processo penal". *Revista do Ministério Público do Paraná* 9. Curitiba, 1980.

_____. "Notas sobre o Anteprojeto de Código de Processo Penal". *Revista de Direito Penal* 11-12. Rio de Janeiro, julho-dezembro/1973.

BÜLOW, Oskar Von. *La Teoría de las Excepciones Procesales y los Presupuestos Procesales.* Trad. de Miguel Ángel Rosas Lichtschein. Buenos Aires, EJEA, 1964.

CALMON DE PASSOS, José Joaquim. *Comentários ao Código de Processo Civil.* vol. III. Rio de Janeiro, Forense, s/d.

CARNELUTTI, Francesco. *Lecciones sobre el Proceso Penal.* vol. II, trad. de Santiago Sentís Melendo. Buenos Aires, EJEA, 1950.

CINTRA, Antônio Carlos de Araújo, DINAMARCO, Cândido Rangel, e GRINOVER, Ada Pellegrini. *Teoria Geral do Processo.* 29ª ed. São Paulo, Malheiros Editores, 2013.

COSTA, Ary de Almeida Elias da. *A Legitimidade das Partes na Doutrina e na Jurisprudência.* Coimbra, Livraria Almedina, 1965.

COSTA, Paula Bajer F. M. da. *Ação Penal Condenatória.* 2ª ed. São Paulo, Saraiva, 1998.

COUTINHO, Jacinto Nelson de Miranda. *A Lide e o Conteúdo do Processo Penal*. Curitiba, Juruá, 1989.

_____. "A natureza cautelar da decisão de arquivamento do inquérito policial". *RePro* 70. São Paulo, Ed. RT, abril-junho/1993.

CUNHA, Rogério Sanches, GOMES, Luiz Flávio, e PINTO, Ronaldo Batista. *Comentários às Reformas do Código de Processo Penal e da Lei de Trânsito*. São Paulo, Ed. RT, 2008.

DINAMARCO, Cândido Rangel. *Instituições de Direito Processual Civil*. 6ª ed., vol. II. São Paulo, Malheiros Editores, 2009.

DINAMARCO, Cândido Rangel, CINTRA, Antônio Carlos de Araújo e GRINOVER, Ada Pellegrini. *Teoria Geral do Processo*. 29ª ed. São Paulo, Malheiros Editores, 2013.

ESPÍNOLA FILHO, Eduardo. *Código de Processo Penal Brasileiro Anotado*. Vol. IV. Rio de Janeiro, Borsói 1965.

FABRÍCIO, Adroaldo Furtado. "Extinção do processo e mérito da ação". *RePro* 58/7-32. São Paulo, Ed. RT, abril-junho/1990.

FAZZALARI, Elio. *Istituzioni di Diritto Processuale*. Pádua, CEDAM, 1975.

_____. *Note in Tema di Diritto e Processo*. Milão, Giuffrè, 1957.

FERNANDES, Antônio Scarance. *A Reação Defensiva à Imputação*. São Paulo, Ed. RT, 2002.

_____. *Processo Penal Constitucional*. 5ª ed. São Paulo, Ed. RT, 2007.

_____. *Teoria Geral do Procedimento e o Procedimento no Processo Penal*. São Paulo, Ed. RT, 2005.

FERNANDES, Antônio Scarance, e LOPES, Mariângela. "O recebimento da denúncia no novo procedimento". *Boletim do Instituto Brasileiro de Ciências Criminais* 190. Setembro/2008.

FERNANDES, Antônio Scarance, GOMES FILHO, Antônio Magalhães, e GRINOVER, Ada Pellegrini. *Recursos no Processo Penal*. 5ª ed. São Paulo, RT, 2008.

FOWLER, Fernando N. Bittencourt. "Anotações em torno da ação penal pública no projeto de reforma". *Revista do Ministério Público do Paraná* 7. Ano 6. Curitiba, 1977.

GARCIA, Basileu. *Comentários ao Código de Processo Penal*. vol. III. Rio de Janeiro, Forense, 1945.

GIACOMOLLI, Nereu. *Reformas(?) do Processo Penal. Considerações Críticas*. Rio de Janeiro, Lumen Juris, 2008.

GOMES, Luiz Flávio, CUNHA, Rogério Sanches, e PINTO, Ronaldo Batista. *Comentários às Reformas do Código de Processo Penal e da Lei de Trânsito*. São Paulo, Ed. RT, 2008.

GOMES FILHO, Antônio Magalhães. *A Motivação das Decisões Penais*. São Paulo, Ed. RT, 2001.

_____, FERNANDES, Antônio Scarance, e GRINOVER, Ada Pellegrini. *Recursos no Processo Penal*. 5ª ed. São Paulo, Ed. RT, 2008.

GRECO FILHO, Vicente. *Direito Processual Civil Brasileiro*. 11ª ed., vol. 2. São Paulo, Saraiva, 1996.

_____. *Manual de Processo Penal*. 6ª ed. São Paulo, Saraiva, 1999.

GRINOVER, Ada Pellegrini. "As condições da ação penal". *Revista Brasileira de Ciências Criminais* 69. São Paulo, outubro-dezembro/2007.

_____. *As Condições da Ação Penal*. São Paulo, Bushatsky, 1977.

_____. *O Processo Constitucional em Marcha*. São Paulo, Max Limonad, 1985.

GRINOVER, Ada Pellegrini, CINTRA, Antônio Carlos de Araújo, e DINAMARCO, Cândido Rangel. *Teoria Geral do Processo*. 29ª ed. São Paulo, Malheiros Editores, 2013.

GRINOVER, Ada Pellegrini, FERNANDES, Antônio Scarance, e GOMES FILHO, Antônio Magalhães. *Recursos no Processo Penal*. 5ª ed. São Paulo, Ed. RT, 2008.

GUIMARÃES, Luiz Machado. "Carência da ação". In: *Estudos de Direito Processual Civil*. Rio de Janeiro, Jurídica e Universitária, 1969.

JARDIM, Afrânio Silva. *Ação Penal Pública: Princípio da Obrigatoriedade*. 2ª ed. Rio de Janeiro, Forense, 1994.

LACERDA, Galeno. *Despacho Saneador*. Porto Alegre, Sulina, 1953.

LIEBMAN, Enrico Tulio. "L'azione nella Teoria del Processo Civile". In: *Problemi del Processo Civile*. Nápoles, Morano, 1962, e *Scritti Giuridici in Onore di F. Carnelutti*. vol. II. Pádua, CEDAM, 1950.

_____. *Manual de Direito Processual Civil*. 3ª ed., vol. I, trad. e "Notas" de Cândido Rangel Dinamarco. São Paulo, Malheiros Editores, 2005.

_____. *Manuale di Diritto Processuale Civile*. 3ª ed., vol. I. Milão, Giuffrè, 1973.

_____. "O despacho saneador e o julgamento do mérito". *RF* 104. Rio de Janeiro, Forense, 1945, e in *Estudos de sobre o Processo Civil Brasileiro*. São Paulo, Bushatsky, 1976.

LOPES, Mariângela, e FERNANDES, Antônio Scarance. "O recebimento da denúncia no novo procedimento". *Boletim do Instituto Brasileiro de Ciências Criminais* 190. Setembro/2008.

LOPES JR., Aury. *Direito Processual Penal*. 10ª ed. São Paulo, Saraiva, 2013.

MANDRIOLI, Crisanto. *Corso di Diritto Processuale Civile*. 2ª ed., vol. I. Turim, Giappichelli, 1978.

MARQUES, José Frederico. *Elementos de Direito Processual Penal*. 2ª ed., vol. I. Rio de Janeiro, Forense, 1965; 2ª ed., vol. II. Rio de Janeiro, Forense, 1961; vol. III. Rio de Janeiro, Forense, 1962; vol. IV. Rio de Janeiro, Forense, 1965.

_____. *Manual de Direito Processual Civil*. 10ª ed., vol. 2. São Paulo, Saraiva, 1989.

_____. *Tratado de Direito Processual Penal*. vol. 2. São Paulo, Saraiva, 1980.

MENDONÇA, Andrey Borges de. *Nova Reforma do Código de Processo Penal: Comentada Artigo por Artigo*. São Paulo, Método, 2008.

MIRABETE, Júlio Fabbrini. *Processo Penal*. 15ª ed. São Paulo, Atlas, 2003.

MOURA, Maria Thereza Rocha de Assis. *Justa Causa na Ação Penal*. São Paulo, Ed. RT, 2001.

NUCCI, Guilherme de Souza. *Código de Processo Penal Comentado*. 8ª ed. São Paulo, Ed. RT, 2008.

_____. *Leis Penais e Processuais Penais Comentadas*. São Paulo, Ed. RT, 2006.

OLIVEIRA, Eugênio Pacelli de. *Curso de Processo Penal*. 10ª ed. Rio de Janeiro, Lumen Juris, 2008.

PINTO, Ronaldo Batista, CUNHA, Rogério Sanches, e GOMES, Luiz Flávio. *Comentários às Reformas do Código de Processo Penal e da Lei de Trânsito*. São Paulo, Ed. RT, 2008.

PRADO, Geraldo. "Sobre procedimentos e antinomias". *Boletim do Instituto Brasileiro de Ciências Criminais* 190. Setembro/2008.

PROTO PISANI, Andrea. *Lezioni di Diritto Processuale Civile*. 2ª ed. Nápoles, Jovene, 1996.

ROSEMBERG, Leo. *Tratado de Derecho Procesal Civil*. Vol. II, trad. de Ângela Romera Vera. Buenos Aires, EJEA, 1955.

SANTOS, Moacyr Amaral. *Primeiras Linhas de Direito Processual Civil*. 19ª ed., vol. 1. São Paulo, Saraiva, 1997.

SARACENO, Pascoale. *La Decisione sul Fatto Incerto nel Processo Penale*. Pádua, CEDAM, 1940.

SILVEIRA, Marco Aurélio Nunes da. *A Tipicidade e o Juízo de Admissibilidade da Acusação*. Rio de Janeiro, Lumen Juris, 2005.

SOUZA, José Barcelos de. *Direito Processual Civil e Penal*. Rio de Janeiro, Forense, 1995.

TORNAGHI, Hélio Bastos. *Comentários ao Código de Processo Civil*. vol. I. São Paulo, Ed. RT, 1976.

_____. *Curso de Processo Penal*. 8ª ed., vols. 1 e 2. São Paulo, Saraiva, 1991 e 1992.

_____. *Relação Processual Penal*. 2ª ed. São Paulo, Saraiva, 1987.

TOURINHO FILHO, Fernando da Costa. *Processo Penal*. 34ª ed., vols. 1 e 4. São Paulo, Saraiva, 2012.

TUCCI, Rogério Lauria. *Do Corpo de Delito no Direito Processual Penal Brasileiro*. São Paulo, Saraiva, 1978.

_____. *Teoria do Direito Processual Penal*. São Paulo, Ed. RT, 2002.

VERDE, Giovanni. *Profili del Processo Civile – Parte Generale*. Nápoles, Jovene, 1978.

VIDIGAL, Luís Eulálio de Bueno. *Da Ação Rescisória dos Julgados*. São Paulo, Saraiva, 1948.

WATANABE, Kazuo. *Da Cognição no Processo Civil*. 3ª ed. São Paulo, DPJ, 2005.

VELHOS E NOVOS INSTITUTOS FUNDAMENTAIS DO DIREITO PROCESSUAL CIVIL

HEITOR VITOR MENDONÇA SICA

Professor Doutor de Direito Processual Civil da Faculdade de Direito da Universidade de São Paulo – Mestre e Doutor em Direito Processual Civil pela mesma Instituição – Advogado

1. Breve introito. 2. A "crise" dos "clássicos" institutos fundamentais do direito processual: 2.1 Jurisdição – 2.2 Processo – 2.3 Ação – 2.4 Defesa. 3. Conclusão parcial. 4. "Novos" institutos fundamentais de direito processual civil?: 4.1 Tutela jurisdicional – 4.2 Demanda – 4.3 Cognição judicial. 5. Conclusão final.

1. Breve introito

Em ensaio publicado há quase três décadas,[1] Cândido Rangel Dinamarco afirmou a necessidade de "identificar os institutos processuais fundamentais, ou seja, as grandes unidades sistemáticas que se situam no centro da ciência do processo, constituindo a sua *ossatura*", sob o fundamento de que "só se pode chegar à definição do método de uma ciência e a um satisfatório nível de sensibilidade ao seu objeto formal quando se tenha perfeita consciência do objeto material cujos segredos essa ciência se propõe a desvendar".[2]

Ao assim proceder, Dinamarco reforçou uma das premissas metodológicas que já haviam sido consideradas para construção da *Teoria Geral do Processo*, a qual, segundo o mesmo autor, tem o "poder de síntese indutiva do significado e diretrizes do direito processual como um sistema de institutos, princípios e normas estruturados para o *exercício*

---

1. Cândido Rangel Dinamarco, "Os institutos fundamentais do direito processual", in *Fundamentos do Processo Civil Moderno*, 6ª ed., vol. I, São Paulo, Malheiros Editores, 2010, p. 249. A 1ª edição da obra data de 1986.

2. Dinamarco, aqui, valeu-se das lições de Miguel Reale, em sua clássica obra *Filosofia do Direito* (consultamos a 17ª ed., São Paulo, Saraiva, 1996, pp. 74-86), para diferenciar o *objeto material* da ciência (como a substância anteriormente ao processo de abstração) do *objeto formal* (que se define como a substância já sujeita à especial maneira pela qual o cientista se propõe a examiná-la).

do *poder* segundo determinados objetivos" e a aptidão de "identificar a essência dogmática do direito processual, nos seus *quatro institutos fundamentais* (jurisdição, ação, defesa e processo), (...)".[3]

Restavam, assim, definidas as duas vertentes da Teoria Geral do Processo, quais sejam: a fixação dos *princípios gerais* do direito processual e a delimitação dos seus *institutos fundamentais*.

Desses dois vetores, o segundo teve destacada importância na estruturação da clássica obra aqui homenageada, *Teoria Geral do Processo*, da lavra de Ada Pellegrini Grinover, Antônio Carlos de Araújo Cintra e Cândido Rangel Dinamarco (1ª ed., 1974; 29ª ed., 2011), a qual foi dividida em quatro partes, assim intituladas: "Introdução", "Jurisdição", "Ação e Exceção"[4] e "Processo". Essa mesma estruturação mostrou-se influente e foi adotada por outros autores.[5]

Em estudo anterior dedicado ao tema[6] destacamos os institutos fundamentais do direito processual que desempenharam, em maior ou menor medida, relevante papel na afirmação do direito processual como ciência autônoma. Essa base conceitual também permitiu estender ao direito processual civil[7] as garantias constitucionais (ao menos em princípio) destinadas apenas ao processo penal antes da promulgação da Carta de 1988.[8]

---

3. Dinamarco, *A Instrumentalidade do Processo*, 13ª ed., São Paulo, Malheiros Editores, 2013, pp. 67-68 e 71.

4. Embora seja comum o uso da expressão "exceção" como sinônimo de "defesa" em geral, mostra-se tecnicamente mais adequado reservar o primeiro termo para uma particular espécie de defesa, qual seja, aquela que só pode ser conhecida por provocação do interessado. Realçando os inconvenientes do uso inadequado de *exceção* como sinônimo de *defesa*, cf. José Carlos Barbosa Moreira, "Exceção de pré-executividade: uma denominação infeliz", in *Temas de Direito Processual – 7ª Série*, São Paulo, Saraiva, 2001, p. 120.

5. *V.g.*: Luiz Guilherme Marinoni, *Teoria Geral do Processo*, São Paulo, Ed. RT, 2006; e Francisco Wildo Lacerda Dantas, *Jurisdição, Ação (Defesa) e Processo*, São Paulo, Dialética, 1997.

6. Heitor Vitor Mendonça Sica, "Perspectivas atuais da 'Teoria Geral do Processo'", in Athos Gusmão Carneiro e Petrônio Calmon Filho (orgs.), *Bases Científicas para um Renovado Direito Processual*, 2ª ed., Salvador, Juspodivm, 2009, pp. 55-78.

7. Assim como aos processos do trabalho, eleitoral, militar e administrativo.

8. Em nosso estudo anterior aqui referido destacamos que as Cartas Constitucionais brasileiras anteriores a 1988 "dedicaram-se ao detalhamento das garantias do cidadão, quando muito, no direito processual penal, exigindo dos estudiosos enorme esforço interpretativo para alargar o âmbito de incidência desses princípios para o processo civil e para o processo administrativo (que ficaram, durante um

Contudo, essas mesmas duas constatações nos levaram a pôr em dúvida a *atual* utilidade da identificação dos institutos fundamentais do direito processual. Afinal, a afirmação da autonomia do direito processual como ramo científico autônomo é tarefa que já se completou há um bom tempo, ao passo que a Constituição de 1988 estendeu expressamente a todo o processo *estatal* as mesmas garantias fundamentais antes adstritas, ao menos textualmente, ao processo penal, dispensando o processualista civil de maior esforço exegético orientado nesse sentido.[9]

Melhor refletindo sobre o tema, entendemos que essa empreitada teórica continua, sim, a ter importância, ainda que deva seguir caminhos diversos, para atender a finalidades diferentes daquelas já atingidas no passado. É o que nos propomos a fazer neste breve ensaio.

Para tanto, é necessário assentar algumas premissas.

De início, e pelas razões já expostas em nosso aludido estudo sobre a *Teoria Geral do Processo*, é preciso reconhecer a necessidade de focarmos os institutos fundamentais do direito processual *civil*, desvinculados do direito processual *penal*. Essa diretriz metodológica decorre das evidentes diferenças entre esses dois ramos do direito processual, as quais impuseram que os institutos fundamentais fossem alargados, para que se aplicassem indistintamente a ambos.[10]

Por idênticas razões, houvemos por bem deixar de lado preocupações com outras manifestações do processo judicial (trabalhista, eleitoral

século e meio, desguarnecidos)" (Heitor Vitor Mendonça Sica, "Perspectivas atuais da 'Teoria Geral do Processo'", cit., in Athos Gusmão Carneiro e Petrônio Calmon Filho (orgs.), *Bases Científicas para um Renovado Direito Processual*, 2ª ed., p. 63). Naquela oportunidade invocamos como exemplo o *"princípio da ampla defesa*, que em 1969 foi introduzido no texto constitucional brasileiro e destinado aos 'acusados' (art. 153, § 15), o que restringia a aplicação do dispositivo ao processo penal". Assim, concluímos que, "para que essa garantia fosse estendida ao processo civil, fazia-se necessária uma complexa argumentação, apoiada na garantia à inafastabilidade da jurisdição (art. 153, § 4º) e na cláusula do *due process of law* nela implícita. Essa transposição só podia ser feita por intermédio da *Teoria Geral do Processo*, que propugna a unidade de tratamento principiológico entre o processo civil e o processo penal, em particular no tocante à cláusula geral do devido processo legal" (idem, ibidem).

9. O impacto do advento da Carta de 1988 não se restringe à positivação dos princípios constitucionais do direito processual civil, mas, ainda, à ampliação do papel dos direitos fundamentais, de forma geral, e à fixação do método de "constitucionalização do Direito".

10. Não se descarta que os temas aqui examinados possam ter alguma relevância para o estudo do direito processual penal, em que pese a análise empreendida ser feita com os olhos exclusivamente voltados ao direito processual civil.

e militar), bem como com as demais figuras do processo estatal (legislativo e administrativo).

Feito esse recorte, há que se considerar que as profundas transformações do ordenamento jurídico como um todo, e do sistema processual civil em particular, passaram a exigir uma revisão dos institutos fundamentais. É de se questionar, em suma, *se o avanço do conhecimento científico sobre o processo civil e se as alterações legislativas que ele sofreu interferiram, ou não, na definição do rol dos institutos fundamentais do direito processual civil*. Desde logo adiantamos nossa opinião no sentido de que a resposta a essa questão é *afirmativa*.

Assim, a questão não é verificar *se* é útil identificar os institutos fundamentais do direito processual (do que não mais duvidamos), mas *como* e *por quê* fazê-lo. O caminho por nós proposto é analisar os quatro institutos originais sob uma perspectiva crítica, a fim de verificar se continuam realmente situados no núcleo da ciência do processo e se ainda cumprem a função de nos proporcionar "satisfatório nível de sensibilidade" do seu "objeto formal" – para usar as palavras de Dinamarco acima invocadas. Se a resposta a essas hipóteses de trabalho for negativa (já adiantamos que será), restará buscar que outros institutos podem ser elevados a essa importante categoria.

2. A "crise" dos "clássicos" institutos fundamentais do direito processual

2.1 Jurisdição

A construção do primeiro dos institutos fundamentais – a *jurisdição* – se iniciou muito antes da afirmação do direito processual como ciência autônoma, remontando à gênese da ideia de tripartição das funções estatais – legislativa, administrativa e judiciária –, cunhada em meados do século XVIII e ainda observada amplamente nos Estados Democráticos de Direito modernos.[11]

---

11. Embora o termo "jurisdição" tenha origem no vocábulo latino *iurisdictio*, eles não se confundem (como demonstra, dentre outros, Giuseppe Ignazio Luzzatto, "Giurisdizione (storia)", in *Enciclopedia del Diritto*, vol. 19, Milão, Giuffrè, 1970, p. 191). O primeiro argumento a sustentar essa afirmação está no fato de que o conceito de *iurisdictio* variou consideravelmente ao longo dos muitos séculos de evolução do processo romano. Na linha da lição de Francesco De Martino (*La Giurisdizione nel Diritto Romano*, Pádua, CEDAM, 1937, pp. 29-32), o conceito de *iurisdictio* era de todo estranho no período arcaico, em que os sacerdotes desempenhavam importante papel na solução de conflitos (com contornos mais

Embora a definição dos contornos teóricos desse primeiro instituto fundamental não tenha exercido papel determinante no movimento de afirmação da autonomia científica do direito processual, não há dúvida de que os processualistas, entre finais do século XIX e meados do século XX, aprimoraram o conceito de jurisdição, a reboque do desenvolvimento do conceito de processo, considerado este último como instrumento de que se serve o Estado para exercer o poder jurisdicional.

Entretanto, entendemos que a evolução do nosso ordenamento jurídico pôs em crise o conceito de jurisdição, ao menos tal como traçado há muitas décadas.

Por um lado, ampliou-se sensivelmente a importância dos mecanismos para obtenção de solução *consensual* de controvérsias, notadamente aqueles confiados à autoridade judicial e aos seus auxiliares.[12] Considerando-se as características primordiais da jurisdição,[13] essas atividades

religiosos que jurídicos), Assim, a gênese da ideia de *iurisdictio* é contemporânea à criação do pretor urbano (387 a.C.), época em que se delineou clara a distinção entre a atividade de *dizer* o Direito a ser considerado para solução do caso concreto (tarefa cabível ao pretor, na primeira fase do procedimento, denominada *in iure*) e efetivamente *aplicá-lo* segundo os fatos e circunstâncias provados pelas partes (o que competia ao *iudex privatus*, na segunda fase do procedimento, designada *apud iudicem*). Essa primeira tarefa, atribuída ao pretor, congregava alguns elementos que hoje reconhecemos próprios da função legislativa (tanto que as *actiones* concedidas vinham compiladas nos editos pretorianos e publicadas para uso de outros cidadãos, sendo que o *ius edicendi* considerava-se compreendido no exercício da *iurisdictio*, conforme sinalizam as *Institutas* de Gaio, 1.6), bem como alguns elementos que consideramos próprios da atividade jurisdicional (o pretor revela-se, ao menos, o "juiz de direito", ao passo que o *iudex* era o "juiz dos fatos"). Já, na época da *extraordinaria cognitio* o conceito de *iurisdictio* volta a se alterar em face da unificação da instância, reunindo-se nas mãos do magistrado não só as atividades de instrução da causa (*cognitio*), como também todas as demais atividades de condução e julgamento do processo (*iudicatio*). Apenas nessa última fase de evolução é que o conjunto de atividades confiadas ao magistrado passou a desfrutar de alguma aproximação em relação ao que hoje entendemos por *jurisdição* (como entende, por exemplo, José Carlos Moreira Alves, *Direito Romano*, 3ª ed., vol. 1, Rio de Janeiro, Forense, 1971, p. 207).

12. A tentativa de conciliação, antes reservada ao momento inicial da audiência de instrução e julgamento (CPC, art. 448), por força das reformas processuais passou a ser possível "a qualquer tempo" (CPC, art. 125, IV), e necessária quando da realização de audiência preliminar (CPC, art. 331). Acrescente-se que nos Juizados Especiais, tanto Cíveis (art. 2º da Lei 9.099/1995) quanto Federais (art. 10, parágrafo único, da Lei 10.259/2001), e também na Fazenda Pública (art. 8º da Lei 12.153/2009) a busca da composição amigável ganhou ainda maior importância.

13. Valendo-nos da precisa e didática exposição de Athos Gusmão Carneiro (*Jurisdição e Competência*, 9ª ed., São Paulo, Saraiva, 1999, pp. 5 e ss.), o exercício

que visam à composição amigável, embora *judiciais*, não poderiam ser consideradas propriamente *jurisdicionais*, por lhes faltarem diversas das características que conotam o exercício desse poder.[14] Ainda assim vem ganhando adeptos concepção mais larga de jurisdição, que possa abrigar tais fenômenos,[15] que cumprem, sem dúvida, ao menos o escopo social da jurisdição (que é a pacificação dos litígios), relegando a um plano nitidamente secundário o escopo jurídico (em face da despreocupação em aplicar o direito objetivo no caso concreto em favor de quem demonstrar ter razão).

De outro lado, o aprimoramento da legislação que rege a arbitragem (cujo marco, entre nós, é a Lei 9.307/1996) forneceu fortes argumentos para que estudiosos lhe atribuíssem a condição de mecanismo *jurisdicional* de solução de conflitos, a qual coloca em dúvida outras características atribuídas ao conceito de jurisdição.[16] Mais uma vez o instituto acabou sendo esgarçado, para nele caberem fenômenos decorrentes da evolução social, política e legislativa.

da função jurisdicional *declara e aplica o Direito* de forma *coativa* entre os sujeitos processuais e de modo *contencioso* (vale dizer, em contraditório). Trata-se de atividade *provocada* (pois depende da iniciativa dos interessados para que possa se manifestar sobre o litígio), *pública* (pois exercida, em monopólio, por funcionários designados pelo Estado), *substitutiva* (pois se sobrepõe a meios autocompositivos de solução de litígios) e *indeclinável* (não se trata simplesmente de mera faculdade, tampouco de simples *poder*; trata-se, sim, de um *poder-dever*).

14. A atividade judicial que resulta na obtenção de autocomposição acha-se desprovida de várias das características listadas na nota anterior, quais sejam: a aplicação do Direito ao caso concreto, a substituição da vontade das partes e a imperatividade. Note-se, por oportuno, que mesmo atividades reconhecidas como tipicamente jurisdicionais nem sempre são conotadas pela substitutividade, como ocorre em especial na aplicação das técnicas coercitivas para obtenção da tutela específica (CPC, art. 461, §§ 4º e 5º), as quais pressupõem que o cumprimento da obrigação de fazer ou não fazer seja fruto de conduta realizada pelo próprio executado.

15. *V.g.*, Ada Pellegrini Grinover, "Os fundamentos da justiça conciliativa", in Ada Pellegrini Grinover, Kazuo Watanabe e Caetano Lagrasta Neto (coords.), *Mediação e Gerenciamento do Processo: Revolução na Prestação Jurisdicional*, São Paulo, Atlas, 2007, p. 3.

16. Nesse sentido, por todos, Carlos Alberto Carmona, *Arbitragem no Processo Civil Brasileiro*, São Paulo, Malheiros Editores, 1993, pp. 29-37. De todas as características da atividade jurisdicional listadas em nota anterior, faltaria à arbitragem apenas a característica de atividade "pública". Mesmo essa questão poderá ser superada se reconhecermos que o árbitro exerce atividade pública, embora em caráter delegado, por força da convenção das partes. A reforçar esse entendimento, o art. 17 da Lei 9.307/1996 dispõe que os árbitros são "equiparados aos funcionários públicos, para os efeitos da legislação penal".

Outro ingrediente aportado à crise do conceito de jurisdição reside nos (ainda pouco estudados) mecanismos de execução *extrajudiciais*. Nosso ordenamento desde há muito os prevê, mas em casos esparsos e de escassa relevância.[17] Ao longo do tempo, contudo, esses mecanismos ganharam destacada importância, sobretudo por força do Decreto-lei 70/1966 e da Lei 9.514/1997.[18] Esses dois diplomas trazem, em comum, ferramentas para a expropriação de bens imóveis por atos realizados unilateralmente pelo credor, deixando-se para o Poder Judiciário apenas os atos de força destinados ao desapossamento.[19] Em que pese às opiniões acerca da inconstitucionalidade desses regramentos legais,[20] tem prevalecido o entendimento contrário,[21] o que também põe em xeque a

17. Eis aqui alguns exemplos lembrados pela doutrina: leilão extrajudicial de mercadorias especificadas em *warrant* não pago no vencimento (art. 23, § 1º, do Decreto 1.102/1903); venda extrajudicial, pelo credor pignoratício, da coisa empenhada (art. 774, III, do CC de 1916, igualmente autorizada pelo art. 1.433, IV, do CC de 2002); leilão extrajudicial da quota de terreno e correspondente parte construída na incorporação pelo regime de administração, também chamado "a preço de custo" (art. 63 da Lei 4.591/1964) – mecanismo que foi generalizado para outras modalidades de contratos de construção e venda de habitações com pagamento a prazo (art. 1º, VI e VII, da Lei 4.864/1965) e depois estendido para o patrimônio de afetação (art. 31-F, § 14, da Lei 4.591/1964, incluído pela Lei 10.931/2004); venda, em Bolsa de Valores, das ações do acionista remisso (art. 107, II, da Lei 6.404/1976); venda do bem objeto da propriedade fiduciária no âmbito do mercado financeiro e de capitais (art. 66-B, § 3º, da Lei 4.728/1965, incluído pela Lei 10.931/2004).

18. O primeiro diploma cuida da execução da cédula hipotecária; o outro se ocupa da execução de contrato de alienação fiduciária de bens imóveis.

19. Em ambos os diplomas a transferência do título dominial e o leilão extrajudicial são realizados extrajudicialmente (art. 32 do Decreto-lei 70/1966 e art. 27 da Lei 9.514/1997), e apenas depois é que o arrematante (se necessário) haverá de se socorrer do Poder Judiciário para ser imitido na posse do bem. Note-se que não costuma ser catalogada dentre as hipóteses de execução extrajudicial a retomada do bem móvel alienado fiduciariamente, hipótese em que o desapossamento judicial (via ação de busca e apreensão) precede a expropriação extrajudicial, feita por simples venda a terceiro, "independentemente de leilão, hasta pública, avaliação prévia ou qualquer outra medida judicial ou extrajudicial" (art. 2º do Decreto-lei 911/1969). A ordem dos fatores, a nosso ver, não altera o produto: trata-se também de hipótese de execução extrajudicial.

20. *V.g.*, Eduardo Henrique de Oliveira Yoshikawa, *Execução Extrajudicial e Devido Processo Legal*, São Paulo, Atlas, 2010, *passim*.

21. Essa é a posição consolidada no STF a partir do julgamento do RE 223.075, sob relatoria do Min. Ilmar Galvão (1ª Turma, j. 23.6.1998). Contudo, o STF reabriu a discussão ao reconhecer repercussão geral ao RE 627.106 e submeter o caso ao Pleno. O julgamento foi interrompido em 18.8.2011 (após pedido de vista do Min. Gilmar Mendes), quando já haviam sido prolatados três votos pela inconstitucionalidade da execução extrajudicial fundada no Decreto-lei 70/1966

concepção tradicional de jurisdição, que ficaria esvaziada tanto quanto a atividades cognitivas[22] quanto de boa parte das atividades executivas. Analisados esses fenômenos, questiona-se: quais seriam as atividades necessariamente jurisdicionais? Apenas as medidas de força, que, aliás, sequer são privativas do Poder Judiciário?[23] A questão ainda merece aprofundamento; e, por fidelidade aos objetivos deste ensaio, não pretendemos sequer tentar responder.

Um último aspecto merece menção, por igualmente alterar substancialmente o conceito de jurisdição tradicionalmente aceito. Referimo-nos às hipóteses cada vez mais comuns em que os tribunais apreciam questões jurídicas *em tese, com diferentes graus de abstração e, consequentemente, de referibilidade em relação a um específico caso concreto.*

No campo do controle concentrado de constitucionalidade, como se sabe, a abstração é total, limitando-se o tribunal a analisar a compatibilidade de ato normativo com a ordem constitucional, sem referência a casos concretos.[24]

(Mins. Ayres Brito, Carmen Lúcia e Luiz Fux) e dois votos contrários (Mins. Dias Toffoli, relator, e Ricardo Lewandowski). O andamento processual foi consultado em 2.4.2012.

22. O exercício de *qualquer* cognição judicial ficaria condicionado à provocação do devedor, por meio de ações judiciais destinadas a impedir ou anular as medidas extrajudiciais tomadas pelo credor.

23. Afinal, o monopólio do uso da força é do Estado, e podem utilizá-la, nos limites da lei, os órgãos do Poder Executivo.

24. Mesmo assim não se pode descartar alguma preocupação do nosso ordenamento com as situações concretas que haverão de ser afetadas pelo controle concentrado de constitucionalidade. Prova disso está na técnica de modulação dos efeitos da declaração de inconstitucionalidade de lei ou ato normativo (art. 27 da Lei 9.868/1999), bem como na exigência da demonstração de "controvérsia judicial relevante sobre a aplicação da disposição objeto da ação declaratória *[de constitucionalidade]*" como requisito de admissibilidade da petição inicial (art. 13, III, da Lei 9.868/1999). Isso revela que o controle de constitucionalidade merece ser catalogado dentre os instrumentos de tutela *jurisdicional* coletiva de direitos (como propugna, *e.g.*, Teori Albino Zavascki, *Processo Coletivo: Tutela de Direitos Coletivos e Tutela Coletiva de Direitos*, São Paulo, Ed. RT, 2006, p. 58). Além desse fator, há outros que levam a doutrina a reconhecer efetivo exercício de jurisdição no controle concentrado de constitucionalidade: (a) a exigência de legitimidade e interesse, embora esse último não seja *subjetivo* (*v.g.*, Osvaldo Luiz Palu, *Controle de Constitucionalidade: Conceitos, Sistemas e Efeitos*, 2ª ed., São Paulo, Ed. RT, 2001, p. 191); e (b) a obrigatória observância do contraditório, que não raro produz contenciosidade (como destaca Leonardo Greco, *Instituições de Processo Civil*, vol. 1, Rio de Janeiro, Forense, 2009, p. 75).

Outros fenômenos encerram atividade cognitiva abstrata realizada por um órgão judicial, mas com aplicação direta e imediata a um caso concreto por decisão de *outro* órgão, como no incidente de constitucionalidade (CPC, arts. 481 e 482) e no incidente de uniformização de jurisprudência (CPC, art. 479).

De maneira menos evidente, fenômeno similar ocorre no julgamento da questão federal infraconstitucional objeto de recursos especiais repetitivos (CPC, art. 543-C, § 6º) e no exame da questão constitucional objeto de multiplicidade de recursos extraordinários, à qual se reconheceu repercussão geral (CPC, art. 543-B, § 3º). Em ambos os casos, respectivamente o STJ e o STF têm, na prática, separado o exame da questão jurídica repetitiva e o julgamento do(s) recurso(s)-paradigma(s), embora o mesmo órgão se ocupe de ambos.[25]

Embora nesses casos por último referidos a competência dos tribunais se abra por força de um caso concreto e a decisão tomada sirva imediatamente para resolvê-lo, a nós parece que a finalidade primordial desses institutos seja a aplicação do mesmo preceito a outros caos similares.

Assim, em razão da criação de diversas ferramentas processuais, cada vez mais relevantes para o funcionamento da Justiça brasileira, a atividade judicial alcança um grau de abstração comparável ao da atividade legislativa; e, pela concepção tradicional, não poderiam ser consideradas ao menos inteiramente jurisdicionais.[26]

25. O *incidente de resolução de demandas repetitivas*, criado pelo projeto de novo Código de Processo Civil (arts. 930 e ss. do Substitutivo aprovado no Senado), adota técnica um tanto diversa, já que o exame da questão repetitiva será feito por um órgão e o julgamento do(s) recurso(s) ou processo(s)-paradigma(s) por outro(s).

26. Eduardo Henrique de Oliveira Yoshikawa ("A interpretação do direito em tese e a atividade jurisdicional", *Revista Dialética de Direito Processual* 110/25-37, São Paulo, Dialética, 2012) afirma que mesmo nesses casos existe manifestação do poder jurisdicional, pois a definição da interpretação do Direito, embora por vezes feita em tese, "tem em vista a eliminação do conflito de interesses" (p. 25), sendo essa, ao lado da aplicação do direito objetivo, a função primordial da jurisdição. Não discordamos desse entendimento. Contudo, também não se pode negar que a atividade judicial de fixação da interpretação de normas jurídicas cumpre finalidade que transcende a composição dos litígios que já eclodiram e foram submetidos ao Poder Judiciário, que passa a estabelecer preceitos gerais e abstratos a serem observados por todos os sujeitos, aproximando-se da lei (a súmula vinculante constitui a mais eloquente demonstração dessa realidade). Aliás, acha-se hoje bastante disseminado o entendimento de que, especialmente no âmbito dos Tribunais Superiores, a função de uniformizar o entendimento sobre determinada questão jurídica seria mais importante que o julgamento do litígio concreto em que a questão foi suscitada, chegando o STJ ao extremo de, em princípio, negar ao recorrente o direito de desistir do recurso

Todos esses fatores nos convidam a uma profunda reflexão sobre o primeiro dos institutos fundamentais, e põem em dúvida sua aptidão atual para servir de fonte segura para a compreensão da moderna ciência processual civil. Isso não significa que o avanço do conhecimento científico não possa dissipar qualquer incerteza a respeito. Entendemos que o rol de institutos fundamentais pode deixar de ser, em essência, mutável.

2.2 Processo

Diferentemente do que sucedeu no tocante à jurisdição, a definição do segundo instituto fundamental – o *processo* – constituiu algo da maior relevância para a afirmação da autonomia do direito processual. Foi justamente em torno desse instituto que Oskar von Bülow[27] produziu a obra que veio a ser considerada a "certidão de nascimento" do moderno direito processual civil (nas palavras de Dinamarco[28]). Conforme realçamos em outra oportunidade,[29] a grande contribuição do autor alemão foi demonstrar que a relação (pública) entre juiz, autor e réu não se confunde com a relação jurídica de direito material controvertida entre autor e réu e trazida à apreciação judicial, pois cada qual se sujeita a pressupostos próprios. Justamente com base em tal premissa é que o autor propõe a distinção entre exceções processuais e exceções substanciais. A partir desse estudo, até os dias atuais, acabou se consolidando, na larga maioria da doutrina, a ideia de processo como *relação jurídica*.[30]

---

especial selecionado como paradigma (REsp/QO 1.063.343-RS, rela. Min. Nancy Andrighi, j. 17.12.2008, *DJe* 4.6.2009). Dentre os argumentos usados para tanto está o seguinte: "Entender que a desistência recursal impede o julgamento da idêntica questão de direito é entregar ao recorrente o poder de determinar ou manipular, arbitrariamente, a atividade jurisdicional que cumpre o dever constitucional do STJ, podendo ser caracterizado como verdadeiro atentado à dignidade da Justiça. A todo recorrente é dado o direito de dispor de seu interesse recursal, jamais do interesse coletivo" (decisão monocrática do Min. Luiz Fux no REsp 1.134.903-SP, proferida em 7.9.2009).

27. Oskar von Bülow, *Di Lehrevon den Proceßeinreden und die Proceßvoraussetzungen*, trad. para o Espanhol de Miguel Angel Rosas Lichtschein sob o título *La Teoría de las Excepciones Procesales y los Presupuestos Procesales* (Buenos Aires, EJEA, 1964). Há disponível, igualmente, tradução para o Português de Ricardo Rodrigues Gama, intitulada *Teoria das Exceções e dos Pressupostos Processuais* (Campinas, LZN, 2003).

28. Dinamarco, *Instituições de Direito Processual Civil*, 7ª ed., vol. I, São Paulo, Malheiros Editores, 2013, p. 263.

29. Heitor Vitor Mendonça Sica, *O Direito de Defesa no Processo Civil Brasileiro*, São Paulo, Atlas, 2011, p. 4, nota de rodapé 10.

30. Ressalve-se aqui a concepção de James Goldschimidt do processo como *situação jurídica*, que ainda granjeia simpatizantes.

Entretanto, de tempos para cá alguns doutrinadores têm reconhecido que, embora a concepção de processo como relação jurídica autônoma e distinta daquela de direito material que lhe constitua o mérito tenha tido papel importantíssimo na evolução dos estudos do direito processual civil, essa função histórica se exauriu.[31] Se, por um lado, essa visão ainda hoje auxilia o exame de diversos institutos processuais,[32] por outro, baseia-se numa concepção eminentemente estática (e, portanto, insuficiente) do fenômeno processual.

Ademais, o conceito de *processo* tem passado há tempos por gradual alargamento conceitual, de tal modo a abranger todo fenômeno de *procedimento em contraditório*[33] empregado para legitimar exercício de *poder*. Assim, sob o fio condutor do *contraditório*, o instituto passou a designar, sem maiores diferenças conceituais, uma série de institutos bastante diferentes entre si: o processo judicial (civil, penal, trabalhista, militar e eleitoral), o processo administrativo[34] e até mesmo alguns fenômenos processuais não estatais.[35]

Chegamos, então, à conclusão de que o instituto, assim ampliado, fica mais bem alojado no campo da *Teoria Geral do Direito*, e não na *Teoria Geral do Direito Processual*, e tampouco na *Teoria Geral do Direito Processual Civil*. Eis aí outro claro indicativo da crise do conceito

31. Essa é a constatação é feita, dentre outros, por Edoardo Grasso ("L'interpretazione della preclusione e nuovo processo civile in primo grado", *Rivista di Diritto Processuale* 48/640, n. 3, setembro/1993).

32. V., por exemplo, que, em nosso *Preclusão Processual Civil* (2ª ed., São Paulo, Atlas, 2008, p. 96) reconhecemos que essa premissa é fundamental para compreensão do instituto da preclusão.

33. A expressão, atualmente bastante difundida, é criação de Elio Fazzalari ("Processo (teoria generale)", in *Novissimo Digesto Italiano*, 3ª ed., vol. 13, Turim, UTET, 1957, pp. 1.072-1.076).

34. Em que pese aos elementos comuns, aqui o fenômeno acha-se conotado por elementos que o distanciam consideravelmente do processo judicial, a começar pela iniciativa processual (via de regra, de ofício, por parte da Administração Pública) – o que põe em xeque um dos pilares do processo judicial, que é a imparcialidade.

35. No nosso texto já referido ("Perspectivas atuais da 'Teoria Geral do Processo'", cit., in Petrônio Calmon Filho e Athos Gusmão Carneiro (orgs.), *Bases Científicas para um Renovado Direito Processual*, 2ª ed., pp. 72-75) destacamos diversas situações, já reconhecidas pela lei e/ou pela jurisprudência, de procedimentos instaurados entre particulares, para exercício de poder de uma parte em relação à outra, em que deve ser observado o contraditório, tais como, por exemplo, a exclusão de quotista de sociedade e de membro de associação civil (que pode ser deliberada pela manifestação de vontade privada), que deve ser precedida de oportunidade para defesa do interessado (a teor, respectivamente, do art. 1.085, parágrafo único, e do art. 57, ambos do CC, este último com redação dada pela Lei 11.127/2005).

de processo, ao menos como instituto fundamental do direito processual civil.

2.3 Ação

Quanto ao o direito de *ação*, pode-se enxergar movimento similar àquele noticiado nos dois subitens anteriores.

Após longa e intensa polêmica doutrinária, que resultou na criação de inúmeras correntes teóricas,[36] reconhece-se hoje que essas visões contrastantes não se excluem, mas, sim, se completam,[37] já que o direito de ação deve ser analisado sob o ponto de vista constitucional, em face da impossibilidade de identificar um conceito unívoco e válido para qualquer ordenamento jurídico, em qualquer tempo.[38]

Sob o ponto de vista constitucional a ação não se revela apenas direito ao processo, tampouco direito a uma sentença de procedência ou, ainda, direito a uma sentença de mérito, mas, sim, o direito à *tutela jurisdicional efetiva*, que se consubstancia, primeiro, na observância do *devido processo legal* (em benefício de ambos os litigantes) e, num segundo momento, na efetiva *satisfação* do direito material controvertido, de modo adequado e tempestivo[39] (o que beneficia apenas o litigante amparado pelo ordenamento substancial).

36. Essas correntes costumam ser agrupadas, para fins de didáticos, conforme seus principais aspectos comuns, mas não escondem as diferenças pontuais existentes entre as concepções acolhidas por cada autor que se dedicou ao tema, ao ponto de ser possível afirmar que haja uma teoria para cada obra dedicada ao exame do conceito de ação.

37. Nesse sentido, entre autores estrangeiros, *e.g.*, Alberto Romano, *L'Azione di Accertamento Negativo*, Nápoles, Jovene, 2006, p. 5. E, entre nós: José Roberto dos Santos Bedaque, *Tutela Cautelar e Tutela Antecipada: Tutelas Sumárias e de Urgência (Tentativa de Sistematização)*, 5ª ed., São Paulo, Malheiros Editores, 2009, p. 68.

38. Essa afirmação ecoa na doutrina estrangeira há décadas: Piero Calamandrei, "La relatività del concetto di azione", in *Studi sul Processo Civile*, vol. 5, Pádua, CEDAM, 1947; Enrico Tullio Liebman, "L'azione nella Teoria del Processo Civile", in *Problemi del Processo Civile*, Nápoles, Morano, 1962, p. 25; Elio Fazzalari, "Azione civile (teoria generale e diritto processuale)", in *Digesto delle Discipline Privatistiche – Sezione Civile*, vol. 2, Turim, UTET, 1991, pp. 31 e ss.; e Luigi Paolo Comoglio, "Note riepilogative su azione e forme di tutela, nell'ottica della domanda giudiziale", *Rivista di Diritto Processuale* 48/465-490, 1993. Entre nós, recentemente a enfatizou Cássio Scarpinella Bueno, *Curso Sistematizado de Direito Processual Civil*, 1ª ed., vol. 1, São Paulo, Saraiva, 2007, p. 329.

39. Sintetizando esse pensamento, Comoglio afirma que "'ação', em sentido constitucional, como não é mais apenas 'direito ao processo' (mas é um 'direito ao justo processo'), é também um 'direito à tutela' (ou, se se preferir, o 'direito a uma

Como resultado dessa evolução, do ponto de vista científico, a ação perdeu força como polo metodológico da ciência processual civil,[40] emergindo em seu lugar o conceito de *tutela jurisdicional*, menos contaminado por resquícios de teorias já ultrapassadas e, portanto, mais propenso a exercer o papel de instituto fundamental do direito processual civil moderno, conforme adiante teremos oportunidade de demonstrar, em momento oportuno (item 4.1, *infra*).

Já, do ponto de vista técnico-processual, o resultado mais importante dessa evolução foi a desvinculação do direito de ação do simples ato de iniciativa do autor para instauração do processo. Assim, reconhece-se que o direito de ação não se esgota na propositura da *demanda*,[41] e se desdobra em um "feixe de poderes" a ser exercitado ao longo de todo o procedimento.[42] De todo modo, essa desvinculação entre direito de ação e propositura da demanda em nada obscurece a elevada dignidade científica desse segundo instituto, como teremos oportunidade de examinar (item 4.2, *infra*).

efetiva tutela'), bem se podendo aspirar inseri-lo (...) entre os 'princípios supremos' do ordenamento constitucional, ou até mesmo entre os 'direitos invioláveis do homem', reconhecidos e garantidos pela República (art. 2º da Constituição italiana)" (*Riforme Processuali e Poteri del Giudice*, Turim, G. Giappichelli, 1996, p. 95), já por nós traduzido). Em sentido similar, Bedaque assevera que "direito de ação não é direito a uma sentença favorável, a uma sentença qualquer ou à sentença de mérito (...)", mas, sim, "deve ser visto como garantia da efetividade, isto é, deve conferir ao seu titular a possibilidade de exigir do Estado instrumento apto a solucionar as controvérsias de maneira adequada e útil" ("Garantia de amplitude da produção probatória", in José Rogério Cruz e Tucci (coord.). *Garantias Constitucionais do Processo Civil*, 1ª ed., 2ª tir., São Paulo, Ed. RT, 1999, pp. 166-167).

40. Dinamarco vem há tempo insistindo nessa ideia ("Das ações típicas", in *Fundamentos do Processo Civil Moderno*, 6ª ed., vol. I, São Paulo, Malheiros Editores, 2010, pp. 472-473), com ele concordando Cássio Scarpinella Bueno (*Curso Sistematizado de Direito Processual Civil*, cit., 1ª ed., vol. 1, p. 333).

41. Nesse sentido, entre os autores estrangeiros: Fazzalari, *Istituzioni di Diritto Processuale*, 8ª ed., Pádua, CEDAM, 2005, p. 424; e Luigi Paolo Comoglio, Enrico Ferri e Michele Taruffo, *Lezioni sul Processo Civile*, Bolonha, Il Mulino, 1998, pp. 226-229. Entre nós: Dinamarco, *Execução Civil*, 8ª ed., São Paulo, Malheiros Editores, 2003, p. 367; Bedaque, *Tutela Cautelar e Tutela Antecipada: Tutelas Sumárias e de Urgência (Tentativa de Sistematização)*, cit., 5ª ed., p. 69, nota de rodapé 12 – cuja lição merece transcrição: "(...) muito mais do que direito ou poder de iniciar o processo, ação é garantia constitucional ao modelo processual, tal como regulado na própria Constituição, informado pelo contraditório e pela ampla defesa. (...)"; e Cássio Scarpinella Bueno, *Curso Sistematizado de Direito Processual Civil*, cit., 1ª ed., vol. 1, p. 334.

42. Essa ideia foi por nos desenvolvida de maneira completa em *O Direito de Defesa no Processo Civil Brasileiro*, cit., Capítulo 3.

Em suma: a evolução científica e legislativa trouxe como resultado, por assim dizer, a "dissolução" do conceito tradicional de ação em dois outros institutos, isto é, *tutela jurisdicional* e *demanda*, dos quais nos ocuparemos adiante.

2.4 Defesa

Por fim, chega-se à *defesa*, justamente o último elemento a compor a categoria dos institutos fundamentais do direito processual.[43] Conforme pontuamos em estudo anterior,[44] uma das explicações possíveis para esse atraso está no forte ranço privatista, que, embora atenuado, ainda acompanha os estudos do direito processual civil, reduzindo o direito de ação a mero meio de satisfação do direito material lesado, sem consideração à sua (igualmente relevante) função de ferramenta para atuação do Estado, com intuito de pacificação social e de afirmação do direito objetivo. Considerado apenas a primeira feição do direito de ação, o papel do autor desponta muito mais relevante que o do réu. Tomada em conta a segunda vertente, a atuação do réu é tão relevante quanto a do autor, pois ambos são os destinatários da tutela jurisdicional.

Superado o atraso no reconhecimento da dignidade científica do direito de defesa como instituto fundamental do direito processual civil, chegou-se ao ponto de também analisá-lo sob o ponto de vista constitucional. E o resultado dessa operação é o baralhamento dos conceitos de ação e defesa, em face da evolução da compreensão das garantias de acesso à "ordem jurídica justa" (CF, art. 5º, XXXV), do contraditório, da ampla defesa (CF, art. 5º, LV) e da isonomia (CF, art. 5º, I). Tanto a ação quanto a defesa são meios para atingimento de um fim, que é a *tutela ju-*

---

43. Dinamarco ("Os institutos fundamentais do direito processual", cit., in *Fundamentos do Processo Civil Moderno*, 6ª ed., vol. I, p. 287) denunciou que a obra de importantíssimos estudiosos se contentava com a trilogia de institutos fundamentais, deixando de fora a defesa (como Chiovenda, Calamandrei, Liebman e Andrioli, entre os estrangeiros, bem como Frederico Marques e Hélio Tornaghi, entre os brasileiros). O mesmo atraso em reconhecer a importância desse instituto também foi reconhecido na doutrina latino-americana (Eduardo Couture, *Fundamentos de Derecho Procesal Civil*, 3ª ed., Buenos Aires, Depalma, 1958, p. 91) e na doutrina brasileira mais recente (Cleanto Siqueira, *A Defesa no Processo Civil: as Exceções Substanciais no Processo de Conhecimento*, 2ª ed., Belo Horizonte, Del Rey, 1995, pp. 53 e 245).

44. Heitor Vitor Mendonça Sica, *O Direito de Defesa no Processo Civil Brasileiro*, cit., Capítulo 1.

risdicional, perseguida por autor e réu com oportunidades praticamente iguais.[45]

Logo se vê que a evolução do nosso ordenamento jurídico de alguma forma também conspirou contra a catalogação do direito de defesa como instituto fundamental do direito processual civil.

3. Conclusão parcial

Ao cabo dessas considerações, percebe-se claramente que a evolução do nosso ordenamento jurídico, especialmente sob o ponto de vista constitucional, comprometeu alguns dos alicerces originais dos institutos fundamentais do direito processual civil.[46] O conceito de *jurisdição* passa por enorme crise, a reboque das profundas alterações das atribuições do Poder Judiciário, afrouxando-se seus contornos teóricos originais. Na mesma linha, o conceito de *processo* submeteu-se a franco alargamento, o que o afastou de sua feição original, tão relevante para afirmação da autonomia da ciência processual (tarefa – repita-se – há muito concluída). *Ação* e *defesa*, de sua parte, acabaram se imiscuindo, constituindo feixes de poderes muito similares, pois orientados ao mesmo fim – qual seja: a obtenção de *tutela jurisdicional*.

Nesse passo, se a finalidade dos institutos fundamentais é auxiliar a compreensão da estrutura do sistema processual, é evidente que a evolução do ordenamento jurídico obriga o estudioso a, periodicamente, revê-los. Afinal, em qualquer ramo do conhecimento, ao cientista é proscrito acomodar-se sob a sombra das conquistas dos estudiosos que o precederam.

O que propomos, a partir daqui, não é pura e simplesmente banir os quatro institutos fundamentais há décadas delineados pela doutrina, mas, sobretudo, perquirir em que medida eles devem passar a conviver com novos institutos fundamentais, ou se podem ter se fundido e reaparecido "disfarçados" em outros conceitos que – agora, sim – merecem ser alçados a essa categoria.

Além disso, é tempo de verificar se há outros elementos relevantes não apenas para compreensão da *estrutura* do processo, mas igualmente

---

45. O desenvolvimento completo dessas ideias acha-se no já referido estudo de nossa autoria – *O Direito de Defesa no Processo Civil Brasileiro* –, sendo ocioso, aqui, repeti-lo em minúcia.

46. Como se viu acima, a doutrina se deu conta de que o direito de ação é um dado do direito positivo e que, portanto, varia no tempo e no espaço. Essa mesma variabilidade aplica-se, indubitavelmente, aos demais institutos fundamentais.

de seu *funcionamento*, e que hoje não estão adequadamente representados na categoria dos institutos fundamentais. Ou seja: essa empreitada teórica não se esgota apenas numa perspectiva *anatômica* dos fenômenos processuais (isto é, focada nos seus aspectos *estruturais*), mas se deve considerar sua análise *fisiológica*.

4. "Novos" institutos fundamentais de direito processual civil?

4.1 Tutela jurisdicional

Conforme acima já destacado, a importância do conceito de tutela jurisdicional despontou evidente justamente quando se superaram as disputas teóricas em torno do direito de ação, o qual passou a ser extraído da Constituição Federal (especialmente do seu art. 5º, XXXV).

Ainda assim, há acesas dúvidas em torno do conceito de *tutela jurisdicional*, as quais, de maneira bastante sintética, gravitam em torno de um problema principal, consistente em definir se (a) seu objeto é a garantia de um devido processo legal (como entende, por exemplo, Marinoni[47]); (b) se, no extremo oposto, constitui direito à efetiva reparação do dano sofrido no plano material ou à efetiva imunização da ameaça perpetrada nesse âmbito (como entende há um bom tempo Botelho de Mesquita;[48] bem como, mais recentemente, Cássio Scarpinella Bueno[49]); ou (c) se compreende ambas as proteções, ou seja, o direito ao devido processo legal *e* à efetiva reparação do direito material violado ou ameaçado (como entendem, por exemplo, Dinamarco[50] e Yarshell[51]).

---

47. Luiz Guilherme Marinoni, *Curso de Processo Civil*, vol. 1, "Teoria Geral do Processo", São Paulo, Ed. RT, 2006, pp. 308-312 e 322, apontando que o resultado da atividade judiciária para o litigante vencedor é a e "tutela de direito material".

48. José Ignácio Botelho de Mesquita, *Da Ação Civil*, São Paulo, Ed. RT, 1975, p. 94 – afirmando que tutela jurisdicional não se confundiria com o "direito ao devido processo legal", que seria mero "direito à administração da Justiça".

49. Cássio Scarpinella Bueno, *Curso Sistematizado de Direito Processual Civil*, 4ª ed., vol. 1, São Paulo, Saraiva, 2010, p. 303: "Tutela jurisdicional só poder ser entendida como esta realização concreta do direito que foi lesado ou ameaçado".

50. Dinamarco, "Tutela jurisdicional", in *Fundamentos do Processo Civil Moderno*, cit., 6ª ed., vol. I, especialmente p. 369.

51. O citado autor reconhece que "o próprio devido processo legal – independentemente de quem vença – é forma de tutela" (Flávio Luiz Yarshell, *Tutela Jurisdicional*, São Paulo, Atlas, 1998, p. 32). Para chegar a essa conclusão, Yarshell (pp. 29-31) principia com a ideia de que a tutela jurisdicional "é prestada em favor de quem tem razão". Todavia, adiante o próprio autor reconhece que "poder-se-ia dizer tratar-se de conceito sincrético ou, quando menos, calcado na premissa de ação como

Não há como negar que essa disputa repete enfoque que remonta à polêmica teórica em torno do conceito de ação. A primeira corrente acentua a relevância do *meio* (o processo), aproximando-se da teoria abstrata; a segunda enaltece o *resultado* da atividade jurisdicional, com tons nitidamente concretistas; e a última tenta conciliar as posições contrastantes, seguindo método próximo ao da teoria eclética.

Nesse passo, assim como as teorias "clássicas" sobre o direito de ação se completam, também as visões discrepantes sobre o conceito de tutela jurisdicional se completam. Mesmo os defensores da primeira corrente não podem negar que o resultado desejável do processo é a efetiva proteção do direito material lesado ou ameaçado, do mesmo modo que os adeptos da segunda concepção não recusam a dignidade constitucional das normas que asseguram a igualdade de oportunidades dos litigantes na formação do convencimento judicial, seja o titular da pretensão amparada pelo direito material, seja seu adversário. Assim posto o problema, a discórdia quase que beira o aspecto meramente terminológico.

Assim, filiamo-nos à terceira corrente, por ser a que concilia todos os elementos em exame e por considerar indissociável a predisposição de *meios* aos litigantes para influir na decisão judicial dos *resultados* que se pode esperar da atividade jurisdicional. A distribuição de justiça não pode ser feita por *qualquer* provimento judicial, resultante de *qualquer* processo, de tal modo que a correta compreensão do art. 5º, XXX, da CF divide suas atenções entre o *meio* (o devido processo legal) e o *fim* (a realização de justiça de modo adequado e tempestivo).[52]

Dessa opção decorre, primeiro, o reconhecimento de que se outorga tutela jurisdicional ao litigante vencido, ainda que em menor intensidade. Apesar do resultado desfavorável, ao vencido foram disponibilizados os mesmos meios que o vencedor teve para tentar influir na decisão judicial, sob os princípios e garantias do *due process of law*.[53] Não nos

direito concreto, isto é, como direito a um provimento favorável" (idem, ibidem). O meio de resolver esse "impasse" está na ampliação da ideia de tutela jurisdicional para alcançar "igualmente os *meios ordenados e predispostos à obtenção desse mesmo resultado*" (idem, ibidem – grifos nossos). Assim, explicam-se os direitos exercidos por autor ou pelo réu que saíram vencidos.

52. Cf., por todos, Bedaque, *Tutela Antecipada: Tutelas Sumárias e de Urgência (Tentativa de Sistematização)*, cit., 5ª ed., cit., p. 74.

53. Assim, conclui Yarshell que "o Estado também presta *tutela jurisdicional* ao *vencido*, embora de forma diversa daquela prestada ao vencedor" (*Tutela Jurisdicional*, cit., p. 35). No mesmo sentido, Dinamarco destaca que o vencido tem o direito constitucionalmente protegido de "não restar sacrificado além dos limites do justo e do razoável" ("Tutela jurisdicional", cit., in *Fundamentos do Processo Civil*

parece fazer sentido que, após o resultado final (ao menos da "fase" de conhecimento), se distingam as garantias processuais destinadas a um e a outro litigante até então.[54] Ademais, mesmo sob a perspectiva do resultado da atividade jurisdicional cognitiva, há que se reconhecer, em último grau, que o simples desfecho do processo, mesmo que desfavorável, serve ao menos para eliminar do mundo jurídico a incerteza sobre os direitos em disputa, beneficiando igualmente o vencido. E, finalmente, mesmo quando cabível e necessária a "fase" de cumprimento da sentença, ainda assim não se pode negar que o executado seja destinatário de tutela jurisdicional, seja porque ele pode discutir, ainda que limitadamente, a execução em si, seja porque ele pode discutir amplamente os atos executivos.[55] Seja como for, não se pode negar que a tutela jurisdicional *plena* abrange a realização prática do direito reconhecido judicialmente, com a satisfação do seu titular no plano concreto.[56] Tem-se aqui o ponto culminante da atividade jurisdicional.

As constatações até aqui assentadas representam, tanto do ponto de vista científico quanto do prático, notável avanço. A partir delas é possível superar a identificação entre tutela jurisdicional e *demanda* (*rectius*, ato de provocação do Estado-Juiz, conforme destacado no item 2.1) e entre tutela e *sentença de mérito*.[57]

Moderno, 6ª ed., vol. I, p. 368), o que inspiraria, por exemplo, as regras atinentes a honorários sucumbenciais (CPC, art. 20, §§ 3º e 5º).

54. Aqui, vem bem a calhar a crítica de Alfredo Rocco à teoria concreta da ação, no sentido de que o direito de ação não se pode confundir com o direito à sentença favorável, surge "en un momento que el titular no puede conocer; y (...) cuando es conocido ya ha sido satisfecho" (*La Sentencia Civil*, trad. de Mariano Ovejero, Buenos Aires, El Foro, 2003, p. 139).

55. Dinamarco ("Tutela jurisdicional", cit., in *Fundamentos do Processo Civil Moderno*, 6ª ed., vol. I, p. 369) põe em evidência as normas protetivas instituídas em favor do executado, como, por exemplo, as normas dos arts. 620, 649 e 650, todos do CPC. José Rogério Cruz de Tucci também destaca esse aspecto no texto "Tutela processual do direito do executado", in *Processo Civil: Realidade e Justiça*, São Paulo, Saraiva, 1994, pp. 29-48.

56. Essa compreensão é compartilhada mesmo por autores filiados a correntes bastante diversas, como Botelho de Mesquita (*Da Ação Civil*, cit., p. 75) e Dinamarco (*Instituições de Direito Processual Civil*, 6ª ed., vol. II, São Paulo, Malheiros Editores, 2009, p. 303), dentre muitos outros.

57. Conforme realça Cássio Scarpinella Bueno (*Curso Sistematizado de Direito Processual Civil*, cit., 1ª ed., vol. 1, p. 334), "não há mais espaço para confundir 'tutela jurisdicional' com 'sentença', mesmo que 'sentença de mérito' (...) enquanto não prestada a 'tutela jurisdicional', as partes (...) poderão e deverão praticar, ao longo do processo e consoante cada tipo de *procedimento*, uma série de atos destinados àquele objetivo. Todos estes atos ,que, analisados nesta perspectiva, apresentam-se

Não bastasse, se o direito de ação se desdobra em um conjunto de poderes e faculdades exercitáveis ao longo do procedimento, cujo objetivo último é a outorga da tutela jurisdicional plena, e sendo essa a efetiva satisfação do direito material no plano real, de modo efetivo, adequado e tempestivo, disso tudo resulta que a *ação de conhecimento*, a *ação de execução* e a *ação cautelar* não seriam nada mais que poderes componentes do amplo feixe que constitui um *único e verdadeiro direito de ação*.[58]

Com esse cabedal teórico torna-se muito mais fácil a compreensão de ferramentas recentemente incorporadas ao nosso sistema, tais como a antecipação de tutela e o chamado *processo sincrético* (nos quais atividades cognitivas e executivas convivem de maneira articulada). Da mesma forma, simplificam-se consideravelmente as disputas em torno da classificação das *ações* ou das *sentenças*, passando o fenômeno a ser retratado sob uma perspectiva muito mais ampla, que leva em conta as crises de direito material a serem enfrentadas pelo Estado-Juiz e também as técnicas usadas pelo legislador para aplacá-las.[59]

A doutrina não poderia alcançar todos esses resultados sem transpor os limites do conceito de ação e adotar a noção de *tutela jurisdicional* como instituto fundamental do direito processual civil. Mostra-se aqui a feição eminentemente didática desse conceito.

4.2 Demanda

Conforme notou Dinamarco,[60] a expressão "demanda" não é empregada (ao menos corretamente) pelo direito positivo[61] e costuma ser

---

como *meios* de um ato-fim maior (a prestação da tutela jurisdicional), todavia, não podem e não devem ser entendidas como novas ações".

58. Para maior aprofundamento a esse respeito, cf. o item 4.3, *infra*, bem como o nosso trabalho *O Direito de Defesa no Processo Civil Brasileiro*, cit., Capítulo 3.

59. Nesse particular, parece-nos absolutamente insuperável em termos de clareza e coerência a sistematização proposta por Cássio Scarpinella Bueno (*Curso Sistematizado de Direito Processual Civil*, cit., 1ª ed., vol. 1, itens 6 a 8 do Capítulo I da Parte III), que concilia diversos critérios classificatórios, reconhecendo-os como não excludentes.

60. Dinamarco, *Litisconsórcio*, 6ª ed., São Paulo, Malheiros Editores, 2009, pp. 81-82, nota de rodapé 1.

61. Ao se referir ao ato inicial de provocação do Poder Judiciário, pelo qual o autor veicula sua pretensão, o Código de Processo Civil costuma empregar o termo "ação" (*v.g.*, arts. 3º, 263 e 267, VIII). Em alguns casos o vocábulo "demanda" é usado como sinônimo de "processo" (*v.g.*, arts. 70, III, e 593, III).

evitada pela doutrina[62] – o que denota imerecido desprezo pelo instituto, que, consoante razões que serão aqui expostas, merece ser alçado à categoria de instituto fundamental do direito processual civil.

Primeiramente, e conforme já destacado, sem a compreensão da diferença entre ação (direito subjetivo público à obtenção de tutela jurisdicional) e demanda (ato que manifesta o exercício do direito de ação) corre-se o risco de reduzir indevidamente a primeira a simples direito de ingressar no Poder Judiciário. Não bastasse, o baralhamento dos dois conceitos tem a aptidão até mesmo de resuscitar algum resquício espúrio de tipicidade do direito de ação, incompatível com a amplitude do art. 5º, XXXV, da CF.

De outro lado, o conceito de demanda, isoladamente considerado, apresenta utilidade manifesta para compreensão de uma vasta gama de aspectos do sistema processual. Cumpre, então, aprofundar esse exame.

Entendemos que *demanda* deve ser definida como o ato voluntário, conotado por três elementos (partes, pedido e causa de pedir), pelo qual o sujeito processual rompe a inércia do Poder Judiciário e postula tutela jurisdicional *no tocante a determinada relação jurídica de direito material*.[63-64] A demanda "ativa o poder decisório do juiz",[65] fixando seus limites (CPC, arts. 128 e 460), e, como regra, o produto dessa atividade é decisão que se enquadra substancialmente na categoria de sentença (sem ou com exame de mérito, nos termos dos arts. 162, § 1º,

---

62. Araken de Assis justifica o título de sua monografia *Cumulação de Ações* (3ª ed., São Paulo, Ed. RT, 1998) afirmando que "os termos 'demanda', 'pretensão', *petitum* e 'pedido', até o presente momento, contêm ideias obscuras". Mais recentemente, Cássio Scarpinella Bueno (*Curso Sistematizado de Direito Processual Civil*, vol. 2, p. 170) rejeitou o uso promíscuo do termo "ação", mas não empregou em nenhum momento o termo "demanda", preferindo falar em "pedido" ("pedido de reconvenção" e "pedido declaratório incidental").

63. Conforme Dinamarco (*Instituições de Direito Processual Civil*, cit., 6ª ed., vol. II, pp. 137-138), o termo comporta definição mais ampla, referindo-se a qualquer ato de postulação, ao longo de todo o procedimento, independentemente do seu objeto. Mas preferimos descartá-la, pois assim alargado o conceito abrange fenômenos bastante heterogêneos (como, exemplificativamente, a demanda reconvencional, de um lado, e o pedido de produção de prova pericial, de outro).

64. Essa definição tornaria difícil enquadrar como demanda o ato que veicula pretensão ao controle concentrado de constitucionalidade, em face da falta de referibilidade a uma relação jurídica material em específico. Para abrigarmos essas hipóteses haveríamos que alargar o conceito de demanda. A discussão, que é muito profunda, não cabe nos exíguos limites deste trabalho.

65. Expressão usada por Comoglio, Ferri e Taruffo (*Lezioni sul Processo Civile*, cit., p. 228).

267 e 269 do CPC), sendo que essa última apenas é apta a produzir coisa julgada material.⁶⁶ Sem demanda, a mesma matéria poderia, no mais das vezes, até ser conhecida pelo juiz (de ofício ou por provocação de algum dos litigantes), mas apenas como fundamentação para exame de demanda efetivamente proposta (por qualquer das partes); e, portanto, estará excluída da área imunizada pela coisa julgada material (CPC, arts. 469 e 470). Daí a diferença, corretamente entabulada pela doutrina,⁶⁷ entre o *mérito* (pedido iluminado pela causa de pedir, que forma o *objeto litigioso do processo*, a ser resolvido em caráter *principaliter*) e as *questões de mérito* (pontos controvertidos no plano do direito material, que, fazendo parte apenas do *objeto da cognição judicial*, devem ser resolvidos *incidenter tantum*, como pressuposto para exame do mérito propriamente dito). Logo se vê mais uma utilidade da adequada definição dos contornos do instituto, sem a qual haverá evi-

66. Admite-se que a demanda excepcionalmente provoque o exercício de cognição meramente superficial, limitada verticalmente (como, *v.g.*, a ação monitória e a ação de execução de título extrajudicial, em que só haverá cognição exauriente por provocação do réu, via embargos). Nesses casos a maioria da doutrina entende que a decisão final que declara satisfeita a obrigação, sem que tenha havido provocação do réu para exercício de cognição exauriente, não pode ser coberta pela coisa julgada material (Kazuo Watanabe, *Da Cognição no Processo Civil*, 2ª ed., São Paulo, Bookseller, 2000, p. 114; e Eduardo Talamini, *Coisa Julgada e sua Revisão*, São Paulo, Ed. RT, 2005, p. 57, dentre outros – os quais afirmam expressamente que a coisa julgada material cobre apenas as decisões fundadas em cognição exauriente). De toda sorte, se a tutela pleiteada for executiva, o resultado esperado é a satisfação do direito espelhado no título, mas ainda assim a demanda tem a aptidão de "ativação do poder executório" do juiz, já que nosso sistema processual civil não concebe a execução operada de ofício, mesmo depois de ter adotado o sincretismo. Isso fica claro com relação à execução por quantia certa (CPC, art. 475-J, *caput* e § 5º), mas entendemos que a mesma lógica há de se aplicar à execução das obrigações de fazer, não fazer e dar coisa (CPC, arts. 461 e 461-A), conforme entende Dinamarco, a partir de interpretação do art. 612 do CPC, o qual dispõe que "realiza-se a execução no interesse do credor" (*Instituições de Direito Processual Civil*, 3ª ed., vol. IV, São Paulo, Malheiros Editores, 2009, pp. 523-524). Por consequência lógica, a atividade executiva é igualmente delimitada pela iniciativa do exequente, reconhecendo-se, pois, a aplicação do *princípio da congruência* também em sede de execução (embora não recaia sobre o binômio "pedido e sentença", mas sim "pedido e atividade executiva"). Apenas no âmbito da execução de obrigações de fazer ou não fazer é que a congruência é atenuada excepcionalmente, em face da autorização de o juiz tomar medidas para obter "resultado prático equivalente ao do adimplemento" (CPC, art. 461, *caput*).

67. Dinamarco, "O conceito de mérito em processo civil", in *Fundamentos do Processo Civil Moderno*, cit., 6ª ed., vol. I, pp. 299 e ss.; e Watanabe, *Da Cognição no Processo Civil*, cit., 2ª ed., p. 106).

dentes dificuldades de reconhecer, em diversos casos, a incidência da coisa julgada material[68] (arts. 469 e 470).

A demanda, assim, revela-se pressuposto necessário para que o litigante obtenha tutela jurisdicional *plena*, que, a nosso ver, inclui a *imutabilidade* do que foi decidido (coisa julgada material) e a *satisfação concreta* do que foi decidido, quando necessário (execução forçada).

De outro lado, apenas a adequada apreensão das características do instituto aqui em foco permite resolver determinadas situações de dúvida na qualificação de determinados atos postulatórios.

Não há maiores dúvidas em identificar a propositura da demanda nos casos em que o direito positivo expressamente a refere como tal, como, por exemplo: (a) a demanda reconvencional; (b) a demanda declaratória incidental; e (c) a denunciação da lide promovida pelo réu.[69]

Contudo, diversos outros casos estão envoltos em incertezas, tais como: (d) a declaração incidente de falsidade documental; (e) o pedido contraposto; e (f) a impugnação ao cumprimento de sentença – para ficar apenas com alguns exemplos. Nas hipóteses "d" e "e" não há por que duvidar de que haja verdadeiras demandas, pois se vislumbra postulação expressa de tutela jurisdicional conotada por três elementos (partes, pedido e causa de pedir) *que se projetam sobre o direito material*.[70-71] Na hipótese "f", à falta de elementos concretos no direito positivo,[72]

68. Correlatamente, a adequada compreensão do instituto tem manifesta utilidade para identificação da litispendência e para adequado manejo de ferramentas que gerenciam as relações entre demandas (como a conexão e a continência).

69. No (raríssimo) caso de denunciação da lide formulada pelo autor, em realidade há cumulação eventual de pedidos contra réus distintos, todos veiculados na demanda inicial.

70. A leitura do disposto nos arts. 390 a 395 do CPC poderia induzir ao errôneo entendimento de que se trata de simples incidente, e não propriamente demanda incidental. Mas o entendimento prevalecente é o de que sua natureza é de modalidade de demanda declaratória incidental. à guisa de exemplo, veja-se julgado do STJ que adotou essa posição: "O incidente de falsidade documental tem a mesma natureza da ação declaratória incidental" (3ª Turma, REsp 30.321-RS, rel. Min. Cláudio Santos, j. 24.5.1994).

71. Em estudo anterior filiamo-nos ao entendimento de que o pedido contraposto é modalidade simplificada de reconvenção, cabível no procedimento sumário e dos Juizados Especiais Cíveis (*O Direito de Defesa no Processo Civil Brasileiro*, cit., item 9.2).

72. O texto da lei traria apenas alguns elementos a sugerir que a impugnação seria mero incidente: (a) a alteração da denominação do meio de defesa à execução de título judicial (de "embargos" para "impugnação") representa esforço do legisla-

a solução dependerá do conteúdo da impugnação,[73] não havendo por que lhe negar a condição de demanda quando fundada na alegação de, por exemplo, "qualquer causa impeditiva, modificativa ou extintiva da obrigação, como pagamento, novação, compensação, transação ou prescrição, desde que superveniente à sentença" (CPC art. 475-L, VI), e lhe negar essa natureza quando veiculada a matéria por "penhora incorreta ou avaliação errônea" (CPC, art. 475-L, III).[74]

Situação praticamente idêntica verifica-se quanto aos embargos à execução. Mesmo após a reforma empreendida pela Lei 11.382/2006 permaneceu fortemente prestigiado o entendimento doutrinário no sentido de que se cuida de demanda incidental,[75] o que é corroborado por alguns "indícios" fornecidos pelo direito positivo.[76] Contudo, quando os embargos se resumem, também, à alegação de "penhora incorreta ou avaliação errônea" (CPC, art. 745, II) não há, substancialmente, como encaixá-los como demanda.[77]

dor em diferenciá-lo do meio de defesa à execução de título extrajudicial; (b) o fato de a decisão que julga a impugnação ser desafiada por *agravo* (CPC, art. 475-M, e § 3º), salvo se extinguir execução (hipótese em que cabe apelação, hipótese em que há *sentença* extintiva da execução como um todo).

73. Parte da doutrina entendeu que a impugnação passou a ser mero incidente, pelo qual o executado veicula defesa, e não demanda (*v.g.*, Luiz Fux, "Impugnação ao cumprimento de sentença", in Ernane Fidélis dos Santos, Luiz Rodrigues Wambier, Nelson Nery Jr. e Teresa Arruda Alvim Wambier (coords.), *Execução Civil: Estudos em Homenagem ao Professor Humberto Theodoro Jr.*, São Paulo, Ed. RT, 2007, p. 208). Outros autores defenderam que as alterações da denominação do meio típico de defesa em face da execução de título judicial e do seu respectivo procedimento não acarretaram alteração de sua natureza jurídica, que continua a ser a de demanda incidente (*v.g.*, Araken de Assis, *Manual da Execução*, 10ª ed., São Paulo, Ed. RT, 2007, pp. 1.177-1.178).

74. Essa é a posição sustentada por parcela aparentemente minoritária na doutrina, como, *e.g.*, José Miguel Garcia Medina (*Execução*, São Paulo, Ed. RT, 2008, pp. 252-255).

75. Cf., por todos, Dinamarco, *Instituições de Direito Processual Civil*, cit., 3ª ed., vol. IV, especialmente pp. 877-883).

76. O art. 736, parágrafo único, do CPC refere-se à "distribuição por dependência" dos embargos, fenômeno típico de demanda inicial (CPC, arts. 253 e 263); ao passo que o art. 739 cuida da "rejeição liminar" dos embargos, em evidente paralelo com o art. 295.

77. Cf., novamente, Medina (*Execução*, cit., pp. 118-121). A corroborar a afirmação feita no corpo do texto, veja-se que, se ao tempo da oposição dos embargos ainda não houver penhora, o executado poderá alegar "penhora incorreta ou avaliação errônea" por simples petição, sem que alguém se atreva a cogitar de verdadeira demanda.

Raciocínio similar se aplica à chamada exceção de pré-executividade. De início, o cabimento desse instrumento de criação pretoriana e doutrinária vinha limitado a matérias que, acima de qualquer dúvida, eram cognoscíveis de ofício, como a falta de condições da ação (em especial a ilegitimidade passiva) e de pressupostos de desenvolvimento válido e regular do processo, por força de disposições expressas contidas nos arts. 267, § 3º, e 301, § 4º, do CPC. Sob essa limitada conformação, não era difícil *negar* à exceção de pré-executividade a condição de demanda propriamente dita. Contudo, paulatinamente a jurisprudência foi afrouxando o rigor inicial, para permitir a alegação de matérias que, embora sejam de direito material e não reconhecidas como cognoscíveis de ofício – tais como o pagamento[78] e a prescrição[79] –, pudessem ser alegadas fora do âmbito dos embargos à execução, desde que pudessem ser apreciadas "de plano", seja por arguir matéria exclusivamente de direito, seja por suscitar matéria fática esclarecida por prova documental apresentada de imediato pelo executado (ou seja: *sucundum eventum probationis*[80]). Levadas em conta as características que conotam o ins-

78. Embora não haja norma expressa, boa parte da doutrina sustenta que o pagamento é matéria de defesa cognoscível de ofício (na doutrina estrangeira, cf., *v.g.*, Cesare Cavallini, *Eccezione Rilevabile d'Ufficio e Strutura del Processo*, Nápoles, Jovene, 2003, *passim*, especialmente pp. 181 e 269; e Antunes Varela, J. Miguel Bezerra e J. M. Sampaio e Nora, *Manual de Processo Civil*, 2ª ed., Coimbra, Coimbra Editora, 2004, p. 296).

79. Antes do advento da Lei 11.280/2006 – que transformou a prescrição em matéria cognoscível de ofício, mercê da revogação do art. 194 do CC e da alteração do art. 219, § 5º, do CPC – a possibilidade de conhecimento da prescrição por meio de objeção de pré-executividade demandava enorme esforço argumentativo e demorou a ser pacificada no STJ, o que ocorreu apenas quando do seguinte julgado da Corte Especial: "1. É possível que em exceção de pré-executividade seja alegada a ocorrência da prescrição dos créditos excutidos, desde que a matéria tenha sido aventada pela parte e que não haja a necessidade de dilação probatória. 2. Consoante informa a jurisprudência da Corte, essa autorização se evidencia de justiça e de direito, porquanto a adoção de juízo diverso, de não cabimento do exame de prescrição em sede de exceção pré-executividade, resulta em desnecessário e indevido ônus ao contribuinte, que será compelido ao exercício dos embargos do devedor e ao oferecimento da garantia, que muitas vezes não possui" (Corte Especial, EREsp 388.000-RS, rel. Min. Ari Pargendler, rel. para o acórdão Min. José Delgado, j. 16.3.2005, *DJU* 28.11.2005, p. 169).

80. Tal diretriz aplica-se mesmo nos casos em que a matéria alegada pelo executado poderia ser conhecida de ofício mas demandaria provas outras que não a meramente documental, pré-constituída. Esse entendimento restou consagrado na Súmula 393 do STJ: "A exceção de pré-executividade é admissível na execução fiscal relativamente às matérias conhecíveis de ofício que não demandem dilação

tituto, acima delineadas – a postulação expressa de tutela jurisdicional conotada por três elementos (partes, pedido e causa de pedir) *que se projeta sobre o direito material* –, não haveria por que negar a condição de demanda a ato sem forma ou figura de juízo que pleiteasse a extinção (total ou parcial) da execução por conta de causa impeditiva, modificativa ou extintiva da obrigação no plano do direito material. Só se chega a esse resultado por meio do raciocínio calcado nas características primordiais do instituto aqui em foco.

Todas essas considerações não encobrem o fato de que, com frequência, o sistema confere *aparente* caráter de demanda a determinados atos postulatórios que não contêm todos os atributos acima identificados, embora se assemelhem formalmente a ela.

Aqui, merece menção em especial o ato postulatório de tutela tipicamente cautelar nos moldes do Livro III do Código de Processo Civil, que (ao menos na maioria dos casos) não merece ser qualificado substancialmente como demanda. Há, na espécie, postulação meramente instrumental em relação ao processo principal, no qual – aí, sim – se veicula demanda propriamente dita.[81] Por isso é que se nega a existência de

probatória". Um dos precedentes que deu origem à Súmula 393 assim dispôs: "A exceção de pré-executividade é cabível para a discussão a respeito dos pressupostos processuais e das condições da ação, vedada sua utilização, nessas hipóteses, apenas quando há necessidade de dilação probatória" (1ª Turma, REsp/AgR 448.268-RS, rel. Min. Teori Albino Zavascki, j. 10.8.2004, *DJU* 23.8.2004, p. 120). A nosso ver, esse entendimento jurisprudencial não apresenta nenhuma incongruência. Em outro trabalho (*O Direito de Defesa no Processo Civil Brasileiro*, cit., pp. 156-157), pontuamos que "o fato de determinada matéria ser cognoscível de oficio não elimina de todo o ônus do interessado em alegá-la e prová-la".

81. Excluem-se dessa afirmação as chamadas "cautelares satisfativas", isto é, aquelas que prescindem de "processo principal", portadoras de pedido de tutela no plano material a ser analisado em procedimento sumário, e que, aliás, sequer merecem ser catalogadas entre as cautelares. Segundo Cássio Scarpinella Bueno (*Curso Sistematizado de Direito Processual Civil*, 2ª ed., vol. 4, Parte III, São Paulo, Saraiva, 2010), a depender da situação lamentada pelo demandante, podem ser encaixados nessa categoria os seguintes exemplos: (a) caução (CPC, arts. 826-838); (b) busca e apreensão (arts. 839-845); (c) exibição (arts. 844 e 845); (d) apreensão de título (arts. 885-887); (e) entrega de bem pessoal do cônjuge e dos filhos (art. 888, II); (f) interdição e demolição de prédio (art. 888, VII). Há tempos Watanabe (*Da Cognição no Processo Civil*, cit., 2ª ed., pp. 134-142) denunciou a omissão de boa parte da doutrina, que, tendo analisado essas hipóteses, se preocupou mais em destacar a desnecessidade de processo principal, e não centrou atenções na profundidade da cognição desempenhada. Seja como for, entende Watanabe que a cognição exercida nesses casos é sumária, e, portanto, o provimento definitivo resultante não é apto a formar coisa julgada material (idem, ibidem).

mérito no processo cautelar[82] (ao menos em sua acepção técnica estrita[83]) e, consequentemente, se exclui a formação de coisa julgada material,[84] salvo se reconhecidas a prescrição ou decadência que atinjam a pretensão ou o direito *veiculado no processo principal* (CPC, art. 810[85]). Exemplo típico está na ação cautelar de produção antecipada de provas: o único elemento substancial a diferenciá-la de simples petição requerendo a produção de uma prova no curso do processo de conhecimento é o risco de perecimento. As duas hipóteses distinguem-se apenas do ponto de vista formal, já que no primeiro caso há petição inicial (art. 801 do CPC, com evidentes semelhanças com o art. 282), empregando *formas* cunhadas para os atos postulatórios que se enquadram substancialmente como demanda. Mesmo nos casos de arresto e sequestro as mesmas considerações são aplicáveis: se tais providências acautelatórias forem pleiteadas no bojo do processo de conhecimento, a título de antecipação de tutela (o que é possível, com base na fungibilidade imposta pelo art. 273, § 7º, do CPC), ninguém se atreverá a enxergar, aí, propositura de demandas incidentes, na acepção estrita do termo, aqui propugnada.[86]

82. Dentre os partidários da tese por nós acolhida no corpo do texto podemos citar a manifestação de Cássio Scarpinella Bueno (*Curso Sistematizado de Direito Processual Civil*, 2ª ed., vol. 4, pp. 174-176). Notório defensor do entendimento oposto, no sentido de haver uma "lide cautelar" da qual decorre um "direito substancial de cautela", é Ovídio Baptista da Silva (*Do Processo Cautelar*, 3ª ed., Rio de Janeiro, Forense, 2001, especialmente pp. 67-76).

83. Em realidade, todo ato postulatório passa pelo juízo de admissibilidade e de mérito (cf. *e.g.*, Fredie Didier Jr., *Pressupostos Processuais e Condições da Ação: o Juízo de Admissibilidade do Processo*, São Paulo, Saraiva, 2005, pp. 22 ss., e, mais recentemente, Bruno Silveira de Oliveira, *O Juízo de Identificação de Demandas e de Recursos no Processo Civil*, São Paulo, Saraiva, 2011, especialmente pp. 64-66). Pense-se na *impugnação ao valor da causa*: se oferecida após o prazo legal (CPC, art. 261), será reputada inadmissível e não será examinada pelo mérito. O fenômeno é ainda mais fácil de ser visualizado no campo dos recursos. Contudo, não há que confundir o mérito do ato processual, recurso ou incidente com o *meritum causae*.

84. Cf., por todos, Galeno Lacerda, *Comentários ao Código de Processo Civil*, 8ª ed., vol. 8, t. 1, Rio de Janeiro, Forense, 1999, pp. 288-290.

85. Cf., novamente, Galeno Lacerda, *Comentários ao Código de Processo Civil*, cit., 8ª ed., vol. 8, t. 1, pp. 304-310.

86. O fato de o ato postulatório ser autuado apartadamente e dele se seguir citação pessoal não configura motivo suficiente para convertê-lo substancialmente em demanda. Primeiro porque a natureza jurídica do ato se define por seu conteúdo, e não por circunstâncias que lhe são externas. E, ainda que assim não fosse, as circunstâncias acima destacadas não representam critério seguro para essa distinção. A impugnação ao valor da causa, as exceções de incompetência, impedimento e suspeição e o conflito de competência são autuados separadamente, e nem por isso se lhes atribui o caráter de demanda. No mais, a reconvenção afigura-se indubitavelmente

Vê-se, pois, que o sistema atribuiu forma de demanda a diversos atos postulatórios que não poderiam se encaixar como tais, ao passo que as reformas processuais sistematicamente abandonaram essa técnica.[87]

A análise aqui empreendida longe está de ser de importância meramente acadêmica, pois consequências relevantes defluem da classificação dos atos postulatórios entre aqueles portadores de verdadeiras demandas e aqueles que formulam pedidos que não se enquadram nessa categoria, a começar pela formação de coisa julgada, indução de litispendência e estabelecimento de parâmetros para conexão e continência.

Ademais, a identificação da natureza do ato postulatório também tem importância na fixação das verbas sucumbenciais. Isso porque o art. 20, § 1º, do CPC determina que, ao julgar o recurso e o "incidente", o órgão judicial deve ater-se a condenar o vencido ao pagamento das despesas processuais. *A contrario sensu*, o dispositivo exclui a condenação do vencido no recurso e no incidente processual ao pagamento de honorários ao advogado do vencedor.

A definição do que é recurso não oferece nenhuma dificuldade, uma vez que, em face do *princípio da taxatividade*, suas modalidades se acham catalogadas em lei, sobretudo pelo art. 496 do CPC. Contudo, não é tão simples definir *incidente processual*. Parece-nos suficiente afirmar que se trata do palco para solução de questão instrumental, que não toca (ao menos diretamente) às relações jurídicas controvertidas no plano material, e que notadamente se encerra por decisão interlocutória.[88]

O incidente processual não se confunde com a *demanda incidente*, em cujo julgamento – aí, sim – se deve impor ao vencido condenação em honorários advocatícios, nos termos do *caput* do art. 20 do CPC, reforçado pelo art. 34 do mesmo diploma (que traz alguns exemplos de demanda incidental).

Como se viu, em diversos casos o Código atribuiu feições *formais* de demanda incidente a determinados pedidos de providência jurisdicio-

---

demanda, mesmo sem autuação própria e sem citação pessoal do reconvindo para contestar (CPC, art. 316).

87. Além dos exemplos dados no corpo do texto, é absolutamente sintomático que tenha desaparecido a autonomia da execução de sentença proferida pelo juízo cível (CPC, art. 475-N, I, III, V e VII), da liquidação e dos embargos à execução de título judicial.

88. Essa foi a definição por nós encontrada em *Preclusão Processual Civil* (cit., 2ª ed., item 8.2.2), com apoio na lição de Antônio Scarance Fernandes (*Incidente Processual, Questão Incidental, Procedimento Incidental*, tese de Doutoramento, São Paulo, USP, 1989, *passim*).

nal que não tocam diretamente ao direito material controvertido (e que, portanto, deveriam se encaixar como incidentes).

Os tribunais têm dado a vários desses casos solução que, a nosso ver, se mostra insatisfatória e desprovida de base legal, reconhecendo o cabimento da verba honorária apenas se houver "litigiosidade" entre as partes.[89] O inverso também ocorre, ou seja: determinadas "demandas incidentes" recebem indevido tratamento de "incidente processual" para fins de fixação das verbas sucumbenciais.[90] De modo geral, a questão não vem sendo examinada sob o ângulo do conteúdo do ato postulatório, mas, sim, considerados aspectos meramente formais e externos a ele,[91] com resultados claramente insuficientes do ponto de vista técnico e prático.

O conceito de demanda revela-se, portanto, não apenas essencial para compreensão da estrutura do sistema processual, mas, sobretudo, para adequado conhecimento do seu funcionamento. Conforme acima

89. Esse critério norteia a análise de diversos casos, como, por exemplo: (a) a ação cautelar de produção antecipada de provas (STJ, 3ª Turma, REsp/AgR 826.805-RS, rel. Min. Humberto Gomes de Barros, j. 6.12.2007, *DJU* 18.12.2007, p. 269); e (b) habilitação de crédito em falência (STJ, 4ª Turma, REsp 188.759-MG, rel. Min. Barros Monteiro, j. 23.2.1999, *DJU* 14.2.2000, p. 37).

90. O melhor exemplo concerne à declaração incidente de falsidade documental (STJ, 3ª Turma, REsp 757.846-GO, rel. Min. Humberto Gomes de Barros, j. 6.4.2006, *DJU* 15.5.2006, p. 211, e REsp/AgR 1.024.640-DF, rel. Min. Massami Uyeda, j. 16.12.2008, *DJe* 10.2.2009).

91. Quanto à impugnação ao cumprimento de sentença essa afirmação é particularmente visível. No STJ entende-se pelo descabimento da verba honorária sem qualquer consideração ao conteúdo da impugnação ("Sendo mero estágio do processo já existente, não se lhe aplica a sanção do art. 20, mesmo quando se verifique o incidente da impugnação (art. 475-L). Sujeita-se este à mera decisão interlocutória (art. 475-M, § 3º), situação a que não se amolda a regra sucumbencial do art. 20, cuja aplicação sempre pressupõe sentença" (1ª Turma, REsp 1.025.449-RS, rel. Min. Hamilton Carvalhido, relator para o acórdão Min. José Delgado, j. 3.6.2008, *DJe* 22.6.2009). No TJSP comete-se o mesmo erro para acolher o entendimento oposto, isto é, de que cabem os honorários, sob o fundamento de que, a despeito da alteração da denominação, a impugnação continuaria a ser demanda incidental, tal como os embargos à execução: "Honorários de advogado – Impugnação – Incidente deduzido na fase do cumprimento de sentença – Fixação de verba – Cabimento – Irrelevante o fato de tratar-se de decisão interlocutória – Incidente substancialmente equiparado aos embargos à execução fundada em título extrajudicial – Aplicação do princípio da isonomia" (22ª Câmara de Direito Privado, AI 7.140.262-1, rel. Des. Roberto Bedaque, j. 19.6.2007). E: "Admissibilidade, ainda, de condenação do vencido nas verbas de sucumbência se ofertada impugnação – Recurso desprovido, com observação" (1ª Câmara de Direito Privado, AI 498.156-4/4-00, rel. Des. Paulo Alcides, j. 12.6.2007).

denunciamos, esse aspecto fisiológico é pouco explorado pelos tradicionais institutos fundamentais, que tinham uma preocupação mais anatômica dos fenômenos processuais.

4.3 Cognição judicial

Kazuo Watanabe, em clássica monografia, destacou que a cognição judicial constitui "importante técnica de adequação do processo à natureza do direito e à peculiaridade da pretensão a ser tutelada",[92] consubstanciando-se em atos de "inteligência",[93] de caráter "prevalentemente lógico",[94] que recaem sobre um trinômio de questões: os pressupostos processuais, as condições da ação e o mérito.[95]

De fato, a cognição judicial constitui um dos mais relevantes elementos a compreender contemporaneamente a tricotomia *processo de conhecimento/processo de execução/processo cautelar*, que constitui a espinha dorsal do Código de Processo Civil de 1973, embora com severíssimas alterações decorrentes das reformas iniciadas em 1994. No primeiro, via de regra, a cognição é plena, exauriente, cujo resultado esperado é a sentença de mérito, apta a produzir coisa julgada material. No segundo a cognição é sumária, limitada às condições da ação e aos pressupostos processuais[96] (consubstanciados no título executivo) e relativamente aos atos executivos em si,[97] sendo a cognição exauriente meramente eventual, dependente da provocação do demandado.[98] No terceiro a cognição é também sumária, sendo raros os casos em que re-

92. Kazuo Watanabe, *Da Cognição no Processo Civil*, cit., 2ª ed., p. 36.
93. Idem, p. 58.
94. Idem, p. 59.
95. Idem, pp. 71 e ss.
96. Dois dos elementos relativos ao "trinômio" a que se refere Watanabe (*Da Cognição no Processo Civil*, cit., 2ª ed., pp. 71 e ss.).
97. Referimo-nos a questões meramente processuais, como, por exemplo, a observância da ordem de bens a serem penhorados (CPC, art. 655) ou a ocorrência de atos atentatórios à dignidade da Justiça (CPC, arts. 600 e 601). Em outros casos, em que a atividade cognitiva recai sobre relações jurídicas materiais – *v.g.*, a fraude à execução e a desconsideração da personalidade jurídica, para ficar com dois exemplos particularmente eloquentes –, entendemos haver verdadeiras demandas incidentes, em face das premissas assentadas no item 4.2, embora seja altamente discutível se a cognição é exauriente, ou não. Esse tema, riquíssimo, extrapola os limites deste breve ensaio, sendo suficiente suscitá-lo, como convite à reflexão.
98. Isso se dá por meio dos embargos à execução, notoriamente reconhecidos como demanda incidental de conhecimento (nota de rodapé 71, *supra*). O mesmo se passa com a ação monitória.

sulta em provimento de mérito passível de ensejar a formação de coisa julgada substancial.[99] Sem a correta compreensão do instituto aqui em foco torna-se mais difícil perceber que as sucessivas reformas do direito positivo aprofundaram tendência antes já verificadas no sentido de que as atividades cognitivas, executivas e acautelatórias se combinam e se completam, não subsistindo divisões estanques em processos autônomos.[100]

Seguindo essa trilha, constata-se que a cognição constitui a *atividade mais importante* do Poder Judiciário, que a exerce mesmo quando o objetivo principal da atividade processual não é a composição do litígio pela declaração contida na sentença de mérito, mas, sim, a plena satisfação concreta de direito anteriormente reconhecido pelo título judicial

---

99. Acima referimo-nos aos casos de cautelares "satisfativas" e à excepcional hipótese descrita no art. 810 do CPC (reconhecimento de decadência e prescrição quanto ao objeto do processo principal).

100. À época da primeira onda de reforma do Código de Processo Civil, Barbosa Moreira já alertava que a divisão "processo de conhecimento", "processo de execução" e "processo cautelar" não poderia representar "separação em compartimentos estanques", dado que, ao ver do autor, "nem todos os processos se apresentam de forma quimicamente pura. Não raro, encontramos processos de conhecimento, ou predominantemente de conhecimento, com aspectos executivos e também com aspectos cautelares" ("A efetividade do processo de conhecimento", *RePro* 64/127, n. 19, São Paulo, Ed. RT, abril-junho/1994). Após as reformas processuais tornou--se muito mais fácil proceder a essa constatação. A generalização da antecipação de tutela (CPC, art. 273), por obra da Lei 8.952/1994, sinalizou a quebra da autonomia tanto da ação-processo de execução quanto da ação-processo cautelar, pois permitiu que o processo de conhecimento abrigasse atividades para realização concreta de um provimento antecipatório de tutela (CPC, art. 273, § 3º, c/c o art. 475-O) e atividades tipicamente acautelatórias (por força da fungibilidade que foi depois apenas expressamente positivada no § 7º do art. 273 do CPC, pela Lei 10.444/2002). As sucessivas reformas que atingiram a execução de título judicial também sinalizaram na exata mesma direção. Em 1994 a reforma do art. 461 do CPC "unificou" a cognição e a execução de obrigações de fazer e não fazer num único processo, novidade que a Lei 10.444/2002 cuidou de estender aos casos de execução de obrigações de dar coisa certa, ao introduzir no Código o art. 461-A. Completando esse ciclo, iniciado mais de 10 anos antes, a Lei 11.232/2005 suprimiu a divisão entre processo de conhecimento e de execução para as obrigações de pagar quantia. Em todos esses casos passou a existir o que se convencionou chamar de "processo sincrético", que congrega atividades cognitivas e executivas, subsistindo a dicotomia de processos apenas em casos isolados e excepcionais (continua a existir *execução de título judicial autônoma* contra a Fazenda Pública e tendo por objeto sentença estrangeira, sentença arbitral e sentença penal condenatória – da qual constem valores de dano líquidos) bem como acordo extrajudicial homologado judicialmente, nas quais não se cogita de prévia *fase* de conhecimento perante o juízo que processará os atos executivos (CPC, arts. 730 e 475-N, II, IV, V e VI, respectivamente).

(execução) ou a realização de atividade prática para garantir a utilidade prática futura de outro processo (cautelar).

Além de moldar a tutela prestada nos três tipos de "processo" tipificados nos três primeiros livros do Código de Processo Civil em vigor, a cognição judicial, segundo Watanabe, serve "para a concepção de diferentes tipos de procedimento, com vistas à instrumentalidade do processo".[101] De fato, alguns procedimentos são conotados pela limitação horizontal da cognição[102] (que é parcial e exauriente[103]); outros, pela limitação meramente probatória (cognição plena e exauriente *secundum eventum probationis*[104]).

A técnica da cognição sumária também explica outros diversos fenômenos da maior relevância. Com grande frequência o sistema exige do juiz o exercício de cognição sumária em caráter provisório (isto é, carecedora de ulterior confirmação por meio de decisão fundada em cognição exauriente), em particular no campo da tutela cautelar (CPC, arts. 806, 807 e 810) e da tutela antecipada fundada na urgência (CPC, art. 273, I). Mas não se pode negar que a cognição sumária seja definitiva em algumas situações, como na ação de execução fundada em título executivo extrajudicial (cabível apenas quando o demandante estiver munido de um dos documentos listados no art. 585 do CPC, acerca do qual o juiz realiza exame formal, de caráter superficial) e na ação monitória (que no

101. Kazuo Watanabe, *Da Cognição no Processo Civil*, cit., 2ª ed., p. 36.
102. Idem, p. 116.
103. A maioria dos exemplos acha-se no campo dos procedimentos especiais de jurisdição contenciosa, como a "ação consignatória" (CPC, art. 896, e Lei 8.245/1991, art. 67, V), a "ação renovatória da locação" (Lei 8.245/1991, art. 72), a "ação de busca e apreensão" de bem objeto de alienação fiduciária (art. 3º, § 2º, do Decreto-lei 911/1969) e a "ação de desapropriação" (art. 20 do Decreto-lei 3.365/1941). Mas não se pode negar a aplicação da mesma técnica à execução fundada em título judicial, contra particular (CPC, art. 475-L, VI) e contra a Fazenda Pública (CPC, art. 741, VI), em que a limitação horizontal à cognição é fundada em critério temporal (a matéria verdadeiramente de mérito, consubstanciada em "qualquer causa impeditiva, modificativa ou extintiva da obrigação, como pagamento, novação, compensação, transação ou prescrição", só pode ser conhecida se superveniente à formação do título executivo).
104. O exemplo típico está no mandado de segurança, fundado exclusivamente em fatos líquidos e certos, objeto de prova documental pré-constituída. Contudo, a utilidade da técnica não se esgota aí, pois ela é também aplicada pelos tribunais relativamente à exceção de pré-executividade, a qual só é admissível com base em prova documental, que enseja análise "de plano" (nota de rodapé 79, *supra*), já que o campo da execução forçada é, por definição, infenso ao exercício de atividade cognitiva plena e exauriente.

art. 1.102-C do CPC socorre ao titular de "prova escrita sem eficácia de título executivo", a qual também será examinada sumariamente). Se não houver oposição do demandado, chega-se a um resultado definitivo sem exercício de cognição exauriente.

Logo se vê que a cognição judicial constitui ferramenta básica para a instrumentalidade do processo, e sua correta compreensão revela-se imprescindível para explicar adequadamente um sem-número de fenômenos cada vez mais relevantes para o ordenamento processual.

Por tais razões, a inclusão da cognição judicial no rol de institutos fundamentais também decorre de uma preocupação com o aspecto *fisiológico* do fenômeno processual. Ademais, se uma das finalidades da empreitada teórica orientada à fixação dos institutos fundamentais do direito processual é primordialmente *didática*, não há como negar, à cognição judicial, lugar cativo nessa categoria.

5. Conclusão final

O presente ensaio não teve outro objetivo senão demonstrar que os "clássicos" institutos fundamentais do direito processual – jurisdição, processo, ação e defesa – continuam, quando muito, a representar baliza segura para adequada compreensão da *estrutura* do processo civil brasileiro, mas atualmente deixam a desejar para auxiliar o estudioso e o operador a identificar e compreender satisfatoriamente: (i) o *método* da ciência processual civil moderna, que foi severamente impactado pela evolução do nosso ordenamento jurídico (sobretudo em sede constitucional) e do pensamento teórico a seu respeito; e (ii) a *fisiologia* do direito processual civil atual, isto é, não permitem satisfatória visão do funcionamento do fenômeno processual.

Para colmatar essa lacuna, propusemos a inclusão de três novos institutos fundamentais, os quais, ademais, ostentam inequívoca relevância *didática*, permitindo ao estudioso e ao operador melhor compreensão do sistema processual civil atual, sobretudo após as profundas alterações operadas pelas sucessivas reformas do Código de Processo Civil.

Assim, não se nega que os institutos fundamentais "clássicos" tenham perdido, pura e simplesmente, sua importância. Dois deles – jurisdição e processo –, embora passem por "crise", ainda se situam no núcleo teórico desse ramo do conhecimento científico, e sem eles não é possível satisfatória compreensão teórica da estrutura do direito processual civil.

Os dois demais – ação e defesa – subsistem, mas fundidos e disfarçados nos conceitos de tutela jurisdicional e demanda, os quais os substituíram com grandes vantagens, conforme acima destacado. Ambos continuam a desempenhar o papel de explicar a estrutura do processo civil, sendo que o primeiro deles (tutela jurisdicional) é imprescindível para compreensão do *método* atual da ciência processual e, em menor medida, para visualização de aspectos da fisiologia do fenômeno processual. O conceito de demanda, a nosso ver, tem valor mais pronunciado para atendimento dessa última finalidade.

Por fim, o conceito de cognição judicial exerce papel fundamentalmente *didático*, pois viabiliza a correta compreensão das diversas alterações *estruturais* do nosso sistema processual atual, ademais de assumir destacado valor para compreensão do *método* da ciência processual e da *fisiologia* do processo.

Para que alcançássemos os resultados programados, fomos compelidos a examinar, de maneira propositalmente sucinta, questões destacadamente intricadas e ainda longe de solução definitiva pela doutrina, sem qualquer pretensão de esgotá-las. O exame serviu apenas como apoio para afirmação da crise dos velhos institutos fundamentais e da entrada em cena de novos conceitos merecedores de lugar nessa categoria.

Bibliografia

ASSIS, Araken de. *Cumulação de Ações*. 3ª ed. São Paulo, Ed. RT, 1998.
_____. *Manual da Execução*. 10ª ed. São Paulo, Ed. RT, 2007.
BARBOSA MOREIRA, José Carlos. "A efetividade do processo de conhecimento". *RePro* 64. N. 19. São Paulo, Ed. RT, abril-junho/1994.
_____. "Exceção de pré-executividade: uma denominação infeliz". In: *Temas de Direito Processual – 7ª Série*. São Paulo, Saraiva, 2001.
BEDAQUE, José Roberto dos Santos. "Garantia de amplitude da produção probatória". In: CRUZ E TUCCI, José Rogério (coord.). *Garantias Constitucionais do Processo Civil*. 1ª ed., 2ª tir. São Paulo, Ed. RT, 1999.
_____. *Tutela Cautelar e Tutela Antecipada: Tutelas Sumárias e de Urgência (Tentativa de Sistematização)*. 5ª ed. São Paulo, Malheiros Editores, 2009.
BEZERRA, J. Miguel, SAMPAIO E NORA, J. M., e VARELA, Antunes. *Manual de Processo Civil*. 2ª ed. Coimbra, Coimbra Editora, 2004.
BOTELHO DE MESQUITA, José Ignácio. *Da Ação Civil*. São Paulo, Ed. RT, 1975.
BUENO, Cássio Scarpinella. *Curso Sistematizado de Direito Processual Civil*. vols. 1 e 2, São Paulo, Saraiva, 2007; vol. 4, 2ª ed. São Paulo, Saraiva, 2010; vol. 1, 4ª ed., São Paulo, Saraiva, 2010.

BÜLOW, Oskar von. *La Teoría de las Excepciones Procesales y los Presupuestos Procesales* (*Di Lehrevon den Proceßeinreden und die Proceßvoraussetzungen*). Trad. para o Espanhol de Miguel Angel Rosas Lichtschein. Buenos Aires, EJEA, 1964.

_____. *Teoria das Exceções e dos Pressupostos Processuais* (*Di Lehrevon den Proceßeinreden und die Proceßvoraussetzungen*). Trad. para o Português de Ricardo Rodrigues Gama. Campinas, LZN, 2003.

CALAMANDREI, Piero. "La relatività del concetto di azione". In: *Studi sul Processo Civile*. vol. 5. Pádua, CEDAM, 1947.

CALMON FILHO, Petrônio, e CARNEIRO, Athos Gusmão (orgs.). *Bases Científicas para um Renovado Direito Processual*. 2ª ed. Salvador, Juspodivm, 2009.

CARMONA, Carlos Alberto. *Arbitragem no Processo Civil Brasileiro*. São Paulo, Malheiros Editores, 1993.

CARNEIRO, Athos Gusmão. *Jurisdição e Competência*. 9ª ed. São Paulo, Saraiva, 1999.

_____, e CALMON FILHO, Petrônio (orgs.). *Bases Científicas para um Renovado Direito Processual*. 2ª ed. Salvador, Juspodivm, 2009.

CAVALLINI, Cesare. *Eccezione Rilevabile d'Ufficio e Strutura del Processo*. Nápoles, Jovene, 2003.

COMOGLIO, Luigi Paolo. "Note riepilogative su azione e forme di tutela, nell'ottica della domanda giudiziale". *Rivista di Diritto Processuale* 48/465-490. 1993.

_____. *Riforme Processuali e Poteri del Giudice*. Turim, G. Giappichelli, 1996.

_____, FERRI, Enrico, e TARUFFO, Michele. *Lezioni sul Processo Civile*. Bolonha, Il Mulino, 1998.

COUTURE, Eduardo. *Fundamentos de Derecho Procesal Civil*. 3ª ed. Buenos Aires, Depalma, 1958.

CRUZ E TUCCI, José Rogério. "Tutela processual do direito do executado". In: *Processo Civil: Realidade e Justiça*. São Paulo, Saraiva, 1994 (pp. 29-48).

_____ (coord.). *Garantias Constitucionais do Processo Civil*. 1ª ed., 2ª tir. São Paulo, Ed. RT, 1999.

DANTAS, Francisco Wildo Lacerda. *Jurisdição, Ação (Defesa) e Processo*. São Paulo, Dialética, 1997.

DE MARTINO, Francesco. *La Giurisdizione nel Diritto Romano*. Pádua, CEDAM, 1937.

DIDIER JR., Fredie. *Pressupostos Processuais e Condições da Ação: o Juízo de Admissibilidade do Processo*. São Paulo, Saraiva, 2005.

DINAMARCO, Cândido Rangel. *A Instrumentalidade do Processo*. 13ª ed. São Paulo, Malheiros Editores, 2013.

_____. *Execução Civil*. 8ª ed. São Paulo, Malheiros Editores, 2003.

_____. *Fundamentos do Processo Civil Moderno*. 6ª ed., vol. I. São Paulo, Malheiros Editores, 2010.

_____. *Instituições de Direito Processual Civil*. 7ª ed., vol. I. São Paulo, Malheiros Editores, 2013; 6ª ed., vol. I. São Paulo, Malheiros Editores, 2010; 6ª ed., vol. II. São Paulo, Malheiros Editores, 2009; 3ª ed., vol. IV. São Paulo, Malheiros Editores, 2009.

_____. *Litisconsórcio*. 6ª ed. São Paulo, Malheiros Editores, 2009.

FAZZALARI, Elio. "Azione civile (teoria generale e diritto processuale)". In: *Digesto delle Discipline Privatistiche – Sezione Civile*. vol. 2. Turim, UTET, 1991.

_____. *Istituzioni di Diritto Processuale*. 8ª ed. Pádua, CEDAM, 2005.

_____. "Processo (teoria generale)". In: *Novissimo Digesto Italiano*. 3ª ed., vol. 13. Turim, UTET, 1957 (pp. 1.072-1.076).

FERNANDES, Antônio Scarance. *Incidente Processual, Questão Incidental, Procedimento Incidental*. Tese de Doutoramento. São Paulo, USP, 1989.

FERRI, Enrico, COMOGLIO, Luigi Paolo, e TARUFFO, Michele. *Lezioni sul Processo Civile*. Bolonha, Il Mulino, 1998.

FUX, Luiz. "Impugnação ao cumprimento de sentença". In: NERY JR., Nelson, SANTOS, Ernane Fidélis dos, WAMBIER, Luiz Rodrigues, e WAMBIER, Teresa Arruda Alvim (coords.). *Execução Civil: Estudos em Homenagem ao Professor Humberto Theodoro Jr*. São Paulo, Ed. RT, 2007.

GRASSO, Edoardo. "L'interpretazione della preclusione e nuovo processo civile in primo grado". *Rivista di Diritto Processuale* 48. N. 3. Setembro/1993.

GRECO, Leonardo. *Instituições de Processo Civil*. vol. 1. Rio de Janeiro, Forense, 2009.

GRINOVER, Ada Pellegrini. "Os fundamentos da justiça conciliativa". In: GRINOVER, Ada Pellegrini, LAGRASTA NETO, Caetano, e WATANABE, Kazuo (coords.). *Mediação e Gerenciamento do Processo*. São Paulo, Atlas, 2007.

_____, LAGRASTA NETO, Caetano, e WATANABE, Kazuo (coords.). *Mediação e Gerenciamento do Processo*. São Paulo, Atlas, 2007.

LACERDA, Galeno. *Comentários ao Código de Processo Civil*. 8ª ed., vol. 8, t. 1. Rio de Janeiro, Forense, 1999.

LIEBMAN, Enrico Tullio. "L'azione nella Teoria del Processo Civile". In: *Problemi del Processo Civile*. Nápoles, Morano, 1962.

LUZZATTO, Giuseppe Ignazio. "Giurisdizione (storia)". In: *Enciclopedia del Diritto*. vol. 19. Milão, Giuffrè, 1970.

MARINONI, Luiz Guilherme. *Curso de Processo Civil*. vol. 1 – "Teoria Geral do Processo". São Paulo, Ed. RT, 2006.

_____. *Teoria Geral do Processo*. São Paulo, Ed. RT, 2006.

MEDINA, José Miguel Garcia. *Execução*. São Paulo, Ed. RT, 2008.

MOREIRA ALVES, José Carlos. *Direito Romano*. 3ª ed., vol. 1. Rio de Janeiro, Forense, 1971.

NERY JR., Nelson, SANTOS, Ernane Fidélis dos, WAMBIER, Luiz Rodrigues, e WAMBIER, Teresa Arruda Alvim (coords.). *Execução Civil: Estudos em Homenagem ao Professor Humberto Theodoro Jr*. São Paulo, Ed. RT, 2007.

OLIVEIRA, Bruno Silveira de. *O Juízo de Identificação de Demandas e de Recursos no Processo Civil.* São Paulo, Saraiva, 2011.

PALU, Osvaldo Luiz. *Controle de Constitucionalidade: Conceitos, Sistemas e Efeitos.* 2ª ed. São Paulo, Ed. RT, 2001.

REALE, Miguel. *Filosofia do Direito.* 17ª ed. São Paulo, Saraiva, 1996.

ROCCO, Alfredo. *La Sentencia Civil.* Trad. de Mariano Ovejero. Buenos Aires, El Foro, 2003.

ROMANO, Alberto. *L'Azione di Accertamento Negativo.* Nápoles, Jovene, 2006.

SAMPAIO E NORA, J. M., BEZERRA, J. Miguel, e VARELA, Antunes. *Manual de Processo Civil.* 2ª ed. Coimbra, Coimbra Editora, 2004.

SANTOS, Ernane Fidélis dos, NERY JR., Nelson, WAMBIER, Luiz Rodrigues, e WAMBIER, Teresa Arruda Alvim (coords.). *Execução Civil: Estudos em Homenagem ao Professor Humberto Theodoro Jr.* São Paulo, Ed. RT, 2007.

SICA, Heitor Vitor Mendonça. *O Direito de Defesa no Processo Civil Brasileiro.* São Paulo, Atlas, 2011.

_____. "Perspectivas atuais da 'Teoria Geral do Processo'". In: CALMON FILHO, Petrônio, e CARNEIRO, Athos Gusmão (orgs.). *Bases Científicas para um Renovado Direito Processual.* 2ª ed. Salvador, Juspodivm, 2009 (pp. 55-78).

_____. *Preclusão Processual Civil.* 2ª ed. São Paulo, Atlas, 2008.

SILVA, Ovídio Baptista da. *Do Processo Cautelar.* 3ª ed. Rio de Janeiro, Forense, 2001.

SIQUEIRA, Cleanto. *A Defesa no Processo Civil: as Exceções Substanciais no Processo de Conhecimento.* 2ª ed. Belo Horizonte, Del Rey, 1995.

TALAMINI, Eduardo. *Coisa Julgada e sua Revisão.* São Paulo, Ed. RT, 2005.

TARUFFO, Michele, COMOGLIO, Luigi Paolo, e FERRI, Enrico. *Lezioni sul Processo Civile.* Bolonha, Il Mulino, 1998.

VARELA, Antunes, BEZERRA, J. Miguel, e SAMPAIO E NORA, J. M. *Manual de Processo Civil.* 2ª ed. Coimbra, Coimbra Editora, 2004.

WAMBIER, Luiz Rodrigues, NERY JR., Nelson, SANTOS, Ernane Fidélis dos, e WAMBIER, Teresa Arruda Alvim (coords.). *Execução Civil: Estudos em Homenagem ao Professor Humberto Theodoro Jr.* São Paulo, Ed. RT, 2007.

WAMBIER, Teresa Arruda Alvim, NERY JR., Nelson, SANTOS, Ernane Fidélis dos, e WAMBIER, Luiz Rodrigues (coords.). *Execução Civil: Estudos em Homenagem ao Professor Humberto Theodoro Jr.* São Paulo, Ed. RT, 2007.

WATANABE, Kazuo. *Da Cognição no Processo Civil.* 2ª ed. São Paulo, Bookseller, 2000.

_____, GRINOVER, Ada Pellegrini, e LAGRASTA NETO, Caetano (coords.). *Mediação e Gerenciamento do Processo.* São Paulo, Atlas, 2007.

YARSHELL, Flávio Luiz. *Tutela Jurisdicional.* São Paulo, Atlas, 1998.

YOSHIKAWA, Eduardo Henrique de Oliveira. "A interpretação do direito em tese e a atividade jurisdicional". *Revista Dialética de Direito Processual* 110/25-37. São Paulo, Dialética, 2012.

_____. *Execução Extrajudicial e Devido Processo Legal*. São Paulo, Atlas, 2010.

ZAVASCKI, Teori Albino. *Processo Coletivo: Tutela de Direitos Coletivos e Tutela Coletiva de Direitos*. São Paulo, Ed. RT, 2006.

PROCESSO JUSTO E BOA-FÉ OBJETIVA: REPULSA AOS ATOS CONTRADITÓRIOS E DESLEAIS – VENIRE CONTRA FACTUM PROPRIUM, SUPPRESSIO, SURRECTIO E TU QUOQUE

HUMBERTO THEODORO JR.

Professor Titular da Faculdade de Direito da Universidade Federal de Minas Gerais-UFMG – Advogado.

Introdução: 1.1 A constitucionalização do processo – 1.2 Princípio da legalidade – 1.3 Instrumentalidade e efetividade do processo – 1.4 Teoria dos atos próprios e princípio da boa-fé objetiva. 2. Inserção da boa-fé objetiva no plano do direito das obrigações. 3. Proibição do comportamento contraditório e solidariedade contratual. 4. A tutela da confiança. 5. A nova visão do venire contra factum proprium à luz da teoria da confiança. 6. Fundamento institucional do venire. 7. Pressupostos da proibição ao comportamento contraditório. 8. Suppressio, surrectio e tu quoque. 9. Suppressio, Verwirkung e prescrição. 10. Conclusões doutrinárias. 11. Posição da jurisprudência brasileira. 12. Conclusões gerais.

1. Introdução

No Estado Democrático de Direito – observam Cintra, Grinover e Dinamarco em sua pioneira e clássica obra sobre *Teoria Geral do Processo* – o direito processual está claramente incluído no bloco correspondente ao *direito público,* "uma vez que governa a atividade jurisdicional do Estado". "(...). Suas raízes principais" – segundo os mesmos doutrinadores – "prendem-se estreitamente ao tronco do direito constitucional, envolvendo-se as suas normas com as de todos os demais campos do Direito".[1]

Não se pode, portanto, delinear uma Teoria Geral do Processo sem ligá-la umbilicalmente aos princípios de ordem política e ética que a Constituição consagra na disciplina fundamental de *acesso à Justiça*

---

1. Antônio Carlos de Araújo Cintra, Ada Pellegrini Grinover e Cândido Rangel Dinamarco, *Teoria Geral do Processo*, 29ª ed., São Paulo, Malheiros Editores, 2013, n. 15, p. 56.

(CF, art. 5º, XXXV) e da garantia do *devido processo legal*, no plano que modernamente se identifica com o *acesso à ordem jurídica justa* (CF, art. 5º, *caput* e incisos LIV e LV). Cabe, nesse aspecto, ao direito processual criar e regular os remédios jurídicos que, fieis ao plano de acesso à Justiça assegurado na Lei Maior, haverão de tornar *efetivo* todo o ordenamento jurídico, em seus diversos ramos, "com o objetivo precípuo de dirimir conflitos interindividuais, pacificando e fazendo justiça em casos concretos".[2] Cumpre-se por seu intermédio, enfim, o princípio constitucional da *legalidade* (CF, art. 5º, II), revestido e enriquecido, porém, pelos valores ético-jurídicos abraçados pelo Estado Democrático de Direito.[3]

1.1 A constitucionalização do processo

O Projeto de Código de Processo Civil ora em trâmite perante a Câmara dos Deputados (Projeto de Lei 8.046/2010) tem como ponto alto a positivação do *processo justo*, mediante um capítulo introdutório destinado justamente a demarcar e ressaltar as chamadas "Normas Fundamentais do Processo Civil", cuja essência consiste na vinculação de todo o sistema processual à Constituição e, particularmente, aos valores fundantes do Estado Democrático de Direito e às garantias e direitos fundamentais (arts. 1º-12).[4]

Dentre essas normas fundamentais merecem destaque as garantias de um *contraditório efetivo* (art. 7º), da *duração razoável do processo* (arts. 4º e 8º), da *vedação de "decisões-surpresa"* (arts. 9º e 10) e do dever dos órgãos jurisdicionais de aplicar o Direito na solução dos litígios, atendendo sempre "aos *fins sociais* e às *exigências do bem comum*, resguardando e promovendo a *dignidade da pessoa humana* e observando a *proporcionalidade*, a *razoabilidade*, a *legalidade*, a *publicidade* e a *eficiência*" (art. 6º).

2. Idem, ibidem.
3. Segundo o "Preâmbulo" da Constituição, a República Federativa do Brasil constitui "um Estado Democrático, destinado à assegurar o exercício dos direitos sociais e individuais, a liberdade, a segurança, o bem-estar, o desenvolvimento, a igualdade e a justiça como valores supremos de uma sociedade fraterna, pluralista e sem preconceitos, fundada na harmonia social e comprometida, na ordem interna e internacional, com a solução pacífica das controvérsias".
4. Ressalta-se que na mais moderna acepção do *processo justo* "compreende-se, a um tempo, garantia de legalidade procedimental e garantia de justiça substancial" (Luigi Paolo Comoglio, "Il 'giusto proceso' civile in Italia e in Europa", *RePro* 116/110, São Paulo, Ed. RT, julho-agosto/2004). Por isso, "não é descurada a consideração de um imanente *caráter ético* na administração da justiça" (ob. cit., p. 109).

Reforçando, outrossim, a inspiração ética dominante na ordem constitucional, o novo Código de Processo Civil impõe a todo aquele que participa do processo o *dever* de se sujeitar ao princípio da *boa-fé* (art. 5º).

1.2 Princípio da legalidade

O moderno processo justo traz em seu bojo significativa carga ética, tanto na regulação procedimental como na formulação substancial dos provimentos decisórios. É que, em nosso tempo, o Direito, em toda sua dimensão, não é visto pelo jurista como algo já construído e acabado, mas como alguma coisa em construção e que, em tese, nunca se acaba, uma vez que as normas jurídicas estão sempre *in fieri*. Só na ordem prática será possível tê-lo como definido e acabado, por obra do juiz, quando procede à sua interpretação e sua aplicação nos provimentos jurisdicionais de resolução de litígios. Daí o papel relevante desempenhado pelas cláusulas éticas de que a ordem jurídica constitucional não prescinde e ao juiz não é dado ignorar, no desempenho da função jurisdicional.[5]

É importante, todavia, não se afastar do jurídico, para indevidamente fazer sobrepujar o ético, como se se tratasse de regra suprema e, portanto, capaz de anular o direito positivo. Moral e Direito coexistem no terreno da normatização da conduta em sociedade, mas não se confundem, nem se anulam reciprocamente; cada qual tem sua natureza, seu método e seu campo de incidência. A Moral volta-se acima de tudo para o aperfeiçoamento íntimo da pessoa e se sujeita a sanções também íntimas e pessoais, que, todavia, não se revestem da imperatividade própria da lei jurídica. Ao contrário da Moral, a regra de Direito é objetivamente traçada por órgão político, no exercício de atividade soberana. A transgressão de seus preceitos implica censura do poder estatal, manifestada por meio de sanções típicas do caráter coercitivo das regras jurídicas.

As regras morais são utilizáveis pelo julgamento em juízo quando juridicizadas de alguma forma pela ordem jurídica. Assim, quando a

---

5. "Na realidade, os postulados da segurança jurídica, da boa-fé objetiva e da proteção da confiança, enquanto expressões do Estado Democrático de Direito, mostram-se impregnados de elevado conteúdo ético, social e jurídico, projetando-se sobre as relações jurídicas, mesmo as de direito público (*RTJ* 191/922, relator para o acórdão Min. Gilmar Mendes), em ordem a viabilizar a incidência desses mesmos princípios sobre comportamentos de qualquer dos Poderes ou órgãos do Estado, para que se preservem, desse modo, situações administrativas já consolidadas no passado" (STJ, 3ª Seção, MS 13.948-DF, voto do Relator, Min. Sebastião Reis Jr., ac. 26.9.2012, *DJe* 7.11.2012).

lei invoca algum valor ou preceito ético, não o faz nos moldes do que comumente ocorre no plano íntimo próprio da Moral. A fonte ética terá de ser amoldada aos padrões objetivos indispensáveis à normatização jurídica. Não é o bom para o espírito que se perquire, mas o bom para o relacionamento social regrado pela lei.

Em nome da eticidade, não se admite que o provimento judicial se torne fonte primária de uma justiça paternalista e assistencial, alheia ou contrária aos preceitos editados pelo legislador. *Justo* e *injusto* medem--se, no processo, pelos padrões objetivos próprios do Direito, e não pela ótica subjetiva e intimista da Moral; mesmo porque não é possível na ordem prática quantificar e delimitar, com precisão, os valores e preceitos puramente éticos, em todo seu alcance *in concreto*.

O juiz, no Estado Democrático de Direito, está obrigado a decidir aplicando as regras (leis) e os princípios gerais consagrados pela Constituição. Mas não pode ignorar a lei, para decidir somente em função dos princípios. A influência das regras é diferente da influência dos princípios quando se trata de submeter o conflito à solução processual: (i) os princípios também funcionam como normas, mas são primariamente complementares e preliminarmente parciais, isto é, abrangem "apenas parte dos aspectos relevantes para uma tomada de decisão", e, portanto, "não têm a pretensão de gerar uma solução específica, mas de contribuir, ao lado de outras razões, para a tomada de decisão"; (ii) "já as regras *[leis propriamente ditas]* consistem em normas *preliminarmente decisivas* e *abarcantes*", no sentido de abranger todos os aspectos relevantes para a tomada de decisão. Seu papel não é complementar, é principal e imediato, revelando a pretensão de gerar uma solução específica para determinado conflito.[6]

É por isso que o julgamento da causa não pode provir apenas da invocação de um princípio geral, ainda que de fonte constitucional. Somente na lacuna da lei o juiz estará autorizado a assim decidir. Havendo regra legal pertinente ao caso, será por meio dela que o decisório haverá de ser constituído. Os princípios constitucionais nem por isso deixarão de ser observados. Isto, entretanto, se dará pela via da complementariedade, no plano da interpretação e adequação da lei às peculiaridades do caso concreto, de modo a fazer com que a incidência da regra se dê da forma mais justa possível – vale dizer: de maneira a que a compreensão da regra seja aquela que mais se afeiçoe aos princípios constitucionais.

6. Humberto Ávila, *Teoria dos Princípios*, 14ª ed., São Paulo, Malheiros Editores, 2013, n. 2.4.2.3, p. 83.

O processo justo recorre aos princípios constitucionais não para afastar as regras legais, mas para *otimizá-las* em sua concretização judicial.[7] Somente quando, à luz de um juízo de razoabilidade e de uma análise de proporcionalidade dos vários princípios traçados pela Constituição, uma lei for considerada como inválida, por insuperável contradição com a Lei Fundamental, é que ao juiz será lícito recusar-lhe aplicação, para decidir dando prevalência aos princípios constitucionais sobre os dispositivos inválidos da lei ordinária. Aí, sim, terá atuado o devido processo legal em sentido substancial, para afastar o abuso normativo cometido pelo legislador, ao instituir regra violadora dos próprios limites de sua atribuição constitucional.[8] O princípio constitucional do devido processo legal, por si só, não se presta a autorizar o julgamento puramente principiológico se a lei recusada pelo juiz não se apresentar como *desrazoável* ou *desproporcional* dentro dos limites da competência política do legislador.

1.3 Instrumentalidade e efetividade do processo

Há um consenso na doutrina em torno da *instrumentalidade* do processo, que despreza a avaliação restrita dos remédios processuais em si mesmos, e exige que sua interpretação e sua aplicação se deem,

---

7. "O Direito não é alheio da instância ética, e, suposta a boa intenção do agente, e a retidão do fim e da matéria do ato jurídico, o juiz, ao dizer o Direito, deve decidir segundo o ditado prudencial da consciência, último juízo da razão prática. Mas essa consciência judiciária, se é *fundamental* para o ato de determinação do direito do caso – interpretando norma e fato –, não é fundante desse direito. A consciência moral não é um ato de recriação do bem, ou de objetivação artificial de uma propensão subjetiva. Assim, o papel da consciência judicial não é o de julgar ordinariamente as normas, não é o de assumir a função de legislador positivo (...). O juiz deve decidir segundo as normas postas, ainda que corrigindo seus excessos e deficiências (o que significa, afinal, observar a norma objetiva superior), quando o exija a equidade (...)" (Ricardo Dip, "Prudência judicial e consciência", *RF* 408/315, Rio de Janeiro, Forense, março-abril/2010).

8. "O Estado não pode legislar abusivamente. A atividade legislativa está necessariamente sujeita à rígida observância da diretriz fundamental, que, encontrando suporte teórico no princípio da proporcionalidade, veda os excessos normativos e as prescrições irrazoáveis do Poder Público." A cláusula tutelar do *substantive due process of law*, compreendida no art. 5º, LIV, da CF, "ao inibir os efeitos prejudiciais decorrentes do abuso de poder legislativo, enfatiza a noção de que a prerrogativa de legislar outorgada ao Estado constitui atribuição jurídica *essencialmente limitada*, ainda que o momento de abstrata instauração normativa possa repousar em juízo meramente político ou discricionário do legislador" (STF, Pleno, ADI/MC 1.407, rel. Min. Celso de Mello, j. 7.3.1996, *RTJ* 176/578-580; STF, RE 374.981, decisão do Relator, Min. Celso de Mello, ac. 28.3.2005, *DJU* 8.4.2005).

necessariamente, em rumo a tornar plena a satisfação do direito material. O direito processual moderno, portanto, não pode ser visto como um fim, mas como meio hábil de atingir resultados perseguidos e assegurados pela ordem jurídica substancial.

Como já tivemos oportunidade de ressaltar em sede de doutrina, faz-se, hoje, uma assimilação da ideia de devido processo legal à de *processo justo*:

> A par da regularidade formal, o processo deve adequar-se a realizar o melhor resultado concreto, em face dos desígnios do direito material. Entrevê-se nessa perspectiva também um aspecto substancial na garantia do devido processo legal.[9]

Sublinhando a necessidade de reconhecer e assegurar a *efetividade* da tutela jurisdicional, entende-se que a instrumentalidade do direito processual impõe o reconhecimento de sua avaliação em termos da sua *eficiência* na defesa do direito material subjetivo. É necessário, pois, que o exercício de suas regras "apresente *in concreto* a utilidade efetiva para a qual foram predispostas".[10] O processo, sob a roupagem moderna de *processo justo*, há de ser desenvolvido para proporcionar, à parte vítima de lesão ou ameaça em sua esfera jurídica, o melhor resultado possível em termos de direito material. Nesse sentido é que se fala na existência de um *devido processo substancial*.[11]

Nesse plano, portanto, o Judiciário, ao definir o direito do caso concreto – segundo prestigiada corrente doutrinária –, vai muito além da simples aplicação da norma enunciada pelo legislador, pois "é chamado a dar uma contribuição criativa à sua atuação" – como destaca Cappelletti.[12] O risco a evitar, todavia, é que essa "ponderação judicial" venha a degenerar em aplicação exageradamente flexível e indesejável, sob pressão de fatores eventuais do momento.[13] Por isso, haverá sempre

---

9. Humberto Theodoro Jr., *Curso de Direito Processual Civil*, 54ª ed., vol. I, Rio de Janeiro, Forense, 2013, n. 22, p. 27.

10. Gianfranco Ricci, *Principi di Diritto Processuale Generale*, Turim, Giappichelli, 1995, p. 16.

11. Humberto Theodoro Jr., *Curso de Direito Processual Civil*, cit., 54ª ed., vol. I, p. 28, nota 2. Cf., também, Luigi Paolo Comoglio, "Il 'giusto proceso' civile in Italia e in Europa", cit., *RePro* 116/154-158.

12. Mauro Cappelletti, *Processo, Ideologias e Sociedade*, vol. I, trad. de Elício de Cresci Sobrinho, Porto Alegre, Sérgio Antônio Fabris Editor, 2008, p. 9.

13. Dierle Nunes e Ludmila Teixeira, *Acesso à Justiça Democrático*, Brasília, Gazeta Jurídica, 2013, p. 169.

de ser procurada uma interpretação razoável, dentro da racionalidade e da sistematização da norma com o ordenamento, principalmente no plano constitucional. Válida, portanto, é a advertência de Nunes e Teixeira no sentido de que o poder, inclusive o do Judiciário, só é legítimo quando exercido no espaço adrede formalizado constitucionalmente, de sorte que não se pode prevalecer do princípio da efetividade da prestação jurisdicional fora dessa lógica, nem muito menos para se julgar à base apenas de *valores constitucionais*, como se pudesse equipará-los a *normas*.[14]

1.4 Teoria dos atos próprios e princípio da boa-fé objetiva

Estando o direito material atualmente comprometido, em profundidade, com os princípios da boa-fé e da lealdade no campo das obrigações e negócios jurídicos, é muito importante reconhecer e aplicar em juízo tais institutos materiais quando se tenha de solucionar controvérsias envolvendo o comportamento contraditório dos litigantes, seja este anterior ao aforamento da demanda, seja concomitante com o próprio desenrolar da relação processual. Aliás, merece ser lembrado que o novo Código de Processo Civil em tramitação legislativa insere entre os princípios fundamentais do processo o da boa-fé.[15]

O presente estudo volta-se para a *teoria dos atos próprios*, que emana da boa-fé e cuja origem se deu no seio do direito das obrigações mas cuja aplicação, nos tempos modernos, constitui preocupação e dever dos agentes responsáveis pela implementação da tutela jurisdicional a ser cumprida por meio do denominado *processo justo*.

Lembra Borda, na análise da teoria dos atos próprios, que não só o direito material reprime a conduta contida no *venire contra factum proprium*, em homenagem à boa-fé, pois também o direito processual se empenha no resguardo da boa-fé e na repulsa da litigância de má-fé (cf. nosso CPC atual, arts. 14, II, 16 e 17, IV). Aduz o jurista, a propósito, que:

> (a) tanto la conducta vinculante como la pretensión contradictoria pueden acaecer en las propias actuaciones judiciales o antes de ellas;
> (b) la conducta vinculante puede haber sido ejecutada con anterioridad a

---

14. Idem, p. 181.
15. "Aquele que de qualquer forma participa do processo deve comportar-se de acordo com a boa-fé" (Projeto, art. 5º).

la iniciación del pleito, en tanto que la pretensión contradictoria puede ser ejecutada durante su transcurso.[16]

É diante desse aspecto multidisciplinar do princípio da boa-fé que se justifica a abordagem da teoria dos atos próprios em obra destinada à análise da Teoria Geral do Processo. E é por isso que enfrentaremos, a seguir, o *venire contra factum proprium*, ressaltando os traços substanciais de sua formulação e seus efeitos, que necessariamente terão de ser levados em conta na composição judicial dos conflitos deduzidos em juízo.

2. Inserção da boa-fé objetiva no plano do direito das obrigações

No direito do Estado Liberal, consagrado pelo Positivismo exacerbado do século XIX, reduzia-se a boa-fé a um papel muito diminuto no âmbito do direito civil, o qual se propunha a uma atuação subordinada rigorosamente às regras legais, sempre exatas e precisas, sem oportunidade para a superposição de regras e valores provindos da Ética ou da Moral. O Direito se contentava com o direito, isto é, se comprazia em realizar a ordem estabelecida pelas regras jurídicas, entendidas como tais apenas aquelas contempladas no ordenamento jurídico positivo.

O Estado, porém, no século XX, tornou-se Social, passando a se comprometer, institucionalmente, com princípios e valores éticos ou morais, além dos estritamente legais. Isto, no campo dos negócios jurídicos, fez com que se elaborasse a teoria da boa-fé como fator indispensável à legitimação da liberdade de contratar.

Não se tratava mais de recorrer à boa-fé apenas no plano subjetivo, para justificar ou sancionar o erro acerca da realidade fático-jurídica, mas de se exigir a adoção, pelos contratantes, do padrão de comportamento negocial correspondente a uma conduta objetivamente honesta, segundo o conceito dominante no meio social.

Foi assim que, nos albores do século XX, o Código Civil alemão se afastou da postura exageradamente positivista até então dominante, para

---

16. Alejandro Borda, *La Teoría de los Actos Propios*, Buenos Aires, Abeledo-Perrot, 1987, n. 121, p. 129. Justifica o autor seu posicionamento, *in verbis*: "Nosotros estimamos que, lisa e llanamente, la conducta contradictoria puede e debe ser valorada por el tribunal, incluso aunque no haya mediado pedido de parte; y ello es así porque no se trata ni de una prueba, ni una presunción, ni de un dato indiciario, sino de que nos es admisible que se premie la conducta contradictoria, porque se violaría el principio general de la buena fe" (ob. cit., n. 122, pp. 130-131).

introduzir no sistema das obrigações o princípio da boa-fé objetiva, do qual se haveriam de deduzir os deveres acessórios dos contratantes de agir com correção e lealdade, desde os antecedentes do negócio jurídico até sua pactuação e sua execução.

Essa orientação explícita, ignorada por nosso Código de 1916, oriundo de projeto concebido ainda no século XIX, viria a ser esposada pelo Código de 2002, de maneira expressa e veemente, um século após o *BGB*, embora correspondesse a uma construção pretoriana e doutrinária já antes consolidada entre nós.

No vigente estatuto civil pátrio o princípio ético da boa-fé objetiva permeia todo o sistema do direito privado,[17] e no direito das obrigações se acha entronizado em regras enérgicas e emblemáticas como as dos arts. 422, 113 e 187, entre outras. Ou seja:

    (a) "Os contratantes são obrigados a guardar, assim na conclusão do contrato, como em sua execução, os princípios de probidade e boa-fé" (art. 422).

    (b) "Os negócios jurídicos devem ser interpretados conforme a boa-fé e os usos do lugar de sua celebração" (art. 113).

    (c) "Comete ato ilícito o titular de um direito que, ao exercê-lo, excede manifestamente os limites impostos pelo seu fim econômico ou social, pela boa-fé ou pelos bons costumes" (art. 187).

Dentro da teoria geral da boa-fé, recuperou particular prestígio e enorme valor a regra medieval, que reprime, como inadmissível, "toda pretensão lícita, mas objetivamente contraditória em relação ao próprio comportamento anterior praticado pelo mesmo agente".[18]

Essa teoria, hoje consagrada por todo o direito ocidental, tem sua origem no brocardo construído pelo Direito Intermédio que afirma: *Venire contra factum proprium nulli conceditur*. Como texto, não se deve ao Direito Romano propriamente dito. Representa, todavia, uma síntese formada a partir de diversos textos romanos. Justifica-se, outrossim, pela circunstância ética situada "na confiança despertada pelo agente em outro sujeito de boa-fé, em razão de uma primeira conduta praticada".[19]

---

    17. O Código de Processo Civil atual também cogita da boa-fé entre os deveres das partes e de todos os que atuam no processo (art. 14). E o Projeto, em seu art. 5º, coloca a boa-fé entre as normas fundamentais do processo civil.
    18. Alejandro Borda, *La Teoría de los Actos Propios*, cit., p. 11.
    19. Idem, ibidem.

Ao longo da história do Direito outras figuras foram construídas, à semelhança da "teoria dos atos próprios", mas que, de alguma forma, dela se distinguem apenas em aspectos particulares, como o *estoppel* anglo-saxônico e a *Verwirkung* alemã. Todas, porém, têm em comum a *valorização do comportamento ético*, envolvendo a boa-fé, a confiança e a lealdade entre os sujeitos do negócio jurídico.

Na literatura jurídica nacional a primeira obra doutrinária de fôlego a cuidar em profundidade do tema da "proibição de comportamento contraditório" deve-se a Anderson Schreiber.[20] O autor – como destaca Gustavo Tepedino na "Apresentação" do estudo, procede a uma releitura do princípio em questão, "apresentando-o como expressão da *solidariedade social*, que se traduz no dever de respeito à confiança suscitada pelo próprio comportamento. Na esteira desse entendimento, o princípio adquire largo espectro de incidência, para além, inclusive, das possibilidades oferecidas pelo dever de boa-fé objetiva".[21]

3. Proibição do comportamento contraditório e solidariedade contratual

O *BGB*, nos momentos finais do século XIX e nos primeiros instantes do século XX, inovou o papel da boa-fé no direito privado ao dispor, em seu § 242, com grande e universal repercussão, que "o devedor está adstrito a realizar a prestação tal como a exija a boa-fé, com consideração pelos costumes do tráfego". Obviamente, tal boa-fé não era a boa-fé subjetiva identificada no estado psicológico daquele que age na ignorância do vício que macula um direito real. A boa-fé proclamada pelo *BGB*, e que logo foi amplamente acolhida pelo Direito Comparado, envolve uma concepção objetiva do fenômeno: essa visão enfoca a boa-fé "como

---

20. Anderson Schreiber, *A Proibição de Comportamento Contraditório: Tutela da Confiança e **Venire Contra Factum Proprium**,* 2ª ed., Rio de Janeiro, Renovar, 2007.

21. No Direito Comparado, mais próximo ao nosso, merecem destaque: Alejandro Borda, *La Teoría de los Actos Propios*, cit., 1987; José Puig Brutau, *Estudios de Derecho Comparado. La Doctrina de los Actos Propios*, Barcelona, Ediciones Ariel, 1951; Luis Díez-Picazo, *La Doctrina de los Propios Actos – Un Estudio Crítico sobre la Jurisprudencia del Tribunal Supremo*, Barcelona, Bosch, 1963; António Manuel da Rocha e Menezes Cordeiro, *Da Boa-Fé no Direito Civil*, Coimbra, Livraria Almedina, 1997; Francesco Astone, **Venire Contra Factum Proprium**, Nápoles, Jovene Editore, 2006; Franz Wieacker, *El Principio General de la Buena Fe*, Madri, Civitas, 1982; Hans Josef Wieling, *"Venire contra factum proprium* e Colpa Verso Se Stesso", trad. italiana, *Rassegna di Diritto Civile* 1994, Nápoles, Edizione Scientifiche Italiane/ESI – entre vários outros.

standard de conduta leal e confiável, independentemente de considerações subjetivistas".²²

Foi, na verdade, a partir dos graves problemas gerados pela I Grande Guerra Mundial que a boa-fé objetiva preconizada pelo *BGB* veio a realizar, em plenitude, sua vocação de cláusula geral apta a impor parâmetros de conduta para as relações sociais, sobretudo por meio da criação de direitos e obrigações anexos ao objeto do contrato, voltados a alcançar a mútua e leal cooperação entre as partes.²³

Com efeito, modernamente se reconhecem três funções básicas ao princípio da boa-fé objetiva, as quais são acatadas pelo Direito Brasileiro:²⁴

> (a) a função de cânone interpretativo dos negócios jurídicos;²⁵ (b) a função criadora de deveres anexos ou acessórios à prestação principal;²⁶ e (c) a função restritiva do exercício de direitos.²⁷

22. Anderson Schreiber, *A Proibição de Comportamento Contraditório: Tutela da Confiança e **Venire Contra Factum Proprium***, cit., 2ª ed., p. 83; Dieter Medicus, *Tratado de las Relaciones Obligacionales*, vol. I, Barcelona, Bosch, 1995, pp. 74-78.

"La buona fede si configura come comportamento onesto, leale; e perciò essa implica certamente una valutazione di natura etico-sociale, anche se non sarebbe esato affermare che si risolve in essa" (Umberto Breccia, *Diligenza e Buona Fede nell'Attuazione del Rapporto Obbligatorio*, Milão, Giuffrè, 1968, pp. 3-6).

23. António Manuel da Rocha e Menezes Cordeiro, *Da Boa-Fé no Direito Civil*, cit., § 13º, pp. 332-335.

24. Antônio Junqueira de Azevedo, "Insuficiências, deficiências e desatualização do Projeto de Código Civil na questão da boa-fé objetiva nos contratos", *Revista Trimestral de Direito Civil* 1/7; Ruy Rosado de Aguiar Jr., "A boa-fé na relação de consumo", *Revista de Direito do Consumidor* 14/25; Judith Martins-Costa, *Comentários ao Novo Código Civil*, vol. V, t. I, Rio de Janeiro, Forense, 2006, n. 4.2, p. 42; Gustav Wieacker, *El principio General de la Buena Fe*, Madri, Civitas, 1986, p. 50; Anderson Schreiber, *A Proibição de Comportamento Contraditório: Tutela da Confiança e **Venire Contra Factum Proprium***, cit., 2ª ed., p. 86.

25. A interpretação segundo a boa-fé objetiva é uma "especificação do princípio de correção e lealdade contratuais, segundo o qual se pode atribuir ao contrato um sentido conforme às regras do *honeste agere* que as partes estariam sujeitas a observar nas diversas fases do relacionamento contratual" (Maria Costanza, *Profili dell'Interpretazione del Contratto Secondo Buona Fede*, Milão, Giuffrè, 1989, p. 30). "A boa-fé impede, aí, por certo, interpretações maliciosas e dirigidas a prejudicar a contraparte, mas vai além, atribuindo à norma contratual o significado mais leal e honesto" (Anderson Schreiber, *A Proibição de Comportamento Contraditório: Tutela da Confiança e **Venire Contra Factum Proprium***, cit., 2ª ed., pp. 86-87).

26. No desempenho da função criadora de deveres anexos ou acessórios, a boa-fé objetiva "impõe às partes deveres outros que não aqueles previstos no contrato,

Sob todas as modalidades que pode assumir, a boa-fé objetiva, no direito privado contemporâneo, caracteriza-se pela preocupação, dentro do relacionamento negocial, com a "realização da solidariedade social", e chega, mesmo, a se confundir "com o seu conteúdo".[28] E, para reduzir a margem de discricionariedade da atuação privada, faz com que os direitos individuais não só sejam exercitados com lealdade, mas também guardando respeito aos direitos alheios e aos "interesses legítimos e às expectativas razoáveis de seus parceiros na aventura social".[29]

De fato, na definição do que vem a ser *boa-fé objetiva* assume "grande importância este respeito à condição alheia, aos interesses do outro, às suas esperanças e expectativas, o que remete, em última análise, à chamada tutela da confiança".[30]

4. A tutela da confiança

O teor geral da cooperação intersubjetiva no atual direito das obrigações – para Judith Martins-Costa – "decorre de a boa-fé constituir, em como o dever de informação, o dever de segurança, o dever de sigilo, o dever de colaboração para o integral cumprimento dos fins contratuais, e assim por diante" (Anderson Schreiber, *A Proibição de Comportamento Contraditório: Tutela da Confiança e* **Venire Contra Factum Proprium**, cit., 2ª ed., p. 87). Tais deveres – que deverão ser observados "durante todo o desenvolvimento da relação jurídica, e, em certos casos, posteriormente ao adimplemento da obrigação principal, consistem em indicações, atos de proteção, como o dever de afastar danos, atos de vigilância, da guarda e cooperação, de assistência" (Clóvis do Couto e Silva, *A Obrigação como Processo*, São Paulo, José Bushatski Editor, 1976, p. 113). "Ao ensejar a criação desses deveres, a boa-fé atua como fonte de integração do conteúdo contratual, determinando a sua otimização, independentemente da regulação voluntaristicamente estabelecida" (Judith Martins-Costa, *A Boa-Fé no Direito Privado – Sistema e Tópica no Processo Obrigacional*, São Paulo, Ed. RT, 2000, p. 440).

27. A terceira função desempenhada pela boa-fé objetiva corresponde à repressão ao abuso do direito (CC, art. 187). Por meio dela impede-se o exercício de direitos "em contrariedade à recíproca lealdade e confiança que deve imperar nas relações privadas" (Anderson Schreiber, *A Proibição de Comportamento Contraditório: Tutela da Confiança e* **Venire Contra Factum Proprium**, cit., 2ª ed., p. 89).

28. Anderson Schreiber, *A Proibição de Comportamento Contraditório: Tutela da Confiança e* **Venire Contra Factum Proprium**, cit., 2ª ed., p. 90.

29. Bruno Lewicki, "Panorama da boa-fé objetiva", in Gustavo Tepedino (coord.), *Problemas de Direito Civil-Constitucional*, Rio de Janeiro, Renovar, 2001, p. 57.

30. Anderson Schreiber, *A Proibição de Comportamento Contraditório: Tutela da Confiança e* **Venire Contra Factum Proprium**, cit., 2ª ed., p. 91.

sua acepção objetiva, uma *norma de conduta* que impõe aos participantes da relação obrigacional um agir pautado pela lealdade, pela consideração dos interesses da contraparte".[31]

Realça a boa doutrina o papel fundamental da *confiança* na compreensão da boa-fé objetiva. Se o direito das obrigações – como destaca Menezes Cordeiro – implica colaboração intersubjetiva, implica, dada sua natureza de direito inserido em determinada sociedade, "*um certo tipo de colaboração*: uma colaboração informada pelos valores próprios da ordem jurídico-econômica considerada".[32]

É a boa-fé objetiva que dá o sentido, na relação obrigacional, capaz de "nortear o teor geral dessa *colaboração intersubjetiva*", marcando o giro epistemológico outrora centrado na *teoria da vontade*, para tomar, modernamente, em consideração, de forma preferencial, os "seus efeitos".[33] É disso que decorre "a valorização exponencial hoje conferida à legítima confiança que despertamos, nos outros, pelos nossos atos, por nossas palavras, enfim, pela nossa conduta".[34]

Num regime constitucional que preambularmente manifesta o propósito de instituir um Estado Democrático de Direito assentado em valores supremos como a segurança e a justiça, entre outros, indispensáveis à implantação de "uma sociedade fraterna", e que insere entre os "objetivos fundamentais da República Federativa do Brasil" o de "construir uma sociedade livre, justa e *solidária*" (CF, art. 3º, I), por certo a melhor compreensão do papel da boa-fé objetiva, como instrumento de realização da *confiança* no plano do direito das obrigações, avulta em significado, ultrapassando, mesmo, os limites do direito privado.

Daí que, "ao impor sobre todos um dever de não se comportar de forma lesiva aos interesses e expectativas despertadas *no outro*, a tutela da confiança revela-se, em plano axiológico-normativo, não apenas como *principal integrante* do conteúdo da boa-fé objetiva, mas também como *forte expressão da solidariedade social*, e importante instrumento

---

31. Judith Martins-Costa, *Comentários ao Novo Código Civil*, cit., 2ª ed., vol. V, t. I, n. 4.2, p. 42.

32. António Manuel da Rocha e Menezes Cordeiro, *Direito das Obrigações*, vol. I, Lisboa, Associação Acadêmica da Faculdade de Direito de Lisboa, 1980, p. 143.

33. Idem, ibidem.

34. Judith Martins-Costa, *Comentários ao Novo Código Civil*, cit., vol. V, t. I, pp. 34-35.

de reação ao *voluntarismo* e ao *liberalismo* ainda amalgamado ao direito privado como um todo".[35]

5. *A nova visão do* venire contra factum proprium *à luz da teoria da confiança*

Se era um tanto frágil a vedação da conduta contraditória do contratante lastreada apenas na exigência de coerência comportamental, tornou-se muito mais densa e firme sua justificação quando passou a fundar-se na "tutela da confiança" e, consequentemente, na "solidariedade social". Com efeito, a boa-fé objetiva e sua tradicional manifestação consistente no *nemo potest venire contra factum proprium* se enquadraram com perfeição na moderna noção de *tutela da confiança*.

Se antigamente era um problema conceber a vedação da conduta contraditória como regra geral, já que o direito positivo em várias situações permitia e validava esse tipo de comportamento, hoje é tranquilo que é a *ofensa* ao princípio da *confiança* que justifica a repressão do *venire contra factum proprium*, e não a simples incoerência de procedimentos do contratante.

Explica Franz Wieacker:

> La exigencia de confianza no es obligación de veracidad subjetiva, sino – como en la moderna teoría de la validez de la declaración de voluntad – el no separarse del valor de significación que a la propia conducta puede serle atribuido por la otra parte. Más simplemente: el principio del venire es una aplicación del principio de la confianza en el tráfico jurídico y no una específica prohibición de la mala fe y de la mentira.[36]

Em outras palavras: não é a incoerência do agente, mas a tutela da confiança, o fundamento contemporâneo do *nemo potest venire contra factum proprium*.[37]

---

35. Anderson Schreiber, *A Proibição de Comportamento Contraditório: Tutela da Confiança e* **Venire Contra Factum Proprium**, cit., 2ª ed., p. 95.
36. Franz Wieacker, *El Principio General de la Buena Fe*, cit., pp. 61-62.
37. "A tutela da confiança atribui ao *venire* um conteúdo substancial no sentido de que deixa de se tratar de uma proibição à incoerência por si só, para se tornar um princípio de *proibição à ruptura da confiança*, por meio da incoerência. A incompatibilidade ou contradição de comportamento em si deixa de ser vista como o objeto da repressão para passar a ser tão somente o instrumento pelo qual se atenta contra aquilo que verdadeiramente se protege: a *legítima confiança* depositada por outrem,

6. Fundamento institucional do venire

A teoria da proibição da conduta contraditória, que deriva da máxima *venire contra factum proprium nulli conceditur*[38] e goza de larga consagração doutrinária e jurisprudencial, tem sua clássica definição na obra de Enneccerus-Nipperdey:

> A nadie le es lícito hacer valer un derecho en contradicción con su anterior conducta, cuando esta conducta, interpretada objetivamente según la ley, según las buenas costumbres o la buena fe, justifica la conclusión de que no se hará valer el derecho, o cuando el ejercicio posterior choque contra ley, las buenas costumbres o la buena fe.[39]

Ensina Puig Brutau que a doutrina dos atos próprios "significa realmente un poderoso instrumento para aumentar el sentido de solidaridad y para dar cohesión al grupo social, pues cada miembro ve reflejado en sus propios intereses el perjuicio que su conducta podía haber inferido a los demás".[40]

7. Pressupostos da proibição ao comportamento contraditório

A aplicação da teoria de repulsa à conduta contraditória no campo negocial pressupõe um conflito entre dois comportamentos do mesmo agente em face do mesmo negócio jurídico. Mas o *venire* não se contenta apenas com a incoerência do agente. É necessário que, fundamentalmente, a primeira conduta tenha gerado a *confiança* na contraparte a

em consonância com a boa-fé, na manutenção do comportamento inicial" (Anderson Schreiber, *A Proibição de Comportamento Contraditório: Tutela da Confiança e Venire Contra Factum Proprium*, cit., 2ª ed., p. 101).
38. "La teoría de los actos propios constituye una regla derivada del principio general de la buena fe" (Alejandro Borda, *La Teoría de los Actos Propios*, cit., n. 55, p. 57). Sua função consiste em "impedir un resultado conforme al estricto derecho civil pero contrario a la equidad y a la buena fe" (Simon P. Safontás, "Doctrina de los propios actos", *Revista Jus* 1964-1965, p. 28, *apud* Borda, ob. cit., p. 56).
39. Ludwig Enneccerus e Hans Carl Nipperdey, *Derecho Civil – Parte General*, t. I, vol. II, Barcelona, Bosch, 1947, n. 208, p. 482. Para José Puig Brutau a base da doutrina em foco "está en el hecho de que se ha observado una conducta que justifica la conclusión o creencia de que no se hará valer un derecho", ou que "tal derecho no existe" (*Estudios de Derecho Comparado. La Doctrina de los Actos Propios*, cit., p. 101).
40. José Puig Brutau, *Estudios de Derecho Comparado. La Doctrina de los Actos Propios*, cit., p. 106.

respeito de suas consequências futuras.⁴¹ Isto porque, na concepção atual da boa-fé objetiva, a função do *nemo potest venire contra factum proprium* corresponde, como já visto, à *tutela da confiança*. A incoerência é um dos fatores importantes na espécie, mas não é decisiva. Só o será se conjugada com a confiança legítima previamente gerada no espírito da contraparte.

Estabelecida esta premissa, podem ser arrolados, segundo a mais atualizada doutrina, quatro pressupostos para aplicação do princípio da *proibição ao comportamento contraditório*,⁴² a saber:

> (a) um *factum proprium*, configurador de uma conduta inicial do agente; (b) a legítima confiança de outrem na conservação do sentido objetivo de tal conduta; (c) um posterior comportamento contraditório com o referido sentido objetivo (e, por isso mesmo, violador da confiança); e, por fim, (d) um dano ou, no mínimo, a potencialidade de um dano, a partir da contradição.

O princípio *sub examine* aplica-se não a qualquer *fato jurídico*, mas estritamente aos acontecimentos derivados da atuação humana. Tanto o comportamento inicial como o comportamento posterior em sentido contrário correspondem a atos de vontade. Os acontecimentos naturais desvinculados da atuação humana (fatos jurídicos em sentido estrito) não entram na esfera de incidência do princípio da proibição do comportamento contraditório, já que não podem ser atribuídos a alguém que tenha violado o *dever de coerência*.⁴³

Em suma, o princípio *venire contra factum proprium* "postula dois comportamentos da mesma pessoa, lícitos em si e diferidos no tempo. O primeiro – o *factum proprium* – é, porém, contrariado pelo segundo".⁴⁴

Ao se reprimir o comportamento contraditório não se transforma o comportamento inicial num ato de vontade vinculante (tal como se se tratasse de um novo *ato jurídico*), de cujos efeitos não pudesse se furtar o declarante. O problema tem de ser analisado, segundo Menezes Cordeiro, em dois pontos:

---

41. Alejandro Borda, *La Teoría de los Actos Propios*, cit., pp. 81-82.
42. Anderson Schreiber, *A Proibição de Comportamento Contraditório: Tutela da Confiança e* **Venire Contra Factum Proprium**, cit., 2ª ed., p. 132.
43. Idem, pp. 132-133.
44. Menezes Cordeiro, *Da Boa-Fé no Direito Civil*, cit., § 28º, p. 745.

(a) na univocidade do próprio comportamento em si; (b) na capacidade de motivar *[pelo inequívoco sentido daquele comportamento]* a confiança da contraparte.

Não se pode exigir que a conduta inicial se dê de forma a evidenciar, por parte do declarante, a consciência de uma efetiva *declaração de vontade negocial*. Se a tal fosse condicionada, a proibição do *venire contra factum proprium* perderia qualquer interesse, já que a conduta posterior, contrária à primeira, não passaria de uma violação negocial. Não haveria necessidade de invocar a quebra da confiança para rejeitar o segundo comportamento.

Esclarece Menezes Cordeiro:

> A proibição de *venire contra factum proprium* representa um modo de exprimir a reprovação por exercícios inadmissíveis de direitos e posições jurídicas. Perante comportamentos contraditórios, a ordem jurídica não visa à manutenção do *status* gerado pela primeira actuação, que o Direito não reconheceu, mas antes a proteção da pessoa que teve por boa, com justificação, a actuação em causa. O *factum proprium* impõe-se não como expressão da regra *pacta sunt servanda*, mas por exprimir, na sua continuidade, um factor acautelado pela concretização da boa-fé.[45]

É nessa perspectiva que os requisitos para aplicação da repulsa à conduta contraditória se contentam, além da própria incoerência de comportamento da mesma pessoa frente à mesma relação obrigacional, com a quebra da confiança inspirada à outra parte e o prejuízo jurídico que tal quebra lhe tenha acarretado.

Reconhece a doutrina mais abalizada ser muito extensa a área passível de incidência da inadmissibilidade de posições jurídicas ínsitas nos comportamentos contraditórios. Sujeitas a enorme variedade de dados periféricos, depara-se a doutrina generalizante com dificuldades de monta para a obtenção de soluções novas e completas. Há, por exemplo, um grupo marginal de situações que não se confunde inteiramente como o venire, mas em que a doutrina da confiança se faz presente, aflorando "o princípio da materialidade das regulações jurídicas, conectado, também, com a boa-fé e patente no *tu quoque*: sendo inviável estabelecer linhas dedutivas com base no *venire contra factum proprium*". Para alcançar sinteticamente todas as possíveis posições jurídicas imagináveis em que o comportamento contraditório pode se manifestar, a doutrina tem

---

45. Idem, § 28º, pp. 769-770.

se contentado – segundo Menezes Cordeiro – em detectar "as grandes linhas da proibição do *venire contra factum proprium*. Para alcançar os novos elementos periféricos constitutivos enriquecedores do tema hão de ser buscadas tipificações mais restritas, a fim de constatar em que medida esses tipos "corroboram ou inflectem as linhas depreendidas dos comportamentos contraditórios".[46] É o que se passa, *v.g.*, com o *tu quoque* e com a *suppressio*, ou com a *Verwirkung*.

8. Suppressio, surrectio *e* tu quoque

Por influência da boa-fé objetiva, podem surgir no relacionamento obrigacional "vedações ao exercício inadmissível de posições jurídicas". Assim, na função de "baliza da licitude", a boa-fé, tutelando a confiança, pode coibir condutas que "defraudem a *expectativa de confiança*" legitimamente formada. "Neste papel – lembra Judith Martins-Costa – a boa-fé indicará, então, as variadas possibilidades técnicas de coibição do exercício de direitos e poderes formativos (dimensão negativa) quando violadores de uma confiança legitimamente suscitada".[47] É nesse terreno que atuam as técnicas de proibição do *venire contra factum proprium*, bem como dos casos de paralisação do exercício de direito subjetivo em *formas atípicas* (aproximativas da preclusão ou decadência) que podem levar à "supressão e à ressurreição de direitos (*suppressio* e *surrectio*)"; e, ainda, "na coibição dos casos de contrariedade de condutas agrupadas sob a rubrica *tu quoque*".[48]

A fórmula *tu quoque* – conforme Menezes Cordeiro – "traduz, com generalidade, o aflorar de uma regra pela qual a pessoa que viole uma norma jurídica não poderia, sem abuso, exercer a situação jurídica que essa mesma norma lhe tivesse atribuído". Citando Lorens, o autor português observa que "o alcance da fórmula pode ser restrito a aspectos contratuais – portanto à regra de que, quem seja infiel ao contrato, não pode, em princípio, derivar direitos da violação, praticada pela contraparte ao mesmo contrato".[49]

A *suppressio* – ainda na lição de Menezes Cordeiro – consiste na "situação do direito que, não tendo sido, em certas circunstâncias, exer-

---

46. Idem, § 28º, p. 770.
47. Judith Martins-Costa, *Comentários ao Novo Código Civil*, vol. V, t. II, Rio de Janeiro, Forense, 2006, p. 93.
48. Idem, pp. 93-95.
49. Menezes Cordeiro, *Da Boa-Fé no Direito Civil*, cit., § 31º, p. 837.

cido durante um determinado lapso de tempo, não possa mais sê-lo por, de outra forma, se contrariar a boa-fé".[50]

A tendência atual é considerar a *suppressio* como "uma forma de exercício inadmissível de direitos por *venire contra factum proprium*".[51] Houve, é certo, resistência doutrinária inicial a inserir a *suppressio* no campo de proibição do *venire contra factum proprium*, ao argumento de que a este falta a referência ao *fator tempo*, enquanto naquela não se requer um *factum* da parte, mas apenas sua inatividade. Explica, contudo, Menezes Cordeiro que por *factum proprium* não se deve compreender apenas a conduta comissiva do agente. "*Factum proprium* pode, afinal, ser qualquer eventualidade que, constituindo a base da imputação, a uma pessoa, de certas consequências, lhe seja própria. A não actuação de um direito subjetivo é, pois, facto próprio do seu titular. A realidade social da *suppressio*, que o Direito procura orientar, está na ruptura das expectativas de continuidade da autoapresentação praticada pela pessoa que, tendo criado, no espaço jurídico, uma imagem de não exercício, rompe, de súbito, o estado gerado. É precisamente o que se viu ocorrer no *venire contra factum proprium*". Assim, na *suppressio* o tempo tem uma outra projeção: "o decurso do tempo é a expressão da inactividade, traduzindo, como tal, o *factum proprium*".[52]

Entre a *suppressio* e a *surrectio* há uma identidade de causa, pois ambas atuam em função da inércia; mas os efeitos operam em sentidos diversos. Se a *suppressio* tem o condão de inibir o exercício de um direito subjetivo (até então reconhecido como legítimo), em virtude do seu longo e concludente não exercício, quando presentes a boa-fé e a confiança da contraparte, a *surrectio* opera em sentido oposto (qual seja, o de constituir uma situação jurídica nova entre as partes da relação obrigacional). Ensina Judith Martins-Costa:

> Diferentemente da *suppressio*, que indica o encobrimento de uma pretensão, coibindo-se o exercício do direito em razão do seu não exercício por determinado período de tempo, com a consequente criação da legítima expectativa, à contraparte, de que o mesmo não seria utilizado, outra figura, a *surrectio*, aponta para o nascimento de um direito como efeito, no tempo, da confiança legitimamente despertada na contraparte por determinada ação ou comportamento.[53]

---

50. Idem, § 30º, p. 796.
51. Idem, p. 810.
52. Idem, p. 813.
53. Judith Martins-Costa, *Diretrizes Teóricas do Novo Código Civil Brasileiro*, São Paulo, Saraiva, 2003, pp. 217-219.

É, por exemplo, com base no mecanismo equitativo da *surrectio* que a jurisprudência tem decidido que o beneficiário do seguro de vida em grupo cujo contrato vem sendo sistematicamente prorrogado durante longos anos não pode ser surpreendido, em determinado momento, com a recusa imotivada de renová-lo. Embora sempre ajustado o seguro por tempo certo, a conduta da seguradora reiterada por muitos e muitos anos teria gerado a confiança do segurado no sentido de que não mais lhe seria recusada a cobertura securitária sem justa causa.[54]

9. Suppressio, Verwirkung e prescrição

Observa Schreiber que "a expressão *Verwirkung*, também referida pela doutrina dos Países latinos como *suppressio* ou *caducidade*, foi consagrada pela jurisprudência alemã, a partir do fim da I Grande Guerra Mundial, para designar a *inadmissibilidade de exercício de um direito por seu retardamento desleal*".[55] Por meio desse expediente jurídico é possível, em nome da boa-fé e da confiança, desvencilhar-se dos rigores dos prazos prescricionais ou decadenciais, em determinadas circunstâncias.

Eis a conceituação que lhe dá Díez-Picazo:

> A *Verwirkung* é um caso especial da inadmissibilidade do exercício de um direito por contrariedade à boa-fé, ou, se se prefere, um caso especial de abuso de direito realizado com um retardamento desleal (*illoyal verspäteste Rechtsanbung*). Um direito subjetivo ou uma pretensão não podem exercitar-se quando o titular não só não se preocupou durante muito

---

54. "Na hipótese em que o contrato de seguro de vida é renovado ano a ano, por longo período, não pode a seguradora modificar subitamente as condições da avença, nem deixar de renová-la em razão de fator de idade, sem que ofenda os princípios da boa-fé objetiva, da cooperação, da confiança e da lealdade" (STJ, 4ª Turma, REsp/ED 1.159.632-RJ, rel. Min. João Otávio de Noronha, ac. 9.8.2011, *DJe* 19.8.2011. No mesmo sentido: STJ, 3ª Turma, REsp 254.548-SP, rel. Min. Ari Pargendler, ac. 9.10.2007, *DJU* 5.3.2008, p. 1). Por sua vez, o TJSP já decidiu que, embora a renovação não possa ser tida como direito absoluto do segurado, "também não pode ser reconhecido o direito potestativo da seguradora, em contratos que assumiram características de contínuos e relacionais, a não renovar o seguro quando, por seu comportamento, criou a justa expectativa de renovação, que retirou do segurado a oportunidade de contratar outra seguradora" (TJSP, 20ª Câmara de Direito Privado, ACi 9299575-63.2008.8.26.000, rel. Des. Carlos Alberto Garbi, ac. 30.3.2011, *DJe* 20.4.2011).

55. Anderson Schreiber, *A Proibição de Comportamento Contraditório: Tutela da Confiança e **Venire contra factum proprium***, cit., 2ª ed., p. 185.

tempo de fazê-los valer, mas também deu lugar, com sua atitude omissiva, a que o adversário da pretensão pudesse esperar objetivamente que já não exercitará o direito.[56]

Muito embora se tivesse, a princípio, procurado sustentar a associação da *Verwirkung* ao instituto da *renúncia tácita*, a figura foi – segundo observa Schreiber – gradativamente se desprendendo de considerações subjetivistas e vestes negociais e caminhando em direção "à sua inserção no âmbito da boa-fé objetiva".[57]

Pode-se, modernamente, ter como universalmente aceito que "a *suppressio* refere-se à demora desleal e anormal na realização de certo negócio". Desse modo, e de acordo com seu conceito, "comprovado que a tardança não se justifica, a parte prejudicada fica liberada da obrigação. A ideia é, assim, afastar a exigência de uma obrigação cujo titular quedou inerte por período considerado incompatível".[58]

Trata-se, sem dúvida, de uma subespécie de *venire contra factum proprium*, cujo comportamento inicial posteriormente contrariado consiste justamente no "não exercício de uma situação jurídica subjetiva" em tempo compatível com as circunstâncias do negócio concretamente afetado.

Com efeito:

Na *Verwirkung*, a inadmissibilidade do exercício do direito vem como consequência de ter a *conduta omissiva* – a inatividade, o retardamento – do titular deste direito gerado em outrem a confiança de que aquele direito não seria mais exercido. O que se tutela é também, na versão hoje mais aceita da *Verwirkung*, a confiança no comportamento coerente daquele que se retardou em fazer valer o seu direito.[59]

---

56. Luis Díez-Picazo, *La Doctrina de los Propios Actos – Un Estudio Crítico sobre la Jurisprudencia del Tribunal Supremo*, cit., p. 94.

57. "Pouco a pouco, percebeu-se que a *deslealdade*, que se perquiria, não estava no *retardamento* em si, mas na violação às *normais expectativas* daquele que acreditava não mais exercitável o direito (...), sendo certo que a tutela da confiança é hoje apontada por toda parte como real fundamento da *Verwirkung*" (Anderson Schreiber, *A Proibição de Comportamento Contraditório: Tutela da Confiança e* **Venire contra factum proprium**, cit., 2ª ed., p. 188).

58. José Roberto de Castro Neves, "Boa-fé objetiva: posição atual no ordenamento jurídico e perspectiva de sua aplicação nas relações contratuais", *RF* 351/175, Rio de Janeiro, Forense, 2000.

59. Schreiber, *A Proibição de Comportamento Contraditório: Tutela da Confiança e* **Venire contra factum proprium**, cit., 2ª ed., p. 189.

Como já demonstrou Menezes Cordeiro, não há razão para excluir da teoria que reprime a conduta contraditória (*venire contra factum proprium*), com respaldo na moderna "tutela da confiança", as condutas omissivas.[60] Em outras palavras, "a projeção de um comportamento sobre outrem, *[como se passa com a **suppressio** ou a **Verwirkung**]* despertando a sua confiança – que é a essência da concepção contemporânea do *venire contra factum proprium* –, pode se dar seja esse comportamento positivo ou negativo, consista ele em um *agir* ou em um *não agir*".[61]

Resta uma indagação: nos casos – como se dá com o Direito Brasileiro – em que os prazos *prescricionais* são rigidamente fixados em lei, ficaria a aplicação da *suppressio* restrita às obrigações não sujeitas a prazo da espécie? Parece óbvio que não, porque, a serem excluídos os prazos de prescrição, o instituto de proteção da boa-fé e da confiança ficaria quase que completamente esvaziado entre nós.

O certo é que, perante os prazos legais rígidos, em princípio, o simples decurso do tempo não seria suficiente para justificar a confiança da parte na perpetuação da conduta omissiva da contraparte enquanto não atingido o termo extintivo da lei. Mas a confiança pode ser estabelecida a partir da conjugação, *in concreto*, entre a longa inércia do titular do direito e outros dados circunstanciais, que inequivocamente evidenciariam o propósito definitivo de não fazer valer a situação jurídica, mesmo independentemente do não transcurso do lapso prescricional.

Muito adequada é, a propósito, a doutrina de Schreiber e outros juristas brasileiros:

> Parece, todavia, razoável admitir que, neste confronto com os prazos legais (prescricionais ou decadenciais), o valor da segurança que os inspira ceda em favor da tutela da confiança naquelas hipóteses em que ao simples decurso do tempo se somem comportamentos do titular do direito – caso em que o *venire contra factum proprium* deixa, a rigor, de ser omissivo e adquire sua feição mais comum – ou circunstâncias de fato, imputáveis a ele ou não, que justifiquem uma tutela da boa-fé objetiva independentemente e acima dos prazos fixados em lei, em uma espécie de prescrição de fato. Assim, nas hipóteses de (i) omissão somada a comportamento comissivo inspirador da confiança ou de (ii) omissão qualificada por circunstâncias que, na ausência de qualquer comportamento do titular, sejam capazes de gerar a confiança de terceiros, pode se tornar aceitável a aplicação do

---

60. Menezes Cordeiro, *Da Boa-Fé no Direito Civil*, cit., § 30º, pp. 807-810.
61. Schreiber, *A Proibição de Comportamento Contraditório: Tutela da Confiança e **Venire Contra Factum Proprium***, cit., 2ª ed., pp. 189-190.

nemo potest venire contra factum proprium, inclusive sob a modalidade de *Verwirkung*, mesmo na pendência de um prazo legal fixo. A efetiva ponderação, todavia, somente poderá ser feita em cada caso concreto.[62]

Cabe aqui, também, a lição de Patti, para quem a *Verwirkung* pode ocorrer independentemente dos prazos de lei, *in verbis*:

La *Verwirkung* è un istituto, elaborato dalla giurisprudenza tedesca, che comporta la perdita del diritto soggettivo alla inattività del titolare, durata per un periodo non determinato *a priori*, ed alla concorrenza di circostanze idonee a determinare un affidamento meritevole di tutela in base al principio di buona fede.[63]

Enfim, a lição de Judith Martins-Costa coloca o problema da *suppressio* ou *Verwirkung* em seus devidos termos: "Exige-se, para sua configuração, (i) o decurso de prazo sem exercício do direito com indícios objetivos de que o direito não mais seria exercido e (ii) desequilíbrio, pela ação do tempo, entre o benefício do credor e o prejuízo do devedor".[64] É o que, em torno do tema, assentaram também o TJRS e o TJMG.[65]

10. Conclusões doutrinárias

Nascida de uma cláusula geral – a da boa-fé objetiva –, a proibição da conduta contraditória, expressa na máxima *venire contra factum proprium nulli conceditur*, representa um desafio conceitual de difícil en-

62. Idem, pp. 192-193. Nesse sentido: "O exercício da pretensão vem, assim, paralisado pela *Verwirkung*, por ser considerado desleal e abusivo, muito embora não haja transcorrido o prazo legal da prescrição, o que significa aplicar-lhe na realidade uma espécie de prescrição de fato" (Francisco José Ferreira Muniz, "O princípio geral da boa-fé como regra de comportamento contratual", in *Textos de Direito Civil*, Curitiba, Juruá, 1998, pp. 45-46).
63. Salvatore Patti, *"Verwirkung"*, in *Digesto delle Discipline Privatistiche, Sezione Civile*, vol. XIX, Turim, UTET, 1995, p. 722.
64. Judith Martins-Costa e Gerson Luiz Carlos Branco, *Diretrizes Teóricas do Novo Código Civil Brasileiro*, cit., p. 218.
65. TJRS, 2ª Câmara Cível, ACi 70001123561, rela. Des. Maria Isabel de Azevedo Sousa, ac. 28.6.2000, *apud* Judith Martins-Costa, *Diretrizes Teóricas do Novo Código Civil Brasileiro*, cit., p. 217. "4. Para que se reconheça a perda do direito pelo decurso de um determinado lapso temporal – *suppressio* – é necessária a demonstração de que o comportamento da parte era inadmissível e que dele tenha advindo prejuízo para a outra parte" (TJMG, 16ª Câmara Cível, ACi 1.0145.11.024731-2/001, rel. Des. Wagner Wilson, ac. 5.9.2012, *DJE* 14.9.2012).

frentamento para a doutrina civilística. A largueza das cláusulas gerais, na verdade, impede que o jurista sério possa ter a pretensão de indicar, para a problemática relacionada com a vedação da conduta incoerente, uma "solução objetivamente exata e cujo mérito não se poderá mais discutir". Isto, porém, não anula as virtudes da cláusula geral, cujo alcance é sempre subordinado às peculiaridades do caso concreto e à sistematização com o ordenamento jurídico como um todo. Essa peculiaridade da proibição do *venire contra factum proprium* é, aliás, apontada como "um dos aspectos positivos" da norma concebida a seu respeito, desde que seja interpretada segundo as justificativas teóricas construídas e admitidas pela doutrina e pela jurisprudência.[66]

É claro, porém, que não se confere aos tribunais amplo poder discricionário para aplicar, ou não, a "proibição de contradição e o dever de coerência nas relações entre particulares".

Em primeiro lugar, impõe-se o recurso aos critérios lógicos, principalmente aqueles concernentes à "lógica indutiva", que é, com efeito, "lo schema che caratterizza i giudizi sottesi all'applicazione della clausula generale" – na observação de Astone. Haverá, com certeza, casos práticos de extrema dificuldade na solução puramente lógica. Não representam, entretanto, a maioria das hipóteses levadas à consideração pretoriana. À luz da equidade, que é a justiça do caso concreto, o juiz haverá de enfrentar e solucionar esses problemas excepcionais, precavendo-se, sempre, para evitar que a aplicação da cláusula geral venha a *subverter* a disciplina do negócio ou a orientação do ordenamento em seu conjunto.

Não se concretiza, segundo a experiência a que largamente se tem submetido a aplicação da cláusula geral de proibição da conduta contraditória, o risco de o juízo equitativo redundar em grave ruptura e completa subversão do sistema imposto pelo ordenamento jurídico positivo. Pelo contrário, o melhor argumento contra esse perigo reside justamente no recurso à lógica jurídica, "che proprio il divieto di *venire contra factum proprium* sembra in grado di garantire in modo rassicurante".[67]

Nessa linha de ideias, a cláusula da boa-fé (na roupagem da vedação do *venire contra factum proprium*) poderá interferir na disciplina da prescrição, superando o rigor dos prazos extintivos da lei. Lembra Astone que a lei italiana impede que o contrato seja interpretado de maneira contrária ao comportamento adotado pelas partes na respectiva execução. Ou seja: perante o direito positivo (ou segundo a teoria geral

66. Francesco Astone, *Venire contra factum proprium*, cit., p. 252.
67. Idem, pp. 253-254.

das obrigações, naqueles casos em que inexista na lei uma regra expressa como a do Código italiano), é possível que, segundo as conveniências das partes, as condições originárias do negócio sejam alteradas "pelo próprio comportamento pós-contratual" dos interessados.

Aplicando-se o raciocínio lógico, é fácil concluir que o mesmo comportamento a que se reconhece força de alterar cláusulas negociais pode também excluir a força obrigatória e as vantagens que, de início, se achavam asseguradas pela convenção.

Não é tão simples atribuir ao retardamento no exercício da situação jurídica o efeito extintivo da obrigação antes de consumado o prazo de prescrição ou decadência. O juízo, contudo, é viável, dentro da cláusula da boa-fé objetiva, se à longa inércia do contratante se acrescentarem outros fatos e circunstâncias.

Embora não seja possível elencar de maneira completa e exaustiva quais sejam essas circunstâncias, Astone registra que são muito numerosos os fatores abstratamente idôneos a incidir sobre "a concreta decisão". Além da natureza e da duração da relação jurídica em jogo, deverão outros elementos ser ponderados, como, por exemplo: a qualidade das partes, a relevância econômica do crédito em relação ao objeto da operação, mas, sobretudo, o tempo transcorrido desde o momento em que o crédito poderia ter sido exercido até o momento em que – antes da consumação da prescrição – pela primeira vez reclamou o adimplemento.[68]

À luz da conjugação de tais elementos presentes no caso concreto é que se tornará possível aplicar a vedação do comportamento contraditório para se reconhecer, ou não, a partir da longa inércia do credor, o estabelecimento da confiança legítima do devedor sobre o propósito daquele de não mais exercitar a situação jurídica de vantagem que lhe tocava, liberando, assim, o obrigado da responsabilidade negocial, antes mesmo de completado o prazo prescricional pertinente.[69]

68. Idem, p. 246.
69. Para disponibilizar a tutela contra a conduta contraditória é preciso, ainda, que tenha ocorrido a "plena adesão do confiante à crença suscitada pelo *factum proprium*. É necessário que ele tenha efetivamente pautado sua vida pelas indicações fornecidas por seu parceiro, o que, em doutrina, conhece-se por *investimento da confiança* (...). Conclui-se, destarte, que aquilo que se busca proteger com a vedação dos comportamentos contraditórios é tão só a proteção da confiança criada, ou mais precisamente 'a tutela do investimento do sujeito feito na convicção da constância ou coerência de um comportamento alheio'" (Elena de Carvalho Gomes, *Entre o* **Actus** *e o* **Factum**: *os Comportamentos Contraditórios no Direito Privado*, Belo Horizonte, Del Rey, 2009, p. 87; Manuel A. Carneiro da Frada, *Teoria da Confiança e Responsabilidade Civil*, Coimbra, Livraria Almedina, 2007, p. 420. No mesmo

11. Posição da jurisprudência brasileira

O desenvolvimento da teoria do *venire contra factum proprium* foi recuperado no Direito Europeu a partir de rica construção jurisprudencial, iniciada pelos tribunais alemães e generalizada pela Justiça dos demais Países do Velho Mundo. Da cláusula geral de boa-fé objetiva surgiu a valorização do princípio da confiança, que solidificou a tese da reprovação do comportamento contraditório e permitiu seu desdobramento em várias outras figuras, todas voltadas contra as atitudes abusivas no exercício dos direitos subjetivos, como a *suppressio*, a *surrectio* e o *tu quoque*.

No Brasil, principalmente após a expressa consagração da boa-fé objetiva pelo Código Civil de 2002, o *venire contra factum proprium* passou a merecer amplo e irrestrito reconhecimento da jurisprudência, inclusive sob as modalidades especiais da *suppressio*, da *surrectio* e do *tu quoque*.[70]

Luiz Rodrigues Wambier[71] levantou numerosos precedentes dos mais diversos tribunais – dentre eles os Tribunais de Justiça de São Pau-

---

sentido: Luiz Rodrigues Wambier, "A *suppressio* e o direito à prestação de contas", *RT* 915/290-291, São Paulo, Ed. RT, janeiro/2012).

70. "Presentes os requisitos necessários, o ordenamento jurídico brasileiro autoriza a aplicação da *suppressio* como forma de perda de direito pelo decurso do tempo" (TJMG, 9ª Câmara Cível, ACi 1.0145.08.450873-1/001, rel. Des. José Antônio Braga, ac. 27.3.2012, *DJE* 25.4.2012).

"Na *suppressio*, um direito não exercido durante um determinado lapso de tempo não poderá mais sê-lo, por contrariar a boa-fé" (TJMG, 14ª Câmara Cível, ACi 1.0002.10.003384-0/001, rel. Des. Rogério Medeiros, ac. 26.1.2012, *DJE* 6.3.2012).

"O comportamento do banco em contrariedade ao que foi estipulado contratualmente, agindo em benefício do consumidor, gera em prol desse uma expectativa de que assim se continue procedendo. Esse fato caracteriza o instituto da *surrectio*, que aponta para o nascimento de um direito como efeito da confiança legitimamente despertada na contraparte por determinada ação ou comportamento. A não observância da conduta perpetrada constitui ato ilícito, pois violadora da boa-fé objetiva" (TJMG, 13ª Câmara Cível, ACi 1.0024.08.138524-7/001, rela. Desa. Cláudia Maia, ac. 9.8.2012, *DJE* 17.8.2012).

"Fenômeno da *surrectio* a garantir seja mantido o ajuste tacitamente convencionado.

"A situação criada ao arrepio de cláusula contratual livremente convencionada – pela qual a locadora aceita, por certo lapso de tempo, aluguel a preço inferior àquele expressamente ajustado – cria, a luz do direito civil moderno, novo direito subjetivo, a estabilizar situação de fato já consolidada, em prestígio ao princípio da boa-fé contratual" (TJMG, 16ª Câmara Cível, ACi 1.0024.03.163299-5/001, rel. Des. Mauro Soares de Freitas, ac. 11.2.2009, *DJE* 13.3.2009).

71. Luiz Rodrigues Wambier, "A *suppressio* e o direito à prestação de contas", cit., *RT* 915/279-293. O autor resume a força que a jurisprudência atribui à

lo, do Rio Grande do Sul, do Maranhão, do Espírito Santo, do Paraná, do Rio Grande do Norte –, todos eles aplicando a cláusula geral da boa--fé para reprimir a conduta contratual contraditória. Vários deles deram curso à técnica da *suppressio* para extinguir direitos subjetivos em face de circunstâncias geradoras de confiança, que não mais poderia ser rompida ou defraudada sem quebrar o clima ético de cooperação e lealdade, que não pode deixar de ser mantido em todos os estágios de formação, desenvolvimento e cumprimento da relação obrigacional.[72] Não é diferente a orientação traçada pelo STJ, que tem aplicado a *suppressio* como remédio inerente à boa-fé objetiva, e que "indica a possibilidade de se considerar suprimida determinada obrigação contratual na hipótese em que o não exercício do direito correspondente, pelo credor, gerar ao devedor a legítima expectativa de que esse não exercício se prorrogará no tempo".[73]

No julgamento do REsp 1.192.678-PR (caso que pode ser tratado como paradigmático), o STJ, pela voz do Relator, Min. Paulo de Tarso

suppressio na possibilidade que "permite ao juiz considerar o direito de alguém extinto quando a conduta da outra parte indica claramente que esse direito jamais será exigido" (p. 279).

72. Com base na lição de Teresa Negreiros (*Teoria do Contrato – Novos Paradigmas*, Rio de Janeiro, Renovar, 2002, p. 122), o TJSP, por exemplo, decidiu que "entre as diversas funções da boa-fé objetiva está a de controle, que impõe limites ao exercício dos direitos"; e que "entre as categorias de exercício de direitos que infringem a boa-fé estão o *venire contra factum proprium* e a *suppressio*". Acentuou que a boa-fé objetiva "consiste num dever contratual ativo", o qual "obriga à colaboração, não se satisfazendo com a mera abstenção, tampouco se limitando à função de justificar o gozo de benefícios que, em princípio, não se destinariam àquela pessoa". Na verdade, "o princípio da boa-fé limita o exercício de direitos, dele decorrendo a possibilidade de extinção de um direito (*suppressio*), como mecanismo para o 'repúdio a atos desleais, a tutela da aparência e das expectativas que daí decorrem, e, acima de tudo, a caracterização da ordem contratual como uma ordem de cooperação'" (TJSP, 4ª Câmara de Direito Privado, EI 0104915-04.2003.8.26.000, *DJE* 2.2.2006 – voto condutor do acórdão, do Des. Ênio Santarelli Zuliani).

73. STJ, 3ª Turma, REsp 1.202.514-RS, rela. Min. Nancy Andrighi, ac. 9.12.2008, *DJe* 12.2.2009 (voto da Relatora). A mesma tese prevaleceu perante a 5ª e a 6ª Turmas: "Os princípios da segurança jurídica e da boa-fé objetiva, bem como a vedação ao comportamento contraditório (*venire contra factum proprium*), impedem que a parte, após praticar ato em determinado sentido, venha a adotar comportamento posterior e contraditório" (STJ, 5ª Turma, RESP/AgR 1.099.550-SP, rel. Min. Arnaldo Esteves Lima, ac. 2.3.2010, *DJe* 29.3.2010); "Fere a boa-fé objetiva a conduta da locatária que, após exercer a posse direta do imóvel por mais de duas décadas, alega a ilegitimidade do locador em ajuizar a ação de despejo por falta de pagamento" (STJ, 6ª Turma, Ag/ED/ED/AgR 704.933-SP, rela. Min. Maria Thereza de Assis Moura, ac. 24.8.2009, *DJe* 14.9.2009).

Sanseverino, expôs, com detalhes e precisão, seu posicionamento sobre a aplicação ao Direito Brasileiro da teoria dos atos próprios, sintetizada nos brocardos latinos *tu quoque* e *venire contra factum proprium*,[74] nos seguintes termos:

> Nessa esteira, cumpre conferir concreção a um dos princípios fundamentais do direito privado, que é o princípio da boa-fé objetiva, cuja função é estabelecer um padrão ético de conduta para as partes nas relações obrigacionais.
>
> Sobre esse princípio tive oportunidade de dissertar, em sede doutrinária:[75]
>
> "A boa-fé objetiva constitui um modelo de conduta social ou um padrão ético de comportamento, que impõe, concretamente, a todo cidadão que, na sua vida de relação, atue com honestidade, lealdade e probidade.
>
> "Não se deve confundir com a boa-fé subjetiva (*guten Glauben*), que é o estado de consciência ou a crença do sujeito de estar agindo em conformidade com as normas do ordenamento jurídico (*v.g.*, posse de boa-fé, adquirente de boa-fé, cônjuge de boa-fé no casamento nulo).
>
> "O princípio da boa-fé objetiva (*Treu und Glauben*) foi consagrado pelo § 242 do *BGB*, estabelecendo simplesmente o seguinte: '§ 242. O devedor deve cumprir a prestação tal como exigem a boa-fé e os costumes do tráfego social'. A partir, em especial, dessa cláusula geral de boa-fé, a dou-

---

74. Em outro acórdão, a mesma 3ª Turma explorou o tema da boa-fé e seus desdobramentos, deixando esclarecido que:
"O princípio da boa-fé objetiva exerce três funções: (i) a de regra de interpretação; (ii) a de fonte de direitos e de deveres jurídicos; e (iii) a de limite ao exercício de direitos subjetivos. Pertencem a este terceiro grupo a teoria do adimplemento substancial das obrigações e a teoria dos atos próprios (*tu quoque*; vedação ao comportamento contraditório; *surrectio*; *suppressio*).
"O instituto da *suppressio* indica a possibilidade de se considerar suprimida uma obrigação contratual na hipótese em que o não exercício do direito correspondente, pelo credor, gere no devedor a justa expectativa de que esse não exercício se prorrogará no tempo" (STJ, 3ª Turma, REsp 953.389-SP, rela. Min. Nancy Andrighi, ac. 23.2.2010, *DJe* 15.3.2010).
Também o TJMG, em sintonia com a jurisprudência do STJ e dos Tribunais de Justiça de todo o País, tem decidido que: "A convalidação, pela aceitação tácita ao longo do tempo de ato contrário ao ordenamento de regência do condomínio, impede a reclamação posterior de ofensa à convenção pactuada, nos termos dos institutos *surrectio* e *supressio*" (TJMG, 11ª Câmara Cível, ACi 1.0024.10.183966-0/001, rel. Des. Marcelo Rodrigues, ac. 5.10.2011, *DJE* 17.10.2011).
75. Refere-se o Min. Paulo de Tarso Sanseverino (Relator do acórdão) ao livro de sua autoria *Responsabilidade Civil no Código do Consumidor e a Defesa do Fornecedor*, 3ª ed., São Paulo, Saraiva, 2010.

trina alemã desvendou esse novo princípio do sistema de direito privado. A boa-fé objetiva (*Treu und Glauben*) apresenta-se, em particular, como um modelo ideal de conduta, que se exige de todos os integrantes da relação obrigacional (devedor e credor), na busca do correto inadimplemento[76] [*rectius*: *correto adimplemento*] da obrigação, que é a sua finalidade.

"Almeida Costa, após afirmar que a boa-fé objetiva constitui um *standard* de conduta ou um padrão ético-jurídico, esclarece que ela estabelece que 'os membros de uma comunidade jurídica devem agir de acordo com a boa-fé, consubstanciando uma exigência de adotarem uma linha de correção e probidade tanto na constituição das relações entre eles como no desempenho das relações constituídas. E com o duplo sentido dos direitos e dos deveres em que as relações jurídicas se analisam: importa que sejam aqueles exercidos e estes cumpridos de boa-fé. Mais ainda: tanto sob o ângulo positivo de se agir com lealdade, como sob o ângulo negativo de não se agir com deslealdade'.

"A inexistência, no Código Civil brasileiro de 1916, de cláusula geral semelhante ao § 242 do *BGB* ou à do art. 227º, n. 1, do CC português não impediu que a boa-fé passasse a ser reconhecida em nosso sistema jurídico, por constituir um dos princípios fundamentais do sistema de direito privado. A jurisprudência, particularmente do TJRS, já vinha fazendo ampla utilização do princípio da boa-fé objetiva para solução de casos concretos.

"A partir do Código de Defesa do Consumidor esse obstáculo foi superado, pois a boa-fé foi consagrada como um dos princípios fundamentais das relações de consumo (art. 4º, III) e como cláusula geral para controle das cláusulas abusivas (art. 51, IV). Assim, a partir de 1990 o princípio da boa-fé foi expressamente positivado no sistema de direito privado brasileiro, podendo ser aplicado, com fundamento no art. 4º da LICC, a todos os demais setores.

No Código Civil de 2002 o princípio da boa-fé está expressamente contemplado, inserindo-se como expressão, conforme Miguel Reale, de sua diretriz ética. Exatamente a exigência ética fez com que, por meio de um modelo aberto, fosse entregue à Hermenêutica declarar o significado concreto da boa-fé, cujos ditames devem ser seguidos desde a estipulação de um contrato até o término de sua execução.

"Na relação obrigacional a boa-fé exerce múltiplas funções, desde a fase anterior à formação do vínculo, passando pela sua execução, até a fase posterior ao adimplemento da obrigação: interpretação das regras pactuadas (função interpretativa), criação de novas normas de conduta (função

---

76. Houve erro cópia no acórdão, pois no original do livro do Relator a expressão literalmente utilizada foi "correto adimplemento", e não "correto inadimplemento" (Min. Paulo de Tarso Sanseverino, *Responsabilidade Civil no Código do Consumidor e a Defesa do Fornecedor*, cit., 3ª ed., p. 64).

integrativa) e limitação dos direitos subjetivos (função de controle contra o abuso de direito). (...).

"Na sua função de controle, limita o exercício dos direitos subjetivos, estabelecendo para o credor, ao exercer o seu direito, o dever de ater-se aos limites, traçados pela boa-fé, sob pena de uma atuação antijurídica, consoante previsto no art. 187 do CC brasileiro de 2002. Evita-se, assim, o abuso de direito em todas as fases da relação jurídica obrigacional, orientando a sua exigibilidade (pretensão) ou o seu exercício coativo (ação). Desenvolveram-se fórmulas, sintetizadas em brocardos latinos, que indicam tratamentos típicos de exercícios inadmissíveis de direitos subjetivos, como a *supressio* (o não exercício de um direito durante longo tempo poderá ensejar a sua extinção), a *tuo quoque* (aquele que infringiu uma regra de conduta não pode postular que se recrimine em outrem o mesmo comportamento) e a *venire contra factum proprium* (exercício de uma posição jurídica em contradição com o comportamento anterior do exercente)" (*Responsabilidade Civil no Código do Consumidor e a Defesa do Fornecedor*, 3ª ed., São Paulo, Saraiva, 2010, p. 17).

No caso dos autos, impende analisar a aplicação do princípio da boa-fé objetiva na sua função limitadora do exercício de direitos subjetivos (função de controle).

Mais especificamente, é de se questionar se o direito de impugnar a assinatura constante na nota promissória pode ser invocado pelo emitente que, por ato próprio, lançou na cártula uma assinatura viciada.

Cabe esclarecer que, de acordo com o cenário fático delineado nas instâncias ordinárias, não se cogita de fraude ou de falsificação de assinatura, tendo o Tribunal *a quo* afirmado expressamente: "pelas circunstâncias e pela confissão da recorrente, conclui-se que dela partiu a assinatura constante na nota promissória ora em discussão" (fls. 526).

Pois bem, a conduta do emitente, no caso concreto, deve ser analisada na perspectiva da teoria dos atos próprios, enquadrando-se nas fórmulas jurídicas *venire contra factum proprium* e *tu quoque*, como consectários do princípio da boa-fé objetiva.

Especificamente a fórmula *tu quoque* atua, "impedindo que o violador de uma norma pretenda valer-se posteriormente da mesma norma antes violada para exercer um direito ou pretensão" (Maurício Mota e Gustavo Kloh (orgs.), *Transformações Contemporâneas do Direito das Obrigações*, Rio de Janeiro, Elsevier, 2011, p. 209).

Com efeito, a norma inobservada pelo emitente é a do art. 75 da LUG, que estabelece a assinatura do emitente como requisito de validade da nota promissória, devendo a assinatura ser de próprio punho, ante a inexistência de previsão legal de outra modalidade de assinatura na época da emissão da cártula.

Essa mesma norma é invocada pelo emitente na ação declaratória de nulidade do título de crédito, configurando clara hipótese de aplicação das situações jurídicas sintetizadas nos brocardos latinos *tu quoque* e *venire contra factum proprium*.

Na jurisprudência desta Corte encontram-se precedentes em que se aplicou o princípio da boa-fé objetiva a situações análogas à dos presentes autos.

Por exemplo, numa causa em que se pretendia anular um distrato por inobservância ao princípio do paralelismo das formas, esta Corte entendeu que o contratante que inobservou a norma do paralelismo durante a prática do ato não poderia invocar posteriormente esse vício para impugnar a avença.

Eis a ementa do acórdão:

"(...).

"É incontroverso que o imóvel não estava na posse da locatária e as partes pactuaram distrato, tendo sido redigido o instrumento, todavia a ré locadora se recusou a assiná-lo, não podendo suscitar depois a inobservância ao paralelismo das formas para a extinção contratual. É que os institutos ligados à boa-fé objetiva, notadamente a proibição do *venire contra factum proprium*, a *supressio*, a *surrectio* e o *tu quoque*, repelem atos que atentem contra a boa-fé objetiva. (...)" (REsp n. 1.040.606-ES, rel. Min. Luís Felipe Salomão, 4ª Turma, j. 24.4.2012, *DJe* 16.5.2012).

Em outro julgado, um Município pretendia anular uma promessa de compra e venda por ele celebrada, sob o argumento de irregularidade do loteamento. Porém, considerando que cabe ao próprio Município aprovar o parcelamento do solo, entendeu-se que o vício da irregularidade do loteamento não poderia ser invocado pela Municipalidade.

Confira-se:

"(...).

"A teoria dos atos próprios impede que a Administração Pública retorne sobre os próprios passos, prejudicando os terceiros que confiaram na regularidade de seu procedimento – Recurso não conhecido" (REsp n. 141.879-SP, rel. Min. Ruy Rosado de Aguiar, 4ª Turma, j. 17.3.1998, *DJU* 22.6.1998).[77]

---

[77] STJ, 3ª Turma, REsp 1.192.678-PR, rel. Min. Paulo de Tarso Sanseverino, ac. 13.11.2012, *DJe* 26.11.2012. Na mesma linha: STJ, 2ª Turma, REsp 1.217.951-PR, rel. Min. Mauro Campbell Marques, ac. 17.2.2011, *DJe* 10.3.2011: "(...). 6. Deve-se, portanto, atribuir função econômico-individual ao ajuste, sobretudo diante da redação do art. 422 e do parágrafo único do art. 2.035 do CC de 2002, os quais impõem aos negócios jurídicos – mesmo àqueles constituídos antes da entrada em vigor deste diploma – a obediência à cláusula geral de ordem pública da boa-fé

Impõe-se concluir, portanto, que a jurisprudência brasileira, afinada com a doutrina, aplica, em nome do princípio da boa-fé objetiva preconizado pelo atual Código Civil, as teorias do *venire contra factum proprium*, da *suppressio*, da *surrectio* e do *tu quoque*, nos mesmos moldes construídos e consolidados pelo Direito Europeu.

12. Conclusões gerais

O regime adotado pelo vigente Código Civil brasileiro alberga a boa-fé objetiva como dever que impõe a conduta proba e leal durante todo tempo de formação, desenvolvimento, interpretação e cumprimento dos contratos. Não é diversa a inclinação do direito público, dentro do qual se construiu a teoria do moderno *processo justo*, sendo coesa e compacta a doutrina no sentido de que este se funda, em essência, nos valores ético-morais,[78] com sensíveis reflexos tanto no procedimento como no provimento jurisdicional. A passagem da noção de um *devido processo legal* para a de um *processo justo* teria ocorrido para atribuir a essa garantia fundamental uma concepção substancial, "rica de significados ético-deontológicos".[79] Com esse acréscimo, o instituto acolhido entre as garantias fundamentais teria assumido, além do encargo de atribuir categórica efetividade aos meios e formas de tutela obteníveis junto à Justiça estatal, "o compromisso com os valores de 'correção',

objetiva, a qual, por sua vez, sujeita ambos os contratantes à recíproca cooperação a fim de alcançar o efeito prático que justifica a própria existência do contrato. Sobretudo, também, porque a ninguém é dado vir contra o próprio ato, proibindo-se o comportamento contraditório (*nemo potest venire contra factum proprium*). 7. De fato, o *nemo potest venire contra factum proprium* 'veda que alguém pratique uma conduta em contradição com sua conduta anterior, lesando a legítima confiança de quem acreditara na preservação daquele comportamento inicial' (Gustavo Tepedino, Heloísa Helena Barboza e Maria Celina Bodin de Moraes, *Código Civil Interpretado Conforme a Constituição da República*, vol. II, Rio de Janeiro, Renovar, 2006, p. 20), e, na presente hipótese, o comportamento inicial da recorrente (celebração do contrato de garantia quanto ao cumprimento do contratado de fornecimento de microcomputadores) gerou a expectativa justificada da recorrida de que aquela prosseguiria atuando na direção outrora apontada".

E, ainda, seguindo igual entendimento: STJ, 4ª Turma, REsp 1.040.606-ES, rel. Min. Luís Felipe Salomão, ac. 24.4.2012, *DJe* 16.5.2012: "(...) os institutos ligados à boa-fé objetiva, notadamente a proibição do *venire contra factum proprium*, a *supressio*, a *surrectio* e o *tu quoque*, repelem atos que atentem contra a boa-fé objetiva".

78. Luigi Paolo Comoglio, *Etica e Tecnica del "Giusto Processo"*, Turim, G. Giappichelli, 2004, pp. 406-407.

79. Idem, p. 407.

'equidade' e 'justiça procedimental'".[80] Em outros termos: não se há, hoje, de considerar como justo um processo que não ofereça ao litigante um resultado substancial também justo.

Para o *processo justo*, a teoria da confiança apresenta-se como peça natural do princípio da boa-fé, cuja observância é de ordem pública, não dependendo, pois, de cláusula ou convenção negocial para se legitimar e obrigar. No âmbito dessa teoria insere-se a possibilidade de criação, modificação e até mesmo de extinção de obrigações em face de negócio jurídico. E para tanto não se exige convenção literal de novas condições ou de novos prazos de vigência, sejam estes maiores ou menores que os convencionalmente ajustados ou legalmente previstos. Assim, o desfazimento do negócio por abandono pode ser deduzido do comportamento das partes em prazo menor que o de prescrição, desde que o conjunto de atitudes dos contratantes torne evidente o propósito de pôr fim à relação obrigacional entre eles estatuída. Trata-se de típica manifestação da qual as partes não podem se afastar, sob pena de violarem a vedação da conduta contraditória (*venire contra factum proprium*).

Embora a teoria do *venire contra factum proprium* tenha sido originariamente elaborada no âmbito do direito material, sua repercussão sobre o direito processual é enorme e imediata. A boa-fé objetiva é fundamental no Direito contemporâneo, e se faz presente, com toda intensidade, em todo o ordenamento jurídico, tanto no campo do direito privado como no direito público.[81]

80. Luigi Paolo Comoglio, "Il 'giusto proceso' civile in Italia e in Europa", cit., *RePro* 116/158.

81. A ampla incidência da vedação ao comportamento contraditório e desleal foi ressaltada nos seguintes arestos:

(i) "A teoria dos atos próprios impede que a Administração Pública retorne sobre os próprios passos, prejudicando os terceiros que confiaram na regularidade de seu procedimento – Recurso não conhecido" (STJ, 4ª Turma, REsp 141.879, rel. Min. Ruy Rosado de Aguiar, ac. 17.3.1998, *DJU* 22.6.1998).

(ii) "A agravante foi alcançada por sua própria conduta anterior. *Venire contra factum proprium*, como bem definiram os antigos romanos, ao resumir a vedação jurídica às posições contraditórias. Esse princípio do direito privado é aplicável ao direito público, mormente ao direito processual, que exige a lealdade e o comportamento coerente dos litigantes. Essa privatização principiológica do direito público, como tem sido defendida na 2ª Turma pelo Min. João Otávio de Noronha, atende aos pressupostos da eticidade e da moralidade" (STJ, 2ª Turma, REsp/AgR 946.499-SP, rel. Min. Humberto Martins, ac. 18.10.2007, *DJU* 5.11.2007, p. 257).

(iii) Mesmo ao Poder Público resta vedado comportamento que se apresenta, em juízo, como injurídico, por afrontar o "prestígio da boa-fé objetiva (orientadora

Especialmente para o direito processual civil é relevantíssima a teoria dos atos próprios, uma vez que a função básica do processo é tutelar os direitos materiais envolvidos em litígios, que haverão sempre de ser compostos segundo a garantia constitucional do *processo justo*. E, para que essa resolução judicial seja realmente justa, incumbirá à decisão judicial traduzir a melhor e mais equitativa aplicação das normas do direito material, entendidas sempre à luz dos princípios éticos valorizados pela Constituição.

Como o direito material obrigacional hoje se assenta sobre o princípio ético da boa-fé objetiva, é indispensável que a Teoria Geral do Processo se afeiçoe a esse mesmo princípio, mormente no que toca ao acertamento do direito disputado em juízo.[82]

Os poderes do juiz na condução do processo e no julgamento da causa somente serão compatíveis com o processo justo se na produção e na avaliação da prova e na interpretação do direito subjetivo litigioso a cláusula geral da boa-fé objetiva for adotada, quando pertinente, como norte da atividade jurisdicional.

O *venire contra factum proprium*, nessa ordem de ideias, corresponde a máxima jurídica que não se restringe ao direito das obrigações, mas que transita amplamente entre o direito substancial e o processual.

A Teoria Geral do Processo deve prestigiá-la, enfim, como pressuposto inerente do devido processo legal, ou, mais explicitamente, como um dos requisitos básicos do *processo justo*. É, aliás, o que faz, com adequação, o Código de Processo Civil projetado ao incluir a observân-

também da Administração Pública)" (STJ, 2ª Turma, AREsp/AgR 260.223-PE, rel. Min. Herman Benjamin, ac. 18.12.2012, *DJe* 8.5.2013).

(iv) Já se concedeu mandado de segurança em favor de servidor público para defendê-lo de conduta da Administração ofensiva aos "princípios da confiança e da boa-fé objetiva, corolários do princípio da moralidade" (STJ, 3ª Seção, MS 13.948-DF, rel. Min. Sebastião Reis Jr., ac. 26.9.2012, *DJe* 7.11.2012).

82. Em reiterados pronunciamentos no STJ se tem ressaltado a incidência da teoria dos atos próprios no processo, em nome da eticidade que hoje norteia toda a atividade do Estado Democrático do Direito; por exemplo: "Em nosso ordenamento jurídico há vedação do comportamento contraditório, consubstanciado na máxima *venire contra factum proprium*. Há, por outro lado, consagração ao princípio da boa-fé objetiva" (STJ, 4ª Turma, REsp 1.046.453-RJ, rel. Min. Raul Araújo, ac. 25.6.2013, *DJe* 1.7.2013). No mesmo sentido: STJ, Ag 1.212.037-RJ, decisão monocrática de 7.4.2010 do Relator, Min. João Otávio de Noronha, *DJe* 11.5.2010; STJ, 4ª Turma, ARESP/AgR 269.744-PR, rel. Min. Luís Felipe Salomão, ac. 28.5.2013, *DJe* 3.6.2013; STJ, 3ª Turma, REsp 1.157.273-RN, rela. Min. Nancy Andrighi, ac. 18.5.2010, *DJe* 7.6.2010.

cia e a valorização da boa-fé como norma fundamental do processo civil (art. 5º).

Daí a importância de retomar, acompanhar e valorizar a história da repressão ao comportamento contraditório e desleal, colocando-a na íntima conexão que não pode faltar entre o direito material e o processo, mormente quando um e outro se acham atualmente em situação de ampla sujeição à cláusula geral da boa-fé, da lealdade e da confiança.

Das garantias mínimas de um *processo justo*, idealizado pela ciência processual de nossos tempos, Comoglio extrai as seguintes consequências, tendo em vista a valorização do papel ativo confiado ao juiz:

> (a) la "moralización" del proceso, en sus diversos componentes éticos y deontológicos, contituye, hoy más que nunca, el eje esencial del *fair trial* o, si se prefiere, del *processo equo e giusto*; (b) el control, bajo el perfil ético y deontológico, de los comportamientos de los sujetos procesales en el ejercicio de sus poderes ingresa en el área de inderogabilidad del llamado "orden público procesal", legitimando en tal modo la subsistencia de atribuciones y de intervenciones *ex officio* del juez; (c) el rol activo de este último encuentra una justificación suplementaria, de carácter político y constitucional, en los sistemas judiciales en los que no vengan debilitados, sino más bien se vengan consolidando, el sentido de la confianza y las garantías de credibilidad del aparato jurisdiccional público.[83]

Como ressalta o processualista italiano, de qualquer forma se tem de considerar que os princípios que integram o processo justo, na medida em que se acham reconhecidos e recepcionados, sobretudo, pela legislação constitucional dos Países latino-americanos, bem como pela Constituição italiana, não apenas se referem aos deveres de lealdade e correção entre as partes, mas também alcançam os poderes diretivos e as responsabilidades institucionais do juiz, a quem toca fazer atuar em juízo a igualdade, a equidade e a economia processual.[84]

Dentro desta perspectiva, e diante do conflito de comportamentos de uma parte, quebra-se a confiança nascida para a outra parte, a qual vinha agindo de boa-fé e em conformidade com o primeiro ato do adversário. Não é tanto a má-fé daquele que tergiversa que o juiz deverá valorizar isoladamente, mas, sobretudo, a boa-fé e a confiança do sujeito

---

83. Luigi Paolo Comoglio, "Garantias mínimas del proceso justo em los ordenamientos hispano-latinoamericanos", *Revista Peruana de Derecho Procesal* 6/65, Lima, maio/2003.

84. Idem, ibidem.

passivo, estabelecidas a partir do comportamento anterior do sujeito ativo.[85] Quebrando-se, objetivamente, a boa-fé e a confiança impostas pela garantia do processo justo, cumpre sejam adotadas medidas judiciais idôneas a evitar ou reparar o prejuízo da parte atingida pela atividade do ímprobo adversário.

Belo Horizonte, agosto de 2013

Bibliografia

AGUIAR JR., Ruy Rosado de. "A boa-fé na relação de consumo". *Revista de Direito do Consumidor* 14. São Paulo, Ed. RT, abril-junho/1995.

ASTONE, Francesco. *Venire Contra Factum Proprium*. Nápoles, Jovene Editore, 2006.

ÁVILA, Humberto. *Teoria dos Princípios*. 14ª ed. São Paulo, Malheiros Editores, 2013.

AZEVEDO, Antônio Junqueira. de "Insuficiências, deficiências e desatualização do Projeto de Código Civil na questão da boa-fé objetiva nos contratos". *Revista Trimestral de Direito Civil* 1. Rio de Janeiro, Padma, janeiro-março/2000.

BORDA, Alejandro. *La Teoría de los Actos Propios*. Buenos Aires, Abeledo-Perrot, 1987.

BRANCO, Gerson Luiz Carlos, e MARTINS-COSTA, Judith. *Diretrizes Teóricas do Novo Código Civil Brasileiro*. São Paulo, Saraiva, 2002.

BRECCIA, Umberto. *Diligenza e Buona Fede nell'Attuazione del Rapporto Obbligatorio*. Milão, Giuffrè, 1968.

CAPPELLETTI, Mauro. *Processo, Ideologias e Sociedade*. vol. I, trad. de Elício de Cresci Sobrinho. Porto Alegre, Sérgio Antônio Fabris Editor, 2008.

CARNEIRO DA FRADA, Manuel A. *Teoria da Confiança e Responsabilidade Civil*. Coimbra, Livraria Almedina, 2007.

CINTRA, Antônio Carlos de Araújo, DINAMARCO, Cândido Rangel, e GRINOVER, Ada Pellegrini. *Teoria Geral do Processo*. 29ª ed. São Paulo, Malheiros Editores, 2013.

COMOGLIO, Luigi Paolo. *Etica e Tecnica del "Giusto Processo"*. Turim, G. Giappichelli, 2004.

_____. "Garantias mínimas del proceso justo em los ordenamientos hispano-latinoamericanos". *Revista Peruana de Derecho Procesal* 6. Lima, maio/2003.

_____. "Il 'giusto proceso' civile in Italia e in Europa". *RePro* 116/110. São Paulo, Ed. RT, julho-agosto/2004.

COSTANZA, Maria. *Profili dell'Interpretazione del Contratto Secondo Buona Fede*. Milão, Giuffrè, 1989.

---

85. Alejandro Borda, *La Teoría de los Actos Propios*, cit., n. 126, p. 135.

COUTO E SILVA, Clóvis do. *A Obrigação como Processo*. São Paulo, José Bushatski Editor, 1976.

DÍEZ-PICAZO, Luis. *La Doctrina de los Propios Actos – Un Estudio Crítico sobre la Jurisprudencia del Tribunal Supremo*. Barcelona, Bosch, 1963.

DINAMARCO, Cândido Rangel, CINTRA, Antônio Carlos de Araújo, e GRINOVER, Ada Pellegrini. *Teoria Geral do Processo*. 29ª ed. São Paulo, Malheiros Editores, 2013.

DIP, Ricardo. "Prudência judicial e consciência". *RF* 408. Rio de Janeiro, Forense, março-abril/2010.

ENNECCERUS, Ludwig, e NIPPERDEY, Hans Carl. *Derecho Civil – Parte General*. t. I, vol. II. Barcelona, Bosch, 1947.

GOMES, Elena de Carvalho. *Entre o Actus e o Factum: os Comportamentos Contraditórios no Direito Privado*. Belo Horizonte, Del Rey, 2009.

GRINOVER, Ada Pellegrini, CINTRA, Antônio Carlos de Araújo, e DINAMARCO, Cândido Rangel. *Teoria Geral do Processo*. 29ª ed. São Paulo, Malheiros Editores, 2013.

LEWICKI, Bruno. "Panorama da boa-fé objetiva". In: TEPEDINO, Gustavo (coord.). *Problemas de Direito Civil-Constitucional*. Rio de Janeiro, Renovar, 2001.

MARTINS-COSTA, Judith. *A Boa-Fé no Direito Privado – Sistema e Tópica no Processo Obrigacional*. São Paulo, Ed. RT, 2000.

_____. *Comentários ao Novo Código Civil*. vol. V, ts. I e II. Rio de Janeiro, Forense, 2006.

_____, e BRANCO, Gerson Luiz Carlos. *Diretrizes Teóricas do Novo Código Civil Brasileiro*. São Paulo, Saraiva, 2002.

MEDICUS, Dieter. *Tratado de las Relaciones Obligacionales*. vol. I. Barcelona, Bosch, 1995.

MENEZES CORDEIRO, António Manuel da Rocha e. *Da Boa-Fé no Direito Civil*. Coimbra, Livraria Almedina, 1997.

_____. *Direito das Obrigações*. vol. I. Lisboa, Associação Acadêmica da Faculdade de Direito de Lisboa, 1980.

MUNIZ, Francisco José Ferreira. "O princípio geral da boa-fé como regra de comportamento contratual". In: *Textos de Direito Civil*. Curitiba, Juruá, 1998.

NEGREIROS, Teresa. *Teoria do Contrato – Novos Paradigmas*. Rio de Janeiro, Renovar, 2002.

NEVES, José Roberto de Castro. "Boa-fé objetiva: posição atual no ordenamento jurídico e perspectiva de sua aplicação nas relações contratuais". *RF* 351. Rio de Janeiro, Forense, 2000.

NIPPERDEY, Hans Carl, e ENNECCERUS, Ludwig. *Derecho Civil – Parte General*. t. I, vol. II. Barcelona, Bosch, 1947.

NUNES, Dierle, e TEIXEIRA, Ludmila. *Acesso à Justiça Democrático*. Brasília, Gazeta Jurídica, 2013.

PATTI, Salvatore. *"Verwirkung"*. In: *Digesto delle Discipline Privatistiche, Sezione Civile*. vol. XIX. Turim, UTET, 1995.

PUIG BRUTAU, José. *Estudios de Derecho Comparado. La Doctrina de los Actos Propios*. Barcelona, Ediciones Ariel, 1951.

RICCI, Gianfranco. *Principi di Diritto Processuale Generale*. Turim, Giappichelli, 1995.

SANSEVERINO, Paulo de Tarso. *Responsabilidade Civil no Código do Consumidor e a Defesa do Fornecedor*. 3ª ed. São Paulo, Saraiva, 2010.

SCHREIBER, Anderson. *A Proibição de Comportamento Contraditório: Tutela da Confiança e* **Venire Contra Factum Proprium**. 2ª ed. Rio de Janeiro, Renovar, 2007.

TEIXEIRA, Ludmila, e NUNES, Dierle. *Acesso à Justiça Democrático*. Brasília, Gazeta Jurídica, 2013.

TEPEDINO, Gustavo (coord.). *Problemas de Direito Civil-Constitucional*. Rio de Janeiro, Renovar, 2001.

THEODORO JR., Humberto. *Curso de Direito Processual Civil*. 54ª ed., vol. I. Rio de Janeiro, Forense, 2013.

WAMBIER, Luiz Rodrigues. "A *suppressio* e o direito à prestação de contas". *RT* 915/279-293. São Paulo, Ed. RT, janeiro/2012.

WIEACKER, Franz. *El Principio General de la Buena Fe*. Madri, Civitas, 1982 e 1986.

WIELING, Hans Josef. **Venire Contra Factum Proprium** *e Colpa Verso Se Stesso*. Trad. italiana. *Rassegna di Diritto Civile* 1994. Nápoles, Edizione Scientifiche Italiane/ESI.

NATUREZA JURÍDICA DO PROCESSO E CONCEITO DE TUTELA JURISDICIONAL

João Batista Lopes

Doutor em Direito (PUC-SP)
– Professor dos Cursos de Mestrado e Doutorado (PUC-SP)
– Desembargador aposentado – Consultor Jurídico

1. Considerações preambulares. 2. O Direito Processual Civil como "sistema". 3. Natureza jurídica do processo. 4. Diferença entre prestação jurisdicional e tutela jurisdicional. 5. Efetividade do processo. 6. Conclusões.

1. Considerações preambulares

O ensino do direito processual, ao longo do tempo, privilegiou o aspecto técnico do *processo*, procurando tornar patente cuidar-se de instrumento a serviço do direito material e da ordem jurídica.

Sem desprezar a importância da técnica processual, é de rigor, porém, pôr em relevo que o processo contemporâneo está impregnado de função social, na medida em que não objetiva, *sic et simpliciter*, fazer incidir a legislação vigente, mas tem por escopo a tutela efetiva dos direitos.

Cabe, pois, retomar a discussão sobre a natureza jurídica do *processo*.

Posto que majoritária a posição no sentido de que ele deve ser visto como *relação jurídica*, impõe-se indagação sobre se tal entendimento está em harmonia com o *modelo constitucional de processo* consagrado na Lei Máxima, o que será objeto dos itens seguintes.

2. O Direito Processual Civil como "sistema"

De origem grega, *sistema* é termo de larga aplicação entre os cientistas, e tanto pode significar "uma totalidade dedutiva de discurso", como "qualquer todo organizado" ou "arrolamento de unidades e combinação de meios e processos que visem à produção de certo resultado" ou, ainda, "inter-relação das partes, elementos ou unidades que fazem funcionar uma estrutura organizada".[1]

Watslawick, Jackson e Beavin, partindo da noção de *sistema* como "conjunto de objetos com as relações entre eles e seus atributos", indicam as seguintes notas que o caracterizam:

a) globalidade, na medida em que significa um conjunto complexo formado de elementos que devem comportar-se harmonicamente; *b*) não somatividade, no sentido de que não constitui simples somatória das partes, o que comprometeria o próprio sentido de conjunto; *c*) interação, ou seja, a troca de influências entre seus elementos; *d*) retroalimentação: processo pelo qual se produzem alterações no sistema decorrentes das respostas à ação do próprio sistema.[2]

Impende assinalar, também, que *sistema* não é um conjunto consolidado de elementos, um todo perfeito e acabado, uma vez que, como adverte Luhman, "a unidade é algo que se deve construir, e não preexiste como indivíduo, como substância, como ideia da própria operação".[3] E o Direito, para ele, é um subsistema social *auto-referencial* e *autopoiético*.[4]

Põe-se a questão de saber se a *harmonia* é requisito necessário para a existência do sistema.

Em rigor técnico, a ocorrência de conflitos não impede o funcionamento do sistema – afinal, o próprio sistema deve indicar o caminho para solucioná-los – razão por que a *harmonia*, em rigor técnico, não é elemento indispensável à sua existência, mas constitui, sem dúvida, aspecto importante para sua adequada atuação.

3. Natureza jurídica do processo

Já foi dito que a doutrina dominante vê o processo como relação jurídica. Entretanto, salvo se se conferir ao *nomen iuris* "relação jurídi-

---

1. Cf. Nicola Abbagnano, *Dicionário de Filosofia*, São Paulo, Martins Fontes, 1998, pp. 908-909 e *Dicionário Houaiss*, verbete *sistema*.

2. Cf., Paul Watslawick, Don Jackson e Janet H. Beavin, *Pragmática da comunicação humana*, 11ª ed., trad. de Álvaro Cabral, São Paulo, Cultrix, 2000, p. 109.

3. Niklas Luhman, *Sociedad y sistema: la ambición de la teoría*, trad. de Santiago Lopez e Dorothe Schmitz, Barcelona Ediciones Paidós Ibérica, 1990, p. 89.

4. O termo *autopoiese*, que nossos dicionários não registram, tem origem grega e é empregado para indicar que o sistema produz seus próprios elementos (*auto*: próprio; *poiesis*: criação).

ca" sentido diverso do adotado pela doutrina clássica, verifica-se que tal orientação não explica satisfatoriamente a figura de que se cuida.

Com efeito, no processo, o traço predominante é a existência de uma unidade superior, que independe da vontade das partes, como se colhe da clássica conceituação de Guasp:

"*La multiplicidad de relaciones jurídicas debe reducirse a una unidad superior, que no se obtiene con la mera fórmula de la relación jurídica compleja, si se quiere hallar con precisión la naturaleza jurídica del proceso. Tal unidad la proporciona satisfactoriamente la figura de la institución. Institución es un conjunto de actividades relacionadas entre sí por el vínculo de una idea común y objetiva a la que figuran adheridas, sea esa o no su finalidad individual, las diversas voluntades particulares de los sujetos de quienes procede aquella actividad*".[5]

A posição de Guasp contou, mais recentemente, com a adesão de Olavo de Oliveira Neto e Patrícia Elias Cozzolino de Oliveira.[6]

Concede-se que tal teoria não é imune a críticas, entre as quais as formuladas por Couture[7], Gozaini[8] e Humberto Dalla.[9] De qualquer modo, o que importa no estudo do processo é deixar patente que ele não é gerado pela vontade das partes, mas deve obedecer a um modelo traçado pela Constituição e pela legislação infraconstitucional.

---

5. Jaime Guasp, *Derecho Procesal Civil*, 3ª ed., Madrid, 1968, vol. I, pp. 21 e 22.

6. Para esses autores, estão presentes, no processo, os requisitos básicos para sua identificação como *instituição*: "a) ser um modelo moldado pela lei, que deve apresentar sua estrutura essencial; b) possuir caráter permanente e c) apresentar-se como imprescindível para a obtenção de determinado desiderato" (in Alberto Camiña Moreira, Anselmo Prieto e Gilberto Gomes Bruschi (Coords.), *Panorama atual das tutelas individual e coletiva (obra em homenagem a Sérgio Shimura)*, São Paulo, Saraiva, 2011, p. 639).

7. Couture, depois de concordar com a posição defendida por Guasp, reconsiderou seu entendimento, afirmando que ela se escora numa série de pressupostos mais sociológicos do que jurídicos (Eduardo J. Couture, *Fundamentos del Derecho Procesal Civil*, Buenos Aires, Ediciones De Palma, 1972, p. 141).

8. Após reconhecer "aportes positivos" à teoria da instituição, por situar o processo acima da vontade das partes, assinala Gozaini sua insuficiência para responder aos demais problemas intrínsecos do procedimento (Osvaldo Alfredo Gozaini, *Teoria general del Derecho Procesal*, Buenos Aires, EDIAR, 1999, p. 89).

9. Humberto Dalla Bernardina de Pinho aponta o caráter impreciso e elástico do conceito de *instituição* e, por isso, recusa adesão a essa teoria (*Teoria geral do processo civil contemporâneo*, Rio de Janeiro, Lumen Juris, 2007, p. 139).

Em verdade, a Constituição é o ponto de partida e de chegada no estudo do processo civil. E o caminho a ser percorrido passa necessariamente pelas normas infraconstitucionais, que devem harmonizar-se com as garantias constitucionais do processo.

Sobreleva notar que a denominada *constitucionalização do processo* não é fenômeno novo, bastando conferir-se o que escreveram sobre o ponto Cappelletti e Couture, entre outros. O primeiro discorre sobre a constitucionalização das garantias, assinalando que, além do óbvio valor político e ideal, elas assumem também um significado jurídico;[10] o segundo mostra que a proclamação programática de princípios de direito processual foi considerada necessária nas Constituições do século XX no conjunto dos direitos da pessoa humana.[11]

No Brasil, constituem referências necessárias as obras de Ada Pelegrini Grinover[12] e Cassio Scarpinella Bueno[13] que significam alteração de paradigma no estudo do processo civil.

A consagração do chamado modelo constitucional de processo implicou revisitação aos institutos fundamentais do Direito Processual Civil e aos conceitos de *prestação jurisdicional* e *tutela jurisdicional*, como adiante será exposto.

4. Diferença entre prestação jurisdicional e tutela jurisdicional

Posto que utilizadas frequentemente como sinônimos, entende-se por *prestação jurisdicional*, mais propriamente, o serviço judiciário, ou seja, a atividade exercida pelos juízes e seus auxiliares. A *tutela jurisdicional* tem relação com a *qualidade* da atividade jurisdicional e com os fins do processo.[14]

Toda tutela jurisdicional traduz manifestação de serviço judiciário, mas a recíproca não é verdadeira. Por exemplo, um juiz pode proferir

10. Mauro Cappelletti, *Proceso, ideologías, sociedad*, trad. de Santiago Sentís Melendo e Tomás A. Banzhaf, Buenos Aires, EJEA, p. 528.
11. Eduardo J. Couture, *Fundamentos del Derecho Procesal Civil*, Buenos Aires, Ejea, 1972, p. 151.
12. *As garantias constitucionais do direito de ação*, São Paulo, Ed. RT, 1973.
13. *Curso sistematizado de Direito Processual Civil*, São Paulo, Saraiva, 2007, vol. I.
14. Flávio Luiz Yarshell refere-se à *tutela de direitos*, assinalando que ela pode ocorrer dentro ou fora do processo, sendo que, no primeiro caso, se cuidará de *tutela jurisdicional de direitos* (*Tutela jurisdicional*, São Paulo, Atlas, 1999, p. 293).

centenas ou milhares de sentenças apressadas, o que longe está de constituir tutela jurisdicional no sentido técnico da expressão.

Tutela jurisdicional efetiva é a que garante o pleno exercício dos direitos e faculdades no curso do procedimento e dá razão a quem a tiver, segundo os ditames da ordem jurídica.

Esclareça-se, porém, que o juiz não é aplicador mecânico da lei, mas seu principal intérprete.

Além disso, em muitas hipóteses, não existe lei indicando a solução da causa, o que impõe ao juiz socorrer-se dos chamados elementos de integração, como a analogia, os costumes, os princípios gerais de direito, a doutrina jurídica e a jurisprudência.

Existindo lei que regule a hipótese, não pode o juiz ignorá-la ou desprezá-la, salvo ela se estiver em conflito com princípios consagrados, explícita ou implicitamente, na Constituição Federal. Assim, o princípio da isonomia é expresso; o princípio da proporcionalidade (norma que proíbe o excesso ou abuso) é implícito.

Ao lado da tutela comum alude a doutrina à *tutela jurisdicional diferenciada*, denominação cunhada por Pisani, que ostenta forte conotação ideológica, na medida em que se insurge contra a chamada *ordinarização do processo civil* (Ovidio Baptista da Silva) e que procura atender às várias situações do direito material: a) *tutela cautelar* (caracterizada pela instrumentalidade, plausibilidade do direito, urgência e provisoriedade (*rectius*, transitoriedade) como no arresto e no sequestro; b) *tutela da evidência* (fundada em fatos que demonstram claramente a existência do direito e, por isso, dispensam dilações indevidas, como ocorre no mandado de segurança); c) *tutela inibitória* (destinada a impedir a prática do ilícito, sem preocupação com a existência, ou não, de dano, a exemplo da suspensão de publicação, em jornal, de notícia ofensiva à honra); d) *tutela urgente satisfativa* (que se caracteriza pela urgência, sumariedade e satisfatividade, de que constitui exemplo o art. 888, V. do CPC).

De outra parte, em rigor técnico, o conceito de tutela abrange não só a proteção dada pela autoridade judiciária durante a tramitação do processo, assegurando a plena participação do autor e do réu quanto às alegações e provas, mas também o resultado do processo, a garantia de que serão cumpridas as decisões judiciais.

Fala-se, então, em *efetividade do processo*, que será objeto de análise a seguir.

5. Efetividade do processo

A doutrina processual alude, com frequência, à *efetividade do processo* no sentido de que o juiz deve garantir ao titular de um direito tudo o que ele poderia conseguir se não houvesse a necessidade de instauração de processo.

Com maior precisão, deve falar-se em *efetividade do direito ou da tutela jurisdicional,* alcançada em *processo justo,* e não, em *efetividade do processo.*

Processo justo, na lição de Comoglio, Ferri e Taruffo, é o que obedece ao modelo-base estabelecido na Constituição, ou seja, o que consagra, entre outros, o direito de ação, o juiz natural, a garantia da defesa, o direito à prova, a motivação da sentença, a efetividade da tutela etc.[15]

Não há confundir, porém, *processo justo* com *ordem jurídica justa.* A ordem jurídica de um país é justa ou injusta. Se for injusta, o *processo* não terá o condão de torná-la justa. Por exemplo, o juiz não pode aumentar o valor do salário mínimo, notoriamente insuficiente para garantir as necessidades vitais do trabalhador e de sua família (moradia, alimentação, educação, saúde, lazer, vestuário, higiene, transporte e previdência social) como prometido no art. 7º, IV, da Constituição. O que o processo pode garantir, no máximo, é o acesso à ordem jurídica *tout court,* e não o acesso à ordem jurídica justa.

Retomemos, porém, a análise sobre o termo *efetividade,* sobre o qual muito se tem escrito sem, contudo, fixar-lhe, com precisão, o sentido e alcance.

Em tese de doutorado, Augusto Tavares Rosa Marcacini, após analisar o significado gramatical do vocábulo *efetividade* e a posição de Egas Moniz de Aragão, no sentido de que o termo traduz preocupação com a aptidão da lei para gerar os efeitos que dela se esperam, conclui:

> "Falar em efetividade do processo importa em confrontar os ideais buscados pelo sistema processual – ideais que irão variar no tempo e no espaço – com os resultados alcançados. O vocábulo efetividade, como se vê, contém um significado aberto, a depender do que queremos realizar por meio do processo. (...) falar na efetividade do processo implica previamente estabelecer o que queremos obter do sistema processual, para só então podermos aferir com que grau de intensidade estes objetivos foram atingidos. O processo moderno promete a pacificação com justiça dos conflitos

15. *Lezioni sul processo civile,* Bologna, Il Mulino, 1995, pp. 55-56.

sociais; será efetivo, portanto, o processo que chegue o mais perto possível do cumprimento desta promessa".[16]

Em outro trabalho, sempre citado, Barbosa Moreira aponta aspectos do que chamou *programa básico em prol da efetividade*, merecendo realce a existência, no sistema, de instrumentos adequados e praticamente utilizáveis para a tutela dos direitos, a garantia da exata e completa reconstituição dos fatos relevantes e a obtenção de resultado que assegure ao vencedor a satisfação plena de seu direito com o mínimo dispêndio de tempo e energia.[17]

Naturalmente, caberá ao juiz considerar que o processo deve, também, garantir a certeza e segurança das relações jurídicas, bem como levar em conta a "fragmentação e variedade das coordenadas cognoscitivas e valorativas, que são as notas dominantes da sociedade atual" (Taruffo).[18]

Como vemos, ainda que se deva reverenciar a contribuição dos clássicos para a formulação do conceito de processo e de tutela jurisdicional, não se pode deixar de consignar a alteração que se verificou no perfil desses institutos, mercê da função social do Direito, das garantias constitucionais da jurisdição e da necessidade de respeitar os valores consagrados pela sociedade.

6. Conclusões

1. Além do perfil técnico, ressalta clara, no processo, sua função social, na medida em que não objetiva, *sic et simpliciter*, fazer incidir a legislação vigente, mas tem por escopo a tutela efetiva dos direitos.

2. Sistema não é um conjunto consolidado de elementos, um todo perfeito e acabado, uma vez que a unidade só é obtida com permanente trabalho e avaliação dos resultados.

3. Posto que dominante a concepção de processo como *relação jurídica*, há que pôr em relevo seu traço predominante: a existência de uma unidade superior, emanada da Constituição e da legislação infraconstitucional, que independe da vontade das partes.

16. *Estudo sobre a efetividade do processo civil*, tese apresentada à USP, São Paulo, 1999, pp. 38-39.

17. José Carlos Barbosa Moreira, "Notas sobre o problema da efetividade do processo", in *Temas de Direito Processual*, 3ª série, São Paulo, Saraiva, 1984, p. 27.

18. Michele Taruffo, *Senso comum, experiência e ciência no raciocínio do juiz*, Curitiba, Ibej, 2001, p. 40.

4. Conquanto utilizadas frequentemente como sinônimos, entende-se por *prestação jurisdicional*, mais propriamente, o serviço judiciário, ou seja, a atividade exercida pelos juízes e seus auxiliares. A *tutela jurisdicional* tem relação com a qualidade da atividade jurisdicional e com os fins do processo.

5. *Efetividade* é um conceito aberto e relativo, cuja fixação depende da concepção que se adote a respeito dos fins do processo.

6. A par da *pacificação com justiça* e da garantia da *certeza* e *segurança* das relações jurídicas, o processo deve harmonizar-se com os valores constantes da Constituição Federal e os consagrados pela sociedade.

Bibliografia

ABBAGNANO, Nicola. *Dicionário de Filosofia*. São Paulo, Martins Fontes, 1998.

BUENO, Cassio Scarpinella. *Curso sistematizado de Direito Processual Civil*, vol. I. São Paulo, Saraiva, 2007.

CAPPELLETTI, Mauro. *Proceso, ideologías, sociedad*. Trad. de Santiago Sentís Melendo e Tomás A. Banzhaf. Buenos Aires, EJEA, 1972.

COMOGLIO, Luigi, FERRI, Enrico, e TARUFFO, Micheli. *Lezioni sul processo civile*. Bologna, Il Mulino, 1995.

COUTURE, Eduardo J. *Fundamentos del Derecho Procesal Civil*. Buenos Aires, Ediciones De Palma, 1972.

GOZAINI, Osvaldo Alfredo. *Teoria general del Derecho Procesal*. Buenos Aires, EDIAR, 1999.

GRINOVER, Ada Pelegrini. *As garantias constitucionais do direito de ação*. São Paulo, ED. RT. 1973.

GUASP, Jaime. *Derecho Procesal Civil*, vol. I. 3ª ed. Madrid, 1968.

LUHMAN, Niklas. *Sociedad y sistema: la ambición de la teoría*. Trad. de Santiago Lopez e Dorothe Schmitz. Barcelona, Ediciones Paidós Ibérica, 1990.

MARCACINI, Augusto Tavares Rosa. *Estudo sobre a efetividade do processo civil*. Tese, USP. São Paulo, 1999.

MOREIRA, José Carlos Barbosa. "Notas sobre o problema da efetividade do processo". in *Temas de Direito Processual*, 3ª série. São Paulo, Saraiva, 1984.

OLIVEIRA NETO, Olavo de, e OLIVEIRA, Patrícia Elias Cozzolino de. in Alberto Camiña Moreira, Anselmo Prieto e Gilberto Gomes Bruschi (Coords.). *Panorama atual das tutelas individual e coletiva (obra em homenagem a Sérgio Shimura)*. São Paulo, Saraiva, 2011.

PINHO, Humberto Dalla Bernardina de. *Teoria geral do processo civil contemporâneo*. Rio de Janeiro, Lumen Juris, 2007.

TARUFFO, Michele. *Senso comum, experiência e ciência no raciocínio do juiz.* Curitiba, Ibej, 2001.

WATSLAWICK, Paul, JACKSON, Don D., e BEAVIN, Janet Helmick. *Pragmática da comunicação humana*, 11ª ed. Trad. de Álvaro Cabral. São Paulo, Cultrix, 2000.

YARSHELL, Flávio Luiz. *Tutela jurisdicional.* São Paulo, Atlas, 1999.

O DEVIDO PROCESSO LEGAL E A ORALIDADE, EM SENTIDO AMPLO, COMO UM DE SEUS COROLÁRIOS NO PROCESSO CIVIL

José Carlos Baptista Puoli

Professor Doutor da Faculdade de Direito da Universidade de São Paulo
– Advogado

1. Introdução. 2. O paradoxo do juiz "ativo" e poderoso, mas inacessível às partes. 3. O devido processo legal como imperativo do processo justo e como ferramenta de sadio controle do exercício do poder jurisdicional. 4. O sentido "tradicional" do princípio da oralidade no processo civil. 5. Breves referências a respeito da oralidade nos Códigos de Processo Civil de 1939 e 1973 e em reformas havidas neste último. 6. A "proposta" de revisitação do conceito de oralidade no processo civil. 7. Conclusão.

1. Introdução

Muito me honra o convite formulado pelos professores Cássio Scarpinella Bueno e Camilo Zufelato para participar da coletânea de textos por eles organizada em celebração dos 40 anos da obra *Teoria Geral do Processo*, dos professores Antônio Carlos de Araújo Cintra, Ada Pellegrini Grinover e Cândido Rangel Dinamarco. Lembro, como se fosse hoje, quando, no início de 1987, eu, como tantos outros acadêmicos de Direito, iniciei os estudos da ciência processual justamente por intermédio da leitura desse estupendo e aqui homenageado livro, além das aulas, na matéria homônima, ministradas para minha turma nas Arcadas de S. Francisco, pelo próprio professor Antônio Carlos de Araújo Cintra. Desde então longo tempo se passou, e, agora, cumpre atender ao chamado para, como alvitraram os organizadores desta coletânea, homenagear o livro e seus autores com um repensar crítico a respeito do conteúdo da Teoria Geral do Processo.

Para tanto, escolhi tratar de tema que, de um lado, analisa o conceito do devido processo legal como sendo – nas palavras de Cintra, Grinover e Dinamarco – um dos "dois grandes princípios constitucionais" "necessários para assegurar o direito à *ordem jurídica justa*"[1] e, de outro, busca revisitar o ideal da oralidade, salientando que, salvo melhor juízo, este postulado parece traduzir conteúdo mais amplo que aquele tradicionalmente indicado pelos estudiosos do processo civil. Conteúdo, este, que, por se relacionar com as condições necessárias à realização de um processo efetivamente justo, parece reservar à oralidade papel de extrema utilidade, que a torna – por que não dizer? – elemento em certo grau "exigível" na prática forense como mais um dos característicos necessários para dar conteúdo concreto à garantia do devido processo. E isto num momento no qual tal garantia parece não estar sendo devidamente prestigiada, na medida em que os recentes esforços doutrinários, jurisprudenciais e legislativos têm trilhado caminho que privilegia tão enormemente a efetividade do processo que, por vezes, parece descuidar de valores outros, que não podem ser postos de lado. Sabe-se que a busca pela produção "processual" de resultados em tempo razoável é necessária. Contudo, o "preço" a ser pago pela efetividade não pode importar a violação de garantias indispensáveis – reitere-se – a que se tenha um processo justo.

Motivado por esta premissa, pretende-se, pois – e nos limites de um "artigo" –, instigar os estudiosos do direito processual a pensar no uso da palavra oral no processo civil como sendo uma oportunidade que não pode ser integralmente suprimida ou enormemente tolhida, como sugere estar ocorrendo o dia a dia da prática forense. Busca-se, assim, salientar o que de útil há neste modo de exprimir a vontade humana, como meio que deve ser respeitado e, reitere-se, não pode ser desarrazoadamente impedido de ocorrer no âmbito da relação jurídico-processual.

2. O paradoxo do juiz "ativo" e poderoso, mas inacessível às partes

Nas palavras de Cintra, Grinover e Dinamarco, "diante da colocação publicista do processo, não é mais possível manter o juiz como mero espectador da batalha judicial". E prosseguem os nossos homenageados afirmando que "a partir do último quartel do século XIX, os poderes do juiz foram paulatinamente aumentados: passando de espectador inerte à posição ativa, (...)".[2] Em sede doutrinária também já tive a oportunidade de analisar o fenômeno do crescimento dos poderes do juiz, tendo afirmado, ao fim de exame das reformas de nossa legislação processual

---

1. Cintra, Grinover e Dinamarco, *Teoria Geral do Processo*, 29ª ed., São Paulo, Malheiros Editores, 2013, p. 93.

2. Idem, p. 73.

realizadas no final do século passado, ser "inquestionável a conclusão sobre terem os poderes do juiz crescido muito em nosso ordenamento, numa tropia que, por certo, não pode ser tida, ainda, como estabilizada".[3] E tanto esta tendência de crescimento ainda não se estabilizou que, nos dias presentes, um dos temas de maior polêmica no âmbito da tramitação, no Congresso Nacional, do Projeto de um novo Código de Processo Civil tem sido, justamente, o da análise sobre ser, ou não, aceitável e/ ou legítimo que o novo diploma legal possa incrementar ainda mais os poderes do juiz.[4]

Não é aqui o lugar para aprofundar os pontos de vista debatidos nesta polêmica, mas apenas a ela referir-se, enfatizando que este acréscimo de poderes – na verdade, de poderes-deveres[5] – é mais um efeito colateral da busca por um processo célere e efetivo que tenha maior aptidão para produzir resultados práticos na vida do sujeito de direitos que se socorre do processo com o objetivo de resolver situação de litígio havida na vida em sociedade. É dizer: diminui o legislador as "amarras" postas pela lei como baliza para a atividade da autoridade judicial, dotando-a de maior capacidade para atuar e fazer com que os efeitos práticos das decisões judiciais possam se verificar concretamente.

Pois bem, considerado este contexto de um juiz efetivamente "mais forte", poder-se-ia imaginar que o magistrado de nossos dias, por "mais poderoso" que seus antecessores, se sentiria tão "seguro" a ponto de, por nada temer, ser mais acessível às partes que lhe levam suas angústias e pedidos para solução. Não é, contudo, o que ocorre na prática. Com efeito, tem sido crescente a sensação de maior dificuldade para ter acesso

3. José Carlos Baptista Puoli, *Os Poderes do Juiz e as Reformas do Processo Civil*, 1ª ed., São Paulo, ed. Juarez de Oliveira, 2002, p. 213.

4. Em tal polêmica tem, s.m.j., havido efetiva preponderância de manifestações de apoio ao perfil atual do texto do Projeto de novo Código de Processo Civil (com nova ampliação dos poderes do juiz). Inobstante assim seja, no sentido contrário a este novo incremento vozes respeitáveis também se têm levantado. Entre outros, neste sentido crítico ao Projeto anotam-se, por exemplo, manifestações de Antônio Cláudio da Costa Machado, para quem o Projeto "cria um processo civil autoritário, em que os juízes poderão tudo e partes e advogado poderão nada. Temo que com esse projeto venhamos a viver a ditadura do Poder Judiciário" (matéria do periódico *Diário de Notícias*, em 25.11.2011).

5. Cintra, Grinover e Dinamarco, a respeito dos poderes do juiz, são expressos ao afirmar que: "(...). Todos os poderes de que dispõe caracterizam-se como poderes-deveres, uma vez que não são conferidos para defesa de interesses seus, ou do próprio Estado, mas como instrumento para a prestação de um serviço para a comunidade e particularmente aos litigantes. (...)" (*Teoria Geral do Processo*, cit., 29ª ed., p. 327).

aos juízes, que cada vez mais parecem preferir o trabalho silencioso dos gabinetes ao dinâmico e dialético diálogo com partes e/ou advogados. Esta sensação já se enraizou a tal ponto no cotidiano, que é comum se afirmar, em tom jocoso, que seria mais fácil conseguir horário para debate pessoal com um ministro do STF do que lograr acesso para contato pessoal e direto com alguns magistrados de primeira instância.

Esta situação paradoxal é perigosa para o bom desempenho da função jurisdicional, na medida em que, ao alhear-se, ou diminuir sensivelmente as oportunidades de direto debate com partes e advogados, o magistrado abre mão de importantíssimo instrumento para coleta de informações, com o quê a compreensão das causas e notadamente dos dramas que, no mais das vezes, nelas se inserem passa a ficar em grande parte restrita à leitura de manifestações escritas, que, bem sabemos, passam por um processo de filtragem, em que o advogado retira partes relevantes do lado emocional do conflito e, ainda, seleciona os fatos e a maneira de expô-los, numa estratégia que, de um lado, é, sim, legítima, em vista da função do advogado (de bem defender o interesse da parte), mas que, de outro lado, impede que parte das informações possa ser captada pelo juiz. Dir-se-á que a mesma filtragem é feita pelo advogado no caso de o profissional debater verbalmente a causa com o juiz. Sim, isto ocorre, mas em grau menor do que a "seleção" e a "revisão" de argumentos e fatos propiciadas pela "expressão" escrita da palavra, que permite "aperfeiçoamentos" que não são possíveis, mesmo aos iniciados, tratando-se de exposição verbal.

De todo modo, o presente tópico serve para salientar este verdadeiro paradoxo, qual seja, a circunstância de o aumento dos poderes do juiz vir sendo realizado em concomitância à silenciosa movimentação que cada vez mais impede o uso da palavra oral no curso da demanda e dificulta, no dia a dia forense, o contato do magistrado com as partes e os advogados. Tal situação é indesejável, eis que, quanto maior o poder do juiz, deveria haver, igualmente, maior possibilidade de as partes terem direto acesso ao magistrado. Primeiro porque a autoridade fortalecida não deve temer esse diálogo direto, mas utilizá-lo como mais uma fonte valiosa de informações relevantes para formação de sua convicção. Segundo porque o poder detido pelo magistrado também possibilita que ele controle o teor e/ou a frequência dos debates diretos, não permitindo que haja abuso no uso desta prerrogativa, de forma que a realização de manifestações verbais também não passe a ser empecilho para o bom desempenho da função jurisdicional. Por fim, há de se dizer que o contato direto das partes com o juiz também é de interesse da sociedade, não apenas por ter potencial para melhorar o grau da qualidade das decisões (por ofertar maior grau de informações), mas também por viabilizar importante fator de legitimação do resultado da jurisdição, eis que, outorgadas oportunidades concretas para a participação do interessado no direto diálogo com o juiz, a parte "ouvida" (diretamente e/ou por seu advogado) sente que ao menos teve a chance efetiva de participar do processo e de tentar influenciar o juiz na tomada de sua decisão – o que configura inequívoco fator de legitimação social do processo.

Além do mais, notadamente num contexto de ampliação dos poderes da autoridade judicial parece ser também necessário dotar a sociedade de meios de controle desse poder,[6] o que parece ser também viabilizado pela transparência propiciada e/ou potencializada por um sistema que seja generoso na possibilidade de serem mantidos encontros pessoais e diretos entre os jurisdicionados e o juiz. Encontros, estes, que permitem visualizar o modo de uso do poder jurisdicional, tornando mais perceptíveis as diferenças entre o juiz que com autoridade legítima exerce seu mister e aquele magistrado que, por vezes em indevido grau, de modo autoritário exerce sua função. Em vista disto, o próximo item analisa o princípio do devido processo legal relacionando-o com o ideal da oralidade.

3. O devido processo legal como imperativo do processo justo e como ferramenta de sadio controle do exercício do poder jurisdicional

Nas palavras de nossos homenageados, Cintra, Grinover e Dinamarco: "A garantia do acesso à Justiça, consagrando no – plano constitucional o próprio direito de ação (...) e o *direito de defesa* (...), tem como conteúdo o direito ao processo, com as garantias do *devido processo legal*. Por direito ao processo não se pode entender a simples ordenação de atos, através de um procedimento qualquer. O procedimento há de realizar-se em contraditório, cercando-se de todas as garantias necessárias para que as partes possam sustentar suas razões, produzir provas, influir sobre a formação do convencimento do juiz. E mais: para

---

6. Em sentido similar ao mencionado no texto, Jefferson Carús Guedes chega a afirmar a relação entre a oralidade e o "controle popular" a respeito do que acontece no processo, eis que, apesar de tal controle não ensejar direto sancionamento, teria a aptidão, majorada no âmbito das audiências públicas, de servir como "freio ao exacerbamento de tendências contrárias ao Direito" (*O Princípio da Oralidade*, 1ª ed., São Paulo, Ed. RT, 2003, p. 80).

que este procedimento, garantido pelo *devido processo legal*, legitime o exercício da função jurisdicional".[7] Pois bem, é por conta desta amplitude do postulado do devido processo legal que a doutrina vem afirmando ser ele verdadeiro "princípio-síntese", que congrega as demais garantias constitucionais do processo, numa fórmula genérica da qual seria possível deduzir todos os princípios inerentes a que se tenha um processo justo (como os direitos ao contraditório, à ampla defesa, a exigibilidade da motivação das decisões etc.).[8]

Esse enunciado desenvolveu-se no tempo, até que passou a ser sistematicamente acolhido pelas Constituições modernas,[9] chegando aos nossos dias e encontrando-se positivado na Constituição Federal brasileira de 1988, com o seguinte teor: "ninguém será privado da liberdade ou de seus bens sem o devido processo legal" (art. 5º, LIV). Mantendo parte de sua motivação histórica, quer essa garantia significar que todo ato de força do Estado (ainda que no âmbito do exercício da jurisdição) somente poderá ser efetivado nas hipóteses previamente estipuladas e autorizadas por lei. Em relação específica ao processo, significa o rol de características previamente estipuladas na Constituição e na lei e que deverão ser observadas pelo juiz no exercício de sua função para – repita-se – garantir um processo justo, que confira às partes oportunidades efetivas de participação.

Ampliar a participação é, pois, inerente ao devido processo legal. E, para que haja efetiva participação no processo, parece necessário garantir que o ambiente processual não seja aprisionado apenas ao frio espaço da palavra escrita, garantindo-se também oportunidade para que partes e seus advogados usem do importantíssimo instrumento de verbalização de vontades que é a palavra oral. A despeito de usar o termo em sentido mais amplo, que também incorpora as manifestações escritas, Cândido Rangel Dinamarco preconiza que haja necessário e efetivo diálogo[10] entre as partes e o juiz, definindo-se por intermédio do uso de mais esta

---

7. Cintra, Grinover e Dinamarco, *Teoria Geral do Processo*, cit., 29ª ed., p. 93.
8. Neste sentido: Nelson Nery Jr., *Princípios do Processo Civil na Constituição Federal*, 3ª ed., São Paulo, Ed. RT, 1996, p. 28.
9. Para amplo estudo da progressão histórica do conceito do devido processo legal, v. Maria Rosynette Oliveira Lima, *Devido Processo Legal*, Porto Alegre, Sérgio Antônio Fabris Editor, 1999.
10. Dinamarco, *A Instrumentalidade do Processo*, 15ª ed., São Paulo, Malheiros Editores, 2013, pp. 157-158 e 294. Ainda sobre a necessidade de haver diálogo entre o juiz e as partes, v., de Carlos Alberto Alvaro de Oliveira, "O juiz e o princípio do contraditório", *RePro* 73/13, São Paulo, Ed. RT, 2000.

fonte de informações relevante o destino e os rumos da demanda, até sua efetiva solução. Relevante notar que esse diálogo cooperativo, em verdade, é, mesmo, condição fundamental para a própria verificação concreta do alcance dos princípios constitucionais do processo, entre os quais o direito ao contraditório e ao devido processo legal. Nesse sentido, Ada Pellegrini Grinover afirma: "A concepção menos individualista e mais dinâmica do contraditório postula a necessidade de a equidistância do juiz ser adequadamente temperada, mercê da atribuição ao magistrado de poderes mais amplos, a fim de estimular a efetiva participação das partes no contraditório e, consequentemente, sua colaboração e cooperação no justo processo".[11]

E nem se diga que esta maior aproximação do juiz com as partes (e/ou seus advogados) seria prejudicial à imparcialidade, eis que a visão tradicional a respeito deste princípio deve ceder espaço para um desempenho mais atuante e interessado do magistrado, que deverá estar mais próximo e mais atento às condições pessoais e manifestações das partes, como forma de atenuação de eventuais desequilíbrios e/ou respectiva melhoria qualitativa da prestação jurisdicional. Neste sentido, José Roberto dos Santos Bedaque afirma ser "imprescindível a admissão com maior amplitude do diálogo direto entre partes e juiz – que implica restabelecer algumas ideias do sistema da oralidade, hoje deixadas de lado".[12]

Na mesma esteira, Carlos Alberto Alvaro de Oliveira e Daniel Mitidiero indicam ser o princípio da colaboração uma regra estruturante do processo civil, da qual decorre, dentre outros corolários, a necessidade de efetivo diálogo do juiz com as partes – o que, de um lado, exige maior lealdade dos contendores mas, de outro, também exige que o juiz esteja acessível para participar deste "permanente diálogo", sendo, nas palavras dos eminentes Mestres gaúchos, "reprovável" que o juiz se "negue a receber advogados, fator, aliás, que atua como forte elemento de deslegitimação do Poder Judiciário perante a sociedade civil".[13] José Rogério Cruz e Tucci, a seu turno, e num breve artigo, também já teve oportunidade de afirmar ser "imperativo" que juízes recebam os advogados das partes, contexto no qual Tucci ainda crítica a tendência atual de restrição a tal possibilidade, fundamentando suas considerações, no

11. Ada Pellegrini Grinover, *Novas Tendências do Direito Processual*, 1ª ed. Rio de Janeiro, Forense Universitária, 1990, p. 7.
12. José Roberto dos Santos Bedaque, *Efetividade do Processo e Técnica Processual*, p. 105.
13. Carlos Alberto Alvaro de Oliveira e Daniel Mitidiero, *Curso de Processo Civil*, 1ª ed., vol. 1, São Paulo, Atlas, 2009, p. 79.

tocante aos advogados, no que vai disposto no art. 35, V, da Lei Orgânica da Magistratura e no que consta do art. 7º, VIII, do Estatuto da Advocacia (Lei 8.906/1994) – norma, esta, que autoriza, como direito do advogado, "dirigir-se diretamente aos magistrados nas salas e gabinetes de trabalho, independentemente de horário previamente marcado ou outra condição, observando-se a ordem de chegada".[14]

Retornando ao tema do diálogo entre juiz, partes e advogados, cabe dizer que é hoje pacífico na doutrina o entendimento de que este modo de troca de informações é fundamental para a realização de um processo justo e que, assim, esteja em conformidade com o modelo do devido processo legal. E, como já referido acima, esta maior proximidade entre magistrados, partes e advogados não fere a imparcialidade, eis que esta vai ligada à vedação de favorecimento a uma das partes, não sendo proibido o debate direto (entre o juiz e as partes) que possa redundar numa melhora da prestação jurisdicional. Ademais, o diálogo faz com que os interessados sintam maior confiança no juiz, que, de forma séria e compenetrada, mantém sua autoridade sem prejuízo de tratá-los em pé de igualdade, o que não apenas favorece o clima para que os interessados "abram o jogo" (beneficiando a coleta de informações essenciais para a solução do conflito), como materializa um elemento a mais na conta da legitimação da tutela jurisdicional que vier a ser concedida.

E, para que isto tudo seja potencializado, necessário que o diálogo não fique restrito à palavra escrita. Que haja, pois, oportunidades, algumas formais e outras não tipificadas, para um contato direto e verbal do juiz com advogados e, por vezes, com as próprias partes. Isto porque – necessário repetir – este contato direto propicia melhor e maior coleta de informações para a boa decisão da causa e, para além disto, é fator de legitimação, que propicia o estabelecimento de uma "relação de confiança" entre os sujeitos processuais. Esta "verdade" não é nova, mas simples atualização da antiga fórmula anglo-saxã do início dos tempos do Constitucionalismo, a que faz referência Kazuo Watanabe (reportando-se a ensinamentos de Ada Pellegrini Grinover) e que era traduzida no direito ao julgamento "pelos seus pares" ou "pelos homens honestos da vizinhança", dando a ideia de que maior legitimidade e aceitação das decisões judiciais ocorreriam num sistema em que o julgamento fosse

---

14. José Rogério Cruz e Tucci, "Desembargador tem o dever legal de receber advogado", boletim eletrônico *Consultor Jurídico*, ed. de 25.7.2008 (disponível em *http://www.conjur.com.br/2008-jul-25/desembargador_dever_legal_receber_advogado*, acesso em 4.8.2012).

feito "pelos juízes que, inseridos na mesma realidade social, tivessem a sensibilidade necessária para avaliar em toda dimensão a conduta do acusado".[15]

Do acima exposto, parece certo haver efetiva ligação entre o devido processo legal e a oralidade, no conceito mais amplo desta, que aqui se alvitra. E isto porque a oralidade, como se pretende aqui demonstrar, não é apenas método para coleta e/ou tomada da prova, mas modo de expressão da vontade e da realidade das partes e do conflito, que muito contribui para a formação da convicção do juiz e para – repita-se – a própria legitimação do sistema processual. Neste sentido, Francisco da Cunha e Silva Neto chega a dizer que "hoje („.) ao se considerar o princípio da oralidade, visualiza-se primordialmente sua leitura como garantia do efetivo acesso à Justiça e como desdobramento do princípio da participação democrática, ou seja, o princípio da oralidade apreende-se como forma adequada de poder influir as partes nas decisões judiciais".[16]

4. O sentido "tradicional" do princípio da oralidade no processo civil

Entretanto, tradicionalmente a oralidade tem sido atrelada apenas à colheita da prova oral, o que parece não mais ser adequado no atual contexto do processo civil. Neste sentido "tradicional" do termo, José Carlos Barbosa Moreira afirma que o cerne "irredutível"[17] da oralidade se situa na imediação, que permitiria um contato direto entre o juiz, destinatário das provas, e as fontes orais que venham a trazer elementos para análise e convicção do magistrado. Em sentido similar, Cândido Rangel Dinamarco fala de um "sistema" da oralidade como sendo um conjunto de atos e oportunidades para que exista o – repita-se – "contato direto do juiz com as fontes de prova e com as alegações das partes", prestigiando-se a *"opção pela palavra oral, na maior medida possível"*,

---

15. Kazuo Watanabe, *A Cognição no Processo Civil*, 1ª ed., São Paulo, Ed. RT, 1987, p. 46.

16. Francisco da Cunha e Silva Neto, *O Princípio da Oralidade como Garantia Processual: um Estudo Comparado entre Brasil e Espanha*, disponível em http://facecla.academia.edu/FranciscoCunhaeSilvaNeto/Papers/326449/O_principio_da_oralidade_como_garantia_processual_um_estudo_comparado_entre_Brasil_e_Es panha (acesso em 5.8.2012).

17. José Carlos Barbosa Moreira, "Saneamento do processo e audiência preliminar", in *Temas de Direito Processual Civil – Quarta Série*, 1ª ed., São Paulo, Saraiva, 1989, p. 134.

e sem prejuízo de haver a necessária "documentação dos atos realizados pela palavra falada".[18]

Na doutrina internacional, Chiovenda foi o grande cultor da oralidade. O Mestre italiano falava da palavra escrita como sendo "coisa morta", que não permitiria formar convicção a respeito de todos os elementos envolvidos no conflito. De outro lado, prosseguia Chiovenda, citando Jeremias Bentham, para afirmar as virtudes da palavra oral, na medida em que com a "viva voz" falarão também a "fisionomia", "o som da voz", a "firmeza", "as emoções do medo",[19] entre outras características portadoras de impressões e informações para apreciação pelo juiz. De maneira semelhante, Ovídio Baptista da Silva realça que a oralidade "força necessariamente um contato pessoal entre o julgador e os litigantes, tornando possível ao juiz uma apreensão imediata do litígio, em sua versão original e autêntica, que lhe transmitem de viva voz os próprios contendores".[20]

Em resumo: a preocupação de Chiovenda, Ovídio Baptista e outros tradicionais defensores fervorosos da oralidade parece estar ligada a que a busca pela verdade não esteja relacionada apenas a elementos frios e previamente fixados em documento escrito, mas que se privilegiem também as emoções que estão presentes em grande parte – para não dizer na totalidade – das situações conflituosas; emoções, estas, que são mais difíceis de esconder quando do contato direto do juiz com os participantes da relação *sub judice* e muito podem contribuir para a descoberta das "razões" do litígio. Enfim, estes elementos, na visão chiovendiana, não poderiam ser desprezados, por trazerem indícios relevantes para valoração da prova e respectiva formação da convicção do juiz.

Para tanto, quatro subprincípios são indicados como necessários para dar suporte à oralidade e fazer com que ela realize seu mister.

O primeiro dos subprincípios ligados ao tema refere-se à prevalência da palavra oral sobre a palavra escrita no âmbito do processo. Fala-se de prevalência na medida em que não se poderá jamais prescindir totalmente da palavra escrita, eis que esta é fundamental para a documentação dos atos processuais e para a necessária segurança que as

18. Dinamarco, *Instituições de Direito Processual Civil*, 6ª ed., vol. II, São Paulo, Malheiros Editores, 2009, pp. 461-462.

19. Giuseppe Chiovenda, *Instituições de Direito Processual Civil*, 2ª ed., vol. 3, trad. brasileira de J. Guimarães Menegale, São Paulo, Saraiva, 1965, p. 47.

20. Ovídio Baptista da Silva, *Curso de Processo Civil*, 4ª ed., vol. 1, São Paulo, Ed. RT, 1998, p. 64.

partes almejam para o desenvolvimento do processo e o resultado a ser obtido por intermédio dele.

Dito isto, insta tratar do segundo subprincípio, qual seja, o da imediação como sendo não apenas o já referido contato direto do juiz com a produção e coleta das provas, como, ainda, a necessidade de que o juiz portador das impressões colhidas seja o mesmo a decidir o caso, de maneira que o magistrado possa se utilizar destes elementos coletados quando da proximidade havida com a fonte da prova.

Esta imediação ganha, claro, especial importância na coleta da prova oral, situação em que a percepção e a acuidade do juiz poderão "mirar" não apenas o conteúdo do que estiver sendo dito como, ainda, as reações acima elencadas (firmeza, vacilação etc.), como elementos de convicção que poderão levar a que o magistrado conclua a respeito de eventual necessidade de aprofundamento da pesquisa sobre os fatos e/ou sobre a possibilidade do encerramento das atividades probatórias. De outro lado, ao se realçar a sensação do juiz, necessário que, para preservar esta sensibilidade, haja a concentração, tanto maior quanto possível, de atos a serem realizados na audiência de instrução e julgamento, de maneira que, ao apreciar o conjunto de elementos ali coletados, o juiz possa usar – repita-se – dos indícios colhidos ao longo dos trabalhos orais. É dizer: esta possibilidade se perderia com o passar do tempo e o natural esquecimento dos detalhes (do rubor na face, do gaguejar etc.).

Daí por que o terceiro princípio inerente à oralidade trata desta necessária concentração que visa a permitir que as sensações não se percam e ainda estejam presentes quando da avaliação da prova e respectiva decisão.

Por fim, o quarto e último subprincípio indicado por Chiovenda trata da irrecorribilidade das decisões interlocutórias, que serviria para impedir seguidas interrupções na marcha processual de maneira a, com isto, também contribuir para que as sensações do juiz não se percam no interregno das "indesejadas" paralisações e possam colaborar quando se apresentar o momento de proferir decisão.

Tamanha a paixão de Chiovenda pela oralidade, que ele a defendia como útil ferramenta de trabalho jurisdicional ainda que a causa versasse apenas a respeito de teses jurídicas ou, havendo necessidade de prova de fato, já tivesse sido coletada prova documental "suficiente" para a formação da convicção do juiz.[21] E isto como oportunidade para realizar

---

21. Chiovenda, *Instituições de Direito Processual Civil*, cit., 2ª ed., vol. 3, p. 61.

"concisa posição de razões", melhorando as condições de busca por decisões justas e razoáveis.

Ainda que hoje em dia não seja razoável exigir a realização de audiências em casos que versem exclusivamente a respeito de teses jurídicas, notadamente naqueles ditos "repetitivos", necessário rememorar os objetivos gerais, os subprincípios tradicionalmente relacionados com a oralidade e a nobilíssima finalidade do princípio para, agora, tornar à já mencionada atualidade, em que tem havido efetivo desprestígio a este ideal – o que levou José Carlos Barbosa Moreira a, em escrito de 2004, expressamente falar do "declínio da oralidade".[22] No mesmo sentido, Cássio Scarpinella Bueno chega a dizer que é tamanha a mitigação imposta por nossa lei ao princípio em comento, que ele teria interesse "meramente histórico", posto que cederia "espaço, isto não há como desconsiderar, à necessidade de documentação dos atos processuais e, portanto, à própria segurança jurídica".[23]

É, pois, neste contexto que se insere o presente texto, como uma "reação", no sentido de tentar salientar a necessidade de ser preservada e, mesmo, resgatada a oralidade, eis que seu significado parece ir além do objetivo de aperfeiçoar a coleta da prova, sendo, como já referido, um corolário do devido processo, eis que importante fator de legitimação e humanização da atividade jurisdicional. Por isto, este artigo procura enfatizar estas características que tornam necessário resistir a esta "crescente" repulsa à oralidade, posto que tal princípio ainda tem muito de útil a oferecer ao processo civil.

Em outras palavras: não se pode aceitar que seja assim tão restrito o papel da oralidade no âmbito do processo civil, eis que, como se procurou demonstrar nos itens precedentes, tal ideia contempla conceito e conteúdo mais amplos, que, por estar ligada à necessária viabilização de oportunidades para direto contato entre juiz, partes e advogados, é fator de legitimação do processo e corolário do devido processo legal. Sendo assim, cumpre detalhar um pouco mais como a oralidade tem sido trabalhada no contexto de nossa legislação, para mais adiante lançar algumas conclusões a respeito do tema.

22. Barbosa Moreira, *Temas de Direito Processual Civil – Sexta Série*, São Paulo, Saraiva, 2004, p. 136.
23. Cássio Scarpinella Bueno, *Curso Sistematizado de Direito Processual Civil*, 3ª ed., vol. 1, São Paulo, Saraiva, 2009, p. 510.

5. Breves referências a respeito da oralidade nos Códigos de Processo Civil de 1939 e 1973 e em reformas havidas neste último

No âmbito do Código de Processo Civil de 1939 houve efetiva assimilação do princípio da oralidade, com expressa incorporação de seus elementos principais num conjunto de regras que, aos olhos da doutrina, passou do razoável e permitiu que, como menciona Barbosa Moreira, fossem na prática realizados verdadeiros "simulacros de audiência",[24] que apenas eram feitos como modo de evitar nulidades que pudessem decorrer do desarrazoado rigor da lei, em vista de um exacerbado alcance da oralidade. Em reação a este contexto, quando do advento do Código de Processo Civil de 1973 ("Código Buzaid") houve movimento em sentido inverso, que, se, de um lado, não abandonou o instituto, de outro, o mitigou fortemente no contexto do direito positivo, notadamente pela abertura do sistema para uma ampla recorribilidade das decisões interlocutórias e previsão de um vasto elenco de situações nas quais a identidade física do juiz é dispensada. Por conta disto, Cândido Dinamarco leciona no sentido de o Código de Processo Civil de 1973 estar "muito longe do *modelo ideal de processo oral*", o que ocorre, na visão de Dinamarco, não apenas por conta das normas do Código, como também por faltar "aos operadores do sistema uma *cultura oralista*",[25] o que faz com que haja, a despeito da previsão de audiências, efetiva prevalência de regras contemplando a realização de atos processuais escritos.

E, dentre outras normas que relativizaram enormemente o tradicional sentido da oralidade, insta reiterar o tema relativo ao radical confinamento do subprincípio da identidade física do juiz, o que ocorre em vista das inúmeras situações que, nos termos do art. 132 do CPC, fazem desaparecer o vínculo entre o juiz responsável pela instrução do feito e o processo, além do deslocamento do momento da "vinculação", que inicialmente era o do início da audiência de instrução e passou a ser o da finalização da mesma. Disto resulta que, na prática, são inúmeros os casos em que o juiz a proferir sentença não é o mesmo que coletou a prova, com o quê se perde boa parte do sentido tradicional da oralidade. Apesar de assim ser, tamanha a relevância deste subprincípio da oralidade que, mesmo no atual cenário legal de relativização dele, a doutrina

---

24. Barbosa Moreira, "Saneamento do processo e audiência preliminar", cit., in *Temas de Direito Processual Civil – Quarta Série*, 1ª ed., p. 134.

25. Dinamarco, *Instituições de Direito Processual Civil*, cit., 6ª ed., vol. II, pp. 463-464.

ainda o trata com reverência, cumprindo mencionar, entre outras, as palavras de Bedaque quando afirma que a realização desta meta liga-se "ao interesse público" de que a atividade jurisdicional seja bem realizada e de que haja, tanto quanto possível, melhores elementos para que sejam proferidas decisões de maior qualidade e justiça, de maneira que a inobservância da identidade física do juiz deve, ainda hoje, conduzir à nulidade "absoluta"[26] do processo.

Outro aspecto que atenuou sensivelmente a oralidade foi a forte dispersão do procedimento, no sentido de serem inúmeras as oportunidades processuais nas quais é possível a tomada de decisões relevantes. Tal dispersão impede que haja efetiva concentração de atos na audiência de instrução, a qual acaba sendo "palco restrito", eis que nela, em geral, apenas é colhida a prova oral. Deste modo, e com tão ampla proliferação de ocasiões para a tomada de decisões, fica inevitável conviver com a já mencionada e ampla recorribilidade de interlocutórias – questão, esta, que, a despeito de ter evoluído com as restrições postas pela Lei 11.187/2005 (a qual erigiu como regra geral a da utilização do agravo retido), ainda permite relevante obstáculo na evolução dos processos, seja nas situações de deferimento de efeito suspensivo (em caso de recurso por instrumento), seja, ao menos, em vista dos atos necessários ao procedimento do agravo retido, que também, e ainda que em menor medida, prejudica o curso do debate principal.

Não é aqui o lugar para continuar enumerando exemplos da legislação que levam ao já referido cenário de amesquinhamento da oralidade. Buscou-se – isto, sim – apenas exemplificar algumas das diversas escolhas políticas que, desde o advento do Código de Processo Civil de 1973, nosso legislador tem realizado, e que levaram ao atual cenário em que se tem por muito mitigada a oralidade, dando, inclusive, justificativa para as já citadas referências doutrinárias que visualizam este princípio como sendo de menor importância.

Apesar disto, e como se está a defender no âmbito deste texto, à oralidade deve ser reservado conceito mais amplo que o tradicional, de forma que, por ser o uso da palavra verbal importantíssimo meio para expressão da vontade das partes e, mesmo, da "verdade" do havido na vida dos sujeitos cujo conflito é levado para solução, tal princípio deve ser revigorado, repelindo-se a prática que, na atualidade forense, tem mais e mais levado a que se desprestigie o uso da palavra oral ao longo

26. Bedaque, in Antônio Carlos Marcato (coord.), *Código de Processo Civil Interpretado*, 3ª ed., São Paulo, Atlas, 2008, p. 390.

das demandas processuais. E isto por conta de as oportunidades para verbal manifestação no processo sere valioso suporte para realização de um mais legítimo e justo resultado da prestação jurisdicional.

6. A "proposta" de revisitação do conceito de oralidade no processo civil

A despeito de, como visto acima, a oralidade ser tradicionalmente ligada à possibilidade de haver contato direto entre o juiz e a produção das provas, notadamente orais, que sejam introduzidas no processo, parece ser certo que não se deve reduzir o instituto a isto. É que avulta, na atualidade, a compreensão do processo civil como instrumento, que é, de realização do poder estatal e respectiva interferência quando o caso, na esfera de direto dos jurisdicionados, deve dispor de elementos de legitimação, dentre os quais avulta a necessidade de participação dos interessados. Tal participação deve propiciar não apenas que as partes possam buscar modos de influir na convicção do juiz que decidirá a causa, como, ainda, permitir que, por terem sido dadas tais chances, estes interessados tenham maior resignação e aceitação a respeito do sentido das decisões, na medida em que sabem das chances de participação concedidas pelo sistema.

Dentre os princípios do processo, os que mais nitidamente tratam da participação são os do devido processo legal e o do contraditório e ampla defesa que, por sua fundamental importância, ocupam papéis de destaque no sistema e foram erigidos ao nível de cláusulas pétreas da Constituição Federal. Ocorre que, para haver processo justo (conforme o devido processo) e, ainda, direito a uma defesa realmente ampla, parece necessário que o "participar" do processo não fique confinado apenas ao formal acesso ao instrumento de solução de controvérsias. É dizer: ao interessado deve ser dada a possibilidade de ter efetivo contato com o julgador, ao menos – mas não apenas – com o de primeiro grau. Em outras palavras: deve ser garantida oportunidade de que a parte, diretamente ou ao menos por intermédio de seu advogado, tenha condição de acesso ao juiz do caso e/ou dos incidentes e recursos dele decorrentes.

De outro lado, mas não menos importante, insta mencionar que o atual momento metodológico do processo, em que se busca ter juízes mais interessados e ativos na busca pelo bom desenvolvimento da atividade jurisdicional e que, assim, possam realizar a missão de decidir com maior qualidade, faz com que não seja razoável a dispensa de contato com partes e/ou advogados, eis que tal contato direto é, sim, portador de elementos que podem, e muito, contribuir para a tomada de decisão e para a busca por meios de se ter mais justa, legítima e rápida solução das controvérsias.

Nos Países de tradição jurídica ligada à família anglo-saxã fala-se do *his day in Court* como sendo a necessidade de que o sujeito possa se sentir realmente atendido, no sentido de a ele estar sendo endereçada a atenção da Corte, que, com os elementos necessários, irá oportunamente decidir a causa daquele que, ao menos em uma oportunidade, teve a chance de procurar explicar diretamente suas razões ao magistrado da causa. Esta participação direta, se, de um lado, favorece a busca por impressões que tradicionalmente são mencionadas no estudo das virtudes da oralidade, não pode ser desprezada, eis que, como já referido, tal oportunidade representa importantíssimo fator de legitimação, na medida em que faz com que o interessado – repita-se – saia da disputa com a certeza de que, ao menos em uma oportunidade, lhe foi dirigida a direta atenção do órgão prestador do serviço jurisdicional. Cumpre lembrar aqui a lição de Cappelletti ao afirmar serem os jurisdicionados consumidores do serviço estatal de solução de controvérsia – consumidores, estes, que precisam ser ouvidos, não apenas por intermédio da "letra fria" da palavra escrita, mas também com algum grau de autorização para uso da palavra oral.

E assim deve ser por duas ordens de fatores. Primeiramente porque daí se podem retirar frutuosos elementos de convicção. E em segundo lugar porque disto resulta mais elevada carga de legitimação para o resultado final da jurisdição. No que toca à busca por legitimação, necessário mencionar que, ao lado da mera oportunidade de participar, há outro elemento que faz com que se deva, salvo melhor juízo, prestigiar a participação oral de partes e advogados no processo. É que, como leciona Carlos Alberto Alvaro de Oliveira, avulta a importância de, no processo, ser criado clima que favoreça e estimule a colaboração entre o juiz e as partes da demanda. Este instigar colaborativo, quando intermediado pelo advogado com uso apenas da palavra escrita, perde muito de sua força e/ ou de seu apelo ético e respectivo chamamento das partes à responsabilidade de estar em juízo. Jefferson Carús Guedes, neste sentido, relaciona o uso da palavra oral no processo como sendo instrumento que fomenta a colaboração entre os sujeitos processuais, eis que o uso da palavra falada contém "a vantagem do intercâmbio dos discursos", que se acentua "na comunicação oral (e se poderia afirmar também naquela materializada em audiência judicial) por meio da imediatidade entre interlocutores".[27]

27. Jefferson Carús Guedes, *O Princípio da Oralidade*, cit., 1ª ed., p. 157.

Importante salientar que, por mais que o advogado se mantenha fiel à vontade e aos interesses de seu constituinte, fundamental que haja oportunidade de efetiva imediatidade entre o juiz e a parte, o que deve ocorrer ao menos na audiência, de maneira que por intermédio deste contato direto sejam colhidos os saborosos frutos da boa informação e da maior legitimidade, eis que nada se compara ao contato com a autoridade judicial como fator que, para além de legitimar o sistema e trazer informações para o julgador, ainda tem a virtude de fazer com que o interessado sinta o "peso" de estar em juízo, sendo instado a dar razoável colaboração para o bom desenrolar das atividades processuais.

E não se esqueça de que para colaborar os sujeitos devem dialogar. Dinamarco, em seus estudos, tem enfatizado a importância do diálogo entre o juiz e as partes da demanda, como elemento que favorece a compreensão da controvérsia, aumenta a qualidade da futura decisão e, de quebra, ainda permite que em maior número de casos seja possível encontrar saída conciliatória. O Mestre das Arcadas não faz direta menção à palavra oral como portadora deste diálogo. Contudo, parece certo que o diálogo apenas será realmente proveitoso na medida em que existam chances para contato direto de partes e juiz, e mesmo encontros deste com o advogado, eis que isto é fundamental para melhorar a coleta de informações para julgamento da causa, além de ser fator considerável para necessária legitimação do método processual de solução de controvérsias.

E, a respeito da importância, neste contexto, da palavra oral, Leonardo Greco afirma ser ela o "mais perfeito meio de comunicação humana".[28] Greco também enfatiza que o diálogo é indispensável e que o abandono da oralidade implica indesejável "distanciamento do juiz em relação às partes e ao drama humano que as aflige". É dizer: como se está a defender neste texto, há de se garantir oportunidade para que exista efetiva e direta troca de informações, inclusive mediante o emprego da palavra falada, eis que isto contribui não apenas para a qualidade da decisão como, também, para a efetiva legitimação do processo.

E, como já referido, a oralidade também é fator de notável importância para que seja bem-sucedida a atual e fortíssima tendência de nosso processo no sentido do fomento à busca por soluções consensuais para os conflitos na sociedade, mesmo em caso de demandas já jurisdicionalizadas. É que muito maior possibilidade de obtenção de acordo

---

28. Leonardo Greco, "Publicismo e privatismo no processo civil", *RePro* 164/47, São Paulo, Ed. RT, 2008.

haverá na medida em que se tenha a chance de, na presença dos diretos interessados, estabelecer e resgatar o diálogo, que é indispensável para lograr composição. E, de novo, aqui, avulta o papel ativo do juiz, que, bem trabalhando os momentos reservados para, na presença das partes, tentar a conciliação endoprocessual, terá condição de bem realizar mais esta missão inerente à Magistratura. Como já tivemos a chance de anotar, ao estimular o juiz para que ele atue como mais um agente interessado na conciliação das partes, o legislador também exige do magistrado um papel ativo, eis que "somente serão atingidos resultados satisfatórios se o conciliador tiver conhecimento a respeito das posições das partes interessadas e das possíveis soluções para a disputa, de maneira a poder mostrar os prós e contras das posições sustentadas, bem como as vantagens, riscos e desvantagens da continuação da disputa, de forma a, passo a passo, irem se aproximando as posições conflitantes, até ser alcançado o ponto médio que permitirá o fim da contenda".[29]

Em sentido similar, e reforçando ser este mais um estímulo para a humanização do processo, por intermédio de audiências para tentativa de obter conciliação entre as partes, Carlos Aurélio Mota de Souza, remetendo a lições de Celso Agrícola Barbi, afirma que os poderes do juiz para convocação das partes visando à conciliação são "fortemente humanizadores do processo, por trazerem aos autos impressões mais vívidas sobre os interesses em conflito (...). E, defendendo abertamente esse reforço dos poderes do julgador, Celso Agrícola Barbi valoriza a tentativa obrigatória de conciliação, dando relevância ao papel do juiz na persuasão dos contendores".[30] De seu lado, Bárbara Gomes Lupetti Baptista também acentua o potencial de que desfruta a oralidade para auxiliar na busca por soluções consensuais no âmbito do processo, concluindo que "o princípio da oralidade poderia ser um instrumento eficaz a proporcionar uma nova forma de administração dos conflitos pelo Judiciário, legítima pelo consenso, mas, por enquanto, por mais paradoxal que possa parecer, a oralidade está restrita aos papéis impressos nos manuais da Dogmática".[31]

29. Puoli, *Os Poderes do Juiz e as Reformas do Processo Civil*, cit., 1ª ed., pp. 208-209.

30. Carlos Aurélio Mota de Souza, *Poderes Éticos do Juiz*, Porto Alegre, Sérgio Antônio Fabris Editor, 1987, p. 117.

31. Bárbara Gomes Lupetti Baptista, "O princípio da oralidade visto sob uma perspectiva empírica: uma alternativa metodológica de pesquisa em Direito", in *Anais do XVII Congresso Nacional do CONPEDI*, realizado em Brasília em novembro/2008, p. 4.682 (disponível em *http://www.conpedi.org.br/manaus/arquivos/ anais/brasilia/05_80.pdf*, acesso em 4.8.2012).

E, em sentido similar, em já consagrado texto no qual preconiza que haja em nossa sociedade a substituição da "cultura da sentença" pela "cultura da pacificação", Kazuo Watanabe, ao mencionar os objetivos originais da instituição da audiência preliminar em nosso Código de Processo Civil, afirma que "poucos se aperceberam do real objetivo da lei, que é a indução de papel mais ativo do juiz na condução dos processos, e para o efetivo cumprimento da imediatidade, que é uma das bases do processo oral adotado pelo nosso legislador processual". E o Mestre paulista, além de comentar a maior qualidade da prestação jurisdicional que deflui deste mais intenso contato de juiz e partes, ainda remete para a experiência do *case management*,[32] mencionando como é importante, também nessa exitosa experiência estrangeira, o contato direto do juiz com advogados e interessados, eis que isto viabiliza um mais efetivo planejamento da causa e a "facilitação para uma solução amigável da controvérsia". E Watanabe completa seu raciocínio dizendo que, "mesmo não ocorrendo o acordo, as técnicas do *case management* permitem ao juiz eliminar as questões frívolas e planejar o processo, fazendo-o caminhar para o julgamento com eficiência e sem custo exagerado".[33]

Salvo melhor juízo, e mesmo sem alterar a lei processual, isto também é viável no Brasil, bastando que haja tal tipo de conduta da parte do juiz, que, como quer a lei, deve ser, hoje, ativo e, na esteira do proposto neste artigo, deve revelar este seu ativismo permitindo o exercício da palavra oral e permanecendo acessível para o diálogo com partes e advogados.

E, para finalizar este tópico, cabe dizer que este grau de diálogo ativo e de proximidade com partes e advogados (com vistas, inclusive, à obtenção de composição nos processos) não fere a desejada imparcialidade do magistrado, eis que, como pondera Dinamarco, "a moderna ciência do processo afastou o irracional dogma segundo o qual o juiz que expressa seus pensamentos e sentimentos sobre a causa, durante o processo, estaria *prejulgando* e, portanto, afastado do dever de imparcialidade. A experiência mostra que o juiz não perde a equidistância entre

---

32. Para uma detalhada análise da experiência do *case management*, v. artigo de Paulo Eduardo Alves da Silva, "Gerenciamento de processos e cultura de litigância – A experiência do *case management*" inglês", in Carlos Alberto de Salles (coord.), *As Grandes Transformações do Processo Civil Brasileiro*, 1ª ed., São Paulo, Quartier Latin, 2009, pp. 635-668.

33. Watanabe, "Cultura da sentença e cultura da pacificação", in Flávio Luiz Yarshell e Maurício Zanoide de Moraes (orgs.), *Estudos em Homenagem à Professora Ada Pellegrini Grinover*, 1ª ed., São Paulo, DPJ Editora, 2005, pp. 688-689.

as partes quando tenta *conciliá-las*, avançando prudentemente em considerações sobre a pretensão mesma (...)".[34] Sendo assim, parece certo que a "oralidade" deve ser resgatada no contexto do atual processo civil, para realizar não apenas função sujeita ao confinado espaço e momento da realização/valoração da prova, mas apresentando-se como importante elemento que garante maior legitimidade, facilita a realização de processo com cunho efetivamente colaborativo e, ainda, facilita a busca pela composição endoprocessual.

7. Conclusão

Como referido na "Introdução", este texto resulta de uma preocupação, qual seja, a percepção de que as oportunidades de uso da palavra falada no processo civil têm se reduzido, e muito, na prática forense. Como referido ao longo da narrativa, não se desconhece que nossa legislação processual prestigia, e há muito tempo, a realização dos atos processuais mediante o emprego da forma escrita. Ainda que assim seja no âmbito legal, certo é que o sistema processual deve, por imperativo constitucional, propiciar razoáveis oportunidades para que as partes, por si ou por seus advogados, possam se expressar oralmente para manifestar seus anseios e/ou necessidades. Quanto aos advogados o tema já é objeto de regras legais,[35] as quais, contudo, se revelam insuficientes ante a efetiva resistência verificada no dia a dia forense. Deve-se, pois, preconizar o aperfeiçoamento dos mecanismos que garantam não apenas a oralidade em esparsas audiências, mas também a possibilidade de efetiva e direta interação entre juiz, partes e advogados ao longo do procedimento. Tal necessidade se faz ainda mais premente quando se está, como nós estamos, num contexto de ampla alteração da legislação positivada, seja no tocante à tramitação do Projeto de novo Código de Processo Civil, seja em vista do aperfeiçoamento do processo eletrônico, que, a despeito de ser portador de virtudes que efetivamente auxiliarão na busca por um processo célere, não pode vir a se tornar mais uma via pela qual será propiciado o isolamento do juiz. E isto porque, como acima exposto, é necessário que haja espaço para realização de efetivo diálogo entre os sujeitos do processo, com outorga de oportunidades mínimas de uso de

---

34. Dinamarco, *Instituições de Direito Processual Civil*, 7ª ed., vol. I, São Paulo, Malheiros Editores, 2013, p. 230.

35. V. os já referidos no texto, art. 35, V, da Lei Orgânica da Magistratura e art. 7º, VIII, do Estatuto da Advocacia (Lei 8.906/1994).

palavra oral, eis que o uso desta forma de expressão da vontade humana é fator que vai além da busca por elementos para bem julgar, e, por ser corolário do devido processo legal, situa-se como fator de legitimação do processo, além de propiciar clima para que haja um grau maior de obtenção de composição nos litígios.

Enfim, com base no acima exposto, fica aqui minha homenagem aos 40 anos do livro *Teoria Geral do Processo* e aos professores Antônio Carlos de Araújo Cintra, Ada Pellegrini Grinover e Cândido Rangel Dinamarco, o que se faz por intermédio desta exortação aos processualistas para que eles venham a aderir a este entendimento que preconiza por uma mais ampla e, salvo melhor juízo, útil leitura do princípio da oralidade, buscando modos de potencializar este ideal e princípio do processo que merece maior observância prática, visando a extrair deste preceito tudo quanto ele pode oferecer para ajudar na plena realização do escopo social de pacificação pelo processo.

São Paulo, agosto de 2012

Bibliografia

ANDRIGHI, Fátima Nanci. "O instituto da conciliação e as inovações trazidas no Código de Processo Civil brasileiro". *RT* 727/31. São Paulo, Ed. RT, 1996.

BARBOSA MOREIRA, José Carlos. "Saneamento do processo e audiência preliminar". In: *Temas de Direito Processual Civil – Quarta Série*. 1ª ed. São Paulo, Saraiva, 1989.

_____. "Vicissitudes da audiência preliminar". In: *Temas de Direito Processual Civil – Nona Série*. 1ª ed. São Paulo, Saraiva, 2007.

BAPTISTA, Bárbara Gomes Lupetti. "O princípio da oralidade visto sob uma perspectiva empírica: uma alternativa metodológica de pesquisa em Direito". In: *Anais do XVII Congresso Nacional do CONPEDI*. Brasília, novembro/2008 (disponível em *http://www.conpedi.org.br/manaus/arquivos/anais/brasilia/05_80.pdf*, acesso em 4.8.2012).

BEDAQUE, José Roberto dos Santos. *Efetividade do Processo e Técnica Processual*. 3ª ed. São Paulo, Malheiros Editores, 2010.

_____. In: MARCATO, Antônio Carlos (coord.). *Código de Processo Civil Interpretado*. 3ª ed. São Paulo, Atlas, 2008.

_____. *Poderes Instrutórios do Juiz*. 4ª ed. São Paulo, Ed. RT, 2009.

BUENO, Cássio Scarpinella. *Curso Sistematizado de Direito Processual Civil*. 3ª ed., vol. 1. São Paulo, Saraiva, 2009.

CHIOVENDA, Giuseppe. *Instituições de Direito Processual Civil*. 2ª ed., vol. 3, trad. brasileira de J. Guimarães Menegale. São Paulo, Saraiva, 1965.

CINTRA, Antônio Carlos de Araújo, DINAMARCO, Cândido Rangel, e GRINOVER, Ada Pellegrini. *Teoria Geral do Processo*. 29ª ed. São Paulo, Malheiros Editores, 2013.

CRUZ E TUCCI, José Rogério. "Desembargador tem o dever legal de receber advogado". Boletim eletrônico *Consultor Jurídico*, ed. 25.7.2008 (disponível em http://www.conjur.com.br/2008-jul-25/desembargador_dever_legal_receber_advogado, acesso em 4.8.2012).

DINAMARCO, Cândido Rangel. *A Instrumentalidade do Processo*. 15ª ed. São Paulo, Malheiros Editores, 2013.

_____. *Instituições de Direito Processual Civil*. 6ª ed., vol. II. São Paulo, Malheiros Editores, 2009; 7ª ed., vol. I. São Paulo, Malheiros Editores, 2013.

_____, CINTRA, Antônio Carlos de Araújo, e GRINOVER, Ada Pellegrini. *Teoria Geral do Processo*. 29ª ed. São Paulo, Malheiros Editores, 2013.

GRECO, Leonardo. "Publicismo e privatismo no processo civil". *RePro* 164. São Paulo, Ed. RT, 2008.

GRINOVER, Ada Pellegrini. *Novas Tendências do Direito Processual*. 1ª ed. Rio de Janeiro, Forense Universitária, 1990.

_____, CINTRA, Antônio Carlos de Araújo, e DINAMARCO, Cândido Rangel. *Teoria Geral do Processo*. 29ª ed. São Paulo, Malheiros Editores, 2013.

GUEDES, Jefferson Carús. *O Principio da Oralidade*. 1ª ed. São Paulo, Ed. RT, 2003.

LIMA, Maria Rosynette Oliveira. *Devido Processo Legal*. Porto Alegre, Sérgio Antônio Fabris Editor, 1999.

MITIDIERO, Daniel, e OLIVEIRA, Carlos Alberto Alvaro de. *Curso de Processo Civil*. 1ª ed., vol. 1. São Paulo, Atlas, 2009.

MORAES, Maurício Zanoide de, e YARSHELL, Flávio Luiz (orgs.). *Estudos em Homenagem à Professora Ada Pellegrini Grinover*. 1ª ed. São Paulo, DPJ Editora, 2005.

NERY JR., Nelson. *Princípios do Processo Civil na Constituição Federal*. 3ª ed. São Paulo, Ed. RT, 1996.

OLIVEIRA, Carlos Alberto Alvaro de. "O juiz e o princípio do contraditório". *RePro* 73/13. São Paulo, Ed. RT, 2000.

_____, e MITIDIERO, Daniel. *Curso de Processo Civil*. 1ª ed., vol. 1. São Paulo, Atlas, 2009.

PUOLI, José Carlos Baptista. *Os Poderes do Juiz e as Reformas do Processo Civil*. 1ª ed. São Paulo, ed. Juarez de Oliveira, 2002.

SALLES, Carlos Alberto de (coord.). *As Grandes Transformações do Processo Civil Brasileiro*. 1ª ed. São Paulo, Quartier Latin, 2009.

SILVA, Ovídio Baptista da. *Curso de Processo Civil*. 4ª ed., vol. 1. São Paulo, Ed. RT, 1998.

SILVA, Paulo Eduardo Alves da. "Gerenciamento de processos e cultura de litigância – A experiência do *case management* inglês". In: SALLES, Carlos

Alberto de (coord.). *As Grandes Transformações do Processo Civil Brasileiro*. 1ª ed. São Paulo, Quartier Latin, 2009.

SILVA NETO, Francisco da Cunha e. *O Princípio da Oralidade como Garantia Processual: um Estudo Comparado entre Brasil e Espanha*. Disponível em http://facecla.academia.edu/FranciscoCunhaSilvaNeto/Papers/326449/O_principio_da_oralidade_como_garantia_processual_um_estudo_compara do_entre_Brasil_e_Espanha" (acesso em 5.8.2012).

SOUZA, Carlos Aurélio Mota de. *Poderes Éticos do Juiz*. Porto Alegre, Sérgio Antônio Fabris Editor, 1987.

WATANABE, Kazuo. *A Cognição no Processo Civil*. 1ª ed. São Paulo, Ed. RT, 1987.

_____. "Cultura da sentença e cultura da pacificação". In: YARSHELL, Flávio Luiz, e MORAES, Maurício Zanoide de (orgs.). *Estudos em Homenagem à Professora Ada Pellegrini Grinover*. 1ª ed. São Paulo, DPJ Editora, 2005.

YARSHELL, Flávio Luiz, e MORAES, Maurício Zanoide de (orgs.). *Estudos em Homenagem à Professora Ada Pellegrini Grinover*. 1ª ed. São Paulo, DPJ Editora, 2005.

BREVES NOTAS SOBRE JURISDIÇÃO E AÇÃO

José Roberto dos Santos Bedaque

Professor Titular de Direito Processual Civil da Faculdade de Direito da Universidade de São Paulo – Desembargador aposentado do TJSP – Advogado

1. As funções do Estado. 2. Jurisdição. 3. Escopo da jurisdição e princípio da inércia. 4. Jurisdição contenciosa e jurisdição voluntária. 5. Ainda sobre jurisdição contenciosa e jurisdição voluntária. 6. Jurisdição voluntária e administração pública de interesses privados. 7. Jurisdição voluntária e jurisdição necessária. 8. Inércia da jurisdição. 9. Ação: garantia ao devido processo constitucional. 10. Outras considerações sobre a garantia constitucional da ação. 11. Direito de ação como fenômeno processual.

1. As funções do Estado

O poder político inerente ao Estado, uno, indivisível e indelegável, manifesta-se pelos órgãos destinados a desenvolver suas funções essenciais: legislativa, executiva ou administrativa e jurisdicional. O princípio da separação dos poderes estabelecido por Montesquieu consiste em conferir cada uma dessas atividades a órgãos diferentes, independentes e harmônicos entre si.[1] Está fundado na clássica ideia de assegurar dimensões democráticas ao Estado.[2]

Em síntese, para alcançar seus escopos, além de manter a paz e a harmonia social, o Estado vale-se de seu poder. Ou seja, para atingir a finalidade a que se propôs, impõe sua vontade sobre as pessoas.[3] Nesse

---

1. Cfr. José Afonso da Silva, *Curso de direito constitucional positivo*, Malheiros Editores, 36ª ed., Malheiros Editores, 2013, pp. 108-114. Sobre a visão da atividade jurisdicional como manifestação do poder estatal e a preponderância desse instituto fundamental do direito processual sobre os demais (ação, defesa e processo), v. Cândido R. Dinamarco, *A instrumentalidade do processo*, Malheiros Editores, 15ª ed., 2013, pp. 77-89.

2. Cfr. J. J. Gomes Canotilho e Vital Moreira, *Constituição da República Portuguesa anotada*, Ed. RT, 2007, pp. 208-209.

3. Para análise mais completa da jurisdição na estrutura do poder estatal, cfr. Dinamarco, *A instrumentalidade*, cit., pp. 82 e ss.

sentido, desenvolve três atividades fundamentais, distintas e harmônicas entre si, já que voltadas para o mesmo fim último: legislativa, executiva ou administrativa e jurisdicional. O poder do Estado, que é uno, manifesta-se, portanto, mediante essas três funções por ele exercidas.

2. Jurisdição

Como visto, o poder estatal, embora uno, manifesta-se mediante o exercício de três atividades essenciais à paz social. Cada uma delas se caracteriza por visar a determinados objetivos específicos, quais sejam: criar as regras destinadas a regulamentar as relações entre as pessoas (função legislativa), proporcionar bens e serviços essenciais à vida em sociedade, como segurança, saúde, educação, transporte etc. (função executiva ou administrativa) e atuar a vontade concreta da lei sempre que tal não ocorrer por vontade dos próprios destinatários dela (função jurisdicional).

Não observada a regra de direito material em determinada situação concreta, sua imposição coercitiva não pode ser feita pelos próprios destinatários. Dizer qual a norma aplicável e atuá-la é função do Estado, exercida pelos órgãos que compõem a Jurisdição. São excepcionais os casos em que as partes estão autorizadas a defender os próprios interesses.[4] Existem também os chamados meios alternativos de solução de controvérsias, como a mediação e a arbitragem. A adoção de qualquer deles depende, todavia, de concordância dos sujeitos da relação material.

O não cumprimento espontâneo da norma pode ocorrer por duas razões. Uma delas é a resistência. Embora admissível a submissão voluntária das partes à vontade da lei, isso não ocorre por divergência entre os integrantes da relação substancial quanto à norma a ser aplicada, verificando-se a situação que Carnelutti denominou "lide". Em outras situações, todavia, mesmo que desejassem acatar a regra de direito material e sujeitar-se à sua eficácia, não poderiam fazê-lo, dando origem aos chamados "processos necessários", em que a aplicação da norma somente pode ocorrer mediante a atividade jurisdicional do Estado. No âmbito penal, por exemplo, ainda que o suposto autor de um delito aceite espontaneamente a imposição da pena privativa de liberdade pelo Estado, tal só será possível após regular processo jurisdicional, com

---

4. Humberto Theodoro Júnior lembra a legítima defesa (CC, art. 188, inciso I), a apreensão do objeto sujeito a penhor legal (CC, arts. 1.467 a 1.472) e o desforço imediato no esbulho possessório (CC, art. 1.210, § 1º) (*Curso de direito processual civil*, vol. I, 44ª ed., Forense, p. 38).

exercício da acusação e da defesa. A vedação deixou de ser absoluta com a adoção da transação penal, que não comporta, todavia, pena de prisão. Pode haver ainda a substituição por penas restritivas de direitos ou multas (Lei 9.099, de 26.9.1995, arts. 72-76).

Na esfera civil, fenômeno análogo verifica-se com a demanda anulatória de casamento, cujo processo é imprescindível, ainda que as partes estejam de acordo quanto a esse resultado (CC, art. 1.549). Na vigência do Código anterior, a defesa do vínculo era obrigatória, impondo-se a participação do curador (CC de 1916, art. 222). Essa regra não mais subsiste no sistema atual.

Jurisdição é, pois, uma das atividades fundamentais desenvolvidas pelo Estado. Ao impor coercitivamente as regras criadas pelo legislador, fazendo com que elas sejam observadas, o juiz elimina as crises verificadas no plano do direito material. Em consequência, põe fim a lides, ou seja, a conflitos de interesses qualificados por pretensões resistidas.[5]

Assim, como a finalidade do direito – *ordenar a convivência social e compor os eventuais conflitos que possam surgir entre os homens* – pode não ser alcançada apenas com a edição de normas de conduta, pois os destinatários podem não observá-las espontaneamente, muitas vezes será necessário individualizar, declarar e fazer com que essas regras sejam cumpridas de forma coercitiva. A jurisdição é a atividade estatal destinada a garantir a eficácia prática do ordenamento jurídico.[6]

---

5. Segundo Cândido R. Dinamarco, jurisdição deve ser conceituada como "função do Estado, destinada à solução imperativa de conflitos e exercida mediante a atuação da vontade do direito em casos concretos" (*Instituições de direito processual civil*, vol. I, Malheiros Editores, 2013, p. 315). No mesmo sentido, Corrado Ferri observa que o juiz, no exercício do poder coercitivo a ele conferido pela lei, profere decisões aptas à realização do conteúdo do direito (cfr. *Lezione sul processo civile*, obra escrita em conjunto com Luigi Paolo Comoglio e Michele Taruffo, Bologna, Il mulino, 1995, p. 89; v. tb. Cássio Scarpinella Bueno, *Curso sistematizado de direito processual civil*, vol. I, São Paulo, Saraiva, 2007, p. 238; Luiz Guilherme Marinoni, *Manual do processo de conhecimento*, São Paulo, Ed. RT, 2ª ed., p. 36). Realizar o conteúdo do direito significa, evidentemente, obter o efeito concreto previsto pelo legislador substancial para a situação da vida submetida à atividade jurisdicional do Estado. Essa concepção compreende não apenas o aspecto declaratório (dizer o direito), como também o coercitivo (atuá-lo, seja mediante sub-rogação, seja por outro meio). Para estudo da evolução da concepção de jurisdição a partir do direito romano, cfr. Ovídio Baptista da Silva, *Jurisdição e execução na tradição romano- -canônica*, Ed. RT, 1996, pp. 25 e ss., e *Jurisdição, direito material e processo*, Forense, 2008, pp. 263 e ss.

6. Liebman, *Manuale*, p. 4; cfr. tb. Micheli, *Corso*, vol. I, p. 4; Fazzalari, *Istituzioni*, p. 95 ; Couture, *Fundamentos*, p. 44; Edson Prata, *RBDP*, p. 52. Não se pode

O ideal seria que os destinatários da regra jurídica a acatassem voluntariamente. Como isso nem sempre ocorre, necessário se faz que a jurisdição, "che si presenta come complemento dell'attività legislativa",[7] garanta a obrigatoriedade da norma.

Como já observado anteriormente, a não observância espontânea da norma pode ocorrer por duas razões. Em uma das hipóteses, as partes poderiam atuá-la, mas não o fazem, verificando-se a situação que Carnelutti denominou de "lide". Na outra, dá-se a impossibilidade de atuação espontânea do direito material pelos próprios destinatários. São situações em que, mesmo se desejassem, eles não poderiam fazê-lo. Surge então fenômeno denominado *jurisdição necessária*. Nesses casos, em que a aplicação da norma somente pode ocorrer mediante a atividade jurisdicional do Estado, o processo torna-se o único meio de atuação do direito material.[8]

3. Escopo da jurisdição e princípio da inércia

Não obstante o objetivo principal da jurisdição seja a atuação da vontade do direito material,[9] o exercício dessa atividade estatal depende da iniciativa da parte interessada. Vigora, pois, no sistema processual brasileiro o princípio da inércia da jurisdição.[10]

A impossibilidade de atuação *ex officio* representa *solução essencialmente política*. Optou-se por conferir ao titular do direito substancial

---

negar, porém, que a concepção dessa função é eminentemente relativa. Nos ordenamentos onde vigora o sistema da legalidade, o juiz se limita a aplicar a lei. Mas se o direito se revela apenas para o caso concreto, a função do juiz é criadora do direito (cfr. Calamandrei, ob. cit., pp. 34-36).

7. Calamandrei, ob. cit., p. 42. A atividade legislativa e a jurisdicional formam o que Calamandrei denomina de atividade jurídica do Estado: a primeira destinada a criar o direito; a segunda, a torná-lo efetivo ("prima la posizione e poi l'attuazione dell diritto").

8. No âmbito penal, por exemplo, ainda que o suposto autor de um delito aceite espontaneamente a imposição da pena pelo Estado, tal só será possível após regular processo jurisdicional, com exercício da acusação e da defesa. O mesmo ocorre na anulação de casamento. Daí se conclui que a jurisdição nem sempre é atividade secundária, como queria Chiovenda. Aqui, atua ela de forma primária. Cfr. Dinamarco, *Execução civil*, pp. 397-398.

9. Ao ver de Dinamarco, esse é o escopo jurídico, mas devem ser considerados outros: social e político (cfr. *A instrumentalidade*, p. 317, conclusão n. 38)

10. Há exceções, ou seja, em determinadas hipóteses o juiz tem poderes para iniciar o processo *ex officio*. Cfr. Código de Processo Civil, art. 989; Decreto-lei 227, de 28.2.67, art. 27, VI.

total liberdade de avaliar os prós e os contras da solução jurisdicional. A intromissão do Estado nessas relações, sem provocação, poderia acarretar consequências não desejadas pelos próprios interessados. Assim, num primeiro momento, cabe à parte avaliar a conveniência do recurso à jurisdição. Quanto aos direitos cuja satisfação interessa diretamente ao Estado, há órgãos especialmente destinados a obter sua efetivação em juízo. Exemplo dessa intervenção estatal está no aumento paulatino das funções do Ministério Público, que tem por missão a defesa dos interesses indisponíveis da sociedade. Na medida em que haja "publicização" de um direito material, cabe ao Ministério Público sua defesa.[11]

Por fim, embora o exercício da jurisdição continue condicionado à provocação da parte, mantendo-se íntegro o princípio da inércia, a legitimidade para agir, prevista no art. 6º do Código de Processo Civil, comporta exceções nas hipóteses de direito metaindividuais, solução há muito defendida por parcela da doutrina.[12]

Também não podem ser esquecidas as situações em que o legislador autoriza o juiz a, de ofício, conceder à parte bem da vida não pleiteado expressamente na inicial, o que não deixa de configurar exceção à inércia.[13]

4. Jurisdição contenciosa e jurisdição voluntária

Embora controvertida, a compreensão da ideia de lide desenvolvida por Carnelutti auxilia sobremaneira o entendimento do real significado da atividade jurisdicional do Estado. Se determinado bem da vida é apto a satisfazer as necessidades de alguém, configura-se o fenômeno por ele denominado de interesse, ou seja, posição favorável à satisfação de uma necessidade. Nessa linha de raciocínio, se duas pessoas manifestarem

---

11. Cfr. a respeito, Dinamarco, *A instrumentalidade*, pp. 164-167.
12. Cfr. Barbosa Moreira, "Tendências contemporâneas", p. 201; "Notas sobre o problema da efetividade do processo", in *Temas de direito processual*, 3ª série, pp. 27-42; Dinamarco, *A instrumentalidade*, pp. 277 e ss.
13. Como exemplo, pode ser mencionado o art. 7º da Lei 8.560, de 29.12.1992, que possibilita a condenação ao pagamento de alimentos em demanda declaratória de paternidade. Também os arts. 18, 461, §§ 4º e 5º, 644 e 645, do Código de Processo Civil, são exemplos de concessão de tutela não pleiteada (cfr. José Roberto dos Santos Bedaque, *Tutela cautelar e tutela antecipada*, p. 383; *Efetividade do processo e técnica processual*, p. 375; "Os elementos objetivos da demanda examinados à luz do contraditório", in José Rogério Cruz e Tucci e José Roberto dos Santos Bedaque (Coords.), *Causa de pedir e pedido no processo civil: (questões polêmicas)*, Ed. RT, 2002, pp. 36 e ss.).

interesse pelo mesmo bem, haverá conflito. A exigência, feita por uma delas, de subordinação do interesse alheio ao próprio, recebe o nome de pretensão. Se houver concordância por parte do destinatário da pretensão, extingue-se o conflito. Já a resistência faz nascer a lide. Daí a definição desse fenômeno como conflito de interesses qualificado por uma pretensão resistida.

Essa mesma situação, vista não do ponto de vista exclusivamente sociológico, mas informada por elementos jurídicos, pode ser descrita de outra forma.

O legislador, diante dos inúmeros conflitos de interesse existentes na sociedade, regulamenta aqueles considerados essenciais à convivência social, conferindo proteção a um deles em detrimento do outro. São regras abstratas, cujo conteúdo é a descrição de situações da vida, com imposição de comportamento aos destinatários. Trata-se de normas de conduta obrigatória para aqueles que se encontrarem nas situações abstratamente descritas. O titular do interesse amparado pelo legislador tem direito subjetivo, cuja satisfação deve ocorrer mediante a atuação espontânea da outra parte, em cumprimento ao que fora determinado pela regra de direito material.

A não verificação desse comportamento voluntário do destinatário da norma é fator de intranquilidade social. Gera crises no plano do direito substancial e das relações a ele submetidas. Necessário solucioná-las, impondo a observância do ordenamento jurídico violado ou ameaçado, com o consequente restabelecimento da paz social.

Como a atuação coercitiva da regra de direito material não pode ser feita pelos próprios integrantes do conflito, pois vedada a autotutela, o Estado instituiu a atividade jurisdicional, destinada a, em substituição à atividade primária dos destinatários da norma (substitutividade), impor a vontade do legislador representada pela regra de direito material aplicável ao caso concreto.

A função estatal cujo escopo é a realização do direito substancial, de forma coercitiva e em substituição àqueles que não o fizeram espontaneamente, denomina-se jurisdição contenciosa.

Diversas são as características de outra atividade, também desenvolvida pelos integrantes do Poder Judiciário, que se convencionou chamar de jurisdição voluntária ou graciosa. Desde logo, todavia, pode-se afirmar que o juiz, nos processos de jurisdição voluntária, não exerce função tipicamente jurisdicional, pois se limita a conferir eficácia a acordo de vontades, sem substituir a atividade das partes, que já atuaram espontaneamente a norma de direito material. A intervenção judicial não se destina a solucionar litígio, que não existe, mas simplesmente a possibilitar que determinado ato jurídico bilateral possa produzir efeitos. Por isso, prevalece o entendimento de que a jurisdição voluntária não configura atividade tipicamente jurisdicional. Trata-se de administração pública de interesses privados conferida ao Poder Judiciário.

De qualquer modo, tanto no exercício da jurisdição contenciosa, quanto da voluntária, o juiz busca a pacificação social. Daí por que prestigiado doutrinador, coautor da obra homenageada nesta coletânea, considera de certa forma irrelevantes as diferenças entre tais atividades conferidas à jurisdição. Em seu entender, ambas estariam compreendidas no escopo social dessa função estatal.[14]

Não obstante a identidade do escopo social, do ponto de vista jurídico não se confundem jurisdição contenciosa e voluntária. E a distinção pode ter consequências práticas. O cabimento de ação rescisória (art. 485) ou homologatória (art. 486), por exemplo, depende fundamentalmente da natureza da atividade exercida pelo juiz.[15]

5. Ainda sobre jurisdição contenciosa e jurisdição voluntária

Como visto a atividade jurisdicional do Estado age substitutivamente, ou seja, substitui as partes que não atuaram de maneira espontânea a regra de direito material. Seu escopo imediato, também denominado jurídico, é manter a integridade do ordenamento substancial violado ou ameaçado. A doutrina faz referência, ainda, aos escopos social e político dessa função estatal. Trata-se da denominada jurisdição contenciosa, regulada nos arts. 1º a 1.102 do CPC.

Já a jurisdição voluntária (arts. 1.103 a 1.210 do CPC), porque ausentes esses elementos conceituais, não configura atividade tipicamente jurisdicional. Nem seria voluntária, pois somente atua mediante provocação.

Sustentam alguns, todavia, ser jurisdicional a função desenvolvida no exercício da também chamada jurisdição graciosa, pois o magistrado

14. Cfr. Cândido Dinamarco, *Instituições de direito processual civil*, p. 315-319
15. O tema é objeto de controvérsia na doutrina e na jurisprudência. Segundo orientação já adotada pelo Superior Tribunal de Justiça, se houve mera homologação de reconhecimento jurídico do pedido, cabível a ação anulatória, pois a finalidade é desconstituir o próprio ato de vontade. A previsão do art. 485, inciso VIII, incide tão somente nas hipóteses em que a transação, o reconhecimento ou a renúncia forem adotados como fundamento da decisão judicial, proferida em jurisdição contenciosa (REsp 13.102-SP, 4ª Turma, Rel. Min. Athos Carneiro, j. 2.2.1993, *DJU* 8.3.1993).

tutela interesses privados insatisfeitos, atuando o direito objetivo ao caso concreto, de forma imparcial, sem satisfazer interesses próprios e indiferente quanto ao resultado produzido. A atividade do juiz seria necessária à eficácia da norma material.

Há quem considere a jurisdição voluntária atividade substancialmente diversa da jurisdicional e da administrativa, ou seja, uma categoria distinta que reúne determinadas características comuns aos atos estatais em geral.

Prevalece o entendimento, todavia, de que jurisdição voluntária é atividade administrativa, exercida por órgãos jurisdicionais. O legislador entregou à proteção do Estado determinados interesses privados, que são relevantes também para ele, impondo-se a cooperação de um órgão público para controlá-los. O simples fato de tal atividade ser atribuída ao juiz não é suficiente para torná-la jurisdicional.

Daí a definição de jurisdição voluntária como "administração pública de direito privado". Tende ela a constituir relações novas, enquanto a contenciosa realiza relações já existentes. Nesta, o Estado providencia para que a relação atinja sua finalidade prática mediante atuação coercitiva da regra substancial. Intervém o órgão estatal no meio de dois contendores.

Na jurisdição voluntária, pressupõe-se uma relação jurídica que, por si só, com a simples declaração de vontade das partes, não poderia formar-se; para tanto, exige-se a intervenção de um elemento extrínseco – o Estado – que analisa sua conveniência e legalidade, exercendo função análoga à do tabelião que intervém em determinados atos jurídicos. O Estado-juiz coopera para a formação de uma relação jurídica, agindo junto ao particular interessado.

Já na jurisdição contenciosa, o juiz age frente a duas partes, estranho aos interesses em conflito. Este pode existir na jurisdição voluntária e faltar na contenciosa. Mas, nesta, ao impor coercitivamente a norma, o julgador realiza o interesse da parte em lugar dela, visto que vedada a autodefesa; se existir conflito, prevalecerá o interesse amparado pelo Direito. Na voluntária, o juiz ajuda a parte a realizar seu interesse, eventualmente em contraste com outros, da melhor maneira possível.

6. Jurisdição voluntária e administração pública de interesses privados

Verifica-se, na jurisdição voluntária, a atribuição de determinada função a órgãos constituídos legalmente para exercer outra, substancialmente diversa. Os atos de jurisdição voluntária são administrativos em razão da finalidade e dos efeitos. O campo de sua atuação é exatamente aquele onde o Estado, limitando a autonomia dos cidadãos, intervém para conceder ou não determinados efeitos à vontade daqueles. É a chamada "administração pública de interesses privados".

O efeito desejado pela parte somente poderá ocorrer após a verificação, pelo Estado, de seus pressupostos e de sua conveniência. Essa administração pode ser efetuada por órgãos não jurisdicionais (intervenção do oficial do Registro Civil na constituição da relação matrimonial). Mas pode ser que, por conveniência prática ou tradição, tal função seja atribuída ao juiz. Nada mais é, portanto, que a administração pública de direito privado exercida por órgãos jurisdicionais. Frederico Marques pondera que o Juiz, quando exerce as funções de jurisdição voluntária, não atua com o intuito de fazer observar a ordem jurídica, mas para possibilitar que uma relação possa constituir-se ou modificar-se. Com essa atividade, ele integra o negócio jurídico, assegurando a observância dos preceitos legais que o regem.

O escopo de atuação dos órgãos jurisdicionais, em casos de jurisdição voluntária, não é o de garantir a observância do direito, mas o de proporcionar, da melhor forma possível e *nos limites do direito*, a satisfação dos interesses existentes na relação jurídica.

7. Jurisdição voluntária e jurisdição necessária

Embora, em alguns casos, seja fácil a distinção entre os atos de jurisdição voluntária e os tipicamente jurisdicionais, há hipóteses que se situam naquela situação intermediária, limítrofe entre uma atividade e outra, tornando-se difícil a identificação.

Imagine-se qualquer uma das situações em que a atividade jurisdicional seja necessária, mesmo que as partes estejam dispostas a, espontaneamente, atuar na vontade concreta da lei: anulação de casamento, por exemplo. Os cônjuges poderiam, verificada uma das hipóteses legais, por termo à relação jurídica sem a participação do juiz, desde que houvesse acordo de vontades. Também poderia a lei atribuir a função de verificar o pressuposto da dissolução a outros órgãos, não pertencentes ao Judiciário.

A situação assemelha-se àquelas de jurisdição voluntária, para as quais a colaboração do Estado é imprescindível à constituição dos efeitos jurídicos desejados pelas partes.

Segundo Calamandrei, a única diferença entre os atos jurisdicionais constitutivos e os de jurisdição voluntária é que os efeitos daqueles são consequência de *prévio acertamento*, com o qual o juiz reconhece a ausência de circunstâncias de fato, necessárias a que incida determinada norma primária. Na anulação de casamento, p. ex., reconhece-se a falta de um dos requisitos expressamente exigidos para sua validade. O fenômeno também pode ser descrito de outra forma. Na jurisdição necessária, o juiz reconhece haver subsunção de determinado fato da vida a uma regra abstrata, por força da qual a relação deve ser desconstituída ou declarada inexistente. Essa nova situação é efeito direto da decisão judicial, não da vontade das partes, como ocorre na jurisdição voluntária. Está, pois, no efeito constitutivo do ato jurisdicional, presente também na jurisdição necessária, a diferença entre uma e outra.

Conclui-se, assim, que a diferença entre a jurisdição voluntária e os chamados processos constitutivos necessários encontra-se na natureza da função exercida pelo juiz.

Na jurisdição voluntária ele confere ou não eficácia a um acordo de vontades. Na sentença constitutiva há o reconhecimento de que determinado dispositivo legal deve ser aplicado. Eventual acordo entre as partes é irrelevante aqui. Prevalece a verdadeira finalidade da jurisdição, que é garantir a observância do ordenamento jurídico.

A atuação do juiz nos processos de jurisdição voluntária não visa à garantia do direito objetivo, mas à satisfação dos interesses privados, nos limites do direito. Essa função integra a atividade social do Estado, não a jurídica: o direito não constitui escopo seu, mas meio para atingir outros fins. É atribuição típica do poder executivo.

O oficial do registro civil intervém na constituição do casamento apenas para verificar se o acordo de vontades está apto a produzir os efeitos dele decorrentes. Na atividade jurisdicional necessária há o reconhecimento de que determinado dispositivo legal deve ser aplicado, independentemente da existência de acordo entre as partes.

Está presente nesta última o escopo da atividade jurisdicional, qual seja a manutenção da integridade do ordenamento jurídico, com o que se alcança a paz social. Para tanto, o juiz *substitui* as partes na atuação da vontade concreta da lei.

Na jurisdição voluntária, o juiz reconhece aptidão para produzir efeitos jurídicos a um acordo de vontades. A sentença constitutiva implica a atuação coercitiva de dispositivo legal pelo juiz, em substituição à atividade primária das partes, sendo absolutamente irrelevante que estas estejam ou não de acordo com a incidência. Prevalece aqui o escopo da jurisdição, que é a garantia do ordenamento jurídico.

Nos processos de jurisdição voluntária, o juiz não tem por objetivo imediato a observância da lei. Sua finalidade é analisar a vontade dos requerentes e verificar se estes observaram a lei. Esta é apenas um meio para se atingir um objetivo: o efeito desejado pelas partes. Na jurisdição típica, eventual intenção dos interessados em determinado resultado é irrelevante, pois prevalece o escopo dessa atividade estatal: a atuação da lei e a manutenção do ordenamento jurídico. Tanto que, se, ao analisar petição de separação amigável (jurisdição voluntária), o juiz concluir que o acordo contraria determinada norma cogente, não o homologará. Estivesse ele no exercício de sua função típica, imporia coercitivamente a regra prevista para aquela situação fática. Isso ocorre porque, na jurisdição voluntária, ao contrário da contenciosa, não atua ele *substitutivamente*.

A diferença entre jurisdição contenciosa e voluntária é minimizada por Cândido Dinamarco, em razão da postura metodológica por ele proposta, que deixa em segundo plano a visão interna do sistema processual, para considerá-lo

> "a partir de um ângulo externo, no contexto da ordem jurídica e política da nação e a partir da clara definição de seus objetivos. Assim é que, convergindo as atividades processuais do juiz, como atos de positivação do poder em casos concretos (*cases and controversies*), a certos objetivos localizados no plano social e político, ao observador distante elas se situam num compartimento só e têm um só significado social e político" (*A instrumentalidade do processo*, p. 176).

O CPC brasileiro contém regras gerais sobre o procedimento a ser adotado nos processos de jurisdição voluntária (arts. 1.103 a 1.111). Em seguida, prevê algumas situações de direito material para as quais é adequado esse procedimento (art. 1.112). Por fim, regula alguns procedimentos especiais de jurisdição voluntária (arts. 1.113 a 1.210).

8. *Inércia da jurisdição*

A tutela jurisdicional necessita ser pleiteada por quem pretenda obtê-la. Ressalvadas algumas exceções (cf. arts. 989, 1.129, 1.142, 1.160; LF, art. 162), não pode ser prestada de ofício. Depende de provocação, conforme se verifica também pelo disposto no art. 262.

Trata-se do princípio da inércia, que limita o exercício dessa parcela do poder estatal. Ao contrário do que ocorre no âmbito das funções administrativa e legislativa, a jurisdição só age se estimulada. A atuação coercitiva da vontade concreta da lei pelo juiz somente pode ocorrer se alguém formular pedido nesse sentido. Não significa dizer que a provocação constitua o único requisito à solução judicial do conflito. Outras exigências, previstas na lei processual, devem ser cumpridas para que a eliminação do litígio possa ser alcançada. Mas a primeira e fundamental condição é a iniciativa de alguém, pois sem provocação o juiz mantem--se inerte.

A doutrina aponta algumas razões para a inércia judicial: preservar a imparcialidade do julgador, evitar intromissão não desejada do Estado nas relações de direito material, especialmente as de natureza privada, impossibilidade prática de solução estatal de todos os conflitos sociais etc.

A função jurisdicional do Estado deve ser provocada, mediante o exercício do direito de ação. A todos é conferido o poder incondicionado de retirar a jurisdição da inércia. Trata-se da garantia constitucional da ação, segundo a qual não se pode subtrair à apreciação do Poder Judiciário lesão ou ameaça a direito (art. 5º, XXXV).

O conteúdo desse dispositivo da Constituição Federal não vem recebendo a merecida atenção da doutrina processual. A garantia constitucional da inafastabilidade da Jurisdição não assegura apenas a possibilidade de alguém dirigir-se ao juiz e apresentar determinada pretensão. É muito mais do que isso. Todos têm o direito de exigir uma resposta do Poder Judiciário, com observância do devido processo legal, tal como regulado pela própria Constituição (art. 5º, LIII, LIV, LV, LVI e LXXVIII) e por regras infraconstitucionais.

Direito ao devido processo legal significa o poder de exigir seja o pedido de tutela jurisdicional examinado em conformidade com as regras reguladoras do instrumento estatal de solução de controvérsias denominado *processo*.

Nessa linha de raciocínio, ao princípio da inércia corresponde a garantia da demanda e de acesso ao devido processo legal, que também pode ser denominado devido processo constitucional, visto que a Constituição Federal estabelece, em linhas gerais, o modelo processual brasileiro.

A ideia de devido processo legal representa garantia não apenas formal, mas também, e principalmente, substancial. Isso significa que todos têm direito não apenas ao instrumento, mas também à efetividade do resultado por ele proporcionado.

Assim, se o autor da demanda judicial demonstrar a titularidade do direito material deduzido, o processo deve assegurar-lhe tutela jurisdicional tempestiva, útil e eficaz. Assim deve ser entendida a consagrada expressão *acesso à ordem jurídica justa*.

Todos têm, independentemente de quaisquer condições pessoais, não a certeza ou a probabilidade de obter o reconhecimento de um direito, mas a possibilidade séria e real de contar com instrumentos adequados para alcançar esse objetivo. Significa, portanto, que a garantia constitucional de ação implica a existência de tutela jurisdicional adequada à proteção do direito demonstrado em sede processual.

A Constituição Federal não assegura o acesso ao Poder Judiciário apenas a quem efetivamente possui direito. Todos podem requerer a tutela jurisdicional, ainda que dela não sejam merecedores. E o que está à disposição de todos, titulares de direitos ou de meras pretensões infundadas, é o mecanismo previsto pelo legislador constitucional, por ele minuciosamente modelado, para viabilizar a tutela jurisdicional a quem efetivamente fizer jus a ela.

O sistema processual-constitucional foi construído para conferir proteção efetiva aos direitos e interesses jurídicos. Muito embora o acesso ao Poder Judiciário seja franqueado a todos, reais titulares de direitos ou detentores de simples interesses não amparados no plano material, evidentemente o mecanismo está direcionado para a satisfação daquele que efetivamente merece a tutela jurisdicional.

Para produzir resultado prático, dotado de utilidade e realmente capaz de solucionar o litígio, a tutela jurisdicional depende não só da existência de sistema adequado de princípios relacionados ao processo em si, mas também da regulamentação adequada dos deveres e garantias daqueles a quem foram incumbidas sua condução e direção.

A Constituição procura estabelecer, pois, o processo justo, ou seja, o instrumento que a sociedade politicamente organizada entende necessário para assegurar adequada via de acesso à solução jurisdicional dos litígios.

Daí a existência, no sistema processual, de mecanismos, como as tutelas cautelar e antecipada, destinados a abrandar o sério problema decorrente da morosidade dos processos, muitas vezes causada por fatores cuja eliminação está fora do alcance do processualista.

A inafastabilidade do Poder Judiciário não pode representar garantia formal de exercício da ação. É preciso oferecer condições reais para a utilização desse instrumento, sempre que necessário. De nada adianta assegurar contraditório, ampla defesa, juiz natural e imparcial, duração razoável do processo, se a garantia de acesso ao processo não for efetiva, ou seja, não possibilitar realmente a todos meios suficientes para superar eventuais óbices existentes ao pleno exercício dos direitos em juízo.

9. Ação: garantia ao devido processo constitucional

Como já observado, a doutrina não se preocupa em explicar o real conteúdo dessa garantia de acesso ao Judiciário. Parece-me importante fixá-lo, mesmo porque se trata de direito fundamental inerente à própria personalidade da pessoa.

Quando se afirma que o direito de ação é assegurado a todos, imprescindível determinar a exata extensão dessa garantia. O que pode exigir do Estado a pessoa, por ser titular desse direito? Qual o limite da atuação do legislador infraconstitucional na regulamentação da ação?

Em suma, a indagação é uma só: o que significa, efetivamente, direito constitucional de ação?

Não se trata de preocupação puramente teórica ou acadêmica. A identificação do conteúdo da garantia em questão é fundamental, pois o legislador ordinário deve adequar o sistema processual aos postulados estabelecidos em sede constitucional.

Em primeiro lugar, é possível afirmar tratar-se de um direito absolutamente atípico, pois se destina à veiculação de qualquer interesse assegurado pelo ordenamento jurídico material. Basta a afirmação da existência de um suposto direito, individual, coletivo ou difuso, para que a pessoa tenha a seu dispor o meio pelo qual poderá deduzi-lo perante o órgão jurisdicional e postular a respectiva tutela. É preciso que os operadores do direito se conscientizem de que ação não tem nome. Suficiente a identificação, no plano jurídico-material, do tipo de providência necessária à proteção do direito. Com tais dados, pleiteia-se a tutela jurisdicional adequada, mediante o exercício do direito constitucional de ação. Não se justifica a preocupação, muito comum entre os profissionais, sobre qual a ação a ser proposta, que nome atribuir-lhe. As circunstâncias inerentes ao direito material influem, muitas vezes, no tipo de processo, de procedimento ou de tutela, mas não na ação, que configura direito genérico e invariável.

Importante enfatizar que a garantia da ação está relacionada, em regra, à existência de um direito. Mas não apenas os titulares de direitos existentes podem se valer dos mecanismos estatais de solução de controvérsias. Para ter acesso a eles, e é esse o real significado da garantia constitucional da ação, basta alguém *afirmar* a existência de um interesse juridicamente protegido.

O problema da ação deve ser solucionado não à luz da modalidade de tutela pleiteada ou da natureza do direito substancial afirmado. Daí inexistir ação típica. A atipicidade do direito de ação vem afirmada no texto constitucional, que ampara todos os direitos, indistintamente, contra qualquer ameaça ou lesão (art. 5º, XXXV).

A partir dessa previsão, não tem mais sentido discutir sobre a diferença entre ação, abstrata ou concreta, e o direito de propor demandas. O que importa, realmente, são os problemas relacionados à efetividade das várias formas de tutela jurisdicional. A tipicidade das ações se resolve, na verdade, em tipicidade de tutelas. Estas, sim, representam o elemento variável da demanda. Ação é única, voltada à obtenção de mecanismos aptos a assegurar o direito afirmado. Não comporta adjetivações, próprias da tutela pleiteada.

Ação está relacionada ao processo e à sua estrutura. Trata-se de garantia de acesso efetivo ao meio necessário à satisfação de um interesse.

Ao afirmar que a lei não poderá subtrair à apreciação do Poder Judiciário lesão ou ameaça a direito, o legislador constitucional estabelece, de um lado, a garantia da ação; de outro, o princípio da inafastabilidade da tutela jurisdicional.

A tutela constitucional da ação é fenômeno que se desvincula do problema de relacionamento entre direito e processo, para assumir significado maior.

Essa garantia estabelecida na Constituição Federal não nos assegura o reconhecimento do direito que afirmamos possuir, mas também não significa apenas o acesso livre ao Poder Judiciário. Representa o complexo de poderes constitucionais conferidos a quem necessita da intervenção estatal. É garantia de meio e de resultado, o que não significa identificação com o conteúdo variável pretendido pelos litigantes – o interesse material deduzido –, mas com o valor constante da efetividade instrumental.

A efetiva proteção ao direito afirmado não integra, obviamente, a garantia da ação. Trata-se da real existência da tutela jurídica, questão a ser analisada exclusivamente à luz das regras substanciais e antecedente ao processo.

Assegura-se a todas as pessoas o acesso ao Poder Judiciário e, consequentemente, ao meio pelo qual essa função estatal desenvolve sua atividade. Se a jurisdição atua pelo processo e se todos têm direito à jurisdição, todos têm direito ao processo.

Mas não a qualquer processo. A Constituição também se preocupou em estabelecer as linhas fundamentais desse meio de atuação de uma de suas funções. O legislador constitucional determina os princípios e as garantias essenciais ao método utilizado pela jurisdição para solução de controvérsias, instituindo o *modelo processual brasileiro*.

O direito de ação nada mais é do que o direito ao modelo processual estabelecido na Constituição Federal.

Acesso à justiça, ou, mais propriamente, acesso à ordem jurídica justa, significa proporcionar a todos, sem qualquer restrição, o direito de pleitear a tutela jurisdicional do Estado e de ter à disposição o meio constitucionalmente previsto para alcançar esse resultado. Ninguém pode ser privado do devido processo legal, ou, melhor, do *devido processo constitucional*. É o processo modelado em conformidade com garantias fundamentais, suficientes para torná-lo *équo, correto, giusto*.

As garantias constitucionais do processo asseguram esse mecanismo adequado à solução das controvérsias. São garantias de meio e de resultado. Estão diretamente relacionadas não apenas aos instrumentos processuais adequados, como também a um resultado suficientemente útil e eficaz para quem necessita valer-se dessa atividade estatal. Proporcionam vias processuais aptas à resolução dos conflitos de interesses, para que a tutela jurisdicional obtida ao final do processo seja dotada de efetividade.

10. *Outras considerações sobre a garantia constitucional da ação*

Todos têm direito de pleitear a tutela jurisdicional. Isso não significa dizer, evidentemente, esteja a tutela assegurada a todos. Somente têm direito à proteção por ela representada aqueles que, no plano do direito material, se encontrarem em situação amparada pelo ordenamento jurídico.

Como a satisfação dos próprios interesses, ainda que assegurados pelas regras de direito substancial, não pode ser feita pela força, mediante o que se convencionou chamar de autotutela, resta a via estatal de solução de controvérsias, mesmo porque os meios alternativos ainda constituem exceção no sistema. Mas, diante da inércia da atividade jurisdicional, exatamente aquela incumbida de eliminar as crises verificadas no plano das relações jurídicas substanciais (CPC, artigos 2º e

262), assegura-se ao sujeito de direito a possibilidade de pleitear a tutela jurisdicional. Todos, indistintamente, podem dirigir-se ao Estado – que chamou para si a atuação coercitiva das regras materiais – para solicitar proteção a um suposto direito, cuja existência é simplesmente afirmada.

A garantia de acesso ao Judiciário – *poder*, no entender de alguns; *direito*, para outros – está prevista em sede constitucional como já visto (CF, art. 5º, XXXV) e denomina-se ação.

Vista por esse ângulo, constitui garantia de acesso ao mecanismo estatal de solução de controvérsias, denominado "processo". Este nada mais é do que o método de trabalho regulado pelo Estado e destinado a permitir ao juiz, com a plena participação das partes, o exato conhecimento da controvérsia e a adoção dos meios aptos a eliminá-la, assegurando a satisfação do interesse juridicamente protegido.

Todos têm a possibilidade de ser *ouvidos em juízo*, ainda que o pedido, por razões formais ou substanciais, não apresente mínimas condições de ser examinado. Por mais grave que seja o vício, de natureza formal ou substancial, o direito de acesso à Jurisdição existe e deve ser assegurado. E como essa atividade estatal atua segundo determinado método – o processo – nada pode impedir o acesso a esse meio de solução das controvérsias.

11. Direito de ação como fenômeno processual

A inércia da jurisdição gera a necessidade da demanda. A ação, vista por este ângulo, identifica-se muito mais com ônus do que com direito. Não se trata aqui de examinar o fenômeno da garantia de acesso ao Poder Judiciário, mas sim a necessidade de a atividade jurisdicional do Estado ser retirada da inércia mediante provocação da parte.

O poder conferido a todos de acesso à Justiça tem natureza constitucional. O princípio da demanda, contraposto da inércia da Jurisdição, é mecanismo inerente à técnica processual.

O direito de ação deve ser considerado não apenas em função do interesse da parte, mas como instituto destinado a possibilitar a atuação de função estatal, cujo objetivo é fazer cumprir o direito objetivo material.

Vislumbra-se na ação, portanto, função destinada a satisfazer antes de mais nada o interesse público da correta atuação das regras substanciais. De forma mediata ou indireta, a atividade estatal provocada pelo exercício da ação tem por escopo, como as demais funções desenvolvidas pelo Estado, a pacificação social.

Pode-se agrupar em três grandes correntes os processualistas que se preocuparam com a natureza jurídica do direito de ação, visto agora não como garantia constitucional, mas como fenômeno tipicamente processual.

Para os chamados "concretistas", direito de ação somente existe se aquele que pleitear a tutela jurisdicional for realmente o titular do direito subjetivo pretendido.

Já para os "abstratistas", ação é tão-somente o direito de provocar a atividade jurisdicional; é o mero direito de acesso ao órgão jurisdicional, pertencente a todas as pessoas, indistintamente.

Por fim, os adeptos da construção de Liebman, para quem a ação independe do direito material, mas é conexa com ele.

O Código de Processo Civil brasileiro filiou-se expressamente à última construção doutrinária e considera ação como o direito à obtenção de provimento sobre o caso concreto deduzido na inicial, ainda que desfavorável ao autor. Fala-se em direito à sentença de mérito, não obstante tal fórmula seja adequada apenas ao processo de conhecimento.

A ação assim concebida é instituto exclusivamente processual: é o poder de estimular a jurisdição, para que esta mantenha a integridade do ordenamento jurídico.

Para que exista a ação, portanto, é preciso haver nexo adequado entre o pedido de tutela jurisdicional e determinada situação concreta. Embora a parte tenha o poder de movimentar a máquina judiciária para atender a um interesse seu, o escopo da atividade jurisdicional é a atuação do direito objetivo, para pacificação social.

Se tal ocorrer, quer para dar razão ao autor, quer para dar razão ao réu, considera-se exercido e satisfeito o direito processual de ação.

Pode-se dizer, pois, que o titular do direito de ação tem o poder jurídico de provocar, com seu pedido, a atuação da vontade da lei a determinada situação da vida, regulada no plano substancial. Afirma estar em situação de vantagem, porque amparado por essa norma. Mas corre o risco de obter resposta desfavorável, por entender o juiz não ser seu interesse passível de proteção.

A autonomia do direito de ação é relativa. Não se pode falar em absoluta independência de uma categoria processual em relação ao direito material, pois o direito processual não tem um fim em si mesmo. Sua finalidade é promover a realização prática do direito substancial. Embora o poder de provocar a Jurisdição esteja previsto na Constituição e seja atribuído a todos, nem sempre o resultado dessa atuação opera efeitos no plano da realidade substancial.

O direito de ação será relevante para o sistema processual, na medida em que servir de instrumento de atuação do direito material. Visto por esse ângulo, representa fenômeno apto a possibilitar seja cumprido o escopo da atividade jurisdicional do Estado.

Jurisdição é uma das funções estatais, ao lado da legislativa e da administrativa. Tem por escopo manter a integridade do ordenamento jurídico e a paz social. Por razões práticas ou políticas, é inerte. Daí o direito de movimentá-la conferido às pessoas, tornando possível esse resultado. O poder de fazer com que o ordenamento jurídico seja atuado chama-se ação.

POLÍTICA JUDICIÁRIA NACIONAL DE TRATAMENTO ADEQUADO DOS CONFLITOS DE INTERESSES – UTILIZAÇÃO DOS MEIOS ALTERNATIVOS DE RESOLUÇÃO DE CONTROVÉRSIAS

KAZUO WATANABE

Professor-Doutor da Faculdade de Direito da Universidade de São Paulo – Desembargador aposentado do Tribunal de Justiça do Estado de São Paulo

I – Considerações iniciais. II – Política pública de tratamento adequado dos conflitos de interesses. III – Atualização do conceito de acesso à Justiça. IV – Transformação da "cultura da sentença" em "cultura da pacificação". V – Qualidade dos serviços. Capacitação, treinamento e aperfeiçoamento permanente dos conciliadores e mediadores.

I – Considerações iniciais

1. Há ainda muita resistência à adoção dos chamados *meios alternativos* de solução de conflitos, em especial dos métodos consensuais, que são a mediação e a conciliação, por parte não somente dos operadores do Direito, como também dos jurisdicionados. Muitos acham que são mecanismos menos nobres, próprios de povos com cultura primitiva, e que o método mais nobre é a adjudicação de solução por meio de sentença do juiz, proferida em processo contencioso.

Mesmo nas Faculdades de Direito é ainda acanhada a percepção da importância dos meios alternativos de solução de conflitos, tanto que apenas algumas delas têm disciplinas específicas para iniciar seus alunos nesses mecanismos de solução de conflitos. Apenas a arbitragem vem merecendo atenção maior, em razão da aprovação, em 1996, da Lei 9.307, que a disciplinou por completo, e pela sua utilização cada vez mais intensa na solução de conflitos de natureza comercial e naqueles em que sua adequada solução depende dos conhecimentos especializados do julgador.

2. É necessário que se aceite, sem temor de estar cometendo qualquer impropriedade científica, que os chamados *meios alternativos de resolução de conflitos* constituem capítulo importante do direito processual civil, e não um mero apêndice dele, para ser estudado em disciplina coadjuvante, por exemplo, de práticas judiciárias.

Hoje, não podemos mais considerar o direito processual civil como ramo do Direito que estuda apenas a "técnica de solução imperativa de conflitos". Há vários outros métodos de resolução de conflitos igualmente eficientes, em especial os consensuais. Aliás, para certos tipos de conflitos, em especial aqueles em que partes estão em contato permanente, os métodos alternativos são até mais adequados e eficazes que a solução sentencial.

Os conflitos de interesses, e não apenas os mecanismos de sua solução, devem ser objeto de estudo da ciência processual, pois a adequação dos meios de solução depende do conhecimento de sua natureza e de todas suas peculiaridades quanto ao objeto, pessoas, motivos, tempo de duração, contexto social e outros aspectos mais.

3. Ouçamos, a respeito, as percucientes ponderações de Cândido Rangel Dinamarco (*Instituições de Direito Processual Civil*, 7ª ed., vol. I, São Paulo, Malheiros Editores, 2013, § 44, p. 120):

> Todo o discurso sobre o *acesso à Justiça*, seja mediante a tutela jurisdicional de que se encarrega o Estado ou por obra dos *meios alternativos* (arbitragem, mediação, conciliação), insere-se na temática dos *conflitos* e da busca de soluções. O processo civil, como técnica pacificadora, deita raízes na existência de conflitos a dirimir (ou crises jurídicas) e é daí que recebe legitimidade social e política como instituição destinada a preservar valores vivos da Nação. (...).

Prossegue Dinamarco (*Instituições de Direito Processual Civil*, cit., 7ª ed., vol. I, § 46, pp. 125-126), sublinhando a equivalência funcional em relação à jurisdição e o valor social dos *meios alternativos de solução de conflitos*:

> A crescente valorização e emprego dos meios não jurisdicionais de pacificação e condução à ordem jurídica justa, ditos *meios alternativos*, reforça a ideia da equivalência entre eles e a atividade estatal chamada *jurisdição*.
>
> (...). Mas o que há de substancialmente relevante no exercício da jurisdição, pelo aspecto social do proveito útil que é capaz de trazer aos

membros da sociedade, está presente também nessas outras atividades: é a busca de pacificação das pessoas e grupos mediante a eliminação de conflitos que os envolvam. Tal é o *escopo social magno da jurisdição*, que atua ao mesmo tempo como elemento legitimador e propulsor da atividade jurisdicional (...).

E assim conclui seu magistério o consagrado processualista das Arcadas (*Instituições de Direito Processual Civil*, cit., 7ª ed., vol. I, § 47, p. 130):

(...). Constituem conquistas das últimas décadas a perspectiva sociopolítica da ordem processual e a valorização dos meios alternativos. A descoberta dos *escopos sociais e políticos do processo* valeu também como alavanca propulsora da visão crítica de suas estruturas e do seu efetivo modo de operar, além de levar as especulações dos processualistas a horizontes que antes estavam excluídos de sua preocupação.

II – Política pública de tratamento adequado dos conflitos de interesses

4. Os meios alternativos de resolução de controvérsias devem ser estudados e organizados *não* como solução para a *crise de morosidade da Justiça*, como uma forma de reduzir a quantidade de processos acumulados no Judiciário, e *sim* como um método para se dar *tratamento mais adequado aos conflitos de interesses* que ocorrem na sociedade. A redução dos processos será uma resultante necessária do êxito de sua adoção, mas não seu escopo primordial.

Para a solução de muitos desses conflitos – e sobre isto não se tem mais dúvida atualmente, pela sua natureza e especificidade –, é muito mais adequado um *meio alternativo*, em especial a conciliação ou a mediação, do que uma sentença do juiz. Nas chamadas relações jurídicas continuativas, que têm duração no tempo, em que as partes estão em contato permanente, a solução do conflito deve ser promovida com a preservação da relação existente entre as partes, pondo-se em prática a chamada "justiça coexistencial", com a pacificação das partes – o que a solução sentencial dificilmente terá condições de promover.

5. Foi precisamente por essa razão que o Conselho Nacional de Justiça/CNJ declarou, no introito da Resolução 125/2010, que a política judiciária nacional instituída é respeitante ao "tratamento adequado dos conflitos de interesses no âmbito do Poder Judiciário". Certamente,

nessa política pública têm particular relevância os meios alternativos de solução de conflitos, em especial os consensuais, que são a conciliação e a mediação. Mas seu objetivo é mais abrangente, não se esgota na mera institucionalização da mediação e da conciliação.

6. Os meios alternativos de solução de conflitos, hoje, fazem parte do próprio processo, o que ocorre nas mediações e conciliações intraprocessuais, ou nas anexas (as promovidas fora do *iter* processual, mas em função de processos ajuizados, por um órgão encarregado disso – *v.g.*, Setor de Conciliação de Segundo Grau ou de Primeiro Grau, no Estado de São Paulo). Ou podem ser organizados sem qualquer vínculo com o processo, como está ocorrendo atualmente na parte referente às conciliações e mediações pré-processuais nos chamados Centros Judiciários de Solução de Conflitos e Cidadania/CEJUSCs, que estão sendo organizados em todo o País, com base na Resolução 125/2010 do CNJ.

Há, também, os *meios alternativos* organizados fora do Judiciário, pelas Câmaras de Arbitragem, Mediação e Conciliação das organizações privadas ou por entes públicos (Defensoria Pública, Ministério Público, Procuradorias do Estado ou dos Municípios etc.).

III – Atualização do conceito de acesso à Justiça

7. O art. 1º da Resolução CNJ-125/2010 declara expressamente que todos os jurisdicionados têm direito "à solução dos conflitos por meios adequados à sua natureza e peculiaridade", incumbindo aos órgãos judiciários oferecer "outros mecanismos de solução de controvérsias, em especial os chamados meios consensuais, como a mediação e a conciliação". E menciona também o direito de obter "atendimento e orientação", não somente em situações de conflitos de interesses, como também em seus problemas jurídicos, em situações de dúvida e de desorientação. E, se é direito dos jurisdicionados ter a oferta desses serviços, o Estado tem, inquestionavelmente, a obrigação de organizá--los de forma adequada.

8. A política judiciária adotada pela Resolução CNJ-125/2010 trouxe profunda *mudança no paradigma dos serviços judiciários*, e, por via de consequência, atualizou o conceito de *acesso à justiça*, tornando--o muito mais *acesso à ordem jurídica justa*, e não *mero acesso aos órgãos judiciários* para a obtenção de solução adjudicada por meio de sentença.

IV – Transformação da "cultura da sentença" em "cultura da pacificação"

9. Temos hoje, ainda, o que denominamos de "cultura da sentença", que é decorrente da valorização excessiva da solução dos conflitos por meio de sentença do juiz, como ficou ressaltado nas considerações acima.

Com a valorização da solução amigável, encontrada pelos próprios conflitantes, com a ajuda de terceiros facilitadores, que são os mediadores e os conciliadores, ocorrerá, certamente, o nascimento da "cultura da pacificação".

Reforçando essa esperança, temos a atuação do CNJ e dos tribunais, estes pelo seu Núcleo Permanente de Métodos Consensuais de Solução de Conflitos, junto às instituições públicas e privadas de ensino, procurando estimulá-las à criação de disciplinas específicas voltadas à capacitação dos alunos, futuros profissionais do Direito, na atuação não somente em processos contenciosos, como também em negociação e no manejo de mecanismos alternativos de solução de conflitos.

V – Qualidade dos serviços. Capacitação, treinamento e aperfeiçoamento permanente dos conciliadores e mediadores

10. A Resolução CNJ-125/2010 tem vários outros pilares.

Um deles é respeitante à qualidade dos serviços a serem oferecidos. Em relação aos meios consensuais de solução de conflitos, a Política Judiciária Nacional adotada pela Resolução 125 e seus Anexos traz normas explícitas sobre a capacitação dos mediadores e conciliadores, exigindo deles, além da capacitação inicial, treinamentos e aperfeiçoamentos posteriores.

Essa Política Judiciária Nacional, enfim, procura enfrentar a *crise de morosidade da Justiça* atacando suas causas, e não seus efeitos.

A estratégia de aperfeiçoamento do sistema de solução dos conflitos por meio apenas da alteração das leis processuais, sem se preocupar com o adequado desempenho da organização judiciária e sem a adoção dos mecanismos alternativos de solução dos conflitos, ataca apenas os *efeitos* dos graves problemas que provocam a crise de desempenho da Justiça, deixando de lado suas causas.

É chegada a hora de se dar mais valor ao estudo dos chamados *meios alternativos de resolução de controvérsias*, com a preocupação voltada mais à pacificação dos conflitantes, e não apenas à solução dos conflitos.

A redução do número de conflitos judicializados será uma consequência necessária da adequada organização dessa estratégia.

A TEORIA GERAL DO PROCESSO E A PROVA

LEONARDO GRECO

Professor Titular de Direito Processual Civil da Faculdade Nacional de Direito da Universidade Federal do Rio de Janeiro – Professor Adjunto do Departamento de Direito Processual da Universidade do Estado do Rio de Janeiro

Na década de 1960 e no início dos anos 1970 do século passado a *Escola Processual de São Paulo*, formada na Faculdade de Direito do Largo de S. Francisco, abraçou a ideia da sistematização do processo civil e do processo penal em torno de uma teoria geral comum, que seria a *Teoria Geral do Processo*.

Essa concepção unitária foi vigorosamente defendida por expoentes do processualismo científico, como Carnelutti, Hugo Alsina, Alcalá--Zamora y Castillo, como consequência da própria autonomia do direito processual em relação ao direito material, e repercutiu não só em produção doutrinária que valorizou o núcleo comum de fundamentos teóricos do direito processual, mas até mesmo no direito positivo de alguns Países, que adotaram legislações unitárias, como o Panamá, Honduras, Dinamarca e Suécia.[1]

A par dessa unitariedade intrínseca à instituição do *processo* no campo do Direito, ela encontra respaldo profundo na vida social como mecanismo de ação comunicativa das relações sociais, de legitimação política da atuação dos juízes no Estado Democrático e de sedimentação da aceitação social da verdade jurídica.[2] Também na Filosofia a razão de ser e a funcionalidade do processo, como um todo, independentemente do seu conteúdo penal ou extrapenal, atravessaram os séculos, de Aristóteles a Habermas. Nesse sentido, a retomada dessa reflexão unitária no

1. Cipriano Gómez Lara, *Teoría General del Proceso*, 8ª ed., Cidade do México, Harla, 1990, pp. 39-42.
2. Vincenzo Ferrari e Edwige Rude-Antoine, *Le Procès, Enjeu de Droit, Enjeu de Vérité*, Paris, PUF, 2007, pp. 387-392.

século XX, que pode ser atribuída à iniciativa de Chiovenda, simbolizada na sua sugestão de substituição da denominação de *procedura* por *diritto processuale*, é considerada por Cadiet uma volta às origens, que podem ser localizadas na Antiguidade Romana, como representativa da missão do próprio Direito, como instrumento do bem e do justo.[3] Poder-se-ia hoje dizer, sem medo de errar, que o desenvolvimento de uma teoria geral unitária do processo foi o fator mais decisivo da construção do modelo universal de processo justo, que hoje predomina em todos os estudos de direito processual.[4]

O principal impulsionador brasileiro dessa ideia foi José Frederico Marques, Professor de "Processo Civil" na PUC/SP e Livre-Docente de "Processo Penal" no Largo de S. Francisco, que, não obstante ter sido discípulo de Liebman, tinha grande simpatia pelo conceito carneluttiano de "lide", e dedicou preciosos estudos, escrevendo uma obra sistemática (*Elementos de Direito Processual Penal*), à reconstrução teórica do processo penal à luz dos avanços alcançados pela doutrina processual civil.

A projeção que sua obra teve na época culminou no convite que o Ministério da Justiça lhe fez de elaboração de um anteprojeto de novo Código de Processo Penal, que consagrou essa nova concepção unitária do direito processual. Ouso dizer que Frederico Marques foi o mais ativo mentor desse diálogo entre o processo civil e o processo penal no Brasil, pois, enquanto elaborava seu anteprojeto de Código de Processo Penal, também participava da Comissão Revisora do anteprojeto de Código de Processo Civil de Alfredo Buzaid, que deu origem ao Código de 1973.

Esse entusiasmo pela unitariedade do direito processual empolgou a Faculdade de Direito de São Paulo, e certamente contribuiu para que nela fosse criada a nova disciplina "Teoria Geral do Processo", noticiada por Luís Eulálio de Bueno Vidigal no "Prefácio" à 1ª edição do livro sobre a matéria que os "três jovens Mestres de Direito Ada Pellegrini Grinover, Cândido Rangel Dinamarco e Antônio Carlos de Araújo Cintra" escreveram, para atender ao seu magistério naquela Faculdade.

O sucesso da obra na difusão dessa concepção unitária lhe assegurou longevidade rara na literatura jurídica nacional e um número invejá-

---

3. Loïc Cadiet, "Prolégomènes à une Théorie Générale du Procès en Droit Français", in Fredie Didier Jr. e Eduardo Ferreira Jordão (coords.), *Teoria do Processo – Panorama Doutrinário Mundial*, Salvador, Juspodivm, 2008, pp. 481-506; Loïc Cadiet, Jacques Normand e Soraya Amrani Mekki, *Théorie Générale du Procès*, Paris, PUF, 2010, pp. 1-14.

4. Serge Guinchard e outros, *Droit Processuel – Droits Fondamentaux du Procès*, 6ª ed., Paris, Dalloz, 2011, *passim*.

vel de edições, e foi, acima de tudo, o difusor mais eficiente do modelo de sistematização e de ensino do direito processual que foi adotado na maior parte dos cursos jurídicos do País.

Isso não quer dizer que a existência de uma Teoria Geral do Processo seja questão definitivamente pacificada. Todos sabem que na própria Faculdade de Direito de São Paulo outro grande Mestre, Rogério Lauria Tucci, sustentou com sólidos argumentos que o processo penal tem uma teoria geral própria.

Tive oportunidade de lecionar a *Teoria Geral do Processo* na Universidade do Estado do Rio de Janeiro e a *Introdução ao Direito Processual* na Faculdade Nacional de Direito; e essa experiência me levou a afirmar, na "Apresentação" ao 1º volume das minhas *Instituições de Processo Civil*, que, "embora reconheça que existe um núcleo de fundamentos comuns aos diversos ramos do direito processual – civil, penal e especial –, eu os compararia a círculos secantes, que possuem institutos comuns mas que não formam um único sistema normativo, mas dois, três ou mais sistemas autônomos, cada um com a sua racionalidade, que se completa com outros institutos e características próprias de cada um".

Apesar desse entendimento, sou forçado a reconhecer que a pregação em favor de uma Teoria Geral do Processo foi muito proveitosa para o processo civil, pois teve e ainda tem o mérito inquestionável de estimular a doutrina e a jurisprudência a compreender mais adequadamente fenômenos como o do direito processual público ou do direito processual sancionador, com o auxílio de categorias provenientes do processo penal. Essa concepção unitária foi muito proveitosa também para o processo penal, pois colocou à mostra o atraso no seu desenvolvimento científico e dogmático e a necessidade de sua revisão, para atender às exigências contemporâneas de respeito aos direitos fundamentais.

Um dos institutos em que mais acentuadamente se evidenciam esses fundamentos comuns é o das *provas*. E o marco teórico que o livro dos "três jovens Mestres" ostenta para esse atual e importante instituto, apesar de passadas quatro décadas, se mantém consistente, como teremos oportunidade de demonstrar.

Conforme assinalou Jeremias Bentham, em lição insuperável, a prova é um instrumento que o processo tomou emprestado da realidade da vida, porque dela o homem se utiliza para instruir todas as inúmeras decisões, das mais complexas às mais simples, do seu cotidiano.

Ainda que se limite seu estudo ao campo estreito do processo judicial de solução de conflitos, não há como negar que todos os ramos do direito processual atribuem à prova o mesmo conceito, a mesma finalidade e a mesma função, e que a disciplina dos diversos meios de revelação do seu conteúdo está fortemente influenciada por uma tradição milenar que, em grande parte, ainda transparece em todos os sistemas normativos.

Ferrer Beltrán assinala, com propriedade, que toda prova jurídica tem por objetivo institucional a averiguação da verdade,[5] e, por isso, seja qual for o tipo de litígio ou de direito material, ou a especialidade do procedimento, suas regras devem ser aptas a propiciar com a maior probabilidade possível que esse objetivo seja atingido.

Recordo aqui que a minha exposição sobre o tema, no Capítulo IV do 2º volume das minhas *Instituições*,[6] se iniciou com a constatação de que a promessa democrática de tutela efetiva dos direitos de todos seria ilusória se o processo não fosse capaz de reconstruir os fatos como eles são, porque destes é que resultam os direitos. Os sistemas processuais se preocuparam durante séculos em estabelecer regras minuciosas de admissibilidade e avaliação das provas, como se a verdade processual tivesse essência própria, pouco ou nada dependente daquela que se encontra no mundo real; quando, ao contrário, como evidenciou Bentham,[7] a busca da verdade não é uma atividade privativa do juiz, e o resultado que o juiz deve buscar deve ter a mesma consistência que aquele que é objeto da investigação dos fatos em qualquer outra área do conhecimento humano. Para atingir esse objetivo, a demonstração dos fatos no processo, não podendo basear-se em raciocínios puramente dedutivos, deve construir racionalmente o conhecimento empírico, com rigor metodológico e indispensável realismo.[8]

François Gorphe assinalava que, "dans une conception rationnelle de la justice, et notamment des preuves, la conviction qui emporte la

---

5. Jordi Ferrer Beltrán, *La Valoración Racional de la Prueba*, Madri, Marcial Pons, 2007, p. 29.

6. Leonardo Greco, *Instituições de Processo Civil*, 2ª ed., vol. II, Rio de Janeiro, Forense, 2011, p. 83.

7. Jeremias Bentham, *Tratado de las Pruebas Judiciales*, Granada, Editorial Comares, 2001, p. 15.

8. Marina Gascón Abellán, *Los Hechos en el Derecho*, Madri, Marcial Pons, 1999, pp. 13-45.

décision doit être l'aboutissement logique d'un examen analytique des faits et d'une appréciation critique des éléments de preuve".[9]

Essa concepção se distancia das provas legais, porque, enquanto estas constituem um sistema fechado, que submete o juiz às regras da lei, aquela se baseia num sistema aberto, em que o juiz deve recorrer aos métodos e critérios de todas as outras áreas de conhecimento para descobrir a verdade como ela é, porque o Direito não é capaz de, por si só, fornecer os meios e as diretrizes para apurar com segurança todos os fatos.

Por outro lado, essa concepção não se harmoniza com o livre convencimento puramente retórico. Como bem assinala Michele Taruffo, se se considera que o processo tem simplesmente a finalidade de dirimir controvérsias, será irrelevante que a decisão se fundamente numa verificação consistente da verdade dos fatos. Mas, se, mais que decidir controvérsias, o processo visa a atingir decisões justas, isso pressupõe sua veracidade, porque nenhuma decisão pode se reputar justa se baseada numa comprovação falsa ou errônea dos fatos.[10] Portanto, é preciso cercar a cognição probatória da mais estrita precisão, para assegurar o caráter demonstrativo da definição dos fatos, com o emprego da Epistemologia – como teoria do conhecimento empírico fundado na experiência científica e na lógica do razoável –, do senso comum e da própria Lógica formal, através do respeito aos princípios da não contradição e da racionalidade interna da decisão probatória.[11]

Daí resulta, inevitavelmente, a emergência recente da crítica às limitações probatórias e ao artificialismo normativo, que a obra aqui

9. François Gorphe, *L'Appréciation des Preuves en Justice*, Paris, Librairie du Recueil Sirey, 1947, p. 18.

10. Michele Taruffo, "Consideraciones sobre prueba y motivación", in Michele Taruffo, Perfecto Andrés Ibañez e Alfonso Candau Pérez, *Consideraciones sobre la Prueba Judicial*, Madri, Fundación Coloquio Jurídico Europeo, 2009, pp. 27-28.

11. Rememoro aqui as palavras iniciais de Édouard Bonnier na "Introdução" ao seu *Tratado sobre as Provas*: "Si la Science du Droit tend à satisfaire la conscience humaine par son objet, qui n'est autre que la consécration des règles de la justice, en tant que le maintien en intéresse la société, cette Science répond également à un besoin de l'Humanité lorsqu'elle se propose pour but, dans la sphère qui lui est assignée, la découverte de la vérité, aussi nécessaire à l'intelligence de l'homme que la justice l'est à sa conscience. Nous découvrons la vérité, lorsque il y a conformité entre nos idées et les faits de l'ordre physique ou de l'ordre moral que nous désirons connaître. Prouver c'est établir l'existence de cette conformité. Les preuves dont fait l'usage l'intelligence, sont les divers moyens par lesquels elle arrive à la connaissance de la vérité" (*Traité Théorique et Pratique des Preuves en Droit Civil et en Droit Criminel*, 2ª ed., Paris, Auguste Durand, Libraire, 1852, p. 1).

comentada antecipa ao correlacionar a busca da verdade objetiva com a necessidade de que não existam "limitações ou restrições à admissibilidade de quaisquer meios para a produção de provas".[12] Sobrevivem elas, entretanto, em muitos ordenamentos jurídicos, como o brasileiro, e as reformas processuais não têm tido a disposição de enfrentá-las, formulando os limites e os critérios em que possam ser admitidas.[13]

Essas limitações, como reconhece a obra comentada, são tradicionalmente justificadas: na necessidade de assegurar a celeridade do procedimento, como ocorre na imposição de prazos e de preclusões e na vedação de provas inúteis ou procrastinatórias; na segurança de certas relações jurídicas, como a apresentação da certidão do registro público para a prova de determinados fatos; na proteção de direitos fundamentais do homem, como a intimidade, a integridade física e a honra, ou o próprio interesse público, como ocorre em muitas provas consideradas ilícitas; ou na inconveniência na produção de provas que a própria lei considera suspeitas, como nos casos de incapacidades, impedimentos ou motivos de suspeição de pessoas arroladas como testemunhas. Tive oportunidade de propor alguns critérios para harmonizar essas limitações com a necessidade de assegurar a apuração da verdade.[14]

Quanto à proibição de provas suspeitas, entendo que deva ser interpretada como mera recomendação ou alerta ao juiz; que não pode impedi-lo, entretanto, de investigar a verdade, com os meios de que dispõe, quando se afigurar necessária uma dessas provas como instrumento de sua apuração. As partes têm o direito de produzi-las, quando necessárias ou úteis, levando o juiz em consideração sua suspeição na sua avaliação dentro do conjunto de todas as provas. Citei como exemplos a proibição de depoimento pessoal de pessoas incapazes, a limitação do depoimento pessoal à forma oral (CPC, art. 344), a forma escrita da confissão extrajudicial (CPC, art. 353), a subordinação da força probante do documento particular à assinatura, as incapacidades, os impedimentos e motivos de suspeição das testemunhas (CPC, art. 405; CC, art. 228), a não admissão da prova exclusivamente testemunhal nos contratos de valor superior a 10 salários-mínimos (CPC, art. 401; CC, art. 227); e a não admissão da prova testemunhal sobre fato já provado

---

12. Antônio Carlos de Araújo Cintra, Ada Pellegrini Grinover e Cândido Rangel Dinamarco, *Teoria Geral do Processo*, 29ª ed., São Paulo, Malheiros Editores, 2013, p. 386.

13. Leonardo Greco, *Instituições de Processo Civil*, cit., 2ª ed., vol. II, pp. 113-148.

14. Idem, pp. 140-144.

por documento ou confissão ou que só por documento ou exame pericial possa ser provado.

Quanto às limitações procedimentais, prazos e preclusões e ao indeferimento de diligências inúteis e procrastinatórias, além da proposição de um critério de predominante tolerância, para que sejam amplamente admitidas todas as provas que na perspectiva da parte que as requereu tenham alguma possibilidade de demonstrar a procedência da versão fática por ela sustentada, defendi a flexibilização da rigidez dos prazos e preclusões para que, sempre que houver uma justificativa humanamente razoável, desde que não haja desrespeito à confiança legítima e não existam indícios de má fé, possa a parte trazer novos elementos de convicção, para que a decisão judicial, ao fim e ao cabo, esteja mais próxima possível da verdade como ela é.

Nas limitações fundadas em direitos fundamentais a técnica da ponderação é universalmente aceita, mas é preciso dar objetividade à ponderação em concreto, para libertá-la de inevitáveis subjetivismos, não só com a importação da teoria dos três graus de privacidade do Tribunal Constitucional alemão, mas também com uma legislação – de que carecemos no Brasil – que explicite e discipline os diversos níveis de proteção dos variados e complexos conteúdos do chamado direito à privacidade. No âmbito estritamente processual, a concentração desse juízo de proporcionalidade em apenas um órgão jurisdicional de grau superior no âmbito de cada tribunal serviria de filtro para que a privacidade não fosse devassada além do limite estritamente necessário, e asseguraria igualdade de tratamento em todas as causas semelhantes. As limitações fundadas no interesse público também mereceriam tratamento análogo.

A ponderação também seria a solução para a excepcional admissibilidade das provas reputadas ilícitas, em face da proibição constitucional (art. 5º, LVI), recordada na obra comentada.[15]

Como pressuposto do acesso à tutela jurisdicional efetiva, a prova deixou de ser o domínio exclusivo do juiz, tornando-se elemento essencial do direito de defesa – o direito subjetivo de provar – e, como este, do contraditório participativo. Como leciona Devis Echandía, "el derecho de probar no tiene por objeto convencer al juez sobre la verdad del hecho afirmado, es decir, no es un derecho a que el juez se dé por convencido en presencia de ciertos medios de prueba, sino a que acepte y practique las pedidas o presentadas por las partes y las tenga en cuenta en la sen-

---

15. Cintra, Grinover e Dinamarco, *Teoria Geral do Processo*, cit., 29ª ed., p. 386.

tencia o decisión (con prescindencia del resultado de su apreciación)".[16]
O destinatário das provas não pode mais ser apenas o juiz. Se ao juiz é lícito indeferir provas inúteis ou manifestamente procrastinatórias (CPC, art. 130), não lhe é lícito, entretanto, indeferir qualquer prova que, ainda que remotamente, tenha a potencialidade de demonstrar a procedência das alegações de cada uma das partes, porque essa prerrogativa se insere no direito destas de se defender provando.

A busca da verdade por meio das provas adota, portanto, significados garantístico e político, e o sistema normativo não pode constituir obstáculo que dificulte a reconstrução objetiva dos fatos. Nem a exigência de celeridade pode ser um obstáculo, porque a duração razoável do processo, a que se refere o inciso LXXVIII do art. 5º da CF, só pode ser aquela que seja suficiente para a tutela jurisdicional efetiva do direito de quem tem razão, por meio de uma cognição adequada a propiciar uma decisão conforme à verdade dos fatos. Por isso, modernos sistemas probatórios têm estruturado eficientes procedimentos preparatórios ou incidentes que favoreçam a aceleração da apuração dos fatos, possibilitando a autocomposição e a solução do litígio com cognição melhor e mais rápida.

Com crescente frequência na sociedade contemporânea a investigação e avaliação dos fatos dependem de conhecimentos científicos ou especializados de outras áreas de conhecimento. Toda a filosofia da ciência já abandonou a crença de outrora de que o conhecimento científico é absoluto e infalível. Ao contrário, grande parte do que consideramos conhecimento científico tem fundamento eminentemente empírico e probabilístico, sujeitando-se a maior ou menor margem de erro e a interpretações diversas, de acordo com a escola de pensamento a que se filie o pesquisador ou com o método adotado.[17] A obra aqui comentada com razão manifesta sua preocupação com provas que não possuem "bases científicas suficientemente sólidas para justificar o seu acolhimento em juízo".[18]

Para que a busca da verdade no processo judicial – especialmente a verdade revelada pela ciência – seja tão confiável quanto aquela que é alcançada em qualquer outra área de conhecimento, é preciso, de um lado, respeitar o pluralismo da ciência e atentar para a frequência em que suas

16. Hernando Devis Echandía, *Teoría General de la Prueba Judicial*, t. 1º, Bogotá, Editorial Temis, 2006, p. 28.

17. Cf. Clara Tournier, *L'Intime Conviction du Juge*, Marselha, Presses Universitaires d'Aix, 2003, pp. 21 e 136.

18. Cintra, Grinover e Dinamarco, *Teoria Geral do Processo*, cit., 29ª ed., p. 386.

conclusões possuem bases eminentemente empíricas e probabilísticas,[19] dando espaço para sua explicitação no processo, e, de outro, munir o juiz de meios para controlar sua confiabilidade.

A primeira exigirá inevitavelmente a superação do modelo, que considero autoritário, de perito único nomeado pelo juiz e a outorga às partes da faculdade de nomeação dos seus próprios peritos, não de meros assistentes técnicos, com a mesma isenção do perito do juiz, e a cujos laudos, constatações e opiniões o juiz deverá, na sentença, conferir as mesmas relevância e atenção que confere aos do seu próprio perito. O pluralismo do conhecimento científico também deverá facultar ao juiz nomear mais de um perito para a mesma investigação ou avaliação, ou determinar a realização de nova perícia com esse fundamento.

Quanto ao controle da confiabilidade da prova pericial, não é mais possível manter o sistema da escolha aleatória do perito pelo juiz, sem que aquele tenha demonstrada sua necessária qualificação e sem que se conheçam a aceitação que seu método tenha na sua área de conhecimento e o grau de probabilidade de acerto de suas conclusões. A Corte Suprema dos Estados Unidos, em alguns julgados paradigmáticos, como os dos casos "Daubert" (1993) e "Khumo" (1999), apontou seguras diretrizes a serem seguidas por qualquer julgador e a serem observadas na apresentação dos trabalhos periciais, que permitem ao juiz evitar ou, pelo menos, reduzir os riscos da utilização da falsa ciência e aferir o grau de credibilidade das conclusões daqueles trabalhos, para mais racionalmente sopesá-los no exame conjunto com as demais provas.[20]

Surpreendente é a acuidade da obra em comento, que precisa que "constituem objeto de prova as alegações de fato e não os fatos alegados".[21] De fato, o fato da natureza, tal como ele ocorreu, com todas as suas circunstâncias e particularidades, não é ele, propriamente, que se demonstra no processo, mas, sim, os enunciados que podem ser extraídos desse fato, dos quais possam eventualmente decorrer consequências jurídicas. "Nel processo il 'fatto' è in realtà ciò che si dice intorno ad un fatto, non l'oggetto empirico che viene enunciato."[22]

---

19. Marina Gascón Abellán, *Los Hechos en el Derecho*, cit., pp. 13-45.
20. Leonardo Greco, *Instituições de Processo Civil*, cit., 2ª ed., vol. II, pp. 232-233. V. também: Diogo Assumpção Rezende de Almeida, *A Prova Pericial no Processo Civil – O Controle da Ciência e a Escolha do Perito*, Rio de Janeiro, Renovar, 2011, *passim*.
21. Cintra, Grinover e Dinamarco, *Teoria Geral do Processo*, cit., 29ª ed., p. 387.
22. Michele Taruffo, *La Prova dei Fatti Giuridici*, Milão, Giuffrè, 1992, p. 92. V. também Michele Taruffo, "Elementi per un'analisi del giudizio di fato", in

Também com absoluto acerto, a obra aqui comentada aponta as regras de distribuição do ônus da prova como regras de fechamento do sistema probatório, apenas aplicáveis em caso de dúvida, o que afasta qualquer possibilidade de que sejam utilizadas para ignorar a verdade objetiva, resultante de provas concretamente produzidas, independentemente de sua origem. Não menos correta é a orientação dos autores que sutilmente se desprendem do critério artificial do atual art. 333 do CPC, de vincular a distribuição desse ônus ao tipo de fato – constitutivo para o autor, extintivo, modificativo ou impeditivo para o réu –, considerando essas regras a mera explicitação de uma regra maior, que é a de que o ônus da prova "recai sobre aquele a quem aproveita o reconhecimento do fato".[23]

A distribuição da iniciativa probatória entre as partes e o juiz deve continuar a ser tratada com flexibilidade, consideradas as desigualdades, das mais variadas espécies, entre os sujeitos parciais do processo, que impulsionam o juiz a adotar uma postura ativa, e não simplesmente reativa, na apuração da verdade. Embora a iniciativa do juiz seja hoje agasalhada tanto no processo civil como no processo penal, a obra em comento acertadamente adverte que, se o Estado chamasse a si "toda a função de investigar a verdade dos fatos, perderia todo o sentido a disciplina legal do ônus das prova".[24] O que está por trás dessa advertência é a necessidade de distinguir o juiz ativo do juiz autoritário, que, ao se tornar um investigador sistemático, compromete a própria imparcialidade e a liberdade das partes. O princípio dispositivo deve prevalecer, mas a iniciativa oficial subsidiária precisa sobreviver, especialmente nas causas em que estejam em jogo direitos indisponíveis e nos litígios entre desiguais.

Por fim, com a simplicidade da linguagem necessária à correta compreensão das primeiras noções do direito processual, os três "jovens Mestres" concluem esse capítulo explicando o que significa modernamente a "livre apreciação da prova", a que se referem os arts. 131 do CPC e 157 do CPP, vinculando-a ao indispensável apoio "na prova constante dos autos e acompanhado do dever de fornecer a motivação dos caminhos do raciocínio que conduziram o juiz à conclusão".[25]

Sui Confini, Bolonha, Il Mulino, 2002, p. 237: "In realtà, il giudizio di fatto verte su enunciati relativi a fatti, e mira a stabilire quali enunciati, relativi a quali fatti, possono considerarsi veri ai fini della decisione".
23. Cintra, Grinover e Dinamarco, Teoria Geral do Processo, cit., 29ª ed., p. 388.
24. Idem, ibidem.
25. Idem, p. 389.

Recordando sua obra de juventude sobre a motivação da sentença, Taruffo ressalta que esta, a par de constituir um discurso justificativo *ex post* da decisão, tem por finalidade permitir o controle sobre sua própria racionalidade – o que, no julgamento dos fatos, implica a atribuição da devida eficácia a cada meio de prova, a fundamentação da escolha a favor de hipóteses fáticas que encontram nas provas o grau maior de confirmação lógica, considerando os dados empíricos adquiridos como elementos de prova, as inferências deles extraídas e os critérios empregados para justificar a valoração conjunta de todos esses elementos e as correspondentes conclusões sobre a consistência das diversas hipóteses fáticas.[26]

Enfim, nos 40 anos da *Teoria Geral do Processo* dos três Mestres paulistas, só resta registrar sua impressionante atualidade e, no que tange ao direito probatório, como em todos os outros temas, constatar que apresenta com singeleza um panorama fiel das questões cruciais que afligem o processualista do século XXI, merecendo seus autores a homenagem da comunidade jurídica, pela valiosa contribuição que, com as suas repetidas edições, prestaram e prestam à formação das novas gerações de processualistas brasileiros.

Rio de Janeiro, 31 de agosto de 2013

---

26. Michele Taruffo, *La Prova dei Fatti Giuridici*, cit., pp. 410-411.

PRESSUPOSTOS PROCESSUAIS

Luciano Vianna Araújo

Mestre em Direito Processual Civil pela Pontifícia Universidade Católica de São Paulo – Professor de Direito Processual Civil nos Cursos de Graduação e de Pós-Graduação *Lato Sensu* na Pontifícia Universidade Católica do Rio de Janeiro – Membro do Instituto Brasileiro de Direito Processual/IBDP – Advogado

1. Introdução. 2. As diversas correntes doutrinárias. 3. A doutrina de Oskar von Bülow. 4. A doutrina de Enrico Tullio Liebman. 5. A doutrina de José Frederico Marques (Código de Processo Civil de 1939). 6. A doutrina de Galeno Lacerda (Código de Processo Civil de 1939). 7. A doutrina de Alfredo de Araújo Lopes da Costa (Código de Processo Civil de 1939). 8. A doutrina de José Frederico Marques (Código de Processo Civil de 1973). 9. A doutrina de Egas Dirceu Moniz de Aragão (Código de Processo Civil de 1973). 10. A doutrina de Ada Pellegrini Grinover, Antônio Carlos de Araújo Cintra e Cândido Rangel Dinamarco. 11. A doutrina de Sérgio Bermudes (Código de Processo Civil de 1973). 12. A doutrina de Arruda Alvim. 13. A doutrina de Leonardo Greco. 14. A doutrina de Teresa Arruda Alvim Wambier. 15. A doutrina de Cássio Scarpinella Bueno. 16. A doutrina de José Roberto dos Santos Bedaque. 17. O Projeto do novo Código de Processo Civil (Projeto de Lei do Senado 166/2010 e Projeto de Lei da Câmara 8.046/2010). 18. A relação jurídica processual. 19. Os pressupostos processuais. 20. Os denominados pressupostos de existência do processo. 21. Os chamados pressupostos processuais de validade do processo. 22. Os pressupostos processuais de validade do processo em relação ao órgão jurisdicional e ao juiz (competência e imparcialidade, respectivamente). 23. Os pressupostos processuais de validade do processo em relação à demanda (regularidade da petição inicial). 24. Os pressupostos processuais de validade do processo em relação às partes e aos advogados (capacidade de ser parte, capacidade de estar em juízo e capacidade postulatória, respectivamente). 25. Conclusões.

Uma justa homenagem

Não tive o privilégio de ter sido aluno dos professores Ada Pellegrini Grinover, Antônio Carlos de Araújo Cintra e Cândido Rangel Dinamarco, autores do livro *Teoria Geral do Processo*, cuja 1ª edição está prestes a completar 40 anos.

No entanto, assim como diversos outros estudiosos do direito processual, fui guiado por seus ensinamentos desde as minhas primeiras aulas de Processo Civil através do livro *Teoria Geral do Processo*.

De outra parte, desde que comecei a dar aulas de Processo Civil, na PUC/Rio, indico aos meus alunos o livro *Teoria Geral do Processo*, para que também eles tenham a oportunidade de, através dos ensinamentos dos professores Ada Pellegrini Grinover, Antônio Carlos de Araújo Cintra e Cândido Rangel Dinamarco, aprender pelo Processo Civil.

Nestas palavras iniciais quero deixar consignados meu agradecimento e minha admiração por esses Professores e pela sua obra.

1. Introdução

A ciência jurídica deve à distinção da relação jurídica processual (em confronto com a relação jurídica de direito material) a própria existência do direito processual.

Oskar von Bülow publicou, em 1868, *Teoria das Exceções e dos Pressupostos Processuais*,[1] no qual diferenciou a relação jurídica processual da relação de direito material, a partir dos pressupostos de cada uma daquelas relações jurídicas.

Prieto Castro refere-se a Bülow como "el primer jurista que trata de ofrecer un concepto ordenador para la doctrina del derecho procesal, que es, al propio tiempo, la precisión de la naturaleza jurídica del proceso".[2]

A doutrina de Oskar von Bülow foi aceita pelos juristas germânicos, tendo sido, em seguida, acolhida na Itália. Daí, passou a ser admitida pela literatura jurídica de outros Países latinos. No Brasil, apesar de uma resistência inicial, conta, nos dias de hoje, com a aprovação da grande maioria dos processualistas.

O Código de Processo Civil de 1939 não versou, textualmente, sobre os pressupostos processuais. Para a doutrina da época, estava na previsão do juiz, quando da prolação do despacho saneador, pronunciar-se sobre as nulidades insanáveis ou mandar suprir as sanáveis (art. 294, III, do CPC de 1939), o dever de verificar a ocorrência dos pressupostos processuais.

O Código de Processo Civil de 1973 positivou em nosso ordenamento jurídico (art. 267, IV) a existência de pressupostos processuais. Todavia, não os enumerou, como fez, por exemplo, com as condições da ação, expressamente descritas no inciso VI do art. 267 do CPC.

---

1. Oskar von Bülow, *Teoria das Exceções e dos Pressupostos Processuais*, trad. e "Notas" de Ricardo Rodrigues da Gama, Campinas/SP, LZN, 2003.

2. *Apud* José Frederico Marques, *Instituições de Direito Processual Civil*, 1ª ed., vol. II, Rio de Janeiro, Forense, 1958, p. 79.

Aliás, o Código de Processo Civil de 1973 preferiu a expressão "pressupostos de constituição e de desenvolvimento válido e regular do processo", ao invés de "pressupostos processuais"; o que contribuiu também para a controvérsia a respeito da definição de tais pressupostos, conforme anota José Frederico Marques.[3]

A não especificação dos pressupostos processuais nos Códigos de Processo Civil brasileiros (CPC de 1939 e CPC de 1973) levou a grande divergência doutrinária a respeito da enumeração deles.

No Projeto do novo Código de Processo Civil (Projeto de Lei do Senado 166/2010 e Projeto de Lei da Câmara 8.046/2010) também não se definiu quais seriam os pressupostos processuais, na medida em que se reproduziu o texto do atual inciso IV do art. 267 do CPC de 1973 (art. 467, IV, do Projeto do novo CPC). A outra referência em matéria de pressupostos processuais é a inclusão dentre os deveres do juiz do de determinar o suprimento dos pressupostos processuais (art. 107, IX, do Projeto do novo CPC).

Como se não bastasse a discussão doutrinária a propósito dos próprios pressupostos processuais, ao contrário do que prescreve o inciso IV do art. 267 do CPC, a ausência de pressupostos de constituição e de desenvolvimento válido e regular do processo não acarreta *necessariamente* a extinção do processo sem resolução do mérito.

Neste escrito, além de expor as diversas correntes doutrinárias a respeito dos pressupostos processuais, com a finalidade de classificá--los, pretende-se analisar se, por causa dos pressupostos processuais ou, melhor, da falta ou da irregularidade deles se pode falar em inexistência, invalidade ou ineficácia do *próprio* processo.

2. As diversas correntes doutrinárias

Ao iniciar seus *Comentários ao Código de Processo Civil*, no que concerne aos pressupostos processuais, como hipótese de extinção do processo sem resolução do mérito, Moniz de Aragão alerta que "a doutrina, porém, não é uniforme nessa classificação dos pressupostos processuais".[4]

---

3. José Frederico Marques, *Manual de Direito Processual Civil*, 1ª ed., vol. II, 1ª Parte, Campinas/SP, Bookseller, 1997, p. 158.

4. Egas Dirceu Moniz de Aragão, *Comentários ao Código de Processo Civil*, 7ª ed., vol. II, Rio de Janeiro, Forense, 1991, p. 545.

A divergência doutrinária é a mais ampla possível. Divergem os processualistas a respeito da sua própria existência (pressupostos processuais *vs.* condições da ação *vs.* requisitos de admissibilidade do julgamento de mérito), da sua classificação (pressupostos processuais *de existência vs. de validade*) e da sua enumeração (corrente *restritiva vs.* corrente *ampliativa*).

A seguir são relacionadas as principais correntes doutrinárias a respeito dos pressupostos processuais, visando a reunir elementos suficientes para, ao final, concluir a respeito da sua existência, da sua classificação e da sua enumeração.

3. A doutrina de Oskar von Bülow

Em sua *Teoria das Exceções e dos Pressupostos Processuais*, Oskar von Bülow distinguiu, logo no início, a relação jurídica de direito material (direito privado) da relação processual (direito público):

> Costumava-se dizer, apenas, de relações de direito privado. A estas, no entanto, não menciona o processo. Visto que os direitos e obrigações processuais aplicam-se entre os funcionários do Estado e os cidadãos, desde que se trata no processo da função dos oficiais públicos e uma vez que as partes são levadas em conta unicamente no aspecto de seu vínculo e cooperação com a atividade judicial; essa relação pertence, portanto, a uma relação jurídica pública.[5]

Oskar von Bülow reconheceu, assim, a natureza pública da relação jurídica processual.

Adiante, Oskar von Bülow verificou a "progressividade" da relação jurídica processual:

> O processo é uma relação jurídica que avança gradualmente e que se desenvolve passo a passo. Enquanto as relações jurídicas provadas, que constituem a matéria do debate judicial, apresentam-se como totalmente concluídas.[6]

Neste passo, Oskar von Bülow chamou a atenção para o fato de que a doutrina se preocupara, até então, apenas com essa evolução do processo, isto é, o procedimento:

5. Oskar von Bülow, *Teoria das Exceções e dos Pressupostos Processuais*, cit., pp. 5-6.
6. Idem, p. 6.

Porém, nossa ciência processual deu demasiada transcendência a este caráter evolutivo. Não se conformou em ver nele somente uma qualidade importante do processo, mas desatendeu precisamente outra não menos transcendente ao processo como uma relação de *direito público*, que se *desenvolve de modo progressivo entre o tribunal e as partes*, destacou sempre unicamente aquele aspecto da noção de processo que salta aos olhos da maioria: sua marcha ou adiantamento gradual, o *procedimento*.[7]

Não que o procedimento seja despiciendo para o processo. São partes indispensáveis de um mesmo fenômeno. Todavia, fundamental destacar a relação processual, como ressaltou Oskar von Bülow:

> Poder-se-ia, segundo o velho uso, predominar o procedimento na definição do processo, não se descuidando de mostrar a relação processual como a outra parte da concepção.[8]

Admitida a existência da relação jurídica processual, Oskar von Bülow atentou para a necessidade de se verificar seus pressupostos (pressupostos processuais, portanto):

> Se o processo é, portanto, uma relação jurídica, apresentam-se na ciência processual problemas análogos aos que surgiram e foram resolvidos a respeito das demais relações jurídicas. A exposição sobre uma relação jurídica deve dar, antes de tudo, uma resposta à questão relacionada com os requisitos a que se sujeita a origem daquela. É necessário saber entre quais pessoas pode ter lugar, a qual objeto se refere, que fato ou ato é necessário para seu surgimento, quem é capaz ou está facultado para realizar tal ato.[9]

Oskar von Bülow mencionou a competência, a capacidade, a insuspeitabilidade do tribunal, a capacidade processual das partes, a legitimação do seu representante, a qualidade própria e imprescindível de uma matéria litigiosa civil, a redação e a comunicação da demanda, a obrigação do autor pelas cauções processuais e a ordem entre vários processos.[10]

Enfim, eis a conclusão de Oskar von Bülow:

7. Idem, p. 7.
8. Idem, p. 8.
9. Idem, ibidem.
10. Oskar von Bülow, *Teoria das Exceções e dos Pressupostos Processuais*, cit., pp. 8-9.

Estas prescrições devem fixar – em oposição evidente com as regras puramente relativas à sequência do procedimento, já determinadas – os requisitos de admissibilidade e as condições previstas para a tramitação de toda a relação processual. Elas determinam entre quais pessoas, sobre que matéria, por meio de que atos e em que momento se pode constar no processo. Um erro em qualquer das relações indicadas impediria o surgimento do processo. Em suma, nesses princípios estão contidos os elementos constitutivos da relação jurídica processual: ideia aceita em parte, designada com um nome indefinido. Propomos, como tal, a expressão: pressupostos processuais.[11]

Como se vê, Oskar von Bülow defendeu que a ausência de um dos pressupostos processuais "impediria o surgimento do processo".

A doutrina atribui à obra de Oskar von Bülow uma importância histórica e decisiva para a ciência processual.

4. A doutrina de Enrico Tullio Liebman

Em seu *Manual de Direito Processual Civil*, Liebman reconheceu, à luz do direito processual civil italiano, a existência dos pressupostos processuais:

A relação processual tem, naturalmente, os seus requisitos de validade, que se chamam *pressupostos processuais*; a ausência destes produz a invalidade do processo e (se a falta não for corrigida) a impossibilidade de passar o juiz ao exame do mérito da causa. Em casos assim, o juiz deverá, através da sentença, declarar que não pode julgar a causa, libertando o réu da sujeição ao processo (...).[12]

Liebman negou – ao contrário da lição de Oskar von Bülow – que a ausência de pressuposto processual impeça o "surgimento do processo". Liebman sustentou que a falta de pressuposto processual acarreta a invalidade do processo. Ou seja: superado o plano da existência da relação jurídica processual, o vício apresenta-se no plano da (in)validade.

Em suas notas ao *Manual de Direito Processual Civil* de Liebman, Cândido Rangel Dinamarco apontou tal diferença de pensamento entre aqueles processualistas:

---

11. Idem, p. 9.
12. Enrico Tullio Liebman, *Manual de Direito Processual Civil*, 3ª ed., vol. I, trad. e "Notas" de Cândido Rangel Dinamarco (trad. da 4ª ed. italiana do *Manuale di Diritto Processuale Civile*, Milão, Giuffrè, 1980), São Paulo, Malheiros Editores, 2005, p. 65.

Aludindo a *pressupostos processuais como requisitos de validade* da relação processual, afasta-se Liebman da colocação inicial a respeito daqueles, que é a de Bülow, para quem se trata de *requisitos de existência do processo*, (...).[13]

Nesse sentido, como anotou Cândido Rangel Dinamarco, Liebman seguiu a lição do seu grande Mestre, Giuseppe Chiovenda.[14] Nas "Notas" à tradução brasileira das *Instituições de Direito Processual Civil* de Chiovenda, Liebman já fizera tal ressalva:

O conceito dos pressupostos processuais é uma das importantes contribuições a uma melhor compreensão do processo, proporcionadas por Bülow com seu famoso estudo (...). Não se creia que sejam pressupostos do processo, mas antes pressupostos de um processo regular, isto é, suscetível de conduzir a efetivo exercício da função jurisdicional. Subsiste, com efeito, um processo mesmo quando falecem aqueles pressupostos, e é no próprio processo que se examina a existência ou inexistência deles (...). A ausência de um dos pressupostos processuais torna irregular, inválido, o processo, e daí não se pode proceder nele ao conhecimento e decisão do mérito, para declarar fundada ou infundada a demanda; ao contrário, o juiz deve limitar-se em tal caso a dar fim ao processo, declarando não poder prover ao mérito.[15]

Eis os pressupostos processuais, segundo Liebman:

São pressupostos processuais: a capacidade específica (*competência*) do juiz, a *capacidade* das partes, a ausência de impedimentos derivados da *litispendência* (quando a mesma ação já tiver sido proposta em outro

---

13. Idem, p. 66.
14. Chiovenda afirmou, em suas *Instituições de Direito Processual Civil* (2ª ed., vol. I, trad. de J. Guimarães Menegale e "Notas" de Enrico Tullio Liebman, São Paulo, Saraiva, 1965, p. 69), que "as condições da ação são as condições de uma decisão favorável ao autor; os pressupostos processuais são as condições de uma decisão qualquer sobre a demanda". Evidentemente, tal assertiva está ligada ao pensamento de Chiovenda sobre a natureza *concreta* do direito de ação. Noutra passagem Chiovenda esclareceu um pouco mais sua visão sobre a natureza do direito de ação, quando afirmou que, *"no tocante às condições da ação*, basta, em geral, que existam no momento da sentença (mais precisamente no encerramento da discussão, adiante n. 38), *e regulam-se pela lei substancial, desde que essa é a lei que informa sobre a existência duma obrigação, sobre o inadimplemento, sobre a pertinência subjetiva dos direitos. Os pressupostos processuais*, em regra, devem existir no momento da propositura da ação e *regulam-se pela lei processual*" (ob. cit., 2ª ed., vol. I, p. 69).
15. Giuseppe Chiovenda, *Instituições de Direito Processual Civil*, cit., 2ª ed., vol. I, p. 67.

processo) ou de *compromisso* (quando tiverem as partes convencionado submeter a controvérsia à decisão de árbitros).[16]

Segundo Ernane Fidélis dos Santos, em relação à perempção, litispendência e coisa julgada, curioso notar que "Liebman considerou a ausência de tais pressupostos como uma quarta espécie de condição da ação. No entanto, a existência de qualquer de tais circunstâncias não se refere aos requisitos para se exercitar a ação, que, como requisitos de exercício, devem ser sempre positivos e não negativos. Assim, a litispendência, coisa julgada e perempção só podem referir-se à impossibilidade de formação e desenvolvimento processual".[17]

No texto transcrito logo acima Liebman reconheceu a litispendência como pressuposto processual. Quem sabe por se tratar de texto anterior (Ernane Fidélis dos Santos, *Introdução ao Direito Processual Civil*, cit., 1ª ed., 1978), quando da publicação do trabalho transcrito (Enrico Tullio Liebman, *Manuale di Diritto Processuale Civile*, 4ª ed., Milão, Giuffrè, 1980) Liebman já havia mudado seu pensamento.

Por derradeiro, diga-se que, em suas "Notas" ao *Manual de Direito Processual Civil* de Liebman, Cândido Rangel Dinamarco[18] advertiu que "um trabalho muito importante, que ainda está por fazer, é o da análise sistemática das consequências da falta de cada um desses requisitos (distinguindo-se hipóteses), especialmente sob o aspecto da *inexistência jurídica do processo* e de sua possível ineficácia; enquanto tal não for feito, não teremos extraído da teoria dos pressupostos processuais todo o proveito útil que ela é capaz de oferecer ao direito processual e à boa administração da justiça (...)".[19]

5. *A doutrina de José Frederico Marques* *(Código de Processo Civil de 1939)*

Na vigência do Código de Processo Civil de 1939 Frederico Marques escreveu, em suas *Instituições de Direito Processual Civil*, que

---

16. Liebman, *Manual de Direito Processual Civil*, cit., 3ª ed., vol. I, pp. 65-66.

17. Ernane Fidélis dos Santos, *Introdução ao Direito Processual Civil Brasileiro*, 1ª ed., Rio de Janeiro, Forense, 1978, p. 127.

18. Liebman, *Manual de Direito Processual Civil*, cit., 3ª ed., vol. I, p. 67.

19. Parece-me que José Roberto dos Santos Bedaque, em seu *Efetividade do Processo e Técnica Processual* (3ª ed., São Paulo, Malheiros Editores, 2010), e Fredie Didier Jr., em seu *Pressupostos Processuais e Condições da Ação – O Juízo de Admissibilidade da Ação* (São Paulo, Saraiva, 2005), atenderam ao reclamo de Cândido Rangel Dinamarco.

"resulta, pois, do caráter dialético do processo o entendimento de que o conjunto de atos que o formam resulta de uma relação juridicamente disciplinada e que é a *relação processual*".[20]

José Frederico Marques salientou também (i) a *natureza pública* da relação processual, por possibilitar o exercício da função jurisdicional; (ii) a *autonomia* da relação processual, pois existe independentemente da existência da relação jurídica de direito material contida na lide; (iii) a *unidade* da relação processual, porque "os atos e termos dessa relação convergem a único escopo e estão entre si ligados e amalgamados em virtude da atividade de colaboração que os diversos sujeitos para esse fim realizam";[21] (iv) a *complexidade* da relação processual, visto que confere às partes e ao juiz diversos direitos, faculdades, deveres, obrigações, ônus etc.; e (v) a *progressividade* da relação processual, na medida em que se desenvolve sucessivamente pela prática dos atos processuais. Por fim, a relação processual é *triangular*, pois envolve as partes (autora e ré) e o juiz (Estado-Juiz), conferindo-lhes diversos vínculos.

O art. 196 do CPC de 1939 dispunha que "a instância começará pela citação inicial válida e terminará por sua absolvição ou cessação ou pela execução da sentença".

Para José Frederico Marques "instância é sinônimo de relação processual",[22] ou seja, a relação processual começará pela citação válida. Tal assertiva visou a contestar o uso da palavra "instância" como sendo grau de jurisdição.

Todavia, como ressalvou o próprio José Frederico Marques, desde a propositura da demanda já existe relação processual, embora dela participem apenas a parte autora e o juiz (Estado-Juiz). Com a citação válida angulariza-se a relação processual, pelo ingresso da parte ré.

Nesse sentido, José Frederico Marques afirmou que "a inexistência da instância (*leia-se relação processual*) só se verificará em virtude de defeito grave do ato citatório ou da ausência deste. Ou então pela falta de algum pressuposto processual sem o qual não seja possível surgir a relação processual".[23]

---

20. José Frederico Marques, *Instituições de Direito Processual Civil*, cit., 1ª ed., vol. II, p. 74.
21. Idem, p. 81.
22. Idem, p. 112.
23. Idem, pp. 120-121.

Conforme José Frederico Marques,[24] os pressupostos processuais seriam de duas espécies: pressupostos relativos à formação da instância e pressupostos de validez da instância. A falta dos pressupostos de formação da instância importaria a ausência de relação processual, enquanto a ausência dos pressupostos de validez impediria fosse pronunciado o juízo de mérito, assim como o juízo sobre as condições da ação.

No regime do CPC de 1939 competia ao magistrado, no despacho saneador, verificar (ou não) a presença dos pressupostos processuais (nulidades sanáveis ou insanáveis), conforme o art. 294, III:

Art. 294. No despacho saneador, o juiz: I – decidirá sobre a legitimidade das partes e da sua representação, ordenando, quando for o caso, a citação dos litisconsortes necessários e do órgão do Ministério Público; II – mandará ouvir o autor, dentro em 3 (três) dias, permitindo-lhe que junte prova contrária, quando na contestação, reconhecido o fato em que se fundou, outro se lhe opuser, extintivo do pedido; III – pronunciará as nulidades insanáveis, ou mandará suprir as sanáveis bem como as irregularidades; IV – determinará exames, vistorias e quaisquer outras diligências, na forma do art. 295.

Parágrafo único. As providências referidas nos ns. I e II serão determinadas nos três (3) primeiros dias do prazo a que se refere o artigo anterior.

Art. 295. Para o suprimento de nulidades ou irregularidades e a realização de diligências, o juiz marcará prazos não superiores a 15 (quinze) ou 30 (trinta) dias, conforme a realização do ato seja dentro ou fora da jurisdição. Findos os prazos, serão os autos conclusos para que o juiz, dentro de 48 (quarenta e oito) horas, proceda na forma dos ns. I e II do artigo seguinte.

Art. 296. Não sendo necessária nenhuma das providências indicadas no art. 294, o juiz, no próprio despacho saneador: I – designará audiência de instrução e julgamento para um dos 15 (quinze) dias seguintes; II – ordenará, quando necessário, o comparecimento, à audiência, das partes, testemunhas e perito.

A respeito do despacho saneador – conclui José Frederico Marques[25] –, "se verificar a ausência de algum ou alguns pressupostos processuais, que torne insanável a constituição ou o desenvolvimento regu-

---

24. Idem, p. 261.
25. Idem, p. 297.

lar da relação processual, deve pronunciar sentença de inadmissibilidade do julgamento de mérito, cujo conteúdo será a *absolutio ab instantia*".[26]

6. A doutrina de Galeno Lacerda
(Código de Processo Civil de 1939)

Em seu livro *Despacho Saneador*, Galeno Lacerda[27] distinguiu, vigente o Código de Processo Civil de 1939, os pressupostos processuais em requisitos subjetivos e requisitos objetivos.

Dentre os requisitos subjetivos Galeno Lacerda[28] citou a competência, a suspeição do juiz e a capacidade das partes (a de ser parte e a de gozar da respectiva faculdade de exercício – falta de representação, assistência ou autorização).

Por seu turno, segundo Galeno Lacerda, os requisitos objetivos podem ser extrínsecos à relação processual (inexistência de fatos impeditivos – litispendência e compromisso arbitral, assim como exigência de caução, tentativa de prévia caução, pagamento de despesas de demanda anterior etc.) ou intrínsecos à relação processual (subordinação do procedimento às normas legais – ausência de nulidades e vícios em geral dos atos processuais).

7. A doutrina de Alfredo de Araújo Lopes da Costa
(Código de Processo Civil de 1939)

De início Lopes da Costa criticou a expressão "pressupostos processuais", a qual julgou inadequada, porque *pressuposto* "é uma circunstância prévia que lhe condiciona a existência. Ora, as qualidades de que se deve revestir o processo não são prévias a ele, não lhe são externas, mas internas, dele inseparáveis".[29]

Lopes da Costa defendeu, nesse contexto, o emprego da expressão "requisitos do processo". Classificou os "requisitos do processo" em po-

---

26. A respeito da natureza desse pronunciamento jurisdicional no Código de Processo Civil de 1939, leia-se nosso *Sentenças Parciais?* (São Paulo, Saraiva, Coleção Direito e Processo, coord. Cássio Scarpinella Bueno, 2011).

27. Galeno Lacerda, *Despacho Saneador*, 3ª ed., Porto Alegre, Sérgio Antônio Fabris Editor, 1985.

28. Idem, pp. 60-61.

29. Alfredo de Araújo Lopes da Costa, *Direito Processual Civil Brasileiro*, 2ª ed., vol. I, Rio de Janeiro, Forense, 1959, p. 199.

sitivos e negativos.[30] Os requisitos do processo positivos dizem respeito ao juiz, às partes, ao representante judiciário, ao ato processual necessário à formação da relação processual e ao procedimento. Os requisitos do processo negativos são a litispendência e a coisa julgada.

Segundo Lopes da Costa,[31] em relação ao juiz, deve-se verificar a competência absoluta e a imparcialidade; vícios que importam nulidade da sentença (CPC de 1939, art. 798, I, "a"). Quanto à parte, impõe-se checar a capacidade de parte e a capacidade processual. No que concerne ao representante, insta verificar a capacidade de postular em juízo. Por fim, em relação ao procedimento, se se trata de ordinário ou especial.

O Código de Processo Civil de 1939 não autorizava *expressamente* o magistrado a conhecer *ex officio* da litispendência ou da coisa julgada. A jurisprudência, todavia, permitia ao magistrado apreciar tais requisitos independentemente de arguição pela parte ré.

8. A doutrina de José Frederico Marques (Código de Processo Civil de 1973)

Com o advento do Código de Processo Civil de 1973, José Frederico Marques publicou seu *Manual de Direito Processual Civil*,[32] no qual abordou os pressupostos processuais. De início sustentou que não se trataria de pressupostos necessários à existência do processo. Isso porque a sentença que reconhece a ausência de algum pressuposto é ato processual (acrescente-se: existente, válido e eficaz), apesar daquele vício.

Para José Frederico Marques[33] os pressupostos processuais configuram uma espécie de que os pressupostos de admissibilidade da tutela jurisdicional são o gênero.

Há que separar, de um lado, (i) os pressupostos processuais, que dizem respeito à relação jurídica processual, e, de outro lado, (ii) as condições da ação, relativas aos requisitos para o exercício legítimo do direito de agir.

Segundo José Frederico Marques, no Código de Processo Civil de 1973 "não usou o legislador do *nomen iuris*, pressupostos processuais, que é mais amplo, uma vez que abrange todos os pressupostos de vali-

---

30. Idem, pp. 201-202.
31. Idem, ibidem.
32. José Frederico Marques, *Manual de Direito Processual Civil*, cit., 1ª ed., vol. II, 1997.
33. Idem, p. 159.

dade e eficácia da relação processual previstos no próprio art. 267 (por exemplo, aqueles do item V)".[34] O art. 267, V, do CPC refere-se a perempção, litispendência e coisa julgada.

Como se vê, para José Frederico Marques os pressupostos processuais subdividem-se em (i) pressupostos de constituição e de desenvolvimento válido e regular do processo e (ii) pressupostos do litígio (perempção, litispendência ou coisa julgada).

Os "pressupostos do litígio" seriam, assim, os denominados pressupostos negativos, conforme a observação de Barbosa Moreira:

(...) a inexistência de perempção, a de litispendência e a de coisa julgada, se bem que classificáveis como pressupostos processuais, diferenciam-se dos previstos no inciso IV porque não dizem respeito à constituição e ao desenvolvimento válido e regular do processo, mas ao litígio: cuidar-se-ia de duas espécies do mesmo gênero.[35]

Por fim, com base na doutrina alemã, José Frederico Marques[36] defendeu a existência de *impedimentos processuais*, os quais devem ser arguidos pelo réu (convenção de arbitragem, desistência da ação, intransmissibilidade do direito de ação, confusão, exceção de incompetência relativa e abandono da causa), e de *pressupostos processuais*, os quais podem ser declarados *ex officio*.

9. A doutrina de Egas Dirceu Moniz de Aragão (Código de Processo Civil de 1973)

Moniz de Aragão, em seus *Comentários ao Código de Processo Civil*, classifica os pressupostos processuais "sob três ângulos, porque alguns constituem requisitos de natureza subjetiva, outros de natureza objetiva, subdividindo-se, sob este aspecto, em duas categorias distintas, conforme sejam extrínsecos ou intrínsecos à relação processual".[37]

No aspecto subjetivo, os pressupostos processuais referem-se aos sujeitos da relação processual, isto é, juiz e partes. Para Moniz de Ara-

---

34. Idem, p. 158.
35. José Carlos Barbosa Moreira, "Sobre pressupostos processuais", in *Temas de Direito Processual – Quarta Série*, São Paulo, Saraiva, 1989, p. 86.
36. José Frederico Marques, *Manual de Direito Processual Civil*, cit., 1ª ed., vol. II, p. 159.
37. Moniz de Aragão, *Comentários ao Código de Processo Civil*, cit., 7ª ed., vol. II, p. 546.

gão, "quanto ao juiz, deverá ser capaz e imparcial e estar provido de jurisdição e de competência". Em relação às partes, "deverão ser capazes de estar em juízo e neste figurarem mediante representação por advogado (arts. 7º, 8º e 36)".[38]

No que tange às partes, as normas de direito material prescrevem a forma de aquisição e de perda da capacidade processual, tanto para as pessoas físicas quanto para as pessoas jurídicas, conforme lição de Moniz de Aragão:

> Os incapazes serão representados ou assistidos por seus pais, tutores ou curadores, na forma da lei civil. As pessoas jurídicas serão presentadas por seus órgãos, na forma da lei (art. 12, I e III), ou na conformidade do respectivo estatuto (art. 12, VI). As partes ainda deverão fazer-se representar por advogado (salvo quando este postular em causa própria), pois a ninguém é lícito ingressar em juízo senão mediante essa representação. O advogado, por sua vez, deverá estar regularmente habilitado perante a Ordem dos Advogados do Brasil, na forma do seu Estatuto.[39]

Sob o ângulo objetivo, os pressupostos processuais intrínsecos dizem respeito à regularidade dos atos praticados, os quais devem obedecer às formalidades legais. Os vícios, que atingem os atos processuais, seriam de inexistência, nulidade (absoluta ou relativa) e anulabilidade, para Moniz de Aragão.

Os pressupostos processuais objetivos extrínsecos relacionam-se com a formação da relação processual e se referem à inexistência de óbices legais. Moniz de Aragão ressaltou não haver uniformidade na doutrina a propósito destes pressupostos processuais. Ele elencou os seguintes pressupostos processuais objetivos extrínsecos: compromisso arbitral, coisa julgada e litispendência.[40]

10. A doutrina de Ada Pellegrini Grinover, Antônio Carlos de Araújo Cintra e Cândido Rangel Dinamarco

Em seu livro *Teoria Geral do Processo*,[41] Ada Pellegrini Grinover, Antônio Carlos de Araújo Cintra e Cândido Rangel Dinamarco lecio-

---

38. Idem, ibidem.
39. Idem, ibidem.
40. Moniz de Aragão, *Comentários ao Código de Processo Civil*, cit., 7ª ed., vol. II, p. 547.
41. Antônio Carlos de Araújo Cintra, Ada Pellegrini Grinover e Cândido Rangel Dinamarco, *Teoria Geral do Processo*, 29ª ed., São Paulo, Malheiros Editores, 2013, p. 321.

nam que, a partir do momento em que se admitiu a existência de uma relação jurídica processual distinta da relação jurídica de direito material, percebeu-se a existência de requisitos próprios da relação jurídica processual, diversos daqueles exigidos para os atos jurídicos em geral (art. 104 do CC).

Os pressupostos processuais consistem, conforme o art. 267, IV, do CPC, nos requisitos para constituição e desenvolvimento válido e regular da relação jurídica processual.

Ada Pellegrini Grinover, Antônio Carlos de Araújo Cintra e Cândido Rangel Dinamarco resumem na seguinte fórmula os pressupostos processuais: *"uma correta propositura da ação, feita perante uma autoridade jurisdicional, por uma entidade capaz de ser parte em juízo"*.[42]

Deste enunciado de Ada Pellegrini Grinover, Antônio Carlos de Araújo Cintra e Cândido Rangel Dinamarco extraem-se os seguintes pressupostos processuais: (i) "uma *demanda regularmente formulada*"; (ii) "a *capacidade de quem a formula*"; (iii) e "a *investidura do destinatário da demanda*", o magistrado.[43]

Os pressupostos processuais, assim como as condições da ação, configuram *"requisitos de admissibilidade do provimento jurisdicional"*, sem os quais não se pode proferir uma sentença de mérito (definitiva), conforme Ada Pellegrini Grinover, Antônio Carlos de Araújo Cintra e Cândido Rangel Dinamarco[44] (art. 267, IV, do CPC).

Como se vê, Ada Pellegrini Grinover, Antônio Carlos de Araújo Cintra e Cândido Rangel Dinamarco concebem os pressupostos processuais numa enumeração mais limitada do que a doutrina em geral.

Alexandre Freitas Câmara[45] adota, em linhas gerais,[46] a noção de pressupostos processuais defendida por Ada Pellegrini Grinover, Antônio Carlos de Araújo Cintra e Cândido Rangel Dinamarco.

Por fim, diga-se que, em suas *Instituições de Direito Processual Civil*, aparentemente, Cândido Rangel Dinamarco se afasta dessa cor-

42. Idem, ibidem.
43. Idem, ibidem.
44. Idem, pp. 321-322.
45. Alexandre Freitas Câmara, *Lições de Direito Processual*, 16ª ed., vol. I, Rio de Janeiro, Lumen Juris, 2007, p. 239.
46. Por exemplo: Alexandre Freitas Câmara (*Lições de Direito Processual*, cit., 16ª ed.; vol. I, p. 241) não insere dentre os pressupostos processuais a competência absoluta, pois sua ausência não acarreta extinção do processo sem resolução do mérito, conforme determina o art. 267, IV, do CPC.

rente restritiva quando enumera os "pressupostos de admissibilidade do provimento final do processo".[47] Além das condições da ação (*possibilidade jurídica da demanda*, o *legítimo interesse de agir* e a *legitimidade ad causam* ativa e passiva), Cândido Rangel Dinamarco cita (i) *a propositura de uma demanda regular perante órgão investido de jurisdição*, (ii) *a tríplice capacidade do demandante (capacidade de ser parte, de estar em juízo e postulatória)*, (iii) *a personalidade jurídica do demandado*, (iv) *a não ocorrência de certos fatos obstativos, como a litispendência, coisa julgada etc.*, e (v) *em geral, a realização regular e ordenada de todos os atos do procedimento.*

11. A doutrina de Sérgio Bermudes (Código de Processo Civil de 1973)

Sérgio Bermudes[48] reconhece que segue, em linhas gerais, a doutrina de Galeno Lacerda a respeito dos pressupostos processuais. Nesse sentido, leciona que "agrupam-se os pressupostos processuais em *subjetivos* e *objetivos*. Os pressupostos processuais *subjetivos*, concernentes aos integrantes da relação processual, se referem ao juiz (investidura, competência, imparcialidade), às partes e aos terceiros (capacidade de ser parte, capacidade processual, ou de estar em juízo, capacidade postulatória). Os pressupostos processuais *objetivos* dizem respeito à relação processual em si mesma, tal como se manifesta, e se consubstanciam na *inexistência de fatos impeditivos* da formação, do desenvolvimento e da extinção do processo, assim como na subordinação do processo às normas legais".[49]

Dentre os pressupostos processuais objetivos *extrínsecos* Sérgio Bermudes[50] relaciona a litispendência, a coisa julgada e a perempção.

12. A doutrina de Arruda Alvim

Arruda Alvim[51] indica pressupostos processuais *de existência* e *de validade* do processo.

---

47. Cândido Rangel Dinamarco, *Instituições de Direito Processual Civil*, 6ª ed., vol. II, São Paulo, Malheiros Editores, 2009, p. 636.
48. Sérgio Bermudes, *Introdução ao Processo Civil*, 1ª ed., Rio de Janeiro, Forense, 1995, p. 105.
49. Idem, ibidem.
50. Idem, p. 109.
51. José Manoel de Arruda Alvim Netto, *Manual de Direito Processual Civil*, 9ª ed., vol. 1, São Paulo, Ed. RT, 2005, p. 435.

Dentre os pressupostos processuais *de existência*, Arruda Alvim aponta (i) a demanda, (ii) a jurisdição, (iii) a citação e (iv) a capacidade postulatória.[52]

Os pressupostos processuais, por seu turno, são (i) petição inicial regular, (ii) a competência do juízo (incompetência absoluta só) e a imparcialidade do juiz (apenas impedimento) e, por último, (iii) a capacidade de estar em juízo, conforme Arruda Alvim.[53]

Por fim, Arruda Alvim arrola os pressupostos processuais *negativos*, os quais ele chama de "extrínsecos", por estarem fora do processo, quais sejam: (i) a litispendência e (ii) a coisa julgada.[54]

13. A doutrina de Leonardo Greco

Segundo Leonardo Greco, não se deve distinguir os pressupostos processuais em *de existência* e *de validade*:

> A meu ver, a categoria de inexistência, no âmbito das invalidades processuais, deve ficar reservada a casos extremos, pois, de qualquer modo, mesmo à falta de jurisdição, de partes ou de pedido, normalmente estaremos diante de uma série de atos praticada por órgão do Estado ou perante órgão do Estado, que não pode ser simplesmente ignorada porque produz ou aparenta produzir efeitos no mundo jurídico.
>
> (...).
>
> Se o procedimento foi iniciado, estará em jogo a validade e não a existência, como bem lembra Friedrich Lent.
>
> Por isso, parece-me preferível não distinguir *a priori* entre os pressupostos de existência e os de validade, orientação adotada pela doutrina tradicional, desde Chiovenda.[55]

Na classificação dos pressupostos processuais Leonardo Greco segue a proposta de Moacyr Amaral Santos, a qual reproduz as lições de Chiovenda e de Galeno Lacerda:

> I – pressupostos processuais referentes ao juiz: (a) que se trate de órgão estatal investido de jurisdição; (b) que o juiz tenha competência

---

52. Idem, pp. 435-444.
53. Idem, p. 435.
54. Idem, ibidem.
55. Leonardo Greco, *Instituições de Processo Civil – Introdução ao Direito Processual Civil*, 3ª ed., vol. I, Rio de Janeiro, Forense, 2011, p. 275.

originária ou adquirida; (c) que o juiz seja imparcial; II – pressupostos processuais referentes às partes: (a) que tenham capacidade de ser parte; (b) que tenham capacidade processual; (c) que tenham capacidade de postular em juízo; III – pressupostos processuais objetivos: (a) extrínsecos à relação processual, dizem respeito à inexistência de fatos impeditivos; (b) intrínsecos à relação processual, dizem respeito à subordinação do procedimento às normas legais.[56]

Em relação à jurisdição, Leonardo Greco propõe dois aspectos: um órgão dotado de independência e de imparcialidade bem como um juiz regularmente investido no cargo de magistrado e que se encontre em seu efetivo exercício (não pode estar de férias, licenciado, em disponibilidade ou aposentado).[57] No que tange à competência, para Leonardo Greco[58] exigem-se tanto a competência absoluta quanto a relativa. Em relação ao juiz, ele não pode ser nem impedido nem suspeito, segundo Leonardo Greco.[59]

A ausência de fatos impeditivos, isto é, litispendência, coisa julgada e perempção, para Leonardo Greco,[60] também se faz necessária.

Por fim, a subordinação do procedimento às normas legais nada mais é que o cumprimento de todos os requisitos estabelecidos em lei.

14. A doutrina de Teresa Arruda Alvim Wambier

Para Teresa Arruda Alvim Wambier a sentença que reconhece a inexistência dos pressupostos de admissibilidade, do exame e do julgamento do mérito, classifica-se como "sentença processual típica".[61]

Em sua classificação, Teresa Arruda Alvim Wambier distingue os pressupostos processuais *de existência* e os *de validade*.[62]

Os pressupostos processuais *de existência* são a jurisdição, a representação do autor, a petição inicial e a citação.

Por seu turno, os pressupostos processuais *de validade* consistem no juízo (competência absoluta), no juiz (impedimento), na capacidade e

56. Idem, p. 276.
57. Idem, pp. 276-277.
58. Idem, p. 278.
59. Idem, pp. 278-279.
60. Idem, p. 288.
61. Teresa Arruda Alvim Wambier, *Nulidades do Processo e da Sentença*, 5ª ed., São Paulo, Ed. RT, 2004, p. 38.
62. Idem, p. 49.

legitimidade processual, petição inicial válida e citação válida, segundo Teresa Arruda Alvim Wambier.[63]

Estes pressupostos processuais denominam-se como intrínsecos.

Os pressupostos processuais extrínsecos, isto é, exteriores ao processo, não impedem que exista a relação processual, como esclarece Teresa Arruda Alvim Wambier.[64] Obstam, todavia, à validade da relação processual.

Os pressupostos processuais extrínsecos, segundo a doutrina de Teresa Arruda Alvim Wambier,[65] são a litispendência, a coisa julgada e a cláusula compromissória.

15. A doutrina de Cássio Scarpinella Bueno

Cássio Scarpinella Bueno refere-se, de início, à existência de três classes de pressupostos processuais:

> Os pressupostos processuais devem ser entendidos como os eventos que devem estar presentes ou ausentes, consoante o caso, para que o "processo" tenha início e regular desenvolvimento. Daí a doutrina referir-se usualmente a três classes de pressupostos processuais: os de *existência*, os de *validade* e os *negativos*. É esta classificação a que adere este *Curso*, forte nas razões já apresentadas.[66]

Em seguida, Cássio Scarpinella Bueno ressalva que, embora ele rejeite – ao processo – a natureza de "relação jurídica", isso não o impede de reconhecer a existência dos pressupostos processuais, pois, até mesmo *de lege lata*, nosso Código de Processo Civil os prescreve (art. 267, IV):

> A circunstância de recusar ao "processo" natureza de relação jurídica não significa dizer que ele, processo, para *existir* e desenvolver-se *validamente*, não precise da ocorrência de alguns elementos sensíveis. São estes "elementos" que são designados por "pressupostos processuais".[67]

63. Idem, ibidem.
64. Idem, ibidem.
65. Idem, pp. 49-50.
66. Cássio Scarpinella Bueno, *Curso Sistematizado de Direito Processual Civil*, 6ª ed., vol. 1 ("Teoria Geral do Direito Processual Civil"), São Paulo, Saraiva, 2012, p. 446.
67. Idem, ibidem.

Para Cássio Scarpinella Bueno os pressupostos processuais de existência referem-se à constituição do processo, assegurando-lhe "existência jurídica"; seriam, conforme o Código de Processo Civil, os "pressupostos de constituição do processo".[68] De outra parte, segundo Cássio Scarpinella Bueno,[69] os pressupostos processuais de validade correspondem aos de "desenvolvimento válido e regular do processo", a que se refere o art. 267, IV, do CPC. Nesse sentido, os pressupostos de validade asseguram a "viabilidade" do processo, ou seja, a aptidão do processo de produzir validamente seus efeitos.

Dentre os pressupostos de existência Cássio Scarpinella Bueno[70] relaciona *provocação inicial, jurisdição* (art. 92 da CF) e *citação* (em relação ao réu). Em seguida enumera os pressupostos processuais de validade: *aptidão da provocação inicial* (petição inicial apta), *competência do juízo* (somente a absoluta), *imparcialidade do juiz* (impedimento e suspeição), *capacidade de ser parte e capacidade de estar em juízo, capacidade postulatória* e *citação válida*. Por fim, em relação aos pressupostos negativos indica *litispendência, coisa julgada, perempção, convenção de arbitragem* e *falta de caução ou de outra prestação exigida pela lei*.

16. A doutrina de José Roberto dos Santos Bedaque

José Roberto dos Santos Bedaque resumiu na seguinte passagem a finalidade dos pressupostos processuais:

> Por isso, conclui-se serem os pressupostos processuais exigências legais destinadas à proteção de determinados valores inerentes às partes e à jurisdição, visando a possibilitar que o processo seja efetivo instrumento de acesso à ordem jurídica – ou, em outras palavras, que ele represente método équo e justo de solução de controvérsias.[71]

Em seguida, José Roberto Bedaque demonstrou a existência, na doutrina brasileira, de duas correntes a respeito dos pressupostos processuais, classificando-as em *restritiva* e *ampliativa*:

> Diverge a doutrina brasileira com relação ao significado da expressão "pressupostos processuais". Há a corrente restritiva, cujos defensores limi-

---

68. Idem, pp. 446-447.
69. Idem, p. 451.
70. Idem, pp. 446-464.
71. José Roberto dos Santos Bedaque, *Efetividade do Processo e Técnica Processual*, cit., 3ª ed., p. 186.

tam esses requisitos aos necessários à existência do processo: pedido feito por alguém e dirigido a outrem dotado de investidura. (...).

No Brasil, todavia, predomina a denominada "corrente ampliativa". Os *pressupostos processuais* seriam os requisitos de existência e desenvolvimento válido e regular do processo. Dividem-se em *subjetivos* e *objetivos*. Os primeiros referem-se ao juiz (investidura, competência e imparcialidade) e às partes (capacidade de ser parte, capacidade de estar em juízo e capacidade postulatória). Os *objetivos* dizem respeito aos atos do processo (petição inicial apta, citação válida e regularidade do procedimento). Alguns acrescentam a esse rol os *pressupostos negativos*, ou seja, fenômenos cuja ocorrência impede o desenvolvimento do processo (litispendência e coisa julgada).[72]

Indiscutivelmente, Ada Pellegrini Grinover, Antônio Carlos de Araújo Cintra e Cândido Rangel Dinamarco[73] representam a doutrina favorável à corrente restritiva; seguida, entre outros, por Alexandre Freitas Câmara,[74] com pequeno reparo.

No mais, a grande maioria da doutrina brasileira sustenta a corrente ampliativa. Dessa forma, classifica os pressupostos processuais em *subjetivos*, pois ligados às partes e ao juiz, e em *objetivos*. Por sua vez, os objetivos se subdividem em *extrínsecos* ou *intrínsecos* à relação jurídica processual.

Todavia, entre os defensores da corrente ampliativa há quem inclua entre os pressupostos *objetivos extrínsecos* a peremção, enquanto outros não a incluem. Em relação aos pressupostos subjetivos, quanto ao juiz, há quem defenda que somente a competência *absoluta* e o *impedimento* constituiriam pressupostos processuais, dada a gravidade do vício (objeto, inclusive, de ação rescisória – art. 485, II, do CPC). Enfim, a divergência doutrinária a respeito do tema é enorme.

17. O Projeto do novo Código de Processo Civil (Projeto de Lei do Senado 166/2010 e Projeto de Lei da Câmara 8.046/2010)

O Projeto do novo Código de Processo Civil se encontra, atualmente, em tramitação na Câmara dos Deputados (Projeto de Lei da

---

72. Idem, pp. 189-190.
73. Antônio Carlos de Araújo Cintra, Ada Pellegrini Grinover e Cândido Rangel Dinamarco, *Teoria Geral do Processo*, cit., 29ª ed., p. 321.
74. Alexandre Freitas Câmara, *Lições de Direito Processual*, cit., 16ª ed., vol. I, p. 239.

Câmara 8.046/2010), após seu procedimento regular no Senado Federal (Projeto de Lei do Senado 166/2010).

No texto atual (Projeto de Lei do Senado 166/2010), na medida em que não se tem ainda a apresentação dos trabalhos realizados na Comissão constituída na Câmara dos Deputados, pouco se alterou em relação aos pressupostos processuais.

Por exemplo, incluiu-se dentre os deveres do juiz o de "determinar o suprimento de pressupostos processuais", conforme o inciso IX do art. 107 ("Dos Poderes, dos Deveres e da Responsabilidade do Juiz").

O art. 467, que versa sobre a sentença sem resolução do mérito, reproduz, textualmente, a hipótese do art. 267, IV, do atual CPC, qual seja: "se verificar a ausência de pressupostos de constituição e de desenvolvimento válido e regular do processo" (art. 467, IV).

Estas normas (art. 107, IX, e art. 467, IV) são as únicas, previstas no Projeto do novo Código de Processo Civil, que versam *expressamente* sobre pressupostos processuais.

Logo, o Projeto do novo Código de Processo Civil não pretendeu resolver a polêmica.

18. A relação jurídica processual

A tese de que o processo, sob um aspecto, configura uma relação jurídica, como exposto historicamente por Oskar von Bülow,[75] é até hoje a mais aceita pela doutrina, nacional e estrangeira.[76]

Segundo a teoria de Oskar von Bülow, o processo gera uma relação triangular entre o Estado-Juiz e as partes (autora e ré), que se destaca da relação jurídica de direito material.

Distinguem-se, assim, essas duas relações jurídicas (a de direito material e a processual) pelas partes (no processo, autor/Estado-Juiz/réu), pelo objeto (no processo, prestação jurisdicional) e pelos seus pressupostos.

Conforme a lição de Carlos Alberto da Mota Pinto, Professor da Faculdade de Coimbra, "relação jurídica, em sentido restrito ou técnico,

---

75. Oskar von Bülow, *Teoria das Exceções e dos Pressupostos Processuais*, cit., 2003.

76. Há outras teorias, que se sucederam à da relação jurídica processual, quais sejam: situação jurídica, de James Goldschimidt; instituição jurídica, de Jaime Guasp; categoria jurídica autônoma, Juan Montero Aroca; entidade complexa, Cândido Rangel Dinamarco; etc.

é a relação da vida social disciplinada pelo Direito, mediante atribuição a uma pessoa de um direito subjetivo e a imposição a outra pessoa de um dever jurídico ou de uma sujeição".[77]

A respeito, leia-se a doutrina de Barbosa Moreira:

> O conjunto desses vínculos forma uma relação jurídica, inconfundível com a outra, em regra de direito material, a cujo respeito discutem os litigantes. Assim, porém, como o reconhecimento desta pressupõe a verificação de certos fatos, sem os quais ela não nasceria, também o surgimento da relação jurídica processual, analogamente, depende da presença de determinados elementos, que lhe condicionam, em termos globais, a existência. Tais seriam os pressupostos processuais.[78]

Nessa relação jurídica processual o Estado-Juiz exerce poder, enquanto as partes (autora e ré) se sujeitam à sentença.

Trata-se sempre de uma relação jurídica de direito público, dada a participação do Estado-Juiz, e distinta daquela objeto da pretensão deduzida em juízo.

Nesse sentido, o exercício do direito de ação, mediante a propositura da demanda pela parte autora, que se materializa através da petição inicial, tem o condão de constituir a relação jurídica processual.

Somente posteriormente, com a citação, dá-se o ingresso da parte ré. No entanto, desde a propositura, embora só entrem Estado-Juiz e parte autora, já existe processo, diga-se, relação jurídica processual.

19. Os pressupostos processuais

Segundo a corrente restritiva, capitaneada por Ada Pellegrini Grinover, Antônio Carlos de Araújo Cintra e Cândido Rangel Dinamarco, os pressupostos processuais podem ser extraídos da seguinte fórmula: *"uma correta propositura da ação, feita perante uma autoridade jurisdicional, por uma entidade capaz de ser parte em juízo"*.[79-80]

77. Carlos Alberto da Mota Pinto, *Teoria Geral do Direito Civil*, 3ª ed., 11ª reimpr., Coimbra/Portugal, Coimbra Editora, 1996, p. 167.
78. José Carlos Barbosa Moreira, "Sobre pressupostos processuais", cit., in *Temas de Direito Processual – Quarta Série*, p. 84.
79. Antônio Carlos de Araújo Cintra, Ada Pellegrini Grinover e Cândido Rangel Dinamarco, *Teoria Geral do Processo*, cit., 29ª ed., p. 321.
80. Alexandre Freitas Câmara adota expressamente a corrente restritiva (cf. *Lições de Direito Processual*, cit., 16ª ed., vol. I, p. 239). Todavia, a doutrina de

A partir dessa formula, relacionam-se os pressupostos processuais de existência e (os correspondentes) de validade:

Pressupostos processuais	Existência	Validade
Quanto à demanda	A propositura de uma demanda	Regularmente proposta
Quanto ao juiz	A existência de um órgão jurisdicional	Competente Imparcial
Quanto às partes	A existência de partes (autora e ré)	Capacidade de ser parte Capacidade de estar em juízo Capacidade postulatória/ advogado

Logo, para a corrente restritiva, eis os pressupostos processuais *de existência*: a verificação de uma demanda, de um órgão jurisdicional e de partes.

20. Os denominados pressupostos de existência do processo

Primeiro analisa-se se, de fato, seriam pressupostos *de existência* do processo a demanda, o órgão jurisdicional e as partes, conforme a corrente restritiva.

Não me parece que os pressupostos processuais possam ser *de existência* do *próprio* processo, como adverte Barbosa Moreira:

> Observou-se, com efeito, que ocorre *no processo mesmo* a apuração da existência ou da inexistência dos elementos aludidos, de sorte que, ainda na hipótese de dar-se pela falta de algum, terá existido relação jurídica processual. Não seria adequado considerar *pressuposto* do processo aquilo que já constitui objeto da atividade cognitiva nele cumprida. De certo modo, antes se deveriam inverter os termos da proposição: o processo é que seria o pressuposto.[81]

Alexandre Freitas Câmara difere um pouco. Por exemplo, em relação à investidura do órgão jurisdicional, ele não inclui a competência, por não acarretar a extinção do processo; assim como para Alexandre Freitas Câmara a investidura seria do órgão jurisdicional (competência constitucional – "competência das Justiças"), e não do juiz.

[81]. Barbosa Moreira, "Sobre pressupostos processuais", cit., in *Temas de Direito Processual – Quarta Série*, p. 84.

Não faz sentido chamar de pressuposto processual tema sobre o qual se desenvolve, também e preliminarmente, a atividade cognitiva do magistrado no *próprio* processo. Verifica-se, no processo mesmo, a ocorrência, ou não, dos pressupostos processuais. Por conseguinte, não se pode denominá-los de pressuposto. "Pressuposto é a circunstância ou fato considerado como antecedente necessário do outro", segundo o *Dicionário Aurélio*.[82]

Não foi por outro motivo que, conforme exposto acima, Lopes da Costa[83] criticou a expressão "pressupostos processuais", a qual julgou inadequada, porque *pressuposto* "é uma circunstância prévia que lhe condiciona a existência. Ora, as qualidades de que se deve revestir o processo não são prévias a ele, não lhe são externas, mas internas, dele inseparáveis".[84]

Para Barbosa Moreira, salvo a hipótese extravagante de inexistir Estado-Juiz (órgão jurisdicional), a ausência de qualquer um dos pressupostos processuais atinge apenas a validade da relação jurídica processual:

> Comecemos pelos denominados "pressupostos de existência". Se não há órgão dotado de jurisdição, afigura-se claro que tampouco há processo, no sentido jurídico do termo. Ninguém tomará por tal o "processo simulado" que se realiza para fins didáticos, sob a "presidência" do professor, como ninguém se equivocará diante do "processo" instaurado perante oficial de justiça, ou de outros exemplos de sabor igualmente acadêmico. Menos abstrata é a eventualidade de atuar pessoa ainda não regularmente investida no cargo judiciário, ou dele já desligada (*v.g.*, pela aposentadoria, de cujo decreto passou despercebida a publicação no jornal oficial). Mas o corolário é sempre o mesmo: nada do que se faça, em semelhantes condições, existe juridicamente. O "órgão" não pode sequer proclamar sua própria carência de jurisdição: a proclamação seria tão inócua como qualquer outro ato que ele pratique.[85]

---

82. *Novo Dicionário Eletrônico Aurélio*, versão 5.11a, 2004.

83. Lopes da Costa, *Direito Processual Civil brasileiro*, cit., 2ª ed., vol. I, p. 199.

84. Neste ponto, vale uma provocação: fosse a *fase preliminar* de uma ação de improbidade administrativa, poderíamos, realmente, falar em *pressuposto processual*? Parece-me que sim. Todavia, lembre-se que a ação de improbidade administrativa constitui procedimento especial, regido, precipuamente, pelas regras de direito processual coletivo.

85. Barbosa Moreira, "Sobre pressupostos processuais", cit., in *Temas de Direito Processual – Quarta Série*, pp. 90-91.

Se inexistir Estado-Juiz, não se pode nem mesmo pensar em atividade jurisdicional. Seria verdadeira aberração! Nesta situação (ausência de órgão jurisdicional) não se pode tomar por processo o seu simulacro.

A inexistência de uma demanda, exercício do direito de ação pelo autor, constitui situação tão extravagante quanto a inexistência de um órgão jurisdicional. Tratar-se-ia de um "nada jurídico".

Ora, se não houve provocação do Estado-Juiz, não há que se conceber a formação de uma relação jurídica processual, nem tampouco de uma sentença que a decida.

A inexistência de órgão jurisdicional e de demanda constituem hipóteses meramente acadêmicas. Explico-me melhor: se inexiste órgão jurisdicional ou demanda, não houve *sequer* provocação do Estado-Juiz. Não há que se supor a existência de uma relação processual. Assim, poder-se-ia sustentar, então, que se trata, de fato, de pressuposto processual *de existência*.

Todavia, o que se defende aqui é que, se não há órgão jurisdicional, se não há demanda, também não há nem *possibilidade* de qualquer resposta do Estado-Juiz. Não se pode imaginar que, *concretamente*, um órgão jurisdicional possa proferir uma sentença para reconhecer que inexiste órgão jurisdicional (pressuposto processual de existência), pois quem proferiria esta decisão (sentença), se falta Estado-Juiz? Da mesma forma, se não houve provocação do Estado-Juiz, como imaginar a prolação de uma sentença, para reconhecer que inexiste demanda, se o órgão jurisdicional não foi provocado?

A única hipótese seria a de que – empregando o exemplo de Barbosa Moreira –, após a realização, em sala de aula, de uma "simulação" de processo, sob a "presidência" do professor, algum aluno pretendesse ver judicialmente reconhecida a existência, a validade e/ou a eficácia do que em sala de aula se "decidiu" ou, pior, tentasse fazer cumprir coativamente a "decisão" do processo "simulado". Nesta hipótese, num verdadeiro processo, no qual o Estado-Juiz (órgão jurisdicional) foi regularmente provocado (demanda), seria proferida uma decisão judicial (sentença) reconhecendo que *inexistiu* processo (relação processual) naquela "simulação" em sala de aula.

Logo, não me parece que os pressupostos processuais possam ser *de existência* do *próprio* processo. Na hipótese acadêmica, a *inexistência* seria de *outro* processo, aquele "simulado". Noutras palavras: poder-se-ia até dizer que, embora o órgão jurisdicional e a demanda sejam pressupostos de existência do processo, jamais existiria o vício da *inexistência* do *próprio* processo, mas, sim, de outro.

Por outro lado, a falta de uma das partes (autora ou ré) atinge o plano da validade do processo, e não o da existência. Mais uma vez, Barbosa Moreira aborda a questão:

> Já não se reveste de tanta simplicidade a questão na hipótese de inexistência de parte, seja do autor (por exemplo: o advogado, munido de procuração, ajuíza a inicial sem ter notícia de que o outorgante viera a falecer), seja do réu (por exemplo: cita-se por edital pessoa que depois se verifica estar morta desde data anterior). Aí haverá lugar, sem dúvida, para um pronunciamento do órgão judicial, quando se advirta do problema; e é quanto basta para que se tenha de reconhecer que *algo*, no processo, *existe*, e até *vale*: negar ao juiz a possibilidade de pôr termo *validamente* à atividade processual, em semelhante emergência, seria tornar insolúvel o problema! Considerações análogas caberiam no tocante à falta de demanda, isto é, ao processo ilegitimamente instaurado *ex officio*.[86]

Dá-se a falta de partes quando, por exemplo, não há indicação de réu na petição inicial ou se indica pessoa já falecida.[87]

Nesta hipótese (partes), ao contrário das outras duas (órgão jurisdicional e demanda), o Estado-Juiz, através da demanda, foi provocado a dar solução ao pedido formulado. Todavia, falta um pressuposto processual referente à(s) parte(s). Assim, por causa do vício (ausência de parte), não pode o órgão jurisdicional proferir sentença sobre o mérito da causa.

Neste caso existe processo (plano da existência). Todavia, a relação jurídica processual padece de um vício (plano da validade). O vício aqui verificado, se não for corrigido no curso do processo, impedirá que a sentença produza regulares efeitos (plano da eficácia).

Não se pode sustentar que o vício quanto às partes torne inexistente a relação processual. Até porque a sentença, ato jurisdicional *existente*, *válido* e *eficaz*, que reconhece a falta desse pressuposto processual foi proferida num processo; inexistente?! Deve-se imaginar que, nesta hipótese, a sentença seria um ato jurisdicional (existente, válido e eficaz) isolado; uma verdadeira *ilha procedimental*?!

Não se deve confundir com as hipóteses em que, por força de lei (arts. 295-296 e 285-A do CPC), o juiz está autorizado a proferir sentença antes mesmo do ingresso do réu. Todavia, sempre em favor do demandado.

---

86. Barbosa Moreira, "Sobre pressupostos processuais", cit., in *Temas de Direito Processual – Quarta Série*, p. 91.
87. Exemplos extraídos de Alexandre Freitas Câmara, *Lições de Direito Processual*, cit., 16ª ed., vol. I, p. 240.

Aliás, como adverte Fredie Didier Jr.,[88] o ingresso do réu, através da citação ou de sua entrada espontânea nos autos, constitui, a bem da verdade, requisito de eficácia da sentença em relação ao demandado, visto que uma sentença que lhe seja favorável, mesmo sem sua participação no processo (por exemplo, arts. 295-296 e 285-A, todos do CPC), não padece de qualquer vício.

Conclui-se, parcialmente, que não cabe a classificação em pressupostos processuais de existência do processo, visto que, de um lado, não se pode supor, salvo a título de exemplo, a ausência de um órgão jurisdicional ou de uma demanda e, de outro lado, a ausência de partes constitui um pressuposto processual de validade (e não de existência do processo).

21. Os chamados pressupostos processuais de validade do processo

Analisados os *denominados* pressupostos processuais de existência (o órgão jurisdicional, a demanda e as partes) segundo a corrente restritiva, passa-se a verificação dos *chamados* pressupostos processuais de validade – quais sejam (segundo a corrente restritiva): a competência e a imparcialidade, em relação ao órgão jurisdicional e ao juiz, respectivamente; a regularidade da petição inicial, no que tange à demanda; e, por fim, a capacidade (de ser parte, de estar em juízo e postulatória), no que se refere às partes.

22. Os pressupostos processuais de validade do processo em relação ao órgão jurisdicional e ao juiz (competência e imparcialidade, respectivamente)

No que concerne ao órgão jurisdicional, a doutrina enumera, em regra, a competência do órgão jurisdicional e a imparcialidade do juiz, sendo esta última vinculada à pessoa física do magistrado que exerce o poder no órgão jurisdicional.

Quanto à competência, parece-me que somente a absoluta constitui pressuposto processual. Isso porque a competência relativa (em razão do território e do valor da causa) destina-se a proteger o interesse das partes.

Nesse contexto (interesse das partes), não arguida na forma e no tempo apropriados, prorroga-se a competência do juízo de início relati-

---

88. Fredie Didier Jr., *Pressupostos Processuais e Condições da Ação – O Juízo de Admissibilidade do Processo*, cit., p. 130.

vamente incompetente (art. 114 do CPC). Não se deve sequer imaginar a extinção do processo sem resolução do mérito (art. 267, IV, do CPC). Por isso (prorrogação da competência), a incompetência relativa não configura hipótese de ação rescisória, conforme o art. 485 do CPC. Em sentido contrário, a competência absoluta não se prorroga, podendo ser conhecida *ex officio*, em qualquer tempo e grau de jurisdição (art. 113 do CPC). Do mesmo modo, ao contrário do que prescreve o art. 267, IV, do CPC, o reconhecimento da incompetência absoluta não acarreta a extinção do processo sem resolução do mérito, mas, sim, o declínio da competência, com o reconhecimento da nulidade dos atos decisórios (art. 113, § 2º, do CPC). Todavia, transitada em julgado a sentença proferida por juízo absolutamente incompetente, possível a propositura da ação rescisória, dada a gravidade do vício (art. 485, II, do CPC).

Cássio Scarpinella Bueno não insere a *competência relativa* dentre os pressupostos processuais de validade:

> A competência relativa, por isto mesmo, por depender, por expressa disposição de lei, de manifestação de vontade dos litigantes, não compromete a validade do processo. Se ela não for arguida a tempo – o réu pode, no prazo de sua defesa, manifestar a sua vontade de litigar perante outro órgão jurisdicional nos casos em que a lei admite esta escolha –, "prorroga-se a competência", para empregar locução bastante comum. É o que dispõem os arts. 112, *caput*, e 114.[89]

Constata-se, ademais, uma incoerência entre a classificação da competência como pressuposto processual e o Código de Processo Civil (art. 267, IV, do CPC), que determina a extinção do processo, sem resolução do mérito, quando o juiz verificar a ausência de pressuposto de constituição e de desenvolvimento válido e regular do processo. Todavia, para mim, tal desarmonia, não impede que se inclua a competência absoluta dentre as hipóteses de pressupostos processuais. É comum a verificação de exceções em qualquer classificação.

No entanto, justamente por conta dessa divergência quanto aos efeitos, Alexandre Freitas Câmara não elenca a competência como pressuposto processual:

> Não nos parece adequada a inclusão da competência entre os pressupostos processuais por razão bastante simples. É que o reconhecimento

---

89. Cássio Scarpinella Bueno, *Curso Sistematizado de Direito Processual Civil*, cit., 6ª ed., vol. 1, p. 453.

da ausência de competência leva à prolação de decisão determinando a remessa dos autos ao juízo competente, onde o mesmo prosseguirá seu desenvolvimento. O mesmo não se dá quando está ausente um pressuposto processual, uma vez que a ausência de qualquer destes deve levar à prolação de sentença que põe termo ao processo sem resolução do mérito (art. 267, IV, do CPC).[90]

Em relação à imparcialidade,[91] o Código de Processo Civil positivou os institutos do impedimento (art. 134 do CPC) e da suspeição (art. 135 do CPC).

Verifica-se o impedimento, conforme o art. 134 do CPC, a partir de situações mais *objetivas*, enquanto a suspeição, nos termos do art. 135 do CPC, em virtude de hipóteses mais subjetivas.

À semelhança da incompetência *absoluta*, o impedimento, se não verificado no curso do processo, é hipótese de propositura de ação rescisória contra o julgado, nos termos do art. 485, II, do CPC.

Dessa forma, tanto a competência relativa, que se prorroga, quanto a suspeição, vício sanável, não devem ser incluídas no rol dos pressupostos processuais, como ensina Teresa Arruda Alvim Wambier:

> Quando se elencam os pressupostos processuais, costuma-se falar de competência e imparcialidade. Vale, aqui, ressaltar que estará presente o pressuposto processual da competência se o juiz for relativamente incompetente – e o mesmo se pode dizer quanto à imparcialidade: estará presente o pressuposto processual se o juiz for suspeito. Isto porque se trata de irregularidade sanáveis.[92]

Vale dizer que, da mesma forma que a competência, seja a absoluta, seja a relativa, a imparcialidade do juiz – quer o impedimento, quer a suspeição – não leva à extinção do processo sem resolução do mérito, na forma do art. 267, IV, do CPC. Como acima exposto, essa divergência

---

90. Alexandre Freitas Câmara, *Lições de Direito Processual*, cit., 16ª ed., vol. I, p. 241.

91. Conforme acima se demonstrou, Alexandre Freitas Câmara defende que, quando se trata do pressuposto processual de validade quanto ao órgão jurisdicional, o correto é a investidura do órgão jurisdicional ("competência constitucional", para ele), e não a investidura do juiz. Por isso, ele não menciona a imparcialidade (impedimento e/ou suspeição) como pressuposto processual (cf. *Lições de Direito Processual*, cit., 16ª ed., vol. I, pp. 241-242).

92. Teresa Arruda Alvim Wambier, *Nulidades do Processo e da Sentença*, cit., 5ª ed., pp. 39-40.

quanto aos efeitos em relação aos outros pressupostos processuais não me parece suficiente para rejeitar a inclusão da competência *absoluta* e, também, do *impedimento* na classificação de pressupostos processuais de validade do processo.

Ressalve-se que, por exemplo, Alexandre Freitas Câmara[93] não as inclui (competência e imparcialidade) como pressupostos processuais, justamente por causa desse efeito (ou da ausência dele – extinção do processo sem resolução do mérito – art. 267, IV, do CPC); ele relaciona apenas a investidura do órgão jurisdicional (competência constitucional).

Conclui-se, parcialmente, que, dentre os pressupostos processuais de validade, em relação ao órgão jurisdicional e ao juiz (competência e imparcialidade), se inserem *apenas* a competência *absoluta* e o *impedimento*, devido à gravidade desses vícios, que ensejam, inclusive, a propositura de ação rescisória (art. 485, II, do CPC). Adite-se que, embora não importem a extinção do processo sem resolução do mérito, na forma do art. 267, IV, do CPC, a incompetência absoluta e o impedimento não deixam, por isso, de ser classificados como pressupostos processuais.

23. Os pressupostos processuais de validade do processo em relação à demanda (regularidade da petição inicial)

No que concerne à demanda, a doutrina indica como pressuposto processual de validade a regularidade da petição inicial.

Para o procedimento comum ordinário, os arts. 282 e 283 do CPC mencionam os elementos necessários para a regularidade da petição inicial.

Acrescente-se o art. 37 do CPC, o qual exige a juntada do instrumento do mandato.

A irregularidade da petição inicial deve ser sanada em 10 dias,[94] sob pena de indeferimento da petição inicial, conforme o art. 284, c/c o art. 267, I, do CPC.

---

93. Alexandre Freitas Câmara, *Lições de Direito Processual*, cit., 16ª ed., vol. I, p. 241.

94. Esse prazo de 10 dias para emendar ou completar a petição inicial não deve ser entendido como sendo peremptório, permitindo, assim, dilação pelo magistrado (STJ, REsp 871.661). Até porque, corrigido o defeito, nada impede que a parte proponha novamente a demanda, distribuindo petição inicial retificada, à luz do disposto no art. 268 do CPC.

Aqui, vale um esclarecimento: segundo o parágrafo único do art. 37 do CPC, os atos praticados por advogado *inicialmente* sem instrumento de mandato que não forem ratificados serão havidos por inexistentes.

A *inexistência* a que se refere o parágrafo único do art. 37 do CPC diz respeito apenas aos *atos* praticados por advogado despido de procuração.

Tal inexistência não atinge o próprio processo. Dessa forma, esta previsão legal não infirma aquilo que acima se defendeu a respeito da ausência de pressupostos processuais de *existência* do *próprio* processo.

24. Os pressupostos processuais de validade do processo em relação às partes e aos advogados (capacidade de ser parte, capacidade de estar em juízo e capacidade postulatória, respectivamente)

Em relação às partes e aos advogados, os pressupostos processuais de validade consistem na *capacidade de ser parte, capacidade de estar em juízo* e *capacidade postulatória* – esta última referente apenas aos advogados.

A capacidade de ser parte deriva da aptidão de ser titular de direitos e de contrair obrigações no plano material. A respeito, leia-se Pontes de Miranda:

> Capacidade de ser parte é a capacidade, ativa ou passiva, de ser sujeito de relação jurídica processual. (...). Toda pessoa, homem ou pessoa jurídica, inclusive o nascituro, é capaz de ser parte. Não importa se a pessoa está no País, ou fora dele.[95]

Como ensina Cândido Rangel Dinamarco, a *capacidade de ser parte* decorre da lei civil (art. 1º):

> (...). Aproximadamente, a capacidade de ser parte coincide com a *personalidade jurídica*, conceituada pelo Código Civil como capacidade de adquirir direitos e deveres na ordem civil (art. 1º). Todas as pessoas naturais ou jurídicas são capazes de ser parte, porque todas elas têm tal capacidade geral.[96]

---

95. F. C. Pontes de Miranda, *Comentários ao Código de Processo Civil*, 5ª ed. (atualizada por Sérgio Bermudes), t. I, Rio de Janeiro, Forense, 1996, p. 222.

96. Dinamarco, *Instituições de Direito Processual Civil*, cit., 6ª ed., vol. II, p. 289.

Fredie Didier Jr. critica, com base na lição de Fábio Ulhoa Coelho, o fato de não se reconhecer capacidade jurídica a determinados sujeitos de direito não personalizados, os quais, todavia, podem ser titulares de situações jurídicas:

> O legislador material confere capacidade jurídica às pessoas físicas e às pessoas jurídicas – a elas atribui o que se denomina personalidade jurídica. A doutrina percebeu, porém, que há sujeitos de direito que não são pessoas, chamados de sujeitos de direito não personalizados: são aptos a ser titulares de situações jurídicas, mas a lei não lhes atribui personalidade. Qual a diferença, então, em ser sujeito-pessoa e sujeito-não pessoa? Nenhuma ou praticamente nenhuma (...).[97]

Dentre outros, Fredie Didier Jr.[98] refere-se ao condomínio, que não tem personalidade jurídica, entretanto pode contratar empregado, abrir conta bancária em instituição financeira etc.

A personalidade civil das pessoas naturais inicia-se com o nascimento com vida e encerra-se com a morte, conforme os arts. 2º e 6º do CC.

Adite-se que, por força do *droit de saisine*, positivado no art. 1.784 do CC, a herança transmite-se aos herdeiros no exato momento do falecimento, o que retira *também* a capacidade de ser parte do falecido, impedindo-o de, em nome próprio, figurar no processo. Em princípio, até a partilha dos bens, deve constar o respectivo espólio.

Por conseguinte, os mortos e os animais[99] não possuem capacidade de ser parte.

---

97. Fredie Didier Jr., *Pressupostos Processuais e Condições da Ação – O Juízo de Admissibilidade do Processo*, cit., p. 116.

98. Idem, p. 117.

99. Em relação aos animais, Fredie Didier Jr. (*Pressupostos Processuais e Condições da Ação – O Juízo de Admissibilidade do Processo*, cit., p. 113) relata o seguinte (e curioso) caso: "Em 1713, os capuchos de São Luís do Maranhão ingressaram com uma demanda em face das formigas que flagelavam o convento de Santo Antônio. O caso foi ao juízo eclesiástico, testemunhas foram arroladas, e houve quem as defendesse em face do vigário-geral. Antônio da Silva Duarte se apresentou como advogado das formigas, apontadas como rés no processo, embargou testemunhas, ofereceu contraditas. Boa parte das testemunhas garantiu que as rés agiram sem nenhuma malícia, por serem criaturas desprovidas de razão, e não saberem do bem nem do mal. Alguns acrescentaram que antes da fundação do dito Convento já as rés tinham suas moradias no dito Convento, de sorte que não podiam ser consideradas intrusas. O caso se arrastou até 1714 e os autos de 19 fólios ficaram inconclusos" (Ronaldo Vainfas, "Brasil dos insetos", in *Nossa História*, Ano 2, São Paulo, Editora Vera Cruz/Fundação Biblioteca Nacional, 2005, n. 20, p. 98).

Por sua vez, a *capacidade de estar em juízo* diz respeito à possibilidade de exercício desses direitos. Nesse sentido, o *absolutamente incapaz* (art. 3º do CC), posto tenha capacidade de ser parte, necessita do seu representante para exercer seus direitos em juízo. Por sua vez, o *relativamente incapaz* (art. 4º do CC), para exercer seus direitos em juízo, precisa estar acompanhado de seu assistente. Outra vez, leia-se a doutrina de Pontes de Miranda:

> A capacidade de estar em juízo ou capacidade processual é menos do que a capacidade de ser parte. Pode-se ter a capacidade de ser parte, e não se ter a capacidade processual; porém, não vice-versa. Onde não há aquela não pode haver essa.[100]

O art. 8º do CPC determina que, na forma da lei civil, os incapazes serão representados ou assistidos, conforme o caso.

Por seu turno, o CPC atribui, em seu art. 12, *capacidade de ser parte* às chamadas pessoas formais, isto é, espólio, herança jacente, herança vacante, massa falida, condomínio etc. – como leciona Cândido Rangel Dinamarco:

> Mas a lei do processo vai além e confere *mera personalidade processual* a alguns outros entes que, sem serem pessoas físicas ou jurídicas em sentido integral, são admitidas no processo como partes. Trata-se da *massa falida*, do *espólio*, do *condomínio imobiliário*, das *sociedades irregulares*, da *herança jacente* e da *herança vacante* (art. 12, III-V, VII e IX).[101]

Compete exclusivamente aos advogados a prática de atos postulatórios em juízo. Advogado é o bacharel em ciências jurídicas inscrito na OAB, conforme o Estatuto da Advocacia. Dessa forma, somente aos advogados se atribui *capacidade postulatória*.

Tal figura (*capacidade postulatória*) não se confunde com a *capacidade de ser parte*, nem com a *capacidade de estar em juízo*, pertinentes às partes, autora e ré, e aos terceiros intervenientes.

Todavia, nada impede que, sendo advogado, a parte postule em causa própria, embora não seja recomendável.[102]

---

100. Pontes de Miranda, *Comentários ao Código de Processo Civil*, cit., 5ª ed., t. I, p. 222.

101. Dinamarco, *Instituições de Direito Processual Civil*, cit., 6ª ed., vol. II, p. 291.

102. Diz o dito popular que "todo aquele que postula em causa própria tem um tolo como cliente".

Através da procuração a parte confere poderes de representação ao seu advogado, sendo indispensável a apresentação dela em juízo.

O art. 13 do CPC dispõe sobre a incapacidade processual (capacidade de ser parte e capacidade de estar em juízo) e/ou a irregularidade de representação (capacidade postulatória), sendo diversas as consequências caso – não solucionado o vício – se trate da parte autora, da parte ré ou de terceiro.

Constatado o vício, o juiz deve suspender o processo e determinar prazo para a regularização do defeito. Necessariamente, o juiz deve fixar prazo para solução do problema antes de tomar as providências previstas no próprio art. 13 do CPC, conforme já decidiu o STJ (REsp 72.029-SP). Aliás, o STJ tem admitido, inclusive, a regularização depois do prazo marcado pelo juiz (REsp 264.101).

Segundo o art. 13 do CPC, se não for regularizado o vício e a providência couber ao autor, o juiz deve decretar a nulidade do processo (inciso I) e extinguir o processo sem resolução do mérito (art. 267, IV, do CPC). Se o réu não atender à ordem judicial, o juiz deve reputá-lo revel (inciso II), com os efeitos *processuais* e *materiais* da revelia. Por fim, se o terceiro não atender ao despacho judicial, o juiz deve excluí-lo do processo (inciso III).

Como adverte José Roberto dos Santos Bedaque, tratando-se de incapaz no polo passivo, não se deve puni-lo com as penas pela revelia:

> No que se refere à pessoa física incapaz, se figurar no processo como ré, não parece admissível a sanção representada pela revelia, com a consequência de serem considerados verdadeiros os fatos afirmados pelo autor (CPC, art. 319), ainda que irregular a representação.
>
> Embora o *caput* do dispositivo ora comentado faça expressa referência à incapacidade processual, a citação do incapaz é feita na pessoa de seu representante legal (art. 215) ou do curador especial (arts. 9º e 218, §§ 2º e 3º). Ora, se é obrigatória a designação de curador especial ao réu incapaz que não tenha representante legal, verificada a falha no curso do processo, providência idêntica deve ser adotada.
>
> Citado o representante legal do incapaz, a ausência de resposta pode configurar conflito de interesses, impondo a necessidade de nomeação de curador especial, providência a ser requerida pelo Ministério Público (art. 82, I).[103]

---

103. Bedaque, in Antônio Carlos Marcato (coord.), *Código de Processo Civil Interpretado*, 3ª ed., São Paulo, Atlas, 2008, p. 48.

Em relação ao terceiro, deve-se distinguir as diversas espécies de intervenção de terceiro (oposição[104], denunciação da lide[105], chamamento ao processo[106], nomeação à autoria[107] e assistência[108]) ao invés de, simplesmente, excluir do processo o terceiro, como sugere o inciso III do art. 13 do CPC.

Na oposição, o terceiro (opoente) pretende o bem ou o direito litigioso disputado na demanda originária entre os opostos (autor e réu). Trata-se, assim, de demanda judicial proposta por terceiro contra as partes, autora e ré, originárias. O opoente (terceiro) figura como autor nesta modalidade de intervenção de terceiro. Na denunciação da lide, o denunciante (autor ou réu) pretende exercer o direito de garantia contra o denunciado (terceiro) caso venha a perder a demanda originária. Trata-se, portanto, de demanda incidental proposta contra o terceiro pelo autor ou pelo réu. O denunciado (terceiro) figura como réu nesta modalidade de intervenção de terceiro. No chamamento ao processo, o chamante força o ingresso do chamado (terceiro) ao processo, para que a sentença reconheça a responsabilidade de cada um dos obrigados. Trata-se, dessa forma, de um modo de ampliar o polo passivo da relação processual originária. Em regra, o chamado (terceiro) ingressa no processo como litisconsorte passivo do chamante, nesta modalidade de intervenção de terceiro. Na nomeação à autoria,[109] o nomeante, que detém a coisa em nome alheio, nomeia à autoria o proprietário/possuidor (terceiro), a fim de que o suceda na qualidade de réu. Trata-se, deste modo, de um meio para alterar o polo passivo. Na nomeação à autoria, o nomeado (terceiro) sucede o nomeante na condição de réu.

Conforme José Roberto dos Santos Bedaque, deve-se levar em conta a qualidade de autor ou de réu do terceiro na aplicação da norma do art. 13 do CPC:

> Esses terceiros, para efeito de representação irregular, serão tratados como autores ou réus.

104. Arts. 56-61 do CPC.
105. Arts. 70-76 do CPC.
106. Arts. 77-80 do CPC.
107. Arts. 62-69 do CPC.
108. Arts. 50-55 do CPC.
109. A respeito dessa *curiosa* espécie de intervenção de terceiro, leia-se nosso "A dupla concordância e o direito de não ser nomeado réu", in Fredie Didier Jr. e outros (coords.), *O Terceiro no Processo Civil Brasileiro e Assuntos Correlatos – Estudos em Homenagem ao Professor Athos Gusmão Carneiro*, São Paulo, Ed. RT, 2010, pp. 342-351.

Daí, conclui-se que a regra aplica-se apenas ao assistente.[110]

Portanto, o inciso III do art. 13 do CPC aplica-se ao assistente, o qual poderá – este, sim – ser excluído do processo.

25. Conclusões

De lege lata, o Código de Processo Civil reconhece a existência (i) dos pressupostos processuais de constituição e de desenvolvimento válido e regular do processo (art. 267, IV), das condições da ação (art. 267, VI) e do mérito da causa.

Sobre esse "trinômio processual" deve o juiz exercer sua atividade cognitiva.

Os pressupostos processuais – isto é, os requisitos para a validade (neste estudo nega-se a categoria de pressupostos processuais *de existência*) da relação jurídico-processual – e as condições da ação – ou seja, requisitos para o legítimo exercício do direito de agir – configuram matérias preliminares (requisitos para admissibilidade do julgamento do mérito), pois, diante da sua inobservância, deve o juiz julgar extinto o processo sem resolução do mérito, conforme o *caput* do art. 267 do CPC e os seus incisos IV e VI, ou seja, sem acolher ou rejeitar o pedido do autor (art. 269, I, do CPC).

Há, basicamente, duas correntes classificando os pressupostos processuais, quais sejam: a *restritiva* e a *ampliativa*.

Nem os defensores da corrente *restritiva* nem os defensores da corrente *ampliativa* chegaram, em relação a cada uma das suas respectivas correntes, a um consenso quanto à enumeração dos correspondentes pressupostos processuais.

Parece-me, para fins didáticos, melhor aderir à corrente restritiva.

Ada Pellegrini Grinover, Antônio Carlos de Araújo Cintra e Cândido Rangel Dinamarco defendem a corrente restritiva, assim como Alexandre Freitas Câmara. Todavia, Alexandre Freitas Câmara não acompanha à risca a corrente doutrinária deles, na medida em que diverge da enumeração dos pressupostos processuais (por exemplo, não inclui a competência como pressuposto processual).

Para Ada Pellegrini Grinover, Antônio Carlos de Araújo Cintra e Cândido Rangel Dinamarco os pressupostos processuais podem ser

---

110. Bedaque, in Antônio Carlos Marcato (coord.), *Código de Processo Civil Interpretado*, cit., 3ª ed., p. 49.

extraídos da seguinte fórmula: *"uma correta propositura da ação, feita perante uma autoridade jurisdicional, por uma entidade capaz de ser parte em juízo"*.

Nesse contexto, existiriam pressupostos da própria *existência* do processo e, também, pressupostos da *validade* do processo. Para a corrente *restritiva* seriam pressupostos processuais *de existência*: um órgão jurisdicional, uma demanda e partes.

Como acima exposto, parece-me que não cabe a classificação em pressupostos de existência do processo, visto que, de um lado, não se pode supor, salvo a título de exemplo, a ausência de um órgão jurisdicional ou de uma demanda e, de outro lado, a ausência de partes constitui pressuposto processual de validade (e não de existência do processo).

Tal entendimento (ausência de pressupostos processuais de existência) é defendido, entre outros, por Chiovenda, Liebman, Barbosa Moreira e Leonardo Greco.

No que concerne aos pressupostos processuais de validade em relação ao órgão jurisdicional e ao juiz, como acima exposto, parece-me que não se deve incluir nem a competência relativa nem a suspeição, respectivamente, dada a natureza desses "vícios". Restariam, portanto, a competência absoluta do órgão jurisdicional e a imparcialidade do juiz (ausência de impedimento).

Isso porque a não arguição da incompetência relativa na forma e no prazo previstos em lei importa prorrogação da competência do juízo (art. 114 do CPC). Por sua vez, a sentença proferida por juiz suspeito não pode ser objeto de ação rescisória (art. 485, II, do CPC).

Por outro lado, como acima exposto, parece-me que a citação não constitui pressuposto processual.

O ingresso do réu através da citação ou de sua entrada espontânea nos autos constitui, a bem da verdade, requisito de eficácia da sentença em relação ao demandado, visto que uma sentença que lhe seja favorável, mesmo sem sua participação no processo (por exemplo, arts. 295-296 e 285-A, todos do CPC), não padece de qualquer "vício".

A demanda deve ser *regularmente* proposta, ou seja, a petição inicial deve preencher todas as formalidades legais, previstas, por exemplo, nos arts. 37, 282 e 283, todos do CPC.

Por fim, as partes, pessoas naturais, jurídicas ou formais, devem ser indicadas na petição inicial bem como possuir capacidade de ser parte, capacidade postulatória, e seus representantes (advogados, procuradores etc.) devem ter capacidade postulatória.

Dessa forma, os pressupostos processuais (requisitos para admissibilidade do julgamento de mérito no plano da relação jurídico-processual) seriam: em relação ao Estado-Juiz, órgão jurisdicional absolutamente competente e juiz imparcial (não impedido); no que concerne à demanda, petição inicial regularmente proposta (com a observância das formalidades legais – arts. 37, 282 e 283, todos do CPC); e, por fim, no que tange às partes, a previsão delas (parte autora e parte ré), capacidade de ser parte, capacidade de estar em juízo e, especificamente em relação aos advogados, capacidade postulatória.

Rio de Janeiro, 11 de junho de 2012.

Bibliografia

ARAÚJO, Luciano Vianna. "A dupla concordância e o direito de não ser nomeado réu". In: DIDIER JR., Fredie, e outros (coords.). *O Terceiro no Processo Civil Brasileiro e Assuntos Correlatos – Estudos em Homenagem ao Professor Athos Gusmão Carneiro*. São Paulo, Ed. RT, 2010 (pp. 342-351).

_____. *Sentenças Parciais?*. São Paulo, Saraiva, Coleção Direito e Processo (coord. Cássio Scarpinella Bueno), 2011.

ARRUDA ALVIM NETTO, José Manoel de. *Manual de Direito Processual Civil*. 9ª ed., vol. 1. São Paulo, Ed. RT, 2005.

BARBOSA MOREIRA, José Carlos. "Sobre pressupostos processuais". In: *Temas de Direito Processual – Quarta Série*. São Paulo, Saraiva, 1989.

BEDAQUE, José Roberto dos Santos. *Efetividade do Processo e Técnica Processual*. 3ª ed. São Paulo, Malheiros Editores, 2010.

BERMUDES, Sérgio. *Introdução ao Processo Civil*. 1ª ed. Rio de Janeiro, Forense, 1995.

BUENO, Cássio Scarpinella. *Curso Sistematizado de Direito Processual Civil*. 6ª ed., vol. 1 ("Teoria Geral do Direito Processual Civil"). São Paulo, Saraiva, 2012.

BÜLOW, Oskar von. *Teoria das Exceções e dos Pressupostos Processuais*. Trad. e "Notas" de Ricardo Rodrigues da Gama. Campinas/SP, LZN, 2003.

CÂMARA, Alexandre Freitas. *Lições de Direito Processual*. 16ª ed., vol. I. Rio de Janeiro, Lumen Juris, 2007.

CHIOVENDA, Giuseppe. *Instituições de Direito Processual Civil*. 2ª ed., vol. I, trad. de J. Guimarães Menegale e "Notas" de Enrico Tullio Liebman. São Paulo, Saraiva, 1965.

CINTRA, Antônio Carlos de Araújo, DINAMARCO, Cândido Rangel, e GRINOVER, Ada Pellegrini. *Teoria Geral do Processo*. 29ª ed. São Paulo, Malheiros Editores, 2013.

DIDIER JR., Fredie. *Pressupostos Processuais e Condições da Ação – O Juízo de Admissibilidade da Ação*. São Paulo, Saraiva, 2005.

_____, e outros (coords.). *O Terceiro no Processo Civil Brasileiro e Assuntos Correlatos – Estudos em Homenagem ao Professor Athos Gusmão Carneiro*. São Paulo, Ed. RT, 2010.

DINAMARCO, Cândido Rangel. *Instituições de Direito Processual Civil*. 6ª ed., vol. II. São Paulo, Malheiros Editores, 2009.

_____, CINTRA, Antônio Carlos de Araújo, e GRINOVER, Ada Pellegrini. *Teoria Geral do Processo*. 29ª ed. São Paulo, Malheiros Editores, 2013.

GRECO, Leonardo. *Instituições de Processo Civil – Introdução ao Direito Processual Civil*. 3ª ed., vol. I. Rio de Janeiro, Forense, 2011.

GRINOVER, Ada Pellegrini, CINTRA, Antônio Carlos de Araújo, e DINAMARCO, Cândido Rangel. *Teoria Geral do Processo*. 29ª ed. São Paulo, Malheiros Editores, 2013.

LACERDA, Galeno. *Despacho Saneador*. 3ª ed. Porto Alegre, Sérgio Antônio Fabris Editor, 1985.

LIEBMAN, Enrico Tullio. *Manual de Direito Processual Civil*. 3ª ed., vol. I, trad. e "Notas" de Cândido Rangel Dinamarco. São Paulo, Malheiros Editores, 2005.

_____. *Manuale di Diritto Processuale Civile*. 4ª ed. Milão, Giuffrè, 1980.

LOPES DA COSTA, Alfredo de Araújo. *Direito Processual Civil Brasileiro*. 2ª ed., vol. I. Rio de Janeiro, Forense, 1959.

MARCATO, Antônio Carlos (coord.). *Código de Processo Civil Interpretado*. 3ª ed. São Paulo, Atlas, 2008.

MARQUES, José Frederico. *Instituições de Direito Processual Civil*. 1ª ed., vol. II. Rio de Janeiro, Forense, 1958.

_____. *Manual de Direito Processual Civil*. 1ª ed., vol. II, 1ª Parte. Campinas/SP, Bookseller, 1997.

MONIZ DE ARAGÃO, Egas Dirceu. *Comentários ao Código de Processo Civil*. 7ª ed., vol. II. Rio de Janeiro, Forense, 1991.

PINTO, Carlos Alberto da Mota. *Teoria Geral do Direito Civil*. 3ª ed., 11ª reimpr. Coimbra/Portugal, Coimbra Editora, 1996.

PONTES DE MIRANDA, F. C. *Comentários ao Código de Processo Civil*. 5ª ed. (atualizada por Sérgio Bermudes), t. I. Rio de Janeiro, Forense, 1996.

SANTOS, Ernane Fidélis dos. *Introdução ao Direito Processual Civil Brasileiro*. 1ª ed. Rio de Janeiro, Forense, 1978.

VAINFAS, Ronaldo. "Brasil dos insetos". In: *Nossa História*. Ano 2. São Paulo, Editora Vera Cruz/Fundação Biblioteca Nacional, 2005.

WAMBIER, Teresa Arruda Alvim. *Nulidades do Processo e da Sentença*. 5ª ed. São Paulo, Ed. RT, 2004.

BREVES CONSIDERAÇÕES SOBRE A LEGITIMIDADE PARA PLEITEAR INDENIZAÇÃO POR DANOS MORAIS

MARCELO JOSÉ MAGALHÃES BONICIO

Mestre e Doutor em Direito Processual Civil pela Universidade de São Paulo
– Professor Doutor da Universidade de São Paulo/Largo de S. Francisco
– Membro do Instituto Brasileiro de Direito Processual/IBDP
e do Instituto dos Advogados de São Paulo/IASP
– Procurador do Estado de São Paulo

1. Introdução. 2. Legitimidade para agir, substituição processual e acesso à Justiça. 3. Litisconsórcio facultativo e litisconsórcio necessário nas demandas que tratam de danos morais. 4. Direito e processo: repercussões processuais dos valores existentes no âmbito do direito material. 5. Proposta de solução ao problema estudado no presente trabalho.

1. Introdução

As condições da ação ocupam lugar de destaque no estudo da Teoria Geral do Processo,[1] porque sem elas não é dado ao juiz julgar o mérito, ou seja, acolher ou rejeitar o pedido formulado pelo autor.

De fato, inclusive por razões de economia processual, se uma das partes não é legítima, se falta interesse de agir ao autor ou se o pedido

---

1. No direito processual penal, v. Ada Pellegrini Grinover, *As Condições da Ação Penal*, São Paulo, Bushatsky, 1977. Sobre o processo administrativo, mas sem tratar especificamente das condições da ação, v. Odete Medauar, *A Processualidade no Direito Administrativo*, São Paulo, Ed. RT, 1993, especialmente pp. 17-22. No direito processual civil, dentre vários outros estudos recentes sobre as condições da ação, destacam-se os de José Roberto dos Santos Bedaque (*Efetividade do Processo e Técnica Processual*, 3ª ed., São Paulo, Malheiros Editores, 2010, especialmente pp. 233-416) e Susana Henriques da Costa (*Condições da Ação*, São Paulo, Quartier Latin, 2005).

Na doutrina estrangeira, v.: Enrique Véscovi, *Teoría General del Proceso*, 2ª ed., Bogotá, Temis, 1999, pp. 68-70; Devis Echandía, *Teoría General del Proceso*, 3ª ed., Buenos Aires, Editorial Universidad, 2002, pp. 253-281; e Michele Fornaciari, *Pressuposti Processuali e Giudizio di Merito*, Turim, Giappichelli, 1996.

formulado não pode ser acolhido, porque a lei não permite, compete ao juiz decretar a extinção do processo sem analisar o pedido formulado.

Interessa ao presente trabalho o estudo da legitimidade para agir, mais especificamente nas hipóteses em que o pedido é de indenização por danos morais.

Os tribunais brasileiros com relativa frequência encontram situações em que a partir de um único evento, como a morte de uma pessoa, vários pedidos de indenização por dano moral são formulados judicialmente, por pessoas diversas de uma mesma família, em relação a um único réu.

Essa situação, que em princípio nada tem de anormal, tem levado a jurisprudência a uma dúvida bastante interessante, aparentemente ligada à legitimidade para agir.

Em decisão relativamente recente o TJRJ negou a possibilidade de a mãe, o irmão e um sobrinho de uma pessoa que faleceu obterem indenização por dano moral, sob o argumento de que em outra demanda a viúva e os filhos dessa pessoa já haviam recebido expressiva quantia e que, portanto, "os ora autores deveriam ter litigado contra a ré em litisconsórcio com os demais parentes, a fim de possibilitar a extinção das obrigações decorrentes do acidente em relação àquele núcleo familiar".[2]

Em síntese, entendeu o Tribunal mencionado que a indenização paga a parentes próximos exclui a indenização devida a parentes mais remotos, e que esses últimos devem litigar em conjunto com os demais, porque o valor da indenização não pode variar em razão do tamanho da família da vítima fatal de determinado acidente.

No STJ, no entanto, os litigantes obtiveram sucesso em reverter a decisão do TJRJ, pois o entendimento adotado em sede de recurso especial foi o de que a "indenização percebida por esposa e filhos não desconstitui o direito próprio e autônomo de pais e de outros parentes de vítima fatal de ajuizarem ação indenizatória por danos morais".[3]

Esse tema, principalmente porque está inserido no âmbito da garantia constitucional de acesso à Justiça, merece algumas reflexões.

É importante sabermos se o tema está mesmo ligado às condições da ação, ou se tem natureza exclusivamente material, bem como quais as

---

2. TJRJ, 10ª Câmara Cível, ACi 2008.001.39239, rela. Desa. Wany Couto, j. 10.9.2008. Essa não foi a única decisão do TJRJ nesse sentido, conforme se vê no julgamento de duas apelações cíveis: ACi 2007.001.20988 e ACi 2003.001.18666.
3. STJ, REsp 1.236.987-RJ, rel. Min. João Otávio de Noronha, j. 3.5.2011.

relações desse tema com as garantias constitucionais da ampla defesa, do contraditório e do acesso à Justiça.

São esses os propósitos do presente estudo, mas já é possível adiantar que as reflexões a seguir devem ser vistas como ponto de partida para outros estudos e análises, devido à sua profundidade.

2. Legitimidade para agir, substituição processual e acesso à Justiça

Tem legitimidade para agir em juízo, em princípio, aquele que participa da relação jurídica material que está no cerne do litígio entre duas ou mais pessoas.[4]

Na clássica lição de Liebman, a legitimidade é a "pertinência subjetiva da ação",[5] ou seja, a identidade entre aquele que propôs a ação e aquele que teve seu direito lesionado (ou ameaçado).

Nessa perspectiva, o conflito encontrado na jurisprudência a respeito dos danos morais não está exatamente no campo da legitimidade, porque os autores das ações afirmam que são titulares de determinadas relações jurídicas materiais, nas quais seriam credores de alguém, por conta de danos extrapatrimoniais experimentados em virtude de determinado fato.

No caso concreto, cada um deles deverá fazer prova de suas alegações, mas isso nada tem a ver com a legitimidade desses litigantes.

Há, portanto, perfeita pertinência entre aqueles que estão em juízo e os titulares da relação jurídica material em discussão, não existindo motivo algum para impedir o acesso à Justiça daqueles que pretendem receber uma indenização por danos morais.[6]

A prudente aferição do valor a ser pago a cada um dos lesados, que deve levar em conta principalmente o grau de proximidade dos parentes,

---

4. "A legitimidade é uma qualidade do sujeito aferida em função de ato jurídico, realizado ou a ser praticado. (...). Essa qualidade resulta de uma situação jurídica oriunda precipuamente da titularidade de uma relação jurídica ou de uma posição em uma situação de fato, à qual o Direito reconhece efeitos jurígenos" (cf. Donaldo Armelin, *Legitimidade para Agir no Direito Processual Civil Brasileiro*, São Paulo, Ed. RT, 1979, p. 11).

5. Enrico Tullio Liebman, *Manuale di Diritto Processuale Civile*, 4ª ed., Milão, Giuffrè, p. 150.

6. TJRJ, 20ª Câmara Cível, ACi 0061604-42.2009.8.19.0001, rela. Desa. Teresa de Andrade Castro Neves. No mesmo sentido, v. o julgamento proferido pelo STJ no REsp 1.208.949-MG, rela. Min. Nancy Andrighi, j. 15.12.2010.

é uma boa saída para evitar a condenação do réu a pagar valores excessivos; mas é certo que, em cada caso, conforme a quantidade de membros da família do falecido, o valor total a ser pago a título de danos morais inevitavelmente sofrerá variações, e isso é uma consequência natural do direito material em discussão.[7]

A substituição processual também já foi cogitada pela doutrina para explicar a hipótese em que, no exemplo mencionado, determinadas pessoas estariam impedidas de receber a indenização por dano moral.

Destacam-se, nesse ponto, as ponderações de José Rogério Cruz e Tucci, todas no sentido de que "é equivocado esse posicionamento, o qual, criando hipótese de substituição processual não prevista em lei, viola as garantias constitucionais do processo".[8]

De fato, somente a lei é que pode criar hipótese de substituição processual, conforme determina a regra prevista no art. 6º do CPC, segundo a qual "ninguém poderá pleitear, em nome próprio, direito alheio, salvo quando autorizado por lei".[9]

São raras as hipóteses em que a lei autoriza a substituição processual, mas um bom exemplo disso pode ser encontrado na tutela coletiva dos consumidores prevista no art. 81 do CDC, que possibilita tanto ao Ministério Público quanto ao Estado e às associações e sindicatos em geral a defesa judicial de direitos que pertencem a outras pessoas.[10]

Mas, no caso em estudo, é equivocada a ideia de que os primeiros a receber a indenização por dano moral "substituem", de alguma forma, aqueles que ainda não receberam essa indenização.[11]

---

7. Sobre o tema, v. Caio Mário da Silva Pereira, *Responsabilidade Civil*, Rio de Janeiro, Forense, 2000, p. 330.

8. José Rogério Cruz e Tucci, *Limites Subjetivos da Eficácia da Sentença e da Coisa Julgada Civil*, São Paulo, Ed. RT, 2006, p. 127.

9. Vale lembrar o clássico estudo de Waldemar Mariz de Oliveira Jr., *Substituição Processual*, São Paulo, Ed. RT, 1971, especialmente p. 135.

10. A hipótese, na correta visão de José Roberto dos Santos Bedaque (in Antônio Carlos Marcato (coord.), *Código de Processo Civil Interpretado*, 3ª ed., São Paulo, Atlas, 2008, p. 23), é a de legitimação ordinária dos legitimados para a tutela coletiva. Nessa perspectiva, no entanto, a ideia de substituição processual perde força como exemplo. Por outro lado, também é certo que não se pode enxergar a tutela coletiva pela mesma ótica da tutela individual. *In arg.*, v. o clássico estudo de Kazuo Watanabe intitulado "Tutela jurisdicional dos interesses difusos: a legitimação para agir", in Ada Pellegrini Grinover (coord.), *A Tutela dos Interesses Difusos*, São Paulo, Max Limonad, 1984, pp. 85-97.

11. A jurisprudência do extinto 1º TACivSP aponta para a existência de substituição processual em situações assim, conforme se vê no julgamento das ACi

Não há lei nesse sentido; então, é certo que a expectativa pelo recebimento de algum valor pelos danos morais sofridos por alguém não pode ser obstada pelo Poder Judiciário, ao menos não em virtude de ter ocorrido qualquer tipo de substituição que não tenha sólido fundamento legal.

As importantes garantias constitucionais do acesso à Justiça e do devido processo legal não toleram que o sistema cause surpresa[12] aos que necessitam de tutela jurisdicional, e ganham papel de destaque em relação ao tema em estudo, porque seria, mesmo, desastroso noticiar a determinado litigante que o valor que ele pretende receber já foi pago a outra pessoa que, teoricamente, o "substituiu em juízo", mesmo sem ele saber disso.

3. Litisconsórcio facultativo e litisconsórcio necessário nas demandas que tratam de danos morais

Aqueles que sofreram qualquer espécie de dano, inclusive o dano moral, podem litigar conjuntamente em juízo, em litisconsórcio facultativo.

O litisconsórcio facultativo – não custa lembrar – é aquele que se forma exclusivamente pela vontade das partes, por razões de economia, e também em prol da harmonia dos julgamentos.[13]

Por outro lado, o litisconsórcio pode ser necessário, ou seja, as partes podem ser obrigadas a litigar em conjunto, no polo ativo, no polo passivo ou até mesmo em ambos os polos de determinada demanda.

O litisconsórcio necessário tanto pode ser exigido por força de lei quanto pela indivisibilidade da relação jurídica material que está sendo tratada no processo.

763.032-6, 767.229-5 e 729.861-9, todas criticadas por José Rogério Cruz e Tucci (*Limites Subjetivos da Eficácia da Sentença e da Coisa Julgada Civil*, cit., p. 126).

12. Essa é, em boa medida, a exigência de *fair play*, ou "jogo limpo", a que faz referência o direito processual norte-americano. Sobre o tema, v. os verbetes "Fair play" e "Fair play and substantial justice" no conhecido *Black's Law Dictionary* (8ª ed., Thomson West, 2004, p. 634).

13. O sistema processual brasileiro incentiva a formação desse litisconsórcio, conforme se pode ver nas hipóteses previstas no art. 46 do CPC. Sob a ótica do sistema, o litisconsórcio facultativo é proveitoso, porque pode resolver várias demandas através de um único processo, evitando, ainda, a existência de decisões contraditórias a respeito de um mesmo pedido. Nesse sentido, v. Cândido Rangel Dinamarco, *Instituições de Direito Processual Civil*, 6ª ed., vol. II, São Paulo, Malheiros Editores, 2009, p. 341. Na doutrina mais antiga, v. Guilherme Estellita, *Do Litisconsórcio no Direito Brasileiro*, Rio de Janeiro, Freitas Bastos, 1955, especialmente p. 19.

No primeiro caso, embora a relação material comporte divisão, a lei exige a formação de um litisconsórcio, tal como ocorre na hipótese prevista no art. 942 do CPC, onde se vê que o autor da ação de usucapião precisa mandar citar não só o proprietário do imóvel, mas também todos os "confinantes", ou seja, aqueles que são proprietários dos imóveis vizinhos.

As relações materiais dos proprietários dos imóveis vizinhos são distintas daquela que o autor possui em relação ao proprietário do imóvel objeto de usucapião, e, portanto, perfeitamente divisíveis; mas a lei exige a formação de litisconsórcio nesse caso, provavelmente por razões de segurança.

No entanto, na maioria das vezes a lei não impõe a formação de litisconsórcio, mas, eventualmente, mesmo na ausência de lei, o litisconsórcio passa a ser necessário, porque a indivisibilidade da relação material discutida exige a presença de determinadas pessoas no processo.

Assim ocorre, por exemplo, com a ação em que se pede a invalidação de contrato firmado entre quatro pessoas. Nos termos da regra prevista no art. 47 do CPC, é exigida a presença no processo de todos aqueles que participaram da relação jurídica material, sob pena de ineficácia da sentença que julgar o pedido formulado.

O contrato, no exemplo mencionado, não pode ser invalidado apenas para parte dos contratantes, permanecendo válido para aqueles que não participaram do processo.[14]

Daí decorre a ideia de necessariedade do litisconsórcio, que, em alguma medida, foi cogitada pela jurisprudência acima mencionada, para exigir a presença num mesmo processo de todos aqueles que pretendem receber indenização por danos morais em decorrência do falecimento de alguém.

Não há, obviamente, lei que exija a formação de litisconsórcio entre todos aqueles que pretendem obter uma indenização por danos morais, e esta constatação autoriza, desde já, a exclusão por completo da existência de litisconsórcio necessário por força de lei em relação aos danos morais.

Ao mesmo tempo, a indenização por danos morais não pode ser considerada indivisível, porque cada um dos autores possui uma relação material autônoma em relação aos demais, ao contrário do que ocorre,

---

14. Salvo se, segundo a doutrina mais recente, a decisão proferida beneficiar aqueles que não fizeram parte do processo. Nesse sentido, v. José Roberto dos Santos Bedaque, *Efetividade do Processo e Técnica Processual*, cit., 3ª ed., *passim*.

por exemplo, com aquelas pessoas que fazem parte de um mesmo contrato.

Estas reflexões, algumas um tanto óbvias, servem para deixar claro que não há argumento de natureza processual que justifique a tendência jurisprudencial de impedir o acesso à Justiça nas hipóteses acima narradas.

Resta saber se há, no âmbito do direito material, argumentos que possam justificar essa tendência.

4. Direito e processo: repercussões processuais dos valores existentes no âmbito do direito material

O processo é um instrumento neutro, mas não é indiferente aos valores que existem no plano do direito material.[15]

Sua evolução partiu de conceitos puramente técnicos, distantes dos valores materiais, para chegar ao estágio atual, em que a preocupação com os resultados do processo na vida das pessoas supera fortemente o formalismo técnico das regras processuais.[16]

Em sua fase atual, chamada de instrumentalista, o processo passa, então, a ser utilizado de forma a produzir resultados cada vez mais próximos dos valores materiais subjacentes a cada litígio, levando em consideração não só os aspectos jurídicos de cada regra ou princípio, mas também os aspectos políticos e sociais que envolvem a tutela jurisdicional prestada em cada situação.[17]

Ao menos em tese, as situações tratadas no presente estudo parecem estar relacionadas com as projeções dessa instrumentalidade do processo, mesmo que de maneira um pouco distorcida.

15. Uma análise relativamente superficial permite, por exemplo, identificar elementos comuns ao direito processual civil, penal, trabalhista e até mesmo administrativo, mas sabemos que cada um deles possui um caráter diferente, ditado, principalmente, pelos valores que cada um recebe do plano do direito material subjacente a eles. Análises dessa ordem só podem ser feitas porque, no passado, estudos em torno da Teoria Geral do Processo foram valorizados por juristas do porte de Ada Pellegrini Grinover, Antônio Carlos de Araújo Cintra e Cândido Dinamarco (*Teoria Geral do Processo*, 29ª ed., São Paulo, Malheiros Editores, 2013).

16. A partir do estudo da instrumentalidade do processo, que teve como marco inicial, na doutrina nacional, os estudos de Cândido Dinamarco (*A Instrumentalidade do Processo*, 15ª ed., São Paulo, Malheiros Editores, 2013), chegou-se a um grau de conscientização a respeito das finalidades do processo, que pode ser visto, em seus aspectos mais contundentes, na obra de José Roberto dos Santos Bedaque (*Efetividade do Processo e Técnica Processual*, cit., 3ª ed., 2010).

17. Cândido Dinamarco, *A Instrumentalidade do Processo*, cit., 15ª ed., 2013.

As tentativas da jurisprudência de obstar o acesso à Justiça de pessoas que pleiteavam reparação por dano moral não encontram respaldo no direito processual, e as ponderações tecidas a esse respeito no presente estudo foram propositadamente óbvias, especialmente para deixar claro que as decisões mencionadas estão em descompasso com as regras processuais existentes.

Se não há regras processuais em jogo, resta classificar as hipóteses estudadas exclusivamente no âmbito do direito material; ou seja: há determinados valores nesse âmbito que, de uma forma ou de outra, repercutiram negativamente na esfera processual, provocando decisões surpreendentes a respeito da legitimidade para agir nas pretensões que envolvem dano moral.[18]

As decisões colhidas na jurisprudência, acima mencionadas, deixam transparecer que pequena parcela dos tribunais brasileiros está entendendo que a multiplicação exagerada de ações, ou de pedidos, versando sobre dano moral em relação a um único réu fragiliza demasiadamente a situação desse réu, expondo-o a diversas condenações em virtude de um mesmo fato.

Essa sensibilidade dos tribunais, que é plenamente justificada, muito provavelmente tem por fundamento um sentimento de que, embora seja mesmo possível a existência de várias ações em relação a um único réu por conta de um único fato, na prática, as consequências podem ser muito desproporcionais para esse réu.

Um exemplo prático pode dar a dimensão do que está sendo tratado no presente estudo.

Num acidente de trânsito morre uma pessoa que sustentava não só a esposa e os quatro filhos, mas também os pais e os sogros, e, além disso, essa pessoa que faleceu tinha quatro irmãos e seis sobrinhos.

Nesse exemplo é possível encontrar, de imediato, ao menos 19 legitimados para exigir reparação por dano moral.

A viúva e os filhos são os primeiros a ingressar em juízo, normalmente movidos pela necessidade premente de obter alimentos e de recuperar os gastos com as despesas médicas e com o funeral.

---

18. As interações entre Direito e processo, ao menos em tese, também podem provocar efeitos indesejados. Se o sistema processual tem feição instrumentalista, que visa a identificar os valores materiais envolvidos em cada caso para produzir decisões judiciais, temos que aceitar, em alguma medida, a hipótese de falha nessa fase de identificação de valores.

Os pais e os sogros também ingressam em juízo, não raro animados com o resultado da ação movida pela viúva e pelos filhos, para, em seguida, essa postura servir de combustível para animar, agora, os irmãos e sobrinhos do falecido a ingressar em juízo, todos pedindo indenização por danos morais.

Ainda seria possível falar nas cunhadas e nos amigos mais próximos, porque as perspectivas de sucesso são muito boas para todos, e isso também é, aliás, poderoso estímulo para que as pessoas que eram próximas daquela que faleceu ingressem em juízo pedindo indenização por dano moral.

Não há dúvidas de que o réu ficará, no exemplo mencionado, a mercê de vários processos, pagando não só as despesas processuais, mas também os honorários de seus advogados, cujo trabalho principal provavelmente não deve ser o de evitar a condenação, porque isso não é fácil, mas, sim, o de minimizar o valor dessa condenação.

Em resposta a tudo isso, é notório que os tribunais brasileiros já adotaram posição conservadora, para não dizer minimalista, em relação ao valor a ser arbitrado a título de danos morais.

Mas o passo seguinte, também no sentido da contenção dos efeitos decorrentes da multiplicação de processos que versam sobre danos morais, não foi tão certeiro quanto o primeiro.

A utilização de institutos processuais, como o litisconsórcio e a substituição processual, para impedir o acesso à Justiça daqueles que pretendem receber indenização por dano moral, para além de ferir garantias constitucionais, foi muito ruim para a imagem do próprio Poder Judiciário.

Resta indagar, então, quais seriam as saídas possíveis para minimizar as consequências da admissão de várias ações simultâneas em relação a um mesmo réu.

5. *Proposta de solução ao problema estudado no presente trabalho*

A conexão, ou mesmo a continência, a que fazem referência as regras previstas nos arts. 102, 103 e 253 do CPC atual, tratam da modificação da competência e foram criadas com o objetivo de reunir num só juízo, para julgamento conjunto, as ações que possuam a mesma causa de pedir ou o mesmo pedido; mas isso só pode ocorrer se a sentença de qualquer um dos processos ainda não tiver sido proferida, conforme entendimento cristalizado na Súmula 235 do STJ, *in verbis*: "A conexão não determina a reunião dos processos se um deles já foi julgado".

Daí decorre o entendimento de que nas hipóteses de multiplicação de pedidos de indenização por dano moral mencionadas no presente estudo é possível a reunião das ações que tramitam em separado num único juízo, para julgamento conjunto, mesmo que as partes não sejam as mesmas.[19]

Essa reunião não é mera faculdade do juiz;[20] ou seja: estando em curso causas que possuam o mesmo pedido ou a mesma causa de pedir, compete ao juiz, de ofício ou a requerimento das partes, determinar a reunião dos processos para julgamento conjunto, devido às vantagens do aproveitamento comum dos elementos colhidos durante a instrução e também porque essa reunião impedirá a existência de decisões contraditórias a respeito de um mesmo tema.

Essa seria uma medida extremamente saudável para evitar que o réu, nas hipóteses em estudo, seja fragilizado em sua defesa pela existência de múltiplas ações versando sobre danos morais, porque essa reunião permitiria a unificação da defesa e dos elementos de prova e também porque permitiria uma visão abrangente do juiz a respeito do valor total da indenização a ser pago pelo réu.

Aliás, sendo possível a reunião dos processos, o juiz poderá aferir qual será a devida proporção que cada um dos credores tem a receber, que variará, evidentemente, em virtude do grau de proximidade ou de afinidade que cada um possuía com aquele que faleceu.

Essas vantagens praticamente não existem quando as ações tramitam em separado, e essa constatação parece confirmar o entendimento de que a reunião das ações não deve ser uma simples faculdade do juiz, principalmente nessas hipóteses de multiplicação de pedidos relacionados a um único tema.

Mas é preciso lembrar que a exigência de reunião de processos pressupõe que todos os processos estejam na mesma fase, porque aqueles mais adiantados, em que já foi proferida sentença, não serão mais reunidos, conforme está na Súmula 235 do STJ.

19. Nesse sentido, v. Cássio Scarpinella Bueno, *Curso Sistematizado de Direito Processual Civil*, 4ª ed., vol. 2, t. 1, São Paulo, Saraiva, 2011, p. 78, e Humberto Theodoro Jr., *Curso de Direito Processual Civil*, vol. I, Rio de Janeiro, Forense, 1998, p. 181.
20. O tema não é pacífico na doutrina. Para Cássio Scarpinella Bueno o juiz tem o dever de determinar a reunião dos processos para julgamento conjunto (*Curso Sistematizado de Direito Processual Civil*, cit., 4ª ed., vol. 2, t. 1, p. 79), enquanto Vicente Greco Filho entende que isso é simples faculdade do juiz (*Direito Processual Civil Brasileiro*, 20ª ed., vol. 1, São Paulo, Saraiva, 2008, p. 218).

Não será possível, obviamente, exigir que todos os possíveis credores proponham seus processos ao mesmo tempo, ou em litisconsórcio, para que possa ocorrer o julgamento conjunto de todos os pedidos de indenização por danos morais. Mas esse fator pode ser levado em consideração pelo juiz, no caso concreto, para dimensionar o valor da indenização dos processos que vieram por último na mesma proporção do que foi pago aos demais credores.

Por último, nada impede que o réu, nos processos que vieram depois daqueles que foram julgados em conjunto, demonstre que já efetuou pagamentos a outras pessoas, a título de danos morais, e peça ao juiz que leve isso em consideração ao fixar a nova indenização.

Em síntese, há pelo menos uma boa alternativa para a solução do problema decorrente da multiplicação de pedidos de indenização por danos morais, que é a reunião dos processos, para julgamento conjunto.

Ainda que essa saída não sirva para impedir que o réu, nas circunstâncias narradas, seja desproporcionalmente onerado com a condenação a pagar valores até mesmo excessivos,[21] é certo que as soluções até agora encontradas pela jurisprudência, que transitam pela substituição processual ou até mesmo pela exigência de um litisconsórcio necessário, ficaram longe dos ideais de justiça almejados pela sociedade.

Bibliografia

ARMELIN, Donaldo. *Legitimidade para Agir no Direito Processual Civil Brasileiro*. São Paulo, Ed. RT, 1979.
BEDAQUE, José Roberto dos Santos. *Efetividade do Processo e Técnica Processual*. 3ª ed. São Paulo, Malheiros Editores, 2010.
Black's Law Dictionary. 8ª ed. Thomson West, 2004.
BONICIO, Marcelo José Magalhães. *Proporcionalidade e Processo*. São Paulo, Atlas, 2006.
BUENO, Cássio Scarpinella. *Curso Sistematizado de Direito Processual Civil*. 4ª ed., vol. 2, t. 1. São Paulo, Saraiva, 2011.
CINTRA, Antônio Carlos de Araújo, DINAMARCO, Cândido Rangel, e GRINOVER, Ada Pellegrini. *Teoria Geral do Processo*. 29ª ed. São Paulo, Malheiros Editores, 2013.
COSTA, Susana Henriques da. *Condições da Ação*. São Paulo, Quartier Latin, 2005.

---

21. No sentido da proibição de excessos no processo civil, v. Marcelo José Magalhães Bonicio, *Proporcionalidade e Processo*, São Paulo, Atlas, 2006.

CRUZ E TUCCI, José Rogério. *Limites Subjetivos da Eficácia da Sentença e da Coisa Julgada Civil*. São Paulo, Ed. RT, 2006.

DINAMARCO, Cândido Rangel. *A Instrumentalidade do Processo*. 15ª ed. São Paulo, Malheiros Editores, 2013.

_____. *Instituições de Direito Processual Civil*. 6ª ed., vol. II. São Paulo, Malheiros Editores, 2009.

_____, CINTRA, Antônio Carlos de Araújo, e GRINOVER, Ada Pellegrini. *Teoria Geral do Processo*. 29ª ed. São Paulo, Malheiros Editores, 2013.

ECHANDÍA, Devis. *Teoría General del Proceso*. 3ª ed. Buenos Aires, Editorial Universidad, 2002.

ESTELLITA, Guilherme. *Do Litisconsórcio no Direito Brasileiro*. Rio de Janeiro, Freitas Bastos, 1955.

FORNACIARI, Michele. *Pressuposti Processuali e Giudizio di Merito*. Turim, Giappichelli, 1996.

GRECO FILHO, Vicente. *Direito Processual Civil Brasileiro*. 20ª ed., vol. 1. São Paulo, Saraiva, 2008.

GRINOVER, Ada Pellegrini. *As Condições da Ação Penal*. São Paulo, Bushatsky, 1977.

_____ (coord.). *A Tutela dos Interesses Difusos*. São Paulo, Max Limonad, 1984.

GRINOVER, Ada Pellegrini, CINTRA, Antônio Carlos de Araújo, e DINAMARCO, Cândido Rangel. *Teoria Geral do Processo*. 29ª ed. São Paulo, Malheiros Editores, 2013.

LIEBMAN, Enrico Tullio. *Manuale di Diritto Processuale Civile*. 4ª ed. Milão, Giuffrè.

MARCATO, Antônio Carlos (coord.). *Código de Processo Civil Interpretado*. 3ª ed. São Paulo, Atlas, 2008.

MARIZ DE OLIVEIRA JR., Waldemar. *Substituição Processual*. São Paulo, Ed. RT, 1971.

MEDAUAR, Odete. *A Processualidade no Direito Administrativo*. São Paulo, Ed. RT, 1993.

PEREIRA, Caio Mário da Silva. *Responsabilidade Civil*. Rio de Janeiro, Forense, 2000.

THEODORO JR., Humberto. *Curso de Direito Processual Civil*. vol. I. Rio de Janeiro, Forense, 1998.

VÉSCOVI, Enrique. *Teoría General del Proceso*. 2ª ed. Bogotá, Temis, 1999.

WATANABE, Kazuo. "Tutela jurisdicional dos interesses difusos: a legitimação para agir", In: GRINOVER, Ada Pellegrini (coord.). *A Tutela dos Interesses Difusos*. São Paulo, Max Limonad, 1984 (pp. 85-97).

O RESPEITO À FORMA, COMO COADJUVANTE DA DOUTRINA DOS PRECEDENTES, NA OBTENÇÃO DE SEGURANÇA JURÍDICA

OLAVO DE OLIVEIRA NETO

Mestre e Doutor pela Pontifícia Universidade Católica de São Paulo
– Pós-Doutorado pela *Università degli Studi di Milano*
– Professor de Direito Processual Civil da Pontifícia Universidade Católica de São Paulo, do COGEAE, da Escola Paulista da Magistratura e de inúmeros cursos de especialização – Ex-Professor do Programa de Doutorado, Mestrado, Especialização e Graduação da ITE/Bauru
– Vice-Presidente do Centro de Estudos de Direito Civil e Processual Civil/CECIPRO
– Membro do Instituto Brasileiro de Direito Processual
– Vencedor do Prêmio "Professor Nota 10" de 1998
– Ex-Procurador do Estado e ex-Promotor de Justiça no Estado de São Paulo
– Juiz de Direito no Estado de São Paulo

1. Introdução. 2. (In)Segurança jurídica. 3. A insuficiência da doutrina dos precedentes. 4. O exagerado desrespeito à forma. 5. A parcial retomada da segurança através do respeito à forma.

1. Introdução

A vida acadêmica sempre nos reserva experiências bastante gratificantes e que justificam o sacrifício que o professor da área jurídica faz, abrindo mão de lazer e de atividades sociais para se desincumbir das suas tarefas, já que normalmente possui outra profissão além do Magistério. Uma delas, com absoluta certeza, foi receber o convite para elaborar artigo destinado a formar a presente coletânea, em homenagem aos 40 anos da 1ª edição da obra *Teoria Geral do Processo*, de autoria dos professores Antônio Carlos de Araújo Cintra, Ada Pellegrini Grinover e Cândido Rangel Dinamarco.

Ocorre que, quando aluno da Graduação em Direito, na PUC/SP, essa foi uma das primeiras obras com a qual travei contato na área de direito processual, estudando com muita curiosidade e admiração, capítulo por capítulo, os institutos tratados pelos autores. Para mim, então jovem e ávido por conhecer o Direito, a linguagem utilizada se apresentava de forma clara, precisa e sedutora, fazendo com que a leitura fosse agradável e as ideias, dela decorrentes, fundamentais para a minha formação jurídica.

Já se vão quase 30 anos de formado, e a obra, ao que percebemos, continua a despertar a mesma sensação em quem inicia seus estudos na Faculdade de Direito, com a diferença de que já se encontra em sua 29ª edição, de que tem sido adotada de forma generalizada pelas inúmeras Faculdades de Direito existentes e de que já atingiu o patamar de uma obra clássica, como previa, com satisfação, o professor Luís Eulálio de Bueno Vidigal no "Prefácio" da sua 1ª edição, isso no ano de 1974.

A longevidade e a atualidade de conteúdo da *Teoria Geral do Processo*, por si sós, já seriam suficientes para atestar a importância da obra para o mundo jurídico. Porém, para quem vivenciou intensamente a evolução dos institutos do processo civil por aproximadamente três décadas, seja na Academia, seja como operador do Direito (advogado, procurador do Estado, promotor de justiça e atualmente magistrado), e agora na eminência de um novo código, importância maior deve ser atribuída às mudanças que se operaram pelas ideias contidas na obra e que também foram ganhando corpo em decorrência da qualidade e da quantidade das demais obras dos seus autores.

A iluminar todo o conteúdo do trabalho, ditando o caminho a seguir, os valores do acesso à Justiça, instrumentalidade e efetividade, hoje podem ser considerados paradigmas que deram nova dimensão ao direito processual. Por tudo isso, não sentimos qualquer temor em afirmar que a finalidade inicial dos eméritos professores do Largo de S. Francisco foi alcançada, operando verdadeira revolução na maneira de aplicar os institutos básicos da disciplina.

Nada obstante, em nosso sentir, há mais ainda a evoluir, com a finalidade de aprimorar e obter a coerência do novo sistema, cumprindo todos os escopos que os autores sempre indicaram com relação à obtenção dos fins de um processo justo e aderente ao direito material. A reforma ideológica do direito processual civil e a adoção, pela nossa Constituição, de um modelo constitucional do processo civil brasileiro deram causa a uma necessidade ainda maior de repensar o direito processual, promovendo uma adaptação dos institutos existentes a essa nova realidade.

Tratando da necessidade de reelaboração da doutrina existente, afirma José Roberto dos Santos Bedaque: "A partir do momento em que se aceita a natureza instrumental do direito processual, torna-se imprescindível rever seus institutos fundamentais, a fim de adequá-los a esta nova visão. Isso porque toda a construção científica desse ramo do Direito deu-se na denominada fase autonomista, em que, devido à necessidade de afirmação da independência do direito processual, valorizou-se demasiadamente a técnica. Passou-se a conceber o instrumento pelo próprio instrumento, sem a necessária preocupação com seus objetivos, cuja identificação é feita à luz de elementos externos ao processo. (...). Em nenhum instante pode o processualista esquecer-se de que as questões internas do processo devem ser solucionadas de modo a favorecer os resultados pretendidos, que são exteriores a ele".[1]

No mesmo sentido João Batista Lopes, que, ao tratar da ideia de revisitação do processo civil, afirma: "Por influência da doutrina italiana, os processualistas brasileiros passaram a utilizar o termo *revisitação* para designar postura mais moderna orientada no sentido de rever os institutos fundamentais do direito processual civil. Essa tentativa de atualização (*aggiornamento*) se faz presente na doutrina mais autorizada, que, reconhecendo embora a importância da contribuição de autores clássicos como Chiovenda, Carnelutti, Calamandrei e Liebman, procura avançar em busca de um modelo de processo mais moderno, ajustado aos anseios e reclamos da sociedade. Para alcançar o fim colimado, sentiram os autores a necessidade de revisitar os institutos processuais, no sentido de lhes dar nova visão e configuração em harmonia com as exigências da vida moderna. Assim, os institutos da jurisdição, ação e processo, além dos princípios do acesso à Justiça, do contraditório, da igualdade das partes, do dispositivo etc., foram submetidos a rigorosa revisão ou reformulação a que se convencionou chamar de revisitação".[2]

Diante de tal realidade, houve uma tentativa frustrada de elaboração de anteprojeto de reforma do Código de Processo Civil em 1985, que veio a desencadear a ideia de que a necessidade de alteração do sistema processual deveria ser feita setorialmente, com a elaboração de inúmeros diplomas alterando pontos específicos do Código então vigente. Foi nesse ambiente que se multiplicaram diplomas que alteravam a legislação existente, por vezes modificando o perfil de um instituto por inúmeras vezes, como aconteceu com o recurso de agravo.

Vê-se, pois, que as inúmeras reformas setoriais realizadas no Código de Processo Civil de 1973, seguindo os valores tão bem realçados

1. José Roberto dos Santos Bedaque, *Direito e Processo – Influência do Direito Material sobre o Processo*, 6ª ed., São Paulo, Malheiros Editores, 2011, 1977, p. 18.
2. João Batista Lopes, *Tutela Antecipada*, São Paulo, Saraiva, 2001, pp. 14-15.

na obra ora debatida, não devem ser vistas como a causa de um novo pensamento que se deveria ter sobre os institutos, mas, sim, como a consequência de uma evolução que foi pensada, debatida, questionada, criticada e elogiada, mas que foi uma profunda evolução no modo de pensar o processo civil. Tratou-se de nova roupagem que foi dada a vários dos institutos processuais, sob a primazia dos novos princípios programáticos do processo (acesso à Justiça, instrumentalidade e efetividade) e do modelo constitucional do processo civil imposto pela Constituição da República.

Ocorre, entretanto, que as modificações efetivadas no Código de 1973 acabaram por transformar o diploma numa "colcha de retalhos", dando causa a inúmeras contradições, gerando a necessidade da elaboração de um novo Código, onde uma das principais finalidades será assegurar a integralidade do sistema, tornando viável uma interpretação e uma aplicação coerentes da lei processual.

Daí a razão pela qual nos propomos, doravante, partindo dos ideais e das ideias acima exaltadas, a apresentar algumas considerações acerca da segurança jurídica e do respeito à forma, esse como um dos meios inerentes à implementação daquela sem o quê não haverá verdadeiro preenchimento desses hodiernos paradigmas do direito processual civil, cuja implementação no senso jurídico comum é em grande conta devida à obra *Teoria Geral do Processo*, de autoria dos professores Antônio Carlos de Araújo Cintra, Ada Pellegrini Grinover e Cândido Rangel Dinamarco.

2. *(In)Segurança jurídica*

Na atualidade já se tornou desnecessária a consulta a um experiente jurisconsulto para saber se o sistema judiciário proporciona, ou não, segurança aos seus usuários. Tornou-se fato incontroverso – portanto, isento da necessidade de comprovação por qualquer meio de prova – a ideia de que o Judiciário não tem produzido decisões uniformes na exata medida em que a sociedade à qual ele serve exige que ele o faça. Daí as imensas críticas que têm sofrido todos os seus integrantes, desde os ministros do STF até o mais novo juiz substituto do País. Afinal, além da necessária agilidade na prestação da tutela jurisdicional, exigência naturalmente decorrente do momento tecnológico que vivenciamos e dos valores dele decorrentes, em especial a rapidez, uma das qualidades que mais se espera da decisão judicial é que não seja desajustada de seu momento histórico, do seu contexto social e do sistema jurídico. Só assim essa decisão estaria próxima a alcançar aquele tão discutido e sempre perseguido ideal que é a justiça no caso concreto. Essa insatisfação com a Magistratura e com as suas decisões não é situação inédita, na medida em que vários foram os momentos históricos nos quais se pôde observar esse tipo de descontentamento, tendo maior relevo, dentre eles, os anos que precederam a Revolução Francesa (1789 d.C.). Na época, como lembra Luiz Guilherme Marinoni, o cargo de magistrado era comprado ou herdado, sendo utilizado por seus detentores de forma a manter a situação de poder então existente, em benefício próprio e das classes dominantes. Nas palavras do autor: "Antes da Revolução Francesa, os membros do Judiciário francês constituíam classe aristocrática não apenas sem qualquer compromisso com os valores da igualdade, da fraternidade e da liberdade – mantinham laços visíveis e espúrios com outras classes privilegiadas, especialmente com a aristocracia feudal, em cujo nome atuavam sob as togas. Nesta época, os cargos judiciais eram comprados e herdados, o que fazia supor que o cargo de magistrado deveria ser usufruído como uma propriedade particular, capaz de render frutos pessoais. Os juízes pré-revolucionários se negavam a aplicar a legislação que era contrária aos interesses dos seus protegidos e interpretavam as novas leis de modo a manter o *status quo* e a não permitir que as intenções progressistas dos seus elaboradores fossem atingidas. Não havia qualquer isenção para 'julgar'".[3]

Para pôr termo a essa situação, como todos sabemos, a atuação da Magistratura da época foi limitada unicamente à declaração daquilo que a lei previa como solução para o caso concreto, representada pela conhecida ideia de que o magistrado nada mais é que a "boca da lei" (*juge bouche de la loi*). Com a adoção desse mecanismo estava eliminada toda possibilidade de criação por parte do magistrado e alcançada a tão desejada segurança jurídica. Afinal, como observa Teresa Arruda Alvim Wambier, se, "com a Revolução Francesa, o centro de legitimação do poder transferiu-se para a vontade do povo", tendo a ideia de soberania popular "como pressuposto teórico a necessidade de submissão dos juízes à lei",[4] então, não havia, mesmo, a possibilidade da prática de arbítrio judicial.

A ideia da submissão absoluta à lei, tendo a decisão judicial natureza meramente declaratória do direito, em oposição à existência de

3. Luiz Guilherme Marinoni, *Precedentes Obrigatórios*, São Paulo, Ed. RT, 2010, pp. 52-53.
4. Teresa Arruda Alvim Wambier, *Recurso Especial, Recurso Extraordinário e Ação Rescisória*, São Paulo, Ed. RT, 2008, p. 24.

uma função criadora do direito, foi bastante difundida pelos povos, e por muito tempo foi tida como suficiente para tranquilizar os usuários dos serviços judiciários. Isso porque, segundo boa parte da doutrina, como lembra Couture ao discorrer sobre a polêmica existente sobre o tema, "o juiz é um homem que se move dentro do Direito como o prisioneiro dentro do seu cárcere. Tem liberdade para mover-se e nisso atua sua vontade; o Direito, entretanto, lhe fixa limites muito estreitos, que não podem ser ultrapassados. O importante, o grave, o verdadeiramente transcendental do Direito, não está no cárcere, isto é, nos limites, mas no próprio homem. (...). O juiz é uma partícula de substância humana que vive e se move dentro do processo. E, se essa partícula de substância humana tem dignidade e hierarquia espiritual, o Direito tem dignidade e hierarquia espiritual. Mas se o juiz, como homem, cede às suas debilidades, o Direito cederá em sua última e definitiva revelação. (...). Da dignidade do juiz depende a dignidade do Direito. O Direito valerá, em um País e um momento histórico determinado, o que valham os juízes como homens. O dia que os juízes tiverem medo, nenhum cidadão poderá dormir tranquilo".[5] Ou, no dizer de Luiz Guilherme Marinoni, pensava-se à época que "manter o juiz preso à lei seria sinônimo de segurança jurídica".[6]

Nada obstante, os tempos mudam e os valores sociais também, o que implica a necessidade de mudança também em todas as estruturas existentes na sociedade. Aquela forma de Estado conhecida por Estado Liberal ou Reativo, parâmetro aceito como política e socialmente correto na época da Revolução Francesa para fazer frente aos ideais pregados pela revolução socialista, acaba por ceder lugar a um Estado Social ou Ativo, onde se procura dar efetividade a um programa social que efetive os direitos dos súditos do Estado, dando-lhes uma condição de vida mais digna e justa. Assim, "a opção do constituinte originário por um Estado Social impõe ao Judiciário um dever de – assim como os demais poderes públicos – efetivar e fomentar as metas sociais erigidas na Constituição".[7]

Em outras palavras: enquanto no Estado Liberal (Reativo) "aplicar sempre a lei é elevado à condição quase que de dogma. A própria Cons-

---

5. Eduardo J. Couture, *Introdução ao Estudo do Processo Civil*, Rio de Janeiro, Forense, 1998, pp. 58-59.

6. Marinoni, *Precedentes Obrigatórios*, cit., p. 62.

7. Juraci Mourão Lopes Filho, "A administração da justiça no Estado Social", in Paulo Bonavides, Francisco Gérson Marques de Lima e Faygá Silveira Bedê (coords.), *Constituição e Democracia. Estudos em Homenagem a J. J. Gomes Canotilho*, São Paulo, Malheiros Editores, 2006, p. 364.

tituição é tomada como uma lei, cujo diferencial estaria em organizar ela o próprio Estado e estabelecer os limites individuais que este não poderia ultrapassar. O método, portanto, de aplicar e interpretar não difere daqueles válidos para qualquer lei",[8] no Estado Social (Ativo) "a administração da justiça é apenas mais uma oportunidade de se efetivar os programas estatais. Consequentemente, a exigência de uma ação de uma parte requerendo ao Estado uma solução para seu conflito é algo incongruente com o Estado Ativo. Há uma inversão no modo de entender as coisas: o juiz deve atuar a lei entre as partes, mas principalmente realizar um escopo político segundo as circunstâncias do caso".[9]

Dentre nós, embora as Cartas Constitucionais anteriores tratassem de alguns princípios e apresentassem algumas disposições de ordem processual, em especial quanto à composição de tribunais e ações constitucionais, foi a atual Constituição Federal, de 1988, chamada de "Constituição-cidadã", que, optando pelo modelo do Estado Ativo, positivou em larga escala os direitos humanos, tornando-os direitos fundamentais à efetiva constituição do Estado Democrático de Direitos; sendo que, para garantir a efetividade desses direitos fundamentais, acabou por ser necessário trazer também para o bojo da Constituição normas capazes de garanti-los, na sua maioria normas de caráter processual – o que tomou a denominação de "constitucionalização do processo civil". Com isso criou-se um sistema de princípios e regras que, por sua vez, deu ensejo ao fenômeno conhecido por "modelo constitucional do processo".

Em outros termos: a carta Magna institui os parâmetros que vão moldar o processo, assim como a estrutura do alicerce determina o espaço físico da construção. A relação que se estabelece entre esse novo modelo, baseado na Constituição, com todo o restante do sistema processual pode ser ilustrada com o exemplo utilizado por Adriano De Cupis, que, ao relacionar os direitos da personalidade com as demais espécies de direitos que lhe são afins, afirma: "A personalidade se não identifica com os direitos e com as obrigações jurídicas, constitui a pré-condição deles, ou seja, o seu fundamento e pressuposto. (...). No que diz respeito particularmente aos direitos, tem-se socorrido à imagem da ossatura, que aliás se pode aplicar igualmente as obrigações: a personalidade seria uma ossatura destinada a ser revestida de direitos, assim como os direitos seriam destinados a revestir a ossatura".[10]

8. Idem, p. 373.
9. Idem, p. 375.
10. Adriano De Cupis, *Os Direitos da Personalidade*, Lisboa, Livraria Moraes Editora, 1961, p. 15.

Tratando desse novo modelo, base de todo o ordenamento processual, Cássio Scarpinella Bueno[11] traça com incomum perspicácia seu hodierno perfil e sua estrutura. Após falar sobre a constitucionalização do processo, assevera que o mais importante, ainda quanto ao raciocínio desenvolvido, é aquilatar como a Constituição quer que o direito processual seja: "É verificar na Constituição Federal qual é (ou, mais propriamente, qual deve ser) o 'modo de ser' (de dever-ser) do direito processual civil como um todo. É extrair, da Constituição Federal, o 'modelo constitucional do direito processual civil' e, a partir dele, verificar em que medida as disposições legais anteriores à sua entrada em vigência foram por ela recepcionadas e em que medida as disposições normativas baixadas desde então encontram-se em plena consonância com aqueles valores ou, escrito de forma mais precisa, bem realizam os desideratos que a Constituição impõe sejam realizados pelo direito processual civil ou que têm condições de *concretizar* o modelo constitucional do direito processual civil".[12]

Percebe-se, portanto, que o paradigma do magistrado exercendo mera função de *bouche de la loi* não é mais adequado à nossa atual realidade,[13] já que a função de implementar os ideais do Estado Democrático de Direitos obriga o julgador a interpretar e aplicar um sistema de regras que não são em nada rígidas, mas pródigas em conceitos imprecisos e abertos, denominados de conceitos vagos ou conceitos fluídos.[14] Força-se um novo perfil para o julgador, no qual deverá lançar mão de critérios axiológicos, preenchendo o conteúdo da norma antes de aplicá-la. É o que acontece, por exemplo, quando o magistrado se depara com a necessidade de aferir o significado de função social da propriedade ou a função social da posse no momento em que profere a sua decisão.

Mas não é só. Também a legislação infraconstitucional que está sendo renovada, como o Código Civil e as alterações que vivenciamos

---

11. Cássio Scarpinella Bueno, *Curso Sistematizado de Direito Processual*, 3ª ed., São Paulo, Saraiva, 2009, pp. 85 e ss.

12. Idem, p. 86.

13. Marinoni, *Precedentes Obrigatórios*, cit., pp. 87-88. Na concepção do autor: "De qualquer forma, o que realmente importa neste momento é constatar que o juiz que trabalha com conceitos indeterminados e regras abertas está muito longe daquele concebido para unicamente aplicar a lei".

14. Cássio Scarpinella Bueno, *Curso Sistematizado de Direito Processual*, cit., 3ª ed., p. 113. Segundo o autor: "O que é necessário destacar é que, se o paradigma de produção do ordenamento jurídico na atualidade é diverso daquele sob o qual todo o sistema processual civil, no sentido de sistema em que foi construído todo o arcabouço científico do direito processual civil, foi concebido e se desenvolveu, novas formas de apreciação desta legalidade devem ser concebidas".

no processo civil, está seguindo essas tendência de trazer cada vez mais conceitos imprecisos e que precisam ser definidos no momento da decisão judicial, sempre diante do caso concreto. É o que acontece, por exemplo, com os embargos manifestamente protelatórios, previstos no art. 739, III, do CPC; e com o abuso da personalidade jurídica em razão de desvio de finalidade, previsto no art. 50 do CC.

Essa profusão de momentos em que o magistrado é forçado a realizar um juízo axiológico, preenchendo o conteúdo dos conceitos vagos diante do caso concreto, embora tenha a virtude de aproximar a decisão do conceito de "justiça no caso concreto", potencializando a efetividade do processo, tem o defeito de propiciar uma gama infindável de possibilidades de decisões. Isso porque os valores de cada indivíduo são diversos, sendo diversas, por isso, as soluções que podem ser aplicadas a cada hipótese, gerando insegurança para as partes e desprestígio para a atividade jurisdicional. A esse respeito assevera, com precisão, Donaldo Armelin: "A imprevisibilidade das decisões judiciais, que deveria manter-se num mínimo razoável, concernentemente a um fator aleatório, provoca, de um lado, a insegurança dos litigantes e, de outro, o que é mais grave, o esgarçamento do prestígio do Judiciário perante os usuários dos serviços jurisdicionais".[15]

Aí está à razão, segundo nossa percepção, que mais contribuiu para um aumento da insegurança daquele que vai a juízo buscar a solução para uma controvérsia ou para a efetivação de um direito já definido. Se a solução buscada já não se funda apenas na "precisa letra da lei", então, quem vai a juízo corre o risco de ter uma interpretação judicial diversa daquela que deu ao problema e, por isso, de ter uma solução que não seja aquela que previu antes de propor determinada demanda. Além disso, como bem asseverou Teresa Arruda Alvim Wambier em palestra sobre a "Segurança jurídica no Projeto do novo Código de Processo Civil": "(...) a lei admite várias interpretações, inclusive para o juiz, (...)"[16] – o que torna ainda mais precária a possibilidade de o autor prever qual será a solução dada à controvérsia que levou a juízo.[17]

15. Donaldo Armelin, "Uma visão da crise atual do Poder Judiciário", *RePro* 137/249, São Paulo, Ed. RT, 2006.
16. Teresa Arruda Alvim Wambier, "Segurança jurídica no Projeto do novo Código de Processo Civil", in *Aulas Magnas – Atualização Permanente*, São Paulo, Escola Paulista da Magistratura/EPM, 9.3.2012.
17. Marinoni, *Precedentes Obrigatórios*, cit., p. 64. Também nesse sentido a posição do autor ao alertar que "não há como ignorar, tanto no *Common Law* quanto no *Civil Law*, que uma mesma norma jurídica pode gerar diversas interpretações e, por consequência, variadas decisões judiciais".

Em suma, portanto, podemos afirmar que a adoção de conceitos vagos ou indeterminados, que impõe ao magistrado seu preenchimento mediante a utilização de critérios axiológicos, embora represente evolução da atividade jurisdicional em prol da efetividade no caso concreto, gerou o efeito colateral de dificultar a previsibilidade da decisão judicial e, por conseguinte, gerou insegurança jurídica, sendo necessária a implementação de tratamento adequado para que o sistema possa novamente gerar segurança àquele que dele se utiliza.

3. A insuficiência da doutrina dos precedentes

Percebendo a insegurança jurídica decorrente dessa nova realidade, e no intuito de buscar maior previsibilidade, o que gera maior segurança,[18] a doutrina passou a alardear a necessidade de que os juízes observem as decisões proferidas pelos Tribunais Superiores, vinculadoras de todas as demais decisões proferidas – o que ganhou a denominação de "doutrina dos precedentes". Nesse sentido as seguintes lições:

(a) Cássio Scarpinella Bueno – "O que vale destacar é que cresce cada vez mais a tendência do direito processual civil brasileiro a lidar com 'precedentes jurisdicionais', assim entendidas como gênero as expressões usadas com frequência pela lei processual civil brasileira, a 'jurisprudência dominante' e as 'súmulas'.[19]

(b) Teresa Arruda Alvim Wambier – "Somados os prós e os contras (e há inúmeros prós e inúmeros contras), sempre nos pareceu conveniente a adoção do sistema de súmulas vinculantes. Sempre consideramos ser uma medida vantajosa, já que, se, de um lado, acaba contribuindo para o desafogamento dos órgãos do Poder Judiciário, de outro lado, e principalmente, desempenha papel relevante no que diz respeito a valores prezados pelos sistemas jurídicos: segurança e previsibilidade".[20] E:

(c) Luiz Guilherme Marinoni – "Por isso mesmo, o sistema de precedentes, desnecessário quando o juiz apenas aplica a lei, é indis-

---

18. Wambier, *Recurso Especial, Recurso Extraordinário e Ação Rescisória*, cit., pp. 57-58. Segundo a autora: "Entendemos que, nesse contexto a que vimos nos referindo ao longo deste item, um dos valores que não pode ser desprezado é a segurança, tomada esta expressão no sentido de previsibilidade. Trata-se de um fenômeno que produz tranquilidade e serenidade no espírito das pessoas, independentemente daquilo que se garanta como provável de ocorrer como valor significativo".

19. Bueno, *Curso Sistematizado de Direito Processual*, cit., 3ª ed., p. 112.

20. Wambier, *Recurso Especial, Recurso Extraordinário e Ação Rescisória*, cit., pp. 216-217.

pensável na jurisdição contemporânea, pois fundamental para outorgar segurança à parte e permitir ao advogado ter consciência de como os juízes estão preenchendo o conceito indeterminado e definindo a técnica processual adequada a certa situação concreta".[21]

Realmente, a observância do conteúdo de uma súmula vinculante, do conteúdo de uma súmula de jurisprudência dominante dos Tribunais Superiores ou do tribunal ao qual se vincula o magistrado que profere a decisão ou apenas uma decisão, mas que possa ser considerada como uma decisão-paradigma para os casos futuros (*leading cases*), faz com que seja possível obter certa uniformização da maneira pela qual determinado assunto é decidido, trazendo para todos, inclusive para o magistrado de primeiro grau, certa dose de previsibilidade e, consequentemente, agregando segurança à decisão proferida.

Essa segurança, por sua vez, implica inúmeros benefícios não só para as partes, seja no processo ou fora dele, mas também beneficia na prestação da tutela jurisdicional por parte do Poder Judiciário, já que reduz (ao menos em tese) a interposição de recursos das decisões proferidas e permite seja abreviado o *iter* procedimental, com a possibilidade de o relator proferir decisão de plano, sem manifestação da Câmara ou Turma Julgadora (art. 557 do CPC).

Nada obstante os bons efeitos decorrentes da vinculação aos precedentes – que não serão tratados neste trabalho, para evitar deslocar o foco do estudo para outra seara –, deve-se ter "os pés no chão" para observar que essa vinculação de fato ainda não existe no Direito Brasileiro, independentemente de os nossos juízes, por muito tempo acostumados à postura do juiz reativo, assumirem, ou não, a postura de um juiz ativo. Isso porque o problema, em verdade, não reside na postura do magistrado de primeiro grau, mas, sim, na inércia dos nossos Tribunais Superiores, que demoram sobremaneira para decidir causas que, pela sua repercussão, deveriam receber especial atenção dos seus integrantes.

Veja-se, por exemplo, as causas relativas às diferenças de correção monetária não creditadas em contas-poupanças (expurgos) quando dos vários planos econômicos implementados no País. Como Juiz Cível faz mais de 20 anos, julgando causas relativas a todos os planos, numa média de cerca de 10 casos por mês, já tivemos a oportunidade de decidir por volta de 2.400 causas sobre o mesmo tema, sempre da mesma maneira. Multiplicando-se esse resultado pelos milhares de juízes que julgam causas cíveis existentes no País, percebe-se que há muito tempo

---

21. Marinoni, *Precedentes Obrigatórios*, cit., p. 88.

o STF já deveria ter decidido a questão. Sua inércia, à evidência, impede a vinculação aos precedentes, pela simples razão de que não há precedente a vincular, gerando enorme insegurança e a proliferação de recursos repetitivos apenas para obstar ao trânsito em julgado e aguardar a solução definitiva por parte do Pretório Excelso.

Como tal situação acontece com inúmeras teses discutidas em juízo, seja pelo STF, seja pelo STJ, a criação natural de um sistema de vinculação aos precedentes acaba por não ser adequadamente implementada, na medida em que o julgamento será realizado apenas para o passado e em vista de outro momento histórico, quando o preenchimento dos conceitos fluidos provavelmente foi efetivado com base em outros valores, que poderão não ser mais os observados quando do julgamento da causa que seria vinculada à decisão anterior.

Mas, mesmo que assim não fosse, e que nossos Tribunais Superiores passassem a decidir rapidamente aquelas causas em que há efetiva repercussão geral, a adoção de um sistema de precedentes ainda não seria suficiente, em nosso sentir, para obter em larga medida a previsibilidade que se almeja. Isso porque, na atualidade, verifica-se um enorme desrespeito aos aspectos formais do processo, deixando todos os que militam no foro bastante preocupados quanto à regularidade do processamento dos feitos nos quais atuam. Não é incomum que alguém vá a juízo e que seu processo, mediante errônea interpretação dos princípios da instrumentalidade ou da dignidade da pessoa humana, seja processado de maneira diversa da prevista em lei, causando-lhe prejuízo diretamente ou ao menos quanto à marcha processual, dilatada pela prática de atos indevidos.

Em suma: a moderna doutrina dos precedentes, que somente produzirá os resultados almejados (previsibilidade da decisão e segurança jurídica) se houver conduta expedita por parte dos nossos Tribunais Superiores, decidindo rapidamente as causas de sua competência, não constitui mecanismo suficiente para reduzir a incerteza e a desconfiança quanto à decisão judicial, sendo necessária uma retomada da obediência à forma adequada para que isso aconteça. Impõe-se um movimento que retome o respeito à forma, não pelo mero amor à forma, mas, sim, para depurar o procedimento de atos processuais que não deveriam ser praticados, ou que deveriam ser praticados e não o são, tudo em benefício da razoável duração do processo e de um contraditório regular.

Advirta-se, entretanto, que o respeito à forma que se prega não representa, em momento algum, uma postura reacionária e de retorno a um rigor exacerbado da técnica processual, mas apenas uma correção de rumos que se demonstra necessária, isso para que o processo possa fluir de forma adequada e para que os litigantes possam ter maior convicção de que não sofrerão surpresas indesejadas no curso de determinado procedimento.

4. O exagerado desrespeito à forma

Sob o aspecto analítico, o processo nada mais é que um conjunto de atos processuais praticados de modo à obtenção de sentença de acertamento da relação jurídica de direito material controvertida ou com vista à satisfação de determinada obrigação. Daí a razão pela qual assume enorme importância o estudo do ato processual e da maneira pela qual deve ser praticado.

Segundo a doutrina clássica, afirma Moacyr Amaral Santos: "Atos processuais são atos do processo. A relação jurídica processual que se contém no processo se reflete em atos. São atos processuais os atos que têm importância jurídica para a relação processual, isto é, aqueles atos que têm por efeito a constituição, a conservação, o desenvolvimento, a modificação ou cessação da relação processual".[22] Já José Frederico Marques asseverou: "Ato processual é aquele praticado no processo e que para este tem relevância jurídica. O processo forma-se, desenvolve-se e finda-se através de vários atos praticados pelos sujeitos que dele participam, e que são os atos processuais. Estes atos constituem espécie dos atos jurídicos em geral, distinguindo-se por um traço característico, que é o de pertencerem ao processo e de produzirem efeitos diretos e imediatos sobre a relação processual, porquanto são eles que a constituem, movimentam e encerram".[23]

Diante de tais ponderações, e tendo em vista que aquele que pratica um ato processual assim o faz com a finalidade de obter determinada consequência no bojo do processo, cremos ser possível definir ato processual como o ato praticado por um dos sujeitos processuais com a finalidade de criar, modificar ou extinguir o processo.

Esses atos processuais, segundo os ensinamentos de Lopes da Costa,[24] expostos de maneira mais didática por Moacyr Amaral Santos,[25]

22. Moacyr Amaral Santos, *Primeiras Linhas de Direito Processual Civil*, 25ª ed., vol. 1, São Paulo, Saraiva, 2007, p. 285.

23. José Frederico Marques, *Manual de Direito Processual Civil*, 9ª ed., vol. I, São Paulo, Saraiva, 1982, p. 313.

24. Alfredo Araújo Lopes da Costa, *Direito Processual Civil Brasileiro*, 2ª ed., Rio de Janeiro, Forense, 1959, pp. 111-112.

25. Amaral Santos, *Primeiras Linhas de Direito Processual Civil*, cit., 25ª ed., vol. 1, p. 286.

apresentam três características próprias, que são as seguintes: (a) *não se apresentam isoladamente*; (b) *os atos se ligam pela unidade do escopo*; e (c) *são interdependentes*. Realmente, não há como pensar na prática de um ato processual de forma isolada. Um ato de citação, uma decisão de saneamento ou a interposição de um recurso nada significam por si sós, a não ser que estejam encartados numa perspectiva maior, que é o conjunto dos atos processuais. Isso se dá porque a prática de determinado ato processual somente se justifica na medida em que integra e serve ao todo, visando a um mesmo e comum destino. Em linguagem coloquial: o ato processual está para o processo assim como o elo está para a corrente. Sem o conjunto dos elos não se forma a corrente, mas o elo isoladamente não tem razão de existir, sendo nenhuma sua utilidade.

Não basta, entretanto, a existência de um conjunto de atos processual se estes não se prestam ao atendimento de uma mesma finalidade, que é a declaração do direito ou a satisfação de uma obrigação ou dever não adimplidos. Daí a razão pela qual os atos processuais se reúnem em razão da existência de uma mesma finalidade, sendo irrelevantes para o processo os atos que não se destinam a tal desiderato.

Por fim, além de não se apresentarem de forma isolada e de se ligarem pela unidade do escopo, os atos processuais ainda devem ser interdependentes, isto é, a prática de determinado ato pressupõe a prática do ato que lhe é imediatamente anterior e permite a prática do ato que lhe é posterior no curso do procedimento. A quebra desta interdependência, por expressa disposição legal ou se dela resultar prejuízo, poderá implicar a nulidade do processo, em razão da ocorrência de *error in procedendo*. Nesse passo, após o recebimento da contestação, contendo ela preliminares, deverá ser o autor intimado para falar em réplica, para então adentrar o juiz na fase das providências preliminares. Passando-se diretamente da contestação para as providências preliminares estará interrompido o *iter* procedimental, quebrando-se a interdependência e dando ensejo, eventualmente, à decretação da nulidade do feito.

Por sua vez, quando se fala em forma do ato processual, o que se pretende é indicar a maneira pela qual o ato é praticado. A petição inicial e a sentença, dentre outros, são atos escritos, enquanto a advertência acerca da prática do crime de falso testemunho, feita antes da inquirição da testemunha, é ato processual oral, embora seja documentada sua prática no termo de oitiva da testemunha.

A importância que se dá à forma do ato processual, e mesmo do ato jurídico, foi sendo abrandada com o passar do tempo, evoluindo do formalismo exacerbado (Direito Romano) para a liberdade das formas.[26] Por isso, o ato processual, em regra geral, não depende de forma determinada para que possa ser considerado existente ou válido (art. 154 do CPC e art. 163 do Projeto) – situação, esta, que veio em consagração ao princípio da liberdade das formas.

Essa liberdade quanto à maneira de praticar o ato processual, reforçada por outro dos princípios relativos ao tema, que é o princípio da instrumentalidade das formas, porém, tem dado ensejo a abuso por parte de vários dos personagens do processo, fazendo com que não seja incomum se observar uma *eternização da demanda*, que tramita por décadas sem que a tutela jurisdicional seja efetivamente prestada. As partes acabam por desrespeitar totalmente a forma prescrita em lei, e o magistrado, por sua vez, assoberbado de serviço, acaba por deixar que o ato seja praticado de maneira não adequada – situação que por vezes chega até mesmo a causar uma nulidade do processo, descoberta em boa parte dos casos quase ao final do procedimento.[27] O abuso no desrespeito à forma do ato processual e, especialmente, aos procedimentos estabelecidos por lei está levando a uma situação de gigantesca imprevisibilidade quanto ao *iter* do processo, sendo mais comum encontrar um processo cujo rito processual foi abandonado do que encontrar um processo que segue de modo escorreito o caminho previsto para sua marcha procedimental.

Poder-se-ia opor a essa situação o argumento de que não há estatísticas sobre esse desrespeito à forma do ato processual ou ao procedimento; mas a verdade é que contra fatos não há argumentos. Quem já não se deparou com uma ação cautelar preparatória onde o juiz concede a liminar pleiteada e depois do seu cumprimento despacha "Prossiga-se na ação principal"? Daí, o processo cautelar resta abandonado, e mais nenhum ato nele se pratica, embora se trate de exercício do direito de ação, com a existência de um processo independente, onde há necessi-

26. F. C. Pontes de Miranda, *Comentários ao Código de Processo Civil*, 2ª ed., t. III, Rio de Janeiro, Forense, 1974, pp. 59-60. Interessante, a respeito do tema, a seguinte linguagem empregada pelo autor: "O conteúdo das duas proposições põe, com suficiente claridade, que se dispensam as formas tabelares, às fórmulas enfáticas, solenes, com que a prática medieval e dinástica conservava ou criava o formalismo dos euremas. O tom demasiado austero com que se parecia decidir de destinos, ao se redigirem as escrituras, correspondentes à civilização pré-técnica, pré-industrial, em que, sendo o príncipe titular de direito privado, as limitações ao seu poder bonitário, às suas terras, se revestiam de grave acertamento nas concessões ou criação de relações jurídicas".

27. Comprova essa assertiva a existência da política de metas instituída pelo Conselho Nacional de Justiça, que periodicamente fixa prazos para a decisão de feitos que tramitam por muitos anos junto ao Poder Judiciário.

dade de citação, oportunidade de defesa e de sentença para pôr termo à lide cautelar. Como dizer que não há prejuízo decorrente de tal conduta, na medida em que o objeto da ação cautelar é diverso do objeto da ação correlata, e muitas das vezes acaba não sendo decidido nem mesmo como um capítulo da sentença da ação correlata? E a responsabilidade pelo dano processual? E a condenação autônoma ao pagamento de honorários? E o respeito aos princípios da ampla defesa e do contraditório, com todos os meios previstos por lei?

Também é possível fazer o mesmo raciocínio quanto ao desrespeito ao procedimento sumário. Quem já não teve uma causa de procedimento sumário recebida pelo rito ordinário, sob o argumento de que se trata de rito mais amplo e que, por isso, não gera prejuízo a sua conversão, conforme entendimento dominante no STJ? Mas será que não há mesmo prejuízo para as partes e para o processo? Se o autor não arrolou testemunhas ou requereu perícia com a inicial, o que implica a preclusão de produzir tal prova, a conversão do rito ou a determinação da emenda da inicial, mesmo antes da citação do réu, suprindo-se a falta de observância da técnica por parte do autor, não acarreta prejuízo no processo para o réu? Afinal, se a lei quis assim, não estaria o juiz fazendo o papel do legislador ao alterar o procedimento e ao evitar a ocorrência da preclusão? E se a matéria fosse aquela prevista no art. 275, II, "d" e "e", que, por força do art. 475-A, § 3º, do CPC, não admite liquidação, devendo ser líquida a sentença? A conversão do rito, por vezes contra a expressa indicação do próprio autor na sua inicial, não lhe traria o prejuízo de ter que utilizar fase de liquidação em sentença que, mais uma vez por força de lei, deveria ser líquida?

Mais. Quem já não viu um despacho "Especifiquem as partes as provas que pretendem produzir", comum à maioria dos processos de rito ordinário, quando esse tipo de ato processual só deve existir quando há revelia, mas não se produz o efeito de presunção de veracidade dela decorrente (art. 324 do CPC)? Haveria respeito ao princípio constitucional da razoável duração do processo no lançamento de um despacho ou decisão que apenas dilata o curso do procedimento, sem benefício algum para as partes?

Vê-se, pelos exemplos descritos, apenas três das dezenas de hipóteses que poderiam aqui ter sido elencadas, como o desrespeito à forma do ato ou ao procedimento, que na maioria das veze, traz ínsito um prejuízo para as partes, para o processo ou para os serviços judiciários, desgarrando o feito do modelo constitucional do processo e, por consequência, em sentido oposto àquilo que se concebe como um processo civil de resultados.

Daí por que assiste razão a E. D. Moniz Aragão ao observar que a liberdade das formas não é absoluta, não podendo aquele que pratica o ato processual fazê-lo sem a observância de alguns requisitos mínimos que decorem do próprio sistema, como o uso de linguagem clara a inteligível, por exemplo. Sobre tais limitações, assevera o autor: "Adota a lei o princípio da forma livre. Todavia, mesmo dizendo que os atos não dependem de forma, tem-se de admitir que essa franquia não vai ao ponto de isentar o seu autor de qualquer limitação. Atos orais, evidentemente, ficam sujeitos apenas a conter o mínimo indispensável à sua compreensão. Mas constituem minoria. Atos escritos, porém, ficam subordinados a regras mais severas, pois hão de conter o indispensável não só à sua compreensão como a alcançarem a finalidade a que visam. O que a lei dispensa é a forma sacramental, tabelioa, por assim dizer. Não há um rito a seguir, um modelo a copiar. Nem por isso, contudo, fica o redator livre de qualquer restrição".[28]

Aliás, quando estiver completamente implantado o processo eletrônico, onde não mais existirão autos materiais, acreditamos que a forma do ato processual voltará a ser exacerbada, na medida em que o sujeito processual não conseguirá praticar um ato processual a não ser na forma que o sistema de Informática permitir que ele o faça; e esse sistema estará apto apenas a reconhecer a forma prevista pela própria lei, a não ser quanto aos atos referentes à colheita da prova oral, que poderão ser praticados de maneira menos atrelada à forma legal.

Embora tal circunstância possa parecer para alguns um retrocesso, o fato é que se pretende que o *iter* processual seja idêntico em qualquer local do País (art. 163, § 4º, do Projeto do CPC),[29] situação que permitirá aos patronos das partes patrocinar um feito em local distante do qual estão – realidade absolutamente nova, e que causará, cremos, uma revolução quanto à forma do exercício da Advocacia. Afinal, um advogado de Porto Alegre/RS terá livre e imediato acesso aos "autos virtuais" de um processo que tramita em Natal/RN, podendo patrocinar tal causa sem que isso lhe cause os transtornos e despesas decorrentes de uma locomoção até o outro extremo do País, seja em primeiro grau ou em grau de recurso, inclusive para os Tribunais Superiores.

---

28. E. D. Moniz de Aragão, *Comentários ao Código de Processo Civil*, 6ª ed., vol. II, Rio de Janeiro, Forense, 1989, pp. 23-24.

29. Projeto de CPC, art. 163, § 4º: "§ 4º. O procedimento eletrônico deve ter sua sistemática unificada em todos os tribunais, cumprindo ao Conselho Nacional de Justiça a edição de ato que incorpore e regulamente os avanços tecnológicos que forem se verificando".

Com a completa implantação do processo digital será possível vislumbrar, ainda – embora tal afirmação não passe de um exercício de adivinhação –, que num futuro não muito distante os grandes conglomerados (bancos, empresas de telefonia, redes de lojas etc.) terão departamentos jurídicos gigantescos e baseados em grandes centros urbanos de onde se farão a propositura e a defesa das ações em que litigam sem que o advogado tenha necessariamente que sair de sua mesa para praticar todos os atos processuais necessários à tramitação dos processos.

Do exposto, portanto, vislumbra-se a necessidade de que todos os envolvidos no processo tenham maior respeito à forma do ato processual e obediência ao procedimento, com a aplicação do princípio da fungibilidade das formas apenas quando restar absolutamente evidenciado que dessa aplicação não decorre qualquer prejuízo para as partes, para o processo ou para a prestação dos serviços judiciários; bem como que nossos Tribunais Superiores compreendam que o processo será inviável se cada juiz utilizar do procedimento que lhe aprouver, ampliando de maneira excessiva aquilo que pode ser abarcado de modo salutar pelos princípios da liberdade e da instrumentalidade das formas.

5. *A parcial retomada da segurança através do respeito à forma*

Como coadjuvante da teoria dos precedentes na obtenção de previsibilidade e de segurança jurídica, a atual realidade do processo civil está por exigir que os personagens do processo respeitem as formas previstas por lei, o que fatalmente acabará por acontecer quando da implementação do processo eletrônico, onde a adoção de padrões decorre de necessidades de ordem técnica. No momento, porém, algumas condutas já podem ser adotadas para que se retome a almejada segurança; isso sem olvidar que o que mais importa é uma alteração de comportamento de todos nós, em prol de maior respeito às formas previstas pela lei.

Impressiona a tal respeito a atualidade da lição de Moacyr Amaral Santos ao ensinar que: "No processo, mais que em qualquer outro ramo do Direito, vige o princípio do formalismo. Direito processual é direito formal. É que as formas correspondem a uma necessidade de ordem, de certeza, de eficiência prática, e a sua regular observância representa uma garantia de regular o leal desenvolvimento do processo e garantia dos direitos das partes. Os menos argutos, especialmente os profanos na ciência do Direito, insurgem-se contra o formalismo, a que atribuem o sacrifício e o sufocamento do direito. Realmente, há que se reprovar o formalismo que atribua à forma preponderância sobre o conteúdo e olvide que ela é meio e não fim. Mas não se pode deixar de reconhecer que o formalismo é uma necessidade, porquanto representa uma garantia para todos que são interessados o processo, e que a ausência de formas daria lugar a inconvenientes muito mais graves e gerais".[30]

No mesmo sentido a colocação de Calamandrei, ao afirmar: "Nesta insensata e irracional confusão entre o problema político do conteúdo e o problema jurídico da forma, a função social do Direito, que é acima de tudo equiparação e pacificação, obscurece-se. Abolida a forma da legalidade, que significa tranquilizadora consciência preventiva dos limites individuais postos a todos e a cada um, a justiça do caso singular se reduz a ser inquietação e incerteza, temor do arbítrio, sede de privilégio, luta perpétua e perpétua escravidão".[31]

Realmente, o enorme desrespeito à forma tem causado malefícios irreparáveis aos direitos das partes e ao funcionamento do Poder Judiciário, tendo chegado o momento de limitar essa pseudoliberdade que todos têm para atuar em juízo, retomando-se o caminho da legalidade naquilo que for necessário ao bom andamento do processo e ao atendimento dos princípios constitucionais processuais.

A primeira medida que se faz necessária diz respeito a fortalecer a obediência aos procedimentos previstos em lei, deixando-se de praticar atos processuais que nele não estejam previstos. Trata-se retomar a ideia de *procedimento rígido*, sobre o qual aduz Cândido Rangel Dinamarco: "Tal é a configuração e tais os contornos do procedimento rígido brasileiro, conforme resulta do Código de Processo Civil e da interpretação que lhe dão os tribunais. Mesmo diante das mitigações trazidas intencionalmente pela lei ou por via da interpretação sistemática de seus textos, não existem no Brasil as aberturas, que nos sistemas de procedimento rígido há, para a regra da *adaptabilidade do procedimento* (Calamandrei): o juiz não tem autorização generalizada para imprimir ao procedimento rumos que em cada caso se mostrem convenientes, o que em alguma medida pode suceder nos sistemas de procedimento flexível".[32]

Com isso, se há de seguir à risca o procedimento ordinário, eliminando os desvios existentes (acima usados como exemplo) e que hoje são comuns no dia a dia forense, o que importará reduzir o tempo do

---

30. Amaral Santos, *Primeiras Linhas de Direito Processual Civil*, cit., 25ª ed., vol. 1, pp. 286-287.

31. Piero Calamandrei, *Estudos de Direito Processual*, Campinas, LZN, 2003, p. 96.

32. Cândido Rangel Dinamarco, *Instituições de Direito Processual Civil*, 6ª ed., vol. II, São Paulo, Malheiros Editores, 2009, pp. 471-472.

processo e o volume de atos processuais praticados, em consonância com o princípio da celeridade processual; se há de deixar de aplicar aos feitos que têm procedimento próprio e *iter* condensado o rito ordinário, o que é bastante comum no caso dos embargos do devedor, das ações cautelares e de alguns procedimentos especiais de jurisdição contenciosa (embargos de terceiro, nunciação de obra nova etc.), onde o rito seguido não é o previsto em lei, mas sempre o rito ordinário; e, ainda em caráter exemplificativo, se há de obedecer ao procedimento sumário quando a situação dos autos tipifica uma das hipóteses previstas no art. 275 do CPC, seja pelo critério quantitativo, seja pelo critério qualitativo. Afinal, como adverte Humberto Theodoro Jr.: "A previsão legal de determinado procedimento para certas causas envolve matéria de ordem pública, pelo quê não há, seja para as partes, seja para o juiz, a liberdade de substituir um rito por outro".[33]

A segunda medida que deve ser observada diz respeito à limitação do preenchimento de conteúdo apenas às hipóteses dos conceitos vagos ou indeterminados, o que infelizmente vem se estendendo também às normas que não exigem critério axiológico no momento da sua aplicação. É o que acontece, por exemplo, com decisões que admitem o oferecimento de reconvenção depois do oferecimento de contestação, se ainda não vencido o prazo de 15 dias (REsp 132.545-SP). Nesse caso, como bem observa Cássio Scarpinella Bueno,[34] oferecimento simultâneo difere de oferecimento sucessivo, só podendo significar que as peças devem ser oferecidas ao mesmo tempo, sob pena de preclusão consumativa. O mesmo se diga quanto ao oferecimento de contestação e reconvenção na mesma peça, já que o art. 299 do CPC aduz expressamente que elas serão ofertadas em peças autônomas.

Ora, em que pese às opiniões que sustentam que tais condutas não trazem prejuízo para as partes ou para o processo, cremos que tal posicionamento não é aceitável. Isso porque o autor deixa de ter em seu favor a decretação da preclusão com relação ao oferecimento da reconvenção e, todos sabem, o rito nesta hipótese se dilata e o processo demora mais para ser resolvido mediante sentença; e porque o oferecimento de contestação e reconvenção numa mesma peça mistura uma via processual que tem natureza de defesa com uma via processual que tem natureza de ação, podendo gerar graves problemas quanto ao desenvol-

---

33. Humberto Theodoro Jr., *Curso de Direito Processual Civil*, 47ª ed., vol. I, Rio de Janeiro, Forense, 2007, p. 378.

34. Cássio Scarpinella Bueno, *Curso Sistematizado de Direito Processual Civil*, 5ª ed., vol. 2, t. 1, São Paulo, Saraiva, 2012, p. 215.

ver do procedimento. Afinal, se o réu reconvinte deixa de pagar as custas da reconvenção e esta é rejeitada, como estabelecer o que é fundamento da defesa e o que é fundamento da ação de reconvenção?

Não bastasse, quando o magistrado ultrapassa suas atribuições e atribui conteúdo valorativo a normas que prescindem de tal atribuição, ao invés de julgar estará ele legislando, situação que não pode ser aceita, sob pena de subversão do próprio Estado Democrático de Direito.

Por fim, como coadjuvante da doutrina dos precedentes, apresentadas opções para a obtenção de maior segurança e previsibilidade quanto à decisão judicial, decorrentes de maior respeito à forma legal e consubstanciadas na observância do rigor procedimental e na não interpretação de normas que dela prescindem, este texto se encerra sem um capítulo específico atinente às conclusões, pois não se pretende mais do que propor nova alternativa para estudo do tema, ponto de partida para uma nova maneira de pensar e de aplicar o processo civil, em prol de uma observância escorreita ao modelo constitucional de processo.

Bibliografia

AMARAL SANTOS, Moacyr. *Primeiras Linhas de Direito Processual Civil.* 25ª ed., vol. 1. São Paulo, Saraiva, 2007.

AMENDOEIRA JR., Sidnei. *Fungibilidade dos Meios.* São Paulo, Atlas, 2008.

ARMELIN, Donaldo. "Uma visão da crise atual do Poder Judiciário". *RePro* 137. São Paulo, Ed. RT, 2006.

BEDAQUE, José Roberto dos Santos. *Direito e Processo – Influência do Direito Material sobre o Processo.* 6ª ed. São Paulo, Malheiros Editores, 2011.

_____. *Efetividade do Processo e Técnica Processual.* 3ª ed. São Paulo, Malheiros Editores, 2010.

BEDÊ, Faygá Silveira, BONAVIDES, Paulo, e LIMA, Francisco Gérson Marques de (coords.). *Constituição e Democracia. Estudos em Homenagem a J. J. Gomes Canotilho.* São Paulo, Malheiros Editores, 2006.

BONAVIDES, Paulo, BEDÊ, Faygá Silveira, e LIMA, Francisco Gérson Marques de (coords.). *Constituição e Democracia. Estudos em Homenagem a J. J. Gomes Canotilho.* São Paulo, Malheiros Editores, 2006.

BUENO, Cássio Scarpinella. *Curso Sistematizado de Direito Processual.* 3ª ed. São Paulo, Saraiva, 2009; 5ª ed., vol. 2, t. 1. São Paulo, Saraiva, 2012.

CALAMANDREI, Piero. *Estudos de Direito Processual.* Campinas, LZN, 2003.

COUTURE, Eduardo J. *Introdução ao Estudo do Processo Civil.* Rio de Janeiro, Forense, 1998.

DE CUPIS, Adriano. *Os Direitos da Personalidade.* Lisboa, Livraria Moraes Editora, 1961.

DINAMARCO, Cândido Rangel. *A Instrumentalidade do Processo*. 15ª ed. São Paulo, Malheiros Editores, 2013.

_____. *Fundamentos do Processo Civil Moderno*. 6ª ed., vols. I e II. São Paulo, Malheiros Editores, 2010.

_____. *Instituições de Direito Processual Civil*. 6ª ed., vol. II. São Paulo, Malheiros Editores, 2009.

_____. *Nova Era do Processo Civil*. 4ª ed. São Paulo, Malheiros Editores, 2013.

GAJARDONI, Fernando da Fonseca. *Flexibilização Procedimental*. São Paulo, Atlas, 2008.

LIMA, Francisco Gérson Marques de, BEDÊ, Faygá Silveira, e BONAVIDES, Paulo (coords.). *Constituição e Democracia. Estudos em Homenagem a J. J. Gomes Canotilho*. São Paulo, Malheiros Editores, 2006.

LOPES, João Batista. *Tutela Antecipada*. São Paulo, Saraiva, 2001.

LOPES DA COSTA, Alfredo Araújo. *Direito Processual Civil Brasileiro*. 2ª ed. Rio de Janeiro, Forense, 1959.

LOPES FILHO, Juraci Mourão. "A administração da justiça no Estado Social". In: BEDÊ, Faygá Silveira, BONAVIDES, Paulo, e LIMA, Francisco Gérson Marques de (coords.). *Constituição e Democracia. Estudos em Homenagem a J. J. Gomes Canotilho*. São Paulo, Malheiros Editores, 2006.

MARINONI, Luiz Guilherme. *Precedentes Obrigatórios*. São Paulo, Ed. RT, 2010.

MARQUES, José Frederico. *Manual de Direito Processual Civil*. 9ª ed., vol. I. São Paulo, Saraiva, 1982.

MONIZ DE ARAGÃO, E. D. *Comentários ao Código de Processo Civil*. 6ª ed., vol. II. Rio de Janeiro, Forense, 1989.

OLIVEIRA, Carlos Alberto Alvaro de. *Do Formalismo no Processo Civil*. São Paulo, Saraiva, 1997.

OLIVEIRA NETO, Olavo de. "A necessidade de pedido específico na ação de indenização por dano moral". *Revista do IASP* 21. São Paulo, 2009.

_____. *Conexão por Prejudicialidade*. São Paulo, Ed. RT, 1994.

_____. *Manual da Monografia Jurídica*. São Paulo, Quartier Latin, 2007.

_____ (org.). *Princípios Processuais Civis na Constituição*. São Paulo, Elsevier/Campus, 2008.

PONTES DE MIRANDA, Francisco Cavalcanti. *Comentários ao Código de Processo Civil*. 2ª ed., t. III. Rio de Janeiro, Forense, 1974.

THEODORO JR., Humberto. *Curso de Direito Processual Civil*. 47ª ed., vol. I. Rio de Janeiro, Forense, 2007.

WAMBIER, Teresa Arruda Alvim. *Recurso Especial, Recurso Extraordinário e Ação Rescisória*. São Paulo, Ed. RT, 2008.

_____. "Segurança jurídica no Projeto do novo Código de Processo Civil" (palestra). In: *Aulas Magnas – Atualização Permanente*. São Paulo, Escola Paulista da Magistratura/EPM, 9.3.2012.

IMPARCIALIDADE DO ÁRBITRO E DO JUIZ NA TEORIA GERAL DO PROCESSO

PAULO HENRIQUE DOS SANTOS LUCON

Advogado – Vice-Presidente do Instituto dos Advogados de São Paulo/IASP
– Vice-Presidente do Instituto Brasileiro de Direito Processual/IBDP
– Professor Doutor da Faculdade de Direito da Universidade de São Paulo
– Foi Juiz no Tribunal Regional Eleitoral de São Paulo/TRE-SP,
na Classe Jurista, de 2004 a 2011 – Especializou-se na Faculdade de Direito
da Universidade Estatal de Milão – Participou da Comissão Especial
do Novo Código de Processo Civil na Câmara dos Deputados

1. Introdução ao tema. 2. Imparcialidade na Constituição Federal e princípio do juiz natural. 3. Imparcialidade no Código de Processo Civil. 4. Causas de impedimento. 5. Causas de suspeição. 6. Interpretação restritiva do STJ e as situações de violação frontal à Constituição Federal. 7. Imparcialidade na arbitragem. 8. Breve análise de casos concretos. 9. Legislação nacional e internacional sobre independência e imparcialidade do árbitro. 10. Impugnação do árbitro.

1. Introdução ao tema

A imparcialidade é atributo indissociável do julgador, e tem origem na própria finalidade da jurisdição.[1] Juiz imparcial é aquele que não toma partido na disputa de um litígio,[2] age e julga isento de interesses, con-

1. V., a propósito, Ada Pellegrini Grinover, "O princípio do juiz natural e sua dupla garantia", *RePro* 29/11, São Paulo, Ed. RT, janeiro-março/1983.
2. "Ao juiz não deve importar quem vença o litígio, que saia vitorioso o indivíduo 'X' ou o indivíduo 'Y', considerados nas suas características de indivíduos. Mas deve importar, sem sombra de dúvida, que sai vitorioso quem tem razão. Ao juiz, como órgão do Estado, interessa, e diria que a ninguém mais, o que efetivamente tenha razão" (José Carlos Barbosa Moreira, "O juiz e a prova", *RePro* 35/178, São Paulo, Ed. RT, 1984).
"Juiz imparcial é aquele que aplica a norma de direito material a fatos efetivamente verificados, sem que se deixe influenciar por outros fatores que não seus conhecimentos jurídicos. Para não perder a imparcialidade, basta que o magistrado se limite ao exame objetivo da matéria fática, cuja reprodução nos autos se faz mediante provas. Não importa quem as traga. Importa, sim, que o provimento jurisdicional não sofra influência de outros elementos" (José Roberto Santos Bedaque, *Poderes Instrutórios do Juiz*, 4ª ed., São Paulo, Ed. RT, 2009. p. 77, com arrimo em Hernando

duzido tão somente por critérios racionais (imparcialidade subjetiva).[3] Em contrapartida, parcialidade existirá sempre que o juiz favorecer uma das partes ao fugir da racionalidade construída pelos conhecimentos jurídicos e por uma visão holística da realidade. Convicções religiosas, políticas e até mesmo morais que venham a se distanciar do Direito contaminam o resultado do julgamento e prejudicam sensivelmente a imparcialidade, na medida em que o julgador passa a favorecer a parte que não se sagraria vitoriosa na contenda.

Mas não é só o favorecimento de uma das partes que torna um juiz parcial. A imparcialidade também está relacionada com a completa transparência do órgão jurisdicional no exercício de toda a sua atividade e com a ausência de qualquer vínculo direto ou indireto com o objeto do litígio. Isso significa que não basta o juiz agir com neutralidade perante as partes, mas também deve agir sem qualquer pré-julgamento sobre o objeto do processo (imparcialidade objetiva).

Assim é que o comportamento do juiz na análise da causa se justificará sempre no interesse público da correta resolução da lide, conforme os parâmetros da lei.

Imparcialidade não é apenas um dever do juiz aos seus jurisdicionados, mas também é uma garantia sua para que sua independência funcional também não seja afetada.

É inegável a importância dos princípios constitucionais, por se tratarem do ponto de partida para a efetivação do direito material por meio da tutela jurisdicional. Dentro dessa linha de raciocínio, imparcialidade é um desses princípios estruturantes do Poder Judiciário e do próprio Estado Democrático (CF, art. 1º), já que a obtenção de um processo justo, que represente instrumento técnico e ético, só será possível quando o juiz for imparcial.[4] Assim é que não existe um processo justo sem a imparcialidade do julgador.

Não por outra razão que atualmente a imparcialidade é uma das principais garantias do processo, reconhecida pela Declaração Universal

---

Devis Echandía, *Teoría General de la Prueba Judicial*, vol. I, Buenos Aires, Victor P. de Zavalia, 1981, pp. 81-82).

3. Para Artur César de Souza: "Imparcialidade seria, simultaneamente, critério de salvaguarda de uma qualidade inerente à pessoa do juiz, como também objetividade e globalidade; em outras palavras, 'persecução objetiva do todo'" (*A Parcialidade Positiva do Juiz*, São Paulo, Ed. RT, 2008, p. 30).

4. Antônio Carlos de Araújo Cintra, Ada Pellegrini Grinover e Cândido Rangel Dinamarco, *Teoria Geral do Processo*, 29ª ed., São Paulo, Malheiros Editores, 2013, p. 62.

dos Direitos Humanos,⁵ pelo Pacto Internacional de Direitos Civis e Políticos, promulgado pelo Brasil por meio do Decreto 592, de 6.7.1992,⁶ e pela Convenção Americana de Direitos Humanos (Pacto de San José da Costa Rica), promulgada pelo Decreto 678, de 6.11.1992.⁷

2. Imparcialidade na Constituição Federal e princípio do juiz natural

Embora a CF de 1988 não tenha tratado expressamente do princípio da imparcialidade,⁸ tal fato não representa a ausência de proteção desta garantia fundamental, já que o seu art. 5º e §§ 2º e 3º dão a força de emenda constitucional aos tratados e convenções internacionais:

> Art. 5º. Todos são iguais perante a lei, sem distinção de qualquer natureza, garantindo-se aos brasileiros e aos estrangeiros residentes no País a inviolabilidade do direito à vida, à liberdade, à igualdade, à segurança e à propriedade, nos termos seguintes: (...).
>
> (...).
>
> § 2º. Os direitos e garantias expressos nesta Constituição não excluem outros decorrentes do regime e dos princípios por ela adotados, ou dos tratados internacionais em que a República Federativa do Brasil seja parte.

5. Declaração Universal dos Direitos Humanos: "Art. 10. Toda pessoa tem direito, em plena igualdade, a uma audiência justa e pública por parte de um tribunal independente e imparcial, para decidir de seus direitos e deveres ou do fundamento de qualquer acusação criminal contra ele".
6. Pacto Internacional de Direitos Civis e Políticos: "Art. 14.1 Todas as pessoas são iguais perante os tribunais e as cortes de justiça. Toda pessoa terá o direito de ser ouvida publicamente e com as devidas garantias por um tribunal competente, independente e imparcial, estabelecido por lei, na apuração de qualquer acusação de caráter penal formulada contra ela ou na determinação de seus direitos e obrigações de caráter civil. (...)".
7. Convenção Americana de Direitos Humanos: "Art. 8º. **Garantias judiciais.** 1. Toda pessoa terá o direito de ser ouvida, com as devidas garantias e dentro de um prazo razoável, por um juiz ou tribunal competente, independente e imparcial, estabelecido anteriormente por lei, na apuração de qualquer acusação penal formulada contra ela, ou na determinação de seus direitos e obrigações de caráter civil, trabalhista, fiscal ou de qualquer outra natureza".
8. "A Constituição Federal brasileira, em que pese a não tenha sido tão clara como a Constituição portuguesa, também prevê a imparcialidade na Administração em seu art. 37, quando preconiza que a Administração Pública direta e indireta de qualquer dos Poderes da união, dos Estados do Distrito Federal e dos Municípios obedecerá ao princípio da impessoalidade, moralidade e publicidade" (Artur César de Souza, *A Parcialidade Positiva do Juiz*, cit., p. 38).

§ 3º. Os tratados e convenções internacionais sobre direitos humanos que forem aprovados, em cada Casa do Congresso Nacional, em 2 (dois) turnos, por 3/5 (três quintos) dos votos dos respectivos membros, serão equivalentes às emendas constitucionais.

Como se isso não fosse suficiente, a imparcialidade do juiz está intimamente relacionada com o princípio do juiz natural,[9] adotado no sistema jurídico brasileiro desde a Constituição Imperial de 1824[10] e nas demais que se seguiram, sempre inserido em contexto de dupla garantia,[11] equivalendo à proibição dos tribunais extraordinários e à proibição da evocação.

Exatamente nesse sentido é a determinação contida na CF de 1988, em seu art. 5º, XXXVII e LIII, segundo os quais, respectivamente, "não haverá juízo ou tribunal de exceção" e "ninguém será processado nem sentenciado senão pela autoridade competente".

Juiz natural é aquele que exerce sua função jurisdicional de acordo com a competência dada pela Constituição e por leis anteriores ao fato em discussão.[12] Desse modo, entende-se por este princípio não ser possível a criação de tribunais de exceção, *ex post facto*, criados com ou sem deliberação da lei, para apreciar e julgar determinado caso sem que se leve em consideração a existência prévia do tribunal. Note-se que a pré-constituição do juiz ao fato que por ele será julgado é necessária para que se garanta sua imparcialidade na apreciação da lide.

A toda evidência, o sistema constitucional brasileiro não impõe óbice à instituição de juízos especializados, admitindo expressamente o poder de atribuição, desde que esses juízos especiais sejam pré-constituídos, orgânicos e intrinsecamente ligados ao Poder Judiciário. Na realidade, o que ocorrerá nestes casos será a repartição da competência para julgamento em decorrência da pessoa ou em razão da matéria.

Além disso, no que concerne ao juiz competente, naturalmente à proibição de evocação, somente poderá ser considerado como juiz natu-

---

9. A primeira referência legislativa do princípio do juiz natural é da Constituição francesa de 1814 (v., a propósito, verbete de José Frederico Marques, "Juiz natural", in *Enciclopédia Saraiva de Direito*, vol. 46, São Paulo, Saraiva, 1977, p. 445).

10. CF de 1824, art. 179, XI: "XI – Ninguém será sentenciado, senão pela autoridade competente, por virtude de lei anterior e na forma por ella prescripta".

11. Ada Pellegrini Grinover, "O princípio do juiz natural e sua dupla garantia", cit., *RePro* 29.

12. Francisco Gérson Marques de Lima, *Fundamentos Constitucionais do Processo (Sob a Perspectiva da Eficácia dos Direitos e Garantias Fundamentais)*, São Paulo, Malheiros Editores, 2002, pp. 182-183.

ral e competente aquele previsto abstratamente e cujo poder seja derivado de fontes essencialmente constitucionais.[13] Isso significa dizer que as competências constitucionalmente determinadas para os órgãos do Judiciário não podem ser modificadas em virtude de vicissitudes pessoais.

Na mesma linha, a Constituição espanhola garante o direito ao juiz predeterminado pela lei com o objetivo de não permitir a composição excepcional de um órgão jurisdicional para o julgamento de caso específico. Igualmente, a Constituição italiana garante a individualização do juiz por previsão legal, mas jamais sua individualização de acordo com a vontade discricionária de terceiros. A jurisprudência italiana vai além, e entende que não somente o órgão jurisdicional deve ser previamente fixado, como também qual o juiz, pessoa física, competente para julgar.[14]

Em contrapartida, o direcionamento de um processo para um julgador que não exerce sua função jurisdicional de acordo com a competência dada pela Constituição e por leis anteriores acarretará o favorecimento de uma das partes, em nítida violação ao princípio do juiz natural.

Por fim, há quem defenda que a garantia do princípio do juiz natural seria tridimensional, acrescentando ao conceito justamente a necessidade de imparcialidade do juiz.[15]

3. Imparcialidade no Código de Processo Civil

Impedimento e suspeição são modalidades previstas nos arts. 134 e 135 do CPC que, se averiguadas no processo, atingem a imparcialidade no juiz. Essas duas modalidades, que têm por objetivo obstar à atuação do magistrado na causa, fundam-se essencialmente nos quatro motivos clássicos das *Ordenações* do Reino: ódio, amor, interesse ou temor.[16]

13. José Frederico Marques, "Juiz natural", cit., in *Enciclopédia Saraiva de Direito*, vol. 46.
14. Leonardo José Carneiro da Cunha, "A garantia constitucional do juiz natural e a modificação de competência", in Humberto Theodoro Jr., Petrônio Calmon e Dierle Nunes (coords.), *Processo e Constituição*, Rio de Janeiro, GZ, 2010, pp. 329-354.
15. Nelson Nery Jr., *Princípios do Processo na Constituição Federal*, 10ª ed., São Paulo, Ed. RT, 2010. p. 130: "A garantia do juiz natural é tridimensional. Significa que: (1) não haverá juízo ou tribunal *ad hoc*, isto é, tribunal de exceção; (2) todos têm o direito de se submeter a julgamento (civil ou penal) por juiz competente, pré-constituído na forma da lei; (3) o juiz competente tem de ser imparcial".
16. Alcides de Mendonça Lima, "O princípio da probidade no Código de Processo Civil brasileiro", *RePro* 16/15, São Paulo, Ed. RT, outubro-dezembro/1979.

A lógica abordada pelo Código de Processo Civil está calcada no princípio constitucional da imparcialidade (*juiz natural* e *devido processo legal*), uma vez que traz regras de conduta do juiz em sua função jurisdicional (dever-ser).

No que concerne às modalidades e conceitos adotados pela legislação processual, impedimento e suspeição são situações diversas, que geram consequências distintas.

Ocorrendo o impedimento, no caso de incidência de uma das circunstâncias previstas no art. 134 do CPC,[17] o juiz estará verdadeiramente proibido de atuar na causa. A sentença proferida por juiz impedido será inválida, podendo, inclusive, ser objeto de ação rescisória (CPC, art. 485, II). Diante do caráter que se dá às causas de impedimento e sua natureza de objeção processual, as circunstâncias que as determinam podem ser alegadas pela parte a qualquer momento e, mais do que isso, devem ser reconhecidas de ofício pelo próprio juiz impedido.

Essas regras da legislação processual que determinam as causas de impedimento também têm uma característica visivelmente objetiva e representam rol taxativo, sobre as quais, portanto, não pode haver interpretação extensiva ou alegações por analogia.[18]

Por outro lado, a suspeição é óbice até certo ponto transponível para a atuação do juiz, de modo que suas consequências podem ser afastadas caso os motivos que a caracterizam não sejam arguidos na forma e no momento processual oportunos (CPC, art. 135). Ou seja: a suspeição está, evidentemente, sujeita a preclusão.

Basicamente, a diferenciação do regime jurídico do impedimento e da suspeição decorre da própria índole do vício, já que as hipóteses relacionadas como causas de impedimento carregam uma carga de maior

17. Nesse sentido: "O impedimento representa obstáculo absoluto, intransponível, ao exercício da função jurisdicional pelo juiz assim incompatibilizado, invalidando a sentença por ele proferida (v. CPC, art. 485, II)" (Antônio Carlos Marcato, *Código de Processo Civil Interpretado*, São Paulo, Atlas, 2007, p. 394).

18. É o posicionamento da jurisprudência brasileira: STF, Arguição de Impedimento/AgR 4-DF, rel. Min. Ayres Brito, j. 24.5.2012: "As causas de impedimento previstas no art. 134 do CPC e no art. 252 do CPP são, aliás, sempre aferíveis perante rol taxativo de fatos objetivos quanto à pessoa do magistrado dentro de cada processo. Por isso, a jurisprudência aturada da Corte não admite a criação de causas de impedimento por via da interpretação (cf. HC n. 97.544, rel. Min. Eros Grau, *DJe* 234, 2.12.2010, e HC n. 97.553, rel. Min. Dias Toffoli, *DJe* 9.9.2010. Essas decisões, por sua vez, fazem referência a inúmeros outros precedentes no mesmíssimo sentido). Daí por que não há como reconhecer qualquer consistência jurídica à interpretação dada pelo excipiente ao inciso III do art. 252 do CPP".

objetividade, cuja prova pode ser feita documentalmente.[19] Por outro lado, na suspeição existe um subjetivismo mais exacerbado, já que a prova das circunstâncias que a caracterizam geralmente é mais precária.

Feitas estas breves considerações passar-se-á a um breve estudo das causas específicas de impedimento e suspeição.

4. Causas de impedimento

Determina o art. 134 do CPC que "é defeso ao juiz exercer as suas funções no processo contencioso ou voluntário: (...)". Para melhor compreendê-las, alguns esclarecimentos pontuais.

Inciso I – **De que for parte**. *Parte*, neste inciso, deve ser analisada em sentido amplo, alcançando inclusive os terceiros intervenientes (CPC, arts. 50-80). A origem deste inciso é bem lógica, já que é impossível ser juiz e parte no mesmo processo.[20]

Inciso II – **Em que interveio como mandatário da parte, oficiou como perito, funcionou como órgão do Ministério Público, ou prestou depoimento como testemunha.** Aquele que atua como mandatário da parte tem óbvio interesse na vitória do mandante; daí o motivo de tal circunstância ser elencada como uma causa de impedimento.

Por razão semelhante, está impedido o juiz que já tenha atuado como órgão do Ministério Público ou aquele tenha participou de alguma maneira na formação das provas, já que decidiriam com fundamento em seu conhecimento e opinião pessoal dos fatos.

Inciso III – **Que conheceu em primeiro grau de jurisdição, tendo-lhe proferido sentença ou decisão.** Evidentemente, este inciso está direcionado àqueles juízes que estejam exercendo função no tribunal. Salienta-se que não está impedido o juiz que tenha exarado meros despachos (exemplo: "Cite-se"), tendo em vista o inciso ser expresso quanto a sentença e decisão.[21]

---

19. STJ, 5ª Turma, HC 146.796-SP, rel. Min. Arnaldo Esteves Lima, j. 4.3.2010: "Se é certo que o impedimento diz da relação entre o julgador e o objeto da lide (causa objetiva), não menos correto é afirmar que a suspeição o vincula a uma das partes (causa subjetiva)".

20. *RTJ* 160/826: "Inexistência de impedimento legal ou constitucional com relação aos membros de um tribunal que julgarem, no exercício de sua jurisdição, os atos administrativos praticados pelo tribunal a que pertencem".

21. STJ, 4ª Turma, REsp 782.558-1, rel. Min. Aldir Passarinho Jr., j. 6.8.2009: "Em se tratando de julgamento de apelação, inexiste impedimento do magistrado que, na origem, proferira decisão no processo (juízo de admissibilidade) apenas para

Inciso IV – **Quando nele estiver postulando, como advogado da parte, o seu cônjuge ou qualquer parente seu, consanguíneo ou afim, em linha reta; ou na linha colateral até o segundo grau.** Inicialmente, na interpretação deste inciso devem ser considerados, além dos cônjuges, os que vivem em união estável. No mesmo sentido, o grau de parentesco também pode e deve ser estendido ao parentesco civil e ao parentesco por afinidade.

O alicerce deste inciso assemelha-se ao embasamento dos demais.

A relação de parentesco e afinidade, no que tange ao vínculo existente entre o juiz e o patrono da parte, certamente pode ser utilizada como instrumento para que as partes consigam alcançar os resultados almejados.

O parágrafo único do art. 134 do CPC acresce que: "No caso do n. IV, o impedimento só se verifica quando o advogado já estava exercendo o patrocínio da causa; é, porém, vedado ao advogado pleitear no processo, a fim de criar o impedimento do juiz".[22]

Inciso V – **Quando cônjuge, parente, consanguíneo ou afim, de alguma das partes, em linha reta ou, na colateral, até o terceiro grau.** O fundamento deste inciso está no vínculo direto existente entre o juiz e

---

determinar a subida do recurso de apelação à instância revisora. A decisão a que se refere o art. 134, III, do CPC há de ser entendida como aquela com potencial jurídico para, de algum modo, influenciar o juízo do julgador, vinculando-o, em maior ou menor grau, à tese eventualmente submetida à sua apreciação".

22. STJ, 5ª Turma, RMS/AgR 24.340-AM, rel. Min. Napoleão Nunes Maia Filho, j. 25.9.2008: "Processual civil – Agravo regimental contra decisão que declara o impedimento de advogado que não atuava anteriormente no feito – Parentesco com magistrado integrante do órgão colegiado julgador – Art. 134, parágrafo único, do CPC – Agravo desprovido – Precedentes. 1. Encontra óbice no art. 134, parágrafo único, do estatuto processual civil o substabelecimento de poderes em favor de advogado cujo ingresso no feito resultará no impedimento de magistrado, até então inexistente. 2. A interpretação restritiva que os agravantes pretendem fazer prevalecer, no sentido de que a regra não incidiria se se tratasse de órgãos colegiados ou se o magistrado não fosse o relator do processo, não encontra respaldo no espírito da norma inserta no mencionado dispositivo, cujo alcance é preciso ao dispor que só se verifica o impedimento do magistrado para exercer suas funções no processo contencioso ou voluntário quando nele estiver postulando como advogado algumas das pessoas previstas no *caput* do art. 134 (cônjuge ou qualquer parente do juiz, consanguíneo ou afim, em linha reta ou colateral até o terceiro grau), que já estava exercendo o patrocínio da causa. 3. Tal ressalva, contudo, não se faz presente na hipótese em tela, porquanto o advogado buscou atuar no feito *a posteriori*, ou seja, quando já prolatada decisão negando seguimento ao recurso em mandado de segurança e interposto agravo regimental da competência da egrégia 5ª Turma, de modo que seria evidente o impedimento de magistrada componente do referido órgão com a atuação do advogado".

a parte, seja por vínculo matrimonial ou parentescos consanguíneos ou por afinidade. Assim como nos demais casos, é clara a possibilidade de que os interesses decorrentes do vínculo existente entre o magistrado e a parte possam afetar a relação processual.

Inciso VI – **Quando for órgão de direção ou de administração de pessoa jurídica, parte na causa.** É nítido na hipótese em tela o interesse no julgamento da causa do juiz neste caso, que poderá ver os resultados da empresa alterados diante dos rumos possíveis na resolução da lide.

5. Causas de suspeição

As circunstâncias que determinam a suspeição de um juiz estão dispostas no art. 135 e respectivos incisos do CPC. Ainda que com cunho subjetivista, aludidos incisos enumeram e determinam de forma imperativa as causas de suspeição do juiz. Ou seja: apesar do grau de subjetividade que se dá às causas de suspeição, entende-se que o rol expresso nesse artigo também é taxativo.[23]

Com base nestas rápidas premissas, insta apreciar, sinteticamente, as causas de suspeição.

Inciso I – **amigo íntimo ou inimigo capital de qualquer das partes.** O grau de amizade ou inimizade apto a causar a suspeição do magistrado deve ser intenso. O juiz muito amigo ou inimigo capital, como qualquer ser humano, certamente poderá ser afetado pelos sentimentos e emoções profundos, capazes de afetar seu senso de justiça e sua imparcialidade – o que aliás, é presumível, prescindindo a demonstração de prova cabal.[24]

---

23. "O rol do art. 135 do CPC é taxativo. Necessária ao provimento da exceção de suspeição a presença de uma das situações dele constantes." No mesmo sentido outros precedentes do STJ: "Exceção de suspeição – Rol taxativo. Revela-se desprovida de fundamento a suspeição quando a situação não se subsome em qualquer das hipóteses do art. 135 do CPC" (STJ, 4ª Turma, Ag/AgR 1422.408-AM, rela. Min. Maria Isabel Gallotti, j. 5.2.2013). Ainda sobre o tema: STJ, 4ª Turma, AgR 520.160, rel. Min. Fernando Gonçalves, j. 21.10.2004; e STJ, 3ª Turma, AgR 444.085, rel. Min. Gomes de Barros, j. 28.6.2005.

24. "Processual civil – Exceção de suspeição – Art. 135, I, do CPC – Amizade íntima – Excepta que é cônjuge do tio da parte que ocupa o polo passivo de ação popular – Fato notório – Presunção de amizade decorrente da relação familiar – Princípios da moralidade, impessoalidade e eficiência que se concretizam no dever de imparcialidade do magistrado – Art. 334, I e IV, do CPC. 1. Conquanto a relação da Magistrada dita suspeita e da parte ré em ação popular não seja legalmente definida como parentesco por afinidade (a excepta é cônjuge do tio da parte ré) – em razão

Inciso II – **Alguma das partes for credora ou devedora do juiz, de seu cônjuge ou de parentes destes, em linha reta ou na colateral até o terceiro grau.** Apesar de a lei limitar as hipóteses de suspeição aos casos de parentesco até terceiro grau em linha reta ou colateral, parece claro que a interpretação desse inciso também alcança os parentes por afinidade, de linha reta ou colateral.

O embasamento deste inciso é a possibilidade de que o juiz tenha interesse no resultado da causa, já que o resultado da lide possivelmente atingirá o patrimônio da parte, seja para ampliá-lo ou reduzi-lo.[25]

Inciso III – **Herdeiro presuntivo, donatário ou empregador de alguma das partes.** Deste inciso, algumas ponderações pontuais são importantes. A sucessão pode determinar a incidência de uma das hipóteses de impedimento (CPC, art. 134, V), exceto no que diz respeito aos herdeiros indicados no art. 1.829, IV, do CC (colaterais).

Além disso, presume-se que o juiz que tenha recebido algum bem ou direito por doação certamente estará afetado pelo sentimento de gratidão e, possivelmente, sua conduta não será de isenção no julgamento da causa em que seja parte o seu doador.

Por fim, no que diz respeito ao juiz empregador, a suspeição neste caso decorre da proximidade existente entre o empregador e o empregado.

Inciso IV – **Receber dádivas antes ou depois de iniciado o processo; aconselhar alguma das partes acerca do objeto da causa, ou subministrar meios para atender às despesas do litígio.** De início

---

do que dispõe o art. 1.595, § 1º, do novo CC –, existe uma presunção inegável de que, em razão dessa condição, haja um relacionamento de amizade entre elas, que é suficiente para atrair a aplicação do art. 135, I, do CPC" (STJ, 2ª Turma, REsp 916.476-MA, rel. Min. Mauro Campbell Marques, j. 11.10.2011).

25. "Processual civil – Recurso especial – Exceção de suspeição do juiz – Art. 135, I, II e V, do CPC – Uniformização de jurisprudência. 1. Nos termos do art. 135 do CPC, reputa-se fundada a suspeição de parcialidade do juiz quando: (...) I – amigo íntimo ou inimigo capital de qualquer das partes; II – alguma das partes for credora ou devedora do juiz; (...); V – interessado no julgamento da causa em favor de uma das partes. 2. *In casu*, o Magistrado excepto se revela suspeito para o julgamento de demandas acionárias promovidas em desfavor da Brasil Telecom S/A pelo fato de ele próprio figurar como autor em ação dotada dos mesmos fundamentos daquelas postas à sua apreciação, bem como por ter promovido contra a referida empresa ação indenizatória por danos morais que, supostamente, lhe teriam sido ocasionados pela suscitação, por parte daquela, de incidentes de suspeição nos autos de ações outras que lhe foram distribuídas" (STJ, 2ª Seção, REsp 1.165.623-RS, rel. Min. Vasco Della Giustina, j. 14.4.2010).

mostra-se desnecessária a inclusão desta primeira situação, já que esta hipótese é contemplada pelo inciso anterior (juiz donatário).

Na situação de aconselhamentos entende-se haver suspeição apenas nos casos em que os conselhos estiverem diretamente relacionados com o caso concreto.[26]

Inciso V – **Interessado no julgamento da causa em favor de uma das partes.** Conveniente notar que o interesse de que se trata neste artigo diz respeito ao interesse diretamente relacionado com o objeto da relação jurídica, e não ao interesse geral que todo magistrado e até mesmo a sociedade como um todo têm na resolução de determinada demanda.

Parágrafo único – **Poderá ainda o juiz declarar-se suspeito por motivo íntimo.** A disposição do parágrafo único ressalva a possibilidade de que o próprio juiz deduza sua suspeição, diante do direito que lhe é concedido para se declarar suspeito por motivos de foro íntimo, não sendo obrigado a prestar qualquer esclarecimento ou dar conhecimento à parte sobre seus motivos.[27]

Um exemplo da incidência do parágrafo único, e embora tal fato não conste como uma causa de suspeição ou de impedimento, é a ocorrência de amizade íntima entre o juiz e o advogado de uma das partes.[28]

6. Interpretação restritiva do STJ
e as situações de violação frontal à Constituição Federal

Compete ao STJ apreciar os casos de parcialidade do magistrado relacionados com hipóteses de suspeição e impedimento decorrentes da

---

26. "Não é suspeito o juiz que, em audiência de conciliação, esclarece a parte sobre a demora, incidentes e despesas da causa" (*RT* 589/65).

27. "Processual civil – Suspeição – Art. 135 do CPC – Demonstração de parcialidade – Incidência da Súmula n. 7/STJ. 1. Cuida-se originariamente de exceção de suspeição oposta na apelação interposta na ação civil pública apresentada pelo Ministério Público do Estado do Mato Grosso por ato de improbidade administrativa consubstanciado na contratação temporária de servidores para hipóteses em que não havia excepcionalidade que justificasse a não realização de concurso público (fls. 3). 2. O simples fato de figurar como réu em ação civil pública por improbidade administrativa não impõe ao magistrado sua suspeição para julgamento de toda e qualquer demanda dessa natureza. É necessário um vínculo objetivo com objeto, interesses e sujeitos da causa, afetando concretamente a sua imparcialidade. 3. O ato de ter contra si uma ação por improbidade administrativa, isoladamente, não compromete o seu desinteresse para a aplicação do art. 135 do CPC" (STJ, 2ª Turma, REsp/AgR 1.340.343-MT, rel. Min. Mauro Campbell Marques, j. 18.12.2012).

28. Luiz Guilherme da Costa Wagner Jr., *Processo Civil*, Belo Horizonte, Del Rey, 2010, p. 185.

não observância dos arts. 134 e 135 do CPC. Toda e qualquer situação de suspeição e impedimento está amparada pela lei federal.

Entretanto, há situações que não se enquadram nas hipóteses previstas no Código de Processo Civil. Isso significa dizer que existem situações nas quais se verifica a violação ao princípio da imparcialidade do juiz e que não poderão ser apreciadas pelo STJ, diante da própria interpretação restritiva que é dada ao tema.

Nesse sentido, já se posicionou o STJ ao relatar que "as regras processuais que dispõem sobre impedimentos têm caráter inflexível, não admitindo exceções, sobretudo por recurso à analogia".[29] Igualmente, Clito Fornaciari Jr. trata da questão: "No Direito Brasileiro, o Código de Processo Civil contém, nos arts. 134 e 136, casos de impedimento do juiz e, no art. 135, hipóteses de suspeição do magistrado. Todavia, o princípio da imparcialidade, não só no Brasil, como em todo mundo, até pela natural força que carrega um princípio, sempre se sobrepôs à letra da lei, até porque as causas de recusa do juiz pelas partes e abstenção do magistrado em atuar revelaram, ao longo dos tempos, uma parcimônia, dada a precariedade de se conseguir elencar todas as posturas humanas que pudessem afastar o julgador daquele homem que, na reprodução de Capograssi feita por Carnelutti, deve ser um assente, capaz de refletir uma tábula rasa, alheio a tudo quanto existe à sua volta".[30]

Não somente as taxativas hipóteses previstas no Código de Processo Civil são circunstâncias em que pode ocorrer a parcialidade do magistrado. Exemplo típico é o caso em que ocorre a violação direta ao princípio do juiz natural já que "o juiz natural tem que ser independente e imparcial".[31]

Sendo a imparcialidade uma garantia constitucional subjacente, e sua violação deverá ser reprimida pelo STF. Até mesmo porque a Constituição brasileira confere a força de emenda constitucional aos tratados e

---

29. STJ, 4ª Turma, REsp 5.714-SC, rel. Min. Athos Carneiro, j. 13.11.1990, *DJU* 10.12.1990, p. 14.812. No mesmo sentido: "As hipóteses de impedimento e de suspeição do juiz encontram-se previstas taxativamente nos arts. 134 e 135 do CPC, descabendo, em tal matéria de direito estrito, interpretação extensiva" (TRF-1ª Região, 3ª Turma, Exceção de Suspeição 59315220104013400/DF, rela. Desa. Assusete Magalhães, j. 1.3.2011).

30. Clito Fornaciari Jr., "Da necessária releitura do fenômeno da suspeição", *RT* 766/66, São Paulo, Ed. RT, 1999.

31. Nelson Nery Jr., *Princípios do Processo na Constituição Federal*, 10ª ed., São Paulo, Ed. RT, 2010, p. 130.

convenções internacionais, os quais reconhecem a imparcialidade como uma das principais garantias do processo.

Outro exemplo de situação a ser abarcada pela Constituição é a proibição do poder de evocação do juiz. Somente a Constituição Federal pode impor o julgamento por determinado órgão jurisdicional, sendo vedado o "juízo ou tribunal de exceção". Sendo assim, um caso em que seja constatada a violação à regra de distribuição da causa com claro objetivo de parcialidade do magistrado ao evocar o processo há de ser reprimido, por afronta direta à lei constitucional.

Mas não somente as hipóteses de violação à garantia do juiz constitucionalmente competente e da proibição dos tribunais de exceção é que podem ocasionar situações em que seja constatada a violação ao princípio da imparcialidade. Restringir a imparcialidade a tais fatos e às causas previstas no Código de Processo Civil é desconsiderar o subjetivismo e a discricionariedade do julgador moderno.[32]

Assim é que, embora a imparcialidade seja garantia fundamental implícita na Constituição Federal, não há que falar em violação reflexa quando nos deparamos com situações de verdadeira parcialidade não acobertadas nas modalidades taxativas de impedimento e suspeição.

Se não estivermos diante de típico caso de suspeição ou de impedimento, competirá ao STF apreciar e julgar a possível violação à Constituição Federal, que, frise-se, não é uma violação reflexa, pois seu reconhecimento não dependerá da revisão de interpretação dada à norma infraconstitucional.[33]

Admitir o contrário seria o mesmo que desamparar determinadas situações de violação a uma garantia constitucional, que não podem ser apreciadas pelo STJ. E mais: seria desconsiderar a elevada categoria

---

32. "Limitar a imparcialidade às hipóteses de impedimento e suspeição é reduzir o princípio à sua compreensão liberal ou social, dependendo da perspectiva adotada. (...). Limitar a compreensão da imparcialidade no sentido exposto ou mesmo na proibição da existência de tribunais de exceção ou na garantia do juiz constitucionalmente competente é, na atualidade, limitar o subjetivismo e a sua discricionariedade" (Flaviane de Magalhães Barros, "O princípio da imparcialidade a partir da compreensão do modelo constitucional de processo", in Humberto Theodoro Jr., Petrônio Calmon e Dierle Nunes (coords.), *Processo e Constituição*, São Paulo, GZ, 2010, p. 363).

33. "O direito fundamental ao juiz imparcial, sob pena de perder sua eficácia constitucional, não pode ser delimitado a *numerus clausus* indicados em norma infraconstitucional" (Artur César de Souza, *A Parcialidade Positiva do Juiz*, cit., p. 124).

constitucional do dever de imparcialidade do julgador por conta da existência de algumas situações previstas na lei ordinária.[34]

Além disso, a violação ao princípio da imparcialidade do julgador, se verificada subjetivamente no processo, certamente será matéria de relevância e repercussão, na medida em que qualquer garantia constitucional violada poderá ocasionar um provimento injusto (quiçá um ato jurisdicional parcial). Não há jurisdição sem a imparcialidade do julgador.

Outro ponto fundamental é que qualquer violação à imparcialidade do julgador ocasionará a violação ao princípio do devido processo legal, já este só será respeitado quando observados os preceitos estabelecidos na Constituição Federal.[35] Isso quer dizer que ser um julgador imparcial é conduzir o processo e prolatar decisões que acarretem a busca pelo processo justo e efetivo, é observar o devido processo legal. O contrário é violação à Constituição.

Sobre essa questão, Calmon de Passos delimita três indispensáveis condições para que exista o devido processo legal. São elas: a existência de um juiz independente e imparcial; a preservação do contraditório; e o amplo acesso à Justiça.[36]

Além disso, é importante salientar que um caso envolvendo discussão sobre possível situação de parcialidade do magistrado fundada no princípio da imparcialidade deverá obrigatoriamente ser objeto de recurso extraordinário e recurso especial, nos termos da Súmula 126 do STJ, sob pena de inadmissibilidade do especial manejado.[37]

---

34. "Por um lado, eles assumem força normativo-constitucional, dada a superação definitiva da ideia de constituição como simples 'complexo de directivas políticas' e uma vez rejeitada a ideia de que as normas e princípios constitucionais são meramente pragmáticos, sem qualquer vinculatividade imediata. Consequentemente, toda a Constituição é Direito, toda ela é 'lei positiva' e todos os princípios nela consagrados possuem alcance jurídico e compartilham da normatividade própria da lei fundamental" (José Joaquim Gomes Canotilho e Vital Moreira, *Fundamentos da Constituição*, Coimbra, Coimbra Editora, 1991, p. 73).

35. "Prejudicando a participação igualitária das partes litigantes, desvios ou omissões do modelo procedimental previsto na lei violam frontalmente as garantias do devido processo legal e do tratamento paritário das partes no processo" (Paulo Henrique dos Santos Lucon, "Garantia do tratamento paritário das partes", in José Rogério Cruz e Tucci (coord.), *Garantias Constitucionais no Processo Civil*, São Paulo, Ed. RT, 1999, pp. 91-131).

36. Calmon de Passos, *O Devido Processo Legal e o Duplo Grau de Jurisdição*, São Paulo, Saraiva, 1981, p. 86.

37. STJ, Súmula 126: "É inadmissível recurso especial, quando o acórdão recorrido assenta em fundamentos constitucional e infraconstitucional, qualquer

Em conclusão: a violação à imparcialidade não pode ser observada somente dentro do rol de hipóteses previstas nos arts. 134 e 135 do CPC. Hipóteses não abarcadas pela lei infraconstitucional devem ser objeto de análise pelo STF para averiguação de possível violação ao direito constitucional das partes de terem seu processo conduzido e julgado por um juiz imparcial. Até mesmo porque os institutos processuais têm origem constitucional, sendo impossível dissociá-los das suas raízes.[38]

7. Imparcialidade na arbitragem

A imparcialidade e a independência dos árbitros já eram assuntos tratados no Direito Romano, aparecendo no *Corpus Juris Civilis* de Justiniano.[39] Já naquela época decisões arbitrais tomadas em circunstâncias de corrupção ou propensão óbvia eram inexequíveis, um corolário do brocardo *nemo debet esse judex in propria causa*.[40]

Em tempos mais modernos chegou-se a afirmar que a imparcialidade e a independência seriam a pedra angular (*cornerstone*) da arbitragem.[41] Lew, Mistelis e Kröll as identificam como uma das duas regras fundamentais da *Carta Magna* da arbitragem, com a outra sendo o devido processo e a ampla defesa (*due process and fair hearing*).[42]

Não obstante sua importância nuclear para a arbitragem, não existe uma definição de aceitação universal quanto a estes termos. A doutrina costuma convergir para entender que "independência" seria uma situa-

deles suficiente, por si só, para mantê-lo, e a parte vencida não manifesta recurso extraordinário".
38. Cf. estudos importantes, como o de Trocker (*Processo Civile e Costituzione (Problemi di Diritto Tedesco e Italiano)* e Comoglio (*La Garanzia Costituzionale dell'Azione ed il Processo Civile*).
39. Livro II, Título LV.3: "Havendo uma sentença dada por um árbitro, em virtude de um compromisso, mas sendo a decisão decorrente de avareza do árbitro ou favorecimento evidente da parte contrária, é permitido o uso da exceção *doli mali* contra aquele que busca executar a sentença. É possível ainda processá-lo em virtude da cláusula *doli mali* que é normalmente inserida nos compromissos". No original: "Arbitrorum ex compromisso sententiae non obtemperans, si sordes vel evidens gratia eorum qui arbitrati sunt intercessit, adversus filiam tuam agentem ex stipulatu exceptione doli mali uti poteris. Sed et ex doli clausula, quae compromissi stipulationi subici solet, filiam tuam voncenire non vetaberis".
40. Samuel Ross Lutrell, *Bias Challenges in International Arbitration: the Need for a "Real Danger" Test*, Kluwer Law International, 2009, p. 72.
41. J. D. M. Lew, L. A. Mistelis e S. M. Kroll, *Comparative International Commercial Arbitration*, Kluwer Law International, 2003, p. 95.
42. Idem, ibidem.

ção de fato ou de direito, verificável objetivamente, enquanto "imparcialidade" corresponde a um estado de mente ou de espírito – portanto, necessariamente subjetivo.[43]

Na arbitragem poder-se-ia dizer que imparcialidade corresponde normalmente à inexistência de propensão à causa de uma das partes, por alguma noção preconcebida sobre as questões jurídicas.

Já, a independência se caracteriza geralmente como a ausência de vínculo profissional com uma das partes ou de interesses financeiros no resultado da causa.[44]

Chegou-se a falar, ainda, que esses conceitos divergiriam quanto à sua duração. Enquanto o requisito de independência deveria durar por todo o processo, a imparcialidade poderia ser mais limitada. Apesar de o julgador ter que iniciar o procedimento sendo imparcial, seria próprio de seu dever judicial tornar-se parcial para algum dos lados, de acordo com os argumentos apresentados. Manter-se neutro implicaria não cumprir seu dever.[45]

Durante algum tempo discutiu-se sobre a existência, ou não, do dever de imparcialidade do árbitro indicado pela parte.[46] O Código de Ética para Árbitros em Disputas Comerciais da *American Arbitration Association* e *American Bar Association* (AAA-ABA) de 1977, permitia aos coárbitros serem parciais em relação a quem os indicou, constituindo-se em verdadeiros "árbitros da parte"[47] (expressão que, em nosso Direito, deve ser evitada).[48]

43. Nesse sentido: Emmanuel Gaillard e John Savage, *Fouchard Gaillard Goldman on International Commercial Arbitration*, Kluwer Law International, 1999, p. 564; Jean Robert, *L'Arbitrage – Droit Interne – Droit International Privé*, Paris, Dalloz, 1983, p. 114; Selma Maria Ferreira Lemes, *Árbitro: Princípios da Independência e da Imparcialidade*, São Paulo, LTr, 2001, p. 52.

44. Margaret L. Moses, *The Principles and Practice of International Commercial Arbitration*, Nova York, Cambridge University Press, 2012, p. 136; *Suez Sociedad General de Aguas de Barcelona SA & InterAguas Servicios Integrales del Agua SA vs. República da Argentina*, caso ICSID ARB/03/17, decisão acerca da impugnação de um membro do Tribunal, 22.10.1997, p. 28.

45. Decisão de *Sir* Robert Bengt Broms de 7.5.2001, citada em "Challenge of Iran-US Claims Tribunal", *American Journal of International Law* 95/896, n. 4, 2001.

46. Thomas Clay, *L'Arbitre*, Paris, Dalloz, 2001, p. 245.

47. Moses, *The Principles and Practice of International Commercial Arbitration*, cit., p. 142.

48. Carlos Alberto Carmona, *Arbitragem e Processo*, São Paulo, Atlas, 2004, p. 209.

Um grupo de estudiosos da arbitragem da *International Bar Association* – possivelmente movidos, em parte, pela sua aversão ao Código de Ética da AAA-ABA e buscando resolver alguns dos problemas de imparcialidade e independência dos árbitros – editou, em 1987, as Regras de Ética para Árbitros Internacionais, cujo art. 3.1 (**Elements of bias**) trazia:

> Os critérios para determinar questões relativas à propensão dos árbitros são a imparcialidade e a independência. Parcialidade existe quando um árbitro favorece uma das partes, ou quando já realizou um pré-julgamento em relação à matéria objeto da disputa. Dependência surge quando há uma relação entre o árbitro e uma das partes, ou com alguém próximo a uma das partes.[49]

Essas regras foram suplementadas em 2004 pelas Diretrizes Relativas a Conflitos de Interesses em Arbitragem Internacional (*IBA Guidelines on Conflict of Interests in International Arbitration*). Esse novo texto dividiu em três listas um rol de causas que poderiam potencialmente gerar dúvidas em relação aos interesses dos árbitros. Similar às cores de um semáforo, as listas foram nomeadas de Vermelha, Laranja e Verde em relação ao potencial de interferência que o evento pode trazer para o processo.

Na Lista Vermelha encontram-se as causas mais sérias de conflitos de interesses entre os árbitros e a parte ou a controvérsia. Esta se subdivide, ainda, em duas sub-listas, de eventos renunciáveis e irrenunciáveis, sendo que na última o árbitro não poderá atuar nem se as partes assim quiserem.

Abaixo, alguns exemplos das causas impeditivas apresentadas pelas Diretrizes da IBA:

1. Lista Vermelha de Eventos Irrenunciáveis

1.2 O árbitro é administrador, conselheiro ou membro de órgão supervisor, ou possui influência de controle semelhante sobre uma das partes.

2. Lista Vermelha de Eventos Renunciáveis

2.3.2 O árbitro atualmente representa o advogado ou escritório de Advocacia que atua como consultor jurídico para uma das partes.

---

49. "The criteria for assessing questions relating to bias are impartiality and independence. Partiality arises where an arbitrator favours one of the parties, or where he is prejudiced in relation to the subject matter of the dispute. Dependence arises from relationships between arbitrator and one of the parties, or with somebody closely connected with one of the parties."

3. Lista Laranja

3.1.5 O árbitro atualmente atua, ou atuou nos três anos anteriores, como árbitro em outro processo arbitral em assunto relacionado envolvendo uma das partes ou coligada de uma das partes.

4. Lista Verde

4.4.2 O árbitro e o consultor jurídico de uma das partes ou outro árbitro já atuaram juntos como árbitros ou como coárbitros.

Deve-se lembrar, contudo, que, apesar de muito úteis, as Diretrizes da IBA só serão vinculantes se assim escolhido pelas partes. Poder-se-ia argumentar, também, que, se as partes pactuarem que o procedimento deverá seguir as práticas internacionais, as Diretrizes devem ser aplicadas.[50] Geralmente poderão auxiliar no convencimento, mas caberá à Corte analisar, no caso concreto, sua relevância.

8. Breve análise de casos concretos

Quanto à imparcialidade especificamente, pode-se dizer que os desenvolvimentos mais recentes da arbitragem, ao longo do século XX, viram o aparecimento de dois testes diversos: aparência de imparcialidade (*appearance of bias*) e existência de imparcialidade (*actual or real bias*).

A jurisprudência britânica demonstra muito claramente o desenvolvimento dessas duas visões, ainda que em processos judiciais, e não arbitrais. Como será visto, contudo, tais teorias se estendem, no Direito Inglês, aos árbitros. Quatro casos devem ser citados: (1) "Sussex Justices"; (2) "R vs. Gough"; (3) "Re Medicaments"; e (4) "Porter *vs.* Magill".

No primeiro caso, "R. *vs.* Sussex Justices, *ex parte* McCarthy",[51] um motoqueiro esteve envolvido em acidente de trânsito e foi processado por dirigir perigosamente. O *clerk* que deu assistência aos juízes, descobriu-se mais tarde, era membro do escritório que estava processando civilmente o mesmo motoqueiro.

O réu, após tomar conhecimento do fato, buscou anular o julgamento, apelando para a *High Court of Justice of England and Wales*. O apelo

---

50. Um relatório organizado pela Universidade Queen Mary juntamente com o escritório White & Case mostra que 60% das arbitragens internacionais adotam as Diretrizes da IBA. Na mesma ocasião, 85% dos entrevistados entendeu que a adoção das Diretrizes é útil para o processo arbitral (*2012 International Arbitration Survey: Current and Preferred Practices in the Arbitral Process*, School of International Arbitration of the Queen Mary University of London, White & Case LLP).

51. [1924] 1 KB 256, [1923] All ER Rep 233.

foi julgado procedente, e a decisão foi anulada, pois, mesmo que inexistissem provas de que o assistente tivesse interferido no julgamento dos juízes, sua presença causava uma aparência de imparcialidade. Nessa ocasião, o *Lord Chief Justice* Hewart CJ pronunciou voto que ficou célebre: é importante que a justiça não apenas seja feita, mas que aparente ter sido feita.[52]

O caso "Sussex Justices" estabeleceu dois passos para a constatação de parcialidade: (a) a conduta deve ser impugnável pelo ponto de vista de um terceiro razoável (*reasonable observer*); e (b) deve haver uma suspeição razoável (*reasonable apprehension* ou *reasonable suspicion*).

Esse teste foi seguido até a decisão da *House of Lords* em "R vs. Gough", em 1993.[53] Sucintamente, o caso envolvia o julgamento de um homem acusado de conspirar para cometer um roubo. Após ter sido condenado, o irmão do acusado informou ao Tribunal que uma das juradas era sua vizinha, motivo pelo qual haveria parcialidade de sua parte.

A Corte reverteu sua posição de que bastaria mera aparência de parcialidade e estabeleceu um novo critério de real existência de parcialidade. As duas etapas do teste de imparcialidade passaram a ser as seguintes: (a) a conduta deve ser impugnável pelos olhos da Corte; e (b) deve haver um perigo real (*real danger*).

Em novo julgamento, datado de 2000, a *England and Wales Court of Appeal* fez pequenas modificações ao teste estabelecido em "Gough". No caso "Re Medicaments (N. 2)",[54] o *Office of Fair Trading*, órgão governamental de controle de concorrência, buscou a retirada da isenção da indústria farmacêutica em relação ao *Resale Prices Act* de 1976. Até aquele momento os medicamentos vendidos em farmácia não tinham qualquer proibição em relação ao preço, o que, segundo o requerente, traria prejuízos ao público. Algumas empresas de produção de medicamentos buscaram cancelar o julgamento, sob o fundamento de que um dos membros da Corte seria parcial e que sua posição contaminava também os demais membros.

A *Court of Appeal* adotou o teste usado em "Gough", mas substitui o "real perigo" por "real possibilidade" de o Tribunal ser parcial, que, apesar de incerto, aparenta ser um *standard* mais baixo que o de real perigo.

---

52. "(...) it is not merely of some importance but it is of fundamental importance that justice should not only be done, but should manifestly and undoubtedly be seen to be done."
53. *R vs. Gough* [1993] 884 2 WLR.
54. *Director Chief of Fair Trading vs. Re Medicaments and Related Classes of Goods*, [2001] 1 WLR 700.

Finalmente, em "Porter *vs.* Magill"⁵⁵ a *House of Lords* aplicou, novamente com certas modificações, a teoria usada em "Re Medicaments". Nesse caso, uma líder do Conselho Municipal de Westminster, Dame Shirley, foi condenada a devolver 31 milhões de Libras aos cofres públicos, por ter causado prejuízos ao Erário em sua campanha.⁵⁶

A Conselheira buscou anular o julgamento pois o auditor que a investigou teria dado uma coletiva de imprensa em que, ainda durante a investigação e sem resultados conclusivos, mostrou sua opinião de desaprovação quanto à conduta de Shirley, fato que demonstraria sua imparcialidade. Este precedente, o mais atual e, portanto, vinculante, estabeleceu o critério de que haveria parcialidade quando "um observador informado e razoável, tendo considerado os fatos, concluísse haver uma real possibilidade de haver imparcialidade".⁵⁷

Em síntese, pode-se perceber que a jurisprudência britânica passou da exigência de mera *aparência de parcialidade* para um *real perigo de parcialidade*, cujo ônus da prova recai sobre a parte impugnante, para, então, retroceder a um critério de *real possibilidade de parcialidade*, em que não basta mera aparência, mas há necessidade provas menos contundentes de um *actual bias*. Esses mesmos *standards* aplicáveis aos juízes são estendidos aos árbitros, conforme precedentes das Cortes inglesas.⁵⁸

No caso "Norbrook Laboratories *vs.* Tank"⁵⁹ o árbitro foi impugnado por ter conversado com as testemunhas sem conhecimento das partes, além de ter buscado compensar o fato de uma das partes estar se autorrepresentando ao dar menor peso às provas trazidas pela parte adversa. A Corte Comercial da *High Court of England and Wales* retirou o árbitro aplicando o teste adotado em "Porter *vs.* Magill" e "Re Medicaments", segundo o qual um observador independente, tendo conhecimento dos fatos, concluiria que há uma real possibilidade de haver imparcialidade.⁶⁰

55. *Porter vs. Magill* [2001] UKHL 67.
56. Ela havia desenvolvido uma política de vendas de propriedades a baixos preços para conseguir votos.
57. "The question is whether the fair-minded and informed observer, having considered the facts, would conclude thet there was a real possibility that the tribunal was biased" ("Porter *vs.* Magill", par. 103).
58. *R vs. Gough*, pars. 669H-670D; *Philip Alexander Securities and Futures vs. Werner Bamberger and Ors* [1996] XXII YBCA 872 [1997]; *ASM Shipping Ltd. of India vs. TTMI Ltd. of England* [2006] EWCA 1341(Civ.).
59. *Norbrook Laboratories Ltd. vs. Tank* [2006] EWHC 1055 (Comm).
60. "145. (...). Where there is a sole arbitrator whose impartiality is shown to have been impaired to the effect that a fair-minded and properly informed indepen-

A discussão entre *aparência* ou *evidência* também se faz presente na jurisprudência americana.

No caso "Commonwealth Coatings Corp. *vs.* Continental Causalty"[61] um dos árbitros deixou de revelar que teve relações profissionais esporádicas com uma das partes. A parte sucumbente buscou anular a sentença arbitral com base na imparcialidade do referido árbitro. A Suprema Corte americana, por maioria de votos, anulou a sentença. Conforme sua decisão, cabe ao árbitro revelar todo e qualquer fato que possa criar uma "impressão de possível inclinação" (*impression of possible bias*).

Apesar dessa decisão, as Cortes Estaduais têm se dividido quanto à possibilidade de uma mera aparência de parcialidade poder afetar o tribunal e sua sentença. O Segundo,[62] o Quarto,[63] o Sexto,[64] o Sétimo[65] e o Décimo[66] Distritos adotaram posição no sentido de que mera aparência não é suficiente para gerar a nulidade de uma sentença. Em sentido contrário, isto é, aplicando o *standard* de mera aparência adotado pela Suprema Corte, entenderam o Quinto,[67] o Nono[68] e o Décimo Primeiro[69] Distritos.

dent observer would perceive that there existed a real possibility of bias in any award already made, substantial injustice will normally be inferred and where an has yet to be made substantial injustie will normally be anticipated."

61. 393 U.S. 145 [1968].

62. *Morelite Construction Corp vs. New York City District Council Carpenters Benefit Funds* (748, F.2d 79, 82-83 [1984]).

63. *Peoples Security Life Insurance Co. vs. Monumental Life Insurance Co.* (991, F.2d 141, 146 [1993]).

64. *Apperson vs. Fleet Carrier Corp* (879 F.2d 1344, 1358 [1989]). *In verbis*: "To invalidate an arbitration award on the grounds of bias, the challenging party must show that a 'reasonable person would have to conclude that an arbitrator was partial' to the other party to the arbitration".

65. *Health Services Management Corp. vs. Hughes* (975 F.2d 1253, 1264 [1992]).

66. *Ormsbee Development Co. vs. Grace* (668, F.2d 1140, 1147 [1982]). *In verbis*: "For an award to be set aside, the evidence of bias or interest of an arbitrator must be direct, definite and capable of demonstration, rather than remote, uncertain or speculative".

67. *Positive Software Solution Inc. vs. New Century Mortgage Corp.* (436 F.3d 495, 502 [2006]). Neste caso, o árbitro único havia servido como coadvogado (*co-counsel*) em outro caso juntamente com o advogado da requerida. *Verbis*: "An arbitrator selected by the parties displays evident partiality by the very failure to disclose facts that might create a reasonable impression of the arbitrator's partiality".

68. *Schmitz vs. Zilveti* (20 F.3d 1043, 1046 [1994]). Neste caso, um árbitro deixou de revelar que seu escritório havia representado a companhia controladora de uma das partes em outro caso. Adotaram o *appearance of bias*, no sentido de que há parcialidade quando "undisclosed facts show a reasonable impression of partiality".

69. *Middlesex Mutual Insurance Co. vs. Levine* (675 F.2d 1197, 1201 [1982]).

Essa discussão também é observável na jurisprudência francesa. O mais recente caso sobre o tema foi julgado pela 1ª Câmara Civil da *Cour de Cassation* em outubro/2012, no litígio entre "Tecso *versus* Neoelectra".[70] Tecso entrou com pedido de anulação junto à *Cour d'Appel* de Paris pela falta de independência de um dos árbitros do Tribunal, que nove anos antes teria trabalhado no escritório Freshfields Bruckhaus Deringer, o mesmo da advogada de Neoelectra.

A *Cour d'Appel* proferiu sua decisão em 10.3.2011, afirmando que, mesmo tendo formalmente se desligado do escritório antes da entrada da advogada da parte, o árbitro havia sido contratado posteriormente para a realização de três pareceres, o que caracterizaria um liame com o referido escritório. A falta de revelação dessa informação poderia suscitar *dúvida razoável* sobre as qualidades de imparcialidade e independência do árbitro.

A *Cour de Cassation* decidiu por rescindir a sentença da *Cour d'Appel*. Ela entendeu, no caso, que o liame entre os fatos não revelados e a dúvida razoável da parte quanto às qualidades de independência e de imparcialidade do árbitro deve ser necessariamente explicado, não bastando mera afirmação de que algum fato geraria dúvida quanto à imparcialidade.[71]

No Brasil, o TJSP[72] confirmou a ideia de que em sede de anulação de sentença arbitral se adota a teoria da prova de parcialidade. Contudo, o Tribunal não chegou ao ponto de dizer que antes da constituição do Tribunal seria possível cogitar de mera aparência de parcialidade.

Em igual sentido já havia se pronunciado o TJDFT,[73] afirmando que "a alegação de suspeição do árbitro escolhido pela sentença e seus respectivos substitutos deve vir acompanhada de um mínimo de provas, não bastando, para tanto, a afirmação de que estes pertencem à mesma categoria funcional das autoras".

---

70. Recurso (*Pourvoi*) n. 11-20.299.

71. "Qu'en se déterminant par ces seuls motifs sans expliquer en quoi ces éléments étaient nature à provoquer dans l'esprit des parties un doute raisonnable quan à l'impartialité *[de l'arbitre]* et à son indépendance, la Cour d'Appel n'a pas mis la Cour de Cassation en mesure d'exercer son contrôle sur la décision."

72. TJSP, 8ª Câmara de Direito Privado, AP 9124982-89.2007.8.26.0000, rel. Des. Luiz Ambra, j. 3.8.2011, *DJE* 16.8.2011.

73. TJDFT, 3ª Câmara Cível, AP 1999.01.1.083360-3, rel. Des. Vasquez Cruxên, j. 5.3.2001, *DJE* 6.6.2001.

9. Legislação nacional e internacional sobre independência e imparcialidade do árbitro

Voltemos, agora, nossa atenção às legislações, nacionais e internacionais, sobre imparcialidade e independência.

A Lei-Modelo da UNCITRAL, com as alterações de 2006, apresenta em seu art. 12 os possíveis fundamentos para objeção em relação aos árbitros. Essas regras determinam que somente poderá haver objeção se "existirem circunstâncias que possam suscitar *dúvidas fundamentadas sobre sua imparcialidade*" (grifos nossos). A expressão usada no texto em inglês é *justifiable doubts*.[74]

As regras da Câmara de Comércio Internacional/CCI, com as modificações de 2012, apresentam a impugnação por existência de imparcialidade ou independência em seu art. 14 (antigo art. 11),[75] não trazendo qualquer critério como "dúvida razoável" ou "parcialidade evidente". Não obstante, Yves Derains e Eric Schwartz apontam que, havendo impugnação quanto ao árbitro, esta será levada à Corte (após ouvidas as partes e os demais árbitros) e, uma vez lá, será analisado se as circunstâncias específicas daquele caso levariam a uma "dúvida razoável" a respeito da imparcialidade.[76]

Referidos autores afirmam que em decisões recentes a Corte da CCI tem utilizado conceito bem amplo sobre o que constitui imparcialidade, e em casos de dúvida a solução tem sido no sentido de desqualificação, sobretudo se a impugnação é feita no início do processo.[77]

O Centro Internacional para Resolução de Disputas sobre Investimentos (*International Center for Settlement of International Disputes/ ICSID*), instituído sob a égide do Banco Mundial, prevê que deve haver falta manifesta de independência para que possa ser possível a desqualificação do árbitro.[78] Em célebre caso, um árbitro foi impugnado por ter também atuado em outra arbitragem relacionada.

---

74. "12(2) An arbitrator may be challenged only if circumstances exist that give rise to justifiable doubts as to his impartiality or independence (...)."
75. "A impugnação de um árbitro por alegada falta de imparcialidade ou independência ou por quaisquer outros motivos deverá ser feita por meio da apresentação de uma declaração por escrito à Secretaria, especificando os fatos e circunstâncias que lhe servem de fundamento."
76. Yves Derains e Eric A. Schwartz, *Guide to the ICC Rules of Arbitration*, Haia, Kluwer Law International, 2005, p. 122.
77. Idem, ibidem.
78. "Art. 14(1) Persons designated to serve on the Panels shall be persons of high moral character and recognized competence in the fields of law, commerce, industry or finance, who may be relied upon to exercise independent judgment.

A objeção foi negada, por não haver prova da existência de imparcialidade, tendo o Centro concluído que "haveria graves consequências negativas para qualquer sistema adjudicatório se a decisão de um árbitro em um caso fosse automaticamente causa para sua imparcialidade em outro processo".[79]

As regras da Lei de Arbitragem norte-americana (*Federal Arbitration Act*/FAA) apresentam como fundamento para anulação de uma sentença arbitral a existência de "parcialidade evidente" do árbitro.[80] Como visto, o real sentido dessa *evidência* ainda é fruto de controvérsias nas Cortes.

Em terras inglesas, com as regras da Corte de Londres de Arbitragem Internacional (*London Court of International Arbitration*/LCIA), a impugnação de árbitros também deve ser baseada em dúvida razoável (*justifiable doubts*).[81] Do mesmo modo dispõe a lei inglesa de arbitragem (*English Arbitration Act*) de 1996, similar ao art. 12 da Lei-Modelo da UNCITRAL.[82]

Ainda em âmbito europeu-continental, o Código de Processo Civil francês não prevê a existência de dúvida razoável.[83] Contudo, a jurisprudência mais recente mostra que não basta a mera aparência, sendo necessária a existência de prova em relação à parcialidade ou dependên-

"(...)."
"Art. 57. A party may propose to a Commission or Tribunal the disqualification of any of its members on account of any fact indicating a manifest lack of the qualities required by paragraph (1) of art. 14."

79. *Cia. de Aguas del Aconquija e Vivendi Universal vs. República da Argentina*. Caso ICSID ARB/97/3. No mesmo sentido: *Amco Asia Corp. vs. Indonesia*, Caso ICSID ARB/81/1.

80. "(a) In any of the following cases the United States Court in and for the District wherein the award was made may make an order vacating the award upon the application of any party to the arbitration (...).
"(2) Where there was evident partiality or corruption in the arbitrators, or either of them; (...)."

81. "10.3 An arbitrator may also be challenged by any party if circumstances exist that give rise to justifiable doubts as to his impartiality or independence."

82. "S. 24(1) A party to arbitral proceedings may (upon notice to the other parties, to the arbitrator concerned and to any other arbitrator) apply to the court to remove an arbitrator on any of the following grounds – (a) that circumstances exist that give rise to justifiable doubts as to his impartiality; (...)."

83. "Art. 1456(2) Il appartient à l'arbitre, avant d'accepter sa mission, de révéler toute circonstance susceptible d'affecter son indépendance ou son impartialité."

cia. No supracitado "Tecso vs. Neoelectra", aliás, a decisão da *Cour de Cassation* foi baseada na ausência de base legal (*manque de base légale*) para a anulação da sentença.[84]

Passando, finalmente, ao Direito Brasileiro, o art. 14 da Lei de Arbitragem (Lei 9.307/1996) faz remissão ao Código de Processo Civil (aliás, uma das poucas vezes em que a lei faz menção ao Código de Processo Civil), estendendo aos árbitros os casos de impedimento e suspeição dos arts. 134 e 135. O § 1º deste mesmo artigo, tratando do dever de revelação do árbitro, adota o critério de "dúvida justificada" em relação à imparcialidade e independência.[85]

Visto isto, exsurge um questionamento: o que quer dizer, afinal, uma dúvida justificada? Em resposta a essa pergunta, Marcelo Ferro aponta que "o adjetivo 'justificada', que qualifica o substantivo 'dúvida', denota o sentido de que a avaliação dos fatos ensejadores do questionamento a respeito da independência do árbitro deve ser analisada sob uma ótica razoável e ponderada, seja aos olhos da parte, seja aos olhos de um terceiro".[86]

Indo além, Gary Born afirma que a fórmula de dúvida razoável ou justificável requer uma abordagem objetiva, isto é, qualquer objeção em relação à imparcialidade ou independência deve ser fundamentada em provas aferíveis objetivamente.[87]

---

84. Tom Philippe Heintz e Gustavo Vieira da Costa Cerqueira, "Racionalização do dever de revelação do árbitro no direito francês da arbitragem", *Revista de Arbitragem e Mediação* 36/421, 2013. V. também, dos mesmos autores, "A nova interpretação da obrigação de independência do árbitro na França: *ad extirpanda*?", *Revista de Arbitragem e Mediação* 32/389-418, 2012.

85. Lei 9.307/1996:
"Art. 14. Estão impedidos de funcionar como árbitros as pessoas que tenham, com as partes ou com o litígio que lhes for submetido, algumas das relações que caracterizam os casos de impedimento ou suspeição de juízes, aplicando-se-lhes, no que couber, os mesmos deveres e responsabilidades, conforme previsto no Código de Processo Civil.

"§ 1º. As pessoas indicadas para funcionar como árbitro têm o dever de revelar, antes da aceitação da função, qualquer fato que denote dúvida justificada quanto à sua imparcialidade e independência."

86. Marcelo Ferro, "Apontamentos sobre a independência dos árbitros", in Marcelo Vieira von Adamek (coord.), *Temas de Direito Societário e Empresarial Contemporâneo*, São Paulo, Malheiros Editores, 2011, p. 852.

87. Gary Born, *International Commercial Arbitration*, vol. 1, Kluwer Law International, 2009, p. 1.477.

10. Impugnação do árbitro

Finalmente, devemos mencionar um último problema que surge em relação à imparcialidade dos árbitros: o uso de impugnação aos árbitros para atrasar ou frustrar o processo.

O dever de revelação nada mais é que a consagração material da obrigação moral de independência, o parâmetro de avaliação da independência e da imparcialidade do árbitro.[88]

Mas quais fatos devem ser revelados? Missão difícil é aquela de definir quais fatos são relevantes ou suficientes para, caso omitidos, levar à substituição do árbitro ou, pior, à anulação da sentença arbitral. A imparcialidade caminha para adquirir sentido instrumental, para evitar que todo esforço, tempo e recursos gastos com a arbitragem não sejam em vão, sobrevindo uma futura anulação com base em suposta parcialidade do árbitro.

Há fatos que podem parecer virtualmente irrelevantes para o caso mas que geram "desconforto ético"[89] ao árbitro, o que o levará, em grande parte dos casos, a revelar tais circunstâncias. Assim, é comum que os potenciais árbitros, quando da apresentação de sua declaração de imparcialidade e independência, acabem incorrendo em *overdisclosure*,[90] revelando mais fatos do que os que seriam necessários.

Tal fato é potencialmente problemático, pois permite que uma parte atrase o procedimento, por meio de impugnação ao árbitro que, em sua base, é infundada. Essa é uma estratégia criticada, entre outros, por Redfern e outros,[91] William Park[92] e Margaret Moses.[93]

88. Thomas Clay, *L'Arbitrage et Modes Alternatifs de Règlement des Litiges*, Paris, Dalloz, 2011, p. 3028.

89. José Emílio Nunes Pinto, *A Importância da Ética na Arbitragem*, publicação do Portal Digital do Observatório do Governo Eletrônico em parceria com a Universidade Federal de Santa Catarina (disponível em *http://www.egov.ufsc.br/portal/sites/default/files/anexos/29781-29797-1-PB.pdf*).

90. Moses, *The Principles and Practice of International Commercial Arbitration*, cit., p. 136.

91. Alan Redfern, Martin Hunter, Nigel Blackaby e Constantine Partasides, *Law and Practice on International Commercial Arbitration*, Thompson, 2004, p. 294.

92. William Park, *Arbitration of International Business Disputes: Studies in Law and Practice*, Oxford, 2006, p. 450.

93. Margaret Moses, *The Principles and Practice of International Commercial Arbitration*, cit., pp. 138-141.

Nessa mesma linha conclui Samuel Lutrell, em obra específica sobre o tema, afirmando que a objeção a árbitros é hoje a peça chave para se "jogar sujo" em arbitragens,[94] motivo pelo qual deveria haver para os árbitros um *standard* mais alto de prova em relação à parcialidade (um *real danger test*, tal qual aplicado pelas Cortes inglesas no caso "Gough").

A questão de sob qual teoria deve o árbitro ser impugnado – se bastaria a mera aparência de parcialidade ou se seria necessário algo mais – ainda é altamente discutível. Veremos, nos anos que seguem, em que sentido a doutrina e a jurisprudência irão caminhar.

Bibliografia

ADAMEK, Marcelo Vieira von (coord.). *Temas de Direito Societário e Empresarial Contemporâneo*. São Paulo, Malheiros Editores, 2011.

BARBOSA MOREIRA, José Carlos. "O juiz e a prova". *RePro* 35. São Paulo, Ed. RT, 1984.

BARROS, Flaviane de Magalhães. "O princípio da imparcialidade a partir da compreensão do modelo constitucional de processo". In: CALMON, Petrônio, NUNES, Dierle, e THEODORO JR., Humberto (coords.). *Processo e Constituição*. Rio de Janeiro, GZ, 2010.

BEDAQUE, José Roberto Santos. *Poderes Instrutórios do Juiz*. São Paulo, Ed. RT, 1991.

BLACKABY, Nigel, HUNTER, Martin, PARTASIDES, Constantine, e REDFERN, Alan. *Law and Practice on International Commercial Arbitration*. Thompson, 2004.

BORN, Gary. *International Commercial Arbitration*. vol. 1. Kluwer Law International, 2009.

CALMON, Petrônio, NUNES, Dierle, e THEODORO JR., Humberto (coords.). *Processo e Constituição*. Rio de Janeiro, GZ, 2010.

CALMON DE PASSOS, J. J. *O Devido Processo Legal e o Duplo Grau de Jurisdição*. São Paulo, Saraiva, 1981.

CANOTILHO, José Joaquim Gomes, e MOREIRA, Vital. *Fundamentos da Constituição*. Coimbra, Coimbra Editora, 1991.

CARMONA, Carlos Alberto. *Arbitragem e Processo*. São Paulo, Atlas, 2004.

CARNEIRO DA CUNHA. Leonardo José. "A garantia constitucional do juiz natural e a modificação de competência". In: CALMON, Petrônio, NUNES, Dierle, e THEODORO JR., Humberto (coords.). *Processo e Constituição*. Rio de Janeiro, GZ, 2010.

---

94. Lutrell, *Bias Challenges in International Arbitration: the Need for a "Real Danger" Test*, cit., p. 44.

CINTRA, Antônio Carlos de Araújo, DINAMARCO, Cândido Rangel, e GRINOVER, Ada Pellegrini. *Teoria Geral do Processo*. 29ª ed. São Paulo, Malheiros Editores, 2013.

CLAY, Thomas. *L'Arbitrage et Modes Alternatifs de Règlement des Litiges*. Paris, Dalloz, 2011.

_____. *L'Arbitre*. Paris, Dalloz, 2001.

CRUZ E TUCCI, José Rogério (coord.). *Garantias Constitucionais no Processo Civil*. São Paulo, Ed. RT, 1999.

DERAINS, Yves, e SCHWARTZ, Eric A. *Guide to the ICC Rules of Arbitration*. Haia, Kluwer Law International, 2005.

DINAMARCO, Cândido Rangel, CINTRA, Antônio Carlos de Araújo, e GRINOVER, Ada Pellegrini. *Teoria Geral do Processo*. 29ª ed. São Paulo, Malheiros Editores, 2013.

ECHANDÍA, Hernando Devis. *Teoría General de la Prueba Judicial*. vol. I. Buenos Aires, Victor P. de Zavalia, 1981.

FERRO, Marcelo. "Apontamentos sobre a independência dos árbitros". In: ADAMEK, Marcelo Vieira von (coord.). *Temas de Direito Societário e Empresarial Contemporâneo*. São Paulo, Malheiros Editores, 2011.

FORNACIARI JR., Clito. "Da necessária releitura do fenômeno da suspeição". *RT* 766/64-68. São Paulo, Ed. RT, 1999.

GAILLARD, Emmanuel, e SAVAGE, John. *Fouchard Gaillard Goldman on International Commercial Arbitration*. Kluwer Law International, 1999.

GRINOVER, Ada Pellegrini. "O princípio do juiz natural e sua dupla garantia". *RePro* 29. São Paulo, Ed. RT, janeiro-março/1983.

_____, CINTRA, Antônio Carlos de Araújo, e DINAMARCO, Cândido Rangel. *Teoria Geral do Processo*. 29ª ed. São Paulo, Malheiros Editores, 2013.

HEINTZ, Tom Philippe, e CERQUEIRA, Gustavo Vieira da Costa. "A nova interpretação da obrigação de independência do árbitro na França: *ad extirpanda*?". *Revista de Arbitragem e Mediação* 32. 2012.

_____. "Racionalização do dever de revelação do árbitro no direito francês da arbitragem". *Revista de Arbitragem e Mediação* 36. 2013.

HUNTER, Martin, BLACKABY, Nigel, PARTASIDES, Constantine, e REDFERN, Alan. *Law and Practice on International Commercial Arbitration*. Thompson, 2004.

KROLL, S. M., LEW, J. D. M., e MISTELIS, L. A. *Comparative International Commercial Arbitration*. Kluwer Law International, 2003.

LEMES, Selma Maria Ferreira. *Árbitro: Princípios da Independência e da Imparcialidade*. São Paulo, LTr, 2001.

LEW, J. D. M., KROLL, S. M., e MISTELIS, L. A. *Comparative International Commercial Arbitration*. Kluwer Law International, 2003.

LIMA, Francisco Gérson Marques de. *Fundamentos Constitucionais do Processo (Sob a Perspectiva da Eficácia dos Direitos e Garantias Fundamentais)*. São Paulo, Malheiros Editores, 2002.

LUCON, Paulo Henrique dos Santos. "Garantia do tratamento paritário das partes". In: CRUZ E TUCCI, José Rogério (coord.). *Garantias Constitucionais no Processo Civil*. São Paulo, Ed. RT, 1999 (pp. 91-131).

LUTRELL, Samuel Ross. *Bias Challenges in International Arbitration: the Need for a "Real Danger" Test*. Kluwer Law International, 2009.

MARCATO, Antônio Carlos. *Código de Processo Civil Interpretado*. São Paulo, Atlas, 2007.

MARQUES, José Frederico. "Juiz natural". *Enciclopédia Saraiva de Direito*. vol. 46. São Paulo, Saraiva, 1977.

MENDONÇA LIMA, Alcides de. "O princípio da probidade no Código de Processo Civil brasileiro". *RePro* 16. São Paulo, Ed. RT, outubro-dezembro/1979.

MISTELIS, L. A., KROLL, S. M., e LEW, J. D. M. *Comparative International Commercial Arbitration*. Kluwer Law International, 2003.

MOREIRA, Vital, e CANOTILHO, José Joaquim Gomes. *Fundamentos da Constituição*. Coimbra, Coimbra Editora, 1991.

MOSES, Margaret L. *The Principles and Practice of International Commercial Arbitration*. Nova York, Cambridge University Press, 2012.

NASCIMENTO, Walter Vieira do. *Lições de História do Direito*. 9ª ed. Rio de Janeiro, Forense, 1997.

NERY JR., Nelson. *Princípios do Processo na Constituição Federal*. 10ª ed. São Paulo, Ed. RT, 2010.

NUNES, Dierle, CALMON, Petrônio, e THEODORO JR., Humberto (coords.). *Processo e Constituição*. Rio de Janeiro, GZ, 2010.

NUNES PINTO, José Emílio. *A Importância da Ética na Arbitragem*. Publicação do Portal Digital do Observatório do Governo Eletrônico em parceira com a Universidade Federal de Santa Catarina (disponível em *http://www.egov.ufsc.br/portal/sites/default/files/anexos/29781-29797-1-PB.pdf*).

PARK, William. *Arbitration of International Business Disputes: Studies in Law and Practice*. Oxford, 2006.

PARTASIDES, Constantine, BLACKABY, Nigel, HUNTER, Martin, e REDFERN, Alan. *Law and Practice on International Commercial Arbitration*. Thompson, 2004.

REDFERN, Alan, BLACKABY, Nigel, HUNTER, Martin, e PARTASIDES, Constantine. *Law and Practice on International Commercial Arbitration*. Thompson, 2004.

ROBERT, Jean. *L'Arbitrage – Droit Interne – Droit International Privé*. Paris, Dalloz, 1983.

ROCHA, José de Albuquerque. *Teoria Geral do Processo*. 6ª ed. São Paulo, Malheiros Editores, 2002.

SAVAGE, John, e GAILLARD, Emmanuel. *Fouchard Gaillard Goldman on International Commercial Arbitration*. Kluwer Law International, 1999.

SCHWARTZ, Eric A., e DERAINS, Yves. *Guide to the ICC Rules of Arbitration*. Haia, Kluwer Law International, 2005.

SILVA, Ovídio Baptista da. *Curso de Processo Civil*. 2ª ed. Porto Alegre, Sérgio Antônio Fabris Editor, 1991.
SOUZA, Artur César de. *A Parcialidade Positiva do Juiz*. São Paulo, Ed. RT, 2008.
THEODORO JR., Humberto, CALMON, Petrônio, e NUNES, Dierle (coords.). *Processo e Constituição*. Rio de Janeiro, GZ, 2010.
WAGNER JR., Luz Guilherme da Costa. *Processo Civil*. Belo Horizonte, Del Rey, 2010.

CONSIDERAÇÕES SOBRE A COGNIÇÃO DE MATÉRIA DE ORDEM PÚBLICA PELOS TRIBUNAIS SUPERIORES

RODOLFO DE CAMARGO MANCUSO

Professor Associado de Direito Processual Civil da Faculdade de Direito da USP – Procurador do Município aposentado

MARIANA ARAVECHIA PALMITESTA

Mestranda em Direito Processual Civil pela USP

1. Conceito de ordem pública. 2. Efeito devolutivo e cognição de matérias de ordem pública. 3. Recursos excepcionais e prequestionamento – Limitação à apreciação de matéria de ordem pública?. 4. Considerações finais.

1. Conceito de ordem pública

Muito embora o processo civil esteja destinado, na maioria das vezes, a tutelar direitos de natureza privada, as normas processuais constituem leis de direito público, porque incidem sobre a atividade estatal, através da qual se exerce a função jurisdicional.[1]

Em razão disso, existem algumas normas de direito processual que não podem ser afastadas, a despeito de manifestação das partes a respeito delas. Trata-se de normas que estão acima do interesse das partes, relacionadas à função pública exercida pelo processo: são as chamadas *normas de ordem pública*.

Ricardo Aprigliano aponta a grande dificuldade que se tem para definir um conceito preciso de *ordem pública*, posto que cada ramo do Direito analisa a questão sob seu próprio enfoque.[2]

---

1. Antônio Carlos de Araújo Cintra, Ada Pellegrini Grinover e Cândido Rangel Dinamarco, *Teoria Geral do Processo*, 29ª ed., São Paulo, Malheiros Editores, 2013, p. 100.

2. Ricardo de Carvalho Aprigliano, *Ordem Pública e Processo – O Tratamento das Questões de Ordem Pública no Direito Processual Civil*, São Paulo, Atlas, 2011, p. 5.

Como consequência do enquadramento de determinadas questões como matéria de ordem pública, temos a possibilidade de exame de ofício, muito embora nem toda matéria cognoscível de ofício constitua questão de ordem pública; daí derivam, dentre outras consequências processuais, a ausência de preclusão da matéria e a possibilidade de seu exame em qualquer tempo ou grau de jurisdição.[3] Por aí se compreende a importância de se alcançar um conceito preciso das matérias que se enquadram nesse grupo, não só porque a ausência do preenchimento dos requisitos impostos por tais normas pode implicar extinção anômala do processo, mas também para que as partes conheçam bem as "regras do jogo", evitando ser surpreendidas ao longo da relação processual.[4]

Não é objeto deste estudo a análise do conceito de ordem pública para os demais ramos do Direito; por isso, passa-se a verificar o significado da questão para a ciência processual.

No campo do direito processual a questão relativa à ordem pública está atrelada à noção de que o exame de algumas matérias, por diversos motivos, assume papel mais importante e mais crítico para o sistema.[5] O tema relaciona-se a questões mais relevantes para o desenvolvimento da atividade jurisdicional; por isso mesmo, elas merecem uma tutela diferenciada.

Em nosso ordenamento boa parte das questões de ordem pública encontra-se disciplinada no art. 267 do CPC, que permite a extinção do processo sem exame do mérito quando ausentes as condições da ação ou os pressupostos processuais.

Ricardo Aprigliano, levando em consideração as hipóteses de extinção do processo sem apreciação do mérito, sugere um rol de questões que seriam de ordem pública no sistema processual civil brasileiro: (i) pressupostos de constituição e de desenvolvimento válido e regular do processo; (ii) condições da ação; (iii) requisitos de regularidade do processo e do procedimento; e (iv) inexistência de pressupostos negativos.[6]

---

3. Idem, p. 7.
4. Nesse ponto, cumpre destacar que o conhecimento de ofício da matéria de ordem pública pode representar surpresa para as partes, pois se trata de questão que, mesmo não levantada ao longo do processo, é objeto de cognição judicial. Por tal razão, é importante conceituar de forma exata quais as hipóteses em que essa cognição é possível.
5. Ricardo de Carvalho Aprigliano, *Ordem Pública e Processo – O Tratamento das Questões de Ordem Pública no Direito Processual Civil*, cit., p. 9.
6. Idem, pp. 11-12.

Muito embora não haja consenso doutrinário acerca do rol de matérias que se enquadram no conceito de ordem pública, a relação sugerida por Ricardo Aprigliano parece bastante satisfatória. O autor elenca questões fundamentais para o bom desenvolvimento da *relação processual* (ditos "pressupostos de existência e validade do processo"), que é o *continente*, em face do *conteúdo*, este representado pela ação e por suas específicas *condições*.

Completando a lista sugerida, Ricardo Aprigliano aponta, ainda, como questões de ordem pública os pressupostos recursais e as nulidades processuais absolutas.

Embora não se possa traçar um rol exaustivo das matérias que constituem questões de ordem pública, é certo que se pode ter um conceito satisfatoriamente preciso acerca de tais questões. Isso porque as normas de ordem pública são, no campo processual, aquelas que se mostram superiores aos interesses subjetivos e refletem anseios da coletividade como um todo.

Nesse campo, cite-se, por exemplo, a hipótese da inexistência dos pressupostos negativos, como a coisa julgada. O desenvolvimento de uma nova relação processual que já foi resolvida, com a possibilidade de surgimento de coisas julgadas conflitantes, representa possível lesão não só às partes envolvidas na demanda, mas à coletividade, tendo em vista que representa grave violação ao princípio da segurança jurídica.

Para sintetizar o conceito de ordem pública, vale mencionar importante definição trazida por Ricardo Aprigliano, que, resumidamente, define muito bem o instituto:

> As leis ou normas de ordem pública resumem e retratam aspectos considerados pelo sistema jurídico brasileiro como integrantes de seu núcleo essencial, compondo o universo mais ou menos amplo dos valores éticos, sociais e culturais que a sociedade brasileira elegeu e procura preservar.[7]

Definido o conceito de ordem pública, passa-se a estudar a implicação prática da questão no que diz respeito à possibilidade de apreciação da matéria em qualquer grau de jurisdição e independentemente de manifestação das partes a respeito destas normas ao longo da relação processual.

---

7. Idem, p. 17.

2. Efeito devolutivo e cognição de matérias de ordem pública

Via de regra, os recursos cíveis produzem dois efeitos principais: o suspensivo e o devolutivo.

O efeito suspensivo impede que a decisão impugnada tenha eficácia antes da apreciação do recurso interposto contra ela, e não está presente em todos os recursos previstos em nosso ordenamento.

Já, o efeito devolutivo diz respeito à parte da decisão objeto do recurso entregue à apreciação do órgão *ad quem*, e está presente em todos os recursos, porque é através dele que se permite seja levada ao conhecimento do órgão *ad quem* a matéria constante da decisão impugnada.

Segundo a concepção de Nelson Nery Jr., o efeito devolutivo seria uma manifestação do princípio dispositivo. Isso porque, estando o juiz impedido de agir de ofício, este deve aguardar a provocação da parte e julgar somente nos limites dessa provocação.[8]

Assim, tem-se que o efeito devolutivo implica que somente a matéria impugnada pela parte pode ser objeto de apreciação judicial, de modo que apenas os pontos trazidos no recurso serão objeto de julgamento pelo órgão *ad quem*.

Esse aspecto reflete a dimensão horizontal (ou extensão) do efeito devolutivo, que, segundo Paulo Lucon, "diz respeito à amplitude da impugnação e está representado pelo clássico *tantum devolutum quantum appellatum*, ou seja, é a extensão delimitada por aquilo que é submetido ao órgão *ad quem*, a partir do que for pedido no recurso".[9]

Com relação à extensão do efeito devolutivo, este, de fato, estaria relacionado ao princípio dispositivo, pois, como visto, trata-se de aspecto que limita o conhecimento do tribunal às matérias especificamente impugnadas pela parte recorrente.

Contudo, o efeito devolutivo não está limitado a seu caráter horizontal, possuindo, ainda, um aspecto vertical, relacionado à profundidade do exame feito pelo órgão *ad quem* a respeito da matéria que lhe foi levada ao conhecimento pela parte.

---

8. Nelson Nery Jr., *Princípios Fundamentais: Teoria Geral dos Recursos*, 5ª ed., São Paulo, Ed. RT, 2000, p. 368.

9. Paulo Henrique dos Santos Lucon, "Recurso especial: ordem pública e prequestionamento", in Flávio Luiz Yarshell e Maurício Zanoide de Moraes (orgs.), *Estudos em Homenagem à Professora Ada Pellegrini Grinover*, São Paulo, DPJ, 2005, p. 729.

Em outras palavras: o aspecto vertical do efeito devolutivo implica transferência à cognição do tribunal dos aspectos relacionados à matéria impugnada.

Nosso CPC define a profundidade do efeito devolutivo em seu art. 515,[10] segundo o qual, interposto o recurso, é devolvida ao tribunal *toda* a matéria relacionada à controvérsia instaurada. Ou seja: independentemente da vontade das partes, o órgão *ad quem* poderá apreciar qualquer questão relacionada aos pontos impugnados.

Veja-se que o art. 515 determina, ainda, a possibilidade de apreciação de questão que não tenha sido expressamente apreciada pela sentença, desde que relacionada aos pontos impugnados através do recurso.

Assim, nos recursos ordinários o efeito devolutivo abrange a análise de todas as questões de ordem pública relativas aos capítulos de sentença impugnados pelas partes. Nesse sentido, vejam-se os ensinamentos de Araken de Assis:

> Essa peculiaridade explica-se na profundidade do efeito devolutivo. Dele não se destaca de forma autônoma. Na extensão da matéria impugnada, ao órgão *ad quem* é dado reexaminar ou apreciar *ex officio* quaisquer questões que, sendo de ordem pública, situem-se no mesmo plano de cognição (*v.g.*, o mérito) ou em grau inferior (*v.g.*, pressupostos processuais e condições da ação).[11]

Verifica-se, portanto, que o efeito devolutivo se relaciona com o princípio dispositivo somente no que diz respeito ao seu aspecto horizontal, sendo que, por decorrência legal, seu aspecto vertical é pleno, levando ao conhecimento do órgão julgador toda e qualquer matéria relacionada aos pontos impugnados, ainda que se trate de questão não decidida pela decisão recorrida.

Posição minoritária da doutrina entende que as questões de ordem pública podem ser apreciadas pelo tribunal em razão do efeito translativo dos recursos.

---

10. CPC:
"Art. 515. A apelação devolverá ao tribunal o conhecimento da matéria impugnada.
"§ 1º. Serão, porém, objeto de apreciação e julgamento pelo tribunal todas as questões suscitadas e discutidas no processo, ainda que a sentença não as tenha julgado por inteiro.
"§ 2º. Quando o pedido ou a defesa tiver mais de um fundamento e o juiz acolher apenas um deles, a apelação devolverá ao tribunal o conhecimento dos demais."
11. Araken de Assis, *Manual dos Recursos*, São Paulo, Ed. RT, 2007, p. 226.

Nelson Nery Jr., como já referido neste estudo, entende que o efeito devolutivo está relacionado exclusivamente ao princípio dispositivo, de modo que não decorre dele a possibilidade de apreciação pelo órgão *ad quem* das questões de ordem pública. Esta possibilidade estaria relacionada ao efeito translativo do recurso.[12]

Contudo, o efeito translativo nada mais é que o próprio aspecto vertical do efeito devolutivo, que autoriza ao tribunal *ad quem* a apreciação de todas as questões, sobretudo as de ordem pública, relacionadas aos pontos impugnados pela parte em seu recurso.

3. Recursos excepcionais e prequestionamento – Limitação à apreciação de matéria de ordem pública?

Os recursos aos Tribunais Superiores, entretanto, apresentam algumas especificidades com relação à profundidade do efeito devolutivo, o que gera grande discussão a respeito da possibilidade de conhecimento de ofício das matérias de ordem pública nesses Tribunais.

Com relação ao caráter horizontal do efeito devolutivo a questão se resolve de maneira simples, uma vez que esse aspecto é definido pelo recorrente, nos limites em que vem postada sua impugnação.

Já, o caráter vertical do efeito devolutivo, via de regra, é definido por lei e, como visto acima, é pleno. Este não pode ser limitado pela parte ou, mesmo, pela decisão impugnada, de modo que o tribunal poderia apreciar as questões de ordem pública independentemente de pleito específico a esse respeito.

Ocorre que os recursos excepcionais, por exercerem papel distinto em nosso sistema, possuem algumas características intrínsecas e se condicionam a pressupostos diversos daqueles ocorrentes nos recursos de tipo comum.

Ricardo Aprigliano aponta que a função das Cortes Superiores não se limita à cassação de decisões, sendo que elas efetivamente julgam os recursos, estabelecendo a interpretação que se deve dar às normas constitucionais e leis federais. Assim, a função desses tribunais é "estabelecer esta uniformidade, assegurar a higidez e inteireza do ordenamento".[13]

---

12. Nelson Nery Jr., *Princípios Fundamentais: Teoria Geral dos Recursos*, cit., 5ª ed., p. 415.

13. Ricardo de Carvalho Aprigliano, *Ordem Pública e Processo – O Tratamento das Questões de Ordem Pública no Direito Processual Civil*, cit., p. 215.

Dentre as especificidades dos recursos excepcionais encontra-se a exigência do *prequestionamento* da matéria a ser levada para apreciação dos Tribunais Superiores, referida por Dinamarco como decorrência da natureza do próprio recurso. Para o autor não se pode falar em interpretação equivocada ou negativa de vigência da lei se o conteúdo na norma sequer foi cogitado ao longo da demanda.[14]

A exigência do prequestionamento no âmbito do STJ já está assentada nas Súmulas 98 e 211. No tocante ao STF, nas Súmulas 282 e 356.

O requisito do prequestionamento exige que a matéria a ser julgada pelos Tribunais Superiores tenha sido debatida previamente à interposição do recurso, nas instâncias ordinárias, de forma que, mesmo considerando a importância das questões de ordem pública, estas não podem fugir à exigência do prequestionamento.[15]

Seguindo este entendimento, Nelson Nery Jr. defende que os recursos excepcionais não deflagram o que o autor chama de "efeito translativo". Segundo o autor, a Constituição Federal admite recursos excepcionais com relação a causas decididas pelas instâncias ordinárias, de modo que não pode ser objeto de apreciação matéria de ordem pública não abordada em decisões anteriores.[16]

Segundo Ricardo Aprigliano, esta situação implica o dever das partes de invocar todas as questões relacionadas ao direito discutido na demanda, bem como de requerer a expressa manifestação do órgão julgador a seu respeito, inclusive pela via dos embargos de declaração. Omitindo-se o tribunal, há violação ao art. 535 do CPC.[17]

Ocorre que muitas vezes a parte acaba ficando refém da omissão das instâncias ordinárias. Os embargos de declaração com propósito de prequestionamento são muito utilizados na prática processual como meio de garantir o acesso aos Tribunais Superiores. A despeito dessa provocação, os tribunais pátrios tendem a persistir na omissão, em geral sob o fundamento de que não estão obrigados a se manifestar sobre todos os pontos alegados pelas partes, sendo suficiente a menção a aspectos suficientes para motivar a decisão. Nesse sentido, já decidiu o TJSP:

14. Cândido Rangel Dinamarco, *Fundamentos do Processo Civil Moderno*, 6ª ed., vol. II, São Paulo, Malheiros Editores, 2010, p. 1.031.

15. Ricardo de Carvalho Aprigliano, *Ordem Pública e Processo – O Tratamento das Questões de Ordem Pública no Direito Processual Civil*, cit., p. 212.

16. Nelson Nery Jr., *Princípios Fundamentais: Teoria Geral dos Recursos*, cit., 5ª ed., p. 420.

17. Ricardo de Carvalho Aprigliano, *Ordem Pública e Processo – O Tratamento das Questões de Ordem Pública no Direito Processual Civil*, cit., pp. 232-2333.

Embargos de declaração – Inexistência de omissão e contradição – Efeitos infringentes. O acolhimento dos embargos declaratórios predispõe a ocorrência de um dos pressupostos apontados no art. 535 e seus incisos do CPC, quais sejam, a ocorrência de omissão, contradição, obscuridade e até mesmo erro material, mas não podem se prestar, a não ser em casos excepcionalíssimos, a dar efeitos infringentes ao julgado – Inexistência de quaisquer dessas hipóteses O julgador não está obrigado a se manifestar expressamente sobre todos os argumentos trazidos pela parte, basta que tenha encontrado motivo suficiente para fundamentar a sua convicção – Precedentes deste egrégio Tribunal, do STJ e STF – Embargos rejeitados.[18]

Muito embora o STJ entenda que a oposição de embargos de declaração seja suficiente para o preenchimento do requisito do prequestionamento (interpretação que se extrai da Súmula 356 daquela Corte[19]), esta posição nem sempre é adotada em suas decisões.

Foi o que ocorreu no julgamento do REsp 160.515.[20] Neste caso, a parte opôs embargos de declaração com o nítido propósito de prequestionar matéria de ordem pública. O Tribunal *a quo* manteve-se inerte, a

18. TJSP, ED 0164185-41.2012.8.26.0000, rel. Des. Oscild de Lima Jr., j. 3.12.2012.
19. STF, Súmula 356: "O ponto omisso da decisão, sobre o qual não foram opostos embargos declaratórios, não pode ser objeto de recurso extraordinário, por faltar o requisito do prequestionamento".
20. "Processo civil – Recurso especial (art. 105, III, 'a' e 'c', da CF) – Embargos de declaração opostos contra v. acórdão do Tribunal *a quo*, sob a alegação de omissão – Matéria acerca da apreciação da prescrição em reexame necessário não decidida – Embargos rejeitados – Pretendida afronta aos arts. 475, II, e 515, ambos do CPC, 162 do CC e 168 do CTN – Ausência de impugnação ao dispositivo referente aos embargos declaratórios – Pretendida divergência jurisprudencial – Não demonstração – Não conhecimento.
"A interposição de embargos declaratórios não possui a força de, por si só, comprovar o necessário prequestionamento. O seu escopo está em suprir eventuais eivas do julgado.
"Conquanto opostos embargos de declaração, persiste a eiva da omissão se o tribunal de origem nada decide acerca da matéria alegada, notadamente a necessidade de análise da prescrição em reexame necessário, que, embora arguida em contestação, não fora deduzida em apelo voluntário.
"O recurso especial, no caso, deveria ser interposto contra a rejeição dos embargos, e não para discutir questão que se pretendia prequestionar.
"Esta Corte Superior já assentou que 'a premissa de que as questões de ordem pública podem ser alegadas em qualquer tempo e juízo não se aplica às instâncias especial e extraordinária, que elas apreciam se conhecidos os recursos derradeiros, mas somente às instâncias ordinárias' (cf. AgR no EREsp n. 85.558-SP, rel. Min. Eliana Calmon, *DJU* 12.6.2000).

despeito da provocação. Apreciando o recurso especial interposto, o STJ deixou de dele conhecer por entender que não havia sido preenchido o requisito do prequestionamento e reforçando o entendimento de que o conhecimento a qualquer tempo das questões de ordem pública não se aplica aos Tribunais Superiores.[21]

Em referida decisão o STJ entendeu que a ausência de manifestação sobre a matéria, a despeito de oposição de embargos de declaração, deveria suscitar a alegação de violação do art. 535 do CPC, podendo ser anulada a decisão e devolvidos os autos ao Tribunal *a quo*, para novo julgamento.

Ocorre que o entendimento adotado não parece ser compatível com o princípio da economia processual, parecendo mais adequado o Tribunal Superior decidir desde logo a questão suscitada, posto que já houve um mínimo de análise da matéria. Esta é a posição de Paulo Lucon:

> Para diminuir a demora excessiva do processo, o tribunal de superposição deve estar autorizado, verificando que houve um mínimo de análise da questão federal ou constitucional, a enfrentar o mérito do recurso, sem determinar a anulação da decisão recorrida por força da frontal violação ao disposto nos arts. 535 do CPC e 93, IX, da CF. A anulação, não há de se negar, revela-se contraproducente e inútil, devendo ser, na medida do que for praticamente possível, evitada.[22]

O posicionamento que defende a impossibilidade de apreciação, de ofício, pelos Tribunais Superiores de matéria de ordem pública não prequestionada, contudo, não é unânime. Há correntes mais liberais, que tendem a repudiar o excesso de formalismo nas decisões, ante a necessidade de preservação de outros princípios caros ao ordenamento jurídico; princípios, estes, muitas vezes assegurados pelas normas de ordem pública.

"O dissídio jurisprudencial deve ser demonstrado à luz do art. 255 do Regimento Interno deste Sodalício. Entretanto, se o acórdão-paradigma trata de tema estranho ao discutido nos presentes autos, ausente a comprovação do dissenso pretoriano exigido pela alínea 'c' do mandamento supremo.

"Recurso especial não conhecido – Decisão unânime" (2ª Turma, REsp 160.515, rel. Min. Franciulli Neto, j. 22.8.2000).

21. STJ, 2ª Turma, REsp 160.515, rel. Min, Franciulli Neto, j. 22.8.2002.

22. Paulo Henrique dos Santos Lucon, "Recurso especial: ordem pública e prequestionamento", cit., in Flávio Luiz Yarshell e Maurício Zanoide de Moraes (orgs.), *Estudos em Homenagem à Professora Ada Pellegrini Grinover*, p. 737.

Rodolfo de Camargo Mancuso entende que, em matéria de ordem pública, o prequestionamento deve ser representado em termos mais liberais. Nestes casos, o prequestionamento pode ter-se por inexigível, até em homenagem à lógica do processo e à ordem jurídica justa.[23] O autor defende o entendimento adotado como um atendimento ao binômio instrumentalidade do processo/efetividade da prestação jurisdicional.[24]

Outro entendimento atribui a possibilidade de cognição de matéria de ordem pública pelos Tribunais Superiores, independentemente de prequestionamento, ao efeito translativo dos recursos.

Assim pensa Teresa Arruda Alvim Wambier, para quem os recursos excepcionais teriam efeito devolutivo desprovido da dimensão da profundidade, mas nem por isso tais recursos seriam desprovidos do efeito translativo. Para a autora, superado o juízo de admissibilidade, é permitido aos Tribunais Superiores o conhecimento de ofício da matéria de ordem pública, para corrigir eventuais ilegalidades quanto à solução dada à causa.[25]

O posicionamento relativo à possibilidade de conhecimento de ofício das questões de ordem pública em razão do efeito translativo dos recursos vem sendo adotado em algumas decisões proferidas pelo STJ:

> Consoante a mais atualizada jurisprudência do STJ, pode-se aplicar ao recurso especial, quando ultrapassado seu juízo de admissibilidade, o chamado efeito translativo, consistente na possibilidade, atribuída ao órgão julgador, de conhecer de ofício as questões de ordem pública previstas nos arts. 267, § 3º, e 301, § 4º, do CPC, nos termos da Súmula n. 456/STF e do art. 257 do RISTJ.[26]

Há também julgados do STJ no sentido de que, uma vez levado o mérito à apreciação da Corte, a esta seria possibilitada a análise, de ofício, das questões relativas às condições da ação e aos pressupostos processuais:

23. Rodolfo de Camargo Mancuso, *Recurso Extraordinário e Recurso Especial*, 12ª ed., São Paulo, Ed. RT, 2012, p. 293.
24. Idem, p. 291.
25. Teresa Arruda Alvim Wambier, *Recurso Especial, Recurso Extraordinário e Ação Rescisória*, 2ª ed., São Paulo, Ed. RT, 2008, pp. 357-358.
26. STJ, 5ª Turma, REsp/ED 984.599, rel. Min. Arnaldo Esteves Lima, j. 19.2.2009.

Direito autoral – Interdito proibitório – Inadmissibilidade – Recurso especial – Decretação de ofício.

No recurso especial, é admissível ao STJ conhecer de ofício das matérias alusivas às condições da ação e aos pressupostos processuais, quando lhe for submetido à apreciação o mérito da controvérsia – Precedentes.

"É inadmissível o interdito proibitório para a proteção do direito autoral" (Súmula n. 228/STJ).

Recurso especial não conhecido.[27]

Aderbal Torres de Amorim defende que a mesma técnica deve ser adotada no âmbito do STF: uma vez admitido o recurso extraordinário, toda a matéria de ordem pública pode ser apreciada de ofício:

No examinar questões de ordem pública, a limitação há de ser, unicamente, o conhecimento do recurso extraordinário. Conhecido este, não podem ser ignoradas. Fazê-lo seria grave atentado à própria cidadania, fundamento do Estado Democrático de Direito que a Carta Maior consagrou (Constituição, art. 1º, II).[28]

Verifica-se, portanto, uma tendência crescente a admitir a apreciação de matéria de ordem pública pelos Tribunais Superiores independentemente do preenchimento do requisito do prequestionamento, seja reconhecendo aos recursos o efeito translativo, seja por entender que a relevância dessas questões não pode ser obstaculizada pelo formalismo excessivo.

4. Considerações finais

Na ciência processual contemporânea é possível identificar uma crescente tendência a afastar-se do formalismo exacerbado, conciliando formas estabelecidas em lei – e que devem ser seguidas no rito processual – a princípios e objetivos a serem buscados através do processo, sobretudo no que diz respeito à justiça das decisões.

Como bem ensina Carlos Alberto Alvaro de Oliveira, o formalismo existe para atender tanto à efetividade como à segurança do processo. Contudo, este conceito somente pode ser pensado enquanto meio para

27. STJ, 4ª Turma, REsp 94.458, rel. Min. Barros Monteiro, j. 15.2.2001.
28. Aderbal Torres de Amorim, *O Novo Recurso Extraordinário*, Porto Alegre, Livraria do Advogado, 2010, pp. 71-72.

a consecução das finalidades de um processo justo e célere, devendo-se observar que em determinadas ocasiões o poder organizador do formalismo aniquila o próprio direito.[29]

José Roberto dos Santos Bedaque aponta o excesso de formalismo como relevante óbice ao exercício de direitos, chegando a sobrepor-se ao próprio direito substancial tutelado. Para o autor, os requisitos formais do desenvolvimento da relação processual devem ser analisados de forma crítica, considerando-se, nesta avaliação, os princípios da economia processual, da ausência de prejuízo, da instrumentalidade das formas e, principalmente, do contraditório e da ampla defesa.[30]

Nesse aspecto, tem-se que a exigência de prequestionamento com relação às matérias de ordem pública, impedindo a apreciação destas pelos Tribunais Superiores quando não preenchido o requisito, reveste-se de formalismo exacerbado, merecendo revisão o entendimento tradicional sobre a questão.

Isso porque, conforme apontado neste trabalho, as normas de ordem pública revelam-se como aspectos de extrema relevância no direito processual, constituindo-se de questões que suplantam o interesse individual das partes.

Exatamente por esta característica é que o ordenamento trata de maneira diferenciada essas questões, admitindo que sejam conhecidas de ofício ou alegadas em qualquer grau de jurisdição.

Impedir a apreciação destas matérias pelos Tribunais Superiores não só franqueia espaço para a perpetuação de injustiças, como contraria o princípio da economia processual, pois impõe à parte o dever de ajuizamento de ação rescisória para discutir alegações que poderiam e deveriam ter sido tratadas ao longo do processo.

Ainda que se possa pensar na vedação de análise das questões de ordem pública não prequestionadas pelos Tribunais Superiores, como um mecanismo conforme à segurança jurídica, evitando surpresas às partes em momento final do processo, é certo que o receio de violação a esta garantia pode ser facilmente driblado pela técnica processual.

Verificada a questão de ordem pública somente no âmbito dos Tribunais Superiores, é possível a abertura de prazo às partes para que a

---

29. Carlos Alberto Alvaro de Oliveira, "O formalismo valorativo no confronto com o formalismo excessivo", *RF* 388/13-15 e 19, Rio de Janeiro, Forense, novembro-dezembro/2006.

30. José Roberto dos Santos Bedaque, *Efetividade do Processo e Técnica Processual*, 3ª ed., São Paulo, Malheiros Editores, 2010, pp. 100-101.

respeito dela se manifestem, garantindo, assim, o contraditório e a ampla defesa e evitando qualquer surpresa no julgamento final da causa. Veja-se que o Projeto de Lei 8.046/2010 admite, ainda, a abertura de prazo para a correção dos vícios sanáveis, permitindo o prosseguimento do feito sem que sejam perpetuadas eventuais irregularidades.[31]

Não bastasse, é certo que muito mais lesiva ao princípio da segurança jurídica mostra-se a possibilidade de decisão proferida em violação a questões de ordem pública. Esta situação pode resultar, por exemplo, em coisas julgadas conflitantes ou em injustiças extremas, como condenação em face de parte nitidamente ilegítima.

É preciso, portanto, sopesar o requisito do prequestionamento com os possíveis riscos de se ter uma decisão absolutamente injusta ou que apresente grave violação a normas de ordem pública, fazendo sempre prevalecer o interesse público que rege o desenvolvimento processual.

Negar o conhecimento das questões de ordem pública pelos Tribunais Superiores significa, em última instância, impedir que estes realizem sua função precípua, que diz respeito à guarda da Constituição (STF) e do direito federal comum (STJ).

Bibliografia

AMORIM, Aderbal Torres de. *O Novo Recurso Extraordinário*. Porto Alegre, Livraria do Advogado, 2010.

APRIGLIANO, Ricardo de Carvalho. *Ordem Pública e Processo – O Tratamento das Questões de Ordem Pública no Direito Processual Civil*. São Paulo, Atlas, 2011.

ASSIS, Araken de. *Manual dos Recursos*. São Paulo, Ed. RT, 2007.

BEDAQUE, José Roberto dos Santos. *Efetividade do Processo e Técnica Processual*. 3ª ed. São Paulo, Malheiros Editores, 2010.

CINTRA, Antônio Carlos de Araújo, DINAMARCO, Cândido Rangel, e GRINOVER, Ada Pellegrini. *Teoria Geral do Processo*. 29ª ed. São Paulo, Malheiros Editores, 2013.

DINAMARCO, Cândido Rangel. *Fundamentos do Processo Civil Moderno*. 6ª ed., t. II. São Paulo, Malheiros Editores, 2010.

_____, CINTRA, Antônio Carlos de Araújo, e GRINOVER, Ada Pellegrini. *Teoria Geral do Processo*. 29ª ed. São Paulo, Malheiros Editores, 2013.

---

31. Projeto de Lei 8.046/2010: "Art. 359. Verificando a existência de irregularidades ou vícios sanáveis, o juiz determinará sua correção em prazo nunca superior a 30 (trinta) dias".

GRINOVER, Ada Pellegrini, CINTRA, Antônio Carlos de Araújo, e DINA-MARCO, Cândido Rangel. *Teoria Geral do Processo*. 29ª ed. São Paulo, Malheiros Editores, 2013.

LUCON, Paulo Henrique dos Santos. "Recurso especial: ordem pública e prequestionamento". In: YARSHELL, Flávio Luiz, e MORAES, Maurício Zanoide de (orgs.). *Estudos em Homenagem à Professora Ada Pellegrini Grinover*. São Paulo, DPJ, 2005.

MANCUSO, Rodolfo de Camargo. *Recurso Extraordinário e Recurso Especial*. 12ª ed. São Paulo, Ed. RT, 2012.

MELLO, Rogério Licastro Torres. *Recurso Especial e Matéria de Ordem Pública: Desnecessidade de Prequestionamento*. Disponível em http://www.egov.ufsc.br/portal/conteudo/o-prequestionamento-da-mat%C3%A9ria-de--ordem-p%C3%BAblica-no-%C3%A2mbito-dos-recursos-excepcionais.

MORAES, Maurício Zanoide de, e YARSHELL, Flávio Luiz (orgs.). *Estudos em Homenagem à Professora Ada Pellegrini Grinover*. São Paulo, DPJ, 2005.

NEGRÃO, Theotônio, e GOUVÊA, José Roberto F. *Código de Processo Civil e Legislação Processual em Vigor*. 39ª ed. São Paulo, Saraiva, 2007.

NERY JR., Nelson. *Princípios Fundamentais: Teoria Geral dos Recursos*. 5ª ed. São Paulo, Ed. RT, 2000.

OLIVEIRA, Carlos Alberto Álvaro de. "O formalismo valorativo no confronto com o formalismo excessivo". *RF* 388/11-28. Rio de Janeiro, Forense, novembro-dezembro/2006.

WAMBIER, Teresa Arruda Alvim. *Recurso Especial, Recurso Extraordinário e Ação Rescisória*. 2ª ed. São Paulo, Ed. RT, 2008.

YARSHELL, Flávio Luiz, e MORAES, Maurício Zanoide de (orgs.). *Estudos em Homenagem à Professora Ada Pellegrini Grinover*. São Paulo, DPJ, 2005.

NULIDADES PROCESSUAIS: ALGUNS APONTAMENTOS

RONALDO CRAMER

Professor de Direito Processual Civil da Pontifícia Universidade Católica do Rio de Janeiro – Mestre e Doutorando em Direito Processual Civil pela Pontifícia Universidade Católica de São Paulo – Membro do Instituto Brasileiro de Direito Processual/IBDP – Membro do Instituto Ibero-Americano de Processo – Advogado

1. Advertência necessária. 2. Panorama doutrinário. 3. Princípios regentes da matéria. 4. Por uma visão mais simples.

1. Advertência necessária

Não pretende este artigo, escrito em homenagem à majestosa obra de Antônio Carlos de Araújo Cintra, Ada Pellegrini Grinover e Cândido Rangel Dinamarco, propor uma nova teoria das nulidades processuais, tampouco fazer um exame exaustivo ou uma análise crítica sobre o tema.

A partir das lentes do direito processual civil contemporâneo, é meu objetivo apenas sintetizar algumas posições doutrinárias e destacar os princípios regentes do tema. Ao final, no entanto, cometo a ousadia de propor uma visão mais simples para se enxergar essa complicada parte da Teoria Geral do Processo.

2. Panorama doutrinário

Como se sabe, o processo instaura uma nova relação jurídica, diferente da relação jurídica de direito material posta para julgamento do Poder Judiciário. Essa relação, intitulada relação processual, compõe-se de atos que devem se desenvolver segundo os "cânones da lei".[1] Quan-

---

1. Antônio Carlos de Araújo Cintra, Ada Pellegrini Grinover e Cândido Rangel Dinamarco, *Teoria Geral do Processo*, 29ª ed., São Paulo, Malheiros Editores, 2013, p. 9 ed. rev. e atual., 3 tir. São Paulo: Malheiros, 1993, p. 377.

do a forma prevista em lei é desrespeitada pelo ato processual surge a nulidade.

O estudo das nulidades processuais visa a identificar os vícios da relação processual, classificá-los conforme o grau de gravidade e discriminar seus efeitos, que podem variar desde a inexistência do ato até a solução do processo.

É preciso compreender, antes de tudo, que a teoria das nulidades do direito processual civil não deve buscar como paradigma a teoria correspondente do direito civil ou de qualquer outro ramo do Direito.

Como o estudo da teoria das nulidades processuais se refere à identificação dos vícios da relação processual, e sendo esta relação distinta de qualquer outra existente no Direito, seus vícios também o são. Exatamente por isso, não faz sentido buscar inspirações em outras áreas do Direito. A teoria das nulidades processuais deve ser construída tão somente a partir da dogmática processual e das normas processuais previstas no ordenamento jurídico.

Liebman já fazia essa advertência:

> Le considerazioni che precedeno mostrano – e troveranno conferma nella esposizione che segue – come la disciplina positiva della validità degli atti processuali differisca profondamente tanto da quella degli atti di diritto privato, quanto da quella degli atti amministrativi; essa trova compiutamente le sue regole nel Codice di Procedura Civile e non può essere modificata o integrata col richiamo di norme riguardano attività di altra natura, ispirate a necessità pratiche del tutto diverse.[2]

Toda a doutrina opina sobre as nulidades processuais. No entanto, alguns autores desenvolveram estudos importantes sobre o tema, dentre os quais podem ser citados: Galeno Lacerda,[3] Pontes de Miranda,[4] José Joaquim Calmon de Passos,[5] Antônio Carlos de Araújo Cintra, Ada Pellegrini Grinover e Cândido Rangel Dinamarco,[6] Roque Komatsu,[7] Tere-

---

2. Enrico Tullio Liebman, *Manuale di Diritto Processuale Civile*, 3ª ed., vol. 1, Milão, Giuffrè, 1973, p. 206.

3. Galeno Lacerda, *Despacho Saneador*, Porto Alegre, Sérgio Antônio Fabris Editor, 1990.

4. F. C. Pontes de Miranda, *Comentários ao Código de Processo Civil*, 3ª ed., t. III (arts. 154-281), Rio de Janeiro, Forense, 1996.

5. J. J. Calmon de Passos, *Esboço de uma Teoria das Nulidades Aplicada às Nulidades Processuais*, Rio de Janeiro, Forense, 2002.

6. Cintra, Grinover e Dinamarco, *Teoria Geral do Processo*, cit., 29ª ed., 2013.

7. Roque Komatsu, *Da Invalidade no Processo Civil*, São Paulo, Ed. RT, 1991.

sa Arruda Alvim Wambier,[8] Moniz de Aragão,[9] Fredie Didier Jr.,[10] José Maria Tesheiner,[11] Antônio Janyr Dall'Agnol Jr.,[12] Eduardo Talamini[13] e Antônio do Passo Cabral.[14]

Obviamente, não é possível, neste artigo, discorrer sobre todas as teorias defendidas por cada um desses autores. No entanto, destacarei aquelas que reputo mais influentes na doutrina.

Galeno Lacerda elaborou conhecida teoria das nulidades processuais, com fundamento na natureza e nos fins da norma violada. Para o autor, as nulidades dividem-se em *sanáveis* e *insanáveis*. São *sanáveis* as *nulidades relativas*, que constituem violações a normas cogentes de interesse privado, e as *anulabilidades*, que consistem em infrações a normas dispositivas. As *nulidades relativas* podem ser decretadas de ofício pelo juiz e denunciadas a qualquer tempo pelas partes, ao passo que as *anulabilidades*, não. São *insanáveis* as *nulidades absolutas*, que são violações a normas cogentes de interesse público. As *nulidades absolutas* podem ser conhecidas de ofício pelo juiz e alegadas a qualquer momento pelas partes.[15]

Pontes de Miranda, sinteticamente, constrói sua teoria a partir das regras do Código de Processo Civil, classificando as nulidades em *cominadas* e *não cominadas*. Segundo o processualista, *nulidades cominadas* são infrações a normas que preveem expressamente a sanção de nulidade para a hipótese de violação; e *nulidades não cominadas* constituem infrações a normas que não estabelecem nenhuma sanção para o caso de descumprimento.[16] Ao lado das *nulidades cominadas* e *não comina-*

8. Teresa Arruda Alvim Wambier, *Nulidades do Processo e da Sentença*, 5ª ed., São Paulo, Ed. RT, 2004.

9. E. D. Moniz de Aragão, *Comentários ao Código de Processo Civil*, 10ª ed., vol. 2, Rio de Janeiro, Forense, 2004.

10. Fredie Didier Jr., *Curso de Direito Processual Civil*, 9ª ed., vol. 1, Salvador, Juspodivm, 2008, pp. 247-267.

11. José Maria Tesheiner, *Pressupostos Processuais e Nulidades no Processo Civil*, São Paulo, Saraiva, 2000.

12. Antônio Janyr Dall'Agnol Jr., *Comentários ao Código de Processo Civil*, vol. 3, Porto Alegre, Letras Jurídicas, 1985.

13. Eduardo Talamini, "Notas sobre a teoria das nulidades no processo civil", *Revista Dialética de Direito Processual* 29, São Paulo, Dialética, 2005.

14. Antônio do Passo Cabral, *Nulidades no Processo Moderno: Contraditório, Proteção da Confiança e Validade **Prima Facie** dos Atos Processuais*, Rio de Janeiro, Forense, 2009.

15. Galeno Lacerda, *Despacho Saneador*, cit., pp. 124-132.

16. Pontes de Miranda, *Comentários ao Código de Processo Civil*, cit., 3ª ed., t. III, pp. 355-356. Pontes de Miranda era crítico da distinção das nulidades em abso-

das, Pontes de Miranda também considera, em sua teoria, os *vícios de inexistência*, quando o ato processual não preenche todos os elementos constitutivos de sua formação.[17]

Teresa Arruda Alvim Wambier formula sua teoria com base na distinção entre *nulidades de forma* e *nulidades de fundo*. As *nulidades de forma*, quando não previstas em lei, são identificadas com as nulidades relativas, ou seja, não podem ser conhecidas de ofício pelo juiz e não podem ser alegadas a qualquer tempo pelas partes. Quando dispostas em lei, as *nulidades de forma* equiparam-se às nulidades absolutas, podendo ser decretadas de ofício e alegadas a qualquer momento pelas partes. As *nulidades de fundo*, que dizem respeito aos vícios de condições da ação e pressupostos processuais, são igualadas às nulidades absolutas, porque podem ser decretadas de ofício pelo juiz e denunciadas a qualquer momento pelas partes.

A autora também distingue os *vícios de inexistência*, que resultam da deficiência na constituição do ato processual, ressaltando que, durante o processo, eles têm o mesmo regime jurídico das *nulidades de fundo*. Teresa Wambier ainda considera as *irregularidades*, uma espécie de defeito que não interfere na validade do ato, não preclui e pode ser corrigido pelo juiz a qualquer tempo.[18]

Antônio Carlos de Araújo Cintra, Ada Pellegrini Grinover e Cândido Rangel Dinamarco defendem uma classificação das nulidades processuais muito semelhante à de Galeno Lacerda. Para esses autores, as *nulidades absolutas* são violações à ordem pública do processo, podem ser decretadas de ofício e não têm prazo para serem alegadas; as *nulidades relativas* consistem em infrações a formas legais que protegem o interesse privado, não podem ser examinadas de ofício e não têm prazo para serem arguidas. Acrescentam que as nulidades absolutas se encontram previstas em lei ("nulidades cominadas"), ao passo que as nulidades relativas não, porque dependem "sempre da comparação do ato celebrado em concreto com o modelo legal".[19]

---

lutas e relativas: "As confusões que resultam do emprego das expressões 'nulidades absolutas' e 'nulidades relativas', no direito processual civil, levam-nos a evitar o emprego delas, convindo só aludirmos à sanabilidade e à insanabilidade" (ob. cit., 3ª ed., t. III, p. 356).

17. Pontes de Miranda, *Tratado da Ação Rescisória das Sentenças e de Outras Decisões*, 5ª ed., Rio de Janeiro, Forense, 1976, p. 289.

18. Teresa Arruda Alvim Wambier, *Nulidades do Processo e da Sentença*, cit., 5ª ed., pp. 197-204.

19. Cintra, Grinover e Dinamarco, *Teoria Geral do Processo*, cit., 29ª ed., p. 382.

Antônio Carlos de Araújo Cintra, Ada Pellegrini Grinover e Cândido Rangel Dinamarco ainda cogitam dos *vícios de inexistência*, que surgem quando falta algum elemento essencial à constituição do ato processual, e das *irregularidades*, compreendidas como defeitos de menor gravidade, que não têm qualquer consequência sobre o ato processual.[20]

Eduardo Talamini propõe uma teoria que também se apoia naquela defendida por Galeno Lacerda. Conforme Talamini, as *nulidades absolutas* são infrações a normas cogentes, podem ser decretadas de ofício e podem ser alegadas a qualquer tempo; as *nulidades relativas* consistem em violações a normas dispositivas, não podem ser conhecidas de ofício e não podem ser denunciadas a qualquer momento; as *irregularidades* são defeitos que não causam prejuízo às partes, a terceiros ou ao processo e, por isso, podem ser corrigidas pelo juiz a qualquer tempo.

Afora a irregularidade, defeito cuja concepção é relativamente recente, a distinção entre nulidades absolutas e nulidades relativas, com fundamento na transgressão de norma cogente ou dispositiva, é feita pela doutrina há muito tempo. José Antônio Pimenta Bueno, na histórica obra *Apontamentos sobre as Formalidades do Processo Civil*, escrita em 1858, ao tempo em que o processo civil se encontrava regulado pelas Ordenações, já formulava essa diferença entre nulidades absolutas e nulidades relativas, quase nos mesmos termos atuais:

> A distincção entre as nullidades substanciaes ou absolutas, e accidentaes ou relativas, é pois fundada não só na razão, e diversidade dos dous interesses publico, e puramente privado, mas tambem consagrada assim pelas legislações estrangeiras, como pela nossa.
>
> Todavia esta distincção fundamental indispensavel, que na theoria é bem definida e facil de estabelecer, na pratica muitas vezes é difficil, pelas dubiedades que offerece. O meio porêm de apreciai-a, ou differencial-a, exactamente não pode ser outro sinão considerar, e reconhecer em cada acto, o que n'elle é essencial ou não, ou por outra o que é de interesse publico, e o que respeita e attende somente ao interesse privado.
>
> 5. Da distincção, e principios, que temos deduzido resultão consequencias legaes e justas, que são importantes; entre outras as seguintes:
>
> 1º. Que as nullidades substanciaes ou absolutas são insuppriveis, como já expusemos, regra que não milita quanto às relativas ou accidentaes.
>
> 2º. Que a nullidade relativa não pode ser opposta sinão pela parte em favor de quem o acto ou formalidade preterida fora instituida, pois que só

---

20. Idem, pp. 382-383.

e unicamente o seu direito fora quem sofrêra, seria contrariar principio juridico – ninguem deve tirar proveito de sua propria malicia.

3º. Que a nullidade relativa deve ser reclamada em tempo, e por isso mesmo desattendida quando coberta pelo consentimento expresso ou tacito da parte, como já indicamos.

4º. Que em caso nenhum a nullidade relativa ou accidental deve ser provida, sinão quando se mostrarque d'ella resultara damno, pois que alias equivale à uma simples irregularidade sem influencia, nem consequencias. Este mesmo é o preceito, que deve generalisar-se do regul. das Relações art. 44 quanto aos aggravos no auto do processo, quando, supposto fosse irregular o despacho, vê-se que d'elle não proveio dano, e a verdade é sabida, Ord. liv. 3 tít. 63: a Justiça nada faz de frustratorio.[21]

Expostas todas as correntes acima, pode-se perceber, como muito bem anotou Cássio Scarpinella Bueno, que em todas as classificações aparecem dois tipos de vícios: um que pode ser, de alguma forma, mitigado e outro que não admite correção.[22] E ainda há, como ressalta Teresa Wambier, o vício de inexistência jurídica, que, muito embora ignorado em algumas classificações, deve ser conformado com as nulidades processuais, uma vez que também se trata de um defeito (o mais grave) da relação processual.

3. Princípios regentes da matéria

Há no ordenamento processual princípios que regulam as consequências dos vícios processuais. São eles: princípio da liberdade das formas, princípio da instrumentalidade das formas, princípio da fungibilidade, princípio do interesse e princípio da economia processual.

O *princípio da liberdade das formas*, previsto no art. 154 do CPC, dispõe que, se a lei não previr forma específica, o ato processual pode ser praticado de qualquer modo. Esse princípio consagra que, em regra, a forma do ato é livre, salvo quando a lei estabelecer forma específica.

Exemplo da atuação desse princípio é a denunciação da lide. Esse ato processual não possui forma determinada na lei, o que garante ao réu a possibilidade de fazer a denunciação da lide como capítulo da contestação ou em petição separada, como se fosse uma ação incidental.

---

21. Antônio Pimenta Bueno, *Apontamentos sobre as Formalidades do Processo Civil*, 2ª ed., Rio de Janeiro, Typographia Nacional, 1858, p. 5.

22. Cássio Scarpinella Bueno, *Curso Sistematizado de Direito Processual Civil*, vol. 1 ("Teoria Geral do Direito Processual Civil"), São Paulo, Saraiva, 2007, p. 439.

O *princípio da instrumentalidade das formas*, disposto nos arts. 244 e 249, § 1º, do CPC, significa que, ainda que a lei preveja forma específica, o ato processual realizado de outro modo não deve ser invalidado se sua finalidade essencial for alcançada e não houver prejuízos para a outra parte.

Como ilustração tem-se a incompetência relativa arguida em preliminar de contestação, apesar de o art. 112 do CPC determinar que a forma correta é por via de exceção. Nesse caso, essa alegação, mesmo que feita em preliminar de contestação, denuncia o vício de incompetência relativa, alcançando a finalidade essencial do ato, e não causa nenhum dano à outra parte, que poderá se manifestar, sem nenhum problema, sobre este argumento da defesa.[23]

Se não se pode extrair da lei, com segurança, a forma do ato processual, fazendo-se com que se cogite de duas ou mais formas, o ato processual pode ser praticado por qualquer uma das formas cogitadas, que, nesse caso, passam a ser consideradas fungíveis entre si. Esse é o *princípio da fungibilidade*, que não tem previsão específica em lei mas pode ser extraído a partir de uma interpretação sistemática do Código de Processo Civil, principalmente dos arts. 154 e 243 a 250.

Frise-se que o pressuposto da incidência do princípio da fungibilidade é a dúvida objetiva sobre a forma processual a ser empregada pela parte. Considera-se objetiva a dúvida quando a doutrina e a jurisprudência divergem sobre o meio a ser realizado. Verificada essa zona de penumbra, o Poder Judiciário deve aceitar qualquer uma das formas cogitadas pela doutrina e jurisprudência, pois do contrário a parte será penalizada por um erro que não é seu, mas do sistema jurídico, que não lhe deu certeza sobre o modo correto de agir.

23. Leia-se, sobre esse exemplo, o que decidiu o STJ:
"Conflito de competência – Correios – Alegação de incompetência em preliminar de contestação – Possibilidade no caso concreto – Art. 109, § 1º, da CF: inaplicabilidade – Lugar do fato e funcionário com funções de gerência – Art. 105, V, 'a' e 'b', do CPC.
"1. Tem esta Corte entendido pela possibilidade de arguição de incompetência relativa como preliminar de contestação, desde que inexistentes prejuízos à parte contrária.
"2. Inaplicável é estender-se o conceito de União previsto no art. 109, § 1º, da CF às empresas públicas, ante a ausência de determinação extensiva da norma.
"3. É competente o foro do ato ou fato para a ação de reparação de dano.
"4. É competente o foro do ato ou fato para a ação em que for réu o gestor de negócios alheios" (2ª Seção, CComp 76.002-SP, rel. Min. Paulo Furtado, desembargador convocado do TJBA, j. 28.10.2009, *DJe* 1.2.2010).

O princípio da fungibilidade, a partir de sua noção mais exata, não significa a conversão de uma forma pela outra. O que esse princípio autoriza é o deferimento da forma requerida, exatamente porque essa forma é fungível com a não requerida. Insista-se: fungibilidade não quer dizer uma forma *pela* outra, mas, sim, uma forma *ou* outra.

Foi Teresa Arruda Alvim Wambier quem afirmou que o princípio da fungibilidade não é a conversão de um meio pelo outro:

> Este é um ponto que merece reflexão: o princípio da fungibilidade não deve gerar a necessidade de "conversão" de um meio no outro. Como consequência inexorável e inafastável da incidência do princípio, têm-se o exame do pedido da parte e a aceitação do meio eleito por ela, desde que se esteja diante de uma zona cinzenta. A necessidade de "conversão" não é inerente à ideia que está por detrás do princípio da fungibilidade, até porque dificuldades de ordem procedimental poderiam levar alguém a concluir no sentido de que, por serem insuperáveis tais dificuldades, o princípio não deveria incidir.[24]

Pode-se ver a atuação do princípio da fungibilidade na famosa hipótese do recurso cabível contra o pronunciamento judicial que exclui o litisconsorte. Dois recursos são cogitados pela doutrina e pela jurisprudência: agravo de instrumento ou apelação. Com base nesse princípio, deve-se admitir qualquer um dos dois.

O *princípio do interesse* está disposto no art. 243 do CPC e determina que a parte que deu causa à nulidade não pode requerê-la ou dela se aproveitar. Como exemplo pode-se citar a parte que junta documento em Língua estrangeira sem tradução juramentada, contrariando o art. 157 do CPC, e depois requer a nulidade da sentença que se baseou nesse documento. Por força do princípio do interesse, a parte não pode postular essa nulidade.

O princípio do interesse é mais bem compreendido, no direito processual civil contemporâneo, como o princípio da proibição do comportamento contraditório (*venire contra factum proprium*).

Por último, o *princípio da economia processual* permite o afastamento da nulidade em prol de situações processuais específicas, escolhidas pelo legislador. Para esse princípio, em determinadas circunstâncias, a nulidade deve ser contornada, para prestigiar o processo.

---

24. Teresa Arruda Alvim Wambier, "O óbvio que não se vê: a nova forma do princípio da fungibilidade", *RePro* 137/135, São Paulo, Ed. RT, 2006.

O princípio da economia processual aparece no art. 248 do CPC, que, *a contrario sensu*, dispõe que o ato nulo não contamina os atos posteriores se estes não forem dependentes daquele. Esse princípio também surge no art. 249, § 2º, do CPC, que determina que o juiz não deverá decretar a nulidade do ato se puder decidir o mérito do processo a favor da parte que seria beneficiada por aquela invalidade. E ainda se pode citar a presença do referido princípio no art. 250 do CPC, segundo o qual o erro de forma somente determinará a nulidade dos atos que não puderem ser aproveitados.[25]

25. Leia-se este interessante julgado do STJ no qual foi aplicado o princípio da economia processual:
"Processual civil – Embargos de declaração – Omissão verificada – Ação rescisória – Ausência de citação de litisconsorte passivo necessário – Hipótese de *querela nullitatis* – Remessa dos autos ao juízo competente.
"1. Ao extinguir a presente ação rescisória sem resolução de mérito, o acórdão ora embargado fundou-se no não cabimento de ação rescisória para declarar nulidade de julgado por ausência de citação, considerando que a hipótese dos autos não se enquadra no rol taxativo do art. 485 do CPC. Decidiu-se, assim, que a desconstituição do acórdão proferido nos autos do REsp n. 8.818-PE somente poderia ser postulada pelo autor por meio de ação declaratória de inexistência de citação, denominada *querela nullitatis*. Opostos embargos de declaração, foram acolhidos, sem efeitos modificativos, apenas para esclarecer que não está autorizada a aplicação dos princípios que norteiam o sistema de nulidades no Direito Brasileiro, em especial os da fungibilidade, da instrumentalidade das formas e do aproveitamento racional dos atos processuais, para que a rescisória seja convertida em ação declaratória de inexistência de citação, máxime quando inexiste competência originária do STJ para apreciar aquela ação cognominada *querela nullitatis*.
"2. Verificada a omissão do julgado quanto à possibilidade de remessa dos autos ao juízo competente para julgamento da ação declaratória de inexistência de citação.
"3. Apesar de imprópria a ação rescisória intentada e da incompetência desta Corte para apreciar e julgar a matéria, verifica-se que foi instalado o litígio, com a citação da parte *ex adversa* para ofertar contestação, oportunidade na qual a ré, além de suscitar questões preliminares referentes ao cabimento da ação rescisória, apresentou defesa das questões de mérito, postulando a manutenção do acórdão que a autora intentou rescindir.
"Oportunizou-se, ainda, às partes a produção de prova, e, após o saneamento do feito, abriu-se prazo para apresentação de razões finais, seguindo-se a intervenção do Ministério Público Federal, que opinou pela procedência do pedido.
"4. Com esse panorama de desenvolvimento do processo, tendo a finalidade dos referidos atos aqui praticados sido alcançada, o aproveitamento desses atos na eventual ação declaratória de inexistência de citação não apresenta prejuízo para qualquer das partes. Por tal razão, permite-se a aplicação ao caso dos princípios da instrumentalidade das formas e do aproveitamento racional dos atos processuais, que norteiam o sistema das nulidades no Direito Brasileiro, incidindo as normas insertas nos arts. 244 e 249, §§ 1º e 2º, do CPC.

Vistos os princípios aplicáveis ao tema, percebe-se que o ordenamento processual, efetivamente, esforça-se para corrigir o defeito processual e aproveitar o ato. O ordenamento tolera a forma livre do ato; admite o descumprimento da forma se a finalidade do ato for atingida e não houver prejuízo para a outra parte; reconhece mais de uma forma para a prática do ato se ocorrer dúvida objetiva quanto ao modo previsto na lei; não admite que quem deu causa à nulidade possa alegá-la; e tolera a nulidade em favor de determinadas situações processuais.

4. Por uma visão mais simples

Viu-se no item 2 que há várias classificações acerca dos vícios processuais. As diferenças entre as correntes variam, às vezes aparecem no critério utilizado para classificar as nulidades, ou no significado de cada espécie de vício, ou, ainda, na denominação empregada para cada tipo de vício.

Arrisco-me a dizer, no entanto, que a essa matéria talvez possa ser compreendida de forma mais simples.

Em primeiro lugar, é preciso dizer que a classificação dos vícios processuais é indispensável para o direito processual civil. A necessidade de distinguir os vícios processuais advém do reconhecimento (ou da opção política de estabelecer) de que certos defeitos são mais graves que outros e, por isso, suas consequências sobre o processo devem ser distintas.

A ausência de citação do réu, por exemplo, não pode receber o mesmo tratamento processual que a peça recursal sem assinatura do advogado.

"5. Impende considerar, ainda, que a simples extinção do processo sem resolução do mérito fundada na inadmissão da ação rescisória, com o arquivamento dos presentes autos, configura, como bem exposto nos presentes embargos de declaração, desrespeito aos princípios da celeridade e economia processuais, pois o não aproveitamento dos atos processuais validamente praticados na nova ação a ser iniciada no juízo competente demandará maior dispêndio de tempo e atividade jurisdicional, ainda mais em se tratando de ação rescisória iniciada em abril/1997.

"6. Demonstra-se, portanto, oportuna a mitigação do rigor formal, a fim de se autorizar o aproveitamento dos atos processuais aqui praticados. Sendo assim, cabível o envio dos presentes autos ao Juízo Federal da Seção Judiciária em Recife, no Estado de Pernambuco, a fim de que a presente ação seja reautuada como ação declaratória de inexistência de citação.

"7. Embargos de declaração acolhidos, sem efeitos infringentes" (1ª Seção, AR/ED/ED 569-PE, rel. Min. Mauro Campbell Marques, j. 24.8.2011, *DJe* 30.8.2011).

É justamente com base na gravidade do vício que todas as classificações de nulidades processuais são elaboradas. Essa é a ideologia por trás de todas as teorias sugeridas pela doutrina. Mas, sinceramente, será que tanta divergência sobre denominações, significados e consequências dos vícios processuais tem razão de ser?

Barbosa Moreira, com sua distinta capacidade de observação, notou que, independentemente da classificação adotada, os vícios processuais podem ser agrupados em três espécies: os que são corrigidos pela eficácia preclusiva da coisa julgada; os que, após a coisa julgada, só podem ser alegados por ação rescisória; e os que, após a coisa julgada, podem ser alegados por qualquer outro meio de impugnação.

Tirante a divergência de denominações, percebem-se em quase todas as classificações doutrinárias essas três espécies de vícios.

Valendo-se dessa constatação, José Maria Tesheiner apresenta uma classificação menos complexa que o restante da doutrina, distinguindo os vícios em *preclusivos*, *rescisórios* e *transrescisórios*.

Para Tesheiner os "vícios preclusivos, embora apresentem maior gravidade, somente autorizam a decretação da nulidade havendo prejuízo e alegação da parte prejudicada. Se esta não argui a nulidade na primeira oportunidade em que lhe cabe falar nos autos, ocorre preclusão e ela já não pode ser pronunciada".[26]

Os vícios rescisórios, na sua classificação, constituem "os que sobrevivem ao trânsito em julgado da sentença, autorizando sua rescisão por ação própria".[27]

E os vícios transrescisórios correspondem a "pressupostos cuja falta autoriza a declaração da inexistência ou ineficácia da sentença, ou a decretação de sua nulidade, ainda que decorrido o prazo para a propositura de ação rescisória".[28]

A partir da arguta observação de Barbosa Moreira e inspirado na classificação de Tesheiner, creio que, sem apego a nomes, os vícios processuais podem ser agrupados em três espécies.

Primeiro, há os *vícios que somente podem ser alegados durante o processo*. Repare-se que o termo final desse tipo de vício não é a coisa julgada, mas o último ato do processo. Isso porque, considerando o

26. José Maria Tesheiner, *Pressupostos Processuais e Nulidades no Processo Civil*, cit., p. 281.
27. Idem, p. 282.
28. Idem, pp. 283-284.

processo sincrético, há vícios, como a ilegitimidade das partes (inciso IV do ar. 475-L do CPC), que podem ser alegados na fase de execução da sentença, após a ocorrência da coisa julgada, mas ainda na mesma relação processual.

Os vícios que apenas podem ser alegados durante o processo devem ser divididos naqueles que podem ser conhecidos de ofício e não têm prazo para ser denunciados e naqueles que, ao contrário, não podem ser examinados de ofício e possuem prazo para ser arguidos.

A segunda espécie de vícios são *os que podem ser denunciados até o prazo da ação rescisória*. Esses vícios são de maior gravidade que os do primeiro tipo, e se encontram listados no art. 485 do CPC.

E a terceira espécie consistem nos *vícios que não têm prazo dentro e fora do processo para ser alegados, isto é, podem ser arguidos a qualquer momento da vida*. Frise-se, todavia, que, depois do processo, o meio processual para denunciar esses vícios não é a ação rescisória, mas a ação declaratória de inexistência.[29]

---

29. Veja-se, nesse sentido, a jurisprudência do STJ:
"Processual civil – Ação rescisória – Art. 485, III e V, do CPC – Ausência de citação de litisconsorte passivo necessário – Hipótese de *querella nulitatis* – Extinção do processo sem resolução de mérito.
"(...).
"4. As hipóteses excepcionais de desconstituição de acórdão transitado em julgado por meio da ação rescisória estão arroladas de forma taxativa no art. 485 do CPC.
"5. Pelo *caput* do referido dispositivo legal, evidencia-se que esta ação possui natureza constitutiva negativa, que produz sentença desconstitutiva, quando julgada procedente. Tal ação tem como pressupostos: (i) a existência de decisão de mérito com trânsito em julgado; (ii) enquadramento nas hipóteses taxativamente previstas; e (iii) o exercício antes do decurso do prazo decadencial de dois anos (CPC, art. 495).
"6. O art. 485 em comento não cogita, expressamente, da admissão da ação rescisória para declaração de nulidade por ausência de citação, pois não há que se falar em coisa julgada na sentença proferida em processo em que não se formou a relação jurídica apta ao seu desenvolvimento. É que nessa hipótese estamos diante de uma sentença juridicamente inexistente, que nunca adquire a autoridade da coisa julgada. Falta-lhe, portanto, elemento essencial ao cabimento da rescisória, qual seja, a decisão de mérito acobertada pelo manto da coisa julgada. Dessa forma, as sentenças tidas como nulas de pleno direito e ainda as consideradas inexistentes, a exemplo do que ocorre quando proferidas sem assinatura ou sem dispositivo, ou ainda quando prolatadas em processo em que ausente citação válida ou quando o litisconsorte necessário não integrou o polo passivo, não se enquadram nas hipóteses de admissão da ação rescisória, face à inexistência jurídica da própria sentença, porque inquinada de vício insanável.

Como dito, o critério para distinguir as três espécies é a gravidade do vício. A determinação da gravidade e, por conseguinte, do tipo de vício depende da opção política do legislador (por exemplo: a incompetência absoluta é um vício que pode ser alegado até o prazo bienal da ação rescisória, conforme os arts. 113 e 485, II, do CPC) ou do entendimento dogmático (a ausência de citação é compreendida pela doutrina e pela jurisprudência como vício que pode ser denunciado a qualquer momento durante e depois do processo).

A definição das consequências dos vícios não se relaciona, necessariamente, com suas espécies, mas com cada um dos vícios em si. As consequências, que podem variar desde a invalidade do ato até a inexistência do processo, também decorrem da opção política da lei ou da compreensão dogmática. A incompetência absoluta e a ofensa à coisa julgada, apesar de serem vícios da mesma espécie (aqueles que podem ser alegados até o prazo bienal da ação rescisória), têm consequências diferentes. O primeiro acarreta a designação de outro juiz para julgar a causa no mesmo juízo, enquanto o segundo provoca a solução do processo sem resolução de mérito, conforme dispõe o art. 267, V, do CPC.

Enfim, como dito no início, estes apontamentos sobre a teoria das nulidades não tiveram a pretensão de exaurir o tema ou discorrer, de forma analítica, sobre todas as correntes doutrinárias. Pretendeu-se apenas expor os principais pontos da matéria e provocar uma visão mais simples

"7. Apreciando questão análoga, atinente ao cabimento ou não de ação rescisória por violação literal a dispositivo de lei no caso de ausência de citação válida, o STF e o STJ já se posicionaram no sentido de que o vício apontado como ensejador da rescisória é, em verdade, autorizador da *querela nullitatis insanabilis* – Precedentes: do STF – RE n. 96.374-GO, rel. Min. Moreira Alves, *DJU* 30.8.1983; do STJ – REsp n. 62.853-GO, 4ª Turma, rel. Min. Fernando Gonçalves, unânime, *DJU* 1.8.2005; AR 771/PA, 2ª Seção, rel. Min. Aldir Passarinho Jr., *DJU* 26.2/2007.

"8. No caso específico dos autos, em que a ação principal tramitou sem que houvesse citação válida do litisconsorte passivo necessário, não se formou a relação processual em ângulo. Há, assim, vício que atinge a eficácia do processo em relação ao réu e a validade dos atos processuais subsequentes, por afrontar o princípio do contraditório. Em virtude disto, aquela decisão que transitou em julgado não atinge aquele réu que não integrou o polo passivo da ação. Por tal razão, a nulidade por falta de citação poderá ser suscitada por meio de ação declaratória de inexistência por falta de citação, denominada *querela nullitatis*, que, vale ressaltar, não está sujeita a prazo para propositura, e não por meio de ação rescisória, que tem como pressuposto a existência de decisão de mérito com trânsito em julgado.

"9. Ação rescisória extinta sem julgamento do mérito" (1ª Seção, AR 569-PE, rel. Min. Mauro Campbell Marques, j. 22.9.2010, *DJe* 18.2.2011).

sobre essa parte da Teoria Geral do Processo. Espero que, aos olhos do leitor, tenha conseguido atingir, pelo menos, o primeiro objetivo.

Bibliografia

BUENO, Cássio Scarpinella. *Curso Sistematizado de Direito Processual Civil*. vol. 1 ("Teoria Geral do Direito Processual Civil"). São Paulo, Saraiva, 2007.

CABRAL, Antônio do Passo. *Nulidades no Processo Moderno: Contraditório, Proteção da Confiança e Validade Prima Facie dos Atos Processuais*. Rio de Janeiro, Forense, 2009.

CALMON DE PASSOS, J. J. *Esboço de uma Teoria das Nulidades Aplicada às Nulidades Processuais*. Rio de Janeiro, Forense, 2002.

CINTRA, Antônio Carlos de Araújo, DINAMARCO, Cândido Rangel, e GRINOVER, Ada Pellegrini. *Teoria Geral do Processo*. 29ª ed. São Paulo, Malheiros Editores, 2013.

DALL'AGNOL JR., Antônio Janyr. *Comentários ao Código de Processo Civil*. vol. 3. Porto Alegre, Letras Jurídicas, 1985.

DIDIER JR., Fredie. *Curso de Direito Processual Civil*. 9ª ed., vol. 1. Salvador, Juspodivm, 2008.

DINAMARCO, Cândido Rangel, CINTRA, Antônio Carlos de Araújo, e GRINOVER, Ada Pellegrini. *Teoria Geral do Processo*. 29ª ed. São Paulo, Malheiros Editores, 2013.

GRINOVER, Ada Pellegrini, CINTRA, Antônio Carlos de Araújo, e DINAMARCO, Cândido Rangel. *Teoria Geral do Processo*. 29ª ed. São Paulo, Malheiros Editores, 2013.

KOMATSU, Roque. *Da Invalidade no Processo Civil*. São Paulo, Ed. RT, 1991.

LACERDA, Galeno. *Despacho Saneador*. Porto Alegre, Sérgio Antônio Fabris Editor, 1990.

LIEBMAN, Enrico Tullio. *Manuale di Diritto Processuale Civile*. 3ª ed., vol. 1. Milão, Giuffrè, 1973.

MONIZ DE ARAGÃO, Egas Dirceu. *Comentários ao Código de Processo Civil*. 10ª ed., vol. 2. Rio de Janeiro, Forense, 2004.

PIMENTA BUENO, José Antônio. *Apontamentos sobre as Formalidades do Processo Civil*. 2ª ed. Rio de Janeiro, Typographia Nacional, 1858.

PONTES DE MIRANDA, F. C. *Comentários ao Código de Processo Civil*. 3ª ed., t. III (arts. 154-281). Rio de Janeiro, Forense, 1996.

_____. *Tratado da Ação Rescisória das Sentenças e de Outras Decisões*. 5ª ed. Rio de Janeiro, Forense, 1976.

TALAMINI, Eduardo. "Notas sobre a teoria das nulidades no processo civil". *Revista Dialética de Direito Processual* 29. São Paulo, Dialética, 2005.

TESHEINER, José Maria. *Pressupostos Processuais e Nulidades no Processo Civil*. São Paulo, Saraiva, 2000.

WAMBIER, Teresa Arruda Alvim. *Nulidades do Processo e da Sentença*. 5ª ed. São Paulo, Ed. RT, 2004.

_____. "O óbvio que não se vê: a nova forma do princípio da fungibilidade". *RePro* 137. São Paulo, Ed. RT, 2006.

UNIDADE DE JURISDIÇÃO E FILTROS DE TEMAS NACIONAIS NOS TRIBUNAIS SUPERIORES

SIDNEI BENETI

Ministro do Superior Tribunal de Justiça – Doutor em Direito Processual pela Faculdade de Direito da USP – Ex-Professor Titular da Faculdade de Direito de São Bernardo do Campo/SP – Membro do Instituto Brasileiro de Direito Processual, do Instituto Iberoamericano de Direito Processual e da Associação Internacional de Direito Processual – Foi Presidente e é Presidente Honorário da União Internacional de Magistrados

1. Será truísmo reafirmar o princípio da unidade de jurisdição. Toda a soberania nacional se incrusta nas decisões tomadas pelos tribunais de um Estado. Todo pronunciamento dos juízos e tribunais do país constitui emanação da soberania do Estado Nacional.

Una a jurisdição, é necessário ao sistema de prestação de Justiça que a lei nacional seja interpretada de maneira uniforme pelos tribunais superiores nacionais. Assim é que a jurisprudência se forma e se diferencia dos precedentes, universalizando a interpretação da norma jurídica no país. Precedentes são forçosamente individuais, julgamentos de cada um dos casos submetidos à jurisdição; jurisprudência é a substância consolidada, definitivizada, extraída de todos e de cada um dos precedentes.

A jurisprudência consiste na formação de diretriz final formada por vários precedentes na medida em que se estabilizam, eliminando-se as diferenças individuais. Socorrendo-se de categorias da lógica menor, tem-se que os precedentes são os indivíduos, ou seja, "aquilo o que é não pode ser dividido sem deixar de ser o que é". A jurisprudência também constitui um indivíduo, mas produto de atividade de abstração, extrato das qualidades permanentes de vários indivíduos, que são os precedentes que remanescem sobre os que se descartam.

Assim se forma a jurisprudência. Se, em última redução, a aplicação da lei respeita o método dedutivo do silogismo, a formação da jurisprudência, contrariamente, atende ao método indutivo. De tanto concluir pela culpa do automobilista que provoca o choque do seu veículo com a traseira de outro veículo, extrai-se a conclusão de que em regra quem bate por trás não tem razão. Em outro exemplo clássico, no Direito de Família, vem a conclusão jurisprudencial de que filho de tenra idade em princípio, fica sob a guarda da mãe, resultado da observação de uma infinidade de precedentes em que se concluiu ser a mãe a mais adequada à guarda do filho pequeno.

2. Transpostas essas noções para o âmbito da jurisdição, tem-se que os juízos de primeiro grau vão julgando os casos individuais, estabelecendo precedentes. Os tribunais recursais apreciam esses precedentes, amealhando grupos de indivíduos consistentes em orientações de precedentes. Enfim, os tribunais superiores devem operar o extrato dos precedentes, inclusive dos seus próprios, cujo isolamento já antes, a partir dos julgamentos dos juízes individuais, foi iniciado pelos tribunais intermediários na formação da jurisprudência, atingindo, esse extrato dos precedentes, o ponto culminante, no nosso sistema, nas súmulas de jurisprudência predominantes e, afinal, nas súmulas vinculantes formadas pelo Supremo Tribunal Federal.[1]

Impossível manter um sistema congruente, isto é, conjunto harmônico de proposições fundamentais que se harmonizam,[2] se se permitir, no bojo dos dados individuais do raciocínio, a permanência de indivíduos integrantes do todo que tenham a sintonia entre si. Isso não seria sistema, mas a aporia, inserindo descontrole no sistema. Seria a distorção da unidade, que leva à desorganização do todo – tomando-se a palavra *desorganização* como o que realmente significa, ou seja, a descaracterização de um organismo, conjunto de órgãos tendentes a um fim comum.

3. O princípio da unidade da jurisdição, sobre o qual repousa o princípio da soberania do Estado, pressupõe a entrosagem entre os elementos individuais componentes do sistema.

<small>1. O sistema sumular atinge o seu fastígio no Direito Brasileiro. Vários sistemas do mundo ignoram a sumulação, devido aos riscos de "engessamento" da evolução dos precedentes e, talvez pior, do perigo de formação da duplicidade de comandos "normativos", a lei e a interpretação desta, para serem comparados e analisados pelos tribunais – pois, em outras palavras, onde havia um texto de lei a ser interpretado, para julgar o caso concreto, passa a haver dois textos, o da lei e o da súmula, que muitas vezes brigam entre si. A lei, fruto da normatividade primária, exercida pelos legisladores, e a súmula de jurisprudência, produzida por "legisladores" secundários, via oblíqua, que são os magistrados.

2. Esse conjunto harmônico pode formar-se em função de princípios ou de postulados. Princípios são a origem de todas as coisas, entre elas as ideias básicas dos institutos jurídicos. Postulados são, na magnífica síntese de Miguel Reale, a formalização de "verdades fundamentais que condicionam a coerência lógica de um sistema".</small>

Em outras palavras, é necessário que os tribunais superiores definam a jurisprudência, para que os tribunais intermediários e os juízes de primeiro grau a sigam. E mais que isso, é necessário definir, quer dizer, definitivizar, o sentido da interpretação da lei via jurisprudência, para que a própria sociedade venha a se orientar pelo sentido da lei interpretada pelos tribunais.

Para que advogados possam instruir seus clientes a respeito do que seja a jurisprudência nacional e para que estes, os clientes, assim como os demais agentes da prática de atos jurídicos, os cidadãos em geral, saibam de antemão quais as consequências dos seus atos. Se as consequências de idênticos atos podem ser interpretadas de modo diferente pela jurisdição nacional, via tribunais superiores, ter-se-á verdadeiramente a dispersão da ordem jurídica. Não se sabendo o sentido da interpretação da norma, extraída da interpretação individual consentânea com os precedentes, aí estará o poderoso germe da destruição do sistema jurisdicional nacional. Ou, lembrando as candentes palavras doutrinárias, estará implantada a *lide* desenfreada, germe da própria desagregação da ordem jurídica cuja manutenção compete ao Estado.

Daí se vê que o conceito de jurisdição implica, necessariamente,[3] o estabelecimento de caminhos processuais para que os precedentes subam à apreciação dos tribunais superiores de modo a rapidamente se formar a jurisprudência e que, em sentido contrário, a jurisprudência desça aos tribunais intermediários e aos juízos de primeiro grau e, por intermédio desses, a toda a sociedade.

Marca evidente da cidadania, é a previsibilidade das consequências dos meios jurídicos. Forma-se essa marca em cada um dos estados nacionais à moda dos instrumentos de jurisdição. Nos países de *Common Law*, vale a regra "*stare decisis et non quieta movere*", não se toca na jurisprudência formada, salvo se houver mudanças significativas de toda a ordem jurídica, como, por exemplo, pelo fenômeno revolucionário ou por alterações substanciais nas ciências subjacentes à normatividade jurídica – por exemplo, a definição de paternidade pelo fator DNA, que colocou em xeque todas as presunções passadas sobre paternidade e maternidade, a começar da antiga regra de que "filho de mulher casada se pressupõe do marido".[4]

---

3. *Necessário*, termo no sentido rigorosamente lógico, ou seja, "aquilo que é o que é e não pode ser de outra forma".

4. Interessante sobre esse aspecto o que mostra a literatura nacional. Euclides da Cunha, de tez morena, como a mulher, Ana de Assis, tendo-lhe nascido um filho

Essas alterações no sentido da interpretação das normas não se fazem com facilidade diante de sistema como o do *stare decisis*. Por isso, é que se vê a admirável permanência do sentido do julgamento de Cortes da maior respeitabilidade mundial, como a Corte Suprema dos Estados Unidos e as Câmaras dos Lordes na Inglaterra.[5]

Em outros sistemas, a estabilidade jurisprudencial se afirma na unidade da sumulação – sistema infinitamente inferior, como demonstra o sistema italiano, cujo *maximário*, a cargo da *Corte di Cassazione,* não tem eliminado a discrepância, a ponto de a crítica certeira de Michele Taruffo haver concluído que a jurisprudência das cortes superiores constitui "uma espécie de loja de departamentos, onde cada litigante pode achar qualquer coisa de que precise, se procurar cuidadosamente".[6]

4. Em um sistema jurisdicional como o brasileiro, a dispersão jurisprudencial, pode-se afirmar sem sombra de dúvidas, tem estado entre as mais amplas do mundo.

Recentemente, como se verá, iniciou-se a criação de alguns mecanismos para correção da dispersão jurisprudencial, mecanismos esses em franca evolução, os quais, pode-se antever, sem dúvida, em questão de poucas décadas (o que é pouco em se considerando a longa história de um modelo jurídico) terão realmente feito surgir um sistema de jurisprudência estável.

Na atualidade, o que se tem de enfatizar para a uniformidade jurisprudencial e, consequentemente, para a unicidade efetiva da jurisdição nacional, são os filtros de acesso aos tribunais superiores.

Somente pela filtragem de casos individuais para os tribunais superiores, mediante a escolha de casos de que se possam extrair *leading cases*, é que se formará jurisprudência nacional estável. É o contrário do que se tem visto na experiência jurisdicional brasileira. Nos tribunais superiores, desde o tempo da unicidade desses tribunais por intermédio do Supremo Tribunal Federal, tendo ao seu lado apenas o Tribunal Superior do Trabalho e o Tribunal Superior Eleitoral, o que se observa é o

---

loiro, Manoel Afonso, escreveu ao amigo Escobar: "Nasceu uma espiga de milho em meu cafezal" – mas teve de registrar o filho como tal.

5. Agora substituída pelo fato recente da criação de uma Corte Suprema na Inglaterra, no ano de 2008, após séculos de existência do império britânico.

6. Michele Taruffo, *Precedent in Italy*, in E. H. Hondius e Maurice Adams, *Precedent and the Law* (Reports to the XVIIth Congress International, Academy of Comparative Law), p. 165.

rejulgamento de casos individuais, o tratamento de questões particulares de indivíduos, sem chegar à lida de temas abstratos capazes de formar diretriz uniforme. Daí, a diversidade de entendimento no mesmo tribunal a respeito de questões idênticas.

Os efeitos perversos da acessibilidade irrestrita aos tribunais superiores não tardaram em se evidenciar:

1º) Multiplicação geométrica da quantidade de recursos para os tribunais superiores, buscando, o vencido, simplesmente a revisão da decisão intermediária que lhe foi desfavorável e perdendo-se o objetivo de formação de jurisprudência nacional;

2º) Déficit de qualidade expositiva, como consequência da quantidade de casos recebidos pelos tribunais superiores, que se acentua à impossibilidade de revisões minuciosas de decisões e acórdãos dos próprios tribunais superiores, gerando o incentivo à recorribilidade contra decisões que o recorrente entenda desajustadas a algum precedente de tribunal superior (porque sempre será possível descobrir algum precedente que pareça contrário ao que serviu de arrimo à decisão desses tribunais);

3º) Sentimento de interminabilidade dos processos, pela possibilidade de questionamentos das decisões de tribunais superiores mediante a comparação com outras decisões dos próprios tribunais superiores e com a grave consequência de, ante a incompreensão da razão de ser das decisões conflitantes, grassar a desconfiança a respeito de supostas razões obscuras de alguma decisão adversa à do recorrente (desconfiança que se espraia desde a singela observação de que "o julgador não leu os autos", até a mais grave delas, de que "ele está comprado pela parte contrária");

4º) Desindividualização do julgamento nos tribunais superiores, ante o obrigatório socorro de atividades de pesquisa, leitura dos autos e redação de decisões por equipe de trabalho, espraiada por intermédio das diversas assessorias, as quais, imprescindíveis à subsistência do trabalho nos tribunais superiores e, embora de qualificação extraordinária, terminam por colaborar para com a diversidade de entendimento, acentuando a dispersão jurisprudencial;

5º) Recorribilidade interna, por intermédio de agravos regimentais e embargos de declaração, jogando as partes no sentido da possibilidade de alteração de julgamento mediante mudança de composição dos tribunais ou da própria dispersão do julgador diante de novas argumentações e vicissitudes de trabalho momentâneo (inclusive a acentuada necessidade de vencer a carga incomensurável de trabalho);

6º) Degradação da própria atividade advocatícia, porque dependente, esta, de interpretações que podem ser adversas ao entendimento que o mais, cauteloso, diligente e meditado Advogado do caso tenha podido citar.[7]

5. Os filtros para os tribunais superiores podem ser de diversas formas.[8] A distinção se dá nos sistemas de organização judiciária do mundo em função de serem os tribunais minimalistas ou maximalistas. O exemplo de tribunais minimalistas são as Cortes Supremas dos Estados Unidos, Canadá, Austrália, Japão, Suíça, Nova Zelândia; na América Latina, a Argentina, em que outros magistrados (número variável entre 9 e 5) julgam todos os casos dando-lhes a palavra final.

Nesses casos de cortes minimalistas, a decisão formadora do precedente é única forçosamente, porque provida de um único corpo jurisdicional, ao contrário do que ocorre com os tribunais maximalistas, de que se fala a seguir.

Os tribunais maximalistas têm, por exemplo, Cortes Superiores em cujo modelo se insere o Brasil, seja no tocante ao Superior Tribunal de Justiça (33 ministros) seja no Tribunal Superior do Trabalho (27 ministros). São exemplos de tribunais maximalistas a Corte de Cassação Italiana, o Tribunal Federal Alemão, *Bundesgerichtshof* e a Corte de Cassação Francesa. Nesses tribunais, a formação de jurisprudência estável dá-se mediante a especialização de suas unidades fracionárias (chamadas Salas, Câmaras, Seções ou Senados). Se não houvesse a especialização, as várias unidades fracionárias chegariam a decisões diferentes sobre as mesmas matérias.

O caminho realmente é o da especialização. Por exemplo, na corte alemã, há Senados específicos para matérias diversas. Assim, a um Senado, e apenas a ele, nunca jamais a nenhum dos demais, a matéria será julgada concorrentemente. Daí deriva a célere formação de julgamentos de extraordinária consistência e permanência, por exemplo, relativamente a direitos autorais e a marcas e patentes. Sendo única a unidade julgadora, obtém-se a mesma consequência que se configura no caso de as Cortes

---

7. São conhecidos os casos em que o Advogado sinceramente recusa o caso por entender sem fundamento jurídico e posteriormente encontra o cliente recusado a informar-lhe que ganhou a causa – sob o patrocínio de outro advogado!
8. Ver, do autor deste escrito, "Doutrina de Precedentes e Organização Judiciária", em *Processo e Constituição – Estudos em Homenagem ao Professor José Carlos Barbosa Moreira*, org. Luiz Fux, Nelson Nery Júnior e Teresa Arruda Alvim Wambier, São Paulo, Ed. RT, 2006, pp. 473-478.

serem reduzidas, minimalistas. A decisão é definitiva. Inimaginável algo à moda de embargos de divergência, porque uma unidade jurisdicional que aprecia a questão, evidentemente, não diverge de si própria.

Especialização, portanto, seja pelo fato de ser a corte minimalista, seja pelo fato de ser maximalista, mas subdivida em várias "minicortes", é um dos caminhos da formação de jurisprudência estável.

6. O procedimento da filtragem difere nos tribunais superiores do mundo. Nas cortes minimalistas, como a Suprema Corte dos Estados Unidos, para ficar em um exemplo, a filtragem ocorre mediante a mais absoluta e insuperável formalização do instrumento recursal (*certiorari*). Padronização essa que chega ao ponto de previsão do número de toques de digitalização do escrito e, ainda, de desenho dos campos em que são escritos os nomes das partes, tipo de assunto, segundo o catálogo de assuntos, e resumo do que foi decidido, com número máximo de toques de digitalização e resumo de como se deseja que decida, também com número máximo de toques de digitalização (*issues*).

Essa formalização levou, na Reforma Taft, à obrigatoriedade de que as peças processuais sejam oferecidas em tipografias autorizadas pela Corte Suprema, para a garantia de que todos os recursos sejam impressos da mesma forma, para evitar disparidade na leitura dos recursos e na proclamação das decisões. As partes e os julgadores limitam-se tanto ao padrão de forma que é impossível chegar à redação dispersiva diante da qual se gere a equivocidade de manifestação.[9]

Interessante é como se dá, nesses tribunais, a filtragem. Continuando no exemplo da Corte Suprema dos Estados Unidos, a primeira filtragem ocorre pelo gabinete do *General Law Clerk* (Quando de visita a esta Corte Suprema, o autor deste escrito foi recebido pelo *General Law Clerk*, que nada tem de jurídico, tratando-se, verdadeiramente, de um general reformado do Exército Americano, que chefia um gabinete incumbido de olhar as formalidades mais objetivas dos recursos como o número de toques de digitação, cor do recurso, dimensões das folhas

---

9. A equivocidade, é bem sabido, é um defeito do raciocínio. As ideias podem ser unívocas ou equívocas. Unívocas se mantêm uma voz, (*una vox*), e equívocas se mantêm mais de uma voz, (*equi vox*). A linguagem jurídica, inclusive nos recursos, tem de ser unívoca para que a própria linguagem não venha a desempenhar um papel importante na dispersão jurisprudencial. Entre nós, seguramente, se está no paroxismo da dispersão, visto que recursos, decisões e precedentes, além de equívocos, constituem, não raro, a maior corrupção do pensamento, que, assim caracterizam como unívocos, equívocos (várias vozes plúrimas, mais do que equívoco).

de papel, observância dos campos de redação, recolhimento de custas, representação processual etc.), rejeitando, mediante a aposição de carimbo dele próprio (*Rejected*), os casos que descumpram formalidades e, pasmem, sem cabimento de recurso para a Corte.

Passado o exame pelo *General Law Clerk*, segue o caso, uma cópia para cada um dos ministros da Corte, que determinam o exame pelo respectivo gabinete, e depois rejeitam os casos segundo os pareceres de seus assessores. Isolando-se em cada gabinete cerca de oito casos por mês, os ministros, os *Judges* da Corte, levam esses casos para a *Conference*, em caráter reservado e absolutamente sigiloso, de quintas-feiras ou sextas-feiras, em que selecionam os casos que serão conhecidos pela Corte, valendo a regra dos quatro votos – ou seja, se não houver quatro votos no sentido da aceitação do caso, o recurso é automaticamente rejeitado, sem possibilidade de qualquer recurso. Ultrapassadas essas etapas, abre-se audiência pública, em sessão da Corte, para que as partes sustentem o caso perante a Corte.

Em cortes maximalistas, o exame da admissibilidade (filtragem) é feito por um órgão de recebimento dos casos, geralmente composto de três magistrados (*Bundesgerichtshof* e *Cour de Cassation*). Havendo três votos, em reunião reservada pela rejeição do caso, o recurso é automaticamente arquivado. Havendo um voto pela admissibilidade, vale a regra em prol do acesso à justiça recursal e se determina a ouvida das partes para o julgamento.

7. Vê-se, pois, como caminha a formação de jurisprudência estável no mundo. Em nosso país, o sistema necessita de arranjos, os quais atualmente são tentados pelo Supremo Tribunal Federal via *Repercussão Geral* (Lei n. 11.418/2006). No Superior Tribunal de Justiça, após a experiência bem sucedida do Sistema de Recursos Representativos da Controvérsia (*Recursos Repetitivos*), amplia-se o alcance da filtragem inicial, por intermédio do denominado NURER (Núcleo de Repercussão Geral e Recursos Repetitivos – Resolução 5/2013 da Presidência do STJ). Ambos os sistemas devem complementar-se pelo denominado Plenário Virtual, como já implantado com sucesso no Supremo Tribunal Federal. Pelo Plenário Virtual, reúnem-se os ministros para julgamentos dos recursos contra as rejeições realizadas monocraticamente. Não existe, por ora, esse Plenário Virtual no Superior Tribunal de Justiça, mas sem dúvida esse será o caminho.

8. O que deseja a sociedade brasileira? A unidade jurisdicional efetiva, com a proclamação de sentido dos julgamentos de maneira que se possa prever, em cada ato que se pratica, qual o resultado jurídico e qual a garantia fornecida pelo Poder Judiciário a seu respeito, ou a dispersão jurisprudencial, que beneficia o mais astuto, o mais forte, o economicamente mais aparelhado para as demandas?[10]

A resposta deve ser dada pela sociedade brasileira – e não apenas por parte dela, nós, os profissionais do Direito. Vivemos, os profissionais do mundo jurídico, condicionados pelos padrões sistemático-ideais em que fomos criados e em massa reproduzidos. Esses padrões, contudo, não prevalecem eternamente sobre os das demais forças da sociedade. De tempos em tempos, concretiza-se a alegoria terrível de Wells.[11] A tranquilidade de seres lânguidos a bem viver em mundo ideal na superfície da terra, de vez em quando é rompida pela brutalidade dos realistas *Morlocks*, vindos do mundo concreto, debaixo da terra, que os caçam e devoram.

Brasília, setembro de 2013.

---

10. Para não perder a lembrança, volte-se à observação de que na sociedade sobrevive não o mais forte, mas o mais apto (*survival of the fittest* – Spencer), o que, em termos judiciários, trata-se da constatação da aptidão à esperteza, à astúcia, ou, no termo clássico, à *raposia*, mantida pelas forças econômicas de sustentação da demanda à eternidade.

11. H. G. Wells, *A Máquina do Tempo*.

A INFLUÊNCIA DO CONTRADITÓRIO NA VALORAÇÃO DOS ELEMENTOS DE PROVA PRODUZIDOS EM INQUÉRITO

SUSANA HENRIQUES DA COSTA

Professora Doutora da Faculdade de Direito da Universidade
de São Paulo – Mestre e Doutora em Direito Processual pela
Faculdade de Direito da Universidade de São Paulo
– Membro do Instituto Brasileiro de Direito Processual/IBDP
– Membro do Centro Brasileiro de Pesquisas Judiciais/CEBEPEJ
– Promotora de Justiça do Estado de São Paulo

1. Introdução. 2. O princípio do contraditório. 3. O inquérito como fonte de prova. 4. Valoração probatória do inquérito. 5. As decisões inaudita altera parte *fundadas em elementos colhidos no inquérito civil. 6. Conclusões.*

1. Introdução

Ser convidada a escrever um artigo em uma coletânea em homenagem aos professores Ada Pelegrini Grinover, Antônio Carlos de Araújo Cintra e Cândido Rangel Dinamarco é uma honra e uma grande responsabilidade. Esses professores fazem parte de um grupo de estudiosos que compõem o pilar estruturante da ciência processual brasileira, e a influência que exercem em todos os processualistas modernos é evidente e inequívoca. São eles os pais da Teoria Geral do Processo, perspectiva metodológica que permite estudar o direito processual como um todo, a partir de seus institutos e princípios comuns. Essa perspectiva permite aos processualistas traçar os contornos do chamado modelo processual brasileiro de forma unificada e coerente, o que é essencial.

Em especial para mim, aluna do professor Cândido Rangel Dinamarco na Graduação da Faculdade de Direito da USP, o convite representa, ainda, a oportunidade única de homenagear um dos professores que despertaram em mim o interesse e, posteriormente, o amor pelo processo civil. Por esse motivo, agradeço imensamente aos organizadores da obra.

Este estudo tem por objeto um dos temas mais importantes da Teoria Geral do Processo, que é o que trata da valoração da prova. Realmente, a forma como o juiz avalia as provas é determinante para o processo e para seu resultado, pois o maior ou menor valor que o magistrado dê a determinado elemento de prova é fundamental para sua decisão em favor de uma ou outra parte.

São inúmeros dispositivos legais que disciplinam a matéria, que possuem naturezas variadas. Há, por exemplo, a previsão de presunções relativas, que se fundam geralmente em regras de experiência e servem para orientar o juiz no seu julgamento. Também existem normas de distribuição do ônus da prova que, além de direcionar a atividade probatória das partes, trazem diretrizes de julgamento ao juiz em caso de ausência de prova de algum fato controvertido. Há, ainda, normas proibitivas, resquícios do sistema de prova tarifada, que impedem a admissibilidade de determinadas provas e, portanto, o conhecimento de alguns fatos, como ocorre com as provas ilícitas.

Todavia, embora existam normas diretivas e, até mesmo, proibitivas da atividade valorativa do magistrado, a regra é a liberdade de julgamento. Pode o juiz julgar o processo livremente, de acordo com seus critérios de experiência, desde que o faça com base na prova dos autos e de forma motivada.

É dentro deste cenário em que predomina a liberdade que se insere o tema da valoração probatória dos procedimentos investigativos estatais, os chamados inquéritos (penal e civil). A questão que se coloca é a seguinte: como deve o juiz valorar os elementos de convencimento existentes no bojo do inquérito, um procedimento estatal que, todavia, nem sempre conta com a ampla participação do investigado?

Há quem questione a força probante dos elementos colhidos no inquérito, em função da natureza investigatória do procedimento; porém, há quem sustente que seus elementos de convicção servem como fonte de prova.

A questão, na verdade, cresce em relevância na medida em que os inquéritos, penal ou civil, buscam investigar lesões ou ameaças de lesões a interesses gerais ou metaindividuais, ou seja, interesses de natureza pública, que dizem respeito a toda a sociedade (*jus puniendi*) ou a uma coletividade de pessoas (difusos, coletivos ou individuais homogêneos). Assim, o valor que se dê à investigação realizada em sede de inquérito, quando da sua introdução em determinado processo judicial, pode impactar na maior ou menor proteção a interesses de grande valia para toda a sociedade.

Por outro lado, há em jogo também o direito de defesa do investigado em inquéritos, que possui vetor constitucional, nos termos do art. 5º, LV, da CF, bem como a legitimidade do exercício do poder de investigação estatal em face desse direito.

A problemática é complexa, e, portanto, deve ser analisada com a devida cautela, levando em conta o modelo processual vigente no nosso ordenamento jurídico. Esse é o objeto deste estudo.[1]

Para este mister, inicialmente, será analisado o conteúdo do princípio do contraditório na ciência processual moderna e sua incidência, ou não, no âmbito dos procedimentos investigativos. Na sequência será objeto de estudo o próprio inquérito e sua natureza de fonte de prova, bem como as especificidades da legislação quanto a alguns dos elementos de convencimento que podem vir a ser colhidos durante as investigações.

Posteriormente serão revisitadas algumas noções gerais sobre as regras de valoração da prova vigentes no nosso ordenamento jurídico e as consequências de sua aplicação em relação aos inquéritos.

2. O princípio do contraditório

O princípio do contraditório vem previsto na Constituição Federal como garantia fundamental do indivíduo, componente do modelo processual brasileiro. Nos termos do art. 5º, LV, da Carta Magna, "aos litigantes, em processo judicial ou administrativo, e aos acusados em geral são assegurados o contraditório e a ampla defesa, com os meios e recursos e ela inerentes".

O conceito clássico de contraditório é dado pelo italiano Sergio La China. Para o autor a ideia de contraditório pode ser resumida à

---

1. José Roberto dos Santos Bedaque entende por "modelo processual brasileiro" o conjunto de princípios e garantias determinados pelo constituinte essenciais ao método utilizado pela jurisdição para a solução de conflitos. Este modelo é garantido pelo direito de ação e possibilita o efetivo acesso à Justiça. Garantir acesso à Justiça, ou, "mais propriamente, acesso à ordem jurídica justa, significa proporcionar a todos, sem qualquer restrição, o direito de pleitear a tutela jurisdicional do Estado e de ter à disposição o meio constitucionalmente previsto para alcançar esse resultado. Ninguém pode ser privado do devido processo legal, ou, melhor, do *devido processo constitucional*. É o processo modelado em conformidade com garantias fundamentais, suficientes para torná-lo *equo, correto, giusto*" (*Tutela Cautelar e Tutela Antecipada: Tutelas Sumárias e de Urgência (Tentativa de Sistematização)*, 5ª ed., São Paulo, Malheiros Editores, 2009, p. 74). Sobre acesso à Justiça, v., ainda, Mauro Cappelletti e Bryant Garth, *Acesso à Justiça*, Porto Alegre, Sérgio Antônio Fabris Editor, 1988, pp. 9 e ss.

necessidade de informação às partes dos atos processuais e à possibilidade de reação a estes atos.[2] É justamente do binômio necessidade de informação/possibilidade de reação que decorre a natureza dialética e participativa do contraditório na formação do convencimento do juiz sobre o objeto do processo.

Embora a conceituação de contraditório não seja problemática, seu conteúdo já foi bastante discutido e esmiuçado. Numa perspectiva histórica, percebe-se a clara evolução que levou à transformação de um conceito *estático* para um conceito *dinâmico* do instituto.

Inicialmente a doutrina tradicional, desenvolvida na fase autonomista do direito processual do início do século XX, restringia o contraditório à mera possibilidade de reação formal das partes, ou seja, não havia a necessidade da efetiva e real participação dos sujeitos processuais na busca da verdade dos fatos. Isso porque vigia ainda uma ideologia individualista do processo, que se contentava com a simples previsão da existência de direitos e garantias fundamentais, sem qualquer preocupação com sua implementação fática. Este é o conceito *estático* de contraditório, que tem como premissas a natureza formal da garantia de igualdade das partes e as necessárias distância e neutralidade do magistrado para com o desenrolar do processo.[3]

Com o passar do tempo e o reconhecimento do caráter público e instrumental do processo, a noção de contraditório alterou-se. Hoje é a efetiva e ampla participação das partes que se busca. Tal participação somente é possível entre partes que se situem em posição de igualdade substancial, assegurada pela atuação constante e ativa do magistrado, não mais neutro, mas, sim, comprometido com a boa prestação jurisdicional.[4]

2. Sergio La China, *L'Esecuzione Forzata e le Disposizioni Generali del Codice di Procedura Civile*, Milão, Giuffrè, 1970, p. 394. V., ainda, Nelson Nery Jr., *Princípios do Processo Civil na Constituição Federal*, 3ª ed., São Paulo, Ed. RT, 1996, p. 133.

3. Luigi Paolo Comoglio bem define esta concepção: "Secondo la concezione tradizionale, il principio del contraddittorio, nel processo civile ed amministrativo, esprime *staticamente* l'esigenza di equilibrio delle forze che nel processo vengono a conflitto, ovvero la posizione di *eguaglianza formale* delle parti dinanzi al giudice, traducendosi nella necessità di garantire loro 'la possibilità di svolgere pienamente la difesa delle proprie ragioni'" (*La Garanzia Costituzionale dell'Azione ed il Processo Civile*, Pádua, CEDAM, 1970, p. 141). No mesmo sentido: Ada Pellegrini Grinover, "Defesa, contraditório, igualdade e *par conditio* na ótica do processo de estrutura cooperatório", in *O Processo Constitucional em Marcha*, São Paulo, Max Limonad, 1985, pp. 13-14.

4. O contraditório, aliás, vem como legitimador da própria prestação jurisdicional. Afinal, o decidido pelo juiz somente se justifica porque prolatado após um

Tamanha é a necessidade de participação do juiz no desenvolvimento da relação jurídica de direito processual, que passa ele mesmo a se submeter ao contraditório. O juiz, na perspectiva processual moderna, não somente zela pela efetiva participação das partes, mas ele próprio participa desse jogo dialético na busca da verdade dos fatos. É sujeito do contraditório, agora, sim, não mais meramente estático, mas *dinâmico*.[5] Assim, a participação das partes não deve ser somente possível. Deve, ainda, ser incentivada e garantida pelo juiz comprometido com o resultado do processo. É esse o atual desenho do princípio do contraditório, único que se coaduna com o modelo de Estado de Direito Democrático vigente, cujas bases se assentam na ideia de legitimação pela participação.

O contraditório, nesta perspectiva atual, alia-se aos institutos da ação e da defesa e corresponde a um instrumento de cooperação entre os sujeitos processuais. Na realidade, os direitos de ação e de ampla defesa e o próprio contraditório são aspectos diferentes da mesma realidade, qual seja, aquela que garante às partes e ao juiz um equilibrado diálogo e concede a todos eles os meios necessários à verificação da verdade dos fatos.

procedimento dialético em que as partes tiveram amplas e efetivas oportunidades de trazer suas alegações e prová-las. V., neste sentido: Cândido Rangel Dinamarco (*A Instrumentalidade do Processo*, 15ª ed., São Paulo, Malheiros Editores, 2013, p. 159) – para quem: "Não se compatibiliza com o espírito do Estado de Direito Democrático a imposição de provimentos sem prévia preparação mediante um procedimento e sem que o procedimento preparador se desenvolva em contraditório; ou seja, não se compatibiliza com ele a emissão de provimentos sem a realização do *processo* adequado"; Ada Pellegrini Grinover ("Defesa, contraditório, igualdade e *par conditio* na ótica do processo de estrutura cooperatório", cit., in *O Processo Constitucional em Marcha*, pp. 14-15; e José Roberto dos Santos Bedaque ("Os elementos objetivos da demanda à luz do contraditório", in *Causa de Pedir e Pedido no Processo Civil*, São Paulo, Ed. RT, 2002, p. 20).

5. Nesse sentido: Cândido Rangel Dinamarco, "O princípio do contraditório e sua dupla destinação", in *Fundamentos do Processo Civil Moderno*, 6ª ed., vol. I, São Paulo, Malheiros Editores, 2010, p. 517). V., ainda, José Roberto dos Santos Bedaque, para quem "a necessidade de efetiva participação no desenvolvimento da relação processual, influindo no resultado do julgamento, refere-se não apenas às partes, mas também ao juiz. Se contraditório é segurança de participação, o sujeito imparcial do processo é abrangido pelas ideias norteadoras desse princípio. Visão moderna e adequada de contraditório, portanto, considera essencial para sua efetividade a participação ativa também do órgão jurisdicional (...). Não mais satisfaz a ideia do juiz inerte ou neutro, alheio ao *dramma della competizione*. Essa neutralidade passiva, supostamente garantidora da imparcialidade, não corresponde aos anseios por uma Justiça efetiva, que propicie acesso efetivo à ordem jurídica justa" ("Os elementos objetivos da demanda à luz do contraditório", cit., in *Causa de Pedir e Pedido no Processo Civil*, p. 21).

Como ensina Ada Pellegrini Grinover:

(...) paralelismo entre ação e defesa é que assegura aos dois sujeitos do contraditório instituído perante o juiz a possibilidade de exercerem todos os atos processuais aptos a fazer valer em juízo seus direitos e interesses e a condicionar o êxito do processo. Ação e defesa acabam transformando-se em abrangentes garantias do justo processo. E o contraditório, neste enfoque, nada mais é que uma emanação daquela ação e daquela defesa.[6]

O principio do contraditório vige durante todo o *iter* procedimental.[7] Ele deve ser observado quando da instauração da relação jurídica processual, com cautela principalmente com relação à regularidade dos procedimentos de citação do réu. Caminha no sentido de permitir às partes a realização de todos os requerimentos e todas as alegações que entenderem necessários, seja para a formação objetiva do processo,[8] seja para a análise da prova depois da instrução. Inclui sempre a participação efetiva do juiz no sentido de sanar eventuais falhas das partes, quer quanto à sua atividade postulatória, quer quanto à sua atividade probatória, e sanear o processo.

6. Ada Pellegrini Grinover, "Defesa, contraditório, igualdade e *par conditio* na ótica do processo de estrutura cooperatório", cit., in *O Processo Constitucional em Marcha*, p. 11. Para Ferri o contraditório é um "insostituibile strumento di indagine per l'accertamento della verità che si realizza attraverso 'il giuoco dialettico delle parti contrapposte'". Para o autor, ainda, há uma "stretta interdipendenza tra la garanzia di azione e di difesa ed il contraditorio, con la precisazione che il diritto di difesa 'è compromesso allorchè non venga assicurata l'effettiva attuazione del contraddittorio'" (*Struttura del Processo e Modificazione della Domanda*, Pádua, CEDAM, 1975, pp. 114-115). No mesmo sentido, ainda: Nelson Nery Jr., *Princípios do Processo Civil na Constituição Federal*, cit., 3ª ed., p. 131.

7. Entendendo que o contraditório deve ser observado durante todo o processo, e não somente no início da demanda, v. Artur César de Souza, *Contraditório e Revelia: Perspectiva Crítica dos Efeitos da Revelia em Face da Natureza Dialética do Processo*, São Paulo, Ed. RT, 2003, pp. 170-179.

8. Para Ferri o contraditório tem a função de individuar o objeto da controvérsia. Segundo o autor: "Il contraddittorio, come 'forma di contrasto di affermazioni intorno ai fatti' della causa sembra operare, infatti, 'una sorta di scrutinio' dal quale emergono i punti di fatto sui quali persiste il contrasto delle parti talchè, attraverso il contraditorio effettivamente instaurato, le parti sono in grado di influire 'sulla concreta ricostruzione della fattispecie controversa'" (*Struttura del Processo e Modificazione della Domanda*, cit., p. 114).

Durante a instrução a importância do contraditório cresce.[9] É nesse momento que os direitos de ação e de defesa têm maiores possibilidades de influir no resultado do processo e que, portanto, a participação das partes deve ser mais incentivada pelo juiz. Na verdade, o contraditório está inserido dentro da ideia de direito à prova,[10] pois garantir meios adequados para que as partes façam prova de suas alegações (direito à prova) significa assegurar a elas o direito de participar na formação do convencimento do magistrado (contraditório).[11] Qualquer limitação desarrazoada ao direito à prova, portanto, constitui atentado ao princípio do contraditório, pois retira das partes uma possibilidade de convencimento legítima e restringe sua participação na dialética processual.

Por outro lado, ao mesmo tempo em que o contraditório garante o direito à prova, é também condição a ser levada em conta quando da avaliação da prova concretamente produzida. Isso porque toda prova produzida no processo deve ser submetida à apreciação das partes, que têm o direito de sobre ela se manifestar, impugnando, ou não, seu conteúdo. Sem manifestação das partes não pode a prova ser apreciada pelo magistrado, muito menos fundamentar a sua decisão.

Algumas ressalvas a essa regra são normalmente feitas pela doutrina no tocante aos provimentos de urgência, que podem ser proferidos *inaudita altera parte*. Esta possibilidade vem, na verdade, como uma confirmação da regra, devido, primeiramente, ao seu caráter excepcional e provisório e, além disso, à sempre e necessária manifestação da parte contrária após a prolação da decisão. Diz-se que, nesses casos, há con-

---

9. "Instruir" significa preparar, significa influir na solução demanda. Segundo Cândido Rangel Dinamarco, instrução não é só prova. Abrange também as alegações das partes, pois estas também são aptas a ter reflexos no convencimento do magistrado ("O princípio do contraditório", *Revista da Procuradoria-Geral do Estado de São Paulo* 19/32-33, São Paulo, dezembro/1981-dezembro/1982).

10. Apesar de não previsto expressamente pela Constituição Federal, o direito à prova pode ser aferido dos princípios e garantias por ela arrolados. Inclui-se dentre os direitos formadores da garantia do devido processo legal e fundamento do próprio processo. Pode ser conceituado como "*o conjunto de oportunidades oferecidas à parte pela Constituição e pela lei, para que possa demonstrar no processo a veracidade do que afirma em relação aos fatos relevantes para o julgamento*" (Cândido Rangel Dinamarco, *Instituições de Direito Processual Civil*, 6ª ed., vol. III, São Paulo, Malheiros Editores, 2009, p. 46).

11. Ada Pellegrini Grinover entende que o direito à prova é um aspecto insuprimível das garantias da defesa e do contraditório ("O conteúdo da garantia do contraditório", in *Novas Tendências do Direito Processual (de Acordo com a Constituição de 1988)*, 2ª ed., Rio de Janeiro, Forense, 1990, p. 21).

traditório, que, todavia, é diferido para momento posterior à concessão da medida de urgência.[12]

Por fim, não há que esquecer que a Constituição Federal ampliou o âmbito de incidência do princípio do contraditório, que passou a abarcar não só processos judiciais, mas também os processos administrativos. São processos administrativos, entretanto, somente os procedimentos que possuam acusados (punitivos) ou possibilitem a prolação de decisões aptas a criar, modificar ou extinguir relações jurídicas (não punitivos).

Como ensina Cândido Rangel Dinamarco:

> (...). Onde o exercício do poder não conduz a *decisões* que sob a forma de provimentos interfiram na esfera jurídica das pessoas, a ordem social e política tolera os procedimentos sem contraditório. Ilustração expressiva é o *inquérito policial*, em que contraditório não há (daí ser ele mero procedimento, sem ser processo), justamente porque não se endereça a provimento algum; o inquérito termina com um relatório da autoridade policial, que servirá somente como fator para a *opinio delicti* do julgador. (...).[13]

O mesmo raciocínio do inquérito policial pode ser transposto para o inquérito civil. Nesse sentido, o inquérito civil não se trata propriamente de processo, mas de mero procedimento administrativo, que tem por fim somente formar o convencimento do promotor de justiça sobre a propositura, ou não, da ação civil pública. Tanto no procedimento penal quanto no procedimento civil não há a possibilidade de criação, modificação ou extinção de direitos ou, mesmo, de aplicação de qualquer sanção ao

---

12. Cândido Rangel Dinamarco assevera que "a urgência de certas situações (*periculum in mora*) exige a imposição de medidas igualmente urgentes, sem prévio contraditório (*inaudita altera parte*): é o que pode dar-se com as cautelares e se dá com as liminares em geral, em razão dos males do fluir do tempo (o tempo é um inimigo), sem que no entanto fique excluído o contraditório, mas tão somente postergado" (*A Instrumentalidade do Processo*, cit., 15ª ed., p. 159). No mesmo sentido Nelson Nery Jr., para quem a possibilidade da concessão de liminares *inaudita altera parte* configura uma limitação ao princípio do contraditório, mas não sua violação, "porquanto a parte terá oportunidade de ser ouvida, intervindo posteriormente no processo, inclusive com direito a recurso contra a medida liminar concedida sem sua participação. Aliás, a própria provisoriedade dessas medidas indica a possibilidade de sua modificação posterior, por interferência da manifestação da parte contrária, por exemplo" (*Princípios do Processo Civil na Constituição Federal*, cit., 3ª ed., p. 145).

13. Cândido Rangel Dinamarco, *A Instrumentalidade do Processo*, cit., 15ª ed., p. 159. V., ainda, Nelson Neri Jr., *Princípios do Processo Civil na Constituição Federal*, cit., 3ª ed., p. 135.

investigado, de forma que não incide no procedimento o mandamento constitucional previsto no art. 5º, LV, que impõe a observância do princípio do contraditório.[14]

Esse é o entendimento do STF, que assevera:

Embargos de declaração no recurso extraordinário – Conversão em agravo regimental – Administrativo – Desnecessidade de observância no inquérito civil dos princípios do contraditório e da ampla defesa – Precedentes – Agravo regimental ao qual se nega provimento.[15]

Nada impede, entretanto, a concessão de possibilidades de participação ao investigado durante o curso das investigações, naqueles casos

14. Hugo Nigro Mazzilli assevera que o inquérito civil é "procedimento investigatório não contraditório; nele não se decidem interesses nem se aplicam sanções; antes, ressalte-se sua informalidade" (*A Defesa dos Interesses Difusos em Juízo*, 18ª ed., São Paulo, Saraiva, 2005, p. 391). No mesmo sentido, v.: Daniel Amorim Assumpção Neves, "O inquérito civil como uma cautelar preparatória probatória *sui generis*", in Rodrigo Mazzei e Rita Dias Nolasco (coords.), *Processo Civil Coletivo*, São Paulo, Quartier Latin, 2005, pp. 221-223; Hamilton Alonso Jr., "A valoração probatória do inquérito civil e suas consequências processuais", in Édis Milaré (coord.), *Ação Civil Pública: Lei 7.347/1985 – 15 Anos*, 2ª ed., São Paulo, Ed. RT, 2002, pp. 293-295; e Luís Roberto Proença, *Inquérito Civil: Atuação Investigativa do Ministério Público a Serviço da Ampliação do Acesso à Justiça*, São Paulo, Ed. RT, 2001, pp. 35-39.

15. STF, 1ª Turma, RE/ED 481.955-PR, rela. Min. Carmen Lúcia, *DJU* 10.2.1011. É o mesmo o entendimento do TJSP: "Apelação cível – Ação civil pública fundada na improbidade administrativa (Lei n. 8.429/1992) – Contratação de servidores pelo Município de Tupã, para o exercício de cargos em comissão, que, todavia, apresentam caráter profissional ou burocrático, realizando serviços de natureza técnica ou prática, de forma permanente, sem vínculo de confiança – Preliminar de afronta ao contraditório rejeitada – Instauração de inquérito civil legalmente prevista (art. 8º, § 1º, da Lei n. 7.347/1985), cuja prova colhida inquisitorialmente deve ser sopesada pelo juiz – Precedentes – Procedimento investigativo do Tribunal de Contas do Estado de São Paulo que apontou irregularidades na contratação de servidores e desvio de funções – Fatos que não foram negados pelo réu – Provimento de cargos de funções variadas sem observância da excepcionalidade daqueles cujo acesso se dá em confiança ou comissão, a dispensar a realização de concurso público (art. 37, II e V, da CF) – Atividades dos cargos questionados que se afiguram de natureza comum e não guardam qualquer relação especial de interferência nos negócios do Município, nem exigem especial confiança do chefe do Executivo – Atos de improbidade caracterizados, não se questionando a presença do dolo, a lesividade da conduta ou o prejuízo ao Erário – Precedentes – Imposição das sanções que observou os princípios da razoabilidade e da proporcionalidade – Recurso improvido" (TJSP, 8ª Câmara de Direito Público, ACi 9167576-21.2007.8.26.0000, rel. Des. Osni de Souza, *DJE* 4.7.2012).

em que não venha a prejudicar o seu rumo. Na verdade, é comum esta participação, como ocorre, por exemplo, quando do indiciamento do investigado no inquérito policial ou, mesmo, nos casos cíveis em que, previamente à propositura da ação civil pública, é tentada a celebração de acordo, via Termo de Ajustamento de Condutas.[16]

3. O inquérito como fonte de prova

É conhecida a divergência doutrinária quanto aos conceitos de *fonte de prova* e *meios de prova*. Sem entrar no mérito desta infindável discussão, adota-se neste trabalho o conceito de Cândido Rangel Dinamarco, para quem:

> (...) *fontes de prova* são elementos externos ao processo e possivelmente existem até antes dele, sendo representadas por pessoas ou coisas das quais se possam extrair informes úteis ao julgamento; e *meios de prova* são as técnicas destinadas a atuar sobre as fontes e delas efetivamente extrair o conhecimento dos fatos relevantes para a causa (...).[17]

---

16. Realmente, restaria difícil à parte celebrar um acordo sem ciência dos termos do procedimento de investigação ou, mesmo, sem a possibilidade de discutir e debater o teor os elementos nela coligidos. Pedro da Silva Dinamarco incentiva a participação do investigado no inquérito civil e pondera que "a defesa escrita ou seu depoimento (do investigado) poderão contribuir para a sadia convicção do promotor público. Na pior das hipóteses, terá sido inútil. Mas o investigado poderá prestar informações relevantes, inclusive trazendo novas provas ou demonstrando que os fatos ocorreram de outra maneira; que o verdadeiro responsável não é ele; etc. Poderá, ainda, ser obtida uma confissão" (*Ação Civil Pública*, São Paulo, Saraiva, 2001, pp. 237-238). Também admitindo o contraditório no inquérito civil, v.: Ricardo de Barros Leonel, *Manual do Processo Coletivo*, São Paulo, Ed. RT, 2002, p. 322; e Hugo Nigro Mazzilli, "O inquérito civil e o poder investigatório do Ministério Público", in Édis Milaré (coord.), *A Ação Civil Pública Após 20 Anos: Efetividade e Desafios*, São Paulo, Ed. RT, 2005, p. 233.

17. Cândido Rangel Dinamarco, *Instituições de Direito Processual Civil*, cit., 6ª ed., vol. III, p. 47. Chiovenda, ao contrário, equipara os conceitos de *meios* e *fontes* de prova. Para o autor: "*Meios* de prova são as fontes de que o juiz extrai os motivos da prova (assim, nos exemplos aduzidos, a pessoa da testemunha, os lugares inspecionados). Consistem os *procedimentos* probatórios no conjunto das atividades necessárias a pôr o juiz em comunicação com os meios de prova ou a verificar a atendibilidade de uma prova" (*Instituições de Direito Processual Civil*, vol. 3, Campinas, Bookseller, 1998, p. 114). Vicente Greco Filho define *meios de prova* como "os instrumentos pessoais ou materiais trazidos ao processo para revelar ao juiz a verdade dos fatos" (*Direito Processual Civil Brasileiro*, 11ª ed., vol. 2, São Paulo, Saraiva, 1996, p. 197). Já, Moacyr Amaral Santos entende que os *meios de prova* são "os instrumentos dos quais dimana a prova" (*Primeiras Linhas de Direito Processual Civil*, 22ª ed., vol. 2, São Paulo, Saraiva, 2002, p. 278).

Pelo conceito que aqui se defende, então, pessoas e coisas são *fontes de prova* que influirão no convencimento do magistrado. As fontes de prova, por seu turno, são admitidas no processo mediante a utilização dos *meios de prova*. Esses meios de prova, ainda, podem estar previstos na legislação vigente – e, nesses casos, dizem-se *típicos* (interceptação telefônica, depoimento pessoal, provas testemunhal, pericial, documental e inspeção judicial); ou podem configurar qualquer outra espécie de instrumento técnico de extração de fatos das fontes de prova, desde que lícitos – e, nesses casos, são chamados de *atípicos* (quaisquer outros meios legítimos).

O inquérito, como visto, é um procedimento administrativo. Ele vem previsto na própria Constituição (art. 129, III) e também na legislação infraconstitucional (Código de Processo Penal e Lei da Ação Civil Pública). Trata-se de instrumento investigativo, presidido pela autoridade policial (penal) ou pelo membro do Ministério Público (civil) e voltado à colheita de elementos que indiquem, ou não, a ocorrência de lesão a interesses gerais ou metaindividuais.[18]

Para a instrução dos inquéritos foram previstos poderes investigativos bastante abrangentes, que permitem a seus presidentes a possibilidade de expedição de requisições[19] de informações, exames, perícias e documentos, além das notificações a pessoas para depoimentos, sob pena de condução coercitiva. São amplos os poderes de investigação, que pode se utilizar de todas as fontes de prova (pessoas, bens, documentos etc.).

Ao contrário do processo jurisdicional, entretanto, no inquérito a extração de informação das fontes de prova não exige maiores formalidades,[20] o que seria incompatível com sua natureza investigativa

18. Hugo Nigro Mazzilli define *inquérito civil* como o "procedimento administrativo investigatório, de caráter inquisitivo, instaurado e presidido pelo Ministério Público; seu objeto é, basicamente, a coleta de elementos de convicção para as atuações processuais ou extraprocessuais de seu cargo" ("O inquérito civil e o poder investigatório do Ministério Público", cit., in Édis Milaré (coord.), *A Ação Civil Pública Após 20 Anos: Efetividade e Desafios*, p. 223). V., ainda, sobre o tema: José Marcelo Menezes Vigliar, *Tutela Jurisdicional Coletiva*, São Paulo, Atlas, 2001, p. 131; e Ricardo de Barros Leonel, *Manual do Processo Coletivo*, cit., p. 313.

19. Como ensina Luís Roberto Proença, "requisitar é o poder jurídico de exigir uma prestação, de determinar que algo se faça. Quem requisita determina, exige, não pede" (*Inquérito Civil: Atuação Investigativa do Ministério Público a Serviço da Ampliação do Acesso à Justiça*, cit., p. 65). No mesmo sentido: Hugo Nigro Mazzilli, *A Defesa dos Interesses Difusos em Juízo*, cit., 18ª ed., p. 377.

20. Diz-se que o inquérito civil é dotado de formalidade restrita, de forma que não há "'rito' específico a ser observado, mas apenas balizas relacionadas à sua

e inquisitiva. Não há, pois, em seu procedimento a previsão de "meios de prova", ou seja, de técnicas de extração de conhecimentos sobre fatos das pessoas ou coisas.[21] Vige, nesse sentido, o princípio da informalidade.

Segundo Antônio Alberto Machado:

> (...) o inquérito é ato de uma autoridade administrativa vinculada à administração da segurança pública; os atos nele praticados geralmente são atos discricionários, em que a autoridade pode definir a ocasião, a conveniência e a forma deles, se bem que alguns atos do inquérito são totalmente vinculados (auto de prisão em flagrante, por exemplo); e não estão submetidos à solenidade das formas procedimentais, já que não seria rigorosamente correto falar-se em nulidade dos atos de inquérito.[22]

Dentre as consequências da falta de regras formais rígidas para a colheita de elementos de instrução está o fato de que não há uma obrigatoriedade de observância estrita de alguns princípios constitucionais válidos para os processos em geral nas investigações realizadas no bojo dos inquéritos. Especificamente, o respeito ao contraditório, como já salientado acima, não é exigido.

Não havendo processo e não sendo obrigatória a observância de todos os princípios componentes do devido processo legal, não é tecnicamente correto falar em prova (seja testemunhal, pericial ou documental) em inquéritos, mas, sim, em elementos de formação do convencimento do promotor de justiça e de fundamentação da ação civil penal ou pública. Isso não significa, entretanto, que os elementos de convicção nele constantes sejam totalmente despidos de força probante quando posteriormente forem inseridos no processo, se o caso. Pelo contrário, em alguns casos, inclusive, a própria legislação processual reconhece a natureza probatória de alguns elementos de convicção colhidos no bojo do inquérito, quando inseridos no processo judicial.

condução e encerramento" (Ricardo de Barros Leonel, *Manual do Processo Coletivo*, cit., p. 314). V., sobre o tema: Luís Roberto Proença, *Inquérito Civil: Atuação Investigativa do Ministério Público a Serviço da Ampliação do Acesso à Justiça*, cit., p. 34; e Daniel Amorim Assumpção Neves, "O inquérito civil como uma cautelar preparatória probatória *sui generis*", cit., in Rodrigo Mazzei e Rita Dias Nolasco (coords.), *Processo Civil Coletivo*, pp. 221-223.

21. Luís Roberto Proença sustenta que não se pode falar em prova, em sentido técnico, antes da instauração do processo (*Inquérito Civil: Atuação Investigativa do Ministério Público a Serviço da Ampliação do Acesso à Justiça*, cit., p. 105).

22. Antônio Alberto Machado, *Curso de Processo Penal*, 4ª ed., São Paulo, Atlas, 2012, p. 90.

Nesse sentido, embora o Código de Processo Penal determine que a condenação do réu não possa se fundar somente em elementos de prova colhidos nas investigações, excepciona "as provas cautelares, não repetíveis e antecipadas" (art. 155 do CPP).

No âmbito civil os documentos públicos existentes dentro do inquérito civil fazem prova não só da sua formação, mas também dos fatos declarados pelas autoridades que o elaboram (art. 364 do CPC), ao passo que os documentos privados presumem-se verdadeiros em relação ao destinatário (art. 368 do CPC). No tocante aos laudos e pareceres realizados no procedimento administrativo pode ser aplicado o disposto no art. 427 do CPC, que permite ao juiz dispensar a prova pericial se os pareceres técnicos juntados pelas partes servirem à elucidação das questões de fato suscitadas nos autos. Há de se cogitar, ainda, da possibilidade de confissão extrajudicial do investigado e da aplicação do disposto no art. 353 do CPC, que lhe dá força de confissão judicial.

Além disso, as investigações realizadas no inquérito fazem dele mesmo uma fonte de prova apta a demonstrar a existência de determinados fatos. O inquérito é, em si, uma vez inserido na relação jurídica de direito processual, prova de natureza documental, pois é "uma coisa representativa de um fato".[23]

Como prova documental, deve ser introduzido no processo no momento da propositura da demanda. Trata-se de prova pré-constituída, pois existente antes da instauração da relação jurídica de direito processual. Pode servir, portanto, para embasar a concessão de medidas urgentes, desde que preenchidos os requisitos legais (por exemplo, art. 312 do CPP ou art. 273 do CPC).[24]

---

23. Moacyr Amaral Santos, *Primeiras Linhas de Direito Processual Civil*, cit., 22ª ed., vol. 2. Defendendo a natureza de prova documental do inquérito civil, v. Daniel Amorim Assumpção Neves, "O inquérito civil como uma cautelar preparatória probatória *sui generis*", cit., in Rodrigo Mazzei e Rita Dias Nolasco (coords.), *Processo Civil Coletivo*, p. 242. O autor, ainda, por sustentar a aproximação do inquérito civil aos processos cautelares preparatórios, defende que o inquérito civil constitui verdadeira prova emprestada atípica, e, portanto, os elementos nele colhidos preservam sua natureza originária de provas periciais, testemunhais etc.

24. Luís Roberto Proença entende que os elementos coligidos no inquérito civil, por serem pré-constituídos, possuem "força probatória de convencimento sobre os fatos nele representados, talvez suficiente, até mesmo, para obtenção da antecipação de tutela ou para o julgamento antecipado da lide (dependendo, evidentemente, das alegações e provas apresentadas pelo réu)" (*Inquérito Civil: Atuação Investigativa do Ministério Público a Serviço da Ampliação do Acesso à Justiça*, cit., p. 105).

4. Valoração probatória do inquérito

No sistema processual pátrio vige o sistema do livre convencimento motivado ou persuasão racional do juiz na avaliação da prova (art. 155 do CPP e art. 131 do CPC). Esse sistema permite ao juiz analisar livremente a prova contida nos autos, desde que o faça de maneira racional, e decidir de acordo com seu convencimento, desde que o faça de forma motivada.

O sistema da *persuasão racional* constitui um ponto de equilíbrio entre os dois outros sistemas de valoração das provas, o da *prova legal* e o do *convencimento íntimo do juiz*. Assim, se o magistrado tem liberdade para a livre avaliação da prova, sem que, regra geral, esteja adstrito a critérios previamente estabelecidos em lei (como ocorre no sistema da prova legal), por outro lado, deve decidir com base somente nos elementos constantes nos autos, de forma racional e motivada. Repudia o sistema a prolação de decisões fundadas no convencimento privado do magistrado, por motivos emocionais ou sem a devida fundamentação (como ocorre no sistema do convencimento íntimo).[25]

O sistema do livre convencimento motivado é, na verdade, fruto de uma evolução histórica que busca um meio-termo entre os outros dois sistemas de avaliação probatória, extremistas e ultrapassados. Destarte,

---

25. Humberto Theodoro Jr., após defender que o sistema da prova legal se encontra totalmente superado, define-o: "Nele o juiz é quase autômato, apenas afere as provas seguindo uma hierarquia legal, e o resultado surge automaticamente. Representa a supremacia do formalismo sobre o ideal de verdadeira justiça. Era o sistema do Direito Romano primitivo e do Direito Medieval, ao tempo em que prevaleciam as *ordálias* ou *juízos de Deus*, os *juramentos*. Da rigorosa hierarquia legal do valor das diversas provas, o processo produzia simplesmente uma *verdade formal*, que, na maioria dos casos, nenhum vínculo tinha com a realidade" (*Curso de Direito Processual Civil*, vol. I, cit., p. 370). Em sentido diametralmente oposto está o também ultrapassado sistema da convicção íntima do juiz, que ainda vige parcialmente no Tribunal do Júri brasileiro. Segundo Moacyr Amaral Santos, nesse sistema "o juiz é soberanamente livre quanto à indagação da verdade e apreciação das provas. A verdade jurídica é a formada na consciência do juiz, que não é, para isso, vinculado a qualquer regra legal, quer no tocante à espécie de prova, quer no tocante à sua avaliação. A convicção decorre não das provas, ou, melhor, não só das provas colhidas, mas também do conhecimento pessoal do juiz, das suas impressões pessoais, e à vista destas lhe é lícito repelir qualquer ou todas as demais provas. Além do quê não está obrigado a dar os motivos em que funda a sua convicção, nem os que o levaram a condenar ou absolver" (*Primeiras Linhas de Direito Processual Civil*, cit., 22ª ed., vol. 2, p. 385). Sobre o tema, v., ainda: Vicente Greco Filho, *Direito Processual Civil Brasileiro*, cit., 11ª ed., vol. 2, pp. 212-215; e Cândido Rangel Dinamarco, *Instituições de Direito Processual Civil*, cit., 6ª ed., vol. III, pp. 101-112.

como meio-termo que é, apesar de a regra no sistema da persuasão racional ser a apreciação livre das provas pelo juiz, é legítima a existência de algumas normas que limitem sua atividade valorativa e que reflitam critérios de experiência do legislador. Há regras de apreciação que servem de contraponto à total liberdade do magistrado, tudo sempre na busca do equilíbrio no sistema de valoração das provas.

As regras de limitação da livre apreciação da prova pelo juiz, segundo Cândido Rangel Dinamarco, encontram-se "(a) em normas que estabelecem presunções legais relativas, (b) nas que limitam a admissibilidade ou a eficácia de algum meio de prova e (c) nas que de algum modo afirmam ou disciplinam essa eficácia".[26]

São exemplos da segunda e da terceira espécies de limitações a proibição de apreciação das provas ilícitas (art. 157 do CPP) e a determinação da eficácia probatória dos documentos públicos (arts 364, 365 e 378 do CPC). De qualquer sorte, as limitações existentes no sistema jurídico pátrio são excepcionais e se justificam por questões de razoabilidade e de experiência. A regra, entretanto, é a livre apreciação e valoração da prova pelo magistrado.

Tomando-se por base esse critério de liberdade de avaliação probatória do sistema da persuasão racional, costuma-se afirmar que a eficácia probatória do inquérito será avaliada pelo juiz caso a caso e de acordo com as demais provas constantes dos autos. Para Hamilton Alonso Jr., no âmbito civil "cabe ao magistrado utilizando das máximas de experiência aquilatar a suficiência do que está sendo apresentado no inquérito civil".[27]

É claro que a ausência de contraditório no procedimento de inquérito é um dos fatores a serem observados pelo magistrado quando

---

26. Cândido Rangel Dinamarco, *Instituições de Direito Processual Civil*, cit., 6ª ed., vol. III, p. 106. Carnelutti distingue entre provas livres e provas legais. As primeiras são aquelas "cuja valoração pode ser feita pelo juiz segundo regras de experiência livremente eleitas por ele"; as segundas "devem, ao contrário, ser valoradas segundo regras estabelecidas pela lei" (*Instituições do Processo Civil*, vol. 1, São Paulo, Classic Book, 2000, p. 313).

27. Hamilton Alonso Jr., "A valoração probatória do inquérito civil e suas consequências processuais", cit., in Édis Milaré (coord.), *Ação Civil Pública: Lei 7.347/1985 – 15 Anos*, 2ª ed., p. 300. No mesmo sentido Luís Roberto Proença, que sustenta "não haver um valor apriorístico dos meios de prova coligidos no inquérito civil, que, de forma preestabelecida, vincule necessariamente a atuação do juiz, como se este fosse um mero autômato, reprodutor das normas legais" (*Inquérito Civil: Atuação Investigativa do Ministério Público a Serviço da Ampliação do Acesso à Justiça*, cit., p. 117).

da valoração desta fonte de prova, e pode comprometer em parte a sua eficácia probante. Não é suficiente, entretanto, para afastá-la de plano. Isto porque os elementos constantes do inquérito são colhidos na presença de agentes públicos, que pautam sua atuação pela observância dos princípios da legalidade e da moralidade, não havendo qualquer motivo para se presumir má-fé em suas condutas.[28] Além disso, como visto acima, em vários casos é a própria legislação que dá força probante a parte dos elementos constantes do inquérito (documentos, laudos periciais, confissões extrajudiciais).

Por fim, e principalmente, embora não haja previsão de contraditório no procedimento de inquérito, haverá sempre contraditório no curso do processo judicial em que ele é inserido. Isso implica dizer que o réu em eventual ação penal ou civil sempre poderá impugnar os elementos trazidos no procedimento administrativo e terá amplas possibilidades de provar suas razões, exercendo o direito à prova que lhe é constitucionalmente garantido. Assim, o fato de não ter havido a participação do investigado no procedimento de inquérito não importa que os elementos de convencimento dele constantes não se sujeitem a impugnação. Pelo contrário, o contraditório e a ampla defesa, como corolários do devido processo legal, estão presentes em todos os processos judiciais e deverão ser efetivamente implantados na relação jurídica de direito processual, sob pena de nulidade absoluta. A parte contrária, portanto, sempre poderá negar a validade ou, mesmo, a substância dos elementos trazidos no inquérito, e terá à sua disposição todos os meios legítimos de prova. Lembre-se, ainda, que o próprio magistrado, como sujeito do contraditório, está legitimado à produção de eventuais provas que julgue necessárias para a melhor elucidação dos fatos.

Nas palavras de Antônio Alberto Machado:

> (...) é importante lembrar que muitas das informações contidas no inquérito policial se revestem da qualidade de verdadeiras provas penais,

---

28. Luís Roberto Proença, ao tratar da valoração probatória do inquérito civil, salienta que o órgão investigante defende os bens jurídicos de interesse público relativos aos direitos metaindividuais (*Inquérito Civil: Atuação Investigativa do Ministério Público a Serviço da Ampliação do Acesso à Justiça*, cit., p. 120.) Lembre-se, ainda, que, em regra, o inquérito civil é público e se submete ao controle da população em geral. Além disso, há sempre o controle interno pelos órgãos superiores da própria instituição (art. 9º, § 1º, Lei 7.347/1985). Neste sentido: Hamilton Alonso Jr., "A valoração probatória do inquérito civil e suas consequências processuais", cit., in Édis Milaré (coord.), *Ação Civil Pública: Lei 7.347/1985 – 15 Anos*, 2ª ed., pp. 296-297.

às vezes até mesmo provas definitivas, como é o caso, por exemplo, das perícias realizadas na fase investigatória, as quais, em regra, já não poderão ser renovadas em juízo, pelo desaparecimento dos vestígios ou do corpo de delito. Costuma-se afirmar que essas provas irrepetíveis realizadas no inquérito deverão se submeter a uma espécie de contraditório diferido, ou posterior, que se instale em juízo.[29]

Como defende Ricardo de Barros Leonel:

(...) em face da licitude da prova indiciária colhida na investigação (no inquérito civil), não há razão para o afastamento de sua admissibilidade na sentença coletiva.[30]

Sendo prova documental, portanto, o inquérito terá sua carga probatória, ainda que relativa, e esta será ponderada pelo magistrado, dentro do seu livre convencimento. Esse é, aliás, o entendimento dos nossos tribunais:

Processo Civil – Ação civil pública – Inquérito civil: valor probatório – Reexame da prova: Súmula n. 7/STJ. 1. O inquérito civil público é procedimento facultativo que visa a colher elementos probatórios e informações para o ajuizamento de ação civil pública. 2. *As provas colhidas no inquérito têm valor probatório relativo, porque colhidas sem a observância do contraditório, mas só devem ser afastadas quando há contraprova de hierarquia superior, ou seja, produzida sob a vigilância do contraditório.* 3. *A prova colhida inquisitorialmente não se afasta por mera negativa, cabendo ao juiz, no seu livre convencimento, sopesá-las.* 4. Avanço na questão probatória que esbarra na Súmula n. 7/STJ. 5. Recursos especiais improvidos.[31-32] *(Grifos nossos)*

29. Antônio Alberto Machado, *Curso de Processo Penal*, cit., 4ª ed., p. 115.
30. Ricardo de Barros Leonel, *Manual do Processo Coletivo*, cit., p. 323.
31. STJ, 2ª Turma, REsp 476.660-MG, rela. Min. Eliana Calmon, *DJU* 4.8.2003, p. 274.
32. Ainda do STJ: "Processo civil – Ação civil de reparação de danos – Inquérito civil público – Natureza inquisitiva – Valor probatório. 1. O inquérito civil público é procedimento informativo, destinado a formar a *opinio actio* do Ministério Público. Constitui meio destinado a colher provas e outros elementos de convicção, tendo natureza inquisitiva. 2. 'As provas colhidas no inquérito têm valor probatório relativo, porque colhidas sem a observância do contraditório, mas só devem ser afastadas quando há contraprova de hierarquia superior, ou seja, produzida sob a vigilância do contraditório' (REsp n. 476.660-MG, rela. Min. Eliana Calmon, *DJU* 4.8.2003). 3. As provas colhidas no inquérito civil, uma vez que instruem a peça vestibular, incorporam-se ao processo, devendo ser analisadas e devidamente valoradas pelo

Conclui-se, destarte, que o valor probatório do inquérito é variável segundo circunstâncias aferíveis pelo magistrado no caso concreto. Sua análise é livre, mas deve ser sempre racional e motivada. A maior ou menor incidência do princípio do contraditório no procedimento investigatório é um dos parâmetros racionais de que o juiz deve lançar mão para a valoração da prova nele constante. Assim, quanto maior a participação do investigado, maior a eficácia probatória dos elementos coligidos no inquérito.[33] Outros fatores, entretanto, também devem ser levados em conta, tais como a credibilidade dos documentos constantes do inquérito (por exemplo, certidões, escrituras públicas etc.), a oficialidade dos subscritores dos seus laudos, tudo conforme a legislação processual vigente, a experiência do magistrado, e sem prescindir do necessário confronto com o restante do conjunto probatório dos autos.

5. As decisões inaudita altera parte fundadas em elementos colhidos no inquérito civil

A professora Ada Pellegrini Grinover, porém, tem conhecido posicionamento que questiona a força probante dos inquéritos, em especial o inquérito civil, quando desenvolvidos sem a participação do investigado. Nas palavras da autora:

> Embora se reconheça ser voz corrente que esse inquérito civil tem natureza inquisitorial, é inegável que nele se apresenta – ainda que em estado de latência – um conflito de interesses, sem que para isso, conforme ressaltado, seja necessária a existência de uma acusação formal. Portanto,

julgador. 4. Recurso especial conhecido e provido" (STJ, 2ª Turma, REsp 644.994, rel. Min. João Otávio Noronha, *DJU* 21.3.2005, p. 336).

No mesmo sentido o TJSP: "Ação civil pública – Prova – Cerceamento. Os documentos e depoimentos constantes do inquérito civil público que instruem a petição inicial constituem-se em documentos, que devem ser impugnados pelas partes no momento processual oportuno. Não o sendo, podem eles embasar sentença judicial, não se caracterizando cerceamento de prova ou violação ao princípio do contraditório – Preliminar rejeitada" (2ª Câmara de Direito Público, ACi 101.162-5, de Presidente Prudente, rel. Des. Lineu Peinado, j. 24.8.1999, m.v.).

33. "A concessão de oportunidade de participação, com ciência dos atos da apuração e acompanhamento de diligências, certamente reforçarão o valor intrínseco dos elementos de informação colhidos na fase pré-processual. Como consequência, poderão receber maior importância na formação da convicção do magistrado, dentro do princípio do livre convencimento motivado, mormente considerando que são admitidos no processo todos os meios de prova, desde que não ilícitos" (Ricardo de Barros Leonel, *Manual do Processo Coletivo*, cit., p. 322).

quando se trata de aproveitar, em juízo, a prova coligida nesse procedimento administrativo, é imprescindível a instauração do contraditório, sob pena de afronta à garantia constitucional anteriormente mencionada. E, conforme anteriormente ressaltado, a exigência do contraditório, aí, não significa apenas que a parte possa defender-se em relação às provas contra ela apresentadas; exige-se que o interessado seja posto em condições de participar, assistindo à produção das mesmas enquanto ela se desenvolve.[34]

Numa primeira leitura a divergência doutrinária pode parecer não ter muita relevância prática. Isso porque, embora a autora condicione a força probante do inquérito civil à participação das partes, o fato é que todo processo judicial se desenvolve com observância do princípio do contraditório, e, portanto, seus elementos poderão constituir prova em juízo, ser impugnados, repetidos e, por fim, livremente apreciados pelo magistrado quando da prolação da sentença.

A questão, contudo, não é tão simples. Apesar de a sentença, decisão final do processo judicial, só ser proferida após o devido diálogo entre as partes, poderá existir no processo a necessidade da prolação de outras decisões, interlocutórias, algumas delas proferidas ainda no limiar da relação jurídica processual. É o que ocorre com os provimentos liminares cautelares e de antecipação de tutela *inaudita altera parte*. Nesses casos o juiz é instado a decidir sem que tenham sido ouvidas todas as partes, e, portanto, sem que tenha havido o contraditório em relação aos elementos de convicção constantes de inquéritos civis desenvolvidos sem a participação do réu nas investigações. A prevalecer o posicionamento acima explicitado, ficaria o juiz impedido da concessão de qualquer medida liminar com base nos elementos de convicção do inquérito civil.

É exatamente essa a conclusão a que chega a professora Ada Pellegrini Grinover:

> Confrontando-se o requisito da "prova inequívoca" (CPC, art. 273, *caput*), de um lado, e a exigência constitucional do contraditório como fator de eficácia da prova (CF, art. 5º, LV), de outro lado, é lícito concluir, conforme já se houvera adiantado *supra* (item 1.1.3), que *a antecipação da tutela não pode ser concedida quando a convicção esteja fundada exclu-*

---

34. Ada Pellegrini Grinover, "Contraditório e 'prova inequívoca' para fins de antecipação de tutela", in *O Processo: Estudos & Pareceres*, São Paulo, DPJ Editora, 2009, p. 121. No mesmo sentido, da mesma autora, "Rumo a um Código Brasileiro de Processos Coletivos", in Rodrigo Mazzei e Rita Dias Nolasco (coords.), *Processo Civil Coletivo*, São Paulo, Quartier Latin, 2005, p. 725.

sivamente em elementos formados pelo próprio requerente – sem o crivo do contraditório – e na dependência de outros elementos probatórios não trazidos na inicial.[35] *(Grifos nossos)*

Salvo melhor juízo, porém, essa não parece ser a solução mais adequada. Retirar por completo a eficácia probatória dos elementos coligidos no inquérito civil no qual não tenha havido a participação do investigado é solução extremada e contrária à sistemática processual vigente. Como já visto, os documentos inseridos, os laudos periciais e a confissão extrajudicial obtida no inquérito civil têm valor probatório reconhecido pela própria legislação processual. De fato, qual o fundamento para se permitir que qualquer pessoa junte, em sua petição inicial, documento público com força probatória e vedar ao Ministério Público tal faculdade somente pelo fato de o documento estar no bojo do inquérito civil? Ou, ainda, se o mesmo documento vier juntado na ação civil pública, apartado do inquérito civil, seria considerado prova? E se o promotor, ao invés de juntar todo o procedimento de inquérito civil aos autos, somente selecionar os documentos e eventual confissão e os fizer acompanhar da petição inicial? Teriam eles eficácia probatória?

Como se vê, não se justifica afastar totalmente a eficácia probante no processo das peças de informação colhidas nos inquéritos, sejam civis, sejam penais, quando a legislação permite sua utilização de forma generalizada. Esta postura seria discriminatória e contrária aos postulados da igualdade das partes Não há fundamento para tal discrímen, o que torna a diferenciação arbitrária.

Como ensina Celso Antônio Bandeira de Mello:

> (...) é agredida a igualdade quando o fator diferencial adotado para qualificar os atingidos pela regra não guarda relação de pertinência lógica com a inclusão ou exclusão do benefício deferido ou com a inserção ou arredamento do gravame imposto.[36]

---

35. Ada Pellegrini Grinover, "Contraditório e 'prova inequívoca' para fins de antecipação de tutela", cit., in *O Processo: Estudos & Pareceres*, p. 122.

36. Celso Antônio Bandeira de Mello, *O Conteúdo Jurídico do Princípio da Igualdade*, 3ª ed., 22ª tir., São Paulo, Malheiros Editores, 2013, p. 38. Para Nelson Nery Jr., "relativamente ao processo civil, verificamos que o princípio da igualdade significa que os litigantes devem receber tratamento idêntico. Assim, a norma do art. 125, I, do CPC teve recepção integral em face do novo texto constitucional. Dar tratamento isonômico às partes significa tratar igualmente os iguais e desigualmente os desiguais, na exata medida de suas desigualdades" (*Princípios do Processo Civil na Constituição Federal*, cit., 3ª ed., p. 42). Sobre o tema, v., ainda, Jorge Miranda,

No caso em tela, não há motivação lógica a embasar o tratamento diferenciado dos documentos, laudos e da confissão extrajudicial no inquérito civil em relação a todos os demais casos em que as mesmas fontes de prova são introduzidas ao processo. Se outros autores podem ter deferidos provimentos liminares com base nos elementos de convicção que juntam com a inicial, por que não o Ministério Público, com o inquérito civil?

Poder-se-ia argumentar que o Ministério Público exerce poder estatal, ao contrário do que ocorre com os particulares. De fato, o faz. Mas, se esse exercício é compatível com o modelo processual vigente, que prevê a inquisitoriedade do procedimento e a inaplicabilidade do disposto no art. 5º, LV, CF, não há qualquer arbitrariedade a macular os elementos de prova colhidos.

Ao negar eficácia probatória, a doutrina acima exposta equipara o inquérito civil, ao menos enquanto não submetido ao contraditório, às provas ilícitas. De fato, são as provas ilícitas que, segundo determina o art. 5º, LVI, da CF, não são admitidas no processo, e, caso nele sejam introduzidas, não são aptas a ter nenhuma eficácia probatória.[37]

As investigações realizadas nos inquéritos, entretanto, são lícitas. É a mesma Constituição que permite ao Ministério Público a instauração do procedimento e lhe concede uma série de poderes para a investigação (art. 129, III e VI). É da própria Carta Magna, ainda, que se retira o caráter inquisitivo do inquérito civil, que a doutrina e a jurisprudência maciçamente reconhecem e que, portanto, dispensa a incidência do contraditório em seu âmbito. Não faz sentido equiparar à prova ilícita os elementos de prova do inquérito civil se é o próprio ordenamento jurídico que permite e gera os contornos da investigação nele realizada.

"Os direitos fundamentais: sua dimensão individual e social", *Cadernos de Direito Constitucional e Ciência Política* 1/198-208, São Paulo, Ed. RT, 1992.

37. Como ensina Luiz Francisco Torquato Avolio: "(1) Embora a Constituição, aparentemente, se limite a prescrever a inadmissibilidade da prova ilícita no processo, o alcance dessa disposição deve extrapolar a fase da admissibilidade das provas, propriamente dita, para abranger os demais momentos processuais relativos à prova, quais sejam, os de sua produção e valoração pelo juiz, em qualquer estado e graus de procedimento, como teria sido mais prudente que dispusesse, para evitar qualquer interpretação colidente com o próprio espírito das vedações probatórias. (2) A consequência que decorre da utilização da prova ilícita é, inapelavelmente, a da sua ineficácia, como imposição lógica da sua inexistência jurídica como ato ou como prova" (*Provas Ilícitas: Interceptações Telefônicas e Gravações Clandestinas*, São Paulo, Ed. RT, 1995, p. 89).

A vedação constituiria atentado ao direito à prova do Ministério Público, pois o promotor de justiça estaria sendo sancionado e impedido de se utilizar de elemento de prova colhido de acordo com ordenamento jurídico vigente, que não exige a presença de contraditório em procedimentos administrativos inquisitivos, como visto acima. Haveria a aplicação da sanção da ilicitude a uma prova licitamente obtida.

Cândido Rangel Dinamarco entende que irregularidades na produção da prova não a tornam ilícita e, portanto, não geram sua inadmissibilidade no processo. O autor sustenta que:

> Não importam *ilicitude da prova*, para os fins do preceito constitucional e consequente ineficácia probatória, os defeitos das próprias fontes, como a falsidade do documento trazido ao processo; *ou eventuais vícios na produção da prova, como a inobservância do princípio do contraditório*; ou ainda a mentira intencional da testemunha. Esses desvios são sancionados pelo sistema processual por outros modos, como a negação de credibilidade e poder de convicção, a repetição do ato ou a própria possibilidade de rescisão da sentença por falsidade. (...).[38] *(Grifos nossos)*

Ora, se a ausência de contraditório na própria *produção* da prova no processo não gera sua ineficácia, que dirá a falta de participação do investigado em mero procedimento administrativo prévio à instauração da relação jurídica processual?

Obviamente, não se está a sustentar que o inquérito civil tenha eficácia probatória absoluta. Como já aqui salientado, a ausência de contraditório durante o procedimento administrativo sem dúvida retira parte da força probatória de suas peças de informação. Não é apta, entretanto, a afastá-la por completo e não impede a concessão de provimentos de urgência liminares.

Como entende Daniel Amorim Assumpção Neves:

> Apesar de ser prova produzida extrajudicialmente, a prova produzida no inquérito civil não pode ser simplesmente desconsiderada. Seria um manifesto equívoco imaginar-se que somente as provas produzidas em juízo podem ser valoradas pelo juiz no caso concreto, existindo outros requisitos muito mais importantes na produção da prova que a participação do juiz. O respeito ao contraditório é certamente o maior deles, devendo a prova ter uma maior carga probatória conforme mais respeito tenha sido concedido

---

38. Cândido Rangel Dinamarco, *Instituições de Direito Processual Civil*, cit., 6ª ed., vol. III, p. 49.

a tal princípio no caso concreto, independentemente do responsável pela condução da produção probatória.[39]

Ao subordinar a eficácia probatória do inquérito civil à participação do investigado, o entendimento acima exposto terá o efeito de restringir o poder de investigação do *Parquet*, concedido pela Constituição de forma expressa. Como se sabe, não raras vezes a participação do investigado pode prejudicar a descoberta dos fatos e, principalmente, a eficácia do provimento jurisdicional liminar. Em decorrência, a sistemática proposta – que não permite a concessão de tutelas de urgência em ações civis públicas fundadas em inquéritos civis sem a participação do investigado – deixaria mais vulneráveis os interesses públicos, sociais e metaindividuais relevantes.

Outra consequência do entendimento exposto seria a total discrepância entre a sistemática dada ao inquérito policial e ao inquérito civil. Como já visto, o inquérito policial também é procedimento administrativo não sujeito ao contraditório, e os elementos nele colhidos, apesar de não poderem servir como único fundamento para a condenação do réu, podem ser apreciados pelo juiz, em conjunto com as demais provas produzidas em juízo, e podem ser fundamento para a concessão de provimentos de urgência, como a decretação da prisão provisória do réu/investigado. Têm, portanto, eficácia probatória, ainda que relativa.[40]

---

39. Daniel Amorim Assumpção Neves, "O inquérito civil como uma cautelar preparatória probatória *sui generis*", cit., in Rodrigo Mazzei e Rita Dias Nolasco (coords.), *Processo Civil Coletivo*, pp. 243-244.

40. É esta a lição de Júlio Fabbrini Mirabete: "O conteúdo do inquérito, tendo por finalidade fornecer ao Ministério Público os elementos necessários para a propositura da ação penal, não poderá deixar de influir no espírito do juiz na formação do seu livre convencimento para o julgamento da causa, mesmo porque integra os autos do processo, podendo o juiz apoiar-se em elementos coligidos na fase extrajudicial (...). Certamente, o inquérito serve para a colheita de dados circunstanciais que podem ser comprovados ou corroborados pela prova judicial e de elemento subsidiário para reforçar o que for apurado em juízo. Não se pode, porém, fundamentar uma decisão condenatória apoiada exclusivamente no inquérito policial, o que contraria o princípio constitucional do contraditório" (*Processo Penal*, 6ª ed., São Paulo, Atlas, 1996, pp. 81-82).

No mesmo sentido entende o STJ: "Processo penal – *Habeas corpus* – Tráfico ilícito de entorpecente – Denúncia – Inépcia – Inocorrência – Sentença condenatória já proferida – Desclassificação para o crime de uso – Vedado exame de provas – Condenação amparada apenas em depoimento de policial – Inocorrência (...). A r. sentença condenatória não se lastreou apenas nos depoimentos dos policiais que efetuaram o flagrante, mas em outros elementos de prova suficientes, *como a confissão do paciente na fase do inquérito policial*. Outrossim, não há qualquer impedimento

Assim, para se evitar discrepâncias e desigualdades no sistema, a força probatória do inquérito civil inquisitivo deve ser reconhecida, dentro de certos limites. Nunca é demais lembrar que, dentro do processo judicial, o contraditório é garantia inafastável, e mesmo nos casos em que seja diferido para momento posterior à concessão de provimento liminar sempre permitirá que o réu impugne os elementos trazidos no bojo do inquérito civil.

6. Conclusões

De tudo o até aqui exposto, conclui-se que os elementos de convencimento colhidos nos inquéritos têm força probatória. A ausência de contraditório, sem dúvida, diminui essa força, mas não implica a total inaptidão das peças de informação do inquérito para formação do convencimento do magistrado, sequer para a concessão de tutelas de urgência. Entender de outra forma seria ilógico, pois significaria entender contrária ao Direito uma investigação desenvolvida dentro do modelo traçado pelo constituinte e pelo legislador infraconstitucional.

Deve prevalecer, assim, o entendimento majoritário, que permite ao juiz apreciar livremente toda a prova constante dos autos, inclusive o inquérito. A análise do magistrado, racional e motivada, deverá considerar a importantíssima circunstância da implementação, ou não, do contraditório no curso do procedimento administrativo e valorar, segundo este e outros critérios legais ou de experiência, o peso que seus elementos de convicção terão no seu convencimento.

Bibliografia

ALONSO JR., Hamilton. "A valoração probatória do inquérito civil e suas consequências processuais". In: MILARÉ, Édis (coord.). *Ação Civil Pública: Lei 7.347/1985 – 15 Anos*. 2ª ed. São Paulo, Ed. RT, 2002 (pp. 291-301).

AMARAL SANTOS, Moacyr. *Primeiras Linhas de Direito Processual Civil*. 22ª ed., vol. 2. São Paulo, Saraiva, 2002.

AVOLIO, Luiz Francisco Torquato. *Provas Ilícitas: Interceptações Telefônicas e Gravações Clandestinas*. São Paulo, Ed. RT, 1995.

BANDEIRA DE MELLO, Celso Antônio. *O Conteúdo Jurídico do Princípio da Igualdade*. 3ª ed., 22ª tir. São Paulo, Malheiros Editores, 2013.

legal de que o policial preste depoimento nos processos de cuja fase investigatória tenha participado – Ordem denegada" (STJ, 5ª Turma, HC 31.099-ES, rel. Min. Jorge Scartezzini, *DJU* 24.5.2004, p. 309 – grifos nossos).

BEDAQUE, José Roberto dos Santos. "Os elementos objetivos da demanda à luz do contraditório". In: *Causa de Pedir e Pedido no Processo Civil*. São Paulo, Ed. RT, 2002 (pp. 13-52).

_____. *Tutela Cautelar e Tutela Antecipada: Tutelas Sumárias e de Urgência (Tentativa de Sistematização)*. 5ª ed. São Paulo, Malheiros Editores, 2009.

CAPPELLETTI, Mauro, e GARTH, Bryant. *Acesso à Justiça*. Porto Alegre, Sérgio Antônio Fabris Editor, 1988.

CARNELUTTI, Francesco. *Instituições de Processo Civil*. vol. 1. São Paulo, Classic Book, 2000.

CHIOVENDA, Giuseppe. *Instituições de Direito Processual Civil*. vol. 3. Campinas, Bookseller, 1998.

CINTRA, Antônio Carlos de Araújo. "O princípio da igualdade processual". *Revista da Procuradoria-Geral do Estado de São Paulo* 19/39-44. São Paulo, dezembro/1981-dezembro/1982.

COMOGLIO, Luigi Paolo. *La Garanzia Costituzionale dell'Azione ed il Processo Civile*. Pádua, CEDAM, 1970.

DINAMARCO, Cândido Rangel. *A Instrumentalidade do Processo*. 15ª ed. São Paulo, Malheiros Editores, 2013.

_____. *Fundamentos do Processo Civil Moderno*. 6ª ed., vol. I. São Paulo, Malheiros Editores, 2010.

_____. *Instituições de Direito Processual Civil*. 6ª ed., vol. III. São Paulo, Malheiros Editores, 2009.

_____. "O princípio do contraditório". *Revista da Procuradoria-Geral do Estado de São Paulo* 19/21-38. São Paulo, dezembro/1981-dezembro/1982.

_____. "O princípio do contraditório e sua dupla destinação". In: *Fundamentos do Processo Civil Moderno*. 6ª ed., vol. I. São Paulo, Malheiros Editores, 2010 (pp. 517-528).

DINAMARCO, Pedro da Silva. *Ação Civil Pública*. São Paulo, Saraiva, 2001.

FERRI, Corrado. *Struttura del Processo e Modificazione della Domanda*. Pádua, CEDAM, 1975.

GARTH, Bryant, e CAPPELLETTI, Mauro. *Acesso à Justiça*. Porto Alegre, Sérgio Antônio Fabris Editor, 1988.

GRECO FILHO, Vicente. *Direito Processual Civil Brasileiro*. 11ª ed., vol. 2. São Paulo, Saraiva, 1996.

GRINOVER, Ada Pellegrini. "Contraditório e 'prova inequívoca' para fins de antecipação de tutela". In: *O Processo: Estudos & Pareceres*. São Paulo, DPJ Editora, 2009 (pp. 111-122).

_____. "Defesa, contraditório, igualdade e *par conditio* na ótica do processo de estrutura cooperatório". In: *O Processo Constitucional em Marcha*. São Paulo, Max Limonad, 1985 (pp. 6-24).

_____. "O conteúdo da garantia do contraditório". In: *Novas Tendências do Direito Processual (de Acordo com a Constituição de 1988)*. 2ª ed. Rio de Janeiro, Forense, 1990 (p. 17-44).

_____. "Rumo a um Código Brasileiro de Processos Coletivos". In: MAZZEI, Rodrigo, e NOLASCO, Rita Dias (coords.). *Processo Civil Coletivo*. São Paulo, Quartier Latin, 2005 (pp. 721-727).

LA CHINA, Sergio. *L'esecuzione Forzata e le Disposizioni Generali del Codice di Procedura Civile*. Milão, Giuffrè, 1970.

LEONEL, Ricardo de Barros. *Manual do Processo Coletivo*. São Paulo, Ed. RT, 2002.

MACHADO, Antônio Alberto. *Curso de Processo Penal*. 4ª ed. São Paulo, Atlas, 2012.

MANCUSO, Rodolfo de Camargo. *Ação Civil Pública: em Defesa do Meio Ambiente, do Patrimônio Cultural e dos Consumidores*. 9ª ed. São Paulo, Ed. RT, 2004.

MAZZEI, Rodrigo, e NOLASCO, Rita Dias (coords.). *Processo Civil Coletivo*. São Paulo, Quartier Latin, 2005.

MAZZILLI, Hugo Nigro. *A Defesa dos Interesses Difusos em Juízo*. 18ª ed. São Paulo, Saraiva, 2005.

_____. "O inquérito civil e o poder investigatório do Ministério Público". In: MILARÉ, Édis (coord.). *A Ação Civil Pública Após 20 Anos: Efetividade e Desafios*. São Paulo, Ed. RT, 2005 (pp. 221-245).

MILARÉ, Édis (coord.). *A Ação Civil Pública Após 20 Anos: Efetividade e Desafios*. São Paulo, Ed. RT, 2005.

_____. *Ação Civil Pública: Lei 7.347/1985 – 15 Anos*. 2ª ed. São Paulo, Ed. RT, 2002.

MIRABETE, Júlio Fabbrini. *Processo Penal*. 6ª ed. São Paulo, Atlas, 1996.

MIRANDA, Jorge. "Os direitos fundamentais: sua dimensão individual e social". *Cadernos de Direito Constitucional e Ciência Política* 1/198-208. São Paulo, Ed. RT, 1992.

NERY JR., Nelson. *Princípios do Processo Civil na Constituição Federal*. 3ª ed. São Paulo, Ed. RT, 1996.

NEVES, Daniel Amorim Assumpção. "O inquérito civil como uma cautelar preparatória probatória *sui generis*". In: MAZZEI, Rodrigo, e NOLASCO, Rita Dias (coords.). *Processo Civil Coletivo*. São Paulo, Quartier Latin, 2005 (pp. 215-245).

NOLASCO, Rita Dias, e MAZZEI, Rodrigo (coords.). *Processo Civil Coletivo*. São Paulo, Quartier Latin, 2005

PROENÇA, Luís Roberto. *Inquérito Civil: Atuação Investigativa do Ministério Público a Serviço da Ampliação do Acesso à Justiça*. São Paulo, Ed. RT, 2001.

SOUZA, Artur César de. *Contraditório e Revelia: Perspectiva Crítica dos Efeitos da Revelia em Face da Natureza Dialética do Processo*. São Paulo, Ed. RT, 2003.

VIGLIAR, José Marcelo Menezes. *Tutela Jurisdicional Coletiva*. 3ª ed. São Paulo, Atlas, 2001.

PREOCUPAÇÕES COM UMA EFICIENTE ADMINISTRAÇÃO DA JUSTIÇA E NOVAS TENDÊNCIAS PROCESSUAIS PARA UMA RAZOÁVEL DURAÇÃO DO PROCESSO

VIVIANE SIQUEIRA RODRIGUES

Mestre em Direito Processual Civil pela Universidade de São Paulo

1. O despertar para uma Sociologia dos Tribunais no estudo da crise do Judiciário. 2. Especialmente o Brasil e sua inserção numa crise de Poderes Judiciários. 3. O papel do processo e das instituições judiciárias em alguns diagnósticos realizados e alguns caminhos já percorridos ou a percorrer no contexto da crise do Judiciário brasileiro. 4. A título conclusivo: o tema como um permanente convite à reflexão.

1. O despertar para uma sociologia dos tribunais no estudo da crise do Judiciário

Desde que o número (acentuado) de processos judiciais nos tribunais tornou-se uma aflição universal dos juristas – em regra, leigos em temas como Sociologia, Administração, Economia etc., e, portanto, incapazes de teorizar sobre uma gestão profissional das demandas judiciais e de seus operadores –, as organizações judiciárias passaram a ser objeto de estudo de especialistas dotados de conhecimentos para a investigação e a identificação das causas desse fenômeno, para, por exemplo, a formulação de métodos de gestão administrativa e a proposição de soluções financeiras próprias ao Judiciário.

No campo da Sociologia, essa vertente de estudos – ligada à análise do funcionamento e da eficiência dos tribunais bem como da influência de suas atividades sobre a sociedade, e, portanto, linha de pesquisa intimamente relacionada ao *processo* – não é, contudo, tão remota se comparada com os demais ramos da Sociologia[1] e, mais ainda, se comparada com a autonomia do próprio direito processual.

---

1. Cf. Boaventura de Souza Santos, "Introdução à Sociologia da administração da Justiça", *Revista Crítica de Ciências Sociais* 21/11-12, Coimbra, novembro/1986; ou, do mesmo autor, com igual teor, "A sociologia dos tribunais e a democratização

Boaventura de Souza Santos nos dá a notícia de que a Sociologia do Direito, na acepção contemporânea do termo, só se constituiu em ramo especializado na Sociologia depois da II Guerra Mundial. Segundo o autor, responsável pelo nascimento da Sociologia dos Tribunais, por sua vez, é a tomada de consciência de que a maioria dos conflitos sociais tem solução baseada não na normatividade abstrata das leis, mas, sim, na normatividade concreta das decisões judiciais. Tal constatação traz os holofotes desse ramo da ciência para o *processo*, na medida em que as dimensões processuais, institucionais e organizacionais dos tribunais passam a ser determinantes na identificação das dificuldades enfrentadas pelos órgãos estatais na superação dos conflitos intersubjetivos que eles têm como missão dirimir.

Toda a *burocracia estatal* dedicada à solução adjudicada dos conflitos (terminologia empregada sob o ponto de vista sociológico e usada aqui sem nenhum tom depreciativo para a máquina judiciária), antes negligenciada nos estudos sociais, então ganhou atenção a partir da década de 1960[2] do século passado, com a eclosão da chamada crise da administração da Justiça, fenômeno que não é exclusivamente nacional, mas que assola boa parte dos Países ocidentais,[3] mesmo aqueles de tradição de *common law*.[4]

da Justiça", in *Pela Mão de Alice – O Social e o Político na Pós-Modernidade*, 7ª ed., Porto, Afrontamento, 1999, pp. 141-161.

2. Antes disso, porém, conforme anunciou Ilmar Galvão em conferência realizada em 2001, já havia "profecias" sobre um suposto colapso do Judiciário, de Nabuco de Araújo e juristas como Assis Brasil, J. X. Carvalho de Mendonça e Philadelpho Azevedo, todas anteriores a 1940 (cf. Ilmar Galvão, "A crise do Poder Judiciário: Diagnóstico – Causas – Soluções", *Revista do TRT-8ª Região* 35/27, n. 68). Mas o fato é que a crise de ineficiência e de morosidade da prestação jurisdicional é fenômeno mais recente, como admite o mesmo autor, que estabelece uma relação direta entre o agravamento da crise, de um lado, e o desenvolvimento do País, com o despertar do povo para a cidadania, de outro.

3. Sobre esse marco, a referência ainda é de Boaventura de Souza Santos, "Introdução à Sociologia da administração da Justiça", cit., *Revista Crítica de Ciências Sociais* 21/16. A eclosão dessa crise, segundo o autor, é, portanto, uma das condições sociais que despertaram o interesse dos sociólogos sobre o *processo* e as *estruturas judiciárias*.

4. Um dos vários exemplos da preocupação dos juristas norte-americanos com os problemas decorrentes do aumento do número de litígios pendentes de julgamentos nas Cortes é a obra de Judith Resnik denominada *Managerial Judges* (Faculty Scholarship Series/Yale Law School, Paper 951, 1992), onde a autora transmite suas impressões sobre como executar com presteza e eficiência os trabalhos judiciários no que diz respeito à gestão dos processos sob julgamento.

Ocorreu que a consolidação do Estado-Providência trouxe para o palco judicial conflitos sociais que antes sequer despontavam na ordem jurídica de muitos Estados (como, por exemplo, conflitos inerentes às relações de consumo, às relações coletivas de trabalho, ao meio ambiente, ao mercado financeiro, nova configuração de relações familiares etc.), tornando-se um dos grandes fatores da explosão de litigiosidade, para a qual as organizações estatais não estavam (e anda não estão) totalmente aparelhadas.

Há quem afirme, ainda, que a crise do Judiciário deve ser inserida, do ponto de vista sociológico, mais numa crise de instituições, de poderes, do que numa crise da instituição. De acordo com José Eduardo Faria,[5] a ascensão e a posterior consolidação do Estado-Providência na realidade brasileira conduziram-no para as chamadas crises de racionalidade e de hegemonia, marcadas pela deficiência e disfuncionalidade dos sistemas político-decisório, econômico, social e cultural – este último, em particular, caracterizado pelo alto descrédito da sociedade nas instituições e na vigência de valores éticos comuns.

Esse descrédito recairia sobre todas as instituições cujos papéis sejam editar, aplicar normas ou prevenir seu descumprimento (isto é, a crise englobaria a Polícia em todas as searas, o Ministério Público, a classe dos advogados etc.), porque prevaleceria na sociedade uma dinâmica pautada na crença de que o outro não obedecerá às normas consagradas pelo ordenamento, e isso reflete na forma com que as expectativas das pessoas são judicializadas. Nessa ótica, um Estado saturado em suas funções e na execução de políticas públicas só poderia conduzir a um estado de colapso do Poder Judiciário, com suas próprias crises de eficiência e de identidade.

Ideia próxima à crise de instituições é defendida por José Ignácio Botelho de Mesquita,[6] para quem o cerne do problema está na perda de

---

5. José Eduardo Faria, "A crise do Poder Judiciário no Brasil", *Revista Semestral de Informação e Debates* 1/18-64, notadamente pp. 22-24, São Paulo, Ed. RT, 1º semestre/1996. Acompanhando esse pensamento: Caetano Lagrasta Neto, "Poder Judiciário em crise?", *Revista da Escola Paulista da Magistratura* 1-0/293, Ano 1, São Paulo, APAMAGIS, abril-maio/1993; José Joaquim Gomes Canotilho, "Crise do Poder Judiciário", in *Anais da XIII Conferência Nacional da OAB*, 1990, apud Fábio Bittencourt da Rosa, "Judiciário: diagnóstico da crise", *Lex* 56/10-11, Ano 6, abril/1994; e J. J. Calmon de Passos, "A crise do Poder Judiciário e as reformas instrumentais: avanços e retrocessos", *Revista Síntese de Direito Civil e Processual Civil* 15/5, Ano III, Porto Alegre, Síntese, janeiro-fevereiro/2002.

6. José Ignácio Botelho de Mesquita, "A crise do Judiciário e o processo?", in *Teses, Estudos e Pareceres de Processo Civil*, vol. I, São Paulo, Ed. RT, 2005, pp. 255-262.

confiança, pelos demais Poderes, na autoridade do Judiciário, que finca raízes na política nacional dos anos de 1960, com a edição dos atos institucionais, que, dentre outras deformidades, suspenderam as garantias constitucionais da Magistratura e colocaram em xeque as prerrogativas dos juízes frente aos demais Poderes.

Essa digressão político-sociológica tem importantes contribuições para o estudo do *processo*, porque somente com a assimilação do contexto político-social da crise é possível distinguir até onde pode ir o trabalho dos juristas, e notadamente dos processualistas, na busca por sua solução.

O desafio do estudo das instituições judiciárias e do *processo*, que singelamente se procurará enfrentar neste trabalho, sob o ângulo da crise do Judiciário, está em não ceder e em não atribuir a responsabilidade integralmente à falência dos Poderes constituídos – sob pena de colocar em risco o Estado de Direito –, de forma a situar o papel correto do *processo* nessa análise e, sobretudo, identificar seu verdadeiro potencial de cooperação, bem como seus limites.[7]

2. Especialmente o Brasil e sua inserção numa crise de Poderes Judiciários

O tema da crise do Judiciário é recorrente na ciência jurídica nacional dos últimos anos, de forma que resgatá-lo pode aparentar repetição inócua. Todavia, aos juristas preocupados em semear algum tipo de contribuição útil para a superação do problema nunca é demais refletir e repensar sobre um fenômeno que, não bastassem os intensos e frutíferos debates em tempos recentes, não só na doutrina estrangeira como na nacional, se agrava progressivamente.

Nessa esteira de pensamento, lembramos as colocações de uma das homenageadas por essa obra, a professora Ada Pellegrini Grinover,[8] segundo quem "a crise não tem apenas aspectos negativos", porque ela traz consigo inquietações tendentes "à renovação", um movimento próprio da evolução e da transformação da realidade e da ciência. É esse o espírito que nos ocupa na presente reflexão.

---

7. Cf. Eugenio Raúl Zaffaroni, *Estructuras Judiciales*, Buenos Aires, Ediar, 1994, n. 1.

8. Ada Pellegrini Grinover, "A crise do Poder Judiciário", *RDP* 98/18-26, especialmente, pp. 18-19, Ano 24, São Paulo, Ed. RT, abril-junho/1991.

A preocupação com a referida crise, no caso brasileiro, é especialmente válida ao nos aproximarmos de uma década desde a chamada Reforma do Judiciário implementada pela Emenda Constitucional 45/2004, e que veio com a promessa de "duração razoável do processo judicial e os meios que garantem a celeridade de sua tramitação"; quando já completamos 25 anos desde a entrada em vigor da Constituição Federal; e, ainda, quando pensamos que a palavra "crise" normalmente designa a ruptura *passageira* de um equilíbrio ou condição *transitória* de anormalidade. Assim, indagação ainda salutar é se estamos próximos – e o quanto – de superar essa perturbação no estado das coisas no que diz respeito à prestação do serviço jurisdicional.

No Brasil, como em outros Países, as origens da atual crise se encontram *grosso modo* na complexidade e numerosidade das relações intersubjetivas da sociedade de massa e no assistencialismo estatal, como já se referiu acima, e em particular no processo de democratização e conscientização da população sobre seus direitos. No caso brasileiro, a Constituição de 1988 foi generosa na previsão de direitos tanto de cunho individual quanto social ou coletivo, na garantia de mecanismos para sua proteção (com a denominada jurisdição constitucional das liberdades) e, ainda, na promessa de solução de todos os conflitos que os pusessem em risco (art. 5º, XXXV).

Mas antes mesmo da reabertura democrática promovida pela Constituição de 1988 a configuração da sociedade pós-moderna e industrializada já havia exigido do legislador a construção de instrumentos tendentes à proteção de direitos mais complexos, tais como a Lei 4.717/1965 (Lei da Ação Popular, que possibilita a defesa do patrimônio público), a Lei 6.938/1981 (sobre a Política Nacional do Meio Ambiente, que prevê no art. 14, § 1º, a possibilidade de reparação pelos danos causados ao meio ambiente e a terceiros eventualmente afetados, a pedido do Ministério Público), a Lei Complementar 40/1981 (Lei Orgânica do Ministério Público, que incluiu no rol de atribuições do Órgão a propositura de ação civil pública), a Lei 7.347/1985 (que regulamenta a ação civil pública) e, posteriormente, a Lei 7.913/1989 (que prevê a reparação dos investidores lesados no mercado de valores mobiliários). Notadamente no que diz respeito aos direitos ditos coletivos *lato sensu*, já sob a égide da Constituição de 1988, poderosos frutos legislativos foram criados, como o Código de Defesa do Consumidor, o Estatuto da Criança e do Adolescente, o Estatuto do Idoso, dentre outros diplomas cujo intuito é a disciplina e o equacionamento de conflitos surgidos das novas relações de massa.

Esse movimento acompanhou os progressos do chamado "Projeto Florença", idealizado na década de 1970 sob a liderança de Mauro Cappelletti, responsável por uma onda renovatória do processo cuja tônica era a busca da ampliação do acesso à Justiça e da efetividade do processo.[9] Nesse terreno, aliás, podemos nos orgulhar, porque, graças ao trabalho de juristas[10] que empunharam a bandeira do aperfeiçoamento do processo a fim de atender à demanda de novos conflitos, fomos um dos pioneiros na construção de um completo e avançado sistema processual de tutela coletiva.

Ainda na busca pela universalização da jurisdição e pela ampliação do acesso à Justiça, notável é o aprimoramento do subsídio estatal para os necessitados de assistência jurídica e desprovidos de condições financeiras: a prestação de assistência judiciária gratuita (Lei 1.060/1950) foi alçada a garantia de assistência jurídica integral e gratuita pela Constituição Federal (art. 5º, LXXIV), que não se restringe, portanto, ao auxílio dos necessitados em litígio já judicializado, mas também engloba assistência e aconselhamento jurídico em momento anterior ao processo – atuação, esta, que pode tanto prevenir a instauração de um processo judicial quanto pode auxiliar na conscientização da população a buscar tutela no Poder Judiciário.

Ainda, vale citar a edição da Lei 9.099/1995 (que sucedeu a Lei 7.244/1984), assegurando prestação jurisdicional gratuita (ao menos em primeiro grau), no âmbito das Justiças Estaduais, para "causas cíveis de menor complexidade e infrações penais de menor potencial ofensivo, mediante os procedimentos oral e sumariíssimo, permitidos, nas hipóteses previstas em lei, a transação e o julgamento de recursos por Turmas de juízes de primeiro grau" (art. 98, I, da CF), e as Leis 10.259/2001 e 12.153/2009, que disciplinaram os Juizados Especiais Federais e os Juizados Especiais das Fazendas Públicas.

Esse precioso conjunto legislativo, que cercou o movimento de ampliação do acesso à Justiça e redução da litigiosidade contida, ajudou a

---

9. Cf. Cândido Rangel Dinamarco, *Nova Era do Processo Civil*, 4ª ed., São Paulo, Malheiros Editores, 2013, p. 14; e Antônio Carlos de Araújo Cintra, Ada Pellegrini Grinover e Cândido Rangel Dinamarco, *Teoria Geral do Processo*, 29ª ed., São Paulo, Malheiros Editores, 2013, n. 13.

10. Em especial os autores do que veio a ser o anteprojeto de Código de Defesa do Consumidor: Ada Pellegrini Grinover, Daniel Roberto Fink, José Geraldo Brito Filomeno, Kazuo Watanabe, Zelmo Denari, Antônio Herman de Vasconcellos e Benjamin e Nelson Nery Jr.; além de outros relevantes nomes que contribuíram para a elaboração de outros diplomas nessa seara.

alavancar os números do Judiciário brasileiro às alturas. Por outro lado, no entanto, o crescimento da litigiosidade nos tribunais não foi acompanhado, na mesma proporção, pelos investimentos estatais no setor, já que, contemporaneamente a assegurar a inafastabilidade do acesso à Justiça, o Estado Social também é chamado a fornecer outros serviços em áreas essenciais pelas quais prometeu zelar. Ao mesmo tempo, o Judiciário também recebeu visibilidade social, na medida em que os meios de comunicação de massa encontraram nesse ambiente uma rica fonte de interesse popular e de notícias,[11] sejam elas relacionadas às suas mazelas ou, mesmo, ao seu cotidiano regular; tudo a fomentar reflexões sobre a crise.

Então, instalada a crise, veio o trabalho de quem se dedicou a utilizar o processo e as estruturas judiciais no seu diagnóstico e na formulação de propostas visando à sua superação.

3. O papel do processo e das instituições judiciárias em alguns diagnósticos já realizados e alguns caminhos já percorridos ou a percorrer no contexto da crise do Judiciário brasileiro

Além dos fatores acima aventados como catalizadores da atual crise, muitos outros, relacionados ao modo de ser do processo judicial e à estrutura e organização dos órgãos judiciários, foram examinados e, até hoje, moldados ou remoldados, em busca de soluções.

Sob esse ângulo, muito do retardamento dos processos judiciais já se atribuiu à complexidade do procedimento, a um sistema recursal pródigo, a mecanismos processuais desaceleratórios dotados de efeito suspensivo e que atrasam o desfecho do litígio, à insuficiência do número de magistrados diante da massa de processos pendentes e da perspectiva de novos litígios, à deficiência da formação e do treinamento de auxiliares de justiça, à inadequação do método de recrutamento de juízes, às prerrogativas processuais e dilatórias exclusivas da Fazenda Pública –

---

11. Sinal de que o fenômeno não é exclusivo da realidade brasileira, o jurista português Germano Marques da Silva, em análise do "princípio da transparência democrática", chega a afirmar que "hoje todo o mundo fala sobre os processos, falam os magistrados, os advogados e os jornalistas, transformando os actos da Justiça num verdadeiro circo judiciário", lembrando, inclusive, a obra do francês Daniel Soulez Larivière, *Du Cirque Médiatico-Judiciaire et des Moyens d'en Sortir*, Paris, 1993 (Germano Marques da Silva, "A crise da Justiça – Três recados aos magistrados e advogados do século que começa", in *Direito e Justiça – Revista da Faculdade de Direito da Universidade Católica Portuguesa* 15/25, n. 1, Lisboa, 2001).

dentre tantos outros fatores que, sem dúvida, juntos, operam em desfavor da presteza da tutela jurisdicional.

Dada a consciência de que a demora pode significar denegação de justiça – antes mesmo da inserção na Constituição da garantia da duração razoável do processo já se reconhecera se tratar de componente do devido processo legal –, diversas foram as tentativas recentes para amenizar os efeitos dessa crise de ineficiência e morosidade dos serviços jurisdicionais estatais. O intuito deste trabalho é examinar algumas delas, além de propostas ainda em trâmite no Legislativo e que tenham o mesmo escopo.

De reformas do Código de Processo Civil das últimas décadas nasceram alterações contendo medidas diversas de aceleração do procedimento recursal ou de "objetivação" do julgamento dos recursos, como, por exemplo: ampliação dos poderes do relator de recursos (arts. 527, I, 557 e 558 do CPC), limitação do cabimento de agravo de instrumento a hipóteses excepcionais, tornando o agravo retido como regra (art. 522 do CPC), técnica de julgamento de recursos repetitivos (arts. 543-B e 543-C do CPC), dentre outras práticas.

No que se refere à gestão de recursos repetitivos, em especial, trazemos à tona a ideia de que as Leis 11.418/2006 e 11.672/2008 estariam mais alinhadas com o escopo de celeridade se tivessem previsão expressa, norteada pelo art. 265, § 5º, do CPC, no sentido de um limite máximo para a suspensão dos recursos que aguardam pronunciamento das Cortes Superiores em recurso representativo da controvérsia repetitiva.

Ainda no sistema recursal, as últimas décadas foram marcadas também pela criação de desincentivos a recursos protelatórios, como a multa prevista no art. 538, parágrafo único, do CPC, que, embora justificada do ponto de vista geral e abstrato da norma por uma expectativa de litigância mais proba, deve ficar reservada para hipóteses extremas de *manifesto* intuito protelatório do recorrente. Conforme já se acentuou na doutrina,[12] na medida em que penaliza os jurisdicionados, que são, em última instância, as vítimas daquela morosidade, o aumento das sanções processuais e a acentuada crítica aos advogados como operadores do processo não é um bom remédio rumo à eficiência em sistemas judiciais tidos por improdutivos: alimenta-se o descrédito no exercício do Poder.

No mesmo rumo de tentativa de desafogamento dos tribunais – tendência que já vigorava com êxito no processo do trabalho e está sendo

---

12. Cf. Eduardo Oteiza, "Abusos de los derechos procesales en América Latina", *RePro* 95/164, n. 24, São Paulo, Ed, RT, julho-setembro/1999.

seguida no projeto de novo Código de Processo Civil, segundo a última versão de substitutivo atualmente sob análise da Câmara dos Deputados – é a eliminação da preclusão contra decisões interlocutórias proferidas no curso do processo e que não comportem agravo de instrumento. A expectativa é que, se aprovado o projeto, seja de fato reduzido o número de agravos perante os tribunais, permitindo mais tempo de dedicação dos magistrados ao julgamento das apelações, que, em regra, tendem a resolver a controvérsia em seu mérito e satisfazer o clamor de pacificação social.

De seu turno, não poderia faltar a lembrança do processo de execução civil, que costuma ser visto como grande retrato de descontentamento com o atraso na prestação de tutela jurisdicional. As reformas recentes também operaram na aceleração procedimental, seja mediante a ampliação dos atos que podem ser praticados em sede de execução provisória (Lei 10.444/2002), a criação do processo sincrético para o cumprimento de decisão condenatória ao pagamento de quantia certa (Lei 11.232/2005), seja na eliminação de efeito suspensivo *ope legis* das medidas defensivas do executado tanto em execução de título executivo judicial quanto de título extrajudicial (Leis 11.232/2005 e 11.382/2006).

Nesta seara, porém, não é demais enfatizar que, especialmente com respeito às obrigações de pagar quantia, "a perda de autonomia do processo de execução não é capaz, por si só, de resolver os problemas da execução. Se, por um lado, o processo de execução (em se tratando de título judicial) não existe mais, por outro, subsiste a necessidade de praticar atos materiais de invasão da esfera patrimonial do devedor".[13] Dessa forma, não é exagero dizer que o maior problema de efetividade e tempestividade na prestação da tutela jurisdicional executiva, ao menos nas execuções de obrigações de pagamento de quantia, se encontra nas possibilidades materiais de frustração das medidas de apreensão, e não propriamente no processo de execução – tudo a sugerir que, neste ponto, o processo pode desempenhar auxílio, quando muito, no que toca ao constante aperfeiçoamento e à modernização de sistemas como o BACENJUD, RENAJUD, INFOJUD.

13. Cf. Flávio Luiz Yarshell e Marcelo José Magalhães Bonício, *Execução Civil – Novos Perfis*, São Paulo, RCS, 2006, p. 14. Em sentido semelhante: Flávio Luiz Yarshell, "A execução fiscal como paradigma evolutivo do modelo executivo brasileiro", in Alexandre dos Santos Cunha e Paulo Eduardo Alves da Silva (orgs.), *Gestão e Jurisdição: o Caso da Execução Fiscal da União – Diálogos para o Desenvolvimento*, vol. 9, Brasília, IPEA, 2013.

Nessa mesma onda reformista (Lei 11.277/2006), inseriu-se no Código de Processo Civil método de gestão da massa processual, consistente no art. 285-A. Por essa regra, o juiz está autorizado a proferir liminarmente – ou seja, antes da citação do réu – sentença de improcedência da demanda com base em convencimento firmado em casos idênticos. A técnica pode parecer ter diversos pontos de aproximação com o processo coletivo para a defesa de direitos individuais homogêneos, mas é importante distingui-la, principalmente em tempos de racionalização da gestão judiciária: a técnica da improcedência liminar tem um espectro de aplicação, a rigor, mais amplo do que sugere a redação do dispositivo e relativamente ao processo coletivo de defesa de interesses individuais homogêneos, pois, segundo a elocução do art. 285-A, o julgamento antecipado de improcedência poderá ocorrer quando o juiz tenha se convencido em anteriores "casos idênticos" em torno de questão "unicamente de direito". A expressão "casos idênticos" deve ser lida como "causas de pedir similares", e neste universo é possível inserir qualquer segmento de direitos individuais homogêneos, na medida em que, mais que similaridade, o requisito da *origem comum* pressupõe a conexão da causa de pedir das diversas pretensões individuais. Entretanto, na noção de "casos idênticos" também se incluem aqueles processos cuja homogeneidade não é suficientemente intensa a justificar o tratamento coletivo da controvérsia e nem há razoável dispersão dos interessados a tornar a tutela coletiva mais eficiente, a despeito de empiricamente repetitivos os pedidos. Sob esse ângulo, portanto, o propósito do legislador merece aplausos, pois consegue conferir tutela jurisdicional célere a uma dimensão de conflitos que não pode ser gerida por ação coletiva.

O art. 285-A do CPC ainda assegura a recorribilidade da improcedência *prima facie*, o que é essencial mesmo diante da tendência de valorização dos precedentes e racionalização do procedimento. Neste passo, inclusive, não devemos fechar os olhos e acobertar o emprego não raro – e patológico – de instrumentos direcionados tão somente a solucionar a sobrecarga do Judiciário, em grau tal que, desde a primeira instância até o segundo grau de jurisdição, neutralizam o reexame da causa e, nas instâncias superiores, acabam por anular as chances de revisão dos precedentes por órgão colegiado. Assim, pode ser questionável o emprego conjunto da faculdade conferida ao juiz pelo art. 285-A do CPC com a imperatividade da súmula impeditiva de recursos (art. 518, § 1º, do CPC), por exemplo. Ainda, não é difícil imaginar situações práticas e extremas nas quais a apelação contra a improcedência *prima facie* não seja recebida já em primeira instância, se estiver em consonância com súmula do STF ou do STJ, como autoriza o art. 518, § 1º, do CPC; venha a ser improvido monocraticamente, com fulcro nos arts. 522 e 557 do CPC, eventual agravo contra o não recebimento da apelação, ao argumento de ser dominante o entendimento de que o juiz de primeiro grau pode negar seguimento a recurso manifestamente inadmissível. É conhecido o ensinamento de que o duplo grau de jurisdição não se insere no rol de garantias constitucionais, mas isso não nos exime de cuidar para que os conflitos repetitivos e de massa não sejam retaliadas por uma justiça exclusivamente "de atacado".

No já referido projeto de novo Código de Processo Civil, um dos carros-chefes é o incidente de resolução de demandas repetitivas, que, em suma, consiste no julgamento de um processo-piloto – eleito como representativo da controvérsia de direito respeitante a diversos processos simultaneamente em curso – que é aproveitado para resolver a questão comum. Esse método pretende promover o tão relevante anseio por uniformização dos julgamentos – já que a imprevisibilidade das decisões judiciais também é um dos sintomas da crise –, enquanto também desafoga o Judiciário. Em diversos aspectos o projeto superou os parâmetros vigentes no gênero processual do julgamento por amostragem, e tem muitos pontos de contato com o processo coletivo autêntico, pois a autonomia das pretensões individuais é minimizada.

No que se refere à iniciativa para o incidente, o projeto amplia o quadro de legitimação em matéria coletiva, permitindo que tanto o autor quanto o réu de ação repetitiva forjem instrumento processual com eficácia expandida. É certo que foi prevista a participação de interessados de quem serão ouvidas as razões em torno da questão de direito controvertida, conforme preceitua o art. 992 do atual Substitutivo, mas o modelo de incidente previsto no projeto é, com a devida vênia, ainda deficiente, pois confere direito de voz desacompanhado de adequada representação do interesse em jogo (a um sem-número de interessados), o que, a propósito, pode atuar contra os objetivos de julgamentos mais céleres; afinal, será viável dar a devida atenção às razões de todos os interesses no julgamento em tempo hábil?

Em outro norte, julgado o incidente, na forma prevista pelos arts. 995 e 998 do atual Substitutivo, os autores das demandas repetitivas não poderão combater a decisão condutora por incidente recursal no âmbito do seu próprio processo: caberá a todos os interessados interpor recurso especial ou extraordinário nos autos do incidente. Neste ponto, ao lado do inconveniente da interposição de recurso especial ou extraordinário por terceiro interessado – que no incidente corresponde às múltiplas partes cujos processos estejam a ele vinculados –, a medida seria dispensável caso se aferisse a representatividade do recorrente.

E não se pode perder de vista também que, ao contrário dos modelos estrangeiros de processo-piloto, em que é voluntária a adesão (*opting-in*), a proposta nacional prevê a suspensão obrigatória das demandas repetitivas – o que nos parece, novamente com a devida vênia, providência autoritária. Afinal, se é verdade que o povo brasileiro clama por uma Justiça mais célere, não menos verdade é que a perspectiva de um julgamento célere (dentro de um ano, como estima o art. 996 do Projeto) e uniforme incentivaria a adesão voluntária – além de políticas de incentivo ao *opting-in* que poderiam ser implementadas. A vinculação obrigatória, aliás, soa ainda mais imprópria diante da falta de critérios para a aferição da representatividade adequada daquele se que dirá porta-voz dos interesses em debate no incidente.

Passando, agora, do processo para a organização da Justiça, por um tempo falou-se bastante da necessidade de fortalecimento da autonomia administrativa e financeira do Poder Judiciário, mediante emenda constitucional que promovesse uma verdadeira reforma do Judiciário, a oferecer elementos para evitar, por exemplo, prolongadas greves de servidores em busca de reajuste salarial, falta de capacitação dos auxiliares da Justiça e deficiências de ordem infraestrutural que influenciem negativamente no ritmo de trabalho dos operadores do processo. A garantia da autonomia administrativa e financeira do Judiciário já constava do art. 99 da CF, mas ainda assim reforma foi feita pela Emenda Constitucional 45/2004, a qual introduziu o muito propalado Conselho Nacional de Justiça, de composição mista e que ficou encarregado da supervisão da movimentação administrativa e financeira do Judiciário, numa "busca incessante da melhoria da gestão administrativa, com a diminuição de custos e a maximização da eficácia dos recursos",[14] atuando na coordenação e uniformização das atividades administrativas[15] e no planejamento estratégico visando à modernização do processo produtivo da Justiça.

---

14. Cf. Gilmar Mendes, *Organização do Poder Judiciário Brasileiro*, disponível em *http://www.stf.jus.br/arquivo/cms/noticiaArtigoDiscurso/anexo/JudicBrasil.pdf* (acesso em 8.9.2013).

15. Uniformização que, contudo, não pode produzir engessamento e deve se nortear pela racionalização. Como afirmou Fábio Bittencourt da Rosa: "Não é vergonhoso padronizar soluções, e, sim, atrasá-las" ("Judiciário: diagnóstico da crise", cit., *Lex* 56/18).

No compromisso de fiscalização administrativa encontram-se incluídas diretrizes tais como planejamento estratégico e coordenação da política judiciária, uniformização e modernização operacional e tecnológica e, ainda, ampliação da transparência. Todo esse importante trabalho vem sendo desempenhado com o auxílio do Departamento de Pesquisas Judiciárias, com a elaboração dos relatórios "Justiça em Números" e com a implementação nos tribunais do processo judicial eletrônico (fruto da Lei 11.419/2006). A propósito, para o último há recente proposta, submetida ao Legislativo, de aumento orçamentário da ordem de 15,9% para maiores investimentos na Infraestrutura da Tecnologia da Informação do Judiciário.[16] O avanço ainda reside na preocupação com a gestão da informação sobre os processos em curso, que é poderosa fonte de dados para primeiro conhecer o universo de processos a serem administrados e depois estudar possibilidades viáveis de sua gestão. Hoje já são numerosas bases que reúnem informações sobre precatórios, interceptações telefônicas em curso perante todo o território nacional, processos disciplinares contra magistrados, malote digital e gestão de tabelas processuais.

Isso para não falar das Metas Nacionais formuladas nos Encontros Nacionais do Judiciário, que ocorrem anualmente, e que definem planos de atuação principalmente "para acabar com o estoque de processos causadores de altas taxas de congestionamento nos tribunais".[17] Dentre as mais recentes, do ano de 2013, destacam-se aquelas que pretendem amenizar os chamados "resíduos de processos", mediante o julgamento de "quantidade maior de processos de conhecimento do que os distribuídos em 2013" e "até 31.12.2013, pelo menos, 80% dos processos distribuídos em 2008, no STJ; 70%, em 2010 e 2011, na Justiça Militar da União; 50%, em 2008, na Justiça Federal; 50%, em 2010, nos Juizados Especiais Federais e Turmas Recursais Federais; 80%, em 2009, na Justiça do Trabalho; 90%, em 2010, na Justiça Eleitoral; 90%, em 2011, na Justiça Militar dos Estados; e 90%, em 2008, nas Turmas Recursais Estaduais, e no segundo grau da Justiça Estadual".

A ideia de avaliar a Justiça por seus números para estabelecer e quiçá atingir referidas metas pode até atender, de fato, ao propósito de dar vazão aos processos em curso e eliminar o inconveniente da litispen-

---

16. Fonte: *http://www.cnj.jus.br/noticias/cnj/26202-investimentos-do-cnj-em-tecnologia-e-no-pje-continuam-em-2014* (acesso em 8.9.2013).

17. Fonte: *http://www.cnj.jus.br/gestao-e-planejamento/metas* (acesso em 8.9.2013).

dência. Mas a pergunta que ainda persiste é se as metas são baseadas em expectativas viáveis e adequadas para a realidade de cada tribunal nos quatro cantos do País. Isso nos faz lembrar a paradigmática comparação feita entre a relação número de processos/número de juízes no Brasil e na Alemanha, uma diferença de proporção que realmente impressiona[18] mas, de novo, não deve necessariamente pautar metas tendentes ao aumento do número de juízes no Brasil, porque as realidades são de todo distintas, especialmente nas estruturas judiciais e no contexto social de cada qual.[19]

Além de tudo isso, importante lembrar a atribuição do Conselho Nacional de Justiça no sentido de controle disciplinar e de produtividade de magistrados, que veio como resposta aos anseios da sociedade[20] no sentido de criação de um controle externo do Judiciário, a ponto de aferir se as verdadeiras causas da crise não seriam endógenas. No que se refere à produtividade, renova-se a recomendação de cuidado com a frieza e suscetibilidade dos números, os quais podem não contribuir seriamente para a avaliação da atuação dos magistrados. Por outro lado, intriga-nos que no processo de recrutamento de juízes ainda não tenha sido inserida avaliação da operosidade dos candidatos à Magistratura, o que ficaria em compasso, no mínimo, com o princípio da moralidade administrativa, na medida em que os cofres públicos remunerariam serviços prestados eficientemente pelos magistrados desde seu ingresso na carreira. De outro lado, desonerar os magistrados de funções administrativas (por exemplo, controle disciplinar de serventuários de cartório) ou não permitir que elas sejam cumuladas com a função jurisdicional, deixando-as a cargo de conselhos administrativos dotados de profissionais especializados, poderia amenizar a dificuldade dos magistrados de coordenar eficientemente trabalhos jurisdicionais e administrativos.

18. Sempre mencionado como referência desta comparação é o estudo de Maria Tereza Sadek e Rogério Bastos Arantes intitulado "A crise do Judiciário e a visão dos juízes", *Revista USP* 21/34-45, março-maio/1994, onde se apontou, para o ano de 1990, 1 magistrado para cada 29.542 habitantes no Brasil e 1 magistrado para cada 3.448 habitantes na Alemanha.

19. Desde 1950 a Convenção Europeia para Proteção dos Direitos do Homem já assegurava o direito de toda pessoa a ter sua "causa" julgada num prazo razoável (art. 6º, I), e na jurisprudência da Corte Europeia dos Direitos do Homem eventual e indevido retardamento do processo é aferido a partir da complexidade da causa, do comportamento dos litigantes e de seus procuradores e da atuação do órgão jurisdicional (incluindo juiz e auxiliares), dadas as especificidades locais.

20. Apenas como exemplo de que o controle externo do Poder Judiciário era proposta que se esperava já para 1988 do texto original da Constituição Federal: Ada Pellegrini Grinover, "A crise do Poder Judiciário", cit., *RDP* 98/24-25.

4. A título conclusivo:
o tema como um permanente convite à reflexão

Não sendo de hoje o descompasso entre a expectativa da sociedade pela prestação célere do serviço jurisdicional e a resposta estatal a essa demanda, nunca é demais repensar se e o quanto o instrumento de atuação jurisdicional do Estado está apto a contribuir para superarmos essa insatisfação social.

A ideia deste trabalho foi colaborar com despretensiosas e pontuais observações – que estão longe de esgotar todos os meandros do tema – sobre o potencial do processo e das estruturas judiciárias nesse cenário, assunto que ainda nos desafia e nos encoraja para novas e futuras imersões no tema.

Bibliografia

ARANTES, Rogério Bastos, e SADEK, Maria Tereza. "A crise do Judiciário e a visão dos juízes". *Revista USP* 21/34-45. Março-maio/1994.

ARMELIN, Donaldo. "Uma visão da crise atual do Poder Judiciário". *Justiça e Sociedade – Revista da Faculdade de Ciências Jurídicas, Administrativas e Contáveis* Edição Especial de 2003. Ano 5. UNOESTE (pp. 9-21).

BONÍCIO, Marcelo José Magalhães, e YARSHELL, Flávio Luiz. *Execução Civil – Novos Perfis*. São Paulo, RCS, 2006.

BOTELHO DE MESQUITA, José Ignácio. "A crise do Judiciário e o processo?". In: *Teses, Estudos e Pareceres de Processo Civil*. vol. I. São Paulo, Ed. RT, 2005 (pp. 255-262).

CALMON DE PASSOS, J. J. "A crise do Poder Judiciário e as reformas instrumentais: avanços e retrocessos". *Revista Síntese de Direito Civil e Processual Civil* 15/5-15. Ano III. Porto Alegre, Síntese, janeiro-fevereiro/2002.

CANOTILHO, José Joaquim Gomes. "Crise do Poder Judiciário". *Anais da XIII Conferência Nacional da OAB*. 1990.

CAPPELLETTI, Mauro, e GARTH, Bryant. *Acesso à Justiça*. Trad. e revisão de Ellen Gracie Northfleet. Porto Alegre, Sérgio Antônio Fabris Editor, 2002.

CINTRA, Antônio Carlos de Araújo, DINAMARCO, Cândido Rangel, e GRINOVER, Ada Pellegrini. *Teoria Geral do Processo*. 29ª ed. São Paulo, Malheiros Editores, 2013.

CUNHA, Alexandre dos Santos, e SILVA, Paulo Eduardo Alves da (orgs.). *Gestão e Jurisdição: o Caso da Execução Fiscal da União – Diálogos para o Desenvolvimento*. vol. 9. Brasília, IPEA, 2013.

DINAMARCO, Cândido Rangel. *Nova Era do Processo Civil*. 4ª ed. São Paulo, Malheiros Editores, 2013.

_____, CINTRA, Antônio Carlos de Araújo, e GRINOVER, Ada Pellegrini. *Teoria Geral do Processo*. 29ª ed. São Paulo, Malheiros Editores, 2013.

FARIA, José Eduardo. "A crise do Poder Judiciário no Brasil". *Revista Semestral de Informação e Debates* 1/18-64. São Paulo, Ed. RT, 1º semestre/1996.

GALVÃO, Ilmar. "A crise do Poder Judiciário. Diagnóstico – Causas – Soluções". *Revista do TRT-8ª Região* 35/27-36. N. 68.

GARTH, Bryant, e CAPPELLETTI, Mauro. *Acesso à Justiça*. Trad. e revisão de Ellen Gracie Northfleet. Porto Alegre, Sérgio Antônio Fabris Editor, 2002.

GRINOVER, Ada Pellegrini. "A crise do Poder Judiciário". *RDP* 98/18-26. Ano 24. São Paulo, Ed. RT, abril-junho/1991.

_____, CINTRA, Antônio Carlos de Araújo, e DINAMARCO Cândido Rangel. *Teoria Geral do Processo*, 29ª ed. São Paulo, Malheiros Editores, 2013.

LAGRASTA NETO, Caetano. "Poder Judiciário em crise?". *Revista da Escola Paulista da Magistratura* 1-0/293-295. Ano 1. São Paulo, APAMAGIS, abril-maio/1993.

MENDES, Gilmar. *Organização do Poder Judiciário Brasileiro*. Disponível em http://www.stf.jus.br/arquivo/cms/noticiaArtigoDiscurso/anexo/JudicBrasil. pdf (acesso em 8.9.2013).

OTEIZA, Eduardo. "Abusos de los derechos procesales en América Latina". *RePro* 95/152-170. N. 24. São Paulo, Ed. RT, julho-setembro/1999.

RESNIK, Judith. *Managerial Judges*. Faculty Scholarship Series/Yale Law School, Paper 951. 1992.

ROSA, Fábio Bittencourt da. "Judiciário: diagnóstico da crise". *Lex* 56/9-22. Ano 6. Abril/1994.

SADEK, Maria Tereza, e ARANTES, Rogério Bastos. "A crise do Judiciário e a visão dos juízes". *Revista USP* 21/34-45. Março-maio/1994.

SANTOS, Boaventura de Souza. "A Sociologia dos tribunais e a democratização da Justiça". In: *Pela Mão de Alice – O Social e o Político na Pós-Modernidade*. 7ª ed. Porto, Afrontamento, 1999 (pp. 141-161).

_____. "Introdução à Sociologia da administração da Justiça". *Revista Crítica de Ciências Sociais* 21/11-44. Coimbra, novembro/1986.

SILVA, Germano Marques da. "A crise da Justiça – Três recados aos magistrados e advogados do século que começa". *Direito e Justiça – Revista da Faculdade de Direito da Universidade Católica Portuguesa* 15/21-29, n. 1. Lisboa, 2001.

SILVA, Paulo Eduardo Alves da, e CUNHA, Alexandre dos Santos (orgs.). *Gestão e Jurisdição: o Caso da Execução Fiscal da União – Diálogos para o Desenvolvimento*. vol. 9. Brasília, IPEA, 2013.

YARSHELL, Flávio Luiz. "A execução fiscal como paradigma evolutivo do modelo executivo brasileiro". In: CUNHA, Alexandre dos Santos, e SILVA, Paulo Eduardo Alves da (orgs.). *Gestão e Jurisdição: o Caso da Execução Fiscal da União – Diálogos para o Desenvolvimento*. vol. 9. Brasília, IPEA, 2013.

_____, e BONÍCIO, Marcelo José Magalhães. *Execução Civil – Novos Perfis*. São Paulo, RCS, 2006.

ZAFFARONI, Eugenio Raúl. *Estructuras Judiciales*. Buenos Aires, Ediar, 1994 (n. 1).

**ATAS DO DEPARTAMENTO
DE DIREITO PROCESSUAL
DA FACULDADE DE DIREITO
DA UNIVERSIDADE DE SÃO PAULO
REFERENTES À CRIAÇÃO DA CADEIRA
DE TEORIA GERAL DO PROCESSO**

Ata da 42ª sessão do Departamento de Direito Processual realizada a 8 de novembro de 1972. -

Aos oito dias do mês de novembro de 1972, na sala do Departamento de Direito Processual da Faculdade de Direito da Universidade de São Paulo, reuniu-se o Conselho Departamental, convocado pelo chefe do Departamento, Professor Doutor

Joaquim Canuto Mendes de Almeida. O Chefe do Departamento, abrindo os trabalhos da sessão, determinou ficasse constando da presente Ata haverem comparecido os Senhores Professores Doutores Celso Neves, Moacir Lobo da Costa, José Ignácio Botelho de Mesquita, Willard de Castro Villar, Antonio Carlos de Araujo Cintra, Sergio Marcos de Moraes Pitombo e o Representante do corpo discente Nelson Lacerda Gertel. Assistiram a reunião os professores assistentes doutores Ada Pellegrini Grinover, Cândido Rangel Dinamarco e os assistentes voluntários doutores Vicente Greco Filho e Roberto Joacir Grassi. Deixaram de comparecer por motivo justificado os professores Doutores Tomás Pará Filho, Rogério Lauria Tucci e José Roberto Franco da Fonseca.

A seguir, o chefe do Departamento deu conhecimento ao Conselho da deliberação da Congregação da Faculdade sobre o novo curriculo a ser adotado, de acordo com o disposto na Resolução nº 03/72 do Conselho Federal de Educação, que fixa o mínimo de conteúdo e duração que serão obrigatórios a partir de 1973, fazendo-se necessária a elaboração de nova programação. Apresentou o chefe do Departamento anteprojeto do programa elaborado pelo Professor Doutor Celso Neves, o qual foi debatido e em seguida foi constituida uma comissão formada pelo chefe do Departamento e pelos professores doutores Moacir Lobo da

Costa e José Ignácio Botelho de Mesquita para elaboração do programa, ficando determinado que tal projeto seria objeto de exame e votação em reunião próxima do Departamento; digo, do Conselho do Departamento. —

Nada mais havendo a tratar o Chefe do Departamento deu a sessão por terminada. Nada mais havendo para constar, eu Daisy Leite Lopes, na qualidade de secretária "ad hoc" do Departamento lavrei a presente ata que vai por mim assinada e por todos os professores que tomaram parte da reunião.

Em tempo: O Chefe do Departamento Professor Joaquim Canuto Mendes de Almeida determinou e foi unânimemente aprovado que se consignasse um voto de profundo pesar pelo falecimento de D. Valéria Czerna, mãe do Professor Renato Cirrel Czerna.

Ata da 43ª sessão do Departamento de Direito Processual realizada a 14 de novembro de 1972.—

Aos catorze dias do mês de novembro de 1972, na Sala do Departamento de Direito Processual da Faculdade de Direito da U. S. P., reuniu-se o Conselho do Departamento, convocado pelo chefe do Departamento Professor Doutor Joaquim Canuto Mendes de Almeida.

O Chefe do Departamento abrindo os trabalhos da sessão determinou ficasse constando da presente Ata haverem comparecido os Senhores Professores Doutores Celso Neves, Moacyr Lobo da Costa, José Ignácio Botelho de Mesquita e o Assistente Sérgio Marcos de Moraes Pitombo. Assistiu a reunião o docente voluntário Professor Roberto Joacir Grassi.

Deixaram de comparecer por motivo justificado os Professores Doutores Tomás Pará Filho, Rogério Lauria Tucci, Willard de Castro Villar, Antonio Carlos de Araujo Cintra e o representante do corpo discente Nelson Lacerda Gertel.

A seguir o Chefe do Departamento apresentou ao Conselho o programa de Direito Processual Civil para 1973, do curso de graduação, elaborado pela comissão designada em sessão anterior, composta pelos professores Doutores Joaquim Canuto Mendes de Almeida, Moacyr Lobo da Costa e José Ignácio Botelho de Mesquita, o qual, colocados em discussão e votação, obteve aprovação unânime. É o seguinte o programa aprovado:

TEORIA GERAL DO PROCESSO – 1º semestre (2º ano)

1. Noções propedêuticas – direito material e direito processual – observância do direito e atuação do direito material mediante o processo.
2. Lei processual – natureza e objeto.
3. Eficácia da lei processual no tempo e no espaço.
4. Interpretação da lei processual.
5. Os códigos de processo e sua reforma.
6. Conceito e espécies de jurisdição – retrospecto histórico. Princípios fundamentais da jurisdição.
7. Jurisdição no Estado Moderno – Contenciosa e Voluntária.
8. Jurisdição civil e penal – "atividade judicial integrativa do Estado"
9. Limites pessoais (imunidades) e territoriais da jurisdição.
10. O Poder Judiciário – Sua unidade funcional e as restrições a essa unidade – Órgãos da Jurisdição.
11. Garantias do Poder Judiciário e limites constitucionais.
12. Organização judiciária.
13. Organização da Justiça Federal e do Trabalho.
14. Organização Judiciária do Estado de São Paulo.
15. Órgãos auxiliares da Justiça
16. Ministério Público.
17. O Advogado.

18. Da competência - conceito e critérios determinativos: territorial, objetiva e funcional
19. Competência absoluta e relativa; prorrogação e improrrogabilidade da competência.
20. Competência por prevenção e por conexão.

TEORIA GERAL DO PROCESSO - 2º semestre (2º Ano)

21. Da Ação Civil.
22. Da Ação Penal.
23. Da Ação Trabalhista (individual e coletiva)
24. Do Processo - processo e procedimento.
25. Natureza do processo civil e penal; objeto do processo civil; objeto do processo penal.
26. A relação jurídica processual e os pressupostos processuais.
27. Poderes, deveres e ônus processuais. Do juiz, das partes e dos orgãos auxiliares.
28. Pressupostos processuais referentes ao juiz -capacidade funcional, investidura, impedimento e suspeição.
29. Pressupostos processuais referentes às partes - legitimidade, representação
30. Processo de conhecimento, de execução e cautelar.
31. Formas de processamento: procedimento comum e especial, ordinário e sumário, procedimento escrito, oral e misto.
32. Princípios informativos do processo: dispositivo e inquisitório. Da oralidade processual.
33. Bilateralidade; impulso processual; publicidade; simplicidade; brevidade, lealdade; economia; apreciação da prova.

[assinaturas]

Ata da 44ª sessão do Departamento de Direito Processual realizada a 28 de novembro de 1972.

Aos vinte e oito dias do mês de novembro de 1972 na sala do Departamento de Direito Processual da Faculdade de Direito da Universidade de São Paulo, reuniu-se o Conselho Departamental, convocado pelo Chefe do Departamento Professor Doutor Joaquim Canuto Mendes de Almeida. O Chefe do Departamento abrindo os trabalhos da sessão determirou ficasse constando da presente Ata haverem comparecido os Senhores Professores Doutores Celso Neves, Moacyr Lobo da Costa, José Ignácio Botelho de Mesquita, Tomas S. de Madureira Pará Filho, José Roberto Fanco da Fonseca, Willard de Castro Villar, Antonio Carlos de Araujo Cintra, o Assistente Sérgio Marcos de Moraes Pitombo e o representante do corpo discente Nelson Lacerda Gertel. Assistiram à reunião os Professores Assistentes Doutores Cândido Rangel Dinamarco, Ada Pellegrini Grinover e os docentes voluntários Vicente Greco Filho e Roberto Joacir Grassi.

Deixou de comparecer por motivo justificado o Professor Doutor Rogério Lauria Tucci.-

A seguir o Chefe do Departamento, atendendo solicitação do Excelentíssimo Senhor Diretor, tratou das designações dos professores que deverão reger as disciplinas do curso de graduação, nos períodos letivos de 1973, ficando assim deliberado:

Teoria Geral do Processo - 2º Ano
Diurno - Profª Ada Pellegrini Grinover
Noturno - Prof. Antonio Carlos de Araujo Cintra
  Assistente Dr. Luis Carlos de Azevedo

Direito Processual Civil - 3º Ano
Diurno - Prof. Willard de Castro Villar
Noturno - Prof. Willard de Castro Villar
  Assistente Dr. Felizardo Calil

Direito Processual Civil - 4º Ano

00439

GRÁFICA PAYM
Tel. (11) 4392-3344
paym@terra.com.br